Amalie Fößel

Die Königin im mittelalterlichen Reich

MITTELALTER-FORSCHUNGEN

Herausgegeben von
Bernd Schneidmüller und Stefan Weinfurter

Band 4

Jan Thorbecke Verlag
Stuttgart
2000

Amalie Fößel

Die Königin im mittelalterlichen Reich

Herrschaftsausübung, Herrschaftsrechte, Handlungsspielräume

Jan Thorbecke Verlag
Stuttgart
2000

Die Deutsche Bibliothek – CIP-Einheitsaufnahme

Amalie Fößel – Die Königin im mittelalterlichen Reich: Herrschaftsausübung, Herrschaftsrechte, Handlungsspielräume / Amalie Fößel. – Stuttgart: Thorbecke, 2000
(Mittelalter-Forschungen; Bd. 4)
ISBN 3-7995-4256-6

Amalie Fößel
Die Königin im mittelalterlichen Reich
Herrschaftsausübung, Herrschaftsrechte, Handlungsspielräume

Band 4 der Schriftenreihe »Mittelalter-Forschungen«
Herausgegeben von Bernd Schneidmüller und Stefan Weinfurter

http://www.thorbecke.de; e-mail: info@thorbecke.de

Dieses Buch ist aus alterungsbeständigem Papier nach DIN-ISO 9706 hergestellt.

Satz: polyma, Konstanz
Druck und Buchbindearbeiten: Druckhaus Köthen, Köthen

Printed in Germany · ISBN 3-7995-4256-6

Inhalt

Vorwort

Kaiserinnen und Königinnen des europäischen Mittelalters, vor allem diejenigen, die als einflußreich und bedeutend charakterisiert werden können, zogen in den letzten Jahren verstärkte Aufmerksamkeit auf sich. Bislang fehlte jedoch eine Monographie, die ihr Erkenntnisinteresse auf die Stellung der Königin im Verfassungsgefüge des mittelalterlichen Reiches richtet und sich dabei nicht so sehr von epochalen Abgrenzungen mediävistischer Geschichtswissenschaft leiten läßt als vielmehr versucht, das »hohe« wie das »späte« Mittelalter in den Blick zu nehmen, um damit Entwicklungen, Brüche und Kontinuitäten deutlicher als bisher hervortreten zu lassen. Dieser Aufgabe stellt sich die hiermit der Öffentlichkeit zugänglich gemachte Studie, die unter dem Titel »*Nostri thori nostrique regni consors imperatrix augusta.* Herrschaftsausübung, Herrschaftsrechte und Handlungsspielräume römisch-deutscher Königinnen im Mittelalter« von der Kulturwissenschaftlichen Fakultät der Universität Bayreuth im Wintersemester 1997/98 als Habilitationsschrift angenommen wurde. Für die Druckfassung sind einschlägige, zwischenzeitlich erschienene Literaturtitel in die entsprechenden Fußnoten eingearbeitet worden.

Daß ich dieses Buch in der vorliegenden Form schreiben und publizieren konnte, verdanke ich vor allem Professor Dr. Peter Segl. In vielen Diskussionen hat er mit Rat zur Seite gestanden, kritisch kommentiert und mir als seiner Assistentin immer wieder großzügig Freiräume für eigene wissenschaftliche Interessen eingeräumt, was ich zu jeder Zeit sehr zu schätzen wußte. Ihm möchte ich besonders herzlich danken. Großen Dank schulde ich Professor Dr. Franz-Reiner Erkens, der diese Arbeit im Rahmen seiner gutachterlichen Tätigkeit einer kritischen Lektüre unterzog und so manche wertvolle Anregung gab. Dies gilt auch für Professor Dr. Rudolf Endres.

Schon frühzeitig signalisierten Professor Dr. Bernd Schneidmüller und Professor Dr. Stefan Weinfurter ihr Interesse am Thema. Für die Aufnahme in die Reihe »Mittelalter-Forschungen« danke ich ihnen sehr.

Bayreuth, im Mai 2000 *Amalie Fößel*

Einleitung

Nostri thori nostrique regni consors imperatrix augusta. Diese aussagekräftige Umschreibung der Stellung einer mittelalterlichen Königin und Kaiserin läßt sich erstmals für Kaiserin Agnes in einem am 19. November 1048 von der Kanzlei Heinrichs III. ausgefertigten Diplom für das in Churrätien gelegene Benediktinerkloster Disentis nachweisen, in dem der Salier auf Intervention der Kaiserin die einst von Heinrich II. vollzogene Schenkung des Klosters an das Bistum Brixen rückgängig machte und der Abtei ihre alte Freiheit und Reichsunmittelbarkeit bestätigte[1]. Die in Speyer verhandelte Urkunde wurde knapp zwei Jahre nach der römischen Kaiserkrönung des Herrscherpaares geschrieben, die Papst Clemens II., der ehemalige Bamberger Bischof Suitger, am Weihnachtstag des Jahres 1046 vollzogen hatte.

Diese Apostrophierung der Kaiserin Agnes umschreibt wie kaum eine andere Formel die offizielle Stellung der römisch-deutschen Königin im Mittelalter: Sie ist die Gemahlin des Königs und Teilhaberin an der Herrschaft im Reich. Durch die vom Papst vollzogene römische Krönung wird sie Kaiserin und Augusta.

Als gekrönte Königin stand sie – wie es vor allem in der ottonischen und salischen Buchmalerei sinnbildlich zum Ausdruck kommt – zusammen mit dem König an der »Spitze des Reiches«. Krönungsbilder in prachtvoll ausgeschmückten liturgischen Handschriften wie zum Beispiel in dem von Heinrich II. gestifteten Perikopenbuch[2] oder in dem von Heinrich III. für die Goslarer Stiftskirche in Auftrag gegebenen Echternacher Evangeliar[3] zeigen die Herrscherpaare zur Rechten und zur Linken des die Hände über sie ausbreitenden Christus in jeweils gleicher Größe und Pose. Die Bilder vermitteln den Eindruck, daß Gott ihnen gemeinsam die Herrschaft auf Erden anvertraut habe[4].

---

1 Die vollständige Textpassage im Diplom lautet: … *ob interventum nostri thori nostrique regni consortis Agnetis imperatricis augustae nec non ob lamentabilem eiusdem ecclesiae abbatis Odalrici reclamationem:* DHIII. 225 (1048 Nov. 19 Speyer).

2 In: Zierde für ewige Zeit. Das Perikopenbuch Heinrichs II., hg. von Hermann Fillitz, Rainer Kahsnitz und Ulrich Kuder (Ausstellungskatalog der Bayerischen Staatsbibliothek 63, 1995) Tafel 3.

3 U. a. in: Das Reich der Salier 1024–1125. Katalog zur Ausstellung des Landes Rheinland Pfalz in Speyer, 23. März bis 21. Juni 1992 (1992) S. 252.

4 Ein früheres Beispiel ist u. a. die im Musée de l'Hôtel de Cluny in Paris aufbewahrte Elfenbeintafel mit Otto II. und Theophanu; Abb. in: Percy Ernst Schramm und Florentine Mütherich, Denkmale der deutschen Könige und Kaiser, Bd. 1 (Veröffentlichungen des Zentralinstituts für Kunstgeschichte in München 2, [2]1981) Abb. 73 S. 287 sowie in: Kaiserin Theophanu. Begegnung des Ostens und Westens um die Wende des ersten Jahrtausends. Gedenkschrift des Kölner Schnütgen-Museums zum 1000. Todesjahr der Kaiserin, hg. von Anton von Euw und Peter

Inwieweit diese ideelle Vorstellung einer gemeinsamen Herrschaft des Königspaares, wie sie das hochmittelalterliche Bildprogramm und der auch im Spätmittelalter nach wie vor präsente *consortium*-Gedanke zu implizieren scheinen, in die politische Praxis umgesetzt wurde, soll Gegenstand der folgenden Untersuchung sein. Zu fragen ist dabei, auf welche Weise und im welchem Ausmaß die Königin am politischen Leben teilnahm und dieses mitbestimmte.

Die Fragestellung ist grundsätzlich nicht neu. Sie wurde bereits für kleinere Zeiträume und einzelne Herrscherhäuser thematisiert, wobei der Forschungsschwerpunkt bislang im frühen und hohen Mittelalter liegt. In Fortsetzung der erstmals 1903 publizierten Studie von Siegmund Hellmann zu den »Heiraten der Karolinger«[5], in der dieser neben den politischen Motiven für karolingische Eheschließungen und den verschiedenen Eheformen auch die politische Stellung und den Einfluß von Königinnen und Königinnenwitwen skizziert hatte, legten Max Kirchner 1910[6] und Wolfgang Kowalski 1913[7] Studien zu den Königinnen und Kaiserinnen vom 10. Jahrhundert bis zum Ende des Interregnums in der Mitte des 13. Jahrhunderts vor, die freilich in vielerlei Hinsicht veraltet sind. Ausgehend von den Biographien der einzelnen Persönlichkeiten, wurden außer der Heiratspolitik und den Krönungen in sehr verkürzter Weise auch einige Aspekte zur rechtlichen und materiellen Stellung der Königinnen sowie deren politischer Tätigkeiten stichwortartig benannt. Dabei kam Kirchner für das 10. und 11. Jahrhundert zu dem Ergebnis, daß den Kaiserinnen »hohe politische Bedeutung« zukam, und sie »keinem Gebiet ... politischer Betätigung ... gänzlich fern«[8] standen. Für das 12. Jahrhundert und die erste Hälfte des 13. Jahrhunderts formulierte Kowalski hingegen einen dazu konträren Schluß: »So sehen wir die Kaiserinnen der Stauferzeit in Deutschland kaum selbständig an der Regierung ihrer Gatten teilnehmen: weder auf die innere noch auf die äußere Politik wurde ihnen von den Kaisern ein großer Einfluß gestattet«[9].

Diese Feststellungen bestätigte in gewisser Weise auch Thilo Vogelsang in seiner vielzitierten begriffsgeschichtlichen Arbeit zur *consors regni*–Formel[10]. Nimmt

---

Schreiner, Bd. 2 (1991) Abb. 4 S. 169. – Zur Bedeutung der Herrscherbilder als Ausdruck der sakralen Legitimation ottonisch-frühsalischer Herrschaft vgl. bes. Hagen Keller, Herrscherbild und Herrschaftslegitimation. Zur Deutung der ottonischen Denkmäler, FMSt 19 (1985) S. 290–311 und Stefan Weinfurter, Sakralkönigtum und Herrschaftsbegründung um die Jahrtausendwende. Die Kaiser Otto III. und Heinrich II. in ihren Bildern, in: Bilder erzählen Geschichte, hg. von Helmut Altrichter (1995) S. 47–103. Aus kunsthistorischer Sicht vgl. jetzt auch Joachim Ott, Krone und Krönung. Die Verheißung und Verleihung von Kronen in der Kunst von der Spätantike bis um 1200 und die geistige Auslegung der Krone (1998) und Gudrun Pamme-Vogelsang, Die Ehen mittelalterlicher Herrscher im Bild. Untersuchungen zu zeitgenössischen Herrscherpaardarstellungen des 9. bis 12. Jahrhunderts (Forschungen zur Geschichte der älteren deutschen Literatur 20, 1998).

5 Siegmund Hellmann, Die Heiraten der Karolinger (1903), nachgedruckt in: Ders., Ausgewählte Abhandlungen zur Historiographie und Geistesgeschichte des Mittelalters, hg. von Helmut Beumann (1961) S. 293–391.

6 Max Kirchner, Die deutschen Kaiserinnen in der Zeit von Konrad I. bis zum Tode Lothars von Supplinburg (Historische Studien 79, 1910).

7 Wolfgang Kowalski, Die deutschen Königinnen und Kaiserinnen von Konrad III. bis zum Ende des Interregnums (1913).

8 Kirchner, Kaiserinnen S. 127f.

9 Kowalski, Königinnen S. 121.

10 Thilo Vogelsang, Die Frau als Herrscherin im hohen Mittelalter. Studien zur »consors regni« Formel (Göttinger Bausteine zur Geschichtswissenschaft 7, 1954).

man deren Verbreitung in den Quellen gleichsam als Maßeinheit und Spiegelbild für den Einfluß der Königin auf die Politik, dann könne nur für das 10. und die erste Hälfte des 11. Jahrhunderts von einer tatsächlichen Mitherrschaft der Königin die Rede sein. Bereits die durch den sogenannten Investiturstreit im 11. Jahrhundert ausgelösten Krisen hätten dann begonnen, »innenpolitisch die *consors*-Stellung der Herrscherin mehr oder weniger in Frage zu stellen«[11]. Im 12. Jahrhundert schließlich habe das Ideal der *consors regni* nur noch »mit Richenza eine Annäherung an die politische Wirklichkeit zu erreichen« vermocht und in spätstaufischer Zeit sei es schließlich zur »Bedeutungslosigkeit« herabgesunken[12]. Diese Bewertung prägt die Vorstellung von der politischen Stellung der Königin bis heute. So findet sich auch in der fünften Auflage der Gesamtdarstellung von Edith Ennen über »Frauen im Mittelalter« aus dem Jahre 1994 die Einschätzung, Kaiserin Richenza (1125–1137) sei »die letzte bedeutende *consors regni*« gewesen[13].

Abgesehen von einer Vielzahl mehr oder weniger umfangreicher Biographien zu verschiedenen Königinnen[14], wobei vor allem die als bedeutend und einflußreich geltenden Persönlichkeiten immer wieder und gerade in neuerer Zeit durch die Perspektive der Women and Gender Studies[15] in den Mittelpunkt gerückt wurden, fehlt bislang eine sowohl das hohe als auch das späte Mittelalter in den Blick nehmende Analyse des komplexen Phänomens »Frauen und Macht«.

Im Gegensatz dazu hat die literaturwissenschaftliche Forschung in den letzten Jahren damit begonnen, die politischen Möglichkeiten und rechtlichen Grundlagen von Frauen in den verschiedenen Textsorten zu beleuchten. Die Defizite werden aber oftmals gerade dort deutlich, wo es um die entsprechende Bewertung im Vergleich mit historischen Realitäten geht[16]. Dies zeigt einmal mehr die Notwendigkeit,

---

11 Vogelsang, Frau als Herrscherin S. 57.

12 Vogelsang, Frau als Herrscherin S. 86 und neuerdings Kurt-Ulrich Jäschke, From Famous Empresses to Unspectacular Queens: The Romano-German Empire to Margaret of Brabant, Countess of Luxemburg and Queen of the Romans (d. 1311), in: Queens and Queenship in Medieval Europe. Proceedings of a Conference held at King's College London April 1995, hg. von Anne J. Duggan (1997) S. 75–108.

13 Edith Ennen, Frauen im Mittelalter ([5]1994) S. 129.

14 Neuerdings Karl Schnith (Hg.), Frauen des Mittelalters in Lebensbildern (1997) mit einer Reihe von Portraits römisch-deutscher Königinnen.

15 Zum Stand der vor allem im anglo-amerikanischen Raum explosionsartig angestiegenen Forschung seien stellvertretend nur ganz wenige neuere Titel angeführt, die jeweils auf die einschlägige Literatur verweisen: Weibliche Lebensgestaltung im frühen Mittelalter, hg. von Hans Werner Goetz (1991); Hedwig Röckelein, Historische Frauenforschung. Ein Literaturbericht zur Geschichte des Mittelalters, HZ 255 (1992) S. 377–409; Georges Duby, Michelle Perrot, Geschichte der Frauen, Bd. 2: Mittelalter, hg. von Christiane Klapisch-Zuber (1993); Hans-Werner Goetz, Frauen im frühen Mittelalter. Frauenbild und Frauenleben im Frankenreich (1995) bes. S. 13–68; Frauen-Beziehungsgeflechte im Mittelalter, hg. von Hedwig Röckelein und Hans-Werner Goetz (Das Mittelalter. Perspektiven mediävistischer Forschung Bd. 1, Heft 2, 1996); Ingrid Baumgärtner, Eine neue Sicht des Mittelalters? Fragestellungen und Perspektiven der Geschlechtergeschichte, in: Wozu Historie heute? Beiträge zu einer Standortbestimmung im fachübergreifenden Gespräch, hg. von Amalie Fössel und Christoph Kampmann (Bayreuther Historische Kolloquien 10, 1996) S. 28–44.

16 Vgl. etwa Monika Londner, Eheauffassung und Darstellung der Frau in der spätmittelalterlichen Märendichtung. Eine Untersuchung auf der Grundlage rechtlich-sozialer und theologischer Voraussetzungen (1973); Eva Schäufele, Normabweichendes Rollenverhalten: Die kämpfende Frau in der deutschen Literatur des 12. und 13. Jahrhunderts (Göppinger Arbeiten zur Germanistik 272, 1979); Petra Kellermann-Haaf, Frau und Politik im Mittelalter. Untersu-

die Möglichkeiten und Grenzen realer politische Herrschaft von Frauen im Mittelalter auf der Basis historisch-kritischer Quellenanalyse aufzuarbeiten. Ein erster Versuch wird hier für die Königin vorgelegt.

In methodischer Hinsicht erscheint der begriffsgeschichtliche Zugang Thilo Vogelsangs und sein Versuch, aus der Häufigkeit der *consors*-Bezeichnung in den Urkunden auf den Grad und die Akzeptanz der politischen Wirksamkeit der Königin zu schließen, als ein erster Schritt, um das zeitgenössische Verständnis einer Mitherrschaft der Königin zu rekonstruieren. Darauf aufbauend kann eine Bewertung ihrer Stellung im politischen Leben des Mittelalters jedoch nur auf der Basis der Realisierung der mit dem *consors*-Ideal zu verknüpfenden Inhalte erfolgen. Dies darf sich nicht darin erschöpfen, die Mitherrschaft der Königin ausschließlich in den politischen Aktivitäten zu suchen, die sie zusammen mit dem König oder in dessen Stellvertretung übernahm. Vielmehr ist darüber hinaus zu fragen, ob sich bestimmte Aufgabenbereiche erkennen lassen, die der Königin vorbehalten waren und die sich gleichsam als ihr »Job« etablieren konnten. Schließlich verbindet sich damit die in ihrer Tragweite für das Herrschaftsgefüge im mittelalterlichen Reich zentrale Frage nach dem »institutionellen« Rang der Königin[17].

Um Antworten auf diese Fragestellungen zu finden, mußte induktiv vorgegangen werden. Aufgrund der teilweise sehr lückenhaften, sporadischen und zufälligen Informationen sowie der überdies sehr verstreuten und disparaten Quellenlage, die eine Rekonstruktion der Handlungsweisen in vielfacher Hinsicht erschwert und gelegentlich unmöglich macht, läßt sich die politische Dimension des »Königinnentums« im Mittelalter nur erfassen, indem exemplarisch unterschiedliche Bereiche und Formen ihrer Herrschaftsausübung aufgezeigt und in den Kontext eingeordnet werden.

An den Beginn der Untersuchung sind dabei die den »Status der Königin« bestimmenden Faktoren – Krönung, Titel, Dos und Hofstaat – zu stellen, die in ideeller wie auch faktischer Hinsicht als Voraussetzung für politisches Handeln gelten müssen und die mehr oder weniger alle Königinnen miteinander teilten.

Ein zweites Kapitel beschäftigt sich mit den in der Forschung bislang unzulänglich und kontrovers diskutierten »Rahmenbedingungen für die Herrschaftsausübung der Königin«. Lediglich sporadisch aufgearbeitet ist dabei das Itinerar der Königin und die damit verbundene Frage nach ihrer für die Herrschaftsausübung notwendigen Präsenz am Hof. Kontrovers diskutiert wird in der jüngeren Forschung der Problemkreis der Interventionen und Petitionen in den Königsur-

---

chungen zur politischen Rolle der Frau in den höfischen Romanen des 12., 13. und 14. Jahrhunderts (Göppinger Arbeiten zur Germanistik 456, 1986); Joachim Bumke, Höfische Kultur. Literatur und Gesellschaft im hohen Mittelalter, 2 Bde. (1986) bes. Bd. 2, S. 484–494; Ursula Liebertz-Grün, Frau und Herrscherin. Zur Sozialisation deutscher Adeliger (1150–1450), in: Bea Lundt (Hg.), Auf der Suche nach der Frau im Mittelalter. Fragen, Quellen, Antworten (1991) S. 165–187.

17 Auf die institutionelle Bedeutung der Königin hat verwiesen: Hagen Keller in der Diskussion zu seinem Vortrag über »Reichsorganisation, Herrschaftsformen und Gesellschaftsstrukturen im Regnum Teutonicum«, in: Il secolo di ferro: Mito e realità del secolo X (19–25 aprile 1990) (Settimane di Studia del Centro italiano di studi sull'alto medioevo XXXVIII, 1991) Bd. 1, S. 159–195, Diskussion S. 197–203, hier S. 202f. – Erste Begründungen dafür gab Franz Reiner Erkens, Die Frau als Herrscherin in ottonisch-frühsalischer Zeit, in: Kaiserin Theophanu 2 S. 245–259 sowie Ders., »Sicut Esther regina». Die westfränkische Königin als *consors regni*, Francia 20/1 (1993) S. 15–38.

kunden, wobei die herausragende Bedeutung der Königin zwar konstatiert, an den Quellen jedoch noch nicht untersucht und begründet wurde.

Ein drittes Kapitel gilt den verschiedenen »Aufgaben der Königin« in der Rechtsprechung, dem Lehenswesen, der Kirchenpolitik und der Memoria. Neben ihrer spezifischen Rolle und ihren der jeweiligen Zeit verhafteten Handlungsweisen, sind dabei Möglichkeiten und Grenzen ihrer Herrschaftsausübung aufzuzeigen.

Einem sehr stark dem politischen Ansehen der Person der Königin verpflichteten Aspekt wendet sich ein viertes Kapitel zu: »Die Königin im Kräftefeld politischer Macht«. Es zeigt sie als Vermittlerin, Fürbitterin und Streitschlichterin in Konflikten mit unterschiedlichen politischen Kräften: Reichsfürsten, auswärtigen Mächten und Päpsten. Die Notwendigkeit eines exemplarischen Vorgehens wird hier am deutlichsten. Denn angesichts einer Vielzahl solcher Situationen konnten nur wenige zentrale, für die Reichspolitik bedeutsam erscheinende Gegebenheiten und Ereignisse, gleichsam als Fallbeispiele, Berücksichtigung finden.

Schließlich wird in einem letzten Kapitel die für die Herrschaftsausübung umfängliche »Stellvertretung im Königtum« behandelt. Als solche lassen sich Regentschaften, Reichsverweserschaften und sogenannte Statthalterschaften bezeichnen.

Der zeitliche Rahmen dieser Studie – so das zu Beginn der Arbeit in den Blick genommene Ziel – sollte sich vom 10. bis zum 15. Jahrhundert[18] und damit von der Zeit der Entstehung des deutschen Reiches[19] bis zum Ausklang des Mittelalters unter Maximilian I.[20] erstrecken. Dabei wurde der Schwerpunkt auf das hohe Mittelal-

18 Eine umfassende thematische Einbeziehung frühmittelalterlicher Verhältnisse hätte zu völlig anderen Fragestellungen und Schwerpunkten geführt und sich nur in einem Vergleich der sich verändernden Stellung der Königin vom frühen zum hohen Mittelalter sinnvoll darstellen lassen. Zur Bedeutung der Königin im Frühmittelalter vgl. Silvia KONECNY, Die Frauen des karolingischen Königshauses. Die politische Bedeutung der Ehe und die Stellung der Frau in der fränkischen Herrscherfamilie vom 7. bis zum 10. Jahrhundert (Dissertationen der Universität Wien 132, 1976); Janet L. NELSON, Queens as Jezebels: The Careers of Brunhild and Balthild in Merovingian History, in: Medieval Women. Dedicated and presented to Professor Rosalind M. T. Hill on the Occasion of her seventieth Birthday, hg. von Derek BAKER (Studies in Church History. Subsidia 1, 1978, S. 31–77); Suzanne F. WEMPLE, Women in Frankish Society. Marriage and the Cloister (500 to 900) (1981); Pauline STAFFORD, The King's Wife in Wessex 800–1066, Past and Present 91 (1981) S. 3–27; DIES., Queens, Concubines, and Dowagers. The King's Wife in the Early Middle Ages (1983); August NITSCHKE, Brunhilde und Hiltgund. Beobachtungen zum Verhaltenswandel der Frauen im frühen Mittelalter, in: Sprache und Recht. Beiträge zur Kulturgeschichte des Mittelalters. Festschrift für Ruth Schmidt-Wiegand zum 60. Geburtstag, hg. von Karl HAUCK u. a. (1986) Bd. 2, S. 532–553; Brigitte MERTA, Helenae conparanda regina – secunda Isebel. Darstellung von Frauen des merowingischen Hauses in frühmittelalterlichen Quellen, MIÖG 96 (1988) S. 1–32; Werner AFFELDT (Hg.), Frauen in Spätantike und Frühmittelalter. Lebensbedingungen – Lebensnormen – Lebensformen (1990); Robert FOLZ, Les Saintes Reines du Moyen Âge en Occident (VIe–XIIIe siècles) (Subsidia Hagiographica 76, 1992); GOETZ, Frauen im frühen Mittelalter.

19 Zur Diskussion vgl. bes. Joachim EHLERS, Die Entstehung des deutschen Reiches (Enzyklopädie deutscher Geschichte 31, 1994); Bernd SCHNEIDMÜLLER, Reich – Volk – Nation: Die Entstehung des deutschen Reiches und der deutschen Nation im Mittelalter, in: Mittelalterliche nationes – neuzeitliche Nationen. Probleme der Nationenbildung in Europa, hg. von Almut BUES und Rex REXHEUSER (1995) S. 73–101; Eduard HLAWITSCHKA, Der Übergang von der fränkischen zur deutschen Geschichte. Ein Abwägen von Kriterien, ZBLG 59 (1996) S. 365–394 mit weiteren Literaturhinweisen.

20 Unter den neueren Gesamtdarstellungen sei hier lediglich auf die drei Mittelalter-Bände der Propyläen Geschichte Deutschlands verwiesen: Johannes FRIED, Der Weg in die Geschichte. Die

ter vom 10. bis zum ausgehenden 12. Jahrhundert gelegt. Die seit ottonischer Zeit festzustellende Entwicklung hin zu einer verstärkten Einbindung der Königin in den verschiedenen Bereichen des politischen Lebens ist Ausgangspunkt und Basis für die eben skizzierte Gliederung. Doch galt das Interesse nicht nur den Möglichkeiten und Notwendigkeiten der Herrschaftsausübung im hohen Mittelalter. Ausgehend von den Handlungsspielräumen im 10., 11. und 12. Jahrhundert sollte der Bogen zum späten Mittelalter gespannt werden, um Kontinuitäten, Entwicklungen und Veränderungen aufzuzeigen. Verbunden damit ist die Überprüfung der verbreiteten Forschungsthese vom »Schattendasein« der Königin in der Politik seit dem 13. Jahrhundert. Es ist zu hinterfragen, ob das »Königinnentum« als ein für das politische Geschehen nicht mehr relevanter Faktor anzusehen ist. Diese Frage kann dabei nur vor dem Hintergrund der gravierenden Veränderungen der politischen Landschaften und Mächte im spätmittelalterlichen Reich beantwortet werden.

Daß solche komplexe Fragestellungen in einer Monographie kaum bewältigt werden können, liegt auf der Hand. Die das Spätmittelalter in den Blick nehmenden Passagen sind deshalb als erste Skizzen zu bewerten, die lediglich Tendenzen und Entwicklungen anzusprechen beabsichtigen. Deutlich erkennbar werden dabei Defizite der Forschung. Denn im Vergleich zum hohen Mittelalter wissen wir von der Stellung der Königin im späten Mittelalter relativ wenig. In den Quellen ist sie scheinbar selten und nurmehr in ihrer dynastischen Bedeutung präsent, was sich in der Forschung widerspiegelt. Zudem stehen für den Zeitraum des Spätmittelalters bislang kaum Urkundeneditionen zur Verfügung sowie modernen Ansprüchen genügende Regestensammlungen, die erst in den letzten Jahren in Angriff genommen wurden, wobei allerdings die Königin nach wie vor kaum Berücksichtigung findet. Für das Spätmittelalter bedarf es deshalb im besonderen Maße einer Aufarbeitung seitens der biographischen und – im Zuge der veränderten Herrschaftsbasis des spätmittelalterlichen Königtums – der landesgeschichtlichen Forschung, um ein detailliertes Tableau der politischen Aktivitäten spätmittelalterlicher Königinnen erstellen zu können. Insofern ist deren Einbeziehung in die vorliegende Studie nur in exemplarischer und rudimentärer Weise möglich.

Trotz dieser forschungsbedingten Schwierigkeiten erscheint die wenn auch nur in Ansätzen mögliche Ausdehnung der Frage nach der Herrschaftsausübung der Königin auf das Spätmittelalter unverzichtbar. Denn gerade durch die sich verändernden Voraussetzungen im Übergang vom hohen zum späten Mittelalter mußte die Stellung der Königin neu definiert werden. Inwieweit sich ihre Herrschaftsräume sowie der Grad und Umfang ihrer Herrschaftsausübung entwickelten und veränderten, ist jedoch – wie ich meine – in der Tendenz zu erkennen und, wenn auch nur lückenhaft und exemplarisch, darzustellen.

Der Versuch, das gesamte Mittelalter in den Blick zu nehmen, läßt schließlich ein differenzierteres Licht auf die starke politische Stellung der Königin im hohen Mittelalter werfen und verdeutlicht das »Amt« der Königin in seiner Gesamtheit.

Ursprünge Deutschlands bis 1024 (1994); Hagen KELLER, Zwischen regionaler Begrenzung und universalem Horizont. Deutschland im Imperium der Salier und Staufer 1024 bis 1250 (1986); Peter MORAW, Von offener Verfassung zu gestalteter Verdichtung. Das Reich im späten Mittelalter 1250 bis 1490 (1985).

Status der Königin

Krönung

Die Krönung von König und Königin gehörte im Mittelalter zu den herrschaftsbegründenden und herrschaftslegitimierenden Akten. Als Krönungskirche hatte sich im römisch-deutschen Reich unter den salischen Herrschern im 11. Jahrhundert das auf eine Gründung Karls des Großen zurückgehende Marienstift in Aachen gegenüber dem Mainzer Dom endgültig durchsetzen können. Seitdem wurde nur eine in Aachen vollzogene Königskrönung als eine am rechtmäßigen Ort angesehen[1].

Dies gilt nicht in gleicher Weise für die Königinnen. Nach der im Jahr 829 oder 830 vollzogenen Krönung der mit dem Karolinger Ludwig dem Frommen verheirateten Judith[2] läßt sich eine Königinnen-Krönung in Aachen erst wieder für den Dreikönigstag (6. Januar) des Jahres 1205 belegen, an dem der Staufer Philipp von Schwaben und seine aus Byzanz stammende Gemahlin Irene/Maria gekrönt wurden.

Bis ins frühe 13. Jahrhundert hinein fanden die Krönungen der Königinnen an unterschiedlichen Orten statt. Der für das 10., 11. und 12. Jahrhundert von der Krönung des Königs nachweislich getrennt vollzogenen Zeremonie entsprach deren zeitliche Nachordnung. Eine Ausnahme bliebe lediglich eine Krönung Edgiths an der Seite Ottos I. im Jahr 936, von der jedoch nicht zweifelsfrei erwiesen ist, ob sie stattgefunden hat. Erst im späten Mittelalter inszenierte man generell Krönungen des Herrscherpaares in Aachen[3].

---

1 Egon Boshof, Aachen und die Thronerhebung des deutschen Königs in salisch-staufischer Zeit, Zeitschrift des Aachener Geschichtsvereins 97 (1991) S. 5–32; dort die ältere Literatur.

2 *Praedictus enim domnus imperator Ludoicus habebat quandam reginam pulchram nimis, nomine Iudith, et sapientiae floribus optime instructam, sociatam sibi in coniugio, quae etiam imperatrix coronata, et Augusta ab omnibus est adclamata*, Annales Mettenses, ed. Georg Heinrich Pertz, in: MGH SS 1, a. 830 S. 336. Die Krönung Judiths fand nicht bei oder unmittelbar nach der Heirat mit Ludwig dem Frommen 819 statt, sondern ist erst für 829/30 bezeugt: Gunther Wolf, Königinnen-Krönungen des frühen Mittelalters bis zum Beginn des Investiturstreits, ZRG Kan. 76 (1990) S. 2–88 bringt die Krönung in direkten Zusammenhang mit der 830 gegen sie erhobenen Ehebruchsklage und stellt die These auf, daß die Krönung in Aachen nicht im Winter 829/30 stattgefunden habe, sondern erst nach ihrer Rehabilitierung im Februar 831, ohne dafür Quellenbelege heranziehen zu können. In terminologischer, allerdings nicht inhaltlicher Abweichung von Brühls »Befestigungskrönung«, HZ 194 (1962), kommt Wolf zu der Schlußfolgerung, daß es sich lediglich um eine »affirmative Krönung« (S. 66) gehandelt habe. – Zu den Anschuldigungen gegen Judith: Konecny, Frauen des karolingischen Königshauses S. 91–98. – Zum politischen Einfluß bes.: Elizabeth Ward, Caesar's Wife. The Career of the Empress Judith, 819–829, in: Charlesmagne's Hair. New Perspectives on the Reign of Louis the Pious (814–840), hg. von Peter Godman und Roger Collins (1990) S. 205–227 und Egon Boshof, Ludwig der Fromme (Gestalten des Mittelalters und der Renaissance, 1996) S. 152f., 178f., 182ff.

3 Als Gesamtdarstellung ist nach wie vor unentbehrlich: Paul Krull, Die Salbung und Krönung der deutschen Königinnen und Kaiserinnen im Mittelalter (1911).

Im Westfrankenreich wurde es – nach vereinzelten Königinnen-Krönungen in der zweiten Hälfte des 9. Jahrhunderts – seit dem frühen 10. Jahrhundert allgemein üblich, die Königin zu krönen und zu salben[4]. Im ostfränkischen Reichsgebiet setzte diese Entwicklung hingegen deutlich später ein[5]. Durch die Quellen sicher bezeugt ist hier erstmals die Krönung Kunigundes, der Gattin Heinrichs II., ein Jahrhundert später[6]. Die durch Erzbischof Willigis von Mainz im Dom von Paderborn am Laurentiustag (10. August) des Jahres 1002[7] zelebrierte Weihe und Krönung[8] begründete die Krönungstradition der Königin im römisch-deutschen Reich[9].

Im 10. Jahrhundert hingegen gab es noch unterschiedliche Tendenzen. So sind für die Gemahlinnen der nach dem Aussterben der ostfränkischen Karolinger 911 in deren Nachfolge gewählten Könige, Konrad I. und Heinrich I., keine Krönungen belegt.

Der auf einer Fürstenversammlung in Forchheim 911 zum König erhobene und anschließend gesalbte Konrad I. scheint zu diesem Zeitpunkt unverheiratet gewesen zu sein. Erst zwei Jahre später schloß er die Ehe mit Kunigunde (* vor 878 [∞ 913] † zw. 915–936), der Witwe des bayerischen Markgrafen Luitpold und Mutter

---

4 Vgl. Erkens, Sicut Esther S. 24–38.

5 Im Gegensatz zum Westfrankenreich sind Krönungen für die Gemahlinnen der ostfränkischen Karolinger nicht belegbar; vgl. Wolf, Königinnen-Krönungen S. 68.

6 Zur Biographie zuletzt Eduard Hlawitschka, Kaiserin Kunigunde, in: Schnith (Hg.), Frauen des Mittelalters S. 72–89, 469f.

7 Acht Wochen zuvor, am 7. Juni, hatte Erzbischof Willigis Heinrich II. in Mainz gekrönt. Daß Kunigunde anwesend war, ist unwahrscheinlich. Nachweisbar wird sie erstmals durch ihre Intervention in einer am 10. Juli 1002 in Bamberg für den Würzburger Bischof ausgestellten Urkunde; vgl. Reg. Imp. II,4 Nr. 1491. Heinrich befand sich auf einem Zug nach Sachsen und traf erst wieder im August mit der Königin zusammen; Thietmar von Merseburg, Chronicon, ed. Robert Holtzmann, MGH SS rer. Germ. N.S. 9 (1955) V 19 (11) S. 243 zufolge im Kloster Korvei, während Adalbold von Utrecht in seiner Vita Heinrici, ed. H. van Rij (1983) c. 12 S. 58 die Pfalz Grone als Ort des Zusammentreffens benennt. Letzeres wird bestätigt durch eine hier ausgestellte Urkunde für das Kloster Werden, vgl. Reg. Imp. II,4 Nr. 1495. Das Königspaar reiste von hier gemeinsam nach Paderborn weiter.

8 *Postera luce, que mundo festiva illuxit beati Laurencii martirio, domna Cunegundis benedictionem et coronam et Sophia soror imperatoris a rege iam constituta abbatissa consecracionem a Willigiso archiepiscopo humiliter susceperunt*, Thietmar von Merseburg, Chronicon V 19 (11) S. 243. Inhaltlich mit Thietmar übereinstimmend: Thangmar, Vita Bernwardi, ed. G. H. Pertz, in: MGH SS 4, c. 39, S. 775: *Novus autem rex Paderbrunnun sancti Laurentii natale celebravit, ibique domna Cunigunda regalem coronam et benedictionem a venerabili Willegiso archiepiscopo accepit;* die Annales Hildesheimenses, ed. Georg Waitz, MGH SS rer. Germ. [8] (1878) a. 1002 S. 28: ... *domna Gunigund regalem benediccionem et coronae imposicionem a predicto metropolitano suscepit;* die Annales Quedlinburgenses, ed. G. H. Pertz, in: MGH SS 3, S. 78 sowie die auf Thangmar basierenden beiden Fassungen von Wolfhers Vita Godehardi, ed. G. H. Pertz, in: MGH SS 11, S. 185 und 205. – Daß es sich bei dem als »Kunigundenkrone« bekannten Bamberger Kopfreliquiar der Kaiserin nicht um eine Schenkung Kunigundes, sondern um eine Bischof Gunthers von Bamberg, angefertigt zwischen 1063 und 1064, handelt, hat Renate Baumgärtel-Fleischmann, Die sogenannte Kunigundenkrone, Münchner Jahrbuch der bildenden Kunst, 3. Folge, Bd. 32 (1981) S. 25–41 wahrscheinlich machen können. Wolf, Königinnen-Krönungen S. 62 und 72f. hält die Krone noch für diejenige Kunigundes, die »bald nach 1000 angefertigt« worden sein soll.

9 Zu den einzelnen Bestandteilen der Krönung zur Königin, die mit Weihe und Salbung verbunden war, vgl. unten S. 42–49.

Herzog Arnulfs von Bayern[10]. Der zeitgenössischen Annalistik zufolge soll diese Heirat nach einer Fehde gleichsam als Bürgschaft für den Frieden – *tamquam pacis obsidem*[11] – mit dem führenden alemannischen Adligen Erchangar[12], dem Bruder Kunigundes, verabredet worden sein[13].

Auch eine Krönung der schon lange vor seiner Königswahl mit dem sächsischen Herzog Heinrich verheirateten Königin Mathilde (* ca. 890/95 [∞ 909] † 968) ist auszuschließen[14]; nicht zuletzt aufgrund der Nachricht des einige Jahrzehnte später schreibenden Widukind von Korvei. Diesem zufolge habe der erste ins Königtum berufene Liudolfinger die ihm durch den Mainzer Erzbischof Heriger angetragene Salbung und Krönung abgelehnt[15].

Eine Trendwende erfolgte in der Regierungszeit seines Sohnes und Nachfolgers Otto I., auch wenn dessen eigene Königskrönung im Jahr 936 – mit oder ohne seine erste Gemahlin Edgith (∞ 929/30 † 946) – neuerdings als quellenbedingtes Forschungsproblem zu diskutieren ist[16]. Als zweifelsfreies Faktum ist jedoch die Erneuerung des Kaisertums durch Otto I. zu werten. An dessen Seite wurde in St. Peter in Rom an Lichtmeß 962 seine zweite Gattin Adelheid (* ca. 931 [∞ 951] † 999) durch Papst Johannes XII. zur Kaiserin gekrönt[17]. Diese römische Krönungszeremo-

---

10 Zu Luitpold und Arnulf vgl. den Überblick bei Kurt Reindel, Bayern vom Zeitalter der Karolinger bis zum Ende der Welfenherrschaft (788–1180), in: Max Spindler (Hg.), Handbuch der Bayerischen Geschichte 1 (²1981) S. 277–289.

11 *Ipso anno* (a. 913) *Erchanger cum rege pacificatus est, cuius sororem, Liupoldi relictam, rex tamquam pacis obsidem in matrimonium accepit*, Annales Alamannici. Cont. Sangallensis tertia, ed. G. H. Pertz, in: MGH SS 1, S. 56. – Zu den Beziehungen zwischen Konrad I. und Erchangar, die sich von einem anfänglichen Vertrauensverhältnis zu erbitterter Feindschaft wandelte vgl. Adelheid Krah, Absetzungsverfahren als Spiegelbild von Königsmacht. Untersuchungen zum Kräfteverhältnis zwischen Königtum und Adel im Karolingerreich und seinen Nachfolgestaaten (Untersuchungen zur deutschen Staats- und Rechtsgeschichte N.F. 26, 1987) S. 249–256. – Zur Heirat als rechtsritueller Handlung der Friedenssicherung: Gerd Althoff, Der friedens-, bündnis- und gemeinschaftstiftende Charakter des Mahles im früheren Mittelalter, in: Essen und Trinken in Mittelalter und Neuzeit, hg. von Irmgard Bitsch u. a. (1990) S. 13–25, hier S. 24 und Ders., Fest und Bündnis, in: Feste und Feiern im Mittelalter. Paderborner Symposion des Mediävistenverbandes, hg. von Detlef Altenburg, Jörg Jarnut und Hans-Hugo Steinhoff (1991) S. 29–38, hier S. 37.

12 Zur Person: Michael Borgolte, Die Grafen Alemanniens in merowingischer und karolingischer Zeit. Eine Prosopographie (Archäologie und Geschichte 2, 1986) S. 110f.

13 Kirchner, Kaiserinnen S. 114 vermutet aufgrund (west-)karolingischer Traditionen eine Krönung Kunigundes, ohne dies allerdings näher zu begründen.

14 Zur Biographie zuletzt Eduard Hlawitschka, Königin Mathilde, in: Schnith (Hg.), Frauen des Mittelalters S. 9–26, 468. – Irrtümlich benennt Wolf, Königinnen-Krönungen S. 70 auch Hatheburg, die erste Gemahlin Heinrichs I., von der sich Heinrich allerdings noch vor der Übernahme des sächsischen Herzogtums und 10 Jahre vor seiner Königserhebung in Fritzlar 919 getrennt hatte.

15 Johannes Fried, Die Kunst der Aktualisierung in der oralen Gesellschaft. Die Königserhebung Heinrichs I. als Exempel, GWU 44 (1993) S. 493–503, hier bes. S. 499–501; Ders., Die Königserhebung Heinrichs I. Erinnerung, Mündlichkeit und Traditionsbildung im 10. Jahrhundert, in: Michael Borgolte (Hg.), Mittelalterforschung nach der Wende 1989 (Beihefte HZ N.F. 20, 1995) S. 267–318, bes. S. 302–311 und jetzt Franz-Reiner Erkens, Der Herrscher als Gotes Drút. Zur Sakralität des ungesalbten ostfränkischen Königs, HJb 118 (1998) S. 1–39, hier bes. S. 33–39.

16 Zur Forschungsdiskussion um die Aachener Krönung siehe unten S. 31–35.

17 *Insuper benediccionem a domno apostolico Iohanne, cuius rogatione huc venit, cum sua coniuge anno regni eius XXVIIII. promeruit inperialem ac patronus Romanae effectus aecclesiae Beneventum, Calabriam atque Apuliam, ducibus eorum devictis, sibi vendicavit*, Thietmar von Merseburg, Chronicon II

nie könnte für die aus dem hochburgundischen Königshaus stammende, mittlerweile 30jährige Adelheid nicht die erste gewesen sein[18]. Sowohl bei ihrer ersten Heirat mit König Lothar von Italien 947 wie auch bei ihrer zweiten Eheschließung mit König Otto I. 951, beide Male in Pavia, der Krönungsstadt der langobardischen Könige, wäre eine solche jeweils denkbar. Konkret nachweisen läßt sich freilich weder die eine noch die andere[19]. Einige Indizien machen es dennoch wahrscheinlich, daß Adelheid als italische Königin über eine weitgehende Einbeziehung in die Herrschaftsausübung auf der Basis einer kirchlichen Legitimation in Form einer Krönung verfügt hatte. Zum einen wird sie in den Urkunden Lothars in einer für die erste Hälfte des 10. Jahrhunderts nicht gerade typischen Weise als *consors regni* tituliert[20]; zum anderen spielte sie nach dem Tod Lothars in der Frage der Klärung der Machtverhältnisse in Oberitalien eine nicht unerhebliche Rolle[21].

Festzuhalten bleibt, daß die unter den Ottonen beginnende Krönungstradition der königlichen Frauen mit dem Kaisertum verknüpft war. Denn auch die byzantinische Prinzessin Theophanu (* ca. 959/60 † 991) wurde bei ihrer Eheschließung mit dem bereits zum Mitkaiser erhobenen Otto II. in Rom am 14. April 972 durch Papst Johannes XIII. gleich zur Kaiserin gekrönt[22]. Singulär war ihr Titel einer *coimperatrix*[23].

Seit dem Herrschaftsantritt des bayerischen Herzogspaares Heinrich II. und Kunigunde (* ca. 975/80 [∞ um 998/1000] † 1033) im Jahr 1002 läßt sich ein Modell nachweisen, das langfristig beibehalten wurde. Es umfaßte eine Krönung der Königin zu Beginn der Herrschaftsausübung sowie eine imperiale römische Krönung des Paares im Verlauf der Regierungszeit. Wie Kunigunde und Heinrich II. am 14.

---

13 (7) S. 52. Vgl. jetzt Stefan Weinfurter, Kaiserin Adelheid und das ottonische Kaisertum, FMSt 33 (1999) S. 1–19.

18 Zur Biographie zuletzt: Eduard Hlawitschka, Kaiserinnen Adelheid und Theophanu, in: Schnith (Hg.), Frauen des Mittelalters S. 27–71, 468f. und Werner Goez, Kaiserin Adelheid, in: Ders., Lebensbilder aus dem Mittelalter. Die Zeit der Ottonen, Salier und Staufer (1998) S. 66–82, 502f.

19 Zu den Quellen vgl. Krull, Salbung S. 22 sowie Hermann Weisert, War Otto d. Gr. wirklich rex Langobardorum?, AfD 28 (1982) S. 23–37 und Gunther Wolf, Nochmals zur Frage nach dem *rex Francorum et Langobardorum* und das *regnum Italiae* 951, AfD 35 (1988) S. 171–236, der den Hochzeitstermin für den 9. Oktober 951 berechnet hat. – Bei dem eine königliche Weihe benennenden Diplom Nr. 442 handelt es sich um eine in St. Maximin angefertigte Fälschung Benzos um 1116, die jeglicher historischer Grundlage entbehrt; vgl. Theo Kölzer, Studien zu den Urkundenfälschungen des Klosters St. Maximin vor Trier (10.–12. Jahrhundert) (VuF Sonderband 36, 1989) S. 166.

20 Zur Herausbildung und Bedeutung der *consors*-Formel vgl. oben S. 56–66.

21 Zum Machtkampf nach dem Tod König Lothars im November 950 vgl. S. 263–266.

22 *Hoc anno imperator natale Domini Ravennae, pascha Romae celebravit, ubi tunc equivoco atque imperatori suo Theophani nomine, ab apostolico Iohanne coronata, in legitimo matriomonio est sotiata,* Annales Lobienses a. 972, ed. G. Waitz, in: MGH SS 13, S. 234; ... *in ecclesia apostolorum principi corona capitis impositis, et nuptias celebrate et laudibus decorata, imperatrix Romana effecta est,* Benedetto di S. Andrea del Soratte, Chronicon, ed. Giuseppe Zucchetti (1920) S. 183. Vgl. Werner Ohnsorge, Die Heirat Kaiser Ottos II. mit der Byzantinerin Theophano (972) (1973), ND in: Ders., Ost-Rom und der Westen (1983) S. 128–172; Nikolaus Gussone, Trauung und Krönung. Zur Hochzeit der byzantinischen Prinzessin Theophanu mit Kaiser Otto II., in: Kaiserin Theophanu 2 S. 161–173; Gunther G. Wolf, Zum »lokalen« Datum des DOII. Nr. 21 vom 14. April 972, AfD 43 (1997) S. 11–14.

23 Zum *coimperatrix*-Titel S. 51–54.

Februar 1014 durch Benedikt VIII. so wurden auch ihre Nachfolgerinnen Gisela von Schwaben 1027[24], Agnes von Poitou 1046[25] und Bertha von Turin 1084[26] zusammen mit ihren Ehemännern von den Päpsten ihrer Zeit gekrönt.

Nach dem Tod Heinrichs II. im Juli 1024, wählten die Großen des Reiches auf einer Versammlung in Kamba den Salier Konrad den Älteren zu seinem Nachfolger, der seit etwa 1016 mit Gisela (* wohl 989/90 † 1043), der Witwe des schwäbischen Herzogs Ernst I., verheiratet war[27]. Daß eine Krönung der Königin stattfinden sollte, schien jetzt nicht mehr fraglich. Doch es gab einen Skandal und deshalb – wie schon 1002 – erneut keine gemeinsame Zeremonie des Paares: Während Konrad II. bereits vier Tage nach seiner Wahl am Fest der Geburt Mariens[28], dem 8. September, im Mainzer Dom durch Erzbischof Aribo gesalbt wurde, fand die Weihe Giselas erst einige Tage später, am 21. September, in Köln statt[29]. Als Coronator fungierte Erzbischof Pilgrim, der dem salischen Hofhistoriographen Wipo zufolge den König darum ersucht habe, die Königin weihen zu dürfen. Damit habe er – so Wipo – gleichsam eine frühere Schuld wieder gutmachen wollen[30].

Worin diese Schuld bestand, berichtet Wipo nicht; sie dürfte allerdings bei der vorausgegangenen Wahl von Kamba zwischen den beiden Vettern, Konrad dem Älteren und Konrad dem Jüngeren, zu suchen sein. Denn Pilgrim von Köln hatte sich der lothringischen Opposition gegen den älteren Konrad angeschlossen[31]. Im Ge-

---

24 Kaiserkrönung am 26. März 1027 durch Papst Johannes XIX.

25 Krönung am Weihnachtstag, dem 25. Dezember, des Jahres 1046 durch Clemens II., den erst kurz zuvor zum Papst erhobenen Bamberger Bischof Suitger.

26 Krönung am 31. März 1084 durch den Gegenpapst Clemens III.

27 Zum umstrittenen Geburtsjahr Giselas, 989 oder 999, wobei das frühere Datum plausibler erscheint, vgl. Hans Jürgen Rieckenberg, Das Geburtsdatum der Kaiserin Gisela, DA 9 (1952) S. 535–538; Eduard Hlawitschka, Zur Bleitafelinschrift aus dem Grab der Kaiserin Gisela, HJb 97/98 (1978) S. 439–445; Ders., Untersuchungen zu den Thronwechseln der ersten Hälfte des 11. Jahrhunderts und zur Adelsgeschichte Süddeutschlands. Zugleich klärende Forschungen um »Kuno von Öhningen« (VuF Sonderband 35, 1987) S. 132–144; Hansmartin Schwarzmaier, Probleme um die Kaiserin Gisela, in: Ders., Von Speyer nach Rom. Wegstationen und Lebensspuren der Salier (1992) S. 50–58. – Zur Biographie zuletzt Gertrud Thoma, Kaiserin Gisela, in: Schnith (Hg.), Frauen des Mittelalters S. 90–120, 470f.

28 Zur politischen Bedeutung dieses Krönungstages vgl. Ernst-Dieter Hehl, Maria und das ottonisch-salische Königtum. Urkunden, Liturgie, Bilder, HJb 117 (1997) S. 271–310.

29 Die neueste Darstellung bei Franz-Reiner Erkens, Konrad II. (um 990–1039). Herrschaft und Reich des ersten Salierkaisers (1998) hier S. 13–55.

30 *... et archiepiscopus Pilegrinus quasi pro emendatione prioris culpae impetrabat a rege, ut sibi liceret in ecclesia Coloniensi reginam consecrare*, Wipo, Gesta Chuonradi II. imperatoris, ed. Harry Bresslau, MGH SS rer. Germ. [61] (1915) c. 2 S. 20. – Hermann von Reichenau, Chronicon, ed. G. H. Pertz, in: MGH SS 5, a. 1024 S. 120 bestätigt die Krönung Giselas durch Pilgrim in Köln: ... *senior Counradus rex promotus, et ab Aribone archiepiscopo Moguntiaci unctus est 6. Idus Septembr. Nec multo post uxor eius Gisela a Piligrino archiepiscopo Coloniae regina nihilominus benedicta 11. Kal. Octobr.* Nur die Quedlinburger Annalen sprechen von der Weihe und Krönung Giselas in Mainz durch Aribo: *Parvo dierum intervallo etiam Gisila, divinitus iam praeelecta, iussu et advocatione regis, ipso ibidem persistente, Moguntiam convenit, praesenteque imperatrice Cunigunda omniaque ad haec pertinentia honeste, ut decuit, administrante, a praefato episcopo sub multo cleri senatusque conventu honore regio benedictione ac coronatur* (S. 90). Vgl. Krull, Salbung S. 23; Percy Ernst Schramm, Die Königskrönungen der deutschen Herrscher von 961 bis um 1050, in: Ders., Kaiser, Könige und Päpste. Gesammelte Aufsätze zur Geschichte des Mittelalters 3 (1969) S. 119.

31 *Quamquam archiepiscopus Coloniensis et dux Fridericus cum aliis quibusdam Liutharingis causa iunioris Chuononis, ut fama fuit, immo hoste pacis diabolo instigante impacati discederent; qui tamen cito re-*

gensatz zu den Lothringern und ihren Anhängern, die noch die folgenden Monate in ihrer ablehnenden Haltung verharrten[32], distanzierte sich Erzbischof Pilgrim jedoch ziemlich bald und erkannte das Königtum Konrads des Älteren an. Vor diesem Hintergrund könnte die getrennt vollzogene Krönung des Königspaares im Anschluß an die Wahl als deren politische Konsequenz gedeutet werden: Nachdem der »Königsmacher« Aribo von Mainz in seiner Bischofskirche an Konrad II. Weihe und Krönung vollzogen hatte, wurde Pilgrim die Bitte gewährt, die Krönung der Königin in Köln vorzunehmen, was im Hinblick auf hochmittelalterliche Konfliktlösungsstrategien als öffentliche Demonstration der Aussöhnung zwischen dem König und dem Erzbischof angesehen werden könnte[33].

Die in der Forschung immer wieder vorgetragene These, daß Aribo von Mainz die Krönung Giselas verweigert habe, weil sie mit Konrad in einem kirchenrechtlich unzulässigen Verwandtschaftsverhältnis gestanden habe[34], basiert hingegen auf dem Analogieschluß, daß sich Aribo im langjährigen spektakulären Hammersteinschen Ehestreit[35] als unerbittlicher Verfechter des strengen kirchlichen Eherechts erwiesen hat, sowie auf der vagen Andeutung Wipos, daß Neid und üble Nachrede einiger Leute die Weihe der Königin um mehrere Tage verzögert und erst deren Durchsetzungskraft dazu geführt habe, daß sie mit Zustimmung und auf die Bitte der Fürsten hin geweiht worden sei[36].

Daß sich hinter dieser Bemerkung Wipos, der über die Vorgänge in der engsten Umgebung des Königspaares zweifellos gut informiert war, möglicherweise eine

versi ad gratiam regis praeter eos, quos communis conditio mortis praeoccupavit, quicquid ipse praeceperat, gratanter accepere, Wipo, Gesta Chuonradi c. 2 S. 19f.

32 Zur Opposition der Lothringer und ihrer Anhänger, besonders Herzog Ernsts von Schwaben, vgl. unten S. 269–273.

33 Die Krönung Giselas durch Pilgrim erscheint insofern keineswegs als »überraschend«; so die Einschätzung von Gerd WUNDER, Gisela von Schwaben, Gemahlin Kaiser Konrads II. † 1043, in: Lebensbilder aus Schwaben und Franken 14 (1980) S. 1–16; nachgedruckt in: DERS., Lebensläufe: Bauer, Bürger, Edelmann, Bd. 2. In memoriam Gerd Wunder (Forschungen aus Württembergisch Franken 33, 1988) S. 153–168, hier S. 159.

34 So z. B. SCHRAMM, Königskrönungen S. 125; Egon BOSHOF, Die Salier (Urban-TB 387, 1987) S. 38f. und Karl Rudolf SCHNITH, Kaiser Konrad II. (1024–1039), in: DERS. (Hg.), Mittelalterliche Herrscher in Lebensbildern. Von den Karolingern zu den Staufern (1990) S. 186. – Den Grund für die Nicht-Krönung Giselas sieht Norbert BISCHOFF, Über die Chronologie der Kaiserin Gisela und über die Verweigerung ihrer Krönung durch Aribo von Mainz, MIÖG 58 (1950) S. 285–309, hier S. 306 im Gegensatz dazu in einem »Geburtsmakel«, den Armin WOLF, Königskandidatur und Königsverwandtschaft. Hermann von Schwaben als Prüfstein für das »Prinzip der freien Wahl«, DA 47 (1991) S. 45–117, hier S. 90f. in einer möglichen Nah-Ehe der Eltern Giselas, Hermann von Schwaben und Gerberga, die im 3. Grad verwandt gewesen sein sollen, vermutet.

35 Dorothea von KESSLER, Der Eheprozeß Ottos und Irmingards von Hammerstein. Studie zur Geschichte des katholischen Eherechts im Mittelalter (Historische Studien 157, 1923); Siegfried REICKE, Der Hammersteinsche Ehehandel im Lichte der mittelalterlichen Herrschaftsordnung, Rheinische Vierteljahrsblätter 38 (1974) S. 203–224; Alois GERLICH, Hammersteiner Ehe, in: LexMA 4 (1989) Sp. 1892.

36 *Haec quorundam hominum invidia, quae saepe ab inferioribus fumigat ad superiores, per aliquot dies a consecratione sua impediebatur. Caeterum, si illud odium iuste an iniuste pertulerit, adhuc in quaestione moratur; tamen virilis probitas in femina vicit, et ex consensu et petitione principum consecrata necessaria comes regem sequebatur*, Wipo, Gesta Chuonradi c. 4 S. 25f. Zur Verwendung des antiken Frauenideals der Virago im Mittelalter vgl. Marie-Louise PORTMANN, Die Darstellung der Frau in der Geschichtsschreibung des früheren Mittelalters (Basler Beiträge zur Geschichtswissenschaft 69, 1958) bes. S. 19–32.

Verweigerung der Krönung Giselas durch den Mainzer Erzbischof verbirgt, ist kaum auszuschließen. Unklar bleibt der Grund dafür, da Wipo in rätselhafter Weise nur anmerkt, daß es sich um ein Gerücht gehandelt habe, von dem es bis heute fraglich sei, ob dieses zu Recht oder zu Unrecht geäußert worden sei[37]. Das schon vor der Wahl hinlänglich bekannte Problem einer zu engen Verwandtschaft des Herrscherpaares kann damit schwerlich gemeint sein, zumal dann auch die nach Wipo eindeutige Wahl des in gleicher Weise betroffenen Konrad des Älteren durch Erzbischof Aribo, dessen Spruch sich die übrigen Fürsten angeschlossen hätten[38], kaum mehr erklärbar würde. Weiterhin ist festzustellen, daß der Mainzer Primas gerade in den ersten Jahren nach der Königswahl als der bei weitem häufigste Interventionspartner der Königin in den Urkunden Konrads II. auftritt. Diese Zusammenarbeit am Hof macht deutlich, daß es zwischen Aribo und Gisela keinen dauerhaften ernsten Konflikt gegeben haben kann, der die Stellung Giselas als Königin beeinträchtigt hätte[39].

Dennoch: Glaubt man Wipo – und es nicht zu tun, besteht kaum Anlaß – dann hätte es 1024 durchaus eine gemeinsame Krönung des Königspaares geben können, wenn nicht kurz zuvor Gerüchte in Umlauf gekommen wären, aufgrund derer es geboten schien, die Weihe der Königin für's erste zu verschieben. Der Klatsch der Leute betraf wohl die Person der Königin und konnte von ihr schnell entkräftet werden. Was auch immer ihn ausgelöst hatte, läßt sich nicht mehr rekonstruieren. Immerhin führte er aber wohl dazu, daß auch 1024 zeitlich und räumlich getrennte Krönungszeremonien abgehalten wurden.

Mit der Krönung Giselas durch Pilgrim ist zudem ein offizieller Abschluß der Ausgleichsbemühungen zwischen Konrad II. und dem Kölner Erzbischof nach den Irritationen bei der Wahl erreicht worden[40]. Eine langfristige Bedeutung erhielt die

---

37 Erich BRANDENBURG, Probleme um die Kaiserin Gisela (Berichte über die Verhandlungen der Sächsischen Akademie der Wissenschaften phil.-hist. Klasse, Bd. 80, Heft 4, 1928) S. 21–29 kommt zu dem Schluß, daß Unregelmäßigkeiten bei der zweiten Eheschließung Giselas zur Verweigerung ihrer Krönung durch Aribo geführt hätten. – Kurt-Ulrich JÄSCHKE, Tamen virilis probitas in femina vicit, in: Ex ipsis rerum documentis. Beiträge zur Mediävistik. Festschrift für Harald Zimmermann zum 65. Geburtstag, hg. von Klaus HERBERS, Hans Henning KORTÜM und Carlo SERVATIUS (1991) S. 429–448, hier S. 435–437 zufolge stehe hinter dieser Bemerkung Wipos »Sozialneid« (437).

38 *Archiepiscopus Moguntinensis, cuius sententia ante alios accipienda fuit, rogatus a populo, quid sibi videretur, abundanti corde, hilari voce laudavit et elegit maioris aetatis Chuononem suum in dominum et regem atque rectorem et defensorem patriae*, Wipo, Gesta Chuonradi c. 2 S. 18f.

39 JÄSCHKE, Tamen virilis probitas, lehnt die Forschungsthese der Verweigerung der Weihe Giselas durch Aribo von Mainz mit dem Hinweis auf den »Präzedenzfall« der Königinnenweihe Kunigundes 1002 ab, die »ebenfalls getrennt von derjenigen des Königs und an anderem Ort erfolgt war« (S. 435). Diese Argumentation vermag jedoch nicht zu überzeugen, da die zeitliche und örtliche Trennung der Krönungszeremonien von König und Königin im Jahr 1002, die aufgrund der reichspolitisch nicht ganz unproblematisch verlaufenen Herrschaftsübernahme Heinrichs II. notwendig geworden sein dürfte, kaum als »Präzedenzfall« für 1024 angesehen werden kann. Der entscheidende Unterschied liegt vielmehr dain, daß Gisela nicht – wie Kunigunde – durch den Mainzer Primas, sondern durch den Erzbischof von Köln geweiht, und die Weihe auch nicht in Paderborn, sondern im Kölner Dom zelebriert wurde.

40 Unter Ausklammerung der Wahlvorgänge und in Heranziehung des 1880 in Mainz gefundenen Kaiserinnen-Schmucks, der in der älteren Forschung als Schmuck der Kaiserin Gisela angesehen wurde, stellte Gunther G. WOLF, Die Wiener Reichskrone (Schriften des Kunsthistorischen Museums 1, 1995) S. 168–173 die These auf, daß die Krönung Giselas durch Erzbischof Aribo zusammen mit Konrad II. in Mainz deshalb nicht stattfinden konnte, weil der dafür zeremoniale Schmuck entwendet und vergraben worden war, um die Krönung Giselas zu verzögern. Wolf

Krönung dadurch, daß hier erstmals der Kölner Erzbischof als Coronator fungierte, der mit der Krönung des Sohnes der Gisela, Heinrichs III., 1028 in Aachen seinen Anspruch auf die Königskrönung durchsetzen konnte.

Alle Gemahlinnen der salischen Könige wurden fortan gesalbt und gekrönt, wobei die einzelnen Zeremonien im chronologischen Kontext der jeweiligen Eheschließungen standen. Der erneut in den Vordergrund gerückte dynastische Aspekt der Königsnachfolge führte dazu, daß sowohl Heinrich III. wie auch sein Sohn Heinrich IV.[41] und Enkel Heinrich V.[42] frühzeitig in einem noch unverheirateten Alter für das Königsamt bestimmt und in Aachen gekrönt wurden. Gemeinsame Krönungen des Herrscherpaares waren deshalb nicht an der Tagesordnung.

Daß Weihe und Krönung der Königin inzwischen eine besondere Bedeutung gewonnen hatten, zeigt sich daran, daß die jeweilige Braut noch vor der Eheschließung gekrönt wurde. Dies läßt Wipo durchblicken, wenn er mitteilt, daß König Heinrich, der Sohn des Kaisers, im Jahr 1036 die zur Königin geweihte Tochter des dänischen Königs Knut, namens Chunelinde-Gunhild (* um 1018 † 1038), mit königlichen Hochzeitsfeierlichkeiten in die Ehe geführt habe[43]. Sehr viel eindeutiger berichten die

---

stellt dann aber nicht die Frage, auf welche Weise sich die Königin innerhalb weniger Tagen Ersatz beschafft haben sollte. Darüber hinaus steht und fällt die These mit der Datierung, die zuletzt für die Zeit der Kaiserin Agnes belegt wurde, vgl. Mechthild SCHULZE-DÖRRLAMM, Der Mainzer Schatz der Kaiserin Agnes. Neue Untersuchungen zum sogenannten »Gisela-Schmuck« (Römisch-Germanisches Zentralmuseum. Monographien 24 = Publikationen zur Ausstellung »Die Salier und ihr Reich« 1991).

41 Die gegen Heinrich IV. gewählten Gegenkönige Rudolf von Rheinfelden 1077 und Hermann von Salm 1081 wurden beide vom Mainzer Metropoliten Siegfried am 26. März 1077 in Mainz bzw. am 26. Dezember 1081 in Goslar gekrönt; vgl. dazu die Zusammenstellung der wichtigsten Quellen bei Walter BÖHME (Hg.), Die deutsche Königserhebung im 10.–12. Jahrhundert, Bd. 1 (Historische Texte/Mittelalter 14, 1970) S. 65–78. – Trotz der recht guten Quellenlage wird eine Krönung ihrer Gemahlinnen Adelheid und Sophia nicht überliefert, weshalb mit KRULL, Salbung S. 32 zu vermuten ist, daß beide »allem Anschein nach nicht gekrönt« worden sind. Während zumindest die Herkunft Adelheids als Tochter Graf Ottos von Savoyen und der Markgräfin Adelheid von Turin, damit Schwester Königin Berthas, bekannt ist, besitzen wir über Sophia keine biographischen Anhaltspunkte; zu letzterer vgl. Theodor SCHIEFFER, Hermann von Salm, in: NDB 8 (1969) S. 628–630.

42 Ob der 1093 zum italischen König durch den Mailänder Erzbischof Anselm gekrönte Konrad (III.) anläßlich seiner in Pisa 1095 stattgefundenen Eheschließung mit Maximilla, der Tochter Rogers I. von Sizilien, seine Gemahlin auch krönen ließ, wissen wir nicht; vgl. KRULL, Salbung S. 31. Zu Maximilla: Walther HOLTZMANN, Maximilla regina, soror Rogerii regis, DA 19 (1963) S. 149–167, der die mit genannter Titulatur in den 30er Jahren des 12. Jahrhunderts urkundende Königin als Witwe Konrads nachweisen konnte.

43 *Anno Domino MXXXVI. Heinricus rex filius imperatoris Chnutonis regis Anglorum filiam nomine Chunelindem pro regina consecratam regalibus nuptiis in coniugium duxit*, Wipo, Gesta Chuonradi c. 35, S. 54. Die Annales Hildesheimenses a. 1036 überliefern die Krönung in Nimwegen am Apostelfest, dem 29. Juni, und die Änderung des Namens in Kunigunde: … *pentecosten vero nativitatemque sancti Iohannis Niumago, et ibi filio imperatoris Heinrico regi venit regina Cunihild nomine, quae ibidem in natali apostolorum regalem coronam accepit et mutato nomine in benedictione Cunigund dicta est* (S. 40). Vgl. KRULL, Salbung S. 29, der in Erzbischof Pilgrim von Köln den Coronator vermutet; Kurt-Ulrich JÄSCHKE, Notwendige Gefährtinnen. Königinnen der Salierzeit als Herrscherinnen und Ehefrauen im römisch-deutschen Reich des 11. und beginnenden 12. Jahrhunderts (Historie und Politik 1, 1991) S. 88–91; ERKENS, Konrad II. S. 175f. – Zu den politischen Hintergründen der Heirat vgl. Erich HOFFMANN, Die Salier und Skandinavien, in: Auslandsbeziehungen unter den salischen Kaisern. Geistige Auseinandersetzung und Politik, hg. von Franz STAAB (Veröffentlichungen der Pfälzischen Gesellschaft zur Förderung der Wissenschaften in Speyer 86, 1994) S. 239–264, bes. S. 243–252; zur Biographie Gunhilds: Hansmartin

Quellen diese Reihenfolge von Agnes von Poitou (* um 1020/27 † 1077), der Tochter des aquitanischen Herzogs Wilhelm V., die Heinrich III. in zweiter Ehe Ende November 1043 in Ingelheim heiratete, nachdem sie zuvor in Mainz, wahrscheinlich durch den hiesigen Erzbischof Bardo, zur Königin gesalbt worden war[44]. Ebenso wurde ihre Schwiegertochter, die im Juli 1066 in der Pfalz Tribur mit Heinrich IV. vermählte Bertha von Turin (* 1051 † 1087), einige Tage zuvor, am 29. Juni 1066, dem Peter und Pauls-Tag, im Würzburger Dom geweiht und gekrönt[45]. Dieser durch die Ungenauigkeit der Quellen nicht weiter konkretisierbare Ablauf dürfte auch bei der zweiten Heirat Heinrichs IV. mit Praxedis-Adelheid (* um 1068 † 1109), Tochter des Großfürsten von Kiev und Witwe des Grafen Heinrich von Stade[46], im Juni oder Juli 1089 in Köln eingehalten worden sein. Singulär ist, daß aufgrund der Vakanz des Kölner Erzstuhles der Magdeburger Metropolit Hartwig die *ordinatio* vornahm[47].

Schließlich ist auch die als achtjährige Braut in das Reich ihres zukünftigen Gatten Heinrich V. übersiedelnde Mathilde von England (* 1102 † 1167) nicht erst vor ihrer Hochzeit am 7. Januar 1114 gekrönt worden, sondern bereits unmittelbar nach ihrer Ankunft am Jakobstag, den 25. Juli, des Jahres 1110 durch den Kölner Erzbischof Friedrich in Mainz[48].

Schwarzmaier, Das Kind als Königin. »Gunhild« († 1038) am deutschen Hof, in: Ders., Von Speyer nach Rom (1992) S. 72–77.

44 *Exin Agnetem, Willehelmi Pictaviensis filiam, sponsam suam accipiens, et Mogontiaci reginam ungui faciens, regales apud Ingelenheim nuptias celebravit* ..., Hermann von Reichenau, Chronicon a. 1043, S. 124. Ähnlich die Annales Altahenses maiores: *Mox convocata non minori multitudine profectus est rex Vesontionum urbem Burgundiae, et illic accipiens, quam praediximus, sponsam, duxit eam Mogonciacum ibique consecrari eam reginam curavit, consummatisque diebus ordinationis in Ingilenheim fecit nuptias regio, ut decuit, apparatu*, ed. Edmund von Oefele, MGH SS rer. Germ. [4] (1891) S. 33f.; vgl. Krull, Salbung S. 29f.; Jäschke, Notwendige Gefährtinnen S. 95–97. – Das die Krönung erwähnende Diplom Heinrichs III. Nr. 391 von 1044 Juli 25 gehört zu den Fälschungen aus St. Maximin in Trier; vgl. Kölzer, Urkundenfälschungen S. 166f. – Zu den kirchenrechtlichen Bedenken gegenüber der Heirat vgl. Heinz Thomas, Zur Kritik an der Ehe Heinrichs III. mit Agnes von Poitou, in: Festschrift für Helmut Beumann zum 65. Geburtstag, hg. von Kurt-Ulrich Jäschke und Reinhard Wenskus (1977) S. 224–235.

45 Die einzige Quelle zur Krönung sind die Annales Altahenses: *Cum vero sponsa illius iam esset adulta, quam pater eius secum adduxerat novissime regrediens de Italia, et cum ipse iam flore iuventutis vernaret et Wirziburch natale apostolorum Petri et Pauli celebraret, regia benedictione eam coronari fecit, moxque in Ingilinheim celebratis nuptiis regali munificentia, ut par fuit, in consortium regni eam adsumpsit* (S. 72). Nur hier wird auch Ingelheim als Ort der Heirat genannt, während Lampert von Hersfeld, Ekkehard von Aura und die Annales Rosenveldenses, ed. G. H. Pertz, in: MGH SS 16, S. 100 Tribur nennen: *Henricus Triburi nupcias celebrat*. – Die Dotalurkunde Heinrichs IV. von 1066 Juli 13 ist wie die vorgenannte für Agnes von Poitou eine St. Maximiner Fälschung; vgl. obige Anm. Als Coronator vermuten Kirchner, Kaiserinnen S. 119 und ihm folgend Krull, Salbung S. 61 den Mainzer Erzbischof Siegfried von Eppstein, da Würzburg zu seiner Kirchenprovinz gehörte.

46 Vgl. Raissa Bloch, Verwandtschaftliche Beziehungen des sächsischen Adels zum russischen Fürstenhaus, in: Festschrift Albert Brackmann, hg. von Leo Santifaller (1931) S. 185–206, hier S. 203–206.

47 *Post illos autem dies, quibus haec quae diximus facta sunt Moguntiae, concelebrata est etiam Coloniae per eundem Hartvigum ordinatio Adalheidae reginae*, Liber de unitate ecclesiae conservanda, ed. W. Schwenckenbecher, in: MGH Ldl 2 (1892) c. 26 S. 248; vgl. Gerold Meyer von Knonau, Jahrbücher des Deutschen Reiches unter Heinrich IV. und Heinrich V., 7 Bde. (1890–1907) hier Bd. 4 (1903) S. 251f.; Krull, Salbung S. 65f. und Jäschke, Notwendige Gefährtinnen S. 149–157.

48 Wegen der Vakanz des Mainzer Erzstuhls zelebrierten die Erzbischöfe Friedrich von Köln und Bruno von Trier die Krönung Mathildes in Mainz: *Hec eadem in festo sancti Iacobi apostoli in reginam Mogontiae ab archiepiscopo Friderico Coloniae consecratur*, Chronica regia Coloniensis, ed.

Damit ist es in salischer Zeit also grundsätzlich wichtig geworden, die Königin zu krönen. Die Zeremonie stand jeweils am Beginn ihrer Mitherrschaft als *consors regni*. Dabei wechselten sowohl Leitung wie auch Ort zwischen Mainz und Köln und ihren jeweiligen Oberhirten. Ausnahme blieben die Würzburger Krönung Berthas von Turin und die Weihe der nur wenige skandalbehaftete Jahre mit Heinrich IV. zusammenlebenden Praxedis, die der Magdeburger Erzbischof Hartwig in Köln vollzogen hatte.

Nach dem Ende der salischen Ära mit dem kinderlosen Tod Heinrichs V. 1125 und der Wahl des schon seit 25 Jahren mit Richenza von Northeim (* um 1087/15 [∞ um 1100] † 1141) verheirateten sächsischen Herzogs Lothar von Supplinburg, fand trotz widersprüchlicher Nachrichten in den Quellen – wie bereits 1002 und 1024 – erneut keine gemeinsame Krönung statt[49]. Vielmehr wurde Lothar III. am 29. August 1125 durch den Kölner Erzbischof Friedrich, assistiert von Adalbert von Mainz, Adalbero von Lüttich sowie weiterer Bischöfe, in Aachen gekrönt, während die Weihe Richenzas durch Erzbischof Friedrich einige Tage später in Köln vorgenommen wurde[50]. Über die Gründe läßt sich allenfalls spekulieren. Dabei könnten Überlegungen, daß bis zu diesem Zeitpunkt im römisch-deutschen Reich keine gemeinsamen Krönungen des Herrscherpaares, sondern ausschließlich räumlich und zeitlich getrennte Zeremonien üblich waren, durchaus eine Rolle gespielt haben[51]. Auffallend ist weiterhin, daß die Krönung Richenzas nicht auch in Aachen gefeiert wurde, wie diejenige Lothars zuvor. Möglicherweise wollte man auch in diesem Punkt nicht eine gewohnte Praxis aufgeben, derzufolge die Königinnenweihe seit dem frühen 11. Jahrhundert jeweils in einer der anderen, den Metropolitanverbänden Mainz und Köln unterstellten Bischofskirchen anberaumt wurde, wobei die Wahl 1125 wieder einmal auf den Kölner Dom fiel.

Da im 11. Jahrhundert die Krönung der Königin im Regnum allgemein üblich geworden war und stets auch vollzogen wurde, könnte man schlußfolgern, daß sich dies auch in staufischer Zeit nicht geändert haben wird. Fehlende Quellennachweise lassen jedoch daran zweifeln. So liegt für die zum Zeitpunkt der Königswahl des ersten »Stauferkönigs« Konrad III. 1138 mit diesem verheiratete Gertrud von Sulzbach (* um 1113/16 [∞ um 1131/32] † 1146)[52] ebensowenig eine entsprechende

---

Georg Waitz, MGH SS rer. Germ. [18], (1880) a. 1110 S. 49. Weitere Quellenangaben bei Meyer von Knonau, Jahrbücher Bd. 6: 1106–1116 (1907) S. 120f. mit Anm. 17. – Nach wie vor ungeklärt ist die Frage, ob Mathilde während ihres Aufenthaltes in Rom im Frühjahr 1117 auch zur Kaiserin gekrönt wurde; vgl. dazu unten S. 106f.

49 Die Annales Patherbrunnenses a. 1125, ed. Paul Scheffer-Boichorst (1870) S. 146f. und danach die Kölner Königschronik S. 63 berichten von einer gemeinsamen Krönung des Paares in Köln: *… Coloniae ab eiusdem sedis archiepiscopo Friderico in regem una cum domna Rikenza, coniuge sua, consecratur.* Georg Scheibelreiter, Der Regierungsantritt des römisch-deutschen Königs (1056–1138), MIÖG 81 (1973) S. 35 interpretiert diese Nachricht dahingehend, daß in Köln eine Festkrönung Lothars stattgefunden habe.

50 *Uxor eius domna Richeza Colonie a Friderico archiepiscopo in reginam consecratur,* Annalista Saxo, ed. Georg Waitz, in: MGH SS 6 (1844) S. 763; vgl. Reg. Imp. IV,1 Nr. 94.

51 Nach Wilhelm Bernhardi, Lothar von Supplinburg (1879) S. 52 scheint Richenza bei der Krönung Lothars in Aachen am 13. September 1125 »nicht zugegen gewesen zu sein, da sie sonst wahrscheinlich mit ihm zusammen die Krone erhalten hätte«. – Die Krönung zur Kaiserin wurde am 4. Juni 1133 durch Innocenz II. nach seiner Anerkennung als rechtmäßiger Papst vollzogen; zur Rolle Richenzas im sog. Anakletischen Schisma vgl. unten S. 308–310.

52 Kowalski, Königinnen S. 6 mit Anm. 2.

Nachricht vor wie auch über eine Weihe Adelas von Vohburg (* 1128/29 [∞ 1147 oder 1149] † wohl nach 1187)[53], der ersten Gattin seines Neffen Friedrich I., der 1152 zu seinem Nachfolger im Königsamt bestimmt wurde. Da Barbarossa allerdings ein Jahr später von seiner Frau geschieden wurde, ließe sich vermuten, daß in dieser Absicht eine die Ehetrennung zweifellos komplizierende Krönung Adelas erst gar nicht in Betracht gezogen wurde[54].

Der salischen Tradition entsprechend wurde 1156 dann aber die von Barbarossa umworbene Beatrix (* 1140/44 † 1184), Erbin der Grafschaft Burgund, vor ihrer Eheschließung[55] durch Erzbischof Hillin von Trier in Worms am Vorabend des Dreifaltigkeitsfestes, dem 9. Juni, zur Königin gesalbt. Die Hochzeit mit Friedrich I. feierte man anschließend, zwischen dem 10. und 16. Juni, in Würzburg[56]. Gekrönt wurde auch Konstanze von Sizilien (* 1154 † 1198), als sie mit Heinrich VI., dem schon mit knapp drei Jahren zum König gesalbten Sohn der Beatrix, in San Ambrogio in Mailand, am 27. Januar 1186 vermählt wurde. Die Weihehandlung leitete ein deutscher Bischof, vermutlich Erzbischof Konrad von Mainz[57].

---

53 Krull, Salbung S. 33.

54 Vgl. Erwin Rundnagel, Die Ehescheidung Friedrich Barbarossas, in: Kritische Beiträge zur Geschichte des Mittelalters. Festschrift für Robert Holtzmann zum 60. Geburtstag (Historische Studien 238, 1933) S. 145–159 und allgemein Peter Landau, Ehetrennung als Strafe. Zum Wandel des kanonischen Eherechts im 12. Jahrhundert, ZRG Kan. 81 (1995) S. 148–188.

55 Rainer Maria Herkenrath, Die burgundische Heirat Kaiser Friedrichs I., in: Ecclesia peregrinans. Josef Lenzenweger zum 70. Geburtstag, hg. von Karl Amon, Bruno Primetshofer, Karl Rehberger, Gerhard Winkler, Rudolf Zinnhobler (1986) S. 89–94 hat im Gegensatz dazu die These formuliert, daß anläßlich eines Aufenthaltes Friedrichs I. im Januar 1156 in Straßburg der Heiratsvertrag abschlossen worden sowie die Eheeinwilligung und die Übergabe der Mitgift der Beatrix erfolgt sei, weshalb sie seit diesem Zeitpunkt als Eheleute anzusehen seien. Obwohl es dafür keinen Quellenbeleg gibt, zieht H. – in Ausdehnung seiner Überlegungen auf die Heirat Heinrichs III. mit Agnes von Poitou – die weitreichende Schlußfolgerung: »Mit Sicherheit ist auszuschließen, daß beide Herrscher eine gekrönte Königin heirateten, vielmehr waren beide bereits rechtlich verbundene Eheleute, die vor der weltlichen Feier und vor dem Beilager ihre Gattin krönen ließen« (S. 93). Diese Vermischung von Eheversprechen bzw. Verlobung und rechtlich vollgültiger Ehe ist bereits von Franz Reiner Erkens, *Fecit nuptias regio, ut decuit, apparatu*. Hochzeitsfeste als Akte monarchischer Repräsentation in salischer Zeit, in: Feste und Feiern im Mittelalter (1991) S. 401–421 mit dem begründeten Hinweis zurückgewiesen worden, daß – wie eine Fülle weiterer Beispiele belegen – nicht die Verlobung, sondern die Hochzeit die Braut des Herrschers zur Ehefrau und *consors regni* mache (S. 419 Anm. 142).

56 Annales S. Iacobi Leodiensis, ed. G. H. Pertz, in: MGH SS 16 a. 1158 S. 641: *Imperator Fredericus in octavis pentecostes uxorem ducit Werciborc cum magna gloria, in magna frequentia optimatum, filiam ducis Burgundionum, quae a Treverensi arciepiscopo in reginam benedicta fuerat Wormaciae sabbato ipsius octave pentecostes*. Eine Zusammenstellung einer Vielzahl weiterer Quellen bei Kowalski, Königinnen S. 13f. Anm.4; vgl. auch Felicia von Keszycka, Kaiserin Beatrix. Gemahlin Friedrichs I. Barbarossa (1923) S. 27f. – Zur Krönung der Beatrix zur Kaiserin während des vierten Italienzugs Anfang August 1167 durch den kaiserlichen Gegenpapst Paschalis III. vgl. unten S. 110.

57 Ralph de Diceto, Ymagines historiarum, ed. William Stubbs, Rolls Series 68,2 (1876) a. 1186: *Eodem in die* (sc. 27. Januar) *Aquileiensis patriarcha coronavit Henricum regem Teutonicum, et ab ea die vocatus est Cæsar. Quidam episcopus Teutonicus coronavit Constantiam amitam Willelmi regis Siculi generi regis Anglorum. Hœc acta sunt in monasterio Sancti Ambrosii* (S. 39). Da der englische Chronist von d e m deutschen Bischof spricht, liegt die Vermutung nahe, daß der in Italien als Zeuge nachweisbare Konrad von Mainz als an der Spitze der Reichskirche stehend, gemeint war; vgl. Peter Csendes, Heinrich VI. (Gestalten des Mittelalters und der Renaissance, 1993) S. 61; zu den Urkunden vom 11. Febr. 1186, ausgestellt in Pavia, vgl. Reg. Imp. IV,3 Nr. 5d, 5e. – Zur Krönung: Krull, Salbung S. 34 mit weiteren Quellenbelegen. – Die gemeinsame Kaiserkrönung vollzog Papst Coelestin III. am Ostermontag des Jahres 1191; vgl. Reg. Imp. IV,3 Nr. 145a.

In der Zeit des staufisch-welfischen Thronstreits findet sich für den Staufer Philipp von Schwaben und Irene (* 1181 [∞ 1195] † 1208), der aus Byzanz stammenden Tochter Kaiser Isaak II. Angelos und Witwe Rogers III. von Apulien[58], schließlich der erste sichere Quellenbeleg für eine am selben Tag und Ort stattfindende gemeinsame Krönung. Beide wurden zweimal gekrönt: erstmals in Mainz durch den burgundischen Bischof Aimo von Tarantaise[59], anläßlich derer Irene den Namen Maria annahm, und zum zweiten Mal am Dreikönigstag 1205 in Aachen durch den Kölner Erzbischof Adolf von Altena unter Assistenz des Erzbischofs von Trier. Zu letzterer berichtet die Braunschweigische Reimchronik:

> *Koninc Philippus und sin here/zo Achen quam mit grozer ere./dha wart herscaph und vroudhe vil,/groz hochzit und wunnen spil./dha kronete in und dhe vrowen sin,/Marien dhe koninghin,/uf koninc Karles stul an grozer ere/byscoph Adolph dher Colnere*[60].

Im Gegensatz dazu wurden die Gattinnen seines welfischen Gegenspielers, des späteren Kaisers Otto IV., wohl nicht gekrönt. Lange nach seinen Krönungen zum römischen König 1198 und Kaiser 1209 heiratete er im Juli 1212 in erster, schon nach drei Wochen durch den plötzlichen Tod beendeter Ehe die 14jährige Beatrix von Schwaben (* 1198), die Tochter Philipps und Irenes[61]. Zwei Jahre später, am 19. Mai 1214, ehelichte Otto dann in Aachen Maria von Brabant (* 1191? † 1260), die Tochter Herzog Heinrichs I., mit der er sich bereits 1198 verlobt hatte und die dem englischen Chronisten Roger von Hoveden zufolge bei seiner Aachener Krönung 1198 neben ihm auf dem königlichen Stuhl gesessen haben soll, ohne allerdings gekrönt worden zu sein[62]. Da Otto sich zum Zeitpunkt der zweiten Eheschließung schon im Kirchenbann befand und Friedrich II. bereits auf allgemeine Anerkennung in Deutschland

58 Vgl. Christoph Reisinger, Tankred von Lecce. Normannischer König von Sizilien 1190–1194 (Kölner Historische Abhandlungen 38, 1992) S. 159f. mit Anm. 664.

59 *Circa festum sancti Remigii Philippus dux Sueviae Moguntiae cum uxore coronatur*, Reineri Annales, ed. G. H. Pertz, in: MGH SS 16, a. 1198 S. 654. – Inhaltlich davon abweichend berichtet Arnold von Lübeck, daß die Königin nicht gekrönt, sondern nur mit dem königlichen Diadem geschmückt einhergegangen sei: *Inter hec Philippus …, consensu et favore omnium in regem eligitur, et a domno Tarentino archiepiscopo consensu cleri et conniventia capituli maioris sine preiudicio domni Moguntini Conradi, qui ut sepe dictum est tunc aberat, cum magna sollempnitate rex consecratur et Romanorum augustus salutatur. Ibi quoque regina regio diademate non tamen coronata, sed circulata processit, que de Grecia oriunda Philippo nupserat et eius dignitatem non modice in suis partibus auxerat*, Chronica Slavorum, ed. Johann Martin Lappenberg, MGH SS rer. Germ. [14], (1868) lib. VI c. 2 S. 219. – Da Erzbischof Konrad von Mainz damals im Hl. Land weilte, war in Mainz nur der Trierer Erzbischof anwesend, der erst kurz zuvor auf die Seite Philipps gewechselt war.

60 Ed. Ludwig Weiland, MGH Dt. Chron. 2 (1877) S. 534. – *Rex itaque Philippus exercitu pergrandi collecto, consilio et auxilio Coloniensis episcopi nec non Heinrici palatini, ducis quoque de Brabanden Aquisgrani descendit, et in throno regali ab archiepiscopis, scilicet Coloniensi et Treverensi, una cum regina sua gloriosissime coronatus est*, Continuationes Weingartenses chronicorum Hugonis et Honorii, ed. Ludwig Weiland, in: MGH SS 21, S. 480.

61 Die 1208 mit Otto IV. verlobte Beatrix starb wohl noch in Nordhausen, wo am 22. Juli 1212 in der Hoffnung auf Gewinnung des staufischen Anhangs gegen den anreisenden Thronrivalen Friedrich II. eine »improvisierte Hochzeit« stattfand; vgl. Thilo Vogelsang, Beatrix (d. Ä.) von Schwaben, in: NDB 1 (1953) S. 682 und Bernd Ulrich Hucker, Kaiser Otto IV. (Schriften der MGH 34, 1990) S. 386f.

62 *Praedictus autem Otho duxit sibi in uxorem filiam ducis de Luvain, quae die coronationis praedicti Othonis sedit simul cum eo in cathedra regali, sed non tunc coronata*, Roger de Hoveden, Chronicon, ed. W. Stubbs, Rolls Series 51,4 (1871) S. 39.

stieß, erscheint eine Krönung Marias zur Königin – trotz der Ortswahl für die Heirat – als unwahrscheinlich[63].

Gleich mehrmals ist der in Palermo aufgewachsene Barbarossa-Enkel Friedrich II. als römisch-deutscher König erwählt und im Verlauf seines ersten Aufenthaltes im Reich 1212 in Mainz und 1215 in Aachen gekrönt worden. Doch für keine seiner Gemahlinnen ist eine entsprechende Zeremonie in den Quellen verbürgt. Dabei war Konstanze von Aragon (* um 1182/83 † 1222), verwitwete ungarische Königin und mit dem Staufer seit 1209 verheiratet, mit ihrem Sohn Heinrich (VII.) 1216 nach Deutschland gereist, um 1220 zusammen mit Friedrich II. über Rom, wo beide die Kaiserkrönung durch Papst Honorius III. empfingen[64], die Rückreise nach Sizilien anzutreten. Hier starb die Kaiserin bereits zwei Jahre später.

Isabella von Brienne (* um 1211/12 † 1228), die seit Ende 1225 weniger als drei Jahre mit Friedrich in zweiter Ehe verbundene Erbin der Krone von Jerusalem, überschritt die Grenzen des Königreichs Sizilien nicht[65]. Doch als der Staufer einige Jahre später erfolgreich um Isabella (* 1217 † 1241), die Schwester des englischen Königs Heinrich III., warb, wurde die Vermählung in Worms am 15. Juli 1235 gefeiert. Gekrönt wurde Isabella aber wohl nicht[66]. Dies stand entgegen den mit dem englischen Hof getroffenen Absprachen, wobei allerdings nicht ganz deutlich wird, welche Krönung verhandelt worden war[67]. Daß die römische Krönung zur Kaiserin verabredet worden sein könnte, scheint aus einem von Matthäus Paris zitierten Brief hervorzugehen, in dem Heinrich III. gegenüber dem Staufer seiner Verwunderung Ausdruck verlieh, daß seine Schwester die kaiserliche Krone bislang noch nicht bei offiziellen feierlichen Anlässen getragen habe[68].

Nicht die Ehefrauen Friedrichs II.[69] also, wohl aber seine Schwiegertochter, die mit Heinrich (VII.) seit 1225 verheiratete Margarete von Österreich (* ca. 1204/05 † 1266), war gekrönte römisch-deutsche Königin. Die am Sonntag Judica, dem 28. März, des Jahres 1227 durch den Kölner Erzbischof Heinrich I. von Molenark vollzogene Krönung brach in wesentlichen Punkten mit der salisch-frühstaufischen

63 Vgl. Krull, Salbung S. 36f.

64 1220 … *Hoc eciam anno octava sancti Martini Fridericus rex a papa Honorio imperiali sublimatur benedictione, et sequenti die regina in imperatricem*, Cronica S. Petri Erfordensis moderna, ed. Oswald Holder-Egger, in: Monumenta Erphesfurtensia, MGH SS rer. Germ. [42] (1899) S. 224.

65 Zu ihrer Person: S. Schein, Isabella II. von Brienne, in: LexMA 5 (1991) Sp. 669.

66 Die bereits per procurationem am 22. Februar 1235 in Westminster geschlossene Ehe wurde mit der Feier in Worms besiegelt. Ob Isabella auch zur Königin gekrönt worden ist, läßt sich aufgrund der Quellen, die nur von der Eheschließung reden, kaum beurteilen. Die Formulierung in der Chronica regia Coloniensis cont. IV a. 1235 (S. 266), daß die kaiserliche Hochzeit *debito cum honore celebrantur*, erscheint viel zu allgemein, als daß mit Krull, Salbung S. 39 daraus auf eine Krönung geschlossen werden könnte.

67 *Recepimus etiam in mandatis a domino imperatore prefato, ut nomine suo et in eius anima iuraremus, quod ipse predictam dominam in facie ecclesie solempniter desponsabit et coronabit eamdem* …, Iuramentum ducis Brabantiae et archiepiscopi Coloniensis (1235 Mai 3), in: MGH Const. 2, Nr. 192 S. 235f.

68 … *sed mirabatur supra modum, quod soror sua imperatrix non adhuc coronam in locis et civitatibus sollempnibus in imperio magnifice portavit*, Matheus Paris, Ex Cronicis maioribus, ed. Felix Liebermann, MGH SS 28 (1888) S. 107–389, hier S. 189. Vgl. Kowalski, Königinnen S. 47f. Zur Krone im Brautschatz Isabellas: Christiane Wolf Di Cecca, Der Brautschatz der Isabella von England 1235 mit besonderer Berücksichtigung der Brautschatzkrone, AfD 41 (1995) S. 137–145.

69 Klaus J. Heinisch, Eheschließung und Verwandtschaft Kaiser Friedrichs II. und seiner Gemahlinnen, Archiv für Sippenforschung 36 (1970) S. 481–499, 589–601.

Tradition. Denn die Babenbergerin wurde nicht vor ihrer Heirat in Nürnberg am 29. November 1225 geweiht, sondern fast eineinhalb Jahre später[70]. Die Zeremonie erfolgte nicht in Mainz oder Köln, sondern in Aachen, was als Novum zu werten ist. Da Heinrich (VII.) hier bereits 1222 gekrönt worden war, ist Margarete damit die erste Königin seit dem frühen Mittelalter, für die in Aachen eine eigene Krönung inszeniert wurde[71].

Im Gegensatz dazu ist für ihre Nachfolgerin, die seit 1246 mit Konrad IV. verheiratete Elisabeth von Bayern (* wohl um 1230/31 † 1273)[72], eine Krönung ebensowenig wie für Konrad selbst überliefert[73], was mit der schwierigen politischen Lage der Staufer seit der Exkommunikation Kaiser Friedrichs II. auf dem Konzil von Lyon 1245 und dem Kampf mit dem 1246 zum Gegenkönig erhobenen Heinrich Raspe[74] im Reich zusammenhängen dürfte.

Auch in der Zeit des Interregnums wurde wohl nur Sancha von Provence (∞ 1243 † 1261), die zweite Gattin Richards von Cornwall, zusammen mit ihm am Himmelfahrtstag, dem 17. Mai 1257, in Aachen durch den Kölner Erzbischof Kon-

---

70 Reg. Imp. V Nr. 3993a; zur Biographie: Heide Dienst, Margarethe von Österreich, in: NDB 16 (1990) S. 152–154; W. Koch, Margarete von Babenberg, in: LexMA 6 (1993) S. 235.

71 *A.D. 1227. Heinricus rex, filius Friderici imperatoris, Aquisgrani veniens, celeberrimam curiam cum nobilibus tocius Theutonie habuit dominica ›Iudica mei‹ … Ubi a Coloniensi archiepiscopo Heinrico uxor ipsius regis, filia ducis Austrie, regali benedictione consecrata et coronata in sede regia collocatur,* Chronica regia Coloniensis S. 259. – Das Faktum ihrer Krönung überliefert auch Burchard von Ursberg, indem er sie allerdings fälschlich Agnes nennt: *Eodem anno Agnes regina Aquis coronatur,* Chronicon, ed. Oswald Holder-Egger und Bernhard von Simson, MGH SS rer. Germ. [16] (^{2}1916) S. 122. – Entspricht der Bericht der Annales Marbacenses, welche die Aachener Krönung Heinrichs (VII.) im Jahre 1222 unerwähnt lassen, der Wahrheit, dann kann man davon ausgehen, daß in staufischer Tradition eine »Festkrönung« des König erfolgte: *Heinricus vero filius imperatoris, admodum puer quasi decennis, per Ottonem Wirzeburgensem episcopum, cuius tutele deputatus fuerat a patre, de consensu principum in regem electus, copulata sibi uxore filia ducis Austrie, de qua duos filios habuit, cum ipso duce et Salzburgensi archiepiscopo et aliis multis principibus gloriose in sede Aquisgrani est intronizatus una cum regina anno MCCXXVII,* ed. Hermann Bloch, MGH SS rer. Germ. [9] (1907) S. 89. – Eine gemeinsame Krönung überliefern auch die Annales Mellicenses a. 1227: *Heinricus, filius imperatoris Friderici, apud Ach in regem sublimatur; et uxor sua Margareta unacum ipso diademate exaltatur,* ed. Wilhelm Wattenbach, in: MGH SS 9, S. 507. – Zu den anwesenden Fürsten: Eduard Winkelmann, Kaiser Friedrich II., Bd. 1: 1218–1228 (1863) S. 498–502; vgl. auch Thomas Vogtherr, Der bedrängte König. Beobachtungen zum Itinerar Heinrichs (VII.), DA 47 (1991) S. 395–434, hier S. 408.

72 1246 … *Conradus, filius imperatoris depositi, paulo postquam victus est, duxit in coniugem filiam ducis Bavarie,* Chronica regia Coloniensis S. 289. Weitere Quellen bei Kowalski, Königinnen S. 55 mit Anm. 8, der auch daraufhin weist, daß Konrad IV. mit der Eheschließung den bayerischen Herzog Otto auf seine Seite ziehen konnte. – Nach dem Tod Konrads IV. in Italien am 21. Mai 1254 schloß Elisabeth 1259 mit Graf Meinhard von Görz-Tirol eine zweite Ehe, vgl. Kowalski S. 56f. Aus dieser zweiten Ehe stammte ihre später mit dem Habsburger Albrecht I. verheiratete gleichnamige Tochter; zu deren Rolle als Königin ausführlicher S. 277–281.

73 Die Quellen zur Wahl Konrads IV. hat zusammengestellt Bernhard Schimmelpfennig (Hg.), Die deutsche Königswahl im 13. Jahrhundert, Heft 1 (Historische Texte 9, 1968) S. 64–66.

74 Eine Krönung Heinrich Raspes und seiner Gemahlin Beatrix von Brabant ist fraglich, vgl. Kowalski, Königinnen S. 57f. – Sein Nachfolger Wilhelm von Holland wurde hingegen in Aachen durch den Kölner Erzbischof Konrad am Allerheiligentag 1247 gekrönt; Quellenbelege: Schimmelpfennig (wie oben) S. 67–76. Nicht bezeugt und wohl auch unwahrscheinlich ist eine Krönung Elisabeths von Braunschweig (Kowalski, Königinnen S. 58–60), mit der Wilhelm erst am 25. Januar 1252 eine prachtvolle Hochzeit am Braunschweiger Hof feierte; dazu Bernd Schneidmüller, Reichsfürstliches Feiern. Die Welfen und ihre Feste im 13. Jahrhundert, in: Feste und Feiern im Mittelalter (1991) S. 165–180, hier S. 174f.

rad von Hochstaden gekrönt[75]. Nichts dergleichen berichten die Quellen für die als Schönheit berühmte Beatrix von Falkenburg (* um 1253 † 1277), die Richard am 16. Juni 1269 in dritter Ehe heiratete[76]. Schließlich war die mit Alfons von Kastilien verheiratete Violante von Aragon (∞ 1246 † 1300) ebensowenig wie ihr Gemahl selbst je in Deutschland.

Insgesamt bleibt damit auch in staufischer Zeit die Krönung zur römisch-deutschen Königin oder aber – wie einst unter den Ottonen – gleich zur Kaiserin, so zum Beispiel bei Konstanze von Aragon, eine wichtige symbolische Handlung, die weiterhin vollzogen wurde. Die wenigen Nicht-Krönungen von Königinnen datieren alle in die spätstaufische Ära und waren mehr oder weniger von den äußeren Gegebenheiten diktiert beziehungsweise durch die politische Lage bedingt.

Exkurs: Wurde Edgith mit Otto dem Großen 936 in Aachen gekrönt?

Wenn Edgith je zur römisch-deutschen Königin gekrönt worden ist, dann wahrscheinlich, so eine weitverbreitete Forschungsmeinung, zusammen mit Otto I. im Anschluß an dessen Aachener Krönung 936[77]. Diese ist jedoch neuerdings, in einer 1995 publizierten Studie von Hagen Keller in Abrede gestellt worden[78]. Das in der Forschung immer wieder zu Kontroversen führende Problem liegt letztlich an den schwer interpretierbaren Quellen, die ganz unterschiedliche Rekonstruktionsmöglichkeiten zulassen. Folgt man der auf den Arbeiten von Karl Schmid zu 929/30[79] basierenden Auffassung von Keller, dann war 936 weder an Otto noch an Edgith Krönung und Salbung vollzogen worden[80]. Vielmehr habe Widukind von Korvei als der wichtigste Gewährsmann der Ereignisse die von ihm 961 möglicherweise miterlebte Krönung Ottos II. ins Jahr 936 zurückprojiziert[81]. Als ein nicht unwichtiges Indiz für die Wahrscheinlichkeit dieser These wird dabei das Faktum herangezogen, daß Widukind nichts von einer Krönung der Königin erwähnt, obwohl Edgith im Jahr 936 bereits seit sieben Jahren mit Otto verheiratet war und auch schon den Sohn Liudolf zur Welt gebracht hatte. Das Schweigen Widukinds dazu erkläre sich aber, wenn man die Krönung des siebenjährigen Otto II. im Jahre 961 als Grundlage der Überlieferung annehme. Da Widukind 961 keine Königinnenkrönung erlebt haben konnte, so die Schlußfolgerung, fehle sie auch in seinem Bericht zu 936[82].

---

75 *Die vero ascensionis dominice, scilicet sexto Kal. Iunii, coronatus est comes Cornubie Ricardus in regem Alemannie sive Romanorum per manum Conradi archiepiscopi Coloniensis apud Aquisgrani cum maximo honore et solempnitate, prout moris est ab antiquo continuati; … Coronata est cum eo uxor Senchia comitissa in reginam*, Matheus Paris, Ex Cronicis maioribus S. 372; vgl. Kowalski, Königinnen S. 92f.

76 Walter Kaemmerer, Beatrix von Falkenburg, in: NDB 1 (1953) S. 681f.

77 Einen Forschungsbericht zu den Einzelakten der Thronsetzung gibt Egon Boshof, Königtum und Königsherrschaft im 10. und 11. Jahrhundert (Enzyklopädie deutscher Geschichte 27, 1993, ^{2}1997) S. 73–82.

78 Hagen Keller, Widukinds Bericht über die Aachener Wahl und Krönung Ottos I., FMSt 29 (1995) S. 390–453.

79 Karl Schmid, Neue Quellen zum Verständnis des Adels im 10. Jahrhundert (1960) mit einem Nachtrag von Juni 1970, nachgedruckt in: Eduard Hlawitschka (Hg.), Königswahl und Thronfolge in ottonisch-frühsalischer Zeit (WdF 178, 1971) S. 389–416; Ders., Die Thronfolge Ottos des Großen (1964) mit einem Nachtrag von Juni 1970, in: ebd. S. 417–508.

80 Keller, Widukinds Bericht S. 421–439.

81 Keller, Widukinds Bericht S. 417f.

82 Keller, Widukinds Bericht S. 418f.

Auf älteren unveröffentlichten Manuskripten Kellers basierend hatte bereits vorher Carlrichard Brühl diese Interpretation einer Rückprojektion der Aachener Krönung Ottos II. aufgegriffen, ohne jedoch diejenige Ottos I. 936 gänzlich in Frage zu stellen, die er als »Befestigungskrönung«[83] versteht[84]. In Übernahme der Ergebnisse Schmids, daß Otto I. bereits 929/30 zum Mitkönig erhoben worden sei, scheint ihm »nicht zweifelhaft, daß Otto – wohl gemeinsam mit Edgitha – in Mainz (930) zum König gesalbt und gekrönt worden ist«[85].

Von einer Salbung Ottos I. an Ostern 930 geht auch Johannes Fried aus, ohne jedoch die Möglichkeit einer Mitsalbung der mit Otto frisch vermählten englischen Prinzessin Edgith zu diskutieren[86]. Die Schilderung Widukinds zu 936 wertet er als ein eher wirres und ebenfalls die Vorstellungen der 60er Jahre des 10. Jahrhunderts widerspiegelndes »Konstrukt«. Dabei läßt er die Frage einer Krönung Edgiths offen: »Folgt man dem Corveyer, so weilte kein Sachse bei Ottos Krönung in Aachen, nicht einmal die junge Königin. Wünschte der Verwandte der Mathilde keine gesalbte Herrin neben der ungesalbten Königin? Vergaß er sie einfach? Oder wurde Edith tatsächlich nie gekrönt und gesalbt?«[87]

Die Gegenposition dazu vertritt Hartmut Hoffmann, der bereits 1972 gegen das von Schmid recherchierte Mitkönigtum Ottos I. seit 929/30 begündeten Widerspruch einlegte[88]. 1995 bezog er zur Thronfolgeregelung von 936 erneut Stellung. Ausgehend von seiner früher vertretenen Meinung, daß Otto keineswegs schon 929/30, sondern erst kurz vor dem Tod Heinrichs designiert worden sei, wies er die Rückprojektionsthese aus Mangel an Beweisen zurück[89]. Er begründete dies damit, daß auch aus anderen Quellen keine Details zur Krönung von 961 bekannt sind, die in einen Zusammenhang mit Widukinds Schilderung gebracht werden könnten. Ebenso läßt sich eine eventuelle Anwesenheit Widukinds 961 nur hypothetisch formulieren. Sie erscheint Hoffmann zufolge als »reine Phantasie«[90]. Auch zur Frage, ob Edgith zur Königin gekrönt worden sei, trage Widukinds Bericht nichts bei, weil sich daraus »über die An- oder Abwesenheit der Edgitha und der Sachsen einfach keine Aussage machen«[91] läßt. Ebensowenig berichten andere zeitgenössische Quellen[92] darüber, was allerdings auch nicht als argumentum e silentio gewertet werden könne, da sie mit Ausnahme von Ruotger in der Vita Brunonis[93] lediglich in knapp-

---

83 Zur Begrifflichkeit vgl. Carlrichard Brühl, Fränkischer Krönungsbrauch und das Problem der »Festkrönungen«, HZ 194 (1962) S. 265–326; Ders., Kronen und Krönungsbrauch im frühen und hohen Mittelalter, HZ 234 (1982) S. 1–31, bes. S. 13–15.

84 Carlrichard Brühl, Deutschland – Frankreich. Die Geburt zweier Völker (1990, zit. nach der 2. Auflage 1995) S. 465–470.

85 Brühl, Deutschland – Frankreich S. 467.

86 Fried, Weg in die Geschichte S. 478.

87 Fried, Weg in die Geschichte S. 482.

88 Hartmut Hoffmann, Zur Geschichte Ottos des Großen (1972), nachgedruckt in: Otto der Große, hg. von Harald Zimmermann (WdF 450, 1976) S. 9–45.

89 Hartmut Hoffmann, Ottonische Fragen, DA 51 (1995) S. 53–82, bes. S. 60–69.

90 Hoffmann, Ottonische Fragen S. 64.

91 Hoffmann, Ottonische Fragen S. 64 Anm. 41.

92 Eine Zusammenstellung der wichtigsten Quellen bietet Böhme (Hg.), Königserhebung S. 20–24.

93 Ruotger, der Biograph des Kölner Erzbischofs und jüngeren Bruders Ottos, Brun, spricht von Weihe und Salbung: … *Otto filius eius* (sc. Heinrichs I.) *maior natu benedictione Domini auctus et oleo letitie unctus magna voluntate et consensu principum regnare coepit centesimo octogesimo octavo*

ster Form mitteilen, daß nach dem Tod Heinrichs I. die Herrschaft im Reich auf Otto übergegangen[94] beziehungsweise dieser zum Nachfolger seines Vaters gewählt worden sei[95]. Erst der drei Generationen später schreibende Thietmar von Merseburg, der seine Informationen für die Zeit Ottos I. ansonsten aus Widukind und den Annales Quedlinburgenses bezieht, sowie der auf Thietmar basierende Annalista Saxo[96] berichten von einer Krönung der Angelsächsin Edgith: »Nachdem Otto, der größte der Szepterträger, alsdann« – so Thietmar – »in Gott und der Königsherrschaft gestärkt war, bestimmte er, seine Gemahlin Editha ... zu weihen«[97].

Keller erklärt diese singuläre Nachricht bei Thietmar damit, daß er im Krönungsbericht Widukinds »etwas vermißt und die Krönung der Königin einfach nachgetragen« habe[98]. Ob allerdings diese Ergänzung als so »selbstverständlich« einzuordnen ist, weil die Krönung der Königin im Mainzer Pontifikale um 960 verankert wurde und sich Krönung und Salbung der Königin im Westfrankenreich bereits am Ende des 9. Jahrhunderts durchgesetzt hatten[99], bleibt fraglich. Vielmehr erscheint gerade diese Entwicklung im westfränkischen Reich im Hinblick auf die ottonischen Legitimationsbestrebungen als ein guter Grund dafür, daß zusammen mit Otto dem Großen – sei es nun 930 in Mainz oder 936 in Aachen – auch seine Gemahlin gekrönt wurde und der Hinweis bei Thietmar keineswegs als Produkt seiner Kombinationsgabe zu verstehen ist, sondern vielmehr auf Kenntnissen beruht, die er über seine Beziehungen zum ottonischen Hof in Erfahrung hätte bringen können[100].

Dafür spricht auch die von Widukind hervorgehobene Bedeutung dieser Heirat für die erst vor kurzem zur Königsherrschaft gelangten Liudolfinger. Denn Otto I. verheiratete sich als erster dieses Geschlechts nicht mit einer Frau aus dem einheimischen Adel, sondern mit einer Königstochter, deren Familie die Königsherrschaft besaß, die »so alt (war) wie das Königtum der Franken und dazu noch geheiligt durch Kriegerherrscher, die für den Glauben fielen«[101], wie den besonders durch

lustro, sexagesimo tercio indictionum circulo ab incarnatione domini nostri Iesu Christi ..., Vita Brunonis archiepiscopi Coloniensis, ed. Irene Ott, MGH SS rer. Germ. N.S. 10 (1951) c. 5 S. 6.

94 Annales Augienses a. 936: *Heinricus rex obiit; et Otto filius eius in regnum constituitur*, ed. Philipp Jaffé, in: Monumenta Moguntina (Bibliotheca rerum Germanicarum III, 1866) S. 705. Flodoard, Annales: *Heinrico rege sub isdem diebus obeunte, contentio de regno inter filios ipsius agitatur; rerum tandem summa natu majori, nomine Othoni, obvenit*, ed. Philippe Lauer (Collection de Textes, 1905) S. 64.

95 So die Annales Quedlinburgenses a. 937: *Heinricus rex obiit 6. Non. Iulii; cuius filius Otto pacificus, Saxoniae decus, iure haereditario paternis eligitur succedere regnis* (S. 54) sowie Adalbert a. 936: ... *filius suus* (sc. Heinrichs I.) *Otto consensu primorum regni successor eligitur;* Continuatio Regionis (a. 907–967), in: Regionis abbatis Prumiensis Chronicon cum continuatione Treverensi, ed. Friedrich Kurze, MGH SS rer. Germ. [50] (1890) S. 159.

96 Annalista Saxo, ed. Georg Waitz, in: MGH SS 6 (1844) S. 600.

97 *Confortatus in Deo tunc et in regno sceptriferorum maximus Otto coniugem suam Editham, Ethmundi regis Anglorum filiam, bene timoratam, quam patre suo adhuc vivente duxerat, consecrari precepit*, Thietmar von Merseburg, Chronicon II 1 (1) S. 38.

98 Keller, Widukinds Bericht S. 418.

99 Keller, Widukinds Bericht S. 418f.

100 Auch Wolf, Königinnen-Krönungen S. 70f. tendiert dazu, hinter dem Beleg bei Thietmar eher »Vorstellungen im zweiten Jahrzehnt des 11. Jahrhunderts« zu vermuten.

101 Die herausragende Bedeutung der Heirat für die Legitimierung des ottonischen Königtums betont nachdrücklich Karl Leyser, Die Ottonen und Wessex, FMSt 17 (1983) S. 73–97, zit. S. 78.

Hrotsvit von Gandersheim herausgestellten Martyrerkönig Oswald[102]. Edgith verkörperte damit *sancta religio* und *regalis potentia*[103]. Sie verlieh – so Karl Leyser – den Liudolfingern eine »neue Dimension« für ihr Königtum[104]. Sie erfüllte alle zuletzt von Gerd Althoff zusammengestellten Kriterien für Vornehmheit: »Abkunft aus einer königlichen *stirps*, Abkunft von einem Kriegshelden, Verwandtschaft mit einem Heiligen«[105].

Die Hochrangigkeit dieser Heirat[106] sowie die Wertschätzung seiner ersten Gemahlin, die Otto I. nicht zuletzt dadurch zum Ausdruck brachte, daß er durch ihrer beider Bestattung in Magdeburg über den Tod hinaus mit ihr verbunden blieb, lassen ebenfalls vermuten, daß Thietmar die Weihe Edgiths nicht einfach nur aus dem Bestreben nach Vollständigkeit hinzugefügt hatte. Schließlich dürfte nicht zuletzt der Glanz dieser Eheschließung Heinrich I. dazu bewogen haben, erstmals Sachsen zu verlassen, um auf einer ausgedehnten Reise an den Ober- und Mittelrhein den Großen des Reiches das junge Paar vorzustellen[107]. Daß man Edgith dann die gemeinsame Krönung mit ihrem Gemahl verweigert haben soll, erscheint schwerlich vorstellbar, zumal Königinnenkrönungen im Westfrankenreich mittlerweile etabliert und auch in Edgiths angelsächsischer Heimat keineswegs unbekannt waren. Angesichts einer weitgehenden Mündlichkeit braucht eine Krönung Edgiths auch nicht dadurch in Abrede gestellt werden, daß die Niederschrift der Krönungszeremonie für die Königin im Reich erst zwei Jahrzehnte später im sogenannten Ottonischen Pontifikale erfolgte. Dies gilt um so mehr als es sich beim Königinnenordo um einen um 900 konzipierten Ordo westfränkischer Provenienz handelt, der durchaus in den 30er Jahren Verwendung gefunden haben könnte, aber eben erst in zeitlicher Nähe zur Kaiserkrönung Ottos I. und Adelheids 962 schriftlich fixiert wurde[108].

Insofern können die gleichen Gründe, aus denen heraus Thietmar die Krönung Edgiths ergänzt haben soll, auch angeführt werden, um eine solche als tatsächlich stattgefunden anzunehmen. Daß ihre Weihe nach Thietmar im Anschluß an die Krö-

---

102 *Haec nam versiculis proles quam scriptito regis,/Haec, inquam, fama cunctis fuerat bene nota:/Nobilitate potens, primis meritis quoque pollens,/Edita magnorum summo de germine regum;/Cuius praeclaro facies candore serena,/Regalis formae miro rutilabat honore;/Ipsaque perfectae radiis fulgens bonitatis,/In patria talis meruit praeconia laudis,/Ut fore iudicio plebis decernitur omnis/Optima cunctarum, quae tunc fuerant, mulierum./Nec mirum, meritis si lucebat bene primis,/Germen sanctorum quam producebat avorum:/Hanc tradunt ergo natam de stirpe beata/Oswaldi regis, laudem cuius canit orbis, Se quia subdiderat morti pro nomine Christi*, Hrotsvit von Gandersheim, Gesta Ottonis, in: Hrotsvithae Opera, ed. Paul von Winterfeld, MGH SS rer. Germ. [34] (1902) v. 83–97 S. 207.

103 *Haec* (sc. Edgith) *nata ex gente Anglorum non minus sancta religione quam regali potentia pollentium stirpe claruit*, Widukind von Korvei, Rerum Gestarum Saxonicarum libri tres, ed. Paul Hirsch und Hans-Eberhard Lohmann, MGH SS rer. Germ. [60] (⁵1935) II 41 S. 100.

104 Leyser, Ottonen und Wessex S. 78.

105 Gerd Althoff, Verwandte, Freunde und Getreue. Zum politischen Stellenwert der Gruppenbindungen im früheren Mittelalter (1990) S. 67.

106 In den Rahmen der europäischen Heiratspolitik gestellt, kam Wolfgang Georgi, Bischof Keonwald von Worcester und die Heirat Ottos I. mit Edgitha im Jahre 929, HJb 115 (1995) S. 1–40 neuerdings zu dem Ergebnis, daß der eigentliche Grund der Eheschließung Ottos mit Edgith wie auch ihrer Schwester Edgiva mit Ludwig von Burgund weniger in ihrer Herkunft aus einem alten Königsgeschlecht als vielmehr in den machtpolitischen Interessen Heinrichs I. gelegen habe, die mit einer zusätzlichen, durch die Ehebündnisse eröffneten erbrechtlichen Legitimation gegen westfränkische Ansprüche auf eine Rückgewinnung Lothringens zielten.

107 Schmid, Neue Quellen S. 398–400.

108 Zu den Königinnenordines vgl. unten S. 43f.

nung Ottos auf dessen Anordnung hin vollzogen worden sein soll[109], könnte darüber hinaus als Indiz dafür angesehen werden, daß Heinrich I. zu diesem Zeitpunkt bereits tot war, was auf das Jahr 936 – und nicht 930 – als Krönungstermin hinweisen würde. Insgesamt bleiben aufgrund der schwierigen Quellenlage Ort und Zeitpunkt einer Krönung Edgiths allenfalls mit derjenigen Ottos verbunden, da nur von einem gemeinsamen Krönungstermin und – Thietmar wörtlich verstanden – einer »gesonderten Zeremonie«[110] ausgegangen werden kann.

Krönung des Königspaares im späten Mittelalter

Nach Beendigung des sogenannten Interregnums 1273 setzte sich zunehmend der in spätstaufischer Zeit entstandene Trend der Krönung des Herrscherpaares fort. Von ganz wenigen Ausnahmen aufgrund besonderer Umstände abgesehen, wurden König und Königin fortan gemeinsam in Aachen gekrönt. Dies gilt zuerst für Rudolf von Habsburg (1273–1291) und seine Gemahlin Gertrud von Hohenberg (* ca. 1218 [∞ 1253/54] † 1281), die bei der Krönung in Aachen am 24. Oktober 1273 den Namen änderte und sich seitdem Anna nannte[111]. Nach seiner Königswahl war der 55jährige Graf nach Frankfurt, dem Wahlort, gereist, wo er sich eine Woche aufhielt, um dann nach Aachen aufzubrechen. Hier erst traf er mit seiner Gattin zusammen, die im Bewußtsein der *nutu dei in reginam Romanorum electa*[112] mit ihrem eigenen Gefolge vom Oberrhein über Kolmar und Worms nach Aachen gezogen war. Der Krönung beider durch den Kölner Erzbischof Engelbert II. von Falkenburg folgte – wegen eines Streites zwischen den Erzbischöfen von Köln und Mainz um die Sitzordnung – das Krönungsmahl mit der zeremoniellen Wahrnehmung der Hofämter durch die Kurfürsten erst am darauffolgenden Tag, wobei der ferngebliebene Otakar von Böhmen durch den Schenken des Kölner Erzbischofs vertreten wurde. Neben König und Königin saßen schließlich rechts der Kölner und links der Mainzer Erzbischof[113].

Als Rudolf von Habsburg nach dem 1281 erfolgten Tod der Königin Anna aus politischen Gründen im Alter von 66 Jahren die 14jährige Isabella von Burgund (* 1269 † 1323) ehelichte[114], werden in den Quellen nur die Vermählung und Dotierung der Braut Anfang Februar 1284 in Remiremont erwähnt, aber keine Krö-

109 Vgl. Anm. 97.

110 Leyser, Ottonen und Wessex S. 81.

111 Die Gründe für die Namensänderung sind bislang nicht geklärt; vgl. Gertrud Thoma, Namensänderungen in Herrscherfamilien des mittelalterlichen Europa (Münchener Historische Studien, Abt. Mittelalterliche Geschichte 3, 1985) S. 204–206.

112 So in einem von ihr veranlaßten und besiegelten Befehl vom 10. Oktober 1273 an ihren Amtmann Burchard und anderen, für den vom Reich verbrieften Schutz des Klosters Engelberg Sorge zu tragen; vgl. Regesta Habsburgica I, bearbeitet von Harold Steinacker (1905) Nr. 555.

113 Eine ausführliche Schilderung der Ereignisse des Krönungstages gibt die Sächsische Weltchronik, ed. Ludwig Weiland, MGH Dt. Chron. 2 (1877) S. 285f.; weitere Quellenangaben: Reg. Imp. VI,1 Nr. 5; Regesten der Erzbischöfe von Köln im Mittelalter (Publikationen der Gesellschaft für rheinische Geschichtskunde 21) Bd. 3,2, hg. von Richard Knipping (1913) Nr. 2519f.; vgl. dazu Oswald Redlich, Rudolf von Habsburg. Das deutsche Reich nach dem Untergange des alten Kaisertums (1903) S. 168f.

114 Zur Eheschließung, die in den Kontext der Burgundpolitik Rudolfs einzuordnen ist: Karl-Friedrich Krieger, Die Habsburger im Mittelalter. Von Rudolf I. bis Friedrich III. (Urban TB 452, 1994) S. 62–65.

nung[115]. Dem entsprach, daß die noch jugendliche Isabella an der Seite des alternden Herrschers die Rolle einer Königin nicht ausfüllen konnten, dieses von ihr wohl auch nicht erwartet wurde. Nach dem Tod des Königs im Sommer 1291 kehrte sie nach Burgund zurück.

Wenig wissen wir auch über Imagina, die Tochter des Grafen Gerlachs von Limburg, die vor 1280 mit Adolf von Nassau (1292–1298) verheiratet worden war. Als Protegé des Kölner Erzbischofs Siegfried von Westerburg wurde dieser als Gegenkandidat zu dem auf die Nachfolge seines Vaters hoffenden Herzogs Albrecht von Österreich ins Königsamt gewählt. Beide wurden sie dann auch durch den Kölner Metropoliten in Aachen am Johannistag, dem 24. Juni 1292 gekrönt[116].

Nach der Absetzung des Nassauers am 23. Juni 1298 und der Wahl des die Thronfolge seit dem Tod seines Vaters, König Rudolf, beanspruchenden Albrecht I. (1298–1308), erfolgte in der politisch schwierigen Situation nach der Schlacht von Göllheim am 2. Juli 1298 wieder eine getrennte Krönung des Paares. Denn nach dem Tod Adolfs und einer zweiten Wahl Albrechts I. in Frankfurt Ende Juli zog dieser sogleich nach Aachen zur Krönung durch Erzbischof Wikbold von Köln[117], während sich seine Gemahlin Elisabeth von Görz-Tirol (* 1262/63 [∞ 1274] † 1313) noch in Österreich aufhielt. Ihre Krönung fand bei nächster Gelegenheit statt. Denn an Elisabeth, Tochter des Grafen Meinhard II. und der Wittelsbacherin Elisabeth, der Witwe Konrads IV., damit auch Halbschwester des in Neapel hingerichteten letzten Staufers Konradin, wurde die Zeremonie auf dem in Anwesenheit aller Kurfürsten und einer Vielzahl von geistlichen und weltlichen Großen glanzvoll gefeierten Hoftag in Nürnberg am 16. November 1298, nicht durch den Kölner, sondern durch den Mainzer Erzbischof Gebhard II. vollzogen:

> *... anno eodem dominica post festum sancti Martini hyemalis coronata est uxor regis Alberti, tunc soror ditissimi ducis de Karenta. Coronacio hec facta est apud Nurenberghe, et erant ibi omnes regis electores insimul congregati, quod antea parum visum est*[118].

Als Albrecht I. 1308 durch einen Verwandten ermordet wurde[119], ging mit der Wahl des am französischen Hof aufgewachsenen Heinrich VII. (1308–1313) die Königsherrschaft auf das luxemburgische Grafenhaus über. Verheiratet mit seiner Cousine Margarete von Brabant (* 1275/76 [∞ 1292] † 1311) wurde das Paar am Dreikönigs-

---

115 Reg. Imp. VI,1 Nr. 1814a und 1815.

116 Die gemeinsame Krönung des Paares überliefert Ottokars Österreichische Reimchronik, ed. Joseph SEEMÜLLER, MGH Dt. Chron. 5,2 (1893): *Kunic Adolf wart schône/gekrônet und sîn wîp ...* (S. 800) sowie Johannes von Viktring: ... *Aquisgrani cum conthorale Imagina, nobilissimi viri filia de Limpurch, cum maximo tocius terre gaudio coronatur*, Liber certarum historiarum, ed. Fedor SCHNEIDER, MGH SS rer. Germ. [36] (1909) III S. 346; vgl. Reg. Imp. VI,2 Nr. 28; Reg. der EB von Köln 3,2, Nr. 3359; Vincenz SAMANEK, Studien zur Geschichte König Adolfs. Vorarbeiten zu den Regesta imperii VI 2 (1292–1298), SB Wien 207 (1930) S. 36–44.

117 Quellen: Reg. der EB von Köln 3,2 Nr. 3598; zu den politischen Hintergründen jetzt KRIEGER, Habsburger S. 77–87.

118 Johannes de Thilrode, Chronicon, ed. J. HELLER, in: MGH SS 25, a. 1298 S. 562. Eine ausführliche Beschreibung der Anreise der Königin mit ihrem Gefolge aus Wien und des Aufenthaltes in Nürnberg gibt Ottokar, Österreichische Reimchronik S. 967–969; weitere Quellen: Regesten der Erzbischöfe von Mainz, Bd. 1: 1289–1396, hg. von Ernst VOGT (1913) Nr. 556.

119 Zur Gründung des habsburgischen Hausklosters Königsfelden am Ort der Mordtat durch Königin Elisabeth vgl. S. 230.

tag des Jahres 1309 in Aachen durch den Kölner Erzbischof Heinrich von Virneburg gekrönt[120]. Die Krönung zur Kaiserin erlebte Margarete, die als erste Königin seit Konstanze von Aragon wieder an einem Romzug teilnahm, nicht mehr. Auf dem Weg nach Rom erkrankte sie wenige Wochen zuvor an einer Seuche und starb am 13. Dezember 1311 in Genua, wo sie auch bestattet wurde[121].

Die Doppelwahl des Jahres 1314 führte an ein und demselben Tag der hl. Katharina, dem 25. November 1314, zur Krönung Herzog Friedrichs von Österreich (1314–1322–1330) mit den »echten« Reichsinsignien durch den Kölner Erzbischof Heinrich von Virneburg in Bonn, und derjenigen des Wittelsbachers Ludwig des Bayern (1314–1347) mit einer neu angefertigten Krone durch den Mainzer Erzbischof Peter Aspelt in Aachen[122]. Im Gegensatz zur Gemahlin Ludwigs, Beatrix von Glogau (* ca. 1292 [∞ um 1308] † 1322), die zusammen mit ihm in Aachen gekrönt wurde[123], war jedoch die seit Ende Januar mit Friedrich »dem Schönen« verheiratete Elisabeth († 1330), Tochter König Jaymes II. von Aragon, in Bonn nicht an der Seite ihres Gatten[124]. Vielmehr hielt sich Elisabeth noch bis zum Frühjahr 1315 in Wien auf, wohin das Paar nach seiner Eheschließung im steierischen Judenburg gereist war[125]. Sie trafen sich erst wieder zu weiteren Hochzeitsfeierlichkeiten in Ravensburg am 28. April 1315[126], die in Basel, wo Elisabeth am Pfingstsonntag, den 11. Mai, durch den Kölner Erzbischof Heinrich auch zur Königin gekrönt wurde[127], eine Fortsetzung fanden. Neben historiographischen Quellen[128] wird die Baseler Krönung durch den Briefwechsel Friedrichs[129] wie auch des Kölner Erzbischofs[130] mit dem aragonesischen König belegt[131].

---

120 … *der von Kolne huop an,/der sîn ze reht ze tuon phlac,/ze wîhen er phlac/den kunic und sîn wîp:/ûzen an dem lîp/und in dem herzen inwende/von des bischolfes hende/und von den worten sînes munt,/zuo der selben stunt/enphiengen si schône/wîhe und krône,/und swaz darzuo gehôrt*, Ottokar S. 1243; weitere Quellen: Reg. der EB von Köln 4, hg. von Wilhelm Kisky (1915) Nr. 423.

121 … *Margaretam reginam, tunc inpregnatam, infirmitas invasit febrilis. Qua regina reducta Yenuam, ibidem obdormivit in Domino et ibidem sollempnibus exequiis et cum magno gemitu cordium fuit tradita ecclesiastice sepulture*, Imperator Heinricus, ed. Kurt-Ulrich Jäschke, Imperator Heinricus. Ein spätmittelalterlicher Text über Kaiser Heinrich VII. in kritischer Beleuchtung (Beiheft zu Hémecht 1988) c. 11 S. 122; vgl. auch Herbert von Einem, Das Grabmal der Königin Margarete in Genua, in: Festschrift Hans R. Hahnloser zum 60. Geburtstag 1959, hg. von Ellen J. Beer, Paul Hofer und Luc Mojon (1961) S. 125–150. – Zum Romzug, der Kaiserkrönung Heinrichs VII. im Lateran am 29. Juni 1312, seinem eigenen Tod am 24. August 1313 auf dem Rückweg bei Siena und der Bestattung in Pisa vgl. Jäschke ebd. S. 66–102; Roland Pauler, Die deutschen Könige und Italien im 14. Jahrhundert. Von Heinrich VII. bis Karl IV. (1997) S. 48–114.

122 Vgl. dazu Krieger, Habsburger S. 114–117. – Zur Problematik der Insignien: Jürgen Petersohn, »Echte« und »falsche« Insignien im deutschen Krönungsbrauch des Mittelalters? Kritik eines Forschungsstereotyps (SB Frankfurt/Main 30,3, 1993) bes. 83–86.

123 Chronica de gestis principum: *Cum hiis magna cum pompa Aquisgrani veniens a venerabilibus episcopis, videlicet Moguntino et Treverensi, cum uxore sua Beatrice sollempniter coronatur …*, in: Bayerische Chroniken des 14. Jahrhunderts, ed. Georg Leidinger, in: MGH SS rer. Germ. [19] (1918) S. 80; vgl. auch Chronica Ludovici imperatoris quarti, ebd. S. 125.

124 Zusammenstellung der Quellen: Reg. der EB von Köln 4, Nr. 883, vgl. auch Nr. 905.

125 Vgl. Heinrich Ritter von Zeissberg, Elisabeth von Aragonien, Gemahlin Friedrich's des Schönen von Österreich (1314–1330) (SB Wien 137, VII. Abh., 1898) S. 64f., 85.

126 Reg. der EB von Köln 4, Nr. 922.

127 Vgl. Zeissberg, Elisabeth S. 85f.; Regesta Habsburgica III, bearbeitet von Lothar Gross (1924) Nr. 209; Reg. der EB von Köln 4, Nr. 924.

128 Vgl. Zeissberg, Elisabeth S. 85f. Anm. 3.

129 Reg. Habs. III. Nr. 213f.; Reg. der EB von Köln 4, Nr. 927.

130 Reg. der EB von Köln 4, Nr. 916, 925.

Als Königin Beatrix am 24. August 1322[132] verstarb, heiratete Ludwig am 25. Februar 1324 in zweiter Ehe Margarete von Hennegau (* ca. 1307/10 † 1356), die Tochter seines holländischen Parteigängers Graf Wilhelm[133]. Sie wurde nicht zur Königin, aber vier Jahre später, am 17. Januar 1328, zusammen mit Ludwig IV. in Rom zur Kaiserin gekrönt[134]. Damit gab es erstmals seit 1220 wieder eine Kaiserinnen-Krönung, vollzogen allerdings gegen den Willen des in Avignon residierenden Papstes, der Ludwig bereits 1324 mit dem Kirchenbann belegt hatte[135].

Von den vier Gemahlinnen Karls IV. (1346–1378)[136] – Blanca von Valois (* 1316/17 [∞ 1323] † 1348)[137], Anna von der Pfalz (* 1329 [∞ 1349] † 1353), Anna von Schweidnitz (* 1339 [∞ 1353] † 1362) und Elisabeth von Pommern (* wohl 1347 [∞ 1363] † 1393) – wurden zur römisch-deutschen Königin Anna von der Pfalz und Anna von Schweidnitz gekrönt, beide in Aachen.

Anna, die seit dem 4. März 1349 mit Karl verheiratete Tochter des rheinischen Pfalzgrafen Rudolf II., erhielt durch den Trierer Erzbischof Balduin, den Onkel und

---

131 Der aragonesische König antwortete Friedrich dem Schönen am 3. August 1315 und schrieb: *Etsi iam aliis vicibus gavisi fuerimus, nunc litterarum vestrarum noviter receptarum, quarum tenor nos patule docuit, quod subiugatis et adtractis vestre potencie universis civitatibus, municionibus, nobilibus et incolis terrarum Suevie et Alsacie, quas partem pociorem et cor Alamanie reputatis, sollempnia nupciarum cum serenissima Elizabet Romanorum regina conthorali vestra nata nostra karissimia multis principibus ecclesiasticis et mundanis presentibus celebriter ut decuit consumastis eandemque procurastis postmodum cum sollempnitatibus consuetis et debitis coronari, gaudia nova et nova recreacione huiusmodi in eis dulciter paternis affectibus quiescentes, intrinsecus deprecantes Altissimum, absque quo nihil stabile, pro suo infinita clemencia sic vestri et dicte regine coniugis vestre nostre karissime nate progressus et actus dirigat, quod ambos celestium et temporalium graciarum continuis accionibus donis repleat, prolem multiplicatam conferat et dies vestros et eius in evum senectutis obtate perducat*, Litterae regis Aragonum ad Fridericum regem, ed. Jakob Schwalm, in: MGH Const. 5 (1909–1911) Nr. 311 S. 267f. = Brief Nr. 24, in: Das Register Nr. 318 des Archivs der Aragonesischen Krone in Barcelona, ed. Heinrich Ritter von Zeissberg (SB Wien 140,1, 1898) S. 30f. – In Unkenntnis dieses von Zeissberg erstmals publizierten Briefwechsels geht Krull, Salbung S. 44 davon aus, daß Elisabeth von Aragon nicht gekrönt wurde.

132 Vgl. Thilo Vogelsang, in: NDB 1 (1953) S. 682.

133 Zur Biographie: Heinz Thomas, in: NDB 16 (1990) S. 154f.

134 Zeugnisse aus erster Hand sind zwei Briefe, die *Margareta Dei gracia Romanorum imperatrix semper augusta* acht Wochen später an den Abt von Egmont sowie an ihre Mutter, Gräfin Johanna von Holland-Hennegau, richten ließ: ... *scire volumus, quod in Urbe XVII. die Ianuarii mensis videlicet Dominica qua cantatur ›Omnis terra‹ multis honoribus et dignitatibus, tripudiis, cerimoniis et ceteris quam plurimis fistulis et ornatibus ad hoc spectantibus specialiter et consuetis in ecclesia beati Petri cesareo et imperiali dyademate fuimus magnifice coronate ...*, Brief an den Abt (1328 März 14 Rom), in: MGH Const. 6,1, Nrr. 422 + 423 S. 325f.; vgl. Heinz Thomas, Ludwig der Bayer (1282–1347). Kaiser und Ketzer (1993) S. 206–208; Pauler, Könige und Italien S. 152–159.

135 Zu den Auseinandersetzungen zwischen Ludwig IV. und den Päpsten seiner Zeit und der Rolle Margaretes vgl. S. 313–316.

136 Günther von Schwarzburg, von Januar bis Juni 1349 Gegenkönig Karls IV., und seine Gemahlin Elisabeth wurden nicht gekrönt; vgl. Reg. Imp. VIII S. 500–503.

137 Blanca führte mit Karl seit 1323 eine Kinderehe, lebte seit 1330 am Luxemburger Hof und traf schließlich am 12. Juni 1334 in Prag ein. Die meiste Zeit ihres wenig bekannten Lebens bis zu ihrem Tod 1348 hat sie wohl in Böhmen verbracht. Sie wurde mit Karl IV. am 2. September 1347 in Prag zur böhmischen Königin gekrönt; über ihre Teilnahme an der Bonner Krönung (vgl. Reg. der EB von Köln 5, hg. von Wilhelm Janssen [1973] Nr. 1374) verlauten die Quellen jedoch nichts; vgl. Dieter Veldtrup, Zwischen Eherecht und Familienpolitik. Studien zu den dynastischen Heiratsprojekten Karls IV. (Studien zu den Luxemburgern und ihrer Zeit 2, 1988) S. 215–218; Peter Moraw, in: LexMA 2 (1983) Sp. 258. – Zu den Krönungen Karls IV.: Peter Hilsch, Die Krönungen Karls IV., in: Kaiser Karl IV. Staatsmann und Mäzen, hg. von Ferdinand Seibt (^{2}1978) S. 108–111.

politischen Berater Karls IV., die Krone einen Tag nach der zweiten Krönung des Königs, die nunmehr am rechten Ort und einschließlich der Thronsetzung auf dem Karlsthron erfolgen konnte, am Jakobstag, dem 26. Juli 1349[138]. Die dritte Gemahlin, Anna von Schweidnitz-Jauer[139], wurde in Aachen am 9. Februar 1354 durch den Kölner Erzbischof Wilhelm von Gennep gekrönt. Heinrich von Diessenhofen berichtet darüber:

> *Sed rex predictus v. idus aprilis suam uxorem de Polonia fecit Aquisgrani in reginam Romanorum per archiepiscopum Coloniensem coronari. At tamen rex Karolus non interfuit, quia antea extitit coronatus cum alia uxore sua premortua*[140].

Karl IV. war am 14. Januar 1354 mit Anna von Schweidnitz in Frankfurt am Main zusammengetroffen[141], dann aber Ende des Monats nach Mainz und Trier weitergezogen, wo er zum Zeitpunkt der Krönung in Aachen urkundet[142].

Seine vierte Gemahlin Elisabeth von Pommern, mit der sich der Kaiser wohl im Mai 1363 verheiratet hatte[143], wurde nicht zur römisch-deutschen Königin, aber – wie zuvor Anna von Schweidnitz (1355)[144] – in Rom am 1. November 1368 durch Papst Urban V. zur Kaiserin gekrönt[145].

Gemeinsam war den an der Seite Karls IV. stehenden Frauen hingegen ihre Krönungen zur böhmischen Königin im Prager Veitsdom, die als Paarkrönung für Karl IV. und Blanca von Valois am 2. September 1347 stattfand[146]. Alle folgenden Krönungen an Anna von der Pfalz am 1. November 1349[147], Anna von Schweidnitz am 28. Juli 1353[148] und schließlich Elisabeth von Pommern am 18. Juni 1363[149] erfolgten jeweils nach ihrer Heirat.

Auch die beiden Gattinnen König Wenzels (1378–1400), Sohn und Nachfolger Karls IV., sind sowohl zu böhmischen wie auch römisch-deutschen Königinnen ge-

---

138 Biographische Daten bei Thilo VOGELSANG, in: NDB 1 (1953) S. 299 und Peter MORAW, in: Lex MA 1 (1980) Sp. 655; zur Heirat: VELDTRUP, Eherecht S. 299–323 und passim. Zur Krönung: Reg. der EB von Köln 5 Nr. 1557.

139 Biographischer Überblick: Joseph GOTTSCHALK, Anna von Schweidnitz, die einzige Schlesierin mit der Kaiserinnenkrone (1353–1362), Jahrbuch der Schlesischen Friedrich-Wilhelms-Universität zu Breslau 17 (1972) S. 25–42; DERS., Mittelalterliche Bildnisse der Anna von Schweidnitz, Gemahlin Kaiser Karls IV., Schlesien 7 (1962) S. 193–201; Thilo VOGELSANG, in: NDB 1 (1953) S. 299 und Peter MORAW, in: LexMA 1 (1980) Sp. 655f.; zur Heirat: VELDTRUP, Eherecht S. 324–348.

140 Heinrich von Diessenhofen, Chronik (1316–1361), in: Fontes rerum Germanicarum 4, aus dem Nachlaß J. F. Boehmers hg. von Alfons HUBER (1868) S. 90; vgl. Reg. Imp. VIII Nr. 1776a; Reg. der EB von Köln 6, hg. von Wilhelm JANSSEN (1977) Nr. 497.

141 Reg. Imp. VIII Nr. 1752a.

142 Reg. Imp. VIII Nr. 1775ff.

143 Reg. Imp. VIII Nr. 3953a; VELDTRUP, Eherecht S. 377–380.

144 Auflistung der Quellen bei Ellen WIDDER, Itinerar und Politik. Studien zur Reiseherrschaft Karls IV. südlich der Alpen (Forschungen zur Kaiser- und Papstgeschichte des Mittelalters. Beihefte zu J. F. Böhmer, Regesta Imperii 10, 1993) S. 214 Anm. 465; Reg. Imp. VIII Nr. 2013a; GOTTSCHALK, Anna von Schweidnitz S. 32–35. – Zum Itinerar siehe unten S. 120.

145 Zur Reise und dem Aufenthalt in Rom: WIDDER, Itinerar S. 304–329, bes. S. 325f.; Reg. Imp. VIII Nr. 4700b; zur Krönung vgl. Gustav PIRCHAN, Italien und Kaiser Karl IV. in der Zeit seiner zweiten Romfahrt, 2 Bde. (Quellen und Forschungen aus dem Gebiet der Geschichte 6, 1930) hier Bd. 2, S. 303–307.

146 Reg. Imp. VIII Nr. 335a.

147 Reg. Imp. VIII Nr. 1188a.

148 Reg. Imp. VIII Nr. 1571a.

149 Reg. Imp. VIII Nr. 3958a.

krönt worden: Johanna von Bayern-Holland (* 1356 [∞ 1370] † 1386), die Tochter Herzog Albrechts I., zusammen mit Wenzel am 6. Juli 1376 in Aachen durch den Kölner Erzbischof Friedrich III. von Saarwerden[150], sowie auch Sophia von Bayern-München (* 1376 † 1425), die Tochter Herzog Johanns II., mit der sich Wenzel drei Jahre nach dem Pesttod Johannas im Jahr 1389 vermählte[151].

Von der Krönung Ruprechts von der Pfalz (1400–1410) am Dreikönigstag des Jahres 1401 in Köln liegt ein Krönungsbericht vor, der über den Einzug des Königspaares informiert, dann allerdings lediglich die Krönung Ruprechts durch den Kölner Erzbischof Friedrich III. von Saarwerden wiedergibt, ohne eine Krönung Elisabeths, der Tochter des Nürnberger Burggrafen Friedrich V., zu erwähnen. Dennoch ist anzunehmen, daß eine Krönung der Königin vollzogen wurde[152]. Eine zweite Krönung erfolgte in Aachen Ende Oktober/Anfang November 1407, über die jedoch keine Quellen erhalten sind[153].

Die drei Jahre nach der Königswahl zusammen mit Sigmund (1410–1437) am 8. November 1414 unter der Leitung des Kölner Erzbischofs Dietrich II. von Moers in Aachen gekrönte Barbara von Cilli (* 1390/95 [∞ 1408] † 1451), die zweite Gemahlin Sigmunds[154], war schließlich die letzte römisch-deutsche Königin mit Krönung in Aachen[155]. Ihre Tochter Elisabeth von Luxemburg (* um 1409 [∞ 1422] † 1442) und der

150 Es liegt kein Krönungsbericht vor, doch die Anwesenheit Johannas – wie auch des Kaiserpaares – in Aachen bestätigen Kostenaufstellungen und Rechnungslisten, in: Deutsche Reichstagsakten unter König Wenzel, 1. Abt.: 1376–1387, hg. von Julius WEIZÄCKER (1956) S. 174–176. Vgl. Theodor LINDNER, Geschichte des deutschen Reiches unter König Wenzel, 2 Bde. (1875/80) hier Bd. 1 S. 43; keine Erwähnung findet die Krönung der Königin bei Wilhelm KLARE, Die Wahl Wenzels von Luxemburg zum Römischen König 1376 (Geschichte 5, 1990) S. 265–270. – Nach einem symbolischen Beilager und der böhmischen Krönung im Jahr 1370 fand der Vollzug der Ehe und die Aachener Krönung erst sechs Jahre später statt; zu den eherechtlichen Vereinbarungen vgl. VELDTRUP, Eherecht S. 418–421.

151 Die quellenmäßig nicht direkt bezeugte Krönung Sophias läßt sich aus einer Ende 1389 ausgeschriebenen Steuer ableiten; vgl. VELDTRUP, Eherecht S. 418 Anm. 2595. – KRULL, Salbung S. 47 geht davon aus, daß Sophia nicht zur römischen Königin gekrönt wurde. – Zur Heirat vgl. auch LINDNER, Geschichte unter König Wenzel S. 456f.

152 Vgl. den Krönungsbericht, in: Deutsche Reichstagsakten unter König Ruprecht, 1. Abtl. 1400–1401, hg. von Julius WEIZÄCKER (1956) Nr. 205 S. 239–243; Reg. der EB von Köln 11, hg. von Norbert ANDERNACH (1992) Nr. 2. Auch KRULL, Salbung S. 47 nimmt die Krönung Elisabeth von Zollern an.

153 Zu den Verhandlungen bezüglich der Aachener Krönung: Reg. der EB von Köln 11 Nr. 1893 + 1911.

154 In erster Ehe wurde Sigmund im Oktober 1385 mit der ungarischen Königstochter und Erbin Elisabeth verheiratet, die jedoch bereits am 17. Mai 1395 kinderlos verstarb; vgl. Jörg K. HOENSCH, Verlobungen und Ehen Kaiser Sigismunds von Luxemburg, in: Herrschaft, Kirche, Kultur. Beiträge zur Geschichte des Mittelalters. Festschrift für Friedrich Prinz zum 65. Geburtstag, hg. von Georg JENAL (Monographien zur Geschichte des Mittelalters 37, 1993) S. 265–277, bes. S. 268–273 und M. KINTZINGER, in: LexMA 6 (1993) Sp. 278f.

155 Augenzeugenbericht des Eigil von Sassen von der gemeinsamen Krönung des Paares, in: Deutsche Reichstagsakten unter Kaiser Sigmund, 1. Abtl. 1410–1420, hg. von Dietrich KERLER (1956) Nr. 167 S. 243–245; zuletzt dazu Jörg K. HOENSCH, Kaiser Sigismund. Herrscher an der Schwelle zur Neuzeit 1368–1437 (1996) S. 187–189. – Barbara von Cilli, 1408 vom Erzbischof von Gran zur ungarischen Königin gekrönt, wurde am 11. Februar 1437 in Prag auch zur böhmischen Königin gekrönt (Reg. Imp. XI Nr. 11666a + 11667; HOENSCH S. 450), nahm dann allerdings nicht am Romzug von 1431 bis 1433 und an der Kaiserkrönung Sigmunds am 31. Mai 1433 durch Papst Eugen IV. teil (HOENSCH S. 395f.). Damit blieb sie die einzige römisch-deutsche Königin des Mittelalters, die den König nicht zur Kaiserkrönung nach Rom begleitete.

Nachfolger im Königsamt, der Habsburger Albrecht II. (1438–1439), betraten in der kurzen Zeit ihrer Königsherrschaft nicht das engere Reichsgebiet und kamen auch nicht zur Krönung nach Deutschland[156].

Eleonore von Portugal (* 1436 † 1467) empfing zwei Tage nach ihrer Heirat mit Friedrich III. (1440–1493), die am 16. März 1452 gefeiert worden war, als letzte römisch-deutsche Königin die Krönung zur Kaiserin durch Papst Nikolaus V. in Rom[157]. Die Ehe mit der Tochter des früh verstorbenen portugiesischen Königs Eduard war bereits in Portugal am 1. August 1451 per procurationem geschlossen worden[158]; seitdem führte Eleonore den Titel einer *regina Romanorum*. Mitte November 1451 ihre Heimat verlassend nahm sie den Seeweg nach Italien, wo schließlich die Flotte im Hafen von Livorno anlegte und Eleonore von einer Gesandtschaft Friedrichs III., darunter Enea Silvio Piccolomini, der spätere Papst Pius II., der einen farbigen Bericht dieser und der folgenden Ereignisse verfaßte, empfangen wurde. In Siena fand eine erste Begegnung mit Friedrich III. statt[159]; anschließend reiste das Paar gemeinsam zur Krönung nach Rom[160].

Die Schwiegertochter Eleonores, die Mailänderin Bianca Maria Sforza (* 1472 † 1510), die Maximilian I. (1493–1519) im Jahr 1493 in Mailand per procurationem und 1494 in Innsbruck[161] in zweiter Ehe[162] geheiratet hatte, wurde hingegen nicht gekrönt[163].

---

156 Elisabeth von Luxemburg wurde zusammen mit Albrecht II. zur ungarischen Königin in Stuhlweißenburg am 1. Januar 1438 und zur böhmischen Königin in Prag am 29. Juni 1438 gekrönt; zur nur einjährigen Regierungszeit Albrechts: Günther Hödl, Albrecht II. Königtum, Reichsregierung und Reichsreform 1438–1439 (Forschungen zur Kaiser- und Papstgeschichte des Mittelalters. Beihefte zu J. F. Böhmer, Regesta Imperii 3, 1978).

157 Bericht eines Augenzeugen über den Einzug König Friedrichs III. in Rom, seine Trauung mit der Prinzession Eleonora von Portugal und seine Kaiserkrönung. 1452 März 8–23, hg. von Hermann Keussen, Historische Vierteljahrschrift 20 (1920/21) S. 317–321.

158 Vgl. Antonia Zierl, Kaiserin Eleonore und ihr Kreis. Eine Biographie (1436–1467) (1966) S. 55–70.

159 Heinz Quirin, König Friedrich III. in Siena (1452), in: Aus Reichstagen des 15. und 16. Jahrhunderts (Schriftenreihe der historischen Kommission bei der Bayerischen Akademie der Wissenschaften 5, 1958) S. 24–79.

160 Zur Biographie Eleonores vgl. neben der oben zitierten Dissertation von Antonia Zierl (zur römischen Krönung S. 70–106) auch Dies., Kaiserin Eleonore, Gemahlin Friedrichs III., in: Friedrich III. Ausstellung Kaiserresidenz Wiener Neustadt 28. Mai bis 30. Oktober 1966 (Katalog des N.-Ö.-Landesmuseums N.F. 29, 1966) S. 144–153; Heinrich Koller, in: LexMA 3 (1987) Sp. 1804; Eberhard Holtz, Eine Portugiesin in Österreich – Eleonore, Gemahlin Kaiser Friedrichs III., in: Fürstinnen und Städterinnen. Frauen im Mittelalter, hg. von Gerald Beyreuther, Barbara Pätzold und Erika Uitz (1993) S. 255–282; Albert Müller, Leonores Haar. Geschlechtsspezifische Differenzierung im Kontext von Sterben und Tod am Beispiel der Leonore von Portugal, in: Lothar Kolmer (Hg.), Der Tod des Mächtigen. Kult und Kultur des Todes spätmittelalterlicher Herrscher (1997) S. 166–184; Bettina Pferschy-Maleczek, Kaiserin Eleonore, in: Schnith (Hg.), Frauen des Mittelalters S. 420–446, 479–481.

161 Zu den Hochzeitsfeierlichkeiten in Mailand, Hall und Innsbruck vgl. Heidemarie Hochrinner, Bianca Maria Sforza. Versuch einer Biographie (1966) S. 19–50.

162 In erster Ehe wurde Maximilian mit Maria von Burgund, der Tochter Karls des Kühnen und Erbin der burgundischen Niederlande, vermählt. Die in Gent am 19. August 1477 geschlossene Ehe endete mit einem tödlichen Jagdunfall am 27. März 1482, zu einem Zeitpunkt, als Maximilian noch nicht zum König gekrönt war; zu Maria vgl. W. P. Blockmans, in: LexMA 6 (1993) Sp. 279.

163 Hochrinner, Bianca Maria Sforza S. 57 zufolge sei eine Aachener Krönung Biancas in den ersten Monaten des Jahres 1495 geplant gewesen, dann aber von Maximilian verschoben worden, ohne daß er einen neuen Termin festgelegt hätte. – Zu ihrer Person vgl. auch die Überblicke von

Auch für den Zeitraum des ausgehenden Mittelalters seit der zweiten Hälfte des 13. bis ins 15. Jahrhundert hinein ist somit grundsätzlich festzuhalten, daß die Königinnen gekrönt wurden. Das als Recht der Kurfürsten sich gegen die dynastisch gebundene Designation durchsetzende Wahlkönigtum hatte zur Folge, daß nicht mehr unverheiratete Kindkönige, sondern verheiratete Fürsten zu Königen gewählt und in den meisten Fällen mit ihren Gattinnen in Aachen gekrönt wurden. Daß es neben dem gemeinsamen Krönungszeremoniell auch weiterhin Einzelkrönungen von Königinnen, vor allem bei weiteren Ehen, gegeben hat, zeigt, daß die Zeremonie der Königinnen-Krönung auch im späten Mittelalter nicht – wie Paul Krull als Fazit formulierte – »für ganz nebensächlich gehalten«[164] wurde. Vielmehr läßt die Tatsache, daß die Königinnen im Spätmittelalter durch das Hinzukommen der Kronen Böhmens und Ungarns noch sehr viel häufiger als im hohen Mittelalter gekrönt wurden, darauf schließen, daß die Krönung weiterhin und offensichtlich in einem noch stärkeren legitimatorischen Sinn als wichtig erachtet wurde und symbolischer Auftakt für die Stellung der Königin blieb, die mit dem König an der Spitze des Reiches stand.

Bestandteile der Königinnen-Krönung

In der mittelalterlichen Historiographie wurden die Krönungen der Königinnen mit ganz unterschiedlichen Begriffen umschrieben. Dabei ist nicht immer von *coronatio*, sondern häufig auch nur von *benedictio* und/oder *consecratio* die Rede. Das hat in der Forschung Zweifel laut werden lassen, ob grundsätzlich immer auch von einer Krönung der Königin ausgegangen werden kann[165].

Das Problem liegt in der oftmals subjektiven Darstellung wie auch nicht immer präzisen Wortwahl erzählender Quellen, die in unserem Kontext nicht zwingend wörtlich verstanden werden können. Der Bericht Ottokars in der Österreichischen Reimchronik zur Krönung der mit Albrecht I. verheirateten Königin Elisabeth von Görz-Tirol 1298 zeigt vielmehr, daß unter dem Begriff *benedictio* oder – so in den spätmittelalterlichen deutschsprachigen Quellen – *wîhe* die Krönung einbezogen erscheint:

der ez ze rehte tuon sol,
der ze Meinze bischolf ist,
der was bereit zuo der frist
und begie die messe;
allez daz er wesse,
daz zuo der wîhe gehôrt,
des was er unbetôrt,
er begie ez schône.
mit der wîh und mit der krône
macht er die herzoginne
zeiner hôhen kuniginne.

G. Rill, in: Dizionario biografico degli Italiani 10 (1968) S. 24–26; G. Soldi Rondinini, in: LexMA 2 (1983) Sp. 37.

164 Krull, Salbung S. 93.

165 Wolf, Königinnen-Krönungen S. 74f.

die wîle man daz amt begie
und diu frouwe enphie
mit der wîh ir reht,
die wîl der kunic Albreht
tet, als die hôhen kunic tuont:
gekrônet er bî ir stuont,
unz daz daz amt het ein ende[166].

Ottokar bezeichnet die gesamte Zeremonie als Weihe und nur der Hinweis auf die Krone macht deutlich, daß neben der Weihe auch die Krönung der Königin erfolgte. Daß ein solches Verständnis auch für das hohe Mittelalter angenommen werden kann, bestätigt ein Blick in die Krönungsordines. Diese zeigen, daß die Krönung der Königin, neben Weihe und Salbung, als Bestandteil der Zeremonie anzusehen ist.

Die ersten inhaltlich voneinander differierenden[167] Krönungsordines für Königinnen sind im Westfrankenreich in der Mitte des 9. Jahrhunderts für die Tochter und die Gemahlin Karls des Kahlen entstanden: für Judith[168] anläßlich ihrer Heirat mit dem angelsächsischen König Aethelwulf am 1. Oktober 856[169] und für ihre Mutter Irmintrud, die nach 24jähriger Ehe am 25. August 866 in Soissons gesalbt und gekrönt wurde[170]. Neben den bereits in früherer Zeit nachweisbaren Krönungen trat damit als weiteres wesentliches Element die Salbung hinzu, durch die jetzt auch die Königin – neben dem König – »sakral überhöht wurde«[171].

Demgegenüber sind aus dem ostfränkischen Reich keine Königinnen-Ordines bekannt. Hier hat sich der älteste Ordo im sogenannten »Ottonischen Pontifikale« erhalten, das wohl kurz vor 960 im St. Albans-Kloster in Mainz[172] entstanden ist und möglicherweise bereits bei der Kaiserkrönung Ottos I. und Adelheids in St. Peter an Lichtmeß 962 Verwendung fand[173]. Denn der in der Forschung auf die Zeit um 900 datierte Ordo westfränkischer Provenienz konnte für die Krönung zur Königin wie auch zur Kaiserin herangezogen werden und behielt weithin seine Gültigkeit.

166 Ottokar, Österreichische Reimchronik S. 968.

167 Vgl. KRULL, Salbung S. 14–19.

168 Zur Biographie: Heinrich SPROEMBERG, Judith, Königin von England, Gräfin von Flandern (1936), nachgedruckt in: DERS., Beiträge zur belgisch-niederländischen Geschichte (Forschungen zur mittelalterlichen Geschichte 3, 1959) S. 56–110.

169 Coronatio Iudithae Karoli II. filiae, in: MGH Cap. reg. Franc. II, ed. Alfred BORETIUS und Viktor KRAUSE (1890–1897) Nr. 296 S. 425–427; Neuedition jetzt in: Ordines Coronationis Franciae. Text and Ordines for the Coronation of Frankish and French Kings and Queens in the Middle Ages, Bd. 1, ed. Richard A. JACKSON (Middle Ages Series, 1995) Ordo V S. 73–79. – Zu den Quellengrundlagen des von Hinkmar von Reims konzipierten Ordo vgl. Janet L. NELSON, The earliest royal *ordo*: Some liturgical and historical aspects, in: DIES., Politics and Ritual in Early Medieval Europe (1986) S. 341–360. – Zur historischen Einordnung zuletzt Jürgen SARNOWSKY, England und der Kontinent im 10. Jahrhundert, HJb 114 (1994) S. 47–75, hier S. 56–59 mit der älteren Literatur.

170 Coronatio Hermintrudis reginae, in: MGH Cap. reg. Franc. II Nr. 310 S. 453–455; Neuedition in: Ordines Coronationis Franciae (wie obige Anm.) Ordo VI S. 80–86. – Zur historischen Einordung vgl. ERKENS, Sicut Esther S. 15–38, bes. S. 26–37.

171 ERKENS, Sicut Esther S. 27.

172 Ed. Reinhard ELZE, Die Ordines für die Weihe und Krönung des Kaisers und der Kaiserin, MGH Fontes iur. Germ. ant. 9 (1960) Nr. III S. 6–9.

173 Die von WOLF, Königinnen-Krönungen im Anhang dargestellten »Spuren eines alten Kaiserinnenkrönungsordo zum Jahre 816 bei Ermoldus Nigellus« (S. 82–88) wurden von Reinhard ELZE, Ein vergessener Ordo für die Trauung und Krönung eines karolingischen Herrscherpaares, in:

Ein Problem stellen die allgemein gehaltenen Formulierungen der Ordnungen wie auch der historiographischen Quellen dar, die eine konkrete Zuweisung zu bestimmten Krönungsakten nicht möglich machen. Allein die handschriftliche Verbreitung des ottonischen Pontifikale seit der Jahrtausendwende läßt darauf schließen, daß die enthaltenen Texte für die bischöflichen liturgischen Handlungen, und so auch die Ordines für die Krönung des Königs und der Königin herangezogen wurden[174]. Demzufolge ist davon auszugehen, daß die Paderborner Krönung Kunigundes durch Erzbischof Willigis von Mainz 1002 wie auch die nachfolgenden Krönungen gemäß dem Mainzer Ordo zelebriert wurden[175].

Konzipiert ist dieser Königinnen-Ordo als eigenständige Zeremonie. Darin unterscheidet er sich zum Beispiel vom römischen Ordo Cencius II für eine Kaiserkrönung, die als gemeinsame Feier organisiert ist. In deren Verlauf erscheinen die einzelnen Bestandteile der Handlung in einem jeweiligen Nacheinander, so daß der Weihe des Königs diejenige der Königin und in entsprechender Weise Salbungen und Krönungen folgten[176]. Eine weitere Variante kennen mehrere Ordines seit der zweiten Hälfte des 12. Jahrhunderts, in denen die Anweisungen für die Krönung der Kaiserin als Anhang an den Schluß gesetzt sind, was aber wohl nicht bedeutet, daß ihre Krönung auch tatsächlich erst nach Abschluß der Zeremonie für den Kaiser erfolgen sollte. Vielmehr ist auch bei einer Verwendung solcher Vorlagen ein jeweiliges Nacheinander der einzelnen Krönungsakte von Kaiser und Kaiserin wahrscheinlich[177].

Die Tatsache, daß der Königinnen-Ordo im ottonischen Pontifikale – im Unterschied zu den späteren – für die Königin eine eigene Zeremonie festlegt, die mit einer ersten Weihe beim Eintritt in die Kirche beginnt, dann mit einer zweiten vor dem Altar fortfährt und schließlich mit Salbung und Krönung endet, könnte auf den ersten Blick auch als Erklärung dafür angesehen werden, daß bis in die staufische Zeit hinein die Krönung der Königin als eigene Feier zu einem späteren Zeitpunkt und in einer jeweils anderen Kirche als diejenige für den König abgehalten wurde. Dies war bei den zum Zeitpunkt der Königserhebung bereits verheirateten Paaren Heinrich II. und Kunigunde 1002, Konrad II. und Gisela 1024, Lothar III. und Richenza 1125 der Fall. Diese Auffälligkeit läßt sich am Quellenmaterial allerdings nicht als Kausalität erhärten. Sowohl für Kunigunde als auch für Gisela können vielmehr Umstände namhaft gemacht werden, die scheinbar die getrennten Krönungen erklären. So hielt sich Kunigunde zum Zeitpunkt der Königswahl und -krönung Heinrichs II. mit großer Wahrscheinlichkeit noch in Bayern auf[178]. Für Gisela deutet

---

Ex ipsis rerum documentis. Beiträge zur Mediävistik. Festschrift für Harald Zimmermann zum 65. Geburtstag, hg. von Klaus Herbers, Hans Henning Kortüm und Carlo Servatius (1991) S. 69–72, hier S. 69 Anm. 2 als längst bekannte »Spuren von karolingischen Laudes« entlarvt.

174 Carl Erdmann, Königs- und Kaiserkrönung im ottonischen Pontifikale, in: Ders., Forschungen zur politischen Ideenwelt des Frühmittelalters. Aus dem Nachlass des Verfassers hg. von Friedrich Baethgen (1951) S. 52–91, hier S. 61.

175 So auch Krull, Salbung S. 24.

176 Ordines, ed. Elze, Nr. XIV S. 35–47.

177 Z. B. Ordines, ed. Elze, Nr. XVI S. 57f.; Nr. XVII S. 68f; Nr. XVIII S. 84f. Dazu Reinhard Elze, Eine Kaiserkrönung um 1200, in: Adel und Kirche. Gerd Tellenbach zum 65. Geburtstag dargebracht von Freunden und Schülern, hg. von Josef Fleckenstein und Karl Schmid (1968) S. 365–373, bes. S. 371.

178 Zur Krönung Kunigundes vgl. oben S. 18, zu ihrem Itinerar unten S. 98–102.

Wipo Schwierigkeiten an, die zu einer Verzögerung ihrer Krönung führten[179]. Dennoch fanden die Krönungen beider Königinnen aber auch nicht um so viel später statt, als daß für diesen kurzen Zeitraum nicht auch die Königskrönungen aufzuschieben gewesen wären, wenn denn eine gemeinsame Krönung intendiert worden wäre. Für Richenza läßt sich schließlich mangels Quellen nicht mehr entscheiden, ob die getrennte Krönung tatsächlich durch die Umstände diktiert oder ob sie nicht vielmehr aus Gewohnheitsrecht bewußt und gewollt herbeigeführt wurde.

Insgesamt ist somit durch die Überlieferungsform der Ordines nicht zu klären, warum es im hohen Mittelalter ausschließlich getrennte Krönungstermine gegeben hat, die dann seit dem Ende des 12. Jahrhunderts überwiegend durch gemeinsame Krönungen des Königspaares abgelöst wurden, was sich, wie bereits festgestellt, ebenfalls in den Ordines niedergeschlagen zu haben scheint. Denn auch eine als eigene Feier abgehaltene Königinnen-Krönung hätte in den genannten Fällen in einem variabel denkbaren zeitlichen Abstand – unmittelbar anschließend, am folgenden Tag oder einige Tage später – am selben Ort wie die Königskrönung vollzogen werden können.

Inhaltlich reduziert sich der Königinnen-Ordo im Mainzer Pontifikale auf die wesentlichen liturgischen Akte von Weihe, Salbung und Krönung. Abgesehen vom Aufsetzen der Krone *regalis excellentiae* findet keine weitere Übergabe bestimmter Insignien statt[180], was im Gegensatz zu historiographischen[181] wie bildlichen Quellen[182] steht, die der Königin als Zeichen der Herrschaft zudem ein Zepter in die Hand geben.

Im Gegensatz zur Krönung des Königs, der durch seine Eidesleistungen einen aktiven Part spielt, verharrte die Königin, über die Gebete gesprochen werden und die gesalbt und gekrönt wird, in einer eher passiven Haltung. Ein ganz wesentlicher Unterschied liegt darüber hinaus im Fehlen der Thronsetzung auf dem Stuhl Karls des Großen, der sich zu einer eigenen herrschaftsbegründenden und rechtssymbolischen Handlung entwickelt hatte, die letztlich die Durchsetzung der Aachener Ma-

179 Zur Krönung Giselas S. 21–24.

180 Zum Insigniengebrauch im Mittelalter vgl. jetzt Jürgen Petersohn, Über monarchische Insignien und ihre Funktion im mittelalterlichen Reich, HZ 266 (1998) S. 47–96.

181 Die zweite große Textlücke der Gesta Ottonis Hrotsvits von Gandersheim reicht von 957 bis zur Kaiserkrönung 962, von der sich nur noch die in unserem Zusammenhang wichtige Zeile über den Insignienschmuck Adelheids erhalten hat, die neben der Krone das Zepter getragen haben soll: *Aeque ferens sceptrum, capitis diademaque pulchrum/Atque sui cultus omnes regalis amictus./Ornatus sed maioris suscepit honoris/Augusto summo pariter mox conbenedicta* (v. 1479–1480 S. 227).

182 Wie Heinrich II. trägt auch Kunigunde auf dem Krönungsbild des Perikopenbuches ein Lilienzepter. Kaiserin Agnes trägt ein solches in der rechten Hand auf dem Widmungsbild im Evangeliar für Goslar (heute Universitätsbibliothek Uppsala), das einen übergroßen thronenden Christus zeigt, der segnend seine Hände auf den Köpfen des Kaiserpaares Heinrich III. und Agnes zur Rechten und Linken ruhen läßt. Die Bildüberschrift lautet: *Per me regnantes vivant*, was die Regierungsgewalt beiden zuschreibt! – Auch auf Abbildungen von Krönungen französischer Königinnen trugen diese das Zepter, so z. B. Jeanne de Bourbon (1338–1378, gekrönt 1364), vgl. Claire Richter Sherman, The Queen in Charles V's »Coronation Book«: Jeanne de Bourbon and the »Ordo ad Reginam Benedicendam«, Viator 8 (1977) S. 255–298 mit Abb.; Dies., Taking a Second Look: Observations on the Iconography of a French Queen, Jeanne de Bourbon (1338–1378), in: Feminism and Art History. Questioning the Litany, hg. von Norma Broude and Mary D. Garrard (1982) S. 101–117; Anne D. Hedeman, Copies in Context: The Coronation of Charles V in his *Grandes Chroniques de France*, in: Coronations. Medieval and Early Modern Monarchic Ritual, hg. von János M. Bak (1990) S. 72–87, Abb. 5.1 und 5.4.

rienkirche zur Krönungskirche der römisch-deutschen Könige zur Folge hatte. Denn die Könige, die nicht in Aachen gekrönt werden konnten, bemühten sich um deren Wiederholung oder zumindest um die Abhaltung einer Thronsetzungsfeier, so zum Beispiel Heinrich II. (8. September 1002)[183], Konrad II. (Ende September 1024)[184], Philipp von Schwaben (6. Januar 1205)[185], Karl IV. (25. Juli 1349)[186], Ruprecht von der Pfalz (Herbst 1407)[187].

Nicht zuletzt der Umstand, daß die Thronsetzung für die Königin nicht vorgesehen war, ermöglichte den Vollzug ihrer Krönung in jeder Bischofskirche des Reichs und erklärt die Tatsache, daß sie im hohen Mittelalter auch in den unterschiedlichsten Kirchen gekrönt wurde. Eine geringere Varianz zeigt sich hingegen beim Coronator, denn als solcher fungierte meist entweder der Mainzer oder der Kölner Erzbischof. Die Krönung von Praxedis durch den Magdeburger Erzbischof und diejenige der Beatrix durch den Trierer blieben Ausnahmen[188].

Die einzelnen Krönungsakte werden von verschiedenen Gebeten begleitet[189]: Das erste wird beim Eintritt in die Kirche gesprochen und beginnt damit, Gott um Segen und Schutz für die zur Königin Erwählte anzuflehen, wobei als Vorbild für die Stärke und Tapferkeit des durch *fragilitas* gekennzeichneten weiblichen Geschlechts die alttestamentarische Witwe Judith zitiert wird, die mit ihrem Mut das Volk Israels vor dem Feind gerettet hatte[190]. Der zweite Teil des Gebetes erbittet eine zahlreiche Nachkommenschaft *ad decorem totius regni statumque sanctae Dei ecclesiae regendum necnon protegendum* und benennt dabei die biblischen Urmütter Sara, Rebecca, Lea und Rachel[191], die allerdings weniger für eine Vielzahl von Kindern stehen, sondern jeweils die ersehnten Erben zur Welt brachten[192].

Dieses wie auch das folgende Weihegebet schließen mit der Formel *»Per Christum dominum nostrum«*, »der würdig gewesen ist, aus dem unversehrten Leib der seligen Jungfrau Maria geboren zu werden, um diese Welt zu besuchen und zu erneu-

---

183 Reg. Imp. II,4 Nr. 1504a.

184 Vgl. dazu Roderich Schmidt, Königsumritt und Huldigung in ottonisch-salischer Zeit, in: G. Baaken – R. Schmidt, Königtum, Burgen und Königsfreie. Königsumritt und Huldigung in ottonisch-salischer Zeit (VuF 6, 1961) S. 97–233, hier S. 106–112.

185 Quellennachweise oben S. 28.

186 Hilsch, Krönungen Karls IV. S. 109.

187 Siehe S. 40 mit Anm. 153.

188 Zu den Krönungen 1089 und 1156 vgl. oben S. 25 und 27.

189 Eine knappe Zusammenfassung bei Eduard Eichmann, Die Kaiserkrönung im Abendland. Ein Beitrag zur Geistesgeschichte des Mittelalters mit besonderer Berücksichtigung des kirchlichen Rechts, der Liturgie und der Kirchenpolitik, 2 Bde. (1942) hier Bd. 1 S. 143–145.

190 Vgl. allgemein Erich Zenger, Judith/Judithbuch, in: TRE 17 (1988) S. 404–408.

191 *Omnipotens sempiterne Deus, fons et origo totius bonitatis, qui feminei sexus fragilitatem nequaquam reprobando aversaris, sed dignitanter comprobando potius eligis, et qui infirma mundi eligendo fortia quaeque confundere decrevisti, quique etiam gloriae virtutisque tuae triumphum in manu Iudith feminae olim iudaicae plebi de hoste saevissimo resignare voluisti, respice, quaesumus, preces humilitatis nostrae, et super hanc famulam tuam ill. quam supplici devotione in reginam eligimus, benedictionum tuarum dona multiplica, eamque dextera tuae potentiae semper et ubique circumda, ut umbone muniminis tui undique secus firmiter protecta, visibilis seu invisibilis hostis nequitias triumphaliter expugnare valeat, et una cum Sara atque Rebecca, Lia et Rachel beatis reverendisque feminis fructu uteri sui fecundari seu gratulari mereatur ad decorem totius regni statumque sanctae Dei ecclesiae regendum necnon protegendum …*, Ordo III, ed. Elze, S. 7f.

192 Vgl. Anneliese Sprengler-Ruppenthal, Zur Theologie der consors-regni-Formel in der sächsischen Königs- und Kaiserzeit, Jahrbuch für niedersächsische Kirchengeschichte 83 (1985) S. 85–107, hier S. 97.

ern«[193]. Damit wird der heilsgeschichtliche Bogen vom Alten zum Neuen Testament und Maria als Mutter Christi geschlagen[194], was meinen könnte, daß »die Königin auch Mutter eines Christus werden soll«[195]. Ein weiteres Weihegebet wird vor dem Altar gesprochen und wendet sich an die Allmacht Gottes:

> *... exoramus, ut sicut Esther reginam Israelis causa salutis de captivitatis suae compede solutam ad regis Assueri thalamum regnique sui consortium transire fecisti, ita hanc famulam tuam N. humilitatis nostrae benedictione christianae plebis gratia salutis ad dignam sublimemque regis nostri copulam regnique sui participium misericorditer transire concedas ...*[196].

Hier wird mit Esther auf eine weitere sich durch Frömmigkeit, Weisheit und Mut auszeichnende Königin des Alten Testaments verwiesen, die durch ihr Handeln das Volk Israels vor den Nachstellungen des machtgierigen Haman gerettet hatte und dafür vom persischen König Ahasveros (= Xerxes I., 486–465 v.Chr.) zur Ehefrau und Mitherrscherin seines Reiches erhoben wurde[197]. Dementsprechend solle sich auch die Königin als würdige und erhabene Gemahlin des Königs und Teilhaberin an seinem Reich erweisen[198].

Diese als Bitte an Gott gerichtete Erwartung ist die einzige Stelle, die das *consortium regni* in den Mittelpunkt rückt und damit die politische Rolle der Königin betont. Obwohl diese nicht näher umschrieben oder charakterisiert wird, mußte doch die Bezugnahme auf Esther und Judith, die politisch höchst heikle und für das eigene Leben bedrohliche Situationen meisterten, beim bibelkundigen Publikum Assoziationen freisetzen, die der gottgefälligen und in gleicher Weise klug wie gerecht vorgehenden Königin einen breiten Handlungsspielraum eröffnen konnten.

Im Zentrum stand dabei der Begriff des *consortium regni*, der hier erstmals in einem Königinnen-Ordo integriert wurde. Denn im karolingischen Judith-Ordo von 856 wird zwar auch auf Esther Bezug genommen, dabei jedoch nicht der in der Vulgata-Version für die Stellung Esthers als Königin erstmals nachweisbare *consortium*-Begriff zitiert[199]. Vielmehr benennt der Bischof die Wirkung der Salbung, die das Antlitz Esthers voll Erbarmen lichterstrahlen lasse und dadurch das Herz des Königs zur Barmherzigkeit emporhebe[200]. Der Esther-Bezug im oben zitierten Mainzer Ordo geht also weit über die hier angesprochene Aufgabe, den König milde zu stim-

---

193 *Per Christum dominum nostrum, qui ex intemerato beatae Mariae virginis alvo nasci visitare ac renovare hunc dignatus est mundum. Qui tecum vivit et gloriatur Deus in unitate Spiritus sancti per immortalia saecula saeculorum. Amen*, Ordo III, ed. Elze, S. 7f.

194 Zur Bedeutung Mariens in den karolingischen Krönungsordines der Königinnen vgl. Dominique Iogna-Prat, La Vierge et les *ordines* de couronnement des reines au IXe siècle, in: Marie. Le culte de la Vierge dans la société médiévale, hg. von D. Iogna-Prat, Éric Palazzo, Daniel Russo (1996) S. 101–107.

195 Sprengler-Ruppenthal, Theologie S. 97.

196 Ordo III, ed. Elze, S. 8f.

197 Vgl. Jürgen Lebram und Johannes van der Klaauw, Esther (Buch), in: TRE 10 (1982) S. 391–395.

198 Die von Sprengler-Ruppenthal, Theologie S. 98f. vertretene These, daß das in der oben zitierten Esther-Passage angeführte Gefangenschaftsmotiv ein Hinweis auf das persönliche Erleben Adelheids und »ihrer Befreiung aus den Fesseln der Gefangenschaft durch Berengar« darstelle, erscheint sehr vage und entbehrt bislang jeglicher Anhaltspunkte.

199 Zum *consors regni*-Begriff vgl. unten S. 56ff.

200 *... et ancillae tuae Hester faciem hac spiritali misericordiae tuae unctione adeo lucifluam reddidisti, ut efferatum cor regis ad misericordiam ...*, Ordo of Judith, ed. Jackson S. 78.

men, hinaus, indem er die eheliche Gemeinschaft direkt mit der Mitherrschaft der Königin im Reich verknüpft.

Es folgt im Ablauf der Zeremonie die Salbung und die Anrufung des Hl. Geistes, der die Seele von allem Unerlaubten reinigen und ihr für immer die Fähigkeit geben möge, an das für die Seele Nützliche zu denken, es zu wünschen und danach zu handeln[201]. Der äußeren Salbung mit materiellem Öl entsprach die unsichtbare innere Salbung durch den Geist Gottes[202]. Sie verlieh der Königin eine über den Stand der Laien hinausgehobene sakrale Würde. Auch die der Bischofsweihe entsprechenden Salbformeln deuten darauf hin, »daß die Salbung der Königin an sakramentaler Kraft nicht hinter der des Königs zurückstehen sollte«[203].

Ende und Höhepunkt der Krönungszeremonie der Königin bildete das Aufsetzen der Krone als das äußere, mit Gold und Edelsteinen verzierte Zeichen königlicher Würde, deren Glanz – so die Bitte an Gott – im Inneren mit dem Gold der Weisheit und den Edelsteinen der Tugenden erstrahlen möge[204]. Wie die Salbung so endet auch die Krönung mit dem Erflehen der Hilfe Jesu Christi, *qui cum Deo patre et Spiritu sancto vivit et regnat Deus per infinita saecula saeculorum. Amen*[205].

Diese um 900 fomulierten Gebete behielten sowohl für die Krönung zur Königin wie auch zur Kaiserin das ganze Mittelalter hindurch dauerhafte Gültigkeit und wurden bei Neufassungen von Ordines immer wieder verwandt. So stehen sie wortwörtlich im römischen Ordo Cencius II. aus der ersten Hälfte des 12. Jahrhunderts[206], der eine gemeinsame Krönung von Kaiser und Kaiserin vorsieht, wie auch in allen weiteren Ordines.

Auf der Ebene der Königinnen-Krönung finden sich die Gebete in wörtlicher Übereinstimmung mit dem Ottonischen Pontifikale in der spätmittelalterlichen *Coro-*

---

201 *Spiritus sancti gratia humilitatis nostrae officio in te copiosa descendat, ut, sicut manibus nostris indignis oleo materiali oblita pinguescis exterius, ita eius invisibili unguine delibuta impinguari merearis interius, eiusque spirituali unctione perfectissime semper imbuta et illicita declinare tota mente et spernere discas seu valeas, et utilia animae tuae iugiter cogitare optare atque operari queas*, Ordo III, ed. Elze, S. 9.

202 Nach Sprengler-Ruppenthal, Theologie S. 99 bekräftigt die Salbung »die Bewahrung des künftigen Königs vor dem Satan«. Obwohl dieser Aspekt sicherlich nicht auszuschließen ist, läßt sich die Funktion und Bedeutung der Salbung wohl nicht darauf reduzieren, denn die Mutterschaft ist nur ein Aspekt im Ordo, in dessen Vordergrund die ganze Person der Königin steht, die neben der Mutter auch die Aufgaben der Gemahlin und Mitherrscherin auszufüllen hatte und dafür die Stärkung des hl. Öles und des hl. Geistes bedurfte.

203 So Percy Ernst Schramm, Die Krönung in Deutschland bis zum Beginn des Salischen Hauses (1028), ZRG Kan. 24 (1935) S. 184–332, hier S. 266. – Möglicherweise wurde die Königin auch, anders als der König, nicht mit Katechumenenöl, dem *oleum exorcizatum*, gesalbt, sondern mit dem sakramental wertvolleren Chrisam. Dies scheint die Anweisung im Mainzer Ordo anzudeuten, daß für die Königin *oleum sacrum* zu verwenden sei. Ungewiß ist jedoch, ob diese Unterscheidung bereits im 10. Jahrhundert üblich war, vgl. Erdmann, Königs- und Kaiserkrönung S. 71.

204 *Officio indignitatis nostrae seu congregationis in reginam benedicta, accipe coronam regalis excellentiae, quae licet ab indignis episcoporum tamen manibus capiti tuo imponitur, unde, sicut exterius auro et gemmis redimita enites, ita et interius auro sapientiae virtutumque gemmis decorari contendas, quatinus post occasum huius saeculi cum prudentibus virginibus sponso perenni domino nostro Iesu Christo digne et laudabiliter occurrens regiam caelestis aulae merearis ingredi ianuam*, Ordo III, ed. Elze, S. 9. – 1356 verlieh Karl IV. dem Abt von Fulda im Privileg über die Erzkanzlerwürde der Königin bzw. Kaiserin auch das Recht, bei deren Krönungen die Krone von ihrem Kopf zu nehmen, zu halten und wieder aufzusetzen, vgl. Petersohn, Über monarchische Insignien S. 68f.

205 Ebd.; vgl. Sprengler-Ruppenthal, Theologie S. 100f.

206 Ordines, ed. Elze, Nr. XIV S. 35–47.

natio Aquisgranensis, die in der Forschung bislang entweder für die Krönung Rudolfs von Habsburg und Annas von Hohenberg 1273 oder für diejenige Heinrichs VII. und Margaretes von Brabant 1309 in Anspruch genommen wurde[207]. Vom Mainzer Ordo unterscheidet sich dieser jüngere lediglich durch genauere Angaben und Anweisungen für den Ablauf der einzelnen Weihehandlungen: Während des zweiten Weihegebetes liegt demzufolge die Königin in kreuzförmiger Haltung der Arme ausgestreckt vor dem Altar (Prostratio); gesalbt wird ihre Brust[208]. Der König hingegen wird an Stirn, auf der Brust, zwischen den Schultern und an den Armen gesalbt.

Wie in der Literatur bereits festgestellt, gab es bei der durch die Ordines vorgegebenen Ausgestaltung der Königinnen- wie auch der Kaiserinnen-Krönung keine inhaltlichen Abweichungen[209]. Die Gebete und Fürbitten wurden vom 10. bis zum 15. Jahrhundert unverändert tradiert. Sie enthalten neben den Bitten um Nachkommen einen der christlich-frommen, aber auch politisch aktiven Herrscherin entsprechenden Tugendkatalog[210], dessen liturgische Formelhaftigkeit einer kirchlich-zeitlosen Allgemeingültigkeit entsprach, die im Grunde keiner Überarbeitung oder Anpassung bedurfte. Den Krönungsmodalitäten entsprechend blieb die Stellung der Königin als fromme und tugendhafte Gattin und Mutter sowie als *consors regni* – als Teilhaberin an der Herrschaft im Reich – theoretisch die gleiche.

Gleichzeitig wird die hier fixierte Idee des *thalamum regnique sui consortium* zum Basismodell für die Stellung der Königin im Mittelalter schlechthin: Als Gemahlin des Königs ist sie Mitherrscherin im Reich. Das Vorbild dafür war der biblische Erhebungsakt durch den assyrischen König an Esther, der sie zu seiner Gattin und *consors* machte, wodurch deutlich wurde, daß die Königin ihre Stellung dem König und der ehelichen Gemeinschaft mit ihm verdankte; das Ehebett wurde deshalb auch zuerst genannt. Dementsprechend definierte sich die Stellung der Königin über den König als ihrem Gatten und basierte nicht auf eigenem Recht. Als vom König erhobene Mitherrscherin konnte sie theoretisch die gleichen Rechte in der Herrschaft ausüben; soweit es zumindest der König tolerierte und unterstützte.

Das altpersische Königspaar steht somit beispielhaft für das mittelalterliche Königspaar, das in gleicher Weise als Ehe- wie Herrscherpaar auftrat. Inwieweit dieser theoretische Anspruch in der Realität umgesetzt wurde, gilt es im folgenden zu untersuchen.

---

207 Krull, Salbung S. 51; Walter Goldinger, Das Zeremoniell der deutschen Königskrönung seit dem späten Mittelalter, in: Staat und Land. Festgabe zum 60jährigen Bestand des Oberösterreichischen Landesarchivs und zum Gedenken an die 800. Wiederkehr der Erhebung Österreichs zum Herzogtum (Mitteilungen des Oberösterreichischen Landesarchivs 5, 1957) S. 91–111, der mit Nachdruck für das Jahr 1309 plädiert. Bei dem auf 1309 hinweisenden Indiz handelt es sich um die im Ordo herangezogene Liturgie des Dreikönigstages, wobei Heinrich VII. und Margarete auch am Dreikönigstag, den 6. Januar 1309 gekrönt wurden, während die Krönung Rudolfs und Gertruds im Herbst, am 24. Oktober 1273, stattfand.

208 Coronatio Aquisgranensis, ed. G. H. Pertz, MGH LL 2 (1837) S. 384–392. – Zur Brustsalbung der Königin als Weihe der Mutter des Thronfolgers vgl. Athanasius Wintersig, Liturgie und Frauenseele (Ecclesia orans 17, ²1925) S. 122–125 und Ders., Zur Königinnenweihe, Jahrbuch für Liturgiewissenschaft 5 (1925) S. 150–153.

209 Vgl. etwa die Zusammenfassung bei Krull, Salbung S. 92; allgemein H. H. Anton, Ordo III. Krönungsordines, in: LexMA 6 (1993) Sp. 1439–1441 mit der grundlegenden Literatur.

210 Elze, Vergessener Ordo S. 71 hat die Krönungsordines als »eine Art Fürstenspiegel für christliche Herrscher« charakterisiert. Die gilt auch für die Herrscherin.

Die Titel der Königin

Romanorum regina – imperatrix augusta

Trotz einer vermeintlichen jahrhundertelangen Gleichförmigkeit der Bezeichnungen für die Gemahlinnen der Könige und Kaiser des Mittelalters als *regina* beziehungsweise *imperatrix*, letzteres meist versehen mit dem Epitheton *augusta*[211], erscheinen deren Titel bei näherem Hinsehen dann doch variantenreicher und den jeweiligen historisch-politischen Verhältnissen angepaßt. Dabei fällt auf, daß die Titel für die Königin eng mit denjenigen ihrer Gatten verknüpft sind[212]. Dies läßt die im Verlauf dieser Untersuchung noch zu überprüfende Frage stellen, inwieweit sich Stellung und Einfluß der Königin jeweils über ihren Gatten definierten und nicht zuletzt von seiner machtpolitischen Position abhingen.

Die Quellenproblematik dabei liegt auf der Hand. Denn im Vergleich zu der Vielzahl von Herrscherurkunden, die eine eigene »Intitulatio-Forschung« in Gang haben bringen können[213], kennen wir von den Königinnen einen vergleichsweise nur minimalen Bruchteil von Diplomen. Unter ihnen befinden sich für das 11. und die erste Hälfte des 12. Jahrhunderts vor allem Vertragsvereinbarungen, so für Kunigunde[214], und Gerichtsurkunden, so für Mathilde und Richenza[215] – jeweils ohne Intitulatio. Übrig bleibt eine geringfügig verunechtete Schenkungsurkunde der Kaiserin Agnes, ausgestellt am 19. Oktober 1059 in Speyer, für das Stift St. Maria Magdalena in Verdun mit der Intitulatio »*Agnes divina favente clementia imperatrix augusta*«[216]. Des weiteren kennen wir zwei Schenkungsurkunden der mit Heinrich V. verheirateten »*Machteldis Dei gratia Romanorum regina*«[217].

---

211 Erstmals nachweisbar für die Gemahlinnen Ludwigs des Frommen – Irmingard und Judith; vgl. Vogelsang, Frau als Herrscherin S. 13. – Zur Bedeutung des *augusta*-Titels in Byzanz, der durch den Kaiser bei der Eheschließung als Ehrentitel verliehen wurde, vgl. Stefan Maslev, Die staatsrechtliche Stellung der byzantinischen Kaiserinnen, Byzantinoslavica 27 (1966) S. 308–343, hier bes. S. 309f.

212 Zusammenfassend für das 12. Jahrhundert: Kowalski, Königinnen S. 102–104.

213 Herwig Wolfram, Intitulatio I. Lateinische Königs- und Fürstentitel bis zum Ende des 8. Jahrhunderts (MIÖG Erg.-Bd. 21, 1967); Ders. (Hg.), Intitulatio II. Lateinische Herrscher- und Fürstentitel im neunten und zehnten Jahrhundert (MIÖG Erg.-Bd. 24, 1973); Herwig Wolfram und Anton Scharer, Intitulatio III. Lateinische Herrschertitel und Herrschertitulaturen vom 7. bis zum 13. Jahrhundert (MIÖG Erg.-Bd. 29, 1988).

214 Insgesamt vier Urkunden der Kaiserin, abgedruckt im Anhang zu den DD HII. S. 693–697.

215 Zur Königin als Richterin vgl. unten S. 159–164.

216 DAgnes 1, im Anhang zur DD HIV, S. 670f.

217 Schenkungsurkunde für die Abtei St. Laurentius zu Oostbroek, ausgestellt am 14. März 1122 in Utrecht, sowie eine weitere Seelgerätschaft für Heinrich V. für St. Martin in Utrecht vom 26. Mai 1125, verhandelt in Wageningen; abgedruckt in: Oorkondenboek van het Sticht Utrecht tot 1301, ed. Mr.

Erst seit staufischer Zeit steigt die Zahl der Königinnen-Urkunden. So lassen sich für Beatrix fast ein Dutzend für Burgund nachweisen. Die im Wortlaut überlieferten Diplome beginnen alle mit derselben Titulatur »*Beatrix dei gratia Romanorum imperatrix augusta*«[218], die sie bekanntlich nicht erst seit ihrer Kaiserkrönung durch Papst Paschalis III. 1167 führte, sondern dem Rang ihres Gatten, Kaiser Friedrichs I. entsprechend, sofort nach ihrer Eheschließung im Sommer 1156.

Nicht nur vereinzelte, sondern eine Vielzahl von 1990 in einem eigenen Band publizierten Urkunden gehen auf Kaiserin Konstanze in der Zeit ihrer Regierung in Sizilien zurück[219]. Sie verwendet zwei nur geringfügig voneinander abweichende Titulaturen: *Constantia Dei gratia Romanorum imperatrix et regina Sicilie semper augusta*[220] beziehungsweise *Constantia divina favente clemencia Romanorum imperatrix semper augusta et regina Sicilie*[221].

Auch im Spätmittelalter verändern sich die hier als Beispiele angeführten Titulaturen nicht grundsätzlich. Sie variieren jedoch in der jeweiligen Aufzählung der einzelnen Kronen und dies nicht nur zwischen den einzelnen Königinnen, sondern zum Teil von Urkunde zu Urkunde, wie verschiedene Diplome der Königin Elisabeth, der Gemahlin des nur 19 Monate regierenden Habsburgers Albrecht II., aus den Jahren 1438 und 1439 belegen. Sie urkundete zum Beispiel als:

> *Elisabet von gots gnaden kunigin ze Hungern, Dalmacien, Croacien etc.*[222]
> *Elisabet von gottes gnaden kunigin ze Hungern, Dalmacien, Croacien, herczogin ze Osterreich etc.*[223]
> *Elisabeth von gotes genaden Kunigin zu Hungern etc., Herczogin zu Osterreich und Marggrafin zu Merhern*[224].
> *Elisabet von gots gnaden kunigin zu Hungern, Dalmacien, Croacien, Herczogin zu Osterreich ze Steir und Marggrefin zu Merhern etc.*[225]

Besondere Aufmerksamkeit haben in der Forschung die Titulaturen der Kaiserin Theophanu erlangt. Als einzige deutsche Herrscherin wird sie nicht nur als *impera-*

S. Muller und A. C. Bouman, Bd. 1 (1920) Nr. 302 + 318 S. 277f. + 291. – Während Mathilde im Reich trotz Krönungen in Rom 1117 (vgl. dazu unten S. 106f.) nur den Titel einer *Romanorum regina* führte und dieser auch als Umschrift auf ihrem lebenslang beibehaltenen Thronsiegel als dem ersten bislang bekannten einer römisch-deutschen Königin aufgeprägt wurde, nannte sie sich nach dem Tod Heinrichs V. und der Rückkehr nach England *M imperatrix regis Heinrici filia*. Auch ihr Sohn und Erbe, König Heinrich II. von England, verzichtet nicht darauf und urkundete als *Henricus, filius Mathildis imperatricis, rex Anglie*. Vgl. dazu und dem 1141 hinzugekommenen Titel der *domina Anglorum*: Karl Schnith, *Domina Anglorum*. Zur Bedeutungsbreite eines hochmittelalterlichen Herrscherinnentitels, in: Grundwissenschaften und Geschichte. Festschrift für Peter Acht (Münchener Historische Studien, Abt. Geschichtliche Hilfswissenschaften 15, 1976) S. 101–111.

218 DDB 2–10, im Anhang zur DD FI, S. 493–505; zur Burgundpolitik der Kaiserin vgl. unten S. 356–358.

219 Die Urkunden der Kaiserin Konstanze, ed. Theo Kölzer, MGH. Die Urkunden der deutschen Könige und Kaiser 11,3 (1990). – Zur Herrschaft Konstanzes im Königreich Sizilien vgl. unten S. 358–363.

220 So z. B. DKs.1/2/4 etc.

221 DKs. 11 etc.

222 Wiener Stadtarchiv Nr. 2681 (siehe Anm. 479).

223 Wiener Stadtarchiv Nr. 2682 (siehe Anm. 480).

224 Wiener Stadtarchiv Nr. 2686/2689/2695 (siehe Anm. 477/481/478).

225 Wiener Stadtarchiv Nr. 2668 (siehe Anm. 476).

trix, sondern auch als *coimperatrix* bezeichnet; als solche erstmals in einer im Original erhaltenen Schenkungsurkunde über mehrere Besitzungen Ende April 974[226]. Als *coimperatrix augusta* erscheint Theophanu weiterhin in den Interventionsformeln von vier Schenkungsurkunden der Jahre 979 und 981 für das am Sterbeort Ottos des Großen von Otto II. und Theophanu errichtete Kloster Memleben[227], von denen zwei im Original erhalten sind und wohl von einem Mönch des Klosters verfaßt wurden[228].

Konsens in der Forschung besteht darin, daß es sich beim Titel einer Mitkaiserin beziehungsweise eines Mitkaisers um einen dem byzantinischen Staatsrecht entlehnten Titel handelt, den auch Otto II. seit seiner Krönung in Rom am Weihnachtstag des Jahres 967 führte und den er umgekehrt für seinen Vater Otto I. verwandte[229]. Weniger eindeutig ist hingegen dessen konkrete inhaltliche Bedeutung. Im Vergleich mit der *consors imperii*-Formel sah Mathilde Uhlirz im Titel der *coimperatrix* eine »Steigerung des Rechtsinhaltes«, was sie mit einem »Recht der Nachfolge in der Herrschergewalt«[230] begründete. Dies entsprach der staatsrechtlichen Stellung der byzantinischen Kaiserinnen, die zu Lebzeiten ihrer Gatten neben den repräsentativen Aufgaben keine politische Funktionen besaßen, nach dem Tod des Herrschers aber die Regentschaft für minderjährige Thronfolger übernahmen[231].

Als Erklärung für die nur von zwei Schreibern verwandte *coimperatrix*-Formel der Jahre 974, 979 und 981 erscheint diese These jedoch mehr als zweifelhaft. Denn die Überlegung basiert allein auf der Kenntnis der durch den plötzlichen und unerwarteten Tod Ottos II. im Herbst 983 eingetretenen Situation: Der 28jährige Kaiser hinterließ einen gerade eben zu seinem Nachfolger bestimmten 3jährigen Sohn, für den eine Regentschaftsregierung gebildet wurde. Damit konnte trotz vielerlei Gefahren und unzulänglicher medizinischer Versorgung niemand rechnen. Auch die These einer aus den Auseinandersetzungen Ottos II. mit Herzog Heinrich von Bayern resultierenden Absicht, die politische Stellung Theophanus in rechtlicher Hinsicht für den Fall zu stärken, daß sich der Zänker bei einer Thronvakanz der Herr-

226 DOII. 76 (974 April 29 Mühlhausen) Schenkung der Besitzungen in Eschwege, Frieda, Mühlhausen, Tutinsoda und Schlotheim.

227 Vgl. Joachim Ehlers, Otto II. und Memleben, Sachsen und Anhalt 18 (1994) S. 51–82.

228 DD OII. 191 (979 Mai 20 Allstedt) Schenkung der durch Tausch erworbenen Kapellen in Allstedt, Osterhausen und Riestedt sowie den Zehnten im Friesenfeld und Hessengau … *pro remedio anime nostrae et contectalis nostrae [Theophanu coimperat]ricis auguste nec non et pro salvatione anime geni[toris nostri equivoci et coimpe]ratoris augusti* …; 194/195/196 (981 Juli 21 Wallhausen) Schenkung verschiedener wendischer Orte mit den Burgwarden und Zubehör … *interventu et petitione dilecte contectalis nostrae Theop[hanu c]oimperatricis augustae pro remedio animae tam nostrae quam eiusdem contectalis nostrae prenuncupate nec non et pro salu[te ani]mae genitoris nostri equivoci videlicet et coimperatoris augusti* …

229 Vgl. bes. Werner Ohnsorge, Das Mitkaisertum in der abendländischen Geschichte des früheren Mittelalters, ZRG Germ. 67 (1950) S. 309–335; Mathilde Uhlirz, Zu dem Mitkaisertum der Ottonen: *Theophanu coimperatrix*, Byzantinische Zeitschrift 50 (1957) S. 383–389; Hans H. Klein, Theophanu coimperatrix, Der Staat 32 (1993) S. 219–244.

230 Uhlirz, Mitkaisertum S. 386–388.

231 Maslev, Staatsrechtliche Stellung S. 319–334. – Zu den Titeln der byzantinischen Kaiserinnen vgl. auch Elisabeth Bensammar, La titulature de l'imperatrice et sa signification. Recherches sur les sources byzantines de la fin du VIIIe siècle à la fin du XIIe siècle, Byzantion 46 (1976) S. 243–291; Dionyssia Missiou, Über die institutionelle Rolle der byzantinischen Kaiserin, Jahrbuch der österreichischen Byzantinistik 32/II (1982) S. 489–498; Ursula Victoria Bosch, Fragen zum Frauenkaisertum, Jahrbuch der österreichischen Byzantinistik 32/II (1982) S. 499–505.

schaft im Reich bemächtigen würde[232], resultiert letztlich aus der Retrospektive der Ereignisse seit Ende 983[233].

Die Plausibilität dieser Erklärungen verringert sich weiter durch die Tatsache, daß Theophanu nicht generell oder zumindest häufiger als *coimperatrix* bezeichnet wurde, sondern nur in den oben genannten fünf Urkunden, der Besitzschenkung Ottos II. aus dem Jahr 974 und den Diplomen für Memleben. Diese lassen sich wiederum auf zwei konkrete Fälle reduzieren. Denn die vier Schenkungsurkunden an Memleben entsprechen sich inhaltlich wie auch ihrer äußeren Form nach.

Nur die Schenkung an Theophanu wurde vom Kanzleischreiber WB verfaßt. Die Urkunden für Memleben hingegen erweisen sich als Empfängerausfertigungen und enthalten damit wohl keine offizielle Verlautbarung eines mit dem *coimperatrix*-Titel verbundenen Rechtsanspruches seitens des Hofes. Vielmehr erscheint dieser in Parallele zum *coimperator*-Titel Ottos I. in den Memorialformeln der vier Diplome, mit dem der Schreiber des Klosters den »imperialen Rang der Memlebener Klosterstiftung« deutlich machen wollte[234].

Da also die Memlebener Urkunden für die Bestimmung des Rechtsgehalts der *coimperatrix*-Formel nicht herangezogen werden können, bleibt allein die Schenkungsurkunde für Theophanu übrig, die 14 Tage nach ihrem zweiten Hochzeitstag ausgestellt wurde und vielleicht eine Art »Hochzeitsgeschenk« Ottos II. darstellte. Gleichzeitig beginnt in diesen Monaten auch der allmähliche Rückzug der Kaiserin Adelheid aus der Regierungsverantwortung, die zunehmend auf Theophanu als der »regierenden« Königin überging und sich seit August 974 in einer regelmäßigen Interventionstätigkeit niederschlug[235].

Die Tatsache, daß Theophanu nur in dieser Urkunde vom April 974 als *coimperatrix* bezeichnet, sie in keiner von zwei weiteren Schenkungsdiplomen[236] und auch – außer den genannten Memlebener – in keiner sonstigen Urkunde so tituliert wurde, läßt es als unwahrscheinlich erscheinen, daß damit ein konkreter Rechtsanspruch verbunden gewesen sein sollte. Daß mit der Zuerkennung des *coimperatrix*-Titels ein Recht auf eine eventuelle Regentschaft für einen minderjährigen König verknüpft war, läßt sich auch nicht mit einer Schwangerschaft der Kaiserin in Zu-

---

232 Mathilde UHLIRZ, Neue Forschungen über Theophanu, in: Atti del 3° Congresso internazionale di studi sull'alto medioevo (1959) S. 551–553, hier S. 552.

233 Zum Thronstreit und der Rolle der Kaiserinnen vgl. unten S. 319–328.

234 EHLERS, Otto II. und Memleben S. 59; zur Bedeutung Memlebens für Theophanu vgl. auch Johannes FRIED, Kaiserin Theophanu und das Reich, in: Köln – Stadt und Bistum in Kirche und Reich des Mittelalters. Festschrift für Odilo Engels zum 65. Geburtstag, hg. von Hanna VOLLRATH und Stefan WEINFURTER (Kölner Historische Abhandlungen 39, 1993) S. 139–185, hier S. 151f.

235 Die von UHLIRZ, Mitkaisertum S. 388 geäußerte Vermutung, daß die *coimperatrix*-Formel Theophanu »einen Vorrang gegenüber der Kaiserin Adelheid verlieh«, bleibt angesichts der Tatsache, daß der Rückzug der Kaiserinwitwe von den tagespolitischen Geschäften des Hofes als normaler Vorgang zu bewerten ist, spekulativ. – Zum Übergang der Interventionstätigkeit von Adelheid auf Theophanu vgl. unten S. 353f.

236 DD OII. 171 (978 März 17 Sömmeringen) Schenkung des Hofes Pöhlde: ... *imperiali nostra maiestate dilectissime nostre contectali Theophanu in pago Lisgo curtem quandam Polida dictam in proprium donamus* ...; 202 (–) Schenkung des Hofes Bilderlahe: ... *more antecessorum nostrorum, regum videlicet ac coimperatorum, legitimo sortientes conubio nostrae dilectae coniugi Theophanu quendam iuris nostri locum Patelecke nominatum ... in perpetuam proprietatem donavimus* ...

sammenhang bringen. Die neuere Forschung nimmt vielmehr an, daß das erste Kind, die Tochter Sophie, im Sommer oder Herbst 975 geboren wurde[237].

Schließlich hat sich Theophanu im Kampf um den Thron 983–985 oder in der Zeit ihrer Regentschaft nie auf den Titel der *coimperatrix* als einen zusätzlichen Rechtstitel berufen. Wenn sie in der berühmt gewordenen *Theophanius*-Urkunde des Jahres 990, auf die unten noch zurückzukommen sein wird, nach ihren Herrscherjahren seit ihrer römischen Krönung am 14. April 972 datieren läßt, dann zeigt dies wohl nicht, »daß Theophanu an den ihr als *coimperatrix* zustehenden Rechten festgehalten hat«[238], sondern vielmehr, daß sie die rechtliche Basis für ihre Herrschaftsausübung als Regentin für den minderjährigen Otto III. in ihrer Krönung zur Kaiserin sah.

Dies alles läßt im Grunde nur die Schlußfolgerung zu, daß der byzantinische Titel einer Mitkaiserin in der für Theophanu nach ihrer Dotalurkunde zweitwichtigsten Urkunde nicht als »besonderer Rechtstitel«[239] zu verstehen ist. Es ist aber die Absicht erkennbar, Theophanu »durch eine Nachahmung der prunkenden Urkundensprache ihrer Heimat besonders zu ehren«[240]. Dementsprechend bedeutet er wohl nichts anderes als das sonst übliche *imperii regnorumque consors*[241].

Neben dem *coimperatrix*-Problem sind in der Forschung besonders die beiden Urkunden diskutiert worden, die Theophanu in der Zeit ihrer Regentschaft für Otto III. während ihres Italienzuges 989/90 hat ausfertigen lassen. Die erste vom 2. Januar 990 – eine Schenkung für das Kloster S. Vincenzo am Volturno – beginnt mit der Intitulatio »*Theophanu divina gratia imperatrix augusta*« und endet in der Datierung mit einer allerdings falschen Zählung nach den Herrscherjahren Ottos III.[242].

Mit dem zweiten Diplom desselben Kanzleischreibers It. L. vom 1. April 990, verhandelt in Ravenna, bestätigte die Kaiserin Abt Johannes von Farfa die Investitur mit einem dem Kloster entzogenen Besitz. Die Besonderheit dieser Urkunde liegt bekanntlich darin, daß der Invocatio die maskulinisierte Intitulatio »*Theophanius gratia divina imperator augustus*« folgt und auch die Datierung nach den Kaiserjahren des »Herrn Kaisers Theophanius« ausgerichtet ist, die als im 18. Jahr stehend angegeben wird und damit – wie schon angesprochen – die Zählung der Herrscherjahre mit der Kaiserkrönung Theophanus am 14. April 972 beginnen läßt[243].

Obwohl die maskuline Titulatur völlig singulär und bei keiner weiteren Kaiserin nachzuweisen ist, handelt es sich wohl kaum um einen Schreiberfehler, der hier ein doppelter gewesen wäre[244]. Die männliche Form weist vielmehr auf Byzanz, wo

---

237 Otto Perst, Zur Reihenfolge der Kinder Ottos II. und der Theophano, DA 14 (1958) S. 230–236; Winfrid Glocker, Die Verwandten der Ottonen und ihre Bedeutung in der Politik. Studien zur Familienpolitik und zur Genealogie des sächsischen Kaiserhauses (Dissertationen zur mittelalterlichen Geschichte 5, 1989) S. 294–297.

238 Uhlirz, Mitkaisertum S. 389.

239 Uhlirz, Mitkaisertum S. 388.

240 Vogelsang, Frau als Herrscherin S. 25; vgl. auch Erkens, Frau als Herrscherin S. 253.

241 So auch Josef Fleckenstein, Hofkapelle und Kanzlei unter der Kaiserin Theophanu, in: Kaiserin Theophanu 2 S. 305–310, hier S. 306, der den *coimperatrix*-Titel als »bezeichnend für das gesteigerte Formenbedürfnis der Zeit« wertet.

242 DTheophanu 1.

243 DTheophanu 2 mit der Datierung: *anno vero imperii domni Theophanii imperatoris XVIII.*

244 Vgl. Brühl, Deutschland – Frankreich S. 582; skeptischer dagegen noch Gerd Althoff, Otto III. (1996) S. 68, der »ein Kopisten-Versehen« nicht ausschließen will.

Edikte gemäß römischen Staatsrechts nur durch den Imperator erlassen werden konnten, weshalb zum Beispiel die von 780 bis 802 in Byzanz regierende Eirene/Irene Gesetzestexte als Basileus ausfertigen ließ[245].

Fraglich hingegen ist, ob Theophanu ein Anspruch auf »die offizielle, von ihrem ... Regentenamt praktisch unabhängige Führung der Staatsgeschäfte«[246] oder gar eine Absicht, die »Nachfolge im Hauptkaisertum« anzutreten[247], unterstellt werden kann. Denn über die beiden Urkunden hinaus gibt es keine weiteren Anhaltspunkte dafür, daß sie die offizielle Stellung ihres Sohnes Otto III. als staatsrechtlich handlungsfähigen, wenngleich minderjährigen König[248] bestreiten und ihre unangefochtene faktische Herrschaftsausübung, die sich in den Interventionsformeln niederschlug[249], auch nominell in den Urkunden dargestellt wissen wollte. Mit der Ausstellung der von ihr als Regentin politisch verantworteten Urkunden in eigenem Namen hätte sie aber nicht nur gegen lange praktiziertes Reichsrecht gehandelt, sondern wäre auch über das in Byzanz während der Regentschaften von Kaiserinnen für ihre minderjährigen Söhne übliche Kanzleiformular hinausgegangen, demzufolge die Regentin an zweiter Stelle nach der Intitulatio des Sohnes miturkundet[250]; auch Eirene urkundete erst nach Absetzung, Blendung und Tod ihres Sohnes, des Thronfolgers Konstantinos VI., in eigenem Namen[251].

Ist die These, daß die beiden im Namen Theophanus ausgestellten Urkunden mit reichsrechtlichem Inhalt über ihre Regentschaftsregierung hinausgehende Ambitionen der Kaiserin andeuten könnten, mangels weiterer Indizien als eher unwahrscheinlich zu bewerten, so eröffnet die Tatsache, daß es offensichtlich nur diese beiden, für italische Empfänger und in Italien ausgefertigte Diplome gibt, eine weitere, eher situationsbedingte Erklärung in der Abwesenheit Ottos III. Dieser nahm am Romzug seiner Mutter nicht teil, sondern blieb in der Obhut des Mainzer Erzbischofs Willigis in Deutschland. Üblicherweise war der Kindkönig als rechtmäßiger Inhaber der Herrschaft bei reichspolitisch relevanten Verhandlungen, deren Ergebnis in seinem Namen als Diplom schriftlich fixiert wurde, auch persönlich anwesend. Da dies in Italien nicht der Fall war, könnte man aus rechtlich-formalen Gründen davon Abstand genommen haben, die Urkunden im Namen Ottos III. zu verfassen. Indem sie stattdessen im Namen der Kaiserin ausgestellt wurden[252],

---

245 Rudolf HIESTAND, Eirene Basileus – die Frau als Herrscherin im Mittelalter, in: Der Herrscher. Leitbild und Abbild in Mittelalter und Renaissance, hg. von Hans HECKER (Studia humaniora 13, 1990) S. 253–283, hier bes. S. 264–269. Vgl. auch Steven RUNCIMAN, The Empress Irene the Athenian, in: Medieval Women. Dedicated and presented to Professor Rosalind M. T. Hill on the Occasion of her seventieth birthday, hg. von Derek BAKER (Studies in Church History. Subsidia 1, 1978) S. 101–118.

246 ERKENS, Frau als Herrscherin S. 256.

247 OHNSORGE, Heirat Kaiser Ottos II. S. 171 Anm. 190.

248 Zur Regentschaft und der rechtlichen Stellung des Kindkönigs vgl. Theo KÖLZER, Das Königtum Minderjähriger im fränkisch-deutschen Mittelalter, HZ 251 (1990) S. 291–323; dazu auch unten S. 328–331.

249 Zur Bedeutung der Interventionen der Königinnen in den Königsdiplomen S. 149f.

250 Vgl. MASLEV, Staatsrechtliche Stellung S. 319–334.

251 HIESTAND, Eirene Basileus S. 255f.

252 So auch ALTHOFF, Otto III. S. 68: »Die Tatsache, daß Otto III. seine Mutter auf diesem Romzug nicht begleitete, hat dann wohl auch bewirkt, daß Theophanu mehrere Rechtsakte selbständig beurkundete.«

sprengte man freilich den reichsrechtlichen Rahmen einer Regentschaft. Andererseits besaß Theophanu als gekrönte und gesalbte Kaiserin und *consors* die Autorität zu dieser Handlung.

Wenn also die Diplome aus Gründen der Rechtsgültigkeit und durch die Abwesenheit Ottos III. situationsbedingt im Namen Theophanus ausgefertigt wurden, dann ließe sich hinter der Tatsache, daß die Intitulatio in der ersten Urkunde von Rom in weiblicher, in der zweiten Urkunde aber in maskuliner Form erfolgte, auch eine Diskussion um die Rechtswirksamkeit einer von einer Frau ausgestellten Urkunde von reichsrechtlicher Tragweite vermuten. Die Kontroverse könnte dann dazu geführt haben, daß man für das in Ravenna ausgefertigte Diplom auf vor allem hier noch sehr präsente römisch-byzantinische Rechtsformen zurückgriff und die Kaiserin offiziell als *Theophanius … imperator augustus* titulierte.

Daß männliche Funktionstitel im 9. Jahrhundert besonders auf Herzogsebene durchaus üblich waren und in den Quellen zum Beispiel für Beatrix von Oberlothringen als *domina dux*[253] oder auch für Judith von Bayern als *dux dominaque*[254] zu fassen sind, nimmt schließlich der *Theophanius*-Urkunde den Anschein von Exklusivität.

Im Vergleich mit allen anderen Kaiserinnen und Königinnen des Mittelalters, die über die Jahrhunderte hinweg in unveränderter Weise als *imperatrices augustae* und/oder *Romanorum reginae* bezeichnet wurden, sind die Titel Theophanus allerdings singulär. Da diese in rechtlicher Hinsicht aber nur schwer zu bestimmen sind, lassen sich auch die dahinterstehenden Intentionen und Bedeutungen nur unscharf erkennen. Eines aber steht zweifelsfrei fest: Theophanu wurde als einzige Kaiserin des lateinischen Mittelalters je der Titel einer *coimperatrix* beigelegt.

Die Tatsache, daß sie Diplome in Angelegenheiten des Reiches in ihrem Namen ausstellen ließ, ist hingegen nur für das 10. und 11. Jahrhundert ungewöhnlich, denn am Ende des 12. Jahrhunderts agieren die Kaiserinnen Beatrix in Burgund und Konstanze in Sizilien in ähnlicher Form[255].

Imperii regnorumque consors

Im Blickfeld der Forschung stand neben den Titeln Theophanus die *consors*-Formel, die sich im hohen Mittelalter als Bezeichnung für die Königin durchgesetzt hatte und nicht nur in den für das Formular des 10. bis 12. Jahrhunderts typischen Interventions- und Memorialformeln der Königsurkunden[256], sondern auch in der historiographischen Literatur zu finden ist. Erstmals eingesetzt wurde sie im mittelalterlichen Reich für Adelheid in einer in Lucca am 13. März 962, also knapp sechs Wochen nach der römischen Kaiserkrönung, für die dortige Bischofskirche aus-

253 Belege bei BRÜHL, Deutschland – Frankreich S. 582 Anm.222 mit weiteren Beispielen; vgl. Heinrich FICHTENAU, Lebensordnungen des 10. Jahrhunderts. Studien über Denkart und Existenz im einstigen Karolingerreich (1984; ND 1992) S. 239f. mit Anm. 114.

254 So z. B. in DOI. 279 (965 April 3 Ingelheim) Schenkungsurkunde für einen Vasallen des Freisinger Bischofs Abraham, namens Negomir, *per interventum dilecte ducis domineque Iudite nec non et oratu nobis satis cari episcopi Abrahe*; vgl. dazu Kurt REINDEL, Die bayerischen Luitpoldinger 893–989. Sammlung und Erläuterung der Quellen (Quellen und Erörterungen zur bayerischen Geschichte N.F. 11, 1953) Nr. 111 S. 224f.

255 Zur Herrschaftsausübung der Kaiserinnen in Burgund und Sizilien vgl. unten S. 356–363.

256 Zu den Interventionen der Königin in den Königsdiplomen vgl. unten S. 123–150.

gestellten Besitz- und Immunitätsbestätigung, die auf Bitte und Ermahnung *dilecte nostre coniugis Adeleheide regnique nostri consortis* gewährt wurde[257].

Als ältester Beleg gilt der *consors regni*-Titel für Königin Esther in der Vulgata-Version des Alten Testaments, wobei dessen inhaltliche Bedeutung als Teilhaberschaft Esthers an der Herrschaft ihres Gatten, des babylonischen Königs Ahasveros, unbestritten ist[258]. Vereinzelt in der Spätantike, vor allem auch in der östlichen Reichshälfte, nachweisbar[259], wird in fränkischer Zeit der *consors*-Titel erstmals Irmingard, der Gattin Kaiser Lothars I., 848 zugeschrieben[260]. Während er für die Königinnen in den karolingischen Teilreichen nördlich der Alpen in den folgenden Jahrzehnten eher selten herangezogen wurde, läßt er sich für die Herrscherinnen im italischen Reich in der zweiten Hälfte des 9. und der ersten Hälfte des 10. Jahrhunderts seit der Mitregierung Kaiserin Angilbergas[261] kontinuierlich, wenn auch für die einzelnen Persönlichkeiten in unterschiedlicher Häufigkeit belegen[262].

So führte Adelheid als italische Königin und Gemahlin Lothars nach Ausweis einer in Pavia am 31. März 950 ausgestellten Schenkungsurkunde ihres Gatten den *consors regni*-Titel[263]. Nach ihrer Heirat mit Otto I. in Pavia 951 verschwand er jedoch aus ihrer Titulatur und wurde – wie bereits angesprochen – erst wieder im Frühjahr 962 aufgenommen. In weiteren 78 Urkunden Kaiser Ottos I., in denen Adelheid namentlich genannt wird, begegnet sie in ungefähr 20% als *consors regni*[264] beziehungsweise *consors regnorum*[265], *imperii consors*[266], *imperii particeps*[267] beziehungsweise *co-*

257 DOI. 238.

258 Vgl. Vogelsang, Frau als Herrscherin S. 3. – Zur Stellung der Frau im Alten Testament vgl. Karen Engelken, Frauen im Alten Testament. Eine begriffsgeschichtliche und sozialrechtliche Studie zur Stellung der Frau im Alten Testament (Beiträge zur Wissenschaft vom Alten und Neuen Testament, 7. Folge, Bd. 10, 1990).

259 Vogelsang, Frau als Herrscherin S. 5–7.

260 DLoI. 101 (848 März 16 Aachen) Bestätigung Lothars I. für seine Gattin Irmingard und seine Tochter Gisela über die Nutzungsrechte am Kloster S. Salvatore in Brescia mit folgender Narratio: *Etsi ceterum fidelium nostrorum precibus, ut devotiores in nostra existunt fidelitate, adquiescere oportet, multo magis dilectissime atque amantissime coniugi nostrae Hirmingarde voluntati obtemperare oportet, quae iugali vinculo nobis sociata est consorsque imperii nostri effecta.*

261 Zur Biographie: Werner Goez, in: LexMA 1 (1980) mit der einschlägigen Literatur; vgl. auch Konecny, Frauen des karolingischen Königshauses S. 118–126.

262 Vgl. Erkens, Frau als Herrscherin S. 249f. mit Angabe der jeweiligen Urkundenbelege; Vogelsang, Frau als Herrscherin S. 17–21; Carlo Guido Mor, *Consors regni*: La Regina nel diritto pubblico italiano dei secoli IX–X, Archivio Giuridico »Filippo Serafini« 135 (1948) S. 7–32; Paolo Delogu, »*Consors regni*« – un problema carolingio, Bullettino dell'Istituto storico Italiano per il medio evo e Archivio Muratoriano 76 (1964) S. 47–98.

263 ... *donamus atque largimur Adeleidae amantissimae coniugi nostrae et consorti regni nostri omnes cortes et res iuris nostri ex paterna hereditate* ..., Diplom König Lothars Nr. 14, in: I diplomi di Ugo e di Lotario di Berengario II e di Adalberto, ed. Luigi Schiaparelli (Fonti per la storia d'Italia 38, 1924) S. 282f.

264 DOI. 240 (962 Apr. 2 Pavia) Bestätigung aller Besitzungen, der Immunität und des Wahlrechts für Kloster Leno *per Adelheidam dilectam coniugem nostram imperatricem regnique nostri consortem.*

265 DOI. 247 (962 Sept. 25 Pavia) Bestätigung aller Besitzungen, Privilegien und Rechte für das Bistum Asti ... *consultu] amantissime nostre coniungis Aleide imperatricis regnorumque nostrorum consortis*; DOI. 260 (963 Sept.12 S. Leo) Schenkung an Bischof Wido von Modena *consultu ac interventu Adelheide dilecte coniugis nostre regnorumque nostrorum consortis*; DOI. 368 (968 Nov. 16 Aterno) Schenkung der im Elsaß gelegenen Höfe Hochfelden, Morschweiler, Schweighausen, Sermersheim und Selz an Kaiserin Adelheid ... *per interventum ac petitionem amantissimi filii nostri Ottonis impera[toris] dilecte coniugi nostre Adelheide imperatrici regnorumque nostrorum consorti*

mes imperii[268], wobei diese vor allem an italische Empfänger gingen und auch größtenteils in der italischen Kanzlei beziehungsweise von italischen Notaren angefertigt wurden[269].

Diese eher geringe Anzahl von *consors*-Belegen in den Urkunden erhöhte sich trotz steigender politischer Einflußnahme der Königin auch unter Theophanu und Kunigunde nicht. Für Theophanu fällt auf, daß die *consors*-Formel nicht mehr – wie für Adelheid – mit dem *regnum* oder den *regna*, sondern mit einer Ausnahme ausschließlich mit dem *imperium* kombiniert wurde. Doch die Anzahl der Belege beträgt von 67 Interventionen der Kaiserin insgesamt nur 16 Nennungen als *consors imperii*[270] und einmal als *socia imperii*[271]. Die überwiegende Mehrheit, nämlich elf Ur-

---

in proprium donavimus ...; DOI. 369 (968 Nov. 16 Pescara) Schenkung des Hofes Steinweiler an Kaiserin Adelheid; DOI. 395 (970 April 11 Ravenna) Besitzschenkung an das Nonnenkloster zu Hilwartshausen ... *per interventum ac peticionem dilecte coniugis nostrae Adelheide augustae regnorumque nostrorumque consortis.*

266 DOI. 248 (962 Okt. 6 Pavia) Schenkung der Abtei Nonantola an Bischof Wido von Modena auf Lebenszeit *consultu atque interventu Adelheidae nostrae dilectissime coniugis nostrique imperii consortis*; DOI 251 (962 Dez. 30 Pavia) Schenkung der Königshöfe Andorno und Molinaria an den Grafen Aimo sowie Bestätigung alle Besitzungen und Verleihung des Inquisitionsrechts *interventu atque consultu amantissime nostre coniugis Adheleide nostrique imperii consortis*; DOI. 265 (964 Juli 6 Aquapendente) Besitzbestätigung für das Bistum Padua und Verleihung des Inquisitionsrechts; DOI. 343 (967 Juli 8 Marlia) Schenkung an den Erzpriester der Churer Kirche Victor; DOI. 381 (969 Dez. 16 Pavia) Schenkung des Klosters Waulsort an die bischöfliche Kirche des hl. Stephan zu Metz; DOI. 403 (971 Nov. 13 –) Bestätigung und Privilegierung für die Kanoniker der Kirche zu Mantua; DOI. 412 (972 Juli 30 Mailand) Besitz- und Rechtsbestätigung für Kloster Bobbio; DOI. 429 (973 März 28 Quedlinburg) Bestätigung und Privilegierung für die bischöfliche Kirche zu Cremona: *Oldericum venerabilem sancte Cremonensis ecclesie antistitem obtentu Adeleid nostre coniugis ac consortis nostri imperii celsitutinis nostre clementiam adiisse, humiliter postulans ...*

267 DOI. 339 (967 März 23 Ravenna) Besitzschenkungen an den Markgrafen Aledram sowie Besitzbestätigung und Verleihung des Königsschutzes *interventu ac peticione Adhelegide nostre coniugis atque imperii nostri participis.*

268 DOI. 407 (972 Jan. 8 Ravenna) Schenkung über den Ort Isola in Istrien an den Venetianer Vitalis Candianus *quod Adeleid comes nostri imperii nostrae humiliter suggesit magestati.*

269 Zu den einzelnen Belegstellen vgl. VOGELSANG, Frau als Herrscherin S. 22f. sowie ERKENS, Frau als Herrscherin S. 248 mit den Anm. 40–45.

270 DOII. 76 (974 April 29 Mühlhausen) Schenkung über Besitz in Eschwege, Frieda, Mühlhausen, Tutinsoda und Schlotheim für *dilectissimae coniugi nostrae Theophanu coimperatrici augustae nec non imperii regnorumque consorti*; DOII. 131 (976 Juli 4 Bamberg) Bestätigungsdiplom für die Mönche von Disentis *amabillimae matris nostrae Adalhaidae imperatricis [et Theophanu] augustae et imperii consortis interventu*; DOII. 173 (978 April 11 Magdeburg) Bestätigungsdiplom für Kloster S. Pietro in Cielo d'oro zu Pavia *interventu ac petitione Theofanie nostrae dilectae coniugis et consortis imperii*; DOII. 175 (978 April 17 Allstedt) Bestätigungsdiplom für die bischöfliche Kirche zu Acqui; DOII. 176 (978 April 18 Allstedt) Bestätigungsdiplom für die bischöfliche Kirche zu Cremona; DOII. 206 (979 Nov. 5 Allstedt) Bestellung des Kanzlers Gerbert zum Bischof von Tortona und Privilegierung der Kirche; DOII. 212 (980 Febr. 12 Wallhausen) Besitzbestätigung für die bischöfliche Kirche zu Bergamo; DOII. 232 (980 Okt. 15 Bruchsal) Besitzbestätigung für Kloster S. Denis dessen im Reich gelegene Besitzungen *indictu precatuque dilectae contectalis nostre imperique consortis Theophanu*; DOII. 241 (981 Jan. 12 Ravenna) Besitzbestätigung und Immunitätsverleihung für die Kirche von Aquileja *interventu ac petitione Theophanu nostre dilecte coniugis ac nostri imperii consortis*; DOII. 283 (–) Bestellung des Johannes zum Abt von Nonantola und Bestätigung der Besitzungen, Immunität und Zollfreiheit *Theophany rogatu et interventione coniugis et consortis imperii nostri*; DOII. 287 (983 Nov. – Capua) Privileg für Kloster Farfa *interventu et peticione Theophanv nostre dilecte coniugis et consortis nostri imperii*; DOII. 289 (982 Dez. 21 Salerno) Bestätigung für die bischöfliche Kirche zu Lucca *prece et ammonicione dilecte nostre coniugi [sic] Theophanu imperiique nostri consortem [sic]*; DOII. 299 (–) Friedensabschluß mit Venedig *interventu no-*

kunden, gingen an italische Empfänger und wurden von italischen Notaren verfaßt, zwei Diplome – für die Kirche von Mainz und das Kloster Korvei – wurden in Italien geschrieben. Eine Sonderstellung unter diesen Diplomen nehmen schließlich die Dotalurkunde von 972 ein, in der Otto II. das Band der Ehe und die Teilhaberschaft im Kaisertum »verspricht«[272], und die schon erwähnte Besitzschenkung vom April 974 für die Kaiserin selbst, in der sie als *coimperatrix augusta* sowie als *imperii regnorumque consors* tituliert wird[273].

Damit sind zwischen Adelheid und Theophanu in der Verwendung der *consors*-Formel weder in quantitativer Hinsicht noch auch bezüglich der Empfänger gravierende Unterschiede festzustellen. Die Formel blieb in erster Linie auf Italien bezogen und wurde vornehmlich von italischen Notaren eingesetzt. In vielen Fällen könnte sie auf Wunsch der Empfänger Eingang in die Urkunden gefunden haben. Daß aber unter Theophanu »ein erster Höhepunkt der *consors*-Entwicklung erreicht«[274] worden sei, läßt die Auswertung der Belegstellen in den Urkunden nicht erkennen.

Dies änderte sich nicht unter Kunigunde. Vielmehr begegnet die *consors*-Bezeichnung in noch eingeschränkterer Weise als bisher. Als *regni consors* und vor allem *regnorum consors* wurde Kunigunde mit Ausnahme eines durch den Codex Udalrici überlieferten Diploms für das Kloster Michelsberg 1018[275] ausschließlich in den Jahren 1003 und 1004 bezeichnet. Fast alle, überwiegend für deutsche Empfänger ausgestellte Urkunden sind von dem aus der Kanzlei Ottos III. übernommenen Notar EA[276] verfaßt oder diktiert worden. Ihm dürfte deshalb auch der Gebrauch der Formel zuzuschreiben sein[277].

---

stre serenissime Adheleidae domine matris auguste ac Theophanu dilecte coniugis nostre nostrique imperii consortis deliniti precibusque; DOII. 306 (983 Juni 14 Verona) Privileg für die erzbischöfliche Kirche zu Mainz *domine et venerande matris Adelheidis rogatu ac Theophanu dilecte nostre consortis interventu;* DOII. 309 (983 Juni 17 Verona) Privileg für Kloster Korvei *ob peticionem dilectae contectalis nostrae Theophanu videlicet consortis imperii nostri.*

271 DOII. 242 (981 Jan. 15 Ravenna) Besitzbestätigung und Immunitätsverleihung für das Marienkloster zu Ravenna: *Sapiant omnes dei nostrique fideles presentes videlicet ac futuri, Teuphanu nostram dilectam coniugem sociamque nostri imperii nostram obnixe adiisse clemenciam, postulando …*

272 … *in copulam legitimi matrimonii consortiumque imperii despondere ac fausto et felici auspicio Christo propitiante coniugem decrevi assumere …*, DOII. 21.

273 DOII. 76; vgl. oben S. 52f.

274 So VOGELSANG, Frau als Herrscherin S. 27.

275 DHII. 389 (–) Schenkung an Kloster Michelsberg bei Bamberg … *ut nostre dilectissime coniugis atque consortis nostre regni nostri Cunigundae postulationibus libentissime acclinemur ac nostrorum fidelium dignis peticionibus assensum condonemus.*

276 Josef FLECKENSTEIN, Die Hofkapelle der deutschen Könige, 2 Bde. (Schriften der MGH 16, 1959/66) hier Bd. 2 S. 159.

277 DHII. 43 (1003 März 22 Magdeburg) Bestätigungsurkunde für Kloster Nienburg … *qualiter venerabilis abbas nomine Eggihartus per dilectam nobis coniugem et regnorum consortem Cunigundam humiliter nostram interpellavit clementiam …;* DHII. 44 (1003 März 22 Magdeburg) Bestätigungsurkunde für das Nonnenkloster Alsleben … *qualiter quedam venerabilis abbatissa nomine Mathild … per dilectam nobis coniugem et regnorum consortem Cunigundam nostram humiliter interpellavit celsitudinem …;* DHII. 50 (1003 Mai 25 Gieboldehausen) Bestätigungsurkunde für die erzbischöfliche Kirche zu Hamburg *interveniente dilecta coniuge nostra et regnorum consorte Cunigunda;* DHII. 56 (1003 Sept. 9 Bamberg) Schenkung an Bischof Gotschalk von Freising *interveniente dilectissima nobis coniuge et regnorum consorte Cunigunda;* DHII. 58 (1003 Okt. 22 S. Pilt) Privileg für das Nonnenkloster zu Epinal … *per interventum dilectae contectalis nostrae et regnorum consortis Cunigunde;* DHII. 59 (1003 Dez. 1 Regensburg) Schenkung an EB Hartwig von Salzburg *inter-*

Damit hat die für Adelheid und Theophanu in italischen Ausfertigungen nachweisbare Schreibergewohnheit ein vorläufiges Ende genommen. Obwohl die *consors*-Formel zu Beginn des 11. Jahrhunderts auch für deutsche Empfänger aufgegriffen wurde, setzte sie sich in der Kanzlei Heinrichs II. nicht durch. Es blieb beim Experiment des Notars EA in den Anfangsjahren der Herrschaft des bayerischen Liudolfingers.

Daß sie in salischer Zeit »allgemeine Gültigkeit erlangt« habe[278], ist für die mit Heinrich III. verheiratete Agnes von Poitou und deren Schwiegertochter Bertha von Turin festzustellen, aber noch nicht für Kaiserin Gisela. Dies überrascht um so mehr als Gisela mit ihrer Interventionshäufigkeit von 160 Fürsprachen in 274 Königsdiplomen Konrads II. alle anderen Königinnen des hohen Mittelalters übertraf[279]. Die Durchsicht der Interventionsformeln ergibt, daß sie als *consors* beziehungsweise *socia nostri imperii*[280] und *particeps nostri regni*[281] nur sehr sporadisch und mit Ausnahme einer Urkunde für Kloster Nienburg[282] und einer weiteren für die Kirche von Vienne[283] wiederum nur in regional wie zeitlich eingeschränkter Weise auftritt. Es handelt sich wie schon in der zweiten Hälfte des 10. Jahrhunderts um Diplome für italische Empfänger. Unter den insgesamt acht Urkunden befinden sich drei, in denen die Formel auf eine Vorgängerurkunde zurückgeführt werden kann[284]. Ausgestellt wurden sie mehrheitlich im Verlauf des zweiten Italienzugs Konrads II.

---

veniente nobis dilectissima contectali nostra et regnorum consorte videlicet Cunigunda; DHII. 63 (1004 Feb. 24 oder 25 Magdeburg) Schenkung an die erzbischöfliche Kirche zu Magdeburg *una cum dilectissima nobis coniuge et regnorum consorte Cunigunda*; DHII. 64/65 (1004 März 4/5 Wallhausen) Erneuerung des Bistums Merseburg, Einsetzung seines Kapellans Wibert zum Bischof, Bestätigung der Besitzungen und Rechte *una cum dilectissima nobis coniuge et regnorum consorte Cunigunda*; DHII. 66 (1004 März 5 Gebesee) Schenkung an die bischöfliche Kirche zu Zeitz *una cum dilectissima nobis coniuge et regnorum consorte Cunigunda*; DHII. 84 (1004 Okt. 9 Magdeburg) Bestätigung für die bischöfliche Kirche zu Cremona *dilecte regni nostri consortis Cunigunde gratissimo interventu*.

278 So Vogelsang, Frau als Herrscherin S. 40.

279 Zu den Interventionen Giselas vgl. unten S. 125.

280 DKoII. 250 (1037 Sept. 1 Treviso) Bestätigungsurkunden für den Nonnenkonvent S. Andreas zu Ravenna: … *Sapiant omnes dei nostrique fideles presentes videlicet ac futuri, Gisilam nostram dilectam coniugem sociamque nostri imperii adiisse clemenciam obnixe postulando, …*

281 DKoII. 261 (1038 Feb. 23 Uia Uenaria) Privileg für den Klerus von Lucca … *qualiter nos pro dei omnipotentis amore nostrarumque animarum remedio inclinati precibus nostrae coniugis simulque partipis nostri regni Gislae per hoc nostrum preceptum donamus …*

282 DKoII. 20 (1025 Feb. 8 Merseburg) Privileg für Kloster Nienburg: … *qualiter venerabilis abbas nomine Hardingus per dilectam nobis coniugem et regnorum consortem Gislam humiliter nostram interpellavit clemenciam …*

283 DKoII. 265 (1038 März 31 Spello) Bestätigung für die erzbischöfliche Kirche zu Vienne *ob interventum et petitionem Gislae imperatricis nostrae dilectissimae contectalis nostrique imperii consortis atque regis Heinrici nostri amantissimi filii …*

284 DKoII. 38 (1025 Juni 10 Konstanz) Schenkung an die bischöfliche Kirche zu Novara … *nostrae consortis reginae Gisllae petitoria interventione …*; DKoII. 146 (1030 März 18 Basel) Bestätigungsurkunde für die bischöfliche Kirche zu Cremona: … *obtentu dilecte imperii nostri consortis Gisle imperatricis*; DKoII. 162 (1031 Febr. 27 Goslar) Schenkung an die bischöfliche Kirche zu Cremona *obtentu dilecte imperii nostri consortis Gisle imperatricis*; DKoII. 256 (1038 Febr. 7 Pistoia) Bestätigungsurkunde für das Domkapitel zu Pistoia … *quod Gisila] imperatrix nostra scilicet dilectissima contectalis nostrique imperii consors et Heinricus rex noster amantissimus fil[ius nostram adierunt clementiam] deprecantes*; DKoII. 260 (1038 Feb. 23 Uia Uenaria) Besitz- und Schutzbestätigung für das Domkapitel zu Lucca *prece et admonitione dilecte coniugis nostre simulque consortis nostri regni Gislae …*; DKoII. 264 (1038 März 20 Kloster S. Pietro bei Perugia) Bestätigung für Kloster S. Sisto

Eine Trendwende hin zu einer generellen Aufnahme der *consors*-Formel in die in den Interventions- und Memorialformeln genannten Titel der Königin erfolgte unter Kaiserin Agnes, die seit dem 29. November 1043 als regelmäßige Fürsprecherin in den Königsurkunden Heinrichs III. präsent ist, wobei sie in den ersten Jahren vor allem als *dilecta* beziehungsweise *dilectissima/amantissima/dulcissima coniux* oder *contectalis* und *regina* bezeichnet wird[285]. Nach der Kaiserkrönung am Weihnachtstag 1046 ersetzte man üblicherweise *regina* durch *imperatrix*[286], ohne jedoch eine Ergänzung der *consors*-Formel vorzunehmen. Im Gegensatz etwa zu Adelheid wird diese nicht unmittelbar nach der Krönung zur Kaiserin Bestandteil der Titel, sondern erstmals in einer in Ulm am 21. April 1048 ausgestellten Schenkungsurkunde für Markgraf Adalbert und seine Gemahlin, die *ob interventum nostrae dulcissimae consortis Agnetis imperatricis augustae*[287] ausgestellt wurde.

In den folgenden Jahren bis zu dem Anfang Oktober 1056 erfolgten Tod Kaiser Heinrichs III. erscheint der *consors*-Titel in den Königsurkunden kontinuierlich und überaus häufig; durchschnittlich bei jeder zweiten Erwähnung der Kaiserin als Intervenientin. Die Formel wurde von mehreren Notaren der Kanzlei herangezogen[288]. Unter den Empfängern der Diplome finden sich insgesamt nur vier aus Italien[289].

In der Zeit vom Frühjahr 1048 bis zum Juli 1056 hatte sich der *consors*-Titel durchgesetzt und war allgemein gebräuchlich geworden. Dabei kristallisierte sich eindeutig eine lediglich durch Wortumstellungen geringfügig veränderte bevorzugte Version heraus, die das *consortium* in der Ehe und in der Herrschaft des Reiches miteinander verband und den Titel der *imperatrix augusta* hinzufügte. Dementsprechend lautete die Formel zum Beispiel: *nostra thori nostrique regni consors Agneta imperatrix augusta* oder *regni thorique nostri consors Agneta imperatrix*[290]. Diese Kombi-

---

zu Piacenza *ob interventum et petitionem Gisle imperatricis nostre scilicet dilectae contectalis nostrique imperii consortis*.

285 Erstmals in DHIII. 114 (1043 Nov. 29 Ingelheim).

286 Erstmals in DHIII. 194 (1047 April 27 Mantua).

287 DHIII. 215.

288 Vogelsang, Frau als Herrscherin S. 40.

289 DHIII. 228 (1048 Dez. 21 Freising) für Kloster S. Stefano zu Ivrea ... *qualiter Agnes coniunx nostra nostrique imperii consors per deprecatorias et suasorias litteras a venerando Liuzone abbate monasterii ... exorata nostram adiit celsitudinem flagitans et petens ...*; DHIII. 234 (1049 März 16 Goslar) Münzrechtsverleihung für die Kirche zu Padua *ob inter[ventum nostri thori regnique consortis scilicet] Agnetis imperatricis augustae*; DHIII. 307 (1053 Juli 14 Minden) Besitzbestätigung, Wahl- und Inquisitionsrechtsverleihung für Kloster San Salvatore di Sesto *ob interventum Agnetis nostri imperii nostrique thori carissime consortis*; DHIII. 323 (1054 Mai 31 Goslar) Bestätigung des Besitzes und der Reichsunmittelbarkeit für das Kloster der hl. Maria auf der Insel Tremiti *ob interventum ac petitionem Agnetis imperatricis nostri scilicet thori ac regni karissime consortis ...*

290 Aufgrund der Fülle der Belege wird im folgenden nur die Urkundennummer sowie Datierung und Empfänger genannt: DD HIII. 225 (1048 Nov. 19 Speyer) Kloster Disentis; 227 (1048 Dez. 3 Winterbach) Kirche zu Worms; 229 (1049 Jan. 2 Moosburg) Kirche zu Halberstadt; 230 (1049 Jan. 7 Ebersberg) Kirche zu Freising; 231 (1049 Feb. 9–12 Regensburg) Kirche zu Salzburg; 233 (1049 März 15 Goslar) Stift St. Simon und Judas zu Goslar; 235 (1049 Juni 1 Minden) Kirche zu Bremen; 237 (1049 Juni 16 Minden) Kirche zu Passau; 238 (1049 Juli 5 Köln) Kloster Murbach; 242 (1049 Juli 11 Aachen) Kirche zu Utrecht; 247 (1050 Jan. 13 Quedlinburg) Ministeriale und Kämmerer Obbert; 248 (1050 Feb. 18 Goslar) Ministeriale Azelin; 249 (1050 April 1 Kaiserswerth) St. Suitbertstift in Kaiserswerth; 254 (1050 Aug. 3 Wurzen) Kirche zu Merseburg; 256 (1050 Nov. 24 Goslar) Stift St. Simon und Judas zu Goslar; 257 (1050 Nov. 24 Goslar) Stift St. Simon und Judas zu Goslar; 261 (1051 Feb. 10 Augsburg) Ministeriale Rafold; 276 (1051 Okt. 25

nation ist vor dem April 1048 nicht nachweisbar und muß als Neuschöpfung der Königskanzlei in der zweiten Hälfte der Regierung Heinrichs III. angesehen werden. Nur einmal wird Agnes dem älteren Sprachgebrauch zufolge als *dilecta consors nostra imperatrix augusta*[291] und zweimal als *dilecta regni consors nostra imperatrix augusta*[292] bezeichnet.

Daß die *consors*-Formel in der Mitte des 11. Jahrhunderts als Bestandteil der Titel der Königin gebräuchlich geworden war, zeigt sich auch für die mit Heinrich IV. verheiratete Bertha von Turin. Bereits in der ersten, 1066 für die Kirche von Naumburg ausgestellten Urkunde, in der die Intervention Berthas angezeigt wird, tritt sie als *regina regni nostrique thori consors dilectissima* in Erscheinung[293]. Damit knüpfte die Kanzlei im Formular an die Entwicklung der 50er Jahre an, die mit der Übernahme der Regentschaft durch Kaiserin Agnes unterbrochen worden war. Als Regentin für Heinrich IV. an der Spitze der Regierung stehend ist Agnes, wie Theophanu ehemals auch, nicht als *consors*, sondern als *mater nostra* beziehungsweise *genitrix nostra* bezeichnet und als *imperatrix augusta* tituliert worden.

In der Regierungszeit Heinrichs IV. und Berthas blieb die *consors*-Begrifflichkeit die gebräuchlichste Umschreibung für die Stellung der Königin[294], die erst gegen Ende 1071 zunehmend dadurch abgeändert wurde, daß an die Stelle der *consors* die

---

Hainburg) Marienstift zu Hainburg; 278 (1051 Nov. 12 Regensburg) Markgraf Adalbert und seine Gemahlin; 280 (1052 Jan. 17 Hasselfelde) Kirche zu Halberstadt; 281 (1052 Jan. 17 Hasselfelde) Kirche zu Halberstadt; 282 (1052 März 2 Dortmund) Kirche zu Hildesheim; 283 (1052 März 5 Kaiserswerth) EB Adalbert von Bremen; 285 (1052 März 27 Goslar) Stift St. Simon und Judas zu Goslar; 286 (1052 März 27 [Goslar]) Stift St. Simon und Judas zu Goslar; 290 (1052 Juni 16 Zürich) Kloster Jung-St. Peter zu Straßburg; 299 (1052 Juli 14 Regensburg) Nonnenkloster Obermünster zu Regensburg; 301 (1052 Juli 24 Persenbeug) Kirche zu Naumburg; 306 (1053 Juni 6 Goslar) Kirche zu Eichstätt; 308 (–) Nonnenkloster Neuenheerse; 309 (1053 Aug. 5 Goslar) Kloster des hl. Eucharius (St. Mattheis) zu Trier; 310 (1053 Nov. 3 Worms) Kirche zu Hildesheim; 311 (1053 Nov. 3 Worms) Kirche zu Hildesheim; 320 (1054 April 11 Mainz) Gozbert; 321 (1054 April 14 Ebsdorf) Hartwig; 322 (1054 Mai 29 –) Befehl Heinrichs auf Bitte des Argyrus, daß im Grab des Herzogs Ismael-Melus von Apulien zu Bamberg kein anderer beigesetzt werden dürfe; 329 (1054 Nov. 17 Mainz) Nonnenkloster Essen; 330 (1055 Jan. 16 Quedlinburg) Stift St. Simon und Judas zu Goslar; 331 (1055 März 3 Regensburg) Haderich; 333 (1055 März 12 Utingen) Kirche zu Eichstätt; 334 (1055 März 13 Ebersberg) Kloster Ebersberg; 335 (1055 März 22 Brixen) Kirche zu Salzburg; 340 (1055 Mai 15 Borgo San Donnino) Stift St. Simon und Judas zu Goslar; 360 (1055 Dez. 10 Neuburg) Domkapitel zu Freising; 361 (1055 Dez. 14 Ulm) Kirche zu Passau; 364 (1056 Jan. 19 Straßburg) Stift der hl. Maria Magdalena zu Verdun; 365 (1056 Jan. 26 Straßburg) Kloster Leberau; 376 (1056 Juli 10 Berstadt) Kirche zu Passau.

291 DD HIII. 220 (1048 Juli 9 Speyer) Kirche zu Straßburg.

292 DD HIII. 246 (1049 Dez. 16 Geldersheim) Kirche zu Salzburg; 279 (1051 – Regensburg) Kirche zu Hildesheim.

293 DHIV. 182 (1066 – Ebsdorf) Kirche zu Naumburg.

294 DD HIV. 184 (1066 Dez. 3 Goslar) Domkapitel zu Merseburg: ... *interveniente ac petente Bertha regina regni nostrique thori consorte dilectissima*; 187 (1067 März 5 Regensburg) Kirche zu Freising; 188 (1067 März 6 Regensburg) Kirche zu Passau; 191 (1067 – Wiehe) Abt Odalrich von Lorsch; 193 (1067 Pforzen) Graf Eberhard; 197 (1067 – Marau) Kloster Lorsch; 198 (1067 – Mainz) Dienstmann Otnant; 199 (1067 – Aachen) St. Suitbertstift zu Kaiserswerth; 200 (1067 Aachen) St. Suitbertstift zu Kaiserswerth; 202 (1067 – Aachen) seinem Dienstmann Mazilin; 203 (1068 Mai 14 Dortmund) Kaufleute von Halberstadt; 224 (1069 Okt. 26 Merseburg) Stift St. Simon und Judas zu Goslar; 230 (1070 April 11 Goslar) Kirche zu Treviso; 231 (1070 April 11 Goslar) Kirche zu Treviso; 257 (1073 Jan. 2 Würzburg) Domkapitel zu Treviso; 264 (1073 Okt. 27 Würzburg) Kloster Obermünster zu Regensburg; 295 (1077 Juni 11 Nürnberg) Kirche zu Aquileja; 323 (1080 Juli 22 Nürnberg) Kirche zu Eichstätt.

socia rückte[295]. Daneben sind die Formeln vielfach durch die Bezeichnung *dilectissima contectalis* ergänzt worden[296], während nur einmal von der Königin als *Berhta et regni et thori participe* die Rede ist[297]. Insgesamt machen die Titulierungen Berthas, die eine *consors-/socia*-Kombination enthalten, in den Urkunden fast einen Zweidrittel-Anteil aus. Die Inanspruchnahme der *consors*-Formel erreichte damit in ihrer Häufigkeit unter Bertha von Turin den Höhepunkt.

Ein deutlicher Rückgang läßt sich unter Richenza von Northeim konstatieren. Er war verbunden mit einer Vereinfachung der Titulierung, indem zunehmend Titelkombinationen wegfielen und Epitheta sparsamer verwendet wurden[298]. Richenza wurde oft nur als *consors* bezeichnet. Der Gebrauch der Formel setzte allerdings wiederum erst in Urkunden ein, die in die Zeit nach der römischen Kaiserkrönung 1133 datieren. Die meisten von ihnen sind auf den Diktator EA zurückzuführen. Am Anfang stand die noch in Rom verhandelte Ernennungsurkunde Bertholds zum Abt von Fulda, die *instinctu consortis nostre Richinze imperatricis* ausgefertigt wurde[299]. Dabei stehen zehn *consors*-Belegen weiteren 33 Nennungen Richenzas in den Urkunden Lothars III. gegenüber, in denen sie überwiegend als *dilecta coniux nostra*, hin und wieder als *regina* oder *imperatrix* tituliert wird. Die auf die eheliche und herrscherliche Gemeinschaft hinweisenden Formeln aus der Kanzlei Heinrichs III. und Heinrichs IV. fehlen hingegen völlig.

In der Kanzlei des Staufers Konrad III. schmilzt die Anzahl der *consors*-Bezeichnung schließlich auf fünf Urkunden zusammen[300], denen weitere 30 gegenüberste-

---

295 DD HIV. 246 (1071 Dez. 11) Domkapitel zu Meißen: ... *submonentibus etiam Berhta et regni et thori socia coeterisque fidelibus nostris ...*; 254 (1072 April 27 Aachen) Marienstift zu Aachen; 259 (1073 Mai 23 Augsburg) Kirche zu Brixen; 283 (1076 April 21 Aachen) Marienstift zu Aachen; 284 (1076 Mai 23 Worms) Kirche des hl. Petrus zu Utrecht; 299 (1077 Aug. 13 Mainz) Kloster Selz; 317 (1079 Okt. 19 Hirschaid) seinem Dienstmann Ebbo; 318 (1079 Okt. 24 Regensburg) seinem Dienstmann Radolf; 319 (–) seinem Dienstmann R.; 321 (1079 Dez. 30 Mainz) Kirche zu Sitten; 327 (1080 Dez. 7 Speyer) Kirche zu Basel; 382 (1086 Jan. 12 Speyer) Kirche zu Speyer.

296 DD HIV. 204 (1068 Mai 29 Soest) Kloster Siegburg: ... *Cuius honestae peticioni devotissimae consentire decernentes pro remedio animae nostre et ob dilectissimae contectalis nostrae atque regni nostri consortis Berchte reginae beatitudinem nec non per interventum fidelium nostrorum ...*; 205 (1068 Juli 18 Bodfeld) Dienstmann Mezelin; 207 (1068 Aug. 5 Goslar) Lantfrid, dem Bruder Burchards von Halberstadt; 208 (1068 Aug. 12 Berstadt) Kirche zu Bamberg; 209 (1068 Okt. 18 Meißen) Kirche zu Naumburg; 210 (1068 Okt. 18 Meißen) Kirche zu Naumburg; 211 (1068 [Okt. 18?] Meißen) seinem Dienstmann Marcquard; 212 (1068 Okt. 28 Rochlitz) Domkapitel zu Meißen; 213 (–) seinem *miles* Moricho.

297 DHIV. 260 (1073 Mai 24 Augsburg) Kloster Einsiedeln.

298 Vgl. VOGELSANG, Frau als Herrscherin S. 58f.

299 DLoIII. 53. Bei den weiteren Belegen handelt es sich um: DD LoIII. 60 (1134 April 12 Allstedt) Kloster Walkenried: ... *rogante consorte nostra Richinza imperatrice ...*; 61 (1134 April 25 Quedlinburg) Kaufleute von Quedlinburg *ob interventum dilectissime consortis nostre imperatricis Richinze ...*; 76 (1135 Dez. 3 Goslar) Kloster S. Benedetto Polirone *rogatu etiam et peticione consortis nostre prefate*; 83 (1136 Mai 14 Merseburg) Abtei Formach *ob remedium anime nostre et consortis nostre Richinze imperatricis*; 85 (1136 – Goslar) Marienkloster zu Braunschweig; 86 (1136 Juli 15 Königslutter) Kloster Einsiedeln; 106 (1136 –) Stadt Turin; 118 (1137 Aug. 18 Salerno) Kirche von Ascoli; 124 (1137 – Rivoli) Kloster zu Acqua negra sul Chiese.

300 DD KoIII. 18 (1139 Mai 20 Weißenburg) Kirche zu Frankenthal *interventu nostri thori nostrique regni consortis Gerdrudis regina*; 32 (1139 Juli 19 Nürnberg) Erzbistum Pisa *pietatis intuitu et serenissime interventu Gerdrudis auguste consortis regie*; 68 (1142 [Jan./Feb.] Regensburg) Kirche von Feltre *petitione dulcissime subtectanee nostre et consortis regni nostri Gertrudis*; 89 (1143 Juli 8 Straßburg) Kloster Einsiedeln ... *quod vir venerabilis Rodvlfvs abbas ... nostram celsitudinem adiit suisque*

hen, in denen Gertrud von Sulzbach – wie schon Richenza – meist nur als *coniux nostra*, gelegentlich als *regina* bezeichnet wird.

Der in staufischer Zeit stattfindende Wandel im Kanzleiwesen führte schließlich zum Wegfall der Interventionsformel zugunsten der Aufnahme von Zeugenreihen, in denen die Königinnen nicht erscheinen. Der quantitativen Auswertung ihrer Titel wird damit die Quellenbasis entzogen[301].

Für das hohe Mittelalter zeigt sich somit, daß sich das durch die Übernahme einer Fülle verschiedener Aufgaben konkret sichtbar werdende *consortium* der Königin nicht unmittelbar auch zahlenmäßig in den Urkundenformeln niederschlug. Dies fällt besonders deutlich für die ottonischen Kaiserinnen, aber auch für Kaiserin Gisela ins Gewicht, da sich deren große Anteilnahme an der Politik und Herrschaft im Reich ermitteln und bewerten läßt und in keiner Korrelation zu der eher seltenen Verwendung der *consors*-Formel steht. Deren multiplikativer Anstieg fand vielmehr erst in salischer Zeit unter Agnes von Poitou und Bertha von Turin statt, wobei der Titel jetzt nicht nur die politische Teilhaberschaft an der Königsherrschaft, das *consortium regni* beziehungsweise *imperii*, sondern auch die eheliche Gemeinschaft einschloß. Dies dürfte im Zusammenhang mit dem sich verstärkt durchsetzenden, neuen kirchlichen Eherecht stehen, das auf dem gemeinsamen Konsens der Eheleute und der daraus ableitbaren gemeinsamen Verantwortlichkeit basierte.

Es hat sich auch gezeigt, daß die Aufnahme des *consortium*-Gedankens im 10. Jahrhundert nicht zuletzt mit der Herrschaftsübernahme im italischen Reich zusammenhängt und sehr lange nur von italischen Notaren, möglicherweise auf den Wunsch der Empfänger hin, praktisch umgesetzt wurde. Dabei hat die Forschung die zeitliche Nähe zwischen der Kaiserkrönung Ottos I. und Adelheids und der ersten Erwähnung der Kaiserin als *consors regni* konstatiert und in enge Beziehung zueinander gesetzt[302]. In der Tat ist der Zeitpunkt der erstmaligen urkundlichen Erwähnung der *consors*-Formel zu markant und auffällig, als daß er als bloßer Zufall eingeschätzt werden könnte. Ob allerdings die in den Gewohnheiten der alten italischen Königskanzlei gesuchte Erklärung[303] als solche ausreicht, erscheint fraglich. Offen bleibt dann, warum Adelheid nicht schon in den 50er Jahren *consors* genannt wird, so zum Beispiel in der am 15. Februar 952 in Como ausgestellten Urkunde für das Mailänder Kloster S. Ambrogio[304].

Steht also die Verwendung des *consors*-Titels in engem Konnex mit der Krönung Adelheids zur Kaiserin, dann ist als Erklärung nicht auszuschließen, daß bei der Kaiserkrönung – wie es etwa das Ottonische Pontifikale vorschreibt – die Idee des *consortium* in der beispielhaften Anführung der altjüdischen Königin Esther als der ältesten *consors regni* vor Augen geführt und im Anschluß daran in die Praxis der Urkundensprache umgesetzt wurde[305].

---

desideriis interventum ac preces dilecte coniugis nostre et regni consortis Gertrvdis adhibens petiit ...; 92 (1143 Juli 11 Straßburg) Hospital in Straßburg *interventu carissime coniugis nostre et regni consortis Gerthrudis*.

301 Zum Wandel von der Interventions- hin zur Zeugenformel vgl. S. 123f.

302 Vgl. ERKENS, Frau als Herrscherin S. 250.

303 VOGELSANG, Frau als Herrscherin S. 23.

304 DOI. 145: *interventu et petitione dilecte coniugis nostre Adelegide atque Brunonis karissimi fratris nostri*. – Analog dazu z. B. DOI. 234 (961 Dez. 3) Privileg für Kloster S. Zeno zu Verona.

305 Zu den Ordines vgl. oben S. 43–49.

Trotz der eher zögerlichen Aufnahme des *consors*-Titels im Urkundenformular ist jedoch nicht zu übersehen, daß über die hier ermittelten quantitativen Ergebnisse hinaus die Vorstellung, daß die Königin als *regni et imperii consors* an der Königsherrschaft teil habe, recht schnell in die allgemeine Vorstellungswelt des Mittelalters Eingang gefunden hat. Dies läßt sich an den historiographischen Quellen ablesen. So wurden auch die mit Heinrich I. und Otto I. verheirateten Königinnen Mathilde und Edgith von den in Kenntnis dieser Entwicklung schreibenden Historiographen der Ottonenzeit rückwirkend als Teilhaberinnen an der Herrschaft bezeichnet: Mathilde wird von Hrotsvit von Gandersheim als *conregnans* beschrieben[306] und der ebenfalls im offiziösen Auftrag des ottonischen Hofes tätige Liudprand von Cremona verwendet für sie den Titel der *regni consors*[307]. Edgith, die aus dem anglonormannischen Königshaus stammende erste Gemahlin Ottos I., wird von Widukind von Korvei das *consortium regni* zugesprochen[308].

Die Präsenz der *consors*-Vorstellungen seit dem 10. Jahrhundert ist im hochmittelalterlichen Reich evident und ließe sich durch eine Fülle weiterer Beispiele untermauern. Dies änderte sich auch mit dem beginnenden späten Mittelalter nicht grundsätzlich. Die Idee, daß die Königin an der Herrschaft im Reich teil habe, blieb offizieller Sprachgebrauch, der sich aufgrund der Veränderungen im Urkundenwesen allerdings nur noch selten nachweisen läßt.

So titulierte Heinrich VI. in einem wegen der Kaiserkrönung verfaßten Brief an Papst Clemens VIII. seine Gemahlin als *nostra nobilissima consors Constancia Romanorum regina augusta*[309]. Als Belege können auch Diplome Kaiser Friedrichs II. herangezogen werden, die er *una cum consorte nostra Constancia illustrissima regina Sicilie*[310], *consensu et bona voluntate charissime uxoris nostre regnique consortis Constantie*[311] beziehungsweise *cum consensu et voluntate Constancie illustris Romanorum imperatricis dilecte consortis nostre*[312] ausfertigen ließ.

Als *collateralis nostra karissima*[313], aber auch *karissima consors nostra … inclita Romanorum regina*[314] wird schließlich noch Margarete von Brabant in Diplomen Kaiser Heinrichs VII. zu Beginn des 14. Jahrhunderts bezeichnet.

306 … *Conregnante sua Mathilda coniuge clara …*; Hrotsvit von Gandersheim, Gesta Ottonis v. 22 S. 205.

307 Im Zusammenhang mit dem Tod Heinrichs I. und seiner Beisetzung in Quedlinburg schreibt er: … *Ubi et venerabilis eius coniux regnique consors ex eadem gente nomine Machtild, ultra omnes quas viderim et audierim matronas, pro delictorum expiatione celebre exequiarum offitium vivamque Deo hostiam offerre non desinit,* Liudprand von Cremona, Antapodosis, ed. Joseph Becker, in: Liudprandi Opera, MGH SS rer. Germ. [41] (1915) S. 1–158, hier IV 15 S. 112f.

308 Anläßlich ihres Todes schreibt Widukind von Korvei, Res Gestae II 41 S. 100: *Decem annorum regni consortia tenuit, XI. obiit; Saxoniam vero XVIIII annis inhabitavit.*

309 MGH Const. I Nr. 324 S. 462f.

310 Acta Imperii inedita saeculi XIII et XIV. Urkunden und Briefe zur Geschichte des Kaiserreichs und des Königreichs Sizilien, ed. Eduard Winkelmann, Bd.1: 1198–1273 (1880) S. 90 Nr. 103 (1209 Okt. – Palermo); Regest: Historia diplomatica Friderici secundi, ed. J. L. A. Huillard-Bréholles, Bd. I,1 S. 153.

311 Acta inedita I. S. 123 Nr. 147 (1218 Jan. 3 Wimpfen); Regest: Huillard-Bréholles I,2 S. 529f.

312 Acta inedita I. S. 204 Nr. 220 (1221 April – Tarent).

313 Johann Friedrich Böhmer, Acta Imperii selecta. Urkunden deutscher Könige und Kaiser 928–1398. Mit einem Anhang von Reichssachen, aus dem Nachlaß hg. von Julius Ficker (1870) Nr. 630 S. 439f. + Nr. 631 S. 440 (1311 Mai 15 Cremona).

314 Acta selecta Nr. 648 S. 454f. (1312 Juni 24 Rom); analog bereits Nr. 639 S. 447f. (1312 Jan. 14 Genua).

Ob zeitlich darüber hinaus der *consors*-Titel für die Königin weiter verwendet wurde, läßt sich aufgrund der noch fehlenden spätmittelalterlichen Urkundeneditionen bislang nicht abschließend beantworten. Im Zuge des in der ersten Hälfte des 14. Jahrhunderts im Kanzleiwesen einsetzenden Übergangs vom Lateinischen ins Deutsche treten jedoch verstärkt die entsprechenden Schreibungen für die Gemahlin und Ehefrau sowie die Königin und Kaiserin auf. Dem entspricht die politische Entwicklung mit ihrer Machtverlagerung und -konzentration in die Hausgüter der Königsdynastien, deren Auswirkung auf die Stellung der Königin noch zu überprüfen ist.

Die abschließend zu stellende Frage nach der konkreten Bedeutung und inhaltlichen Aussagekraft des *consors*-Titels ist nicht leicht zu beantworten. Zusammenstellung und Vergleich der einzelnen Belege hat allenfalls deutlich werden lassen, daß die Formel eher flexibel und in variierenden Kontexten eingesetzt wurde. Es bestätigt sich damit die kürzlich vorgetragene These, daß sie nicht den »Charakter als Ausdruck für die institutionalisierte Stellung der Herrscherin als Mitregentin gewonnen hat«, sondern »eher unspezifische Bezeichnung geblieben ist«[315].

---

315 ERKENS, Frau als Herrscherin S. 249.

Die Dos der Königin

Die Dos wurde seit merowingischer Zeit als »Brautgabe« zum Zweck der Versorgung der Ehefrau in Form mobiler wie immobiler Vermögenswerte durch den Ehemann für den Fall ihrer Witwenschaft geleistet und sollte nach kirchlicher Auffassung den Vermögensverhältnissen des Mannes entsprechen. In dieser Form wurden im Mittelalter auch die Königinnen materiell abgesichert[316].

Nach der üblichen ersten großen Schenkung anläßlich der Eheschließung vergrößerte sich der Besitz der Königin nicht selten im Laufe ihrer Ehe und unter Umständen auch unter ihren im Königtum nachfolgenden Söhnen. Aufgrund zeitlicher Kohärenzen vor allem in ottonischer und salischer Zeit läßt sich schlußfolgern, daß diese meistens zu konkreten Anläßen erfolgten, wie zum Beispiel der Geburt von Kindern, deren Verlobungen beziehungsweise Heiraten wie auch deren Weggang aus dem Haus, so beim Übertritt in ein Kloster oder im Todesfall. So schenkte Otto II. seiner Gemahlin Theophanu wenige Wochen vor der Geburt ihrer dritten Tochter Mathilde im Sommer 978 den Königshof Pöhlde[317]. Dieser Hof hatte bereits zum Wittum seiner Großmutter, Königin Mathilde, gehört und war von ihr weiter ausgebaut worden. Erhalten hatte sie ihn zusammen mit den königlichen Höfen Quedlinburg, Nordhausen, Grone und Duderstadt 929, als Heinrich I. anläßlich der Eheschließung Ottos I. mit Edgith sein Haus ordnete. Dies geschah in Absprache und mit Zustimmung Ottos I., der Bischöfe und Fürsten[318].

---

316 Zur Herausbildung und Durchsetzung der »dotierten Ehe« gegenüber weiteren Eherechtsformen im frühen Mittelalter vgl. Paul Mikat, Dotierte Ehe – rechte Ehe. Zur Entwicklung des Eheschließungsrechts in fränkischer Zeit (Rheinisch-Westfälische Akademie der Wissenschaften. Geisteswissenschaftliche Vorträge G 227, 1978). – Zu Terminologie, Entwicklung und rechtlichen Besonderheiten vgl. den Überblick bei W. Ogris, Art. Dos, in: HRG 1 (1971) Sp. 775–778 sowie Christian Lauranson-Rosaz, Douaire et sponsalicium durant le haut Moyen Age, in: Veuves et veuvage dans le haut moyen âge, hg. von Michel Parisse (1993) S. 99–105 und Régine Le Jan-Hennebicque, Aux origines du douaire médiéval (VIe–Xe siècles), in: ebd. S. 107–122.

317 DOII. 171 (978 März 17 Sömmeringen): … *imperiali nostra maiestate dilectissime nostre contectali Theophanu in pago Lisgo curtem quandam Polida dictam in proprium donamus, eo scilicet tenore quatinus quicquid eius velle fuerit, inde faciat cum omnibus eo loci pertinentibus* … – Zusammenhänge zwischen einer Reihe von Interventionen Theophanus in Privilegien Ottos II. für Nonnenklöster und ihren Geburten wurden aufgezeigt von Mathilde Uhlirz, Studien über Theophano III. Die Interventionen der Kaiserin Theophano zugunsten der Nonnenklöster während der Regierungszeit Ottos II. und ihre Bedeutung, DA 9 (1951) S. 122–135. – Zur Geburt der später mit dem rheinischen Pfalzgrafen Ezzo verheirateten Mathilde vgl. Glocker, Verwandte der Ottonen S. 295.

318 DHI. 20 (929 Sept. 16 Quedlinburg): *Quapropter legali moderatione, asstantibus fidelibus nostris, cum consensu et astipulatione filii nostri Ottonis et episcoporum procerumque et comitum peticione dulcissimae coniugi nostrae Mahthildae potestativa manu tradimus et donamus quicquid propriae hereditatis in*

Auch unter den Saliern lassen sich Schenkungen von Gütern an die Königin bei der Heirat eines Kindes ermitteln, so zum Beispiel für Kaiserin Agnes nach der Verlobung ihrer Tochter Judith mit dem ungarischen König Salomon durch Heinrich IV.[319].

Die meisten in den Quellen nachweisbaren Dotierungen beziehen sich auf Immobilien und Rechte, aus denen Einkünfte zu schöpfen waren. Neben den Erträgen waren die den Königinnen überlassenen Höfe vor allem aber auch Orte des zeitweiligen Rückzugs vom Hof. Hier konnten sie jederzeit Aufenthalt nehmen. Kaiserin Adelheid reiste zu ihren Besitzungen in Italien und im Elsaß, Kaiserin Kunigunde häufig nach Kaufungen, wo sie ein Kloster gründete und ihre Witwenjahre verbrachte[320].

Daneben umfaßte die Dos mobile Gegenstände, die sich in den Quellen meist nur sporadisch und eher zufällig in einem oftmals ganz anderem Kontext aufspüren lassen. So konnte Königin Mathilde bei der nach dem Tod Heinrichs V. erfolgten Rückkehr nach England ihren nicht näher lokalisierbaren Grundbesitz, vor allem in Lothringen, zurücklassend nur bewegliche Dinge mitnehmen, unter anderem zwei Kronen, Kleider, Handschriften und Reliquien[321].

Eine Bestimmung des konkreten Umfangs der den einzelnen Königinnen dotierten Güter ist dabei kaum möglich. Die erhaltenen Urkunden dürften lediglich einen mehr oder weniger großen Bruchteil davon widerspiegeln, der weitgehend als Minimum zu bewerten ist. Der jeweilige Grad der Abweichung zwischen dem quellenmäßig erfaßbaren und dem tatsächlichen Dotalgut bleibt letztlich ungewiß. Dabei wird der Verlust vieler Ehevereinbarungen und Dotalurkunden nur zum Teil durch spätere Bestätigungen wettgemacht. So erfahren wir erst anläßlich der Ausstattung des in Magdeburg durch Otto I. 937 gegründeten Moritzklosters, daß der Ort als Dos an Edgith übertragen worden war[322]. Darüber hinaus liegen keine weiteren Informationen über die Größenordnung der ans Kloster abgetretenen Güter wie auch die an Edgith wohl geleistete Entschädigung vor.

Gleiches gilt für Bamberg als Dotationsgut der Kaiserin Kunigunde, das sie bei ihrer noch in der Herzogszeit stattgefundenen Heirat mit Heinrich erhalten hatte

---

praesenti videre habemur in locis infra nominatis – haec enim sunt: Quitilingaburg, Palidi, Nordhuse, Gronaa, Tutersteti – cum civitatibus et omnibus ad praedicta loca pertinentibus in ius proprium concessimus … – Weitere Vergabungen an das von Mathilde gegründete Kanonissenstift in Quedlinburg aus ihrem Dotalbesitz wurden bestätigt durch DD OI. 172 (954 Mai 25 Magdeburg); 186 (956 Dez. 5 Memleben); 228 (961 Juli 15 Quedlinburg) und DD OII 1 (961 Juli 25 Wallhausen) sowie 10 (964 Juli 27 Tarneburg).

319 Dazu und zu weiteren Belegen vgl. Mechthild Black-Veldtrup, Kaiserin Agnes (1043–1077). Quellenkritische Studien (Münstersche Historische Forschungen 7, 1995) S. 165–168.

320 Zum Itinerar unten S. 99–102.

321 Vgl. die Zusammenstellung bei Dieter Berg, England und der Kontinent. Studien zur auswärtigen Politik der anglonormannischen Könige im 11. und 12. Jahrhundert (1987) S. 316 Anm. 58.

322 DOI 14 (937 Sept. 21 Magdeburg) Dotation und Verleihung des Königsschutzes und der Immunität *ob memoriam patris nostri et pro remedio ipsius animae nostrique et coniugis nostrae, cuius et praedictus locus dos fuit …*; DOI 15 (937 Sept. 27 Mageburg) Schenkung des Zolls und Verleihung der Immunität (mit gleicher Memorialformel); so auch in den Gesta archiepiscoporum Magdeburgensium, ed. Wilhelm Schum, in: MGH SS 14, S. 376: *Unde et secundo regni sui anno apud Magdeburg, que et Parthenopolis, civitatem in ripa Albie fluminis et parrochia Halverstadensis episcopatus sitam, instinctu pie petitionis et amore venerabilis Edith regine, cuius et dos fuit, regalem fundavit abbatiam.* – Vgl. dazu S. 199f.

und auf das sie zugunsten der Gründung des Bistums 1007 verzichtete. Entschädigt wurde sie mit dem Königshof Kassel[323]. Im dazugehörigen Kaufunger Wald gründete sie ein Kloster, in das sie sich nach dem Tod Heinrichs II. zurückzog[324].

In welch hohem Grad zufällig die Überlieferung der Dotalurkunden eingeschätzt werden muß, läßt sich auch für Kaiserin Adelheid feststellen. Denn es hat sich eine Schenkung ihres ersten Gatten, König Lothars von Italien, über Güter zwischen Modena und Bologna im Original erhalten[325], nicht aber eine Dotalurkunde Ottos I. anläßlich ihrer Eheschließung in Pavia 951. Allein die Schenkungen mehrerer Höfe im Elsaß lassen sich aus der Zeit Ottos I. urkundlich belegen[326]. Daß Adelheid darüber hinaus auch in Franken, Thüringen, Sachsen und im Slavenland begütert war, zeigen wiederum erst die größtenteils wörtlich übereinstimmenden Präzepte Ottos II. vom 8. Juni 975[327] und Ottos III. vom 21. Mai 987[328].

Gleichzeitig machen diese Bestätigungen der Gesamtheit des der Kaiserin von Otto I. übereigneten Wittums, das nicht im Einzelnen aufgeschlüsselt erscheint, sondern völlig unpräzise und allgemein von »allen Gütern« – *omnia predia* – in den verschiedenen Reichsteilen spricht[329], ein weiteres Problem offensichtlich. Die Diplome

---

323 DHII 182 (1008 Mai 24 Ingelheim). – Zur Gründung Bambergs: S. 201–207.

324 Zur Gründung Kaufungens: S. 245–249. – Neuerdings bewertet Wilhelm STÖRMER, Kaiser Heinrich II., Kaiserin Kunigunde und das Herzogtum Bayern, ZBLG 60 (1997) S. 437–463, bes. S. 456–462 auch die südlich der Donau gelegenen, politisch und strategisch bedeutenden bayerischen Besitzungen Kunigundes als Entschädigung für die Abtretung ihrer Bamberger Morgengabe.

325 Quellenbeleg in Anm. 263. Zum Erhalt dieser und der ottonischen Schenkungsurkunden an Adelheid, die sie in ihrer Klostergründung Selz aufbewahren ließ, und die heute im Badischen Generallandesarchiv in Karlsruhe deponiert sind, vgl. Hansmartin SCHWARZMAIER, Das »salische Hausarchiv«, in: Die Salier und das Reich, hg. von Stefan WEINFURTER unter Mitarbeit von Helmuth KLUGER, Bd. 1 (1991) S. 97–115, hier S. 100–103.

326 DOI 368 (968 Nov. 16 Aterno) Schenkung über die im Elsaß gelegenen Höfe Hochfelden, Morschweiler, Schweighausen, Sermersheim und Selz mit allem Zubehör: ... *per interventum ac petitionem amantissimi filii nostri Ottonis impera[toris] dilecte coniugi nostre Adelheide imperatrici regnorumque nostrorum consorti in proprium donavimus iuris regni nostri quasdam curtes ita nuncupatas: H[o]hfeldon et Saramerersheim, Suehhusun et Morinzanuuileri atque Salise, sitas in Elisaziun in comitatu Hugonis comitis* ...; DOI 369 (968 Nov. 16 Pescara) Schenkung des Hof Steinweiler *per interventum ac petitionem amantissimi filii nostri Ottonis imperatoris dilecte coniugi nostre Adelheidae imperatrici regnorumque nostrorum consorti in proprium donavimus quandam cortem Steinvuilare nuncupatam* ...

327 DOII 109 (975 Juni 8 Dornburg) Bestätigung der von Otto I. seiner Gemahlin Adelheid als Witwengut zugewiesenen Güter im Elsass, in Franken, Thüringen, Sachsen und im Slavenland ... *qualiter nos rogavit cara genitrix nostra Adalheida augusta, ut predia que pie memorie genitor noster dotali munere in proprium ius sibi transfudit, hec omnia per nostre confirmationis preceptum confirmaremus, in quibuscumque provintiis iacerent. Cuius petitioni ut dignum erat assensum prebentes omnia predia que sibi dictus genitor meus dedit in quibuscumque regionibus adiacentia, in Elesazia videlicet, Francia, Turingia, Saxonia, Slauonia, et nos iure perhenni in proprium donavimus cum omnibus ad hec loca pertinentibus, castellis et curtibus edificiis mancipiis agris pratis pascuis silvis aquis piscationibus molendinis viis et inviis exitibus et reditibus, ut habeat potestatem tenendi dandi commutandi posteris reliquendi vel quicquid sibi libuerit inde faciendi* ...

328 DOIII 36 (987 Mai 21 Allstedt) Bestätigung für Adelheid über die ihr von Otto I. als Witwengut zugewiesenen und von Otto II. bestätigten Güter im Elsaß, in Franken, Thüringen, Sachsen und im Slavenland ... *qualiter nos rogavit cara genitrix nostra Theophanu imperatrix augusta, ut dilectae aviae nostrae Adalheidae imperatrici augustae predia quae piae memoriae avus noster dotali munere in proprium [iu]s sibi transfudit et genitor noster imperial[i p]raecepto confirmavit, haec omnia per nostrae co[n]firmationis praeceptum confirmaremus* ...

329 Namentlichen Aufschluß über einige Güter erhalten wir durch deren Weiterschenkung seitens Adelheid, die sie vom königlichen Hof bestätigen ließ, so z. B. die Höfe Wallhausen und Berge

lassen keine Rückschlüsse auf Umfang und Größe und auf die jeweiligen Erträge zu. Das gilt für die meisten mittelalterlichen Dotalurkunden, auch für diejenigen, in denen die einzelnen Höfe namentlich genannt werden. Eine auch nur ungefähre Berechnung der Vermögensverhältnisse ist nicht möglich. Denn auch die Aufzählung dazugehöriger Liegenschaften[330] ist insgesamt zu standardisiert und formelhaft, als daß sie auf die Größenverhältnisse schließen lassen.

Daß Königinnnen über riesige Ländereien und Besitzkomplexe verfügten, die sich über das gesamte deutsche und italische Reich verteilten, läßt sich für das 10. Jahrhundert – neben Adelheid – für Theophanu aufzeigen. Dem ungewöhnlichen äußeren Erscheinungsbild der kalligraphisch wie ikonographisch prunkvollen Dotalurkunde vom 14. April 972[331] entspricht ihr Inhalt mit umfassenden besitzrechtlichen Verfügungen diesseits und jenseits der Alpen. So erhielt die junge Kaiserin in Italien die Provinz Istrien mit der Grafschaft Pescara[332] und im deutschen Reichsgebiet die Provinzen Walcheren und Wichelen mit der Abtei Nivelles einschließlich 14 000 Hufen sowie die königlichen Höfe Boppard und Tiel am Mittel- und Niederrhein, Herford in Westfalen sowie Tilleda und das aus dem Wittum der Königin Mathilde stammende Nordhausen am Rand des Harzes[333].

Im Verlauf der Ehe erweiterte Otto II. diesen Dotalbesitz um weitere Schenkungen in den Jahren 974[334], 978[335] und 979[336] in Thüringen und Sachsen[337].

---

in Thüringen, Walbeck und einen weiteren slavischen Ort an ihre Tochter, die Äbtissin Mathilde von Quedlinburg; DOIII 7a (985 Jan. 28 –); vgl. auch DOIII. 81 (992 Jan. 2 Grone).

330 Vgl. z. B. die Auflistung der zu den einzelnen Gütern dazugehörenden Besitzungen und Rechte oben in Anm. 327.

331 Zuletzt dazu Wolfgang GEORGI, Ottonianum und Heiratsurkunde 962/972, in: Kaiserin Theophanu 2 (1991) S. 135–160 sowie Anton von EUW, Ikonologie der Heiratsurkunde der Kaiserin Theophanu, ebd. S. 175–191.

332 Inwieweit es sich bei der hier genannten Grafschaft um das im Herzogtum Spoleto gelegene Pescara handelt, das in Verbindung mit Istrien den Seeweg nach Byzanz eröffnet hätte, oder um einen in Istrien gelegenen Besitz, worauf das *cum* hinzudeuten scheint, ist umstritten, nicht zuletzt deshalb, weil die Worte *cum comitatu Piscaria* als Nachtrag über die Zeile geschrieben wurden, was angesichts der prunkvollen Ausfertigung höchst verwunderlich erscheint; vgl. dazu GEORGI, Ottonianum (wie obige Anm.) S. 149 mit Anm. 33.

333 DOII 21 (972 April 14 Rom): *Noverit igitur omnium sancte dei eclesie nostrorumque fidelium presentium ac futurorum industria, qualiter eidem dilectissime sponse nostre dote legitima more maiorum nostrorum quedam tam infra Italicos fines quam et in transalpinis regnis nostris habenda et iure perpetuo concedimus possidenda: Histriam Italie provinciam cum comitatu Piscaria, trans Alpes provintias Uualacra, Uuigle cum abbatia Niuelle, quattuordecim milibus eo pertinentibus mansis, imperatorias quoque curtes nostras propria maiestate dignas Bochbarda, Thiela, Heriuurde, Dullede, Nordhuse, eo quod avie nostre domne Mahthildis semper semperque auguste quoad sibi divinitus vixisse dabatur fuisse dinoscitur.* – Einen Zusammenhang zwischen der Schenkung Nordhausens an Theophanu und der wohl hier entstandenen Vita Mathildis antiquior hat Gerd ALTHOFF, Causa scribendi und Darstellungsabsicht: Die Lebensbeschreibungen der Königin Mathilde und andere Beispiele, in: Litterae Medii Aevi. Festschrift für Johanne Autenrieth, hg. von Michael BORGOLTE und Herrard SPILLING (1988) S. 117–133, bes. S. 125f. wahrscheinlich machen können. – Zur Gründung des Nonnenklosters Nordhausen durch Königin Mathilde siehe unten S. 235–237.

334 DOII 76 (974 April 29 Mühlhausen) Schenkung seiner Besitzungen in Eschwege, Frieda, Mühlhausen, Tutinsoda und Schlotheim an seine Gemahlin Theophanu.

335 Quellenbeleg oben in Anm. 317.

336 DOII 202 (979 Sept. 27 Bothfeld) Schenkung des Ortes Belecke : ... *quod nos more antecessorum nostrorum, regum videlicet ac coimperatorum, legitimo sortientes conubio nostrae dilectae coniugi Theophanu quendam iuris nostri locum Patelecke nominatum ... in perpetuam proprietatem donavimus ...;*

In die Liste der an Dotalgütern »sehr reichen« Königinnen des hohen Mittelalters ist auch die mit dem Salier Heinrich III. verheiratete aquitanische Herzogstochter Agnes aufzunehmen[338]. Der bereits durch die ältere Forschung erarbeitete Katalog an Besitztümern[339] konnte jüngst um ein Vielfaches ergänzt werden, womit der Umfang von 23 Gütern, allerdings von sehr unterschiedlicher Größe, um acht sicher nachweisbare und fünf wahrscheinlich übertragene Einheiten angestiegen ist[340]. Diese erstreckten sich über das ganze Reichsgebiet mit einer gewissen Konzentrierung auf Sachsen und dem slavischen Grenzgebiet und datieren nicht nur aus ihren Ehejahren, sondern auch aus der Regierungszeit ihres Sohnes Heinrich IV. In den meisten Fällen steht der konkrete Schenkungstermin allerdings nicht fest, sondern läßt sich allenfalls im Zusammenhang mit bestimmten Anlässen vermuten[341].

Als vergleichsweise sehr gering nimmt sich dagegen die Dos ihrer Schwiegertochter Bertha von Turin aus. Von ihr kennen wir nur die ebenfalls in Speyer hinterlegte Schenkung des aus dem Erbe des Markgrafen Ekkehard von Meißen stammenden Eckartsberga bei Naumburg[342].

Im Gegensatz zu den ottonischen Kaiserinnen besaß Agnes auch Besitzungen in Bayern[343], dafür aber anscheinend deutlich weniger in Italien, wo Theophanu noch über eine ganze Provinz, Agnes hingegen nur noch über einige Höfe in der Nähe von Tortona verfügen konnte[344]. Darunter befanden sich mit Marengo und Gamondo zwei Höfe, die bereits zu den Dotalausstattungen Adelheids und ihrer Mutter Bertha aus der Zeit ihrer italischen Ehen mit Lothar und dessen Vater Hugo gehört hatten[345]. Adelheid hatte Marengo an das von ihr wiedererrichtete Kloster S.

---

vgl. Reg. Imp. II,2 Nr. 793 und Hans GOETTING, Zum Schenkungsdiplom Ottos II. für Theophanu über den Königshof Belecke (DOII. 202a und b), AfD 21 (1975) S. 231–248.

337 Zusammenfassend Rudolf ZIMMERMANN, Die Witwenausstattung der Kaiserin Theophanu. Ein Beitrag zur Geschichte des Reichsgutes in Deutschland und Italien (1924).

338 Vgl. SCHWARZMAIER, Das »salische Hausarchiv« S. 107; zu den in Speyer aufbewahrten Urkunden vgl. S. 104–115.

339 Marie Luise BULST-THIELE, Kaiserin Agnes (Beiträge zur Kulturgeschichte des Mittelalters und der Renaissance 52, 1933) S. 113–116.

340 BLACK-VELDTRUP, Kaiserin Agnes S. 164.

341 BLACK-VELDTRUP, Kaiserin Agnes S. 164–171; zu den Formen der Besitzübertragung am Beispiel der Königin Agnes ebd. S. 174–184.

342 DHIV. 269 (1074 Jan. 28 Breitenbach) als Bestätigung der früheren Schenkung, die nach BLACK-VELDTRUP, Kaiserin Agnes S. 183 im Herbst 1066 getätigt wurde. Die Bestätigung erfolgte im Zusammenhang mit der Geburt Konrads; vgl. SCHWARZMAIER, Das »salische Hausarchiv« S. 107f. – Abbildung der Urkunde bei Hansmartin SCHWARZMAIER, Von Speyer nach Rom. Wegstationen und Lebensspuren der Salier (1992) Abb. 16; allgemein zu den Dotalurkunden der Kaiserinnen Agnes und Bertha S. 78–85. – Zur Diskussion der von Benzo um 1116 gefälschten St. Maximiner Dotalurkunden für Agnes und Bertha vgl. SCHWARZMAIER, Das »salische Hausarchiv« S. 108f. und dazu BLACK-VELDTRUP, Kaiserin Agnes S. 184–192; zu den Fälschungen KÖLZER, Urkundenfälschungen.

343 So mit DHIII. 119 (1044 Jan. 18 [Kaufungen]) die durch Erbschaft erworbenen Besitzungen zu Dietfurt, Wettelsheim und Pappenheim im Altmühltal; DHIV. * 493: Persenbeug und Ybbs in Niederösterreich; DHIV. 317: 3 Hufen in Diepersdorf, östlich von Nürnberg (vgl. Reg. Imp. III, 3 Nr. 216).

344 Nach BLACK-VELDTRUP, Kaiserin Agnes S. 163f. der oberitalische Hof Foro als gemeinsamer Besitz von Agnes und Heinrich IV. (DHIV. 233); Peccorara nördl. von Tortona sowie Arimannen und Gerichtsbarkeit in Pontecurone bei Bobbio (DHIV. 352); Retorto in der Grafschaft Aqui (DHIV. 142).

345 Vgl. dazu Mathilde UHLIRZ, Die rechtliche Stellung der Kaiserinwitwe Adelheid im Deutschen und im Italischen Reich, ZRG Germ. 74 (1957) S. 85–97.

Salvatore bei Pavia geschenkt[346], was noch Heinrich II. bestätigen ließ. Doch Heinrich III. vergab beide Höfe erneut an seine Gemahlin Agnes[347], wovon wir wiederum nur durch deren Bestätigung seitens Heinrichs IV. am 20. Mai 1065[348] – wenige Wochen nach seiner Schwertleite und Regierungsübernahme – wissen. Agnes schenkte die Höfe schließlich dem oberitalischen Reformkloster Fruttuaria, mit dem sie auch eine Verbrüderung einging[349], wobei sie die auf ihren Namen ausgestellten Urkunden aushändigte[350].

Daß bestimmte Güter mehreren Königinnen überantwortet wurden, hat sich bereits für Königin Mathilde und Theophanu gezeigt: Beide hatten Anrechte auf Nordhausen und Pöhlde. Wallhausen als ebenfalls zur Witwenausstattung Mathildes gehörend[351], befand sich später im Besitz Adelheids[352]. Boppard, das Theophanu in ihrer Dotalurkunde verbrieft wurde, erhielt 1005 Kunigunde[353].

Ähnliche Traditionen lassen sich für salische Kaiserinnen nachweisen. So dürfte über den im Bistum Bremen gelegenen Hof Lesum neben Agnes[354] bereits Kaiserin Gisela verfügt haben, die kurz vor dem Tod Konrads II. dorthin gereist war, um ihn in Besitz zu nehmen[355]. Beiden gehörte daneben auch das in der Grafschaft des Grafen Esico gelegene Kölbigk, wo Konrad II. einen Markt eingerichtet hatte, den er – möglicherweise veranlaßt durch den Tod der Tochter Beatrix[356] – zusammen mit Bann, Zoll und allen Rechten 1036 an Gisela verlieh[357]. 1043 ging der Ort, den Hein-

346 Zur Wiedererrichtung von San Salvatore vgl. unten S. 239f.

347 Zu Marengo: Paul Darmstädter, Das Reichsgut in der Lombardei und Piemont (568–1250) (1896) S. 238–240; zu Gamondo: S. 245.

348 DD HIV. 150/151, ausgestellt in Augsburg.

349 Zu den Beziehungen der Kaiserin zu Fruttuaria und den Kirchenreformern vgl. S. 228/302f.

350 Vgl. Black-Veldtrup, Kaiserin Agnes S. 171. Auch den in der Grafschaft Aqui gelegenen Hof Retorto schenkte sie dem Kloster; DHIV. 142.

351 Vita Mathildis reginae antiquior, in: Die Lebensbeschreibungen der Königin Mathilde, ed. Bernd Schütte, MGH SS rer. Germ. [66] (1992) c. 2 S. 116: … *donec Walehusen parabatur, ut nobilissimos regesque iam futuros decuit, nupciale convivium. Ibi tandem licito perfruuntur amore eandemque civitatem et cuncta ad hanc pertinentia in dotem illi tradidit.*

352 Vgl. oben Anm. 329.

353 DHII. 105 (1005 Nov. 27. Dortmund): … *qualiter nos care nostrae contectali Cunigunde videlicet reginae donavimus tale praedium, quale nos visi sumus habuisse in Bochbardon in comitatu Becilini comitis in pago Drikeringon nuncupato … eo tenore ut praelibata Cunigunda regina deinceps liberam habeat potestatem habendi tradendi commutandi vendendi et quicquid libet omnibus modis inde faciendi …*

354 *Tunc etiam diu desiderata in ditionem ecclesiae Lismona venit, quae curtis, ut aiunt, DCC mansos habere videtur et maritimas Hadeloe regiones in ditione possidet. Pro qua firmiter ex omni parte solvenda fertur archiepiscopus reginae Agneti dedisse IX libras auri, quoniam haec in partem suae dotis illa commemorabat*, Adam von Bremen Gesta Hammaburgensis ecclesiae pontificum, ed. Bernhard Schmeidler, MGH SS rer. Germ. [2] (1917) III 45 S. 188. Zur Schenkung anläßlich eines Besuches des Herrscherpaares bei Erzbischof Adalbert von Hamburg-Bremen 1048 vgl. Black-Veldtrup, Kaiserin Agnes S. 195–198.

355 Obwohl es keine eindeutigen Quellen darüber gibt, daß Gisela der Hof als Wittum zuerkannt wurde, verrät ihre Reise im Winter 1038/1039 nach Lesum doch ein persönliches Interesse daran. Die Tatsache, daß den Hof später Agnes erhielt, bestärkt diese Einschätzung; so auch Black-Veldtrup, Kaiserin Agnes S. 196 Anm. 462. – Zur Reise vgl. unten S. 112. – Lesum war aus dem reichen Erbe der Billunger wegen eines nicht näher bekannten Vergehens einer Tochter des Grafen Liudger von Konrad II. konfisziert worden, vgl. dazu Gerd Althoff, Die Billunger in der Salierzeit, in: Die Salier und das Reich 1 (1991) S. 309–329, hier S. 319f.

356 So Black-Veldtrup, Kaiserin Agnes S. 168.

357 DKo II. 234 (1036 Okt. 26 Tilleda): *Notum sit, … qualiter nos rogatu carae coniugalis nostrae Gisalae imperatricis videlicet augustae quoddam mercatum in loco Cholebize dicto et in comitatu Esiconis comitis*

rich III. wohl von seiner Mutter geerbt hatte, in die Hände seiner Gemahlin Agnes über[358].

Die Beispiele belegen, daß Königinnen im 10. und 11. Jahrhundert keineswegs völlig individuell dotiert wurden. Vielmehr können einige Reichsgüter zumindest für je zwei Königinnen nachgewiesen werden. Diese Praxis läßt sich nicht nur innerhalb der Herrscherfamilien feststellen, denn die Vergabe der italischen Höfe Marengo und Gamondo wie auch des elsässischen Hochfelden[359] an die Kaiserinnen Adelheid und Agnes belegen darüber hinaus eine gewisse »dynastieübergreifende« Tendenz[360]. Angesichts der geringen Anzahl an sicheren Belegen läßt sich daraus jedoch noch nicht ein Trend zu einem festen Grundstock an Dotalgütern für die Königin ablesen. Falls es je eine diesbezügliche Absicht gegeben hat, dann wurde sie seit spätsalischer Zeit nicht weiter verfolgt.

Gleichzeitig wirft diese Beobachtung die Frage nach den Eigentumsrechten und der faktischen Verfügungsgewalt der Königin über ihre Dotalgüter auf. Denn die in den meisten Urkunden fixierten unbeschränkten Veräußerungsrechte erscheinen allein schon durch die Tatsache, daß Höfe von einer Königin auf eine andere übergingen, als formelhafte Wendungen ohne konkreten Rechtsgehalt. Die Frage nach der Bedeutung der globalen Eigentumsformel, die der Königin offiziell die Möglichkeit einräumte, über ihre Güter frei zu verfügen, sie zu hinterlassen, zu tauschen, zu verkaufen oder damit zu machen, was immer sie auch will[361], ist in der Forschung dahingehend beantwortet worden, daß auch hier »zwischen Norm und Realität eine beträchtliche Lücke klafft«[362].

Über die Tatsache der Mehrfachvergabe hinausgehend, lassen sich mehrere um die Schenkung von Dotalgütern sich entzündende Konflikte konstatieren, die – soweit sie sich verfolgen lassen – meistens zugunsten der von der Königin bedachten Partei ausgingen, allerdings in der Form, daß nicht die Königin, sondern der jeweils regierende König die Schenkungsurkunde ausstellen ließ. So soll der älteren Mathilden-Vita zufolge wegen der Freigebigkeit Königin Mathildes gegenüber Kirchen und Klöstern, die sie aus den ihr als Dos überlassenen Ressourcen großzügig beschenkt habe, ein heftiger Streit mit Otto I. entbrannt sein. Er habe dazu geführt, daß

incepimus ac omni lege et iusticia constituimus … Quo facto hoc ipsum mercatum per imperiale nostri preceptum prescriptae contectali nostrae imperatrici banno teloneo nec non cum omni lege ac iusticia, quae in omni legitimo solent haberi mercato, in proprium tradidimus …

358 DHIII. 117 (1043 Nov. 30 Ingelheim): *Notum esse … qualiter nos Agneti reginae nostrae contec[ta]li dilectae tale praedium, quale hereditario iure in nostrum ius atque dominium visum est redactum esse, Cholibez situm in comitatu Esichonis comitis et in pago Hardaga pro dote in proprium tradidimus cum omnibus appendiciis suis …*

359 Der Besitz gehörte ebenso Adelheid (DOI. 368, siehe Anm. 326) wie später auch Agnes (DHIV. 149).

360 Vgl. Black-Veldtrup, Kaiserin Agnes S. 170.

361 So z. B. in DHII. 105 (wie oben in Anm. 353). Zu dieser in der ottonischen und salischen Kanzlei standardisierten Formel vgl. Gerd Althoff, Probleme um die dos der Königinnen im 10. und 11. Jahrhundert, in: Parisse (Hg.), Veuves S. 123–133, hier S. 124f.

362 Althoff, Probleme S. 131. – Zu den Verfügungsrechten der Frauen im Frühmittelalter: Ingrid Heidrich, Besitz und Besitzverfügung verheirateter und verwitweter freier Frauen im merowingischen Frankenreich, in: Hans-Werner Goetz (Hg.), Weibliche Lebensgestaltung im frühen Mittelalter (1991) S. 119–138; Brigitte Pohl-Resl, »Quod me legibus contanget auere«. Rechtsfähigkeit und Landbesitz langobardischer Frauen, MIÖG 101 (1993) S. 201–227; Doris Hellmuth, Frau und Besitz. Zum Handlungsspielraum von Frauen in Alamannien (700–940) (VuF Sonderband 42, 1998).

Mathilde ihre *dotales urbes* verlassen und sich auf ihr väterliches Erbe nach Enger zurückziehen mußte. Erst durch seine Gemahlin Edgith veranlaßt, habe Otto sein Verhalten bereut, die Mutter um Verzeihung gebeten[363] und zukünftig auch eine Reihe von Schenkungen aus deren Wittum an die von ihr gegründeten Klöster beurkundet[364].

Dementsprechend agierte später die nicht minder schenkungsfreudige Kaiserin Adelheid[365], die im Reich auf die selbständige Vergabe von Dotalgütern verzichtete und von vornherein den königlichen Hof ihre Entscheidungen mittragen ließ, was die doppelte Überlieferung einer Schenkungsurkunde über mehrere Höfe für Äbtissin Mathilde von Quedlinburg eindrucksvoll bestätigt. Der von Adelheid vorgelegte Entwurf[366] enthält in ganz eindeutiger Weise die von ihr vertretene Rechtsposition, derzufolge sie zwar ihr Eigentum *iuste et legaliter* an ihre Tochter vererben könne, dies aber nicht ohne Zustimmung Ottos III. tun wolle:

> *... quamvis enim iuste et legaliter prefate filie eius amite nostre proprietas sua inheredari debuisset, nos tamen noluit proprii sui esse expertes nec alios pro firmamento nostre dilectionis sine nostro consensu et voto facere heredes ...*[367].

Nichts davon stand jedoch in der eine Woche später erfolgten offiziellen Ausfertigung, in der dann nur noch die Rede davon ist, daß Otto III. – der noch minderjährige König – seiner Tante auf den Wunsch und die Bitte seiner Großmutter hin zwei Höfe geschenkt habe. Daß diese aus dem Besitz Adelheids kamen, wird nicht mehr erwähnt:

> *... notitiae patefacimus, quomodo nos dilectissimae aviae nostrae Adalheidis videlicet imperatricis augustae votum et petitionem sequendo ob dilectionem illius care amitae nostrae filiae eius Mathiltae Quitilineburgensis monasterii venerabili abbatissae de nostra proprietate dedimus duas curtes ...*[368].

In gleicher Weise ließ Adelheid weitere Schenkungen aus ihrem Wittum an Quedlinburg[369] und an das von ihr gegründete Kloster Selz[370] von Otto III. seit 992 beurkunden sowie ein zwischen ihr und dem Abt von Memleben abgeschlossenes Tauschgeschäft bestätigen[371]. Besonders aufschlußreich ist dabei, daß sie auch nach

---

363 Vgl. dazu ausführlich ALTHOFF, Probleme S. 128f.

364 Für das Kanonissenstift in Quedlinburg: DD OI. 18 (937 Dez.20 Quedlinburg); 172 (954 Mai 25 Magdeburg); 186 (956 Dez. 5 Memleben); 228 (961 Juli 15 Quedlinburg) sowie DOI. 123 (950 April 15 Quedlinburg) für das Kloster zu Enger.

365 Zu diesem durch ihren Biographen Odilo von Cluny gezeichneten Bild von Adelheid vgl. unten S. 244.

366 So Mathilde UHLIRZ, Jahrbücher des Deutschen Reiches unter Otto II. und Otto III. Bd. 2: Otto III. 983–1002 (1954) Exkurs IV S. 444–448.

367 DOIII. 7a (wie Anm. 329).

368 DOIII. 7b (985 Febr. 5 Mühlhausen).

369 DOIII. 81 (992 Jan. 6 Grone) Schenkung des zum Wittum Adelheids gehörigen Hofes Walbeck zum Zweck der dortigen Stiftung eines Nonnenklosters an das Servatiuskloster zu Quedlinburg und Verleihung des freien Wahlrechts und der Immunität, unbeschadet der Unterordnung unter die Äbtissinnen von Quedlinburg ... *quomodo dilecta avia nostra Adalheid videlicet imperatrix augusta et cara amita nostra Mahthilda Quitilinigiburgensis ecclesiae venerabilis abbatissa ad nos venerunt, rogantes ...*

370 Zur Gründung und Ausstattung von Selz vgl. unten S. 240–244.

371 DOIII 75 (991 Okt. 4 Bothfeld).

dem Tod Theophanus, als sie selbst an der Spitze der Regentschaftsregierung für Otto III. stand, diese offizielle Form ihrer Schenkungen beibehielt. Auch wenn sie weiterhin den rechtlichen Standpunkt vertreten haben wird, daß sie allein in rechtsgültiger Weise Schenkungen aus ihrem Wittum vornehmen könne, so wußte sie doch auch von der größeren Rechtssicherheit einer Königsurkunde.

Im Gegensatz zu Italien, wo sowohl Adelheid wie auch später Agnes durch Übergabe der Urkunden an Fruttuaria Schenkungen von Dotalgütern in völlig eigenständiger und unkomplizierter Weise vornehmen konnten[372], beschränkte sich der Zugriff der Königinnen im Reich ganz offensichtlich allein auf die Nutzung dieser Reichsgüter: Veräußerungen jeglicher Art bedurften der Zustimmung des Herrschers. So kassierte 1025 Konrad II. Verfügungen der Kaiserin Kunigunde zugunsten der Freisinger Kirche, um sie im nachhinein in seinem Namen dann doch noch zu verbriefen[373]. Von einem freien Verfügungs- und Vererbungsrecht der Königin über ihre Dotalgüter kann im Reich – so auch die mehrheitliche Forschungsmeinung – also keine Rede sein[374].

Diese mit Blick auf das 10. und 11. Jahrundert formulierten Ergebnisse gelten im großen und ganzen auch im späten Mittelalter. Doch fehlt es bislang an Untersuchungen, die die Vermögensverhältnisse der Königinnen – vor allem unter Einbeziehung landesgeschichtlicher Forschungen – konkretisieren und im einzelnen aufschlüsseln.

Der Blick in die Quellen scheint dennoch Veränderungen in spätsalischer Zeit dahingehend erkennbar zu machen, daß Königinnen wohl meist nur noch bei der Heirat, aber nicht mehr zu bestimmten Anlässen, vor allem bei Geburten von Kindern, im Verlauf der Ehe dotiert wurden. So können zum Beispiel für Kaiserin Beatrix, die Barbarossa fast ein Dutzend Kinder geboren hat, keine Schenkungen nachgewiesen werden, wie sie beispielsweise Theophanu und Agnes erhalten hatten. Stattdessen erhielt sie im Verlauf ihrer Ehe bei Vertragsabschlüssen immer wieder Geldzahlungen in unterschiedlicher Höhe, die jeweils in den schriftlichen Vereinbarungen fixiert wurden und immer sehr viel geringer ausfielen als diejenigen an Friedrich I. Erstmals war dies seitens des polnischen Fürsten Boleslaw IV. der Fall. Nach seiner militärischen Niederlage hatte er es versäumt, am staufischen Hof zu erscheinen, um den Treueid zu leisten. Im September 1157 zahlte er deshalb an die Kaiserin 20 Mark Gold, an Barbarossa hingegen 2000, an die Fürsten 1000 Mark Gold und an den Hof 200 Mark Silber[375]. Ohne daß für Beatrix eine konkrete Summe festgesetzt wird, erscheint sie neben dem Kaiser und dem Hof als Empfängerin im Waffenstillstandsabkommen mit Mailand vom 1. September 1158[376] und dem mit

---

372 Die unterschiedlichen rechtlichen Möglichkeiten Adelheids in Italien und im Reich hat bereits Uhlirz, Rechtliche Stellung, herausgearbeitet.

373 Vgl. Althoff, Probleme S. 127.

374 Vgl. Althoff, Probleme S. 131.

375 Reg. Imp. IV,2 Nr. 482; vgl. Keszycka, Kaiserin Beatrix S. 34f.

376 Vertrag als Insert bei Otto von Freising, Gesta Friderici, ed. Georg Waitz und Bernhard de Simson, MGH SS rer. Germ. [46] ³1912, III c. 47 (41) S. 221–224: ... *Pecuniam pro emendatione iniuriarum domno imperatori vel domnae imperatrici sive curiae promissam statutis temporibus persolvent, hoc est terciam partem infra XXX dies, ex quo haec pactio confirmata fuerit, aliam vero terciam partem infra octavam beati Martini, terciam autem residuam partem infra octavam epiphaniae. Hisque sic persolutis, nullis privatis teneantur promissionibus. Pecuniae promissae summa haec est: novem milia marcarum argenti sive auri vel monetae eiusdem estimationis et pretii* ... (S. 222); vgl. Reg. Imp. IV,2 Nr. 581.

Piacenza vom 11. Mai 1162[377]. Auch bei Lehensvereinbarungen jeglicher Art wurde sie mit konkreten Ausgleichssummen bedacht, so bei der Belehnung der Grafen Raimund von Barcelona und seines Neffen Raimund von der Provence mit der Grafschaft Provence im Sommer 1162[378] sowie im Vertrag mit Graf Balduin V. von Hennegau über die Errichtung der Markgrafschaft Namur 1184[379].

Solche Geldanweisungen können durchaus als Alternative zu den im Verlauf der Ehe ausgesprochenen Dotationsergänzungen, etwa für Theophanu und Agnes, betrachtet werden. Sie traten im 12. Jahrhundert offensichtlich an ihre Stelle; besonders die zunehmende Territorialisierung im Reich dürfte die Übereignung von Reichsgut an die Königin immer schwieriger gestaltet haben. Die in ottonischer und salischer Zeit erkennbaren Ansätze, bestimmte Reichsgüter als Dotalgüter einzusetzen, hatten sich nicht verfestigen können. Seit dem 12. Jahrhundert fehlen solche Tendenzen völlig. Mit den vertraglich fixierten ad hoc-Zahlungen an Beatrix fand Barbarossa aber eine neue Möglichkeit der Dotierung. Gleichzeitig wurde das Erbe der Königin, aus dem sie Einkünfte beziehen konnte, immer wichtiger.

Spätestens seit dem Beginn des 13. Jahrhunderts zeigt sich bei der Dotation und finanziellen Absicherung der Königin, daß nicht mehr so oft Zuweisungen aus dem Reichsgut als vielmehr aus dem jeweiligen Hausgut erfolgten. So hinterließ Philipp von Schwaben sein gesamtes staufisches Erbe testamentarisch seiner Gemahlin Irene/Maria[380]. Sie verbrachte die wenigen Wochen ihres Lebens nach der Ermordung Philipps durch Otto von Wittelsbach in Bamberg am 21. Juni 1208[381] auf der Stammburg Hohenstaufen, wo sie schon am 27. August desselben Jahres ebenfalls verstarb und in der nahegelegenen Benediktinerabtei Lorch als der frühstaufischen Grablege bestattet wurde[382].

Konkrete Kenntnisse besitzen wir auch über die Dotalausstattung der wittelsbachischen Herzogstochter Elisabeth bei ihrer Eheschließung mit dem Staufer Konrad IV. 1246. Überliefert ist dabei nicht ihre Dotalurkunde, aber ein ins Jahr 1266 zu datierendes Tauschgeschäft zwischen ihr und ihrem Sohn Konradin. Es werden einzelne Besitzungen der Königin auflistet, die durchweg alle aus dem staufischen Erbgut stammen und einen umfangreichen Grundbesitz darstellen[383].

---

377 DFI. 362 (1162 Mai 11 S. Salvatore bei Pavia): … *Placentini persolvent domino imperatori et domine imperatrici et curie VI milia marcarum examinati et puri argenti …*; vgl. Reg. Imp. IV,2 Nr. 1078.

378 DFI. 378 [vor 1162 Aug. 1]: … *Comes etiam Prouincie dabit domino imperatori XII^cim^ milia marbutinorum bonorum et domine imperatrici II milia et curie mille usque ad nativitatem domini …*; vgl. Reg. Imp. IV,2 Nr. 1117.

379 DFI. 857 (1184 Mai [ca. 20 Mainz]): … *Hac donatione completa comes Hainoensis tenebitur solvere domino imperatori et domino regi Henrico filio eius et curie octingentas marchas argenti et domine imperatrici quinque marchas auri …*

380 So in einer Schenkungsurkunde für das Kloster Adelberg (1208 Aug. 20 Hohenstaufen) mit der Intitulatio *»Maria Dei gratia Romanorum regina augusta«*, in der sie schreibt: … *id quod ipse dominus noster, crudelissima morte preventus, nec fecit, nec facere potuit, dignum censuimus per nos hoc subpleri, maxime cum nos per gratiam ipsius in universam omnium bonorum suorum legitimam intraverimus hereditatem, hoc ipso domino nostro diu ante diem obitus sui ordinante*, Wirtembergisches Urkundenbuch, Bd. 2: 1138–1212 (1858) Nr. 542 S. 370; vgl. Reg. Imp. V Nr. 5530.

381 Reg. Imp. V Nr. 185a.

382 Klaus Graf, Staufer-Überlieferungen aus Kloster Lorch, in: Von Schwaben bis Jerusalem. Facetten staufischer Geschichte, hg. von Sönke Lorenz und Ulrich Schmidt (1995) S. 207–240, hier S. 228.

383 Zu ihren Besitzungen zählten Floss, Parkstein, Adelburg, Stadt und Burg Werth, Moringen mit dem Hibisch, Schongau, Peitengau, Ammergau, Otring, Beuran mit Zubehör; vgl. Reg. Imp. V Nr. 4817f.

Das Wahlkönigtum führte seit dem 13. Jahrhundert dazu, daß fast alle ins Königsamt gewählte Fürsten bereits verheiratet und ihre Gattinnen mehr oder weniger großzügig mit Teilen des Hausgutes dotiert waren. Eine genaue Bestimmung der jeweiligen Dotierung hinsichtlich Umfang und Wertschöpfung bleibt jedoch schwierig. So wissen wir zum Beispiel, daß Gräfin Gertrud von Hohenberg bei ihrer Eheschließung mit Graf Rudolf IV. 1253 das nordwestlich von Schlettstadt gelegene Albrechtstal als Heiratsgut eingebracht und damit den elsässischen Besitz des Habsburgers erheblich vergrößert hat[384]; die ihr von Rudolf übereignete Dos läßt sich jedoch nicht konkretisieren.

Nach seiner Krönung zum römischen König in Aachen 1274 setzte sich Rudolf aber dafür ein, daß seiner Gemahlin, die sich seitdem Anna nannte, 1000 Mark Gold aus Einkünften von Reichsgütern zugestanden wurden. Dafür holte er nicht nur die Zustimmung der Kurfürsten und weiterer geistlicher und weltlicher Fürsten, sondern überraschenderweise auch diejenige des Papstes ein[385]. Erhalten hat sich das Formular eines von der Königin angeforderten Willebriefes eines namentlich nicht bekannten Kurfürsten, der das Anliegen unter der Bedingung gewährte, daß die Verwalter der Güter sich eidlich verpflichten, diese nach dem Tod der Königin an das Reich zurückzugeben[386].

Diese Forderung demonstriert, daß eine Veräußerung von Dotalgütern seitens der Königin jetzt von vornherein unterbunden wurde[387]. Das gilt nicht nur für Reichsgut, sondern auch für das dotierte Hausgut. So mußte eine Verfügung Königin Annas über ihr vor der Königswahl zugesprochenes Wittum, das sie dem Kloster Wettingen für zehn Jahre überlassen wollte, durch ihre die habsburgischen Eigengüter regierenden Söhne Albrecht und Hartmann bestätigt werden[388].

Eine vergleichweise sehr hohe Dotierung mit 16 000 Mark Silber Regensburger Gewichts – *ze widerlegunge* – und 10 000 Mark Silber als Morgengabe, für die unter anderem die Städte Burghausen, Braunau, Öttingen, Klingenberg, Wasserburg, Kufstein, Kitzbühel u. a. m. mit allen dazugehörigen Rechten und Besitzungen verschrieben wurden, erhielt Gräfin Margarete von Holland-Hennegau, die Ludwig der Bayer 1324 in zweiter Ehe heiratete[389]. Auch der hier enthaltene Rechtspassus

384 Redlich, Rudolf von Habsburg S. 87; Reg. Habs. I. Nr. 260.

385 Reg. Imp. V,1 Nr. 301.

386 … *Hinc est, quod nosse vos volumus universos, quod nos una cum aliis nostris coelectoribus in hoc motu voluntario consentimus et plenum ac liberum impertimur assensum, quod serenissimus dominus noster Rudolphus inclitus consors thori sui, eidem domine nostre, in bonis, castris, terris et possessionibus aliis usque ad mille marcas auri redditus, in locis sibi oportunioribus, ubi voluerit et expediencius viderit, valeat assignare, ab ipsa domina nostra ad tempora sue vite pacifice possidenda, ita tamen, quod custodes castrorum, terrarum, possessionum huiusmodi ad hoc iureiurando se obligent, quod mox ipsa domina nostra N. regina inclyta sublata de medio, eadem bona ad proprietatem et ius imperii fideliter restituant et reducant*, in: Das Baumgartenberger Formelbuch. Eine Quelle zur Geschichte des XIII. Jahrhunderts vornehmlich der Zeiten Rudolfs von Habsburg, ed. Hermann Baerwald (Fontes rerum Austriacarum, 2. Abt., Bd. 25, 1866) Nr. 60 S. 407.

387 Daß andererseits Güter aus dem Wittum der Königin seitens ihres Gatten ohne ihre Zustimmung natürlich auch nicht beliehen, verpfändet oder getauscht werden konnten, zeigt sich bei der Verpfändung von vier Mühlen bei Überlingen, zu der Königin Anna ihr schriftliches Einverständnis gab; vgl. Reg. Imp. V,1 Nr. 731 und Reg. Habs. I. Nr. 628.

388 Reg. Imp. V,1 Nr. 1259.

389 Bestätigung der Dotierung durch ihren Sohn, Markgraf Ludwig, vom 21. Mai 1344, in: Monumenta Wittelsbacensia. Urkundenbuch zur Geschichte des Hauses Wittelsbach, 2. Abt.: 1293–1397, ed. Michael Wittmann (Quellen zur bayerischen und deutschen Geschichte 6, 1861)

zeigt, daß die für die zugestandenen Geldsummen verpfändeten wittelsbachischen Städte und Gebiete von ihr nicht veräußert werden konnten:

> *... also daz devselb vnser fraw, dev kayserinne, die vorgenanten stet, burg vnd gut innehaben vnd niezzen sol mit allen rehten, eren, diensten, mit aller herschaft vnd gemainlich mit allem dem, daz dazu gehort, besucht vnd vnbesucht, wie daz benennet vnd geheizzen ist, alslang biz daz wir vnser erben dev vorgenanten gut, als si genant sint, vmb die egenanten sehzehen tusend marck silbers, die ir widerlegunge sint vnd vmb zehen tusent marck, ir morgengab, ie fur ain mark drev phunt heller ze raiten, von ir wider erledigen vnd erlosen ...*[390].

Demgegenüber erscheint die Dotierung über pfandschaftlich zugesicherte 6000 Mark Silber, die Karl IV. seiner zweiten Gemahlin Anna von der Pfalz am 4. März 1349 zuteilte, als ziemlich bescheiden. Diese Summe dürfte allerdings weniger aus dem Geiz Karls IV. als vielmehr aus seiner durch den Kampf um den Thron entstandenen extremen Geldknappheit resultieren. Deutlich höher waren die Ausstattungen Annas von Schweidnitz-Jauer[391] und Elisabeths von Pommern[392]. Sie betrugen 15 000 Schock großer Prager Münze, für die ihnen Karl IV. als Pfand mehrere in Böhmen gelegene Städte zugestand, darunter Hohenmauth und Königgrätz, das Elisabeth nach dem Tod Karls IV. 1378 als Witwensitz wählte. Hier lebte sie bis zu ihrem eigenen Tod im Alter von 45 Jahren am 15. Februar 1393 als Franziskanerterziarin[393].

Die teuere Ausstattung Annas von Schweidnitz zeigt sich unter anderem als konkreter Wert während des Romzuges 1355, als auf dem Rückweg nach Deutschland in einem Palast in Pisa, wo das Herrscherpaar wohnte, ein Feuer ausbrach und Kleidung und Schmuck der Kaiserin zerstörte, was ihr die Pisaner mit 7000 Goldgulden ersetzten[394].

Die »reichste« Königin im Spätmittelalter scheint jedoch die als außergewöhnlich schön und eloquent sowie vielseitig begabt und interessiert, selbstbewußt und ehrgeizig geltende Barbara von Cilli[395], die zweite, etwa 25 Jahre jüngere Gemahlin des Luxemburgers Sigmund, gewesen zu sein. Bei der Heirat wurden ihr jährlich 28 000 Florentiner Gulden aus Zolleinnahmen verschrieben. Darüber hinaus erlangte sie im Verlauf ihrer Ehe einen ausgedehnten und reichen Besitz in Ungarn, Kroatien, Mähren und Böhmen, darunter ebenfalls Königgrätz[396].

Durch in den Jahren 1424 und 1427 geschickt und zielgerichtet ausgehandelte Tauschverträge mit Sigmund kamen in Ungarn alle Bergstädte mit den Gold-, Silber-, Eisen- und Bleivorkommen und somit »das wirtschaftlich wertvollste Gebiet des

---

Nr. 311 S. 379–381. – Zum Ehevertrag vgl. jetzt auch Heinz Thomas, Kaiserin Margarete, in: Schnith (Hg.), Frauen des Mittelalters S. 269–298, 476, hier S. 276f.

390 Ebd. S. 380f.

391 Gottschalk, Anna von Schweidnitz S. 30.

392 Vgl. Veldtrup, Eherecht S. 378ff.

393 Gisela Wilbertz, Elisabeth von Pommern – Eine Kaiserin im späten Mittelalter, Bohemia 28 (1987) S. 45–68, hier S. 50.

394 Gottschalk, Anna von Schweidnitz S. 34. – Zur wertvollen Ausstattung Elisabeths, die während des Italienzugs in Pisa kostbare Pelze und in Florenz teure Perlen einkaufte: Wilbertz, Elisabeth S. 58f.

395 Hoensch, Verlobungen S. 274f. und Ders., Kaiser Sigismund S. 136f. – Zur Familie: Heinz Dopsch, Die Grafen von Cilli – Ein Forschungsproblem?, Südostdeutsches Archiv 17/18 (1974/75) S. 9–49.

396 Eine Zusammenstellung bei Hans Chilian, Barbara von Cilli (1908) S. 24f.

Landes samt seinen Burgen und Städten« in ihre Hand[397]. Eine aus den Jahren 1434 und 1435 erhaltene Abrechnung über die in Nordwestungarn gelegenen, zur sogenannten »Kremnitzer Kammer« gehörenden Edelmetallbergwerke mit den reichen Gold- und Silbervorkommen ergibt einen Nettogewinn von mehr als 34 000 Gulden, was als unterste Ertragsgrenze anzusehen ist. Dabei war jedoch vertraglich vereinbart worden, daß die Königin davon nur die ihr verschriebenen 28 000 Gulden beanspruchen dürfe und alle Überschüsse an die königliche Kammer abzuführen habe[398].

Beraten von Adligen und Bürgerlichen, unten denen der ehemalige Ofener Richter Johann Siebenlinden als der einflußreichste gilt[399], besaß sie beim Tod Sigmunds schließlich die Mehrzahl der Burgdomänen in Ungarn, insgesamt 28, und viele Krondomänen, von denen sie einige durch Kauf ihrem Privatvermögen integrieren konnte. Die sich jährlich vergrößernde Geldmenge Barbaras machte sie bald zur Hauptkreditgeberin ihres Gatten[400], der ihr schließlich auch den Ertrag der anläßlich seiner Kaiserkrönung erhobenen sogenannten Juden-Krönungssteuer überlassen mußte[401].

Nach dem Tod des Kaisers am 9. Dezember 1437[402] und der Herrschaftsübernahme des mit der einzigen Tochter Elisabeth verheirateten Habsburgers Albrecht in Ungarn, im Reich und schließlich auch in Böhmen, die die zwischenzeitlich in Komorn und Ofen unter Aufsicht gestellte Barbara vergeblich zu verhindern suchte, mußte sie einige der ihr verpfändeten, strategisch wichtigen Burgen gegen eine Jahresrente von 12 000 Gulden herausgeben. Die mit ihrer Flucht nach Polen im Mai 1438 in Verbindung stehenden, wenig durchsichtigen politischen Ambitionen Barbaras von Cilli endeten nach dem frühen Tod Albrechts II. und der Geburt ihres Enkels Ladislaus Postumus im Sommer 1441 mit ihrem Rückzug auf die zu ihrer Witwenausstattung gehörende böhmische Burg Melnik, wo sie bis zu ihrem Pesttod 1451 lebte. Doch auch hier hielt sie sich nicht gänzlich von der Politik fern und stand in Kontakt mit den die Politik Böhmens bestimmenden mächtigen Männern Hynek-Ptáček und Georg von Podiebrad[403].

Als »ärmste« Königin – und dies nicht nur in materieller Hinsicht – dürfte hingegen Bianca Maria Sforza zu gelten haben, die Maximilian I. des öfteren selbst als

---

397 Zu diesen Besitzungen in Ungarn: Elemér MÁLYUSZ, Kaiser Sigismund in Ungarn 1387–1437 (1990) S. 91–93; Abdruck einiger Urkunden bei Gusztav WENZEL, Okmányi adalék. Borbála és Erzsébet magyar királynék birtokáról (Urkundlicher Beitrag zu den Besitztümern der ungarischen Königinnen Barbara und Elisabeth), Magyar Történelmi Tár 12 (1863) S. 268–287, hier S. 271–285.

398 Vgl. Pál ENGEL, Die Einkünfte Kaiser Sigismunds in Ungarn, in: Sigismund von Luxemburg. Kaiser und König in Mitteleuropa 1387–1437. Beiträge zur Herrschaft Kaiser Sigismunds und der europäischen Geschichte um 1400, hg. von Josef MACEK, Ernö MAROSI und Ferdinand SEIBT (Studien zu den Luxemburgern und ihrer Zeit 5, 1994) S. 179–182, hier S. 180f.

399 Zu seinen Ämtern: MÁLYUSZ, Kaiser Sigismund S. 205f.

400 Ob Sigmund lieber mit ihr als den Baronen Pfandgeschäfte abgeschlossen haben soll, wie MÁLYUSZ, Kaiser Sigismund S. 93 urteilt, gilt noch zu hinterfragen. Kürzlich hat Heinz-Dieter HEIMANN, Herrscherfamilie und Herrschaftspraxis. Sigismund, Barbara, Albrecht und die Gestalt der luxemburgisch-habsburgischen Erbverbrüderung, in: Sigismund von Luxemburg. Kaiser und König in Mitteleuropa 1387–1437 (1994) S. 53–66, hier S. 57 Anm. 15 darauf hingewiesen, daß eine Untersuchung zu den zahlreichen Finanzgeschäften Barbaras, die auch auf ungedrucktes Archivmaterial zurückgreifen müßte, noch aussteht.

401 HOENSCH, Kaiser Sigismund S. 428.

402 Vgl. HOENSCH, Kaiser Sigismund S. 457–462.

403 Die Diskussion der historiographischen Quellen zu den Plänen Barbaras auf ein ungarisches und böhmisches Königtum sowie zu ihren politischen Aktivitäten in Melnik vgl. CHILIAN, Barbara von Cilli S. 45–67. – Zu Aufstieg und Königtum Georgs von Podiebrad: Ferdinand SEIBT,

Pfand für seine Schulden bei verschiedenen Städten einsetzte und monatelang auf die Auslösung warten ließ[404]. Ihr Budget, das die modebewußte und verwöhnte Mailänderin durch hohe Ausgaben für teure Kleidung und kostbare Schmuckstücke nicht selten um ein Vielfaches überzog, trug dazu bei, daß sich ihre unfreiwilligen Aufenthalte verlängerten. Andererseits haben sich Befehle Maximilians aus den Jahren 1504 und 1505 erhalten, mit denen er wegen der schlechten Ausstattung der Königin ihre Zusammenkunft mit französischen Gesandtschaften in Innsbruck verhinderte. Als im Januar 1505 Bianca einige Tage früher in Innsbruck ankam, verlangte Maximilian, daß sie mit ihren Hofdamen für die Zeit bis zur Abreise der Franzosen nach Sterzing umziehen solle, was ihr Hofmeister Niklas von Firmian mit der Mitteilung an Maximilian zu verhindern wußte, daß den Damen angesichts fehlender warmer neuer Winterkleider ein Umzug nicht zugemutet werden könne[405].

Zusammenfassend läßt sich feststellen, daß die rechtlichen Möglichkeiten der Königinnen über ihr Dotalgut im späten Mittelalter mehr denn je auf die Nutzungsrechte an den ihnen verpfändeten Besitzungen eingeschränkt waren. Diese wurden jetzt in Form von Geldbeträgen konkretisiert, wobei darüber hinausgehende überschüssige Ertragsleistungen der jeweils zuständigen Kammer abzuführen waren. Veräußerungen aller Art wie zum Beispiel Schenkungen, Verkäufe beziehungsweise Gütertausch konnten nur in Absprache mit dem König vorgenommen werden, wobei die für Barbara von Cilli bislang erkennbaren diesbezüglichen Transaktionen in ihren Größenordnungen als exzeptionell anzusehen sind.

Aufgrund der zum Teil sehr unterschiedlichen Höhe der Dotierungen läßt sich die für das hohe Mittelalter an der vergleichsweise gering ausgestatteten Kaiserin Gisela und der reich dotierten Kaiserin Agnes exemplifizierbare These aufgreifen, daß diejenigen, die einen regierenden König heirateten, sehr viel umfassender und reicher ausgestattet wurden als ihre bereits bei der Königswahl verheirateten Vorgängerinnen und Nachfolgerinnen. Dabei hat sicherlich die durch die jeweilige Braut eingebrachte Mitgift sowie deren eigenes Erbe und das Verhandlungsgeschick ihrer Familie bei den Eheabsprachen eine große Rolle gespielt: je größer das Erbe der Königin und die Machtstellung ihrer Familie, desto größer dürfte ihr Wittum gewesen sein.

Daneben zeigen die am Schluß zitierten Extrembeispiele Barbara von Cilli und Bianca Maria Sforza aber auch, daß es im späten wie schon im hohen Mittelalter bei der Erweiterung des finanziellen Rahmens nicht zuletzt auf das persönliche Geschick und Engagement der Königin ankam, durch das sie im Verlauf ihrer Ehe immer reicher werden oder wie die Mailänderin Bianca[406] arm bleiben konnte.

Die Zeit der Luxemburger und der hussitischen Revolution, in: Handbuch der Geschichte der Böhmischen Länder, hg. von Karl Bosl, Bd. 1 (1967) S. 351–568, hier S. 537–568.

404 Vgl. die Vielzahl von Beispielen bei Hochrinner, Bianca Maria Sforza S. 57–94.

405 Hochrinner, Bianca Maria Sforza S. 83–86.

406 Bianca, die eine reiche Mitgift in die Ehe einbrachte, entsprach nach Hermann Wiesflecker, Maximilian I. Die Fundamente des habsburgischen Weltreiches (1991) S. 80f. den Erwartungen des Kaisers in keinster Weise: sie war weder schön noch klug, sondern »immer etwas kränklich, nervös, kapriziös, vernascht, daher mollig und blieb zeitlebens ein Kind, das am Boden sitzend spielte, ohne sich ihrer Stellung an der Seite des Kaisers je bewußt zu werden«. Sie starb kinderlos 1511 und wurde in der Stiftskirche von Stambs bestattet, wo bereits mit Elisabeth von Görz-Tirol eine Königin beigesetzt war. Die mit dem Staufer Konrad IV. verheiratete Wittelsbacherin hatte die Zisterzienserabtei zusammen mit ihrem zweiten Gatten Meinhard II. gegründet.

Der Hofstaat der Königin

Dem Idealbild einer Königin entsprach in karolingischer Zeit einer Formulierung Erzbischofs Agobards von Lyon zufolge die *adiutrix in regimine et gubernacione palacii et regni*[407]. Sie sollte sich um den königlichen Haushalt kümmern wie auch den König bei der Regierung des Reiches unterstützen[408].

Eine konkretere Vorstellung davon gibt Erzbischof Hinkmar von Reims in seiner um 882 entstandenen Aufzeichnung »De ordine palatii«[409], die auf eine ältere Schrift des Abtes Adalhard von Corbie, eines Vetters Karls des Großen, zurückgeführt und als Beschreibung der Organisation karolingischer Königshöfe schlechthin angesehen werden kann[410]: Neben dem König stand die Königin sowie auch deren Kinder an der Spitze des Hofes[411]; ihnen allein waren alle Bediensteten verantwortlich[412].

Neben dieser eher allgemeinen und grundsätzlichen Stellung der Königin wurden ihr konkrete Aufgaben zugewiesen. So war sie zusammen mit dem ihr untergebenen Kämmerer »für die rechte Ausstattung des Hofes und besonders für den Schmuck des Königs, aber auch für die Jahresgaben der Vasallen – abgesehen von der Versorgung mit Speise und Trank und den Unterhalt der Pferde« zuständig. Dabei habe sie immer rechtzeitig den Bedarf der notwendigen Dinge vorauszusehen, damit diese – wenn sie notwendig würden – nicht fehlen. Weiterhin sollen die Geschenke der Gesandtschaften vom Kämmerer verwaltet werden, ausgenommen dann, wenn der König die Anweisung gebe, daß die Königin mit diesem zusammen

---

407 Agobardi archiepiscopi Lugdunensis Libri duo pro filiis et contra Iudith uxorem Ludovici Pii, ed. Georg WAITZ, in: MGH SS 15, S. 274–279; Zitat II.2 S. 277. – Zu Agobard von Lyon, der als Verfechter des Einheitsgedankens einen erbitterten Kampf mit Judith ausfocht, die um ein Teilreich für ihren Sohn Karl den Kahlen kämpfte: Egon BOSHOF, Erzbischof Agobard von Lyon. Leben und Werk (Kölner Historische Abhandlungen 17, 1969) bes. S. 228–253 und DERS., Ludwig der Fromme S. 196f. und passim; zu Judith vgl. auch unten S. 17 mit Anm. 2.

408 Vgl. ERKENS, Sicut Esther S. 15–17.

409 Hinkmar von Reims, De ordine palatii, hg. und übersetzt von Thomas GROSS und Rudolf SCHIEFFER, MGH Fontes iur. Germ. ant. 3 (1980).

410 Josef FLECKENSTEIN, Die Struktur des Hofes Karls des Großen im Spiegel von Hinkmars De ordine palatii (1976); nachgedruckt in: DERS., Ordnungen und formende Kräfte des Mittelalters. Ausgewählte Beiträge (1989) S. 67–83, hier bes. S. 68–70; vgl. auch Werner RÖSENER, Hofämter an mittelalterlichen Fürstenhöfen, DA 45 (1989) S. 485–550, hier S. 499–502.

411 De ordine palatii IV S. 56: … *regis palatium in ornamento totius palatii ita ordinatum erat: Anteposito ergo rege et regina cum nobilissima prole sua …*

412 De ordine palatii V S. 68: … *praefati ministri unusquisque de suo ministerio non sub alio vel per alium, nisi per se ipsum solum regem, vel quantum ad reginam vel gloriosam prolem regis respiciebant …*

die Dinge regeln solle[413]. Damit war letztlich die Königin für das reibungslose Funktionieren des Hofes verantwortlich. Ihr oblag die Oberaufsicht[414] über den *camerarius* als in der Hierarchie der Amtsinhaber obersten Verwalter der Einkünfte und Vorräte und Leiter der Haushaltsführung.

Diese Stellung der Königin in der Hofverwaltung suggeriert, daß es nur einen Haushalt und einen Hofstaat, nämlich denjenigen des Königs, gegeben habe. Daß dem nicht so war und die Königinnen vielmehr über einen eigenen Hofstaat verfügten, läßt sich schon durch Gregor von Tour belegen, der einen Hausmeier der Königin erwähnt[415]. Die Kenntnis von einem *seneschalchus* der Kaiserin Judith deutet darauhin, daß sich dies auch in karolingischer Zeit nicht geändert hatte[416]. Dabei resultierte die Notwendigkeit, ein eigenes Gefolge zu haben, nicht zuletzt aus den häufigen Trennungen der Herrscherpaare. Vor allem die karolingischen Königinnen begleiteten ihre Gatten in einem geringeren Ausmaß als ihre ottonischen Nachfolgerinnen auf Kriegs- und Italienzügen[417].

Wie dieser persönliche Hofstaat der Königin strukturiert und organisiert war, bleibt allerdings weitgehend im Dunkel. Deshalb ist nur zu vermuten, daß er wohl um einiges kleiner als derjenige des Königs gewesen sein wird und neben den Hofämtern vor allem das der Königin zu Diensten stehende Personal umfaßte. Dieses wird dem unter der Oberaufsicht der Königin stehenden *camerarius* als obersten Koordinator am Hof unterstanden haben[418].

---

413 *De honestate vero palatii seu specialiter ornamento regali nec non et de donis annuis militum, absque cibo et potu vel equis, ad reginam praecipue et sub ipsa ad camerarium pertinebat, et secundum cuiusque rei qualitatem ipsorum sollicitudo erat, ut tempore congruo semper futura prospicerent, ne quid, dum opus esset, ullatenus oportuno tempore defuisset. De donis vero diversarum legationum ad camerarium aspiciebat, nisi forte iubente rege tale aliquid esset, quod reginae ad tractandum cum ipso congrueret …*, De ordine palatii V S. 72/74; Übersetzung S. 73.

414 Das Weisungsrecht der Königin bestätigt auch das Capitulare de villis zwischen 792/793 und 4. Juni 800, ed. G. H. Pertz, in: MGH Capit. 1, Nr. 32 S. 82–91: c. 16. *Volumus ut quicquid nos aut regina unicuique iudici ordinaverimus aut ministeriales nostri, sinescalcus et butticularius, de verbo nostro aut reginae ipsis iudicibus ordinaverit, ad eundem placitum sicut eis institutum fuerit impletum habeant; et quicumque per neglegentiam dimiserit, a potu se abstineat postquam ei nuntiatum fuerit, usque dum in praesentia nostra aut reginae veniat et a nobis licentiam quaerat absolvendi. Et si iudex in exercitu aut in wacta seu in ambasiato vel aliubi fuerit et iunioribus eius aliquid ordinatum fuerit et non conpleverint, tunc ipsi pedestres ad palatium veniant et a potu vel carne se abstineant; interim quod rationes deducant propter quod hoc dimiserunt; et tunc recipiant sententiam, aut in dorso aut quomodo nobis vel reginae placuerit …* (S. 84); c. 47. *Ut venatores nostri et falconarii vel reliqui ministeriales, qui nobis in palatio adsidue deserviunt, consilium in villis nostris habeant, secundum quod nos aut regina per litteras nostras iusserimus, quando ad aliquam utilitatem nostram eos miserimus, aut siniscalcus et buticularius de nostro verbo eis aliquid facere praeceperint* (S. 87).

415 Gregor von Tour, Historia Francorum, ed. Wilhelm Arndt, in: MGH SS rer. Merov.1 (1937–1951) S. 1–450, hier IX c. 30 S. 384.

416 Vgl. Georg Waitz, Deutsche Verfassungsgeschichte, Bd. 3: Die Verfassung des Fränkischen Reichs (^{3}1954) S. 503 Anm. 2; Paul Schubert, Die Reichshofämter und ihre Inhaber bis um die Wende des 12. Jahrhunderts, MIÖG 34 (1913) S. 427–501, hier S. 442; Carlrichard Brühl, Fodrum, gistum, servitium regis. Studien zu den wirtschaftlichen Grundlagen des Königtums im Frankenreich und in den fränkischen Nachfolgestaaten Deutschland, Frankreich und Italien vom 6. bis zur Mitte des 14. Jahrhunderts (Kölner Historische Abhandlungen 14, 1968) Bd. 1, S. 69.

417 Vgl. Brühl, Fodrum S. 428f. mit Anm. 302.

418 Einer völlig unbegründeten These von Schubert, Reichshofämter S. 442 zufolge hätten die Hofbeamten der Königin »eine sehr untergeordnete Rolle gespielt«; dagegen bereits Brühl, Fod-

Der in karolingischer Zeit grundgelegte Status der Königin am Hof kann mehr oder weniger auch für das hohe und späte Mittelalter vorausgesetzt werden. Neben den notwendigen persönlichen Bediensteten dürften die Königinnen weitgehend über einen eigenen durch die Hofämter strukturierten Hofstaat verfügt haben. Dieser wird für die einzelnen Persönlichkeiten in seiner Größenordnung unterschiedlich dimensioniert gewesen sein. Konkretere Aussagen sind vielfach aber nicht möglich.

Differenzierungen lassen sich jedoch hinsichtlich der Herkunft der einzelnen Personen vornehmen[419]. So gehörte zum Beispiel zum Gefolge der Kaiserin Adelheid auch in Deutschland ein italischer Richter[420]. Im Brautgeleit der Heinrich III. versprochenen dänischen Prinzessin Gunhild befand sich Tymmo, der ebenfalls nicht mit der großen Gefolgschaft in die Heimat zurückkehrte, sondern im Reich blieb und 1038 zum Bischof von Hildesheim erhoben wurde[421]. Friedrich II. schickte nach der Vermählung mit Isabella von England 1235 ihre Begleitung auf die Insel zurück, ausgenommen jedoch ihre Erzieherin und Lehrerin Margareta Biset und eine in Goldstickereien bewanderte Dienerin aus London[422].

Weitere Beispiele von »multinationalen« Zusammensetzungen des Hofstaates ließen sich anführen. Der Fall war dies vor allem dann, wenn die Königin nicht aus dem Reichsadel stammte. Daß dabei Probleme auftraten, zeigt das Beispiel der aragonesischen Prinzessin Elisabeth, die das sie begleitende Gefolge bis auf Blancha de Calders[423] zurückschicken mußte, da ihr Gemahl Friedrich der Schöne auf den Rat der Fürsten hin verlangte, daß sie ihn überall hin begleiten solle und sich deshalb mit Personen aus dem einheimischen Adel umgeben müsse[424]. Ähnlich erging es dem umfangreichen italienischen Hofstaat Bianca Maria Sforzas, dessen Mitglieder nicht zuletzt auch aufgrund intriganten Verhaltens in Ungnade fielen und nach Mailand an den Hof ihres Onkels, Lodovico il Moro, zurückkehren mußten, so zum Beispiel die mit einem Kammerdiener verheiratete enge Freundin der Königin, Violanta Caima. 1497 war die Königin von einem fast deutschen Hofstaat umgeben. Im Jahr 1500 befand sich niemand mehr in ihrer Umgebung, mit dem sie sich in ihrer Muttersprache unterhalten konnte, was angesichts ihrer mangelhaften Deutschkenntnisse besonders deprimierend für sie gewesen sein wird[425].

---

rum S. 69 Anm. 266, der vielmehr darauf hinweist, daß deren Stellung nicht zuletzt von der Macht und dem Einfluß der Königin selbst abhing.

419 Vgl. die Überblicke bei KIRCHNER, Kaiserinnen S. 144–148 und KOWALSKI, Königinnen S. 127f.

420 Julius FICKER, Forschungen zur Reichs- und Rechtsgeschichte Italiens, 4 Bde. (1868–1874) hier Bd. 2, S. 24.

421 Zur Bischofserhebung S. 186.

422 *Remisit igitur imperator omnes qui cum ea venerant in Angliam, retenta imperatrice cum una sua nutrice et magistra, scilicet Margareta Biset, et altera ancilla, aurifrigiaria Londoniensi*, Matheus Paris, Ex Historia Anglorum, ed. Felix LIEBERMANN, in: MGH SS 28 (1888) a. 1235 S. 407.

423 In einem Brief an den aragonesischen König Jaymes II. vom 20. Juni 1315 beklagt sich Blancha darüber, daß sie allein in Deutschland zurückbleiben müsse und jetzt, da auch der Beichtvater Elisabeths nach Aragon zurückgekehrt sei, um ihr Seelenheil fürchte, da sie aufgrund der Sprachbarriere nicht bei einem Deutschen beichten könne; vgl. Reg. Habs. III. Nr. 261. Der König dankte Blancha, daß sie im Dienst seiner Tochter ausharren wolle, solange Elisabeth nicht auf sie verzichten könne und versprach ihr großzügige Entlohnung (Nr. 288). – Allgemein zum Problem: Katherine WALSH, Verkaufte Töchter? Überlegungen zu Aufgabenstellung und Selbstwertgefühl von in die Ferne verheirateten Frauen anhand ihrer Korrespondenz, Jahrbuch des Vorarlberger Landesmuseumsvereins (1991) S. 129–144.

424 Reg. Habs. III. Nrr. 295 und 296.

425 HOCHRINNER, Bianca Maria Sforza S. 115–118; eine Namensliste S. 107f. und 113.

Die Quellenlage zur Rekonstruktion der persönlichen Umgebung der Königin bleibt insgesamt sehr bruchstückhaft. Für den Zeitraum des 10. bis 12. Jahrhunderts kennen wir lediglich die Namen einiger weniger Funktionsträger. So sandte zum Beispiel Kaiserin Kunigunde ihren Mundschenken Geso 1012 mit einer Botschaft an Heinrich II.[426]. Ihren Kämmerer Azili, dessen Lehen und zwei weibliche Bedienstete ließ sie 1025 aus einer umfangreichen Besitzschenkung an die Freisinger Kirche aussondern[427].

Der Bedeutung des Kämmereramtes als demjenigen mit den größten politischen Einflußmöglichkeiten in spätottonischer und salischer Zeit[428] entsprechend kennen wird auch einen Kämmerer der Kaiserin Agnes namens Azolin. Er wurde im Spätherbst 1061 zu Bischof Benzo von Alba geschickt, um den Befehl der Kaiserin zu überbringen, daß dieser für die Ankunft des zum Papst gewählten Cadalus von Parma (Honorius II.) in Rom alle nötigen Vorbereitungen in die Wege leiten solle[429]. Daß auch der Kämmerer Obbert, der 1050 mehrere Hufen zum Geschenk erhielt, zum Haushalt der Königin Agnes gehörte, läßt sich aufgrund ihrer Intervention immerhin wahrscheinlich machen[430].

Die Kontinuität der politisch einflußreichen Stellung der Kämmerer zeigt sich schließlich auch im 12. Jahrhundert bei Friedrich von Aachen, dem Kämmerer der Kaiserin Beatrix, der bei der Unterwerfung der Mailänder im März 1162 für den Kreis der sechs Deutschen ausgewählt wurde, die den Gehorsamseid der Mailänder abnehmen sollten. Da Beatrix maßgeblich dafür eingetreten war, daß Barbarossa keine Blutrache forderte, wird sie auch für die Aufnahme Friedrichs als einem ihrer Vertrauten in das Gremium Sorge getragen haben[431].

Eine gewisse organisatorische Verantwortlichkeit der Königin demonstriert schließlich ein unvollendet gebliebenes Schreiben der Kaiserin Adelheid, allerdings nicht als »amtierende« Königin, sondern als Regentin für Otto III., als *regnatrix augusta regimini christiane plebis temporaliter prelata* an *G. venerando viro* in Würzburg gerichtet, dem sie Anweisungen für die dortige Aufnahme ihres Gefolges gibt. Verfaßt wurde der Brief in Augsburg, wo sich Adelheid wahrscheinlich im Hochsommer 995[432] im Zusammenhang mit dem Bau des dortigen Domes, den sie gefördert haben soll[433], aufhielt. Sie ließ Froumund von Tegernsee, der ihr in Augsburg als Se-

---

426 Zu dieser Gesandtschaft von 1012 vgl. unten S. 349f.

427 DKunigunde 2 (1025 – Regensburg): … *Excepit etiam memorabilis imperatrix camerarium I Azili nominatum absque beneficio sui et famulas II Peza et Raza nominatas*; vgl. Irmgard LATZKE, Hofamt, Erzamt und Erbamt im mittelalterlichen deutschen Reich (1970) S. 136; SCHUBERT, Reichshofämter S. 446.

428 SCHUBERT, Reichshofämter S. 449f.

429 … *Quo cognito rex genetrixque eius per Azolinum cubicularium direxit clitellarios honustos preciosarum pellium donis, iussu quoque ac promissione magne remunerationis mandavit, ut fierem auctor huius legationis*, Benzo von Alba, Ad Heinricum IV. imperatorum libri VII, hg. und übersetzt von Hans SEYFFERT, MGH SS rer. Germ. [65] (1996) liber II c. 1 S. 192; vgl. Reg. Imp. III,3 Nr. 235.

430 DHIII. 247 (1050 Jan.13 Quedlinburg) Schenkung von vier zu Rorbeche gehörige Hufen im Hassegau und Friesenfeld an den Ministerialen und Kämmerer Obbert … *ob interventum nostri thori ac regni consortis scilicet Agnetis imperatricis auguste* …

431 Vgl. Reg. Imp. IV,2 Nr. 1033 sowie unten S. 254f.

432 Das Datum ergibt sich aus dem Itinerar der Kaiserin, das einen Aufenthalt in Augsburg nur für 995 ermöglicht; Reg. Imp. II,3 Nr. 1141c.

433 So die Annales Augustani, ed. G. H. PERTZ, in: MGH SS 3 (1839) a. 995 S. 124: *Liutoldus episcopus templum a fundamento construxit, Adelheida imperatrice cooperante.*

kretär zur Verfügung stand[434], wegen der Abwesenheit des Würzburger Bischofs[435] an den Kleriker G.[436] schreiben und wies diesen an, für den 13. August eine Unterkunft zu besorgen, da sie auf dem Weg nach Sachsen über Würzburg reisen und hier Aufenthalt nehmen wolle. Darüber hinaus solle er Futter für Wagen- und Reitpferde besorgen sowie auch Vorkehrungen für den Lebensunterhalt ihrer Person und ihrer Begleiter treffen[437].

Das Schriftstück zeigt die Koordinierung der Zwischenetappe, die in diesem Fall dann doch nicht angefahren wurde. Da vergleichbare Anordnungen der Königin nicht erhalten sind, läßt sich jedoch schwerlich beurteilen, ob sie auch sonst – eventuell zusammen mit dem Kämmerer – die Unterbringung des Hofes während der Reisen vorausplante oder ob dies nur in Ausnahmefällen vorkam[438].

Zum Verwaltungspersonal der Königin gehörten daneben immer auch Vögte und Verwalter der Dotal- und Erbgüter. Doch auch hierbei ist die Überlieferung von Namen und Zuständigkeiten eher zufällig und sporadisch. So trat zum Beispiel in einem Königsgericht unter dem Vorsitz Herzog Ottos und des Richters Albericus in Pavia am 19. April 996 in Stellvertretung der nicht in Italien weilenden Kaiserin Adelheid ihr Richter und Vogt Petrus auf. Er bestätigte den klagenden Kanonikern von S. Eusebio in Vercelli die Echtheit ihres Diploms, mit dem Adelheid in Frankfurt am Main im November 995 die Schenkung des Hofes Caresana samt dazugehörigen Liegenschaften verbrieft hatte[439].

---

434 Vgl. Bernhard Schmeidler, Über die Tegernseer Briefsammlung, NA 46 (1926) bes. S. 412f., 418, 422. – Zur literarischen Tätigkeit Froumunds jetzt Gudrun Sporbeck, Froumund von Tegernsee (um 960–1006/12) als Literat und Lehrer, in: Kaiserin Theophanu 1 S. 369–378.

435 Dieser nahm mit seinem Aufgebot am Slavenfeldzug teil; vgl. Reg. Imp. II,3 Nr. 1141c.

436 Nach Schmeidler, Tegernseer Briefsammlung S. 413 könnte es sich um den Würzburger Erzpriester G. handeln, an den schon ein früherer von Froumund im Auftrag seines Bruders Wigo geschriebener Brief (Nr. 11) adressiert worden war.

437 Der unvollendet gebliebene Text lautet: *Inperitante Dei omnipotentis clementia Adelheida regnatrix augusta regimini christiane plebis temporaliter prelata G. venerando viro salutem et gratiam. Quia latitudo divine potestatis subiecit nobis, que ipsa est dignata, quam plurima regnorum imperia, multos et clemens ubique potentes placavit amicos, quos colimus interdum absentes, modo namque nobis ministratur a presentibus, huius rei occasione antistitem Vindelicensis Auguste dudum adiveramus, aput quem manendi cursus statuti temporis iam pene perfeceramus et evolutis dierum spatiis revisentes patriam Saxonie habitationis directione nostri itineris adducimur vestre Herbipolensi die quo idus numeratur mensis Augusti. Quocirca quia amicissimum nostrum episcopum domi non esse recordati sumus, cautum fore nostri sunt consiliati, si nuntium premitteremus, ut nobis previderi iubeatis hospitia ad manendum, pabula curruum et equorum ante tempus adquirantur, stipendia nobis nosque concomitantibus provideantur. De propinquo namque loco …*, in: Die Tegernseer Briefsammlung (Froumund), ed. Karl Strecker, MGH Epp. sel. III (1925) Nr. 16 S. 16.

438 Zum Anspruch der Königin auf das *servitium regis* in den Königspfalzen wie auch dem Gastungsrecht bei einem Bischof oder Abt vgl. Brühl, Fodrum S. 155–157. – Ein neuer Ansatz zu dem mit der Reiseherrschaft verbundenen Problem der »Abwesenheit« des Königs jetzt bei Andreas Kränzle, Der abwesende König. Überlegungen zur ottonischen Königsherrschaft, FMSt 31 (1997) S. 120–157.

439 … *ad ec respondens ipse Petrus iudex et advocatus ipsius domne Adelegide inperatricis disit et professus est: ›Vere cartula ipsa offersionis quantu ipse Liuprandus ic ostensisti bona et vera est, et domna Adelegida inperatris eam fieri rogavit et manu sua propria firmavit et prefata corte cum eisdem casis et omnibus rebus seu familiis a se pertinentibus tibi Liuprandi avocatori seu parti predicte canonice non contradico nec contradicere quero‹ …*, in: Cesare Manaresi (Ed.), I Placiti del »Regnum Italiae«, 3 Bde. (Fonti per la storia d'Italia 92/96/97, 1955–1960) hier Bd. 2, Nr. 226, S. 328–334; vgl. Reg. Imp. II,3 Nr. 1167d. – Der Hof wurde aus dem Besitz Berengars II. von Otto I. eingezogen, der ihn dann der Kaiserin überwies. Zur Besitzgeschichte vgl. Darmstädter, Reichsgut S. 224f.

Durch urkundlich bestätigte Besitzüberweisungen lassen sich auch zwei Vögte der Kaiserin Kunigunde nachweisen: Durch ihren Vogt *Adelp.*, was entweder für Adelperonis, Adelperti oder Adelpreht steht, übereignete sie den Hof Ecknach mit allen zugehörigen Rechten an den Adligen Babo, damit dieser ihn am Kühbacher Kirchweihfest an das dortige Kloster schenke[440]. Ein zweiter Vogt Kunigundes, Graf Kerold, vollzog die Übergabe einer Hörigen der Kaiserin namens Pechilda an ihren Ministerialen Sasso zur Weitergabe an das Regensburger Kloster St. Emmeram[441]. Als Vögte der Königin konnten daneben aber auch ihre Söhne fungieren. Dies belegt eine Urkunde Konrads II. vom 9. August 1033, mit welcher der Kaiser eine Schenkung Giselas aus ihrem Erbgut an die Würzburger Kirche bestätigte, die durch die Hand ihres Sohnes, Herzog Hermann von Schwaben, als ihrem Vogt vollzogen worden war[442].

Schließlich zählten zum Hofstaat der Königin Notare und Kapelläne, unter denen sich etliche befanden, die mit maßgeblicher Protektion ihrer Dienstherrin den Karrieresprung auf Bischofsstühle schafften. Als Beispiele können genannt werden: Johannes Philagathos, ein enger Vertrauter der Kaiserin Theophanu, der zeitweise auch als ihr Kapellan fungiert haben könnte und der das Bistum Piacenza und den Titel eines Erzbischofs erhielt. In salischer Zeit erlangten Egilbert und Altmann, Kapelläne der Kaiserin Agnes, nacheinander die Passauer Bischofswürde. Schließlich focht Kaiserin Richenza einen jahrelangen, letztlich aber doch vergeblichen Kampf für die Anerkennung ihres Kapellans Bruno als Bischof von Straßburg[443].

Obwohl wir also einige Biographien von Kapellänen rekonstruieren können, besitzen wir keinerlei Kenntnis über die Größe und Zusammensetzung der »Kanzlei« der Königin. Es läßt sich deshalb auch nicht eindeutig feststellen, ob und wann von einer solchen gesprochen werden kann. Auf deren Existenz verweist wiederum nur ein Indiz: Kaiserin Gisela stellte 1029 mit ihrem *archicapellanus* Wilhelm den Kandidaten für die Besetzung des Straßburger Bischofsstuhls. Dieses für Wilhelm durch die Annales Hildesheimenses bezeugte Amt[444] bedeutet, daß Gisela zumindest über zwei Kapelläne verfügt haben muß, weshalb in diesem Fall von einer eige-

---

440 DKunigunde 1 (–): *Notum sit omnibus deum timentibus presentibus scilicet et futuris, qualiter quaedam imperatrix nomine Chunegunda pro redemptione anime Heinrici imperatoris, sui vero mariti, propriis quoque pro diluendis culpis quandam curtem nomine Echinaha per manum sui advocati Adelp. tradidit cuidam nobili viro nomine Babo cum omnibus utensilibus ad prefatam curtem pertinentibus* ... (DD III S. 693).

441 DKunigunde 4 (–): *Notum sit praesentibus atque futuris, qualiter imperatrix Chunigunt cum manu advocati sui Keroldi comitis tradidit in manum Sassonis ministerialis sui famulam suam nomine Pechildam, ut traderet ad sanctum dei martyrem Emmerammum sub eo iure, quo sibi serviret* ... (DD III S. 697).

442 DKoII. 199 (1033 Aug. 9 Limburg) Schenkung ihrer Besitzung zu Regenbach sowie von zwei Hörigen und deren Besitz zu Schmalfelden: *Notum sit ... qualiter nos simulque incundissima contectalis nostra Gisila imperatrix videlicet augusta pro remedio animarum nostrarum parentumque nostrorum cuiusdam inmunitatis partem proprietate hereditaria ad eam pertinentem Regenbach nominatam sitam in pago Mulgowe in comitatu Heinrici comitis ... cum consensu dilecti filii nostri Heinrici regis nec non cum manu advocati, scilicet filii sui ducis Heremanni sancto Kiliano precioso Christi martiri in Wirzeburg requiescenti in manum fidelis nostri Meginhardi episcopi, qui eidem preest ecclesiae, perpetualiter in proprium habendam traditione firmissima donavimus.* Vgl. dazu Peter HILSCH, Regenbach und die Schenkung der Kaiserin Gisela, Zeitschrift für Württembergische Landesgeschichte 41 (1983) S. 52–81.

443 Zu den genannten Kapellänen vgl. unten S. 187–189.

444 Die Quellenbelege S. 185f.

nen »Kanzlei« der Kaiserin oder zumindest einer ihr zur Verfügung stehenden eigenen Abteilung innerhalb der Hofkapelle auszugehen ist[445].

Angesichts häufiger Trennungen der Herrscherpaare mußte diese auch in der Lage sein, eigenständig zu arbeiten. Gerade die Tatsache, daß Königinnen oftmals eigene Wege gingen oder getrennt vom König Aufenthalt nahmen[446], läßt darauf schließen, daß sie über einen gut organisierten und funktionierenden Hofstaat verfügen mußten. Neben den persönlichen Bediensteten gehörten dazu auch Schreiber, vielleicht sogar eine »Kanzlei«, die in ihrer jeweiligen Größenordnung dem politischen Einfluß und Engagement einzelner Königinnen entsprochen haben wird[447]. Die Bedeutung dieser Einrichtung zeigt sich nicht zuletzt darin, daß sich unter den aus der Hofkapelle kommenden Bischöfen auch eine ganze Reihe von Kapellänen der Königin befanden.

Der Ausbau einer eigenen Haus- und Hofhaltung der Königin setzte sich im späten Mittelalter fort. Häufiger ist vom großen Gefolge oder Geleit der Königin die Rede, ohne daß dabei jedoch in den Quellen konkrete Angaben zu Größe und Zusammensetzung zu finden sind[448]. So besuchte im Sommer 1275 Königin Anna mit »großem Geleit«, darunter ihre sechs Töchter und der Sohn Rudolf mit je eigenem Hofstaat, das oberschwäbische Kloster Weingarten[449], um wenig später mit König Rudolf zu einer Zusammenkunft mit Papst Gregor X. nach Lausanne weiterzureisen[450].

Überliefert sind nur wenige, in ihrer Aussagekraft für die Größe des Hofstaates allerdings kaum verwertbare Zahlen. Anna von Schweidnitz-Jauer brach Ende des Jahres 1354 mit einem Gefolge von 1000 Personen nach Oberitalien auf, um von hier an gemeinsam mit Karl IV. zur Kaiserkrönung nach Rom zu reiten. Doch die Zusammensetzung ihres Gefolges, das überwiegend das begleitende Heer stellte, läßt sich im einzelnen nicht rekonstruieren[451]. Gleiches gilt für Elisabeth von Pommern,

---

445 Vgl. FLECKENSTEIN, Hofkapelle hier Bd. 2 S. 265f. mit dem Hinweis auf die seltenen Erwähnungen der Kapelläne der Königin in den Quellen, was sich dadurch erkläre, daß diese auch als *capellani regis* bzw. *imperatoris* auftreten und insofern als im Dienst der Königin stehend anzusehen sind, aber wie alle anderen auch der einen Hofkapelle des Königs angehörten.

446 Zu den »eigenen Wegen« der Königin vgl. S. 111–116.

447 Zu den Aufgaben der Kanzlei gehörte auch die Siegelführung. Bekannt ist das Siegel der Königin Mathilde von England mit der Umschrift *Mathildis Dei gratia Romanorvm regina* als das erste nachweisbare Siegel einer römisch-deutschen Königin, in: Die Siegel der deutschen Kaiser und Könige von 751 bis 1806, hg. von Otto POSSE, 5 Bde. (1909–1913) hier Bd.1, Tafel 19 Nr. 4. Friedrich I. gab zwar für seine Gemahlin Beatrix ein Siegel in Auftrag, ein solches hat sich aber nicht erhalten; ebd. Bd. 5, S. 25. Seit Konstanze von Sizilien kennen wir dann die Siegel der Königinnen; vgl. die Abbildungen in Bd. 1 für Kaiserin Konstanze (Tafel 24 Nr. 1); Irene von Byzanz (24,5); Maria von Brabant (26); Margarete von Österreich (32,1–2); Elisabeth von Wittelsbach (33,1–2); Beatrix von Brabant (34,7); Elisabeth von Braunschweig (35,5); Anna von Hohenberg (42,6–7); Imagina von Limburg (43,4–6); Elisabeth von Görz-Tirol (45,5–7); Beatrix von Glogau (52,1–3); Margarete von Hennegau (52,3–8); Elisabeth von Aragon (53,9) etc.

448 Zum Problem der »gewohnheitsrechtlich-schriftlosen« Ordnung des Hofes im gesamten Mittelalter vgl. Peter MORAW, Die königliche Verwaltung, in: Deutsche Verwaltungsgeschichte. Bd. 1: Vom Spätmittelalter bis zum Ende des Reiches (1983) S. 32f.

449 Reg. Habs. I. 583.

450 Reg. Habs. I. 588.

451 Eine Kostenrechnung der Hofhaltung der Königin Margarete für den Italienzug in der Zeit vom 13. Oktober 1310 bis zum 14. Mai 1311 in der Höhe von durchschnittlich 71 1/2 Gulden pro Tag bei BRÜHL, Fodrum S. 639f.

zu deren Gefolge 500 Personen gezählt haben sollen, darunter neben dem Militär auch italische Adlige, die nicht zum Hofstaat der Königin gehörten[452]. Welchen Umfang das Personal der Königin erreichte, läßt sich nicht bestimmen.

Als Vergleichswert für eine Königin auf Reisen kann allenfalls die Größe des Gefolges der englischen Königin Philippa, der Schwester der mit Kaiser Ludwig IV. verheirateten Margarete von Holland-Hennegau, herangezogen werden. Sie begleitete Eduard III. im Juli 1338 bei seiner Reise auf den Kontinent, einen persönlichen Troß von ungefähr 100 Personen mit sich führend[453]. Dem entspräche die Angabe des Burkhard Zink in seiner Augsburger Chronik, in der er anläßlich des Begräbnisses Karls IV. angibt, daß Kaiserin Elisabeth, Königin Johanna, die Gemahlin Wenzels, und Markgräfin Katharina von Brandenburg, die Tochter Karls IV., *100 junkfrawen* bei sich hatten[454].

Der Kernbestand der Hofhaltung der französischen Königin hingegen betrug zu Beginn des 14. Jahrhunderts 200 Personen[455] und erlangte damit eine Größenordnung, die in der Forschung für das Reich als zu hoch angenommen wird, obwohl sich besonders die luxemburgischen Könige seit Heinrich VII. in der Strukturierung des Hofes und besonders hinsichtlich der Trennung der einzelnen Haushalte nach dem französischen Vorbild richteten[456]. Da also eine genaue Hochrechnung für den Hofstaat römisch-deutscher Königinnen nicht möglich ist, bleibt zu vermuten, daß sich die Größenordnungen irgendwo zwischen den genannten Zahlen bewegten.

Einfluß auf die Zusammensetzung des königlichen Hofstaates und vor allem hinsichtlich der Hierarchisierung der Ämter in Ober- und Unterämter ist daneben von den Fürstenhöfen ausgegangen[457]. Heinrich VII. zum Beispiel übernahm für den Königshof zu Beginn des 14. Jahrhunderts das Amt des Hofmeisters als des obersten Hofbeamten, das an den Fürstenhöfen schon seit der zweiten Hälfte des 13. Jahrhunderts vorhanden war[458].

Dem Modell in der Ökonomik Konrads von Megenberg entsprechend stand an der Spitze der Dienerschaft einer Fürstin neben dem Hofmeister auch eine Hofmeisterin, die *magistra curie*[459]. Dieses Amt bekleidete bei Kaiserin Eleonore 15 Jahre

---

452 PIRCHAN, Italien hier Bd. 2 S. 96.

453 Elsbeth ANDRE, Ein Königshof auf Reisen. Der Kontinentalaufenthalt Eduards III. von England 1338–1340 (Beihefte zum Archiv für Kulturgeschichte 41, 1996) S. 100–106, die Liste der namentlich bekannten Personen S. 252–254.

454 ... *und ist zu wißen, daß die kaiserin und die kungin und die marggräfin hetten bei 100 junkfrawen, all geclait in schwarz*, Burkhard Zink, Chronik (1368–1468), in: Die Chroniken der schwäbischen Städte. Augsburg, Bd. 2 (Die Chroniken der deutchen Städte vom 14. bis 16. Jahrhundert, Bd. 5, [2]1965) S. 24.

455 BRÜHL, Fodrum S. 269 mit Anm. 204.

456 So Hans PATZE, Die Hofgesellschaft Kaiser Karls IV. und König Wenzels in Prag, in: Kaiser Karl IV. 1316–1378. Forschungen über Kaiser und Reich, hg. von Hans PATZE (1978) S. 733–773, hier S. 753. – Es fehlt jedoch an vergleichenden Untersuchungen zum Hofstaat der europäischen Königinnen, so daß bislang keine konkreten Beurteilungen möglich sind.

457 Zum Modellcharakter der Fürstenhöfe seit dem 13. Jahrhundert und allen voran der Hof der Grafen von Hennegau, vgl. RÖSENER, Hofämter S. 514–535.

458 RÖSENER, Hofämter S. 549.

459 Konrad von Megenberg unterscheidet zwischen den *ancillae maiores*, zu denen die Hofdamen und Hoffräulein sowie die Hofmeisterin, die persönlichen Dienerinnen und die Amme gehörten, und den *ancillae minores*, wie den Köchinnen, Schlüsselträgerinnen und Kammerfrauen der im unteren Rang stehenden Damen: *Ancillarum itaque alia maior, alia minor. Est autem ancilla maior, que maioribus domibus aut maioribus exigenciis servit, sicut sunt domicelle palastice et puelle curien-*

lang Else Pellendorffer. Gleich nach der Eheschließung mit Friedrich III. hatte Else die Aufgabe übernommen und behielt sie bis zum Tod der Kaiserin 1467[460]. Dann wurde sie zur Hofmeisterin der zweijährigen Prinzessin Kunigunde ernannt, die von den beiden Töchtern Eleonores als einzige überlebt hatte[461]. Auch Eleonores Schwiegertochter Bianca Maria Sforza beschäftigte über den gesamten Zeitraum als Gemahlin Maximilians I., ebenfalls fast 15 Jahre lang, das Ehepaar Paula und Niklas von Firmian als Hofmeisterin und Hofmeister[462].

Die zunehmende Vergrößerung sowie Hierarchisierung des Hofstaates der Königin zeigt sich im 14. Jahrhundert dadurch, daß Anna von Schweidnitz-Jauer, die dritte Gemahlin Karls IV., zwei ihrer Schenken als Überbringer von Briefen nach Straßburg schickte[463]. In gleicher Weise setzte die vierte Ehefrau Karls IV., die als »starke Frau« des Reiches geltende Elisabeth von Pommern[464], zwei ihrer Kämmerer namens Heinrich und Konrad ein[465]. Die Tatsache aber, daß gleichzeitig zwei Inhaber von Hofämtern mit Botendiensten quer durch das Reich beauftragt werden

---

ses. Sed famula minor est, que minoribus ministeriis deputatur, sicut sunt focarie, clavigere et pedisseque simplicium dominarum. Ancillarum maiorum alia est magistra curie, alia servula seu palastrina puella, alia vero nutrix, Ökonomik, Buch I, ed. Sabine Krüger (MGH Staatsschriften des späteren Mittelalters 3, 1973) Bd. 1, c. 50 S. 258f.; vgl. Gisela Drossbach, Die »Yconomica« des Konrad von Megenberg. Das »Haus« als Norm für politische und soziale Strukturen (Norm und Struktur 6, 1997) S. 114; allgemein zur Hofämterordnung in der Ökonomik Konrads vgl. Rösener, Hofämter S. 511–514.

460 Dazu Franz Fuchs, Exequien für die Kaiserin Eleonore († 1467) in Augsburg und Nürnberg, in: Kaiser Friedrich III. (1440–1493) in seiner Zeit. Studien anläßlich des 500. Todestags am 19. August 1493/1993, hg. von Paul Joachim Heinig (Forschungen zur Kaiser- und Papstgeschichte des Mittelalters. Beihefte zu J. F. Böhmer, Regesta Imperii 12, 1993) S. 447–466.

461 Vgl. Zierl, Eleonore und ihr Kreis S. 205f.; zu den namentlich bekannten Personen des übrigen Hofstaats S. 195–217 sowie jetzt Paul-Joachim Heinig, Kaiser Friedrich III. (1440–1493). Hof, Regierung und Politik, 3 Bde. (Forschungen zur Kaiser- und Papstgeschichte des Mittelalters. Beihefte zu J. F. Böhmer, Regesta Imperii 17, 1997) passim; zu Johann Hinderbach als Kanzler der Kaiserin S. 604.

462 Zu Paula: Hochrinner, Bianca Maria Sforza S. 106f.; zu Niklas: S. 110.

463 Reg. Imp. VIII Gemahlinnen Nrr. 6 + 7.

464 Dem Augenzeugenbericht des Benesch von Weitmühl zufolge habe Elisabeth während einer Osterfeier auf der Prager Burg ihre Kraft demonstriert, indem sie die größten Hufeisen zerbrach und Panzerhemden durchriß und sich damit den Ruf erwarb, daß es seit Libussa keine stärkere Frau in Böhmen mehr gegeben habe: *Eodem anno* (= 1371) *dominus imperator celebravit Pascha in castro Pragensi cum serenissima domina Elizabeth imperatrice, sua coniuge. Que quidem domina imperatrix adeo fortis erat in manibus, ut circa idem tempus in presencia multorum principum et baronum atque nobilium sibi afferri mandaret unum babatum novum, fabricatum pro magno spadone, et hoc ipsum babatum ipsa domina propriis suis manibus confregit, quod quidem babatum alii fortissimi viri circumstantes adhibitis omnibus viribus suis movere quidem non potuerunt. Omnes viros eciam fortissimos hec domina suis viribus, quantum ad fraccionem ferrimentorum quorumcunque, vincebat. Nec semel tantum hoc tempore, que ego hec scribens vidi, illa faciebat, verum eciam aliis temporibus preteritis et postea pluribus vicibus hec et hiis maiora propriis viribus faciebat, ita ut nullus fortissimorum virorum in hiis ei se assimilare audebat. Cultellos eciam spissos et valde grossos militum et cocorum confringebat manibus ceu unam rapulam. Insuper et loricas seu panczeria militum et curiensium domini imperatoris laniabat a summo usque deorsum. De cuius fortitudine omnes amirabantur dicentes, quod a tempore Lubussie forcior non fuisset mulier in Boemia. Et quamvis, ut dictum est, fortissima esset viribus corporis, non tamen de hoc gloriabatur neque elevabatur in corde suo, sed vires suas Altissimo ascribens non semper eas exercebat, nisi quando mandabat dominus imperator*, Benesch von Weitmühl, Cronica, ed. Josef Emler, in: Fontes rerum Bohemicarum 4 (1883) S. 542f.; dazu und allgemein zur Persönlichkeit der Kaiserin vgl. Wilbertz, Elisabeth S. 55–60.

465 Reg. Imp. VIII Gemahlinnen Nr. 13.

konnten, läßt vermuten, daß es zumindest einen dritten, vielleicht auch weitere Schenken und Kämmerer der Kaiserinnen am Prager Hof gegeben haben wird[466]. Daneben kennen wir aus der Zeit Karls IV. vor allem Einzelpersonen, darunter mehrere, an der Spitze des Personals stehende Hofmeister[467], einen Marschall[468] und Untermarschall[469] sowie Kämmerer[470], eine Kammerfrau[471], einen Küchenmeister[472] und etliche Dienstboten[473].

Einen Einblick in den Umgang der Königin mit den zu ihrem Hofstaat gehörenden Bediensteten eröffnen Verfügungen der mit dem nur wenige Monate regierenden Habsburger Albrecht II. verheirateten Königin Elisabeth von Luxemburg[474] an Bürgermeister, Richter und Rat der Stadt Wien, die sich im dortigen Stadtarchiv im Original erhalten haben. Es handelt sich dabei um mit dem Siegel der Königin ursprünglich verschlossene Briefe mit der Adresse: *Den erbern weisen unsern getrewn lieben, dem Burgermaister, Richter und Rat unser Stat zu Wienn*[475].

Gemeinsam ist allen Schreiben, daß sie jeweils wirtschaftliche und rechtliche Anliegen verschiedener Personen und Personengruppen enthalten, die die Königin auf deren Ersuchen hin den Verantwortlichen in der Stadt Wien unterbreitete und entsprechende Realisierung durch den Rat forderte. Die Personen, um deren Belange sich Elisabeth in dieser Weise kümmerte, kamen aus ihrer persönlichen Dienerschaft, so der nicht näher bezeichnete Diener Friedrich Elsendorfer, der seinen Most aus der Wachau zur weiteren Produktion nach Wien bringen wollte und dazu der Genehmigung des Rates bedurfte[476]. Entsprechendes gilt für ihren Türhüter Stefan, der seinen in Medling angebauten Wein zum Verkauf nach Wien bringen wollte[477].

---

466 Vgl. allgemein František Kavka, Am Hofe Karls IV. (1990).

467 Heinrich von Dornstein, Hofmeister Königin Blancas (Reg. Imp. VIII Nr. 713). – Peter von Janowitz als Hofmeister der Kaiserin Anna von Schweidnitz (Reg. Imp. VIII Nrr. 2985 + 3466). – Hinico Bruschin (Reg. Imp. VIII Nr. 4662) und Herso von Chrustowicz als Hofmeister der Kaiserin Elisabeth; zu letzterem, der als Prager Hausbesitzer nachweisbar ist, vgl. Patze, Hofgesellschaft S. 753.

468 Pescho Lischa als Marschall der Kaiserin Elisabeth; Reg. Imp. VIII Nr. 4662.

469 Czenco von Lypa als Untermarschall der Kaiserin Anna; Reg. Imp. VIII Nr. 3040.

470 Ein *Albera camerarius dominae imperatricis* der Elisabeth und Hroch, ebenfalls ein Prager Hausbesitzer, als Kämmerer der mit Wenzel verheirateten Königin Johanna; vgl. Patze, Hofgesellschaft S. 753.

471 Reg. Imp. VIII Nr. 3404: Kammerfrau der Kaiserin Anna.

472 Heinrich von Zingelheim als Oberküchenmeister der Kaiserin Anna; Reg. Imp. VIII Nr. 2465.

473 Patze, Hofgesellschaft S. 754.

474 Zu ihrer Biographie vgl. Hans Wagner, Elisabeth (von Luxemburg), in: NDB 4 (1971) S. 441f. und G. Hödl, in: LexMA 3 (1986) Sp. 1832.

475 So z. B. die Adressen der Urk.-Nrr. 2668, 2681, 2682 (siehe folgende Anm.). Dem Wiener Stadt- und Landesarchiv und seinem Direktor, Herrn Professor Dr. Ferdinand Opll, danke ich für die Zusendung der entsprechenden Urkundenkopien.

476 *Erbern weisen und lieben getrewn. Wir bitten ew in sundern fleiss, daz ir unsern getrewn Fridreichen Elsndorffer, unsern diener, und seiner hausfrawn ettleich mosst, die in in der Wochaw werden, nemleich als auf vir dreyling, in die stat ze Wienn bringen und da nach irn notdurfth vertun lasset und in des, unser bet darinn angesehen, nicht versaget. Daran erczaigt ir uns sunder wolgevallen. Geben zu Ofen an pfintztag nach unser lieben Frawen tag, als sy geborn ist, Anno Domini m° quartesimo octavo* (1438 September 11, Ofen), Wien, Stadt- und Landesarchiv, Urk. Nr. 2668.

477 *Erber und weisen lieben getrewen. Uns hat furbracht der Steffel, unser turhüeter, wie er ettlich wein zu Medling hab, als auf vier fueder, die er gern gen Wyenn wolt lassen füren; möcht im das mit ewerm gunst und willen geen. Bitten wir ewch, ir welt im oder seinem weib die obgemelten wein gen Wyenn gunnen ze*

Die Königin verwandte sich aber auch mehrmals für die wohl große Armut leidende Prennerin, die ehemalige Amme ihrer Tochter, welcher aus nicht mitgeteilten Umständen ein Schaden an etlichen Fässern Bier entstanden war. Zum wiederholten Male ersuchte Elisabeth deshalb die Stadt Wien, der Prennerin den Schaden zu ersetzen[478].

Zugunsten ihres Verwalters auf ihren Gütern in Dalmatien, Kroatien und den Windischen Landen, Mattko Thallowcz, dessen nicht näher charakterisiertes Gut auf dem Transport entwendet und nach Wien geschafft worden war, ordnete sie den Wiener Rat an, dieses Gut in Verwahrung zu nehmen und das Recht darauf nur dem Bevollmächtigten des Mattko als dem Überbringer dieses Briefes einzuräumen. Derjenige, der das Gut widerrechtlich nach Wien gebracht habe, sollte festgehalten werden[479]. In zwei weiteren Schreiben intervenierte sie schließlich in rechtlichen Angelegenheiten für ihren Getreuen Hans Kraus, Bürger von Weißenburg[480], und den Nonnenkonvent St. Jakob[481]. Für beide bittet die Königin eindringlich um Beratung in rechtlichen Fragen und Entgegenkommen bei den anstehenden Rechts-

---

furen und der daselbist gestatten anzewern, damit derselb Steffel unser gebet gegen ew emphind zegemessen. Geben zu Prespurck an Sant Tiburczentag in dem Jar etc. XXXIX (1439 April 14, Preßburg), Wien, Stadt- und Landesarchiv, Urk. Nr. 2686.

478 *Erber und weisen unser lieben getrewen. Als wir ew vormals verschriben und ewer ettliche yeczund hye haben bitten lassen von wegen ainer armen frawen, der prennerynn genant, die unser junger tochter eimnel ist gewesen, daß ir die scheden, dye sy von ew emphangen hat an ettlich vassen mit pier, ir widerleget und gunstlich wellet widerkeren. Also bitten und begern wir noch, ir wellet ansehen der obgemelten prennerynn armut und ellennd und auch unser bete und wellet ir solichs ires schadens, den sy an irem pier hat emphangen, ain gutigs widerkern lassen widerfaren, damit sy ires armuett ettwas ergeczet werde, und unser bete darinn in sunderheit emphinde ze gemessen. Das wellen wir gegen ew gnedikleich erkennen. Geben zu Prespurgk in die beati Johannis ante portam Anno domini etc. XXXIX* (1439 Mai 6, Preßburg), Wien, Stadt- und Landesarchiv, Urk. Nr. 2695.

479 *Erbern weisen und getrewn lieben. Der edel unser lieber getrewer Mattko von Tallowcz, unser Wan ze Dalmacien, Croacien und in Windischen Lannden, uns yetz verschriben hat, wie solich sein gut, so er hewr zu seiner hochczeit von Welhischen Lannden geschikt het, des Grafen von Modrusch und Segnicz diener under wegen genomen und gen Wienn geschikt hetn ze verkauffen, und bitt uns, ew ze schreiben, dasselb gut zu recht in ewr aufhaltung ze nemen. Emphelhen wir ew ernstleich, wa ew der gegenburg, des egnanten Mattko diener, weiser des briefs, bey ew ze Wienn auf egnant güt und des hingeber kome und czaig, daz ir dieselben gut und hingeber, des egnanten von modrusch diener, zu recht aufhaltten und des egenanten mattko diener recht furderleich zu in widerfarn lasset. Daran erczaigt ir uns sunder wolgevallen. Geben zu Ofen an pfincztag vor dem suntag Reminiscere in der vasten Anno Domini etc. Tricesimo nono* (1439 Februar 26, Ofen), Wien, Stadt- und Landesarchiv, Urk. Nr. 2681.

480 *Erbern weisen getrewn und besunderlieben. Unser getrewr Hanns Craws, unser burger zu Weissenburg, hat ain zuspruch vor ewr mit Recht ze suchen von weilent des von Redwicz geschefft wegen, als er ew furlegen wirdet. Bitten wir und emphelhen ew mit fleiss und ernst, daz ir ew denselben Krawsen darinn bevolhen sein und gen seinns widertailen recht fürderleich widerfarn lasset; im auch Rat und underweisung darinn gebt, wenn er ew darumb besuch. Daran beweist ir uns sunder wolgevallen. Geben ze Ofen an Sambstag vor Reminiscere in der vassten Anno domini etc. Tricesimo Nono* (1439 Februar 28, Ofen), Wien, Stadt- und Landesarchiv, Urk. Nr. 2682.

481 *Erbern und weisen lieben getrewen. Uns haben furbracht unser Andachtige Swestern und klosterfrawn des klosters zu Sannt Jocoben, wie sy in ettlichen sachn in und demselben kloster zu Sannt Jocoben anligenden fur ewer ze rechtenn haben. So dann solichen begeben lewten furderlichs rechten für andern gemaynen person notdürft ist ze beweisen, begern wir und bitten ew mit vleiss, ir wellet den obgemelten klosterfrawen von unser wegen in allen den Sy recht und vor ew ze hanndeln haben furderleich ennd und gueten willen erczaigen, das wellen wir in genaden und aller güet gegen ew erchennen. Geben ze Prespurkch an Suntag nechsten nach Sannt Marcus tag in dem Jar etc. XXXIX* (1439 April 26, Preßburg), Wien, Stadt- und Landesarchiv, Urk. Nr. 2689.

handlungen, wobei unbestimmt bleibt, um welche konkreten Rechtsfälle es sich dabei handelte.

Diese Beispiele könnten einen Schwerpunkt der Tätigkeit der Königin am Hof im Spätmittelalter andeuten: die schriftliche Verwendung und Intervention in Belangen des Alltags. Bislang sind die Kenntnisse über Umfang und Kompetenzenbereich des Hofstaates und einer Kanzlei der Königin im Spätmittelalter allerdings zu gering, um allgemeinere Aussagen treffen zu können. Deutlich ist aber, daß die angestiegene Schriftlichkeit, die sich auch für die Königin in umfangreichere Korrespondenzen mit verschiedenen Empfängern wie auch verwaltungstechnischen Anweisungen und Befehlen sowie urkundlichen Bestätigungen und Rechtsverfügungen niederschlug, eine gut funktionierende Kanzlei[482] verlangte. Deren Größenordnungen lassen sich bislang allerdings ebensowenig wie im hohen Mittelalter genauer überblicken[483]. Kaiserin Elisabeth, um noch einmal in die Zeit Karls IV. zurückzukehren, setzte den Gepflogenheiten der Könige am luxemburgischen Hof in Prag entsprechend ebenfalls ihren Protonotar Ulrich, der mit dem gleichnamigen Domherrn und Eigentümer eines Hauses auf dem Hradschin identisch sein dürfte[484], als Boten ihrer Briefe ein[485].

Abschließend ist eine insgesamt noch sehr lückenhafte Kenntnis von der Struktur und Größe des Hofstaates der römisch-deutschen Königin zu konstatieren, was in ganz besonderer Weise für das Spätmittelalter gilt. Fest steht jedoch, daß die Königin immer über einen eigenen mehr oder weniger großen und politisch einflußreichen Hofstaat verfügen konnte, wobei sich vor allem die Inhaber der Hofämter als Träger politischer Funktionen und Aufgaben im Verlauf des gesamten Mittelalters erweisen.

482 Die Notwendigkeit einer Kanzlei der Königin ergibt sich auch im späten Mittelalter nicht allein aus der schriftlichen Verwaltung ihrer Wittumsgüter, wie PATZE, Hofgesellschaft S. 754 dies annimmt. Auch wenn hierin ein umfangreicher Teil der Arbeit zu vermuten ist, hat sich die Kanzleitätigkeit der Königin auf weitere Bereiche erstreckt, zu denen allerdings noch keine Untersuchungen vorliegen.

483 Bei Ivan HLAVACEK, Überlegungen zum Kapellanat am luxemburgischen Hof unter Johann von Luxemburg, Karl IV. und Wenzel, in: Alltag bei Hofe, hg. von Werner PARAVICINI (Residenzenforschung 5, 1995) S. 83–109 finden die Kapelläne der Königinnen keine Berücksichtigung; dies gilt auch für die in einem Anhang beigegebene Auflistung der immerhin 74 Kapelläne Wenzels, unter denen sich kein Kapellan seiner Gemahlinnen Johanna und Sophie findet.

484 PATZE, Hofgesellschaft S. 755.

485 Reg. Imp. VIII Gemahlinnen Nr. 10; Hinco, Kanoniker an der Egidienkirche, taucht als Kanzler Elisabeths in den Quellen ebenfalls durch den Kauf eines Hauses auf dem Hradschin auf; vgl. PATZE, Hofgesellschaft S. 754.

Rahmenbedingungen für die Herrschaftsausübung der Königin

Präsenz am Hof

Gemeinsames Herrscheritinerar

Die Herrschaftsausübung mittelalterlicher Könige war an die Gegenwart ihrer Person gebunden, was zur Folge hatte, daß sie mehr oder weniger ständig im Reich umherzogen[1]. In diese Reisetätigkeit war auch die Königin eingebunden.

Während die ältere Forschung vor allem den Verlauf der Reisewege sowie die materielle und wirtschaftliche Basis des Reisekönigtums herausgearbeitet hat, versucht die jüngere Forschung durch Einbeziehung der jeweiligen Aufenthaltslänge die Wirkungsbereiche des Königtums zu erfassen und von hier auf die Herrschaftspraxis zu schließen[2]. Die Königin als Herrschaftsträgerin bleibt dabei jedoch meist ausgespart und wird – wenn überhaupt – nur als Gemahlin des Königs eher en passant registriert. Dabei gilt nach wie vor die These, daß sie sich »fast immer in der Umgebung ihres Gemahles befinden mußte«[3] und sich lediglich in Ausnahmesituationen wie Schwangerschaften, Krankheiten und Kriegen vom König trennte. Hans Jürgen Rieckenberg hat diese allgemeine Einschätzung im wesentlichen bestätigt, darüber hinaus aber festgestellt, daß Königinnen zeitweilig ihren eigenen Reiseweg nahmen, um »Sonderaufgaben« zu erfüllen[4].

Das größte Problem in der Erstellung von Itineraren liegt in der schmalen Quellenbasis, die sichere Aussagen über die jeweiligen Aufenthaltsorte meist nur zu

---

1 Einen Überblick im europäischen Vergleich gibt Hans Conrad Peyer, Das Reisekönigtum des Mittelalters, Vierteljahresschrift für Sozial- und Wirtschaftsgeschichte 51 (1964) S. 1–21.

2 Vgl. Carlrichard Brühl, Die Herrscheritinerare, in: Popoli e paesi nella cultura altomedievale, Bd. 2 (Settimane di Studio del Centro Italiano di Studi sull'alto medioevo 29, 1983) S. 615–639; zit. nach dem Nachdruck in: Ders., Aus Mittelalter und Diplomatik. Gesammelte Aufsätze, Bd. 2 (1989) S. 550–574. – Umfassende Studien zu Otto I., Otto II. und Konrad II. wurden vorgelegt von Eckhard Müller-Mertens, Die Reichsstruktur im Spiegel der Herrschaftspraxis Ottos des Großen (Forschungen zur mittelalterlichen Geschichte 25, 1980), Dirk Alvermann, Königsherrschaft und Reichsintegration. Eine Untersuchung zur politischen Struktur von *regna* und *imperium* zur Zeit Kaiser Ottos II. (967) 973–983 (Berliner Historische Studien 28, 1998) und Eckhard Müller-Mertens, Wolfgang Huschner, Reichsintegration im Spiegel der Herrschaftspraxis Kaiser Konrads II. (Forschungen zur mittelalterlichen Geschichte 35, 1992). – Zum Stellenwert der Klöster im Itinerar der ottonischen und salischen Kaiser vgl. John W. Bernhardt, Itinerant Kingship and Royal Monasteries in early medieval Germany c. 936–1075 (Cambridge Studies in Medieval Life and Thought, Fourth series, 1993).

3 Kirchner, Kaiserinnen S. 95.

4 Hans Jürgen Rieckenberg, Königsstrasse und Königsgut in liudolfingischer und frühsalischer Zeit (919–1056), AUF 17 (1941) S. 32–154; zit. nach dem Nachdruck als Monographie Darmstadt 1965, S. 107.

einem minimalen Prozentsatz zulassen[5]. Dies gilt in verstärkter Weise für die Königin, zu der eigene Untersuchungen weitgehend fehlen. Erst in jüngster Zeit wurden die Itinerare der Kaiserinnen Theophanu[6] und Agnes[7] zusammengestellt.

Die Möglichkeit dazu eröffnet in erster Linie die Interventionstätigkeit, die sich im hohen Mittelalter in den Königsurkunden niederschlug[8]. Diese stellt für das 10. bis 12. Jahrhundert eine Quellenbasis, anhand der die vergleichsweise spärlichen Angaben in historiographischen Texten überprüft und vielfach ergänzt werden können. Die in staufischer Zeit einsetzenden Veränderungen im Beurkundungswesen mit der Durchsetzung von Zeugenlisten führen dann zur Ablösung der Interventions- und Petitionsformeln, die zunehmend wegfallen. Folglich kann seit der zweiten Hälfte des 12. Jahrhunderts neben den erzählenden Quellen meist nur noch auf die eher geringe Anzahl der im eigenen Namen ausgestellten Urkunden der Herrscherinnen rekurriert werden. Aufgrund dieser Quellenlage sind über Königinnenitinerare des hohen Mittelalters differenziertere Aussagen möglich als für diejenigen in der Zeit des Spätmittelalters.

Ohne detaillierte Einzelanalysen hier vorlegen zu wollen, soll im folgenden versucht werden, ein insgesamt differenzierteres Bild von der Reisetätigkeit der Königinnen zu zeichnen, verbunden mit der Frage, inwieweit eine Einbindung in die Königsherrschaft ablesbar wird. Denn wenn das Herrscheritinerar, wie es die neuere Forschung exemplarisch herauszuarbeiten versucht, als Gradmesser für die Durchsetzung der Königsherrschaft gelten kann[9], dann kann dies prinzipiell nicht allein die Person des Königs betreffen. Vielmehr ist die Königin in ihrer offiziellen Funktion als *consors regni et imperii* in die Überlegungen einzubeziehen.

Für die Königinnen des frühen 10. Jahrhunderts, Kunigunde, Mathilde wie auch für Edgith, ist die Quellenlage noch schwierig. Es lassen sich kaum nähere Auskünfte über ihre jeweiligen Aufenthaltsorte erteilen. Die Kenntnisse über die mit Konrad I. verheiratete Königin Kunigunde beschränken sich dabei auf ihre namentliche Nennung in zwei Urkunden zugunsten ihrer späteren Grablege Lorsch, deren Handlungen jeweils in Frankfurt stattfanden[10]. Demgegenüber verweisen die Interventionen der beiden ersten ottonischen Königinnen mit wenigen Ausnahmen auf das östliche wie auf das westfälisch-westliche Sachsen: Quedlinburg[11], Werla[12],

---

5 Auf sicherer Quellenbasis können für das deutsche Itinerar Ottos I. nach MÜLLER-MERTENS, Herrschaftspraxis Ottos des Großen S. 91 lediglich 3%–knapp 10% ermittelt werden; dazu Michael BORGOLTE, Geschichte als Wirklichkeitswissenschaft im Dunkel der Überlieferung, Göttingische Gelehrte Anzeigen 246 (1994) S. 96–110; allgemein zur »Bruckstückhaftigkeit« von Itineraren BRÜHL, Herrscheritinerare bes. S. 556–565.

6 Gunther WOLF, Das Itinerar der Prinzessin Theophano/Kaiserin Theophanu 972–991 (1989), nachgedruckt in: DERS. (Hg.), Kaiserin Theophanu. Prinzessin aus der Fremde – Des Westreichs grosse Kaiserin (1991) S. 5–18.

7 BLACK-VELDTRUP, Kaiserin Agnes S. 7–100.

8 Zur Interventionstätigkeit der Königin vgl. das nächste Kapitel.

9 Zum Forschungsstand BOSHOF, Königtum S. 83–87.

10 DD KoI. 23 (914 Juni 7) und 25 (915 Febr. 8).

11 DHI. 3 (922 Apr. 22) Bestätigung des Wahlrechts, des Zehntbezugs von eigenen Gütern und der Immunität für Kloster Korvei; DOI. 24 (940 April 2) Intervention Edgiths für die Nonnen von Herford, denen Wahlrecht, Besitzstand und Immunität bestätigt wird.

12 DOI. 3 (936 Okt. 17) Bestätigung des Wahlrechts, des Zehntbezugs von eigenen Gütern und der Immunität für Kloster Korvei … *interventu coniugis nostrae reginae Eadiht simulque filii nostri Liu-*

Allstedt[13], Wallhausen[14], Magdeburg[15] sowie Essen[16], Dortmund[17] und Kloster Brüggen an der Leine[18]. Sehr wahrscheinlich begleitete Königin Mathilde Heinrich I. auf der Reise an den Ober- und Mittelrhein[19]. Darauf deutet nicht nur der Eintrag im Reichenauer Gedenkbuch hin, sondern auch ihre Intervention in Elten bei Nimwegen für eine Schenkung an St. Maximin[20], die zu den unumstritten echten Königsdiplomen für die Trierer Abtei zu zählen ist[21].

Für Edgith berichtet Adalbert in seiner Fortsetzung der Chronik des Regino von Prüm, daß sie sich 939, in der Zeit der militärischen Auseinandersetzungen Ottos I. mit seinem Bruder Heinrich sowie den Herzögen Eberhard von Franken und Giselbert von Lothringen, im fränkischen Reichskloster Lorsch aufgehalten habe[22]. Merkwürdigerweise intervenierte sie aber nicht, wie man es nach einem längeren Aufenthalt erwarten könnte, in der Urkunde Ottos I. vom 15. September 940, in der diesem Kloster Immunität, Besitzstand und freie Abtwahl garantiert wurde[23].

Umfassender wird die Quellenbasis für Adelheid[24] und Theophanu[25]. Für sie ist weitgehend ein gemeinsames Itinerar mit Otto I. beziehungsweise Otto II. anzunehmen, wobei wir allerdings über die zwischen den Interventionen auftretenden Lücken kaum Informationen besitzen. Immerhin nehmen beide an allen Italienzügen teil, und die in den erzählenden Quellen oftmals als »Griechin« bezeichnete

---

dulfi …; DOI. 27 (940 April 19) Otto verleiht den Äbten von Korvei den Bann über die Leute aus drei genannten Gauen, welche sich um das Kloster ansiedeln … *interventu coniugis nostre dilecte …*

13 DHI. 41 (935 Okt. 12) Bewilligung des Wahlrechts für die Nonnen von Herford … *interventu Mahtildae dilecte coniugis nostrae*; DOI. 7 (937 Febr. 4) Bestätigung von Immunität und Wahlrecht für das Bistum Halberstadt … *per interventum dilecte coniugis nostre regine Eadgide nec non et filii nostri Lutolfi …*

14 DOI. 13 (937 Aug. 8) Schenkung des gesamten Besitzes Ottos I. in Bremen, Bassum, Ramelsloh und Bücken an die Hamburger Kirche … *per interventum carae coniugis nostrae Eadgide adque Thietarii fidelis nostri …*

15 DOI. 69 (945 Juni 11) Schenkung von Grundbesitz an die Brüder Folcmar und Richbert … *qualiter dilecta coniunx nostra nomine Aetgid et Liutulfus noster dilectus filius nostras pulsaverunt aures, postulantes …*

16 DHI. 13 (927 März 18) Besitzstandssicherung für Kloster Herford.

17 DHI. 18 (928 Apr. 13) Besitzschenkung an die Dienstbotin Williburg … *per interventum Mahthildae carae coniugis nostrae …*

18 DOI. 6 (936 –) Otto bestätigt dem Bischof von Utrecht das Recht, Münze zu schlagen … *interventu dilecte coniugis nostre Edgide nec non et fidelis nostri Kiselberti ducis Lothariorum …*

19 Aus der inzwischen umfänglichen Literatur sei hier lediglich zitiert die grundlegende Studie von Karl Schmid, Neue Quellen zum Verständnis des Adels im 10. Jahrhundert (1960) mit einem Nachtrag von Juni 1970, nachgedruckt in: Hlawitschka (Hg.), Königswahl S. 389–416. An anderer Stelle wird darauf zurückzukommen sein.

20 DHI. 24 (930 Juni 30) Schenkung einer Kapelle und zweier Hufen in Diedenhofen … *per interventum Mahthildae dilectae coniugis nostrae …*

21 Kölzer, Urkundenfälschungen S. 23.

22 939. *Interim dum haec, quae prediximus, aguntur, domna Edgid regina Lauresham monasterio commoratur*, Adalbert, Continuatio Regionis S. 161. Vgl. dazu Leyser, Ottonen und Wessex S. 84f.

23 DOI. 34.

24 Eine Aneinanderreihung der einzelnen den urkundlichen wie erzählenden Quellen zu entnehmenden Details bietet die ältere Arbeit von Franz Paul Wimmer, Kaiserin Adelheid. Gemahlin Ottos I. des Grossen (Programm zum Jahresberichte über das K. neue Gymnasium zu Regensburg für das Studienjahr 1889/89) S. 32–75. Müller-Mertens, Herrschaftspraxis Ottos des Großen, hingegen bezieht in seine Untersuchung die Kaiserin nicht mit ein.

25 Vgl. die tabellarische Auflistung bei Wolf, Itinerar der Prinzessin Theophano.

Theophanu blieb mit dem Säugling Otto III. 982 nicht in Oberitalien zurück, sondern begleitete Otto II. nach Süditalien, wo sie in der Burg von Rossano die Niederlage von Cotrone und die abenteuerliche Flucht des Kaisers miterlebte[26].

Eine genauere Vorstellung davon, wie die für das quellenarme 10. Jahrhundert so gut wie nicht rekonstruierbaren zeitlichen Lücken zwischen den oft monatelang aussetzenden Interventionen der Königinnen ausgesehen haben könnten, läßt sich exemplarisch am Itinerar der Kaiserin Kunigunde aufzeigen. Auch sie ist recht häufig gemeinsam mit Heinrich II. im Reich umherzogen, daneben aber ging sie des öfteren eigene Wege, die sich nachzeichnen lassen[27]. Neben ihren Interventionen als Hauptquelle wird dies durch die Angaben in der Chronik des Merseburger Bischofs Thietmar[28] möglich, der nicht nur mehrmals die Zeitpunkte von Trennung und Zusammenkunft des Herrscherpaares erwähnt, sondern aufgrund seiner persönlichen Kontakte darüber hinaus mitteilen kann, wohin sich die Königin jeweils begab und was sie tat. Die Angaben Thietmars sind dabei in chronologischer Hinsicht, wie sich noch zeigen wird, mit den Interventionen stimmig, was seine Zuverlässigkeit demonstriert.

Anhand der nahezu lückenlosen Einbindung Kunigundes in die Beurkundungen durch die Kanzlei in den ersten beiden Jahren ihres Königtums können wir davon ausgehen, daß das Paar gemeinsam durch das Reich zog und sich lediglich ganz am Anfang kurzfristig getrennt hatte. Denn nach Wahl und Krönung Heinrichs II. intervenierte Kunigunde am 10. Juli 1002 erstmals in einer Urkunde zugunsten Bischof Heinrichs von Würzburg und 10 Tage später für St. Florian in Kirchberg[29], von wo Heinrich anschließend zu einem für die Nachwahl der sächsischen Großen einberufenen Fürstentag nach Merseburg weiterreiste[30]. Kunigunde hingegen wandte sich nach Nordwesten Richtung Grone, wo das Paar Anfang August wieder zusammentraf[31], um von hier gemeinsam zur Krönung der Königin nach Paderborn aufzubrechen. Der im Anschluß daran stattfindende Umritt wird von beiden gemeinsam absolviert[32].

Den Annales Quedlinburgenses zufolge lassen sich erste Interventionslücken im April und Mai 1003 nicht mit der Trennung des Paares erklären, das gemeinsam quer durch Sachsen reiste: Die Route führte sie von Magdeburg nach Quedlinburg und – mit einem Abstecher nach Allstedt[33], Merseburg[34] und Walbeck[35] – auf Bitten

26 Werner Ohnsorge, Basileus, Kaiser und Sarazenen im Jahre 981/2 (1981), zit. nach dem Nachdruck in: Ders., Ost-Rom und der Westen (1983) S. 173–201; Gunther Wolf, Kaiser Otto II. (973–983) und die Schlacht von Cotrone am 13. Juli 982, in: Ders. (Hg.), Kaiserin Theophanu S. 155–161. – Zur Beurteilung Theophanus in den erzählenden Quellen zum Ausgang der Schlacht vgl. Martina Stratmann, Die Kaiserin Theophanu in den erzählenden Quellen des 11. und 12. Jahrhunderts, in: Kaiserin Theophanu 2, bes. S. 416f.

27 Dazu jetzt auch Daniela Göbel, Reisewege und Aufenthalte der Kaiserin Kunigunde (1002–1024), in: Ingrid Baumgärtner (Hg.), Kunigunde – eine Kaiserin an der Jahrtausendwende (1997) S. 47–76, die jedoch kein vollständiges Itinerar der Kaiserin vorlegt, sondern sich auf die beiden ersten Jahre beschränkt.

28 Zur Biographie Thietmars: Helmut Lippelt, Thietmar von Merseburg. Reichsbischof und Chronist (Mitteldeutsche Forschungen 72, 1973).

29 DHII. 5 u. 7. Zum Ausstellungsort Hirsch, Jahrbücher unter Heinrich II. (1862) S. 220 Anm. 4.

30 Reg. Imp. II,4 Nr. 1493c.

31 Reg. Imp. II,4 Nr. 1495.

32 Zur Königserhebung Heinrichs II. »in Etappen« vgl. Schmidt, Königsumritt S. 114–150.

33 Reg. Imp. II,4 Nr. 1539.

34 Reg. Imp. II,4 Nr. 1540.

35 Reg. Imp. II,4 Nr. 1541.

der Äbtissin Adelheid und Heinrichs Mutter Gisela zurück nach Quedlinburg, um hier das Fest des Titularheiligen Servatius zu feiern. Anschließend reiste man zum Pfingstfest nach Halberstadt[36].

Eine mehrmonatige Trennung begann erstmals Ende März 1004 in Augsburg, von wo Heinrich zu seinem ersten Zug nach Oberitalien aufbrach. Kunigunde nahm nicht daran teil, sondern kehrte in Begleitung des Magdeburger Erzbischofs Tagino und des ebenfalls in Augsburg anwesenden Thietmar von Merseburg nach Sachsen zurück, wo sie zusammen im Nonnenkloster Gernrode feierlich den Palmsonntag begingen und in Magdeburg das Osterfest feierten[37]. Nach der Rückkehr des Königs aus Italien über Zürich, Straßburg und Mainz intervenierte Kunigunde wieder am 20. Juli 1004 in einer Urkunde für das Nonnenkloster Fischbeck in Ohsen[38] sowie in der Folgezeit in fast jedem Diplom bis Anfang April 1005. Nicht nachzuweisen ist sie während des Feldzuges gegen die Friesen im Mai und Juni 1005, den Heinrich zur Durchsetzung der Schadensansprüche der holländischen Gräfin Liudgard, einer Schwester Kunigundes, für die Erschlagung ihres Gatten geführt haben soll[39].

Obwohl die Königin auch in den zeitlich vor und nach der »Synode von Dortmund« ausgestellten Urkunden nicht als Intervenientin auftritt, wissen wir doch von ihrer Teilnahme an der Kirchenversammlung am 7. Juli 1005 durch Thietmar[40]. Von hier scheint Kunigunde, ohne daß irgendwelche herrscherlichen Aktivitäten bekannt sind, mit Heinrich nach Sachsen und weiter nach Leitzkau jenseits der Elbe gezogen zu sein, wohin der König eine Heeresversammlung für einen Feldzug nach Polen angeordnet hatte[41]. Als er den Vormarsch antrat, *regina celeriter reversa optatum dilecti senioris sui Saxoniam sollicite prestolabatur adventum*[42].

Nach seiner Rückkehr Ende September[43] folgte erneut eine durch die kontinuierlichen Interventionen Kunigundes gut rekonstruierbare Phase der Präsenz des Herrscherpaares in den verschiedenen Teilen des Reiches, vor allem in Sachsen und Bayern, die erst wieder durch eine militärische Aktion unterbrochen wurde. Denn

---

36 *Quadragesimali autem tempore Parthenopolim venit, diem palmarum ibidem acturus. Inde quam celerrime Quidelingnensem Metropolim, more avorum atavorumque priorum regum, pergens, cum optimatibus suis et populi confluentia paschalia festa peregit. Paucis interpositis diebus, Adelheidae domnae ac matris eiusdem precibus exoratus, cum regina iterum veniens, sancti Servatii gaudet interesse festis; postea Halverstadensi civitate sanctum pentecosten celebraturus*, Annales Quedlinburgenses S. 78.

37 *Ibi tunc duas tantum noctes commoratus reginae diligenti salutatione licentiam dedit ad Saxoniam abeundi dilectoque eam commisit Taginoni ... Venimus ad saltum Geronis ibique cum venerabili abbatissa Hathui palmas sollemniter peregimus; IIIIa feria ad Magadaburg regina veniens, cenam Domini et subsequentem dominicae resurreccionis sollempnitatem ibique celebravit*, Thietmar von Merseburg, Chronicon VI 3 (3) S. 278.

38 DI III. 81.

39 *Fresones rex navali exerci[tu a]diens, ab ceptis contumacibus desistere et magnum Li[udgardae], sororis regine, zelum placare coegit*, Thietmar, Chronicon VI 19 (14) S. 296.

40 Thietmar, Chronicon VI 18, S. 294/96. – Zur Teilnahme Kunigundes an der Dortmunder Gebetsverbrüderung vgl. S. 215f.

41 *Ius[sit ... expeditionem] ad Poleniam conventumque ad Liezca per [bannum fierit. Con]venit exercitus statuta hora, [id est XVII. Kalendas Septembris, co]ndicto loco. Et rex sanctae Dei geni[tricis assumptionem Mag]adaburch celebrans, in ip[so die post missam et caritatem] expletam comitante re[gina transnavigans Albiam] proficiscitur*, Thietmar, Chronicon VI 19 (14) S. 296/98.

42 Thietmar, Chronicon VI 22 (16) S. 300.

43 Reg. Imp. II,4 Nr. 1601g.

die zweite Hälfte des Jahres 1008 verbrachte Heinrich mit der Belagerung von Trier, während sich Kunigunde vorwiegend in Sachsen aufgehalten haben dürfte. Darauf läßt zumindest der Umstand schließen, daß Heinrich für die Feier des Weihnachtsfestes 1008 ins sächsische Pöhlde zog[44], wohl um hier die Königin zu treffen und gemeinsam mit ihr zu feiern. Auch eine erste Intervention Kunigundes nach einjähriger Unterbrechung findet sich für eine im sächsischen Allstedt verhandelte Schenkung für die Bamberger Kirche, ausgestellt am 25. Mai 1009[45].

Die damit erneut einsetzende Zeit kontinuierlicher Interventionen[46], die die Königin in der Umgebung des Königs zeigen, wird wiederum erst durch die Fortsetzung des Kampfes gegen die luxemburgischen Brüder Kunigundes mit der Belagerung von Metz im August 1012 unterbrochen[47]. Während dieser Sommermonate ist der Aufenthalt Kunigundes in Sachsen gut bezeugt. Denn Heinrich II. hatte vor seinem Aufbruch nach Lothringen den nach dem Tod Erzbischof Taginos Anfang Juni 1012 zum Nachfolger gewählten Magdeburger Dompropst Walthard mit der Leitung des Polenfeldzuges betraut. Doch Walthard erkrankte Anfang August und starb wenige Tage später. Mit dieser Nachricht schickte Kunigunde ihren Schenken Geso an den König, der sie nun mit der »Sorge um das Reich« betraute[48].

Abgesehen von einer Fürsprache nach der Rückkehr Heinrichs nach Sachsen Mitte September 1012[49] fehlen erneut Quellenbelege über ihren Aufenthaltsort bis Mitte April 1013, wo die Königin in Grone zugunsten der Paderborner Kirche intervenierte[50]. Im Juni 1013 hielt sie sich zusammen mit dem König in Frankfurt[51] auf und begleitete ihn auch auf dem zweiten Italienzug, dessen hauptsächliches Ziel die Kaiserkrönung in Rom am 14. Februar 1014 war[52]. Als Intervenientin tritt sie in Italien allerdings wenig in Erscheinung; lediglich in sechs von 20 Urkunden, wobei zwei an deutsche Empfänger gingen[53].

Zu Beginn des Polenfeldzugs im Sommer 1015[54] wiederholte sich der Ablauf des Jahres 1012: Kunigunde zog mit dem Heer bis an die Elbe und kehrte dann in Begleitung Thietmars nach Merseburg zurück, um hier auf das Ende der Kämpfe zu warten[55]. Als Heinrich im Sommer 1016 zu einem Heerzug gegen den Grafen Otto

44 Reg. Imp. II,4 Nr. 1605a.

45 DHII. 195.

46 Interventionen in DD HII. 196–198, (199: Nennung Kunigundes in der Memorialformel), 203, 204, 210, (213: Memorialformel), 214, 217, 219, 220 (224: Memorialformel), 225–229, 234, 236, 239, 240–242 (1012 Jan. 21). – Obwohl Kunigundes Anwesenheit bei der Weihe des Bamberger Doms im Mai 1012 in den Quellen nicht eigens genannt wird, ist diese doch anzunehmen.

47 Zu den Auseinandersetzungen zwischen Heinrich II. und seinen luxemburgischen Schwägern vgl. S. 167–171.

48 Zu den »statthalterischen« Funktionen Kunigundes vgl. S. 349–351.

49 DHII. 249 (1012 September 17 Grone).

50 DHII. 264/265 (1013 April 24 Grone).

51 DHII. 267 (1013 Juni 21) für die Würzburger Kirche. Sie intervenierte aber nicht in den beiden weiteren Urkunden DHII. 268 für die Würzburger Kirche und 269 für die Kirche von Meissen.

52 Reg. Imp. II,4 Nr. 1800b.

53 DHII. 277 (1013 od. 1014 Jan. 17 Pavia) für die Kirche von Straßburg; 283 (1014 Febr. 15 Rom) für die Bamberger Kirche. Die Interventionsurkunden für italienische Empfänger sind DD HII. 287 für Montecassino; 294 für das Nonnenkloster S. Salvatore in Lucca; 296 für S. Salvatore zu Fonte Taona und 314 für S. Maria in Organo zu Verona.

54 Reg. Imp. II,4 Nr. 1866g–l.

55 *Postquam nostri Albim transierunt, inperatrix et ego cum illa ad Mersburg pergentes cesaris adventum in his partibus expectavimus,* Thietmar, Chronicon VII 16, S. 416.

Wilhelm von Burgund aufbrach, blieb Kunigunde wieder in Sachsen, diesmal von Anfang an mit der Verteidigung der Ostgrenze gegen Herzog Boleslaw von Polen betraut[56]. Nachdem sie für 1016 dann nur noch in den Memorialformeln dreier Urkunden erscheint, wird ein gemeinsames Auftreten des Paares erst wieder im Februar 1017 anläßlich eines durch Überreichung von Geschenken ausgezeichneten Empfangs durch Erzbischof Gero von Magdeburg quellenmäßig eindeutig erfaßbar[57]. Beide dürften aber bereits Weihnachten zusammen in Pöhlde[58] verbracht haben.

Nach einer glanzvollen Feier des Osterfestes in Ingelheim trennten sie sich in Frankfurt am Main, von wo Heinrich II. zu einem Fürstentag nach Aachen weiterreiste[59], während sich Thietmar zufolge die Kaiserin nach Kaufungen begeben habe, hier allerdings erkrankt sei und bei einer Genesung eine Klostergründung gelobt habe[60]. Wohl Mitte Juni traf man sich in Paderborn[61] zur gemeinsamen Rückkehr nach Sachsen, wo beide am 6. Juli 1017 in Merseburg empfangen wurden[62] und anschließend erneut bis Leitzkau an die Ostgrenze zogen: Heinrich II. stieß in den folgenden Wochen nach Böhmen vor; Kunigunde war mit vielen anderen nach Sachsen zurückgekehrt[63].

Auch 1018 trennte ein Kriegszug das Paar. Während der Kaiser im Frühsommer nach Burgund vordrang, soll sich Thietmar zufolge die Kaiserin zuerst nach Kaufungen begeben haben, um hier die Stiftung des Klosters in die Wege zu leiten. Anschließend sei sie nach Regensburg weitergereist und habe ihren auf dem Bamberger Hoftag vom 2. Dezember 1017 in seine bayerische Herzogswürde wiedereingesetzten Bruder Heinrich mit seinem Herzogtum förmlich belehnt[64].

In der folgenden Zeit bis zum Tod Heinrichs II. im Jahr 1024 ist Kunigunde in den Urkunden so präsent wie kaum in den Jahren zuvor. Getrennte Reiserouten des

---

56 *Interim inperatrix in nostris commorata provinciis defensionem patriae cum nostris principibus meditatur*, Thietmar, Chronicon VII 29 (21) S. 434.

57 *Eodem die imperator et contectalis sua a Gerone archiepiscopo magnis honorantur muneribus*, Thietmar, Chronicon VII 53 (38) S. 464.

58 Reg. Imp. II,4 Nr. 1896a.

59 Thietmar, Chronicon VII 54, S. 466.

60 *Regina autem a Froncanavordi a cesare discedens, cum ad locum, qui Capungun dicitur, veniret, infirmatur et ibi tunc Deo promisit, se ad laudem eius unum facturam monasterium*, Thietmar, Chronicon VII 54, S. 466.

61 *Cesar vero ad orientem tendens inperatricem ad se in loco, qui Pathrebrunnun dicitur, venire iubet*, Thietmar, Chronicon VII 57 (42) S. 470. Widersprüchliche Datierung von DHII. 368; vgl. Reg. Imp. II,4 Nr. 1904.

62 *Inde ambo usque ad Magadaburg profecti a Gerone archiepiscopo honorifice suscepti sunt*, Thietmar, Chronicon VII 57 (42) S. 470.

63 *Postera die inperator cum coniuge et exercitu Albim transiens ad Liesca, … venit duasque ibidem noctes in castris sedens tardantem turbam expectavit. Et post haec regressa inperatrice caeterisque compluribus ipse turmatim processit*, Thietmar, Chronicon VII 57 (42) S. 470. Am Tag ihrer Abreise von Leitzkau traf hier auch ihr Bruder, der frühere Bayernherzog Heinrich, mit einer Botschaft von Boleslaw ein, den er zu Friedensverhandlungen aufgesucht hatte. Der Kaiser ließ sich von ihm berichten und sandte ihn nochmals mit einem Bescheid zu Boleslaw zurück. Da er abermals nichts erreichen konnte, ließ ihn Heinrich II. zu »seiner Herrin und Schwester« – *ad dominam et sororem suam* – nach Sachsen gehen, ebd.

64 *Imperatrix autem ad dilectam sibi Capungam veniens, monachicam ibi vitam ordinavit; indeque per orientalem Franciam profecta Bawariam peciit fratremque suum ducem Heinricum Ratisbonae inthronizavit*, Thietmar, Chronicon VIII 18, S. 514/16; ausführlich dazu unten S. 166–172.

Paares lassen sich quellenmäßig nicht mehr erfassen. Ausnahme bleibt allein der dritte Italienzug 1022, für den sich eine Teilnahme der Königin nicht belegen läßt. Andererseits gibt es auch keine Hinweise darauf, daß sie im Reich zurückblieb, was aber als wahrscheinlicher anzunehmen ist.

Damit bestätigt sich für Kaiserin Kunigunde der von Rieckenberg formulierte Eindruck, daß die Königin größtenteils gemeinsam mit dem König im Reich umherzog und nur bei konkreten Anlässen eigene Reisewege einschlug. Zu beobachten ist dies in Zeiten von Kriegs- und Italienzügen oder für den Fall, daß sie Herrschaft in Vertretung und im Auftrag des Königs ausübte, wie die Grenzsicherung in Ostsachsen oder die Belehnung Herzog Heinrichs von Bayern 1018 in Regensburg. Am häufigsten scheint Kunigunde in Klöstern und vor allem sächsischen Bischofsstädten Quartier bezogen zu haben. Konkrete politische Aufgaben sind für diese Aufenthalte quellenmäßig aber nicht zu erfassen.

Ein ganz ähnliches Bild zeigen die Itinerare der Herrscherinnen in salischer Zeit. Deren zahlenmäßig umfassendere Interventionstätigkeit läßt darauf schließen, daß sie überwiegend den Reiseweg des Königs teilten. Für Agnes von Poitou konnte Black-Veldtrup ein »beinahe ständiges Zusammensein des Paares«[65] feststellen.

Für ihre Schwiegermutter Gisela von Schwaben gilt dies weitgehend auch. Deren kontinuierlichen Interventionen, die anders als bei Kunigunde auch in Italien nachweisbar sind, lassen kaum eine Lücke in den ersten Jahren nach der Königswahl von 1024 erkennen. Erstmals im Sommer 1029 blieb sie allein in Merseburg, während Konrad II. einen erfolglosen Feldzug nach Polen unternahm[66]. 1030 entzieht sie sich während des Ungarnfeldzugs in Folge der Einstellung der Urkundenproduktion und fehlender historiographischer Nachweise für einige Monate dem Blick des Historikers. Nach einer letzten Intervention vor Beginn der Heerfahrt in einer in Merseburg verhandelten und auf den 19. Mai 1030 datierten Urkunde für den Markgrafen Hermann von Meißen[67] tritt sie erst wieder in einem am 19. September 1030 ausgestellten Diplom für die bischöfliche Kirche von Chur in Erscheinung, dessen Handlung im fränkischen Mögeldorf bei Bamberg stattgefunden hat[68]. Dies legt nahe, daß Gisela im genannten Zeitraum in Sachsen blieb und dem König nach Beendigung des Feldzugs bis in die Bamberger Gegend entgegengereist war.

Entsprechendes gilt wohl auch für den Heerzug nach Burgund im Spätsommer 1032 bis Frühjahr 1033, an dem nur ihr Sohn Heinrich teilnahm. Gisela aber intervenierte zuletzt im Juni[69] und eventuell auch noch im August 1032[70] in Magdeburg

---

65 Black-Veldtrup, Kaiserin Agnes S. 21.

66 *Hoc ipso anno inperator ducere exercitum in Poloniam decrevit. Statuto tempore ultra Albim in loco qui Liezeke vocatur multitudinem exercitus congregavit, et iter quod ceperat properavit. Inperatrix autem reversa in Merseburh expectabat eventum rei*, Annalista Saxo a. 1029, S. 677. Zur Quellenlage vgl. Harry Bresslau, Jahrbücher des Deutschen Reiches unter Konrad II., 2 Bde. (1879/84) hier Bd. 1, S. 276f. Anm. 4.

67 DKoII. 151.

68 DKoII. 153.

69 DKoII. 182 (1032 Juni 30 Magdeburg) Schenkung einer geerbten Besitzung zu Wernrode an seinen Getreuen Ayo.

70 DKoII. 183 (1032 Aug. 21 Magdeburg) Schenkung an die Paderborner Kirche; die Urkunde ist deshalb problematisch, weil die Handlung, bei der die Intervention erfolgte, möglicherweise im Januar während des gemeinsamen Aufenthaltes in Paderborn erfolgt ist und die Datierung des Diploms sich deshalb nur auf die Ausfertigung beziehen könnte; vgl. Reg. Imp. III,1 Nr. 189.

und dann erst wieder im Mai 1033 in Nimwegen[71]. Erst beim zweiten Feldzug gegen Burgund im Sommer 1034 zog sie mit Konrad bis Basel und nahm für die Dauer der Unternehmung Aufenthalt in Straßburg[72].

Seinen zweiten Italienzug trat der Kaiser im Dezember 1036 allein an, während Kaiserin Gisela, der Sohn Heinrich III. und die mit ihm frisch verheiratete dänische Königstochter Gunhild Weihnachten noch in Regensburg feierten[73] und erst im Mai 1037 in der Nähe von Mailand wieder mit Konrad II. zusammentrafen[74]. Auch hier in Italien läßt sich feststellen, daß das Paar zwischenzeitlich verschiedene Routen einschlug. So zog Konrad II. nach dem in Anwesenheit des Papstes Benedikt IX. in Spello gemeinsam gefeierten Osterfest[75] auf direktem Weg nach Süditalien. Gisela aber machte einen Abstecher nach Rom, um hier zu beten, und reiste ihm erst später nach[76]. Schließlich veranlaßte eine in der Sommerhitze des Jahres 1038 im Heer ausbrechende Seuche, die viele Todesopfer kostete, darunter Königin Gunhild, auch eine getrennte Rückkehr. Kaiserin Gisela und König Heinrich organisierten die Überführung Gunhilds nach Limburg[77], während jetzt Konrad II. und das Heer nachfolgten. Anfang Dezember 1038 traf das Kaiserpaar in Limburg wieder zusammen[78]. In der Zeit bis zum Tod Konrads II. am 4. Juni 1039 in Utrecht trennte der Besuch Giselas in Lesum in der Nähe Bremens[79] das Paar ein letztes Mal.

Die an Weihnachten 1055 als Vierjährige mit dem ein Jahr älteren Heinrich IV. verlobte, dann am Königshof erzogene und im Gefolge der Kaiserin Agnes umherreisende Bertha von Turin[80] intervenierte, was als singulär gelten kann, zusammen mit einer Reihe von Bischöfen bereits als Verlobte Heinrichs[81], und zwar im Jahr vor ihrer Krönung und Eheschließung im Juni und Juli des Jahres 1066. Ihre Interventionen als hauptsächliche Quellenbasis zur Erschließung ihres Itinerars mangels historiographischer Anhaltspunkte sind seit der Heirat bis zu ihrem Tod im September 1087 zahlreich und über lange Zeiträume hinweg kontinuierlich. Insgesamt können dabei fünf langfristige Unterbrechungen festgestellt werden, wobei die erste in den Jahren 1074 und 1075 bis Anfang April 1076 durch die Sachsenkriege sowie die mi-

71 DKoII. 188 (1033 Mai 13 Nimwegen) Schenkung an die Paderborner Kirche.

72 *Nam dum ille in Burgundiam pergeret, imperatrix secuta est eum usque Basileam; inde reversa ad Argentinam civitatem expectavit reditum imperatoris*, Wipo, Gesta Chuonradi c. 32, S. 51. Vgl. Reg. Imp. III,1 Nr. 222a.

73 … *1037. Imperator [natale] Christi Verone honorifice celebravit. Et imperatrix cum filio rege et nuru eosdem dies Imbripoli feriavit*, Annales Hildesheimenses S. 41.

74 Reg. Imp. III,1 Nr. 254a.

75 Reg. Imp. III,1 Nr. 278a.

76 Wipo, Gesta Chuonradi c. 37 S. 57 zufolge habe sich Gisela auf dem Zug Konrads nach Süditalien von diesem getrennt und zur Verrichtung von Gebeten nach Rom begeben: *Deinde imperator transcendens Apenninum montem in Apuliam tendebat; imperatrix vero Romam orandi gratia venit, inde ad imperatorem revertitur*. Daß sie ihm später nach Capua und Benevent gefolgt ist, belegen ihre dortigen Interventionen für DD KoII. 267, 268, 270, 271.

77 *Corpus reginae tenerum et delicatum aromatibus conditum cum rege et imperatrice ductum ad Germaniam in praepositura Lintburg sepultum est*, Wipo, Gesta Chuonradi c. 37, S. 58; vgl. Kurt Mayer, Königin Gunhild und die Limburg, Unsere Heimat. Blätter für saarländisch-pfälzisches Volkstum 1 II (1935) S. 44f. und Charlotte Koch, Königin Gunhild, Pfälzer Heimat 10 (1959) S. 1–5.

78 Reg. Imp. III,1 Nr. 292b.

79 Zum Besuch in Lesum weiter unten S. 112.

80 Vgl. Reg. Imp. III,3 Nr. 47.

81 HIV. 156 (1065) Bestätigung der Besitzungen, Rechte und Verleihung der Immunität für Stift S. Gangulf in Toul … *interventu nostre dilectissime sponse Berte* …

litärischen Aktionen gegen Ungarn, die späteren durch die Kämpfe gegen die Fürsten und das Papsttum bedingt waren.

Lampert von Hersfeld zufolge hielt sich Königin Bertha[82] während der Auseinandersetzungen mit den Sachsen in der Burg Vockenrode westlich von Eschwege auf. Zeitlich läßt sich dieser Aufenthalt zwischen November 1073 und Januar 1074 eingrenzen, denn Bertha intervenierte noch Ende Oktober 1073 in einem Diplom zugunsten des Regensburger Nonnenklosters Obermünster[83]. Auf Befehl Heinrichs IV. geleitete Abt Hartwig von Hersfeld schließlich die hochschwangere Königin in sein Kloster, wo sie am 12. Februar 1074 den Sohn Konrad zur Welt brachte[84]. Wie lange sie in Hersfeld verweilte, läßt sich wiederum nur aus dem Kontext erschließen. Denn im Zusammenhang mit der Befreiung mehrerer Bischöfe vom Heeraufgebot gegen die Sachsen für die Schlacht an der Unstrut am 9. Juni 1075 erwähnt Lampert beiläufig, daß der schon hochbetagte und kränkliche Bischof von Lüttich unterdessen – *interim* – die Königin in seine Obhut genommen habe[85].

Daß Interventionslücken aber nicht immer auf dementsprechend lange Trennungen des Königspaares schließen lassen müssen, zeigt sich auch in salischer Zeit. So intervenierte Bertha in der zweiten Hälfte des Jahres 1076 und das erste Vierteljahr 1077 nicht, obwohl das Paar im Winter 1076/77 gemeinsam mit ihrem Sohn Konrad nach Canossa reiste[86]. Nach der Rückkehr aus Italien fehlen für die lange Phase des Kampfes zwischen dem Salier und den Fürsten vom Spätsommer 1077 bis zum Oktober 1079 wiederum jegliche Hinweise auf den Verbleib der Königin. Gleiches gilt für den Zeitraum zwischen April 1081 und März 1084, wo sich Heinrich IV. und zumindest zeitweilig auch Bertha in Italien aufhielten. Gemeinsam krönte sie der zum Gegenpapst erhobene Clemens III. in St. Peter in Rom am 31. März 1084 zu Kaiser und Kaiserin. Im Anschluß daran intervenierte Bertha für drei in Rom und Verona im März und Juni 1084 verhandelte und ausgefertigte Urkunden[87].

Schließlich wissen wir auch nicht, wo sie sich in der Zeit von Ende Juni 1084 bis Anfang des Jahres 1086 aufhielt. Zu vermuten ist, daß sie zusammen mit dem Kaiser

---

82 Eine positivistische Zusammenstellung der wichtigsten Quellen bei Hans Lorenz, Bertha und Praxedis, die beiden Gemahlinnen Heinrichs IV. (1911) S. 7–57; kaum Informationen zum Itinerar Berthas hingegen bei Eugen Kilian, Itinerar Kaiser Heinrichs IV. Nach den Quellen bearbeitet (1886).

83 DHIV. 264 (1073 Okt. 27 Würzburg) Ermäßigung des bisher in Höhe von 40 Schweinen erhobenen Servitiums um 10 Schweine. Schließlich verfügte Heinrich IV. mit Diplom 269 (1074 Jan. 28 Breitenbach) die Schenkung von Burg und Villa Eckartsberga an seine Gemahlin, die Königin Bertha, die durch die bevorstehende Geburt Konrads veranlaßt worden sein dürfte.

84 *Et quia regina in eo toto tempore belli huius servabatur, iussu regis profectus eo abbas Herveldensis, consentientibus Turingis, eam inde accepit atque Herveldiam adduxit pregnantem et iam de partus vicinitate in dies anxiantem. Cumque ibi diebus multis moraretur – nesciente scilicet rege propter perturbationem rei publicae, quo eam mittere posset servandam –, II. Idus Februarii, feria IIII. peperit filium …*, Lampert von Hersfeld, Annalen S. 174; vgl. Lorenz, Bertha S. 46–49.

85 1075 … *Leodiensis episcopus, vir preter decrepitam aetatem longa etiam egritudine exhaustus, reginam interim servandam susceperat, et hac occasione ipse quoque milicia defungebatur*, Lampert von Hersfeld, Annalen S. 215.

86 Die spektakuläre Überwindung des schneereichen Mont Cenis *cum uxore et filio parvulo* schildert anschaulich Lampert von Hersfeld, Annalen S. 283–287.

87 DHIV. 356 (1084 März 21 Rom) Schenkung an die Bischofskirche von Basel; 363 (1084 Juni 17 Verona) Bestätigungsdiplom für Kloster S. Zeno bei Verona; 364 (1084 Juni 18 Verona) Bestätigungsdiplom für das Domkapitel in Verona.

nach Deutschland zurückgekehrt war. Zwei Tage nach Weihnachten 1087 starb sie und fand im Dom zu Speyer ihre letzte Ruhestätte.

Ähnlich rudimentär und große Zeitsprünge in Kauf nehmend ist das Itinerar für die englische Königstochter Mathilde zu skizzieren[88]. Dabei soll sie bereits als Achtjährige[89], als sie nach ihrer Überfahrt im Februar 1110 in Lüttich erstmals mit ihrem zukünftigen Gatten Heinrich V. zusammentraf, hier sogleich politisch agiert und zwischen Heinrich V. und Herzog Gottfried von Niederlothringen vermittelt habe[90]. Nach der Verlobung in Utrecht an Ostern[91] wurde sie dann erstmals in die Memorialformel einer für Kloster Pfäfers am 27. Mai 1110 in Speyer ausgestellten Urkunde einbezogen[92]. Im Anschluß an ihre Krönung zur *Romanorum regina* in Mainz am 25. Juli 1110 ging sie für die nächsten zwei Jahre nach Trier, um hier unter der Ägide des dem Salier treu ergebenen Erzbischofs Bruno Deutsch zu lernen und ihre Ausbildung zu vervollständigen[93]. Heinrich V. aber zog über die Alpen nach Italien und ließ sich unter anderem von Papst Paschalis II. am 13. April 1111 zum Kaiser krönen.

Ins Blickfeld der Quellen gerät die junge Engländerin erst wieder, als sie im Alter von knapp 12 Jahren mit dem 28jährigen Kaiser in Mainz am 7. Januar 1114 verheiratet wurde. Es gab ein prachtvolles Fest, auf dem sich alles versammelte, was Rang und Namen hatte, und dessen Glanz sich in der Großzügigkeit der ausgetauschten Geschenke widerspiegelte[94].

Die folgenden Jahre erscheint Mathilde – so Chibnall – »at her husband's side« und zwar nicht nur in formaler Hinsicht, denn »she shared the emperor's regality«[95]. Hatte sie wenige Tage nach ihrer Hochzeit für eine am 25. Januar zugunsten

---

88 Vgl. Oskar Rössler, Kaiserin Mathilde, Mutter Heinrichs von Anjou, und das Zeitalter der Anarchie in England (Historische Studien 7, 1897) S. 12–25 sowie die Biographie von Marjorie Chibnall, The empress Matilda. Queen consort, queen mother and Lady of the English (1991) S. 18–44, die für die Zeit Mathildes im Reich allerdings kaum Neues bringt.

89 Das von Rössler, Kaiserin Mathilde S. 417–420 ermittelte Geburtsdatum – 7. Februar 1102 – wurde in der Forschung allgemein übernommen. Vgl. neuerdings auch den biographischen Überblick von Karl Schnith, Kaiserin Mathilde, in: Ders. (Hg.), Frauen des Mittelalters S. 189–213, 474.

90 *Ibi apud Leodium domnus rex Anglici regis filiam, honorifice ut regem decet, sponsam suscepit. Godefridus dux Lotharingiae gratiam regis ob novae interventum reginae promeruit*, Annales Patherbrunnenses a. 1110, ed. Paul Scheffer-Boichorst (1870) S. 122. Die verschiedenen englischen und deutschen Quellen zur Ankunft Mathildes bei Meyer von Knonau, Jahrbücher des Deutschen Reiches unter Heinrich IV. und Heinrich V., Bd. 6: 1106–1116 (1907) S. 117–119.

91 Meyer von Knonau, Jahrbücher 6, S. 119. – Zu den Eheverhandlungen vgl. Berg, England und der Kontinent S. 237–243.

92 Stumpf 3038; Regest mit Zitat der Memorialfomel – *pro eterna memoria patris coniugisque Mathilde* – bei Theodor von Mohr, Regesten der Archive in der Schweizerischen Eidgenossenschaft, Bd. 1 (1849) Nr. 31 S. 6, vgl. auch Meyer von Knonau, Jahrbücher 6, S. 120 mit Anm. 15.

93 Meyer von Knonau, Jahrbücher 6, S. 120f.

94 Ein ausführlicher Bericht findet sich in der berühmten Cambridger Kaiserchronik a. 1114, ed. Franz-Josef Schmale und Irene Schmale-Ott, in: Frutolfi et Ekkehardi Chronica necnon Anonymi Chronica Imperatorum (AQ 15, 1972) S. 262; vgl. dazu Erkens, *Fecit nuptias* S. 412–417.

95 Chibnall, Empress Matilda S. 28f. Sie intervenierte zugunsten des Klosters Pomposa in einer auf den 13. September 1114 datierten und in Speyer verhandelten Urkunde; Abdruck bei Harry Bresslau, Ein Diplom und ein Placitum Heinrichs V., NA 20 (1895) S. 225–227. Die Urkunde fehlt bei Stumpf; vgl. Meyer von Knonau, Jahrbücher 6, S. 304f. – Vgl. auch die Auflistung von Hans-Jochen Stüllein, Das Itinerar Heinrichs V. in Deutschland (1971) S. 61–73.

des Nonnenklosters St. Remiremont ausgestellte Urkunde interveniert[96], so wird sie wieder nachweisbar im Dezember 1115 in Speyer[97]. Zu Jahresbeginn 1116 reiste sie mit Heinrich V. nach Augsburg, von wo aus der Übergang über den Brenner nach Italien erfolgte[98]. Hier hielt sich das Paar gemeinsam in Treviso[99] und Venedig[100] auf, besonders lange aber in den sogenannten Mathildischen Gütern, die durch die letzte Verfügung der am 24. Juni 1115 verstorbenen Markgräfin Mathilde[101] als Erbe an den Salier gefallen waren[102]. Freudig über diesen Besuch des Herrscherpaares endet Donizo seine Vita Mathildis mit der Verherrlichung der neuen Mathilde:

Alta Mathildis mortua, vivit splendida, felix:
Quae nova mater regna beate, teque beabit;
Et super illam commemoratam, nomine talis.
Cesaris hostes sint procul omnes, ipse beetur;
Et sua coniunx fulgida prorsus, vivat in aevum[103].

Eine weitere Station bildete der Aufenthalt an Ostern 1117 und wahrscheinlich auch an Ostern und Pfingsten des Jahres 1118 in Rom, wo Krönungen stattfanden, die jedoch in ihrer Bedeutung höchst umstritten sind. Fraglich ist dabei besonders, ob Mathilde zur Kaiserin gekrönt und geweiht wurde. Da die bislang publizierten Quellen keine eindeutigen Angaben enthalten und Mathilde in den folgenden Jahren weiterhin als *regina* tituliert wird, könnte es sich nur um Festkrönungen des Herrscherpaares gehandelt haben[104]. Die Tatsache, daß Mathilde nach dem Tod

---

96 STUMPF 3103. – Die bei RÖSSLER, Kaiserin Mathilde S. 14 festgestellte Anwesenheit Mathildes am Hof in den Jahren 1112 und 1113 basiert auf ihrer Intervention in einer Fälschung Benzos für St. Maximin (STUMPF † 3069; Abdruck in: Urkundenbuch zur Geschichte der mittelrheinischen Territorien, ed. Heinrich BEYER, Bd. 1 (1860) Nr. 423 S. 483–486; vgl. KÖLZER, Urkundenfälschungen S. 201f.); Datierung von STUMPF 3103 in das Jahr 1113; vgl. MEYER VON KNONAU, Jahrbücher 6, S. 290f. Anm. 7.

97 Intervention für das cluniazensische Kloster Rüggisberg am 13. Dezember: STUMPF 3121; dazu MEYER VON KNONAU, Jahrbücher 6, S. 340f. mit Anm. 30.

98 ... *ipseque scandala principum declinans in Italiam se una cum regina totaque domo sua contulit* ..., Ekkehard von Aura, Chronik III a. 1116, ed. Franz-Josef SCHMALE und Irene SCHMALE-OTT, in: Frutolfi et Ekkehardi Chronica necnon Anonymi Chronica Imperatorum (AQ 15, 1972) S. 316; weitere Quellenbelege bei MEYER VON KNONAU, Jahrbücher 6, S. 358f. Anm. 11.

99 Königsgericht unter Vorsitz des Kaisers und vieler anderer geistlicher und weltlicher Großer, STUMPF 3126 und 3127.

100 STUMPF 3128.

101 Zur Biographie: Werner GOEZ, Markgräfin Mathilde von Canossa, in: DERS., Gestalten des Hochmittelalters (1983) S. 175–201 und jetzt in: DERS., Lebensbilder aus dem Mittelalter. Die Zeit der Ottonen, Salier und Staufer (1998) S. 233–254, 513f.; Bettina PFERSCHY-MALECZEK, Mathilde von Tuszien, in: SCHNITH (Hg.), Frauen des Mittelalters S. 153–173, 472f.; Paolo GOLINELLI, Mathilde und der Gang nach Canossa. Im Herzen des Mittelalters. Aus dem Italienischen von Antonio Avella (1998).

102 Dazu jetzt Werner GOEZ, Über die Mathildischen Schenkungen an die Römische Kirche, FMSt 31 (1997) S. 158–196, hier bes. S. 194–196.

103 Zit. nach der Transkription von Carlo GOLINELLI zur Faksimileausgabe des Cod. Vat. Lat. 4922 (1984) S. 220 v. 1545–1549.

104 Eine Diskussion des Problems bei Karl SCHNITH, »Kaiserin« Mathilde, in: Großbritannien und Deutschland. Europäische Aspekte der politisch-kulturellen Beziehungen beider Länder in Geschichte und Gegenwart. Festschrift für John W. P. Bourke, hg. von Ortwin KUHN (1974) S. 166–182, hier bes. S. 168–171, der zu dem Ergebnis kommt, daß Mathilde zwar nicht zur Kaiserin geweiht und gesalbt wurde, ihre Krönungen aber mehr gewesen seien als »gewöhnliche

Heinrichs V. und ihrer Rückkehr nach England im Kampf um den englischen Thron zeitweilig den *imperatrix*-Titel führte, wird aus dieser Sicht als zusätzliches Mittel zur Legitimierung ihrer erbrechtlichen Ansprüche erklärbar[105]. Fraglich bleibt dennoch, ob er nicht doch als Indiz für eine römische Kaiserin-Krönung gelten muß[106].

Mathilde trat in Italien nicht nur als Intervenientin[107] in Erscheinung, sondern verfügte Schenkungen[108] und saß im September 1117 auf der canusinischen Burg Carpineti dem Königsgericht vor. Nach einem unplanmäßigen eiligen Aufbruch Heinrichs V. im Herbst 1118 nach Deutschland, blieb sie mit dem gesamten Heer in Italien zurück und führte bis zu ihrer eigenen Rückkehr im darauffolgenden Jahr die Regierungsgeschäfte[109]. Erst seit November 1119 stand sie wieder an der Seite des Kaisers[110]. Mit Rössler ist »anzunehmen, dass sie ihn, 1120 und 1121 im Süden und Westen, von 1122 an vor allem im Westen und Nordwesten des Reiches, meist begleitet hat«[111]. Abgesehen von einer kurzen Trennung im Frühjahr 1124[112] hielt sie

---

Festkrönungen«, da Heinrich V. »seine Gemahlin tatsächlich über die *consors regni*-Position hinausheben und zu einer Mitträgerin von Würde und Amt des Kaisers machen, also *in consortium imperatoriae majestatis* einsetzen wollte« (S. 171). Insgesamt überzeugt diese These allerdings nicht, da völlig unklar bleibt, wie eine solche Intention Heinrichs V. innerhalb der Zeremonie umgesetzt worden sein soll. Den über die Jahrhunderte hinweg gleichbleibenden Krönungsmodi entsprechend ist entweder eine Krönung der Königin durch Aufsetzen der Krone oder aber eine den Krönungsordines entsprechende Krönung unter Einschluß von Weihe und Salbung vorstellbar. Darüber hinaus läßt sich ein inhaltlicher Unterschied zwischen dem *consortium regni* und dem *consortium imperii* nicht feststellen; vgl. dazu oben S. 56ff.

105 Vgl. neben dem in obiger Anm. genannten Aufsatz bes. S. 172–177 auch SCHNITH, *Domina Anglorum* bes. S. 102f. sowie CHIBNALL, Empress Matilda S. 32f.

106 Eine weitere Klärung dieses Problems erscheint erst auf der Basis der kritischen Edition der Urkunden Heinrichs V. möglich.

107 STUMPF 3141 (1116 Mai 29 Fontana Fredda) Schutzprivileg für Kloster St. Peter in Wirada im Bistum Cremona; Druck in: Henrico SANCLEMENTI, Series critico-chronologico episcoporum Cremonensium (1814) Nr. 24 S. 244f. – Bei STUMPF 3147 für St. Maximin handelt es sich um eine vom Fälscher Benzo geschriebene und von der Kanzlei am 1. Juli 1116 in Bergoglio beglaubigte Urkunde, die »gleichsam die »Summe« der Maximiner Fälschungsbemühungen darstellt; vgl. KÖLZER, Urkundenfälschungen S. 158f. passim, zit. S. 228. Ein Druck dieser die Intervention der Mathilde enthaltenden Urkunde in: Mittelrheinisches Urkundenbuch Nr. 434 S. 495–497. – STUMPF 3150 (1116 Dez. 3 Savignano) zugunsten von St. Arnulf bei Metz. – STUMPF 3152 (1116 Dez. 28 …) für San Vitale in Ravenna. – STUMPF 3155 (1117 Juni 17 bei Volterra) Besitzbestätigung der Abtei Disentis für das Bistum Brixen … *interuentu ac petitione dilecte coniugis nostre Mathildis regine, mediantibus principibus nostris …*; zit nach Th. VON MOHR (Ed.), Codex Diplomaticus. Sammlung der Urkunden zur Geschichte Cur-Rätiens und der Republik Graubünden, Bd. 1 (1848) Nr. 112 S. 156f.

108 Das stark beschädigte Original der in Reggio verhandelten Schenkungsurkunde über mathildische Güter in Erbera befindet sich im Archivio di Stato, Reggio Emilia, archivio del comune, appendice, scritture rignardanti il monastero di S. Raffaele di Reggio. Für die Überlassung einer Kopie habe ich Herrn Dr. Gawlik, MGH München, dem Mitherausgeber der Diplome Heinrichs V. und Mathildes, herzlich zu danken.

109 Zum Vorsitz Mathildes im Königsgericht S. 159–161.

110 STUMPF 3161 (1119 Nov. 21) zugunsten der Michaelskirche in Antwerpen. Im Anschluß an die Zeugenauflistung steht: *Hoc etiam Mathildis Romanorum Regina sua corroborauit presentia*, zit. nach dem Druck bei Aubertus MIRAEUS, Notitia ecclesiarum Belgii (1630) S. 304, wo als Ort der Handlung Utrecht genannt wird. Zu Maastricht als Ort der Handlung vgl. MEYER VON KNONAU, Jahrbücher 7, S. 144 Anm. 49.

111 RÖSSLER, Kaiserin Mathilde S. 22.

112 Trennung in der Zeit des Heerzuges gegen die Gräfin Gertrud von Holland im Frühjahr 1124, da Mathilde in Lothringen bleibt: *Non multo post imperator Heinricus movet expeditionem contra eos,*

sich nach Auskunft der Quellen bis zum Tod Heinrichs am 23. Mai 1125 in Utrecht ständig in seiner Umgebung auf[113].

Schwierig gestaltet sich auch die Quellenlage für die Rekonstruktion der Itinerare der nachfolgenden Königinnen Richenza von Northeim und Gertrud von Sulzbach. Die fehlende Überlieferung von Nachrichten läßt allenfalls vermuten, daß Richenza dem Vorbild ihrer Vorgängerinnen folgend die meiste Zeit mit Lothar III. im Reich umhergezogen sein dürfte. Für den Beginn der Herrschaftsausübung in den Jahren 1126, 1127 und 1128 gibt es jedoch so gut wie keine Anhaltspunkte zu ihren Aufenthaltsorten. Nach ihrer Krönung im September 1125 in Köln ist sie in den Quellen erst wieder zu Jahresanfang 1129 präsent[114]. Dabei erscheint es höchst unwahrscheinlich, daß sie sich in den dazwischen liegenden Jahren völlig vom Hof ferngehalten haben sollte. Sie wird sicherlich den Merseburger Hoftag an Pfingsten 1127 besucht haben, als Lothar III. dem bayerischen Herzog Heinrich ihrer beider einziges Kind Gertrud zur Ehe übergab[115]. Nicht nachvollziehbar bleibt weiterhin das Jahr zwischen April 1129 und April 1130. Da Lothar III. seit Mitte Juli 1129 bis zum Jahresbeginn 1130 Speyer belagerte, ist allenfalls von einer Trennung des Paares auszugehen. Am 5. April 1130 schließlich intervenierte Richenza in einer Urkunde für die Bamberger Kirche[116]. Von jetzt an erfahren ihre Interventionen in den zahlenmäßig wenigen Urkunden Lothars III. kaum mehr eine längere Unterbrechung.

Zusammen zog das Königspaar im August 1132 nach Italien, wo die Kaiserkrönung durch Papst Innocenz II. im Lateran am 4. Juni 1133 den Höhepunkt der Unternehmung darstellte[117]. Schließlich war Richenza auch beim 2. Italienzug in den Jahren 1136 und 1137 mit von der Partie. In diesen Monaten, so Bernhardi, trat sie als »bedeutend« hervor[118]. Über längere Zeit hinweg übte sie Herrschaft aus, indem sie unter anderem in Reggio nell'Emilia mehrere Gerichtssitzungen abhielt[119]. Ende

---

qui sibi in regione Hollant contrarii existebant, hisque, licet tarde, subactis ad superiores se partes contulit, regina circa fines Lotharingie relicta, Ekkehard von Aura, Chronik IV S. 364/66.

113 Stumpf 3162 (1120 Jan. 21 Goslar) für Kloster St. Georg, dessen Inhalt von Mathilde bestätigt wird; vgl. Meyer von Knonau, Jahrbücher 7, S. 146f. Anm. 1; – Stumpf 3164 (1120 Mai 1 Würzburg) Gerichtshoheit für Bischof Erlung von Würzburg *per interuentum coniugis nostrae Mathildis* ..., zit. nach dem Druck in Monumenta Boica 29, Teil 1 (1831) Nr. 444 S. 238–240; – Stumpf 3169 (1121 Apr. 29 Konstanz): ... *regnante Heinrico impt. iuniore, qui et ipse eodem tempore una cum regina Constanciae erat, in cuius etiam presentia haec sunt gesta*; vgl. auch die Chronik von Petershausen, derzufolge beide vorher auf der Reichenau gewesen sind: ... *imperator venit Augiam ibique festum s. Marci egit, indeque Constantiam venit ipse et regina, regis Anglorum filia* ..., ed. Fr. Joh. Mone, in: Quellensammlung der Badischen Landesgeschichte, Bd. 1 (1848) S. 154; – Für den 7. und 8. Januar in Straßburg Stumpf 3203 (1125 Jan. 7); Stumpf 3204 (1125 Jan. 8); Stumpf 3205 (1125 Jan.8); vgl. Meyer von Knonau, Jahrbücher 7, S. 315f. mit Anm. 1 und Stüllein, Itinerar Heinrichs V. S. 82–109.

114 Bei dem ihre Intervention enthaltenden DLoIII. 6 (1126 Jan. 2 Straßburg) für St. Blasien handelt es sich um eine Fälschung; vgl. Reg. Imp. IV,1 Nr. †112.

115 So auch Charlotte Kuck, Das Itinerar Lothars von Supplinburg (1945) S. 55. Zum Hoftag: Reg. Imp. IV,1 Nr. 139.

116 DLoIII. 25.

117 Reg. Imp. IV,1 Nr. 345.

118 Bernhardi, Lothar von Supplinburg S. 614 Anm. 53.

119 Zu den jurisdiktionellen Aufgaben Richenzas S. 161–164.

August/Anfang September 1137 repräsentierte sie das Kaisertum durch einen glanzvollen Auftritt in Benevent, den sie allein absolvierte[120].

Für Gertrud von Sulzbach, die zweite Gemahlin des Staufers Konrad III., ist die Quellenlage noch ungünstiger. In den Urkunden fungiert sie zwar nicht mehr nur als Intervenientin, sondern auch als Zeugin[121], aber die erzählenden Quellen berichten kaum etwas über sie. Die häufigen kurzfristigen Interventionslücken zwischen 6 Monaten und einem Jahr sind über die Historiographie nicht zu schließen. Allein eine Schwangerschaft in der zweiten Jahreshälfte 1144 scheint die Lücke zwischen dem Sommer 1144 und 1145 zu erklären[122].

Einigermaßen informiert sind wir über Beatrix von Burgund[123], wenn sie gemeinsam mit Friedrich Barbarossa unterwegs war[124], so zum Beispiel über ihre gemeinsamen Reisen nach Burgund im Spätherbst 1157[125], im Sommer 1166[126] und 1178[127] oder verschiedene Italienzüge. Als Intervenientin in den Urkunden ist sie hingegen nur noch ganz selten präsent.

Exemplarisch sei ihr Itinerar am zweiten Italienzug von 1158–1162[128] festgemacht, an dem Beatrix nicht von Anfang an teilnahm. Erst 1159 überschritt sie zusammen mit Herzog Heinrich dem Löwen und einem von Barbarossa angeforderten zusätzlichen Truppenkontingent die Alpen. Am 20. Juli 1159 traf man vor Crema auf das Heerlager[129]. In den folgenden Jahren blieb die Königin in der unmittelbaren Umgebung Barbarossas in Oberitalien. Zuerst in Lodi[130], wohnte sie dann auf der Burg Bassano, wo sie der Kaiser des öfteren besucht haben soll[131]. Während der Fastenzeit 1160 zog sie mit dem Heer durch die Gebiete südlich des Po[132], ist schließlich im Herbst 1161 in Lodi[133] und Cremona[134] bezeugt, Anfang März 1162 erneut in

---

120 Zu dem in der Beneventaner Chronik von Falco geschilderten Einzug der Kaiserin zusammen mit 100 Rittern durch die sog. Porta Aurea hin zur Bartholomäuskirche, wo sie die Messe hörte, ein Pallium und ein Pfund Silber stiftete und von den Bewohnern freudig umjubelt wurde, vgl. Reg. Imp. IV,1 Nr. 617.

121 So DD KoIII. 98 (1144 März 25 Würzburg) Schenkung an das Kloster Paulinzelle: ... *testes, qui presentes aderant, ... dilecta nostra Gerdrudis regina ...*; 145 (1146 Jan. 6 Aachen).

122 Interventionslücke zwischen DKoIII. 110 (1144 [Juni/Aug.] Regensburg) für das Kloster Nonantola und DKoIII. 137 (1145 [Anfang Okt.] Elten) für das Kloster St. Gislain.

123 Einen biographischen Überblick gibt Keszycka, Kaiserin Beatrix; vgl. auch Peter Neumeister, Beatrix von Burgund. Gefährtin Barbarossas in Freud und Leid, in: Herrscherinnen und Nonnen (1990) S. 197–218 und neuerdings Elke Goez, Beatrix von Hohenstaufen. Eine politische Kaiserin?, in: Frauen bei Hof, hg. von Otto Borst (Stuttgarter Symposion. Schriftenreihe 6, 1998) S. 28–40, 240–245.

124 Das gemeinsame Herrscheritinerar läßt sich u. a. an der detaillierten Arbeit von Ferdinand Opll, Das Itinerar Kaiser Friedrich Barbarossas (1152–1190) (Forschungen zur Kaiser- und Papstgeschichte des Mittelalters. Beihefte zu J. F. Böhmer, Regesta Imperii 1, 1978) gut rekonstruieren, da er die jeweilige Anwesenheit der Kaiserin meist einbezieht.

125 Opll, Itinerar S. 22, Reg. Imp. IV,2 Nr. 489–507

126 DFI. 515 (1166 Juli 26 Dôle).

127 DFI. 753 ([1178 Juli 18] Gap–1178 Aug. 15 Vienne). – Zur Burgundpolitik des Herrscherpaares und bes. der Kaiserin vgl. unten S. 356–358.

128 Allgemein dazu Opll, Itinerar S. 23–31.

129 Reg. Imp. IV,2 Nr. 741.

130 DFI. 279; Reg. Imp. IV,2 Nr. 744.

131 Reg. Imp. IV,2 Nr. 760.

132 Reg. Imp. IV,2 Nr. 859–861.

133 Reg. Imp. IV,2 Nr. 997.

134 Reg. Imp. IV,2 Nr. 1001.

Lodi[135], die zweite Märzhälfte und April 1162 in Pavia[136] und schließlich im August in Turin[137]. 1162 kehrte sie mit Friedrich I. nach Deutschland zurück. In der kurzen Zeit ihres Aufenthaltes wird sie nur einmal, im Juli 1163 in Worms[138], nachweisbar[139].

Während des dritten (1163–1164)[140] wie auch des vierten Italienzugs (1166–1168)[141] begleitete sie von Anfang an das Heer und brachte in Oberitalien zwei ihrer Söhne zur Welt: am 16. Juli 1164 Friedrich in Pavia[142] und im Februar 1167 Konrad auf der Burg Modigliana[143]. Der Höhepunkt dürfte für sie ihre Krönung zur Kaiserin Anfang August 1167 durch den Gegenpapst Paschalis III. gewesen sein[144]. Doch die angespannte militärische Lage in den darauffolgenden Monaten zwang offenbar selbst die Kaiserin zur Bewaffnung[145] und erforderte die Flucht Barbarossas unter Zurücklassung seiner Gemahlin in Italien[146].

Für die Dauer des fünften Italienzugs (1174–1778) nahm die Kaiserin die meiste Zeit über Quartier in Pavia, möglicherweise im dortigen Nonnenkloster[147]. Hier schenkte sie im Februar oder März 1177 einem weiteren Sohn, dem späteren König Philipp von Schwaben, das Leben[148]. Unterdessen kehrte Barbarossa von seinen häufigen militärischen Unternehmungen und Verhandlungsterminen immer wieder dorthin zurück[149]. Darüber hinaus ist lediglich die Reise mit dem Säugling nach Genua bekannt, wo Beatrix Mitte Februar 1178 mit dem Kaiser zusammentraf und in den Sommermonaten mit ihm über Burgund nach Deutschland zurückreiste[150].

Zusammenfassend läßt sich feststellen, daß sich durch den Übergang von der Interventions- zur Zeugenformel im 12. Jahrhundert die Quellenbasis für die Erstellung der Itinerare der Königinnen deutlich verringerte. Königinnen fungierten lan-

135 Reg. Imp. IV,2 Nr. 1030, 1033.

136 Reg. Imp. IV,2 Nr. 1037, 1062.

137 Reg. Imp. IV,2 Nr. 1121.

138 Reg. Imp. IV,2 Nr. 1217; Opll, Itinerar S. 31–33.

139 Daß Beatrix nur in der Umgebung Friedrichs nachweisbar ist, gilt auch für den Aufenthalt in den Jahren 1164 und 1165, zwischen dem dritten und vierten Italienzug: Reg. Imp. IV,2 Nr. 1422 (1.11.1164 in Ulm); Nr. 1460 (März 1165 in Fulda); Nr. 1513 (2.10.1165 in Köln); Nr. 1519 (Oktober/November 1165 Geburt Heinrichs VI. in Nimwegen); Nr. 1526/1530/1539 (25. Dezember – 8. Januar 1166 Aachen). Opll, Itinerar S. 35–38.

140 Sie begleitete Barbarossa nach Lodi (Reg. Imp. IV,2 Nr. 1250, 1255, 1280), Pavia (Nr. 1281), Faenza (Nr. 1301) und zurück nach Pavia (Nr. 1381); vgl. Opll, Itinerar S. 33–35.

141 Opll, Itinerar S. 38–46.

142 Reg. Imp. IV,2 Nr. 1381. Beatrix ließ den Säugling in der Obhut des Grafen von Montferrat zurück und kehrte im Herbst 1164 mit Friedrich I. nach Deutschland zurück (Nr. 1412). Auf ihre Intervention hin wird der Graf mit verschiedenen Besitzungen einschließlich aller Regalien und Rechte investiert; vgl. DFI. 466 (Nr. 1414) und DFI. 467 (Nr. 1415).

143 Reg. Imp. IV,2 Nr. 1630. Vgl. Gerhard Baaken, Die Altersfolge der Söhne Friedrich Barbarossas und die Königserhebung Heinrichs VI., DA 24 (1968) S. 46–78.

144 Reg. Imp. IV,2 Nr. 1692.

145 So Gottfried von Viterbo, Gesta Friderici I., ed. G. H. Pertz, MGH SS rer. Germ. [30] (1870) c. 28 v. 725–729; vgl. Reg. Imp. IV,2 Nr. 1718.

146 Reg. Imp. IV,2 Nr. 1774.

147 Opll, Itinerar S. 65 Anm. 32.

148 Erwin Assmann, Friedrich Barbarossas Kinder, DA 33 (1977) S. 435–472, hier S. 459.

149 Opll, Itinerar S. 61–71.

150 Opll, Itinerar S. 70f.

ge Zeit als Intervenientinnen, als Zeuginnen jedoch nur in ganz wenigen Einzelfällen[151]. Die mit dieser Entwicklung einhergehende Reduzierung der Quellengrundlage wird bei Kaiserin Beatrix voll erkennbar. Ihre Aufenthaltsorte nördlich der Alpen lassen sich nicht verifizieren. Es bleibt somit bei der Vermutung, daß sie sich auch in Deutschland weitgehend am Hof und in der Umgebung Barbarossas aufgehalten haben wird. Dieser Eindruck verstärkt sich nicht zuletzt durch die Tatsache, daß Beatrix wie auch Adelheid, Theophanu oder Gisela an den Italienzügen teilnahm und sich der Präsenz am Hof auch in politisch wie militärisch schwierigen Zeiten nicht entzog. Dabei konnte sie durchaus ein eigenes Quartier beziehen. So hat sich Beatrix in Italien nicht im Heerlager, sondern irgendwo auf einer nahe gelegenen Burg oder in Städten aufgehalten.

Insgesamt zeigen alle skizzierten Itinerare, daß – wie in der Forschung oftmals generell vorausgesetzt – die jeweils »regierende« Königin die meiste Zeit über an der Seite des Königs quer durch das Reich zog. Allerdings repräsentierte sie nicht nur, sondern übte vielmehr auch Herrschaft aus. Die Gegenwart des Königspaares, das zeigen die Interventionen und Petitionen der Königin, reduzierte sich im hohen Mittelalter nicht auf eine symbolisch-repräsentative Ebene. Sie gewann Bedeutung durch die konkrete politische Mitwirkung der Königin.

Die »eigenen Wege« der Königin

Legt man als Kriterium der Bewertung den Faktor der Zeit zugrunde, kommt man nicht umhin festzustellen, daß die Königin weitgehend die Reisetätigkeit des Königs teilte. Dennoch ist offensichtlich, daß sie sich zeitweilig von ihm trennte: aus persönlichen Gründen wie Krankheit oder Schwangerschaft, aber auch in Situationen, in denen die Präsenz der Königin nicht unbedingt erforderlich war, so bei Kriegszügen, in deren Verlauf die politische Arbeit durch die militärische abgelöst und die Urkundenproduktion minimalisiert oder gar eingestellt wurde. Desweiteren hat vor allem das Itinerar der Kaiserin Gisela deutlich gemacht, daß das Herrscherpaar oftmals nicht zusammen, sondern getrennt reiste: Man schlug entweder verschiedene Wegstrecken ein oder legte diese zeitlich nacheinander zurück, um dann an einem vereinbarten Ziel wieder zusammenzutreffen[152]. Obwohl solche getrennten Reisewege in den Quellen kaum bezeugt sind, dürften sie in der Praxis nicht eben selten vorgekommen sein.

Darüber hinaus aber kann beobachtet werden, daß Königinnen ihre »eigenen Wege« einschlugen. In eher rudimentärer Form war dies für das 11., in sehr viel ausgeprägterer Weise für das 12. Jahrhundert der Fall. So unternahm Kaiserin Kuni-

---

151 Dazu weiter unten S. 123ff.

152 So erwähnt Bischof Immo von Arezzo, der zeitweilig zum Gefolge der Kaiserin Gisela gehörte, daß die Kaiserin von Nimwegen aus am 10. August 1036 direkt nach Sachsen zurückreiste, während Konrad II. über Würzburg (Reg. Imp. III,1 Nr. 240a) nach Tilleda (Nr. 241) zog: ... *notum fieri vobis volo episcopum Mettensem cum gratia magna a curte recessisse, archiepiscopum vero C. atque episcopum L., abbatem E. atque abbatem Brumiensem simul cum domina nostra usque IIII idus Augusti manere dieque eadem ipsam a Noviomago Saxoniam tendere depositum laudatumque habere*, Brief Immos an Bischof Azecho von Worms, in: Die ältere Wormser Briefsammlung, ed. Walther Bulst, MGH Briefe der deutschen Kaiserzeit 3 (1949) Nr. 5 S. 20–22; vgl. Bresslau, Jahrbücher unter Konrad II. Bd. 2 (1884) Beilage II. S. 531–536 sowie Reg. Imp. III,1 Nr. 240b.

gunde im Sommer 1018 eine Reise nach Kaufungen, um auf dem ihr als Wittum überlassenen Besitz ein Kloster zu stiften[153]. Von hier aus führte ihr Weg nach Regensburg zur Einsetzung ihres Bruders Heinrich als Herzog in Bayern. Sind für den ersten Teil der Reise zum Zweck der Klostergründung eher persönliche Gründe ausschlaggebend gewesen, so war der zweite Teil reichsrechtlich motiviert. Da der von Heinrich II. geplante Heerzug nach Burgund keine Verzögerung duldete, übernahm die Kaiserin die Aufgabe der Belehnung mit dem Herzogtum.

Dieses Beispiel verdeutlicht, daß das Herrscherpaar ein »Team« bilden konnte. Überwiegend agierte man zwar gemeinsam, daneben kannte man aber durchaus eine Arbeitsteilung, die wie im vorliegenden Fall getrennte Reisewege notwendig machte. Daß dies häufiger der Fall war, wird sich noch zeigen; besonders in Italien, wo Königinnen dem Königsgericht vorsaßen, während ihre Ehemänner anderweitig beschäftigt waren.

Daneben sind Reisen der Königin auf ihre Eigen- beziehungsweise Dotalgüter zu vermuten, wie sie sich für Königinnenwitwen, insbesondere für Mathilde und Adelheid in ottonischer Zeit nachweisen lassen. Für die »regierende« Königin hingegen sind solche Besuche außerhalb des gemeinsamen Itinerars kaum zu belegen. Neben Kunigunde, die nachweislich mehrmals allein in Kaufungen weilte, wissen wir von einer Reise der salischen Kaiserin Gisela im Winter 1038/39 nach Lesum, wobei aufgrund der Quellenlage nur vermutet werden kann, daß es sich bei diesem Gut um eine Erweiterung ihrer Witwenausstattung handelte[154]. Kenntnis davon gibt Adam von Bremen, der im Zusammenhang mit dem Tod der Gräfin Emma – der *nobilissima senatrix,* wie er sie nennt – ihre großzügige Schenkungsbereitschaft an die Bremer Kirche herausstellt und dabei erwähnt, daß ihr Besitz Lesum wegen eines ihm nicht bekannten Vergehens ihrer Tochter an Kaiser Konrad II. gefallen sei. In dieser Angelegenheit habe dann die Königin Gisela Lesum aufgesucht[155].

Ein zeitweilig völlig eigenständiges Itinerar führte die mittdreißigjährige Kaiserin Beatrix in ihren letzten Lebensjahren zur Herrschaftssicherung mehrmals in das nördliche Burgund. Dies belegen die Urkunden, die sie als *Beatrix dei gratia Romanorum imperatrix augusta* ausfertigen ließ[156].

Die Diplome verteilen sich auf mehrere Reisen, die Beatrix unabhängig von der Reiseroute Friedrichs I. unternommen hatte. Obwohl sich die Aufenthaltsorte Barbarossas nach seiner Rückkehr von dem für ihn katastrophal verlaufenen fünften Italienzug 1178 nur in Umrissen rekonstruieren lassen, hielt er sich bis 1184 aus-

153 Zur Gründung des Nonnenklosters in Kaufungen vgl. S. 245–249.

154 Zu Lesum als Teil des Wittums der Kaiserin oben S. 72f.

155 *In diebus illis nobilissia senatrix Emma obiit, uxor quondam Liutgeri comitis [et soror Meginwerki, episcopi Podarburnensis], sed iam vidua per annos XL, totum fere quem habuit ingentem tesaurum pauperibus et ecclesiis dispersit. Corpus eius requiescit in Bremensi ecclesia, anima eius gaudeat in celesti requie. Illa dum adhuc viveret, Bremensi ecclesiae cortem Stiplaga iuxta Rhenum dedit. Lismona vero, nescio pro quo filiae delicto, in partem cessit imperatoris Conradi; pro qua re Gisla regina eo tempore visitavit Lismoniam*, Adam von Bremen, Gesta Hammaburgensis II 80, S. 138. Die Rezension C überliefert in diesem Kontext einen Abstecher der Kaiserin nach Bremen, von wo aus sie in Begleitung des Bischofs nach Lesum gereist sei: … *eo tempore Bremam accedens fratribus multa bona fecit ecclesiae et omnibus indigenis, deinde Lismonam cum archiepiscopo visitavit*, ebd.

156 Zu den Regierungsmaßnahmen der Kaiserin vgl. auch S. 356–358.

schließlich in Deutschland auf, vornehmlich mit dem Kampf gegen Heinrich den Löwen beschäftigt[157]. An keiner der Reisen der Kaiserin nach Burgund nahm er teil.

Die erste Urkunde[158] dieser Jahre datiert auf den 24. Juli 1181, ausgestellt in der Nähe von Dôle[159], mit der Beatrix einen Vertrag mit dem Cluniacenserpriorat Romainmôtier schließt, dies zugleich auch im Namen des noch nicht bestimmten zukünftigen Grafen von Burgund, für den einer ihrer Söhne vorgesehen war[160]. Barbarossa hingegen befand sich in diesen Sommermonaten in Sachsen und im Lüneburgischen im Heerlager gegen den Löwen[161]. Die nächste, ebenfalls im Original überlieferte Urkunde vom 23. März 1182, eine Verzichtsurkunde zugunsten der Templer auf das Dorf Barges[162], dürfte von einer zweiten Reise dorthin stammen. Doch fehlen für die Zeit zwischen diesen beiden Diplomen jegliche Hinweise auf die Aufenthaltsorte der Kaiserin. In der Umgebung Barbarossas, der sich nach Beendigung der militärischen Auseinandersetzung mit dem Welfen Weihnachten wohl noch in Erfurt und an Fasnacht in Wimpfen aufhielt[163], ist Beatrix nicht nachweisbar. Dies ist erst wieder der Fall für den Hoftag an Pfingsten (16. Mai 1182) in Mainz, zu dem eine Vielzahl von Fürsten herbeigeströmt war. Neben den Beratungen lag dessen absoluter Höhepunkt am Pfingstsonntag in einer Festkrönung des Kaiserpaares sowie ihres Sohnes Heinrich VI. mit anschließender feierlicher Prozession durch die Stadt[164].

Eine ganze Reihe von Urkunden der Kaiserin wurde schließlich 1183 verhandelt, angefangen vom Schutzprivileg für das Zisterzienserkloster Lieucroissant vom 1. Januar 1183[165]. Zwei Urkunden sind auf den 12. und 14. Mai ausgestellt[166]. Vier

---

157 Opll, Itinerar S. 72–82 und Ders., Friedrich Barbarossa (Gestalten des Mittelalters, 1990) S. 124–141.

158 Das erste eigene Diktat der Kaiserin, das nur in Form eines Regestes aus dem 17. Jahrhundert bekannt ist, wurde bereits im März 1173 (DB 1) ausgestellt und enthält die Schenkung des Ortes Franchevelle (Malvernay) an die Kirche von Besançon zur Stiftung eines Leprosenhospitals.

159 Nach Hugo Pictavensis, De libertate monsterii Vizeliacensis a. 1162, ed. Georg Waitz, in: MGH SS 26 (1882) S. 147 hat sich Friedrich I. hier ein *palacium mire amplitudinis* errichten lassen.

160 DB 2; vgl. J.-P. Cottier, Acte d'association entre les comtes de Bourgogne et le prieuré de Romainmôtier, in: Mémoires de la Société pour l'Histoire du Droit et des Institutions des anciens pays bourguignons, comtois et romands 11 (1946–1947) S. 63–79.

161 Opll, Itinerar S. 78f.

162 DB 3, ausgestellt in Ancier.

163 Opll, Itinerar S. 79.

164 Annales breves Wormatienses, ed. G. H. Pertz, in: MGH SS 17 (1861) S. 74: *Fredericus imperator huius nominis primus … in die sancto pentecostes cum Henrico filio, tunc adhuc rege, et cum imperatrice sua culto regio decoratus, et apud Mogunciam coronatus, presente Philippo archiepiscopo Coloniensi ac pluribus principibus et baronibus necnon ducibus in monasterium sancti Albani a capella sancti Albani, que est baptisterium predicte ecclesie sancti Albani quasi in limine ipsius posita, solempni processione progreditur, ibique ebdomadans de statu imperii et pace ecclesiarum plurima ordinat et pertractat …*; vgl. Keszycka, Kaiserin Beatrix S. 78f. sowie Michael Lindner, Fest und Herrschaft unter Kaiser Friedrich Barbarossa, in: Kaiser Friedrich Barbarossa. Landesausbau – Aspekte seiner Politik – Wirkung, hg. von Evamaria Engel und Bernhard Töpfer (Forschungen zur mittelalterlichen Geschichte 36, 1994) S. 151–170, dazu S. 162.

165 DB 4 (1183 Jan. 1 Pontarlier – *Actum apud Pontem Allie kal. ian., anno dominice incarnationis MCLXXXIII*); versehentlich ist im Kopfregest statt dem 1. Januar der 1. Juni abgedruckt worden.

166 DB 5 (1183 Mai 12 La Vieille-Loye) Vertrag über die Teilung der Herrschaft über das Dorf Sainte-Seine-en-Bache zwischen der Abtei Bèze und dem künftigen Grafen von Burgund; DB 6 (1183 Mai 14 La Vielle-Loye) Beilegung eines Rechtsstreits mit dem Kloster Rosières und Besitzbestätigung.

weitere Diplome der Beatrix, von denen allerdings nur zwei zweifelsfrei datierbar sind[167], unterscheiden sich von diesen dadurch, daß in ihnen unter den Zeugen *Conradus filius domine imperatricis* und sein Lehrer, der Magister Manegold, genannt werden. Dieses Faktum läßt darauf schließen, daß die Urkunden für den Herbst 1183 einzureihen sind[168].

Fraglich ist, ob Konrad im Sommer 1183 seiner Mutter nach Burgund folgte oder ob Beatrix selbst ins Reich gereist war, um ihren Sohn als zukünftigen Grafen[169] für eine offizielle Einführung bei den geistlichen und weltlichen Großen Burgunds abzuholen. Letzteres wäre vorstellbar, zumal am 25. Juni 1183 in Konstanz der Friede mit den lombardischen Städten abgeschlossen wurde[170]. Obwohl quellenmäßig nicht belegbar, spricht viel dafür, daß die Kaiserin, die auch sonst bei Vertragsabschlüssen hinzugezogen wurde, auch bei diesem anwesend war. Zeitlich gesehen ließe sich die Reise von Burgund – zuletzt urkundete Beatrix in La Vieille-Loye – an den Bodensee in einem Sommermonat leicht bewerkstelligen[171].

Trotz der quellenbedingten Unsicherheiten dürfte aufgrund der Urkunden die Anzahl ihrer Reisen nach Burgund bei mindestens drei, vielleicht auch vier in den Jahren 1181, 1182 und 1183 liegen. Rein spekulativ bleibt jedoch die Überlegung, daß die Kaiserin nach dem glanzvollen Mainzer Hoffest des Jahres 1184[172], in dessen Mittelpunkt sie stand, nach Burgund zurückgekehrt und hier am 15. November mit 40 Jahren gestorben sei[173].

Häufiger eigene denn gemeinsame Wege ging Konstanze von Sizilien[174]. Nach der Hochzeit mit dem Staufer Heinrich VI. und ihrer Krönung zur *regina Romanorum* im Mailänder Dom San Ambrogio am 27. Januar 1186[175] reiste sie vorerst mit

---

167 DB 9 (1183 Aug. 30 Saint-Rambert) Schenkung an das Priorat Saint-Rambert; DB 7 (1183 Okt. 2 Saint-Rambert) Bestätigungsdiplom für das Priorat Vaux-sur-Poligny.

168 DB 8 (1183 – Saint-Rambert) zugunsten des Dekans Guido und des Kapitels von Saint-Étienne zu Besançon; die Schenkung DB 10 (1183 –) zugunsten des Erzbistums Besançon gilt als verfälscht. – Als Deperditum ist die als DB* 11 in die Edition aufgenommene Grenzfestlegung der Ländereien der Abtei Corneux bekannt.

169 So auch Heinrich APPELT, Kaiserin Beatrix und das Erbe der Grafen von Burgund, in: Aus Kirche und Reich. Studien zu Theologie, Politik und Recht im Mittelalter. Festschrift für Friedrich Kempf zu seinem 75. Geburtstag und 50jährigen Doktorjubiläum, hg. von Hubert MORDEK (1983) S. 275–283, hier S. 281 Anm. 32. – Zum Grafen von Burgund wurde schließlich nicht Konrad, sondern sein jüngerer Bruder Otto erhoben; vgl. dazu unten S. 358.

170 Neue Edition des Konstanzer Vertrags in: Die Urkunden Friedrichs I. 1181–1190, ed. Heinrich APPELT (Diplomata regum et imperatorum Germaniae 10/4, 1990) Nr. 848 S. 68–77.

171 Vgl. dazu Martina REINKE, Die Reisegeschwindigkeit des deutschen Königshofes im 11. und 12. Jahrhundert nördlich der Alpen, BDLG 123 (1987) S. 225–251.

172 Josef FLECKENSTEIN, Friedrich Barbarossa und das Rittertum. Zur Bedeutung der großen Mainzer Hoftage von 1184 und 1188, in: Festschrift für Hermann Heimpel zum 70. Geburtstag, Bd. 2 (Veröffentlichungen des Max-Planck-Instituts für Geschichte 36/II, 1972) S. 1023–1041.

173 Ferdinand GÜTERBOCK, Zur Geschichte Burgunds im Zeitalter Barbarossas, Zeitschrift für Schweizerische Geschichte 17 (1937) S. 145–229, hier S. 180f. – Bestattet wurde Beatrix wohl auf eigenen Wunsch im Dom zu Speyer; vgl. Odilo ENGELS, Die kaiserliche Grablege im Speyerer Dom und die Staufer, in: Papstgeschichte und Landesgeschichte. Festschrift für Hermann Jakobs zum 65. Geburtstag, hg. von Joachim DAHLHAUS u. a. (Beihefte zum Archiv für Kulturgeschichte 39, 1995) S. 227–254, hier S. 239f.

174 Eine Skizze ihres Itinerars mit Nennung der einschlägigen Quellen bei KOWALSKI, Königinnen S. 24–26.

175 Reg. Imp. IV,3 Nr. 5c; vgl. CSENDES, Heinrich VI. S. 61f.

nach Deutschland. Für das Jahr 1188 berichtet Giselbert von Mons, der als Kapellan und Kanzler des hennegauischen Grafen Balduin maßgeblich die Verhandlungen um die Belehnung seines Herrn mit dem neu zu bildenden Herrschaftsgebiet einer Markgrafschaft Namur leitete, daß Konstanze als Fürsprecherin des Grafen von Hennegau bei Friedrich I. und Heinrich VI. tätig geworden sei[176].

Der im Januar 1191 beginnende Italienzug führte Konstanze zurück in den Süden des Reiches, »wann und auf welchem Weg«, so Csendes, bleibt unbekannt[177]. Der nächste Nachweis ist erst wieder die Kaiserkrönung am Ostersonntag, dem 15. April des Jahres 1191 durch Papst Cölestin III. in St. Peter in Rom[178]. Anschließend rückte das Herrscherpaar gemeinsam nach Süditalien vor, um nach dem Tod Wilhelms II. die reichs- und erbrechtlichen Ansprüche ihrer Herrschaft in Apulien und Sizilien durchzusetzen[179]. Dies belegt eine umfassende Privilegierung für Benevent, die Heinrich VI. zusammen mit Konstanze verfügte[180]. Doch die erfolglose Belagerung Neapels und die Dezimierung des Heeres aufgrund einer Seuche zwangen den Kaiser zum Rückzug nach Oberitalien. Konstanze hatte unterdessen bereits in Salerno Aufenthalt genommen. Nach dem Abzug Heinrichs wurde sie hier gefangen genommen, an den zum König erhobenen Tankred von Lecce ausgeliefert und in Palermo für längere Zeit in Haft gehalten[181]. Erst durch die von Heinrich VI. erbetene Vermittlung des Papstes[182] kam sie im Sommer 1192 wieder frei und kehrte nach Deutschland zurück[183], wo sie unter anderem den berühmtesten Gefangenen ihres Gatten, den englischen König Richard Löwenherz, auf dem Trifels besucht haben soll[184].

Einen weiteren Italienzug nach Apulien unternahm das Kaiserpaar 1194. Den Annales Marbacenses zufolge trat man gemeinsam am 12. Mai vom Trifels aus die Reise an[185]. Bereits am 29. Mai feierten beide das Pfingstfest in Mailand[186]. Die

---

176 … *Dominaque Constantia regina, regis Henrici nova nupta, comitis Hanoniensis consanguinea, pro ipso apud dominum imperatorem et eius filius Henricum regem, precibus, quibus poterat, intercedere studebat* …, Giselbert von Mons, Chronicon Hanoniense, ed. Wilhelm Arndt, in: MGH SS 21 (1869) S. 481–601, zit. S. 556. Der Vertragsabschluß erfolgte auf dem Hoftag in Erfurt im November 1188; während die beiden Kaiser je 5000 Mark erhielten, wurde Konstanze immerhin eine Summe von 1000 Mark zugesprochen; zum Kontext Csendes, Heinrich VI. S. 70f. und jetzt Sigrid Hauser, Staufische Lehnspolitik am Ende des 12. Jahrhunderts 1180–1197 (Europäische Hochschulschriften. Reihe III. Geschichte und ihre Hilfswissenschaften 770, 1998) S. 81–94.

177 Csendes, Heinrich VI. S. 87.

178 Reg. Imp. IV,3 Nr. 145a.

179 So die Formulierung in einem Diplom für Montecassino: *quod cum nos pro obtinendo regno Siciliae et Apuliae, quod tum antiquo iure imperii tum ex hereditate illustris consortis nostrae Constantiae Romanorum imperatricis augustae ad imperium deveniatur*, zit. nach Reg. Imp. IV,3 Nr. 152 (1191 Mai 21 Acerra). – Bei der Schenkung an Montecassino aufgrund der Bitten der Kaiserin (1191 Mai 23 Acerra) handelt es sich um eine Fälschung, siehe Reg. Imp. IV,3 Nr. 153.

180 Reg. Imp. IV,3 Nr. 156 (1191 Juni 3 bei Neapel). Die MGH-Edition der Urkunden Heinrichs VI. wird von Peter Csendes vorbereitet.

181 Csendes, Heinrich VI. S. 102–104; Reg. Imp. IV,3 Nr. 166.

182 Reg. Imp. IV,3 Nr. 202.

183 Csendes, Heinrich VI. S. 134f.

184 Csendes, Heinrich VI. S. 126.

185 *Ipso anno imperator commendans se orationibus religiosorum ubique et statuens pro ipso fieri missas et orationes, collectis undique copiis militum, ipse cum imperatrice IIII. Idus Maii a Trivels castro suo iter cepit in Apuliam eam recepturus*, Annales Marbacenses qui dicitur, ed. Hermann Bloch, MGH SS rer. Germ. [9] (1907) S. 64; vgl. Csendes, Heinrich VI. S. 146f.

186 Reg. Imp. IV,3 Nr. 351a.

schwangere Kaiserin scheint dann auch den Zug in den Süden[187] fortgesetzt zu haben, denn gemeinsam mit Heinrich nahm sie die Belehnung des minderjährigen Sohnes Tankreds, Wilhelm III., mit der Grafschaft Lecce vor[188]. Während der Kaiser im Süden blieb, begab sie sich daraufhin nach Oberitalien, um am 26. Dezember 1194 in Jesi bei Ancona ihr einziges Kind, den späteren Friedrich II., zur Welt zu bringen. Erst an Ostern 1195 traf das Kaiserpaar in Bari wieder zusammen, um sich nach wenigen Wochen erneut für lange Zeit zu trennen: Während Heinrich VI. nach Deutschland zog, reiste Konstanze nach Palermo, wo sie die Herrschaft über ihr Erbe antrat. Die nächsten Jahre bis zu ihrem Tod am 27. November 1198 beschränkte sich ihr Itinerar auf das Regnum Siciliae[189].

Damit setzte sich unter Konstanze von Sizilien in noch viel stärkerem Maße fort, was für die letzten Lebensjahre der Kaiserin Beatrix gilt: Beide Königinnen scheinen im Vergleich mit ihren Vorgängerinnen im 10. und 11. Jahrhundert über sehr viel weniger Mitsprache in der Reichspolitik zu verfügen, übten stattdessen jedoch für einen bestimmten Zeitraum in Stellvertretung des Königs die alleinige Herrschaft in ihren jeweiligen Erblanden aus. Dabei handelte es sich nicht mehr um Einzelhandlungen, sondern um eine längerfristige Herrschaftsausübung in verschiedenen Reichsteilen, was ein eigenes Itinerar notwendig werden ließ. Diese Entwicklung setzte sich im Spätmittelalter fort.

Reisen der Königin im Spätmittelalter

Die für die Zeit des hohen Mittelalters sich im steten Umherziehen manifestierende Gegenwart des Königspaares als Ausdruck gemeinsamer politischer Herrschaft unterlag im Übergang zum Spätmittelalter einem deutlichen Wandel. Die Anwesenheit der Königin scheint sich weitgehend auf repräsentative Verpflichtungen bei bestimmten Reisen und Anlässen zu konzentrieren. So begleitete etwa Kaiserin Anna von Schweidnitz Karl IV. 1355 und 1356 zu den Hoftagen nach Nürnberg und Metz, auf denen die sogenannte Goldene Bulle beraten und verkündet wurde. Anders als ihre hochmittelalterlichen Vorgängerinnen nahm sie aber wohl nicht an den politischen Beratungen teil[190]. Ebensowenig läßt sich eine Einflußnahme auf die Politik Karls quellenmäßig erfassen. Vielmehr repräsentierte sie bei vielen prunkvollen Festlichkeiten im Glanz der kaiserlichen Würde an der Seite Karls[191]. Ihre Position als »erste Dame« des Reiches wurde augenscheinlich bei ihren der Repräsentation kaiserlicher Macht dienenden Auftritten, bei Gottesdiensten, Festmählern und sonstigen öffentlichen Veranstaltungen[192]. Den Bestimmungen der Goldenen Bulle zu-

---

187 ... *imperator Anricus et imperatrix Constantia iverunt Apuliam*, Notae S. Georgii Mediolanenses, ed. Philipp Jaffé, in: MGH SS 18 (1863) S. 387.

188 Reg. Imp. IV,3 Nr. 381 mit der unsicheren Datierung »vor November 20«.

189 Zur Herrschaftsausübung Konstanzes in Sizilien vgl. S. 358–363.

190 Zu den Verhandlungen: Bernd-Ulrich Hergemöller, Fürsten, Herren und Städte zu Nürnberg 1355/56. Die Entstehung der »Goldenen Bulle« Karls IV. (Städteforschung A/13, 1983); Ders., Die Goldene Bulle – Karl IV. und die Kunst des Möglichen, in: Kaiser Karl IV. Staatsmann und Mäzen, hg. von Ferdinand Seibt (^{2}1978) S. 143–146.

191 Vgl. dazu Gottschalk, Anna von Schweidnitz S. 35–37.

192 Es ist dabei jedoch nicht außer Acht zu lassen, daß besonders unter Karl IV. die Repräsentation des Königtums politischen Charakter angenommen hatte. Es wäre in einer eigenen Studie zu klären, inwieweit sich die Stellung der Königin im Spätmittelalter über ihre repräsentativen

folge sollte die in die kaiserlichen Gewänder gehüllte Kaiserin oder römische Königin im Kreis ihres eigenen Gefolges zum Ort der Sitzungen feierlicher Hoftage ziehen. Dabei gebührte ihr als Platz in der Prozession der Würdenträger derjenige hinter dem Kaiser oder römischen König wie auch dem böhmischen König[193]. Das räumliche Auseinanderrücken des Herrscherpaares, das von seinem je eigenen Gefolge umgegeben war, zeigte sich auch in der Tischordnung. Während Rudolf von Habsburg beim Aachener Krönungsmahl 1273 zusammen mit seiner Gemahlin Anna und den Fürsten an einem Tisch saß[194], wurde in der Goldenen Bulle festgelegt, daß bei Hoftagen Kaiser, Kaiserin und die Kurfürsten an je eigenen Tischen tafeln sollten. Stellung und Rang waren hier eindeutig definiert: Die exponierte Stelle nahm der Kaiser ein. Der Platz der Kaiserin sollte seitlich davon und in der Höhe drei Fuß tiefer sein, während die Tische und Stühle der Kurfürsten um weitere drei Fuß tiefer anzuordnen waren[195].

Im Dienste der Repräsentation war auch ihre Nachfolgerin, Kaiserin Elisabeth, häufig mit Karl IV. im Reich unterwegs, wobei als besonders glanzvolles Ereignis die Königskrönung seines Sohnes und Nachfolgers Wenzel und dessen Gemahlin Johanna in Aachen herausgegriffen sei[196]. 1414 stand, um ein letztes Beispiel zu zitieren, Barbara von Cilli beim nächtlichen Einzug in die Konzilsstadt Konstanz an der Seite Sigmunds. Während der König an den Versammlungen der Konzilsväter teilnahm, war dies der in der Tagespolitik ansonsten äußerst engagierten Barbara offensichtlich verwehrt. Sie trat mit ihrem Gefolge, zu dem auch mehrere hochadlige Damen, darunter die bosnische Königin Elisabeth und die württembergische Herzogin Anna zählten, lediglich bei feierlichen kirchlichen Handlungen wie Hochämtern oder Prozessionen in ihrer repräsentierenden Rolle als Königin in Erscheinung, was in der Prachthandschrift der Richental-Chronik auch bildlich zum Ausdruck gebracht wurde[197].

Eine wichtige Gelegenheit zur Inszenierung kaiserlicher Machtfülle und Prachtentfaltung war dabei der jeweilige Adventus des Kaiserpaares beim Einzug in eine Stadt, der nach festen Regeln ablief[198]. Ausführliche Beschreibungen des Procedere enthalten viele Städtechroniken des 14. und 15. Jahrhunderts: Das Herrscherpaar wurde vor den Toren der Stadtmauern durch die Stadtobrigkeit mit dem Kle-

---

Verpflichtungen definierte; dazu bislang Heinrich NEUREITHER, Das Bild Kaiser Karls IV. in der zeitgenössischen französischen Geschichtsschreibung (1964) S. 166–182.

193 *Imperatrix eciam vel regina Romanorum suis augustalibus amicta insigniis post regem vel imperatorem Romanorum et eciam post regem Boemie, qui imperatorem immediate subsequitur, competentis spacii intervallo, suis associata proceribus suisque comitata virginibus, ad locum sessionis procedat*, Goldene Bulle vom 10. Januar und 25. Dezember 1356, ed. Wolfgang D. FRITZ, MGH Const. 11 (1978) c. XXVI 2, S. 622.

194 Dazu oben S. 35.

195 *Sedes vero et mensa imperatricis sive regine parabitur a latere in aula, ita quod ipsa mensa tribus pedibus imperiali sive regali mensa sit bassior et totidem pedibus eminencior super sedes principum electorum, qui principes inter se suas in una eademque altitudine sedes habebunt et mensas*, Goldene Bulle c. XXVIII 1, S. 626.

196 Zur Anwesenheit des Kaiserpaares in Aachen vgl. S. 40. Zum Itinerar der Kaiserin vgl. darüber hinaus WILBERTZ, Elisabeth von Pommern S. 52 mit weiteren Beispielen.

197 Zum Konstanzer Konzil S. 221.

198 Vgl. Anna Maria DRABEK, Reisen und Reisezeremoniell der römisch-deutschen Herrscher im Spätmittelalter (1964); Winfried DOTZAUER, Die Ankunft des Herrschers. Der fürstliche »Einzug« in die Stadt (bis zum Ende des Alten Reichs), AKG 55 (1973) S. 245–288.

rus an der Spitze eingeholt, wobei König und Königin als ehrendes Zeichen nicht selten jeweils ein Baldachin entgegengeschickt wurde, unter dem sie dann unter Beifall der die Straßen säumenden Bevölkerung in die Stadt geleitet wurden. Hier folgten Gottesdienste und Festlichkeiten[199]. Am 17. November 1356 wurde zum Beispiel das Kaiserpaar Karl IV. und Anna von Schweidnitz mit seinem großen Gefolge weit vor den Toren von Metz von einer städtischen Delegation unter Führung des Bischofs abgeholt. Es wurden über 200 brennende Kerzen mitgeführt. Den Baldachin des Kaisers übernahmen am Zugang zur Brücke in die Stadt sechs Ritter, den der Kaiserin sechs Knappen[200].

Als Karl IV. und Elisabeth am 20. Oktober 1375 im Gefolge vieler geistlicher und weltlicher Fürsten, darunter der Kölner Erzbischof Friedrich III. von Saarwerden, zu einem 10tägigen Besuch vor Lübeck eintrafen, bekleidete sich das Paar in einer vor der Stadtmauer gelegenen Kapelle mit den kaiserlichen Gewändern. Hier wurden sie dann von einer städtischen Prozession unter Mitführung der Heiltümer abgeholt. Beide jeweils unter einem Baldachin reitend zogen sie – der Kaiser geleitet durch zwei Bürgermeister, die Kaiserin durch zwei Ratsleute – inmitten eines Spaliers bestgekleideter Frauen in die Stadt bis zum Dom, wobei der Kölner Erzbischof der Kaiserin voranritt. Nach einem Gottesdienst suchten sie ihre Herberge auf[201].

---

199 Beispiele aus der Zeit Kaiserin Elisabeths von Pommern bei Wilbertz, Elisabeth von Pommern S. 53f.

200 *… le jeudy apres la sainct Martin d'hyver, revint à Mets l'empereur Charles, roy de Boheme … Et estoit avec luy l'imperatrice, sa femme, fille du roy de Cracowe sarasin, estant acompaigniés de plusieurs gros princes, ducz, marquis, comtes, barons, chevaliers et escuiers; princesses, dames et damoiselles, de divers lieux et contrées. Si se minrent la seigneurie, citains et bourgeoisie de la cité en bonne ordre et honneste avec la justice … et allont au devant l'evesque de Mets avec toutte la clergie et plus de deux cents torches ardentes, jusques oultre la croix du Ponthieffroy. Et là firent porteir deux cielz et pailes de draip de soye, chascun mis sus six lances pour les porteir et soustenir, l'ung sur l'empereur et l'autre sur l'imperatrice. Et entront par le pont des Morts. Et à l'entrée du pont des Morts y avoit six chevaliers de Mets ordonnez qui prindrent et portont le ciel sur l'empereur … Et pour porteir le ciel sur l'imperatrice estoient ordonnez six escuiers de Mets …*, Les Chroniques de la ville de Metz (900–1552), recueillies, mises en ordre et publiées, pour la première fois par Jean Francois Huguenin, ed. S. Lamort (Metz 1838) S. 97f.; auf die quellenkritische Problematik der zu Beginn des 18. Jahrhunderts auf der Basis mittelalterlicher Quellen von Huguenin zusammengestellten Chronik von Metz kann hier nicht eingegangen werden; vgl. Repertorium fontium historiae medii aevi 3 (1970) S. 383. – Zum Einzug des Kaiserpaares in Metz vgl. auch Neureither, Bild Kaiser Karls IV. S. 167–169.

201 *In deme jare Cristi 1375 … do quam keiser Karl mit der keiserinnen unde mit deme ersebisscope van Colne mit groter ere to Lubeke. he lach dar binnen wol 10 dage; … do de keiser mit siner vrouwem quam vor de stad, do ghink he mit er an de capellen sancte Gertrudis; do toch de an mit er sin keiserlike wede. em quam enjegen de processio der papen unde geistliker lude, vrouwen unde manne; dat hillichdom, dat men droch na der processien, dat kusten he unde se mit groter innicheit. dar mede setten se sik malk up en grot ros; sin ros ledden twe borgermestere unde er twe raatlude; veer juncheren drogen sin paulun, unde ander vere ere paulun, dar se under reden … vor der keiserinnen ret de bisscop van Kolne mit eme guldenen appele. de vrouwen der stad stunden tusschen beiden doren wol ghesiret mit eren besten klederen. aldus was de processio formeret. se treckeden langes de stad bet an den dom; dar sank men: ›Ecce advenit‹, ›Deus judicium tuum‹. do dit gescheen was, do treckeden se langes de koninkstraten boven sunte Johanne in ere herberge*, Detmar-Chronik, in: Die Chroniken der niedersächsischen Städte. Lübeck, Bd. 1 (Die Chroniken der deutschen Städte vom 14. bis 16. Jahrhundert, Bd. 19, ^{2}1884, ND 1967) Nr. 756 S. 551f. – Zur politischen Einordnung dieses Besuches vgl. Heinz Stoob, Karl IV. und der Ostseeraum, Hansische Geschichtsblätter 88 (1970) S. 163–214 und Erich Hoffmann, Der Besuch Kaiser Karls IV. in Lübeck im Jahre 1375, in: Nord und Süd in der deutschen Geschichte des Mittelalters. Akten des Kolloqiums veranstaltet zu Ehren von Karl Jordan, 1907–1984, Kiel, 15.–16. Mai 1987, hg. von Werner Paravicini (Kieler historische Studien 34, 1990) S. 73–95; zum Adventus bes. S. 82–90.

Große Empfänge wurden den Königinnen aber auch bereitet, wenn sie ohne den König eine Stadt besuchten. Als Kaiserin Elisabeth im Schmuck einer goldenen Krone am 16. Januar 1378 ohne Karl IV. in einer vergoldeten Kutsche in Dortmund einzog, wurde sie selbstverständlich vom Klerus, den Stadtoberen sowie den angesehensten Bürgern mit größten Ehren und Würden begrüßt und im wohl komfortabelsten Haus der Stadt, das auch sonst als Wohnung für den Kaiser bereitgestellt wurde, untergebracht[202].

Zu einem festen gemeinsamen Termin des Herrscherpaares etablierte sich seit der zweiten Hälfte des 13. Jahrhunderts die Krönung in Aachen, zu der die Königin mit ihrem Hof häufiger allein anreiste. Gertrud/Anna von Hohenberg befand sich 1273 in Brugg im Aargau, als Rudolf von Habsburg, der sich bereits in Frankfurt am Main als dem Wahlort aufhielt, nach ihr schickte. Sie fuhr nach Basel und mit dem Schiff rheinabwärts über Kolmar, wo sie ebenfalls ehrenvoll und reich beschenkt empfangen wurde[203], weiter nach Worms. Hier traf sie am 18. Oktober ein. Von den Bürgern der Stadt erhielt sie Geschenke im Wert von mehr als 60 Mark[204].

Notwendigerweise mußte auch Barbara von Cilli ihren Krönungszug von Ungarn aus an den Rhein im Herbst 1414 ohne Sigmund antreten, da dieser bereits Anfang Oktober 1412 nach Oberitalien und ins westliche Süddeutschland aufgebrochen war[205]. Mit seiner Gattin, die über Nürnberg[206], Frankfurt, Mainz und Bingen reiste, traf er den Aufzeichnungen Eigils von Sassen zufolge in einem nahe Bingen

---

202 *1378 am 16 januarii, als mit namen am dage Marcelli, ist die allerdurchluechtigste und hoechgeborne Elizabet, Caroli 4 elich gemael und keiserinne, mit groter vijlheit eedler junfern tom aller zijrligsten uetgebusset und verzijrt in einem vergulden wagen kleinlich, ser subtijl und kostlich toberet und gemakt sittende, mit einer golden cronen, dwelche mit vil alleredelsten und kostlichsten steinen verzijrt, gecroent gewesen und allenthalven umbgeven mit groter mennichte und vijlheit edeler hern, priester, ritter und knechten binnen die stat Dortmunde komen und darselvest in grotester eren und werdigheit von dem werdigen Hern Henrich Wickeden, der tijt pastor to S. Reinolt, burgermeistern, raet und den besten van den burgern entvangen und in her Johan Wickeden hof, da ouch vurhin keiserliche majestät gelegen hatte, gebracht worden,* Chronik des Dietrich Westhoff, in: Die Chroniken der westfälischen und niederrheinischen Städte. Dortmund, Neuß, Bd. 1 (Die Chroniken der deutschen Städte vom 14. bis 16. Jahrhundert, Bd. 20, 1887, ND 1969) S. 243; anschließender Bericht über den Verlauf des zweitägigen Besuches (S. 243–245).

203 *Comitissa autem uxor regis Rudolffi filia comitis Burkardi de Hohenberg, quando pro ea misit rex, domum regebat in Brucka. Descendit autem in Reno pervenitque in Bukcheim … Post hec venit 4. Ydus Octobris in Basileam cum comitatu magno, et recipitur a civibus canonicis omnibus et religiosis cum reliquiis et magna reverentia et honore; dantur ei expense et exenia multa. Et descendit in Reno cum navibus multis ad regem, ut cum ipso corona regia coronetur. Columbarienses cives regi duodecim vasa vini optimi, Argentinenses autem sexaginta et navem magnam plenam frumento pro clenodiis obtulerunt. Civitates imperii reginam omnes honorifice susceperunt et sibi muneribus optimis occurrerunt,* Chronicon Colmariense, ed. Ph. Jaffé, in: MGH SS 17, S. 244.

204 *Anno 1273. in festo sancti Luce euangeliste Anna, regina Rudolfi Habspurgii in cesarem noviter electi, Wormatiam venit. Cui cives honestissima clenodia et alias presentationes honestas plus quam ad sexaginta marcas ministrabant,* Annales Wormatienses, ed. G. H. Pertz, in: MGH 17, S. 69.

205 Vgl. Hoensch, Kaiser Sigismund S. 169–187; Itinerarkarte S. 172; Zusammenstellung der Reiseroute S. 623–625.

206 Als erste Etappe im Reich läßt sich ihre Ankunft in Nürnberg am 13. Oktober 1414 nachweisen. Die Königin betrat die Stadt von Regensburg her durch das Frauentor: *Rubrica de suscepcione domine regine eodem anno* (sc. 1414), in: Chroniken der fränkischen Städte. Nürnberg (Die Chroniken der deutschen Städte vom 14. bis 16. Jahrhundert, Bd. 3, 1864) S. 344f.; einer Stadtrechnung zufolge soll der Aufenthalt über 2000 Gulden gekostet haben; vgl. ebd. S. 348.

gelegenen Ort erstmals wieder zusammen[207]. Die weiteren Etappen bis Aachen über Boppard, Koblenz, Andernach und Bonn legten beide gemeinsam zurück, wobei sie die letzte Wegstrecke von Bonn nach Aachen geritten sein sollen[208].

Zur Kaiserkrönung nach Rom reiste man hingegen auch im Spätmittelalter üblicherweise gemeinsam, so Heinrich VII. und Margarete von Brabant 1311, die allerdings auf dem Weg nach Rom gestorben ist, Ludwig der Bayer und Margarete von Hennegau 1327/28 wie auch Karl IV. und Elisabeth von Pommern 1368[209]. Nur Anna von Schweidnitz-Jauer, die dritte Gemahlin Karls IV., zog 1355 mit einem 1000 Mann starken Rittertrupp allein über die Alpen, wo sie sich Anfang Februar einige Tage in Lucca aufhielt. In Pisa traf sie mit Karl IV. zusammen und reiste anschließend mit ihm – erst auf getrennten, dann seit Perugia auf gemeinsamen Wegen – nach Rom zur Kaiserkrönung weiter[210].

In einer gewissen Analogie zu den Italienzügen der Herrscher im hohen Mittelalter zeigt sich, daß man sich oftmals trennte. Die Königin ließ manche Abstecher und Umwege des Königs aus und nahm direkte Wege zu bestimmten Städten, die als Treffpunkte des Paares verabredet worden waren. Bei gleichen Wegstrecken läßt sich erkennen, daß man sich zumeist gruppenweise und zeitversetzt mit dem jeweils eigenen Gefolge vorwärts bewegte, was Unterbringung und Verpflegung an den kleineren Rastplätzen erleichterte. Der Troß der Königin kam dabei meist langsamer voran und bildete nicht selten den Schluß der Züge[211].

Insgesamt zog die im Verlauf des Spätmittelalters zunehmende Machtverlagerung des Königtums in die Hausgüter der Königsdynastien nicht notwendigerweise auch eine Einschränkung der Reisetätigkeit des Königspaares nach sich. Trotz der Entstehung residenzherrschaftlicher und hauptstadtähnlicher Zentren[212], wie zum Beispiel der Ausbau Prags unter den Luxemburgern[213], waren Könige und Kaiser mit ihren Gemahlinnen nach wie vor überaus häufig im Reich unterwegs[214]. Diese Einschätzung gewinnt man freilich nicht zuletzt mit Blick auf die Reiseintensität Karls IV.[215] – dem bislang wohl »besterforschten« Herrscher des Spätmittelalters –

207 Irrig ist die Mitteilung bei Hoensch, Kaiser Sigismund S. 187, daß das Herrscherpaar sich bereits in der ersten Oktoberhälfte 1414 in Heilbonn wiedergesehen habe.

208 *Anno 1414 jar … of mitwochin qwam di konniginnen gen Frankefurt. of donrstag for si gen Mencze … of samstag, daz waz Symon und Juden aller heilgen forfeiherobint, for die konniginnen von Mencze gen Bynge. und der konnig qwam erste zu der konniginnen gen Waldeaffen ober ob dem Reyn, … und qwamen mitein da ze Bynge in. of den sondag … qwamen konnig und konniginnen ge Bopparten, of den mandag von Bopparten gen Kabelencze, of dinstag von Kabelencze gen Andernnache, of mitwochin von Andernach gen Bonne, daz waz of aller heilgen dag obint. da lag der konnig und konniginnen den donrstag, das waz of aller heilgen dag. of den fritdag, daz waz aller selen dag, da reit der konnig und di konniginnen von Bonne gen Ache di zehen mil di cronunge zu nemen …*, Bericht Eigils von Sassen, in: Deutsche Reichstagsakten unter Kaiser Sigmund S. 243f.

209 Zu den genannten Krönungen S. 37–39.

210 Widder, Itinerar S. 191–216.

211 Zum getrennten Reisen Karls IV. und Elisabeths von Pommern während des Italienzugs 1368/69 vgl. Pirchan, Italien Bd. 1 S. 159, 336, 429, 431 mit Anm. 10, 434.

212 Zur Residenzenforschung vgl. den Überblick von Birgit Studt, Art. Residenz, in: LexMA 7 (1995) Sp. 755–757 mit einschlägiger Literatur.

213 Zum Ausbau Prags zur böhmischen Hauptstadt und kaiserlichen Residenz unter Karl IV.: Ferdinand Seibt, Karl IV. Ein Kaiser in Europa 1346 bis 1378 (zit. nach der TB-Ausgabe 1985) S. 175–179.

214 Dazu Moraw, in: Deutsche Verwaltungsgeschichte 1 S. 33f.

215 Vgl. Peter Moraw, Kaiser Karl IV. im deutschen Spätmittelalter, HZ 229 (1979) S. 1–24, hier S. 10; ein Überblick der Reiserouten, allerdings ohne Einbeziehung der Gemahlinnen Karls, bei Win-

und seiner Gemahlinnen, die ihn nicht immer, aber oft begleitet zu haben scheinen. Das durch vielerlei Zwänge geprägte Leben zeigt sich unter anderem am Beispiel der Geburt Wenzels, welche Kaiserin Anna nicht in Prag hinter sich bringen konnte, sondern für die sie aus Gründen der politischen »Balance«[216] eigens nach Nürnberg reisen mußte[217]. Analog zu den Gepflogenheiten im hohen Mittelalter trennten sich die Paare aber auch hin und wieder, so Kaiserin Elisabeth 1377, indem sie mit Karl IV. bis Tangermünde und weiter bis Aachen zog, wo sie sich dann von ihm verabschiedete und wohl nach Böhmen zurückkehrte, während er nach Frankreich weiterreiste[218].

Möglicherweise noch viel häufiger als in den früheren Jahrhunderten unternahmen im späten Mittelalter die Königinnen Reisen ohne den Herrscher. Als sehr reisefreudig erscheint, soweit wir das bislang überhaupt richtig beurteilen können, die bereits mehrfach erwähnte Barbara von Cilli. Ausgenommen die Jahre, in denen sie in Stellvertretung ihres in Europa umherreisenden Gatten Sigmund[219] die Regierung in Ungarn führte, war sie vor allem in den 20er Jahren des 15. Jahrhunderts häufig in Ungarn, Böhmen und im Reich unterwegs, teilweise auch in Begleitung der Witwe Wenzels, Königin Sophie von Bayern[220].

Doch darf die mit Blick auf Barbara von Cilli und die Gemahlinnen Karls IV. formulierte These nicht generalisierend auf das gesamte späte Mittelalter ausgedehnt werden. So ist zum Beispiel fraglich, inwieweit auch die Gemahlinnen König Wenzels dessen Lustlosigkeit am Reisen, die in seinen späteren Königsjahren auf Böhmen eingeschränkt waren und schließlich gänzlich eingestellt wurden, teilten

---

fried Eberhard, Herrschaft und Raum. Zum Itinerar Karls IV., in: Kaiser Karl IV. Staatsmann und Mäzen, hg. von Ferdinand Seibt ([2]1978) S. 101–108.

216 So Moraw, Kaiser Karl IV. S. 10.

217 In einem Schreiben an den Rat der Stadt Straßburg vom 27. Februar 1361, ausgestellt in Nürnberg, teilt sie die Geburt Wenzels mit; vgl. Reg. Imp. VIII Gemahlinnen 7; vgl. Thomas Zotz, Präsenz und Repräsentation. Beobachtungen zur königlichen Herrschaftspraxis im hohen und späten Mittelalter, in: Herrschaft als soziale Praxis. Historische und sozial-anthropologische Studien, hg. von Alf Lüdtke (Veröffentlichungen des Max-Planck-Instituts für Geschichte 91, 1991) S. 168–194, hier S. 185–190. – Sigmund hingegen wurde am 15. Februar 1368 wohl nicht in Nürnberg geboren, wo sich zu diesem Zeitpunkt allein Karl IV. aufhielt, vgl. Hoensch, Sigismund S. 32. – In diesem Zusammenhang stellt sich auch die Frage, in welchem Ausmaß Königinnen sich den repräsentativen Verpflichtungen entziehen konnten, wie sie in besonderer Weise auf den Reisen in den verschiedenen Teilen des Reiches zum Tragen kamen. Die Ausnahme blieb wohl Bianca Maria Sforza, die Gemahlin König Maximilians I., die in den 15 Jahren ihrer Ehe keinen Einfluß auf ihren Gatten gewinnen konnte und auch sonst ohne politische Mitsprache blieb. Ihre völlige persönliche Abhängigkeit vom König ging soweit, daß sie – wie bereits oben erwähnt – aufgrund der andauernden Finanzschwierigkeiten Maximilians als Unterpfand in den verschiedenen Städten des Reiches verbleiben und auf die ausstehenden Geldsummen sowie die entsprechenden Befehle des Königs warten mußte, bevor sie abreisen konnte. Für ihre Unselbständigkeit ist so z. B. symptomatisch, daß sie Ende 1499 Maximilian dringend darum ersuchte, von Freiburg, wo sie wieder einmal als Pfand festsaß, zu ihm nach Innsbruck kommen zu dürfen, da ihr Onkel und Freunde aus Mailand am Hof weilten. Doch der König untersagte es ihr mit dem Argument, daß dies wegen des bevorstehenden Landtages in Innsbruck nicht möglich sei. Obwohl sie auf diese Weise von einer Stadt zur anderen geschickt wurde, repräsentierte sie kaum mehr das Königtum; dazu Hochrinner, Bianca Maria Sforza S. 57–94.

218 Wilbertz, Elisabeth von Pommern S. 52.

219 Zu den Statthalterschaften Barbaras in Ungarn und Böhmen vgl. unten S. 369–372.

220 Vgl. Thomas Krzenck, Barbara von Cilli – eine »deutsche Messalina«?, Mitteilungen der Gesellschaft für Salzburger Landeskunde 131 (1991) S. 45–67, hier S. 50–58.

und ebenfalls wie dieser die meiste Zeit in Prag verbrachten[221]. Von der mit Friedrich III. verheirateten Kaiserin Eleonore wissen wir, daß sie hauptsächlich in Wiener Neustadt residierte, unterbrochen von einem dreijährigen Aufenthalt in Wien zwischen 1459 und 1462, der mit einer im Zusammenhang mit den Erbstreitigkeiten unter den Habsburger Brüdern stehenden Belagerung der Kaiserfamilie in der Burg endete. Der schlechten Behandlung wegen kehrte Eleonore zeit ihres Lebens nie wieder nach Wien zurück[222].

Eine differenzierte Betrachtungsweise der hier vorgelegten Frage nach dem Umfang der Reisetätigkeit der Königinnen des spätmittelalterlichen Reiches bedarf weiterer, vor allem auch regionalgeschichtlich vorgehender Forschung. In den vor allem auf die Person des Herrschers konzentrierten Bänden der Regesta Imperii finden Königinnen kaum Berücksichtigung. Daraus, wie auch aus der in der Literatur immer noch vorherrschenden These eines politischen »Schattendaseins« spätmittelalterlicher Königinnen, resultiert schließlich, daß bis auf die zitierten biographischen Studien zu einzelnen Persönlichkeiten m. W. keine weiteren modernen Untersuchungen vorliegen. Neben der Frage nach der individuell wohl unterschiedlichen Reisetätigkeit spätmittelalterlicher Königinnen stellt sich auch die Frage nach deren Funktion für die an Bedeutung gewinnende Repräsentation des Königtums[223].

---

221 Zur Herrschaftsausübung König Wenzels vgl. etwa Ivan Hlavacek, Wenzel IV., sein Hof und seine Königsherrschaft vornehmlich über Böhmen, in: Das spätmittelalterliche Königtum im europäischen Vergleich, hg. von Reinhard Schneider (VuF 32, 1987) S. 201–232.

222 Zierl, Eleonore und ihr Kreis S. 113–163; zum Wiener Aufenthalt S. 126–149; zur Belagerung der Wiener Burg vgl. auch Ferdinand Opll, Nachrichten aus dem mittelalterlichen Wien. Zeitgenossen berichten (1995) S. 182–187.

223 Zu den spätmittelalterlichen Brautfahrten jetzt Karl-Heinz Spiess, Unterwegs zu einem fremden Ehemann. Brautfahrt und Ehe in europäischen Fürstenhäusern des Spätmittelalters, in: Fremdheit und Reisen im Mittelalter, hg. von Irene Erfen und K.-H. Spiess (1997) S. 17–36.

Intervention und Petition in den Königsurkunden

Anteil der Königin

Der Grad der Einflußnahme der Königin auf Regierungshandlungen wird in der Forschung besonders an der Häufigkeit ihrer Nennung als Intervenientin und Petentin in den Königsurkunden gemessen[224]. Ohne jeden Zweifel bilden die Urkunden die umfangreichste und wichtigste Quellengruppe für die Interventionstätigkeit der Königin, allerdings nur in der zeitlichen Eingrenzung auf das 10., 11. und beginnende 12. Jahrhundert.

Fürbitter, die ihren Einfluß am Hof zugunsten Dritter geltend machten, begegnen vereinzelt schon in merowingischen Diplomen. Allgemein üblich wird ihre Nennung in Ausfertigungen der Kanzlei Ludwigs des Frommen[225]. Dennoch finden sich die Namen von merowingischen[226] und karolingischen Königinnen eher selten. So intervenierte zum Beispiel die in zweiter Ehe mit Ludwig dem Frommen verheiratete, politisch engagierte Kaiserin Judith zwischen 819 und 837 insgesamt nur siebenmal[227]. Mit dem Übergang der Herrschaft auf Konrad I. und Heinrich I. änderte sich dieses Bild nicht grundlegend, und auch die angelsächsische Königstochter Edgith trat als Intervenientin vergleichsweise wenig in Erscheinung.

Ein deutlicher Wandel vollzog sich in der zweiten Hälfte des 10. Jahrhunderts nach der Eheschließung Ottos I. mit der italischen Königin Adelheid. Seitdem erscheint die Königin regelmäßig in dieser Funktion. Erst in staufischer Zeit wurde das wieder anders, als die unter den späten Saliern einsetzende Ablösung der Interventions- durch die Zeugenformel[228] zum Abschluß kam. Da die Königin nur in seltenen Ausnahmen als Zeugin fungierte[229] beziehungsweise in der Signumszeile ge-

224 Vgl. ERKENS, Frau als Herrscherin S. 246–248.

225 Harry BRESSLAU, Handbuch der Urkundenlehre für Deutschland und Italien, Bd. 2 (^{2}1931) S. 193f.

226 VOGELSANG, Frau als Herrscherin S. 11f.

227 Reg. Imp. I Nrr. 802 (819–25), 849, 895, 910, 919, 964 (837 März 9); vgl. KONECNY, Frauen des karolingischen Königshauses S. 99. Zur politischen Rolle der Kaiserin BOSHOF, Ludwig der Fromme S. 152 und passim. – Zur geringen Interventionstätigkeit der Königinnen in den karolingischen Teilreichen ERKENS, Frau als Herrscherin S. 247; dort auch die Quellenbelege.

228 Alfred GAWLIK, Intervenienten und Zeugen in den Diplomen Kaiser Heinrichs IV. (1056–1105). Der Übergang von der Interventions- zur Zeugenformel (Münchener Historische Studien, Abt. Geschichtliche Hilfswissenschaften 7, 1970); zusammenfassend Heinrich FICHTENAU, Forschungen über Urkundenformeln. Ein Bericht, MIÖG 94 (1986) S. 285–339, hier S. 314f.

229 Königin Bertha in DHIV. 356 (1084 März 21 Rom) Schenkung von Gut Rappoltstein für die Bischofskirche in Basel sowie Königin Gertrud in DKoIII. 56 (1141 April 6–April 13 Straßburg) Besitzbestätigung für das Kloster St. Jacob zu Lüttich; DKoIII. 98 (1144 März 25 Würzburg) Schen-

nannt wurde[230], reduzierte sich ihre Präsenz in den Königsurkunden des späten Mittelalters auf ein Minimum.

In der Forschung ist die Fürsprachetätigkeit früh- und hochmittelalterlicher Königinnen bislang lediglich sporadisch und in erster Linie mit Blick auf herausragende Persönlichkeiten, besonders die Kaiserinnen Adelheid und Theophanu[231], Kunigunde[232] und Agnes[233], erörtert worden[234]. Im folgenden soll dieser Aufgabenbereich in seiner Gesamtheit erfaßt und die Entwicklung vom 10. bis 12. Jahrhundert betrachtet werden.

Auszugehen ist dabei von der Frage nach der Häufigkeit im Vergleich zur jeweiligen Gesamtheit der Urkundenproduktion und dem Empfängerkreis[235]. Für erstere ergibt die tabellarische Auflistung für die Königin in der Zeit der Regierung ihres Gatten[236] dabei folgendes Bild.

---

kung an das Kloster Paulinzella und DKoIII. 145 (1146 Jan. 6 Aachen) Verlautbarung, daß die Stadt Vienne mit der Burg Pipet unmittelbar dem Reich untersteht.

230 So Königin Gertrud in DKoIII. 75 ([1141 April] Metz–1142 [Mai Frankfurt]) Beurkundung eines Vertrags für das Kloster Remiremont zwischen der Äbtissin Judith und Herzog Matthäus von Lothringen: *Signum domini Conradi Romanorum regis secundi. Signum Gertrudis regine.*

231 Karl Uhlirz, Die Interventionen in den Urkunden des Königs Otto III. bis zum Tode der Kaiserin Theophanu, NA 21 (1896) S. 117–137; M. Uhlirz, Studien über Theophano III S. 122–135.

232 Anna Gebser, Die Bedeutung der Kaiserin Kunigunde für die Regierung Heinrichs II. (1897) S. 16–21.

233 Tilman Struve, Die Interventionen Heinrichs IV. in den Diplomen seines Vaters. Instrument der Herrschaftssicherung des salischen Hauses, AfD 28 (1982) S. 190–222 sowie Black-Veldtrup, Kaiserin Agnes S. 7–21 und passim. Die bislang in der Forschungsliteratur zitierte Arbeit von Bulst-Thiele, Kaiserin Agnes ist dadurch weitgehend überholt; den Interventionen der Kaiserin billigte Bulst-Thiele S. 19f. keinerlei Aussagekraft zu.

234 Einen knappen Überblick über die Interventionen der ottonischen und salischen Königinnen bis einschließlich Kaiserin Agnes gibt Rudolf Schetter, Die Intervenienz der weltlichen und geistlichen Fürsten in den deutschen Königsurkunden von 911–1056 (1935) S. 4–26.

235 Die Einordnung der einzelnen Interventionen und Petitionen in den politischen Kontext ist im Rahmen dieser Untersuchung freilich nicht zu leisten, sondern muß weiteren Studien vorbehalten bleiben. Hier kann es vielmehr nur um eine erste Skizze gehen. Ganz ausgespart wurden die für die Fragestellung nicht aussagekräftigen Urkunden, in denen die Königin in die Seelheilsformel einbezogen war.

236 Nicht berücksichtigt wurden in dieser Auflistung die Interventionen der Königinnen in Zeiten der Regentschaft für ihre minderjährigen Söhne und Enkel sowie diejenigen der Königinwitwe in der Zeit der eigenständigen Regierung ihrer Söhne, da sie für die Frage nach der politischen Mitwirkung der »regierenden« Königin an der Seite des eigenverantwortlich regierenden Herrschers keine Aufschlüsse bringen können.

Tabelle 1:

Name der Königin	Häufigkeit der Interventionen in absoluten Zahlen	Häufigkeit der Interventionen in Prozentzahlen	Zeitraum
Mathilde[237]	6 I[238] von 39 D[239]	15,4%	922 (DHI. 3) bis 935 (DHI. 41)
Edgith	7 I von 67 D	10,5%	936 Okt. 17 (DOI. 3) bis 945 Juni 11 (DOI. 69)
Adelheid	92 I von 289 D	31,8%	952 Febr. 15 (DOI. 145) bis 973 Apr. 27 (DOI. 433)
Theophanu	67 I von 284 D	23,6%	972 Aug. 18 (DOII. 26) bis 983 Juni 17 (DOII. 309)
Kunigunde	141 I von 509 D	27,7%	1002 Juli 10 (DHII. 5) bis 1024 Apr. 19 (DHII. 508 + 509)
Gisela	161 I von 274 D	58,8%	1024 Okt. 2 (DKoII. 6) bis 1039 Mai 1 (DKoII. 279)
Agnes	121 I von 268 D	45,1%	1043 Nov. 29 (DHIII. 114) bis 1056 Sept. 28 (DHIII. 381)
Bertha[240]	54 I von 241 D	22,4%	1056 (DHIV. 156) bis 1087 (DHIV. 396)
Richenza[241]	34 I von 109 D	31,2%	1129 Febr. 10 (DLoIII. 16) bis 1137 (DLoIII. 124)
Gertrud	25 I von 136 D	18,4%	1138 Juli 26 (DKoIII. 13) bis 1146 Apr. 3 (DKoIII. 148)

Die Zahlen zeigen: Unter Adelheid erstreckt sich die Interventionstätigkeit der Königin auf ⅓ der Urkunden, erreicht dann in frühsalischer Zeit ihren absoluten Höhepunkt mit fast ⅔, fällt in der Zeit Königin Berthas auf ¼ zurück, um unter Richenza ein letztes Mal erneut auf ⅓ zu klettern. Mit Gertrud von Sulzbach, deren Fürsprache sich in circa ¼ der Königsurkunden findet, geht die Zeit der »allgemeinen« Interventionstätigkeit der Königin zu Ende. Unter Barbarossa und seinen Nachfolgern

237 Nicht aufgenommen wurde Königin Kunigunde, die nur in zwei von insgesamt 38 Urkunden Konrads I. intervenierte. Es handelt sich dabei um die 914 Juni 7 (DKoI. 23) und 915 Februar 8 (DKoI. 25) jeweils in Frankfurt am Main ausgestellten Diplome für das Kloster Lorsch, ihrer späteren Grablege.

238 I = Interventionen.

239 D = Anzahl der Diplome, von der ersten bis zur letzten Intervention der jeweiligen Königin, wobei – wie aus den Zeiträumen ersichtlich wird – der Beginn der Interventionstätigkeit meist unmittelbar nach der Königserhebung bzw. der Eheschließung anzusetzen ist, während das Ende mit dem Tod des Königs oder der Königin zusammenfällt. Die als Fälschung erwiesenen Urkunden wurden natürlich nicht berücksichtigt.

240 Von Praxedis/Adelheid, der zweiten Gattin Heinrichs IV. ist lediglich die Intervention für Meinger, einem Ministerialen der Bamberger Kirche, von 1089 August 14 (DHIV. 407) überliefert.

241 Eine zahlenmäßige Erfassung der Interventionstätigkeit der Königin Mathilde wird erst auf der Basis der kritischen Edition der Diplome Heinrichs V. möglich sein.

intervenieren Königinnen nur noch vereinzelt, so Kaiserin Beatrix zwischen 1157 und 1176 insgesamt nur sechsmal[242].

Beim Empfängerkreis handelt es sich entsprechend der allgemeinen Tendenz in der Masse um Klöster und Kirchen beziehungsweise Äbtissinnen, Äbte, Erzbischöfe und Bischöfe und – mit Ausnahme der Kaiserin Adelheid – vor allem seit salischer Zeit auch um Adlige und Ministeriale.

Die Verteilung der Interventionen zwischen den einzelnen Gruppen stellt sich in absoluten Zahlen[243] folgendermaßen dar:

Tabelle 2:

Königin	**Klöster**	**Kirchen und Bischöfe**	**Sonstige Empfänger**
Mathilde	5		1
Edgith	3	3	1
Adelheid	47	32	13
Theophanu	33	28	6
Kunigunde	57	78	6
Gisela	53	91	17
Agnes	43	54	24
Bertha	14	28	12
Richenza	17	9	8
Gertrud	13	10	2

Diesen Zahlen zufolge intervenierten die ottonischen Königinnen, insbesondere Adelheid, und dann wieder Richenza von Northeim und Gertrud von Sulzbach überwiegend zugunsten von Klöstern. Eine Verlagerung hin zu den Kirchen zeichnete sich unter Kaiserin Kunigunde ab. Signifikant wurde diese veränderte Präferenz unter Gisela, deren Interventionen für Klöster nurmehr bei 32%, für Kirchen aber bei ca. 64% liegen. Diese Gewichtung relativierte sich unter Agnes, wiederholte sich aber unter Bertha von Turin, die doppelt so oft für Bischofskirchen wie für Klöster intervenierte. Damit spiegeln die Zahlen in etwa die allgemeine Entwicklung in der Kirchenpolitik wider, die seit der ausgehenden ottonischen und dann vor allem in salischer Zeit mehrheitlich nicht mehr die Klöster, sondern die Bischofskirchen begünstigte.

---

242 DFI. 191 (1157 Nov. 14 Montbarrey) Privilegienbestätigung für Kloster Lure; DFI. 194 (1157 [um Nov. 18] Arbois) Schenkung an die Abtei Balerne; DFI. 279 (1159 Aug. 1 Lodi) Schutzprivileg für das Augustiner-Chorherrnstift zu Rebdorf in Bayern; DFI. 466 (1164 Okt. 5 Belforte) Besitzübertragung an Markgraf Wilhelm von Montferrat; DFI. 614 (1174 März 24 Aachen) Privilegienbestätigung für Kloster Saint Ghislain; DFI. 648 (1176 März [6?] –) Vertrag mit der Stadt Tortona; zu den Interventionen der Kaiserin Beatrix vgl. die Einleitung von Heinrich Appelt zu den Urkunden Friedrichs I., MGH DD 10,5 (1990) S. 113f. – Für Adela von Vohburg, der ersten Gemahlin Friedrichs I., ist keine Intervention nachweisbar; allein ihre Zustimmung (und die ihres Bruders Berthold) wird in einer im Original erhaltenen Schenkungsurkunde für Kloster Sittichenbach vom 11. April 1154 erwähnt, sie wird allerdings nicht namentlich genannt, sondern nur als »frühere Gemahlin« *(... quondam coniugis nostre et fratris eius Bertolfi consensu ...)* bezeichnet; DFI. 73, ausgestellt in Quedlinburg; dazu Reg. Imp. IV,2 Nr. 212.

243 Die Zahlen basieren auf Tabelle 1, d. h. es wurden auch hier die Interventionen, die Königinnen in der Zeit der Regentschaft und Witwenschaft tätigten, nicht aufgenommen, da es sich dabei sozusagen um Ausnahmesituationen handelt, die gesondert zu analysieren sind.

Aufschlußreich ist darüber hinaus der Vergleich mit der Gesamtheit der Königsurkunden. Zu fragen ist, ob sich die Interventionen der Königin gleichmäßig über die Empfängerkreise verteilten oder ob diese eher von persönlichen Motivationen und Beziehungsgeflechten beeinflußt wurden.

Dabei ergab die Überprüfung der Diplome Ottos I. eine weitgehende Proportionalität: Kaiserin Adelheid intervenierte entsprechend der in Tabelle 1 ermittelten Häufigkeitsrate gleichmäßig in je ⅓ der Urkunden für Klöster wie für Kirchen[244]. Für Kaiserin Gisela jedoch sehen die Zahlenverhältnisse anders aus. Während sie in der Hälfte aller Urkunden für Klöster intervenierte, lag ihr Anteil für die Kirchen bei ⅔[245]. Die Streuung ihrer Fürsprachen korreliert damit nicht, wie das bei Adelheid der Fall war, mit dem Verteilungsmodus der Diplome Konrads II. Vielmehr begünstigte die Kaiserin sehr viel ausgeprägter und eindeutiger die Kirchen.

Ein noch uneinheitlicheres Bild zeigt sich für die zahlenmäßig kleinste Empfängergruppe, die neben weltlichen Adligen auch Bedienstete, Ministeriale und städtische Bewohner einschließt: Adelheid intervenierte in 13 von 34 Urkunden, was wiederum einem Anteil von ⅓ entspricht, Kunigunde in nur 6 von 24, damit in ⅕ der Urkunden, und Gisela schließlich in 17 von 28, was erneut ⅔ der Diplome umfaßt.

Ohne auf die im einzelnen zu recherchierenden Gründe eingehen zu können, die vor allem für den zuletzt genannten Empfängerkreis durch persönliche Kontakte geprägt gewesen sein dürften, zeigen die Stichproben, daß wir nicht von einer gleichmäßigen Verteilung der Interventionen ausgehen können. Vielmehr unterlag diese mehr oder weniger großen Schwankungen.

Darüber hinaus stellt sich die Frage nach der Streuung bei den Klöstern und Kirchen[246], zugespitzt auf die Alternative, ob mit den durch Königinnen eingelegten Fürsprachen eine im großen und ganzen gleichbleibende Gruppe von wenigen wiederkehrenden Adressaten begünstigt wurde oder ob vielmehr die Bandbreite der Empfänger von Königin zu Königin variierte.

Dabei sollen zuerst die Klöster in den Blick genommen werden, unter denen im Verlauf des Untersuchungszeitraums zwischen den Jahren 914 und 1176 insgesamt 168 monastische Einrichtungen die Intervention beziehungsweise Petition der Königin zuteil wurde[247]. Die große Masse davon, nämlich 111 Klöster, was einer ⅔-Mehrheit entspricht, erhielt dabei die Gunst der Fürsprache einer einzigen Königin, wobei in ganz wenigen Fällen, insgesamt betraf dies 14 Klöster, zwei oder mehrere Interventionen vorliegen. Dazu gehörte unter anderem die große und bedeutende Reichsabtei St. Gallen, für die auffallenderweise nur Kaiserin Theophanu zweimal

244 Die von mir ermittelten Zahlen ergeben für die Klöster 47 Diplome, in denen Adelheid intervenierte, und 87, in denen andere oder gar keine Intervenienten genannt werden. Das Zahlenverhältnis für die Kirchen lautet 32 zu 67.

245 Für Gisela liegen die absoluten Zahlen für die Klöster bei 52 Diplomen mit und 51 ohne ihre Intervention, für die Kirchen bei 91 zu 37.

246 Die Interventionen für die dritte Empfängergruppe lassen aufgrund deren Uneinheitlichkeit und der jeweils verschiedenen Voraussetzungen keine allgemein formulierbaren Schlußfolgerungen zu und müssen deshalb außer Acht bleiben.

247 Für diese auf die Adressaten bezogene Fragestellung wurden alle Interventionen des genannten Zeitraums berücksichtigt, einschließlich derjenigen in Zeiten der Regentschaft und Witwenschaft. – Aus dem bereits genannten Grund der noch ausstehenden kritischen Edition der Urkunden Heinrichs V. und Mathildes konnten lediglich die Interventionen der Königin Mathilde (1114–1125) keine Berücksichtigung finden.

intervenierte. Bei der ersten handelte es sich überhaupt um ihre allererste Intervention. Sie hatte sie während eines Aufenthaltes in St. Gallen auf der Rückreise von Rom ins Reich im August 972 vorgenommen[248]. Die zweite fällt in den Herbst des Jahres 980, wo sich das Herrscherpaar in umgekehrter Richtung auf dem Marsch nach Italien befand[249]. Zu den Klöstern, für die die Intervention nur einer Königin vorliegt, gehörten auch St. Emmeram in Regensburg, für das Kaiserin Kunigunde 1021 dreimal intervenierte[250], sowie das Florentiner Marienkloster mit zwei Fürsprachen der Kaiserin Gisela in den Jahren 1030 und 1038[251] und schließlich das neugegründete Benediktinerkloster Walkenried, für das Richenza 1132 und 1134[252] intervenierte.

Dabei darf nicht übersehen werden, daß diese Urkunden für die genannten Klöster natürlich nicht die einzigen Königsdiplome blieben. Die Durchsicht der Urkunden Ottos I., Heinrichs II. und Konrads II. zeigt, daß neben den beiden ottonischen Diplomen mit der Intervention Theophanus die Abtei St. Gallen auch von Heinrich II.[253] und Konrad II.[254] bedacht wurde, ohne daß deren Gemahlinnen Fürsprache einlegten. Jeweils zwei Urkunden erhielten St. Emmeram von Otto I., wobei in einer von beiden der Ortsbischof Michael von Regensburg intervenierte[255] sowie das Marienkloster in Florenz von Heinrich II. mit der Fürsprache Eberhards, des Kanzlers und ersten Bischofs von Bamberg[256].

Für die verbleibenden 57 Klöster intervenierten vom 10. bis 12. Jahrhundert zwischen zwei und sieben Königinnen, wobei sich der oben festgestellte Trend fortsetzt, daß für die überwiegende Mehrheit, nämlich insgesamt 46 Klöster, nur zwei oder drei Königinnen aktiv wurden. Deren Interventionen lagen zeitlich meist nahe beieinander, so daß für eine klösterliche Einrichtung entweder ottonische oder aber salische Kaiserinnen intervenierten. Lassen sich jeweils drei Königinnen nachweisen, dann ergab sich sehr oft die Konstellation, daß zwei ottonische Kaiserinnen, auffallend häufig Adelheid und Kunigunde, und eine salische Kaiserin, meistens Gisela und seltener Agnes, auftraten.

---

248 DOII. 26 (972 Aug. 18 St. Gallen) Bestätigung von Immunität, Inquisitions- und Wahlrecht … *per nostri genitoris dilectissimi ac coimperatoris voluntatem carissimaeque coniugis Theophanu obnixum interventum …*

249 DOII. 236 (980 Okt. 29 St. Johann-Höchst) Verzicht auf die königlichen Rechte an bestimmten Besitzungen … *qualiter venerabilis abba noster … per interventum dilctissime contectalis nostre Theophano mansuetudinem nostram precatus est …*

250 DHII. 441/442/443: Besitzbestätigungen, alle ausgestellt 1021 Juli 3 Köln.

251 DKoII. 145 (1030 Mitte März Ingelheim) Besitz- und Immunitätsbestätigung; DKoII. 273 (1038 Juli 23 Viadana) Schenkung.

252 DLoIII. 42 (1132 – Mühlhausen) Bestätigungs- und Schenkungsurkunde; DLoIII. 60 (1134 April 12 Allstedt?) Bestätigungs- und Schenkungsurkunde.

253 DHII. 76 (1004 Juni 17 Zürich) Bestätigung der Immunität, des Wahl- und Inquisitionsrechts auf Bitten des Abtes Burchard.

254 DKoII. 24 (1025 Apr. 19 Augsburg) Erneuerung der Bestätigungen Heinrichs II. auf Bitten von Abt Deitbald.

255 DOI. 203 (959 Juni 9 Rohr) Schenkung auf Intervention Bischof Michaels von Regensburg; DOI. 219 (961 Febr. 4 Regensburg) Schenkung der dem Diotmar gerichtlich entzogenen Güter im Nordgau in der Grafschaft Bertholds von Bayern.

256 DHII. 245 und 246 (1012 Mai 14 Bamberg) wobei die erste eine allgemeine Besitz- und Immunitätsbestätigung enthält, die zweite auf Intervention Bischof Eberhards von Bamberg aufgezählte Besitzungen bestätigt. Zu Eberhard vgl. GUTTENBERG, Regesten der Bischöfe und des Domkapitels von Bamberg (1932–1963) S. 23–98.

Nur elf Klöster hingegen wandten sich mit der Bitte um Fürsprache häufig an die Königin, wobei in vielen Fällen persönliche Beziehungen eine Rolle gespielt haben dürften. Zu denen, für die vier Königinnen intervenierten, gehörten – wie die Tabelle verdeutlicht – Gandersheim, Korvei, Montecassino, Murbach und S. Zeno bei Verona.

Tabelle 3[257]:

Klöster	Mathilde	Edgith	Adelheid	Theophanu	Kunigunde	Gisela	Agnes	Bertha	Richenza
Gandersheim			972 974 994 994	979 980 990 990	1021				1134
Korvei	922	936 940	974	983 987					
Montecassino			964 968	989	1014 1024	1038			
Murbach				977 988	1023	1025	1049		
S. Zeno bei Verona			961 995			1037	1047 1055	1084	

Die aufsteigende Linie führte schließlich über St. Maximin vor Trier (Mathilde 930 bis Agnes 1056), Fulda (Theophanu 985 bis Bertha) und Nienburg (Theophanu 978 bis Agnes 1062), die sich mit Bitte um Intervention an jeweils fünf Königinnen wandten, hin zu Einsiedeln, das die mehrmalige Fürsprache Adelheids in den Jahren 965, 992 und 996 erlangte und darüber hinaus mit Theophanu (984), Gisela (1025), Bertha (1073), Richenza (1136) und Gertrud (1143) diejenige von fünf weiteren Königinnen.

Die absolute Spitzenstellung nahm jedoch das fränkische Reichskloster Lorsch ein. Durch die Intervention von sieben Königinnen, angefangen mit Kunigunde im Jahr 914 bis Bertha im Jahr 1067, erhielt es 14 Urkunden. Ihm folgt das Nonnenkloster Herford mit ebenfalls sieben Königinnen: Mathilde, Edgith, Adelheid, Theophanu, Kunigunde, Gisela und Agnes. Die Anzahl der Diplome war allerdings deutlich geringer[258].

257 Die Zahlen meinen jeweils das Ausstellungsjahr der einzelnen Diplome.
258 Eine genauere Analyse der Beziehungen der Königinnen zu den einzelnen in Tabelle 4 angeführten Klöstern muß einer eigenen Untersuchung vorbehalten werden.

Tabelle 4:

Klöster	Kunigunde	Mathilde	Edgith	Adelheid	Theophanu	Kunigunde	Gisela	Agnes	Bertha	Richenza	Gertrud
Lorsch	914			956		1002	1024	1046	1067		
	915			956				1065	1067		
				965							
				973							
				984	984						
					987						
Herford		927	940	973	980	1002	1025	1044			
		935									
Einsiedeln				965	984		1025		1073	1136	1143
				992							
				996							
Trier, St. Maximin[259]		930		965		1005		1056			
				966							
				966							
				970							
				973	973						
				973	973						
				992							
Fulda					985	1014	1025	1056	–		
						1019	1031	1059			
						–[260]	1035				
Nienburg				993	978	1003	1025	1062			
					979		1035				
					980		1041				

Für den monastischen Bereich ist also eine breite Streuung der Interventionen der Königin festzustellen. Schwerpunkte einer kontinuierlichen Begünstigung weniger Klöster durch mehrere Königinnen bleiben punktuell. Die überwiegende Mehrheit der Fürsprachen verteilte sich auf eine Vielzahl von wechselnden Monasterien, die über das gesamte Reichsgebiet verteilt waren. Dieser Befund ist nur dadurch zu erklären, daß die Interventionen situationsbedingt zustande kamen und aus politischen Erwägungen heraus erfolgten. Persönliche Motive und Interessen sind hingegen für die große Mehrheit nicht anzunehmen.

Dies gilt im großen und ganzen auch für die Kirchen, wenngleich hier eine deutliche Tendenz zur kontinuierlichen Interventionstätigkeit der Königin zu konstatieren ist. Es dominiert bei weitem die Zahl der Kirchen, für die sich nicht nur zwei oder drei, sondern vier und mehr Königinnen stark gemacht haben. Das zeigt sich besonders für die deutschen Bischofssitze, so für Augsburg, Hamburg-Bremen, Freising, Hildesheim, Paderborn, Salzburg, Utrecht, Worms und Würzburg. Offensichtlich ist weiterhin, daß an der Spitze der am häufigsten begünstigten Empfänger die jeweiligen ottonischen und salischen Neugründungen Magdeburg, Bamberg und Speyer standen.

259 Die Zahl der Urkunden basiert auf den Ergebnissen von Kölzer, Urkundenfälschungen.
260 Die Linie steht für ein nicht datierbares Diplom.

Weiterhin ist zu fragen, wie oft Königinnen allein intervenierten oder im Verbund mit einer oder mehreren Personen.

Dazu folgende Tabelle:

Name der Königin + Anzahl der Gesamtzahl an Interventionen[261]	**Alleinige Interventionen in absoluten Zahlen**	**Interventionen mit anderen Personen**	**Prozentualer Anteil der alleinigen Interventionen**
Mathilde / 6	3	3	50,0%
Edgith / 7	1	6	14,3%
Adelheid / 92	42	50	45,7%
Theophanu / 67	32	35	47,8%
Kunigunde / 141	79	62	56,0%
Gisela / 161	29	132	18,0%
Agnes / 121	50	71	41,3%
Bertha / 54	6	48	11,1%
Richenza / 34	16	18	47,1%
Gertrud / 25	13	12	52,0%

Es zeigt sich, daß die ottonischen Königinnen in etwa der Hälfte der durch ihre Fürsprache bewilligten Urkunden allein auftreten. Dieser hohe Anteil an alleinigen Interventionen geht unter Kaiserin Gisela ganz erheblich zurück, was in erster Linie damit zusammenhängt, daß sie seit der Königswahl und -krönung am 14. April 1028 in Aachen überwiegend zusammen mit ihrem Sohn Heinrich III. intervenierte[262]. Diese Konstellation von Kaiserin und Thronfolger ist vor ihr auch für Adelheid und nach ihr für ihre Schwiegertochter Agnes feststellbar.

Die Zahl der alleinigen Interventionen erreichte unter Kaiserin Agnes wieder ottonische Größenordnungen. Das lag an einem ganz erheblichen Rückgang der Fürsprachen geistlicher und weltlicher Großer[263], was sich unter Bertha von Turin allerdings wieder grundlegend änderte, da jetzt eine Vielzahl von fürstlichen Intervenienten in den Königsurkunden Heinrichs IV. präsent ist. Ihre Nachfolgerinnen Richenza von Northeim und Gertrud von Sulzbach intervenierten schließlich erneut fast genauso oft allein wie zusammen mit Fürsten. Dabei ging die Tendenz seit spätsalischer Zeit dahin, daß die Königin in den Interventionsformeln nicht mehr mit jeweils einem, sondern mit mehreren Großen des Reiches genannt wurde.

Die Auswertung der Urkunden stellt insgesamt also deutlich vor Augen, daß sich seit 952 eine Vielzahl von Klöstern und Kirchen mit der Bitte um Fürsprache an die Königin wandten. Dies läßt darauf schließen, daß deren Mitsprache bei den Beurkundungen von Bestätigungen, Schenkungen, Privilegierungen etc. allgemein bekannt gewesen ist und sich ihre Interventionstätigkeit in ottonischer und salischer Zeit zu einem eigenen Aufgabenbereich am Hof herausgebildet hatte. Dafür spricht auch die Beobachtung, daß die Königinwitwe nach dem Tod des Gatten noch eine Zeit lang diese Aufgabe weiterführte, wenn der im Königtum nachfolgende Sohn nicht verheiratet war. Dies tat zum Beispiel Kaiserin Gisela am Hof des verwitweten

261 Zugrunde liegen die Zahlen von Tabelle 1.
262 Struve, Interventionen Heinrichs IV. S. 210f.
263 Struve, Interventionen Heinrichs IV. S. 212–217.

Heinrich III. von 1039 bis zu ihrem Tod am 15. Februar 1043[264]. Ansonsten zeigt sich aber, daß sich die Witwe des Königs eher selten und wenn, dann in erster Linie für die Empfänger einsetzte, die ihr besonders am Herzen lagen, so Königin Mathilde unter Otto I. für Quedlinburg[265] und ihre Stiftung Enger[266].

Daß sich die Interventionstätigkeit zu einem Aufgabenbereich der *consors regni* als der in die Herrschaft eingebundenen und am Hof präsenten Königin herausgebildet hatte, läßt sich auch für die Kaiserinnen Adelheid und Theophanu verdeutlichen. Denn einige Zeit nach dem Tod Ottos I. und der Regierungsübernahme durch Otto II. übernahm Theophanu allgemein die Verantwortung dafür. Dies zeigt die Vielfalt der Urkunden, für die zwischen 952 und 973 Adelheid, zwischen 973 und 991 Theophanu und nach deren Tod am 15. Juni 991 für die verbleibende Zeit der Regentschaft bis September 994 erneut Adelheid intervenierte.

Abgesehen von einigen eher persönlich motivierten Ausnahmen mit alleinigen Interventionen Adelheids – so Korvei, Magdeburg, Gandersheim[267], Niedermünster in Regensburg[268], Erstein[269] und in besonderer Weise Selz – intervenierte diese während der Regentschaft für Otto III. nur gemeinsam mit Theophanu.

Begrifflichkeit der Formeln

Die in der älteren Forschung ausgetragene Kontroverse um die Formelhaftigkeit der Interventionen konzentrierte sich vor allem auf die Frage, welche reale Bedeutung ihnen zuzusprechen sei. Dabei hat sich die von Julius Ficker verfochtene These, daß die in den Herrscherdiplomen des hohen Mittelalters erwähnte Intervenienz der Königinnen und Thronfolger allenfalls als »ehrende Erwähnung« zu verstehen und eine konkrete politische Mitwirkung auszuschließen sei[270], nicht durchgesetzt. Vielmehr geht die Forschung seit den Untersuchungen von Harry Bresslau[271] und Paul Kehr[272] mehrheitlich davon aus, daß die Nennung von Intervenienten, insbesondere der Königinnen seit Adelheid, auf eine konkrete Befürwortung der in den Urkunden fixierten Rechtsgeschäfte schließen läßt. Diese Einschätzung, die auf der Tatsache eines breiten und überregionalen Empfängerkreises seit der Mitte des 10. Jahrhunderts basiert, können die bislang nicht in den Blick genommenen Formulierun-

264 DHIII. 3 (1039 Juli 10 Mainz) für das Bistum Bamberg; 8 (1039 Sep. 13 Botfelden) für die Kirche von Trier; 37 (1040 März 2 Rottweil) für die Kirche von Augsburg; 56 (1040 Juni 22 Straßburg) für Kloster Pfäfers; 79 (1041 Mai 14 Worms) für die Kirche von Freising; 81 (1041 Juni 6 Aachen) für das Domkapitel zu Speyer; 83 (1041 Juni 30 Goslar) für Markward, den *miles* des Markgrafen Ekkehard; 84 (1041 Juli 22 Tilleda) für Kloster Nienburg; 85 (1041 Aug. 11 Walldorf) für Kloster Kaufungen; 86 (1041 Okt. 22 Regensburg) für Kloster San Pietro in Cielo d'oro zu Pavia; 92 (1042 Juli 24 Tilleda) für seinen Dienstmann Sehart; 93 (1042 Juli 25 Tilleda) für die Kaufleute von Quedlinburg; 96 (1042 Aug. 15 Bamberg) für die Kirche von Merseburg; 104 (1043 April 14 in Velenheim) für Beringer, den *miles* seiner Mutter Gisela.

265 DOI. 18 (937 Dez. 20 Quedlinburg); 172 (954 Mai 25 Magdeburg); 186 (956 Dez. 5 Memleben); 228 (961 Juli 15 Quedlinburg).

266 DOI. 123 (950 April 15 Quedlinburg).

267 DOII. 36 (973 Juni 7 Grone).

268 DOII. 40/41 (beide 973 Juni 27 Worms).

269 DOII. 79a (974 Mai 24 –); gemeinsame Intervention mit Herzogin Judith von Bayern.

270 Julius Ficker, Beiträge zur Urkundenlehre 1 (1877) S. 232.

271 Bresslau, Handbuch der Urkundenlehre 2 S. 193–201.

272 Paul Kehr, Zur Geschichte Ottos III., HZ 66 (1891) S. 385–443, bes. S. 405–414.

gen in den Diplomen bestätigen. Denn die auf die Königin bezogenen Interventionsformeln sind in ihrer Begrifflichkeit keineswegs so standardisiert, wie sie auf den ersten flüchtigen Blick hin erscheinen mögen.

Dabei finden sich alle für den mehr oder weniger breiten Kreis von Intervenienten in den Königsurkunden – Kanzlern, Kapellänen, geistlichen und weltlichen Großen – verwandten Begriffe der *interventio, petitio, deprecatio* sowie des *consilium* in unterschiedlicher Ausprägung auch für die Königin. Es überwiegen die Interventionsformeln, die die Zustimmung der Königin zum jeweiligen Beurkundungsvorgang zum Ausdruck bringen, in den verschiedenen grammatikalischen Varianten, wie zum Beispiel:

– *per interventum Mahthildae carae coniugis nostrae*[273]
– *ob interventum dilectissimae coniugis nostrae Adelheidae imperatricis augustae*[274]
– *interveniente dilectissima nobis coniuge et regnorum consorte Cunigunda*[276]
– *interventu dilectissime genitricis nostre Agnetis imperatricis augustae*[275]

Die regelmäßige Verwendung dieser unterschiedlichen Formen, das ergibt schon die flüchtige Durchsicht der Diplomata-Bände, änderte sich im Verlauf des hohen Mittelalters nicht[277].

Auffallend häufig traten Königinnen aber nicht allein als Fürsprecherinnen zugunsten Dritter auf. Sie übernahmen in der Form der *petitio* auch den Part der Antragstellung. So schenkte Otto I. zum Beispiel *ob petitionem dilectae coniugis nostrae Adelheidae* dem Nonnenkloster Drübeck den ⅔-Anteil der ehemaligen Besitzungen eines Diotmar im Rednitzgau, die ihm vorher gerichtlich entzogen worden waren[278]. Daneben erscheint die Petition der Königin häufig mit deren Intervention verknüpft, wie zum Beispiel in der Schenkungsurkunde Ottos II. für seinen Kanzler Hildebold von Worms, der *ob petitionem et interventum dilecte coniugis nostre Theophanie* ein an der Westseite der Frankfurter Königspfalz stehendes Haus samt Grundstück als Wohnung für sich und seine Amtsnachfolger erhielt[279]. Für beide Formeln, für diejenige, die nur die Petition der Königin benennt wie auch für die zahlenmäßig bei weitem überwiegende Kombination von Petition und Intervention, ließe sich eine Fülle von Belegen aus ottonischer und salischer Zeit anführen. Deren prozentualer Anteil liegt den von mir ermittelten Zahlen zufolge für Adelheid bei ca. 20%, für Theophanu bei ca. 30%, für Kunigunde bei ca. 19%, für Gisela schließlich bei ca. 53%, reduziert sich für Agnes auf ca. 23% und erhöht sich für Bertha wieder auf 35%. Im Gegensatz dazu ist die Variante, daß die Königin wie zum Beispiel

---

273 DHI. 18 (928 April 23 Dortmund) Schenkung an die Bedienstete Williburg.
274 DOI. 285 (965 – Erstein) Schenkung an das Kloster Disentis.
275 DHII. 56 (1003 Sep. 9 Bamberg) Schenkung an Bischof Gotschalk von Freising. Hin und wieder begegnen auch die Begriffe der *interpellatio* (DOII. 130 von 976 Juni 30 Greifsdorf: Besitzrückgabe an Graf Bernhard) und *intercessio* (DHII. 39 von 1003 Febr. 23 Nimwegen: Privilegienbestätigung für das Kloster Essen).
276 DHIV. 77 (1061 Nov. 5 [Donau-]Eschingen) Privilegienbestätigung für die bischöfliche Kirche zu Chur.
277 Daß diese Formel generell am häufigsten vorkommt, bestätigt auch SCHETTER, Intervenienz S. 128 aufgrund der Auswertung des gesamten Urkundenmaterials, auch für andere Intervenienten.
278 DOI. 217 (960 Sept. 10 Magdeburg).
279 DOII. 183 (979 Feb. 8 Frankfurt).

Adelheid 961 für den Mainzer Propst Dietrich[280] als Petentin und eine weitere Person, in diesem Fall Erzbischof Wilhelm von Mainz, in der Rolle des Intervenienten auftreten, eher selten[281].

Darüber hinaus umfaßt insbesondere das für die Interventionen der Königin eingesetzte Vokabular eine Vielzahl von Formulierungen, die vom standardisierten allgemeinen Formular abweichen und einen Einblick in die Art und Weise geben, wie Königinnen zugunsten Dritter agierten.

Ein über Bitte und Befürwortung hinausgehendes verstärktes Engagement, hinter dem oftmals auch persönliches Interesse gestanden hat, wird deutlich, wenn die Ausfertigung einer Schenkungsurkunde Ottos I. für das Kloster Quedlinburg die Formulierung enthält, er hätte damit den Bitten seiner über alles geliebten Mutter, der Königin Mathilde, gehorsam entsprochen: … *dilectissime matris nostre Mahthilde regine peticionibus obedientes*[282]. Ähnlich verhält es sich, wenn über die Intervention hinaus die Erinnerung beziehungsweise Ermahnung der Königin angezeigt wird: *interventu et monitu dilecte coniugis nostre Adalheide imperatricis*[283]. Adelheids Fürsorge bei den Privilegienverleihungen und Schenkungen an die erzbischöfliche Kirche von Magdeburg vom 4. und 5. Juni 973[284], also wenige Monate nach dem Tod des Gründers Ottos I., wird in die Formel *rogatu*[285] *et admonitione* gekleidet[286].

---

280 961 Mai 29 Ingelheim.

281 Als weiteres Beispiel DHII. 346 (1016 April 15 Bamberg) Schenkung an Graf Wilhelm … *pro peticione dilectissimae coniugis nostre Cunigunde imperatricis ac interventu Heriberti archiepiscopi Coloniensis ac Eberhardi episcopi Babenbergensis …*

282 DOI. 186 (956 Dez. 5 Memleben).

283 DOI. 280 (965 Apr. 5 Ingelheim) Otto I. bestätigt dem Kloster St. Maximin bei Trier den Königsschutz und die Unabhängigkeit des Klosters unter einem frei gewählten Abt.

284 DOII. 29 (973 Juni 4 Magdeburg) Privilegienbestätigung … *pia domnae et carissimae genitricis nostrae Adalheidis admonitione ob memoriam et remedium animae piissimi genitoris nostri Ottonis*; DOII. 30 (973 Juni 5 Magdeburg) Bestätigung der Schenkungen Otto I. … *rogatu et admonitione dilectissime genitricis nostrae domnae Adalheidis* …; DOII. 31 (973 Juni 5 Magdeburg) Besitzbestätigung … *rogatu et admonitione domne genitricis nostre Adalheidis …*

285 Der Begriff der *rogatio* wird synonym zu dem der *petitio* gebraucht und steht auch häufig allein, so z. B. DHI. 3 (922 Apr. 22 Quedlinburg) Privileg für Kloster Korvei … *rogatu coniugis nostrae domnae reginae Mahthildis* …; DOI. 236 (962 Febr. 21 Riana) Schenkung für Bischof Konrad von Konstanz … *rogatu dilecte coniugis nostre semperque auguste Adelheide* …; DOII. 161 (977 Juli 30 Magdeburg) Schenkung an die bischöfliche Kirche von Merseburg … *quod nos dilectae contectalis nostrae Theuphanie adhortati rogatu … donavimus.*

286 Dieses Begriffspaar ist recht häufig zu finden; weiterhin z. B. in DOII. 43 (973 Juni 27 Worms) für die Mönche von Weissenburg sowie in DHIV. 132 (1064 Juli 19 Goslar) für die bischöfliche Kirche von Hildesheim. Ähnlich auch DOI. 329 (966 Juli 28 Wallhausen) für die Moritzkirche zu Magdeburg: *monitu et interventu dilecte coniugis nostre Adalheidis* … sowie DOI. 361 (968 Okt. 2 Ravenna) an denselben Empfänger: *pro monitu Adalheide dilecte coniugis nostrae* …; DOII. 36 (974 Juni 7 Grone) für das Nonnenkloster Gandersheim: *ob ammonitionem carissime genitricis nostre Adalheide pro genitoris nostri omniumque debitorum nostrorum animabus nec non imperii nostri stabilitate* …; DKoII. 260 (1038 Feb. 23) für das Domkapitel zu Lucca: … *prece et admonitione dilecte coniugis nostre simulque consortis nostri regni Gislae* … Die Begriffe *admonitio* und *monere* auch in DHII. 210 (1009 – Kirchberg) für das Erzbistum Magdeburg: … *caritativa nostrae dilectissimae contectalis Chun[igunde] admonitione* … und DHII. 484 (1023 Jan. 14 Paderborn) für Paderborn: … *quali[t]er nos inspicientes interventum dilectissimae coniugis nostrae Cvnigvndae imperatricis augustae assidue monentis atque incessabiliter nobis in memoriam reducentis, quod Meinuuercus … in servitute nostra iugi devocione sudavit,* …

Schließlich verfügte Heinrich II. eine Besitzschenkung an das Regensburger Nonnenkloster Niedermünster *etiam pro dilectissimae contectalis nostrae Cunigundae videlicet reginae dulci appetitu*, was als singuläre Formulierung zu bewerten ist[287].

Eine Steigerung dieses Sachverhaltes ergibt sich, wenn die Königin nicht mehr nur für etwas eintritt, um etwas bittet, zu etwas ermahnt oder etwas verlangt, sondern an den König »Forderungen« heranträgt. Dies gibt ein Besitzungen und Immunität bestätigendes, im Original erhaltenes Diplom Ottos II. für das Marienkloster in Ravenna zu erkennen:

> *Sapiant omnes dei nostrique fideles presentes videlicet ac futuri, Teuphanu nostram dilectam coniugem sociamque nostri imperii nostram obnixe adiisse clemenciam, postulando quatinus pro dei amore animeque nostre remedio abatisse sancte Rauennatis ecclesie ... confirmare et omnino corroborare dignaremur omnia precepta ...*[288].

Doch solche auf »Forderungen« der Königin basierende Beurkundungen sind eher selten und zeitlich auf die ottonische Zeit beschränkt[289]. Die Ausnahme bleibt eine Barbarossa-Urkunde für den Markgrafen Wilhelm von Montferrat, in dessen Obhut die Kaiserin Beatrix ihren am 16. Juli 1164 in Pavia geborenen Sohn Friedrich in Italien zurückließ[290], als sie mit Friedrich I. Ende des Jahres nach Deutschland zurückkehrte[291].

Eine weitere Variante der Interventionsformeln zielt darauf ab, den Eindruck zu erwecken, daß der Gunsterweis des Herrschers in demütiger Haltung erlangt und erfleht wurde. Durchaus gängige Formulierungen in ottonischer und salischer Zeit lauten: *nostram humiliter exorare clementiam*[292] beziehungsweise *nostram humili-*

287 DHII. 116 (1006 Juni 10 Boozheim): Neben Kunigunde intervenierte die amtierende Äbtissin Uta: ... *qualiter nos tam pro animae nostrae consultu quam etiam pro dilectissimae contectalis nostrae Cunigundae videlicet reginae dulci appetitu nec non venerabilis Radesponensis abbatissae Otae videlicet nuncupatae sedulo interventu* ... Die im Original überlieferte Urkunde ist verfaßt und geschrieben von ED; vgl. Reg. Imp. II,4 Nr. 1616.

288 DOII. 242 (981 Jan. 15 Ravenna), verfaßt und geschrieben von It. I; vgl. Reg. Imp. II,2 Nr. 838.

289 So DOI. 69 (945 Juni 11 Magdeburg) Besitzschenkung an die Brüder Folcmar und Richbert ... *qualiter dilecta coniunx nostra nomine Aetgid et Liutulfus noster dilectus filius nostras pulsaverunt aures, postulantes ...*; DOI. 357 (968 Mai 4) Besitzbestätigung für das Bistum Penne: *Quocirca noverit ..., Adelaidem nostram dilectam coniugem imperatricem augustam culminis nostri sublimitatem adiisse, obnixe postulando ... episcopatui sanctae Pennensis ecclesiae, ... confirmare ...*; DOII. 122 (975 Dez. 27 Erstein) Privilegienbestätigung für Kloster Offoniswilare an der Schutter: ... *Sed pro rei totius firmitate carissima nostra contectalis Theophana una cum fidelibus nostris Willigiso Moguntinae sedis venerabili archiepiscopi et Erkenbaldo Argentinae civitatis venerando episcopo nos postulavit ...*; DHII. 389 (–) Besitzübertragung an Kloster Michelsberg bei Bamberg ... *ut nostre dilectissime coniugis atque consortis nostre regni nostri Cunigundae postulationibus libentissime acclinemur ... ac nostrorum fidelium dignis peticionibus assensum condonemus ...* Dieses Diplom ist nur noch abschriftlich im Codex Udalrici erhalten, vgl. Reg. Imp. II,4 Nr. 1928, weist jedoch durch seine Formulierungen auf den Kapellan HC hin. DHII. 412 (–) Schenkung an Kaufungen: *Si pietatis nostrae celsitudinem adeuntibus digne postulata largimur, precipue convenit, ut nostrae dilectissime coniugis videlicet Cvnicvndae imperatricis augustae postulationibus libentissimae acclinemur.* Zu den stilistischen Übereinstimmungen u. a. in Arenga und Publicatio mit dem oben zitierten DHII. 389 vgl. Reg. Imp. II,4 Nr. 1953.

290 Dies teilt der Markgraf in einem Schreiben an den französischen König Ludwig VII. mit; vgl. Reg. Imp. IV,2 Nr. 1418.

291 DFI. 466 (1164 Okt. 5 Belforte) Investition mit Besitzungen, Regalien und Rechten ... *intercedente et postulante karissima consorte nostra Beatrice Romanorum imperatrice augusta ...*

292 DOI. 352 (967 Dez. 7 Ostina) Besitzbestätigung für den Getreuen Gausfred: *Adalheid nostram dilectam coniugem imperatrix augusta humiliter nostram exorasse clementiam* ... Dieselbe Formel

ter adire praesentiam[293]. Vereinzelt ist auch von »frommen Bitten« die Rede[294]. Eine Eigenart ottonischer Urkunden, besonders unter Otto III., besteht zudem darin, in Rückbezug auf die Interventionsformel als Begründung für die Ausstellung die Liebe zur Ehefrau[295], Mutter[296] und Großmutter[297] einzuflechten.

Schließlich fungierte die Königin – wie andere Vertraute des Königs auch – als Ratgeberin, was durch die Formel *consultu atque interventu* zum Ausdruck gebracht werden konnte. Die Belege dafür sind jedoch nicht allzu zahlreich und finden sich nur für die Kaiserinnen Adelheid, Theophanu und Bertha. Auf Adelheid bezogen erscheint die Formel in einer Reihe von Diplomen Ottos I. zwischen 962 und 967. Sie taucht erstmals einige Monate nach der Kaiserkrönung an Lichtmeß 962 in einer Be-

---

auch in der Schenkungsurkunde DOI. 415 (–) für Cluny sowie in DOI. 234 (961 Dez. 3) für Kloster S. Zeno zu Verona. Als Variante dazu DOIII. 97 (992 – Allstedt) Schutzprivileg für Bischof Odelricus von Cremona: … *dilectam aviam nostram Adhaleidam imperatricem augustam nostram humiliter adiisse clementiam* … So schon in DOI. 412 (972 Juli 30 Mailand) für Kloster Bobbio.

293 DOII. 89 (974 Aug. 30 Frohse) Schenkung für die bischöfliche Kirche zu Merseburg … *quia dilectissima coniunx nostra Theophanu nec non fidelis noster Gisalherius sanctae Mersiburgensis aecclesiae venerabilis episcopus nostram humiliter adeuntes praesentiam* … Analoge Formulierung in DOII. 90, ebenfalls für Merseburg.

294 DOI. 382 (970 Jan. 14 Pavia) für das Kloster des hl. Johannes in Magdeburg: …*piis petitionibus dilecte coniugis nostre Adelheidis* …; DOI. 412 (972 Juli 30 Mailand) für Kloster Bobbio: … *Si coniugis nostre piis supplicationibus faventes [ecclesiarum hono]res ob utilitatem servorum dei ordinamus et coroboramus* …; DOII. 199 (979 – Magdeburg) Schenkung an die Bischofskirche von Worms: …*piis dilecte coniugis nostre Theophanu petitionibus assensum prebentes pro requie in Christo futura summopere desideranda nec non pro statu et pace imperii nostri incolomitatisque* …; DOII. 141 (976 Sept. 29 Frose) Besitzrückgabe an Biledrut, die Witwe Herzog Bertholds von Bayern, … *qualiter dilecta coniunx nostra Theophana imperatrix augusta nostre serenitatis aures rogando adiit* … *Nos vero, prout dignum erat, piis illarum petitionibus consentientes* …; DOIII. 55 (989 Juli 4 Kirchberg) Regalienverleihung an Bischof Hildiwart von Halberstadt … *quomodo nos piam supplicationem dilectae genitricis nostrae Theophanu videlicet imperatricis augustae sequentes nec non et interventum fidelium nostrorum, Hildibaldi scilicet Uuormaciensis ecclesiae venerabilis episcopi et Berenhardi ducis* … Als Variante DOI. 378 (969 Aug. 10 Percena) für die Bischofskirche von Treviso … *interventu et umili peticione Adeleid nostrique coniugem imperatrice augusta.*

295 DOI. 412 (972 Juli 30 Mailand) Bestätigung aller Besitzungen und Rechte für Kloster Bobbio.

296 DOIII. 37 (987 Mai 27 Korvei) Bestätigung der Schenkung des Ortes Ponteburg und des Zehnten im Gau Ammeri für Kloster Korvei: … *Cuius vero peticionem pro amore dilectae genitricis nostrae Theophanu videlicet imperatricis augustae et interventione fidelis nostri Vuilligisi Mogontinae sedis venerabilis archiepiscopi benigne suscipientes* …

297 DOIII. 100 (992 Juli 19 Mühlhausen) Bestätigung der Verträge Ottos II. für Venedig … *interventu et petitione nostre dilectissime domine avie Adheleide imperatricis auguste* … *Cuius petitionem iustam ducentes amore nostre dilectissime avie et considerata fidelitate predicti ducis sueque gentis idem superius pactum a nostro genitore eis concessum nostre confirmationis precepto confirmavimus* …; DOIII. 109 (992 Nov. 5 Dornburg) Bestätigung von Schenkungen Ottos I. für die Kirche zu Innichen … *qualiter fidelis noster Abraham episcopus obtutibus nostris presentari fecit preceptum beate memorie domni avi nostri Ottonis videlicet imperatoris augusti in quo continebatur, quomodo ipse per interventum dilecte sue contectalis Adalheidis imperatricis augustae care avie nostre nec non et eius equivoci genitoris nostri quasdam res* … *tradidit* … *Nos vero ob dilectionem prelibate avie nostre Adalheidis imperatricis augustae et frequens servitium quod ipse devoto animo sepius nobis exhibuit, pie peticione illius benignum assensum prebentes eandem curtem* … *a novo donamus* …; DOIII. 135 (993 Juli 29 Derenburg) Markt- und Münzprivileg für Kloster Nienburg … *qualiter nos ob amorem dilectae aviae nostrae Adalheidis videlicet imperatricis augustae nec non et interventum carae amitae nostrae Mathhildis scilicet Quitiliniburgensis ecclesiae venerabilis abbatissae ac fidelis nostri Hildibaldi Uuormaciensis cleri honorandi praesulis et Liudolfi Augustensis ecclesiae totius reverentiae digni pontificis* … *concessimus* …

sitz- und Privilegienbestätigung für das Bistum Asti[298] auf und wird in drei weiteren Urkunden des Jahres 962[299] und in ebensovielen der Jahre 963 und 964[300] eingesetzt, wobei alle Urkunden ausnahmslos italischen Empfängern galten. Ausnahme bleibt die Schenkung an Victor, den Erzpriester der Churer Kirche, vom 8. Juli 967[301].

Aus der Zeit Ottos II. ist ein einziger in der Interventionsformel verankerter Hinweis auf das *consilium* der Königin in einer am 27. Juni 978 in der königlichen Kanzlei verfaßten Urkunde an die Äbtissin Adalbertina von Nivelles überliefert. Die hier zugestandene Regalienverleihung sei auf den »gesunden Rat unserer geliebten Gattin Theophanu« hin erfolgt[302]. Mathilde Uhlirz hat diese Urkunde für das zur Morgengabe der Kaiserin gehörende Nonnenkloster mit der im Sommer 978 erfolgten Geburt der Tochter Mathilde in Zusammenhang gebracht[303]. Ob die Formel in einer wörtlichen Auslegung andeuten sollte, daß Theophanu die Geburt des Kindes bereits glücklich überstanden hatte, bleibt zweifelhaft. Eindeutig aber ist, daß die Kaiserin durch ihr Engagement die Ausfertigung für ihre Dotalbesitzung erwirkte, zumal auch außer ihr keine weiteren Fürbitter genannt werden. Ein weiterer Beleg datiert in die Zeit der Regentschaft für Otto III., als dem Kloster St. Paul in Verdun ... *»interventu et petitione« fidelium nostrorum, »consultu« avie nostre Adelheidis et dilectissime matris nostre Theophane augustarum* ... sein Besitz bestätigt wurde[304]. Die Formel spiegelt die Rolle der mit der Regierungsverantwortung beauftragten Kaiserinnen wider[305]. Daß die Begrifflichkeit, wie der hier in Klammern gesetzte Petitdruck in der Edition deutlich macht, einer Vorurkunde Ottos II. aus dem Jahr 972 entlehnt wurde[306], ist dabei kein Gegenargument, zumal nur ein Teil der inhaltlich weiterreichenden alten

---

298 DOI. 247 (962 Sept. 25 Pavia) Besitz- und Privilegienbestätigung für das Bistum Asti ... *consultu] amantissime nostre coniugis Aleide imperatricis regnorumque nostrorum consortis adque interventu Gezonis episcopi dilectique nostri fidelicis* ...

299 DOI. 248 (962 Okt. 6 Pavia) Schenkung der Abtei Nonantola an Bischof Wido von Modena auf Lebenszeit ... *consultu atque interventu Adeleidae nostrae dilectissime coniugis nostrique imperii consortis atque venerabilis archiepiscopi Adeldac summique regnorum nostrorum consiliarii* ...; DOI. 249 (962 Nov. 3 Pavia) Schenkung an den Presbyter Erolf ... *consultu ac interventu dilecte coniugis nostre Adelheide imperatricis nec non et Rodulfi ducis nobilissimi* ...; DOI. 251 (962 Dez. 30 Pavia) Schenkung an Graf Aimo ... *interventu atque consultu amantissime nostre coniugis Adheleide nostrique imperii consortis* ...

300 DOI. 260 (963 Sept. 12 S. Leo) Schenkung an Bischof Wido von Modena ... *consultu ac interventu Adelheide dilecte coniugis nostre regnorumque nostrorum consortis* ...; DOI. 262 (964 Febr.18 Paterno) Besitzbestätigung für das Kloster Montecassino ... *pro amore dei ac remedio anime nostre nec non consultu ac interventu Adelheide dilecte coniugis nostre* ...; DOI. 265 (964 Juli 6 Aquapendente) Besitzbestätigung für das Bistum Padua ... *pro dei amore animeque nostre remedio nec non consultu ac interventu dilecte coniugis nostrae Adelehidae et consortis imperii nostri* ...

301 DOI. 343 (967 Juli 8 Marlia) Schenkung an den Erzpriester der Churer Kirche Victor ... *interventu et consultu Adalheide nostre dilectissime coniugis et imperii nostri consortis* ...

302 DOII. 179 (978 Juni 27 Maastricht) für den Nonnenkonvent Nivelles ... *ob salubrem dilecte coniugis nostrae Theuphanu consultum quam strenue semper pro augenda dei servitute monitricis ac etiam propter elemosinam et remedium animae nostre* ...

303 M.Uhlirz, Studien über Theophano III S. 131.

304 DOIII. 3 (984 Okt. 20 Worms) Besitzbestätigung für St. Paul; zu den Einzelbestimmungen vgl. Reg. Imp. II,3 Nr. 959.

305 Den politischen Charakter der Intervention betont auch K.Uhlirz, Interventionen S. 122.

306 DOII. 22a + b (972 – Rom): Bestätigung der Gründung des Klosters St. Paul ... *interventu et petitione dilecti et fidelis nostri Wifridi sancte Virdunensis sedis episcopi* ..., *consultu videlicet et permissu domini pape Iohannis viri apostolici* ...; vgl. DOII. 156 (977 Mai 10 Diedenhofen).

Formel übernommen wurde[307]. Schließlich ließ noch einmal Heinrich IV. in einer Schenkung an das Marienstift in Aachen den Ratschlag Königin Berthas in den Vordergrund rücken[308]. Ein konkreter Anlaß für eine offensichtliche, die vereinzelte Formulierung rechtfertigende intensive Beratung mit der Königin läßt sich auch in diesem Fall nicht erkennen. Immerhin handelt es sich um die einzige Urkunde des Jahres 1072, in der Bertha genannt wird. Zuletzt ist sie über ihre Interventionen am Hof Ende Dezember 1071[309] und dann erst wieder am 2. Januar 1073[310] nachweisbar. Wo sie sich von Mai bis Dezember 1072 aufhielt, wissen wir nicht. Läßt sich die Vermutung erhärten, daß die spätere staufische und babenbergische Stammutter Agnes 1072 und nicht erst 1075 geboren wurde, dann könnte sich Bertha in diesem Zeitraum wie auch 1074 für die Geburt Konrads[311] in ein Kloster zurückgezogen haben.

Insgesamt wurde mit den in den Interventionsformeln der Herrscherdiplome für die Königinnen verwendeten Begriffe, von denen hier nur die in der Kanzlei gebräuchlichsten angeführt wurden, die ganze Palette des eine Bitte oder eine Forderung ausdrückenden Vokabulars herangezogen. Daneben finden sich aber auch Formulierungen, die auf eine politische Beratung mit der Königin hinweisen.

Kompetenzen der Königin

Neben den unterschiedlichen Formen der Fürsprache für Dritte lassen einzelne Formulierungen auf das Procedere schließen sowie den Grad der Kompetenzen bemessen. Dabei läuft das zu einer Beurkundung führende Verfahren üblicherweise so ab, daß die Antragstellung durch die begünstigte Partei selbst oder eine beziehungsweise mehrere von ihr damit beauftragte Personen, meistens die zuständigen Diözesanbischöfe oder Lehensherrn, erfolgte und die Königin entweder allein oder zusammen mit anderen Personen ihre Fürsprache gewährte (oder auch nicht).

Daneben wird die Königin durchschnittlich in jeder dritten Urkunde auch als Petentin angeführt. In den meisten Fällen ist allerdings schwer entscheidbar, ob dabei auch zwei verschiedene Vorgänge zugrunde gelegt werden müssen, wie dies für den Fall anzunehmen ist, wenn Petition und Intervention von verschiedenen Personen übernommen wurden. Das Problem ist mit der Formel *ob interventum et peticionem*, die als willkürlich verwendete Tautologie verstanden werden könnte, aber

307 Alle genannten Urkunden für St. Paul wurden in der Kanzlei ausgefertigt, DOIII. 3 vom Schreiber HB. – Zu dem Ergebnis, daß die Schreiber nicht einfach gedankenlos Formeln übertrugen, sondern der jeweiligen Situation anzupassen wußten, kommen auch Struve, Interventionen Heinrichs IV. S. 205 und Franz Reiner Erkens, … *more Grecorum conregnantem instituere vultis?* Zur Legitimation der Regentschaft Heinrichs des Zänkers im Thronstreit von 984, FMSt 27 (1993) S. 273–289, hier S. 289 Anm. 124.

308 DHIV. 254 (1072 April 27 Aachen) … *consilio et interpellatione dilectae Berhtae regni et tori sociae coeterorumque fidelium nostrorum Annonis Coloniensis archiepiscopi, Bvggonis Halberstatensis, Uverinheri Argentinensis episcoporum suggestione* …

309 DHIV. 247 (1071 Dez. 29 Worms) Schenkung an das St. Suitbertstift zu Kaiserswerth: … *Nos vero eius petitionem adimplere dignantes opit[u]lante nostra dilecta Bertha regina, subvenientibus quoque nostris fidelibus* …

310 DHIV. 257 (1073 Jan. 2 Würzburg) Besitzbestätigung für das Domkapitel zu Treviso … *interventu quoque dilectae nostrae regni thorique nostri consortis Berthae reginae et fidelis nostri scilicet Adelperi Vuerzeburgensis episcopi, Acelini etiam Taruisini episcopi et supplicatione Ioannis eius praepositi* …

311 Zum Aufenthalt in Hersfeld oben S. 104.

nicht zu lösen. Verstärkt ist hier die Tatsache zu berücksichtigen, daß eine sehr unterschiedliche Handhabung der Formeln erfolgte.

Unter der Prämisse, daß Urkunden gegengezeichnet und vor der Aushändigung an die Empfänger in Anwesenheit des Königs und für die hier speziell untersuchten Diplome sicherlich auch der Königin sowie der am Hof anwesenden Großen des Reiches verlesen wurden[312], können wir davon ausgehen, daß jeweils die der Realität entsprechenden Formeln auch Verwendung fanden. Ansonsten dürfte mit den Einsprüchen der einzelnen Parteien zu rechnen sein. Demzufolge erscheint es nicht vorstellbar, daß aktives Handeln beziehungsweise Untätigkeit der Königin in einem Beurkundungsvorgang in völlig falscher und den Tatsachen widersprechender Form in die Urkunden Eingang gefunden hätte[313]. Wenn also die Königin als Intervenientin genannt wird, muß sie auch entsprechend agiert haben. Gleiches ist für Petitionen zu vermuten. Diese grundsätzliche Überlegung läßt sich an manchen Formulierungen konkretisieren. So schlägt sich die politische Mitarbeit der Königin Bertha in zwei für die Kirche von Aquileja am selben Tag ausgestellten Urkunden verschiedentlich nieder: Die Schenkung der Mark Istrien wird *per peticionem dilectae nostrae regni ac thori nostri consortis Berthtae reginae* sowie der Mithilfe mehrerer, zum Teil namentlich genannter Fürsten gewährt[314]; die Schenkung der Mark Krain erfolgt aufgrund der treuen Dienste und der Petition des Patriarchen Sieghard und unter Mithilfe Berthas sowie der Zustimmung derselben Fürsten[315]. Eine offizielle Petition hat die Königin demzufolge nur für die erste Schenkung vorgetragen, während für die zweite nur von einer nicht näher beschriebenen Mithilfe die Rede ist.

Deutlicher wird die Unterscheidung zwischen Intervention und Petition der Königin in einem weiteren Beispiel aus der Kanzlei Heinrichs IV.: Bischof Altwin von Brixen trug am Hof die Petition über die Verleihung eines bestimmten Wildbanns vor und erhielt Zustimmung, weil Königin Bertha sowie die Erzbischöfe Gebhard von Salzburg und Udo von Trier und andere seinem Wunsch nicht nur Fürsprache zuteil werden ließen, sondern gemeinsam und einvernehmlich mit ihm die Petition führten:

---

312 Das Verlesen von Diplomen *in communi generalis curiae* beschreiben z. B. die Diplome Konrads III. Nrr. 89 und 90 (1143 Juli 8 und 10 Straßburg). Weitere Beispiele aus salischen Urkunden bei Struve, Interventionen Heinrichs IV. S. 217f. mit Anm. 97 + 98.

313 Die These, daß den häufigen Interventionen der Herrscherinnen »ein wirklicher Tatbestand zugrundegelegen« hat, vertrat auch schon Schetter, Intervenienz S. 126. Zu gleichen Ergebnissen kommt Struve, Interventionen Heinrichs IV. S. 199–207 für die Interventionen des minderjährigen Heinrich IV. in den Diplomen Heinrichs III.

314 DHIV. 295 (1077 Juni 11 Nürnberg) Verleihung der Grafschaft Istrien an die Kirche von Aquileja: ... *fideli nostro Sigeardo patriarche et suae sancte Aquilegensi aeclesie ad honorem dei genitricis virginis Marie et sancti Hermachore inibi requiescentis per peticionem dilectae nostrae regni ac thori nostri consortis Berthtae reginae, subvenientibus quoque ad hoc familiaribus nostris Embricone Augustensi, Wothalrico Eihcstensi, Eppone Niwenburgensi, Bennone Osinabruggensi, Gebeardo Pragensi episcopis, ducibus autem Writizlao Boemie ac Livdolfo Carintie, Cvonone quoque palatino comite et Tieboldo marchione aliisque nostris quampluribus amicis* ...

315 DHIV. 296 (1077 Juni 11 Nürnberg) Verleihung der Mark Krain: ... *Igitur pro caro nobis et fideli servicio ac peticione Sigehardi eiusdem sancte Aquilegensis aecclesie patriarche subveniente dilecta nostra Berta regina nec non aliis nostris fidelibus ad hoc nitentibus, scilicet Embricone Augustensi episcopo, Wothalrico Eistettensi, Eppone Niwenburgensi, Bennone Osinabruggensi, Gebehardo Pragensi episcopis, ducibus autem Writizlao Boemie et Liudolfo Carintie, Cuonone palatino comite et Tiepoldo marchione et aliis quampluribus nostris familiaribus* ...

... *In quorum numero episcopum Brixinensem Altwinum respeximus, cuius petitionem, quia iusta et honesta videbatur, fieri adiudicavimus, interpellantibus etiam ac secum petentibus Berhta et regni et thori socia, Gebehardo Salzburgensi, Vtone Treuirensi archiepiscopis coeterisque fidelibus nostris* ...[316].

Demzufolge müssen wir also davon ausgehen, daß nicht nur Interventionen als Ausdruck der Zustimmung, sondern auch Antragstellungen in Form von Petitionen in nicht geringer Zahl von den Königinnen des 10. bis 12. Jahrhunderts geführt wurden und dies in den offiziellen Beratungen auch deutlich zum Ausdruck gekommen ist. Die Formel *ob interventum et peticionem* kann insofern nicht von vornherein und pauschal als »doppelt ausgedrückte Intervenienz« und bloße »Erweiterung in verstärkendem Sinne«[317] angesehen werden.

In den meisten Fällen, in denen die Königin als Intervenientin oder Petentin auftrat, wird dem üblichen Verfahren entsprechend ein mündliches oder schriftliches Bittgesuch, oftmals auch durch Vorurkunden untermauert[318] oder durch Textentwürfe vorbereitet[319], zugrunde gelegen haben[320]. Allerdings sind schriftliche Zeugnisse oder Hinweise auf solche nur selten erhalten, darunter zum Beispiel ein Schreiben der verwitweten Herzogin Waldrada an Kaiserin Adelheid wegen ihrer Wittumsklage vor dem Königsgericht[321] sowie die einzigartige Formulierung in einem Diplom für das Kloster S. Stefano zu Ivrea, das ausgestellt worden sei, ... *qualiter Agnes coniunx nostra nostrique imperii consors per deprecatorias et suasorias litteras a venerando Liuzone abbate monasterii ... exorata nostram adiit celsitudinem flagitans et petens* ...[322].

---

316 DHIV. 259 (1073 Mai 23 Augsburg) Verleihung des Wildbannes über die Güter der Brixener Kirche an der Feistritz und Save an dieselbe; eine analoge Formulierung findet sich in DHIV. 356 (1084 März 21 Rom) Schenkung des Gutes Rappoltstein mit der Burg an die bischöfliche Kirche zu Basel: ... *Quapropter peticionem eius in peticionis effectum ducere dignum duximus petentibus secum ac pro eo nos interpellantibus Bertha dilecta coniuge nostra, Conrado Traiectensi, Milone Batauino, Hezelino Vicentino, Ottone Argentinensi episcopis, Regenhero duce ac marchione et aliis marchionibus et comitibus aliisque multis regni principibus ac nostris fidelibus* ...

317 So Schetter, Intervenienz S. 129.

318 DOII. 275 (982 Mai 18 Tarent) Bestätigung der an das Bistum Salzburg von König Arnulf und dessen Vorgängern geschenkten Besitzungen: ... *qualiter Fridericus sanctae Salzburgensis ecclesie venerabilis archiepiscopus per interventionem dilectae coniugis nostrae Theophanu videlicet imperatricis auguste ac fidelis nostri Deoderici Mettensis ecclesie digni provisoris nobis presentavit preceptionem Arnolfi regis ... Cuius petitioni vero piae ob votum et intercessionem ut antedictum est care contectalis nostrae Theophanu scilicet imperatricis augustae ac fidelis nostri Deoderici iam dictae Mettensis ecclesie episcopi assensum praebentes ... concedimus ac confirmamus ...*; DOIII. 109 (992 Nov. 5 Dornburg) Bestätigung von Schenkungen Ottos I. für die Kirche zu Innichen ... *qualiter fidelis noster Abraham episcopus obtutibus nostris presentari fecit preceptum beate memorie domni avi nostri Ottonis videlicet imperatoris augusti in quo continebatur, quomodo ipse per interventum dilecte sue contectalis Adalheidis imperatricis augustae care avie nostre nec non et eius equivoci genitoris nostri quasdam res ... tradidit* ...

319 Nach einer Vorlage wurde z. B. DOI. 211 (960 Juni 4 Köln) für den Nonnenkonvent Bouxière verfaßt; vgl. die Vorbemerkung in der Edition S. 291.

320 Vgl. Bresslau, Handbuch der Urkundenlehre 2 S. 193f.

321 Zu den Bemühungen der Kaiserin zugunsten ihrer Verwandten Waldrada S. 156f.

322 DHIII. 228 (1048 Dez. 21 Freising) Schutzgewährung, Immunitätsverleihung und Besitzbestätigung. Diese Urkunde ist insofern problematisch, als es sich um eine Fälschung handelt, in die allerdings Wendungen aus Vorlagen eingearbeitet wurden, darunter auch »die Narratio mit der von dem Abt Liuzo durch ein Bittschreiben an die Kaiserin Agnes erwirkten Intervention« (vgl. Vorbemerkung zu DHIII. 228, S. 303).

In einer originellen Formulierung schlugen sich auch die hartnäckigen Bemühungen des Paderborner Bischofs Meinwerk nieder, der nicht müde wurde, von Konrad II. immer und immer wieder die Rückgabe der von Heinrich II. der Paderborner Kirche überlassenen Grafschaft des verstorbenen Grafen Dodico zu fordern, die Konrad ihm zu Beginn seines Königtums entzogen und der Mainzer Kirche übertragen hatte. Sein flehentliches Bitten wurde schließlich auf Betreiben Giselas und der Fürsprache Heinrichs III. erfüllt:

> *... Meginwercus pres[ul] ... non cessavit, non quievit, supplicando serviendo, quoadusque nos omnipotentis dei, in cuius manu corda sunt regum, commoniti instinctu dilecteque coniugis nostrae Gisele nec non Heinrici filii nostri magnifici regis interventu ... legitima traditione reddidimus restituimus redonamus ...*[323].

Ob Bischof Odelric von Bergamo auf schriftlichem oder mündlichem Weg erwirkte, daß Adelheid für ihn seinen Wunsch auf Grundstücksübereignung mehrerer Hufen und Ortschaften dem König zu Gehör brachte, läßt sich dem schlichten *per* nicht entnehmen. Deutlich wird allenfalls, daß die Kaiserin die Petition für ihn am Hof übernahm:

> *... noverit, quod Odelricus reverentissimus sancte Bergomensis ecclesie presul nosterque fidelissimus per Adlehidam nostram fidelissimam coniugem nec non imperatricem suppliciter nostram deprecatus est clementiam ...*[324].

Nimmt man Formulierungen wie *celsitudinem nostram adire* u. ä. jedoch wörtlich, dann dürften mündliche Petitionen durch Bittsteller, die entweder persönlich oder durch einen Vermittler vorgetragen wurden, deutlich in der Überzahl sein. Aus der Fülle von Belegen seien lediglich zwei Beispiele angeführt:

> *... qualiter ... nostram celsitudinem adierit venerabilis abbatissa nomine Ermengartis coenobii sanctae dei genitricis Mariae quod vocatur Buxerias, interventu videlicet nostre dilectae coniugis aeque imperatricis Thevfanu, suggerente quoque Friderico duce nostro, querimoniam proclamando faciens de quodam praedio ...*[325].

---

323 DKoII. 198 (1033 Aug. 2 Limburg). Meinwerk von Paderborn hatte bereits durch seine beharrlichen Petitionen die Intervention Kunigundes und mehrerer Großer des Reiches für die Schenkung der Abtei Schildesche an seine Bischofskirche von Heinrich II. erwirkt; DHII. 403 (1019 März 20 Goslar) ... *Meginuuerchus Paterbrunnensis episcopus nostrae imperiali excellentiae dilectissimus sublimitatem nostram convenit ... Cuius continuis petitionibus non inmerito faventes interventu Chunigunde imperatricis nostrae videlicet dilectissime coniugis, episcoporum quoque Geronis, Unuani, Arnoldi, Dietrici, Hiltiuuardi et Erici optimatumque nostri regni Pernhardi d[ucis], Sigifridi comitis, Herimanni et Eggiharidi consilii ...*

324 DOI 272 (–). Analoge Formeln in: DOI. 351 (967 Dez. 2 –) Besitzbestätigung für Venedig ... *quia Petrus dux Veneticorum per Adeleidam dilectam coniugem nostram ac per nuntios suos Iohannem Guntarinum et alium Iohannem Diaconum nostram deprecati sunt maiestatem ...*; DOII. 300 (983 Juni 7 Verona) Erneuerung der Verträge mit den Venetianern ... *humiliter supplicante Tribuno duce Ueneticorum per Ade[eleidam d]ilectam [matrem et dominam nostram imperatric]em semper augustam ac per nuncios suos Petrum Mauricinum monachum et Badoarium nobilem nec non Petrum Andreadi trib[unum] clemen[ti]am imp[erii nostr]i ...*; DHII. 43 (1003 März 22 Magdeburg) Privilegienbestätigung für Kloster Nienburg ... *qualiter venerabilis abbas nomine Eggihartus per dilectam nobis coniugem et regnorum consortem Cunigundam humiliter nostram interpellavit clementiam ...*

325 DOII. 157 (977 Mai 10 Diedenhofen) Rückgabe der durch den *miles nomine Ruodfridus* dem Kloster Bouxières entzogene Besitzungen.

Oder:

> ... *qualiter dilectus noster Bernoldus Traiectensis episcopus cum abbate suo Werinherio de cenobio sancte crucis et sancte dei genitricis Marie et beatorum apostolorum Petri et Pauli celsitudinem nostram adierunt humiliter obsecrantes, ut bona eidem cenobio ... a prioribus episcopis Ansfrido et Adelboldo collata per nostrum imperiale preceptum eorum usui confirmaremus. Quorum petitioni pium, sicut iustum erat, assensum prebentes ob interventum ac petitionem dilecte coniugis nostre Gisile imperatricis auguste et Henrici unici filii nostri Pauvariorum ducis ea infra scripta bona eorum usui per hoc imperiale preceptum firmissime confirmamus ...*[326].

Die Formeln lassen weiterhin erkennen, daß Königinnen zwischen den Antragstellern und dem König vermittelten, indem sie ersteren ihre Hilfe zuteil werden ließen. So konnte Bischof Olderich von Cremona *obtentu Adeleid nostre coniugis ac consortis nostri imperii* dem Kaiser seine Bitte für eine umfassende Bestätigungsurkunde zugunsten seiner Kirche vortragen[327]. Der Touler Bischof agierte für die Sicherung des Besitzes von Bouxières *una cum ... Adalheidae subventu*[328].

Gelegentlich vertraten Königinnen auch Petitionen in eigener Sache. Die am 8. Juni 975 von Otto II. ausgestellte Bestätigung aller von seinem Vater *in Elesazia videlicet, Francia, Turingia, Saxonia, Slauonia* gelegenen und als Witwengut der Kaiserin Adelheid übertragenen Besitzungen erfolgte, »weil uns unsere liebe Mutter und Augusta Adelheid darum gebeten hat«[329]. Ähnlich aktiv erhielt Gisela einen von Konrad II. in Kölbigk errichteten Markt samt Bann, Zoll und allen Gerechtsamen *rogatu carae coniugalis nostrae Gisalae imperatricis videlicet augustae*[330].

Keine Kenntnisse besitzen wir hingegen darüber, wieviele Antragstellungen befürwortet und wieviele abgelehnt wurden, da sich nur die angenommenen Anträge in den Diplomen erhalten haben. Diese sind am Hof beraten und diskutiert wor-

---

326 DKoII. 114 (1028 Febr. 3 Utrecht) Besitzbestätigung für St. Paul in Utrecht.

327 DOI. 429 (973 März 28 Quedlinburg): ... *Oldericum venerabilem sancte Cremonensis ecclesie antistitem obtentu Adeleid nostre coniugis ac consortis nostri imperii celsitudinis nostre clementiam adiisse, humiliter postulans ...*; eine weitgehend wörtliche Erneuerung erfolgte durch DKoII. 146 (1030 März 18 Basel) ... *Landulfum venerabilem ... antistitem obtentu dilecte imperii nostri consortis Gisle imperatricis gratissimo celsitudinis nostre clementiam obnixe humiliterque postulasse ...*

328 DOI. 211 (960 Juni 4 Köln) ... *egregius Tullensis ecclesiae pastor Gozilinus una cum dilectissimae coniugis nostrae Adalheidae subventu ...*

329 DOII. 109 (975 Juni 8 Dornburg) *Noverit ... qualiter nos rogavit cara genitrix nostra Adalheida augusta, ut predia que pie memorie genitor noster dotali munere in proprium ius sibi transfudit, hec omnia per nostre confirmationis preceptum confirmaremus ...*; den Bitten der Kaiserin Adelheid zufolge erhält die Äbtissin Mathilde von Quedlinburg durch DOIII. 7 (985 Jan. 28 –) Schenkungen aus ihrem Wittum: ... *quomodo dilecta avia nostra Adalheida videlicet imperatrix augusta ad nos venit, petens ut predia sua que avus noster beate memorie Otto imperator augustus suis preceptionibus in dotem ei tradidit, congrua partitione nostro consultu et auxilio quibus vellet tradere illi ...*; DOIII. 139 (993 Okt. 27 Werla) Otto III. schenkt aus Liebe und auf Bitten der Kaiserin Adelheid sowie wegen der treuen und häufigen Dienste durch den Erzbischof Gisieher von Magdeburg seiner bischöflichen Kirche die Hälfte seiner Rechte in den Städten Werben und Warnowitz und bestätigt die der Kaiserin von seinem Vater gemachte Schenkung der ersten Hälfte: ... *qualiter nos ob amorem et petitionem dilectae aviae nostrae Adalheidis videlicet imperatricis auguste et devotum ac frequens servitium fidelis nostri Gisalharii Magadaburgensis archiepiscopi venerandi ad ecclesiam ... pro remedio animarum parentum nostrorum beate memorie genitoris nostri Ottonis imperatoris augusti careque genitricis nostrae Theophanu imperatricis augustae dedimus ...*

330 DKoII. 234 (1036 Okt. 26 Tilleda).

den. So trat Adelheid und neben ihr Erzbischof Adaldag von Hamburg und die höchsten Ratgeber der beiden Reiche Deutschland und Italien für die Schenkung der Abtei Nonantula an Bischof Wido von Modena ein[331], der nach Liudprand von Cremona schon lange bestrebt war, diese in seinen Besitz zu bringen[332].

Genauer wird dieses Verfahren im Interventionspassus eines am 26. September 982 in Capua ausgestellten Diploms Ottos II. beschrieben. Der auf dem Schlachtfeld von Cotrone gefallene Graf Konrad hatte vor seinem Tod an den Kaiser die Bitte herangetragen, daß seine in Lothringen gelegenen Besitzungen dem Kloster Gorze übertragen werden sollen. Diese testamentarische Verfügung hat Otto II. mit seinen Getreuen beraten – *eius peticionem post belli eventum cum fidelibus nostris colloquentes* –, um sie *inprimis interventu dilecte contectalis nostre Theophanu videlicet imperatricis auguste ac postea consultu fidelium nostrorum* schließlich zu bewilligen. Von den Getreuen werden namentlich Herzog Otto von Schwaben und Bayern und Bischof Dietrich von Metz genannt[333]. Die Kaiserin aber gab im Anschluß an die Diskussion, an der sie sich beteiligte[334], an erster Stelle ihre Zustimmung.

Maßgeblichen Anteil an der Kontroverse über die Schenkung der Abtei Schwarzach an die Straßburger Kirche hatte Kunigunde. Die Interventionsformel macht nicht nur das Zustandekommen der recht schwierigen Entscheidung deutlich, sondern führt auch die Stellung der Königin im Entscheidungsprozeß vor Augen:

> … *Proinde nos etiam, qui ad tempus sub aeterno rego electi sumus regnare, in primis pro amore dei eiusque genitricis nec non pro assiduis petitionibus dilecte coniugis nostrae Chunegunde atque fidis persuasionibus Hereberti Coloniensis archiepiscopi et fratri sui Hecelonis episcopi Vvurceburgensis et simul fratris nostri Brunonis Augustensis conciliis ceterorumque fidelium nostrorum rogatu et assensione, quin vero propter iuge servitium Werenharii Argentinensis episcopi quandam abbaciam monachorum que dicitur Suarzaha sanctae Argentinensis ecclesie in honore dei genitricis fundate … tradidimus perpetualiter possidendam …*[335].

---

331 DOI. 248 (962 Okt. 6 Pavia) … *consultu atque interventu Adelheidae nostrae dilectissime coniugis nostrique imperii consortis atque venerabilis archiepiscopi Adeldac summique regnorum nostrorum consiliarii* … Ähnlich DOI. 247 (962 Sept. 25 Pavia) Otto I. bestätigt dem Bistum Asti alle Besitzungen, Privilegien und Rechte … *consultu] amantissime nostre coniugis Aleide imperatricis regnorumque nostrorum consortis adque interventu Gezonis episcopi dilectique nostri fidelicis* …

332 *Prosequitur hunc Wido, Mutinensis ecclesiae praesul, non iniuria lacessitus, sed maxima illa abbatia Nonantula, quam et tunc adquisivit, animatus*, Liudprand von Cremona, Antapodosis V 27 S. 146.

333 DOII. 280: … *Eius peticionem post belli eventum cum fidelibus nostris colloquentes, inprimis interventu dilecte contectalis nostre Theophanu videlicet imperatricis auguste ac postea consultu fidelium nostrorum, Ottonis scilicet fratruelis nostri Alemannorum Baioariorumque ducis ac Deoderici Mettensis ecclesie venerabilis episcopi aliorumque carorum nostrorum, sicut petivit ac tradidit, nova traditione nostre auctoritatis adimplevimus* …; vgl. Reg. Imp. II,2 Nr. 879.

334 Vgl. aus der Zeit der Regentschaft Theophanus DOIII. 2 (984 – Speier), das dem Bistum Toul den Besitz der Abteien S. Dié und Moyenmoutier unter dem Vorbehalt der der Herzogin Beatrix von Oberlothringen und ihrem Sohn auf Lebenszeit zuerkannten Rechte bestätigt: … *Nos denique residentes Spirae ad colloquium, quia rata et condigna fideles nostri haec censuerunt, per interventum genitricis nostrae Theophaniae et ducum nostrorum Henrici et Cononis, archiepiscoporum Willigisi Moguntinensis, Warini Coloniensis, Erchebaldi Strasburgensis episcopi consensum nostrae autoritatis iustis praebuimus Tullensis episcopi petitionibus* …

335 DHII. 277 (1013 od. 1014 Jan. 17 Pavia).

Diesem Text zufolge fiel der Beschluß zugunsten der Straßburger Kirche aufgrund »beharrlicher Petitionen« der Königin, der zuverlässigen Überzeugungskraft des Kölner Erzbischofs Heribert, der Ratschläge der Bischöfe Hezilo von Würzburg und Brun von Augsburg, des königlichen Bruders, sowie durch Befragung und mit Zustimmung der übrigen Getreuen des Reiches. Die Königin erscheint hier fest in den Beraterkreis um den König integriert, indem sie Position bezog und diese verteidigte. Wenn Kunigunde bei einer Entscheidung von solcher Tragweite – wie übrigens im gesamten Verlauf der Regierung des letzten ottonischen Herrscherpaares mit Regelmäßigkeit – die Antragstellung mit der damit verbundenen Begründung und Rechtfertigung übernimmt, ist sie mit einer hochpolitischen Aufgabe betraut und nimmt eine politische Spitzenstellung im Reich ein.

Die Beteiligung der Königin an den politischen Entscheidungen und Rechtsgeschäften belegen in besonderer Weise auch Formeln aus der Kanzlei Heinrichs IV. So gelang ein Tauschgeschäft des Königs mit Markgraf Dedo zugunsten des Goslarer Stiftes St. Simon und Judas unter der maßgeblichen Mitwirkung Berthas in Form von vertraulichen Hinweisen und Ratschlägen. Neben Bischof Hermann von Bamberg als einem der engsten Vertrauten des Königs[336] wird auch Bertha ausdrücklich zu *fidelibus nostris* gezählt:

> ... *Qua re in omne seculum notum esse volumus, quo pacto nos submonentibus et consilium dantibus fidelibus nostris, tum Berhta thori regnique nostri consorte, tum Herimanno Babenbergensium episcopo eo tempore in curia communi principum nostrorum consilio negotia omnia administrante ... concessimus*[337].

Die Mithilfe Königin Berthas beim Zustandekommen von Rechtsgeschäften schlägt sich wörtlich auch anderweitig nieder, wie die oben bereits angeführten Diplome zur Verleihung der Marken Istrien und Krain an die Kirche von Aquileja belegen[338]. Welche Bedeutung das »Votum« der Königin[339] für den König und im Kreis seiner

---

336 Größtes Aufsehen erregte Hermann von Bamberg (1065–1075) aufgrund der Simonievorwürfe, die ihn dann auch sein Amt kosteten. Er gehörte zu den treuesten Anhängern Heinrichs IV. und nahm zeitweilig in mehreren Bereichen – Finanzen, Diplomatie, Militär – eine Spitzenstellung am Hof ein; vgl. GUTTENBERG, Regesten der Bischöfe und des Domkapitels von Bamberg (1932–1963) S. 193–248; Rudolf SCHIEFFER, Hermann I., Bischof von Bamberg, in: Fränkische Lebensbilder 6, hg. von Gerhard PFEIFFER und Alfred WENDEHORST (Veröffentlichungen der Gesellschaft für Fränkische Geschichte. Reihe VII A, 1975) S. 55–76.

337 DHIV. 224 (1069 Okt. 26 Merseburg).

338 Zur »Mithilfe«-Formel vgl. auch DHIV. 247 (1071 Dez. 29 Worms) Schenkung eines Lehens an das St. Suitbertstift zu Kaiserswerth zur Verbesserung der Pfründen mit der Auflage, täglich eine Messe zum Seelenheil für sich, die Kaiser Konrad II. und Heinrich III. sowie Kaiserin Agnes zu lesen: ... *Nos vero eius petitionem adimplere dignantes opit[u]lante nostra dilecta Berhta regina, subvenientibus quoque nostris fidelibus ... tradimus*. Die Unterstützung der Königin wird auch in den Formeln für Richenza betont; vgl. DLoIII. 19 (1129 [?] April 10 Goslar) für Stift Elten: ... *Quoniam eciam iam dictam beati Viti ecclesiam in beati Blasii natale a Sigwardo Mindenensi episcopo, presente et favente Traiectensi episcopo una cum clero suo aliisque quampluribus sancte ecclesie fidelibus consecrari mandavimus, ibique in proprios ecclesiae usus de censu nostro quem Duisborch habemus, uno quoque anno duo talenta probante monete donavimus, iuvante et precante pia regina et coniuge nostra Richinza*; DLoIII. 36 (1131 April 23 Trier) für Kloster Echternach: ... *rogatu et auxilio coniugis nostre Richize regine et episcopi Megingoti de Merseburch et comitis Cuonradi ...*

339 In den Formeln findet sich hin und wieder der Begriff des »Votums« als Zustimmung zu einer Beurkundung, so z. B. in DOII. 186 (979 März 19 Treben) Schenkung an Bischof Giselher von

Berater einnehmen konnte, läßt sich ebenfalls aus den Formeln erschließen. Neben dem oben zitierten *colloquium* über die Schenkung des auf dem Schlachtfeld von Cotrone gefallenen Grafen Konrad, zu der *inprimis* Theophanu ihre Zustimmung gab, finden sich auch Beispiele aus salischer Zeit. So gewährte Konrad II. Schutz und Immunität für ein von ihm an die Mindener Kirche geschenktes Gut aufgrund der Fürsprache seiner Getreuen, wobei mehrere Bischöfe namentlich angeführt werden, ganz besonders aber aufgrund der Intervention Giselas[340]. Sein Enkel Heinrich IV. befreite die Besitzungen des Klosters Einsiedeln von jeder königlichen Einmischung und verlieh das Recht auf freie Abtwahl mit Zustimmung der anwesenden Reichsfürsten, *super omnia autem annitente Berhta et regni et thori participe*[341].

Die Stimme der Königin wurde also nicht nur gehört, was allein schon die Tatsache beweist, daß die Anzahl ihrer Interventionen bei weitem höher als diejenige anderer Personen liegt. Darüber hinaus wurde in den Formulierungen ihre Einflußnahme auf Beurkundungen eigens betont und schließlich hervorgehoben, daß nicht zuletzt ihr Plädoyer für den jeweiligen Ausgang der Angelegenheit ausschlaggebend war. So ließ Otto in eine Schenkungsurkunde für den Magdeburger Dom schreiben, er habe mit Erfüllung der Bitte der Intervention der beiden Kaiserinnen Folge geleistet:

> *... Huis vero viri venerabilis votum ac petitionem benigne suscipientes atque interventum et dilectionem carae genitricis nostrae Athelheidis imperatricis augustae dilectaeque coniugis nostrae, Theophanu videlicet imperatricis augustae subsequentes ...*[342].

Merseburg: ... *vir venerabilis Gisalharius, noster videlicet fidelis episcopus, nostrae legationis ac servitutis causa in quibus plus omnibus maxime ac fideliter laboraverat, ... petens et obnixe sufflagitans. ... Cuius vero petitionem ut dignum erat benigna aure suscipientes ac voto et interventu dilectae coniugis nostrae Theophanu nostrorumque fidelium comitum, Thiatmari videlicet marchionis atque Uuikkeri comitis, Gunzelini comitis ceterorumque perplurium interventionibus obtemperantes ...*; DOII. 275; DOIII. 27 (986 Okt. 25 Grone) Besitzbestätigung und Immunitätsverleihung für Kloster Peterlingen ... *quomodo nos dilectae aviae nostrae Adalheidis et carissimae genitricis nostrae Theophanu, imperatricum videlicet augustarum, vota et petitiones adinplentes ...*; DOIII. 29 (986 Dez. 8 Dortmund) Privilegienverleihung an Kloster Gesecke ... *quomodo nos dilecte genitricis nostre Theophanu videlicet imperatrice augusta votum sequentes nec non et cari nepotis ac fidelis nostri Heinrici Baioariorum ducis interventum ...*; DOIII. 33 (987 Feb. 27 Nimwegen) Privilegienverleihung für Kloster Stablo-Malmedy: ... *Pro rei tamen firmitate petiit celsitudinem nostram, ut nos denuo id ipsum faceremus. Cuius peticionem ob votum dilecte genitricis nostrae Theophanu videlicet imperatricis augustae nec non et interventum fidelis nostri Hildeboldi Uuormaciensis ecclesiae venerabilis episcopi atque Nothgeri Leodicensis benigne suscipientes ...*

340 DKoII. 26 (1025 Mai 4 Regensburg) ... *[qualiter Sigebertus] sancte Mindensis ecclesiae pre[sul veneran]dus nostram regalem supereminentiam humiliter adiit atque interventu nostrorum fidelium in primis dilectissimae contectalis no[strae Gisilae] dei gratia reginae nec non Aribonis Mogontiacensis archiepiscopi, Pilegrimi Coloniensis archipresulis, Hvnfridi Parthenopolitane sedis archiepiscopi, Vnvvani Premensis ecclesiae archiepiscopi, Prvnonis Augustensis episcopi, Wiggeri Fardensis episcopi, Berinhardi ducis, Sigefridi et Herimanni comitum ...*; vgl. auch DKoII. 247 (1037 Juli 14 Verona bei S. Zeno) Privilegienverleihung für Kloster S. Zeno ... *quia nostra dilectissima coniugalis Gisla nostram deprecata est serenitatem, ut nos ob amorem dei et beate virginis Mariae sanctique Christi confessoris Zenonis ... confirmare dignaremur. Cuius piae petitioni aures nostrae maiestatis inclinantes ... suscepimus ...*

341 DHIV. 260 (1073 Mai 24 Augsburg). Vgl. auch DHIV. 48 (1059 Feb. 14 Mainz) Zehnttausch zwischen der Mainzer Kirche und den Königsgütern in Thüringen ... *consultu fidelium nostrorum et maxime interventu dilectissime matris nostre Agnetis imperatricis auguste ...*

342 DOII. 82 (974 Juni 16 Allstedt).

Konrad II. erteilte in einer Besitzbestätigungsurkunde für die Bischofskirche in Freising, um die Bischof Egilbert und der 14jährige Heinrich III. den Kaiser gebeten hatten, seine Zustimmung aufgrund der Fürsprache der Kaiserin Gisela:

> *... qualiter fidelis noster Egilbertus Frisingensis episcopus cum filio nostro Heinrico serenitatis nostre clementiam adiit humiliter obsecrans. ... Quorum peticioni pium, sicut [iustum] erat, assensum prebentes ob interventum dilecte coniugis Gisile imperatricis auguste ...*[343].

Der durch Erzbischof Hugo vorgetragenen Bitte des Klosters St. Bénigne in Dijon gab Heinrich III. aufgrund der alleinigen Fürsprache der Kaiserin statt:

> *... qualiter sanctae Crisopolitanae aecclesiae archiepiscopus Hugo nostram adiit imperialem clementiam humiliter obsecrans, ut bona, quae aecclesia sancti Benigni Diuionensis coenobii in nostro regno haberet, nostra illi confirmarentur imperiali auctoritate. Concedimus igitur ob interventum dilectissimae contectalis nostrae imperatricis Agnetis ...*[344].

Lothar III. schließlich akzeptierte in seiner Ernennungsurkunde für Berthold zum Abt von Fulda die ungewöhnliche Formel *instinctu consortis nostre Richinze imperatricis communicato principum nostrorum consilio,* die auf eine aktive und selbständige politische Durchsetzungskraft der Kaiserin in dieser Frage schließen läßt[345].

Die Frage nach dem Grad der politischen Möglichkeiten und Kompetenzen der Königin läßt sich aufgrund der Formulierungen also dahingehend beantworten, daß es eine grundsätzliche Akzeptanz ihrer Mitsprache in Angelegenheiten der Reichspolitik gab. Die Begrifflichkeit der Interventionsformeln untermauert und erklärt auch die bereits oben festgestellte Tatsache, daß keine Person am Hof auch nur annähernd so oft und erfolgreich wie die Königin intervenierte. Offen zu bleiben hat jedoch weitgehend die Frage, welche Erfolgsgarantie damit verbunden war. Die seltenen Hinweise darauf, daß der König es aufgrund der Intervention der Königin nicht gewagt habe, eine Petition abzulehnen[346], scheinen dabei wenig beweiskräftig.

Abschließend stellt sich die Frage nach der Bedeutung der Intervention und Petition der Königin. Daß ihnen eine solche grundsätzlich zukommt, die Formeln nicht einfach als leere Worthülsen abgetan werden können, steht dabei außer Frage.

---

343 DKoII. 170 (1031 – Goslar).

344 DHIII. 312 (1053 – Worms). Vgl. etwa auch DKoIII. 110 (1144 [Juni/Aug.] Regensburg) für Kloster Nonantola: ... *[qualiter vir] venerabilis Albertus abbas ... humiliter petiit ... Nos itaque iustis ipsius precibus aurem clementie accommodantes interventu [et p]etitione dilecte coniugis nostre Gertrudis regine ...*

345 DLoIII. 53 (–); vgl. dazu Reg. Imp. IV,1 Nr. 370.

346 DHIII. 85 (1041 Aug. 11 Walldorf) Privileg für das Nonnenkloster Kaufungen: ... *Cuius dignis petitionibus abrenuntiare non audentes ob interventum ac petitionem nostre dilecte genitricis Gisle scilicet imperatricis ...*; DKoII. 222 (1035 Okt. 16 Magdeburg) Marktrechtsurkunde für die erzbischöfliche Kirche zu Bremen ... *qualiter nos ob minime denegandam petitionem dilectissime coniugis nostre Gislae imperatricis auguste nec non ob amabilem interventum carissime prolis nostre Heinrici regis ...*; Wiederholung dieser Formel in DKoII. 223 (1035 Okt. 17 Magdeburg) Privileg für Kloster Nienburg; DKoII. 233 (1036 Okt. 25 Tilleda) Schenkung an das Kloster der Hl. Maria zu Quedlinburg.

Dem mit Blick auf die ottonischen Kaiserinnen Adelheid und Theophanu bereits von Paul Kehr[347] und Karl Uhlirz[348] herausgearbeiteten politischen Charakter wurde in jüngerer Zeit die These von deren rechtlicher Bedeutung gegenübergestellt. Diese von Hans Constantin Faußner[349] vertretene und von Alfred Gawlik[350] und Winfrid Glocker[351] übernommene Position geht davon aus, daß die Interventionen Adelheids als Zustimmung zu einzelnen Verfügungen über Königsgut aus einer ihr von Otto I. zuerkannten »Mitgewere« resultierten, wobei diese sich nur auf Grundbesitz und nicht auf Hoheits- und Fiskalrechte, somit Regalien, erstreckt habe. Belege dafür bleibt Faußner schuldig. Er begründet diese weitreichende These mit der Durchsicht der Diplome Ottos I. nach der Kaiserkrönung. Dabei übersieht er offensichtlich Regalienverleihungen wie zum Beispiel die in ihrer Echtheit unumstrittene Urkunde an das Magdeburger Moritzkloster vom 12. Dezember 965, in welcher der Kaiser *interventu dilecte coniugis nostre Adalheidis ob spem divine remunerationis, pro statu regni vel inperii nostri, pro sanitate quoque nostra dilectique filii nostri Ottonis predicteque carissime coniugis nostre Adalheidis* den Mönchen Münzrecht und Marktzoll in Gittelde verleiht[352]. Als weiteres Beispiel, diesmal aus dem Bestand der Urkunden für Reichsitalien, kann die am 28. März 973 in Quedlinburg ausgestellte Regalienbestätigung für die Bischofskirche von Cremona angeführt werden[353].

Insgesamt ist keine Festlegung auf bestimmte Rechtsinhalte erkennbar. In gleicher Weise wie der Empfängerkreis sich über das gesamte Reichsgebiet erstreckte, intervenierte die Königin für durchaus unterschiedliche Belange; eine besitzrechtliche Fixierung der Interventionen läßt sich den Quellen generell nicht entnehmen[354]. Zudem ließe die Theorie Faußners sich nur aufrecht erhalten, wenn die Königin in allen Urkunden, in denen besitzrechtliche Verfügungen getroffen werden, als Intervenientin aufträte. Doch das ist auch nicht der Fall.

Besitzrechtliche Ansprüche der Königin lassen sich nur für den oben ausgeklammerten Typ der Konsensurkunde sowie der gemeinsamen Urkunde des Herrscherpaares festmachen. Dies ist bei mehreren Diplomen Heinrichs II. der Fall, in denen der Konsens Kunigundes mit ihrer Petition verbunden ist. Ausnahmslos verbindet alle ein Empfänger, das neugegründete Bistum Bamberg. Die Inhalte betref-

347 Kehr, Geschichte Ottos III. S. 405–414.

348 K. Uhlirz, Interventionen S. 117–137.

349 Hans Constantin Faussner, Die Verfügungsgewalt des deutschen Königs über weltliches Reichsgut im Hochmittelalter, DA 29 (1973) S. 345–449, bes. S. 438–444. – Eine grundsätzliche methodische Auseinandersetzung mit den Arbeiten Faußners bei Rudolf Schieffer, Otto von Freising ein Urkundenfälscher?, in: Regensburg, Bayern und Europa. Festschrift für Kurt Reindel zu seinem 70. Geburtstag, hg. von Lothar Kolmer und Peter Segl (1995) S. 245–256 und Thomas Vogtherr, Ein »Atelier für kreative Diplomatik«. Zu einigen Veröffentlichungen des Rechtshistorikers Hans Constantin Faußner, AKG 79 (1996) S. 483–497.

350 Alfred Gawlik, Zur Bedeutung von Intervention und Petition. Beobachtungen an Urkunden aus der Kanzlei König Heinrichs IV., in: Grundwissenschaften und Geschichte. Festschrift für Peter Acht (Münchener Historische Studien. Abt. Geschichtliche Hilfswissenschaften 15, 1976) S. 73–77 und Ders., Art. Intervenienten, in: LexMA 5 (1991) Sp. 470f.

351 Glocker, Verwandte der Ottonen S. 88.

352 DOI. 312.

353 DOI. 429.

354 Für die von Gawlik, Bedeutung S. 75f. der Intervention der Kaiserin Agnes in DHIV. 143 vom 3. April 1065 unterstellte »rechtserhebliche« »Zustimmung der Kaiserin Agnes als Regentin und Inhaberin der Mitgewere am Königsgut« findet sich in der Urkunde kein Anhaltspunkt.

fen Schenkungen von Grundbesitz, auf den Kunigunde privatrechtliche Ansprüche erheben konnte. Dabei befinden sich unter den 74 Urkunden für die Ausstattung Bambergs 13 mit dem Konsens der Königin[355]. Für neun weitere legte Kunigunde Intervention beziehungsweise Petition ein[356]. Damit verbleiben 52 Urkunden ohne Fürsprache der Königin. Auch dieser Quellenbefund widerspricht der Theorie Faußners.

Häufiger als Konsensurkunden sind hingegen gemeinsame Diplome des Herrscherpaares. An der Spitze stehen Kunigunde und Heinrich II. mit sieben Ausfertigungen[357]. Gisela und Konrad II. sowie Beatrix und Friedrich I. urkundeten je zweimal miteinander. Dabei ist der rechtliche Charakter dieser Urkunden evident. Er begründet sich jedoch nicht reichs-, sondern privatrechtlich. So betreffen die beiden Schenkungsurkunden Konrads II. *una cum manu dilectissime contectalis nostre Gisele videlicet regine* Besitzungen von Eigengütern. Die erste wurde für das Domkapitel zu Speyer[358], die zweite für ihre Klostergründung Limburg[359] ausgestellt. Mit der Schenkung an Speyer erfüllt Konrad II. ein Gelöbnis für den Fall seiner Wahl in Kamba, deren Handlung noch vor der Krönung Giselas in Köln stattgefunden hatte[360]. Der gemeinsame Rechtsanspruch war auch der Grund für die Diplome Friedrichs I. *una cum dilectissima consorte nostra Beatrice*. Zum einen handelte es sich um eine Übertragung von Besitz in Burgund auf Lebenszeit für Odo von Champagne, einen Verwandten der Kaiserin[361]; zum anderen um die Begünstigung der Kartause Durbon mit einer Reihe von Gütern und Rechten, die dem Kaiserpaar von genannten Adligen gemeinsam überlassen worden waren[362].

355 Bei den Schenkungsurkunden handelt es sich um DD HII. 168 (1007 Nov. 1 Frankfurt) ... *consentiente atque rogante dilectissima coniuge nostra Chunigunda videlicet regina ... corroboravimus ...*; 170 (1007 Nov. 1 Frankfurt); 203 (1009 Juli 6 Frankfurt); 204 (1009 Juli 6 Mainz); 219 (1010 Juni 1 Mainz) ... *consensu et petitione nobis dilectissime coniugis Cunigundae videlicet reginae ...*; 220 (1010 Juni 1 Mainz); 234 (1011 Juli 2 Mainz); 239 (1011 oder 1012 –); 240 (1011 oder 1012 –); 241 (1011 oder 1012 –); 364 (1017 April 28 Ingelheim); 456 (1021 Nov. 13 Augsburg); 457 (1021 Nov. 13 Augsburg).

356 DHII. 195 (1009 Mai 25 Allstedt) ... *per interventum nostrae dilectissime coniugis Chunigundae reginae ...*; 196 (1009 Juni 1 Merseburg); 197 (Juni 1 –); 267 (1013 Juni 21 Frankfurt); 283 (1014 Feb. 15 Rom); 324 (1014 Nov. 1 Merseburg); 401 (1019 Mai 12); 408 (1019 Mai 10 Allstedt); 438 (1021 – Köln).

357 DHII. 26 + 28 (1002 Nov. 16 Regensburg) ... *nos una cum dilecta coniuge nostra Cunigunda videlicet regina ...*; im Zusammenhang mit der Wiederherstellung des Bistums Merseburg stehen die Urkunden: DHII. 63 (1004 Feb. 24 oder 25 Magdeburg), 64 (1004 März 4 Wallhausen), 65 (1004 März 5 Wallhausen), 66 (1004 März 5 Gebesee). Die letzte gemeinsame Urkunde 363 (1017 – Kaufungen) enthält eine Schenkung von 66 Joch in der Ortschaft Gimte für das Nonnenkloster Hilwartshausen: ... *nos et contectalis nostra Cunigundis imperatrix augusta ... in proprium tradimus ...*

358 DKoII. 4 (1024 Sep.11 Ingelheim) Schenkung der Besitzung zu Jöhlingen und Verleihung der Immunität; als Intervenient wird der Speyerer Bischof Walther genannt.

359 DKoII. 216 (1035 Jan. – Limburg) Schenkung ihrer Besitzungen zu Dürkheim, Wachenheim, Schifferstadt, Grethen, Eichen, Sindlingen, Fauerbach und Sulzbach und Rechtsfeststellung der Eigenleute auf diesen Gütern: ... *qualiter ego Cunradus una cum Gisela imperatrice coniuge nostra pro remedio animae nostre ad hoc templum, ... in proprium tradidimus ...*

360 Vgl. Reg. Imp. III,1 Nr. 4.

361 DFI. 515 (1166 Juli 26 Dôle).

362 DFI. 753 ([1178 Juli 18] Gap – 1178 Aug. 15 Vienne): ... *Hinc est igitur, quod in Uapincensi palatio una cum consorte imperii nostri felici augusta consistentes Reimundum de Monbrant et Arnaldot fratrem eius atque Ugonem de Axio ante nostram presentiam avocari precepimus, a quibus sedula interces-*

Kehren wir zurück zur Frage nach der Bedeutung der Interventionen der Königin. Sie lassen nicht die Deutung zu, daß in ihnen das *consortium regni* der Königin als Verfügungsrecht über Reichsbesitz zum Ausdruck gebracht werden sollte. In rechtlicher Hinsicht gibt es keinen Unterschied zu den Interventionen der Reichsfürsten, den *fideles nostri*, zu denen die Königin in einigen Urkunden ausdrücklich gezählt wurde.

Im Gegensatz dazu ist die politische Bedeutung ihrer Fürsprachen nicht zu übersehen. In einer exemplarischen Studie über die Interventionen des minderjährigen Thronfolgers Heinrich IV. in den Urkunden seines Vaters konnte Tilman Struve »eine konkrete politische Zielsetzung« plausibel machen. Vor dem Hintergrund der durch viele Krisen geprägten letzten Jahre Heinrichs III. interpretierte er diese als »äußerlich sichtbares Zeichen einer vom Kaiser planvoll betriebenen Politik, seinem Sohne – und damit dem salischen Hause – die Herrschaft im Reich zu sichern«[363]. Die Interventionen könnten von daher Auskunft geben »über die jeweils herrschenden Machtverhältnisse, über die politisch-personalen Strukturen des Reiches«[364].

Diesen eminent politischen Charakter hat auch Franz-Reiner Erkens mit Blick auf die Königin akzentuiert und den unmittelbaren Zusammenhang zwischen Intervention und Beteiligung an der Herrschaft aufgezeigt, wobei er die Intensivierung der Interventionstätigkeit seit Kaiserin Adelheid als »Ausdruck der gewachsenen politischen Bedeutung der Königin« beurteilte, der nun »einen anerkannten Faktor der Politik und der königlichen Herrschaft bildete« und dazu führte, daß die Königin »ein eigenes Gewicht im Gefüge der Herrschaftsordnung« gewinnen konnte[365].

Dieser Einschätzung entspricht der oben dargelegte Befund, der deutlich macht, daß die in Formeln gekleideten Interventionen der Königin als Niederschrift realer Vorgänge zu werten sind[366]. Dabei verzeichnen die Zahlen einen bis in die

---

sione nostra et eorum benigna et spontanea concessione laudante et assensum prebente Gwillelmo comite Folcalcariensi et Arnoldo Flota obtinuimus, ut totum ius atque dominium, quod in bonis venerabilium in Christo pauperum de Dorbo habebant vel habere videbantur, in nos et in felicem augustam nostram titulo donationis conferrent sive infra terminos in territorio eorum vel extra terminos in pascuis eorundem, que omnia tamen eis iamdudum concesserant …

363 Struve, Interventionen Heinrichs IV. S. 217.

364 Struve, Interventionen Heinrichs IV. S. 222.

365 Erkens, Frau als Herrscherin S. 247.

366 Nur unter dieser Prämisse werden auch die Interventionen der Königinnen in den Papsturkunden verständlich, so z. B. die Bitte Kaiserin Adelheids an Johannes XIII., das von ihr wiedererrichtete Kloster San Salvatore bei Pavia in den päpstlichen Schutz aufzunehmen und zu privilegieren; vgl. dazu S. 239f. – Johannes XIII. teilte am 20. April 972 Kaiserin Theophanu mit, daß er ihrem Wunsch entsprechend das Nonnenkloster San Martino bei Pavia unter päpstlichen Schutz gestellt und privilegiert habe, *quia excellentiae vestre laudabilis mansuetudo postulavit a nobis …*, in: Papsturkunden 896–1046, bearb. von Harald Zimmermann, Bd. 1: 896–996 (Veröffentlichungen der Historischen Kommission der Österreichischen Akademie der Wissenschaften III, 1984) Nr. 215 S. 421–423. – Johannes XV. bestätigte am 19. Oktober 989 dem Kloster Lorsch seine Besitzungen und Rechte *pro amore dilecti filii nostri, domni Ottonis tercii imperatoris, et dilecte matris sue Theophanv et domne Adelheide, avie sue, spiritalium filiarum nostrarum*, ebd. Nr. 300 S. 582f. – Am 1. Februar 990 erneuerte Johannes XV. dem Kloster Laubach päpstlichen Schutz, Besitzungen und Rechte *rogatu serenissimae imperatricis Theophanii, filiae in Christo nostro, quam et venerabilis Vithburgensis episcopi Hugonis petitione …*, ebd. Nr. 305 S. 591f. – Am 31. Oktober 994 bekräftigte Johannes XV. gegenüber dem Kloster Fulda seine Besitzungen und Rechte *per interventum domni Ottonis, excellentissimi regis nostrique spiritualis filii et futuri Dei gratia imperatoris et sancte Romane ecclesie defensoris piisimi, votumque piissime avie sue, Adalheide imperatricis auguste,*

Mitte des 11. Jahrhunderts andauernden kontinuierlichen Anstieg. Dieses Faktum wie auch die Vielfalt und Vielzahl der einzelnen Einrichtungen sowie Personen, die sich mit der Bitte um Intervention an die Königin wandten, läßt darauf schließen, daß sich dieser Bereich zu einem umfassenden Aufgabenfeld der Königin am Hof entwickelt hatte, für den ihr eigene Kapelläne zur Verfügung gestanden haben müssen, zumal für jeden einzelnen Fall eine mehr oder weniger sorgfältige Prüfung anzunehmen ist.

In der Zeit der Regentschaft für Otto III. und Heinrich IV. dienten Interventionen als Instrument der öffentlichen und offiziellen Sichtbarmachung der Verantwortlichkeit. Da der minderjährige König rein rechtlich als geschäftsfähig galt und alle Urkunden in seinem Namen ausgefertigt wurden, machten die Regentinnen mit ihrer Intervention, die in keiner Urkunde dieser Jahre fehlte, deutlich, daß sie für die rechtlichen Verfügungen die Verantwortung trugen.

Im Urkundenwesen eröffnete sich der Königin somit die Möglichkeit, konkrete, nicht nur nominelle Mitsprache zu erlangen und zunehmend politischen Einfluß zu gewinnen[367]. Ihre Interventionshäufigkeit seit der zweiten Hälfte des 10. Jahrhunderts stellt sie diesbezüglich nicht nur den Reichsfürsten gleich, sondern läßt sie als wichtige Beraterin und tatkräftige Politikerin am Hof erscheinen[368]. Diese in den angeführten Zahlen sichtbar werdende Herrschaftsausübung hatte sich zu einem offiziell bekannten und anerkannten Aufgabenbereich der »regierenden« Königin entwickelt, mit dem nach Adelheid, die nach Paul Kehr diesbezüglich »epochemachend« gewirkt habe[369], die Königin eine kontinuierliche politische Verantwortung übernahm.

---

ebd. Nr. 321 S. 626–628; vgl. Reg. Imp. II,3 Nr. 1121a. – Zu den Rechtsverleihungen für Kloster Selz auf Bitten der Kaiserin Adelheid vgl. oben S. 242. – Die politischen und religiösen Beziehungen zwischen den Päpsten und Kaiserinnen und Königinnen bedürfen einer eigenen Untersuchung; vgl. die exemplarische Studie von Franca Ela Consolino, Il papa e le regine: potere femminile e politica ecclesiastica nell'epistolario di Gregorio Magno, in: Gregorio Magno e il suo tempo, 2 Bde. (Studia Ephemeridis Augustiniarum 33/34, 1991) Bd. 1 S. 225–249.

367 Die begründete Meinung, daß Interventionen als Einflußnahme auf die Regierungsgeschäfte in den Verantwortungs- und Zuständigkeitsbereich der »regierenden« Königin fielen, wird in der Forschungsdiskussion über die Gründe des allmählichen Rückzugs Adelheids vom Königshof nach dem Tod Ottos I. viel zu wenig berücksichtigt. Unter der Prämisse, daß der »regierenden« Königin als der *consors regni* und nicht der Königinwitwe die unmittelbare politische Verantwortung für die Herrschaftssicherung oblag, werden kausale Schlußfolgerungen aufgrund möglicher persönlicher Animositäten obsolet. Denn der Übergang der Interventionstätigkeit von Adelheid auf Theophanu ist verbunden mit der Herrschaftsübernahme durch Otto II. und seine Gemahlin und stellt einen völlig normalen und unabdingbaren Vorgang da, braucht also nicht mit der durch Odilo von Cluny behaupteten Rivalität der beiden kaiserlichen Damen erklärt zu werden.

368 Die undifferenzierte Übernahme der den Quellen widersprechenden Einschätzung von Kirchner, Kaiserinnen S. 17–19 Anm. 24 und S. 128 Anm. 32 durch Glocker, Verwandte der Ottonen S. 88, der die Aussagekraft der Interventionen hinsichtlich ihres politischen Einflusses als »überstrapaziert« negiert, ist nicht gerechtfertigt.

369 Kehr, Geschichte Ottos III. S. 412.

Aufgabenbereiche der Königin

Rechtsprechung

Das sich in fränkischer Zeit herausbildende öffentlich tagende »Königsgericht«[1] als oberste Instanz im Gerichtswesen bestand trotz grundlegender Veränderungen im Verlauf des Mittelalters, besonders des organisatorischen Umbaus zum »Reichshofgericht«[2] seit 1235, bis zu seiner Aufhebung im Jahr 1451 weiter[3]. Der König galt als der oberste Richter im Reich, der an allen Orten, an denen er sich aufhielt, Gerichtssitzungen einberufen konnte. An seiner Stelle übernahm diese Aufgabe neben dazu bevollmächtigten Amtsträgern und Adeligen auch die Königin, wobei die Quellen mehrheitlich auf Reichsitalien als »Haupteinsatzgebiet« hinweisen.

Deutschland

Für das hochmittelalterliche deutsche Reich kann eine Beteiligung der Königin an einzelnen Gerichtssitzungen als Einflußnahme auf die Urteilsfindung in Form ihrer Intervention zugunsten der siegenden Partei zwar festgestellt, meistens aber nicht näher konkretisiert werden[4]. Lediglich zwei Quellennachweise zu Kunigunde und Agnes zeigen, daß sie den Vorsitz im Gericht führten.

Von einem gemeinsamen Vorsitz des bayerischen Herzogs Heinrich und der Kaiserin Kunigunde, seiner Schwester, *in aula iudiciali* in Regensburg berichtet der in der zweiten Hälfte des 11. Jahrhunderts schreibende Arnold von St. Emmeram. Zu fällen war eine Entscheidung im Streit zwischen dem Augsburger Bischof Brun und dem Kloster St. Emmeram um den Hof Aiterhofen. Diesen hatte zwischen 972

1 Einen Überblick gibt E. KAUFMANN, Art. »Königsgericht«, in: HRG 2 (1978) Sp. 1034–1040; zu den fränkischen Königsgerichten vgl. auch Hermann CONRAD, Deutsche Rechtsgeschichte, Bd. 1: Frühzeit und Mittelalter (^{2}1962) S. 145f.

2 Vgl. F. BATTENBERG, Art. »Reichshofgericht«, in: HRG 4 (1990) Sp. 615–626 mit der einschlägigen Literatur dazu.

3 Zum Stand der Forschung: Bernhard DIESTELKAMP, Einleitung zur Reihe »Urkundenregesten …«, in: Urkundenregesten zur Tätigkeit des deutschen Königs- und Hofgerichts bis 1451. Bd. 1: Die Zeit von Konrad I. bis Heinrich VI. 911–1197, bearb. von Bernhard DIESTELKAMP und Ekkehart ROTTER (Quellen und Forschungen zur höchsten Gerichtsbarkeit im Alten Reich 1, 1988) S. VII–XXXVII.

4 Eine Zusammenstellung der mit Interventionen der Königin versehenen Königsgerichtsurkunden in: Urkundenregesten 1 (wie obige Anm.); vgl. die Regesten für Mathilde: Nrr. 11, 17; – Adelheid: Nrr. 11, 15, 17–20, 25, 27, 50, 51; – Theophanu: Nrr. 25, 32, 34, 35, 38, 41; – Kunigunde: Nrr. 62, 63, 74; – Gisela: Nrr. 79, 87, 88, 93; – Agnes: Nrr. 94, 105, 110, 113, 120; – Bertha: Nr. 138; – Mathilde: Nrr. 176, 191, 192; – Richenza: Nr. 197; – Gertrud: Nrr. 223, 227, 230, 240, 243, 244, 247, 259; – Beatrix: Nrr. 308, 416, 421, 509. – Die vor allem erzählende Quellen auswertende Monographie von Otto FRANKLIN, Das Reichshofgericht im Mittelalter, 2 Bde. (1867) enthält keine Informationen zur Königin.

und 974 Herzogin Judith von Bayern dem Regensburger Kloster unter der Bedingung übergeben, daß im Fall eines Übergriffes seitens des Bischofs oder eines anderen mächtigen Herrn der Hof in das Verfügungsrecht der Erben zurückfallen solle[5]. Da Bischof Gebhard von Regensburg, der sich in seinem 28jährigen Pontifikat im Dauerstreit mit St. Emmeram befand[6], solche Übergriffe zur Last gelegt wurden, beharrte Brun von Augsburg auf sein Erbrecht. Daß neben dem bayerischen Herzog Heinrich seine Schwester, die Kaiserin, dem Gericht vorsaß, ist dabei wohl nicht zufällig, zumal es sich beim Streitobjekt um ehemaligen Familienbesitz Heinrichs II. und bei Brun von Augsburg um den Bruder des Kaisers handelte. Die Bestätigung des Besitzes Aiterhofen für das Kloster wurde schließlich in einem in Köln am 3. Juli 1021 ausgestellten Königsdiplom verbrieft. Sie erfolgte auf Intervention Kunigundes und auf Bitten des Abtes Richolf[7], womit deutlich wird, daß die Kaiserin stellvertretend für Heinrich II. nach Regensburg gereist war, um der Gerichtsverhandlung vorzusitzen.

In Zeiten weiblicher Regentschaft schlug sich die Verantwortlichkeit der Königin bei der Rechtsfindung meist nur, wie schon erwähnt, in dem die Urteilsfindung bestätigenden Diplom zugunsten der Gewinnerpartei in Form ihrer Intervention nieder. Dies gilt für die Regentschaft der Kaiserinnen Theophanu[8] und Adelheid[9] wie auch für diejenige der Agnes von Poitou[10]. Ausnahme bleibt eine nicht in der königlichen Kanzlei, sondern durch einen Schreiber der siegenden Partei angefertigte Traditionsnotiz, welche die Regentin Agnes Anfang April 1057 in Worms neben dem noch nicht sieben Jahre alten Kindkönig Heinrich IV. im Vorsitz des Königsgerichts zeigt. Zu verhandeln war die Klage des Bamberger Klosters Michels-

5 … *Nam in aula iudiciali presidente Heinrico duce cum Chunigunda imperatrice, sua scilicet sorore, necnon subselliis a viris consularibus sive comitibus, uti mos aulicus poposcit, assessis, per totam curiam audiebatur vox contra Sanctum Emmerammum partes episcopi foventium, simul et dicentium, quod Brunoni, utpote tam amplae et potenti personae, nemo posset resistere, quin illa die omnium iudicio in ditionem eius veniret prefatum predium, quod avia eius, nomine Iudita, Norici regni videlicet ducissa, sancto Emmerammo pro se suisque filiis Hluduwico atque Heinrico velut regalem fiscum tradidit; eo scilicet tenore, ut, si episcopus vel aliqua potens persona eandem curtem usurparet vel usibus monachorum subtraheret, statim in ius heredum suorum reverteretur,* Ex Arnoldi libris de S. Emmerammo, ed. G. Waitz, in: MGH SS 4, S. 571. – Zur Besitzschenkung der Herzogin Judith: Reindel, Die bayerischen Luitpoldinger Nr. 113, S. 227–229.

6 Zu den häufigen Besitzstreitigkeiten zwischen Bischof Gebhard I. (995–1023) und dem Kloster vgl. Peter Schmid, Regensburg. Stadt der Könige und Herzöge im Mittelalter (Regensburger Historische Forschungen 6, 1977) S. 337f.

7 DHII. 442 (1021 Juli 3 Köln) Bestätigung des Hofes Aiterhofen und DHII. 443 vom selben Tag, mit dem Heinrich II. dem Kloster St. Emmeram alle diesem durch Traditionen zugefallenen Güter bestätigte; mit DHII. 441 bekräftigte er dem Kloster die Schenkung des Grafen Warmund über den Hof Vogtareuth … *interventu etiam dilecte coniugis nostrae Chvnigvndae imperatricis augustae et venerandi Richolfi abbatis …*; vgl. auch Rudolf Budde, Die rechtliche Stellung des Klosters St. Emmeram in Regensburg zu den öffentlichen und kirchlichen Gewalten vom 9. bis zum 14. Jahrhundert, AUF 5 (1914) S. 153–238, hier S. 172–175.

8 Urkundenregesten des Königs- und Hofgerichts 1, Nr. 41 (984 Speyer: Besitzbestätigung über die Abtei St. Dié für die Bischofskirche von Toul = DOIII. 2).

9 Urkundenregesten des Königs- und Hofgerichts 1, Nr. 50/51 (993 Dez.12 Tilleda: Besitzrückgaben an das Würzburger Bistum = DOIII. 140/141).

10 Urkundenregesten des Königs- und Hofgerichts 1, Nr. 113 (1059 Okt. 15 Speyer: Streitschlichtung um einen Wildbann zwischen Bischof Herrad von Straßburg und Graf Heinrich = DHIV. 59); vgl. Reg. Imp. III,3 Nr. 174.

berg gegen Udalrich, einen Ritter des Mainzer Erzbischofs, wegen dessen Übergriffe auf das Klostergut Schierstein. Der Urteilsspruch verlangte vom Ritter, alles in dreifacher Weise zu erstatten, was er sich gewaltsam angeeignet hatte[11].

Zwei weitere Fälle lassen erkennen, daß Kaiserin Agnes selbst richterliche Aufgaben im Königsgericht wahrnahm und diese nicht nur an die Großen delegierte. So vermittelte sie wegen strittiger Zehntrechte zwischen Erzbischof Liutpold von Mainz und Abt Meginher von Hersfeld bei einer nur wenige Wochen nach dem Wormser Gerichtstermin in Mainz anberaumten öffentlichen Streitschlichtung[12]. Am 1. November 1059 bereitete sie den Annales Augustani zufolge der Fehde zwischen dem Augsburger Bischof Heinrich als einem ihrer wichtigsten Ratgeber in den ersten Jahren ihrer Regentschaft und dem Grafen Diepold ein Ende. Der Grund der Auseinandersetzung war eine dem Bistum verliehene umstrittene Grafschaft, weshalb der Sohn des Grafen, Ratpoto, in bischöfliches Gebiet eingefallen war. Den Annalen zufolge soll die Kaiserin die Grafen dazu gezwungen haben, ein Bündnis einzugehen[13].

Eine eigenständige richterliche Tätigkeit, wie sie die Königin in spätsalischer und staufischer Zeit in Reichsitalien wahrnahm, läßt sich für den deutschen Bereich nicht belegen. Abgesehen von den wenigen oben angesprochenen Fällen enthalten die diplomatischen Quellen lediglich Interventionen, die zuletzt für Beatrix von Burgund nachweisbar sind[14], die aber kaum auf eine aktive richterliche Tätigkeit schließen lassen. Im Königsgericht des Spätmittelalters, das zunehmend an Richter delegiert wurde, ist die Königin als Gerichtsvorsitzende beziehungsweise Mitrichterin nicht mehr anzutreffen[15].

---

11 DHIV. 7: *Regnante autem filio eius Heinrico scilicet IIII anno regni eius primo cum abbas supra dictae abbatiae sancti Michaelis iniuriarum proclamaret praesente supra dicto rege et matre eius Agnete imperatrice et principibus regni, qui tum aderant* ... (MGH DD 6, S. 11); vgl. Urkundenregesten des Königs- und Hofgerichts 1, Nr. 112; zur diplomatischen Form bes. Reg. Imp. III,3 Nr. 95.

12 Vgl. Reg. Imp. III,3 Nr. 122 mit Nennung der einschlägigen Literatur.

13 ... *Seditio inter Heinricum Augustae episcopum et Dietpaldum comitem, pro comitatu ad altare sanctae Mariae per cartae firmitatem tradito. Ratpoto, filius eiusdem comitis, Mantichinga inuadit; sed Pawarii, qui eius sequaces erant, ab Augustensibus plurimi occiduntur, plerique etiam vulnerantur. Dehinc a comite Mantichinga aliique vici concremantur. Regina cum puero rege in festivitate omnium sanctorum Augustam veniens, invasores Augustae ad pactionem compulit*, Annales Augustani a. 1059, ed. G. H. Pertz, in: MGH SS 3, S. 127; bei der Grafschaft handelte es sich vermutlich um den Augstgau und den damit verbundenen Gau Keltenstein, vgl. Reg. Imp. III,3 Nr. 178. Generell zum Problem: Hartmut Hoffmann, Grafschaften in Bischofshand, DA 46 (1990) S. 375–480, der jedoch den genannten Fall nicht behandelt.

14 Die Belege oben in Anm. 4.

15 Vgl. die Zusammenstellung in der von Bernhard Diestelkamp herausgegebenen Reihe der Urkundenregesten des Königs- und Hofgerichts: Bd. 2: Die Zeit Philipps von Schwaben bis Richard von Cornwall 1198–1272, bearb. von Ekkehart Rotter (1994); Bd. 3: Die Zeit Rudolfs von Habsburg 1273–1291, bearb. von Bernhard Diestelkamp und Ute Rödel (1986); Bd. 4: Die Zeit Adolfs von Nassau, Albrechts I. von Habsburg, Heinrichs von Luxemburg 1292–1313, bearb. von Ute Rödel (1992); Bd. 5: Die Zeit Ludwigs des Bayern und Friedrichs des Schönen 1314–1347, bearb. von Friedrich Battenberg (1987); Bd. 6: Die Königszeit Karls IV. (1346–1355 März), bearb. von Friedrich Battenberg (1990).

Im Gegensatz zu Deutschland, wo Klage und Entscheid in die Form der Königsurkunde gepreßt wurden, hatte sich in Italien das Instrument der Gerichtsurkunde entwickelt, in welcher der genaue Verlauf der Verhandlung einschließlich der Nennung anwesender Personen fixiert wurde[16]. Neben den in karolingischer Zeit unter den Kaiserinnen Angilberga[17] und Ageltrude[18] tagenden Gerichten sind für das hohe Mittelalter Verhandlungen unter dem Vorsitz der Königinnen Adelheid, Mathilde und Richenza überliefert, die im folgenden näher zu betrachten sind.

Kaiserin Adelheid (976/85)

Die Anwesenheit der Kaiserin Adelheid ist für zwei Gerichtstermine in der Zeit ihrer Witwenschaft unter Otto II. und Otto III. bezeugt: am 25. Oktober 976 in Piacenza sowie am 18. Juli 985 in Pavia.

Beim ersten hier genannten Termin am 25. Oktober 976 waren die Ansprüche Waldradas, ehemals Herzogin von Venedig und Verwandte Adelheids, auf ihr Wittum und eine finanzielle Entschädigung Gegenstand der Verhandlung. Beides wollte ihr die neue politische Spitze in Venedig nach der Ermordung ihres Gatten, des Dogen Petrus IV. Candiano, und ihres einzigen gleichnamigen Sohnes am 11. August 976 bei einem Brandanschlag auf den Dogenpalast in Venedig[19] vorenthalten.

Das Gericht unter dem Vorsitz der Kaiserin Adelheid und des Pfalzgrafen Giselbert[20] sowie zweier *missi* Kaiser Ottos II. trat in Anwesenheit einer Vielzahl beisitzender Personen in einer in der Vorstadt von Piacenza gelegenen Burg zusammen, wo Adelheid Aufenthalt genommen hatte[21]. Anwesend waren für die venezianische Seite ein gewisser Dominicus und als Vertreter für die nicht persönlich auftretende Klägerin Waldrada ein im Dienst der tuszischen Gräfin stehender Vasall namens

16 Julius Ficker, Forschungen zur Reichs- und Rechtsgeschichte Italiens, 4 Bde. (1868–1874); zur Form der Gerichtsurkunde vgl. Bd. 1, §1–4, S. 11–21. – Eine Zusammenstellung der »Gerichtsurkunden« bis zum Ausgang der ottonischen Zeit in der dreibändigen Edition von Cesare Manaresi (Ed.), I Placiti del «Regnum Italiae», 3 Bde. (Fonti per la storia d'Italia 92/96/97, 1955–1960).

17 Gerichtssitzung im Juli 874 in Piacenza: Manaresi 1, Nr. 77 S. 277–283; zur Person zuletzt W. Goez, in: LexMA 1 (1980) Sp. 634.

18 Placitum in Benevent 897 März 31–August: Manaresi 1, Nr. 104 S. 376–380; zur Person G. Arnaldi, in: LexMA 1 (1980) Sp. 204.

19 Vgl. Heinrich Kretschmayr, Geschichte von Venedig (Allgemeine Staatengeschichte, Abt. 1: Geschichte der europäischen Staaten 35) Bd. 1 (1905) S. 114f. – Zu den Beziehungen Adelheids zu den Dogen von Venedig vgl. unten S. 282–285.

20 Zu Giselbert II., Graf von Bergamo und Sohn des Pfalzgrafen Lanfrank I., als Stellvertreter Ottos II. im Hofgericht seit 976, vgl. Ficker, Forschungen 1, §170 S. 314.

21 *Dum in Dei nomine in suburbio civitatis Placentie, in castro, ubi sancti Antonini martyris humatum corpus quiescit, in lobia rotunda, que est in capite de sala maiore ipsius castri, ubi domina Adeleida imperatrix preerat, per data licentia domni Sigulfi episcopi ipsius sancte Placentine ecclesie in iudicio resideret Gislebertus comes pallatii una cum Gibardo qui et Gebizzo misso domini imperatoris singulorum hominum iustitias faciendas ac deliberandas, residentibus cum eis Lanfrancho comite filio Riprandi itemque comite, Andrea, Cuniberto, Peredeo, Farimundo, Undulfo, Adraldo, Ioanne, Aleardo, Arnulfo, Teuperto iudicum domini imperatoris, Boso de Cornale vassus domini Uberti episcopi, Arialdus, Davit, Arestagnus, Lanberto, Hualbertus, Gariardus de Burla, Teudaldus vassi predicti Riprandi comitis, et alii plures*, in: Manaresi 2, Nr. 181 S. 169–175, zit. S. 170.

Hildebert, den sie in einem versiegelten Schreiben an Adelheid[22] als ihren *tutor et advocatus* benannt hatte. Diesem zu Beginn der Verhandlung verlesenen schriftlichen Antrag auf Ernennung Hildeberts zum Verteidiger der Herzogin wurde auf Befehl Adelheids hin – *per iussionem domine Adeleide imperatricis* – durch Pfalzgraf Giselbert stattgegeben[23]. Anschließend wurde durch den Vertreter Venedigs ein bereits vorher schriftlich fixierter und von Waldrada und dem Kanzler Gottfried als *missus* der Kaiserin Adelheid sowie weiteren Zeugen unterschriebener Vergleich zwischen ihr als der Klägerin und dem Dogen von Venedig, Pietro Orseolo, sowie allen Venezianern verlesen und von den Vertretern beider Parteien als gültiges Dokument akzeptiert. Waldrada erhielt ihre Morgengabe von 400 Pfund Silber sowie ein Viertel des gesamten Besitzes ihres Gatten für ihren verstorbenen Sohn. Dieser Vertrag war im Namen des Kaisers ausgestellt und auch von einem seiner Richter, dem Notar Valerius, geschrieben und ergänzt worden[24]. Erhalten blieb er als Insert im Gerichtsprotokoll, das ebenfalls durch den vorsitzenden Pfalzgrafen Giselbert sowie die kaiserlichen *missi* und anwesenden Richter unterzeichnet wurde. Adelheid griff in das Verfahren der mit ihr verwandten Waldrada ein, indem sie die Erfüllung der schriftlich an sie herangetragenen Bitte auf Bestellung des gewünschten Anwaltes befahl.

Unter dem Vorsitz der Kaiserin und des Pfalzgrafen Giselbert sowie weiterer Richter fand auch die Gerichtssitzung in Pavia am 18. Juli 985 statt[25]. Erschienen war Bischof Rozo von Asti und der Vogt Albericus mit vier bis auf das Jahr 969 zurückgehenden Schriftstücken der Kaiser Otto I.[26] und Otto II.[27] sowie des Papstes Benedikt IX. Die Urkunden bestätigten den Beschluß einer römischen Synode unter Johannes XIII. im Mai 969[28], demzufolge das durch sarazenische Plünderungen völlig verarmte Bistum Alba nach dem Tod des Bischofs Fulchard dem Bistum Asti zu inkorporieren sei[29]. Nach Verlesen aller Dokumente und der Klärung deren Echtheit durch Lanfrank, *iudex et advocatus istius regni*, wurde die Vereinigung der Bistümer, die durch den inzwischen eingetretenen Tod Bischof Fulchards möglich geworden

22 Die Bittschrift wurde der Gerichtsurkunde inseriert, in: Manaresi 2, S. 170f.

23 *Et tunc ipse Gislebertus comes pallatii per iussionem domine Adeleiede imperatricis eidem Ildebertoni licentiam et auctoritatem publicam tribuit, ut ipsius Hualdrade olim ducatricis tutor et advocatus existeret*, in: Manaresi 2, Nr. 181 S. 171.

24 *Ego Valerius notarius atque iudex domini imperatoris rogatus, qui hanc paginam securitatis scripsi et complevi*, Manaresi 2, S. 174.

25 *Dum in Dei nomine civitate Papia, in laubia palatii noviter edificata, que exstad da parte aquilone ubi domna Adaleida imperatrix residebat, ibique sui presencia in iudicio resideret Gislebertus comes palacii iustitiam faciendas ac deliberandas, resedentibus cum eis domnus Landulfus archiepiscopus sancte Mediolanensis ecclesie, Adelbertus et Otbertus germanis marchionibus, Benzo, Atto … et reliqui plures*, Manaresi 2, Nr. 206, S. 240–252. Vgl. Reg. Imp. II,3 Nr. 972a. – Zu Pavia als Gerichtsort im 9. und 10. Jahrhundert: Hagen Keller, Der Gerichtsort in oberitalienischen und toskanischen Städten. Untersuchungen zur Stellung der Stadt im Herrschaftssystem des Regnum Italicum vom 9. bis 11. Jahrhundert, QFiAB 49 (1969) S. 1–72, bes. S. 48–52.

26 Die beiden Schreiben Ottos I.: Reg. Imp. II,1 Nr. 496 an Erzbischof Walpert von Mailand, zu dessen Kirchenprovinz die beiden Bistümer gehörten, und Reg. Imp. II,1 Nr. 504.

27 Reg. Imp. II,2 Nr. 880.

28 Reg. Imp. II,1 Nr. 495; Reg. Imp. II,5 Nr. 458.

29 Mitteilung des Synodalbeschlusses durch Papst Johannes XIII. an Erzbischof Walpert von Mailand vom 26. Mai 969, Rom, in: Papsturkunden 896–1046, bearb. von Harald Zimmermann, Bd. 1: 896–996 (Veröffentlichungen der Historischen Kommission der Österreichischen Akademie der Wissenschaften III, 1984) Nr. 198, S. 392f; vgl. dazu Reg. Imp. II,5 Nr. 460.

war, öffentlich bekräftigt. Die Kaiserin übernahm auch hier keine eigentlichen richterlichen Funktionen, sondern überließ diese dem Pfalzgrafen, der auf Bitten der Antragsteller eine Strafe von 1000 Pfund besten Goldes bei Zuwiderhandeln verfügte und dem Notar Giselbert Anweisung zur schriftlichen Ausfertigung des Abkommens erteilte. Der Name Adelheids, deren Anwesenheit bei der römischen Synode des Jahres 969 anzunehmen ist[30], taucht in der durch Bischof Rozo von Asti vorformulierten Corroboratio auf: die Summe von 1000 Pfund besten Goldes als Garantie für die Unantastbarkeit der Beschlüsse solle *propter Deum et anime predicte domne Adaleide imperatrice* ausgesprochen werden[31]. Wenn damit eigens das Seelenheil der Kaiserin benannt wird, dürfte dahinter ein entsprechendes großes Engagement in dieser Sache vermutet werden. Mit ihrer Anwesenheit bei der Verhandlung im Juli 985 wollte Adelheid offensichtlich ihre Unterstützung für eine Realisierung der von Otto I. mitgetragenen und verbrieften Beschlüsse von Rom dokumentieren. Trotz einer gewissen »Untätigkeit« während der Sitzung, wie Julius Ficker betont hat[32], konnte sie deren rechtmäßige Umsetzung garantieren, weil sie im Fall eines anderweitigen Rechtsentscheids aufgrund ihrer Befehlsgewalt gegenüber dem Pfalzgrafen, von der sie im Prozeß um die Entschädigungsklage der Waldrada Gebrauch gemacht hatte, eingreifen konnte.

Dabei ist der von Ficker herausgearbeitete »untätige Vorsitz«, bei dem die Königin am Gerichtsort anwesend ist, sich aber jeder richterlichen Handlung enthält und diese dem Pfalzgrafen überläßt, nicht als eine nur auf Adelheid zutreffende Ausnahme zu bewerten. Vielmehr handelt es sich dabei um eine im 9. und 10. Jahrhundert weitverbreitete Praxis, die – wie auch für die Gerichtssitzung Adelheids in Piacenza 976 – durch die Formel des *praeesse* zum Ausdruck gebracht wurde. Die Einrichtung betrifft jedoch nur König oder Königin, nicht aber sonstige Richter und läßt sich nur zu der Zeit nachweisen, als Pfalzgrafen als Vertreter des Königs im Hofgericht fungierten. Beide Entwicklungen endeten in der Regierungszeit Heinrichs II. im zweiten Jahrzehnt des 11. Jahrhunderts[33].

Diesem Procedere entsprechend agierte Kaiserin Adelheid, die dem Pfalzgrafen Giselbert alle richterlichen Befugnisse beließ und lediglich im Fall der Waldrada in den Verhandlungsverlauf eingriff, um die an sie gerichtete Bitte umzusetzen. Auch im zweiten Fall dürfte sie um ihre Anwesenheit gebeten worden sein, um nötigenfalls aufgrund ihrer kaiserlichen Autorität und vor allem in Kenntnis der 969 gefällten Entscheidung Einfluß nehmen zu können. Damit reduzierte sich die Teilnahme Adelheids entgegen der Ansicht Fickers keinesfalls auf eine bloße repräsentative Funktion zur Erhöhung des Ansehens der Gerichtssitzungen[34].

---

30 Da Liudprand von Cremona als Teilnehmer der Synode bezeugt ist, geht die Forschung davon aus, daß er wohl gerade von seiner Reise nach Byzanz mit dem Auftrag der Brautwerbung für Otto II. zurückgekehrt war und mit den Kaisern Otto I. und Otto II. sowie Kaiserin Adelheid hier in Rom zusammentraf, um Bericht zu erstatten; vgl. Vorrede zur Legatio ad imperatorem Constantinopolitanum Nicephorum Phocam, ed. Joseph Becker, in: Liudprandi Opera, MGH SS rer. Germ. [41] S. 175: *Ottones Romanorum invictissimos imperatores augustos gloriosissimamque Adelheidem imperatricem augustam Liudprandus sanctae Cremonensis ecclesiae episcopus semper valere, prosperari, triumphare anhelat, desiderat, optat.*

31 Manaresi 2, Nr. 206, S. 249f.

32 Ficker, Forschungen 1, §180 S. 326.

33 Ficker, Forschungen 1, §161 S. 295–297.

34 Ficker, Forschungen 1, S. 295.

Im Gegensatz dazu gibt es für Theophanu keine entsprechenden Quellenbelege. Während ihres Italienzugs 990 wurde zwar die Bitte um einen Entscheid in den Besitzstreitigkeiten zwischen den Brüdern Petrus und Paulus von Traversaria an sie herangetragen, sie delegierte den Gerichtsvorsitz aber an Erzbischof Johannes Philagathos und Bischof Hugo von Würzburg[35]. Sie selbst nahm an der Sitzung jedoch nicht teil.

Mathilde von England (1117/18)

Den zeitweiligen Vorsitz im Königsgericht übernahm eine Königin in Italien seit ottonischer Zeit erstmals wieder mit Mathilde von England in den Jahren 1117 und 1118. Erhalten haben sich zwei Gerichtsurkunden, die erste vom 20. September 1117 für die Kirche von Reggio nell'Emilia, die zweite vom 4. November 1118 zugunsten des Klosters S. Maria foris portam zu Faenza. Während das erste auf der canusinischen Burg Carpineti abgehaltene Placitum in die Zeit fiel, als sich Heinrich V. noch irgendwo in Italien aufhielt, fand das zweite in Castrocaro zu einem Zeitpunkt statt, zu dem Heinrich bereits nach Deutschland zurückgekehrt war und Mathilde mit den Truppen in Italien zurückgelassen hatte[36].

Der erste auf Carpineti verhandelte Streitfall zwischen der Kirche von Reggio, vertreten durch Bischof Hugo, und den namentlich nicht näher bezeichneten Söhnen eines Hugo von Rodilia betraf die Besitzentfremdung der Kirche von Prignano, die Hugo vor seinem Tod der Bischofskirche von Reggio geschenkt hatte. Ohne Rechtsentscheid hatten seine Söhne die Übereignung rückgängig gemacht[37].

Königin Mathilde führte den Vorsitz: *Cum in Dei nomine in Roccha Carpeneti in iudicio resideret domina Matilda Dei gratia romanorum regina*[38]. Nach Anhörung der Klage durch den Bischof von Reggio fällte sie nach Beratung mit dem Richter und Vogt Ubaldus die Entscheidung zugunsten der Kirche von Reggio, verhängte den Bann für den Fall, daß eine Person ohne königlichen Entscheid die Besitzeinsetzung rückgängig machen sollte und verfügte eine Strafe von hundert Pfund Silber, die jeweils zur Hälfte an die kaiserliche Kammer und an die Kirche St. Maria zu entrich-

---

35 *Igitur dum resideret Deo annuente Iohannes archiepiscopus sancte Placentine ecclesie in generali placito, simul cum eo Hugo gracia Dei episcopus sancte Hansdeburgensis ecclesie, iussione domne Theofana imperatricis residentes et adstantes cum eis nobiles viri laudabilesque fama* ..., Manaresi 2, Nr. 210, S. 270–273; vgl. Reg. Imp. II,3 Nr. 1019e.

36 *Imperator ... efferatus animo, Italie suis copiis cum regina relictis, Germanicis se regionibus nimis insperatus exhibuit*, Ekkehard von Aura, Chronik IV S. 340; Ekkehard berichtet die Rückkehr des Kaisers nach Deutschland zum Jahr 1119, obwohl sie bereits im August 1118 erfolgt war.

37 ... *dominus Vgo prepositus sancte Regiensis ecclesie conquestus est de filiis Vgonis de Rodilia, qui iniuste ac sine iudicio disuestierant ecclesiam suam de terra de Pregnano, quam pater eorum Vgo refutauerat in manus domini bonisenioris Regiensis episcopi coram comitissa Matilda* ..., Original im Archivio Capitolare, Reggio Emilia Nr. 265; für die Überlassung einer Kopie dieser wie auch der unten zitierten zweiten Gerichtsurkunde danke ich dem Mitherausgeber der Diplome Heinrichs V. und Mathildes von England, Herrn Dr. Gawlik, MGH München. – Abdruck der Urkunde bei Johannes Heumann, Commentarii de re diplomatica imperatricum augustarum ac reginarum Germaniae (Nürnberg 1749) §127 S. 210f.; vgl. Rössler, Kaiserin Mathilde S. 20.

38 Zit. nach Archivio Capitolare, Reggio Emilia Nr. 265. – Zum königlichen Kapellan Altmann, der als Beisitzer im Hofgericht fungierte und die Urkunde dann auch mitunterfertigt hat, vgl. Friedrich Hausmann, Reichskanzlei und Hofkapelle unter Heinrich V. und Konrad III. (Schriften der MGH 14, 1956) S. 86.

ten war[39]. Schließlich erhielt der Notar Guido den Befehl von ihr, die vorliegende Urkunde auszufertigen.

In gleicher Weise verfährt sie im zweiten Fall. Im Auftrag des Abtes Johannes sowie des Konventes von S. Maria foris portam zu Faenza trat der Mönch und Diakon Witto vor die Königin und führte Klage gegen Petrus, den Erwählten der Kirche von Forli, der sich entgegen den Verfügungen seiner Vorgänger im Amt widerrechtlich und betrügerisch den Klosterbesitz in der Höhe eines Viertels an der Kirche S. Reparata angeeignet habe[40]. Mathilde verhängte nach Anhörung der Klage den Bann über alle, die es wagten, dem Kloster den genannten Besitz zu entfremden[41]. Den Grafen Bonifatius beauftragte sie, Sorge für die Wahrung der Klosterrechte zu tragen[42]. Witto aber wurde schließlich mit dem Besitzanteil investiert[43]. Geschrieben wurde die Urkunde auf Befehl der Königin von ihrem Kapellan Burebundus[44].

Beide Ausfertigungen Mathildes lassen weder für den formalen Ablauf der Sitzungen noch hinsichtlich der Zusammensetzung des Gerichts oder der Begrifflichkeit Unterschiede zu denjenigen Heinrichs V. erkennen[45]. Dieser hatte während des Italienzugs der Jahre 1116–1118 ebenfalls mehrmals Gerichtssitzungen abgehalten, wobei Mathildes Anwesenheit für diejenige im März 1116 in Treviso bezeugt ist[46]. Die Urkunden der Königin lassen durch keine Formulierung erkennen, daß sie eigens für die Rechtsprechung einen Auftrag Heinrichs V. erhalten hatte, noch daß sie

---

39 … *domina regina per consilium Ubaldi iudicis fecit eos iterum uocare uoce praeconia et cum non apparuissent, inuestiuit praefatum prepositum de iam dicta possessione, et bannum posuit, si qua persona eum diuestiret sine regali iudicio, componeret penam centum libras argenti medietate camare imperatoris et medietate ecclesie sancte Marie,* zit nach Archivio Capitolare, Reggio Emilia Nr. 265.

40 *Itaque dominus Witto monachus et diaconus una per consensum et per iussionem domni Johannis abbatis sancte Marie de Forisportam et ceterorum confratrum accessit coram domina nostra Matilde regina et proclamauit, ex eo quod Petrus ille Liuiensis electus post biennium transactum partem quartam premisse ecclesie sancte Reparate, quam ex concessione et cartularia institutione seu corroboratione priorum Liuiensium episcoporum diu ecclesia sancte Marie de Forisportam possederat et obtinuerat, inuasit et fraudulenter subripuit,* Original im Archivio di Stato, Faenza. Archivio delle corporazioni religiose soppresse A, 1, 1–11. 1118 nov. 4 Cantica segnatura: m. II, n. XIX. Vgl. Rössler, Kaiserin Mathilde S. 21.

41 *Tunc domina Matildis regina in conspectu omnium predictorum et aliorum uirorum surrexit et imposuit bannum super capita omnium, ut si quis deinceps siue uir siue mulier prenominato monasterio sancte Marie partem illam ecclesie sancte Reparate usurpare voluerit … sub pena regalium decretorum constituatur,* ebd.

42 *Similiter autem et sub eadem pene impositione precepit, ut comes Bonifacius cum ceteris de Castrocaro procurationem et custodiam huiusmodi de predicta causa sancte Marie haberent, nequaquam ulterius incommodi prefato monasterio inde pateretur,* ebd.

43 *Ad hec precepit Johanni, ut dominum Wittonem de prelibata parte ecclesie investiret et omnimodo in sua uice premissum monasterium sancte Marie ex ea re corroboraret. Quod factum est,* ebd.

44 Über Burebundus ist außer dieser Urkunde nichts weiter bekannt, vgl. Hausmann, Reichskanzlei S. 89. In dieser Urkunde ist erstmals auch Philipp, der italische und später auch deutsche Kanzler, quellenmäßig nachzuweisen. Er wird hier als *electus* des Erzbistums Ravenna an erster Stelle der namentlich genannten Teilnehmer der Gerichtssitzung genannt; zu seiner Person Hausmann S. 49–51.

45 Vgl. etwa das in der Ausfertigung vom 1. August 1118 in Treviso bezeugte Placitum unter dem Vorsitz Heinrichs V., der auf die Bitte des Abtes Faletrus hin die Verletzung des Güterbesitzes seines Klosters Brondolo mit einem Bann von 100 Pfund Gold belegte; Abdruck bei Harry Bresslau, NA 20 (1895) S. 227–229.

46 Stumpf 3127; vgl. Meyer von Knonau, Jahrbücher unter Heinrich V. Bd. 7, S. 1 und Anm. 2.

in seinem Namen Recht sprach und verbriefen ließ. Vielmehr wird der Name Heinrichs V. in der Urkunde von 1117 überhaupt nicht genannt und in der Urkunde von 1118 lediglich in die Datierung eingefügt: *Anno ab incarnatione filii Dei millesimo centesimo octauodecimo tempore Heinrici serenissimi imperatoris quarti mensis novembris indictione duodecima apud plebem sancte Reparate de Castrocaro.*

Im Gegensatz zu Kaiserin Adelheid, die dem damaligen Gewohnheitsrecht entsprechend dem Pfalzgrafen alle richterlichen Aufgaben beließ, übernahm Königin Mathilde nicht nur den Vorsitz, sondern auch die Rolle der Richterin, ausgestattet mit den entsprechenden Befugnissen: Sie leitete die Verhandlung, beriet mit den Beisitzern, verkündete den Urteilsspruch, investierte in Besitzungen, verhängte den Bann, verfügte die Ausstellung der Urkunde.

Kaiserin Richenza (1136/37)

Im Rahmen der Rechtsprechung war in Oberitalien auch Kaiserin Richenza tätig. Bekannt sind vier Streitfälle in den Jahren 1136 und 1137. Drei wurden in Reggio nell'Emilia im September[47], am 7. November[48] und Anfang Dezember 1136[49] verhandelt, ein vierter in Isola della Scala am 6. November 1137[50].

Keinerlei Kenntnisse besitzen wir über die näheren Umstände der ersten, wohl im September 1136 einberufenen Gerichtssitzung[51]. Überliefert ist keine Urkunde, wohl aber eine von Abt und Konvent von S. Pietro in Modena bei der Kaiserin, der *sanctissima ac iustissima dei gratia Romanorum imperatrix augusta*[52], eingereichte Klageschrift über Besitzstörungen namentlich genannter Personen. Diese hat sich zusammen mit einem kurzen Auszug aus einer verlorenen Urkunde über die Zusammensetzung des Hofgerichts in einer Abschrift des 12. Jahrhunderts erhalten. Demzufolge waren unter anderem die Bischöfe Bruno von Straßburg und Anselm von Havelberg sowie die Richter Adegerius von S. Cruce und Girardus anwesend[53].

Die Urkunden vom November und Dezember 1136 machen deutlich, daß die Kaiserin in Reggio Aufenthalt nahm *ad iustitiam faciendam ... ibique multas ac varias querimonias per probatissimos iudices ... sollerti cura discuteret*[54]. Der Inhalt der beiden vom Notar Martin nach dem in Italien üblichen Formular ausgefertigten Diplome[55]

47 DRich. 1.

48 DRich. 2. Bei der in der Diplomata-Ausgabe im Kopfregest genannten Datierung des 1. November dürfte es sich um einen Druckfehler handeln, denn die Urkundendatierung lautet: *anno ab incarnatione domini MCXXXVI, septima die intrante mense novembris, indictione XIIII* (S. 229).

49 DRich. 3.

50 DRich. 4.

51 Zur Datierung vgl. die dem Text vorangestellte Erläuterung, DRich. 1, S. 227 sowie KUCK, Itinerar Lothars S. 36.

52 DRich. 1, S. 227.

53 Der Urkundenauszug lautet: *MCXXXVI mense septembris sanctissime et iustissime domine R[icheze] dei gratia regine et Romanorum imperatrici auguste, uxori domini Lotharii imperatoris cessaris augusti, in Regensi episcopali palatio cum sua curia commoranti horum malefitiorum querelam deposuimus. Cum ea ibi erat magister Bruno episcopus et magister Anselmus episcopus et alia multitudo baronum suorum. Ibi etiam erat Adegerius iudex de Sancta Cruce et Girardus iudex, Cazawerra, Malencalzo et Serafinello*, DRich. 1, S. 228. Zu den Personen vgl. Reg. Imp. IV,1 Nr. 509.

54 DRich. 3, S. 230.

55 Vgl. dazu die Vorbemerkung zu DRich. 3, S. 230.

bezieht sich auf Klagen, die das Kloster S. Silvestro zu Nonantula[56] und die Marienkirche zu Reggio[57] um die Anerkennung bestimmter Besitzungen angestrengt hatten. Beide Verfahren endeten mit Urteilssprüchen zugunsten der Kläger. Die Kaiserin führte jeweils den Vorsitz[58]: An sie wandten sich Abt und Vogt Adegerius des Klosters, *ut iusticiam consequeretur*. Nach Anhörung der Klage befragte sie die anwesenden namentlich genannten Deutschen und Italiener[59], wie zu verfahren sei[60]. Das Urteil fiel einstimmig zugunsten des Klosters aus. Ein Bevollmächtigter der Kaiserin sollte den Abt in den nach dem erbenlosen Tod des Markgrafen Konrad seinem Kloster zugefallenen Besitz von Cella einsetzen. Diesen Auftrag erteilte Richenza Konrad dem Deutschen[61]. Darüber hinaus wird von den im Hofgericht sitzenden Deutschen und Italienern bestimmt, daß diejenigen, die Pfandrechte an Cella beanspruchten, Geld und Land verlieren, während diejenigen, die Lehnrechte namhaft machten, diese vor dem Gericht des Abtes rechtfertigen sollten. Zur Sicherstellung der gerichtlichen Verfügungen verhängte die Kaiserin den Bann mit Strafandrohung von 50 Pfund Gold[62].

Auch die Klage der Marienkirche von Reggio wegen ungerecht entzogener Besitzungen war gegen eine Vielzahl von Personen gerichtet. Diese waren trotz mehrfacher Ladung – wohl seitens der Kaiserin als vorsitzender Richterin – nicht vor Gericht erschienen. Daraufhin entschied man auf Aberkennung aller Besitzansprüche zugunsten des Domkapitels[63], das mit allen aufgezählten Besitztiteln investiert wurde[64]. Abschließend bekräftigte die *curia* für den Kaiser und die Kaiserin die Gewere mit dem Bann[65].

Von den erhaltenen Urkunden Richenzas wurde allein dieses für die Marienkirche von Reggio ausgestellte und im Original überlieferte Diplom mit dem rekonstruierbaren Signum der Kaiserin versehen: *Sig[num] d[omne †Richin]ze imperatricis*

56 DRich. 2; Reg. Imp. IV,1 Nr. 533.

57 DRich. 3; Reg. Imp. IV,1 Nr. 541.

58 *Cum resideret domina Reginza imperatrix uxor serenissimi imperatoris Lotharii in civitate Regio ad iustitiam faciendam* …, DRich. 2, S. 229.

59 Zu den anwesenden Personen vgl. Reg. Imp. IV,1 Nr. 533.

60 … *De istis autem supranominatis conquestus est abbas Nonantulanus et cum eo Adegerius eius advocatus suppliciter exorans dominam imperatricem, ut iusticiam consequeretur. Tunc domina imperatrix a supradictis et Teutonicis et Latinis, quibus intererat etiam Paganellus de Corsena, conscilium petiit quod illi faciendum esset super hanc querimoniam*, ebd.

61 *At illi omnes comuniter consilio habito unanimiter dixerunt, secundum usum regni abbas Nonantulanus in iam dictam terram ecclesie per missum domine imperatricis collaudatione totius curie ex integro debet restitui. Quod valdi placuit imperatrici et dedit abbati Conradum Teutonicum qui eum in Celle possessionem restituit* …, ebd.

62 … *His omnibus sollempniter ordinatis et iudicatis domina imperatrix suum bannum patenter coram omnibus edidit … et penam quinquaginta librarum auri sustineat* …, ebd.

63 Daß als Empfänger nicht das Bistum, sondern das Domkapitel anzusehen ist, betont Petke, vgl. Reg. Imp. IV,1 Nr. 541.

64 *Quibus secundum leges ter et quater convocatis et expectatis nec ad predictum placitum venerunt nec qui pro eis iustitie satisfaceret, mittere studuerunt. Iudices itaque cum curia iudicaverunt, hos et eorum similes tamquam procaces et latitantes a predictarum rerum possessione debere excludi et predictam ecclesiam exinde investiri et intromitti*, DRich. 3, S. 231.

65 *Insuper etiam ex parte domini imperatoris et imperatricis predicta curia bannum firmavit, ut quicumque ecclesiam de suprascriptis rebus intromissis molestare vel inquietare temptaverit absque legali iudicio, malam voluntatem imperii incurrere et insuper penam C librarum auri persolvere sese non ambigat* …, ebd.

semper auguste[66]. Das anschließend aufgedrückte und heute verlorene Wachssiegel hat dieses Signum überdeckt. Um welches Siegel es sich dabei handelte, um dasjenige Richenzas oder Lothars, läßt sich nicht mehr sicher bestimmen. Aufgrund der Siegelabmessungen auf dem Original geht Waldemar Schlögl davon aus, daß es sich um eine nachträgliche Besiegelung in der Kanzlei des Kaisers mit einem Siegel Lothars gehandelt haben dürfte. Doch die Möglichkeit, daß ein eigenes Königinnensiegel Richenzas aufgedrückt worden sein könnte, schließt Schlögl auch nicht aus[67]. Da wir von Königinnensiegeln im 12. Jahrhundert Kenntnis haben, andererseits aber kein Siegel Richenzas erhalten ist, muß diese Frage letztlich offen bleiben.

Die letzte der vier Gerichtsurkunden Richenzas datiert ein Jahr später, am 6. November 1137, in Isola della Scala. Dieses Diplom unterscheidet sich in mehrfacher Hinsicht von den beiden vorgenannten aus Reggio nell'Emilia. Denn in Isola hielt sich nicht nur Richenza mit ihrem Gefolge auf, sondern der gesamte Hof mit Kaiser Lothar III., seinem Schwiegersohn, dem Herzog Heinrich von Bayern, sowie Herzog Konrad von Staufen und vielen anderen: *Cum in dei nomine Lo[tharius dei gratia Romanorum] imperator et Reginza piissima regina coniunx e[ius essent in loco qui dicitur Isola Cen]ese et essent cum eis dux Henricus et dux Conradu[s et …*[68].

Die Rechtshandlung läuft folgendermaßen ab: Zwei Boten der Kanoniker der Veroneser Hauptkirche S. Maria und S. Georg klagen auf den Besitz von Burg und Hof Cerea[69] sowie der Curtis Angiari vor dem »allerheiligsten« Kaiser und der Kaiserin[70]. Daraufhin trat am Samstag, den 6. November, das Hofgericht zusammen, als dessen Vorsitzende die Kaiserin fungierte. Aufgrund einer Anordnung des Kaisers – *ex mandato imperatoris Lotharii mariti sui* – erteilte sie in Anwesenheit namentlich genannter Personen, allen voran des kaiserlichen Kammerherrn Berthold, dem *Lampretus marchio*[71] und Girardus den Befehl, das Domkapitel in den Besitz einzusetzen. Aus dieser Rechtshandlung sind, wie bereits die Herausgeber des Diploms vermerkten, drei konkrete Schritte ableitbar: die Einreichung der Klage vor dem Kaiser und der Kaiserin, die Entscheidung des Kaisers und schließlich die Durchführung der Besitzeinweisung durch die Kaiserin.

Insgesamt lassen sich damit für Richenza die gleichen Schlußfolgerungen ziehen wie für Mathilde: Beide nahmen der zeitgenössischen Praxis zufolge uneingeschränkt die königliche Gerichtshoheit wahr. Sie taten dies jedoch nicht generell,

---

66 Ebd.

67 Waldemar Schlögl, Die Unterfertigung deutscher Könige von der Karolingerzeit bis zum Interregnum durch Kreuz und Unterschrift. Beiträge zur Geschichte und zur Technik der Unterfertigung im Mittelalter (Münchener Historische Studien. Abt. Geschichtliche Hilfswissenschaften 16, 1978) S. 184–186; vgl. Reg. Imp. IV,1 Nr. 541.

68 DRich. 4, S. 232.

69 Das Fodrum der Hintersassen von Cerea war den Domkanonikern bereits auf Intervention der Kaiserin am 25. September 1136 verbrieft worden; DLoIII. 95; Reg. Imp. IV,1 Nr. 508.

70 *Ibique Oto [diaconus] et Ingleberius acolitus, canonici sancte Marie et sancti Georgii maioris Uer[onen]sis ecclesie, missi et legati Gilberti venerabilis archipresbiteri et omnium aliorum canonicorum supradicte maioris Ueronenesis ecclesie, venerunt et ceperunt dicere atque deprecari, quatenus idem piissimus imperator atque imperatrix darent eis possessionem de castello et curte de Cereta et de curte de Englare que dicitur curtis de Castello veteri et defenderent atque custodirent supradictas curtes ad lucrum atque commodum omnium canonicorum maioris Ueronensis ecclesie*, DRich. 4, S. 233. Zu den *castelli* und Höfen vgl. Reg. Imp. IV,1 Nr. 651.

71 Zur Person siehe Reg. Imp. IV,1 Nr. 651.

sondern nur ad hoc und in begrenzten Zeiträumen, in denen der König anderweitig beschäftigt war. So wissen wir, daß Lothar III. die Kaiserin eigens zu diesem Zweck nach Reggio geschickt hatte: *Righeze, quam pro facienda iusticia in Regia civitate dimisimus, cum circa superior[es part]es Padi fuissemus*[72]. Im Unterschied zu Mathilde, die nur in der Zeit der Abwesenheit Heinrichs V. dem Gericht vorsaß, wurden Richenza alle vor dem Königsgericht zu verhandelnden Streitfälle in Italien übertragen. Sie übte die Gerichtsbarkeit auch dann aus, wenn sie zusammen mit Lothar III., von dessen richterlicher Tätigkeit in Italien nichts bekannt ist, an einem Ort weilte[73]. Wie ihre Vorgängerin Mathilde saß Richenza in Absprache mit dem Kaiser zu Gericht. Während sie in der Zeit seiner Abwesenheit eigenständige Entscheidungen getroffen hat, holte sie beim letzten Streitfall, als sich auch der Kaiser am Ort der Verhandlungen aufhielt, sein Urteil ein, um es dann vor den Parteien zu verkünden und umsetzen zu lassen.

Damit zeigt sich für den Bereich der Rechtsprechung, daß die Königin in Situationen, die Arbeitsteilung und Delegierung von Herrschaftsrechten notwendig machten, ganz selbstverständlich in die Herrschaftsausübung eingebunden war, und diese Einbindung bei den Zeitgenossen auf eine allgemeine Akzeptanz stieß. Das Herrscherpaar agierte als »Team«, das gemeinsam anstehende herrscherliche Pflichten erledigte, wobei sich für Richenza in der in Isola della Scala gerichtlich verhandelten Klage zeigt, daß dies auch der Fall sein konnte, wenn der gesamte Hof mit dem Kaiser an der Spitze anwesend war.

Mit Richenza endet jedoch die Zeit richterlicher Tätigkeit der Königin in Reichsitalien. Wie in Deutschland waren seit staufischer Zeit delegierte Richter mit den Streitfällen befaßt.

---

72 So in DLoIII. 107 vom 17. Dezember 1136 zu Reggio.

73 Vgl. Ficker, Forschungen 1, §180 S. 326.

Lehenvergabe an weltliche Fürsten

Mitsprache der Königin

Der Einfluß der Königin auf die Regierung des Reiches läßt sich vor allem bei der Vergabe von Lehen an weltliche Fürsten nachweisen, wobei die Einbeziehung der Königin unter Umständen über eine Mitsprache hinausgehen konnte. Angesichts der in ihren Entscheidungen sehr stark von Interventionen geprägten Politik versuchten Königinnen – soweit es die spärlichen Quellenzeugnisse erkennen lassen – bei Verhandlungen um die Vergabe großer Fürstenlehen und im Vorfeld der meist auf Hoftagen zusammen mit den Großen des Reiches gefällten Beschlüsse meinungsbildend einzuwirken.

Ein aufsehenerregendes Beispiel dafür ist die Verleihung des Herzogtums Bayern an Heinrich, den jüngeren Bruder Ottos I., die nach Widukind von Korvei auf die Initiative der Königin Mathilde zurückzuführen sei. Durch stete Ermahnung und Fürsprache habe sie bei Otto I. ihren zweitgeborenen Sohn Heinrich als Kandidaten für die Nachfolge des am 23. November 947 gestorbenen Herzogs Berthold durchgesetzt[74]. Da Heinrich bereits mit Judith, der Tochter Arnulfs von Bayern[75], verheiratet war, belehnte Otto dann auch seinen Bruder mit dem Herzogtum. Die Herrschaft ging von den bayerischen Luitpoldingern auf die Liudolfinger über.

Wesentlichen und über familienpolitische Beweggründe hinausgehenden Einfluß übte Königin Kunigunde aus. Zusammen mit einigen Reichsfürsten verhalf sie Herzog Hermann von Schwaben 1003 zur Wiedererlangung seines Herzogtums, nachdem er sich nach anfänglicher Rebellion gegen die Königsherrschaft Heinrichs II. unterworfen hatte[76]. Bei den im Herbst und Winter 1009 in Sachsen anstehenden

---

74 *Igitur cum omnia regna coram eo silerent et potestati ipsius omnes hostes cederent, monitu et intercessione sanctae matris eius recordatus est multis laboribus fatigati fratris prefecitque eum regno Boioariorum, Berhtoldo iam defuncto, pacem atque concordiam cum eo faciens, qua usque in finem fideliter perduravit,* Widukind von Korvei, Res gestae II 36, S. 95. Die Belehnung Heinrichs mit Bayern als Teil der »Familienpolitik« Ottos bei GLOCKER, Verwandte der Ottonen S. 68–71.

75 Zur Herrschaft Arnulfs als Herzog und »König« in Bayern vgl. den Überblick bei Kurt REINDEL, Bayern vom Zeitalter der Karolinger bis zum Ende der Welfenherrschaft (788–1189). I. Die politische Entwicklung, in: Handbuch der Bayerischen Geschichte, hg. von Max SPINDLER, Bd. 1 (^{2}1981) S. 249–349, hier bes. S. 279–289; zur Biographie zuletzt Eckhard MÜLLER-MERTENS, Arnulf, Herzog von Bayern (907–937), in: Deutsche Fürsten des Mittelalters, hg. von Eberhard HOLTZ und Wolfgang HUSCHNER (1995) S. 44–60. – Nach dem Tod Arnulfs hatte dessen zur Nachfolge bestimmter Sohn Eberhard die Herrschaft in Bayern nur etwa ein Jahr inne, bevor er von Otto I. vertrieben und statt seiner Berthold, der Bruder Arnulfs, mit Bayern belehnt wurde; vgl. REINDEL S. 289–296.

76 … *Herimannus Alemanorum dux regis eleccioni aliquandiu resistens, regie se potestati subdidit et interventu reginae et principum in suo honore permansit,* Annales Hildesheimenses a. 1003, S. 29. Zur Rolle Kunigundes im Thronstreit von 1002 siehe unten S. 166–172.

Veränderungen war Kunigunde ebenfalls maßgeblich beteiligt. Nachdem Gunzelin wegen mehrerer Delikte als Markgraf von Meißen Anfang Juni 1009 abgesetzt und inhaftiert worden war[77], wurde sein Neffe Hermann mit der Markgrafschaft belehnt. Dem Chronisten Thietmar von Merseburg zufolge geschah dies aufgrund der Fürsprache der Königin sowie auf Anraten Erzbischof Taginos von Magdeburg[78]. An der Jahreswende 1009 engagierte sich Kunigunde in Pöhlde zusammen mit den anwesenden Großen erfolgreich für Dietrich, den Sohn des im Verlauf einer Fehde mit Markgraf Werner erschlagenen Grafen Dedi[79]. Heinrich II. verlieh ihm Grafschaft und Lehen seines Vaters[80].

Im Unterschied zur Einflußnahme Königin Mathildes zugunsten ihres Sohnes galt die Mitsprache Kunigundes nicht der Protektion der eigenen Familie. Dabei vermitteln die Quellen durchaus den Eindruck, daß sie in gleicher Weise wie die übrigen Reichsfürsten in die politischen Entscheidungen bei der Vergabe von Fürstenlehen eingebunden war.

Belehnung eines Herzogs

Kaiserin Kunigunde verfügte nicht nur über Mitsprache bei Beratungen, sondern vollzog in Abwesenheit des Kaisers in Regensburg im Juni/Juli 1018 mit der Inthronisation ihres Bruders Heinrich die offizielle Belehnung mit dem Herzogtum Bayern. Nach Thietmar von Merseburg fand diese nach der Gründung des Klosters Kaufungen[81] und parallel zu einem militärischen Vorstoß Heinrichs II. gegen König Rudolf III. von Burgund[82] statt.

Die politischen Entscheidungen waren bereits im Jahr zuvor auf einem Fürstentag in Aachen Mitte Mai 1017[83] und bei einer Zusammenkunft in Bamberg am

---

77 Reg. Imp. II,4 Nr. 1705a.

78 *Proxima vero messe interventu reginae et instinctu cari Taginonis Herimanno comiti marcham dedit et consilio et laude principum eorundem*, Thietmar, Chronicon VI 54, S. 342.

79 Thietmar, Chronicon VI 49 (33) S. 334/36.

80 *Proximum natale Domini rex in Palethi celebravit et ibidem Thiedrico, predicti comitis filio, comitatum ac omne beneficium iure et ortatu reginae ac principum suimet dedit*, Thietmar, Chronicon VI 50 (34) S. 338. – Die sächsische Nordmark des für den Tod Graf Dedis verantwortlichen Markgrafen Werner wurde außerdem an Graf Bernhard verliehen: *Insuper marcam et, quicquid Wirinzo ex parte regis tenuit, hoc totum Bernhardo comiti concessum est*; ebd. – 1020 machte sich Kunigunde für den Friedensschluß zwischen Heinrich II. und Herzog Bernhard II. von Sachsen stark, den der Quedlinburger Annalist allein ihrem Einfluß zuschrieb: *Sed Bernhardus iustitia cedens, interpellante imperatrice, gratiam imperatoris pariter cum beneficio patris obtinuit*, Annales Quedlinburgenses a. 1020, in: MGH SS 3, S. 84.

81 *Imperatrix autem ad dilectam sibi Capungam veniens, monachicam ibi vitam ordinavit; indeque per orientalem Franciam profecta Bawariam peciit fratremque suum ducem Heinricum Ratisbonae inthronizavit*, Thietmar, Chronicon VIII 18, S. 514/16. Zur Stiftung des Klosters Kaufungen durch die Kaiserin vgl. unten S. 245–249.

82 Reg. Imp. II,4 Nr. 1934a + b.

83 *Palmas rex celebrat Magoncia et in Ingilnenem pascha et in his partibus magis honorifice ac potestative numquam fuit. Et quia ob tantam sollempnitatem maxima ibidem finiri non poterant, ad Aquasgrani ponitur conventus et tunc illic cum consilio Hiriberti archipresulis Thiedricum Metensem episcopum et Heinricum fratrem eius placavit*, Thietmar, Chronicon VII 54, S. 466; vgl. Reg. Imp. II,4 Nr. 1903a. – Heribert MÜLLER, Heribert, Kanzler Ottos III. und Erzbischof von Köln (Veröffentlichungen des Kölnischen Geschichtsvereins 33, 1977) S. 174 zufolge war der Kölner Erzbischof der »Vater des Aachener Ausgleichs« und »der gegebene Vermittler«, da er einerseits durch sein Engagement

2. Dezember[84] gefällt worden. Eine Einflußnahme Kunigundes auf die Verhandlungen ist in den Quellen auffälligerweise nicht nachweisbar. Vielmehr hat sie am Hoftag in Aachen erst gar nicht teilgenommen. Denn noch vor Ostern 1017 (21. April) hatte sie sich in Frankfurt am Main von Heinrich II. getrennt und war nach Kaufungen weitergereist[85], während der Kaiser Ostern in Ingelheim und auch noch Pfingsten (9. Juni) ohne sie in Kloster Werden feierte. Erst Mitte Juni trafen beide in Paderborn wieder zusammen, um gemeinsam nach Magdeburg zu ziehen[86]. Im Dezember 1017 ist Kunigunde in Bamberg anwesend, trat jedoch als Intervenientin zugunsten ihres Bruders Heinrich nicht auf. Als offizielle Befürworter der Belehnung mit Bayern fungierten vielmehr in Aachen Erzbischof Heribert von Köln[87] und in Bamberg der dem bayerischen Geschlecht der Babenberger entstammende Trierer Erzbischof Poppo[88].

Der Umstand, daß Kunigunde in diesem Fall nicht offiziell – zumindest als weitere Fürsprecherin neben den beiden Erzbischöfen – genannt wird, obwohl eine Parteinahme zugunsten Heinrichs anzunehmen ist, läßt sich nur so erklären, daß es sich bei Heinrich nicht um einen beliebigen Reichsfürsten, sondern um einen ihrer über viele Jahre hinweg gegen den König rebellierenden Brüder handelte. Obwohl sie sich aus den offiziellen Beratungen heraushielt, war sie spätestens im Sommer 1017 in die Gespräche einbezogen worden. Dies macht ein mit Wissen und Zustimmung des Kaisers zustandegekommenes Treffen der Geschwister in Magdeburg[89] wahrscheinlich. Es ist zu vermuten, daß hier für die im Dezember in Bamberg anstehende Entscheidung einer erneuten Belehnung Heinrichs mit Bayern, letzte

---

im Kampf gegen das Luxemburger Machtstreben das volle Vertrauen Heinrichs II. besaß und andererseits bekannt dafür war, daß er »nicht gerade als unbedingter Sachwalter königlicher Interessen zu gelten hatte«. Zudem war er einem der Aufständischen, Friedrich »von Gleiberg«, über dessen Gattin familiär verbunden.

84 *Sed cum in predicta civitate* (= Allstedt) *cesar V ebdomadas et IIII dies sederet, dilectum sibi locum Bavenberg visitat, ... Heinricum etiam, quondam Bawariorum ducem et tunc VIII annos et pene tot menses sua depositum culpa, pristinis imperator restituit honoribus die dominica, sicut ei firmatum est prius a Poppone Treverensi archiepiscopo,* Thietmar, Chronicon VII 66 (48) S. 480; vgl. Reg. Imp. II,4 Nr. 1916a.

85 *Regina autem a Froncanavordi a cesare discedens, cum ad locum, qui Capungun dicitur, veniret ...,* Thietmar, Chronicon VII 54, S. 466.

86 *Cesar vero ad orientem tendens inperatricem ad se in loco, qui Pathrebrunnun dicitur, venire iubet. Inde ambo usque ad Magadaburg profecti a Gerone archiepiscopo honorifice suscepti sunt,* Thietmar, Chronicon VII 57 (42) S. 470; Kunigunde intervenierte in Paderborn zugunsten der örtlichen Bischofskirche; DH II. 368; vgl. Reg. Imp. II,4 Nrr. 1904 und 1906a mit der irrtümlichen Nennung von Merseburg statt Magdeburg.

87 Quellenbeleg in Anm. 83.

88 Quellenbeleg in Anm. 84; zu den Anfängen der Babenberger als Markgrafen der bayerischen Ostmark, dem späteren Österreich, vgl. Karl LECHNER, Die Babenberger. Markgrafen und Herzoge von Österreich 976–1246 (Veröffentlichungen des Instituts für österreichische Geschichtsforschung 23, [4]1992) bes. S. 46–58.

89 Kunigunde war mit Heinrich II. und einem Teil des Heeres bis nach Leitzkau jenseits der Elbe gezogen, dann aber nach Magdeburg zurückgekehrt, wo sie später mit ihrem Bruder zusammentraf: *Postera die inperator cum coniuge et exercitu Albim transiens ad Liesca, curtem quondam Vigonis episcopi et tunc feris innumerabilibus inhabitatam, venit duasque ibidem noctes in castris sedens tardantem turbam expectavit. Et post haec regressa inperatrice caeterisque compluribus ipse turmatim processit. Ipsa vero die Heinricus quondam Bawariorum dux a Bolizlavo, quo pacis firmandae gratia perrexit, cum nunciis eiusdem rediit; quem inperator audita referentem sua iterum legacione remisit nilque ibi proficientem ad dominam et sororem suam abire sinit,* Thietmar, Chronicon VII 57 (42) S. 470.

Vereinbarungen getroffen wurden. Der Kaiser fehlte bei diesem Treffen in Magdeburg. Er befand sich nach den von Herzog Heinrich zuvor geführten, dann aber gescheiterten Verhandlungen erneut im Kampf gegen Boleslaw von Polen an der Ostgrenze[90].

Ein weiteres Detail scheint von Belang: Bei der von Kunigunde vollzogenen Thronsetzung ging es nicht um eine Erstbelehnung, sondern um die Wiedereinsetzung Heinrichs als Herzog in Bayern. Das Herzogtum war ihm am 21. März 1004 in Anwesenheit Kunigundes[91] durch Heinrich II. verliehen[92] und dann im Frühjahr 1009 wegen seiner Beteiligung an der luxemburgischen Rebellion entzogen worden[93]. Die Belehnung von 1017/18 beendete die langjährige sogenannte »Mosel-Fehde« zwischen Heinrich II. und seinen Schwägern, die sich 1008 an der Wahl Adalberos zum Erzbischof von Trier entzündet hatte[94].

---

90 Reg. Imp. II,4 Nr. 1908b und c.

91 Für die Belehnung 1004 in Regensburg ist die Anwesenheit der Königin durch Thietmar bezeugt, denn sie trennte sich anschließend von Heinrich II., der weiter nach Italien zog, während sie mit Erzbischof Tagino von Magdeburg nach Sachsen zurückkehrte: ... *ad Ratisbonam venit; ibique habito regali placito militi suimet generoque Heinrico XII. Kal. Aprilis cum omnium laude presentium cumque hasta signifera ducatum dedit ... Ibi tunc duas tantum noctes commoratus reginae diligenti salutatione licentiam dedit ad Saxoniam abeundi dilectoque eam commisit Taginoni. Ipse autem cum exercitu progreditur ...*; Thietmar, Chronicon VI 3 (3) S. 276/78.

92 Reg. Imp. II,4 Nr. 1559a. – Obwohl die Quellen bei der Erstbelehnung Heinrichs von Luxemburg mit Bayern nichts von einer Einflußnahme durch Kunigunde berichten, wird eine solche in der Forschung vermutet und ist wohl auch denkbar. Darüber hinaus benennt Renn, Grafenhaus S. 86 ein über die verwandtschaftlichen Beziehungen wie auch dem schon unter Otto III. bestehenden Treueverhältnis zum ottonischen Königshaus hinausgehendes Motiv für die Verleihung Bayerns an den Luxemburger Heinrich in der äußerst schwierigen Situation an der bayerischen Ostgrenze, die einen in Grenzkonflikten erprobten Herzog erforderte. Der Luxemburger mit seinen Erfahrungen an der Westgrenze sei deshalb als »Hüter des Südostens« ein geeigneter Kandidat gewesen.

93 Vgl. Reg. Imp. II,4 Nr. 1699d; Reindel, in: Handbuch der Bayerischen Geschichte 1 S. 309. – Die Anwesenheit Kunigundes auf dem Regensburger Fürstentag 1009, der mit der Absetzung Heinrichs als Herzog von Bayern endete, ist recht unwahrscheinlich. Sie intervenierte zweimal im Mai 1008 in Ingelheim, zum einen in eigener Sache, indem sie Heinrich II. um die Schenkung des Hofes Kassel bat (DHII. 182), und zum anderen für das Nonnenkloster San Sisto in Piacenza (DHII. 183). Dann wird sie erst wieder ein Jahr später durch eine Intervention für Bamberg, ausgestellt am 25. Mai 1009 in Allstedt, in den Quellen greifbar. Über ihre Aufenthaltsorte zwischen Mai 1008 und Mai 1009 wissen wir nichts, doch können wir davon ausgehen, daß sie – wie sonst auch – nicht mit Heinrich II. ins Feld gezogen ist. Während der König von August bis November 1008 Trier belagerte (Reg. Imp. II,4 Nrr. 1693a, 1694, 1695, 1696), hat sie möglicherweise ihren neuen Hof Kassel in Besitz genommen, um dann zusammen mit ihrem Gatten Weihnachten 1008 in Pöhlde zu feiern (Reg. Imp. II,4 Nr. 1696a). Daß Kunigunde in den restlichen Wintermonaten nicht die unerfreuliche Reise mit Heinrich II. nach Bayern und Regensburg antrat, sondern in Sachsen auf die Rückkehr des Königs wartete, kann mit dem Schweigen der Quellen und der Aussetzung ihrer Interventionstätigkeit begründet werden. Diese Vermutung wird dadurch gestützt, daß Kunigunde als Intervenientin bereits im ersten Diplom Heinrichs nach seiner Rückkehr nach Sachsen, der oben genannten Urkunde für Bamberg, wieder präsent ist. Demnach gründete die fehlende Interventionstätigkeit Kunigundes auch in der heißesten Phase des Konflikts mit den Luxemburgern in der Trennung des Paares, für die kaum eine tiefe Entfremdung zwischen den Eheleuten als Grund bemüht werden muß. Ebensowenig ist ein Verlust an Einfluß der Königin auf den König festzustellen, denn immerhin läßt sie Heinrich II. in zwei in Regensburg ausgestellten Urkunden für Kloster Tegernsee neben Otto III. in die Memorialformel aufnehmen (DHII. 193 [1009 Mai 22] und DHII. 194).

94 Vgl. Renn, Grafenhaus S. 91–98; Erkens, Opposition S. 349–352; Glocker, Verwandte der Ottonen S. 230–237. – Dem allerdings erst zu Beginn des 12. Jahrhunderts schreibenden Sigebert von

Im folgenden ist nun nicht der in der Forschung schon mehrmals erörterte Konflikt erneut zu diskutieren, wichtig erscheint in unserem Zusammenhang allein die Position Kunigundes, die mehr oder weniger zwischen den Fronten stand. Diese läßt sich um so schwieriger beurteilen als die Quellen und besonders der ihr vertraute Thietmar von Merseburg nichts über ihre persönliche Haltung mitteilen. Umso hypothetischer wird ihre Rolle in der Forschung gezeichnet, wobei ihr meist Parteilichkeit zugunsten ihrer Brüder unterstellt und – aus dieser Annahme abgeleitet – ein längerfristiges distanziertes Verhältnis zu ihrem Gatten konstatiert wird.

Kurz zu den Ereignissen: Nach der von Heinrich II. 1005 tolerierten »Usurpation« des Metzer Erzstuhls durch Dietrich, verweigerte er 1008 die Zustimmung zu der *plus timore regis quam amore religionis* vollzogenen Wahl Adalberos, eines weiteren Bruders der Königin, zum Erzbischof von Trier. Trotz dringender Bitten Kunigundes und anderer Vertrauter blieb der König bei seiner Entscheidung und bestimmte den Mainzer Propst Megingaud zum Trierer Erzbischof[95]. Doch Adalbero, nicht gewillt, die königlichen Maßnahmen zu akzeptieren, widersetzte sich[96] im Wissen, daß Klerus und Volk in Trier hinter ihm standen[97], vielleicht auch in der Hoffnung, Kunigunde könnte ihren Gatten doch noch zum Einlenken bewegen, zumal dieser, so Hermann von Reichenau, das Erzbistum Adalbero bereits versprochen haben soll[98]. Dies trat jedoch nicht ein.

Stattdessen begann Heinrich II. mit einer mehrmonatigen Belagerung Triers, an der sich anfänglich auch Herzog Heinrich von Bayern mit einem Truppenkontingent beteiligte. Dann aber veranlaßte nach Thietmar der bayerische Herzog den König unter Vorspiegelung falscher Tatsachen zu einem ergebnislosen Abzug[99], um anschließend die Fronten zu wechseln und sich dem Widerstand seiner Brüder an-

---

Gembloux, Chronicon a. 1004, ed. L. C. Bethmann, in: MGH SS 6, S. 354 zufolge begründe sich die Rebellion der Luxemburger gegen Heinrich II. in der Tatsache, daß er die *dos* Kunigundes zur Ausstattung des neu gegründeten Bistums Bamberg verwandt habe: *Heinricus imperator Babenbergensem aecclesiam episcopalis sedis honore sublimat, et quia liberis carebat, eam omnium suarum rerum heredem facit. Unde Deodericus Mettensium episcopus, dolens dotem et patrimonium sororis suae Cunigundis imperatricis delegari ab imperatore aecclesiae Babenbergensi, rebellat;* vgl. Guttenberg, Regesten der Bischöfe und des Domkapitels von Bamberg (1932–1963) Nr. 90 S. 47. Zur Bamberger Bistumsgründung siehe unten S. 201–207.

95 Vgl. Reg. Imp. II,4 Nr. 1680b.

96 *Mortuo post pascha Treverensis aecclesiae archiepiscopo venerabili Liudolfo, cappellanus eiusdem Aethelbero, frater reginae et immaturus iuvenis, plus timore regis quam amore religionis communiter eligitur. Rex autem, ut hoc audivit, prioris non inmemor in germano eiusdem Thiedrico non premeditatae constitutionis, uxorem dilectam caeterosque suimet familiares de episcopatu eodem inpetrando sollicitos sprevit et Meingaudo, Willigisi archipresulis camerario, nobili secundum carnem viro, eundem dedit. Propter hoc subdolae generationis furor accenditur* ..., Thietmar, Chronicon VI 35 (25) S. 316.

97 *Liudolphus Trevirensis archiepiscopus obiit, cui successit Megingoz cuncto clero et Moselensi populo renuente et resistente Heinrico regi,* Annales Colonienses a. 1008, S. 99.

98 ... *Adalbero ... ad archipraesulatum quasi ex regio promissio sibi debitum adnisus* ..., Hermann von Reichenau, Chronicon S. 119.

99 *Tali presumptione rex commotus illo cum exercitu properat, archiantistitem inthronizatum ibidem consecrari Aethelberonemque excommunicari precipiens. Obsidione eciam continua eos, qui palas tuebantur, in tantum constrinxit, ut fame et assidua inpugnatione defatigati aut interius perire aut in potestatem regis inviti deberent exterius venire. Quod ne fieret, Heinricus dux improvisa calliditate impediens, eos exire inlesos apud regem obtinuit* ..., Thietmar, Chronicon VI 35 (25) S. 316/318; vgl. Reg. Imp. II,4 Nr. 1693a mit weiteren Quellenangaben.

zuschließen[100]. Indem er zuletzt versuchte, den bayerischen Adel auf seine Seite zu ziehen, setzte er schließlich sein bayerisches Herzogtum aufs Spiel[101].

Die Frage, wie Kunigunde diese Familienfehde beurteilte und welche Auswirkungen sie auf ihre Stellung am Hof hatte, läßt sich heute nurmehr spekulativ beantworten. Die Quellen liefern keinerlei Anhaltspunkte dafür, in welchem Ausmaß vor allem ihr Verhältnis zu ihrem Gatten und damit auch ihre Position als »regierende« Königin in den verschiedenen Phasen der Auseinandersetzung belastet und beeinträchtigt wurden. Kunigunde tritt nach der erfolglosen Intervention zugunsten Adalberos im Jahr 1008 als Handelnde in diesem Konflikt erst wieder im Zusammenhang mit der Wiedereinsetzung Heinrichs als Herzog in Bayern 1017/18 in den Vordergrund. Über eine Einflußnahme auf die schwierigen Verhandlungen erfahren wir nichts Konkretes[102].

Reine Hypothese bleibt deshalb die Forschungsmeinung, sie habe für ihre Brüder gekämpft und alles versucht, um eine Versöhnung herbeizuführen[103]. Da jedoch ein Einfluß seitens der Königin nicht erkennbar wird und sich die Ausgleichsbemühungen zwischen Heinrich II. und den Luxemburgern über mehrere Jahre hin erstreckten, die Gespräche mehrmals ergebnislos abgebrochen wurden, ließe sich eher noch vermuten, daß Kunigunde die Rebellion ihrer Brüder nicht tolerierte, vielmehr die reichsrechtlich und machtpolitisch begründete Position ihres Gatten teilte[104], andererseits aber auch nicht offen gegen die Familie agieren wollte und sich deshalb mit diplomatischem Geschick aus den zwischen 1011 und 1015 stattfindenden offiziellen Gesprächen heraushielt[105], obwohl sie sicherlich am Hoftag im Juli

---

100 *Sed Adalbero clericus, reginae Cunigundis germanus, … cum fratribus suis, Theoderico Metense episcopo et Heinrico Baioariae duce Fridericoque comite, adnitente etiam cum aliis multis Gerhardo item comite, contra regem rebellavit*, Hermann von Reichenau, Chronicon S. 119.

101 Die Fehde setzte sich im Sommer 1009 mit der Belagerung von Metz fort, die ebenfalls erfolglos von Heinrich II. abgebrochen werden mußte; vgl. Reg. Imp. II,4 Nr. 1716a.

102 Aufgrund der spärlichen Quellenbelegen hat GEBSER, Kaiserin Kunigunde S. 9 zwar eine »besondere Zurückhaltung in der Darstellung« gefordert, ohne sich dann aber diesem Verdikt bei ihrer Beurteilung der Rolle Kunigundes in diesem Konflikt selbst zu beugen. Zuletzt hat GLOCKER, Verwandte der Ottonen S. 230 betont, daß »Kunigunde in diesem Konflikt nur wenig hervortritt, kaum Einflußnahme zugunsten ihrer Brüder spürbar ist«.

103 So z. B. GEBSER, Kaiserin Kunigunde S. 9–12 und noch Markus TWELLENKAMP, Das Haus der Luxemburger, in: Die Salier und das Reich 1 (1991) S. 475–502, hier S. 479f.

104 Das Motiv Heinrichs II. für sein konsequentes Vorgehen gegen die Luxemburger wird in der Forschung in deren Machtstreben gesehen. Neben der Herrschaft Herzog Heinrichs in Bayern expandierte die Luxemburger Grafenfamilie über den Rhein hinaus lahnaufwärts, verfügte durch Versippung mit den lothringischen Grafen und durch das Erzbistum Metz über den oberlothringischen Raum und hätte mit der Herrschaft über Trier auch das Mittelmoselgebiet in der Hand gehabt; vgl. RENN, Grafenhaus S. 90f. – Das Luxemburger Machtstreben veranlaßte schließlich auch den Kölner Erzbischof Heribert über seine Servitialpflicht hinausgehend den Kampf Heinrichs II. zu unterstützen, vgl. MÜLLER, Heribert S. 172–174.

105 Zu einer ersten Verhandlungsrunde traf man sich auf dem Hoftag in Mainz im Juli 1011, der mit dem Minimalergebnis der Verlängerung des Waffenstillstands endete. Daß dieser jedoch nur auf dem Papier stand, demonstrierten die Luxemburger mit einem Anschlag auf den Herzog von Oberlothringen und den Bischof Heimo von Verdun unmittelbar nach Beendigung des Hoftags (Reg. Imp. II,4 Nr. 1747a). – Auf der nach der Bamberger Domweihe im Anschluß tagenden Synode kam es zu einer weiteren Auseinandersetzung zwischen Heinrich II. und dem Metzer Erzbischof Dietrich, der sich beim Papst über Heinrich beklagt hatte (Reg. Imp. II,4 Nr. 1757c; vgl. Heinz WOLTER, Die Synoden im Reichsgebiet und in Reichsitalien von 916 bis

1011 in Mainz teilnahm[106] und wahrscheinlich auch bei der Unterwerfung ihrer Brüder im Januar oder Februar 1015 zugegen war[107]. Daß sie hinter verschlossenen Türen um einen Ausgleich bemüht gewesen sein dürfte, ist zu vermuten. Es gibt allerdings keine Anhaltspunkte dafür, daß sie in diesem Konflikt öffentlich Position bezog, und als Konsequenz daraus ihr Einfluß als Königin und ihre Stellung am Hof geschwunden sei.

Problematisch erscheint in diesem Zusammenhang eine weitere These, daß nämlich die vergleichsweise geringe Interventionstätigkeit Kunigundes in diesen Jahren den Verlust ihres Einflusses am Hof beweise[108]. Zu dieser Auffassung kann man aber nur gelangen, wenn man die Zahl ihrer Interventionen absolut nimmt und statistisch hochrechnet, die Frage aber außer Acht läßt, warum die Interventionstätigkeit der Königin vergleichsweise geringer war als in den davorliegenden und den nachfolgenden Jahren. Berücksichtigt man das Itinerar des Herrscherpaares, stellt man fest, daß Lücken mit einer Ausnahme, nämlich der Vielzahl von zeitlich nacheinander ausgestellten Urkunden zur Ausstattung des neu gegründeten Bistums Bamberg 1007, ausschließlich in den Monaten der Trennung des Paares auftraten, so in der Zeit der Italienzüge[109] und in den Monaten der gerade im ersten Jahrzehnt des 11. Jahrhunderts recht häufigen kleineren Militäraktionen Heinrichs II.[110].

1056 [Konziliengeschichte. Reihe A: Darstellungen, 1988] S. 245–247). Dem folgte eine erneute Belagerung von Metz im August 1012 (Reg. Imp. II,4 Nr. 1760l) und die Exkommunikation des Erzbischofs Dietrich am 10. November in Koblenz (Reg. Imp. II,4 Nr. 1764c; WOLTER, Synoden S. 249f.). – Erst zu Jahresbeginn 1015 unternahmen die Luxemburger einen Schritt zur Versöhnung, indem sie nach Thietmar den Kaiser barfüßig um Gnade baten, die ihnen schließlich auch gewährt wurde: ... *inperator ... generos suos gratiam eiusdem nudis pedibus querentes misericorditer suscepit*, Chronicon VII 9 S. 408; Reg. Imp. II,4 Nr. 1857a; WOLTER, Synoden S. 251f. – Kurz nachdem Adalbero seinen Widerstand in Trier aufgegeben hatte, starb Weihnachten 1015 sein Rivale Megingaud. Der von Heinrich II. als Nachfolger bestimmte Babenberger Poppo, Dompropst in Bamberg, setzte sich schließlich in Trier durch, indem er wohl einen mehrere Güter umfassenden Vergleich mit den Luxemburgern einging und sich für die Wiedereinsetzung Heinrichs in Bayern verwandte; vgl. Reg. Imp. II,4 Nr. 1870b und zum Ausgleich mit Adalbero, der wieder sein früheres Amt als Propst des Stiftes St. Paulin bei Trier einnahm: Franz-Josef HEYEN, Adalbero von Luxemburg, Propst von St. Paulin/Trier vor 993 bis nach 1037, Archiv für mittelrheinische Kirchengeschichte 21 (1969) S. 9–19, hier S. 17f. – Zu Poppo von Trier: Johannes JACOBI, Erzbischof Poppo von Trier (1016–1047). Ein Beitrag zur geistigen und politischen Situation der Reform, Archiv für mittelrheinische Kirchengeschichte 13 (1961) S. 9–26.

106 Dies ergibt sich aus ihrer Zustimmung zu einer Schenkung für Bamberg vom 2. Juli (DHII. 234).

107 Die Schlußfolgerung legen wieder Interventionen Kunigundes nahe, die demnach Weihnachten zusammen mit dem Kaiser in Pöhlde feierte (DHII. 326 + 327), am 15. Januar in DHII. 328 für die Kirche von Paderborn in Mühlhausen intervenierte und schließlich am 25. Februar in DHII. 333 für das Bonner Nonnenkloster St. Peter.

108 So GEBSER, Kaiserin Kunigunde S. 35 und jüngst FRIED, Weg in die Geschichte S. 619. RENN, Grafenhaus S. 90 bezieht diese These bereits auf die Jahre 1005–1009.

109 Während des 1. und wohl auch des 3. Italienzugs in den Jahren 1004 sowie 1021/22 blieb Kunigunde im Reich. Sicher bezeugt ist ihre Teilnahme am 2. Italienzug 1013/14, in dessen Verlauf sie zusammen mit Heinrich II. in Rom die Kaiserkrönung erhielt und während des Aufenthaltes in Oberitalien im Sommer 1014 zweimal als Intervenientin auftrat (DHII. 296 und 314).

110 Zu der insgesamt nur acht Urkunden betreffenden Lücke in der Interventionstätigkeit zwischen Mai 1008 und Mai 1009 während der Belagerung Triers vgl. oben S. 99f. – Zwei weitere Interventionslücken lassen sich für die Zeit der Belagerung von Metz von September 1012 bis April 1013 und in den Monaten zwischen Juni und Oktober 1013 während der Reise nach Augsburg

Insgesamt gesehen bleibt die von Kaiserin Kunigunde im Juni/Juli 1018 in der bayerischen »Hauptstadt« Regensburg vorgenommene offizielle Belehnung Herzog Heinrichs der einzige Nachweis für die Investitur eines weltlichen Fürsten durch die Königin zu Lebzeiten des Königs. Trotz der Singularität dieses Ereignisses demonstriert das Beispiel, daß sich die Arbeitsteilung des Herrscherpaares auch auf Aufgaben erstrecken konnte, die zu den für das mittelalterliche Königtum politisch bedeutsamsten Handlungen gehörten. Daß dabei keine Erstbelehnung vorgenommen wurde und die Investitur auf eine breite Zustimmung der bayerischen Großen stieß, Kaiserin Kunigunde als ehemalige bayerische Herzogin zudem mit großer Resonanz rechnen konnte, vermindert nicht die herausragende Bedeutung dieses politischen Aktes. Er zeigt die Königin in der Ausübung eines der wichtigsten Herrschaftsrechte mittelalterlicher Könige. Im Unterschied zum Gerichtsvorsitz zum Beispiel, der von verschiedenen vom König dazu beauftragten Personen eingenommen werden konnte, galt das Recht der Belehnung der Herzöge als ein ausschließlich dem König vorbehaltenes, das er sonst nicht aus der Hand gab. Von daher ergibt sich auch die Bedeutsamkeit der Belehnung 1018 durch die Königin.

Neben dem durch Thietmar von Merseburg mitgeteilten Faktum hat sich für das Regensburger Ereignis 1018 keine weitere Quelle erhalten, so daß auch zum zeremonialen Hergang der Belehnung keine Details bekannt sind. Es ist aber wohl davon auszugehen, daß die Zeremonie des Jahres 1018 weitgehend derjenigen am 21. März 1004 entsprochen und die Kaiserin wie bereits Heinrich II. 1004 im Kreis der bayerischen Großen eine Fahnenlanze als Belehnungssymbol überreicht haben wird[111].

Die Besonderheit und Singularität dieser von Kunigunde vorgenommenen Belehnung ist darüber hinaus vor allem auf die Tatsache zu beziehen, daß sie von einer Königin in Stellvertretung für den König zu seinen Lebzeiten vorgenommen wurde. Ansonsten läßt sich die Vergabe von Lehen nur für Regentinnen in der Zeit ihrer Regierung für minderjährige Könige nachweisen, was im folgenden Abschnitt zu thematisieren ist.

---

zur Sammlung des Heeres für den 2. Italienzug festmachen. – Die Aussagen der statistisch hochgerechneten Zahlen relativieren sich weiter, wenn man berücksichtigt, daß sich die Urkundenproduktion der Königskanzlei nicht gleichmäßig über die einzelnen Herrscherjahre Heinrichs II. verteilt, sondern für die einzelnen Jahre unterschiedlich umfangreich ausfällt. Ebensowenig ist vor allem aufgrund von Phasen der Trennung des Herrscherpaars von einer immer gleichbleibenden Interventionsintensität Kunigundes auszugehen. So weisen nicht nur die durch den Konflikt mit den Luxemburgern geprägten frühen Jahre Interventionslücken auf, sondern in teilweise gravierender Weise auch die späten Jahre. So intervenierte Kunigunde im Jahr 1018 in ca. ⅓ aller Urkunden, während ihr Anteil 1019 auf 60% ansteigt und 1020 wieder auf ¼ sinkt.

111 Bei der Belehnung des Jahres 1004 – daraus resultiert die ihr in der Forschung zugeschriebene Bedeutung – wird in den Quellen erstmals die Überreichung einer Lanze als Belehnungssymbol nachweisbar; vgl. dazu Stefan WEINFURTER, Die Zentralisierung der Herrschaftsgewalt im Reich durch Kaiser Heinrich II., HJb 106 (1986) S. 241–297, hier S. 275f. und bes. Anm. 156.

In den Jahren der Regentschaft Kaiserin Theophanus für den Kindkönig Otto III. wurde keines der großen Fürstenlehen frei und mußte neu vergeben werden[112]. Ganz anders war dies unter der Regentschaft der Kaiserin Agnes, die im Namen ihres Sohnes, des Saliers Heinrich IV., gleich mehrere Neubelehnungen in den Herzogtümern Schwaben und Kärnten sowie in Bayern vorzunehmen hatte[113].

Die erste große Entscheidung mit ungeahnter Tragweite wurde nach dem Tod Herzog Ottos III. (von Schweinfurt) am 28. September 1057 für Schwaben notwendig[114]. Dessen Nachfolge sollte – nach Frutolf von Michelsberg – aufgrund einer mit Heinrich III. abgesprochenen und mit der Übergabe eines Ringes besiegelten »Expektanz« auf Graf Berthold von Zähringen übergehen[115]. Stattdessen erhielt Rudolf von Rheinfelden, der spätere Gegenkönig Heinrichs IV., das Herzogtum Schwaben, wobei die in den historiographischen Quellen genannten Umstände der Belehnung bis heute Rätsel aufgeben. Die lapidare Nachricht vom Herrschaftswechsel in Schwaben bei Berthold von Reichenau – *Otho dux Alemannorum obiit; cuius ducatum Roudolfus accepit*[116] – wurde von Lampert von Hersfeld mit dem Zusatz versehen, *et ut regi in dubiis tunc rebus ex affinitate devinctior fideliorque in rem publicam foret, soror quoque regis ei desponsata est, tenera adhuc aetate, traditaque est episcopo Constantiensi nutrienda, dum thoro coniugali maturesceret*[117]. Frutolf von Michelsberg malte das Motiv, daß Rudolf von Rheinfelden durch die Verlobung mit der Kaisertochter Mathilde enger an das regierende Königshaus gebunden werden sollte, weiter aus[118]. Er erzählt die in der äl-

---

112 Bayern verblieb nach der Rehabilitierung Heinrichs des Zänkers 985 unter der Herrschaft der Liudolfinger. Gemäß der Entscheidung des Frankfurter Hoftages von 985 übernahm der Zänker auch das Herzogtum Kärnten nach dem Tod Herzog Heinrichs des Jüngeren 989 (vgl. Reg. Imp. II,3 Nr. 1017c). Das Herzogtum Schwaben war noch von Otto II. 982 an den Konradiner Konrad II. verliehen worden.

113 Ob die Belehnung Udos von Stade mit der Nordmark, die durch den Tod des Markgrafen Wilhelm – knapp vier Wochen vor dem des Kaisers – notwendig geworden war, noch von Heinrich III. oder bereits von Agnes vorgenommen wurde, ist aufgrund der nicht präzise datierbaren Quellenbelege nicht zu entscheiden. Lampert von Hersfeld reiht sie noch unter die Regierungshandlungen Heinrichs III. ein: *Willehelmo marchioni successit Udo comes, vir valde industrius et regi consanguinitate proximus*, Annalen S. 70; vgl. Reg. Imp. III,3 Nr. 79.

114 Reg. Imp. III,3 Nr. 126.

115 *Otto de Svinfurte dux Suevorum IIII. Kalendas Octobris obiit … Eundem namque ducatum vivente adhuc Ottone duce Heinricus imperator Berhtoldo comiti, qui post Carinthiorum accepit ducatum, promiserat eique anulum suum velut huius rei commonitorium dederat; quem ille diligenter servans post amborum obitum, imperatoris scilicet et ducis, imperatrici Agneti imperium tunc disponenti obtulit eamque anulum agnoscentem pro ducatu sibi promisso commonuit*, Frutolf von Michelsberg, Chronicon, ed. Franz-Josef Schmale und Irene Schmale-Ott, in: Frutolfi et Ekkehardi Chronica necnon Anonymi Chronica Imperatorum (AQ 15, 1972) S. 47–120, hier S. 74. – Zur Interpretation der von Heinrich III. erteilten Expektanz als Anwartschaft auf ein noch besetztes Amt, mit dem sich der Kaiser freiwillig einem vertraglichen Leihezwang unterwarf, der jedoch durch seinen Tod gegenstandslos geworden war, vgl. Werner Goez, Der Leihezwang. Eine Untersuchung zur Geschichte des deutschen Lehnrechtes (1962) S. 76–80.

116 Berthold von Reichenau, Chronicon a. 1057, ed. G. H. Pertz, in: MGH SS 5, S. 270.

117 Lampert von Hersfeld, Annales a. 1058 S. 73.

118 Zu dem von Rudolf von Rheinfelden durch Frutolf in seiner Chronik gezeichneten Bild vgl. Karl Schmid, Frutolfs Bericht zum Jahr 1077 oder der Rückzug Rudolfs von Schwaben, in: Historiographica medievalis. Studien zur Geschichtsschreibung und Quellenkunde des Mittelalters. Festschrift für Franz-Josef Schmale zum 65. Geburtstag, hg. von Dieter Berg und Hans-Werner Goetz (1988) S. 181–198.

teren Forschung als fabulös abgetane[119], in der neueren Forschung als durchaus glaubwürdig angesehene Geschichte[120], daß Mathilde aus der Obhut des Konstanzer Bischofs Rumold, dem sie zur Erziehung übergeben worden war, von Rudolf geraubt worden sei, wobei unbekannt sei, ob dies auf einen Ratschlag hin oder aus Arglist geschehen sei[121]. Doch die Kaiserin habe ihn wieder in ihre Huld aufgenommen und ihm das schwäbische Herzogsamt sowie die Verwaltung Burgunds übertragen[122]. Der von Heinrich III. ausgewählte und wegen der Ereignisse verbitterte Berthold von Zähringen ging vorläufig leer aus, wurde von Kaiserin Agnes aber einige Jahre später mit dem Herzogtum Kärnten entschädigt[123].

Über die Heirat Rudolfs mit der Kaisertochter hinaus und der damit von Agnes wohl intendierten Fortsetzung der Politik Heinrichs III., Herzogtümer in eigener Hand oder in der von Familienmitgliedern zu behalten[124], verlauten die Quellen nichts zu den Hintergründen der Verleihung des Herzogtums. Unklar ist, wann und mit wessen Zustimmung diese Entscheidung gefällt wurde[125]. Als handelnde Per-

---

119 Zur Diskussion der älteren Forschungspositionen vgl. Meyer von Knonau, Jahrbücher unter Heinrich IV. und Heinrich V. Bd. 1 S. 46–50 und Reg. Imp. III,3 Nr. 126.

120 Zuletzt ausführlich dazu Mechthild Black, Die Töchter Kaiser Heinrichs III. und der Kaiserin Agnes, in: Vinculum Societatis. Joachim Wollasch zum 60. Geburtstag, hg. von Franz Neiske, Dietrich Poeck und Mechthild Sandmann (1991) S. 36–57, hier S. 48–52 mit weiterer Literatur.

121 Ein neues Erklärungsmodell zum »Frauenraub« gibt Black, Töchter S. 49–52, indem sie ein dreigeteiltes Eheschließungsverfahren zugrunde legt und nach der in das Jahr 1057 datierten Verlobung den Raub Mathildes als Voraussetzung zur Erlangung der Konsenserklärung der Braut als einen zweiten Schritt interpretiert, mit dem Rudolf die Belehnung mit dem Herzogtum Schwaben, die erst 1059 erfolgt sei, zu forcieren beabsichtigt habe. Die Vermählung habe im Frühjahr 1060 stattgefunden; wenige Tage später, am 12. Mai 1060, ist Mathilde gestorben.

122 *Tum quidem erat Ruodolfus dux Suevorum, cui etiam dederat Hagna imperatrix cum regno Burgundiae filiam suam in coniugium, ut regi Henricho, filio suo, esset tanto fidelior, quanto affinitate simul et beneficiis coniunctior*, Liber de unitate ecclesiae conservanda, ed. W. Schwenckenbecher, in: MGH Ldl 2 (1892) S. 173–284, hier II 16, S. 232.

123 *Sed quia predictus Ruodolfus mox post imperatoris obitum filam eius Rumoldo Constantiensi episcopo commendatam, utrum consilio raptam an dolo nescitur, uxorem duxit, receptio iam in gratiam eundem ducatum illi causa filie imperatrix dedit, quod animum Berhtoldi non parum commovit. Pro qua commotione lenienda ducatus Karinthiorum ei committitur …*, Frutolf, Chronicon S. 74. Die Tatsache, daß Berthold nicht mit Schwaben, sondern 1057 auf das nächste freiwerdende Herzogtum vertröstet und dann 1061 mit Kärnten belehnt wurde, erklärt Black, Töchter S. 48 Anm. 82 unter Zugrundelegung der von Lampert von Hersfeld mitgeteilten Absicht, daß die Kaiserin den neuen Herzog durch die Eheschließung mit ihrer Tochter an den Hof binden wollte, damit, daß Berthold 1057 wahrscheinlich verheiratet war.

124 Zur Diskussion der amtsrechtlichen Verfügungsgewalt der frühen Salier über die süddeutschen Herzogtümer vgl. Boshof, Königtum S. 98.

125 Eduard Hlawitschka, Zur Herkunft und zu den Seitenverwandten des Gegenkönigs Rudolf von Rheinfelden. Genealogische und politisch-historische Untersuchungen, in: Die Salier und das Reich 1 (1991) S. 175–220 hat aufgrund neuer Quellenfunde die Abstammung Rudolfs von einer Nebenlinie des burgundischen Königshauses wahrscheinlich gemacht, so daß nicht nur seine hochadlige und einer Kaisertochter ebenbürtige Herkunft für ihn sprach, sondern auch die Überlegung, er könnte – ausgestattet mit der Herrschaft über Burgund – anhand seiner Kontakte zum burgundischen Adel die von Kaiserin Agnes in einem Brief an Abt Hugo von Cluny artikulierten Befürchtungen, es könnten Unruhen ausbrechen, unterbinden; vgl. dazu bes. S. 216 mit Anm. 173. – Daß sich Kaiserin Agnes und Rudolf von Rheinfelden besonders hinsichtlich der Klosterreform nahe standen und diesbezüglich auch zusammenarbeiteten, wird von Black-Veldtrup, Kaiserin Agnes S. 303–307, 359, 373 betont. Dazu auch – vor allem mit Blick auf St. Blasien – Jörgen Vogel, Rudolf von Rheinfelden, die Fürstenopposition gegen Heinrich IV. im Jahr 1072 und die Reform des Klosters St. Blasien, ZGO 132 (1984) S. 1–30.

son tritt allein die Kaiserin in ihrer Funktion als Regentin in Erscheinung. Ebensowenig überliefern die Quellen Einzelheiten zum eigentlichen Belehnungsakt, den Agnes wahrscheinlich selbst vollzogen hat.

Ähnlich wortkarg erscheinen die Quellen für die Belehnung des durch den Tod Welfs III. am 13. November 1055 frei gewordenen Herzogtums Kärnten. Den Annalen von Niederaltaich zufolge wurde dieses auf dem Regensburger Weihnachtshoftag 1056 an Konrad[126], den Bruder des lothringischen Pfalzgrafen Heinrich, und nach dessen baldigem Tod zu Beginn des Jahres 1061 an Berthold von Zähringen verliehen[127]. Dabei stellt der Annalist den erst fünf Jahre alten König als Akteur in den Mittelpunkt, indem er ihn den Hoftag abhalten und seinem Verwandten Konrad das Herzogtum übertragen ließ.

Ein detaillierter Bericht zu den einzelnen Belehnungshandlungen liegt dafür ebensowenig vor wie für die ebenfalls zu Beginn des Jahres 1061 erfolgte Übertragung des Herzogtums Bayern an Otto von Northeim. Die Kaiserin selbst hatte Bayern nach dem Tod ihres Sohnes Konrad 1055 für mehrere Jahre verwaltet. Freiwillig – *sponte* – habe sie jetzt das Herzogtum abgegeben, so der Altaicher Annalist[128]. Sie belehnte den Grafen von Northeim, den der Annalist als *vir prudens* bezeichnet und den die Kaiserin Lampert von Hersfeld zufolge als *virum industrium et iuvandis regni negociis satis oportunum*[129] geschätzt habe[130]. Wie die mit Kärnten belehnten Herzöge

126 *Dominicam nativitatem rex Henricus adhuc puer parvulus Ratisbone celebravit, colloquium generale cum regni primatibus habuit. Chuononi cuidam cognato suo ducatum, quem Welf habuerat, tradidit*, Annales Altahenses maiores, ed. Edmund von OEFELE, MGH SS rer. Germ. [4] (1891) a. 1057 S. 53.

127 ... *cuius* (= Konrad von Kärnten) *ducatum Berhtoldus comes Suevinga accepit*, Berthold von Reichenau, Chronicon a. 1061 S. 271. Der Beleg aus Frutolf in Anm. 115. Vgl. Reg. Imp. III,3 Nr. 213. – Während seiner 16jährigen »nominellen« Regierung scheint Berthold sein Herzogtum nie betreten zu haben; vgl. REINDEL, in: Handbuch der Bayerischen Geschichte 1, S. 319–324, bes. S. 322 sowie Claudia FRÄSS-EHRFELD, Geschichte Kärntens, Bd.1: Das Mittelalter (1984) S. 137f. – Zu den Zähringern vgl. die dreibändige Publikation zu der ihnen gewidmeten Ausstellung, hg. von Karl SCHMID (1986 [²1991], 1990, 1991).

128 *Hoc tempore mater caesaris ducatum Baioariae, quem dudum retinuerat, sua sponte remisit, eumque Otoni, viro prudenti, commendari curavit*, Annales Altahenses a. 1061 S. 59.

129 *Imperatrix ducatum Baioariae, quem post mortem Cuonradi filii sui usque ad id tempus per se ipsam administraverat, Ottoni dedit, videns eum virum industrium et iuvandis regni negociis satis oportunum*, Lampert von Hersfeld, Annalen a. 1061 S. 78f.; vgl. Reg. Imp. III,3 Nr. 214. Einen Überblick über die Geschichte Bayerns im 11. Jahrhundert gibt REINDEL, in: Handbuch der Bayerischen Geschichte 1, S. 302–319, zu Agnes bes. S. 318 und sehr viel ausführlicher jetzt Wilhelm STÖRMER, Bayern und der bayerische Herzog im 11. Jahrhundert. Fragen der Herzogsgewalt und der königlichen Interessenpolitik, in: Die Salier und das Reich 1 (1991) S. 503–547. – Zur Biographie Ottos: Olaf B. RADER, Otto von Northeim, Herzog von Bayern (1061–1070), in: Deutsche Fürsten des Mittelalters S. 152–162.

130 Verheiratet war Otto von Northeim mit Richeza, der Witwe des Grafen Hermann von Werl, deren Herkunft als illegitime Tochter des Ezzonen Otto, Herzog von Schwaben, in der Forschung vermutet wird; vgl. Karl-Heinz LANGE, Die Stellung der Grafen von Northeim in der Reichsgeschichte des 11. und frühen 12. Jahrhunderts, Niedersächsisches Jahrbuch für Landesgeschichte 33 (1961) S. 1–107, hier S. 10f.; RADER, Otto von Northeim S. 155f. und zuletzt Matthias BECHER, Otto von Northeim, in: NDB 19 (1999) S. 671. Eine Verwechslung des Northeimers mit Herzog Otto v. Schweinfurt liegt hingegen bei BLACK-VELDTRUP, Kaiserin Agnes S. 239 Anm. 743 vor; vgl. dazu auch die Rezension von Claudia Zey, DA 52 (1996) S. 280f. – Nicht zu verwechseln ist die Herzogin auch mit ihrer gleichnamigen Tante, die mit Mieszko II. von Polen verheiratet war, nach dessen Tod 1034 ins Reich zurückkehrte und ihr ganzes Engagement bis zu ihrem eigenen Tod am 21. März 1063 dem Kloster Brauweiler widmete; zur Genealogie: Eduard HLAWITSCH-

war der Sachse Otto in Bayern ein Landesfremder. Mit dieser Belehnungspraxis in den noch nicht erblich gewordenen süddeutschen Herzogtümern stellte sich die Kaiserin einmal mehr in die Kontinuität Heinrichs III.[131]. Dabei entspricht die Formulierung – *Imperatrix ducatum … Ottoni dedit* – derjenigen Lamperts in seinem Bericht über die Vergabe des Herzogtums Schwaben, die ebenso die Kaiserin als Handelnde in den Mittelpunkt rückt. Inhaltlich identisch vermelden auch die Annalen von Niederaltaich, daß die Kaiserin nach ihrem Verzicht dafür gesorgt habe, daß das Herzogtum auf Otto übergehe.

Über die Amtseinführung Ottos von Northeim, die wahrscheinlich während eines Aufenthaltes des Hofes in Regensburg im Januar und Februar 1061 erfolgte[132], sind wiederum keine Details überliefert. Es ist jedoch anzunehmen, daß neben der Verzichtleistung und Belehnung durch Agnes auch eine Wahl der bayerischen Großen stattfand, die als konstitutives, wenngleich zwischenzeitlich zur Formalität abgeschwächtes Element der Herzogseinsetzung in Bayern im 11. Jahrhundert galt[133].

Es zeigt sich, daß Kaiserin Agnes bei der Ende der 50er und zu Beginn der 60er Jahre notwendig gewordenen Vergabe der süddeutschen Herzogslehen im Rahmen der durch Heinrich III. vorgegebenen Parameter agierte. Sie vergab die Herzogtümer an Stammesfremde, die aus hochadligen Familien kamen. Für Bayern mit seiner unsicheren Ostgrenze dürften dabei militärpolitische Faktoren eine nicht unerhebliche Rolle gespielt haben[134]. Über die einzelnen Belehnungsvorgänge setzen uns die Quellen jedoch ebensowenig ins Bild wie sie konkrete Rückschlüsse auf das Zusammenwirken zwischen der Kaiserin und den Großen des Reiches zulassen. Auffallend ist jedoch, daß in keiner der angeführten Quellen auch nur der Hauch einer kritischen Einstellung gegenüber der Amts- und Verfügungsgewalt der Kaiserin spürbar wird. Insofern ist davon auszugehen, daß sie in gleicher uneingeschränkter Weise wie ihr Gatte Heinrich III. politische Interessen umsetzen und auch bei der Vergabe der großen Reichslehen unangefochten handeln konnte. Daß die Personenwahl der zu Herzögen beförderten Adligen sich im nachhinein als keine besonders glückliche erwies, weil jeder von ihnen sich später der Opposition gegen ihren Sohn Heinrich IV. anschloß, ist dabei ein Problemkreis, der in einen anderen Zusammenhang gehört.

KA, Königin Richeza von Polen – Enkelin Herzog Konrads von Schwaben, nicht Kaiser Ottos II.?, in: Institutionen, Kultur und Gesellschaft im Mittelalter. Festschrift für Josef Fleckenstein zu seinem 65. Geburtstag, hg. von Lutz FENSKE, Werner RÖSENER und Thomas ZOTZ (1984) S. 221–244; zur Biographie: Stanislaus von HALKO, Richeza, Königin von Polen, Gemahlin Mieczyslaws II. (1914) und Ch. LÜBKE, Art. Richeza, in: LexMA 7 (1995) Sp. 832; zu den Beziehungen zwischen dem Reich und Polen in frühsalischer Zeit vgl. oben S. 290–294.

131 Zu diesem Ergebnis kommt auch BLACK-VELDTRUP, Kaiserin Agnes S. 239; allgemein dazu BOSHOF, Salier S. 96–98.

132 In der Forschung wird die Belehnung im Zusammenhang mit anstehenden militärischen Auseinandersetzungen mit Ungarn gesehen; vgl. REINDEL, in: Handbuch der Bayerischen Geschichte 1, S. 318; LANGE, Stellung der Grafen S. 11f. und STÖRMER, Bayern S. 516. – Zur Datierung vgl. die Zusammenfassung der Diskussion unter Reg. Imp. III,3 Nr. 214.

133 STÖRMER, Bayern S. 504–506.

134 Dies betont STÖRMER, Bayern S. 507.

Abb. 1: Altar-Ciborium mit Kaiserin Adelheid (links) und Theophanu (rechts). Mailand, Sant'Ambrogio 972.

Abb. 2:
Elfenbeintafel mit Otto II. und Theophanu.
Italien 982–983.
Paris, Musée Cluny Nr. 1035.

Abb. 3: Kaiserin Adelheid oder Kaiserin Kunigunde. Metzer Evangeliar, frühes 11. Jahrhundert. Paris, Bibliothèque Nationale, Codex lat. 9395, folio 15r.

Abb. 4: Kaiserin Gisela beim Eintritt in die Kirche. Echternacher Perikopenbuch, 1039–1043. Bremen, Universitätsbibliothek b. 21, folio 3^{r}.

Abb. 5: Christus krönt Heinrich III. und Agnes. Goslarer Evangeliar, Echternach um 1047–1056. Uppsala, Universitätsbibliothek, Codex 93, folio 3v.

Anno domini . M . C . XIIII . Imperator henricus natalem
domini . babenberc . celebrauit . dispositis nuptiis suis
maguntie in proxima epiphania . Desponsauerat
enim ante triennium Mathildem filiam Henrici
regis anglorum . uirginem moribus nobilem . uenustam
quoque & decoram facie . que habebat decus & gloria
tam romani imperii . quam anglici regni . Erat enim
progenita ex utraque parte ex longa linea magni
fice nobilitatis & regalis prosapie . in cuius loquela
& opere resplendebat specimen future bonita
tis abunde . adeo ut omnibus optaretur romani
imperii heredis mater fore . Ad ipsas quoque nup

Abb. 7: Kaiserin Beatrix. Armreliquiar Karls des Großen, Lüttich 1166–1170. Paris, Louvre.

Abb. 6 (links): Heinrich V. und Mathilde von England beim Hochzeitsmahl.
Ekkehard von Aura, Weltchronik 1113–1114.
Cambridge, Corpus Christi College Ms. 373, folio 95v.

Abb. 8: Kaiserin Konstanze übergibt ihren Sohn Friedrich II. der Herzogin von Spoleto. Petrus de Ebulo, Liber ad honorem augusti sive de rebus siculis, zwischen 1195 und 1197. Bern, Burgerbibliothek Codex 120 II, folio 138r.

Abb. 9: Grabmal der Königin Anna (zusammen mit ihrem Sohn Karl). Basel, Münster nach 1281.

Abb. 10: Aachener Krönung Heinrichs VII. und Margaretes von Brabant am 6. Januar 1309. Bilderchronik des Kurfürsten Balduin von Trier, Trier um 1340. Koblenz, Landeshauptarchiv Bestand 1C Nr. 1, Abb. 4b.

Abb. 11: Siegel der Kaiserin Margarete mit der Umschrift MARGARETA DEI GRA[CIA ROM] ANORVM IMPERATRIX LVDOVICI QVARTI. Italien um 1327/28. München, Bayerisches Hauptstaatsarchiv, Kloster Fürstenfeld Urkunde 362.

Abb. 12: Reise zum Hoftag mit dem Erzbischof von Trier an der Spitze, drei weltlichen Kurfürsten, dem Kaiser, König Wenzel IV., der Kaiserin Eliabeth und Hofdamen. Goldene Bulle Wenzels IV., 1400. Österreichische Nationalbibliothek Wien, Codex 338, folio 39.

Abb. 13: Karl IV. und Kaiserin beim Festmahl. Goldene Bulle Wenzels IV., 1400. Österreichische Nationalbibliothek Wien, Codex 338, folio 42.

Abb. 14: Einzug König Sigismunds und seiner Gemahlin Barbara von Cilli in das Münster von Konstanz. Chronik des Ulrich Richental, nach 1420. Rosgartenmuseum Konstanz, Hs. 1, folio 19^{b}.

Abb. 15: Königin Barbara von Cilli in Begleitung der Königin von Bosnien (rechts) und der Gräfin von Württemberg mit Gefolge während einer Papstmesse auf dem Konzil von Konstanz 1414–1418. Chronik des Ulrich Richental, nach 1420. Rosgartenmuseum Konstanz, Hs. 1, folio 21ª.

Abb. 16: Kaiserin Eleonore mit ihren Töchtern. Deutsches Gebetbuch Friedrichs III., Wien, 1466/67. Bayerische Staatsbibliothek München, Cgm 67 und 68, folio 2r.

Die Königin als Lehensinhaberin

Bei der Vergabe von Lehen hatte die Königin im hohen Mittelalter die Möglichkeit mittels Intervention Einfluß auf Entscheidungen zu nehmen. Sie konnte aber auch, wie sich gezeigt hat, selbst die Belehnung vornehmen und mußte als Regentin die politische Verantwortung dafür tragen. Darüber hinaus konnte sie an der Spitze eines Herzogtums stehen. Die Beispiele dafür sind freilich nicht zahlreich. Sie reduzieren sich für das hohe Mittelalter vielmehr auf einen einzigen Fall, der eine Königin, nämlich Agnes von Poitou, als Amtsinhaberin in einem Herzogtum zeigt, aus dem sie nicht stammt und auf das sie keine erbrechtlichen Ansprüche geltend machen konnte.

Kaiserin Agnes übernahm die bayerische Herzogswürde, die unmittelbar vor ihr Heinrich III. und im Anschluß daran ihre Söhne Heinrich IV. und Konrad bekleideten, nach dem Tod Konrads 1055[135]. Der genaue Zeitpunkt der Herrschaftsübernahme läßt sich aufgrund voneinander abweichender Informationen nicht genau datieren, wird von der Forschung aber noch zu Lebzeiten des am 5. Oktober 1056 verstorbenen Königs Heinrich III. angesetzt[136]. Man folgt hier der Überlieferung bei Lampert von Hersfeld, der zum Jahr 1056 berichtet, daß der Kaiser seiner Gemahlin das Herzogtum als Privatbesitz auf unbestimmte Zeit übertragen habe[137]. Bestätigung erhält dieser Datierungsansatz durch die Nachricht des Altaicher Annalisten, dem zufolge die sich schwanger glaubende Kaiserin auf dem Regensburger Hoftag an Weihnachten 1056 in Anwesenheit Papst Viktors II. und vieler Großer in ihrer Herrschaft über Bayern unter der Bedingung bestärkt wurde, daß für den Fall der Geburt eines Sohnes, das Herzogtum an diesen fallen solle[138]. Obwohl sich sehr bald herausgestellt haben muß, daß es sich bei der Schwangerschaft um eine Fehldiagnose gehandelt hat, blieb Agnes bayerische Herzogin bis zu ihrem freiwilligen Verzicht auf dem Regensburger Weihnachtshoftag des Jahres 1061[139]. Die Tatsache, daß sie so viele Jahre das Herzogsamt unangefochten inne hatte, läßt sich dabei nur mit der allgemeinen Akzeptanz in den Reihen der bayerischen Großen erklären[140].

135 Vgl. die Auflistung bei STÖRMER, Bayern S. 506. – Zum Tod Konrads vgl. Reg. Imp. III,3 Nr. 30.

136 Reg. Imp. III,3 Nr. 70.

137 *Cunradus filius imperatoris, dux Baioariae, obiit. Ducatum eius imperator imperatrici dedit privato iure, quoad vellet, possidendum*, Lampert von Hersfeld, Annalen a. 1056, S. 70. – Demgegenüber setzt das Chronicon Wirziburgense und die davon abhängigen Quellen den Amtsantritt der Kaiserin in das Jahr 1057: *Agnes imperatrix, mater ipsius Heinrici, ducatum suscepit Baioariae*, ed. G. WAITZ, in: MGH SS 6, c. 17, S. 31. Weitere Quellen und Literatur: Reg. Imp. III,3 Nr. 70.

138 *Quoniam vero imperatrix mater eius* (= Heinrich IV.) *fatebatur, se gravidam fore, ideo ducatum Baioaricum permisit eam retinere, ut si filius ex ipsa nasceretur, ipse eodem principatu potiretur*, Annales Altahenses a. 1057, S. 53; vgl. Reg. Imp. III,3 Nr. 86. – Neben den historiographischen Quellen findet die Übernahme des Herzogsamtes durch Agnes auch Erwähnung in einer Königsurkunde vom 20. September 1158, mit der dem Kloster Ebersberg Besitzungen *in marcha Kamba versus Boemiam* (= Cham), *que pertinet ad ducatum Bavvaricum, quem eidem matri nostrae concessimus*, verbrieft werden (DHIV. 38); vgl. Reg. Imp. III,3 Nr. 146.

139 Quellenbeleg in Anm. 128.

140 BULST-THIELE, Kaiserin Agnes S. 28 hat darauf hingewiesen, daß Agnes in den bayerischen Herzogslisten geführt wurde, die allerdings erst Mitte des 13. Jahrhunderts zusammengestellt wurden; ed. W. WATTENBACH, in: MGH SS 24, S. 73f. Auffallend ist, daß Agnes als *imperatrix* und nicht auch als *ducissa* bezeichnet wird wie dies bei ihrem Gatten der Fall ist, der als *Heinricus rex et dux V.* erscheint.

Einer Nachricht bei Lampert von Hersfeld zufolge habe Heinrich III. seiner Gattin das Herzogtum *privato iure* überlassen. Diese Formulierung interpretierte Marie Luise Bulst-Thiele dahingehend, daß Bayern »als eine Art Wittum« an Agnes übertragen worden sei, »aus dem sie Einkünfte beziehen konnte«. Daraus leitete sie die weitergehende These ab, daß die Kaiserin »das Herzogtum privat- nicht lehnsrechtlich«[141] erhalten habe. In Überspitzung dieser Schlußfolgerung hat Kurt-Ulrich Jäschke Agnes als eine »nicht reguläre Herzogin« bezeichnet[142]. Die Problematik dieser Interpretation liegt auf der Hand. Allein Lampert spricht von einer privaten Verfügung über das Herzogtum, jedoch keine einzige der oben angeführten Quellen, die ausnahmslos die für Belehnungen üblichen Formulierungen verwenden. Hinzu kommt, daß der Terminus in seiner konkreten inhaltlichen Bedeutung nur schwer bestimmbar ist. Dies gilt im vorliegenden Fall umsomehr, als sich keine einzige Anweisung der Kaiserin in den Quellen erfassen läßt. Gänzlich unvorstellbar ist schließlich, daß Heinrich III. eines der größten und reichspolitisch wichtigsten Herzogtümer im Reich als Wittum für seine Gemahlin bei den bayerischen Großen wie den übrigen Reichsfürsten hätte durchsetzen können. Dies trifft umsomehr auf Agnes zu, die wie kaum eine Königin vor und nach ihr über einen stetig angewachsenen, riesigen Besitzkomplex verfügte[143]. Im übrigen läßt auch der Altaicher Annalist mit seinem Bericht zum Weihnachtshoftag des Jahres 1056 keinen Zweifel daran, daß es sich bei der Bestätigung durch die Fürsten keinesfalls um eine Aufstockung des Wittums der Kaiserin gehandelt hat, zumal sie in ihrer Funktion als Regentin persönlich nicht darauf angewiesen war. Die von den Fürsten gestellte Bedingung, daß Bayern an den vermeintlich noch ungeborenen Sohn der Kaiserin fallen solle, widerspricht ebenfalls der These, daß Agnes über Bayern als Wittum hätte verfügen können.

Die Tatsache, daß für Regierungsmaßnahmen der Kaiserin in Bayern keine Quellen vorliegen, hat die ältere Forschung meist negativ bewertet. Erst neuerdings werden diese Jahre in ein positives Licht gerückt. So betonte zuletzt Wilhelm Störmer, »daß die Herzogsherrschaft der sonst so gescholtenen »schwachen« Kaiserin Agnes keine ernsthaften Probleme für Bayern brachte«[144]. Der von Bulst-Thiele formulierte Vorwurf, daß die Kaiserin ihrem Herzogtum keinen »längeren Besuch« abgestattet habe, da sie »immer Heinrich III. auf seinen Reisen begleitete«[145], widerlegt sich von selbst, da erst kurz vor dem Tod des Kaisers Bayern an Agnes übertragen wurde. Ihre kurze bayerische Herrschaft fiel weitgehend in die ersten Jahre ihrer Regentschaft für Heinrich IV. In dieser Zeit war die Kaiserin trotz der problemlosen Herrschaftsübernahme in ganz anderer und sehr viel wichtigerer Weise in Anspruch genommen. In den Aufgaben der Reichspolitik dürfte dann auch der Grund dafür zu suchen sein, daß Agnes angesichts der militärisch unsicheren Lage durch die ungarischen Thronwirren und der Niederlage bei der Wieselburg[146] die Regie-

---

141 Bulst-Thiele, Kaiserin Agnes S. 28.

142 Jäschke, Notwendige Gefährtinnen S. 111.

143 Black-Veldtrup, Kaiserin Agnes S. 151–192 konnte die von Bulst-Thiele, Kaiserin Agnes S. 113–116 publizierte Aufstellung der Dotalgüter um ein Vielfaches verlängern. Auf die Diskussion um das private Verfügungsrecht über Bayern geht Black-Veldtrup aber nicht ein.

144 Störmer, Bayern S. 506.

145 Bulst-Thiele, Kaiserin Agnes S. 28.

146 Reg. Imp. III,3 Nr. 202.

rung im Grenzland Bayern nicht mehr verantworten konnte. Ihr Entschluß, das Herzogtum abzugeben, korrespondiert im übrigen mit dem Handeln König Heinrichs II., der den in Grenzschwierigkeiten erfahrenen Luxemburger Grafen Heinrich 1004 zum bayerischen Herzog erhob.

Die herzogliche Regierung der Kaiserin in Bayern darf darüber hinaus nicht isoliert betrachtet werden. Ebensowenig können aus fehlenden Quellenzeugnissen über ihre nur kurze Zeit im Herzogsamt so weitreichende Rückschlüsse abgeleitet werden wie zum Beispiel die These, daß Agnes gar keine amtsrechtliche Gewalt ausgeübt habe. Der Blick auf Kärnten zeigt, daß es über viele Jahre hinweg Herzöge gab, die machtpolitisch keine Durchsetzungskraft besaßen und – wie Berthold – das Land noch nicht einmal besuchsweise betraten. Im Gegensatz dazu konnte man die Kaiserin mit dem Hof zwischen 1056 und 1061 recht häufig in Bayern antreffen[147], so von Dezember 1056 bis Februar 1057[148], Juni bis Oktober 1058[149], November 1059 bis Februar 1060[150], Januar bis März 1061[151]. Daß in diesen vielen Monaten des Aufenthaltes keine Regierungsmaßnahmen erfolgt sein sollen, erscheint schwerlich vorstellbar.

Gemeinsame Belehnung durch das Herrscherpaar

Seit der zweiten Hälfte des 12. Jahrhunderts läßt sich der politische Aktionsrahmen der Königin kaum mehr für das gesamte Reich nachweisen. Er verengte sich zunehmend auf Herrschaftsräume, für die sie Erbansprüche geltend machen konnte. Im konkreten Fall betraf dies in staufischer Zeit Burgund und Sizilien, wo eine gemeinsame Vergabe von Lehen durch die Herrscherpaare Friedrich I. und Beatrix sowie Heinrich VI. und Konstanze erfolgte.

Eine erste gemeinsame Belehnung eines weltlichen Adligen vollzogen Friedrich I. und Beatrix während ihres Durchzugs durch Burgund auf dem Weg nach Italien im Sommer 1166 an Odo von Champagne. Gemäß einer den Kanzleigewohnheiten entsprechenden Urkundenform mit alleiniger Intitulatio des Kaisers wird bestätigt, *quod nos una cum dilectissima consorte nostra Beatrice permittimus habere fidelissimum nostrum Odonem Campaniensem omni tempore vite sue Quingiacum, Lislam, Lobium et hec omnia cum suis appendiciis, sicut comes Reinaldus in vita sua habere solebat*[152]. Der in der Arenga als Verwandter der Kaiserin ausgewiesene Odo[153] – er war

147 Zu den jährlichen Besuchen der Kaiserin: Black-Veldtrup, Kaiserin Agnes S. 295 mit Anm. 138. – Zuletzt urteilte Gertrud Thoma, Kaiserin Agnes, in: Schnith (Hg.), Frauen des Mittelalters S. 121–152, hier S. 129, daß der Kaiserin mit der Übertragung des Herzogtums Bayern »keine politische Aufgabe zugewiesen« wurde.

148 Reg. Imp. III,3 Nr. 86–93.

149 Reg. Imp. III,3 Nr. 136–154.

150 Reg. Imp. III,3 Nr. 178–187.

151 Reg. Imp. III,3 Nr. 207–216.

152 DFI. 515 (1166 Juli 26 Dôle).

153 ... *qui* (= Odo) *genere clarissimus Beatricis nobilissime consortis nostre consanguineus probitate et universa morum honestate conspicuus tam mere fidelitatis ac devotionis ardore hactenus nobis servivit, ut integritatem fame sue nulla nota pravitatis obnubilet vel luculentam faciem virtutum alicuius inhonestatis nevus obfuscet*, DFI. 515. Nach Jean-Yves Mariotte, Le Comté de Bourgogne sous les Hohenstaufen 1156–1208 (Cahiers d'Etudes Comtoises 4, 1963) S. 80 war Odo als kaiserlicher Legat tätig. Die in der Arenga genannten Dienste können jedoch nicht konkretisiert werden.

der Sohn der Schwester ihres Vaters[154] – erhielt die drei Besitzungen Quingey, Liesle und Vallouais aus dem Erbe ihres Vaters, des Grafen Rainald III. von Burgund, als Lehen auf Lebenszeit. Die Belehnung war an die Bedingung geknüpft, daß Odo sein bei Dôle gelegenes Allod Champoans[155] dem Reich übertragen und dann ebenfalls als Lehen besitzen solle[156]. Im Fall seines erbenlosen Todes sollten alle die von ihm verwalteten Güter einschließlich seines Lehens Port-Lesney an den Kaiser, die Kaiserin und ihre Kinder ohne Besitzminderung und zu uneingeschränktem Verfügungsrecht zurückfallen[157].

Eine gemeinsame Handlung Heinrichs VI. und Konstanzes dürfte auch der Belehnung König Wilhelms III., des Sohnes Tankreds von Lecce, mit der Grafschaft Lecce und dem Fürstentum Tarent 1194[158] zugrunde gelegen haben. Eine gewisse Unsicherheit resultiert jedoch aus dem Fehlen einer urkundlichen Ausfertigung mit konkreten Angaben dazu. Erwähnung findet die Belehnung unter anderem in einem Brief Papst Innocenz III. an König Friedrich II. vom 3. Juli 1201[159]. Der Papst schreibt,

> … *quod Henricus quondam imperator, de assensu illustris memorie Constantie imperatricis matris tue, filie quondam regis Rogerii, quando Willelmus filius inclyte recordationis regis Tancredis nepotis ejus ipsi se reddidit, principatum Tarenti et comitatum Licii ei et heredibus ejus concesserit et in animam ejus juramentis principum tam de imperio quam de regno concessionem hujusmodi fecerit roborari* …[160].

Dem um viele Jahre späteren Schreiben Innocenz' III. zufolge hätte Kaiserin Konstanze, die Tante des noch unter der Regentschaft seiner Mutter Sybille stehenden Wilhelm[161], lediglich ihre Zustimmung zu dessen Belehnung erteilt, in die auch seine Erben einbezogen waren. Schwierig zu beantworten ist dabei die Frage, in welcher Form ihre Zustimmung erfolgte und welche Bedeutung dieser beizumessen ist. Rechtlich basierte sie auf der Stellung Konstanzes als Erbin der sizilischen Krone. Damit begründete Heinrich VI. in seinen Diplomen unter anderem auch die Herrschaftsübernahme im Regnum Siciliae[162]. Mit Blick auf die Befugnisse der Kaiserin

---

154 Vgl. Mariotte, Comté de Bourgogne S. 79f.

155 Vgl. Reg. Imp. IV,2 Nr. 1572; Odo von Champagne wird in der Forschung auch als Herr von Champlitte bezeichnet; vgl. Mariotte, Comté de Bourgogne S. 80 und Walther Kienast, Deutschland und Frankreich (900–1270). Weltkaiser und Einzelkönige, 3 Bde. (Monographien zur Geschichte des Mittelalters 9, 1974/75) hier Bd. 1, S. 219.

156 Dazu Kienast, Deutschland und Frankreich S. 219 Anm. 538.

157 *Si autem contigerit predictum Odonem sine legitimo filio vel filia superstite decedere, omnia allodia, que modo habet vel ab hac hora inantea acquisierit in imperio nostro, et omnia feoda, que habuerit de comitatu, specialiter autem et nominatim Portum et Scanlint ad manus nostras et imperatricis et filiorum nostrorum et filiarum libere absque omni retractatione tenenda possidenda revertentur, ut liceat nobis inde facere et ordinare absque omnium hominum contradictione, quicquid voluerimus*, DFI. 515.

158 Zur zeitlichen Einordnung vgl. Csendes, Heinrich VI. S. 146–154.

159 Reg. Imp. IV,3 Nr. 381 mit weiteren, in der Sache über die Informationen im Papstbrief nicht hinausgehenden Quellen.

160 J. L. A. Huillard-Bréholles (Ed.), Historia diplomatica Friderici secundi, Bd. I,1 (1852) S. 79–85, hier S. 82f.

161 Christoph Reisinger, Tankred von Lecce. Normannischer König von Sizilien 1190–1194 (Kölner Historische Abhandlungen 38, 1992) S. 12–14.

162 Vgl. Reg. Imp. IV,3 Nr. 152 = Urkunde zugunsten von Kloster Montecassino (1191 Mai 21): *quod cum nos pro obtinendo regno Siciliae et Apuliae, quod tum antiquo iure imperii tum ex hereditate illustris*

Beatrix in Burgund kann deshalb wohl auch darauf geschlossen werden, daß der vom Papst angesprochene *assensus* als rechtlich legitimierte Zustimmung Konstanzes und die Belehnung Wilhelms als eine gemeinsame des Herrscherpaares zu interpretieren ist.

Insgesamt gesehen hat Konstanze nur im normannischen Königreich Herrschaftsrechte ausgeübt. In der sehr kurzen Zeit ihres Aufenthaltes nördlich der Alpen[163] trat sie – wie später auch ihre Schwiegertochter Konstanze von Aragon – durch keine Regierungshandlung hervor.

Zusammenfassend läßt sich feststellen, daß sich die Mitregierung der Königin bei der Vergabe von Lehen an weltliche Fürsten im Verlauf des Mittelalters in ihren Voraussetzungen geändert hatte. In ottonischer und salischer Zeit konnte sie auf allen Ebenen des Belehnungsvorganges, sei es durch Intervention oder durch die Übernahme bestimmter Aufgaben in Stellvertretung des Königs, wie auch in allen Reichsteilen agieren. Ihre Beteiligung an der Reichspolitik war ein allgemein akzeptierter Faktor. Im Zeitalter der Staufer scheint sich ihr Handlungsspielraum erheblich zu verengen. Er verlagerte sich jetzt besonders in ihre Erblande, wobei die Herrschaftsausübung durch Erbrecht legitimiert erscheint.

Während also die Königin im hohen Mittelalter im lehnsrechtlichen Bereich im gesamten Regnum aktiv mitwirkte, reduzierte sich dieser Handlungsrahmen beim Übergang zum sogenannten späten Mittelalter auf die Reichsteile, auf die sie erbrechtliche Ansprüche erheben konnte. Die allgemeine politische Akzeptanz der Herrschaftsausübung der Königin ist damit zunehmend einer erbrechtlich beschränkten gewichen. Diese Entwicklung setzte sich im 14. und 15. Jahrhundert fort.

---

consortis nostrae Constantiae Romanorum imperatricis augustae ad imperium deveniatur. Die kritische Edition der Diplome Heinrichs VI. wird von Peter Csendes im Rahmen der MGH vorbereitet.

163 Vgl. dazu den Abschnitt zum Itinerar der Kaiserin S. 114–116.

Kirchenpolitik

Erhebungen von Bischöfen und Äbten

Einflußnahme der Königin auf die Personalpolitik

Unter Otto I. gewann die Reichskirche eine neue Bedeutung für die Politik, die von seinen ottonischen und salischen Nachfolgern noch gesteigert und von der Forschung plakativ mit dem Schlagwort »ottonisch-frühsalisches Reichskirchensystem« versehen wurde[164]. Gekennzeichnet durch »eine viel stärkere Konzentration auf den Hof« und »durch eine enge Verquickung geistlicher und weltlicher Aufgaben, die den Bischöfen im gekoppelten Interesse von Reich und Kirche übertragen waren«[165], wurden in die reichspolitisch wichtigen Bischofsämter weniger ortsansässige Kleriker als vielmehr Persönlichkeiten berufen, die das Vertrauen des Königs wie der Königin besaßen. Seit Heinrich II. waren dies in besonderer Weise Mitglieder der Hofkapelle[166]. Das setzte die Auswahl der Kandidaten durch den König voraus, der die Domkapitel beziehungsweise im Fall der Erhebung eines Abtes oder einer Äbtissin die Klosterkonvente mit ihrer »Wahl« zustimmten[167]. In diese am Hof getroffenen Personalentscheidungen war auch die Königin eingebunden, die nicht selten ihre eigenen Kandidaten durchzusetzen vermochte. Die Möglichkeit, diese in kirchliche Ämter zu promovieren, eröffnete sich für die Königin durch das Mittel der Intervention.

Das dafür zur Verfügung stehende Quellenmaterial beschränkt sich jedoch größtenteils auf eher zufällige Erwähnungen in der Historiographie. Das hat zur Folge, daß auch die in diesem Bereich nachweisbare Herrschaftsausübung der Königin nur zu einem Bruchteil überliefert sein dürfte. Es fällt aber auf, daß sich die Berichte aus frühsalischer Zeit gegenüber der ottonischen häufen. Unter gleichzeitiger Berücksichtigung der Tatsache, daß unter den frühen Saliern auch der Anteil der In-

---

164 Leo SANTIFALLER, Zur Geschichte des ottonisch-salischen Reichskirchensystems (Sitzungsberichte Wien 229, ²1964); vgl. den zusammenfassenden Literaturbericht bei BOSHOF, Königtum S. 95f.; hier auch die neuere »System«-Diskussion.

165 Josef FLECKENSTEIN, Problematik und Gestalt der ottonisch-salischen Reichskirche, in: Reich und Kirche vor dem Investiturstreit. Vorträge beim wissenschaftlichen Kolloquium aus Anlaß des achtzigsten Geburtstages von Gerd Tellenbach, hg. von Karl SCHMID (1985) S. 83–98, hier S. 96.

166 FLECKENSTEIN, Hofkapelle 2 S. 156ff.

167 Grundlegend zum Bedeutungswandel des Wahlbegriffs von der Zustimmung hin zu der von allen äußeren Einflüssen »freien Wahl« im Zeitalter des Investiturstreits: Paul SCHMID, Der Begriff der kanonischen Wahl in den Anfängen des Investiturstreits (1929).

terventionen der Königin in den Privilegien und Schenkungen für Kirchen und Klöster deutlich anstieg, könnte man die These ableiten, daß sich salische Königinnen, unter ihnen besonders Gisela und Agnes, bei Besetzungen vakanter Bistümer und Klöster in verstärkter Weise eingeschaltet hatten. Dieser Beobachtung trägt offenbar Peter Ketsch Rechnung, wenn er für Königin Gisela zusammenfassend feststellt, daß der Schwerpunkt ihrer politischen Mitwirkung in der »Kirchenpolitik« gelegen habe: Da ihr Konrad II. weitgehend freie Hand gelassen habe, habe sie in den unter seiner Regierung zu besetzenden Bistümern und Abteien mehrheitlich ihre Kandidaten durchgesetzt und auch die »Kirchenreformbewegung« maßgeblich gefördert[168]. Wie weit die Einflußnahme der Königin auf die Personalpolitik gegangen ist, wird zu prüfen sein.

Eher schwierig ist eine Beurteilung für die ottonische Zeit. Erkennbar werden aus den Quellen meist nur Förderungen und Protektionen seitens der Königin beziehungsweise persönliche Beziehungen zwischen ihr und einzelnen Klerikern, aus denen diese wiederum persönliche Vorteile erlangten. Die mittels Intervention und vor allem wegen des großen politischen Ansehens der Königin prinzipiell mögliche Einflußnahme auf die Promotion in kirchliche Ämter läßt sich oftmals nur wahrscheinlich machen.

So soll Königin Mathilde der ihr gewidmeten jüngeren Vita zufolge maßgeblich die Erhebung Adaldags (937–988)[169] zum Erzbischof von Hamburg-Bremen durch Otto I. 937 betrieben haben. Er gehörte ihrem eigenen Verwandtenkreis der Nachfahren des Widukind[170] an und war seit 927 in der Hofkapelle Heinrichs I. tätig[171]. Als weiteren Grund für ihr Engagement nennt die Vita dessen Bereitschaft, für König Heinrich I. unmittelbar nach dessen Tod die erste Seelenmesse zu lesen[172]. Im Gegensatz zu dieser als durchaus wahrscheinlich einzuschätzenden Förderung, in der Mathilde möglicherweise durch den ebenfalls mit ihm verwandten Bischof Adalward von Verden unterstützt wurde[173], ist ihre in der älteren Forschung vermu-

168 Peter KETSCH, Aspekte der rechtlichen und politisch-gesellschaftlichen Situation von Frauen im frühen Mittelalter (500–1150), in: Annette KUHN und Jörn RÜSEN (Hgg.), Frauen in der Geschichte II. Fachwissenschaftliche und fachdidaktische Beiträge zur Sozialgeschichte der Frauen vom frühen Mittelalter bis zur Gegenwart (Geschichtsdidaktik. Studien, Materialien 8, 1982) S. 11–71, hier S. 41. – Sehr positiv urteilte auch WUNDER, Gisela von Schwaben S. 160: »Besonders um die Besetzung freiwerdender Bistümer und Reichsabteien hat sie sich, gebildeter und sachkundiger als ihr Gemahl, sorgsam gekümmert.«

169 Vgl. Albrecht Graf FINCK VON FINCKENSTEIN, Bischof und Reich. Untersuchungen zum Integrationsprozeß des ottonisch-frühsalischen Reiches (919–1056) (Studien zur Mediävistik 1, 1989) S. 242f.; K. JORDAN, in: LexMA 1 (1980) Sp. 104.

170 Karl SCHMID, Die Nachfahren Widukinds, DA 20 (1964) S. 1–47, bes. S. 22 und 36f.; zu den von Adaldag initiierten Memorialeinträgen auf der Reichenau vgl. DERS., Religiöses und sippengebundenes Gemeinschaftsbewußtsein in frühmittelalterlichen Gedenkbucheinträgen, DA 21 (1965) S. 18–81 sowie Gerd ALTHOFF, Amiticiae und Pacta. Bündnis, Einung, Politik und Gebetsgedenken im beginnenden 10. Jahrhundert (Schriften der MGH 37, 1992) S. 156–165.

171 FLECKENSTEIN, Hofkapelle 2 S. 10.

172 ... *Quamdiu enim venerabilis domina* (= Königin Mathilde) *postmodum vixit, eidem presbytero* (= Adaldag) *magnam exhibuit gratiam numquam tradens oblivioni, quod primam missam decantaverat anime regis Heinrici, et ob memorem causam huius facti ipsi impetravit episcopalem dignitatem apud filium suum Ottonem*, Vita Mathildis posterior, in: Die Lebensbeschreibungen der Königin Mathilde, ed. Bernd SCHÜTTE, MGH SS rer. Germ. [66] (1992) S. 143–202, hier c. 8 S. 160.

173 FINCK VON FINCKENSTEIN, Bischof und Reich S. 242f.

tete Intervention zugunsten des 930 zum Erzbischof von Trier erhobenen Rotbert (930–956)[174] durch nichts belegt[175].

Urkundlich bezeugt und damit auf einer sicheren Quellenbasis stehend sind hingegen die Interventionen Theophanus für die Erhebung der beiden aufeinander folgenden italischen Kanzler Ottos II.[176]: Gerbert wurde 979 zum Bischof von Tortona ernannt[177] und Johannes 983 zum Abt von Nonantola[178]. Letzterer wird in der Forschung mit dem Kalabresen Johannes Philagathos gleichgesetzt[179], der der Geschichte der Mailänder Bischöfe zufolge vor seiner Berufung zum Kanzler von Italien Kapellan der Kaiserin Theophanu gewesen sein soll[180]. Dessen Karriere setzte sich unter der Regentschaft Theophanus fort, die den überaus gebildeten und griechisch sprechenden Johannes auch als Lehrer für Otto III. engagiert haben dürfte. 988 erlangte er das Bistum Piacenza mit dem erzbischöflichen Titel[181] sowie das Amt des *magister camerae regis* an der Spitze der neu geschaffenen Finanzverwaltung. Das mehreren Promotionen in höchst einflußreiche Ämter entsprechend enge Vertrauensverhältnis zu Theophanu verband ihn jedoch nicht mit Otto III., gegen den er nach seiner Rückkehr von einer in Byzanz erfolglos verlaufenen Brautwerbung für den jugendlichen König konspirierte. Sein Leben endete nach seiner Erhebung zum Gegenpapst und dem steilen Absturz aus der Höhe der Macht 997 mit einem grauenvollen Tod[182].

---

174 Finck von Finckenstein, Bischof und Reich S. 234f.

175 Diese Vermutung basierte auf der Annahme, Königin Mathilde und Rotbert von Trier (930–956) seien Geschwister gewesen, was zuletzt negiert wurde durch Eduard Hlawitschka, Kontroverses aus dem Umfeld von König Heinrichs I. Gemahlin Mathilde (1987), nachgedruckt in: Ders., Stirps regia. Forschungen zu Königtum und Führungsschichten im früheren Mittelalter. Ausgewählte Aufsätze. Festgabe zu seinem 60. Geburtstag, hg. von Gertrud Thoma und Wolfgang Giese (1988) S. 355–376, hier bes. 356–367. – Zu seinem Amt als Erzkanzler und Erzkapellan vgl. Fleckenstein, Hofkapelle 2, S. 21–24. – Den Forschungsstand referiert Glocker, Verwandte der Ottonen S. 10.

176 Fleckenstein, Hofkapelle 2, S. 71.

177 DOII. 206 (979 Nov. 5 Allstedt); vgl. Reg. Imp. II,2 Nr. 798.

178 DOII. 283 (–); vgl. Reg. Imp. II,2 Nr. 883.

179 Fleckenstein, Hofkapelle 2, S. 73f.

180 *Interim regnante Ottone tertio cum matre Greca quidam Grecus Grece domine capellanus factus est Placentinus episcopus …*, Arnulf von Mailand, Liber gestorum recentium, ed. Claudia Zey, MGH SS rer. Germ. [67] (1994) I c. 11 S. 133.

181 Wohl auf Betreiben Theophanus erhielt Johannes das Pallium durch Johannes XV., doch bereits sein Nachfolger im Petrusamt, Gregor V., wiederrief die Verfügung am 7. Juli 997: … *Placentinam ecclesiam iniuste tibi a meo antecessore ablatam ac contra canones sub nomine archiepiscopatus locatam tibi tuisque successoribus refutantes in perpetuum,* in: Papsturkunden 896–1046, bearb. von Harald Zimmermann, Bd. 2 (Veröffentlichungen der Historischen Kommission der Österreichischen Akademie der Wissenschaften III, 1984) Nr. 346 S. 673–675; Regest: Reg. Imp. II,5 Nr. 802; vgl. Gerhard Schwartz, Die Besetzung der Bistümer Reichsitaliens unter den sächsischen und salischen Kaisern mit den Listen der Bischöfe 951–1122 (1913) S. 189; Theodor von Sickel, Erläuterungen zu den Diplomen Otto III. 1. Teil, MIÖG 12 (1891) S. 209–245, bes. S. 224f.; Fried, Kaiserin Theophanu und das Reich S. 180f.

182 Percy Ernst Schramm, Kaiser, Basileus und Papst in der Zeit der Ottonen, in: Ders., Kaiser, Könige und Päpste. Gesammelte Aufsätze zur Geschichte des Mittelalters, Bd. 3: Vom 10. bis zum 13. Jahrhundert (1969) S. 200–245, hier S. 214–234; Gerd Althoff, Vormundschaft, Erzieher, Lehrer – Einflüsse auf Otto III., in: Kaiserin Theophanu 2, S. 277–289, hier S. 284–286; Johannes Irmscher, Otto III. und Byzanz, in: Byzanz und das Abendland im 10. und 11. Jahrhundert, hg. von Evangelos Konstantinou (1997) S. 207–229. – Zum Eingreifen Ottos III. in Rom 997: Knut

Ein entscheidender Anteil an der Kirchenpolitik Heinrichs II. wird in der Forschung Kaiserin Kunigunde zugeschrieben. Dies ist vor allem auf ihre Beteiligung an der Bistumsneugründung Bamberg und der Wiedererrichtung des unter Otto II. aufgehobenen Bistums Merseburg zu beziehen[183]. Eine Mitsprache bei anstehenden Besetzungen kirchlicher Ämter findet hingegen in den Quellen kaum Widerhall. Mit ihrer Fürsprache zugunsten der Bestätigung ihres vom Trierer Domkapitel zum Erzbischof gewählten Bruders Adalbero konnte sie sich am Hof nicht durchsetzen[184], was eines der ganz seltenen Beispiele dafür ist, daß Interventionen der Königin nicht grundsätzlich als erfolgversprechend zu bewerten sind, selbst dann nicht, wenn es die eigene Familie betraf. Auch die nach dem Tod Erzbischofs Gisilher erfolgte Erhebung Taginos, des ihr aus Regensburger Tagen vertrauten Domherrn und Propstes der Alten Kapelle als einem Eigenkloster Heinrichs II. und Kunigundes, zum Erzbischof von Magdeburg[185] dürfte zwar ganz im Sinne der Kaiserin gewesen sein; die Quellen verlauten jedoch nichts von einer Befürwortung oder Intervention. In der Zeit seines von 1004 bis 1012 dauernden Episkopats ist Kunigunde dann mehrmals in seiner Umgebung bezeugt[186].

In salischer Zeit werden schließlich die Beispiele um ein Vielfaches zahlreicher. Sie belegen, daß nun häufiger Kleriker aus der unmittelbaren Umgebung der Königin durch deren Protektion in hohe Ämter gelangten. Dies gilt insbesondere für Kapelläne und Verwandte. Dabei läßt sich ein bereits oben erwähntes Engagement Giselas[187] für mehrere Fälle quellenmäßig belegen. So berichtet Adam von Bremen, daß der Bremer Dompropst Libentius (Liawizo) 1029 den Hirtenstab seiner Kirche *favore Gislae imperatricis* aus den Händen Konrads II. erhalten habe[188]. Ebenfalls 1029 erlangte Wilhelm, der Erzkapellan Giselas, das Bistum Straßburg[189], nachdem Bischof Werner von einer im Auftrag des Kaisers unternommenen Gesandtschaft nach Konstantinopel[190] nicht zurückgekommen, sondern hier verstor-

Görich, Otto III. Romanus Saxonicus et Italicus. Kaiserliche Rompolitik und sächsische Historiographie (Historische Forschungen 18, 1993) bes. S. 232f.

183 Zur Rolle der Kaiserin Kunigunde bei der Bamberger Neugründung und der Merseburger Restitution vgl. den nächsten Abschnitt S. 201–207/210f.

184 Zum Konflikt um den Trierer Bischofsstuhl 1008 siehe oben S. 169f.

185 Vgl. Finck von Finckenstein, Bischof und Reich S. 246f.; zu seinem Episkopat: Dietrich Claude, Geschichte des Erzbistums Magdeburg bis in das 12. Jahrhundert, Bd. 1 (Mitteldeutsche Forschungen 67/I, 1972) S. 214–271.

186 In der »Machtprobe« um die Nachfolge Giselhers setzte sich schließlich Heinrich II. mit seinem Kandidaten Tagino gegen denjenigen des Domkapitels durch; vgl. Thietmar von Merseburg, Chronicon V 40 + 41, S. 266/68. Tagino, der bereits einmal mit seinen Ambitionen um das Regensburger Bistum gescheitert war, bedankte sich beim Herrscherpaar für den Erhalt des Magdeburger Erzbistums mit reichen Geschenken: *Qui* (Tagino) *carissimum suimet dominum ac reginam cum omnibus consociis multiplicibus, ut decuit, honorat muneribus nequaquam suae benignitati ad hoc subpetentibus*, Thietmar, Chronicon V 43, S. 270.

187 Auch Fleckenstein, Hofkapelle 2, S. 227 stellt fest, daß es »unverkennbar« sei, daß Konrad II. »in kirchlichen Fragen seiner Gemahlin Gisela größeren Einfluß einräumte« (Anm. 449).

188 *Libentius sedit annos fere IIII*[or]*. Is cum esset nepos alterius Libentii et tunc maior domus prepositus, favore Gislae imperatricis ferulam suscepit a Conrado cesare palleum vero a papa Iohanne XIX …*, Adam von Bremen, Gesta II 63 (61) S. 123. Vgl. Reg. Imp. III,1 Nr. 140b und Finck von Finckenstein, Bischof und Reich S. 242f.

189 Finck von Finckenstein, Bischof und Reich S. 224f.

190 Dazu Wipo, Gesta Chuonradi c. 22 S. 41f.

ben war[191]. Schließlich machte auch der anläßlich eines Besuches des Herrscherpaares in Fulda 1025 ein kostbares Geschenk überreichende Mönch Bardo[192], der ein Verwandter Giselas gewesen sein soll, mit Hilfe der Kaiserin Karriere. Im Laufe des Jahres 1031 wurde er zuerst zum Abt in Hersfeld eingesetzt[193] und konnte wenig später als Nachfolger des von seiner Romfahrt nicht mehr zurückkehrenden Erzbischofs Aribo von Mainz zum Primas der Reichskirche aufsteigen[194]. Dem Mainzer Erzbistum stand er 20 Jahre lang vor, ohne allerdings politisch besonders hervorgetreten zu sein[195].

Daß Bischofserhebungen nicht immer ganz uneigennützig unterstützt wurden, läßt der Tadel Wipos am Verhalten Konrads und Giselas bei der Wahl Ulrichs zum Bischof von Basel (1025–1040/41)[196] erkennen: Er warf ihnen simonistische Gepflogenheiten vor und beschuldigte sie, für die Einsetzung eine große Summe Geld angenommen zu haben[197].

Nichts dergleichen ist von der Promotion Tymmos zum Bischof Dietmar von Hildesheim (1038–1044)[198] bekannt. Er kam zusammen mit Gunhild, der Braut und ersten Gemahlin Heinrichs III., aus Dänemark ins Reich und erhielt auf deren Fürsprache hin sein Bistum[199]. Gleichzeitig ist diese Intervention der einzige Beleg für eine Handlung mit politischer Tragweite durch die nur wenig später verstorbene Königin.

---

191 *Werinherus Argentinae presul e mundo migravit; post quem Willehaelmus, reginae archicapellanus, subintravit*, Annales Hildesheimenses a. 1029, S. 35; vgl. auch Wipo, Gesta Chuonradi c. 22 S. 41f. – Wilhelm, der Sohn Herzog Ottos von Kärnten und Onkel Kaiser Konrads, hatte das Bistum Straßburg bis 1046 inne; sein älterer Bruder Brun, Bischof von Toul, war zwischen 996 und 999 als Gregor V. zum Papst erhoben worden, vgl. Wipo c. 2, S. 15. – Der Vita Popponis, ed. W. Wattenbach, in: MGH SS 11, S. 304f. zufolge sei ursprünglich Abt Poppo von Stablo für die Nachfolge ausgewählt worden, habe aber die Übernahme des Bistums abgelehnt; vgl. Bresslau, Jahrbücher unter Konrad II., Bd. 1 S. 275f. und Reg. Imp. III,1 Nr. 147a.

192 Reg. Imp. III,1 Nr. 23a; zu seiner Person: A. Gerlich, in: LexMA 1 (1980) Sp. 1458f. sowie Finck von Finckenstein, Bischof und Reich S. 206f.

193 *In cuius loci* (= Hersfeld) *vicissitudinem subrogatur Bardo, procurator coenobii Wirdunensis, suggestione Gislae imperatricis*, Annales Hildesheimenses a. 1031, S. 36. Weitere Quellen zur Übernahme der Abtei: Reg. Imp. III,1 Nr. 163b.

194 *Magontinus autem archiepiscopus Aribo eodem anno Romam profectus orationis causa, in reditu VIII. idus April. obierat, et Bardo Werthenensis abbas, qui imperatricis machinamento subintraverat, quique ante paucos menses Arnoldo a Herveldensi regimine deposito successerat, variis negotiis occupatus secundum desiderium episcopi interesse non poterat*, Vita Meinwerci episcopi Patherbrunnensis, ed. F. Tenckhoff, MGH SS rer. Germ. [59] (1921) c. 210 S. 122. – *Dei ergo omnipotentis nutu disponente et supradicta imperatrice augusta interveniente, Bardo Dei servus et monachus Maguntinae urbis factus est praesul venerandus*, Vita Bardonis, ed. W. Wattenbach, in: MGH SS 11, c. 5 S. 319. Weitere Quellen: Reg. Imp. III,1 Nr. 172b.

195 Vgl. Herbert Zielinski, Der Reichsepiskopat in spätottonischer und salischer Zeit (1002–1125) (1984) S. 194.

196 Finck von Finckenstein, Bischof und Reich S. 268f.

197 *Ibi* (= Basel) *simoniaca heresis subito apparuit, et cito evanuit. Nam dum rex et regina a quodam clerico, nobili viro nomine Uodalrico, qui ibi tunc episcopus effectus est, immensam pecuniam pro episcopatu susciperent ...*, Wipo, Gesta Chuonradi VIII S. 30f.

198 Finck von Finckenstein, Bischof und Reich S. 210f.

199 *Iste Thiadmarus a Dania oriundus cum regina Gunhild advenit, cuius patrocinio ille meruit Hildinensem episcopatum. Nam barbarice Tymmo vocabatur*, Adam von Bremen, Gesta II 79 (75) S. 136. – Fleckenstein, Hofkapelle 2, S. 265 sieht in Tymmo den Kapellan Königin Gunhilds.

Die beiden Passauer Bischöfe Egilbert (1045–1065)[200] und Altmann (1065–1091)[201] waren vor Antritt ihres Amtes Kapelläne der Kaiserin Agnes. Besonders für den reichs- und kirchenpolitisch bedeutsamen Altmann, einem Vertrauten der Kaiserin[202], wird ihre maßgebliche Protektion in den Quellen nachvollziehbar. So berichtet Lampert von Hersfeld, daß nach dem Tod Egilberts Altmann nachfolgte. Er sei in der Zeit seiner Abwesenheit, als er sich zusammen mit vielen anderen Reichsfürsten auf einer Pilgerfahrt nach Jerusalem befand[203], *per interventum imperatricis* als Bischof designiert worden[204]. Die hier dezidiert ausgesprochene Einflußnahme der Kaiserin auf die Wahl des persönlich gar nicht anwesenden Altmann, die auch in der späteren Vita Altmanni erwähnt wird[205], erfolgte zeitlich gesehen nach der Schwertleite und Regierungsübernahme Heinrichs IV. kurz vor ihrer Abreise aus Deutschland in Richtung Italien[206].

Auf Intervention der Kaiserin hin erhielt auch der langjährige italische Kanzler Wibert, der spätere Gegenpapst Clemens III., während ihres zweiten Deutschlandaufenthaltes im Sommer 1072 das Erzbistum Ravenna. Dem Bericht Bonizos von Sutri zufolge habe sich Wibert zuvor vergeblich bei Heinrich IV. um das Bistum Parma bemüht und sich nach dem Scheitern seiner Bewerbung mit der Bitte um Vermittlung an Agnes gewandt, die ihm mit dem Ravennatischen Erzstuhl ein weit wichtigeres Bistum zu verschaffen wußte[207].

---

200 *Eodem anno Berengerus Battaviensis episcopus hac luce privatur, eique Egilbertus, regine capellanus, successor ordinatur*, Annales Altahenses a. 1045 S. 40; vgl. Finck von Finckenstein, Bischof und Reich S. 266f.; Ernst Steindorff, Jahrbücher des Deutschen Reichs unter Heinrich III., Bd. 1 (1874) S. 236f.

201 Zu Altmann als Kapellan der Kaiserin: Fleckenstein, Hofkapelle 2, S. 265.

202 Zur Biographie sowie den gemeinsamen Reforminteressen mit der Kaiserin: Egon Boshof, Bischof Altmann, St. Nikola und die Kanonikerreform. Das Bistum Passau im Investiturstreit, in: Tradition und Entwicklung. Gedenkschrift für Johannes Riederer, hg. von Karl-Heinz Pollok (Schriften der Universität Passau, 1981) S. 317–345. – Zum Konflikt mit Heinrich IV. vgl. den Überblick von Th. Schieffer, in: LexMA 1 (1980) Sp. 477–479 mit weiteren Literaturhinweisen.

203 Zur Pilgerfahrt nach Jerusalem, ihren Teilnehmern und deren Motivation vgl. Reg. Imp. III,3 Nr. 351.

204 *Eilbertus Patavii episcopus obiit; cui Altman capellanus imperatricis successit, qui dum ipso tempore cum caeteris principibus Ierosolimam abisset, per interventum imperatricis absens designatus est episcopus*, Lampert von Hersfeld, Annalen a. 1065, S. 100.

205 Vita Altmanni episcopi Pataviensis, ed. W. Wattenbach, in: MGH SS 12, c. 5 S. 230: *Post cuius mortem* (= Egilbert) *Agnes regina regnique optimates consilium ineunt, omnes Altmannum in loco defuncti episcopi eligunt. Clerus collaudat, populus conclamat, omnes consona voce dicentes, Altmannum episcopali honore dignissimum, quem doctrina et bonitate scirent plenissimum.*

206 Zur Italienreise und ihrer Neudatierung auf den Sommer 1165 vgl. Tilman Struve, Die Romreise der Kaiserin Agnes, HJb 105 (1985) S. 1–29.

207 *Interea Parmensis Guibertus de quo supra memoriam fecimus, Parmensem mirabiliter ambiebat episcopatum. Nam adiens regem multis precibus muneribusque satagebat, ut sibi daretur episcopatus. Quod cum impetrare non valuisset, omnibus tam propinquis suis quam extraneis, tam maioribus quam minoribus, tam clericis quam laicis omnino contradicentibus, ad imperatricem se contulit – forte ea ibi aderat his diebus – eaque interveniente Ravennatem accepit episcopatum*, Bonizo von Sutri, Liber ad amicum, ed. Ernst Dümmler, MGH Ldl 1 (1891) liber VI, S. 600; Kaiserin Agnes war aus Italien zum Wormser Hoftag am 25. Juli 1072 gereist (vgl. dazu unten S. 302–304); hier traf sie auch mit Wibert zusammen. – Zu Wibert: Ingrid Heidrich, Ravenna unter Erzbischof Wibert (1073–1100). Untersuchungen zur Stellung des Erzbischofs und Gegenpapstes Clemens III. in seiner Metropole (VuF Sonderband 32, 1984).

Als ein viel Aufsehen erregendes Beispiel aus dem 12. Jahrhundert ist schließlich Bruno, der Kapellan Richenzas, anzuführen. Nach jahrelangem Kampf um Anerkennung durch Klerus und Volk sowie seinen Metropoliten Adalbert von Mainz gelang ihm endlich der Karrieresprung auf den Bischofstuhl in Straßburg, wenn auch nur für kurze Zeit. Daß er sich zwischenzeitlich durchsetzen konnte, verdankte er der kontinuierlichen Protektion des Herrscherpaares, in ganz besonderer Weise aber der mächtigen Unterstützung der Königin, die seine Wiedereinsetzung 1129[208] in das ihm durch den Mainzer Erzbischof 1125 entzogene[209] Bischofsamt maßgeblich betrieben hat.

In einem im Codex Udalrici überlieferten Brief bedankte er sich nachdrücklich bei Richenza, indem er schrieb: »Ich beziehe mich auf die zahlreichen und unterschiedlichen Gnadenerweise Eurer Erhabenheit und erinnere daran, weil Ihr, durch Eure mütterliche Güte gedrängt, sowohl meinen Anstrengungen Abhilfe geschaffen und mich von meinen Verfolgern und Verleumdern befreit als auch mir durch Eure gütige Fürsprache den mir ungerechterweise entzogenen Sitz meiner Würde wiedergegeben habt«[210]. Und er schließt an: »Euch verdanke ich deshalb nach Gott alles, was ich bin und alles, was ich vermag.« – *Vobis itaque post Deum debeo, quicquid sum, quicquid valeo*[211]. Wie sehr Bischof Bruno Richenza schätzte, zeigte er auch in einem zeitlich wohl parallel verfaßten Schreiben an Lothar III. Im Zusammenhang mit dem gerade ausgebrochenen Papstschisma zwischen Innocenz II. und Anaklet II.[212] forderte er diesen dazu auf, bei den schwierigen Verhandlungen den Rat der »allerchristlichsten« Königin einzuholen[213].

Daß Bruno die Rückerstattung seines bischöflichen Sitzes auf die Bemühungen und Durchsetzungskraft Richenzas zurückführte, korrespondiert mit einer Notiz in den Annales S. Disibodi: *Bruno Argentinensis episcopus interventu reginae et episcoporum, quadriennio expulsus, graciam regis consequitur*[214]. Über die einzelnen Aktivitäten Richenzas sind wir darüber hinaus nicht informiert.

---

208 Reg. Imp. IV,1 Nr. 180.

209 Reg. Imp. IV,1 Nr. 106. Die in der Forschung diskutierte Überlegung, daß Bruno wegen seiner Parteilichkeit für die Staufer sein Bistum verloren haben könnte, wird mit guten Gründen als »wenig wahrscheinlich« eingestuft durch Wolfgang PETKE, Kanzlei, Kapelle und königliche Kurie unter Lothar III. (1125–1137) (Forschungen zur Kaiser- und Papstgeschichte des Mittelalters. Beihefte zu J. F. Böhmer, Regesta Imperii 5, 1985) S. 290.

210 *Quantas et quales valeo gratiarum actiones serenitati vestrae refero, quia materna pietate pressuris et laboribus meis subvenistis, et a persequentibus et calumpniantibus me eruistis, et sedem dignitatis meae iniuste mihi ereptam suffragio vestrae pietatis restituistis*, Codex Udalrici, ed. Philipp JAFFÉ, in: Monumenta Bambergensia (Bibliotheca rerum Germanicarum 5, 1869) Nr. 250 S. 432f. Zur Datierung des Briefes vgl. Reg. Imp. IV,1 Nr. 247.

211 Ebd. S. 433.

212 Franz-Josef SCHMALE, Studien zum Schisma des Jahres 1130 (Forschungen zur kirchlichen Rechtsgeschichte und zum Kirchenrecht 3, 1961). Zur Rolle Richenzas im Papstschisma vgl. unten S. 308–310.

213 *Inter multas et gravissimas imperii et ecclesiae ruinas ad vos specialiter respiciunt oculi servorum vestrorum, sub gravi pressura et multis suspiriis expectantium: quid vestra maiestas deliberet, quid decernat, quo ingenio, qua auctoritate scissurae sanctae matris ecclesiae subveniat. Et quia non ambicione vel tyrannica pervasione sed divina disposicione regni culmen ascendistis, nostra parvitas vestrae suggerit excellentiae, quatinus in hoc tam magno negotio christianissimae coniugis vestrae dominae nostrae reginae et religiosorum virorum consilium habeatis*, Codex Udalrici Nr. 251 S. 433–435, hier S. 434; vgl. Reg. Imp. IV,1 Nr. 246.

214 Annales S. Disibodi, ed. G. WAITZ, in: MGH SS 17, a. 1129 S. 24.

Bruno konnte sich jedoch nicht sehr lange auf dem Straßburger Bischofsstuhl halten. Unter Anklage der Intrusio und der ungehörigen Weihe[215] mußte er auf einer in Anwesenheit des päpstlichen Legaten Matthäus von Albano abgehaltenen Mainzer Synode im Mai 1131 abdanken[216]. Damit verschwand Bruno, der nach seiner Absetzung nach Bamberg zurückkehrte[217], jedoch nicht aus dem Umfeld der Königin. Denn bei der Wahrnehmung der königlichen Gerichtshoheit durch Richenza 1136 in Reggio nell'Emilia wird er als Leiter der Kanzlei der Königin wieder nachweisbar[218].

Dieser Vorgang zeigt nicht nur die Möglichkeit der Mitsprache und Einmischung der Königin bei der Besetzung kirchlicher Ämter auch noch in der Zeit nach dem sogenannten Wormser Konkordat, sondern vor allem auch den Grad an Autorität sowie die Durchsetzungsfähigkeit Richenzas. Deren Einflußnahme auf die kirchliche »Personalpolitik« läßt sich auch im Klosterbereich belegen. Denn der am 4. Juni 1133, dem Tag der Kaiserkrönung Lothars III. und Richenzas, zum Abt von Fulda geweihte Berthold[219] ließ sich seine Wahl sowie das Verbot einer Weiterbelehnung von den zu den Propsteien gehörenden Gütern urkundlich bestätigen. In der Auflistung der seiner Wahl zustimmenden Personen wird an erster Stelle die Kaiserin genannt[220].

Mit Richenza scheint der Höhepunkt der Einflußnahme der Königin auf die Besetzung kirchlicher Ämter erreicht. Obgleich Friedrich Barbarossa in großzügiger Auslegung des »Wormser Konkordats«, das die Rolle des Königs auf die Übertragung der Temporalien beschränkte und nur für den Fall einer unentschiedenen Wahl die Stimme des Königs zugunsten der *sanior pars* vorsah, bei den reichspolitisch wichtigen Bistümern versuchte[221], auch auf die Kandidatenauswahl direkten Einfluß zu nehmen, scheint die Intervention der Kaiserin Beatrix Ausnahme geblieben zu sein. Nur in einem Fall, der strittigen Doppelwahl 1167 in Cambrai, bei der ihr Verwandter Petrus von Flandern einen Teil der Wählerstimmen erhalten hatte, ergriff sie am Kaiserhof zu seinen Gunsten Partei. Dies geht aus einem Schreiben Barbarossas an die Grafen Dietrich und Philipp von Flandern hervor, in dem er diesen gegenüber wegen des steten Drängens seiner geliebten *consors* sein Einverständnis zur Wahl des Petrus zum Bischof von Cambrai zu erkennen gibt, aus rechtlichen Gründen jedoch auf eine zweite eindeutige Bischofswahl besteht:

---

215 Als dahinterstehendes Motiv wertet PETKE, Kanzlei S. 291 die Parteinahme Brunos für Anaklet II., die eine »mögliche Reserve des Legaten, die Gegnerschaft Adalberts von Mainz und die Straßburger Opposition« zur Folge gehabt habe.

216 Eine Zusammenfassung der einzelnen Etappen in diesem langen Streit gibt PETKE, Kanzlei S. 290f. – Zu den Quellen vgl. auch Wilhelm BERNHARDI, Jahrbücher unter Lothar von Supplinburg (1879) S. 252–255.

217 Vor seiner Erhebung hatte Bruno ein Kanonikat am Bamberger Domstift inne; dazu PETKE, Kanzlei S. 74.

218 Zum Gerichtsvorsitz der Kaiserin vgl. oben S. 161–164; zu Bruno als Rekognoszent 1136: PETKE, Kanzlei S. 73f.

219 Zur Begründung der Datierung der Weihe auf den Tag der Kaiserkrönung vgl. Reg. Imp. IV,1 Nr. 345.

220 … *instinctu consortis nostrae Richinze imperatricis*, DLoIII. 53; vgl. Reg. Imp. IV,1 Nr. 370 mit weiterer Literatur zur Biographie des bereits am 22. Juli 1134 verstorbenen Abtes. – Zur reichsrechtlichen Stellung Fuldas im 11. und 12. Jahrhundert zuletzt Thomas VOGTHERR, Fuldas Stellung im Reich der Salier und Staufer, in: Fulda im Alten Reich, hg. von Berthold JÄGER (Veröffentlichungen des Fuldaer Geschichtsvereins 59, 1996) S. 33–62.

221 Dazu zuletzt OPLL, Friedrich Barbarossa S. 213–218.

Testis enim nobis est deus, quod pro vestra dilectione et dilecte consortis nostre crebra ammonitione filium vestrum libenter promovissemus, nisi iniuriam ecclesie irrogare timeremus, cuius libertatem electionis semper illibatam conservavimus[222].

Desweiteren tritt Kaiserin Beatrix in den Quellen nur in repräsentativer Funktion als Teilnehmerin an Bischofsweihen in Erscheinung wie zum Beispiel derjenigen Rainalds von Dassel am 2./3. Oktober 1165 zum Erzbischof von Köln[223].

Zusammenfassend läßt sich damit für das hohe Mittelalter festhalten, daß Königinnen über Mitsprachemöglichkeiten verfügten und diese auch geltend zu machen wußten, dies aber fast ausschließlich bei Personen, mit denen sie in persönlichen Beziehungen standen, wobei die Gruppe der Kapelläne der Königin überproportional vertreten ist[224]. Von einer generellen Mitentscheidung in Personalfragen kann aber – trotz einer anzunehmenden eher sporadischen Überlieferung – wohl kaum die Rede sein. Auch für Gisela, die in den Quellen namentlich bei vier Bischofserhebungen genannt wird, kann angesichts der Tatsache, daß während der Regierung Konrads II. von 1024 bis 1039 insgesamt 36 Reichsbischöfe erhoben wurden[225], nicht davon ausgegangen werden, daß sie in der Kirchenpolitik Konrads II. »weitgehend freie Hand«[226] erhalten hätte. Vielmehr engagierte auch sie sich nachweislich nur für Kleriker aus ihrer unmittelbaren Umgebung[227].

Bischofserhebungen durch die Regentin

Die im 10. und in der ersten Hälfte des 11. Jahrhunderts allgemein und unwidersprochen als königliches Herrschaftsrecht betrachtete Bischofserhebung nahm auch die Regentin als Leiterin der Reichsregierung vor. Wie entscheidend es oftmals sein konnte, daß vor allem die reichspolitisch mächtigen Bischofsstühle mit Personen besetzt waren, die mit König und Königin in einem Vertrauensverhältnis standen, wurde unter anderem unmittelbar nach dem frühen und unerwarteten Tod Ottos II. am 7. Dezember 983 offensichtlich. Denn im nachfolgenden Thronstreit waren es in

---

222 DFI. 540; weitere Schreiben Friedrichs I. in dieser causa: DFI. 539 und 541; vgl. Reg. Imp. IV,2 Nrr. 1727–1729.

223 *Postea vero 6. Non. Octobris ordinatus est* (= Rainald) *Coloniae in archiepiscopum a Philippo Osenbrucgense episcopo, presente imperatore et imperatrice,* Chronica regia Coloniensis, ed. Georg Waitz, MGH SS rer. Germ. [18] (1880) a. 1165 S. 116; vgl. Reg. Imp. IV,2 Nr. 1513.

224 Dies korrespondiert mit dem Ergebnis bei Zielinski, Reichsepiskopat S. 196–198, der hinsichtlich der Interventionen von Bischöfen für Bischöfe feststellt, daß »die Motive ihrer Fürsprache fast stets in der Laufbahn des Kandidaten begründet erscheinen. Dabei ist es ganz erstaunlich, wie häufig sich Lehrer für ihre ehemaligen Schüler, Bischöfe für ein Mitglied ihres Domkapitels, Pröpste für einen Kanoniker ihres Stiftes, Kanzler für einen Hofkapellan etc. verwandt haben« (S. 197).

225 Die Zahl basiert auf den Tabellen bei Finck von Finckenstein, Bischof und Reich S. 194–269.

226 So Ketsch, Aspekte S. 41.

227 Vereinzelte Nachrichten lassen vermuten, daß auch im späten Mittelalter Königinnen Einfluß auf kirchliche Promotionen nahmen und sie sich vor allem für Personen ihrer Umgebung einsetzten. Untersuchungen dazu liegen m. W. bislang nicht vor. – Zum »Recht der ersten Bitte«, das sich erstmals für Königin Elisabeth, Gemahlin Albrechts I., aber auch für die Gemahlinnen Karls IV. sowie für Kaiserin Eleonore und Bianca Maria Sforza nachweisen läßt: Hanns Bauer, Das Recht der ersten Bitte bei den deutschen Königen bis auf Karl IV. (Kirchenrechtliche Abhandlungen 94, 1919) S. 109f.

erster Linie die Bischöfe von Trier, Köln und Magdeburg, die für die Rechte Heinrichs des Zänkers eintraten und diesen unterstützten[228].

Während der Regentschaft der Kaiserinnen Theophanu und Adelheid zwischen dem Sommer 984 und dem September 994 gab es innerhalb der Reichskirche 27 Vakanzen an insgesamt 22 Kirchen[229]. Vier Bistümer mußten mehrmals besetzt werden: Verdun, Würzburg und Oldenburg je zweimal, Hildesheim dreimal. Unter den sich quer durch das ganze Reich erstreckenden Bischofsneuwahlen, angefangen mit den westlichsten Bistümern Metz und Verdun 984, befanden sich auch vier Erzbistümer: 985 Köln, 988 Hamburg-Bremen, 991 Salzburg und 994 Trier. Darüber hinaus ergaben sich Vakanzen 986 in Speyer, 989 in Augsburg, 990 in Utrecht, 991 in Eichstätt, Passau, Straßburg und Zeitz-Naumburg, 992 in Meißen und Havelberg, 993 in Freising und möglicherweise Münster sowie schließlich 994 in Trier und Toul.

Trotz der Vielzahl, zum Teil gut bezeugter Bischofseinsetzungen in diesen Jahren, enthalten die Quellen keine konkreten Hinweise über die jeweilige Rolle der Regentschaftsregierung. Sie beschränken sich auf die Mitteilung des Faktums der Nachfolge, Wahl, Erhebung und hin und wieder der Weihe eines Bischofs, wobei als beteiligte Personen neben den Namen der gewählten sowie auch gelegentlich der die Weihe vollziehenden Bischöfe allenfalls diejenigen genannt werden, mit deren Unterstützung die Kandidaten sich durchsetzen konnten. So sei die Verleihung des Bistums Metz nach dem Tod des mit dem Ottonenhaus verwandten Dietrich von Metz[230] 984 an Bischof Adalbero von Verdun, den in Gorze erzogenen Sohn der Herzogin Beatrix von Oberlothringen, *procurante et procurrente matre Beatrice* und *favente domina Adelheide augusta* zustandegekommen[231]. Die Weihe vollzog der zuständige Metropolit Egbert von Trier am 28. Dezember 984[232]. Diese Nachricht, daß Herzogin Beatrix, als Enkelin Heinrichs I. und Nichte Ottos I. direkt mit dem Ottonenhaus verwandt, die Wahl ihres Sohnes betrieben und Kaiserin Adelheid ihre Zustimmung gegeben habe, kann nur so gedeutet werden, daß es sich hierbei um eine in Übereinstimmung mit dem Kaiserhaus lancierte Kandidatur gehandelt hat, zumal es im besonderen Interesse der Regentinnen liegen mußte, das Bistum Metz – besonders im Hinblick auf die erbrechtlichen Ansprüche des westfränkischen Königs Lo-

---

228 Vgl. dazu den Abschnitt über die Regentschaft unten S. 319ff.

229 FINCK VON FINCKENSTEIN, Bischof und Reich, Bischofslisten S. 194–271.

230 M. PARISSE, Dietrich I. von Metz, in: LexMA 3 (1986) Sp. 1030.

231 … *dum post mortem secundi Ottonis divi imperatoris, et casu patris et orbitate immatura filii, post creati caesaris, totus occidens dissensione minorum, maiorum autem cupiditate ad regnandum, omnino langueret, defuncto memorandae vitae viro Deoderico pontifice, ad reformandam in populis pacem totius pacis amator Adalbero genere et mente nobilissimus, procurante et procurrente matre Beatrice, favente domina Adelheide augusta, prolis adhuc tenerrimae avia, quod autem primum bonarum rerum postremumque est, Deo omnino annuente, votis populorum et seculorum famosissime Metti praesul elevatur et constituitur die 17. Kal. Novemb. anno dominicae incarnationis 984. indictione 12.*, Vita Adalberonis II. Mettensis episcopi auctore Constantino abbate, ed. G. H. PERTZ, in: MGH SS 4, c. 2 S. 660; zu weiteren, allerdings sehr viel späteren Quellen vgl. Reg. Imp. II,3 Nr. 958/I a. – Knapper Überblick: H.-W. HERRMANN, in: LexMA 1 (1980) Sp. 94.

232 Reg. Imp. II,3 Nr. 962d; einen Überblick über den Episkopat Egberts gibt Wolfgang SEIBRICH, Egbert als Metropolit und Bischof von Trier, in: Franz J. RONIG (Hg.), Egbert, Erzbischof von Trier 977–993. Gedenkschrift der Diözese Trier zum 1000. Todestag, Bd. 2 (Trierer Zeitschrift für Geschichte und Kunst des Trierer Landes und seiner Nachbargebiete. Beiheft 18, 1993) S. 187–195, zu den Beziehungen zu seinen Suffraganen bes. S. 190f.

thar sowie dessen Expansionspolitik in Lothringen – mit einem loyalen Bischof besetzt zu wissen. Daß Adelheid in politischer Übereinstimmung und Absprache mit Theophanu agierte, dürfte dabei außer Frage stehen.

Alle übrigen Quellen lassen keinen Blick auf die Interaktion zwischen dem Hof und den einzelnen Domkapiteln zu, weshalb nur aufgrund der jeweiligen Biographie der gewählten Bischöfe und deren Beziehungen zum Hof eine Einflußnahme auf deren Kandidaturen seitens der Regentinnen vermutet oder wahrscheinlich gemacht werden kann. Folgt man dem Stand der Forschung, demzufolge erst seit Heinrich II. vom Recht, den zukünftigen Bischof zu bestimmen, häufiger Gebrauch gemacht wurde[233], dann kann man davon ausgehen, daß die zwischen 984 und 994 gewählten Bischöfe zwar der Zustimmung bedurften, es sich ansonsten aber eher selten um Kandidaten des Hofes gehandelt hat.

Aufgrund des mangelnden Informationsgehaltes der Quellen läßt sich die Frage, welche Besetzungen auf die Initiative der Regentinnen und der mit ihnen die Reichspolitik bestimmenden Bischöfe, Willigis von Mainz und Hildebold von Worms, zurückgeführt werden können, lediglich aus den Lebensläufen der gewählten Bischöfe sowie deren Kontakte zum Hof erschließen.

Diesen Kriterien entsprechend können als Wunschkandidaten der Reichsregierung, die bereits oben genannten, mit dem ottonischen Haus verwandten Bischöfe Adalbero II. von Metz (984–1005)[234] und sein gleichnamiger Neffe (984–988)[235] als sein Nachfolger auf dem Bischofsstuhl von Verdun[236] angesehen werden. Gleiches gilt auch für die Wahl der beiden Kapelläne Hugo (984–990) und Bernward (990–995) für den Würzburger Bischofsstuhl. Beide standen nachweislich in engem Kontakt mit den Kaiserinnen: Hugo, den ein an ihn gerichtetes Hilfegesuch Gerberts von Aurillac während seines Abbatiats in Bobbio[237] als am Hof einflußreiche Persönlichkeit erscheinen läßt, begleitete Theophanu 990 auf dem Italienzug, übernahm in Ravenna einen Gerichtsvorsitz[238] und intervenierte zusammen mit der Kaiserin in einem päpstlichen Privileg für das der Lütticher Kirche unterstellte Kloster Lobbes[239]. Sein Nachfolger Bernward ist jedes Jahr am ottonischen Hof nachweisbar und leitete 995 zusammen mit Johannes Philagatos die Gesandtschaft nach Byzanz, von der er nicht mehr zurückkehrte[240].

---

233 Dazu Odilo Engels, Der Reichsbischof (10. und 11. Jahrhundert), in: Der Bischof in seiner Zeit. Bischofstypus und Bischofsideal im Spiegel der Kölner Kirche. Festgabe für Joseph Kardinal Höffner, Erzbischof von Köln, hg. von Peter Berglar und Odilo Engels (1986) S. 41–94, hier S. 74–78.

234 Finck von Finckenstein, Bischof und Reich S. 238.

235 Finck von Finckenstein, Bischof und Reich S. 236f. – M. Uhlirz zufolge sei Adalbero von Verdun, der zur Behandlung eines Steinleidens nach Salerno gereist war, erst am 18. April 990 in Oberitalien gestorben; auf seiner Rückreise habe er sich »wahrscheinlich« im Hoflager Theophanus in Pavia aufgehalten; vgl. Reg. Imp. II,3 Nr. 1019n.

236 Zu der immer wieder hinausgezögerten Weihehandlung durch Erzbischof Egbert von Trier vgl. Finck von Finckenstein, Bischof und Reich S. 111.

237 Briefsammlung Gerberts von Reims, ed. Fritz Weigle (MGH Briefe der deutschen Kaiserzeit 2, 1966) Nr. 12 S. 34f.

238 Zu dem von Theophanu angeordneten Königsgericht oben S. 159.

239 Vgl. Finck von Finckenstein, Bischof und Reich S. 152f. – Das Privileg Papst Johannes XV. (990 Febr. 1) jetzt abgedruckt in: Papsturkunden 896–1046 Bd. 1, Nr. 305 S. 591f.; Regest: Reg. Imp. II,5 Nr. 683.

240 Finck von Finckenstein, Bischof und Reich S. 153f.

Eine besondere Beziehung des ottonischen Hofes bestand bereits seit König Heinrich I. zur Hildesheimer Kirche[241]. Während mit den beiden adligen Sachsen Osdag (985–989)[242] und Gerdag (990–992)[243] Kleriker erhoben wurden, die ihre Ausbildung in der dortigen Domschule erhalten hatten und die jeweils das Amt des Dompropstes und Domkellners bekleideten, gelangte mit Bernward, dem langjährigen Lehrer Ottos III.[244] und Hofkapellan, 993 jemand an die Spitze des Bistums, der dem Hof äußerst nahe stand. Er hatte das Amt bis 1002 inne[245]. Alle drei Bischöfe dürften durch die Empfehlung des Erzbischof Willigis promoviert worden sein[246].

Für die im Zeitraum der Regentschaft erhobenen Erzbischöfe lassen sich nur für den Lothringer Everger von Köln (985–999), den Vicedominus der Kölner Kirche[247], »enge und freundschaftliche Beziehungen zu Theophanu« wahrscheinlich machen[248]. Wie Everger so kamen auch der in Hamburg-Bremen erstmals in »freier Wahl«[249] bestimmte Erzbischof Libentius I. (988–1013)[250] sowie der dem bayerischen Hochadel entstammende und unter Otto III. als treuer »Parteigänger der Ottonen«[251] sich erweisende Hartwig von Salzburg (991–1023)[252] aus den Domstiften ihrer Kirchen. Nur der 994 noch vor der Herrschaftsübernahme Ottos III. zum Erzbischof von Trier erhobene Liudolf (994–1008)[253], ein adliger Sachse oder Thüringer, war nicht nur Mitglied des Hildesheimer Domstifts, sondern wahrscheinlich auch der Hofkapelle[254]. Dies läßt ihn als Kandidaten des Hofes erscheinen.

Eine direktere Einflußnahme des Hofes aufgrund der maßgeblichen Mitregierung des Erzbischofs Willigis könnte auch für alle Bischofserhebungen an den Kirchen angenommen werden, die zum Mainzer Metropolitanverband zählten. Neben der Hildesheimer und der Würzburger Kirche mußten während der Regentschaft weitere fünf Suffragankirchen des Mainzer Erzbistums als dem größten innerhalb der Reichskirche neu besetzt werden, so 986 Speyer[255], 989 Augsburg[256], 991 Eich-

---

241 Rudolf Schieffer, Domkapitel und Reichskirche, in: Bernward von Hildesheim 1 (1993) S. 269–273, hier S. 271.

242 Finck von Finckenstein, Bischof und Reich S. 210f.

243 Ebd. – Daß die durch den Tod Bischof Osdags am 8. November 989 notwendig gewordene Neubesetzung nicht ohne der sich auf ihren Romzug befindenden Kaiserin erfolgt sein konnte und deshalb ein Bote an sie geschickt wurde, vermutet Mathilde Uhlirz (Reg. Imp. II,3 Nr. 1017r).

244 Althoff, Vormundschaft S. 281–284.

245 Zu Leben und Werk Bernwards vgl. den Katalog zur Hildesheimer Ausstellung 1993: Bernward von Hildesheim und das Zeitalter der Ottonen, hg. von Michael Brandt und Arne Eggebrecht (1993).

246 So Finck von Finckenstein, Bischof und Reich S. 210f.

247 Finck von Finckenstein, Bischof und Reich S. 194f.

248 Heribert Müller, Studien zu Erzbischof Everger von Köln (958–999), Jahrbuch des Kölnischen Geschichtsvereins 49 (1978) S. 1–18, zit. S. 8; zusammenfassend Ders., in: LexMA 4 (1989) Sp. 141f.

249 Quellennachweise bei Reg. Imp. II,3 Nr. 1001e.

250 Finck von Finckenstein, Bischof und Reich S. 242.

251 H. Dopsch, Hartwig von Salzburg, in: LexMA 4 (1989) Sp. 1948f. mit weiterer Literatur.

252 Finck von Finckenstein, Bischof und Reich S. 258f.; Reg. Imp. II,3 Nr. 1032a.

253 Finck von Finckenstein, Bischof und Reich S. 234f.

254 Fleckenstein, Hofkapelle 2, S. 81 Anm. 131; vgl. dazu Finck von Finckenstein, Bischof und Reich S. 112.

255 Ruoppert (986–1004), der auf Empfehlung Willigis' promoviert wurde; vgl. Finck von Finckenstein, Bischof und Reich S. 218f. – Unklar bleibt, ob Ruoppert Mönch in Weißenburg oder Abt des Klosters Klingenmünster war; dazu Andreas Urban Friedmann, Die Beziehungen

stätt und Straßburg[257] sowie 994 Verden[258]. Die Weihe durch Willigis ist neben derjenigen Bernwards von Hildesheim 993[259] allerdings nur noch für Lintold von Augsburg 989[260] quellenmäßig belegbar.

Der als *consanguineus* Heinrichs II. 991, noch vor dem Tod Theophanus, zum Bischof von Eichstätt erhobene Meingaud (991–1015) wurde vom bayerischen Herzog Heinrich den Zänker und seiner Gemahlin Gisela durchgesetzt[261]; inwieweit dies in Absprache mit dem Ottonenhof geschah, muß dabei offen bleiben. Für die übrigen in der Zeit der Regentschaft erhobenen zehn Bischöfe läßt sich allerdings keine direkte Einflußnahme des Hofes auf die jeweiligen Kandidaturen erkennen. Vielmehr handelte es sich bei einigen um Domherrn, die aus den eigenen oder benachbarten Stiften kamen, so zum Beispiel Eiko von Meißen (992–1015)[262], maßgeblich protegiert durch Gisilher von Magdeburg[263], Suidger von Münster (993/95–1011)[264], Gottschalk von Freising (994–1005)[265] und Stephan von Toul (994–996)[266].

Als sicher vorauszusetzen ist demgegenüber bei allen *electi* die königliche Zustimmung zu deren Wahl sowie die Investitur, mit der der *electus* durch die Übergabe der geistlichen Symbole eines Bischofsstabes und seit Heinrich III. auch eines Ringes in sein Bistum eingesetzt wurde. Die Investitur galt als der eigentliche rechtsbegründende Teil der Bischofserhebung, bei dem der *electus* mit den zu seinem Bistum gehörigen Besitzungen und Gerechtsamen belehnt wurde. Neben dieser aus der privatrechtlichen Nutzungsherrschaft an den Eigenkirchen resultierenden lehnrechtlichen Komponente der Besitzeinweisung bewirkte die Verwendung geistlicher Belehnungssymbole darüber hinaus die Vorstellung von der königlichen Einsetzung in das geistliche Amt schlechthin. Die Berechtigung dazu erlangte der König durch die Salbung anläßlich seiner Krönung, die ihm eine gleichsam sakral überhöhte Stellung verlieh. Der König als »Gesalbter des Herrn«, als *Christus domini*[267], nahm die als königliches Hoheitsrecht angesehene Investitur vor[268].

---

der Bistümer Worms und Speyer zu den ottonischen und salischen Königen (Quellen und Abhandlungen zur mittelrheinischen Kirchengeschichte 72, 1994) S. 73f.

256 Lintold (989–996), von dem nur die adlige Herkunft bezeugt ist; möglicherweise gehörte er der Hofkapelle an; Finck von Finckenstein, Bischof und Reich S. 228f.

257 Widerold (991–999), zu dessen Person ansonsten nichts bekannt ist; Finck von Finckenstein, Bischof und Reich S. 224f.

258 Bernhar (994–1014), Propst und Domherr in Verden und Hildesheim, wo er auch ausgebildet wurde; Finck von Finckenstein, Bischof und Reich S. 208f.

259 Reg. Imp. II,3 Nr. 1078c.

260 Reg. Imp. II,3 Nr. 1003b.

261 Finck von Finckenstein, Bischof und Reich S. 232f. Zu seiner exzentrischen Persönlichkeit, die vom Anonymus Haserensis geschildert wird, vgl. Engels, Reichsbischof S. 62f.

262 Finck von Finckenstein, Bischof und Reich S. 252f. – Zur Protektion durch Erzbischof Gisilher von Magdeburg, der »zu Beginn der 90er Jahre intensive Beziehungen zum Königshof unter dem unmündigen Otto III. unterhielt«, vgl. Zielinski, Reichsepiskopat S. 188–190, Zitat S. 189.

263 Zielinski, Reichsepiskopat S. 188–190.

264 Finck von Finckenstein, Bischof und Reich S. 200f.

265 Finck von Finckenstein, Bischof und Reich S. 262f.

266 Finck von Finckenstein, Bischof und Reich S. 240f.

267 So die Bezeichnung des Königs auf der Synode von Hohenaltheim 916; dazu Horst Fuhrmann, Die Synode von Hohenaltheim (916) – quellenkundlich betrachtet, DA 43 (1987) S. 440–468, bes. S. 448f. und Th. Zotz, in: LexMA 5 (1991) Sp. 82.

268 Zum Forschungsstand vgl. Rudolf Schieffer, Die Entstehung des päpstlichen Investiturverbots für den deutschen König (Schriften der MGH 28, 1981) S. 7–47; R. Puza, in: LexMA 5 (1991)

In ganz wenigen Fällen wurde das Recht der Bischofsinvestitur, meist eingeengt für bestimmte Bistümer, regionalen Herrschern übertragen, wie zum Beispiel Arnulf von Bayern durch König Heinrich I. für sein bayerisches Herzogtum, oder Heinrich dem Löwen durch Friedrich Barbarossa für die neuerrichteten nordelbischen Bistümer[269]. Nur in seltenen Ausnahmen scheint der König die Investitur in einem förmlichen Akt nicht selbst vorgenommen zu haben. So berichtet zum Beispiel die Vita Annos II. von Köln, daß Egilbert, der Erwählte von Minden, den Ring sowie die übrigen Insignien, die vom König übersandt worden seien, angenommen habe[270]. Es wird jedoch nicht mitgeteilt, ob der zuständige Metropolitan, in diesem Fall der Kölner Erzbischof, die Investitursymbole stellvertretend für Heinrich III. vor der Weihe übergeben hat, was jedoch anzunehmen sein wird.

Für die Königin hingegen gibt es keinen Quellenbeleg, der darauf hinweist, daß sie in Stellvertretung des Königs Bischöfe und Äbte investierte, womit die Investitur kirchlicher Amtsträger zu den ganz wenigen Herrschaftsrechten gezählt werden muß, welche die Königin zu Lebzeiten ihres Gemahls wohl nicht ausgeübt hat. Es stellt sich deshalb die Frage, ob dahinter ein grundsätzliches Investiturverbot für die Königin in bezug auf die Hochkirchen steht. Denn im Bereich der Niederkirchen übte sie wie andere Herrscherinnen und adlige Damen auch eigenkirchlich begründete Herrschaftsrechte aus, was die symbolische Übertragung des Eigenklosters oder der Eigenkirche an die jeweiligen kirchlichen Amtsträger einschloß[271].

Besonders aufschlußreich ist dieses bislang in der Forschung nicht diskutierte Investitur-Problem mit Blick auf die Regentin, die für den minderjährigen König alle politischen Entscheidungen traf und dafür auch die Verantwortung trug[272]. Ob die Herrschaftsrechte der Regentin ganz selbstverständlich auch die Investitur von Bischöfen und Äbten einschloß, erscheint vor allem aufgrund des geistlichen Symbolgehalts zumindest fraglich. Denkbar wäre, daß gerade auch im kirchlichen Bereich der Schein der Regierungsfähigkeit des minderjährigen Königs aufrecht erhalten wurde, wie dies an den Urkunden sichtbar wird, die alle im Namen des Kindkönigs ausgestellt wurden. Insofern könnte auch bei der Besetzung von Bistümern und Abteien angenommen werden, daß bei den Regentinnen – Theophanu, Adelheid, Agnes – die politische Verantwortlichkeit lag, die Überreichung der symbolischen Belehnungszeichen aber entweder von den Kindkönigen Otto III. und Heinrich IV. vorgenommen wurde, oder aber stellvertretend für diese vom jeweils zuständigen Metropolitan, was besonders für die vielen, oben bereits aufgezeigten

---

Sp. 478f. – Allgemein zur Investitur als Symbol von Herrschaft, Recht und Repräsentation: Hagen KELLER, Die Investitur. Ein Beitrag zum Problem der ›Staatssymbolik‹ im Hochmittelalter, FMSt 27 (1993) S. 51–86.

269 Weitere Beispiele bei Georg WAITZ, Deutsche Verfassungsgeschichte 7 (^{2}1955) S. 285f

270 … *eo tempore quo Mindonensi praeficiendus aecclesiae annulum et insignia reliqua rege transmittente susceperat* …, Vita Annonis archiepiscopi Coloniensis, ed. Rudolf KOEPKE, in: MGH SS 11, S. 462–518, hier c. 9 S. 487. Vgl. WAITZ, Verfassungsgeschichte 7, S. 283.

271 Zum Hof Quedlinburg, den Heinrich I. seiner Gemahlin, der Königin Mathilde, als Wittum übereignete, gehörte neben mehreren Dörfern auch die Kirche St. Jakob; vgl. DOII. 1 (961 Juli 25 Wallhausen): Schenkungsurkunde auf die Intervention der Königin hin an das Nonnenstift in Quedlinburg. – DHIV. 44 (1058 Oktober 18 Regensburg) enthält die Schenkung der bei der Hainburg von Heinrich III. errichteten und reich ausgestatteten Marienkirche an Kaiserin Agnes zur freien Verfügung; vgl. Reg. Imp. III,3 Nr. 153.

272 Zum Institut der Regentschaft vgl. unten S. 329–332.

Investituren in der Mainzer Kirche zwischen 984 und 994 durch den in die Regierungsverantwortung eingebundenen Erzbischof Willigis zu vermuten wäre.

Für die Zeit der Regentschaft für Otto III. können die Quellen zu diesem Diskussionspunkt allerdings keinen Aufschluß geben. Eine Investiturhandlung wird für keine einzige Bischofserhebung erwähnt. Eindeutiger wird in diesem Punkt scheinbar die Überlieferung für die Regentschaft der Kaiserin Agnes für den minderjährigen Heinrich IV. Als besonders gut bezeugt gelten die Erhebungen Gunthers von Bamberg 1057, Gundekars von Eichstätt 1057, Gebhards von Salzburg 1060 und Siegfrieds von Mainz 1060. Bei allen handelt es sich um Kandidaten der Regentschaftsregierung mit Kaiserin Agnes an der Spitze. Mit Ausnahme Siegfrieds kamen sie als Mitglieder der Hofkapelle aus der unmittelbaren Umgebung der Kaiserin: Gunther und Gebhard als Kanzler, Gundekar als ihr Kapellan. Sie promovierte damit Kleriker ihres Vertrauens auf die ersten freiwerdenden Bischofsstühle.

Die Quellen überliefern jeweils auch Investiturhandlungen. Dabei gilt in der Forschung die ausführliche Berichterstattung über Gundekar von Eichstätt als Exempel einer typischen, aus mehreren zeremonialen Akten bestehenden und mit großen öffentlichen Festen unter Teilnahme einer Vielzahl von Bischöfen gefeierten Bischofserhebung[273]. Weiterhin geht man davon aus, daß die Kaiserin als Regentin nicht nur für die Benennung der Kandidaten die politische Verantwortung trug, sondern auch die Investitur mit Ring und Stab vornahm[274]. Dies bestätigt scheinbar Humbert von Silva Candida in seiner zwischen 1057 und 1059 entstandenen Schrift »Adversus Simoniacos«, in der er unter anderem auch die Tatsache anprangert, daß selbst laikale Frauen Kleriker mit Hirtenstab und Ring mit Bistümern und Abteien bekleiden würden[275]. Diese These läßt sich jedoch an den historiographischen Quellen nicht zweifelsfrei erhärten.

Vielmehr gibt der Bericht im Liber pontificalis Eichstetensis in völlig neutraler Weise die Investitur Gundekars mit dem Ring am 20. August 1057 in Tribur, den Erhalt des Hirtenstabs am 5. Oktober in Speyer, die Inthronisation am 17. Oktober in Eichstätt und schließlich die Weihe am 27. Dezember in Pöhlde wieder: ... *in hanc eandem sedem 13. Kal. Sept. ... anulo investitus; et in 3. Non. Octobris ... virga pastorali ... Spire est honoratus, et in 16. Kal. Nov. in sedem episcopalem Dei gratia inthronizatus. In die autem sancti Iohannis apostoli ... in loco qui dicitur Pfolede ad summum gradum provectus est sacerdotis*[276]. Für die Weihe ist ausdrücklich die Anwesenheit Heinrichs IV. und der Kaiserin Agnes erwähnt, wobei die Kaiserin, so der Berichterstatter, »für den

273 Vgl. etwa Schieffer, Investiturverbot S. 7–10.

274 Schieffer, Investiturverbot S. 13 Anm. 22.

275 ... *cum ipsae quoque laicae feminae, quibus nec loqui in ecclesia permittitur nec dominari in virum, ... pastoralibus baculis et anulis de episcopatibus et abbatiis clericos investiant ...*, Humbert von Silva Candida, Adversus Simoniacos, ed. Friedrich Thaner, in: MGH Ldl 1 (1891) liber III c. 12 S. 212.

276 Gundekar, Liber pontificalis Eichstetensis usque ad a. 1072, ed. L.C. Bethmann, in: MGH SS 7, S. 239–253, hier S. 245f. Darauf basiert der Bericht des Anonymus Haserensis, De gestis episcoporum Eistetensium ab initio usque ad Gundekarum (II) episcopum, ed. Stefan Weinfurter, Die Geschichte der Eichstätter Bischöfe des Anonymus Haserensis. Edition – Übersetzung – Kommentar (Eichstätter Studien N.F. 24, 1987) S. 41–67, hier c. 2 S. 42, c. 41 S. 67. – Vgl. Reg. Imp. III,3 Nrr. 121, 124, 130 mit Literaturangaben.

Kapellan alles Notwendige für seine Weihe so angeordnet habe, wie sie es ihrem Sohn schulden würde«[277].

In gleicher Weise ist auch für Siegfried, den zum Mainzer Erzbischof promovierten Abt von Fulda, bekannt, daß er sich Weihnachten 1059 an den Königshof begab und hier am Tag der Erscheinung des Herrn den Bischofsstab des Mainzer Erzbistums angenommen hat[278]. Wer die Investitur vornahm, wird erneut nicht mitgeteilt[279].

Während also für Gundekar wie auch für Siegfried letztlich unklar bleibt, wer die Investitursymbole überreicht hat, ob Kaiserin Agnes oder Heinrich IV.[280], berichtet die Vita Gebehardi, daß Gebhard nach einstimmiger Wahl durch Klerus und Ministerialität das Erzbistum Salzburg am 11. Juni 1060 in Eschwege erhalten habe, indem ihn König Heinrich mit Ring und Stab investierte[281]. Diesen Eindruck, daß der symbolische Akt der Investitur durch den noch minderjährigen König vorgenommen wurde, vermitteln vordergründig auch die Annales Altahenses. Sie kleiden sowohl die Erhebung Gunthers von Bamberg[282] (1057–1065) wie auch diejenigen Gundekars II. von Eichstätt[283] (1057–1075) und Siegfrieds von Mainz[284] (1060–1084) in

---

277 *Interfuit etiam suae consecrationi dominus eius quartus Heinricus rex et eius mater dilecta Agnes imperatrix augusta, cuncta ad eius ordinationem necessaria disponens pro capellano, quasi deberet pro filio,* Liber pontificalis Eichstetensis S. 246. – Zur Biographie Gundekars: Andreas Bauch, Gundekar II., Bischof von Eichstätt, in: Fränkische Lebensbilder, Bd. 6, hg. von Gerhard Pfeiffer und Alfred Wendehorst (Veröffentlichungen der Gesellschaft für Fränkische Geschichte, Reihe VII A, 1975) S. 1–29.

278 *Sigfridus Fuldensis abbas dominico die natalis Domini de Fulda ad regiam curtem exiens, baculum Mogontini archiepiscopatus feria sexta in epiphania accepit ...,* Marianus Scottus, Chronicon a. 1–1082, ed. G. Waitz, in: MGH SS 5, a. 1082 [1060] S. 558; vgl. Reg. Imp. III,3 Nr. 184.

279 Nach der Bischofserhebung Siegfrieds sandte Kaiserin Agnes ein Schreiben an Papst Nikolaus II. mit der Bitte um Verleihung des Palliums an diesen, was jedoch von den Kardinälen Humbert von Silva Candida und Bonifatius von Albano mit der Begründung abgelehnt wurde, daß gemäß den kirchlichen Vorschriften der Elekt das Pallium persönlich in Rom abholen müsse; so in einem Brief von Petrus Damiani an die Kaiserin, in: Die Briefe des Petrus Damiani, ed. Kurt Reindel, Bd. 2 (MGH Briefe der deutschen Kaiserzeit 4, 1988) Nr. 71 S. 323–325. Vgl. dazu Reg. Imp. III,3 Nrr. 185, 192.

280 Schieffer, Investiturverbot S. 13 und 98, geht in beiden Fällen davon aus, daß Kaiserin Agnes die Investitur vorgenommen hat.

281 *Anno deinde incarnationis Domini 1060, qui sextus sacerdocii ipsius Gebehardi fuerat annus ... concordi et alacri tocius cleri ac ministerialium electione in Salzpurgensem metropolitanum divino nutu est sublimatus, utpote virtutum omnium gratia adornatus. Igitur Deo dignus metropolita Gebehardus tertio Idus Iunii in loco Eschinwanch dicto accepto a rege Heinrico et castae desponsationis sacrosanctae matris ecclesiae anulo et reverendae pastoralitatis baculo, sanctae Iuvavensis ecclesiae sedi ab Adalberone Wirzpurgensi episcopo 12. Kalend. Augusti iuxta sancita canonum intronizatur,* Vita Gebehardi archiepiscopi auctore monacho Admuntensi, ed. W. Wattenbach, in: MGH SS 11, c. 1 S. 35.

282 *Insequente quadragesima Adalbero episcopus Pabenpergensis hac exutus est vita, quam sedem rex in festivitate pascali apud Wangionum tradidit venerabili Guntherio, eiusdem congregationis canonico, sed tunc temporis cancellario Italico, qui mox, ut potestatem suscepit, statim etiam ipso die sancti pascae benedictionem cum magna gloria accipere promeruit,* Annales Altahenses a. 1057, S. 54; vgl. Reg. Imp. III,3 Nr. 94.

283 *Episcopatum autem Eichstatensem, quem dominus papa habuit, rex Gunzoni capellano suo tradidit,* Annales Altahenses a. 1057, S. 54. Irrtümlich wird Gundekar hier als Kapellan des Königs bezeichnet. – Papst Viktor II. hatte sein Bistum bis zu seinem Tod am 28. Juli 1057 in Arezzo behalten; vgl. dazu Werner Goez, Papa qui et episcopus. Zum Selbstverständnis des Reformpapsttums im 11. Jahrhundert, AHP 8 (1970) S. 27–59; Helmut Beumann, Reformpäpste als Reichsbischöfe in der Zeit Heinrichs III. Ein Beitrag zur Geschichte des ottonisch-salischen Reichskirchensystems, in: Festschrift Friedrich Hausmann, hg. von Herwig Ebner (1977) S. 21–37.

die Formulierung, daß der König, also Heinrich IV., die jeweiligen Bistümer übergeben habe: *rex … tradidit.*

Ob jedoch der ansonsten in seinen Informationen äußerst zuverlässige Altaicher Annalist wörtlich zu verstehen ist, erscheint fraglich, zumal er für die Erhebung des Kanzlers Gebhard zum Erzbischof von Salzburg nur die auch in der Vita mitgeteilte Wahl erwähnt[285], nicht aber die Übergabe der Investitursymbole durch Heinrich IV., wie sie der Biograph beschreibt. Dies läßt auf eine selektive und pauschal das Faktum wiedergebende Berichterstattung schließen, die für die Investiturpraxis in der Zeit der Regentschaft der Kaiserin Agnes keine eindeutigen Aufschlüsse zu geben vermag. Auch alle weiteren, bislang noch nicht angesprochenen Bischofserhebungen, die in der Zeit der uneingeschränkten Regentschaft der Kaiserin Agnes bis zum Attentat von Kaiserswerth Ende April 1062 notwendig geworden sind, vermitteln keine neuen Kenntnisse zur Investiturpraxis. Neben der Besetzung des Halberstädter Bischofsstuhl durch den mit Erzbischof Anno II. von Köln verwandten Burchard, Propst des Stiftes St. Simon und Judas in Goslar[286], betraf dies die Bistümer Speyer und Regensburg. Ersteres erhielt 1060 Einhard, Propst an der Augsburger Domkirche[287], letzteres zu Beginn des Jahres 1061 der Bamberger Domkanoniker Otto[288].

Alles in allem ist Kaiserin Agnes in den historiographischen Quellen zu den Bischofserhebungen in der Zeit ihrer Regentschaft wenig präsent. Deutlich wird dennoch, daß die meisten Promotionen ihr vertrauten Persönlichkeiten galten und die jeweiligen Entscheidungen darüber auf sie zurückgeführt werden können.

Problematisch erscheint hingegen die Investiturpraxis. Den Quellen zufolge kann nicht als selbstverständlich vorausgesetzt werden, daß auch die Investitur mit den geistlichen Symbolen von Ring und Stab durch Kaiserin Agnes vorgenommen wurde. Vielmehr steht dem der durchaus glaubwürdige Bericht in der Vita Gebehardi entgegen, der eindeutig die Investiturhandlung dem noch minderjährigen König zuschreibt. Angesichts der Tatsache, daß auch die Urkunden in seinem Namen ausgestellt wurden und er im Königsgericht sowie auf Hoftagen den offiziellen Vorsitz führte, könnte man auch bei der Bischofswahl die These wahrscheinlich machen, daß die politische Entscheidung bei der Regentin lag, während die symbolische und öffentliche Rechtshandlung der minderjährige König vollzog, für den die Fiktion seiner Regierung offiziell aufrechterhalten wurde.

Die Tatsache, daß es für keine Königin einen quellenmäßigen Beleg für eine Investiturhandlung gibt, legt die Vermutung nahe, daß sich auch hinter den neutral gehaltenen Formulierungen in den Berichten über die Erhebungen Gundekars von Eichstätt und Siegfrieds von Mainz nicht die Investitur durch die Kaiserin verbirgt.

---

284 *Sacrum epiphania Ottingun celebravit, ac Sigifrido abbati Fuldensi archipraesulatum Magontiae tradidit*, Annales Altahenses a. 1060, S. 55.

285 *Piae memoriae Baldwinus Iuvavensis archipraesul est defunctus, pro quo eligitur Gebehardus cancellarius*, Annales Altahenses a. 1060, S. 55.

286 *Incarnationem Domini rex Frisingun egit, episcopatum Halberstatensem Purchardo dedit*, Annales Altahenses a. 1060, S. 55; Reg. Imp. III,3 Nr. 182.

287 *Hac aestate Chuonradus episcopus Nemidonensis obiit, cui Einhart successit*, Annales Altahenses a. 1060, S. 55; Reg. Imp. III,3 Nr. 205.

288 *Gebehardus episcopus Ratisbonensis obiit, succedit Oto canonicus Babenbergensis*, Annales Altahenses a. 1060, S. 57; Reg. Imp. III,3 Nr. 208.

Dem steht nur das argumentum e silentio sowie der Vorwurf Humberts von Silva Candida entgegen, der die Investiturpraxis mit Ring und Stab durch Frauen anprangert. Sein allgemein formulierter Vorwurf läßt sich zwar nicht auf Kaiserin Agnes einengen, dennoch kann auch nicht ausgeschlossen werden, daß die Kritik Humberts nicht doch ihr galt, zumal er während der Regentschaft der Kaiserin zweimal nach Deutschland gereist war. Zum anderen könnte Humbert aber auch Zustände in Frankreich gemeint haben, wo es keine königliche Kirchenhoheit über Bistümer und Abteien gab, sondern diese sich in der Hand von Eigenkirchenherrn und -herrinnen befanden.

Letztlich läßt sich die nicht auf eindeutige Beweise gründbare und nur durch Pro- und Contra-Argumente abwägbare Diskussion nicht mit einem befriedigenden Ergebnis beenden. Die meist nur sehr allgemein gehaltenen, wenig konkreten Quellen geben der Spekulation Raum, daß Regentinnen, wobei hier nicht nur an Agnes zu denken ist, sondern auch Theophanu und Adelheid einzubeziehen sind, über ihren Einfluß auf die Kandidatenwahl hinaus auch die symbolische Investitur mit dem Bistum jeweils selbst vorgenommen haben könnten. Das Zeugnis Humberts verstärkt diesen Eindruck durchaus[289]. Andererseits deuten die angeführten Quellenbelege darauf hin, daß der Kindkönig die offizielle Belehnung mit einem kirchlichen Amt durch Übergabe von Stab (und Ring) in Szene gesetzt hat. Denn trotz seiner Minderjährigkeit war er gewählter und gesalbter König und galt den Zeitgenossen auch in der Zeit der Regentschaft offiziell als Reichsoberhaupt.

In der Konsequenz muß damit die Frage offen bleiben, wer in Zeiten der Regentschaft die Investitursymbole an den jeweiligen erwählten Bischof aushändigte, die Regentin oder aber der Kindkönig. Beides erscheint prinzipiell möglich. Beides könnte somit auch abwechselnd praktiziert worden sein.

Bistumsgründungen

Magdeburg und Bamberg – Dotalgut der Königin

Die Kirchengründungen Ottos I. und Heinrichs II. in Magdeburg und Bamberg erfolgten auf den bei der Eheschließung ihren Gemahlinnen Edgith und Kunigunde zugestandenen Dotalgütern.

Das 968, mehr als 20 Jahre nach dem Tod Edgiths, errichtete Erzbistum Magdeburg, dessen durch mancherlei Widerstände geprägte Gründungsgeschichte hier nicht darzustellen ist[290], geht auf das am 21. September 937 gestiftete Benediktinerkloster St. Mauritius zurück[291]. Die »Hauptinitiative« dabei wird in der Forschung Königin Edgith zugeschrieben[292].

289 Zur Einstellung kirchlicher Autoren gegenüber Frauen im Hochmittelalter: Matthäus Bernhards, Die Frau in der Welt und die Kirche während des 11. Jahrhunderts, Sacris Erudiri 20 (1971) S. 39–100, zu dem hier diskutierten Problem S. 77f.

290 Claude, Magdeburg S. 63–113; Odilo Engels, Die Gründung der Kirchenprovinz Magdeburg und die Ravennater »Synode« von 968, Annuarium Historiae Conciliorum 7 (1975) S. 136–158; einen knappen Abriß der Entwicklung von Stadt und Erzbistum geben H. Brachmann und M. Kintzinger, in: LexMA 6 (1993) Sp. 71–77.

291 Zur Gründungsgeschichte des Moritzklosters: Claude, Magdeburg S. 17–62.

292 Glocker, Verwandte der Ottonen S. 21; Fried, Weg in die Geschichte S. 515.

Neben der Tatsache, daß Magdeburg – gemäß der Stiftungsurkunde Ottos I. – zur Dos der Königin gehörte[293], basiert diese Einschätzung auf einer Mitteilung Thietmars von Merseburg. Ihm zufolge habe der König auf Veranlassung *(instinctu)* der Königin damit begonnen, *Magadaburgiensem aedificare … civitatem.* Dann habe er dorthin die Reliquien des Martyrers Innocenz überführen lassen. Erklärend fügte Thietmar hinzu, daß Otto die Burg um die Gnade des ewigen Lohns und zum Heil des gemeinsamen Vaterlandes erworben und erbaut habe, wobei ihn Edgith unterstützt habe, soweit sie es vermochte[294]. Wenn der Merseburger Bischof eher allgemein von einem durch Edgith forcierten Ausbau des Magdeburger Burgbezirks zu reden scheint, so schreibt er aus seinem Verständnis des frühen 11. Jahrhunderts, als der Burgbezirk wie die Handelssiedlung bereits seit langem unter bischöflicher Herrschaft standen. Die Unterstützung der Königin kann somit auf den Ausbau des weltlichen wie kirchlichen Bereichs bezogen werden. Neben der Pfalz schloß das das Mauritiuskloster ein. Erst die ins 12. Jahrhundert zu datierenden Annales Magdeburgenses sprechen dezidiert von der Gründung der königlichen Abtei durch Otto I. *instinctu et peticione pie coniugis suae Edith regine*[295].

Die einzigen zeitgenössischen Quellen bleiben hingegen die Stiftungs- und Ausstattungsurkunden für das Mauritiuskloster[296]. Über die Rolle der Königin bei der Gründung geben sie allerdings keine weiteren Aufschlüsse. Ihr Name wird nur in der Memorialformel mit dem Zusatz genannt, daß der Ort ihre Morgengabe gewesen sei. Neben Edgith gedachte man in der Seelheilformel auch Heinrichs I., Ottos I., ihrer Nachkommen und derjenigen, mit denen man sich im Gebetsgedächtnis verbunden hatte, sowie des Königs Rudolf II. von Burgund, weil er die Martyrerreliquien für Magdeburg geschenkt hatte:

> *… ob memoriam patris nostri et pro remedio ipsius animae nostrique et coniugis nostrae, cuius et praedictus locus dos fuit, et prolis nostrae omniumque debitorum nostrorum nec non et Ruodolfi regis, qui nobis sanctum transmisit Innocentium …*[297].

Nach ihrem Tod am 26. Januar 946 wurde Edgith in der nördlichen Kapelle der Hauptkirche bestattet[298]; hier entwickelte sich auch ein lokaler Heiligenkult[299].

---

293 Zur »politischen Bedeutung« der Übertragung Magdeburgs vgl. Claude, Magdeburg S. 20f.

294 … *Cuius instinctu* (= Edgith) *Magadaburgiensem aedificare cepit civitatem, ad quam reliquiias Christi martyris Innocentii cum magno adduxit honore. Nam urbem hanc ob eternae remunerationis gratiam patriaeque communis salutem et acquisivit atque construxit. Iuvit eum ad hoc beatae Edith memoriae, quibuscumque potuit,* Thietmar von Merseburg, Chronicon II 3 (2) S. 40.

295 Annales Magdeburgenses a. 938, ed. G.H. Pertz, in: MGH SS 16, S. 143.

296 Vgl. Claude, Magdeburg S. 45–57.

297 DOI. 14 (937 Sept. 21 Magdeburg). Inhaltlich identisch ist die Memorialfomel in DOI. 15 vom 27. September mit der Übereignung von Zoll und Immunität. In den weiteren Schenkungsurkunden für das Moritzkloster wird Edgith nicht mehr so oft in die Memorialformel aufgenommen; vgl. DOI. 16 (937 Okt. 11), DOI. 37 (941 Apr. 23), DOI. 38 (–), DOI. 41 (941 Aug. 6), DOI. 43 (941 Dez. 5) etc.

298 … *obiit XI° anno, VII. Kal. Febr. … sepultaque est in civitate prefata in maiori aecclesia, in oratorio aquilonari,* Thietmar von Merseburg, Chronicon II 3 (2) S. 42; dazu Claude, Magdeburg S. 42 und Joachim Ehlers, Magdeburg – Rom – Aachen – Bamberg. Grablege des Königs und Herrschaftsverständnis in ottonischer Zeit, in: Otto III. – Heinrich II. Eine Wende?, hg. von Bernd Schneidmüller und Stefan Weinfurter (Mittelalter-Forschungen 1, 1997) S. 47–76, hier S. 49–55. – Zur Baugeschichte vgl. den von Ernst Ullmann hg. Sammelband: Der Magdeburger Dom – ottonische Gründung und staufischer Neubau. Bericht über ein wissenschaftliches Symposion in

Anders als Otto I. konnte Heinrich II. seine Bistumsgründung in Bamberg 1007 innerhalb weniger Jahre durchsetzen. Durch eine Schenkung Ottos II. an Heinrich den Zänker war Bamberg 973[300] in den Besitz der bayerischen Liudolfinger übergegangen. Schon als Kind habe Heinrich II. – so der »Augenzeuge« Thietmar von Merseburg – diesen Ort über alles geliebt und bei seiner Eheschließung seiner Gemahlin Kunigunde als Morgengabe übertragen[301]. Nachdem er aber, so Thietmar fortfahrend, die Königsherrschaft erlangt hatte, habe er insgeheim geplant, dort ein Bistum zu errichten. Er begann deshalb mit dem Bau einer neuen Kirche mit zwei Krypten[302].

Die vor allem durch Verhandlungen mit dem Würzburger Bischof Heinrich[303] einerseits sowie mit der Königin und des Königs Bruder, Bischof Brun von Augsburg[304], andererseits geprägte Phase der Entscheidungsfindung erlangte ihren offiziellen Abschluß auf der Synode von Frankfurt am 1. November 1007. Unter dem Vorsitz des Mainzer Erzbischofs Willigis und in Anwesenheit des Herrscherpaars sowie einer großen Zahl von deutschen, burgundischen, ungarischen und italischen

---

Magdeburg vom 7.10. bis 11.10.1986 (Schriftenreihe der Kommission bei der Braunschweigischen Wissenschaftlichen Gesellschaft 5, 1989); neuerdings Ernst SCHUBERT, Imperiale Spolien im Magdeburger Dom, in: Herrschaftsrepräsentation im ottonischen Sachsen, hg. von Gerd ALTHOFF und Ernst SCHUBERT (VuF 46, 1998) S. 9–32.

299 Vgl. Patrick CORBET, Les saints ottoniens. Sainteté dynastique, sainteté royale et sainteté féminine autour de l'an Mil (Beihefte der Francia 15, 1986) S. 46–50; Gunther WOLF, »Sanctae feminae venerabiles« der Ottonen, ZKG 106 (1995) S. 222–230; FRIED, Weg in die Geschichte S. 515f.

300 DOII. 44 (973 Juni 27 Worms): *ob interventum dilectissimae genitricis nostrae Adalheide*; Reg. Imp. II,2 Nr. 622.

301 *Rex a puero quandam suimet civitatem Bavanberg nomine, in orientali Francia sitam, unice dilectam pre caeteris excoluit et uxore ducta eandem ei in dotem dedit*, Thietmar von Merseburg, Chronicon VI 30, S. 310. Das Datum der Heirat ist nicht überliefert, es wird von der Forschung zwischen 996/97 und 1000 angenommen: die frühe Datierung bei GEBSER, Kaiserin Kunigunde S. 7f.; GUTTENBERG, Regesten Bamberg Nr. 11 S. 8f. und B. SCHIMMELPFENNIG, Art. Bamberg I. Stadt, in: LexMA 1 (1980) Sp. 1394–1396, hier Sp. 1394. Die wohl weniger wahrscheinliche späte Datierung 998/1000 u. a. bei Mathilde UHLIRZ, Die ersten Grafen von Luxemburg, DA 12 (1956) S. 36–51, hier S. 48 und A. WENDEHORST, Art. Kunigunde, in: LexMA 5 (1991) Sp. 1570f.

302 *Postquam autem ad regni curam divina miseratione promovetur, semper tacita mente ibidem episcopatum construere gestit. Sed quia, ut Flaccus testatur, dimidium facti, qui cepit, habet, novam ibi inchoat aecclesiam cum criptis duabus et perficit*, Thietmar von Merseburg, Chronicon VI 30, S. 310. – Zur Forschungsdiskussion über die privat-religiöse, missionspolitische und machtpolitische Motivation Heinrichs II., in Bamberg ein Bistum zu errichten, vgl. GUTTENBERG, Regesten S. 20f.; Rudolf ENDRES, Das Slawenmotiv bei der Gründung des Bistums Bamberg, Berichte des Historischen Vereins für die Pflege der Geschichte des ehemaligen Fürstbistums Bamberg 109 (1973) S. 161–182; WOLTER, Synoden S. 231–234; Hartmut HOFFMANN, Mönchskönig und *rex idiota*. Studien zur Kirchenpolitik Heinrichs II. und Konrads II. (MGH Studien und Texte 8, 1993) S. 85–101; EHLERS, Magdeburg S. 61–71.

303 GUTTENBERG Nrr. 19/20/25/26/31; Reg. Imp. II, 4 Nr. 1641a + b; WOLTER, Synoden S. 234f.; Ernst Dieter HEHL, Der widerspenstige Bischof. Bischöfliche Zustimmung und bischöflicher Protest in der ottonischen Reichskirche, in: Herrschaftsrepräsentation (1998) S. 295–344, bes. S. 342–344.

304 Dies geht aus der auf der Frankfurter Synode gehaltenen und bei Thietmar von Merseburg, Chronicon VI 31, S. 312 wiedergegebenen Rede Heinrichs II. hervor, mit der er beim Reichsepiskopat um die Zustimmung zur Bistumsgründung geworben und unter anderem das Einverständnis der Königin und Bruns von Augsburg betont haben soll: *Ad haec firmiter constituenda contectalis meae presentis et unici fratris et coheredis mei larga benignitas asspirat, et sibi placita adimplecione hiis me eadem restituere uterque pro certo sciat.*

Bischöfen wurde die Bistumsgründung einstimmig beschlossen[305]. Der Kanzler Eberhard wurde zum ersten Bischof erhoben und noch am selben Tag von Erzbischof Willigis geweiht[306].

Trotz seiner positiven Entscheidung zugunsten des Bistumsplans auf der vorbereitenden Mainzer Kirchenversammlung vom 25. Mai 1007[307] suchte der Würzburger Bischof die Frankfurter Synode zu boykottieren, indem er nicht dorthin reiste[308], sondern lediglich seinen Kaplan Berengar schickte[309]. Der Plan ging jedoch nicht auf. Die Synode trat zusammen und es nahmen an ihr neben Brun von Augsburg auch Königin Kunigunde teil. Beide mußten aufgrund von Erb- und Eigentumsrechten ihr Einverständnis zur Realisierung des Bistumsplans geben. Dies bezeugt Thietmar[310].

Darüber hinaus lassen die Quellen den sich am Bamberger Projekt entzündenden Konflikt mit Heinrich von Würzburg deutlich erkennen. Er resultierte möglicherweise aus einem ihm gegebenen Versprechen auf die Metropolitanwürde, die aber nicht durchsetzbar war. Über die Einstellung und Haltung Kunigundes hingegen können kaum klare Schlüsse gezogen werden. Die Berichte über Idee und Realisierung sind allein auf die Person Heinrichs II. fixiert. Sie enthalten keine Hinweise darüber, ob Kunigunde dem Unternehmen eher positiv gegenüberstand und von daher die Abtretung ihrer Dotalrechte in Bamberg leichten Herzens akzeptierte oder ob sie skeptisch und ablehnend reagiert hat. Letzteres betonte Anna Gebser. Ihr zufolge habe sich die Königin von ihren Brüdern beeinflussen lassen, die bei andauernder Kinderlosigkeit des Herrscherpaares auf das Erbe hoffen konnten. Kunigunde habe deshalb anfänglich den Gründungsplan abgelehnt, dann aber doch – eher widerwillig – auf ihren Dotalbesitz verzichten müssen. Zum Zeitpunkt der Frankfurter Synode seien die Vereinbarungen zwischen ihr und dem König auch »noch nicht zum Abschluss gelangt«, was ihre Anwesenheit in Frankfurt erkläre. Ein starker Rückgang ihrer Interventionstätigkeit im Jahr der Gründung und den darauf-

---

305 Der ausführlichste historiographische Bericht bei Thietmar von Merseburg, Chronicon VI 30–32, S. 310/12; vgl. GUTTENBERG Nr. 33; Reg. Imp. II, 4 Nr. 1645a; WOLTER, Synoden S. 237–241. – Abdruck des von den anwesenden Bischöfen unterschriebenen Synodalprotokolls: MGH Const.1, Nr. 29 S. 59–61; DHII. 143; vgl. GUTTENBERG Nr. 34; Reg. Imp. II, 4 Nr. 1646.

306 … *Everhardo tunc cancellario cura pastoralis a rege committitur, et hic a prefato archipresule eodem die consecratur*, Thietmar von Merseburg, Chronicon VI 32, S. 312. – Zu Eberhard als erstem Bischof von Bamberg (1007–1040): GUTTENBERG S. 23–98.

307 GUTTENBERG Nr. 26; Reg. Imp. II, 4 Nr. 1641b; WOLTER, Synoden S. 235–237.

308 *Episcopatum in Bavanberge cum licencia antistis mei facere hactenus concupivi et hodie iustum hoc perficere volo desiderium. Ob hoc serenissimam vestrimet interpello pietatem, ne absencia eius, qui apud me voluit obtinere, quod mihi non licuit huic concedere, propositum voluntatis meae queat impedire, cum in baculo eius mutuae confirmacionis signo clarescat, hunc non propter Deum, sed ob dignitatis nullatenus adipiscendae dolorem fugisse. Moveat omnium corda presentium, quod per ambitionem suam sanctae matris aecclesiae augmentum anullare cum nuigerula legatione presumit*, aus der Rede Heinrichs II. bei Thietmar von Merseburg, Chronicon VI 31, S. 312.

309 *Finitis talibus alloquiis, Beringerus, antistitis Heinrici capellanus, surrexit, propter timorem regis seniorem suum huc non venisse et detrimentum aecclesiae sibi a Deo commissae in aliquo fieri numquam laudasse testatus, et obsecrat cunctos presentes per Christi amorem, ne talia fieri absente eo futurum sibi in exemplum paterentur*, Thietmar von Merseburg, Chronicon VI 32, S. 312.

310 Quellenbeleg oben in Anm. 304.

folgenden Jahren spiegle zudem »ein Nachlassen ihres guten Einvernehmens mit dem Gemahl« wider[311].

Diese Einschätzung basiert jedoch auf mehreren unbegründeten Hypothesen und hält der Quellenlage nicht stand. Denn die Frankfurter Synode führte den Beschluß des Reichsepiskopats zur Gründung des Bistums Bamberg herbei, nachdem die Zustimmung des Papstes[312] und der Fürsten[313] bereits vorlag. Die Anwesenheit der Königin kann dabei nicht auf die Annahme reduziert werden, daß der Vermögensausgleich mit ihr noch nicht zum Abschluß gekommen sei. Gebser räumt ein, daß die Verhandlungen mit Kunigunde »völlig privatrechtlicher Natur« gewesen und deshalb auch nicht im Synodalprotokoll genannt worden seien[314]. Die Teilnahme Kunigundes dürfte jedoch eine viel größere Tragweite besessen haben als lediglich die bei Thietmar angesprochene, noch nicht endgültig geklärte vermögensrechtliche Situation der Königin wie auch des Bischofs von Augsburg. Zudem wurde ins Synodalprotokoll keines der vielen, für die Bistumsgründung notwendigen Tauschgeschäfte aufgenommen. Konkrete Einzelabmachungen sind wohl nicht Gegenstand der Tagesordnung gewesen. Vielmehr ging es in Frankfurt darum, einen offiziellen und endgültigen Beschluß herbeizuführen. Wie wichtig dieser für Heinrich war, zeigt sich nicht zuletzt daran, daß er sich immer dann, wenn er ein abweichendes Votum befürchten mußte, demütig zu Boden warf, und auf diese Weise seinen Plänen zur Durchsetzung verhalf[315]. Wenn also die Königin an der Kirchenversammlung teilnahm, dann konnte das nur bedeuten, daß sie vor den Bischöfen offiziell ihren Verzicht auf ihre Dotalgüter bekundete, während Heinrich II. ihr eine entsprechende Entschädigung öffentlich zubilligte. Dies setzt voraus, daß Kunigunde gegenüber dem Bistumsplan keine grundsätzlich ablehnende Haltung einnahm, die sich auch sonst aus den Quellen nicht herauslesen läßt. Entgegen der auf der spekulativen These einer negativen Beeinflussung durch ihre Brüder[316] basierenden

---

311 Gebser, Kaiserin Kunigunde S. 31–36, Zitat S. 32.

312 Guttenberg Nr. 27/28/29/30.

313 Guttenberg Nr. 32.

314 Gebser, Kaiserin Kunigunde S. 32.

315 *Inter haec quocies rex anxiam iudicum sententiam nutare prospexit, toties prostratus humiliatur*, Thietmar von Merseburg, Chronicon VI 32, S. 312. Vgl. dazu Gerd Althoff, Demonstration und Inszenierung. Spielregeln der Kommunikation in mittelalterlicher Öffentlichkeit, FMSt 27 (1993) S. 27–50, bes. S. 47.

316 Die These basiert auf dem allerdings erst 100 Jahre später schreibenden Sigebert von Gembloux, demzufolge die Rebellion Dietrichs von Metz gegen Heinrich II. aus der Vergabe der Dotalgüter seiner Schwester Kunigunde an das Bistum Bamberg resultierte: *Heinricus imperator Babenbergensem aecclesiam episcopalis sedis honore sublimat, et quia liberis carebat, eam omnium suarum rerum heredem faciat. Unde Deodericus Mettensium episcopus, dolens dotem et patrimonium sororis suae Cunigundis imperatricis delegari ab imperatore aecclesiae Babenbergensi, rebellat*, Chronicon a. 1004, ed. L. C. Bethmann, in: MGH SS 6, S. 354. Diesem in seiner Glaubwürdigkeit schwer einzuschätzenden Quellenbeleg ist aufgrund des Machtstrebens der Luxemburger Grafenfamilie und der Tatsache, daß Dietrich von Metz 1007 zwar an der Mainzer Synode, nicht aber an der Frankfurter Synode teilgenommen hat, eine gewisse Plausibilität nicht abzusprechen. Denn mit der Schenkung der Dos Kunigundes an die Bamberger Kirche waren den Luxemburgern beim kinderlosen Tod der Königin jegliche Erbansprüche genommen. Aus dieser möglichen Opposition der Brüder resultiert aber nicht zwingend eine Ablehnung der Bistumsgründung durch Kunigunde selbst, so daß es ein Trugschluß wäre, daraus eine Interessenkoalition der Königin und ihrer Brüder gegen den König und seine Bistumspläne zu konstruieren. Denn die Versorgung Kunigundes im Fall einer Witwenschaft war insofern kein Problem, da ihr ein umfangreiches

Interpretation Gebsers ist vielmehr davon auszugehen, daß die Teilnahme an der Frankfurter Kirchenversammlung offiziell das Einverständnis der Königin signalisieren sollte. Ihre Verzichtserklärung über den Ort Bamberg hingegen muß als die Grundbedingung für die Errichtung des Bistums schlechthin angesehen werden. Neben Brun von Augsburg habe sie – so Thietmar – bei ihren Gebietszugeständnissen *larga benignitas* bewiesen und damit das Bistum auf eine sichere materielle Grundlage gestellt, wofür sie sich entsprechender Entschädigung gewiß sein konnte[317].

Neben der Chronik Thietmars von Merseburg als der wichtigsten Quelle, die neben der Teilnahme Kunigundes auf der Synode auch als einzige die Nachricht über ihre Dotierung mit Bamberg berichtet, werden die Unsicherheiten in der Beurteilung ihres Standpunktes vor allem durch die urkundlichen Zeugnisse verursacht, die in ihrer Datierung als strittig gelten müssen. Denn unter den insgesamt 27 im Original erhaltenen, auf den 1. November 1007 ausgestellten Schenkungsurkunden, die in ihren inneren und äußeren Merkmalen zu untereinander abhängigen Gruppen gebündelt werden können[318], wird die Zustimmung der Königin zur Bistumsgründung in nur zwei Diplomen genannt. Beide betreffen Güter in Franken – den Gau Volkfeld in der Grafschaft Dietmars[319] und den Ort Forchheim in der Grafschaft Adalberts[320].

Doch bei letzterer, der Schenkungsurkunde über Forchheim, die Kunigundes Zustimmung zur Gründung neben derjenigen der Fürsten benennt[321], handelt es sich um ein Erzeugnis, dessen zweiter Teil wahrscheinlich 1021, dessen erster Teil mit dem Namen der Königin nicht vor dem 26. Oktober 1017 entstanden sein dürfte[322], weshalb die Urkunde als Quelle für die Gründungsjahre auszuschließen ist. Unter der Vielzahl von Urkunden für Bamberg befinden sich nur noch zwei weitere des Jahres 1021, die in analoger Form die Errichtung des Bistums in Übereinstimmung mit Kunigunde und den Reichsfürsten darstellen[323]. Sehr viel schwieriger einzuschätzen ist demgegenüber das Diplom über den Gau Volkfeld, das nicht ganz

---

Wittum aus Reichsgut zustand und von Heinrich II. auf der Synode auch offiziell versprochen wurde. Da die Quellen nichts von einer kritischen Einstellung Kunigundes gegenüber dem Bamberger Projekt verlauten, bleibt die These von der Krise zwischen dem Herrscherpaar ein Konstrukt moderner Forschung. – Zur Einschätzung Sigeberts vgl. etwa GUTTENBERG Nr. 90 S. 47 und WOLTER, Synoden S. 242.

317 Quellenbeleg in Anm. 304.

318 DHII. 144–170; GUTTENBERG S. 25–37; Reg. Imp. II, 4 Nr. 1647–1676.

319 DHII. 168; GUTTENBERG Nr. 37; Reg. Imp. II, 4 Nr. 1674.

320 DHII. 170; GUTTENBERG Nr. 38; Reg. Imp. II, 4 Nr. 1676.

321 DHII. 170: *Notum sit omnibus sancte dei aecclesie fidelibus presentibus scilicet et futuris, qualiter nos divine retributionis spe quendam nostre proprietatis locum Babenberc dictum ad honorem dei omnipotentis et sancte Marie matris domini nostri Iesu Christi sanctorumque apostolorum Petri et Pauli et omnium sanctorum, consentiente dilectisima conguge nostra Cvnigunda et omnium regni nostri principum, in culmen et sedem episcopatus proveximus ...* – DHII. 169 enthält die Schenkung der 14 zu Forchheim gehörigen Orte; Kunigunde und die Fürsten werden aber nicht erwähnt.

322 Vgl. die Vorbemerkung der Herausgeber in: MGH DD 3, S. 200 sowie die diplomatischen Untersuchungen der Urkunde durch Julius FICKER, Neue Beiträge zur Urkundenlehre III. Das Aufkommen des Titels Romanorum Rex, MIÖG 6 (1885) S. 225–253.

323 DHII. 456 (1021 Nov. 13 Augsburg): *qualiter nos ... quendam nostre proprietatis locum Bavenberc dictum ... consentiente dilectissima conguge nostra Chvnigunda et omnium regni nostri principum, in culmen et sedem episcopatus proveximus ...;* damit identisch die Formulierung in DHII. 457 vom selben Tag.

so einfach als spätes Schriftstück abgetan werden kann[324]. Auf einer am 6. Mai 1007 für die Kirche zu Bamberg[325] ausgefertigen Schenkung basierend, ist das Diplom im Wortlaut von zwei anderen am 1. November ausgestellten Urkunden abhängig[326]. Gemäß dem allgemeinen Schema der Gründungsurkunden werden auch hier alle an der Bistumsgründung beteiligten Entscheidungsträger benannt und diesen zusätzlich der Name der Königin vorangestellt: Demzufolge sei der Ort Bamberg zu einem Bistum erhöht worden mit Zustimmung und auf Bitte der Königin Kunigunde, mit römischer Genehmigung, mit dem Einverständnis Bischof Heinrichs von Würzburg – was auf dessen im Mai in Mainz gegebene Zusage zu beziehen ist – sowie mit dem Ratschluß der geistlichen und weltlichen Großen des Reichs. Dem folgt eine Memorialformel, die Heinrich II., seine Eltern, Königin Kunigunde und seinen Vorgänger im Königsamt, Otto III., einschließt[327].

Die Datierungsunsicherheit ergibt sich nicht aufgrund äußerer Merkmale, zumal auch der Schreiber der Urkunde an den übrigen Gründungsurkunden mitgearbeitet hat[328], sondern resultiert aus der sonst in keiner Urkunde anzutreffenden zweifachen Nennung der Königin in der Arenga, darüber hinaus aus der Bezeichnung Eberhards als Bischof und Kanzler in der Rekognition, während er sonst nur als Kanzler gegengezeichnet hatte. Da der Schreiber dieser Schenkung als ein »zur Aushilfe herbeigezogener Schreiber«[329] mit weiteren Gründungsurkunden beauftragt wurde, ist es nach Bresslau aber auch vorstellbar, daß die oben genannten Unterschiede als Neuerungen bereits 1007 vorgenommen wurden[330]. Zudem erscheint eine auf die Datierung der Urkunde bezogene Argumentation mit den in der Rekognition verwandten Ämterbezeichnungen Eberhards als problematisch, da diese auch noch 1008 variierten und der Bamberger Bischof oft genug nur als *Eberhardus cancellarius* die Urkunden rekognoszierte[331]. Königin Kunigunde hingegen intervenierte in den Schenkungsurkunden für Bamberg seit Mai 1009 regelmäßig[332], er-

---

324 So Gebser, Kaiserin Kunigunde S. 33.

325 DHII. 135 (1007 Mai 6 Bamberg); Guttenberg Nr. 21; Reg. Imp. II, 4 Nr. 1638. Strittig ist, ob es sich lediglich um eine Erneuerung der Schenkung oder, so Guttenberg, um eine Ergänzung handelt.

326 So von DHII. 154 und 164.

327 *Quapropter nos dominicis non surdum auditum prebentes preceptis et deificis obtemperando intendentes suasionibus quendam nostrae paterne hereditatis locum Babenberc dictum, consentiente atque rogante dilectissima coniuge nostra Chunigunda videlicet regina, in sedem et culmen episcobatus sublimando proveximus et Romana auctoritate atque venerabilis Heinrici Vuirziburgensis episcopi consensu ac pari communique omnium nostri fidelium tam archiepiscoporum quam episcoporum abbatumque nec non ducum et comitum consultu decretoque in honorem sanctae genitricis Marie sanctorumque apostolorum Petri et Pauli nec non martirum Kiliani atque Georii stabilivimus et corroboravimus, ut et inibi nostrum parentumque nostrorum et amantissime contectalis nostre Chvnigunde videlicet regine nec non et Ottonis tertii imperatoris antecessoris et senioris nostri celebre haberetur memoriale et iugis pro omnibus ortodoxis hostia mactaretur salutaris* …, DHII. 168 (S. 198). Vgl. Guttenberg Nr. 37; Reg. Imp. II, 4 Nr. 1674.

328 Vgl. die Vorbemerkung der Herausgeber in: MGH DD 3, S. 198.

329 Vorbemerkung zu DHII. 160, in: MGH DD 3, S. 190.

330 Vorbemerkung zu DHII. 168, in: MGH DD 3, S. 198.

331 So z. B. DHII. 176 (1008 Mai 11 Tribur) für Worms; DHII. 181 (1008 Mai 19 Mainz) für Bamberg; DHII. 182 (1008 Mai 24 Ingelheim) Schenkungsurkunde über den Hof Kassel für Königin Kunigunde etc.; zu Eberhard als Kanzler vgl. Fleckenstein, Hofkapelle 2 S. 167–172 passim.

332 So in DHII. 195 (1009 Mai 25 Allstedt) … *quia nos per interventum nostrae dilectissime coniugis Chunigundae reginae … concedimus atque donamus;* DHII. 196 (1009 Juni 1 Merseburg); DHII. 197 (Juni

scheint jedoch weder in der üblichen Aufzählung der durch ihre Zustimmung Bamberg zum Bistum befördernden Personen noch in der Memorialformel. Eine auf die Bistumsgründung bezogene Konsens- und Petitionsformel für Kunigunde findet sich in eindeutiger Formulierung erstmals in einer Schenkung vom 28. April 1017: *... qualiter nos divina auctorante clementia quendam nostrae paterne hereditatis locum nomine Babenperc cum consensu et petitione dilectissime coniugis nostre Chunigunde videlicet imperatricis in sedem et culmen episcopatus sublimando proveximus ...*[333]. Eine Memorialformel fehlt.

Die Bedeutung dieser Urkunde relativiert sich durch eine weitere Schenkung vom selben Tag mit einem Memorialpassus, der jedoch nur Heinrich II. und seine Eltern, nicht aber Otto III. und Kunigunde einschließt[334]. Obwohl die Verwendung der vorherigen Urkunde deutlich erkennbar ist, fehlt sowohl der oben zitierte Passus mit der Zustimmung der Königin wie auch die sonst übliche Intervention.

Schließlich bleibt unter allen Bamberger Urkunden eine einzige aus dem Jahr 1019, die dem Diplom über die Schenkung von Volkfeld an Bamberg in diesem Punkt inhaltlich entspricht und lediglich einen sehr auffälligen Fehler korrigiert, indem jetzt die Reihenfolge der Persönlichkeiten dem Rang entsprechend korrekt eingehalten wird: zuerst wird die Bestätigung des Papstes angeführt, dann folgt das Einverständnis der Königin, des Würzburger Bischofs sowie aller anderen geistlichen und weltlichen Reichsfürsten[335]. Der Vorrang des Papstes vor der Königin, die selbst immer vor den geistlichen und weltlichen Fürsten genannt wird, zeigt sich in allen übrigen Urkunden mit gemeinsamer Intervention.

Insgesamt können aus dem uneinheitlichen Urkundenbefund keine eindeutigen Schlußfolgerungen für die Schenkungsurkunde über Volkfeld gezogen werden. Die Erwähnung Kunigundes steht im Vergleich mit den Bamberger Diplomen der frühen Jahre völlig singulär da, so daß eine genaue Datierung nicht möglich ist. Die Urkunde kann durchaus erst in die Jahre 1008 oder 1009 gehören, sie könnte aber auch bereits als ein im Kontext der Bamberger Gründungsurkunden bemerkenswertes Unikat im Jahr 1007 erstellt worden sein.

Die Durchsicht der Gesamtheit von 71 Urkunden Heinrichs II. für Bamberg zeigt weiterhin, daß Einfügung beziehungsweise Weglassung der entsprechenden, Kunigunde einbeziehenden Formulierungen nicht als positive oder negative herrscherliche Reaktion auf die Zustimmung oder Ablehnung des Projektes durch die Königin gewertet werden können. Merkwürdig erscheint aber, daß sie lediglich in einer einzigen Urkunde, in derjenigen zu Volkfeld, in der Memorialformel genannt

---

1 –); DHII. 203 (1009 Juli 6 Frankfurt) ... *quia nos peticione et consensu dilectissime congugis nostrae Kunigunde videlicet regine ... donamus;* DHII. 204b (1009 Juli 6 Mainz); DHII. 219 + 220 (1010 Juni 1 Mainz); DHII. 234 (1011 Juli 2 Mainz) etc.

333 DHII. 364 (Ingelheim).

334 DHII. 365 (1017 April 28 Ingelheim): *Notum sit omnibus sanctae dei aecclesiae fidelibus ac nostris presentibus scilicet atque futuris, qualiter nos divina auctorante clementia ob remedium anime nostrae parentumque nostrorum quendam nostrae paternae hereditatis locum Babenperc dictum in sedem et culmen episcopatus sublimando proveximus.*

335 DHII. 408 (1019 Mai 10 Allstedt): *Huius ergo nos clementiae memores quendam hereditatis nostre locum Babenberc dictum auctoritate apostolica firmatum nec non dilecte contectalis nostre Chvnigundae et venerabilis Heinrici Wirciburgensis episcopi ac omnium fidelium nostrorum episcoporum abbatum totiusque regni nostri principum concordi devotione collaudatum in culmen et sedem episcopatus proveximus.*

wird[336]. Dies ist jedoch ebenfalls nicht als Zeichen eines tiefen Konfliktes im Königshaus zu werten. Wäre dies der Fall gewesen, dann hätte Kunigunde zumindest in den späten Urkunden für Bamberg, spätestens nach der Wiedereinsetzung ihres Bruders Heinrich zum Herzog von Bayern, in den Memorialpassus einbezogen werden müssen. Doch das ist nicht der Fall.

Hinsichtlich der äußeren Merkmale fällt bei den Gründungsurkunden auf, daß sie keine Interventionsformeln enthalten. Dies erklärt sich damit, daß sie Schenkungen zur Ausstattung des Bistums enthalten und auf dem Synodalbeschluß von Frankfurt basieren, weshalb es keiner Intervenienten mehr bedurfte. Durch die Masse der Bamberger Urkunden ohne Interventionsformeln verändert sich die statistische Hochrechnung der Interventionstätigkeit der Königin für 1007. Rein zahlentechnisch ist ein erheblicher Rückgang zu verbuchen, der in der älteren Forschung meist als Zeichen einer Krise im Königshaus gewertet wurde. Berücksichtigt man jedoch die dem statistischen Befund zugrundeliegende Ursache, daß eben in der Vielzahl von Urkunden die Interventionsformeln fehlen, dann ist die These eines Einflußverlustes der Königin am Hof nicht aufrechtzuerhalten. Dieser Faktor gilt analog für die folgenden Jahre, die durch große Zeiträume der militärisch bedingten Trennungen des Herrscherpaares geprägt waren[337].

Es ist nicht zu übersehen, daß in keiner einzigen Schenkung Heinrichs II. für Bamberg die Rede davon ist, daß der Ort zur Dotalausstattung Kunigundes gehört hatte, wie dies Otto I. in den ersten Urkunden für das Moritzkloster in Magdeburg formulieren ließ. Vielmehr hat Heinrich II. Bamberg durchgehend als sein väterliches Erbe bezeichnet, das er zu einem Bistum erhöht habe. Das macht wahrscheinlich, daß der vermögensrechtliche Verzicht auf Bamberg seitens der Königin bereits vor oder zumindest offiziell während der Frankfurter Synode geleistet worden war. Zu diesem Zeitpunkt lag lediglich noch keine rechtsgültig verbriefte Ausgleichsentschädigung vor, die in Übereignung des königlichen Hofes Kassel einige Monate später, am 24. Mai 1008, erfolgte[338]. Doch auch in dieser Urkunde bleibt unerwähnt, daß es sich um eine Übereignung als Vermögensausgleich für Bamberg handelte. Hätte also Thietmar von Merseburg die Dotierung Kunigundes mit Bamberg in seiner Chronik nicht erwähnt, wüßten wir nichts davon.

Da Kunigunde also zum Zeitpunkt der Ausfertigung der Urkunden keine Eigentumsrechte an Bamberg mehr geltend machen konnte, mußte auch ihre Zustimmung zur Bistumsgründung nicht schriftlich fixiert werden. Daß ihr Konsens dennoch in einigen Urkunden enthalten ist, belegt einmal mehr das politische Ansehen der Königin. Gleichzeitig lassen sich hier die Grenzen der Herrschaft der Königin aufzeigen, die zwar in Reichs- und Kirchenangelegenheiten, die in diesem Punkt miteinander verknüpft waren, ihren politischen Einfluß in die Waagschale werfen konnte, aber über keine eigenen rechtlich durchsetzungsfähigen Möglichkeiten verfügte. Von daher ist die Herrschaftsausübung der Königin an die Herrschaftsrechte des Königs gebunden.

336 Quellenbeleg siehe Anm. 327.
337 Zu den Interventionen vgl. oben S. 98–102.
338 DHII. 182 (Ingelheim); vgl. Reg. Imp. II, 4 Nr. 1690.

Merseburg gelangte durch die Eheschließung des sächsischen Herzogs und späteren Königs Heinrich I. mit Hatheburg in den Besitz der Liudolfinger[339]. In Erfüllung eines vor der Ungarnschlacht 955 geleisteten Gelübdes[340] bemühte sich Otto I., sein Sohn und Nachfolger, um die Erhebung zum Bistum, was im Zusammenhang mit der Gründung des Erzbistums Magdeburg realisiert werden konnte. 962 billigte Papst Johannes XII. die Pläne[341]; 968 wurden diese mit den Beschlüssen der Synode von Ravenna umgesetzt[342]. Doch bereits 981 bewirkte Otto II. auf einer römischen Synode die Auflösung des Bistums. Damit sei er – so der Tenor in der Historiographie – den Wünschen des am Hof sehr einflußreichen Merseburger Bischofs Gisilher entgegengekommen, welcher durch übersteigerten Ehrgeiz getrieben, den in diesem Jahr frei gewordenen Erzstuhl in Magdeburg besteigen wollte[343].

Erste Restituierungspläne des Bistums sollen von Theophanu gefaßt worden sein. Die Absicht dazu bestätigt neben dem in diesem Punkt parteiischen Thietmar von Merseburg[344] auch Brun von Querfurt in seiner Vita über Adalbert von Prag, indem er anmerkt, daß Theophanu nach dem Tod ihres Gatten darauf bestanden habe, dessen Sünde, die er zu seinen Lebzeiten geringgeschätzt habe, auszumerzen. Dabei habe sie selbst das Gebet des Prager Bischofs erkauft[345]. Thietmar malt dies mit kräf-

339 Die Schönheit sowie das reiche Erbe der Witwe Hatheburg, die bereits den Schleier genommen hatte, erzählt sehr anschaulich Thietmar von Merseburg, Chronicon I 5 (4) S. 8: *Interim cuiusdam matronae famam, quae Hatheburch dicebatur, Heinricus comperiens, qualiter eam sibi sociaret, iuvenili exarsit amore. Haec erat filia Ervini senioris, qui in urbe predicta, quam Antiquam civitatem* (= Merseburger Altenburg) *nominamus, maximam tenuit partem, et quia is filium non habuit, geminis filiabus suis e medio decedens reliquit. Ob huius pulchritudinem et hereditatis divitiarumque utilitatem internuntios Heinricus quam propere misit, et quamvis hanc esse viduam et sciret velatam, suae tamen ut satis faceret voluntati, eam fide promissa petivit. Tunc illa multorum precibus et consilio devicta comitatur et honorifice suscepta ac karitative a suis, ut decuit, est habita. Nuptiis ex more peractis, sponsus cum contectali ad Merseburch venit …*; der Ehe, die später wieder geschieden wurde, entstammte der Sohn Thangmar.

340 Reg. Imp. II,1 Nr. 240g; vgl. Gerd ALTHOFF und Hagen KELLER, Heinrich I. und Otto der Große. Neubeginn und karolingisches Erbe, 2 Bde. (Persönlichkeit und Geschichte 122–125, 1985) hier Bd. 2, S. 172.

341 Papsturkunden 1, Nr. 154 S. 281–284; vgl. Reg. Imp. II,5 Nr. 304.

342 Reg. Imp. II,1 Nr. 475; Reg. Imp. II,5 Nr. 446; dazu ALTHOFF/KELLER 2, S. 198–202. Zur sächsischen Kirchenlandschaft: Walter SCHLESINGER, Kirchengeschichte Sachsens im Mittelalter, 2 Bde. (Mitteldeutsche Forschungen 27, 1962).

343 Zur römischen Synode: Papsturkunden 2, Nr. 269, S. 526–529 + Nr. 270, S. 529–531; vgl. Reg. Imp. II,5 Nr. 597–600; zum Kontext: CLAUDE, Magdeburg S. 136–144. – Eine neue Deutung der Gründe für die Auflösung des Bistums jetzt bei Ernst-Dieter HEHL, Merseburg – eine Bistumsgründung unter Vorbehalt. Gelübde, Kirchenrecht und politischer Spielraum im 10. Jahrhundert, FMSt 31 (1997) S. 96–119, der den Aspekt der Erfüllung eines Gelübdes durch Otto I. relativiert und das auch von Kaiserin Adelheid geteilte Vorgehen Ottos II. bei der Auflösung des zu Lasten von Halberstadt ausgestatteten Bistums im Vergleich mit ähnlichen Fällen als kirchenrechtlich abgesichert interpretiert.

344 Vgl. Robert HOLTZMANN, Die Aufhebung und Wiederherstellung des Bistums Merseburg. Ein Beitrag zur Kritik Thietmars, Sachsen und Anhalt. Jahrbuch der Historischen Kommission für die Provinz Sachsen und für Anhalt 2 (1926) S. 35–75.

345 *Set peccatum, quod vivens neglexit* (= Otto II.), *mortuo marito superstes uxor emendare instabat; legatos mittit, elemosinas et oraciones multorum, per quos propicium Redemptorem apellaret, peccatorem regem ab incendio liberaret. Haec tum, ubi sanctum virum adesse cognovit Adalbertum, nominatissimum episcopum, et Ierosolimam properare audivit, clam ad se vocat; oransque ut pro anima senioris oraret, massam*

tigen Farben aus. Er schildert einen Traum[346], in dem der Kaiserin zu mitternächtlicher Stunde der Bistumspatron Laurentius mit einem verstümmelten rechten Arm erschienen sei und die Schuld für die Entzweiung einer Vielzahl von Auserwählten Christi ihrem verstorbenen Gatten Otto II. gegeben habe, der sich durch die Einflüsterung Gisilhers habe verführen lassen. Daraufhin habe Theophanu ihrem Sohn Otto III. die Erneuerung des Bistums, entweder noch zu Lebzeiten Gisilhers oder nach dessen Tod, nahegelegt, damit die Seele seines Vaters am Jüngsten Tag ewige Ruhe finden könne[347].

Diese Quellenbelege sind in ihrem grundsätzlichen Realitätsgehalt kaum umstritten, lassen sich aber nicht genauer datieren und geben außer religiösen Gründen keine weiteren Motive für das Aufgreifen der Merseburger Frage zu erkennen[348]. Schließlich sind auch keine Maßnahmen Theophanus in dieser Richtung bekannt, wofür mehrere Ursachen angeführt werden können. Claude hat darauf hingewiesen, daß es sich die Kaiserin neben kirchenrechtlichen Schwierigkeiten vor allem angesichts der politischen und militärischen Probleme an der Ostgrenze nicht leisten konnte, den Magdeburger Erzbischof Gisilher zum Feind zu machen, zumal sie auch auf dessen politisches Geschick nicht verzichten konnte[349].

Unter der Regierung Ottos III. gab es erste konkrete Schritte zur Erneuerung des Bistums, die sich allerdings in erster Linie gegen Gisilher richteten. Gefordert wurde dessen Rückkehr nach Merseburg[350]. Die Umsetzung des auf den Synoden von Pavia 997[351] und Rom 999[352] gegen ihn in Gang gesetzten Verfahrens konnte der

---

obtulit argenti ingentem. Accipiens vir Dei onus argenti, suo itineri aut necessitati nil providet, omnia secutura nocte pauperibus expendit, Vita Adalberti episcopi auctore Brunone archiepiscopo, ed. G. H. Pertz, in: MGH SS 4, c. 12 S. 601. – Zu den Beziehungen zwischen der Kaiserin und dem Prager Bischof vgl. Vera Hrochová, Der hl. Adalbert und Theophano. Ein Beitrag zur Christianisierung der Slawen, in: Byzanz und das Abendland im 10. und 11. Jahrhundert, hg. von Evangelos Konstantinou (1997) S. 183–196.

346 Bereits Brun von Querfurt, Vita Adalberti c. 12, S. 601 schildert einen Traum, in dem Laurentius Otto II. erschienen sei und ihm den Sturz vom Thron angedroht habe; vgl. Franz Neiske, Vision und Totengedenken, FMSt 20 (1986) S. 137–185, hier S. 162f. und Fried, Kaiserin Theophanu S. 161f.

347 *Inperator, iam factus vir, ut ait apostolus, evacuavit quae erant parvuli; semperque Merseburgiensis destruccionem aeclesiae deflens, quomodo haec renovaretur, sedula mentis intentione volvebat et, quamdiu in corpore vixit, hoc votum perficere studuit monitis piae matris. Quae talia, ut mihi Meinsuith post retulit, sicut ab ipsa percepit, in somnis vidit. Apparuit ei intempestae noctis silentio sanctus Christi adleta Laurencius dextero mutilatus brachio: ›Cur‹, inquiens, ›quis sim, non interrogas?‹ Et illa: ›Non audeo‹, infit, ›domine mi!‹ Ille autem prosequitur: ›Ego sum‹ dicens et nomen innotuit. ›Quod in me modo ipsa consideras, tuus effecit senior, eius* (sc. Bischof Gisilher) *persuasu seductus, cuius culpa electorum Christi magna multitudo discordat‹. Post haec nati suimet commisit fidei, seu vivente Gisillero seu moriente fieri potuisset, redintegrato episcopatu patris sui animam in novissimo die ad eternam requiem renovaret*, Thietmar von Merseburg, Chronicon IV 10 S. 142.

348 Auch Hehl, Merseburg S. 97f. betont die Sorge Theophanus um das Seelenheil Ottos II.

349 Claude, Magdeburg S. 144–146; zur Rolle Gisilhers im polnisch-böhmischen Konflikt sowie den Kämpfen gegen die Liutizen während der Regentschaft Theophanus vgl. S. 161–173.

350 Dem Chronicon episcoporum Merseburgensium. Pars prior, ed. R. Wilmans, in: MGH SS 10, S. 170 zufolge war die Absicht Theophanus, die Suppression aufheben zu lassen, der eigentliche Grund für das Vorgehen Ottos III. Allerdings wurde die hier auf der Darstellung Thietmars von Merseburg basierende Bischofschronik erst im 12. Jahrhundert kompiliert.

351 Bekanntmachung der Beschlüsse durch Papst Gregor V. in einem Schreiben an Willigis von Mainz, abgedruckt in: Papsturkunden 2, Nr. 341 S. 664–666; Regest: Reg. Imp. II,5 Nr. 786.

352 Synodalprotokoll in: Const.I. Nr. 24 S. 51f.; vgl. Reg. Imp. II,5 Nr. 846.

Erzbischof jedoch immer wieder geschickt verhindern. Auch die vorläufig endgültige Entscheidung Ottos III. nach seiner Rückkehr aus Gnesen im Frühjahr 1000, die Synodalbeschlüsse gegen Gisilher umzusetzen, vermochte dieser mit zeittaktischen Manövern solange hinauszuzögern, bis ihm der Tod des jungen Kaisers am 24. Januar 1002 einen weiteren zeitlichen Aufschub brachte[353].

Die Bemühungen um die Aufhebung der Suppression Merseburgs setzten unter Heinrich II. ein, als Gisilher bereits ein todkranker Mann war, der starb, bevor er in sein altes Bistum zurückkehren mußte[354]. Die Rekonstruktion der Vorgänge basiert maßgeblich auf Thietmar von Merseburg und zeigt folgende Etappen: Gesandtschaft an Gisilher unter der Leitung des Erzbischofs Willigis, Erwirkung um Aufschub der Rückkehr um wenige Tage, schließlich Tod des Magdeburger Erzbischofs auf seinem Gut Trebra[355]. Königin Kunigunde wird in diesem Zusammenhang nicht erwähnt. Nur die Halberstädter Bischofschronik führt in annalistisch pauschalisierender Formulierung an, daß Heinrich II. *instinctu sancte sue coniugis Kunegundis regine, episcopatum Mersburgensem, quem prius Otto imperator ad honorem beati Laurencii martiris instituerat, reformavit*[356].

Diesem Bestreben Kunigundes auf Restituierung Merseburgs, das von Heinrich umgesetzt worden sei, tragen die urkundlichen Belege Rechnung. Abweichend von der bisherigen Praxis, der Mitsprache der Königin durch den Interventionspassus Ausdruck zu verleihen, hat in die vier im Februar und März 1004 ausgestellten Urkunden zur Wiedererrichtung des Bistums eine neue und in der Folgezeit auch nur höchst selten verwandte Formulierung Eingang gefunden, die das gemeinsame Bestreben des Herrscherpaares deutlich macht:

> *Noverit ecclesia catholica toto terrarum orbe diffusa et tam presens fidelium nostrorum industria quam et omnis eorum posteritas futura, qualiter nos, una cum dilectissima nobis coniuge et regnorum consorte Cunigunda in nostram parentumque nostrorum pariter et antecessorum memoriam divino ut credimus instinctu reparare volentes sancte Magdaburgensis archiepiscopatum et una suffraganeum eius Merseburgensis ecclesie presulatum* ...[357].

353 Ausführlich dazu Claude, Magdeburg S. 173–201; Görich, Otto III. S. 162–169; Hehl, Der widerspenstige Bischof S. 308–315.

354 Zum Verhältnis zwischen Heinrich II. und Gisilher, der zuerst für dessen Gegenkandidaten Hermann von Schwaben eingetreten war, dann aber nach seiner Aussöhnung mit dem König bei diesem hoch im Kurs stand und schließlich 1004 ziemlich unerwartet von ihm zur Rückkehr nach Merseburg gezwungen werden sollte: Claude, Magdeburg S. 201–206 und bes. Hoffmann, Mönchskönig S. 102–108, der die bislang in der Forschung als unverständlich bewertete Härte gegenüber einem alten Mann sehr einleuchtend damit erklärt hat, daß Heinrich II. wohl aus »religiösem Verantwortungsbewußtsein« heraus gehandelt habe: Indem er den sterbenden Erzbischof dazu aufforderte, mit seiner Rückkehr »wenigstens im Angesicht des Todes tätige Reue zu zeigen«, habe er die Absicht verfolgt, dessen Seele zu retten (S. 107f.); vgl. auch Hehl, Der widerspenstige Bischof S. 329–334.

355 Thietmar von Merseburg, Chronicon V 39 (24) S. 246.

356 Gesta episcoporum Halberstadensium (781–1209), ed. L. Weiland, in: MGH SS 23, S. 90. Zum Quellenwert: Gerd Althoff, Magdeburg – Halberstadt – Merseburg. Bischöfliche Repräsentation und Interessenvertretung im ottonischen Sachsen, in: Herrschaftsrepräsentation (1998) S. 267–293.

357 DHII. 63 (1004 Feb.24 oder 25 Magdeburg): Schenkung eines Gaues *Zcudici* an die erzbischöfliche Kirche zu Magdeburg sowie Überlassung eines Teiles der Reliquien des hl. Mauritius.

Diese inhaltlich weit über eine Fürsprache-Formel hinausreichende Formulierung, daß der König zusammen – *una cum* – mit seiner Gemahlin als der Teilhaberin der Reiche die Restituierung bewerkstelligt habe, begegnet wieder in den beiden Urkunden vom 4. und 5. März 1004, in denen jeweils die Erneuerung des Bistums und Einsetzung des königlichen Kapellans Wibert zum Bischof fixiert sowie jeweils größere Besitzkomplexe zugesprochen wurden:

> *Nos itaque, di[vino ut] credimus instinctu una cum dilectissima nobis coniuge et regnorum consorte Cunigunda praefatam sedem reparare volentes …*[358].

Schließlich ist die *una cum*-Formel in einer letzten Urkunde vom 5. März 1004 enthalten, in der dem Bistum Zeitz für seine Gebietsabtretungen an Merseburg eine Entschädigung mit der Verleihung von fünf Ortschaften verbrieft wurde[359].

Die Exzeptionalität dieser Formulierung einer gemeinsamen Handlungsweise, die im erstgenannten Diplom für Magdeburg durch die Einbeziehung einer beider Elternteile gedenkenden Memorialformel verstärkt wird, ist bereits in der älteren Forschung gesehen, in ihrer Bedeutung allerdings unterschätzt worden[360]. Die äußerst selten gebrauchte Formel läßt sich nicht erklären, wenn sie inhaltlich auf eine Fürsprache oder »gemeinsam getragene Sorge«[361] reduziert wird. Vielmehr erscheint sie als Neuerung der Kanzlei Heinrichs II. und wurde ausschließlich vom Scheiber EA verwandt, der alle vier Urkunden verfaßte. Da dieser vielbeschäftigte Schreiber in weiteren Urkunden ansonsten die Interventionsformel für Kunigunde heranzog, ist hinter den Aktivitäten Kunigundes im Fall Merseburg ein sehr viel größeres Engagement zu vermuten, das weit über das Maß der Fürsprache und Zustimmung hinausgegangen sein dürfte. Mangels weiterer Quellen läßt sich der Umfang der Handlungen Kunigundes jedoch nicht konkretisieren[362].

In der Folgezeit wurde die *una cum*-Formel keineswegs häufig, sondern genauso sporadisch und exzeptionell eingesetzt wie in der Kanzlei Heinrichs II. Sie begegnet bezeichnenderweise nur noch in zwei Urkunden Konrads II., im Diplom Nr. 4 aus dem Jahr 1024 für das Speyerer Domkapitel, mit dem das gerade erst ins Königsamt gewählte Herrscherpaar ein Gelübde einlöste[363], sowie in einer Besitzschen-

---

358 DHII. 64 (1004 März 4 Wallhausen): Bestätigung der Besitzungen und Rechte zu Zweckau, Merseburg, Eythra, Helfta, Schenkung von fünf Ortschaften aus seinem Eigentum sowie Restituierung des vom Bistum Halberstadt eingelösten Teiles der Diözese; DHII. 65 (1004 März 5 Wallhausen): Bestätigung des alten Besitzes und Restituierung des vom Bistum Zeitz eingelösten Teils der Diözese, der Zehntrechte an den Ortschaften Treben und Tuchamuzi und der unrechtmäßig in den Besitz des Bistums Meissen gelangten Ortschaften Wissepuchg und Lastau.

359 DHII. 66 (1004 März 5 Gebesee) Schenkung der Ortschaften Kretzschau, Greifen, Groitzschen: … *qualiter nos, una cum dilectissima nobis coniuge et regnorum consorte Cunigunda divino ut credimus instinctu reparare et priori honoris loco restituere volentes sanctam Merseburgensis episcopii sedem …*

360 Gebser, Kaiserin Kunigunde S. 30f.

361 Gebser, Kaiserin Kunigunde S. 31.

362 Hehl, Merseburg S. 118 führt das Engagement auf ein Gelübde zurück, daß Heinrich II. und Kunigunde anläßlich ihrer Krönung in Paderborn am 10. August 1002, dem Fest des hl. Laurentius als dem Bistumsheiligen Merseburgs, abgelegt haben könnten.

363 DKoII. 4 (1024 Sep. 11 Ingelheim): In Erfüllung eines vor seiner Thronbesteigung abgelegten Gelübdes Schenkung einer Besitzung zu Jöhlingen und Verleihung der Immunität: … *nos una cum manu dilectissime contectalis nostre Gisele videlicet regine per interventum quidem Waltheri fidelis nostri Spirensis episcopi …*

kung für das Eigenkloster Limburg 1035, wobei sich darunter auch Erbgüter Giselas befanden[364].

Die Königin auf Synoden

Im Jahr 787 berief die byzantinische Kaiserin Eirene in ihrem und dem Namen ihres minderjährigen Sohnes Konstantin VI. das siebte ökumenische Konzil von Nizäa ein, zu dem auch Papst Hadrian I. eine römische Delegation sandte. Die sich offiziell als πιστοζ βασιλευζ titulierende Herrscherin übernahm den Vorsitz und setzte die Rückkehr der östlichen Kirche zur Bilderverehrung durch. Sie überwand damit den 60 Jahre andauernden Streit mit der römischen Kirche und wurde von den Konzilsteilnehmern als »Friedensträgerin« akklamiert. Der Historiograph Theophanes schreibt dazu, daß Gott die Bilder durch eine Frau wiederhergestellt habe[365].

Die Reaktion des Frankenkönigs Karl des Großen und des »großen Konzils von Frankfurt« 794[366] war eine gegensätzliche. Man betrachtete das Konzil von Nizäa nicht als ein allgemeines, hielt die Beschlüsse zur Bilderverehrung für Häresie und sprach der als ökumenisch deklarierten und vom Papst anerkannten Kirchenversammlung von Nizäa jegliche Gültigkeit ab, da sie einberufen worden sei von einem unmündigen Kind und einer Frau, als deren Pflicht der Apostel es ansehe, in der Kirche zu schweigen[367].

Beide Haltungen fanden im Westen im Verlauf des Mittelalters keine Nachahmung. Weder gibt es m. W. einen Beleg dafür, daß eine Königin je eine Synode einberufen[368] oder ihr vorgesessen hätte[369], noch schwiegen Königinnen bei kirchenpo-

---

364 DKoII. 216 (1035 Jan. – Limburg) Schenkung von Besitzungen zu Dürkheim, Wachenheim, Schifferstadt, Grethen, Eichen, Sindlingen, Fauerbach und Sulzbach und Feststellung des Rechts der Eigenleute auf diesen Gütern: … *qualiter ego Cunradus una cum Gisela imperatrice coniuge nostra pro remedio animae nostre* …; zu den inhaltlichen Bestimmungen vgl. Thomas Zotz, Die Formierung der Ministerialität, in: Die Salier und das Reich 3 (1991) S. 3–50, hier S. 23–28.

365 Hiestand, Eirene Basileus S. 276. – Zu Theophanes vgl. zuletzt R. Maisano, Th. Homologetes (Confessor), in: LexMA 8 (1996) Sp. 663f.

366 Neben der Bilderverehrung wurde unter anderem als zweite dogmatische Streitfrage der spanische Adoptianismus sowie das reichspolitische Problem der 788 erfolgten Absetzung Herzog Tassilos behandelt, der vor die Synode geladen wurde, ein Schuldbekenntnis ablegte und auf sein Herzogtum verzichtete; vgl. Wilfried Hartmann, Die Synoden der Karolingerzeit im Frankenreich und in Italien (Konziliengeschichte. Reihe A: Darstellungen, 1989) S. 105–115.

367 Vgl. Georgine Tangl, Die Teilnehmer an den allgemeinen Konzilien des Mittelalters (1922) S. 14f.; zur Stellung des Papsttums zwischen Byzanz und dem Frankenreich vgl. Peter Classen, Karl der Große, das Papsttum und Byzanz. Die Begründung des karolingischen Kaisertums, hg. von Horst Fuhrmann und Claudia Märtl (Beiträge zur Geschichte und Quellenkunde des Mittelalters 9, 1985) S. 34–39.

368 Die Einladungen zu Synoden, die mündlich jeweils am Ende einer Versammlung ausgesprochen wurden oder in schriftlicher Form ergingen, erfolgten durch den Papst – so z. B. bei der Frankfurter Synode 1007 – sowie den König, den zuständigen Metropoliten oder ein anderes Mitglied des Reichsepiskopats; der Termin konnte lange vorher oder kurzfristig anberaumt worden sein; vgl. zu den Reichssynoden im 10. und der ersten Hälfte des 11. Jahrhunderts Wolter, Synoden S. 455–459. – Die Darstellung von Martin Boye, Die Synoden Deutschlands und Reichsitaliens von 922–1059. Eine kirchenverfassungsgeschichtliche Untersuchung, ZRG Kan. 18 (1929) S. 131–284 ist durch die Monographie Wolters überholt.

369 Für den in obiger Anm. genannten Zeitraum stellt Wolter, Synoden S. 459–461 fest, daß der Vorsitz »grundsätzlich von einem Geistlichen wahrgenommen wurde«; dies konnte der zuständige Metropolit oder ein päpstlicher Legat sein. Der König selbst führte allenfalls »eine Art Mit-

litischen Entscheidungen. Aber sie nahmen an Synoden teil. Die bereits erwähnte Anwesenheit Kunigundes auf der die Gründung des Bistums Bamberg beschließenden Frankfurter Synode des Jahres 1007[370] blieb kein Einzelfall. Andererseits häufen sich die Belege für die Teilnahme der Königin an Reichssynoden nicht gerade, weshalb Heinz Wolter eine solche eher als Ausnahme gewertet hat[371]. Viele Frage müssen deshalb auch offen bleiben. So liefern die Quellen zum Beispiel kaum genaue Anhaltspunkte für die Rolle der Königin im Zeremoniell. Zu vermuten ist, daß sie beim geordneten Einzug der Versammlungsmitglieder in den Synodalraum, der von Bischöfen angeführt wurde – gefolgt von Priestern, Diakonen und Laien – zusammen mit dem König an der Spitze der Bischöfe ging[372]. Diese zeremoniale Einbindung belegt der Bericht Hinkmars von Reims über eine mehrtägige westfränkische Synode in Ponthion 876, an der Karl der Kahle im prunkvollen Kaiserornat und inmitten der Synodalen thronend teilgenommen hatte und zu deren Abschluß Kaiserin Richilde, unter der Krone gehend, von den päpstlichen Legaten in die Synode geleitet wurde, wo die auf den Papst und das Kaiserpaar gesungenen Laudes die Kirchenversammlung beendeten[373]. Fraglich ist auch, welchen Platz die Königin bei den Beratungen einnahm. Aufgrund ihres Ranges dürfte ihr wie dem König auch ein Sitzplatz zugestanden haben[374]. Die Gruppe der Laien hingegen mußte im Rücken des Königs stehen[375].

Die Teilnahme der Königin an Synoden überliefern nur historiographische Quellen, die sich meistens auf das Faktum ihres Dabeiseins beschränken, selten aber Gründe dafür benennen. Solche lassen sich allenfalls aus dem Kontext erschließen, wofür die Anwesenheit Kunigundes bei der Konferenz in Frankfurt am 1. November 1007 als Beispiel stehen kann. Erscheint diese, wie oben dargelegt, als Bejahung

---

vorsitz«, wie dies aus der Sitzordnung erschlossen werden kann, so z. B. für die Synode in Rom 964, wo Otto I. seinen Platz neben dem Papst einnahm, oder für die Frankfurter Synode 1027, wo Konrad II. auf einem etwas erhöhten Stuhl gegenüber dem Vorsitzenden Aribo von Mainz saß.

370 Vgl. dazu oben S. 201–204.

371 Wolter, Synoden S. 467.

372 Zum Einzug der verschiedenen Gruppen vgl. Wolter, Synoden S. 467f.

373 *Post haec perrexit Petrus episcopus Foro Simpronii et Iohannes Tuscanensis ad cubiculum imperatoris, et adduxerunt Richildem imperatricem coronatam in synodum, et stante illa iuxta imperatorem, surrexerunt omnes, stantes quique in gradu suo. Tunc incoeperunt laudes Leo episcopus et Iohannes Tuscanensis episcopus, et post laudes peractas in domnum apostolicum et domnum imperatorem ac imperatricem et ceteros iuxta morem, data oratione a Leone Gauinense episcopo, soluta est synodus*, Annales de Saint-Bertin, ed. Félix Grat, Jeanne Vielliard et Suzanne Clémencet (1964) S. 205; vgl. Hartmann, Synoden der Karolingerzeit S. 9 und 335. – Für die Sitzung am 11. Juli erwähnt Hinkmar zum Abschluß der Beratungen die Überreichung von Geschenken des Papstes an Kaiser und Kaiserin, was die Teilnahme Richildes auch an dieser Sitzung voraussetzt: *v idus iulii conuenientibus episcopis, … praesentata sunt imperatori ab apostolico transmissa dona, inter quae fuerunt praecipua sceptrum et baculus aureus. Sed et imperatrici dona sunt ab eo missa, pallia et armilla cum gemmis. Et sic soluta est synodus in illa die*, ebd. S. 204.

374 Die Synodalordines enthalten dazu keine Informationen. Die Einbeziehung der Königin zeigt sich lediglich durch die Aufnahme von Psalmen für König und Königin sowie einer sog. Königinnen-Fürbitte, wie z. B. in den in Mainz, Bamberg und Köln entstandenen Ordines des 10. bis 12. Jahrhunderts bei Herbert Schneider (Hg.), Die Konzilsordines des Früh- und Hochmittelalters (MGH Ordines de celebrando concilio, 1996) Nrr. 13–16, S. 402–468.

375 Zur Bedeutung der Laien im Frühmittelalter vgl. Wilfried Hartmann, Laien auf Synoden der Karolingerzeit, AHC 10 (1978) S. 249–269.

der Bamberger Bistumsgründung und somit als Voraussetzung für einen positiven Entscheid der Bischöfe, der vor dem Zusammentritt der Synode keineswegs als sicher gelten konnte, so lassen sich Motive für die Gegenwart Königin Giselas auf den Synoden in Grone 1025 und in Kloster Limburg 1038 keineswegs so eindeutig rekonstruieren.

In Grone wurde Mitte März 1025 erneut der im Oktober 987 durch die Kaisertochter Sophie ausgelöste »Gandersheimer Streit« aufgerollt. Mit deren Weigerung, sich vom zuständigen Ortsbischof Bernward von Hildesheim weihen zu lassen, und ihrem Beharren auf ihre Weihe durch Erzbischof Willigis von Mainz hatte die Tochter Theophanus und Ottos II. einen Streit zwischen dem Mainzer Metropoliten und seinem Hildesheimer Suffragan über die bischöflichen Rechte und Zuständigkeiten gegenüber dem Kloster entfacht, der sich 40 Jahre lang hinzog[376]. Nach dem Verzicht Willigis' auf die Mainzer Ansprüche auf einer Synode in Pöhlde 1007[377] aktualisierte sein Nachfolger Aribo diese nach dem Herrschaftsantritt Konrads II., weshalb auch die Synode von Grone anberaumt wurde[378]. Neben den Parteigegnern Aribo von Mainz und Godehard von Hildesheim sowie den Bischöfen von Augsburg, Bamberg, Würzburg, Paderborn und Utrecht nahm eine Vielzahl von Äbten und Laien, darunter Herzog Bernhard von Sachsen, und auch Königin Gisela teil[379]. Die Verhandlungen endeten letztlich ergebnislos. Es blieb beim Status quo. Hildesheim wurde in seiner Jurisdiktion über Gandersheim bestätigt, allerdings nur vorläufig. Das erforderte weitere Synoden[380] bis zur endgültigen Beilegung des Streits zugunsten der Hildesheimer Kirche in Pöhlde im Oktober 1028[381]. Für keine dieser Versammlungen ist die Anwesenheit Giselas belegbar. Dies gilt auch für eine Frankfurter Synode 1027, auf der Äbtissin Sophie von Gandersheim Klage[382] gegen Erzbi-

---

376 Der von Sophie ausgelöste Konflikt wurde für den Augenblick dadurch gelöst, daß sie in Anwesenheit der Kaiserinnen Adelheid und Theophanu von beiden Bischöfen geweiht wurde; zur Frühgeschichte des Gandersheimer Streits vgl. zuletzt Knut GÖRICH, Der Gandersheimer Streit zur Zeit Ottos III. Ein Konflikt um die Metropolitanrechte des Erzbischofs Willigis von Mainz, ZRG Kan. 79 (1993) S. 56–94 und HEHL, Der widerspenstige Bischof S. 316–329, 334–341. – Zu Sophie: Otto PERST, Die Kaisertochter Sophie. Äbtissin von Gandersheim und Essen (975–1039), Braunschweigisches Jb 38 (1957) S. 5–46; Gunther WOLF, Prinzessin Sophia (978–1039). Äbtissin von Gandersheim und Essen, Enkelin, Tochter und Schwester von Kaisern, Niedersächsisches Jahrbuch für Landesgeschichte 61 (1989) S. 105–123.

377 WOLTER, Synoden S. 227–230.

378 WOLTER, Synoden S. 315–318.

379 *... in Gruna illam execrabilem discordiam generali sinodo secundum divina et humana diffinire disposuit. Ubi praesens ut esset, non solum rex et regina, verum omnes primates, et ne id intermitteret persuadebant ...*, Continuatio vitae Bernwardi, ed. G. H. PERTZ, in: MGH SS 11, S. 167.

380 WOLTER, Synoden S. 319–324, 332–340.

381 WOLTER, Synoden S. 340–344.

382 Die wohl berühmteste Klage vor einem Synodalgericht in karolingischer Zeit waren die Ehescheidungspläne König Lothars II. von Königin Theutberga, weil er Waldrada heiraten wollte. Im Januar 860 war Teutberga vor die Synode in Aachen geladen worden, um den Bischöfen bezüglich der gegen sie erhobenen Vorwürfe Rede und Antwort zu stehen; einer zweiten Vorladung für die Synode in Metz 863 hat sie dann keine Folge mehr geleistet; vgl. HARTMANN, Synoden der Karolingerzeit S. 274–285; Jo-Ann MCNAMARA und Suzanne F. WEMPLE, Marriage and Divorce in the Frankish Kingdom, in: Women in Medieval Society, hg. von Susan Mosher STUARD (1976) S. 95–124. – In den Jahren 1018 bis 1024 erregte der wegen eines zu engen und kanonisch unzulässigen Verwandtschaftsgrades auf höchster politischer Ebene verhandelte »Hammersteinsche Ehestreit« großes Aufsehen und beschäftigte eine ganze Reihe von Synoden, wobei

schof Aribo führte, weil mit dessen Hilfe fünf Nonnen aus dem Kloster entwichen seien[383].

Wie für die Synode in Grone 1025 kann als Grund für eine Teilnahme Giselas an der Bischofsversammlung in Kloster Limburg an der Haardt im Dezember 1038, wo über den Beginn der Adventszeit gesprochen wurde, lediglich eine eher allgemeine Pflicht der Repräsentation als Königin angenommen werden[384]. Das Kaiserpaar war gerade auf getrennten Wegen vom Italienzug zurückgekehrt und traf in Limburg erstmals wieder zusammen[385].

Schließlich ist aufgrund einer allgemeinen Repräsentationspflicht an der Seite des Königs generell davon auszugehen, daß die Königin beziehungsweise Kaiserin auch die Synoden besucht hat, die anläßlich ihrer Krönung abgehalten wurden. In den Quellen ausdrücklich belegt ist dies freilich nicht[386]. Doch gerade das Beispiel Giselas dürfte deutlich machen, daß Königinnen, wenn sie sich in der Umgebung des Königs aufhielten, an Synoden teilnahmen, ohne daß dies durch einen bestimmten Verhandlungsgegenstand als notwendig eingestuft werden könnte, wie es für Kunigunde bei der Frankfurter Synode 1007 der Fall war. Weiterhin ist zu vermuten, daß Königinnen sehr viel häufiger, als es die eher sporadischen Nachrichten in den Quellen aufscheinen lassen, Synoden besucht haben dürften, zumal dann, wenn diese mit Hoftagen zusammenfielen.

In einem Fall läßt sich die Einbeziehung der Königin in die Beschlüsse nachweisen – für Kunigunde auf der Versammlung von Dortmund im Jahr 1005. Neben mehreren kirchlichen Mißständen wurde hier unter anderem auch eine umfassende Gebetsverbrüderung verhandelt, in der neben dem Herrscherpaar und Herzog Bernhard von Sachsen eine Vielzahl von Bischöfen, vor allem der nördlichen Diözesen, eingebunden wurde[387]. Die Bestimmungen der allein durch Thietmar von Mer-

---

auch in diesem Fall Irmingard von Hammerstein mehrmals vorgeladen wurde, da sie ihre Ehe mit dem rheinfränkischen Konradiner Otto keinesfalls aufgeben wollte. Während sie der Ladung für die Synode von Nimwegen 1018 nicht folgte und dafür exkommuniziert wurde, war sie auf der Synode von Mainz 1023 anwesend und reiste im Anschluß daran nach Rom, um im Kampf für ihre Ehe den Papst einzuschalten, womit sie den Konflikt zwischen ihr und ihrem Gatten Otto – der sich von ihr auch nicht trennen wollte – auf der einen Seite, und Heinrich II. und Aribo von Mainz auf der anderen Seite erneut verschärfte. Daraus entstand ein ernster Streit zwischen dem Mainzer Metropoliten und Papst Benedikt VIII., der dazu führte, daß der Papst dem Erzbischof das Pallium entzog; vgl. WOLTER, Synoden S. 271–312; S. 272f. Anm. 211 + 212 auch die einschlägige Literatur zum Konflikt, hinter dem über die kirchenrechtliche Dimension hinaus auch politische Motive standen.

383 WOLTER, Synoden S. 332–338.

384 WOLTER, Synoden S. 359–361

385 Zum Itinerar vgl. oben S. 103.

386 WOLTER, Synoden S. 167 nimmt die Teilnahme der kaiserlichen Gemahlinnen an den Krönungssynoden trotz Nichterwähnung in den Quellen an.

387 *Posita est etiam in loco, qui Throtmunni dicitur, magna sinodus, ubi rex coepiscopis presentibusque cunctis plurima questus est sanctae aecclesiae inconvenientia et communi eorundem consilio haec statuit deinceps prohiberi et optime novae institutionis decreto gravem peccatorum suimet sarcinam relevari: ›Anno dom. incarn. MV., anno autem domni Heinrici secundi regnantis IIII° in die Non. Iulii actum est in Throtmunni hoc decretum gloriosissimi eiusdem regis et contectalis suae Chungundae reginae [necnon et] archiepiscoporum‹ ...*, Thietmar von Merseburg, Chronicon VI 18 S. 294. Die Bischöfe waren die Erzbischöfe Heribert von Köln, Libentius von Bremen und Tagino von Magdeburg sowie die Bischöfe Notker von Lüttich, Suidger von Münster, Ansfried von Utrecht, Dietrich von Minden, Thietmar von Osnabrück, Bernhar von Verden, Bernward von Hildesheim, Burkhard von

seburg bezeugten und von ihm als *magna sinodus* bezeichneten Zusammenkunft werden von ihm als Insert einer Synodalurkunde in den Text eingefügt und stellen das einzige inserierte Diplom in der umfangreichen Chronik dar. Als Grund dafür hat man ein von ihm verschuldetes Memorialversäumnis für einen verstorbenen Mitbruder angeführt. Dabei habe er auf die Dortmunder Vorlage zurückgegriffen, die dem Magdeburger Domkapitel als Vorbild für Verbrüderungen auf niederer Ebene diente[388].

Die einzelnen Bestimmungen des Totenbundes, die im Namen des Königs und der Königin sowie der anwesenden Synodalen erlassen wurden, sahen detailliert aufgelistete Verpflichtungen beim Tod jedes einzelnen Mitglieds vor. Innerhalb von 30 Tagen sollten Bischöfe und Domherren eine Messe und die Landpfarrer drei feiern; Diakone und Geistliche der niederen Weihegrade aber zehn Psaltarien singen. Der König und die Königin verpflichteten sich, im gleichen Zeitraum 1500 Pfennige für die Erlösung der Seele des Verstorbenen zu verteilen und ebensoviele Arme zu speisen. Die Bischöfe sollten 300 Arme speisen, 30 Pfennige verschenken und 30 Kerzen anzünden. Der sächsische Herzog Bernhard schließlich sollte 500 Arme verköstigen und 15 Schillinge spenden. Über die karitativen Absprachen hinaus gelobten die Teilnehmer für bestimmte Tage strenges Fasten bei Brot, Salz und Wasser[389].

Die Tatsache, daß neben Heinrich II. auch Königin Kunigunde ad personam die Verpflichtung der sozial und politisch motivierten[390] Gebetsverbrüderung einging, zeigt sie als aktives Mitglied dieser Kirchenversammlung. Gleichzeitig muß dieser Quellenbeleg über die Einbeziehung der Königin in ein als synodale Handlung vollzogenes Totengedenken als singulär betrachtet werden. Ansonsten schlossen Königinnen Gebetsverbrüderungen mit einzelnen Kirchen und Klöstern[391].

In den Zeiten der Regentschaft der Kaiserinnen reduzierte sich die Zahl der durch das Zusammenwirken von Königtum und Reichsepiskopat geprägten Synoden zu wenigen Ausnahmen. Nach der unter der Teilnahme Ottos II. wegen der Auflösung des Bistums Merseburg tagenden römischen Synode 981[392], trat eine Reichssynode offensichtlich erst wieder nach dem Tod Theophanus zusammen. Auf Initiative Papst Johannes' XV.[393] versammelte man sich während eines Hoftages in Aachen an Ostern Ende März 992[394]. Auf der Tagesordnung stand der Streit um den Reimser Bischofsstuhl, auf den sich der Machtkampf zwischen Hugo Capet und Karl von Niederlothringen zugespitzt hatte. Nach der Erhebung Arnulfs, eines illegitimen Sohnes des karolingischen Königs Lothar, durch Hugo Capet 989 wechselte

---

Worms, Rather von Paderborn, Wigbert von Merseburg, Ekkehard von Schleswig und Odinkar von Ripen. – Vgl. Wolter, Synoden S. 221–224.

388 So Lippelt, Thietmar S. 67f.

389 Thietmar von Merseburg, Chronicon VI 18 S. 296; vgl. Wolter, Synoden S. 222f.

390 Zu den Motiven der Verbrüderung, die neben der Hungerkatastrophe dieses Jahres auch im bevorstehenden Polenfeldzug zu suchen sind, weil dafür die Zusammenarbeit mit dem sächsischen Herzog wie den Bischöfen erforderlich war, vgl. Joachim Wollasch, Geschichtliche Hintergründe der Dortmunder Versammlung des Jahres 1005, in: Festschrift für Wilhelm Kohl (= Westfalen 58, 1980) S. 55–69.

391 Zur Gebetsverbrüderung der Königin als Form der Memoria vgl. unten S. 226f.

392 Wolter, Synoden S. 123–128.

393 Wolter, Synoden S. 131f.

394 Reg. Imp. II,3 Nr. 1054c.

Arnulf die Fronten. Er übergab die umkämpfte Stadt Reims an Herzog Karl, der ebenfalls karolingischer Abstammung war. Daraufhin ließ ihn Hugo zusammen mit dem lothringischen Herzog gefangennehmen, als Bischof absetzen und an seiner Stelle Gerbert von Aurillac zum Reimser Erzbischof erheben[395]. In Fortsetzung der Westpolitik Theophanus[396] wandten sich schließlich die deutschen Bischöfe mit Willigis von Mainz an der Spitze an den Papst, der Legaten nach Deutschland sandte, damit auf einer gemeinsamen deutsch-französischen Synode das Schisma entschieden werde. Über die in Aachen unter der Leitung der päpstlichen Legaten zusammengetretene Synode[397] gibt es allerdings nur spärliche Nachrichten: Der französische Episkopat fehlte ganz[398], von deutscher Seite sind in den Quellen außer Willigis und den ebenfalls der Regentschaftsregierung angehörenden Bischöfen Hildebold von Worms und Notker von Lüttich keine weiteren Mitglieder genannt. Darüber hinaus ist aber eine Teilnahme der Kaiserin Adelheid anzunehmen, die nach dem Tod Theophanus die Regentschaft inne hatte, sich seit Anfang Oktober 991[399] ununterbrochen am Hof aufhielt und deren Anwesenheit in Aachen auch sicher bezeugt ist[400].

Adelheids Teilnahme ist weiterhin für die ein Jahr später in Ingelheim angesetzte Synode zu vermuten, die durch den erneut im Auftrag des Papstes nach Deutschland gereisten Legaten, Abt Leo von SS. Bonifacio ed Alessio, einberufen worden war. Hier trafen Kaiserin Adelheid und ihr Enkel, der fast schon regierungsfähige 13jährige Otto III., wieder zum Osterfest zusammen[401], nachdem sie sich nach Weihnachten in Pöhlde getrennt hatten. Otto III. unternahm zusammen mit Willigis eine Reise nach Lothringen[402], die sich die inzwischen 60jährige Kaiserin wohl nicht zumuten wollte[403], zumal die Quellen für Januar und Februar 993 von klirrender Kälte berichten[404]. Die erneut wegen des Reimser Streits anberaumte Synode wurde dieses Mal von vielen geistlichen wie weltlichen Großen des Reiches besucht. Über die einzelnen Beratungen liegen allerdings keine Berichte vor[405].

---

395 Ausführlich dazu Kienast, Deutschland und Frankreich 1 S. 117–136; zur Rolle Gerberts vgl. auch Bernd Schneidmüller, Karolingische Tradition und frühes französisches Königtum. Untersuchungen zur Herrschaftslegitimation der westfränkisch-französischen Monarchie im 10. Jahrhundert (Frankfurter Historische Abhandlungen 22, 1979) S. 65–69.

396 Vgl. Bernd Schneidmüller, Ottonische Familienpolitik und französische Nationsbildung im Zeitalter der Theophanu, in: Kaiserin Theophanu 2 S. 345–359.

397 Wolter, Synoden S. 132f.

398 Reg. Imp. II,3 Nr. 1054b.

399 Reg. Imp. II,3 Nr. 1038b.

400 Reg. Imp. II,3 Nr. 1054c.

401 Reg. Imp. II,3 Nr. 1085a.

402 Reg. Imp. II,3 Nr. 1078a.

403 Auf die Trennung lassen die für die Monate Januar bis April fehlenden Interventionen Adelheids schließen.

404 Quellenbelege: Reg. Imp. II,3 Nr. 1078b.

405 Vgl. Wolter, Synoden S. 134f.; Horst Fuhrmann, Die Synoden von Ingelheim, in: Ingelheim am Rhein. Forschungen und Studien zur Geschichte Ingelheims, hg. von Johanne Autenrieth (1964) S. 147–173, hier S. 167–169. – Namen der in Ingelheim Anwesenden: Reg. Imp. II,3 Nr. 1085b. – Das Reimser Schisma überdauerte den Pontifikat Johannes XV. und stand weiterhin auf der Tagesordnung der nachfolgenden Synoden (vgl. Wolter, Synoden S. 135–153). Sein Ende fand das Schisma schließlich mit der Resignation Gerberts, der Ende 996 Reims verließ und nach Italien an den Hof Ottos III. ging, wo er im April 998 mit Ravenna entschädigt wurde, während in Reims im Juni 997 wieder Arnulf eingesetzt worden war.

Die Frage nach der Teilnahme an Synoden läßt sich mangels Quellenbelege auch für Agnes von Poitou an der Seite Heinrichs III. nicht eindeutig beantworten. Das Beispiel ihrer Schwiegermutter, Kaiserin Gisela, zeigte, daß Königinnen, wenn sie am Hof weilten, auch an Synoden teilnahmen. Dies wäre für eine Kirchenversammlung in Aachen im Mai 1046[406] denkbar, denn die Anwesenheit der Königin Agnes kann hier durch Urkunden abgesichert werden[407]. Gleiches gilt für die in Reichsitalien abgehaltenen Synoden des Jahres 1046 in Pavia im Oktober, Sutri am 20. Dezember und Rom am 24. Dezember[408]. Agnes war in Begleitung Heinrichs III. nach Rom gereist, wo sie an seiner Seite am Weihnachtstag von Papst Clemens II. zur Kaiserin gekrönt wurde[409].

In den Jahren ihrer Regentschaft für den minderjährigen König Heinrich IV. wurde in Deutschland selbst keine Synode abgehalten, wohl aber seitens des Papsttums in Italien. An einer von Papst Nikolaus II. einberufene Synode in Sutri Mitte Januar 1059 nahm immerhin der italische Kanzler Wibert als Vertreter des Hofes teil[410]. Darüber hinaus ist die Reichsversammlung in Basel am 28. Oktober 1061 mit der Wahl Bischof Cadalus' von Parma zu erwähnen, die in der neueren Forschung als Wendepunkt im Leben der Kaiserin beurteilt wird[411]. Als Reaktion auf die Wahl Alexanders II., der nicht die Zustimmung des Hofes zu seiner Papstwahl eingeholt hatte, wurde Cadalus (Honorius II.) zum Gegenpapst erhoben. Dies sei Arnulf von Mailand zufolge auf Anweisung des Königs und seiner Mutter geschehen: *Huic statim surrexit adversarius Cadalous Parmensis episcopus institutione regis ac matris auguste papa nuncupatus*[412].

Nicht mehr in der unmittelbaren Regierungsverantwortung stehend, nahm Kaiserin Agnes während der Pontifikate Alexanders II. und Gregors VII. an römischen Synoden teil. Bonizo von Sutri berichtet, daß Papst Alexander II. im März 1073, kurz vor seinem Tod, eine Fastensynode einberufen hat, auf der von einigen Synodalen das Problem der Simonie thematisiert worden sei. Sie endete damit, daß der Papst auf Mahnung der Kaiserin hin – *ortatu imperatricis* – die Ratgeber des Königs, die diesen von der Einheit der Kirche trennen wollten, öffentlich gebannt habe[413]. Dieser Quellenbeleg zeigt, daß Königinnen an Synoden nicht nur schweigend

406 WOLTER, Synoden S. 369–372.

407 DHIII. 152 (1045 Mai 22) Verleihung der Grafschaft Drenthe an die bischöfliche Kirche zu Utrecht; DHIII. 154 (1046 Mai 25) Schenkung einer Besitzung an die Kirche von Metz; DHIII. 155 (1046 Mai 26) Schenkung einer Besitzung an das Kloster Abdinghof in Paderborn, wobei die Königin in der Seelheilsformel genannt wird.

408 WOLTER, Synoden S. 374–398. – Zur historischen Einordnung der Vorgänge sei lediglich verwiesen auf den Überblick von Wilfried HARTMANN, Der Investiturstreit (Enzyklopädie deutscher Geschichte 21, 1993) S. 9, 83f.

409 Zur Krönungssynode Anfang Januar 1047: WOLTER, Synoden S. 398–404.

410 Reg. Imp. III,3 Nr. 157 mit Quellen und der einschlägigen Literatur.

411 Vgl. STRUVE, Romreise S. 21; BLACK-VELDTRUP, Kaiserin Agnes S. 90, 372–375.

412 Arnulf von Mailand, Liber gestorum recentium III 17 S. 191. Weitere Quellen: Reg. Imp. III,3 Nr. 227; vgl. auch Nr. 226 zur zeitlich vorangegangenen Synode lombardischer Bischöfe unter der Leitung Wiberts, auf der beschlossen wurde, wegen der Wahl Alexanders eine Gesandtschaft an den Hof der Kaiserin zu schicken.

413 *Et non post multos dies, in quadragesime diebus Romam venit* (= Wibert von Ravenna) *causa consecrationis, synodo iam celebrata; in qua et Ugo Candidus a Cluniacensibus monachis et a quibusdam religiosis episcopis publice de symonia arguitur, et in qua ortatu imperatricis quosdam regis consiliarios, volen-*

und zuhörend teilnehmen konnten, sondern ihnen auch ein Rede- und darüber hinaus vielleicht auch ein gewisses Mitspracherecht eingeräumt wurde. Gleichzeitig wird hier die überragende Stellung der Kaiserin Agnes deutlich, die als Vermittlerin zwischen dem Papsttum und dem deutschen Hof über den Stand der Dinge nicht nur informiert, sondern offensichtlich in die politischen Entscheidungen einbezogen wurde[414].

Für die Fastensynode des Jahres 1074 ist zwar die Teilnahme der Markgräfin Mathilde zusammen mit ihrem Gatten, Markgraf Azzo von Este, in den Quellen überliefert[415], nicht aber die der Kaiserin. Die Tatsache jedoch, daß Agnes mit den Bischöfen Rainald von Como und Heinrich von Chur sowie den Kardinalbischöfen Hubert von Palestrina und Gerald von Ostia unmittelbar nach Abschluß der Synode zu Verhandlungen mit ihrem Sohn an den deutschen Hof reiste[416], dürfte ihre Anwesenheit aber doch wahrscheinlich machen[417].

Dem Zeugnis des Reichenauer Mönches Berthold zufolge war Agnes schließlich auch auf der berühmten, die mittelalterliche Welt in ihren Grundfesten erschütternden römischen Fastensynode des Jahres 1076 anwesend und mußte als Augenzeugin miterleben, wie Papst Gregor VII. ihren Sohn, König Heinrich IV., seines Königsamtes entsetzte, alle seine Untertanen vom Treueeid löste und mit dem apostolischen Bann belegte: *His omnibus Agnes imperatrix, mater regis, intererat, cuius animam ipsius gladius damnationis non parum sauciaverat*[418].

In einem durch Manegold von Lautenbach überlieferten Brief teilte Agnes ihrem ehemaligen Kanzler, Bischof Altmann von Passau, die gut bezeugten Ereignisse in wenigen Worten mit. Sie berichtet vom Auftritt der Legaten Heinrichs IV., die den Papst vor der Versammlung aufforderten, den Papstthron, den er nicht auf

---

tes eum ab unitate ecclesie separare, publice domnus papa excommunicavit, Bonizo von Sutri, Liber ad amicum VI, S. 600; zur historischen Einordnung der politischen Rolle des im Papstamt wenig später folgenden Hildebrandt vgl. Schieffer, Investiturverbot S. 109f. – Zum Kontext: Boshof, Salier S. 193–200. – Zu Leben und Werk Bonizos: Walter Berschin, Bonizo von Sutri (Beiträge zur Geschichte und Quellenkunde des Mittelalters 2, 1972).

414 Zu den Beziehungen der Kaiserin zu Papst Gregor VII. und ihren Vermittlungsbemühungen zwischen ihm und Heinrich IV. vgl. S. 300–308.

415 *Cui synodo interfuit excellentissima cometissa Matilda et Azo marchio et Gisulfus Salernetanus princeps*, Bonizo, Liber ad amicum S. 602. Das Ehepaar mußte sich auf der Synode in einer Ehescheidungsklage wegen Verwandtschaft im vierten Grad verantworten; da kein Urteil gesprochen wurde, zitierte Gregor VII. die Markgräfin zur Fastensynode des Jahres 1075 erneut, ed. Erich Caspar, Das Register Gregors VII., MGH Epistolae selectae 2,1 (^{2}1955) II, 36 (1074 Dez. 16 Rom) S. 172; vgl. Tangl, Teilnehmer S. 168.

416 Vgl. Black-Veldtrup, Kaiserin Agnes S. 51f. mit Anm. 369.

417 In einem Brief vom 3. Januar 1074 hatte Gregor VII. Mathilde von Tuszien dazu aufgefordert, ihre Mutter Beatrix auf deren Reise nach Rom zu begleiten: *Quapropter si contigerit gloriosam matrem vestram hoc tempore Romam redire, toto corde ammonemus immo rogamus claritatem vestram ad visitationem apostolorum cum eadem venire, nisi forte aliquid instet, quod vos non pretermittenda necessitate detineat*, Register Gregors VII. I, 40 S. 62f. – Die Anwesenheit der Markgräfin Beatrix auf der Synode ist in den Quellen nicht ausdrücklich erwähnt und allein aufgrund des zitierten Briefes Gregors, in dem nur allgemein von einem Besuch in Rom und beim Papst die Rede ist, zwar nicht gänzlich auszuschließen, aber auch nicht als sicher anzunehmen wie dies Elke Goez, Beatrix von Canossa und Tuszien. Eine Untersuchung zur Geschichte des 11. Jahrhunderts (VuF Sonderband 41, 1995) Regest 44c formuliert hat. Höchst unwahrscheinlich ist die Teilnahme ihrer Tochter Mathilde, die am 4. März 1074 in Pisa urkundete; vgl. E. Goez S. 169.

418 Berthold von Reichenau, Annalen a. 1076 S. 283; vgl. Tangl, Teilnehmer S. 168.

kanonische Weise, sondern durch Raub an sich gerissen habe, aufzugeben, woraufhin diese von den Römern ergriffen worden seien. Sie erwähnt die Briefe des Mainzer Erzbischofs und der den König unterstützenden Bischöfe, die die Aufkündigung des Gehorsams gegenüber dem Papst enthielten. Schließlich benennt sie die einzelnen Punkte der offiziell durch den Papst verkündeten Beschlüsse: Alle, die freiwillig mit dem König übereinstimmten, sollten Amt und die Gemeinschaft mit der Kirche verlieren; allen, deren Zustimmung erzwungen worden war, wurde eine Frist bis zum Fest des hl. Petrus (29. Juni) eingeräumt, um sich distanzieren zu können. Heinrich IV. wurde aus dreifachem Grund – wegen der auf der Wormser Fürstenversammlung vom 26. Januar 1076 gefällten Beschlüsse gegen den Papst, wegen seines Umgangs mit den exkommunizierten Räten und wegen seiner Weigerung, für seine Frevel Buße zu leisten – seiner königlichen Würde entkleidet und »mit dem Schwert des Anathems geschlagen«; darüber hinaus löste der Papst seine Untertanen von ihrem Treueschwur[419].

Die Teilnahme der Kaiserin Agnes auf den von den Päpsten Alexander II. und Gregor VII. einberufenen römischen Fastensynoden der Jahre 1073 bis 1076, die in ihrer politischen Bedeutung ungleich höher einzuschätzen sind als etwa die Reichssynoden unter Heinrich II. oder Konrad II., zeigt, daß Kaiserinnen in die höchsten Entscheidungsgremien der Kirche und des sich als universal verstehenden Reformpapsttums in Rom einbezogen werden konnten. Im konkreten Fall gilt für Agnes, daß sie seitens des Papsttums hinsichtlich ihrer Vermittlungstätigkeit gegenüber Heinrich IV. nicht nur instrumentalisiert und im Dienst der Kirche lediglich informell über die jeweiligen Beschlüsse unterrichtet wurde, sondern bei der Entscheidungsfindung persönlich zugegen und darüber hinaus auch daran beteiligt war.

Doch mit Kaiserin Agnes hat die synodale Beteiligung der Königin einen Höhepunkt erreicht[420]. Im 12. Jahrhundert läßt sich in den Quellen nur noch die Anwe-

---

419 Manegold von Lautenbach, Liber ad Gebehardum: *XXVII. Testimonia Agnetis inperatricis de dampnatione filii sui regis. Scribit enim ad Altmannum Pataviensem episcopum, sanctissimae conversationis virum, ita inter cetera in quadam epistola: Legati filii mei regis venerunt in synodum et coram omnibus dixerunt apostolico ex parte filii mei, ut surgeret et dimitteret sedem apostolicam, quam non canonice, sed rapina adeptus esset. Qui statim a Romanis capti sunt. Similiter archiepiscopus Magontinus omnesque episcopi illius partis per eosdem legatos miserunt epistolas, se deinceps nullam exhibituros obedientiam apostolico; hoc idem Longobardorum episcopi iure iurando decreverunt. Que de re domnus papa omnes, qui sponte consenserunt, offitio et communione privavit, eis, qui coacti assensum prebuerunt, usque ad festivitatem sancti Petri indutias dedit; filium quoque meum ob hoc, et quia excommunicatis communicat et quia de sceleribus suis agere penitentiam recusavit, dignitate regia privavit et anathematis gladio percussit omnesque, qui sibi iuraverant, iuramento absolvit*, ed. K. Francke, in: MGH Ldl 1 (1891) S. 358f. – Hugo von Flavigny hat in seiner Chronik diesen Brief der Kaiserin vollständig inseriert, indem er auch Intitulatio, Inscriptio und Narratio sowie das »Valete« als Schlußgruß zitiert: *Agnes Dei gratia quidquid est, Altmanno Pataviensi episcopo salutem et carissimam dilectionem. Me sospitem Deo adiuvante paternitati tuae innotescat, sed maximo afficior merore, quod maximum video aecclesiae imminere periculum, filio meo nimium verbis stultorum credulo. Ea quae modo gesta sunt in Romana synodo, quoniam ut tibi referrem mandasti, referam …*, ed. G. H. Pertz, in: MGH SS 8, liber II S. 435.

420 Dies ist wohl auch in einem gewissen Zusammenhang mit den Veränderungen der synodalen Praxis zu sehen: Den unter dem Pontifikat Papst Urbans II. einsetzenden Wandel von der Synode, auf der in Beratung mit den Bischöfen die Beschlüsse gefällt werden, hin zum Konzil, dem der Papst nicht mehr als Gerichtsvorsitzender, sondern als oberster Gesetzgeber präsidiert und dessen Befugnis sich in der Akklamation der päpstlichen Vorlagen erschöpft: Franz-Josef Schmale, Synodus – synodale concilium – concilium, AHC 8 (1976) S. 80–102; vgl. auch H. J. Sieben, Art. Synode, in: LexMA 8 (1996) Sp. 375–377.

senheit der Kaiserin Richenza auf der Lütticher Synode im Frühjahr 1131 nachweisen, auf der in Anwesenheit Innocenz' II. die Exkommunikation über seinen »Gegenspieler« Anaklet II. verhängt wurde[421]. Im Spätmittelalter reduzierte sich die Teilnahme auf repräsentative Pflichten an der Seite des Herrschers, wie das Beispiel Barbaras von Cilli auf dem Konzil von Konstanz verdeutlicht. Ulrich von Richental schildert in seiner Chronik die glanzvolle Ankunft König Sigmunds und Königin Barbaras an Heiligabend 1415, kurz vor Mitternacht, per Schiff in Konstanz. Nach einem Empfang in der geheizten Ratsstube begab sich das Herrscherpaar mit seinem Gefolge, darunter Königin Elisabeth von Bosnien, Herzogin Anna von Württemberg und Herzog Rudolf von Sachsen, ins Münster, wo Papst, Kardinäle, Konzilsväter und die Bevölkerung bereits seit Stunden auf sie warteten. Die Erwiderung des königlichen Hand- und Fußkusses durch den päpstlichen Friedenskuß blieb aber allein dem König vorbehalten. An der mehrteiligen sechsstündigen Christmette, die in den frühen Morgenstunden begonnen hatte und bis in den späten Vormittag andauerte, nahmen Sigmund und die beiden Königinnen auf Sitzen zur Rechten des Papstes teil[422]. Die illustrierte Konstanzer Richental-Chronik veranschaulicht, wie Königin Barbara mit ihrem Gefolge im Rücken als einzige sitzt, während alle übrigen, darunter Königin Elisabeth von Bosnien zu ihren Rechten und Herzogin Anna zur Linken, stehend und mit verschränkten Armen der Messe beiwohnten[423]. Während Sigmund an den einzelnen Konzilsversammlungen teilnahm und sich an den Diskussionen beteiligte, berichten die Quellen für Königin Barbara und ihren Hofstaat nur ihre Anwesenheit bei feierlichen Meßfeiern und Prozessionen[424].

---

421 Zum Kontext und den Quellen vgl. S. 310.

422 Vgl. dazu Walter Brandmüller, Das Konzil von Konstanz 1414–1418. Bd. 1: Bis zur Abreise Sigismunds nach Narbonne (Konziliengeschichte. Reihe A: Darstellungen, 1991) S. 178f.; Hoensch, Kaiser Sigismund S. 196.

423 Ulrich Richental, Chronik des Konzils zu Konstanz, Faksimileausgabe, bearbeitet von Otto Feger (1964) fol. 21r; zum Bildprogramm der Chronik vgl. Lilli Fischer, Die Bilderfolge der Richental-Chronik, besonders der Konstanzer Handschrift, in: Kommentarband zum Faksimile S. 37–79. – Eine umfassende Analyse der Chronik bei Wilhelm Matthiesen, Ulrich Richentals Chronik des Konstanzer Konzils. Studien zur Behandlung eines universalen Großereignisses durch die bürgerliche Chronistik, AHC 17 (1985) S. 71–191, 323–455.

424 Brandmüller, Konzil 1, S. 186, 270, 274.

Memoria

Die Sorge um die Memoria als »Aufgabenbereich«der Königin

Der Memoria, die als Überwindung von Tod und Vergessen durch »Erinnerung« und »Gedächtnis«[425] ein allgemeines kulturelles Phänomen darstellt[426], kam im Mittelalter größte Bedeutung zu. Totengedenken und Gebetsverpflichtung verbanden Individuen und Gruppen unter- und miteinander und erhielten für den Adel über die religiös-soziale Komponente hinaus eine herrschaftsstabilisierende und herrschaftslegitimierende Funktion[427].

Bei der Initiierung und Durchführung der in verschiedenen liturgischen und monastischen Formen ausgeprägten Memoria waren viele adlige und vor allem verwitwete adlige Frauen beteiligt, deren wichtigste Aufgabe nach Thietmar von Merseburg darin bestehe, für das Seelenheil ihrer »kriegerischen Männer« zu fasten und zu beten, Almosen zu verteilen und Messen zu stiften[428]. Diesem Ideal entsprachen viele Königinnen, die aufgrund ihrer Stellung und ihres Vermögensstandes überregional und in ungleich größerem Ausmaß als Herzoginnen und Gräfinnen Kirchen und Klöster ausstatten und beschenken konnten, um als »Gegenleistung« für sich, ihre Familien und diejenigen, mit denen sie sich im Gebetsbund verbrüdert hatten, die Aufnahme in das Totengedenken zu erlangen.

Aufgrund des bislang noch sehr disparaten und punktuellen Quellen- und Forschungsstandes läßt sich jedoch eine über Einzelbeobachtungen hinausgehende Einschätzung des Stellenwerts der Aktivitäten der Königinnen für das mittelalterliche Memorialwesen derzeit nicht geben. Lediglich für das 10. und bedingt auch für das 11. Jahrhundert kann festgestellt werden, daß sich vor allem Königinnen um die Memoria der Königsfamilie sorgten. Gerd Althoff hat gezeigt, daß in ottonischer Zeit die

---

425 Vgl. die Definition von O. G. Oexle, in: LexMA 6 (1993) Sp. 510.

426 Zuletzt dazu der instruktive Überblick von Otto Gerhard Oexle, Memoria als Kultur, in: Ders. (Hg.), Memoria als Kultur (Veröffentlichungen des Max-Planck-Instituts für Geschichte 121, 1995) S. 9–78.

427 Seit der programmatischen Studie von Karl Schmid, Religiöses und sippengebundenes Gemeinschaftsbewußtsein in frühmittelalterlichen Gedenkbucheinträgen, DA 21 (1965) S. 18–81 ist zwischenzeitlich eine Vielzahl an Einzelstudien vorgelegt worden. Hier sei lediglich verwiesen auf die den Gang der Forschung deutlich machenden Sammelbände: Memoria. Der geschichtliche Zeugniswert des liturgischen Gedenkens im Mittelalter, hg. von Karl Schmid und Joachim Wollasch (Münstersche Mittelalter-Schriften 48, 1984); Memoria in der Gesellschaft des Mittelalters, hg. von Dieter Geuenich und Otto Gerhard Oexle (Veröffentlichungen des Max-Planck-Instituts für Geschichte 111, 1994); Memoria als Kultur (wie obige Anm.).

428 Eine Fülle von Belegen sind zusammengestellt bei Lippelt, Thietmar S. 129f. Allgemein dazu Patrick Corbet, Pro anima senioris sui. La pastorale ottonienne du veuvage, in: Parisse (Hg.), Veuves S. 233–253.

weiblichen Mitglieder der Familie, Königin Mathilde, Kaiserin Adelheid, Äbtissin Mathilde von Quedlinburg sowie Kaiserin Kunigunde, »als die Verantwortlichen für die Zusammenstellung und Bewahrung der Gedenknachrichten« zu gelten haben[429].

Gut bezeugt ist in erster Linie in den erzählenden Quellen das Engagement der Königin Mathilde, die unmittelbar im Anschluß an den Tod Heinrichs I. bei seiner Grablege in Quedlinburg ein Kanonissenstift gründete, das in den Anfangsjahren unter ihrer Leitung auf die Memoria der ottonischen Familie verpflichtet wurde und das sehr rasch zu dem Zentrum ottonischen Totengedenkens emporstieg. Dessen über persönliche Verpflichtungen hinausgehende Bedeutung wird sinnfällig in einer in den Viten geschilderten und der Forschungsliteratur häufig zitierten Szene, in der Königin Mathilde kurz vor ihrem Tod ihrer gleichnamigen Enkelin als ihrer im Kreis der gesamten Familie bereits zur Äbtissin geweihten Nachfolgerin in Quedlinburg ein *computarium* mit Namenseinträgen der Personen übergab, deren Gedenken bewahrt werden sollte[430]. Die Tradierung des Memorialzeugnisses demonstriert den Willen zur Kontinuität und damit die Sorge um das von der Königin initiierte und organisierte Gedenken im Rahmen der ottonischen Familie und Dynastie[431].

Nach Quedlinburg gründete und erbaute die Königin weitere Klöster, deren Gebets- und Lebensgewohnheiten sie maßgeblich prägte und die sie mehr oder weniger reich ausstatten ließ[432]. Der Darstellung ihrer über 30jährigen Witwenschaft in den Quellen zufolge hat Mathilde ihr Leben nach dem Tod Heinrichs I. fast ausschließlich der Memoria der Ottonen gewidmet, so daß die als offizielle Darstellung des sächsischen Hofes geltende und als Augenzeugennotiz stilisierte Einschätzung der Aktivitäten der Königin durch Bischof Liudprand von Cremona kaum als übertrieben beurteilt werden kann, wenn er schreibt, ... *ultra omnes quas viderim et audierim matronas, pro delictorum expiatione* (sc. Heinrichs I.) *celebre exequiarum offitium vivamque Deo hostiam offere non desinit* ...[433].

Ihrem Beispiel folgten die Kaiserinnen Adelheid und Kunigunde, auch wenn sich deren Lebensumstände anders gestalteten. Während sich Kunigunde nach dem Tod Heinrichs II. ganz vom Hof in ihre Klostergründung Kaufungen als Nonne zurückzog[434], stand Adelheid durch die Regentschaft für ihren Enkel Otto III. während ihrer 26jährigen Witwenzeit zeitweilig in der Regierungsverantwortung. Dennoch hat gerade auch Adelheid in sehr ausgeprägter Weise für die Memoria der ottonischen wie auch ihrer eigenen burgundischen Familie Vorsorge getragen.

Neben ihren Klosterstiftungen in Burgund, Italien und im Elsaß[435], mit denen sie in gewisser Analogie zu den sächsischen Gründungen ihrer Schwiegermutter memoriales Gedenken institutionalisierte, lassen sich für Adelheid wie auch ihre Nachfolgerinnen viele Formen der Initiierung von Memoria nachweisen. Mit großzügigen und kostbaren Schenkungen aller Art einschließlich urkundlich be-

---

429 Gerd ALTHOFF, Adels- und Königsfamilien im Spiegel ihrer Memorialüberlieferung. Studien zum Totengedenken der Billunger und Ottonen (Münstersche Mittelalter-Schriften 47, 1984) S. 238.

430 Zum Kontext vgl. unten S. 237.

431 ALTHOFF, Adels- und Königsfamilien S. 169.

432 Zu den Klostergründungen der Königin vgl. unten S. 231–237.

433 Liudprand von Cremona, Antapodosis IV 15 S. 112f.

434 Zur Gründung Kaufungens siehe S. 245–249.

435 Zu den Klosterstiftungen Adelheids S. 237–244.

stätigter Grundbesitzschenkungen aus ihren Eigengütern[436] sowie liturgischer Geräte und Gewänder[437] sorgte sie für die Verteilung von Almosen an bestimmten Jahrestagen[438] und veranlaßte Namenseintragungen in den Necrologen verschiedener Kirchen und Klöster des mittelalterlichen Reichs[439], wobei hier lediglich auf die auf Adelheid persönlich zurückzuführenden Einträge in das Merseburger Necrolog[440] und auf die für sich und ihren Sohn Otto II. erwirkte Aufnahme in das Totengedenken von Cluny als Beispiele verwiesen sei[441].

Die durch Kaiserin Adelheid aufgebauten Kontakte zwischen den Äbten von Cluny, die wiederum in vielen Necrologen des Regnums verzeichnet sind[442], und den ottonischen Herrschern intensivierten sich im 11. Jahrhundert. Nachdem Heinrich II. mit Cluny möglicherweise eine Verbrüderung eingegangen war[443], erhielt der Salier Heinrich III. nach seinem Tod, wiederum auf Bitten seiner Gemahlin, der Kaiserin Agnes, hin das dortige Totengedenken[444]. Agnes selbst wurde später ebenfalls in mehreren cluniacensischen Totenbüchern verzeichnet[445].

---

436 Neben den umfangreichen Schenkungen für ihr Kloster Selz sei hier lediglich auf die Schenkungen für das Servatiusstift in Quedlinburg verwiesen, so DOIII. 7a (985 Jan. 28 –) für das Seelenheil Ottos II. *(pro remedio anime genitoris nostri bone commemmorationis Ottonis imperatoris augusti)* und DOIII. 81 (992 Jan. 6 Grone) für das Seelenheil Ottos I. und Ottos II. sowie zum eigenen Heil Ottos III. und dem seiner Großmutter Adelheid wie auch seiner Tante, der Äbtissin Mathilde: *pro remedio animarum beate memorie avi nostri Ottonis et eius aequivoci genitoris nostri imperatorum augustorum et pro nostra salute atque ipsius iam dicte avie nostre Adalheidis imperatricis augustae ac superius nominate amite nostre …*

437 Die Schenkungsfreudigkeit der Kaiserin durchzieht das von Odilo von Cluny verfaßte Epitaphium domine Adelheide auguste, ed. Herbert PAULHART, Die Lebensbeschreibung der Kaiserin Adelheid von Abt Odilo von Cluny, in: Festschrift zur Jahrtausendfeier der Kaiserkrönung Ottos des Großen. Zweiter Teil (MIÖG Erg.-Bd. 20, Heft 2, 1962) S. 28–54, bes. c. 9–11, S. 36–39.

438 *Accidit tunc aliquid novum, quod huic operi iudicavimus inserendum. Fatigata ex itinere non potuit more solito manu propria elemosinam dare pauperibus et vocavit unum de fratribus, qui vice sua nummos daret pauperibus. Eius iussu ventum est ad pauperes. Excessit numerus pauperum denariorum numerum. Timuit minister minus habere, quam indigentibus posset sufficere. Quid multa! Affuit auguste meritis virtus illius, qui panibus ex quinis saciavit milia plebis. Multiplicatis denariis recesserunt pauperes cum munere leti*, Odilo von Cluny, Epitaphium c. 13 S. 39. – *Erat ei consuetudo talis, ut in amicorum et familiarium suorum anniversariis spiritale donativum suis spiritalibus erogaret militibus, elemosinam dico, Christi pauperibus*, ebd. c. 20 S. 43.

439 Zum Quellenwert der ottonischen Nekrologe und besonders der aus der fehlenden Überlieferung für Gandersheim, Quedlinburg und das Magdeburger Moritzkloster resultierenden Problematik vgl. ALTHOFF, Adels- und Königsfamilien S. 133–142.

440 Ausführlich zum Merseburger Nekrolog als einem »zentralen Memorialzeugnis der Königsfamilie« und seiner Überlieferung: ALTHOFF, Adels- und Königsfamilien S. 142–166; zur frühen Stiftungstätigkeit Adelheids, die neben den persönlichen Daten ihrer Gefangenschaft und Freilassung einen über die engere Familie hinausgehenden Kreis von ihr nahestehenden Persönlichkeiten, so den Dogen Petrus von Venedig oder Graf Manegold, eintragen ließ, bes. S. 163–165. Vgl. auch die zusammenfassende Darstellung von Gerd ALTHOFF, Beobachtungen zum liudolfingisch-ottonischen Gedenkwesen, in: Memoria (1984) S. 653–658.

441 Joachim WOLLASCH, Cluny und Deutschland, Studien und Mitteilungen zur Geschichte des Benediktinerordens 103 (1992) S. 7–32, hier S. 15.

442 Vgl. die Beispiele bei WOLLASCH, Cluny und Deutschland S. 16f.

443 Joachim WOLLASCH, Kaiser Heinrich II. in Cluny, FMSt 3 (1969) S. 327–342.

444 Der Brief der Kaiserin an Abt Hugo ist abgedruckt bei Tilman STRUVE, Zwei Briefe der Kaiserin Agnes, HJb 104 (1984) S. 411–424, hier Brief 1, S. 423.

445 WOLLASCH, Cluny und Deutschland S. 15f.; BLACK-VELDTRUP, Kaiserin Agnes S. 310; eine Zusammenstellung von Nekrologeinträgen der Kaiserin Agnes bei VOGEL, Rudolf von Rheinfelden S. 1–30, hier S. 26 Anm. 134.

Ebensowenig wie es in diesem Rahmen aufgrund der schwerpunktmäßig im 10. und 11. Jahrhundert verankerten, aber noch lückenhaften Forschungslage möglich ist, die einzelnen von und für Königinnen veranlaßten Necrologeinträge darzustellen und hinsichtlich der Veränderungen memorialer Praxis zu diskutieren, läßt sich ein Überblick über die mit dem Totengedenken im Zusammenhang stehenden Verbrüderungen von Königinnen mit Klöstern und Kirchen geben[446].

Über die Tatsache hinaus, daß Herrscherpaare gemeinsam, wie zum Beispiel Kunigunde und Heinrich II. 1005 auf der Dortmunder Versammlung mit einer Vielzahl vor allem sächsischer Bischöfe[447], aber auch Königinnen allein Verbrüderungen eingingen, lassen sich auch hier bislang nur Einzelbefunde anführen. So verband Kaiserin Gisela eine Verbrüderung mit dem Konvent in St. Gallen anläßlich eines gemeinsam mit ihrem Sohn Heinrich III. absolvierten Besuches auf der Rückreise aus Italien 1027: *Gisela imperatrix simul cum filio suo Heinrico monasterium sancti Galli ingressa, xeniis benignissime datis, fraternitatem ibi est adepta*[448].

Nicht nur mit Klosterkonventen, sondern auch mit Domkapiteln verbrüderten sich Königinnen, allerdings in einem geringeren Umfang und wenn, dann meist zusammen mit dem König. Solche gemeinschaftlichen Verbrüderungen des Herrscherpaares sind in ihrer Bedeutung in der Forschung bislang umstritten. Der Ausgangspunkt liegt in der in der älteren Forschung als Königskanonikat, in der neueren Forschung als Verbrüderung interpretierten Verbindung des Kaiserpaares Heinrich II. und Kunigunde mit dem Domkapitel in Paderborn 1017 unter dem Episkopat Meinwerks. Die dafür ausgestellte Königsurkunde, mit der die Schenkung von neun Hufen an die Paderborner Kirche bestätigt wird, fällt aus dem Rahmen des Üblichen. Die Schenkung erfolgte unter der Bedingung, daß an Heinrich wie an Kunigunde in gleicher Weise jeweils Kleidung und Nahrung eines Domherrn durch den jeweiligen Bischof übergeben und beide mit Zustimmung aller Kanoniker wie jeder andere Bruder auch in die Gebetsgemeinschaft aufgenommen werden sollen[449].

Wurde dieses Übereinkommen als »wirkliche Mitgliedschaft im Domkapitel« und somit als Begründung eines Königskanonikats interpretiert[450], so wird es neuerdings als Gebetsverbrüderung gewertet, welche in diesem Fall mit »materiellen Zuwendungen« versehen gewesen sei. Dem liegt eine Definition zugrunde, die das Königskanonikat als dauerhafte und überpersönliche Institution definiert, die in

446 Die Durchsicht der Nekrologe und Verbrüderungsbücher hinsichtlich der Aufnahme von Königinnen muß einer eigenen Untersuchung vorbehalten werden; lohnend scheint sie unter der Fragestellung, in welchem Ausmaß Königinnen Namenseinträge für sich und ihre Familien initiiert haben.

447 Zur Dortmunder Verbrüderung vgl. S. 215f.

448 Annales Sangallenses maiores, ed. Ildefonsus von ARX, in: MGH SS 1, S. 83; vgl. Joachim WOLLASCH, Kaiser und Könige als Brüder der Mönche. Zum Herrscherbild in liturgischen Handschriften des 9. bis 11. Jahrhunderts, DA 40 (1984) S. 1–20, hier S. 3.

449 ... *proprietavimus ... ea scilicet racione ut uterque nostrum tam vestitura quam victu stipendialem amodo ab episcopo sedis supra scripte, nunc vero a domno Meginwerco presule et post a successoribus ipsius, communi canonicorum consensu cum perpetua oracionum participacione plenarie inibi sicut unus fratrum accipiat et potestative possideat,* DHII. 368 (1017 – Paderborn).

450 A. FUCHS, Kaiser Heinrich und Kaiserin Kunigunde, Mitglieder des Paderborner Domkapitels, Die Warte. Heimatzeitung für das Paderborner Land 16 (1955) S. 82f.; in dieser Einschätzung folgt ihm C. G. FÜRST, Art. »Königskanonikat«, in: HRG 2 (1978) Sp. 1042f.

der Zeit der Abwesenheit der Könige von einem *vicarius regis* wahrgenommen wurde[451]. Dessen Entstehung datiert aber erst in staufische Zeit[452]. Die Quellenbelege dafür hat bereits Aloys Schulte in den 30er Jahren zusammengetragen[453].

Auf der Basis dieser Definition läßt sich die Verbindung zwischen Heinrich II. und Kunigunde und der Paderborner Kirche nur als Gebetsverbrüderung verstehen[454], denn die Schenkungen begründeten keine dauerhafte und überpersönliche Pfründe. Vielmehr waren Gebet und materielle Gegengaben an die Personen Heinrichs und Kunigundes gebunden, wobei die Gebetsverpflichtung des Domkapitels über den Tod hinaus galt. Ungewöhnlich bleibt dennoch, daß auch die Kaiserin neben der Verpflegung ein Domherrengewand erhielt, was wohl als symbolischer Ausdruck der Gemeinschaft mit den Domkanonikern zu bewerten ist[455]. Dabei könnte eine Rolle gespielt haben, daß Kunigunde einst in Paderborn durch Erzbischof Willigis zur Königin gekrönt worden war, und sich seither enge Beziehungen zu Paderborn entwickelt hatten, die durch häufige Aufenthalte[456] und durch viele von Kunigunde durch ihre Interventionen unterstützte Privilegien geprägt waren[457].

Auffallend an der Urkunde Heinrichs II. ist weiterhin die Formulierung der Intervention Kunigundes, die – über eine einfache Fürsprache hinausgehend – *rogatu et instinctu* der Kaiserin zustande gekommen sei, was als Beleg dafür gewertet werden könnte, daß die Verbrüderung auf die Initiative Kunigundes zurückzuführen ist[458].

451 Manfred GROTEN, Von der Gebetsverbrüderung zum Königskanonikat. Zu Vorgeschichte und Entwicklung der Königskanonikate an den Dom- und Stiftskirchen des deutschen Reiches, HJb 103 (1983) S. 1–34; zur vorliegenden Urkunde S. 13f. – Vgl. R. SCHIEFFER, Art. »Königskanonikat«, in: LexMA 5 (1991) Sp. 1330.

452 Der These von Groten, daß das Königskanonikat aus der Gebetsverbrüderung heraus entstanden sei, widersprach im Vergleich mit Frankreich, Spanien und England Michael BORGOLTE, Über Typologie und Chronologie des Königskanonikats im europäischen Mittelalter, DA 47 (1991) S. 19–44; vgl. die Replik durch Manfred GROTEN, Königskanonikat und Krönung, DA 48 (1992) S. 625–629. – Einig sind sich beide in bezug auf die Unterscheidung zwischen Gebetsbrüderschaft und Kanonikat sowie den ungefähren Zeitpunkt der Entstehung des Kanonikats um 1200.

453 Aloys SCHULTE, Deutsche Könige, Kaiser, Päpste als Kanoniker an deutschen und römischen Kirchen, HJb 54 (1934) S. 137–177; zit. nach der Sonderausgabe (Libelli 70, 1960).

454 So auch BORGOLTE, Typologie S. 24.

455 FUCHS, Kaiser Heinrich S. 83.

456 *Sepius autem in civitate Patherbrunnensi commoratus operum et studiorum eius adiutor et cooperator extitit, favente et instante per omnia venerabili Chunigunda regina, cui non minor voluntas quam facultas in ecclesiis Dei amplificandis et meliorandis semper fuit*, Vita Meinwerci S. 21; vgl. Manfred BALZER, Dortmund und Paderborn. Zwei Aufenthaltsorte der fränkischen und deutschen Könige in Westfalen (8.–13. Jh.), Westfälische Forschungen 32 (1982) S. 1–20, bes. S. 14; zum Kontext DERS., Zeugnisse für das Selbstverständnis Bischof Meinwerks von Paderborn, in: Tradition als historische Kraft. Interdisziplinäre Forschungen zur Geschichte des früheren Mittelalters. Karl Hauck zum 21.XII.1981 gewidmet, hg. von Norbert KAMP und Joachim WOLLASCH (1982) S. 267–296 und jetzt DERS., Paderborn im frühen Mittelalter (776–1050), in: Paderborn. Geschichte der Stadt in ihrer Region, Bd. 1: Das Mittelalter. Bischofsherrschaft und Stadtgemeinde, hg. von Jörg JARNUT (1999) S. 3–118, bes. S. 101–106.

457 Die durch die Interventionen Kunigundes unterstützten Schenkungen Heinrichs II. durchziehen die Vita Meinwerci c. 19ff.; eine Zusammenstellung der verschiedenen Urkunden bei Hermann BANNASCH, Das Bistum Paderborn unter den Bischöfen Rethar und Meinwerk (983–1036) (Studien und Quellen zur westfälischen Geschichte 12, 1972) Anhang 3; zu den engen Beziehungen zwischen dem Herrscherpaar und Bischof Meinwerk ebd. S. 159–192.

458 GROTEN, Gebetsverbrüderung S. 14.

Doch nicht die auch in anderen Urkunden ausgesprochene Rogatio der Kaiserin ist so besonders, sondern der auf die »über alles geliebte Gattin« bezogene Zusatz *qui duo sumus in carne una*, bei dem es sich um ein Bibelzitat handelt, das mit geringfügiger Abänderung der Wortwahl nur noch in sieben weiteren Schenkungsurkunden für das Kloster Kaufungen Verwendung fand. Diese in theologischer Überhöhung zum Ausdruck gebrachte eherechtliche Vorstellung als Begründung für die erstmalige Verbrüderung einer Königin mit einem Domkapitel findet sich ansonsten nur in Dotalurkunden, weshalb man den vermögensrechtlichen Aspekt der Paderborner wie der Kaufungen Urkunden betont und dahinter ein »Eigendiktat« des Herrschers vermutet hat[459].

Wie Kunigunde in Paderborn war Kaiserin Gisela in die Verbrüderung Konrads II. mit dem Eichstätter Domkapitel einbezogen. Zumindest erscheint sie zusammen mit dem Kaiser als *Gisila imperatrix*, einem Inklusen sowie drei weiblichen Konversen in einer durch Bischof Gundekar II. zusammengestellten Liste der verstorbenen Domkanoniker. Der Anlaß dafür läßt sich jedoch nicht mehr benennen[460]. Eindeutig in der Formulierung ist schließlich der Eintrag der mit Konrad III. verheirateten Königin Gertrud (von Sulzbach) unter dem 14. April im Necrolog des Speyerer Domkapitels als *Gerdrut regina et soror*[461], was in Analogie zu der Bezeichnung der Könige und Kaiser als *fratres* anzusehen ist[462].

Insgesamt sind diese drei angeführten Belege wohl nicht als Kanonikate als vielmehr Verbrüderungen von Königinnen mit den jeweiligen Domstiften zu interpretieren. Dennoch: Trotz aller vermeintlicher Unmöglichkeit des Kanonikats einer Frau in einem Männerstift[463] kann ein solches für die Königin im späten Mittelalter dann doch nicht von vornherein ausgeschlossen werden. Anlaß dazu gibt ein Beleg aus einer Bischofsurkunde des Jahres 1392, in der ein *Hinricus de Orsleve, perpetuus maior vicarius ecclesie nostre Halberstadensis, qui vicarius imperatricis vulgariter nuncupatur* erscheint[464]. Daß es Vikare der Königin im Halberstädter Domstift im Spätmittelalter gegeben haben soll, bestätigen auch die bislang noch ungedruckten Kapitelstatuten aus dem Jahr 1427[465].

Dies scheint anzudeuten, daß Königinnen – aufgrund ihrer Weihe und Salbung – vielleicht doch über Kanonikate verfügten, bei denen sie aber wohl gänzlich durch

---

459 Hartmut HOFFMANN, Eigendiktat in den Urkunden Ottos III. und Heinrichs II., DA 44 (1988) S. 390–423, hier S. 400–402; vgl. auch Ingrid BAUMGÄRTNER, Kunigunde. Politische Handlungsspielräume einer Kaiserin, in: DIES. (Hg.), Kunigunde (1997) S. 11–46, hier bes. S. 33f. Die ganze Interventionsformel in DHII.368 lautet: ... *qualiter nos divini amoris respectu et dilectissime coniugis nostre, qui duo sumus in carne una, Cunigunde videlicet imperatricis auguste rogatu et instinctu ...*

460 GROTEN, Gebetsverbrüderung S. 16.

461 REIMER, Das Todtenbuch des Speirer Domstifts, ZGO 26 (1874) S. 414–444, hier S. 427.

462 Vgl. SCHULTE, Deutsche Könige S. 18, der jedoch die Bedeutung der *soror*-Bezeichnung nicht weiter diskutiert; vgl. GROTEN, Gebetsverbrüderung S. 24 sowie Caspar EHLERS, Metropolis Germaniae. Studien zur Bedeutung Speyers für das Königtum (751–1250) (Veröffentlichungen des Max-Planck-Instituts für Geschichte 125, 1996) S. 221–224, der ebenfalls in Übernahme der Definition von Groten von einer Gebetsverbrüderung ausgeht.

463 So GROTEN, Gebetsverbrüderung S. 14.

464 Abgedruckt in: Urkundenbuch des Hochstifts Halberstadt und seiner Bischöfe, hg. von Gustav SCHMIDT (Publicationen aus den K. Preußischen Staatsarchiven 40, 1889, ND 1965) Bd. 4: 1362–1425 Nr. 3074 S. 364f.; vgl. SCHULTE, Deutsche Könige S. 26.

465 *Si canonicus novitius non adsit, tunc Vicarii Regis et Reginae custodiant vices suas, quilibet unam septimanam alternando*, zit. nach SCHULTE, Deutsche Könige S. 26.

Vikare vertreten werden mußten. Da es sich jedoch um einen vorläufigen Einzelbeleg handelt, läßt sich das Problem nicht weiter vertiefen und muß offenbleiben.

Kehren wir zurück zur Fragestellung, inwieweit die Sorge um die Memoria den Herrscherinnen oblag. Dies kann – wie bereits oben festgestellt – einigermaßen sicher bislang nur für die ottonische Zeit bejaht werden, in der die Memoria zu einem wesentlichen Aufgabenbereich der Königin, besonders in der Zeit ihrer Witwenschaft, geworden ist. Für die salische Zeit fehlen noch Untersuchungen für eine genauere Beurteilung.

Eine detaillierte Zusammenstellung und Bewertung der einzelnen Memorialzeugnisse in Necrologen und Verbrüderungsbüchern ist – erstmals in dieser Komplexität für eine mittelalterliche Königin – jüngst für Kaiserin Agnes vorgelegt worden. Dabei hat die Sichtung des umfangreichen Quellenmaterials ergeben, daß Agnes in den Totenbüchern von 37 Konventen in Deutschland, Frankreich und Italien verzeichnet ist[466]. Darüber hinaus ist davon auszugehen, daß ihr Name in weiteren verlorenen oder nur fragmentarisch erhaltenen Verzeichnissen gestanden hatte[467]. Wenn auch die jeweiligen Gründe für die Aufnahme in die Gebetsgedenken unterschiedlich waren, viele von ihnen durch ihren Sohn Heinrich IV. veranlaßt oder über Rechtsnachfolgen und Prioratsverhältnisse weitertradiert wurden, so können doch die meisten Einträge auf die Eigeninitiative der Kaiserin zurückgeführt werden[468]. Neben Regensburg, Cluny und Hirsau als den »›Hochburgen‹ von Toteneinträgen«[469] für Agnes wurde festgestellt, daß zu Lebzeiten Heinrichs III. das besondere Engagement des Herrscherpaares den Kollegiatstiften und unter ihnen in erster Linie dem Ausbau von St. Simon und Judas in Goslar galt[470]. Demgegenüber zog die Kaiserin in ihrer Witwenzeit vor allem italische Klöster vor und ging Verbrüderungen mit den Gemeinschaften von Fruttuaria, Montecassino, Subiaco und wahrscheinlich auch mit Farfa ein[471]. Die wohl anläßlich ihrer Besuche erfolgten Eintragungen, die zum Beispiel für Montecassino neben ihrer Person auch ihren Vater, Herzog Wilhelm von Aquitanien, Heinrich III., Heinrich IV. und andere begünstigten, waren mit reichen Geschenken der Kaiserin verbunden[472]. In ähnlicher Weise wie Kaiserin Adelheid kümmerte sich somit auch Agnes nicht allein um die Memoria für ihren verstorbenen Gemahl und ihre Kinder, sondern auch um das Gedenken ihrer Eltern[473], die im Verbrüderungsbuch von Subiaco beide verzeichnet sind[474].

466 BLACK-VELDTRUP, Kaiserin Agnes S. 269–345; eine tabellarische Zusammenstellung S. 272–274.

467 BLACK-VELDTRUP, Kaiserin Agnes S. 283–286.

468 BLACK-VELDTRUP, Kaiserin Agnes S. 277–283.

469 BLACK-VELDTRUP, Kaiserin Agnes S. 287–312. – Die besonders engen Beziehungen zwischen Kaiserin Agnes und dem Regensburger Damenstift Niedermünster demonstriert ein 1905 aufgefundenes Statuenfragment einer kopflosen Frau, dessen Rückseite mit der Buchstabenfolge AGN[ES] IMP[E]RATRIX AUG[USTA] eine sichere Identifizierung aufweist; vgl. ebd. S. 288–291 mit den Abbildungen von Vorder- und Rückseite.

470 BLACK-VELDTRUP, Kaiserin Agnes S. 315–335.

471 BLACK-VELDTRUP, Kaiserin Agnes S. 336–341.

472 Vgl. Heinrich DORMEIER, Montecassino und die Laien im 11. und 12. Jahrhundert (Schriften der MGH 27, 1979) S. 136f., 178; STRUVE, Romreise S. 1–29, bes. S. 24 und zuletzt BLACK-VELDTRUP, Kaiserin Agnes S. 337f.

473 Diese Beobachtung wirft die Frage nach dem Kreis der Begünstigten auf, der besonders für Kaiserin Adelheid weit über die eigene Familie hinausweist. Inwieweit diese umfassenden Memorialverpflichtungen mit der politischen Stellung als Königin zusammenhängen, kann jedoch

Ob Agnes damit das memoriale Gedenken der Salier maßgeblich bestimmt hat, wie es für die ottonischen Königinnen Mathilde und Adelheid nachzuweisen ist, kann aber erst ein Vergleich mit der memorialen Tätigkeit ihrer Schwiegermutter Gisela wie auch ihres Sohnes Heinrich IV. ergeben, welcher nach Einschätzung von Karl Schmid unter den salischen Herrschern diesbezüglich die »größten Anstrengungen« unternommen hat[475].

Auch im späten Mittelalter war die Königinwitwe mit der Organisation memorialen Gedenkens für den verstorbenen König betraut und verpflichtet, die meist testamentarisch bestimmten Wünsche zu realisieren. Als Beispiel mit konkreten Angaben zur Stiftung von Seelenmessen kann das Testament Albrechts II. 1439 angeführt werden[476]. Dieses Stiftungswesen besaß jedoch keine politisch relevanten Komponenten mehr.

Die Stiftung von Klöstern als Institutionen des Totengedächtnisses

Eine Gründungswelle von Klöstern durch die Königin gab es vor allem im hohen Mittelalter, wobei besonders die Herrscherinnen in ottonischer Zeit vielfältige Initiativen entfalteten. In nachottonischer Zeit galt deren Engagement den gemeinsamen Gründungen des Königspaares, zu denen etwa Kloster Limburg an der Haardt als Stiftung Konrads II. und Giselas zu zählen ist. Die auf salischem Hausgut errichtete Kirche wurde nach der Königswahl Konrads 1024 ausgebaut und konnte 1035 nach Fertigstellung der Krypta geweiht werden[477]. Die Ausstattung des Klosters durch Schenkung mehrerer Güter, darunter auch Eigengüter Giselas, erfolgte anläßlich der Weihe durch eine gemeinsame Urkunde des Herrscherpaares[478]. Die Klosterkirche fungierte 1038 als Grablege ihrer Schwiegertochter Gunhild[479].

Auch Kaiserin Agnes, die die Klosterreform des 11. Jahrhunderts sehr unterstützte und als Witwe selbst den Schleier nahm[480], stiftete kein eigenes Kloster. Sie

---

aufgrund der Masse des zu sichtenden Materials und der Notwendigkeit detaillierter biographischer Behandlung der einzelnen Persönlichkeiten und Umstände nur in gesonderten Studien erörtert werden. Erste Untersuchungen, die belegen, daß Frauen bei ihren Memorialverfügungen ihr ganzes soziales Umfeld berücksichtigten, haben vorgelegt: Maria HILLEBRANDT, Stiftungen zum Seelenheil durch Frauen in den Urkunden des Klosters Cluny, in: Vinculum Societatis. Joachim Wollasch zum 60. Geburtstag, hg. von Franz NEISKE, Dietrich POECK und Mechthild SANDMANN (1991) S. 58–67 und Brigitte POHL-RESL, Vorsorge, Memoria und soziales Ereignis: Frauen als Schenkerinnen in den bayerischen und alemannischen Urkunden des 8. und 9. Jahrhunderts, MIÖG 103 (1995) S. 265–287.

474 Hansmartin SCHWARZMAIER, Der Liber Vitae von Subiaco, QFiAB 48 (1968) S. 80–147, bes. S. 118–124; vgl. STRUVE, Romreise S. 24f.

475 Karl SCHMID, Die Sorge der Salier um die Memoria. Zeugnisse, Erwägungen und Fragen, in: Memoria (1984) S. 666–726, zit. S. 725.

476 Reg. Imp. XII Nr. 1178.

477 C. EHLERS, Metropolis Germaniae S. 225–228.

478 DKoII. 216 (1035 Jan. – Limburg) Schenkung von Besitzungen zu Dürkheim, Wachenheim, Schifferstadt, Grethen, Eichen, Sindlingen, Fauerbach und Sulzbach und Feststellung des Rechts der Eigenleute auf diesen Gütern: … *ego Cunradus una cum Gisela imperatrice coniuge nostra pro remedio anime nostre …*

479 *Corpus reginae tenerum et delicatum aromatibus conditum cum rege et imperatrice ductum ad Germaniam in praepositura Lintburg sepultum est,* Wipo, Gesta Chuonradi c. 37, S. 58.

480 Zuletzt dazu BLACK-VELDTRUP, Kaiserin Agnes bes. S. 363–372.

gründete aber zusammen mit Bischof Altmann von Passau, ihrem früheren Kapellan, das vor den Toren der Stadt gelegene Kanonikerstift St. Nikola[481].

Als weiteres Beispiel ist schließlich die von Lothar III. und Richenza 1135 gemeinsam vorgenommene Grundsteinlegung des Klosterneubaus in Königslutter anzuführen, wo beide dann auch ihre Grabstätte fanden. Der sächsische Annalist berichtet neben der Grundsteinlegung von der Umwandlung des hier durch die Vorfahren Lothars gegründeten Kanonissenstifts in ein Benediktinerkloster, zu dessen Abt der Kaiser den Mönch Eberhard aus dem Kloster Berge bei Magdeburg weihen ließ[482].

Im späten Mittelalter gründete die mit dem habsburgischen König Albrecht I. verheiratete Elisabeth von Görz-Tirol nach der Ermordung ihres Gatten am Ort der Bluttat[483] das Kloster Königsfelden als Doppelkonvent für Klarissen[484] und Barfüßer[485]. Die Königinwitwe und »Stammutter aller Habsburger«[486] gilt als Hauptstifterin, weil sie sich um die Einrichtung und materielle Ausstattung bemühte. Nach ihrem Tod in Königsfelden am 28. Oktober 1313 übernahm diese Aufgabe dann ihre Tochter Agnes, die als verwitwete ungarische Königin 1301 zu ihrer Mutter in die habsburgischen Erblande zurückgekehrt war[487]. Sie lebte seit 1317 in unmittelbarer Nähe des Klosters, ohne jedoch selbst Klosterfrau zu werden. Bis zu ihrem eigenen Tod am 11. Juni 1364 kümmerte sie sich um die innere Organisation wie den besitzrechtlichen Ausbau des Klosters und machte es zu einem der reichsten Klöster im Südwesten des Reiches[488]. Bedeutung erlangte Königsfelden jedoch nur als Hauskloster und Grablege der Habsburger. Damit unterscheidet sich diese Gründung des frühen 14. Jahrhunderts deutlich von den Klosterstiftungen ottonischer Königinnen, die ebenfalls in Sorge um das Totengedächtnis entstanden sind, darüber hinaus aber reichspolitische Bedeutung erlangten, weshalb deren Gründungsgeschichten im folgenden näher zu betrachten sind.

---

481 Boshof, Bischof Altmann S. 317–345; Struve, Romreise S. 1–29, hier S. 27.

482 *Congregatio sanctimonialium canonicarum in Luttera commutatur ab inperatore in regularem vitam sancti Benedicti, et Eberhardus de monasterio sancti Iohannis in Magedaburh illuc cum monachis missus, primus ibi ordinatur abbas, et eodem anno ab inperatore et inperatrice positis in fundamento primis lapidibus, novum monasterium incipitur,* Annalista Saxo, ed. G. Waitz, in: MGH SS 6, a. 1135 S. 769; weitere Quellenbelege zur Gründung vgl. Reg. Imp. IV, 1 Nr. 448; zur verfälschten Stiftungsurkunde Reg. Imp. IV, 1 Nr. 450.

483 Zur Biographie der Königin Elisabeth und dem Mord an Albrecht I. vgl. S. 277ff.

484 Zur Gründung und Entwicklung: Georg Boner, Klarissenkloster Königsfelden, in: Der Franziskusorden (Helvetia Sacra V 1, 1978) S. 561–576; B. Degler-Spengler, Art. »Königsfelden«, in: LexMA 5 (1991) Sp. 1327.

485 Einen Überblick über die Klostergeschichte gibt Georg Boner, Barfüsserkloster Königsfelden, in: Helvetia Sacra V 1 S. 206–211.

486 So J. Riedmann, in: LexMA 2 (1983) Sp. 1831f.

487 Vgl. E. Widmoser, in: NDB 1 (1953) S. 96 und jetzt Volker Honemann, A medieval queen and her stepdaughter: Agnes and Elizabeth of Hungary, in: Duggan (Hg.), Queens S. 109–119.

488 Quellen und Literatur bei Boner, Klarissenkloster S. 567.

Die sächsischen Gründungen der Königin Mathilde: Enger – Pöhlde – Quedlinburg – Nordhausen

Königin Mathilde, die einst als Kind von ihrer gleichnamigen Großmutter im Kanonissenstift Herford erzogen worden war[489], widmete sich in den 32 Jahren ihrer Witwenschaft ganz der Memoria der liudolfingischen Königsfamilie und gründete mehrere Klöster auf den ihr durch Heinrich I. 929 im Zuge der sogenannten »Hausordnung« als Wittum überlassenen Besitzungen Quedlinburg, Pöhlde und Nordhausen[490]. Als weitere Stiftung der Königin gilt das auf ihrem väterlichen Besitz in Enger vor 947 gegründete Kanonikerstift[491], das ihr älterer Biograph auf eine Gründung ihres Urahnen Widukind zurückführte[492]. Dieser archäologisch jedoch nicht abzusichernden Nachricht[493] stehen mehrere Urkunden Ottos I. gegenüber, die Mathilde als Gründerin eines zur Erinnerung König Heinrichs I. und zu Ehren der Jungfrau Maria sowie des hl. Laurentius, später des hl. Dionysius, errichteten Stiftes ausweisen[494]. Neben zahlreichen Schenkungen aus ihren Eigengütern sowie durch Otto I.[495] hatte die Königin hier auch zeitweilig Aufenthalt genommen[496]. Die Funktion eines Pfalzstiftes besaß Enger jedoch nicht[497]. Am 2. Oktober 968 schenkte Otto der Große die Abtei noch in Ravenna *pro monitu Adalheide dilecte coniugis nostrae* an die gerade zum Erzbistum erhobene Kirche von Magdeburg[498].

---

489 *Hanc eandem, ut diximus, virginem, Herevordensi quae inerat monasterio non inter sanctimoniales numeranda sed ad queque utilia libris operibusque nutrienda, cum sui matre genitoris, quae in viduitate bonis eo usque profecerat actibus, ut princeps et abbatissa constitueretur sanctimonialium, nobilitas simul et probitatis favor prodidit,* Vita Mathildis reginae antiquior, ed. Schütte c. 1 S. 114.

490 DHI. 20 (929 Sept. 16 Quedlinburg).

491 Eine auf die Quedlinburger Annalen zurückgehende Zusammenstellung der verschiedenen Gründungen der Königin in den Magdeburger Annalen sowie beim Annalista Saxo a. 968 S. 621: *Hec piis intenta studiis, ut pauca e plurimis referantur, cenobium sanctorum Dionisii et Servatii in monte Quidelingeburch situm, alterumque in villa sub honore sanctorum Iacobi apostoli et Wigberti confessoris in curte regia, tercium sancte Marie Dei genitrici et sancte Cruci in Norhthusen, quartum in Aggeri sancto Dionisio, quintum iterum sancto Servatio in Palithi, plena religione construxit.*

492 Vita Mathildis antiquior c. 1 S. 114; vgl. Albrecht Büsing, Mathilde, Gemahlin Heinrichs I. (1910) S. 75f.; Bernd Schütte, Untersuchungen zu den Lebensbeschreibungen der Königin Mathilde (MGH Studien und Texte 9, 1994) S. 35.

493 Gerhard Streich, Burg und Kirche während des deutschen Mittelalters. Untersuchungen zur Sakraltopographie von Pfalzen, Burgen und Herrensitzen, 2 Bde. (VuF Sonderband 29, 1984) hier Bd. 1, S. 127f., 165.

494 DOI. 91 (947 Juli 14 Dortmund) Besitzschenkung an das Kloster: *Proinde pro remedio animae domni genitoris nostri Heinrici regis et in elemosina domnae genitricis nostrae Mahthildae et nostri coniugisque nostrae Aetigidis ceterorumque nostri debitorum ad monasterium in loco Angeri nuncupato ab eadem domina matre nostra regina in honore sanctae dei genitricis semperque virginis Mariae sanctique Laurentii martiris constructum tradidimus proprietatem a Dioterico nobis datam …* (S. 173); ähnliche Formulierungen in DOI.123 (950 April 15 Quedlinburg), DOI. 328 (966 Juli 17 Siptenfelde).

495 Vgl. Büsing, Mathilde S. 76.

496 … *dotales dimittendo urbes patrimoniumque requirens Aggerinensem cellam in occidentali regione adiit. Ibi nec minus consuetis perstabat in bonis operibus,* Vita Mathildis antiquior c. 7 S. 123f. Vgl. Vita posterior, ed. Schütte c. 11 S. 168.

497 Streich, Burg und Kirche S. 165.

498 DOI. 361: … *qualiter nos pro monitu Adalheide dilecte coniugis nostrae abbatiam cui nomen est Angerin, quam beate memoriae domna genitrix nostra Mahthilt in honorem sancti Dionisii martiris Christi construxit, ob remedium et absolutionem animarum domni genitoris nostri Heinrici regis domneque genitricis nostrae, pro statu quoque et incolomitate regni vel imperii nostri filiique et coimperatoris nostri*

Ganz anders verlief die Entwicklung in Pöhlde[499], wo Mathilde zwischen 946 und 950 ebenfalls ein Kanonikerstift errichten ließ[500]. Das später als Dotalbesitz Theophanus bezeugte Pöhlde galt bis in die Mitte des 11. Jahrhunderts hinein als eine der bevorzugten Weihnachtspfalzen der Ottonen und Salier[501]. Das änderte sich auch nach der mit der Einführung der Benediktregel verbundenen Umwandlung zu einem Kloster durch Otto II. und dessen Übertragung an die Magdeburger Kirche 981 nicht[502]. Die auf einer Kapelle als Vorgängerbau basierende Stiftsgründung der Königin war in baulicher Hinsicht als Festtagspfalz angelegt mit einem in Analogie zu Aachen und Frankfurt versehenen Verbindungsgang zwischen dem Hauptgebäude der Pfalz und dem Nordportal der Klosterkirche, die in Ermangelung einer eigenen Pfalzkapelle diese Funktion miterfüllte[503].

Die beiden wichtigsten Gründungen der Königin waren jedoch das Kanonissenstift in Quedlinburg und das Nonnenkloster in Nordhausen, für die Mathilde nicht nur in materieller, sondern auch in geistiger Hinsicht Sorge trug. Quedlinburg, die von Heinrich I. häufig besuchte Pfalz[504], baute sie in den Jahren ihrer Witwenzeit zu dem Zentrum ottonischer Memoria aus, indem sie die hier lebenden hochadligen Kanonissen auf das Totengedächtnis des in der Stiftskirche beigesetzten König Heinrichs[505] verpflichtete. Nach Auskunft der Mathildenviten waren die im Kreis der Fürsten diskutierten Pläne zur Gründung des Stiftes, das mit der Verlegung von Wendhausen einen ersten adligen Nonnenkonvent erhalten sollte, wie auch die Überlegung, damit einen Ort der liudolfingischen Memoria zu schaffen, längst ver-

---

Ottonis sancto Mauricio in Magadeburg liberaliter offerimus et archiepiscopis illius aeclesiae perpetualiter utendam concedimus … (S. 498).

499 Vgl. den Überblick von Detlef Jankowski, Pöhlde, in: Die Benediktinerklöster in Niedersachsen, Schleswig-Holstein und Bremen, hg. von Ulrich Faust (Germania Benedictina VI, 1979) S. 404–420 mit umfassenden Quellen- und Literaturangaben.

500 *Nam eius animus deo magis ac magis intentus et de virtute proficiens in virtutem, monasteria augendo Palithi clericorum instituit catervam*, Vita Mathildis antiquior c. 8 S. 127; vgl. Vita posterior c. 15 S. 172f. Zur Datierung vgl. ebd. S. 127 Anm. 128. Zu der gefälschten Urkunde Ottos I. Nr. 439 für Pöhlde vgl. Büsing, Mathilde S. 74.

501 Von den 27/28 nachweisbaren Herrscherbesuchen in der Zeit von Heinrich I. bis Heinrich IV. fielen 15/16 auf Weihnachten; vgl. Streich, Burg und Kirche S. 164 Anm. 128; K. Heinemeyer, in: LexMA 7 (1995) Sp. 39.

502 DOII. 259 (981 Sept. 23 Lucera): Schenkung der Abtei des hl. Servatius in Pöhlde an die erzbischöfliche Kirche in Magdeburg auf Bitten der Kaiserin Theophanu; DOII. 310 (983 Juni 17 Verona): Schenkung des Gutes Bonnrode an die von Erzbischof Gisilher geleitete Abtei Pöhlde; vgl. Streich, Burg und Kirche S. 164.

503 Zu den archäologischen Ergebnissen der baulichen Anlage: Streich, Burg und Kirche S. 162f.

504 Zu den vier sicher bezeugten Aufenthalten Heinrichs I. in den Jahren 922, 923, 929 und 931 vgl. Josef Fleckenstein, Pfalz und Stift Quedlinburg. Zum Problem ihrer Zuordnung unter den Ottonen (Nachrichten der Akad. der Wiss. in Göttingen, phil.-hist. Klasse Jg. 1992, Heft 2) S. 15f. mit vier Aufenthalten des ersten ottonischen Königs. – Die auf Bitten der Königin Mathilde in Quedlinburg am 22. April 922 (DHI.3) erfolgte Privilegierung des Klosters Korvei enthält die erste urkundliche Nennung Quedlinburgs. – Zu den archäologischen Befunden: Streich, Burg und Kirche S. 149–153 und jetzt Gerhard Leopold, Archäologische Ausgrabungen an Stätten der ottonischen Herrscher (Quedlinburg, Memleben, Magdeburg), in: Herrschaftsrepräsentation S. 33–76, bes. S. 33–40.

505 Widukind von Korvei, Res Gestae I 41, S. 61. – Zu dem unter König Heinrich I. errichteten und dem hl. Petrus geweihten Vorgängerbau der Stiftskirche St. Servatius als dessen Grablege vgl. Carl Erdmann, Das Grab Heinrichs I., DA 4 (1941) S. 76–97; nachgedruckt in: Ders., Ottonische Studien, hg. von Helmut Beumann (1968) S. 31–52.

einbart und gehören wohl noch zu den zu Lebzeiten Heinrichs I. gefaßten Beschlüssen[506].

Unmittelbar nach dem Tod des Königs am 2. Juli 936 in Memleben und der Überführung seiner sterblichen Überreste nach Quedlinburg[507], begann seine Witwe mit der Realisierung der Pläne, die nach Ausweis der urkundlichen Belege innerhalb weniger Wochen zielgerichtet und konsequent umgesetzt worden sein müssen. Denn die Urkundenproduktion nach dem Herrschaftsantritt Ottos I. beginnt mit einer im Original erhaltenen Privilegierung der *congregatio sanctimonialium in Quidilingoburg* vom 13. September 936[508], der wiederum ein Stiftungsbrief der Königin vorausgegangen war[509]. Die rasch nach dem Tod Heinrichs I. in den wenigen Sommerwochen des Juli und August 936 erfolgte Gründung des Stiftes bestätigt die Richtigkeit der den Viten zu entnehmenden Berichte darüber, daß die Pläne dazu bereits vorgelegen und auch mit den Fürsten abgesprochen gewesen sein müssen, so daß es nur noch darum ging, diese in die Tat umzusetzen[510]. Die unverzügliche Realisierung durch die Königin im Zusammenwirken mit ihrem Sohn, dem neuen König, macht deutlich, welche Bedeutung diesem Projekt beigemessen wurde. Denn mit der Grablege Heinrichs war von Anfang an die Institutionalisierung ottonischen Totengedächtnisses[511], und dessen Einrichtung wiederum mit der Gründung des Kanonissenstifts verbunden. Gleichzeitig zeigt sich hier die Tatkraft und Durchsetzungsfähigkeit der ungefähr 40jährigen Witwe, die ihren Viten zufolge flexibel genug war, wenn nötig auch die ursprünglichen Pläne abzuändern. Deutlich wurde dies beim Widerstand der Äbtissin Diemot von Wendhausen, die trotz Zusage zu Lebzeiten Heinrichs I.[512] und den Aufforderungen Mathildes die Übersied-

---

506 *Hec studiose peragentes, ipsis quoque cenobia construentibus divino animum indulgebant monitu. Qui dum principibus militum sue mentis affectum confabulando intimarent, illi statim regi suggesserunt dicentes sanctimoniales in Winedhusen intra sepem cenobii clausas Quidilingaburg posse transferri; nam in eodem monasterio principum filie transigunt vitam, quas ibi manere multorum pro penuria displicuit parentibus*, Vita Mathildis antiquior c. 4 S. 120; vgl. Vita posterior c. 7 S. 158 mit der Angabe der Begründung für die Gründung: *quatenus sui suorumque patrum vel nepotum memoria ibidem perpetim haberetur firmissima.* Vgl. jetzt Joachim Ehlers, Heinrich I. in Quedlinburg, in: Herrschaftsrepräsentation S. 235–266.

507 Vgl. Erdmann, Grab Heinrichs I. S. 32 mit Anm. 1.

508 DOI. 1, ausgestellt in Quedlinburg; vgl. Büsing, Mathilde S. 67f.

509 *Congregationem quoque sanctimonialium in die tricesima in supra memorata urbe statuit et huic, quantum ad victus et sui vestitus necessaria suppetebat, ex sua proprietate, laudantibus hoc suimet filiis, concessit et scriptis confirmavit*, Thietmar von Merseburg, Chronicon I 21 (11) S. 26/28.

510 Dies bestätigen auch die Quedlinburger Annalen, die den früheren Beschluß Heinrichs I. erwähnen: *Mechtild inclita regina, obeunte coniuge suo, praefato scilicet rege Heinrico, coenobium in monte Quedelingensi, ut ipse prius decreverat, sancta devotione construere coepit* (SS 3, a. 936 S. 54).

511 *Noverint omnes fideles nostri tam praesentes quam etiam et futuri, qualiter nos ob amorem dei omniumque sanctorum et pro remedio animae nostrae atque parentum successorumque nostrorum congregationem sanctimonialium in Quidilingoburg statuere curavimus, quatenus ibidem laus omnipotentis dei eiusque electorum ab ea in perpetuum colatur et nostri nostrorumque omnium memoria perpetretur*, DOI. 1 S. 89. – Zur Gründungsphase des Klosters im Sommer 936 vgl. auch oben S. 259f.

512 *Venerat et abbatissa iussu regis, quae praedicto preerat cenobio, quam rex eiusque compar prioris non inmemores desiderii praedictas dei famulas in Quidilingaburg transvehi postulabant. Hanc eorum illa peticionem grataner accipiens et pluribus principum id suadentibus, ut rex ordinaverat, perfici debere annuit*, Vita Mathildis antiquior c. 4 S. 121; vgl. Vita posterior c. 7 S. 158.

lung nach Quedlinburg verweigerte[513]. Kurzerhand ließ Otto I. deshalb die Übereignung des Klosters mit all seinen Besitzungen verfügen[514].

Im Zuge der Stiftsgründung wurde auch das zur Peterskirche auf dem Burgberg gehörige Kanonikerstift auf den Königshof im Tal an die Wigbertkirche verlagert und dem Kanonissenstift übereignet, das für den Unterhalt von zwölf Kanonikern zu sorgen hatte[515]. Einer in den Magdeburger Annalen sowie durch den Annalista Saxo überlieferten Nachricht der Quedlinburger Annalen zufolge soll auch hier Königin Mathilde Neubauten veranlaßt haben[516]. Wie die Stiftskirche neben dem alten Petruspatrozinium 937 mit der Überführung von Reliquien des Martyrers Servatius ein neues Hauptpatrozinium erhielt, so führte auch die Kirche im Tal in der Folgezeit ein doppeltes Patrozinium, indem zu dem alten des hl. Wigbert das neue des hl. Jacobus hinzukam[517].

Die Leitung des in der Folgezeit reich ausgestatteten Quedlinburger Konvents übernahm die Königin persönlich, ohne jedoch den Titel einer Äbtissin zu führen[518]. Offiziell übernahm dieses Amt erst ihre zu Beginn des Jahres 955 geborene gleichnamige Enkelin, die wahrscheinlich bereits als Kleinkind der Erziehung ihrer Großmutter im Stift anvertraut[519] und im April 966 als Zehnjährige zur Äbtissin geweiht wurde. Nach dem am 14. März 968 erfolgten Tod der in der Stiftskirche bestatteten Königinwitwe stand die Kaisertochter Mathilde allein an der Spitze des Kanonissenstifts, das sie bis zu ihrem eigenen Tod im Jahre 999 leitete[520].

Die bereits unter Heinrich I. entwickelte enge Verbindung zwischen Burg, Pfalz und Stift[521] wurde unter den Ottonen und Saliern weiter ausgebaut, die auch die Tradition, hier das mit großen Hoftagen verbundene Osterfest zu feiern, aufrecht erhielten. Diese Gewohnheit endete erst unter Friedrich Barbarossa, der Quedlinburg Heinrich dem Löwen überließ.

---

513 *Tunc regina immobilis suum velle cupiens inpleri puellarum catervam illuc transferri admonuit, quod abbatissa primum firmiter negando prohibuit. Sed quid plura? Regina, filio auxiliante scilicet Ottone rege aliisque principibus, voti compos effecta eandem dehinc cellam magna mentis intentione cuncta, quibus opus erat, ministrando componebat,* Vita Mathildis antiquior c. 4 S. 121f.; vgl. Vita posterior c. 8 S. 161.

514 *Monasterium itaque Vuinethahusun nuncupatum situm in pago Harthagao in comitia Thiadmari cum omnibus quae sanctimoniales ibidem antea in suum habuerunt servitium praedictae congregrationi in Quidilingoburg in proprietatem condonamus,* DOI.1 S. 90.

515 Büsing, Mathilde S. 71–74; Streich, Burg und Kirche S. 150; Fleckenstein, Pfalz und Stift S. 17f.

516 Quellenbeleg oben in Anm. 510; vgl. Fleckenstein, Pfalz und Stift S. 18.

517 Zu den verschiedenen Patrozinien in Quedlinburg vgl. die Belege bei Fleckenstein, Pfalz und Stift S. 15–19.

518 Marita Kremer, Die Äbtissinnen des Stifts Quedlinburg. Personal- und Amtsdaten (1923) S. 11, die im Verlust der Stellung als Äbtissin den Grund für die Verweigerung der Übersiedlung durch Diemot von Wendhausen vermutet; so auch Schütte, Lebensbeschreibungen S. 122 Anm. 92.

519 *Puellam quoque ab ava Machtild dictam rex tradidit in contubernium santimonialium in Quidilingaburgensi cenobio sue inplendo optime matris voluntatem,* Vita Mathildis antiquior c. 7 S. 126; die zum Unterhalt seiner Tochter Mathilde gemachte umfangreiche Schenkung Ottos I. an das Quedlinburger Stift vom 24.8.956 (DOI. 184) dürfte mit der Übergabe des Kindes an die Kanonissen zusammenhängen.

520 Kremer, Äbtissinnen S. 12–15. Auch in ihrer Nachfolge blieb der Abbatiat in Quedlinburg bis 1095 Kaisertöchtern vorbehalten.

521 Vgl. dazu Streich, Burg und Kirche S. 152f. und Fleckenstein, Pfalz und Stift S. 19–21.

Das von Josef Fleckenstein als »unverwechselbare Schöpfung der Ottonen« charakterisierte Quedlinburg in der Verflechtung von Pfalz und Stift verdankte seine Prägung der Königin Mathilde. In Umsetzung der zu Lebzeiten Heinrichs I. gefaßten Pläne hat sie ein geistliches Zentrum der ottonischen Memoria wie auch einen reichspolitisch bedeutenden Mittelpunkt geschaffen[522]. In diesem Bewußtsein erzog sie ihre gleichnamige Enkeltochter, die als erste Äbtissin des Konvents das Lebenswerk der Großmutter fortsetzte. Neben den memorialen Pflichten für die ottonische Familie unter Kaiser Otto III., ihrem Neffen, übernahm die Quedlinburger Äbtissin schließlich auch politische Aufgaben und gewann großen Einfluß im Reich.

Die letzte Gründung Königin Mathildes war das Nonnenkloster in Nordhausen[523], das ebenfalls zu ihrem Wittum gehörte[524]. Hier entstanden nach mehrheitlicher Ansicht in der Forschung wahrscheinlich auch ihre beiden Lebensbeschreibungen: die Vita antiquior um 973/74[525] und die Vita posterior zwischen dem Herrschaftsantritt Heinrichs II. 1002 und seiner Kaiserkrönung am 14. Februar 1014[526].

Der konkrete Anlaß zur Stiftung wird von der Vita antiquior in den Italienzügen Ottos I. gesehen, wobei erste Überlegungen möglicherweise in die Zeit des ersten Zuges nach Oberitalien datieren[527], deren Konkretisierung aber wohl erst in die Jahre 961/62 zu setzen ist[528]: Königin Mathilde, die das Unternehmen voller Hoffnung und Angst im Reich durch ihre steten Gebete zu Gott abgewartet habe, habe mit einem einzigartigen Opfer Gott als *fortissimum bellatorem* gefallen wollen und

---

522 So FLECKENSTEIN, Pfalz und Stift S. 21. Zur Baugeschichte: Fritz BELLMANN, Die Krypta der Königin Mathilde in der Stiftskirche zu Quedlinburg, in: Kunst des Mittelalters in Sachsen. Festschrift Wolf Schubert, dargebracht zum 60. Geburtstag am 28. Januar 1963 (1967) S. 44–59; Gerhard LEOPOLD, Die Stiftskirche der Königin Mathilde in Quedlinburg. Ein Vorbericht zum Gründungsbau des Damenstifts, FMSt 25 (1991) S. 145–170.

523 Zur Topographie Nordhausens: Michael GOCKEL, Nordhausen, in: Die deutschen Königspfalzen. Repertorium der Pfalzen, Königshöfe und übrigen Aufenthaltsorte der Könige im deutschen Reich des Mittelalters. Bd. 2: Thüringen, Lfg.3/4 (1986/1991) S. 319–385, hier bes. S. 319–336.

524 Wie Pöhlde gehörte Nordhausen später auch zur Dotalausstattung Theophanus (vgl. oben S. 67).

525 Die Klärung der Frage nach der Herkunft der älteren Vita steht noch aus. Während Ernst KARPF, Von Widukinds Sachsengeschichte bis zu Thietmars Chronicon. Zu den literarischen Folgen des politischen Aufschwungs im ottonischen Sachsen, in: Angli e sassoni al di qua e al di là del mare, Bd. 2 (Settimane di studio del centro italiano di studi sull'alto medioevo 32, 1986) S. 557, 564 auch Quedlinburg als Entstehungsort in die Diskussion gebracht hat, vertritt Gerd ALTHOFF, Causa scribendi und Darstellungsabsicht: Die Lebensbeschreibungen der Königin Mathilde und andere Beispiele, in: Litterae Medii Aevi. Festschrift für Johanne Autenrieth, hg. von Michael BORGOLTE und Herrard SPILLING (1988) S. 117–133, bes. S. 117–126 die These, sie sei in Nordhausen verfaßt worden. Einen Forschungsüberblick gibt SCHÜTTE, Lebensbeschreibungen S. 9–12, der diese Frage offen läßt und zu dem Schluß gelangt, daß sich ein »eindeutiger Beweis für oder gegen Nordhausen« nicht führen lasse (S. 10). Vgl. auch SCHÜTTE, Untersuchungen S. 70–75.

526 Auch bei der Vita posterior ist der Entstehungsort Nordhausen nicht eindeutig beweisbar, zumal – wie schon für die ältere Vita – keine Hinweise auf eine Frau als Verfasserin hindeuten; sicher scheint lediglich ihre Entstehung in Sachsen; vgl. SCHÜTTE, Lebensbeschreibungen S. 42–44.

527 Quellenbeleg in Anm. 530; vgl. SCHÜTTE, Lebensbeschreibungen S. 132 Anm. 162. In der Vita posterior c. 21 S. 187 fehlt dieser Passus.

528 Vgl. GOCKEL, Nordhausen S. 355, der den Entschluß Mathildes zur Gründung in den »Spätherbst 961« setzt.

deshalb den Nonnenkonvent *pro sua suorumque salute animarum et corporum* mit Zustimmung ihres Enkels, des jungen Otto[529], errichten lassen[530]. Zur Klosterkirche wurde die Burg- und Pfalzkapelle umgebaut[531].

Nachdem Mathilde ihre Neugründung nur mit dem Allernötigsten ausgestattet hatte[532], übertrug sie die weitere Sorge um das Kloster Otto I. während des großen Familientreffens in Köln[533] nach der Rückkehr des Kaiserpaares aus Italien Anfang Juni 965[534]. Ob jedoch im Anschluß daran die gemeinsame Reise von Kaisermutter und Kaiser nach Nordhausen stattfand, wie es beide Viten glauben lassen wollen, erscheint fraglich[535]. Im Itinerar des Sommers 965 blieb allenfalls Zeit für eine kurze Durchreise[536], nicht jedoch für einen siebentägigen Aufenthalt, wie es die jüngere Vita berichtet[537]. Zeitlich möglich war dieser längere Besuch aber im Frühsommer 966 vor dem Aufbruch zum dritten Italienzug, wofür auch die als tränenreicher und endgültiger Abschied gestaltete Szene zwischen Mutter und Sohn sprechen würde[538].

---

529 Zur Problematik der nur als neuzeitliches Regest überlieferten Urkunde Ottos II. von 962 (DOII. 5) vgl. Hans-Dietrich KAHL, Reichsverfassung und Wirtschaft im Spiegel der Münz- und Geldgeschichte Thüringens. Beilage 2: Die Anfänge der Münzstätte Nordhausen (Thür.), Jahrbuch für die Geschichte Mittel- und Ostdeutschlands 23 (1974) S. 93–97; GOCKEL, Nordhausen S. 321f., 336f.

530 *His certe diebus, quibus rex primum adiverat Italiam, ipsa eius genitrix spe timoreque correpta assiduis deum pro filio interpellabat precibus, quo interim pro nati victoria singulari sacrificio fortissimum placaret bellatorem. Hec animo sentencia tractanti sedit in imo: construxit etiam in Northusen cenobium congregans sororum catervam pro sua suorumque salute animarum et corporum, sui quoque nepotis Ottonis iunioris consensu*, Vita Mathildis antiquior c. 11 S. 132. Die Vita posterior c. 21 S. 187 als die bayerische Linie der Liudolfinger in den Vordergrund stellende Auftragsarbeit Heinrichs II. gibt als weiteres Motiv die Memoria für ihren 922 in Nordhausen geborenen und 955 verstorbenen Sohn Heinrich, den bayerischen Herzog, an: *Tunc enim construxit monasterium in civitate Northusanensi … pro anima regis Heinrici et sui karissimi filii, cui patris nomen imposuerat et quem in prefata civitate procreaverat*; vgl. SCHÜTTE, Untersuchungen S. 79. – Von den ottonischen Bauten gibt es keine archäologischen Befunde mehr; vgl. GOCKEL, Nordhausen S. 333–336.

531 GOCKEL, Nordhausen S. 355; zu den verschiedenen Patrozinien der Gottesmutter Maria, Johannes des Täufers und des Martyrers Eustachius: ebd.

532 *Quod a fundamento construens illius maximam semper materne gerebat curam inpendendo omne, quicquid erat necessarium, dum in vita viveret praesenti*, Vita Mathildis antiquior c. 11 S. 133. Einzelheiten zur Ausstattung seitens der Königin sind nicht bekannt; lediglich eine Bestätigungsurkunde Heinrichs II. (DHII. 377: 1017 Mühlhausen) nennt den Hof Gemen, den Mathilde dem von ihr erbauten Kloster Nordhausen geschenkt habe; vgl. BÜSING, Mathilde S. 79.

533 *Cui* (= Otto I.) *cuncta, quae de monasterio interea fecerat, ordine exposuit vel, quali angeretur timore opus inceptum non posse perficere, orbatam sui post mortem relinquendo catervam seque iam etate maturam intulit et aliorum curam ideo non gessisse, quia prius perfecta erant. Cui rex caritate dei et proximi succensus, congratulando eius meritis scire se dixit extitisse victorem et, ne tantos sibi fingeret metus, animum maternum dictis leniendo, se superstite suisque posteris iurando promisit eidem cenobio numquam deesse omnis subsidii solamen, talibus dominam permulcens sermonibus*, Vita Mathildis antiquior c. 11 S. 134; vgl. Vita posterior c. 22 S. 189.

534 Reg. Imp. II,1 Nr. 386b; Ingrid Voss, Herrschertreffen im frühen und hohen Mittelalter (Beihefte zum Archiv für Kulturgeschichte 26, 1987) S. 35f.

535 *Transeuntes in Saxonum regionem ad eandem Northusen devenerunt civitatem et ad praefatum monasterium; quicquid mater vel filius rex dederant, addens et ipse possessiones carta manu propria subsignata firmiter in perpetuum tradidit*, Vita Mathildis antiquior c. 11 S. 134; vgl. Vita posterior c. 22 S. 189. Die hier erwähnte Schenkungsurkunde Ottos I. ist verloren gegangen.

536 Zu den einzelnen Daten vgl. SCHÜTTE, Lebensbeschreibungen S. 134 Anm. 172 + 173.

537 *Postea septem dies in eadem civitate commorabantur …*, Vita posterior c. 22 S. 190.

538 Vita posterior c. 22 S. 190–193. Für die Zuverlässigkeit dieser Nachricht hat Martin LINTZEL, Die Mathildenviten und das Wahrheitsproblem in der Überlieferung der Ottonenzeit (1956), nach-

Gemeinsam könnte man von Quedlinburg gekommen sein, wo der gesamte Hof in Anwesenheit der Königin Mathilde das Osterfest und die Weihe der nach ihr benannten Kaisertochter zur Äbtissin gefeiert hatte[539].

Die Annahme, daß es der Königinwitwe gelungen sein könnte, den Kaiser in Jahresfrist gleich zweimal zu einem Besuch in Nordhausen zu bewegen, zeigt die Bedeutung der neuen Gründung. Die Reise demonstriert ihr Bestreben nach materieller Absicherung des Konventes, die sie wohl aus Altersgründen Otto I. dringlich ans Herz legte. Noch in Italien schenkte der Kaiser am 10. April 970, zwei Jahre nach dem Tod seiner Mutter, dem Kloster *in suburbio Northusen quod a predicta domina Mechtilde regina edificatum* auf Bitten Adelheids und seines Sohnes den Besitz Bliedungen[540].

Einige Monate nach ihrer schließlich zum Tod führenden Erkrankung, wohl gegen Jahresende 967, soll Mathilde ein letztes Mal nach Nordhausen gereist sein, um ihrer zur Äbtissin eingesetzten Vertrauten Ricburg letzte Verhaltensmaßregeln und besonders Mahnungen über die Einhaltung der Gebetsverpflichtungen für Lebende und Verstorbene zu erteilen. Dann kehrte sie nach Quedlinburg zurück[541], um auch hier der Äbtissin, ihrer Enkelin, ein *computarium* mit den Namen der Verstorbenen auszuhändigen und ihr den Auftrag zur Weiterführung der ottonischen Memoria zu erteilen[542]. Am 14. März 968 ist die Königin in Quedlinburg gestorben und neben ihrem Gemahl Heinrich in der Stiftskirche bestattet worden. Ihren Lebensbeschreibungen zufolge, die in wichtigen Details urkundliche Bestätigungen erfahren, widmete sie die Jahrzehnte ihrer Witwenschaft ganz der Erneuerung monastischen Lebens, indem sie mehrere Klöster gründete und für deren materielle Ausstattung sorgte, sie aber auch in geistiger Hinsicht bis zum Ende ihres Lebens maßgeblich prägte und auf die Memoria für die ottonische Familie verpflichtete.

Die cluniacensisch geprägten Stiftungen der Kaiserin Adelheid im Süden des Reichs: Payerne – San Salvatore/Pavia – Selz

Abt Odilo von Cluny stellt in seinem um 1000 von ihm verfaßten *Epitaphium domine Adelheide auguste*[543] namentlich drei Klöster als Gründungen der Kaiserin Adelheid in den Mittelpunkt: Payerne (Peterlingen), San Salvatore bei Pavia und schließlich Selz.

---

gedruckt in: DERS., Ausgewählte Schriften II (1961) S. 407–418, hier S. 411 plädiert. – Zu den einzelnen Forschungspositionen vgl. SCHÜTTE, Lebensbeschreibungen S. 189f. Anm. 185.

539 Reg. Imp. II,1 Nr. 427a; SCHÜTTE, Lebensbeschreibungen S. 189f. Anm. 185.

540 DOI. 393.

541 *Egrotans igitur per anni circulum casas et castella peragrabat infirmitatem, prout potuit, occultans. Northusen adiit et Ricburga fideli sua coram praesentata, quam praefato cenobio abbatissam preesse fecerat, sperate causa fidei pauperculam bene procurandi catervam … Plurima vero dans eis salutifera monita deinde Quidilingaburg pervenit,* Vita Mathildis antiquior c. 12 S. 135; sehr viel ausführlicher: Vita posterior c. 23 S. 193–195.

542 *… neptulam suam inperatoris filiam cenobii abbatissam ad se vocans … Quin etiam, computarium, in quo erant nomina procerum scripta defunctorum, in manum ipsius dans animam illi commendavit Heinrici nec non et suam sed et omnium, quorum ipsa memoriam recolebat, fidelium,* Vita Mathildis antiquior c. 13 S. 137f. Vgl. Vita posterior c. 26 S. 199f.

543 Zitiert nach der Edition von Herbert PAULHART.

Im Reich ihres Vaters, König Rudolfs II. von Burgund, und ihres Bruders Konrad habe Kaiserin Adelheid – so Odilo – an dem Ort Peterlingen, wo sich das Grab ihrer Mutter, Königin Bertha, befand, zu Ehren der Gottesmutter ein Kloster gegründet und es in ihrer Großzügigkeit und mit dem Präzept ihres Bruders, König Konrad, dem allerheiligsten Vater Maiolus (von Cluny) und seinen Nachfolgern für immer übertragen[544]. Trotz einer umfänglichen Forschungsliteratur sind die Anfänge des in der heutigen Westschweiz gelegenen Payerne einer jüngeren Darstellung zufolge nach wie vor »enveloppes de mystère«[545]. Diese Einschätzung resultiert aus verschiedenen Überlieferungstraditionen. Denn dem Bericht Odilos, der die Gründung des Klosters als Werk Adelheids und ihres Bruders Konrad darstellt[546], widerspricht die lokale Traditionsbildung, die von einer Gründung ihrer Mutter, Königin Bertha, ausgeht, welche allerdings ausschließlich auf Urkundenfälschungen des beginnenden 12. Jahrhunderts basiert. Nach eingehender Prüfung der Quellen gilt als das einzige, die Gründungsgeschichte erhellende Zeugnis nur das Diplom König Konrads vom 8. April 961 als unzweifelhaft echt[547]. Das durch spätere Interpolation verfälschte, nach Formular und Syntax aber ansonsten echte Diplom König Konrads, mit dem er frühere Schenkungen der burgundischen Königsfamilie bestätigte und eine weitere Besitzung mit Münz- und Marktrechten hinzufügte, wurde noch für das Kanonikerstift von Peterlingen ausgestellt[548].

Die Umwandlung zu einem Kloster und dessen Unterstellung unter Cluny wird jedoch einem bei Odilo genannten, nicht mehr erhaltenen Präzept Konrads von Burgund zufolge zwischen 961 und 965[549] von Kaiserin Adelheid in Absprache mit Otto I.[550] durchgeführt worden sein. Insofern scheidet Königin Bertha als Grün-

544 *In patris vero Ruodulfi, videlicet nobilissimi regis, et domini Conradi fratris regno, loco videlicet Paterniaco, ubi matrem reginam vocabulo Bertam Deo in omni bonitate devotam sepulture tradidit, in honorem Dei genitricis monasterium condidit et sanctissimo patri Maiolo suisque successoribus sua munificentia et fratris sui Conradi regis precepto ordinandum perpetuo commisit*, Epitaphium Adelheide c. 9 S. 36.

545 Germain Hausmann, Payerne, in: Die Cluniazenser in der Schweiz, redigiert von Hans-Jörg Gilomen unter Mitarbeit von Elsanne Gilomen-Schenkel (Helvetia Sacra III 2, 1991) S. 391–468 mit umfangreichen Quellen- und Literaturanmerkungen.

546 Dem entspricht eine Besitzurkunde Papst Gregors V. 998/99 für Cluny *ob interventum domni invictissimi et pii Ottonis imperatoris augusti*; sie bestätigt das *monasterium vero Pat(er)niacu(m) ab Adelaide imperatrice augusta constructum et a Conrado rege et filio suo Rodulfo rege eidem Cluniensi coenobio per precepta regalia traditum cum omnibus, que videtur habere in Burgundia, et cum omnibus, que ipse monasterio in Alsatia dederunt imperatores augusti Ottones*, Papsturkunden 2, Nr. 351 [998 April 22 Rom] S. 682–686, hier S. 685; vgl. Reg. Imp. II,5 Nr. 826.

547 Hans Eberhard Mayer, Die Peterlinger Urkundenfälschungen und die Anfänge von Kloster und Stadt Peterlingen, DA 19 (1963) S. 30–129.

548 MGH DD Reg. Burg. Nr. 35 S. 146–150; vgl. Mayer, Urkundenfälschungen S. 57–62.

549 Terminus ante quem ist die Schenkung Herzog Rudolfs, eines weiteren Bruders der Kaiserin Adelheid, der die ihm von Otto I. überlassenen Schenkungen in Colmar und Hüttenheim sowie im Elsaß (DOI. 201 [959 April 14 Walbeck]) an die Mönche von Peterlingen weitergegeben hat; vgl. Mayer, Urkundenfälschungen S. 74f.

550 Die Bedeutung Peterlingens für Otto I. und seine Nachfolger ergab sich aus der verkehrsstrategisch wichtigen Lage für den Weg vom Oberrhein über den St. Bernhard-Paß nach Oberitalien, weshalb die Schenkung Herzog Rudolfs an Peterlingen von allen Kaisern bis Konrad II. wiederholt bestätigt wurde; vgl. dazu die Zusammenstellung von Quellen und Literatur bei Hausmann, Payerne S. 393 mit Anm. 20–29; Mayer, Urkundenfälschungen S. 40–43.

derin des Cluniacenserpriorats Peterlingen aus[551]. Lediglich ihre eigenen Schenkungen an das Stift zu ihren Lebzeiten sowie die Schenkungen ihrer Besitzungen durch Kaiserin Adelheid an das Kloster lassen sie in eingeschränkter Weise an der Gründung teilhaben[552]. Dem entsprechen die archäologischen Befunde der als Gebäude erhaltenen Klosterkirche, die zwischen 960 und 970 nach dem Vorbild von »Cluny II« errichtet wurde[553].

Ein letztes Mal besuchte die Kaiserin Peterlingen und das dortige Grab ihrer Mutter[554] kurz vor ihrem eigenen Tod im Dezember 999 und beschenkte es aus ihren eigenen Besitzungen wie denjenigen ihrer Mutter großzügig[555].

Eine zweite Klostergründung initiierte Adelheid vor den Mauern der alten langobardischen Königsstadt Pavia in der Zeit ihres Aufenthaltes in Italien anläßlich der Vermählung ihres Sohnes Otto II. mit der byzantinischen Prinzessin Theophanu am 14. April 972 in Rom, indem sie den Wiederaufbau einer inzwischen verfallenen langobardischen Gründung von den Grundmauern an – *a fundamentis* – veranlaßte. Das zu Ehren des Erlösers der Welt geweihte Kloster »San Salvatore« habe sie, so Odilo, in großzügigster Weise mit Besitzungen und Ausstattungsgegenständen dotiert und Abt Maiolus von Cluny, der bereits als Abt des später nach ihm benannten Klosters S. Maiolo in Pavia fungiert hatte[556], zur Organisation des monastischen Lebens übergeben[557]. Rechtliche Sicherheit vermittelte sie dem Kloster durch Besitzbestätigungen Ottos I.[558] und Ottos II.[559] sowie durch die Privilegierung Papst Johannes' XIII.

---

551 Die gefälschte Gründungsurkunde Königin Berthas vom 1. April 961 in: MGH DD Reg. Burg. Nr. 55 S. 190–201; vgl. Mayer, Urkundenfälschungen S. 48–78 und Hausmann, Payerne S. 392 mit den Anm. 14–17.

552 Mayer, Urkundenfälschungen S. 69–75.

553 Mayer, Urkundenfälschungen S. 38f., 43f., 74; zuletzt Joachim Wollasch, Cluny – »Licht der Welt«. Aufstieg und Niedergang der klösterlichen Gemeinschaft (1996) S. 29.

554 Vgl. Mayer, Urkundenfälschungen S. 44f.

555 *In ipso namque tempore monasterium Paterniacum adiit, quod ipsa ad honorem Dei genitricis pro remedio anime sue matris ibi requiescentis, tam ex suis quam ex maternis rebus nobiliter condidit et, quod tunc temporis in temporali necessitate fratribus ibi Deo famulantibus defuit, ut semper erat solita, manu largissima subministravit*, Epitaphium Adelheide c. 12 S. 39; zur Interpretation des Textes vgl. Mayer, Urkundenfälschungen S. 37.

556 Die zu einem Kloster ausgebaute Marienkirche war im Besitz des Richters Gaidulf und seiner Ehefrau Ima und kam über den Priester Adelgis 967 an Cluny. Es ist das erste Cluniacenserkloster in Pavia und Italien; vgl. Maria Antonietta Mazzoli Casagrande, I cluniacensi nell'antica diocesi di Pavia, in: Cluny in Lombardia. Atti del Convegno di Pontida, 22–25 Aprile 1977 (Italia Benedettina 1, 1979) S. 39–85, bes. S. 44–51.

557 *Postmodum in Italia iuxta Ticinensem urbem monasterium a fundamentis incepit et ad honorem Salvatoris mundi honorifice imperiali auctoritate et sua largissima donatione perfecit, prediis et ornamentis amplissime ditavit ac iam dicto patri Maiolo ordinandum regulariter tradidit*, Epitaphium Adelheide c. 9 S. 36; vgl. Mazzoli Casagrande, I cluniacensi S. 51–57 mit weiteren Quellen dazu.

558 Die Urkunde gilt als Deperditum; vgl. Reg. Imp. II,1 Nr. 506.

559 DOII. 281 (982 Sept. 30 Capua) Besitzbestätigung, Immunitäts- und Wahlrechtsverleihung: ... *latere volumus, quia domina et genitrix nostra Adeleith serenissima imperatrix augusta materna fiducia confisa adiit nostram imperialem audacter maiestatem et filiationem, orans quatinus pro dei amore nostrique imperii stabilitate eiusque debita veneratione aecclesiae in honore domini et salvatoris nostri Iesu Christi haud procul a moenibus Ticinensis urbis fundate in qua coetus cenobitarum incessanter deo famulantium pervigili cura et sollicitudine eiusdem nostrae genitricis moratur, preceptum confirmationis conscribi iuberemus de omnibus quae dici et nominari possunt tam mobilibus quam immobilibus que idem monasterio collate et oblate non solum a nobis, verum etiam a bone memorie genitore nostre Ottone imperatore et a prefata nostra genitrice.*

An den Papst hatte die Kaiserin den Wunsch herangetragen, das Kloster unter apostolischen Schutz zu stellen und damit aus der Oberhoheit des Paveser Bischofs herauszulösen, was der Papst ihr, der *dilectissima et spiritualis filia*, in einem Brief zugestand[560]. Gleichzeitig garantierte er dem Kloster freie Abtwahl und stellte jegliche Übergriffe seitens weltlicher und geistlicher Personen unter Strafandrohung der Exkommunikation. In einem zweiten Schreiben setzte Johannes XIII. Bischof Petrus (III.) von Pavia über die Privilegierung des Klosters in Kenntnis und verbot ihm, sich Macht über das Kloster anzumaßen[561]. In der Arenga wurde zudem eine Begründung für die Konstituierung des Klosters durch die Kaiserin gegeben: Sie habe es gegründet und dotiert *tam pro requie prioris viri sui, gloriose memorie Lotharii regis, quamque pro statu imperii clementissimi filii nostri Ottonis, invictissimi augusti, simul etiam communis filii eorum ac nostri item Ottonis augusti sueque anime mercede*[562].

Damit ein beständiges Gedenken an die Kaiserin im Kloster erhalten bleibe, schickte schließlich Abt Odilo von Cluny seine Lebensbeschreibung der Kaiserin an den dortigen Abt Andreas und den gesamten Konvent[563]. Am Ende des 10. Jahrhunderts hatte Cluny dank der Unterstützung Adelheids sowie der wohl in diese Richtung maßgeblich durch sie beeinflußten Ottonenkaiser Otto I., Otto II. und Otto III.[564] in Pavia »seinen wichtigsten Stützpunkt auf dem Weg nach Rom«[565].

Als bedeutendste Stiftung der Kaiserin gilt jedoch ihr 991 gegründetes Grabkloster Selz am Oberrhein. Das von den Kelten und Römern besiedelte und in karolingischer Zeit zum Königshof ausgebaute elsässische Selz[566] war der Kaiserin neben anderen Höfen im November 968 durch Otto I. *per interventum ac petitionem amantissimi filii nostri Ottonis imperatoris* als Wittum übereignet worden[567].

---

560 Ed. in Papsturkunden 1, Nr. 219 S. 429–431: *Johannes episcopus, servus servorum Dei, dilectissime et spirituali filiae, domne Adhelehide, serenissime auguste inperatrici ... Et ideo vestris piis desideriis faventes hac nostra apostolica auctoritate decernimus, idipsum prefatum Domini nostri Saluatoris monasterium amodo et usque in finem seculi sub patrocinio et tuicione sancte Romane et apostolice matris aecclesie cum omnibus, que ad illud pertinent, permanendum.*

561 *Et quum, fratrum dilectissime, locus ipse, ubi predictum monasterium constructum est, ad diocesim sante Ticinensis ecclesie, cui tua fraternitas Deo auctore preest, hactenus pertinuisse dinoscitur, ne sub hac occasione in eodem monasterio alicuius potestatis prerogativam tibi aliquando usurpare presumas, ex beati Petri apostolorum principis nostreque humilitatis auctoritate modis omnibus interdicimus*, Papsturkunden 1, Nr. 220 S. 431–433, hier S. 432. – Zur Person des Bischofs und der Fälschungsthese bezüglich der Urkunde in der älteren Forschung vgl. zuletzt Roland PAULER, Zum Kanzler Ottos des Großen, Petrus von Pavia und einem angeblich gefälschten Papstbrief, QFiAB 60 (1980) S. 507–510.

562 Papsturkunden 1, Nr. 220 S. 432.

563 *Domno Andree venerando abbati cunctisque fratribus sibi commissis in suburbio Ticinensis urbis Domino et Salvatori nostro devote famulantibus frater Odilo Cluniensium pauperum cunctorum peripsima presentis vite prospera et sempiterna gaudia. Epitaphium domine nostre Adaleide imperatricis auguste descriptum stilo paupere vestre fraternitati curavi transmittere, ratum fore diiudicans, ut apud vos eius continua recolatur memoria, cuius industria atque prudentia vestri monasterii a fundamentis creverunt edificia cuiusque sustentamini larga continuatim munificentia ...*, Epitaphium Adelheide S. 27.

564 Zum Kontext der Beziehungen der Ottonen zu Cluny vgl. WOLLASCH, Cluny und Deutschland S. 10f.

565 WOLLASCH, Cluny S. 78.

566 Zur frühen Siedlungsgeschichte und der verkehrsstrategischen Bedeutung von Selz: Hermann BANNASCH, Zur Gründung und älteren Geschichte des Benediktinerklosters Selz im Elsaß, ZGO 117 (1969) S. 97–160, hier S. 97–104.

567 DOI. 368 (968 Nov. 16 Aterno).

Odilo von Cluny zufolge habe Adelheid ungefähr zwölf Jahre vor ihrem Ende des Jahres 999 erfolgten Tod, also 987, den Entschluß zur Gründung und Unterstellung des Klosters unter die *libertas Romana* gefaßt[568] und mit Selz die Memoria für den im Herbst 983 verstorbenen Otto II. verbunden. Die Gründung verzögerte sich dann aber bis ins Jahr 991 und erfolgte erst nach dem Tod Theophanus. Die Gründe dafür nennt Odilo in seiner Lebensbeschreibung nicht; sie lassen sich aber anhand urkundlicher Indizien in etwa umreißen. Dabei wurde in der Forschung immer wieder angeführt, daß die Bestätigung der zur Witwenausstattung von Otto I. an Adelheid übertragenen Güter im Elsaß sowie in Franken, Thüringen, Sachsen und im Slavenland durch eine im Namen Ottos III. ausgestellte Urkunde erst am 21. Mai 987 erfolgt war[569]. Aufgrund des ihr hier verbrieften Eigentums- und Verfügungsrechtes konnte Adelheid über die Nutznießung der Güter hinaus auch Vergabungen vornehmen[570]. Eine Schenkung ging an Graf Manegold, dem Adelheid den zu ihrem elsässischen Güterkomplex gehörigen Hof Sermersheim überließ, was in den Kontext der Klostergründung von Selz gestellt wurde[571]. Der Graf im Zürichgau, der am 27. August 987 auf die Intervention Theophanus hin das königliche Gut Baden-Baden erhielt[572], war wohl ein Verwandter und Vertrauter Adelheids. Nach seinem Tod am 12. Juni 991 gab diese ihm das Totengeleit nach Quedlinburg, wo sie ihn bestatten ließ und für seine Memoria sorgte[573].

Möglicherweise deutet die Schenkung des Gutes Sermersheim an den Grafen auch darauf hin, daß die Klostergründung, mit der Kaiserin Adelheid diesen beauftragt hatte, ursprünglich nicht auf Selz festgelegt war und die Suche nach einem geeigneten Ort im Elsaß die Ausführung des Plans verzögert hat[574]. Diese Schlußfolgerung läßt ein in Boppard verhandeltes Diplom Ottos III. zu, mit dem er auf Bitten Kaiserin Adelheids sowie mit dem Rat seiner Getreuen, namentlich Willigis von Mainz, Hildebold von Worms und Notker von Lüttich, am 11. März 992 den Hof Sermersheim an Kloster Selz schenkte[575]. Die Narratio teilt mit, daß Graf Manegold auf Intervention Adelheids hin den Hof einst erhalten hatte, um an einem für beide geeigneten Ort ein Kloster zu errichten. Sein Tod habe aber diesen Plan vereitelt, weshalb er den Besitz kurz zuvor an die Kaiserin zurückerstattet habe[576].

Die Gründung des Klosters Selz – außerhalb der Siedlung an der Straße von Deutschland nach Burgund und Italien gelegen[577] – wurde nach dem Tod Mane-

---

568 *Ante duodecimum circiter obitus sui annum in loco, qui dicitur Salsa, urbem decrevit fieri sub libertate Romana …*, Epitaphium Adelheide c. 10 S. 37.

569 DOIII. 36 (Allstedt).

570 Vgl. Uhlirz, Rechtliche Stellung S. 92–95. – Zur Verfügungsgewalt des Witwengutes durch die Königin oben S. 73–75.

571 Wilhelm Erben, Die Anfänge des Klosters Selz, ZGO N.F. 7 (1892) S. 1–37.

572 DOIII. 39 (Memleben); vgl. M. Uhlirz, Jahrbücher unter Otto III. S. 87 mit Anm. 38.

573 Erben, Anfänge S. 8f.; M. Uhlirz, Otto III. S. 147.

574 Erben, Anfänge S. 8.

575 DOIII. 86.

576 *…qualiter nos quoddam predium Saramaresheim dictum, in pago Alsaciae vo[c]ato ac comitatu Eberhardi comitis situm, ob interventum [c]arae avie nostre Ad[a]lheidis videlicet imperatricis augustae a nobis antea Manegoldo comiti per nostram praecep[ti]onem datum, ut inde pro sua et illius anima in loco utrique melius apto monasterium faceret, et ille morte praevenite hoc minime completo, ante finem vitae sue praedictae avie nostre praedio praefato in illius ius reddito, iuramentaria testatione propter deum id peragendum commendar[et atque] d[i]mitteret …*, DOIII. 86 (DD 2,2 S. 494f.).

577 Zur Topographie: Bannasch, Gründung S. 111.

golds durch Adelheid wohl selbst vollzogen. Eine Stiftungsurkunde ist allerdings nicht überliefert. Die am 29. Dezember 991 in Pöhlde ausgefertigte erste Schenkungsurkunde über das Gut Alsheim im Wormsgau auf Bitten Kaiserin Adelheids und ihrer Tochter, Äbtissin Mathilde von Quedlinburg, belegt den offiziellen Vollzug der zu Ehren der Apostel errichteten Stiftung[578]. Ihr folgen eine Vielzahl von Schenkungen, die dem Kloster einen geschlossenen Besitzkomplex mit Schwerpunkt im nördlichen Elsaß schaffen[579].

Rechtlich ließ Adelheid das Benediktinerkloster doppelt absichern[580]: Durch die Verleihung von Immunität und Wahlrecht für Abt und Vogt seitens Ottos III. am 4. Januar 992 stand Selz unter dem Königsschutz und galt insofern als Reichskloster[581]. Zum anderen gewährte Papst Johannes XV. am 4. April 995 die Unterstellung unter die *libertas ecclesiae*[582], die schon im Diplom Ottos III. erwähnt wurde[583]. Zusätzlich erlaubte der Papst *ob honorem apostolorum ipsiusque imperatricis amorem* dem Abt, bei feierlichen Messen die Pontifikalien, Sandalen und Dalmatika, zu tragen[584].

Besonders interessant erscheint – gerade in bezug auf die *libertas Romana* – die Frage, inwieweit das nach der Benediktregel eingerichtete Selz vom Einfluß Clunys geprägt wurde. Joachim Wollasch hat darauf hingewiesen, daß die in der älteren Forschung häufig gebrauchte Bezeichnung von Selz als einem Cluniacenserkloster nicht der Wirklichkeit entspricht, da Adelheid Selz eben nicht in die rechtliche Abhängigkeit von Cluny gestellt habe wie ehemals ihr burgundisches Kloster Peterlingen. Die rechtliche Eingliederung von Selz in die *Cluniacensis ecclesia* erfolgte vielmehr erst unter dem Abbatiat Hugos in den 50er Jahren des 11. Jahrhunderts[585].

578 DOIII. 77: … *qualiter nos rogan[t]e carissima avia nostra Adalheida imperatrice augusta et dilectissima filia eius Mathilde abbatissa amita nostra quoddam predium nostrum Alesheim nuncupatum in pago Uuormaciensi situm Salsensi coenobio in honore apostolorum constructo pro remedio et elemosina sua et nostra et parentum nostrorum atque sancte Romane ecclesiae sub libertate ab utrisque tradito in proprium ius concess[i]mus firmiterque donavimus* … (DD 2,2 S. 485).

579 Im einzelnen aufgelistet bei Erben, Anfänge S. 9–14; Bannasch, Gründung S. 107–111.

580 Vgl. Bannasch, Gründung S. 112f.; Wollasch, Cluny und Deutschland S. 12.

581 DOIII. 79a (Pöhlde).

582 Papsturkunden 1, Nr. 324 S. 631–634. Zur älteren und neueren Fälschungsdiskussion vgl. die Vorbemerkung von Zimmermann, Papsturkunden 1, S. 632, der die Urkunde als echt einstuft. Die diplomatische Untersuchung von Mogens Rathsack, Die Fuldaer Fälschungen. Eine rechtshistorische Analyse der päpstlichen Privilegien des Klosters Fulda von 751 bis ca. 1158 (Päpste und Papsttum 24, 1989) Bd. II Appendix 18, S. 616–621 hat jüngst wieder eine ganze Reihe von Fälschungselementen in der Urkunde feststellen können, darunter z. B. die Bezeichnung Adelheids als *beatissima* und *sanctissima*, was ihren Tod voraussetze und somit auf eine Entstehung nach 999 hinweise. Eine Auseinandersetzung mit der Fälschungsthese von Rathsack fand in der Forschung bislang nicht statt.

583 … *sub nostram reciperemus immunitatis defensionem atque remota omnium inquietudine semper secure et libere concederemus manere, ita ut nostris et futuris temporibus apostolicae tantum libertati et nostrae ad defendendum subiectum sit maiestati* …, DOIII. 79a (DD 2,2 S. 486).

584 Vor allem diese Ehrenrechte gelten in der Forschung als nicht widerlegtes Indiz dafür, daß es sich bei der Papsturkunde um eine Fälschung handeln könnte; vgl. Rathsack, Fuldaer Fälschungen S. 620f.; Zimmermann, Papsturkunden 1, S. 632; Wollasch, Cluny und Deutschland S. 12 Anm. 36.

585 Joachim Wollasch, Das Grabkloster der Kaiserin Adelheid in Selz am Rhein, FMSt 2 (1968) S. 135–143.

Schwieriger zu beurteilen ist demgegenüber die Frage nach möglichen Einflüssen cluniacensischer Gewohnheiten und Bräuche. Auffallend ist, daß Odilo von Cluny im *Epitaphium Adelheide* der Klostergründung in Selz – im Gegensatz zu den beiden anderen Stiftungen Peterlingen und San Salvatore bei Pavia, die nur mit jeweils einem Satz bedacht werden, – ein umfangreiches Kapitel widmet, eine wie auch immer geartete Beteiligung Clunys bei der Einrichtung des Klosters aber mit keinem Wort erwähnt oder auch nur andeutet. Dies läßt darauf schließen, daß Adelheid den Abt von Cluny offiziell nicht um Mitarbeit gebeten hatte, wie sie es zum Beispiel für San Salvatore bei Pavia getan hatte.

Daß der Geist von Cluny angesichts der Beziehungen Adelheids zu seinen Äbten Maiolus und Odilo[586], wobei sie ersteren, der am 11. Mai 994 verstorben war, unter allen Mönchen am meisten geliebt habe[587], bei der Einrichtung von Selz überhaupt nicht geweht haben soll, ist schwer vorstellbar, läßt sich aber über das Cluny und Selz verbindende gleiche Apostel-Patrozinium hinaus kaum konkretisieren. Erst Joachim Wollasch hat eine Verbindung zwischen Cluny und den Anfängen von Selz in dessen ersten Abt Eccemann aufgezeigt, indem er ihn mit jenem *Ecemannus abbas* gleichsetzte, der in einem Nekrolog des ausgehenden 11. Jahrhunderts aus dem Cluniacenserinnenkloster Marcigny-sur-Loire unter der Rubrik der Mönche, die in Cluny ihre Profeß abgelegt hatten, verzeichnet ist. Die Tatsache, daß unter 48 000 verstorbenen Mönchen Clunys in den Quellen nur ein einziger Eccemann bekannt ist, dessen Name zudem in einem Nekrolog genannt wird, welches als einziges der bekannten Nekrologe einen Personenkreis um Kaiserin Adelheid, basierend auf einer verlorenen älteren Vorlage, enthält[588], macht sehr wahrscheinlich, daß es sich um dieselbe Person handelt. Fraglich bleibt, warum Odilo dessen cluniacensische Herkunft nicht erwähnt hat[589], zumal er Eccemann, der der ständige Lehrer der Kaiserin Adelheid in der Unterweisung theologischen Schrifttums gewesen sein soll, in den höchsten Tönen als *boni testimonii virum, humana scientia et divina sapientia doctum* lobte[590].

Die durch den Straßburger Bischof Widerold vollzogene Weihe des Klosters am 18. November 996 fand in Anwesenheit Adelheids sowie ihres Enkels, Kaiser Otto III., mit dem gesamten Hof und ihrer Enkelin, Äbtissin Sophie von Gandersheim, im Rahmen eines großangelegten Festes sowie einer dort zusammengetretenen Für-

---

586 Zu der umstrittenen letzten Reise der Kaiserin in ihrem letzten Lebensjahr 999 nach Cluny vgl. Wollasch, Grabkloster S. 137f. und den Widerspruch von Karl Josef Benz, A propos du dernier voyage de l'impératrice Adelaïde en 999, Revue d'histoire ecclésiastique 67 (1972) S. 81–91.

587 *... nec non et beate recordationis patrem Maiolum celesti gloria iam coronatum, quem dum in hac mortali carne subsisteret, pre cunctis mortalibus in illo ordine diligebat ...*, Epitaphium Adelheide c. 16 S. 41. Zu Maiolus vgl. jetzt Dominique Iogna-Prat, Agni immaculati. Recherches sur les sources hagiographiques relatives à saint Maieul de Cluny (954–994) (1988) mit einer Neuedition seiner Vita S. 166–285.

588 Wollasch, Grabkloster S. 136f.; Ders., Cluny und Deutschland S. 12f. mit Anm. 39.

589 Kritisch dazu Benz, A propos S. 84f.; vgl. die Rechtfertigung durch Wollasch, Cluny und Deutschland S. 12f. Anm. 39.

590 *Abbatem ibi prefecit* (= Adelheid) *nomine Eccemagnum, boni testimonii virum, humana scientia et divina sapientia doctum, quem in divinis literis habere voluit assidue preceptorem*, Epitaphium Adelheide c. 10 S. 37. – An *Ecemanno palatino monacho* als Freund am Hof Kaiserin Adelheids adressiert Gerbert von Reims einen Brief Anfang 984 (ed. Weigle Nr. 21 S. 43f.).

stenversammlung statt[591]. Angereist waren namentlich auch die Herzöge Heinrich von Bayern und Konrad von Schwaben[592].

Die Weihe des Klosters, das Adelheid neben den Besitzungen und Gebäuden mit Gold und Gemmen, den kostbarsten Kleidern und verschiedenen Ausstattungsgegenständen geehrt und reichlich beschenkt habe, so daß es den dortigen Dienern Gottes an nichts fehlte[593], überlebte die Kaiserin noch drei Jahre. Sie starb am 16./17. Dezember 999 und fand in der Klosterkirche von Selz ihr Grab[594], wo sich bald Wunder einstellten[595]. Der »Clunizenserpapst« Urban II. hat Adelheid 1097, unter dem Abbatiat Hugos von Cluny, heiliggesprochen[596].

Im Unterschied zu ihrer Schwiegermutter Mathilde wie auch ihrer Nachfolgerin, Kaiserin Kunigunde, stiftete Adelheid nur Männerklöster. Dies könnte möglicherweise auch durch Cluny beeinflußt worden sein, dem im 10. und in der ersten Hälfte des 11. Jahrhunderts ausschließlich Männerkonvente unterstanden. Eine Öffnung für Frauen vollzog erstmals Abt Hugo mit der Gründung von Marcigny-sur-Loire im Jahr 1055[597]. Gleichwohl unterstützte Adelheid auch Nonnenklöster, wie zahlreiche Interventionen für Benediktinerinnenkonvente und namentlich Schenkungen an das von ihrer Tochter Mathilde geleitete Kanonissenstift Quedlinburg beweisen. Ein solches auf Sachsen bezogenes Engagement, das sie mit Mathilde von Quedlinburg teilte und mit der sie in der Sache zusammenarbeitete, erwähnt darüber hinaus Odilo von Cluny: *In Saxonia vero post discessum iam dicti rei publice principis cooperante unica sapientissima et prudentissima filia sanctimonialium cenobiis contulit dona*[598].

---

591 *In ipso etiam loco* (= Selz) *monasterium a fundamentis miro opere condidit* (= Adelheid) *et ad honorem Dei et apostolorum principis, tertio imperante Ottone nepote videlicet suo in presentiarum secum astante, quartodecimo kalendas Decembris augustissime et devotissime a Wideraldo Argentine civitatis episcopo consecrari iussit. Et ut maiori auctoritate per succedentia temporum esset ille sacer locus subnixus, cum prefato cesare est etiam episcoporum conventus a sepe dicta et sepe dicenda Adalheida augusta ipsius cesaris avia convocatus*, Epitaphium Adelheide c. 10 S. 37.

592 M. Uhlirz, Otto III. S. 223f.

593 *Ipsum vero monasterium adeo ditavit et nobilitavit prediis, edificiis, auro et gemmis, vestibus pretiosissimis aliisque variis ornatum suppellectilibus, ut nichil deesset illo in loco Deo famulantibus*, Epitaphium Adelheide c. 10 S. 37.

594 1307 zerstörte Hochwasser die Klostergebäude wie die Klosterkirche mit dem Grab Adelheids; vgl. Odilo Ringholz, Die ehemalige Begräbnisstätte der heiligen Kaiserin Adelheid, Studien und Mitteilungen aus dem Benediktinerorden 7 (1886) S. 315–333 und H. Seibert, Art. Selz, in: LexMA 7 (1995) Sp. 1738.

595 Vgl. dazu Wollasch, Grabkloster S. 139–142.

596 Herbert Paulhart, Zur Heiligsprechung der Kaiserin Adelheid, MIÖG 64 (1956) S. 65–67; Wollasch, Grabkloster S. 139. – Zu Urban II.: Alfons Becker, Papst Urban II. (1088–1099), 2 Bde. (Schriften der MGH 19, 1964/1988).

597 Else Maria Wischermann, Marcigny-sur-Loire. Gründungs- und Frühgeschichte des ersten Cluniacenserinnenpriorates (1055–1159) (Münstersche Mittelalter-Schriften 42, 1986); Joachim Wollasch, Frauen in der Cluniacensis ecclesia, in: Doppelklöster und andere Formen der Symbiose männlicher und weiblicher Religiosen im Mittelalter, hg. von Kaspar Elm und Michel Parisse (Berliner Historische Studien 18 = Ordensstudien 8, 1992) S. 97–113.

598 Epitaphium Adelheide c. 9 S. 36.

In der Tradition ihrer ottonischen Vorgängerinnen Mathilde und Adelheid stehend, stiftete auch Kaiserin Kunigunde in den späteren Herrschaftsjahren ihres Gatten, Kaiser Heinrichs II., ein Kloster. Wie Königin Mathilde in Nordhausen gründete sie 1017 ein Nonnenkloster auf den ihr als Wittum zugewiesenen Besitzungen in Kaufungen.

Mit einer am 24. Mai 1008 in Ingelheim ausgestellten Königsurkunde war auf ihre eigene Intervention und Bitte hin der *in pago Hessia* gelegene Königshof Kassel mit allen zugehörigen Besitzungen und Rechten in ihre unbeschränkte Verfügungsgewalt übertragen worden[599]. Obwohl im Diplom nicht eigens erwähnt, handelte es sich bei dieser Schenkung nach communis opinio in der Forschung um die von Heinrich II. 1007 versprochene Entschädigung dafür, daß die Königin zugunsten der Bamberger Kirche auf ihre dortigen Dotalgüter verzichtet hatte[600]. Kunigunde erhielt nicht nur den bereits im Itinerar Konrads I. auftauchenden Königshof Kassel, sondern den gesamten dazugehörigen Fiskalbereich, der den Ort Kaufungen einschloß[601]. Dorthin wurde – wahrscheinlich in den Jahren zwischen 1008 und 1011 – der Königshof transferiert[602]. Denn in der Folgezeit wird nicht mehr Kassel, sondern Kaufungen als Itinerarort Heinrichs II. wie auch noch Heinrichs III. genannt, an dem beide wiederholt Aufenthalt nahmen[603].

Kunigunde reiste 1011[604], 1015[605] und 1017[606] in Begleitung Heinrichs II. nach Kaufungen, daneben aber auch allein, nachweislich zweimal in den Jahren 1017 und 1018[607]. In die Zeit dieser alleinigen Besuche der Kaiserin in Kaufungen datiert nach Thietmar von Merseburg die Stiftung des Nonnenklosters. Gelobt habe sie dieses – so der Merseburger Bischof – aufgrund einer Krankheit während ihres Aufenthaltes im Frühsommer 1017[608]. Im Sommer 1018 habe sie sich dann eigens nach Kaufungen begeben, um die Gründung zu vollziehen[609].

---

599 DHII. 182; obwohl es sich bei der überlieferten Urkunde um eine Anfertigung des 12. Jahrhunderts mit einem interpolierten Satz handelt, gilt mit Ausnahme dieses Satzes die Urkunde ansonsten für »völlig echt« (DD 3, S. 216).

600 Zum Verzicht Kunigundes vgl. oben S. 201ff.

601 Vgl. Karl Heinemeyer, Königshöfe und Königsgut im Raum Kassel (Veröffentlichungen des Max-Planck-Instituts für Geschichte 33, 1971) bes. S. 166–204 mit der gesamten älteren Literatur.

602 Thietmar von Merseburg berichtet von der Verlegung des Königshofes für das Jahr 1015: ... *imperator ... a nobis discessit et proximos rogationum dies in Capungun fuit, quo ipse curtem suam de civitate Cassalun dicta transtulit*, Chronicon VII 13, S. 412. Da jedoch Heinrich II. bereits 1011 in Kaufungen urkundete, ist davon auszugehen, daß die Verlegung des Königshofes zu diesem Zeitpunkt bereits vollzogen war; vgl. Heinemeyer, Königshöfe S. 172f.

603 Zu den Herrscheraufenthalten: Heinemeyer, Königshöfe S. 172–182; 200–203; Wilhelm A. Eckhardt, Kaufungen und Kassel. Pfalz – Kloster – Stadt, in: Festschrift zum 60. Geburtstag von Karl August Eckhardt (Beiträge zur Geschichte der Werralandschaft und ihrer Nachbargebiete 12, 1961) S. 22.

604 Intervention Kunigundes in einer in Kaufungen verhandelten Schenkungsurkunde für das Kloster Hersfeld: DHII. 236 (1011 August 10); Reg. Imp. II,4 Nr. 1749.

605 Vgl. den Quellenbeleg in Anm. 602; die Anwesenheit Kunigundes ist zwar nicht sicher belegt, aber als sehr wahrscheinlich anzunehmen.

606 DHII.363: gemeinsame Schenkung an das Kloster Hilwartshausen; Reg. Imp. II,4 Nr. 1899.

607 Zum Itinerar Kunigundes vgl. oben S. 101.

608 *Regina autem a Froncanavordi a cesare discedens, cum ad locum, qui Capungun dicitur, veniret, infirmatur et ibi tunc Deo promisit, se ad laudem eius unum facturam monasterium*, Thietmar, Chronicon VII

Ob diese jedoch in wörtlicher Auslegung Thietmars als spontan gemachtes Versprechen in einer durch Krankheit geprägten Notsituation zu interpretieren ist, erscheint aufgrund vielfältiger Aktivitäten, die das Herrscherpaar seit der Übereignung des Kasseler Königshofes an Kunigunde entfaltet hatte, eher fraglich. Man gewinnt vielmehr den Eindruck, daß es sich auch bei der Klostergründung um ein längerfristig geplantes Unternehmen handelte, wobei die Verlegung des Königshofes als dem fiskalischen Zentrum von Kassel nach Kaufungen – was keineswegs eine häufige Erscheinung darstellt[610] – als ein erster Schritt zum Ausbau Kaufungens gedeutet werden kann[611]. Die häufigen Aufenthalte des Kaiserpaares im zweiten Jahrzehnt des 11. Jahrhunderts setzen neue Profanbauten, vielleicht auch eine Pfalz, voraus, die den ottonischen Baukonzepten zufolge immer auch mit der Einrichtung von Stiften und Klöstern verbunden waren, wie zum Beispiel in Pöhlde[612]. Unter dieser Prämisse steht das Klosterprojekt am Ende eines großangelegten Ausbaus seitens des Herrscherpaares, bei dem die Überlegung, für die Kaiserin als Witwe einen Ort des Rückzugs zu schaffen, durchaus naheliegt[613].

Überaus deutlich erscheinen bei der Stiftung Kaufungens die Parallelen zu den Gründungen der Königin Mathilde, deren monastische Aktivitäten Pate gestanden haben könnten, zumal deren jüngere Vita als Auftragsarbeit Heinrichs II. gilt und Kunigunde bekannt gewesen sein wird. Wie einst Mathilde, so ließe sich vermuten, wollte auch Kunigunde sich nicht in einen bereits bestehenden Konvent zurückziehen können, sondern in eine nach ihren Vorstellungen eingerichtete Gemeinschaft. Doch während Mathilde als Königinmutter auch nach dem Tod ihres Gatten über großen Einfluß am Hof verfügte und ihre Klosterstiftungen mit Hilfe ihres Sohnes Otto realisieren konnte, mußte Kunigunde aufgrund ihrer Kinderlosigkeit grundsätzlich davon ausgehen, daß ihr Einfluß am Hof eines neuen Herrschers keinesfalls der gleiche bleiben würde. Deshalb mußte alle Vorsorge für eine mögliche Witwenschaft noch zu Lebzeiten Heinrichs getroffen werden. Dementsprechend reich war neben der Witwenausstattung Kunigundes auch die materielle Sicherstellung des Klosters, das inmitten des zum Königsgut gehörenden großen Kaufunger Forstes angelegt wurde[614].

Die ersten Schenkungsurkunden Heinrichs II. wurden genau nach den beiden von Thietmar gegebenen Zeitangaben zwischen dem Gelübde und der Einrichtung

---

54, S. 466. Heinrich II. hatte von der Gesundung und dem Gelübde Kunigundes nach Thietmar bereits vor seinem Treffen mit ihr Mitte Juni in Paderborn erfahren: *Inperator autem audiens contectalem suam levius haberi et votum Domino fecisse, grates Christo persolvit ex animo et pentecosten in Wirthunu … venerabiliter celebravit,* Chronicon VII 56 S. 468.

609 *Imperatrix autem ad dilectam sibi Capungam veniens, monachicam ibi vitam ordinavit …,* Thietmar, Chronicon VIII 18, S. 514/16.

610 Eine etwa zeitgleiche Parallel ist die Verlegung der Pfalz Werla nach Goslar, das Heinrich II. auszubauen begann; dazu Heinemeyer, Königshöfe S. 191f.

611 Heinemeyer, Königshöfe S. 173–183; zusammenfassend S. 191.

612 Über die baulichen Anlagen des Königshofes wie des Klosters liegen aus ottonischer Zeit keine Kenntnisse vor; vgl. Heinemeyer, Königshöfe S. 194f.

613 So auch Heinemeyer, Königshöfe S. 183.

614 Zusammenstellung der einzelnen Besitzzuweisungen und Marktprivilegien, die die Absicht Heinrichs II. belegen, Kaufungen zu einem neuen Handelszentrum auszubauen, bei Heinemeyer, Königshöfe S. 186–190.

des Klosters ausgestellt und datieren auf den 6. Dezember 1017. In ihnen ist bereits die Rede davon, daß Kaiserin Kunigunde zu Ehren des Erlösers der Welt und des lebendigen Kreuzes wie auch der Gottesmutter Maria, des Apostelfürsten Petrus und aller Heiligen ein Kloster in Kaufungen errichtet und Jungfrauen unter der Regel des hl. Benedikt eingesetzt habe[615]. Die Tatsache, daß in der Urkunde bereits von einem Gebäude und einem Konvent in Kaufungen die Rede ist, macht die Zeitangabe Thietmars über eine erst im Sommer 1018 erfolgte Gründung obsolet und läßt darauf schließen, daß diese nicht aus einer spontanen Handlung heraus erfolgte, sondern gedanklich und wohl auch planerisch bereits lange präsent war und schließlich 1017 von der Kaiserin realisiert wurde[616].

Die Gründungsabsicht Kunigundes könnte von daher auch plausibel erklären, warum sie sich nach Ostern 1017 von Heinrich II. getrennt hatte und nicht mit ihm zum Aachener Hoftag gereist war, auf dem die Versöhnung des Kaisers mit ihren Brüdern nach jahrelangen Kämpfen eingeleitet wurde[617]. Eine möglicherweise erst nach der Trennung auftretende Krankheit könnte die konkrete Umsetzung der Gründung verzögert haben, doch das von Thietmar erwähnte Versprechen ist wohl als formeller Gründungsakt zu interpretieren. Wenn der Merseburger Bischof für 1018 wörtlich von der Einrichtung des Konventes spricht, kann dies auf organisatorische Belange bezogen werden.

Das Engagement Kunigundes für ihr Kloster wird in den insgesamt zehn Besitzurkunden sichtbar, die Heinrich II. in den Jahren 1017[618], 1018/19[619] und 1023[620] ausstellen ließ und in denen sie neben der Erwähnung in der Memorialformel als Gründerin und Petentin genannt wird. Neben der materiellen Ausstattung nahm sie in Parallele zu Königin Mathilde in Quedlinburg und Nordhausen bestimmenden Einfluß auf die gemäß der Benediktregel ausgerichtete innere Struktur des

615 DHII. 375 (1017 Dez. 6 Gottern) Schenkung des Hofes Hedemünden: *Proinde omnium Christi nostrorumque fidelium presentium scilicet ac futurorum noverit universitas, quod dilecta contectalis nostra Cvnigvnda videlicet imperatrix augusta monasterium in honorem salvatoris mundi et vivifice crucis nec non sanctae dei genitricis semperque virginis Mariae Petrique principis apostolorum et omnium simul sanctorum in loco qui dicitur Cofunga construxit, in quo virgines sub regula sancti Benedicti ordinavit.* So auch DHII. 376 (1017 – Gottern) Schenkung des Hofes Heroldishausen. – Vgl. auch die Abdrucke in: Urkundenbuch des Klosters Kaufungen in Hessen, hg. von Hermann von ROQUES, Bd. 1 (1900) Nr. 5/6 S. 7–9.

616 Aufgrund der oben zitierten Diplome Heinrichs II. vom Dezember 1017 schließt auch HEINEMEYER, Königshöfe S. 177 auf die bereits vollzogene Gründung.

617 Zur sog. »Moselfehde« vgl. oben S. 169ff.

618 Quellenbelege siehe Anm. 615.

619 DHII. 394 (1018 Juni 16 Straßburg) Schenkung der Besitzung zu Leidenhofen; DHII. 406 (1019 Mai 4 Allstedt) Schenkung der Orte Ober- und Niederkaufungen, Vollmarshausen und Uschlag; vgl. dazu HEINEMEYER, Königshöfe S. 179f.; DHII. 407 (1019 Mai 4 Allstedt) Schenkung der Besitzung zu Escheberg und Meiser; DHII. 409 (1019 Mai 20 Magdeburg) Schenkung der Orte Lay, Waldesch, Winningen, Bisholder, Trimbs; DHII. 411 (–) Schenkung des Hofes Herleshausen, der zum Erbgut Kunigundes gehört; DHII. 412 (– Paderborn) Schenkung einer Kirche zu Wolfsanger und Verleihung des dortigen Wochen- und Jahrmarktes sowie eines Jahrmarktes zu Kaufungen nebst der Gerichtsbarkeit und dem Zoll von diesen Märkten; DHII. 420 (1019 Dez. 31 Würzburg) Schenkung der dem Kaiser von Ekkehart übereigneten Besitzung zu Herbede. – Abdruck in: Urkundenbuch Kaufungen Nr. 7, 9–14 S. 9f., 12–20.

620 DHII. 487 (1023 Jan. 14 Paderborn) Schenkung des Gutes Heringhausen. – Abdruck in: Urkundenbuch Kaufungen Nr. 15 S. 20f.

Konvents sowie dessen personelle Zusammensetzung. Darauf lassen – so bereits Heinemeyer – die Formulierungen in den Urkunden wie bei Thietmar schließen, die von der Einrichtung klösterlichen Lebens in Kaufungen durch die Kaiserin berichten: *monachicam ... vitam ordinavit*[621]. Einzelheiten sind darüber hinaus aber nicht bekannt. Lediglich über die Person der wohl von Kunigunde bestimmten Äbtissin Uta, deren Einsetzung erstmals 1019 urkundlich nachweisbar wird[622], wissen wir, daß es sich um eine Nichte der Kaiserin handelte, die von ihr seit frühester Jugend erzogen wurde und ihr besonders nahe gestanden haben soll. Glauben wir der anläßlich der Heiligsprechung der Kaiserin durch Innocenz III. 1200 verfaßten Vita[623], dann hat Kunigunde durch die an Uta als der ersten Äbtissin weitergegebenen Instruktionen über Gebetsverpflichtungen, Nachtwachen und Fastengewohnheiten ganz massiv die Gepflogenheiten des Klosters bestimmt[624]. Daß dabei in besonderer Weise das in den Urkunden für Kaufungen immer wieder formulierte Memorialgedenken einen zentralen Aspekt der Gebete darstellte, ist dabei selbstverständlich. Nach dem Tod des Kaisers 1024 erinnerte Kunigunde die Nonnen eigens in einem Brief daran, für das Seelenheil des Verstorbenen zu beten[625].

---

621 Das Thietmar-Zitat in Anm. 609; der dementsprechende Urkundenbeleg in Anm. 615; vgl. HEINEMEYER, Königshöfe S. 183.

622 DHII. 411 (–): ... *abbatissa Ota, quam eidem loco prefecimus, ac quecumque in eodem ordine post eam ibidem promoventur ...*

623 Der Heiligsprechung durch Innocenz III. am 29. März 1200 folgte ein Jahr später, am 8. September 1201, die Translation in den Bamberger Dom: *Habuit preterea magnum conventum principum apud Babenberch, ubi multi episcopi et Salzburgensis archiepiscopus* (Eberhard) *affuit, ubi ipse una cum episcopis ossa sancti Heinrici et sancte Kunegundis levaverunt, sicut ab Innocentio papa canonizati fuerant et plurimis miraculis prius choruscaverant; et magnus concursus populi de diversis provinciis illuc ipsa die confluxerat, et reliquie eorum ad diversa loca partite. De quibus reliquiis a venerabili Petro abbate ad monasterium Nuburgense in magna quantitate apportate et apud eos actenus recondite*, Annales Marbacenses, ed. Hermann Bloch, MGH SS rer. Germ. [9] (1907) S. 74f. – Vgl. Renate KLAUSER, Der Heinrichs- und Kunigundenkult im mittelalterlichen Bistum Bamberg, 95. Bericht des Historischen Vereins Bamberg (1957) S. 60–68; Klaus GUTH, Die Heiligen Heinrich und Kunigunde. Leben, Legende, Kult und Kunst (1986) S. 68/74. – Wissenschaftlichen Anspüchen genügt hingegen nicht die Biographie von Pierre HAMER, Kunigunde von Luxemburg. Die Rettung des Reiches (1985).

624 *Habuit secum sororis sue filiam, Utam nomine. Quam a primis annis educatam, omni disciplina, secularium quoque literarum scientia instruxerat. Hec materteram non minus religionis quam dilectionis amore in monasterio secuta et consecrata fuit. Hanc in omnibus plene instructam, ubi eius in orationibus vigiliis ac ieiuniis perseverantiam et ad omnia pacientiam perspexit, omnium assensu et rogatu primam in ipso cenobio eam abbatissam prefecit*, Vita Sanctae Cunegundis, ed. Georg WAITZ, in: MGH SS 4, S. 821–824, hier c. 7 S. 823.

625 *Cunegundis divina dispensatione solo inperatrix nomine, specialiter dilecte congregationi in Confugia, quicquid iuste convenit dilectioni ... Ecce hec modici sumptus munuscula ad refectionem vobis mittuntur carnis, ut animam senioris eiusque patris vestri continua orationis alimonia reficiatis; quoniam tot iustorum preces unanimiter continuate apud Deum multum possunt proficere, Iacob attestante: »Multum enim valet deprecatio iusti assidua.« Ille enim atque etiam iustus Dominus, qui iusticias dilexit, equitatem supplicationis exaudire non respuit; sed vobis indefessis intercessionibus supradicti cari memoriam facientibus, salutis dabit premium, quod ipse promittit dicens: »Qui perseveraverit usque in finem, hic salvus erit.« Atque bonum opus in conspectu eciam Dei placitum esse cernitis, si non solum pro illis, qui in hac vita positi multa vobis bona, sed qui nulla fecerunt, oraveritis. Obsecro igitur, ut eum a cordibus vestris nunquam abiciatis, qui vos quasi proprias amavit atque hunc locum vestra servitute florere voluit ... Quod vos omnimodis promereri hortor, eodem prestante, qui cum Patre et Spiritu sancto vivit et regnat per omnia secula seculorum, Amen.* Überliefert in der Vita S. Cunegundis c. 4 S. 822.

Kaufungen wurde nach Auskunft der Vita Cunegundis zu ihrem »Witwensitz«[626]. Nachdem die Kaiserin bis zur Neuwahl Konrads II. in Kamba für einige Wochen weiterhin an der Spitze des Reiches gestanden hatte[627], nahm sie ihrem späteren Biographen zufolge – anders als Mathilde und Adelheid – den Schleier und zog sich, nicht als Äbtissin, sondern als dienstbare Nonne, in das ganz ihren Vorstellungen entsprechende und mit einer Kreuzreliquie ausgestattete[628] Kloster bis zu ihrem Tod am 3. März 1033 zurück[629].

---

626 Die Leistungen von Witwen für Klöster zeigt u. a. auch am Beispiel Kunigundes: Michel Parisse, Des veuves au monastère, in: Ders. (Hg.), Veuves S. 255–274.

627 Zur »Statthalterschaft« Kunigundes vgl. unten S. 339–343.

628 Die Vielzahl wie auch die Ausrichtung der Patrozinien für Kaufungen dürfte durch den Bamberger Dom beeinflußt worden sein, der über eine Vielzahl von Patrozinien verfügte, so der Heiligen Petrus, Georg, Michael, Silvester, Gregor, Laurentius, und ebenfalls eine Kreuzreliquie besaß.

629 *Denique Conrado sibi succedente in regno, ipsa curis secularibus, sicut iam diu desideraverat, exonerata, in ipso anniversario die transitus sancti Heinrici archiepiscopos cum coepiscopis ad dedicationem Conphugensis ęcclesie convocavit; ubi inter missarum sollempnia, inperiali decentissime omni cultu ornata, ante principale altare virgo Deo devota processit, ibique thesaurum inconparabilem, ligni videlicet dominici crucem, parvam quidem in materia, sed maximam in virtute, Deo obtulit. At ubi lectio ewangelii, in qua super arborem crucis ascendens suspicientem se Ihesum suscipere et ab eo benedictionem pusillus meruit accipere, lecta fuit, regalem purpuram exuens, tunicam fusciorem, quam ipsa sibi manibus suis operata fuerat, sacerdotali benedictione data, vestem religionis induit. Et multis quidem pro se flentibus, pro illa autem gaudentibus que iam seculum dampnasset in vestibus, capillis, qui huc usque in eodem monasterio pro veneratione servantur, precisis, inposito sibi ab episcopis velo, anulo fidei subarrata, gratulabunda subcinuit: Posuit signum in faciem meam et anulo suo subarravit me dominus meus Ihesus Christus. Ita sponso Christo consecrata, dum filiarum suarum se sanctissimo contubernio applicuisset, non ut mater filiabus se preferebat, sed omnibus inserviens, servilem se personam ostendebat …*, Vita S. Cunegundis c. 5 S. 822f.

Die Königin im Kräftefeld politischer Macht

Zusammen mit dem König an der »Spitze des Reiches« stehend, konnte die Königin zu jeder Zeit in ganz unterschiedlicher Hinsicht Einfluß auf politische Entwicklungen nehmen. Diese politische Einflußnahme manifestierte sich, wie im letzten Kapitel dargestellt wurde, in der Wahrnehmung bestimmter Termine, der zeitweiligen Übernahme einzelner Aufgaben sowie der Durchführung herrscherlicher Maßnahmen anstelle des Königs, aber auch in gemeinsamen Handlungen des Herrscherpaares. Dabei hat sich gezeigt, daß eine generelle und offizielle Einbeziehung der Königin in die Herrschaftsausübung – sei es im Rahmen der Rechtsprechung, des Lehenswesens, der Kirchenpolitik – offensichtlich nur im 10., 11. und 12. Jahrhundert unter den Ottonen, Saliern und frühen Staufern möglich war und allgemein akzeptiert wurde.

Doch auch im späten Mittelalter befand sich die Königin unabhängig davon im »Zentrum von Macht und Politik« und konnte allein schon aufgrund der teilweise auch privaten Nähe auf die politisch verantwortlichen Persönlichkeiten – den König wie auch die geistlichen und weltlichen Fürsten – direkten wie indirekten Einfluß ausüben[1]. Das gesamte Mittelalter hindurch wandten sich deshalb immer wieder, und wohl sehr viel häufiger als es sich in den Quellen nachweisen läßt, die unterschiedlichsten Personen und Personengruppen in schwierigen Situationen mit der Bitte um Fürsprache und Vermittlung an die Königin. Einer aus der Kanzlei König Rudolfs von Habsburg stammenden Formel zufolge ersuchte so z. B. Königin Anna eine nicht namentlich bekannte Frau, die sie offensichtlich um Intervention beim König gebeten hatte, bei günstiger Gelegenheit an ihren Hof zu kommen, und versicherte ihr, daß sie sich darum bemühen werde, den König zu allem zu bewegen, was für sie und ihren Gemahl nützlich sei[2].

In dieser Funktion als Vermittlerin scheint sich für die Königin ein Aktionsraum zu eröffnen, dem – neben den Repräsentationsverpflichtungen – eine gewisse Dauerhaftigkeit und Kontinuität anhaftete. Denn selbst die ansonsten ohne politische Bedeutung gebliebene Bianca Maria Sforza, die Gemahlin Maximilians I., konnte hin und wieder erfolgreich zugunsten verschiedener Personen intervenieren, wobei ihr Einfluß auf kirchliche Institutionen sehr viel größer gewesen sein soll als derjenige auf ihren Gatten. Gegenüber ihrem Onkel Lodovico il Moro gab sie zu,

1 Allgemein dazu Gerd Althoff, Verwandtschaft, Freundschaft, Klientel. Der schwierige Weg zum Ohr des Herrschers, in: Ders., Spielregeln der Politik im Mittelalter. Kommunikation in Frieden und Fehde (1997) S. 185–198; Hermann Kamp, Vermittler in den Konflikten des hohen Mittelalters, in: La Giustizia nell'Alto Medioevo II (Secoli IX–XI) (Settimane di Studio del Centro Italiano di Studi sull'Alto Medioevo 44, 1996) S. 675–710.

2 *Quia frequenter auditis predicabilibus de laudabili vestra conversacione rumoribus desiderabiliter introivit in tabernaculum nostre mentis, ut vestris pociamur aspectibus, affatibus recreemur, sinceritatem vestram rogamus affectu quo possumus ampliori, quatenus oportunitate captata velitis nobis in aliquo loco vestram offerre presenciam, ut una vobiscum in communis participacione congaudii delectemur. Pro certo quidem tenere poteritis, quod nos serenissimum dominum nostrum regem constanter intendimus allectivis inductionibus ad quelibet inclinare, quo viro vestro, vobis ac vestris cedere credimus in commodum et honorem, et vos versa vice tenemini, quod nostro, nobis et nostris rependere studeat illud idem*, in: Eine Wiener Briefsammlung zur Geschichte des Deutschen Reiches und der Österreichischen Länder in der zweiten Hälfte des 13. Jahrhunderts. Nach den Abschriften von Albert Starzer hg. von Oswald Redlich (Mittheilungen aus dem Vatikanischen Archiv 2, 1894) Nr. 160 S. 175f.

daß sie seinen Bitten zwar gerne entspreche, aber wegen der häufigen Abwesenheit des Königs kaum Gelegenheit finde, diese vorzutragen[3].

Zum Gegenstand einer Intervention konnten die unterschiedlichsten Probleme werden: eher alltägliche Belange, wie sie in mehreren Schreiben der Königin Elisabeth von Luxemburg 1438/39 für ihre Hofbeamten und -bediensteten deutlich werden[4], daneben Streitschlichtungen zwischen verschiedenen Personen und Institutionen, besonders aber politisch brisante und wichtige Verhandlungen und Auseinandersetzungen, die ein ungleich größeres diplomatisches Geschick erforderten. In vielen Fällen problematisch ist jedoch die Quellenlage, die es oft nicht zuläßt, Bedeutung, Ausmaß und Erfolgsgrad der Einflußnahme der Königin zu bestimmen und ihre konkreten Bemühungen aufzuzeigen. Damit fehlt in der Rekonstruktion der Stellung der Königin im Herrschaftsgefüge ein nicht zu unterschätzender Teil ihrer politischen Tätigkeit.

Einige in der Forschung mehr oder weniger bekannte und diskutierte Interventionen der Königin sollen im folgenden dargestellt werden, wobei die Auswahl als eine selektive anzusehen ist. Ausgespart wurden Klöster und Städte, unter denen es zahlreiche gab, die sich bei Problemen und Konflikten an die jeweilige Königin wandten[5]. Ein Beispiel für die Vermittlung einer Königin zugunsten einer Stadt ereignete sich gegen Ende des zweiten Italienzuges Kaiser Friedrichs I. im Frühjahr 1162 nach der Kapitulation der lombardischen Metropole Mailand: Nachdem sich die Abgesandten der Mailänder, Kreuze vor sich hertragend, in Lodi am 6. März dem Kaiser unterworfen und den Gehorsamseid geschworen hatten, und Friedrich I. ihnen nach langem Zögern seine Versöhnungsbereitschaft in Aussicht gestellt hatte, begaben sie sich vor ihrem Abzug aus der Stadt noch zur Kaiserin und warfen ihre Kreuze »als Zeichen der Unterwerfung« durch die Fenster in ihre Kemenate, zu der ihnen der Zutritt verweigert worden war, um auf diese Weise ihre Unterstützung zu finden[6]. Diese große symbolische Geste, mit denen die Mailänder der Kaiserin ihr ganzes Gottvertrauen anheimstellten, bewirkte, daß der Kaiser am darauf-

---

3 Hochrinner, Bianca Maria Sforza S. 133–136. – Zu den vereinzelten Interventionen der Kaiserin Eleonore vgl. Katherine Walsh, Deutschsprachige Korrespondenz der Kaiserin Leonora von Portugal. Bausteine zu einem geistigen Profil der Gemahlin Kaiser Friedrichs III. und zur Erziehung des jungen Maximilian, in: Heinig (Hg.), Kaiser Friedrich III. S. 399–445.

4 Zu den Schreiben an den Rat der Stadt Wien vgl. oben S. 90–92.

5 Um die Jahreswende 1280/81 schrieben z. B. die Äbte von Neuburg, Maulbronn und Herrenalb an Königin Anna, beklagten sich wegen der Nöte der Klöster und ihrer Ländereien aufgrund der Fehde zwischen Markgraf Hermann von Baden und Graf Simon von Zweibrücken und baten sie darum, bei König Rudolf zur Beendigung der Bedrückungen entsprechende Briefe und Befehle zu erwirken: *Inclite domine sue Anne Romanorum regine fratres I., H. et C. de Novocastro, de Mulenbrunne et de Alba monasteriorum dicti abbates devotas oraciones in domino cum salute hominis utriusque. Quam miserabiliter et lamentabiliter subvertantur nostra monasteria nec non terra occasione guerre, que inter nobiles viros Hermannum marchionem iuniorem de Baden et Simonem comitem Geminipontis vertitur, vestre excellencie scriptis non possumus explicare, set fratrem Iohannem ad vestram graciam transmittimus humiliter supplicantes, quatenus verbis suis super ipsis fidem credulam adhibentes vestre gracie celsitudo interpellare dignetur aures regias graciose, ut ad predicta discrimina reprimenda suas mittat litteras et mandata, nec sic destrui et subverti miserabiliter nos contingat et miserabilius oporteat nos vagari tamquam oves, que dispersionis periculis exponuntur. Pro ipsius itaque domini nostri regis et vestra salute pariter et honore divine clemencie suppliciter supplicamus,* Wiener Briefsammlung Nr. 165 S. 180.

6 Vgl. Zotz, Präsenz S. 177–184, zit. S. 181.

folgenden Tag – auch aufgrund des Spruches der Fürsten – nicht in voller Härte verfuhr. Er habe aus Barmherzigkeit den Mailändern das Leben geschenkt und sie von der Reichsacht befreit[7]. In der eingesetzten Kommission aus je sechs Lombarden und Deutschen, die den Mailändern den Gehorsamseid abnehmen sollten, befand sich auch Friedrich von Aachen, der Kämmerer der Kaiserin[8].

Den im folgenden darzustellenden Fallbeispielen ist gemeinsam, daß sie jeweils von eminenter politischer Tragweite waren und der König als eine der Parteien in den Vordergrund trat. Die zentralen Fragen gelten dabei dem Handeln der Königin in Auseinandersetzungen und Konfliktsituationen des Königs mit Reichsfürsten, verschiedenen auswärtigen Mächten sowie mit dem Papsttum[9].

---

7 *Illi autem spe misericordiae cruces, quas tenebant in manibus, per cancellos in caminatam imperatricis proiciebant, cum ante conspectum eius introitum non haberent. Illis igitur altera die presentatis et plorantibus, respondit imperator, se velle facere principium misericordiae et principium iudicii, dixitque, si iusticiae iudiciis esset agendum, omnes eos vita debere privari, set nunc misericordiae locum dare oportere … Ita domnus imperator, cum Mediolanum vicisset, a misericordia victus est, et ne communione proscriptorum peccaretur et ut misericordiae satisfaceret, personas Mediolanensium a banno imperiali absolvit*, Brief des kaiserlichen Notars Burchard von Köln an Abt Nikolaus von Siegburg über den Sieg Barbarossas über die Mailänder als Insert in: Chronica regia Coloniensis a. 1162, ed. Georg WAITZ, MGH SS rer. Germ. [18] (1880) S. 111; vgl. Reg. Imp. IV,2 Nr. 1030 + 1033. – Die wie im vorliegenden Fall von Vermittlern ausgehandelte Konfliktlösung funktionierte jedoch immer seltener, da Barbarossa in Rezeption des Römischen Rechts von konträren Rechtsauffassungen geleitet, die althergebrachten Regeln der Konfliktbewältigung in zunehmenden Maße brach; vgl. Knut GÖRICH, Der Herrscher als parteiischer Richter. Barbarossa in der Lombardei, FMSt 29 (1995) S. 273–288.

8 *Elegitque ibi imperator sex Longobardos et sex Teutonicos, qui Mediolanum irent universosque Mediolanenses prefato modo iurare facerent, et ego Acerbus Morena filius Ottonis Morene, qui hanc istoriam deinceps dictavi, qui tunc eram potestas Laude, fui unus de predictis duodecim, et usque ad sabbatum proximus fecimus iurare quasi universos Mediolanenses quos invenimus. Ego quidem et Fredericus de Asia camerarius imperatricis fecimus iurare habitantes in porta Nova …*, Acerbus Morena, Historia Frederici I., ed. Ferdinand GÜTERBOCK, MGH SS rer. Germ. N.S. 7 (1930) S. 154.

9 Die »Königin als Vermittlerin« erscheint als ein zu komplexes Thema, um es in diesem Rahmen erschöpfend darstellen und beurteilen zu können. Ich beschränke mich deshalb darauf, einige zentrale Beispiele herauszugreifen, die nicht nur die politische Bedeutung und Stellung der Königin in verschiedenen Situationen beleuchten, sondern auch Reaktionsweisen und Kommunikationsformen deutlich werden lassen.

Reichsfürsten

Der Kampf um den Thron in ottonischer Zeit

Der Kampf um die Thronfolge unter den Ottonen gehört zu den kontroversen Themen der Mittelalterforschung, zumal damit auch verfassungsrechtliche Grundlagen wie das Prinzip der Unteilbarkeit des Reiches und der Individualsukzession zu verknüpfen sind[10]. Im folgenden kann es nun weder darum gehen, die Ereigniskette der einzelnen, damit in Zusammenhang stehenden Aufstände von 939/41, 953/54 und 1002 zu skizzieren, noch den Verlauf der Forschungsdiskussionen nachzuzeichnen[11]. Vielmehr soll das Interesse allein den Verhaltens- und Reaktionsweisen der Königinnen Mathilde, Adelheid und Kunigunde gelten. Die Hauptschwierigkeit bei der Beurteilung ihrer Einflußnahmen ergibt sich – wie generell für die ottonische Epoche, so hier insbesondere – aus der Wortkargheit wie auch der Parteilichkeit der Quellen, welche die Rolle der Königinnen in den Auseinandersetzungen nur schwer rekonstruieren lassen. Diese Ausgangslage hat der spekulativen Interpretation breiten Raum geben können.

Königin Mathilde und der Herrschaftsanspruch Heinrichs des Jüngeren

Wenden wir uns zunächst der Position der Königin Mathilde im Konflikt zwischen ihren Söhnen Otto I. und Heinrich zu. In Verbindung mit den Herzögen Eberhard von Franken und Giselbert von Lothringen sowie Erzbischof Friedrich von Mainz gipfelte er in den Jahren zwischen 939 und 941 in einer breit unterstützten und für die Herrschaft Ottos nicht ungefährlichen Rebellion Heinrichs[12]. Als communis opinio in der Forschung gilt die Parteinahme Mathildes für ihren zweitgeborenen Sohn

10 ALTHOFF/KELLER, Heinrich I. und Otto der Große 1 S. 108; Eduard HLAWITSCHKA, Vom Frankenreich zur Formierung der europäischen Staaten- und Völkergemeinschaft 840–1046. Ein Studienbuch zur Zeit der späten Karolinger, der Ottonen und der frühen Salier in der Geschichte Mitteleuropas (1986) S. 198; BRÜHL, Deutschland – Frankreich S. 461f.; EHLERS, Entstehung des deutschen Reiches S. 67f.

11 In der Forschung einigermaßen gesichert gilt inzwischen das privatrechtliche Motiv des ersten Aufstandes gegen Otto I. von 937, den der ältere Halbbruder Ottos aus der ersten, später aufgelösten Ehe Heinrichs I. mit Hatheburg, Thangmar, zusammen mit den Billungern Wichmann und Ekbert sowie Herzog Eberhard von Franken angezettelt hatte; vgl. ALTHOFF/KELLER 2 S. 139–141; Helmut BEUMANN, Die Ottonen (Urban-Taschenbücher 384, 1987) S. 58f.; Knut GÖRICH, Art. Thangmar, in: LexMA 8 (1996) Sp. 610.

12 Zum Verlauf vgl. Rudolf KÖPKE und Ernst DÜMMLER, Kaiser Otto der Große (1876) S. 81–122; zur Beurteilung u. a. Karl J. LEYSER, Herrschaft und Konflikt. König und Adel im ottonischen Sachsen (Veröffentlichungen des Max-Planck-Instituts für Geschichte 76, 1984) S. 28–35; ALTHOFF/KELLER 1 S. 120f. und Bd. 2 S. 141–144.

Heinrich und insbesondere für dessen Nachfolge im Königsamt[13] gegenüber dem sieben bis zehn Jahre älteren Otto, der bereits von König Heinrich I. in Absprache mit den Großen des Reichs als sein Nachfolger auserwählt und designiert worden war[14]. Nach dem Tod König Heinrichs habe Mathilde die Kandidatur ihres gleichnamigen Sohnes betrieben[15], jedoch erfolglos, da Otto 936 als König anerkannt wurde. Das belastete Verhältnis zwischen Mathilde und Otto habe die Königin dann auch von der Teilnahme an der Aachener Krönung abgehalten[16].

Die Einschätzung, daß Königin Mathilde Heinrich vorgezogen habe, basiert im wesentlichen auf der Vita Mathildis posterior, in der dieser als ihr Lieblingssohn und Wunschkandidat für das Königsamt dargestellt wird: ... *quasi esset unicus illius, confovens eum omnibus deliciis ceteris in amore praeposuit filiis atque desideravit ipsum regno potiri post obitum incliti regis Heinrici, si permissu dei voluntas illius posset adimpleri* [17]. Die Schwierigkeit liegt, was der Forschung lange bekannt ist, im »Wahrheitsproblem«[18] der Vita, die gerade auch hinsichtlich der Vorgänge von 936 jüngst von Bernd Schütte zwar als »eine wichtige, wenngleich auch sehr tendenziöse Quelle«[19] beurteilt wurde. Denn die Vita posterior ist beim Herrschaftsantritt Heinrichs II. 1002/03 von diesem in Auftrag gegeben worden und verfolgt den Zweck, aus der Retrospektive dieser Jahre die Herrschaftslegitimation der bayerischen Heinriche und insbesondere diejenige Heinrichs II. als Enkel des 936 übergangenen und Sohn des 984 gescheiterten Heinrich[20] zu untermauern. Das »Scharnier« dieser legitimatorischen Konstruktion ist Königin Mathilde, deren ganze Liebe Heinrich dem Jüngeren gegolten habe. Nach seinem frühen Tod habe sie – nach Auskunft der Vita – ihre Zuneigung ihrem gleichnamigen Enkel, Heinrich dem Zänker, geschenkt[21] und für dessen Nachkommen die Übernahme des Königtums prophezeit[22].

---

13 So z. B. ALTHOFF, in: NDB 16 (1990) S. 372.

14 Während die Nachricht bei Widukind, Res gestae I 41, daß Otto I. von seinem Vater Heinrich I. zu seinem Nachfolger designiert worden sei, in der Forschung allgemein als Faktum angesehen wird, herrscht nach wie vor Uneinigkeit darüber, zu welchem Zeitpunkt diese Designation vorgenommen worden sein soll: Nach Karl SCHMID, Die Thronfolge Ottos des Großen (1964), nachgedruckt in: HLAWITSCHKA (Hg.), Königswahl S. 417–508 fand sie im Zusammenhang mit der sog. Hausordnung Heinrichs I. bereits 929/30 statt. Dem gegenüber steht die begründete Auffassung von Hartmut HOFFMANN, Zur Geschichte Ottos des Großen (1972), nachgedruckt in: ZIMMERMANN (Hg.), Otto der Große S. 9–45, daß die Designation erst kurz vor dem Tod Heinrichs I. erfolgt sei. Zu dieser Forschungsdiskussion vgl. BOSHOF, Königtum S. 66f.; Gunther WOLF, Die Kinder Heinrichs I. und Mathildes und die Bedeutung ihrer Verlobungen und Heiraten. Über die zentrale Bedeutung von DHI Nr. 20, AfD 36 (1990) S. 45–60 sowie die erneute Auseinandersetzung mit der die Kontroverse aufgreifenden Literatur durch H. HOFFMANN, Ottonische Fragen, DA 51 (1995) S. 53–60.

15 BEUMANN, Ottonen S. 53.

16 Zu dem bei Widukind geschilderten Krönungszeremoniell (7. August 936) und der damit verbundenen Quellenproblematik vgl. oben S. 31–35.

17 Vita Mathildis posterior, ed. SCHÜTTE c. 6 S. 156.

18 LINTZEL, Wahrheitsproblem bes. S. 407–413.

19 SCHÜTTE, Untersuchungen bes. S. 98–110, zit. S. 99.

20 Zum Thronstreit 983/84 vgl. unten S. 320ff.

21 ... *et sicut venerabilis regina hunc pre ceteris suis natis dilexerat, ita et filium eius Heinricum suum parvulum nepotem aliis nepotibus in amore praeposuit*, Vita Mathilidis posterior c. 20 S. 183f.

22 Diese Erwartung legt der Verfasser der Vita der Königin in einer fiktiven wörtlichen Rede in den Mund: *Speramus autem hoc nomen non excidere de genere nostro, priusquam aliquis parvulus nepos oriatur de eiusdem pueri semine, qui sublimetur regali dignitate*, c. 20 S. 185; vgl. dazu SCHÜTTE,

Diese Perspektive der jüngeren Vita ist gerade auch bei der Frage nach der Rolle der Königin nicht zu unterschätzen. Da die Vorrangstellung der bayerischen Heinriche legitimiert werden sollte, erscheint es nicht ungewöhnlich, dieses »Anrecht« Heinrichs des Jüngeren auf das Königtum als Wunsch der Mutter darzustellen, nachdem sich der Vater für den älteren Otto entschieden hatte. Gleichzeitig kann mit Blick auf die Intention des Vitenschreibers aber nicht ausgeschlossen werden, daß Heinrich der Jüngere nicht doch das Lieblingskind seiner Mutter war und dementsprechend von ihr protegiert wurde. Es ist immerhin möglich, daß eine Reminiszenz davon bei den bayerischen Liudolfingern tradiert und in der Vita zur Untermauerung der Darstellungsabsicht des Auftraggebers überdeutlich zum Ausdruck gebracht wurde. Das Ausmaß der mütterlichen Protektion läßt sich freilich angesichts der pro-heinrizianischen Tendenz der Vita und mangels weiterer Quellenhinweise nicht konkretisieren.

Ebensowenig erlauben es die Quellen, für diese im Bereich des Möglichen liegende Präferenz der Königin, die sehr vielfältiger Natur sein konnte, Gründe zu benennen. In bezug auf die jüngere Mathildenvita wird deshalb in der Literatur immer wieder die dort gegebene Begründung angeführt: *quia natus esset in aula regali*[23]: Heinrich verdiene den Vorzug gegenüber Otto, weil er in der Königszeit seines Vaters geboren wurde. Problematisch ist jedoch, daß das Motiv der »Purpurgeburt« und des damit verbundenen Rechts auf die Königsherrschaft der Verfasser der Vita, nicht aber Königin Mathilde oder die Großen des Reiches in den 30er Jahren des 10. Jahrhunderts kennen konnten. Denn diese Vorstellung, das hat Schütte zuletzt belegen können[24], war in der germanischen Rechtswelt unbekannt. Vielmehr wurde die »Purpurgeburt« dem byzantinischen Staatsrecht entlehnt und dürfte erst im Zusammenhang mit der Brautwerbung für Otto II. ins westliche Denken gelangt sein. Wenig verwunderlich erscheint es deshalb, daß Liudprand von Cremona als Mitglied der Legation nach Byzanz diese Rechtsfigur in seiner Antapodosis erstmals aufgegriffen hat[25]. Mit der Einheirat Theophanus ins ottonische Haus dürften byzantinische Rechtsauffassungen dann erst allgemeiner bekannt geworden sein[26]. Dementsprechend spiegelt die »Purpurgeburt« wohl nicht Argumente im Streit zwischen Otto I. und Heinrich um den Thron wider. Vielmehr dürfte dieser Begründung »ein auf den Thronwechsel des Jahres 1002 zugeschnittener Gedanke (zugrun-

Untersuchungen S. 85–93. – Zur herrschaftstheologischen Begründung der heinrizianischen Legitimationsvorstellungen: Lothar BORNSCHEUER, Miseriae Regum (Arbeiten zur Frühmittelalterforschung 4, 1968) S. 76–93.

23 *Perplures diiudicabant Heinricum regno potiri, quia natus esset in aula regali; alii vero desiderabant Ottonem possidere principatus honorem, quia etate esset maior et consilio providentior*, Vita Math. post. c. 9 S. 161. Dieses Meinungsbild soll sich auf einer Beratung der Fürsten nach dem Tod des *incliti regis Heinrici* ergeben haben, die wohl nie stattgefunden hat; vgl. ALTHOFF/KELLER 1 S. 116 und SCHÜTTE, Untersuchungen S. 99f. Ob zu den *perplures*, die SCHÜTTE S. 101 zufolge nicht die Großen, sondern die Anhänger Heinrichs in den Aufständen gegen Otto bezeichnen, auch Königin Mathilde zu zählen ist, muß offen bleiben.

24 SCHÜTTE, Untersuchungen S. 104–110; vgl. auch Johannes LAUDAGE, Hausrecht und Thronfolge. Überlegungen zur Königserhebung Ottos des Großen und den Aufständen Thankmars, Heinrichs und Liudolfs, HJb 112 (1992) S. 61f.

25 Vgl. SCHÜTTE, Untersuchungen S. 105f.

26 ERKENS, Frau als Herrscherin S. 251.

deliegen), der als Steigerung des heinrizianischen Herkunftsbewußtseins, das zugleich ein Legitimitätsbewußtsein ist, angesehen werden kann«[27]. Insofern sind auch mögliche Gründe für die Parteinahme der Königin woanders zu suchen.

Mit diesen recht unsicheren Quellenbelegen aus der jüngeren Mathildenvita erschöpfen sich schon fast die Hinweise auf eine wie auch immer geartete politische Stellungnahme der Königin im Streit ihrer Söhne. Denn Widukind wie auch Liudprand erwähnen Mathilde in diesem Zusammenhang überhaupt nicht. Sie wird in den Res gestae Widukinds weder bei der Thronfolgeregelung durch Heinrich I. genannt[28], noch im Verlauf der recht ausführlich geschilderten Auseinandersetzungen der Jahre 939/41[29]. Ebensowenig taucht sie bei der Schilderung der Aachener Thronsetzung im August 936 auf[30]. Dem wäre jedoch angesichts der Tatsache, daß sich die Liste der in Aachen anwesenden Personen auf die Namen der die Hofämter versehenden Herzöge sowie des in Sachsen mit Heinrich dem Jüngeren verbliebenen Grafen Siegfried[31] beschränkt, keine größere Bedeutung beizumessen[32].

Die Nichtteilnahme Mathildes an einer Krönung Ottos I. in Aachen läßt sich mit der Priorität der Gründung des Servatiusstiftes in Quedlinburg am *dies tricesimus* nach König Heinrichs Tod plausibel machen[33]. Die Unsicherheit in der Forschung über die faktischen Abläufe liegt auch hier in der Quellenlage begründet, denn das Gründungsdatum überliefert allein der nach der Jahrtausendwende schreibende Thietmar von Merseburg, dem allerdings – wie er selbst betont – die Stiftungsurkunde der Königin vorgelegen habe. Demnach erfolgte die Stiftung am 31. Juli 936. Unter dieser Prämisse kann Mathilde am 7. August nicht in Aachen und Otto I. am 31. Juli nicht in Quedlinburg gewesen sein. Die nach Thietmar in drei Schritten vollzogene Stiftung – Gründung der Nonnengemeinschaft, dann deren materielle Ausstattung unter Zustimmung ihrer Söhne und schließlich schriftliche Beurkundung – wird sich seit der Beisetzung Heinrichs in Quedlinburg über mehrere Wochen hin erstreckt haben und von Mathilde als die im Augenblick dringlichste Aufgabe angesehen worden sein.

---

27 Schütte, Untersuchungen S. 110.

28 Widukind, Res gestae I 41 S. 60.

29 Widukind, Res gestae II c. 12, c. 15–19, 22, 24–29, 31. Während bei Widukind der Konflikt einseitig Heinrich dem Jüngeren zur Last gelegt wird, ist in anderen Quellen, so in der Vita posterior, aber auch bei Flodoard von Reims von einem Streit zwischen den Brüdern die Rede; vgl. dazu Schütte, Untersuchungen S. 100f.

30 Widukind, Res gestae II 1 S. 63–66.

31 ... *Sigifridus vero, Saxonum optimus et a rege secundus, gener quondam regis, tunc vero affinitate coniunctus, eo tempore procurabat Saxoniam, ne qua hostium interim irruptio accidisset, nutriensque iuniorem Heinricum secum tenuit,* Widukind, Res gestae II 2 S. 67. Umstritten ist, ob Graf Siegfried lediglich mit der Erziehung Heinrichs des Jüngeren oder aber mit dessen Bewachung beauftragt worden ist; vgl. dazu Schütte, Untersuchungen S. 100 Anm. 109.

32 Generell läßt sich für Widukind feststellen, daß die ottonischen Königinnen als politisch Agierende mit ganz wenigen Ausnahmesituationen kaum präsent sind und sie von ihm meist nur im Kontext ihrer Heirat und der Geburt ihrer Kinder genannt werden; vgl. Käthe Sonnleitner, Selbstbewußtsein und Selbstverständnis der ottonischen Frauen im Spiegel der Historiographie des 10. Jahrhunderts, in: Geschichte und ihre Quellen. Festschrift für Friedrich Hausmann zum 70. Geburtstag, hg. von Reinhard Härtel (1987) S. 111–119.

33 *Congregationem quoque sanctimonialium in die tricesima in supra memorata urbe statuit et huic, quantum ad victus et sui vestitus necessaria suppetebat, ex sua proprietate, laudantibus hoc suimet filiis, concessit et scriptis confirmavit,* Thietmar, Chronicon I 21 (11) S. 26/28.

Ihre Abwesenheit in Aachen muß also nicht unbedingt mit einem Konflikt mit Otto erklärt werden. Vielmehr war sie vollauf beschäftigt mit der dem Totengedächtnis Heinrichs I. gewidmeten und bereits zu dessen Lebzeiten beschlossenen Gründung des Quedlinburger Kanonissenstifts, das zum Lebensinhalt ihrer Witwenjahre wurde[34]. Ihre memorialen Pflichten stufte Mathilde nach allem, was wir von ihr wissen können, zweifellos sehr viel höher ein als eine Zuschauerrolle bei einer fränkisch ausgerichteten Krönung und Salbung, die ihr Gatte bei seiner Königserhebung einst abgelehnt hatte[35].

Das Quedlinburger Projekt erforderte die Zusammenarbeit mit Otto I.[36], der nach dem Begräbnis Heinrichs in Quedlinburg[37] von hier aus nach Aachen gereist und nach seiner Krönung sofort wieder dorthin zurückgekehrt sein muß. Am 13. September 936 ließ er hier sein erstes Königsdiplom ausstellen, das inhaltlich auf der Mathildischen Stiftungsurkunde basierend die Dotierung des Damenstifts bestätigte sowie königlichen Schutz, Immunität und Wahlrecht verlieh. Dabei fällt auf – und dies wird in der Forschung unter anderem als Indiz für einen tieferen Konflikt zwischen Mutter und Sohn gewertet –, daß die Verdienste der Königin um das Stift, das sie mit ihrem Eigengut ausstatten ließ, unerwähnt bleiben. Andererseits wird Mathilde aber in die Seelheilformel integriert: *pro remedio animae nostrae atque parentum successorumque*[38]. Die nächste Urkunde Ottos für Quedlinburg vom 20. Dezember 937, in der er dem Nonnenkonvent den »Kleiderzehnten« über mehrere Ortschaften überließ sowie die Schenkung von zwölf leibeigenen Familien mit ihren Besitzungen aus dem Eigen seiner Mutter bestätigte, benennt dann wieder die Fürsprache der Königin: ... *rogatu venerandae ac dilectae domnae matrisque nostrae Mahthildae in Qvitilingobvrg* ...[39]. Auch in allen weiteren Urkunden Ottos I. für Quedlinburg intervenierte die Königin[40], ausgenommen zwei Diplome vom August 956, mit

34 Zur Errichtung des Servatiusstiftes vgl. S. 232–235.

35 Zuletzt dazu Fried, Königserhebung.

36 Der Translatio S. Servatii, ed. Rudolf Köpke, in: MGH SS 12, S. 100 zufolge veranlaßte Otto I. die Reliquienüberführung aus Maastricht auf Bitte seiner Mutter hin: *Accessit ad eum mater sua, dum adhuc viveret, deprecans, ut beatum Servatium, cuius in gloria tantam edificaverat basilicam, cui tanta donaverat bona pater eius beate memoriae Heinricus, iuberet transferri in Saxoniam, quatenus et sui presentia santificaret populum et patriam, quam ipse dilexerat supra universam terram. Conceditur a rege* ...

37 *Translatum est autem corpus eius a filiis suis in civitatem quae dicitur Quidilingaburg et sepultum in basilica sancti Petri ante altare cum planctu et lacrimis plurimarum gentium*, Widukind, Res gestae I 41 S. 60f.

38 DOI. 1. Zur Abhängigkeit der beiden Urkunden vgl. die Vorbemerkung ebd. und Reg. Imp. II,1 Nr. 57. – Zu den hier enthaltenen Begriffen *generatio* und *cognatio* und der damit verknüpften Diskussion um Erbrecht und Wahl im Königtum vgl. die Forschungsskizze bei Boshof, Königtum S. 68f.

39 DOI 18: ... *in proprium damus decimum vestimentum quod lodo dicitur, omne quod de Chirihberg et Dornbvrg solvitur et de locis ad easdem civitates pertinentibus, et de proprietate eidem matri nostrae in suum usum concessae in loci marca qui Sméon dicitur, ab eadem potestate nobis facta, XII familias Sclavorum cum territoriis quas ipsi possident.* – Zum Kleiderzehnten vgl. Waitz, VG 8 (1878, ^{2}1955) S. 369–371.

40 DOI. 172 (954 Mai 25 Magdeburg) Schenkung des zur Ausstattung der Königin gehörigen Spielberg ... *rogatu venerandae ac dilecte domnae matrisque nostrae Mahthildae* ... *pro remedio animae domni ac genitoris nostri Heinrici regis nostrorumque debitorum in proprium damus partem quandam dotis eiusdem genitricis nostrae, hoc est villam Spileberg vocatam* ...; DOI. 186 (956 Dez. 5 Memleben) Schenkungen ... *qualiter nos dilectissime matris nostre Mahthilde regine peticionibus obedientes* ...;

denen Otto I. Schenkungen für den Unterhalt seiner Tochter Mathilde verfügte, die gerade ein Jahr alt den Kanonissen zur Erziehung übergeben worden war[41].

Der Thronstreit, der nach Flodoard von Reims bereits 936 begann[42], während Liudprand von Cremona für die ersten Jahre noch die Zusammenarbeit der Brüder bezeugt[43], endete nach Jahren kriegerischer Auseinandersetzungen schließlich mit der Belehnung Heinrichs mit dem Herzogtum Bayern nach dem Tod Bertholds im November 947. Die Versöhnung zwischen den Brüdern entwickelte sich in den folgenden Jahren zu einer dauerhaften und einvernehmlichen Zusammenarbeit.

Die Einsetzung zum Herzog in Bayern schreibt auch Widukind von Korvei der Königin Mathilde zu, deren Ermahnung und Vermittlung Otto der Große damit Folge geleistet habe: ... *monitu et intercessione sanctae matris eius recordatus est multis laboribus fatigati fratris prefecitque eum regno Boioariorum, Berhtoldo iam defuncto, pacem atque concordiam cum eo faciens, qua usque in finem fideliter perduravit*[44]. Auffallend ist die Bezeichnung Mathildes als *sancta mater*, was aber wohl nicht auf den konkreten politischen Fall der Lehensvergabe Bayerns an Heinrich bezogen werden darf. Vielmehr paßt diese Charakterisierung in das von Widukind auch sonst gezeichnete Bild von der Persönlichkeit Mathildes: Sie ist für ihn ein Paradebeispiel an Frömmigkeit, Tugend, Großherzigkeit und Nächstenliebe, die *mirae sanctitatis femina*[45]. Diese Stilisierung mag nicht zuletzt in ihrer Abstammung aus der *stirps* des großen Herzogs Widukind[46] begründet gewesen sein[47]. Mathilde, deren erste Intervention in der Zeit Heinrichs I. dem Kloster Korvei galt[48], verkörperte sächsische Traditionen und sächsische Geschichte. Sie verbrachte ihr ganzes Leben in Sachsen, dessen Grenzen sie wohl nur 929 überschritt, als sie König Heinrich I. an den Rhein begleitete.

DOI. 228 (961 Juli 15 Quedlinburg) Schenkung des bisher zum Wittum seiner Mutter gehörigen Hofes in Quedlinburg mit der Jacobskirche und anderem Zubehör ... *per interventum domnae videlicet et nostrae matris reginae Mahthildis quasdam res suae propriaetatis quas usque huc dotali possidebat iure, cortem scilicet Quitilinga cum ecclesia in honore sancti Iacobi apostoli consecrata in eodem loco in comitatu Friturici comitis cum villis ...*

41 DOI. 184 (956 August 24 Quedlinburg); DOI. 185 (956 – Quedlinburg).

42 *Heinrico rege sub isdem diebus obeunte, contentio de regno inter filios ipsius agitatur; rerum tandem summa natu majori nomine Othoni obvenit*, Flodoard, Annales, ed. Philippe LAUER (Collection de Textes, 1905) S. 64.

43 *Tanti huius ac perniciosi facinoris illex Heverardus extitit comes. Huius enim primae rebellionis tempore Heinricus fratri suo regi et domino, prout debuerat, amminicula dederat nisuque omni adversarios fatigabat*, Liudprand von Cremona IV 20 S. 115.

44 Widukind, Res gestae II 36 S. 95.

45 Widukind, Res gestae III 74 S. 150; vgl. CORBET, Les saints ottoniens S. 35–39.

46 Widukind, Res gestae I 31 S. 44.

47 Zu den historiographischen Absichten Widukinds vgl. die Arbeiten von Helmut BEUMANN, Widukind von Korvei. Untersuchungen zur Geschichtsschreibung und Ideengeschichte des 10. Jahrhunderts (1950); DERS., Historiographische Konzeption und politische Ziele Widukinds von Corvey (1970), nachgedruckt in: DERS., Wissenschaft vom Mittelalter (1972) S. 71–108. Zu den Widukind-Kapiteln in der Vita Mathildis antiquior als panegyrische Umdeutung frühsächsischer Geschichte vgl. Gerd ALTHOFF, Der Sachsenherzog Widukind als Mönch auf der Reichenau. Ein Beitrag zur Kritik des Widukind-Mythos, FMSt 17 (1983) S. 251–279.

48 DHI. 3 (922 April 22 Quedlinburg) Bestätigung des Wahlrechts, des Zehntbezugs von den eigenen Gütern sowie der Immunität ... *rogatu coniugis nostrae domnae reginae Mahthildis una cum prole et equivoco nostro nec non episcopi Adaluuarti ...*

Ihre Einstellung zum Königtum Ottos bleibt jedoch aufgrund der tendenziösen Darstellung der Quellen ebenso unbestimmt wie ihre Haltung im Konflikt zwischen ihren Söhnen. Ihre Fürsprache bei der Vergabe des bayerischen Herzogtums an Heinrich ist keineswegs so ungewöhnlich, als daß darin ein Indiz für die Bevorzugung des jüngeren Sohnes gesehen werden kann. Unabhängig von privaten Sympathien, läßt sich eine politisch-öffentliche Parteinahme zugunsten Heinrichs nicht erhärten.

Kaiserin Adelheid und die Rebellion Liudolfs 953/54

Auch für den letzten großen Aufstand, den Otto I. in den Jahren 953/54 bekämpfen mußte, angeführt von seinem Sohn Liudolf und seinem Schwiegersohn Konrad dem Roten von Lothringen, gibt es keine sehr breite Quellenbasis. Einigermaßen gesichert ist der Verlauf[49], nur als Hypothesen formulierbar bleiben Ursachen und Motive[50]. Auch die Rolle der Königin Adelheid, mit der Otto I. im Herbst 951 eine zweite Ehe eingegangen war, läßt sich lediglich anhand plausibel erscheinender Verhaltensmuster erhellen, denn als aktiv Handelnde in diesem Konflikt ist sie in den Quellen nicht präsent[51].

Daß Liudolf, der bereits zur Nachfolge bestimmte Sohn Ottos[52] aus dessen erster Ehe mit der englischen Prinzessin Edgith, von der Heirat seines Vaters mit der 20jährigen italischen Königin Adelheid[53] wenig begeistert war, läßt uns Widukind glauben: Betrübt sei er nach der Heirat vom König gegangen und nach Sachsen aufgebrochen[54], wo er längere Zeit an einem wegen der Beratungen unseligen Ort namens Saalfeld verweilte[55]. Doch die in Pavia 951 stattfindende Eheschließung kann

49 Köpke-Dümmler, Otto der Grosse S. 211–239, 248–250.

50 Vgl. Gunther Wolf, Über die Hintergründe der Erhebung Liudolfs von Schwaben (1963), nachgedruckt in: Zimmermann (Hg.), Otto der Große S. 56–69; Helmut Naumann, Rätsel des letzten Aufstandes gegen Otto I. (953–954), in: Otto der Große S. 70–136; Franz Reiner Erkens, Fürstliche Opposition in ottonisch-salischer Zeit. Überlegungen zum Problem der Krise des frühmittelalterlichen deutschen Reiches, AKG 64 (1982) S. 307–370, bes. S. 315–338; Leyser, Herrschaft und Konflikt S. 39–41, 53f.; Laudage, Hausrecht S. 65–71; Althoff/Keller 2 S. 146–155 und jetzt Odilo Engels, Überlegungen zur ottonischen Herrschaftsstruktur, in: Otto III. – Heinrich II. S. 267–325, bes. S. 275–281.

51 Ausführlich W. A. Fischer, Das Verhältnis Ottos des Grossen zu seinem Sohne Liudolf und zu seiner Gemahlin Adelheid. Kritische Auseinandersetzungen (1903).

52 *Post excessum Edidis reginae omnem amorem maternum transfudit rex in unicum filium suum Liudulfum, factoque testamento ceavit eum regem post se,* Widukind, Res gestae III 1 S. 104.

53 Reg. Imp. II,1 Nr. 201a.

54 Adalbert, dem Fortsetzer der Chronik Reginos von Prüm, zufolge sei er ohne Wissen Ottos I. aus Italien ins Reich zurückgekehrt: *Tunc Liudolfus dux haec, quae prescripsimus, agere ferens inconsulto patre archiepiscopo Friderico comite in patriam revertitur,* Continuatio Regionis a. 951, S. 165. Demgegenüber berichtet Hrotsvit von Gandersheim, Otto I. habe ihn mit dem Auftrag der Verweserschaft nach Sachsen zurückgeschickt: *Tunc rex se novitate rei cernens retineri,/Tempore ne patrias instante rediret ad oras,/Liudulfum placuit carum praemittere natum,/Ut gens Saxonum fortis volitaret ad illum/Et regnum sub patrono staret bene tanto./Qui, parens iussis devota mente parentis,/Ad patriam rediit, curam regnique recepit,/Omnia prudenter necnon nimium sapienter/Complens, in patria quae tunc fuerant facienda,* Gesta Ottonis v. 666–674, S. 223.

55 ... *Quod cum vidisset filius eius Liudulfus, tristis a rege discessit, profectusque in Saxoniam aliquamdiu moratus est in loco consiliis funesto Salaveldun,* Widukind, Res gestae III 9 S. 109. Widukind spielt hier auf den ersten Aufstand Heinrichs des Jüngeren an, der auch mit einer *coniuratio* in Saalfeld

nicht der Auslöser für die Rebellion Liudolfs gewesen sein. Diese begann erst 953, zeitlich gesehen nach der Geburt des ersten Kindes des Königspaares, das den Namen des Großvaters Heinrich erhielt und Ende 952 oder zu Beginn des Jahres 953 geboren wurde[56]. Die neuere Forschung konnte deutlich machen, daß die Gefährdung der Thronfolge Liudolfs durch das Baby Heinrich eine nicht unerhebliche Rolle für den Aufstand gespielt haben dürfte. Die Breitenwirkung der Rebellion und große Anhängerschaft Liudolfs läßt sich damit aber nicht erklären. Neben den individuellen Motiven, die für jeden der einzelnen Protagonisten sehr unterschiedlich ausgesehen haben dürften[57], wird das verbindende Moment zwischen den Aufständischen in dem »autokratischer« gewordenen Herrschaftsstil Ottos I. gesucht. Im Vergleich mit der auf Adelsbündnissen basierenden Herrschaftspraxis Heinrichs I. erschien die fürstliche Teilhabe am Reich eingeschränkter als zuvor[58].

In die politischen Entscheidungen des Königs blieb aber dessen Bruder Heinrich der Jüngere, der Herzog von Bayern, fest miteingebunden. Er »hatte sich augenscheinlich sowohl gegen Liudolf als auch gegen Konrad in der italischen Frage durchgesetzt«[59], indem er für seine militärischen Erfolge mit den östlichen Marken Trient, Verona, Aquileja und Istrien belehnt wurde. Dabei kann aufgrund der Bemerkungen Hrotsvits von Gandersheim in den Gesta Ottonis vermutet werden, daß Heinrich diesen Machtzuwachs nicht zuletzt einer besonders für die italischen Verhältnisse anzunehmenden Mitsprache der neuen Königin Adelheid verdankte. Er hatte sie auf Wunsch Ottos I. mit großem Gefolge nach Pavia geleitet[60] und scheint den freilich sehr schönfärbenden Worten Hrotsvits zufolge schnell die Sympathien Adelheids gewonnen zu haben[61]. Die Gandersheimer Nonne bringt dann auch die Verschwörung Liudolfs in einen ursächlichen Zusammenhang mit der freund-

---

begonnen hatte; vgl. ALTHOFF/KELLER 2, S. 152 sowie Gerd ALTHOFF, Zur Frage nach der Organisation sächsischer coniurationes in der Ottonenzeit, FMSt 16 (1982) S. 129–142.

56 Reg. Imp. II,1 Nr. 221a.

57 Der mit der causa Berengarii beauftragte Konrad der Rote fühlte sich von Otto beleidigt, weil dieser seine gegenüber Berengar gemachten Versprechungen nicht einhielt (Widukind, Res gestae III 10 S. 110). Der in der älteren Forschung, so bei KÖPKE-DÜMMLER, Otto der Grosse S. 216–218, als Mitverschwörer angesehene Erzbischof Friedrich von Mainz habe nach ERKENS, Opposition S. 326–334 die neue Konzeption Ottos, die Bischöfe für den Reichsdienst zu verpflichten, nicht akzeptieren wollen, und deshalb den Empörern Mainz in die Hände gespielt, könne aber nicht im eigentlichen Sinn als an der Rebellion gegen Otto Beteiligter angesehen werden. Vgl. BEUMANN, Ottonen S. 72–75.

58 ERKENS, Opposition S. 321–326; ALTHOFF/KELLER 2, S. 145f., 155–158.

59 ERKENS, Opposition S. 321.

60 *His mandatelis cessit regina benignis/Et, quo iussa fuit, pariter comitantibus ivit/Permultis subiectorum cuneis populorum./Ut rex hoc sensit, cuius mandamine venit,/Ipsius Henricum fratrem praecepit amandum/Huius in occursum regredi trans litora Padi,/Ut sublimandam regni splendoribus heram/Tanti compositus ducis ornaret famulatus./Qui, studio mentis praecepta sequens seniorisˌ/Egreditur certe cum regali legione/Castraque reginae gaudens petiit venerandae,/In quis cum sociis residebat denique multis,/Illam condigne summo comitatus honore,/Donec regali praesentaret faciei*, Hrotsvit von Gandersheim, Gesta Ottonis v. 650–663, S. 223.

61 *Est quoque reginae fraterno iunctus amore/Affectuque pio fuerat dilectus ab illa*, Hrotsvit, Gesta Ottonis v. 681f., S. 223. – Zur Intention und den Personenschilderungen Hrotsvits in den Gesta vgl. Marianne SCHÜTZE-PFLUGK, Herrscher- und Märtyrerauffassung bei Hrotsvit von Gandersheim (Frankfurter Historische Abhandlungen 1, 1972) S. 62–102, zur Charakterisierung Kaiserin Adelheids bes. S. 88–95; Friedrich NEUMANN, Der Denkstil Hrotsvits von Gandersheim, in: Festschrift für Hermann Heimpel zum 70. Geburtstag, Bd. 3 (Veröffentlichungen des Max-Planck-Instituts für Geschichte 36/III, 1972) S. 37–60. – Zu Biographie und Werk vgl. auch Wiebke FREY-

schaftlichen Beziehung zwischen Herzog Heinrich und Adelheid, die sich durch gegenseitige Zuneigung, Vertrauen und Treue ausgezeichnet haben soll: Als Liudolf die Anzeichen der Freundschaft erkannt habe, sei er heimlich von den Pfeilen eines inneren Schmerzes getroffen worden und habe befürchtet, daß er später nicht mehr die ihm geschuldete Ehre erlangen und auf den zweiten Platz gedrängt werde[62]. Demzufolge könnte Adelheid tatsächlich zu einer »Schlüsselfigur«[63] geworden sein.

Ob das Verhältnis zwischen der neuen Königin und dem bayerischen Herzog die von Hrotsvit geschilderte Qualität besaß, erscheint dabei weniger von Belang als die glaubhafte Darstellung einer Zusammenarbeit und gegenseitigen Hilfeleistung, durch die beide an Einfluß auf den König gewinnen und wechselseitig ihre jeweiligen Positionen am Hof stärken konnten. Denn der längst ausgebrochene Machtkampf zwischen dem Thronfolger Liudolf und seinem Onkel dürfte sich in dem Augenblick verschärft haben, als sich die einflußreiche Position Heinrichs am Hof durch die Beziehungen zu Adelheid weiter verbesserte. Andererseits profitierte die Königin in einem vielleicht noch größeren Ausmaß als der Herzog von der Koalition mit diesem. Denn Adelheid mußte ihre Stellung als Königin am ottonischen Hof erst noch durchsetzen. Diese Position war nach dem Tod Edgiths keineswegs vakant geblieben, sondern von der Gemahlin Liudolfs, der schwäbischen Herzogstochter Ida, übernommen worden. Nach Hrotsvit spielte sie offiziell die Rolle der Königin. Auf Anordnung Ottos I. saß sie deshalb nicht auf einer schwäbischen Burg, sondern reiste mit dem Königshof durch das Reich[64].

Liudolf und Ida galten zum Zeitpunkt der Paveser Eheschließung somit bereits als Thronfolgepaar und stellten für die noch junge Königin Adelheid und ihre zu erwartenden Kinder eine direkte Konkurrenz dar, weshalb das Bündnis, die *amicitia*, mit Heinrich von Bayern wohl in erster Linie gegen Liudolf und Ida gerichtet war. Liudolf aber hatte diese Situation völlig richtig eingeschätzt: Seine Thronfolge wurde durch die neue Königin ganz erheblich in Frage gestellt, und die Einflußbereiche am ottonischen Hof hatten sich zugunsten von Adelheid und Herzog Heinrich verschoben. Ein erstes konkretes Ergebnis dieser Konstellation war die Belehnung des bayerischen Herzogs mit den östlichen Marken des Regnum Italiae auf dem Hoftag in Augsburg 952[65]; Liudolf aber war in der Italienpolitik übergangen worden.

TAG, Geistliches Leben und christliche Bildung. Hrotsvit und andere Autorinnen des frühen Mittelalters, in: Deutsche Literatur von Frauen, hg. von Gisela BRINKER-GABLER, Bd. 1 (1988) S. 65–76, hier S. 70–73; Barbara PÄTZOLD, Hrotsvit von Gandersheim. Lebensnormen und Wertvorstellungen, in: Herrscherinnen und Nonnen S. 17–42; Ferruccio BERTINI, Hrotsvith, die Dichterin, in: DERS. (Hg.), Heloise und ihre Schwestern. Acht Frauenporträts aus dem Mittelalter (1991) S. 100–138 mit Nennung der einschlägigen Forschungsliteratur.

62 *Denique famosi natus regis Liudulfus,/Ut cognovit amicitiae signis satis aptis,/Quanto perfectae fidei dilexit amore/Henricum regis fratrem regina fidelis,/Quodque suae fidei studio se subdidit omni,/Tangitur interni iaculis secreto doloris,/... Pertimuit fragilis pro consuetudine mentis,/Quod post non uti donis deberet honoris/Condigni, sed forte locum subire secundum,* Hrotsvit, Gesta Ottonis v. 735–747, S. 225.

63 BEUMANN, Ottonen S. 72.

64 *Ac vice reginae summo veneratur honore,/Rege iubente quidem per consuetam pietatem./Illam nec habitare locis voluit segregatis/Rex idem, nati digne succensus amore,/Sed ceu reginam regnum transire per amplum,/Quo sic dilectus sentiret filius eius/Dulcia gratiolae semper munuscula magnae,/Ipsi cum sponsa regni sociatus in aula,* Hrotsvit, Gesta Ottonis v. 459–466, S. 217.

65 *Marca tantum Veronensis et Aquileiensis excipitur, quae Heinrico fratri regis committitur,* Adalbert, Continuatio Regionis a. 952, S. 166; vgl. Reg. Imp. II,1 Nr. 217a.

Diese Machtverschiebung verärgerte auch den lothringischen Herzog Konrad den Roten, der mit Liutgard, der einzigen Tochter Ottos I. aus seiner erster Ehe, verheiratet war. Dieser blieb nach dem Abzug Ottos aus Italien mit Truppen zurück, um den bei der Ankunft Ottos aus Pavia geflohenen König Berengar zu bekämpfen. Nach dem Tod König Lothars hatte dieser die Königsherrschaft im Regnum Italiae an sich gerissen und dessen Witwe Adelheid, die über den Rechtsanspruch verfügt haben soll, durch erneute Heirat den Nachfolger ihres Gatten im Königsamt zu bestimmen, gekidnappt und in Haft gehalten[66]. Widukind von Korvei zufolge gelang es schließlich Herzog Konrad, Berengar von Ivrea davon zu überzeugen, daß es besser sei, nach Sachsen zu reisen, um mit Otto I. Frieden zu schließen[67]. Doch nach einem königlichen Empfang Berengars vor den Toren Magdeburgs durch Herzöge, Grafen und Hofleute habe ihn Otto drei Tage lang warten lassen, bis er ihn vorließ, was Konrad wiederum als Beleidigung seiner Person empfunden habe[68]. Denn mit dieser dreitägigen Wartezeit wurden offensichtlich Absprachen, die im Vorfeld getroffen sein mußten und für die Konrad als Vermittler des Friedens gegenüber Berengar im Wort stand, nicht eingehalten, wodurch sich der lothringische Herzog öffentlich brüskiert gefühlt haben dürfte und sich deshalb der Partei Liudolfs anschloß.

Obwohl Konrad und Liudolf, so Widukind, für diese Kränkung den bayerischen Herzog verantwortlich machten, hatte Adelheid im Grunde die besseren Motive für eine Demütigung Berengars, durch die öffentlich demonstriert wurde, daß er nicht als ein dem Königspaar gleichrangiger Partner angesehen wurde. Widukind zufolge sei es ihm drei Tage lang verwehrt worden, vor das Angesicht des Königs zu treten, was dem frühmittelalterlichen Sprachgebrauch zufolge Huldverlust bedeutete, der jeden Feind traf und der erst durch die förmliche *deditio* wieder aufgehoben wurde[69]. Widukind erwähnt dabei ausdrücklich, daß Berengar nach seiner Unterwerfung wieder in die Huld des Königs und der Königin aufgenommen wurde[70]. Demzufolge war Adelheid nach der Aussöhnung dazu verpflichtet,

66 Einen farbigen Bericht verfaßte Hrotsvit, Gesta Ottonis v. 467–587, S. 217–221.

67 *Persuasus quoque rex Bernharius a Cuonrado duce, cui Papia cum presidio militari relicta erat custodienda, regem subsecutus est in Germaniam, pacem cum eo facturus et omnibus quae imperavisset obtemperaturus*, Widukind, Res gestae III 10 S. 109. Vgl. Adalbert, Continuatio Regionis a. 952, S. 165f. mit der Meldung, daß Berengar, da er nichts von dem, was er wollte, erreichen konnte, ohne mit Otto Frieden zu schließen, wieder nach Italien zurückgekehrt sei, sich im August des gleichen Jahres dann aber Otto als Vasall unterworfen habe.

68 *Cui regiae urbi appropinquanti occurritur miliario ab urbe a ducibus et prefectis palatinorumque primoribus, et regaliter susceptus, ductus in urbem, iussus est in hospitio sibi parato manere. Neque enim faciem regis intra tres dies videre promeruit. Quod aegre ferens Cuonradus, qui eum adduxerat, unumque cum eo sentiens filius regis Liudulfus, suspectum super hac causa Heinricum fratrem regis habentes, quasi antiqua stimulatum invidia, devitaverunt eum …*, Widukind, Res gestae III 10 S. 109f.; dazu Gerd Althoff, Das Bett des Königs in Magdeburg. Zu Thietmar II, 28, in: Festschrift für Berent Schwineköper. Zu seinem 70. Geburtstag, hg. von Helmut Maurer und Hans Patze (1982) S. 141–153, hier S. 144.

69 Vgl. dazu Gerd Althoff, Huld. Überlegungen zu einem Zentralbegriff der mittelalterlichen Herrschaftsordnung, FMSt 25 (1991) S. 259–282.

70 *Interea rex regem alloquitur, in gratiamque regis ac reginae susceptus deditionis sponsionem dat foederisque spontanei diem locumque apud urbem Augustanam designans*, Widukind, Res gestae III 10 S. 110. Zum Augsburger Hoftag: Reg. Imp. II,1 Nr. 217a.

die ihr durch ihre Inhaftierung zugefügte Gewalt als gesühnt zu betrachten und von allen eventuellen Racheplänen gegenüber Berengar Abstand zu nehmen. Als Rache blieb allein die Möglichkeit einer öffentlichen Bloßstellung durch dreitägiges Warten, dessen Symbolkraft für jeden Augenzeugen offensichtlich war. Diese Demonstration der Macht war in erster Linie gegen Berengar von Ivrea gerichtet, der keinerlei Alternativen besaß und diese Behandlung akzeptieren mußte. Wohl nur als Nebeneffekt dieser Inszenierung wurde auch Herzog Konrad von Lothringen als Vermittler in seiner Ehre gekränkt.

Diese Situation verdeutlicht gleichzeitig die gewandelten Machtverhältnisse am Hof zugunsten Adelheids, deren Einfluß denjenigen Konrads übertraf. Wenn Widukind bezüglich des Verfahrens in der causa Berengarii allein den bayerischen Herzog Heinrich verantwortlich macht, kann das nicht heißen, daß nicht Adelheid im Hintergrund agiert haben wird. Denn nicht Heinrich, sondern sie war in dieser Sache persönlich betroffen. Die ihr von Berengar widerfahrene persönliche Kränkung durch die Gefangennahme macht darüber hinaus auch die wohl von ihr selbst veranlaßte Eintragung der Daten in das Merseburger Necrolog deutlich[71].

Die in der Forschung bereits herausgearbeiteten Thesen zu Motiven und Ursachen für den Liudolf-Aufstand können somit bestätigt werden. Die eigentliche »Schlüsselrolle«, die letztlich die kriegerische Auseinandersetzung heraufbeschwor, scheint jedoch sehr viel stärker als bislang angenommen Königin Adelheid zuzufallen. Die *amiticia* mit dem bayerischen Herzog Heinrich stärkte dabei ihre Position am ottonischen Hof, worauf auch die Bemerkung Widukinds hinzudeuten scheint, daß der des mütterlichen Schutzes beraubte Liudolf vom bayerischen Herzog mit Schimpf und Schande behandelt worden sei[72]. Daß diese Verächtlichmachung des jungen Mannes im Sinne Adelheids gewesen sein dürfte, konnte der Chronist in dem ihrer Tochter, der Äbtissin Mathilde von Quedlinburg, gewidmeten Buch freilich nicht erwähnen.

Der Sieg Ottos und Heinrichs über die Aufständischen sicherte auch ihre Stellung als Königin, denn Liudolf verlor sein Herzogtum und büßte den letzten Einfluß am Hof ein. Die fürstliche Teilhabe am Reich verengte sich in der folgenden Zeit auf einen sehr viel kleineren Kreis, wobei sich Adelheid eine entscheidende Mitsprache in politischen Belangen sichern konnte, in einem Ausmaß wie dies bislang für die Person der Königin nicht der Fall gewesen war. Nach der Absetzung Liudolfs[73] erlangte mit Burchard III. wieder ein Hunfridinger und als solcher ein Verwandter Adelheids das schwäbische Herzogtum. Die Eheschließung mit Hadwig, der Tochter des bayerischen Herzogs Heinrich, band Burchard an den ottonischen Familienverband. Obwohl in den Quellen keine Interventionen belegt sind, lassen die verwandtschaftlichen Bindungen des neuen schwäbischen Herzogs auf die Zu-

---

71 Das Merseburger Nekrolog enthält Einträge für den 20. April: *Eodem die capta est Aedelheid imperatrix cumis a Berengario rege* und zum 20. August: *Eodem die liberauit dominus Aethelheidam reginam de uinculis*, in: Die Totenbücher von Merseburg, Magdeburg und Lüneburg, ed. Gerd ALTHOFF und Joachim WOLLASCH, MGH Libri Memoriales et Necrologia, N.S. 2 (1983) fol. 1v S. 4 und fol. 5r S. 11.

72 *Heinricus autem sciens adolescentem maternis destitutum suffragiis, contemptui coepit eum habere, in tantum ut a conviciis ei quoque non parceret …*, Widukind, Res gestae III 10 S. 110.

73 Nach der Versöhnung mit Otto I. (Widukind, Res gestae III 37/40) sei er mit Freunden nach Italien aufgebrochen, wo er auch ein Jahr später gestorben sein (III 57).

sammenarbeit der Königin und Heinrichs von Bayern auch in diesem politischen Kontext schließen[74]. Dementsprechend kann die Belehnung Burchards als weiterer Schritt Adelheids in der Durchsetzung ihrer Stellung als *consors*, zu der sie nach Hrotsvit Otto in Pavia erwählt habe[75], angesehen werden.

Die Rolle Kunigundes beim Ausgleich mit Hermann II. von Schwaben 1002

Im Vergleich mit den Königinnen Mathilde und Adelheid, die in familiäre Auseinandersetzungen verstrickt waren, fiel Kunigunde, der am 10. August 1002 durch Erzbischof Willigis von Mainz zur Königin gekrönten Herzogin von Bayern, eine völlig anders geartete Rolle im Kampf um die Thronfolge Heinrichs II. im Reich zu. Bereits unmittelbar nach ihrer Krönung übernahm sie politische Aufgaben in Form von Interventionen für Klöster und Bistümer, wobei gleich zu Beginn ihre Fürsprache zugunsten des Nonnenklosters Herford stand[76].

Daß gerade Herford zu den ersten Klöstern gehörte, für die Heinrich II. auf Intervention der Königin und mit dem Rat des Erzbischofs Willigis von Mainz sowie des sächsischen Herzogs Bernhard auf Bitten der Äbtissin[77] eine umfassende Bestätigungsurkunde über alle Besitzungen ausstellen ließ, erscheint kaum zufällig. Vielmehr läßt die Tatsache, daß der Konvent unter der Leitung der Äbtissin Godesdiu stand, auf politische Motive schließen. Denn Godesdiu war eine Billungerin, die Tochter des genannten Herzogs Bernhard, der anfänglich die Ambitionen seines Verwandten Ekkehard von Meißen auf den Königsthron unterstützt hatte, dann aber nach dessen Ermordung auf dem Hoftag von Merseburg Ende Juli 1002 als Sprecher der Sachsen fungierte, die Befragung Heinrichs II. leitete, ihm die Hl. Lanze übergab und die *cura regni* anvertraute[78]. Vor diesem Hintergrund muß die wenige Tage später, am 12. August 1002 erfolgte Beurkundung gesehen werden. Sie stand im unmittelbaren Zusammenhang mit der Huldigung Heinrichs II. durch die sächsischen Großen mit den Billungern an deren Spitze.

Kunigunde war nach einer allgemeinen Akzeptanz der Königsherrschaft Heinrichs II. in die aufgrund einer Mehrzahl von Bewerbern um den Königsthron notwendig gewordenen Ausgleichsverhandlungen mit den gescheiterten Reichsfürsten einbezogen[79]. Nachweisen läßt sich ihre Anwesenheit bei einer Zusammenkunft am 1. Oktober 1002 in Bruchsal, wo sie zusammen mit den Fürsten für die

74 FRIED, Weg in die Geschichte S. 512 kommentiert: »Hier wurde die neue Adelsgruppierung gefestigt, die fortan am Hof den Ton angeben sollte.«

75 *Eligiturque sui consors dignissima regni*, Hrotsvit, Gesta Ottonis v. 665, S. 223.

76 Zur Geschichte der Abtei: Rainer PAPE, Sancta Herfordia. Geschichte Herfords von den Anfängen bis zur Gegenwart (1979).

77 DHII. 10 (1002 Aug.12 Erwitte): … *per interventum dilecte coniugis nostrae et regine Cunigunde una cum consilio Uuilligisi Mogontiacensis aecclesiae archiepsicopi honorandi ac Berenhardi ducis aliorumque fidelium nostrorum, vota et petitiones domne Godesdhiui … abbatissae … sequentes …*

78 Zuletzt dazu ALTHOFF, Billunger S. 314–316 mit Nennung der älteren Literatur.

79 Vgl. Reinhard SCHNEIDER, Die Königsherrschaft Heinrichs II. im Jahre 1002, DA 28 (1972) S. 74–104; neuerdings Bernd SCHNEIDMÜLLER, Neues über einen alten Kaiser? Heinrich II. in der Perspektive der modernen Forschung, Berichte des Historischen Vereins Bamberg 113 (1997) S. 13–41, hier bes. S. 25–28; zur Legitimierung der Thronfolge Heinrichs II. vgl. Stefan WEINFURTER, Der Anspruch Heinrichs II. auf die Königsherrschaft 1002, in: Papstgeschichte und Landesgeschichte. Festschrift für Hermann Jakobs zum 65. Geburtstag, hg. von Joachim DAHLHAUS und Armin KOHNLE (1995) S. 121–134.

Aussöhnung Heinrichs II. mit Herzog Hermann II. von Schwaben plädierte. Dieser hatte seine Ansprüche auf den Königsthron nicht durchsetzen können und nach der Wahl Heinrichs II. am 7. Juni 1002 mit einem militärischen Übergriff auf Straßburg reagiert[80]. Doch die Aachener Thronsetzung Heinrichs II. am 8. September 1002[81] machte weitere Ambitionen des schwäbischen Herzogs auf das Königtum illusorisch, weshalb er sich unterwarf.

Durch vertrauenswürdige Vermittler habe er für sich und seine Anhänger – so Thietmar von Merseburg – die Huld des Königs erbeten[82]. In einem förmlichen Unterwerfungsakt in Bruchsal habe er sich dem König voller Reue und Demut gezeigt und auf diese Weise dessen Huld und seine Lehen wiedererlangen können. Dem von ihm verwüsteten Straßburg mußte er Entschädigungen aus seinen allodialen Besitzungen leisten[83]. Während Thietmar lediglich von vertrauenswürdigen Vermittlern spricht, ohne Namen zu nennen, präzisieren die Hildesheimer Annalen dahingehend, daß sie die Fürsprache der Königin Kunigunde und der Fürsten erwähnen[84]. In welcher Phase der Ausgleichsbemühungen Kunigunde einbezogen worden war, ob sie – was als wahrscheinlich anzunehmen ist – von Herzog Hermann oder einem Mittelsmann bereits im Vorfeld kontaktiert oder erst bei den Verhandlungen von Bruchsal um ihre Intervention gebeten wurde, bleibt jedoch unklar.

Das hier sichtbare Bemühen Kunigundes um den friedlichen Ausgleich zwischen Heinrich II. und dem schwäbischen Herzog war der Auftakt einer Reihe von Vermittlungsversuchen der Königin zwischen dem König und den Reichsfürsten, die – so zumindest das in den Quellen gezeichnete Bild – zumeist erfolgreich verliefen, wie zum Beispiel ihre Intervention zugunsten des Friedens mit dem sächsischen Herzog Bernhard II. nach dessen Beteiligung am Aufstand der Billunger 1020[85]. Mit der in der Literatur bekanntesten Intervention im Konflikt zwischen Heinrich II. und ihren Luxemburger Brüdern um das Trierer Erzbistum scheiterte die Königin allerdings[86].

---

80 Thietmar, Chronicon V 12, S. 234. Der Angriff auf Straßburg, der ohne Wissen des Herzogs in einer Plünderung endete, war gegen Bischof Werner gerichtet gewesen, der sich als Anhänger Heinrichs II. dem schwäbischen Herzog Hermann widersetzt hatte. – Zum Vorgehen Hermanns von Schwaben: Hagen Keller, Schwäbische Herzöge als Thronbewerber: Hermann II. (1002), Rudolf von Rheinfelden (1077), Friedrich von Staufen (1125). Zur Entwicklung von Reichsidee und Fürstenverantwortung, Wahlverständnis und Wahlverfahren im 11. und 12. Jahrhundert, ZGO 131, zugleich Festgabe für Gerd Tellenbach zum 80. Geburtstag (1983) S. 123–162, hier S. 135–137.

81 Reg. Imp. II,4 Nr. 1504a.

82 *Qui* (sc. Hermann) *de vindicta Dei, quam in Argentina promeruit, multum timidus populumque propter se laborantem non amplius sustinens, per intercessores fidos sibi suisque fautoribus regis graciam postulat*, Thietmar, Chronicon V 20 (12) S. 245.

83 *Post hec Heremannus dux, … divina, ut predixi, compunctione Kalendis Octobris Brusele regi humiliter presentatur. Misericorditer eius graciam impetravit et, in beneficio et in omnibus iusti desiderii satisfactionem persolvens, excepto Argentine dampno, quod idem iussu et consilio regis de sua proprietate et abbaciam in eadem urbe sitam reparavit, miles et amicus eius fidus efficitur*, Thietmar, Chronicon V 22, S. 247.

84 *Herimannus Alemanorum dux regis eleccioni aliquamdiu resistens, regie se potestati subdidit et interventu reginae et principum in suo honore permansit*, Annales Hildesheimenses a. 1003, S. 29.

85 Zur Intervention Kunigundes, die dem Herzog die Huld des Kaisers und seine Lehen wiederbrachte, vgl. oben S. 166.

86 Überblick und Neubewertung der Konfliktlösungen unter Heinrich II. jetzt bei Gerd Althoff, Otto III. und Heinrich II. in Konflikten, in: Otto III. – Heinrich II. S. 77–94, der insgesamt eine

Im Anschluß an die Königswahl Konrads des Älteren in Kamba am 4. September 1024 sollen einem von Wipo mitgeteilten Gerücht zufolge Erzbischof Pilgrim von Köln, Herzog Friedrich von Oberlothringen sowie einige weitere Lothringer wegen Konrad dem Jüngeren, dem Gegenkandidaten, im Unfrieden, was meint in Verärgerung über den Wahlausgang, abgereist sein[87]. Während sich der Kölner Erzbischof innerhalb weniger Tage mit Konrad II. aussöhnte und *quasi pro emendatione prioris culpae* die Erlaubnis zur Krönung Giselas erhielt[88], verharrten die lothringischen Großen, angeführt durch den die Wahl in Kamba boykottierenden Gozelo von Niederlothringen, weiterhin in Opposition zu Konrad II.[89]. Sie fand erst mit deren Huldigung auf dem Aachener Hoftag Mitte Dezember 1025 ihr Ende[90].

Sehr viel länger dauerte die *inimicitia* zwischen dem König und seinem Stiefsohn, Herzog Ernst II. von Schwaben. Der Sohn der Königin aus ihrer zweiten Ehe mit Herzog Ernst I. hatte sich der lothringischen Adelsfronde angeschlossen und wird im Kreis der Opponenten erstmals Ostern 1025 in Augsburg[91] nachweisbar. Angestiftet durch den Teufel, den Feind des Friedens, so Wipo, hätten sich die Herzöge Ernst von Schwaben, Konrad von Franken und Friedrich von Oberlothringen mit vielen anderen gegen den König verschworen[92]. Obwohl Wipo nichts über die Beweggründe verlauten läßt, sind sie für die mit Konrad dem Jüngeren verwandten Lothringer im Wahlausgang zu vermuten[93]. Weniger deutlich hingegen erscheinen die Motive des ungefähr fünfzehn Jahre jungen schwäbischen Herzogs, dessen Feindschaft gegen seinen Stiefvater die folgenden Jahre seines Lebens bestimmte, bis er schließlich 1030 im Gefecht mit kaiserlichen Truppen unter der Führung Graf Manegolds ums Leben kam[94]. Um 1007 geboren, konnte der Babenberger Ernst[95] 1015 als minderjähriges Kind die Nachfolge seines Vaters im Herzogtum Schwaben antreten, zuerst unter der Regentschaft seiner Mutter Gisela, dann unter der Aufsicht seines Onkels, Erzbischof Poppo von Trier, bis er – wahrscheinlich kurz nach der Wahl Konrads – die eigenverantwortliche Regierung im Herzogtum übernahm.

Verschärfung des Regelwerks konstatiert, die eine »Abkehr vom großzügig verzeihenden Herrscher« (S. 94) herbeigeführt habe.

87 *Quamquam archiepiscopus Coloniensis et dux Fridericus cum aliis quibusdam Liutharingis causa iunioris Chuononis, ut fama fuit, immo hoste pacis diabolo instigante impacati discederent* ..., Wipo, Gesta Chuonradi c. 2 S. 19.

88 ... *et archiepiscopus Pilegrinus quasi pro emendatione prioris culpae impetrabat a rege, ut sibi liceret in ecclesia Coloniensi reginam consecrare*, Wipo, Gesta c. 2 S. 20; zur Krönung Giselas in Köln vgl. S. 21–23.

89 Reg. Imp. III,1 Nr. s.

90 Reg. Imp. III,1 Nr. 48a; zum Königsumritt Konrads 1024/25 und den Einzelhuldigungen: R. SCHMIDT, Königsumritt S. 150–171; vgl. ERKENS, Opposition S. 354 Anm. 207.

91 Reg. Imp. III,1 Nr. 23b.

92 *Eodem tempore hoste pacis diabolo suadente Ernestus dux Alamanniae, Chuono dux Franciae, Fridericus dux Liutharingorum cum aliis plerisque contra regem Chuonradum consenserunt* ..., Wipo, Gesta c. 10 S. 32. Zu dieser *coniuratio* der jüngeren Herzöge gehörte nach Hermann von Reichenau, Chronicon a. 1025 S. 120 auch der schon ältere Herzog Welf: *Rebellio et discordia multa contra Counradum regem a patruele eius Counrado et Ernusto duce Alamanniae, privigno eius, Welph quoque Suevigena comite et aliis pluribus facta.*

93 Zu den Motiven vgl. ERKENS, Opposition S. 354f.

94 Wipo, Gesta c. 28 S. 45–47.

95 Zu den biographischen Daten vgl. H. MAURER, in: LexMA 3 (1986) Sp. 2179.

Nachdem die *rebellio* und *discordia*, so die Charakterisierung Hermanns von Reichenau[96], durch die Huldigung der Lothringer, darunter auch Bischof Gerhard von Cambrai, Ende 1025 beendet worden war, habe auch Herzog Ernst vor dem Aufbruch zum ersten Italienzug[97] *interpellante matre* Frieden mit Konrad II. geschlossen[98]. Gisela scheint die treibende Kraft bei der Versöhnung zwischen Sohn und Gatten gewesen zu sein. Denn die Quellen geben nicht zu erkennen, daß die Initiative vom Herzog Ernst ausgegangen sei und dieser seiner Mutter den Wunsch nach Versöhnung angetragen habe. Nach Hermann von Reichenau fand sich der schwäbische Herzog vielmehr auf ihr Anraten hin zum Friedensschluß bereit und begleitete – so Wipo – den König im Januar 1026 auf dem Weg nach Augsburg, wo sich die Truppen für den Italienzug sammelten[99]. Durch die Fürsprache der Mutter und seines Stiefbruders, des späteren Königs Heinrich III., sowie weiterer Fürsten erfolgte hier die offizielle Aussöhnung. Nachdem sie Konrad II. lange Zeit abgelehnt hatte, war er jetzt dazu bereit, Herzog Ernst wieder in seine Huld aufzunehmen: *interventu matris suae reginae et fratris sui Heinrici adhuc parvuli aliorumque principum multum renuente rege vix in gratiam eius receptus est*[100].

Wipo läßt hier durchblicken, daß die Bereitschaft Konrads zur Aussöhnung erst durch längerfristige Überzeugungsarbeit zustandekam. Sie wird wohl in erster Linie durch Gisela geleistet worden sein, zumal sie auch größtes Interesse an einem Ausgleich haben mußte. Dennoch reichte Giselas Einflußnahme und die demütige Haltung des Herzogs auf dem Weg nach Augsburg nicht aus, um die Huld des Herrschers zu erlangen, es bedurfte zusätzlich der Intervention Heinrichs III. und anderer Fürsten.

Dieser Vorgang wirft ein interessantes Licht auf die Grenzen der Einflußmöglichkeiten der Königin, die Wipos Charakterisierung zufolge wegen ihrer Klugheit und ihrem Rat in größtem Ansehen stand[101]. Die allgemeine politische Akzeptanz ihrer Anteilnahme an verschiedenen politischen Entscheidungen erfährt hier eine wichtige Differenzierung. Denn im vorliegenden Fall genügte offensichtlich ihre alleinige Fürsprache nicht, um den König dazu zu bewegen, seine widerstrebende Haltung gegenüber Ernst von Schwaben aufzugeben. Notwendig war vielmehr ein allgemeiner Konsens auf der Basis der Zustimmung des in Augsburg zum Nachfolger designierten Heinrich[102] wie der anwesenden Fürsten. Möglicherweise hing dies auch mit der persönlichen Betroffenheit der Königin zusammen, weshalb für die Wiederaufnahme ihres Sohnes als eines Reichsfeindes in die Huld des Königs eine allgemeine Akzeptanz bei den Fürsten gesucht wurde. Zudem hatte sich Herzog

---

96 Quellenbeleg oben in Anm. 92.

97 Nach Hermann von Reichenau, Chronicon a. 1026 S. 120 hatte Konrad II. zum Zeitpunkt des Aufbruchs nach Italien die Opposition gegen seine Königsherrschaft teilweise unter Kontrolle gebracht: *Rex Counradus, sedatis ex parte rebellibus, circa tempus quadragesimae cum exercitu Italiam adiit …*

98 *Ernust dux Alamanniae, cum eo ipso anno interpellante matre pacificatus …*, Hermann von Reichenau, Chronicon a. 1026 S. 120.

99 *… rex Chuonradus … iter suum in Italiam cum copiis destinavit. Sed dux Ernestus humiliter iter eius prosecutus usque Augustam Vindelicam …*, Wipo, Gesta c. 10 S. 32. Zur Symbolkraft der demütigen Begleitung Konrads II. durch Herzog Ernst nach Augsburg vgl. ALTHOFF, Huld S. 268.

100 Wipo, Gesta c. 10 S. 32; vgl. Reg. Imp. III,1 Nr. 49a.

101 *… dilecta regis coniunx Gisela prudentia et consilio viguit*, Wipo, Gesta c. 4 S. 24.

102 Wipo, Gesta c. 11 S. 32; vgl. Reg. Imp. III,1 Nr. 49b.

Ernst durch seine Rebellion gegen das Königtum Konrads auch gegen seine Mutter gewandt, die als Königin und *consors* an dessen Herrschaft teilhatte.

Die Phase der Befriedung währte jedoch nur kurze Zeit. Herzog Ernst beteiligte sich anfänglich am Italienzug und erhielt für seine Dienste auch die Abtei Kempten zu Lehen, was Wipo scharf kritisiert. Er wurde dann aber zur Sicherung des Friedens nach Deutschland zurückgeschickt[103]. Denn unterdessen hatte der schwäbische Graf Welf eine ziemlich heftige Fehde gegen den Augsburger Bischof Brun begonnen, in dessen Bistum er raubend und brandschatzend eingefallen war[104]. Der gerade erst mit Lehen und Geschenken ausgezeichnete Ernst, von dem man wohl erwartet hatte, daß er gegen Welf II. vorgehen würde, tat jedoch nichts dergleichen. Vielmehr brach er seinerseits einen neuen Aufstand vom Zaun, aufgestachelt vom Teufel wie Wipo anmerkt. Er verwüstete das Elsaß und zerstörte die Burgen des mit König Konrad verwandten Grafen Hugo von Egisheim. Daraufhin griff er mit einem großen Heer junger Leute nach Burgund über und bezog Stellung gegenüber der Burg Solothurn. Er zeigte sich dadurch einmal mehr als Feind Konrads II., weshalb er auch keine Unterstützung bei König Rudolf III. von Burgund, dem Onkel seiner Mutter, fand und den Rückzug antreten mußte. Oberhalb von Zürich legte er dann eine Burg an und richtete durch die Plünderung der Reichenau und St. Gallens großen Schaden an. Offensichtlich konnte ihm dabei niemand Einhalt gebieten, denn unter Hintansetzung von Gesetz und Gerechtigkeit habe er seine feindlichen Übergriffe bis zur Rückkehr des Kaisers fortgeführt[105].

Nach der Rückkehr des zum Kaiser gekrönten Konrad aus Italien wurde Ernst von Schwaben wegen dieser Verbrechen auf einem Hoftag in Ulm im Juli 1027 erneut zur Verantwortung gezogen. Dabei war ein bei Wipo ausführlich geschilderter, im Vorfeld des Hoftages unternommener Versuch des Herzogs, den schwäbischen Adel auf seine Person einzuschwören, fehlgeschlagen. Er hatte gehofft, sich auf diese Weise die Unterstützung der schwäbischen Großen zu sichern, um für den Fall, daß die Ausgleichsverhandlungen mit Konrad II. scheitern sollten, einen gewaltsamen Abzug erkämpfen zu können. In einer wörtlich zitierten, in der Forschung häufig diskutierten Rede verweigerten sich aber die Großen seines Herzogtums, indem sie auf ihre Freiheit und den Kaiser als deren obersten Beschützer verwiesen[106].

---

103 *In qua expeditione supra dictus Ernestus dux Alamanniae aliquantulum regi militans Campidonensem abbatiam, licet contra fas et ius esset liberam rem nisi liberaliter servire, in beneficium accepit a rege et ad tutandam patriam honorifice remissus est*, Wipo, Gesta c. 11 S. 32f.; vgl. Reg. Imp. III,1 Nr. 52a, 71c.

104 *… quidam comes in Suevia Welf nominatus, dives in praediis, potens in armis, et Bruno episcopus Augustensis invicem confligentes multa mala in praedis et incendiis fecerunt in regno. Ad extremum praedictus comes ipsam Augustam irrumpens aerarium episcopi despoliavit et totam civitatem vastavit …*, Wipo, Gesta c. 19 S. 38.

105 *Ernestus dux Alamanniae, privignus imperatoris Chuonradi, nuper ab eo beneficiis et muneribus sublimatus discedens, iterum instigante diabolo rebellionem moliebatur et consilio quorundam militum suorum Alsatiam provinciam vastavit et castella Hugonis comitis, qui erat consanguineus imperatoris, desolavit. Deinde magno exercitu iuvenum collecto Burgundiam invasit et ultra castrum Solodorum quandam insulam aggere et vallo firmare coepit. Sed Ruodolfus rex Burgundionum, veritus hostem imperatoris recipere, ab incepto illum prohibuit. Inde reversus supra Turicum quoddam castrum munivit et Augensem ecclesiam nec non abbatiam sancti Galli nimium distrahendo non mediocre damnum patriae intulit. Sic posthabita lege et iustitia usque ad imperatoris reditum iniquis conatibus insistebat*, Wipo, Gesta c. 19 S. 39.

106 Wipo, Gesta c. 20 S. 40; vgl. Reg. Imp. III,1 Nr. 109b; Boshof, Salier S. 59; Stefan Weinfurter, Herrschaft und Reich der Salier. Grundlinien einer Umbruchzeit (1992) S. 50f.

Als einzige Möglichkeit verblieb Herzog Ernst nur noch die bedingungslose Unterwerfung. Seinem Beispiel folgten kurze Zeit später auch Graf Welf[107] und Herzog Konrad der Jüngere[108]. Ernst von Schwaben aber wurde auf der sächsischen Burg Giebichenstein gefangengesetzt[109]. Unterdessen eroberten die kaiserlichen Truppen auch die Burgen seiner noch verbliebenen aufständischen Anhänger, die sich um seinen Vertrauten, Graf Werner, geschart hatten[110].

Kaiserin Gisela war die ganze Zeit über auf dem Hoftag in Ulm anwesend. Das beweisen ihre Interventionen mit Erzbischof Aribo von Mainz in den im Original erhaltenen Urkunden zugunsten der Kirchen von Würzburg[111] und Salzburg[112]. Sie griff jedoch in das Verfahren gegen ihren Sohn offiziell nicht mehr ein, was angesichts seiner maßlosen, nicht entschuldbaren Raubzüge nicht weiter verwunderlich erscheint.

Nachdem Konrad der Jüngere recht schnell seine frühere Stellung wiedererlangte, erfolgte ein Jahr nach dem Ulmer Urteil auch die Begnadigung des Herzog Ernst und seine Wiedereinsetzung ins schwäbische Herzogsamt. Dies blieb jedoch von nur kurzer Dauer. Denn er weigerte sich, gegen seinen Vertrauten, den Grafen Werner, vorzugehen, der das Reich weiterhin durch viele Übergriffe in Wirren gestürzt haben soll. Auf dem Osterhoftag in Ingelheim am 29. März 1030 vor die Wahl gestellt, entschied sich Ernst für seinen alten Bündnispartner. Daraufhin wurde erneut gegen ihn als *hostis publicus imperatoris* das Urteil gefällt und ihm sein Herzogtum entzogen. Er konnte mit wenigen Getreuen aus Ingelheim fliehen. Seine Flucht bewirkte, daß Konrad im Zusammenspiel mit Bischöfen und Reichsfürsten über ihn und allen Feinden von Recht und Frieden Exkommunikation und Reichsacht verhängen ließ[113]. Das blutige Ende von Herzog Ernst ließ nicht lange auf sich warten: der etwa Zwanzig- bis Dreiundzwanzigjährige fiel im Kampf mit kaiserlichen Truppen[114].

---

107 *Subactaque Italia tota reversus, in Alamannia aput Ulmam placitum habuit; ibique ad deditionem venientes Ernustum ducem, privignum suum, et Welph comitem cum aliis accipiens, per aliquod tempus exilio deputavit*, Hermann von Reichenau, Chronicon a. 1027 S. 120.

108 *Imperator vero descendens per Rhenum in Franciam venit, ibique dux Chuono patruelis eius, prius rebellis, se reddidit, quem imperator in liberis custodiis aliquantulum castigavit destructisque munitionibus suis, quas optimas habuit, in gratiam illum recepit totumque honorem suum sibi restituit*, Wipo, Gesta c. 21 S. 41. – *Counradus etiam, patruelis eius, sese imperatori tradens, in exilium nihilominus mittitur*, Hermann von Reichenau, Chronicon a. 1027 S. 120.

109 ... *His* (= die Rede der schwäbischen Großen) *auditis dux, cum se intellexisset a suis dimitti, sine omni pactione imperatore se reddidit, quem caesar in Saxoniam exulari fecit super quandam rupem quae Gibichenstein dicitur, ut ibi castigatus a rebellione ulterius desineret*, Wipo, Gesta c. 20 S. 40.

110 *Cuiyburg, castrum Werenharii comitis adhuc renitentis, aliaque nonnulla rebellium castra capta sunt*, Hermann von Reichenau, Chronicon a. 1027 S. 120.

111 DKoII. 107 vom 16. Juli 1027.

112 DKoII. 108 vom 26. Juli 1027.

113 *Anno Domini MXXX. imperator Chuonradus apud Ingelenheim pascha celebravit. Ibi Ernestus supra memoratus dux Alamanniae a custodia solutus ducatum recepit, eo tenore ut Wezelonem militem suum, qui multis factionibus regnum turbaverat, quasi hostem rei publicae cum omnibus suis persequeretur idque se facturum cum sacramento confirmaret. Quod cum dux facere nollet, hostis publicus imperatoris diiudicatus est et penitus ducatu amisso cum paucis inde recessit ... Imperator vero communi consilio omnium principum regni eundem Ernestum et cunctos iustitiae et paci reluctantes ab episcopis excommunicari fecit eorumque res publicari iussit*, Wipo, Gesta c. 25 S. 43f. Zur Chronologie der einzelnen Ereignisse vgl. SCHMIDT, Königsumritt S. 176–182.

114 Wipo, Gesta c. 28 S. 45–47.

Äußerst aufschlußreich erscheint in dieser Situation die Haltung Giselas, die gegen ihren erstgeborenen Sohn Ernst für die Belehnung ihres Zweitgeborenen Hermann mit dem Herzogtum Schwaben eintrat: *Ernest, dux Alamannorum, vitrico suo imperatori denuo rebellis effectus, gratiam suam cum ducatu amisit. Et Herimannus, frater eius, matre sua imperatrice id precibus obtinente, eundem ducatum promeruit*[115]. Das in der Verwandtschaft mit Herzog Ernst begründete Recht auf Rache stand dabei ihren herrscherlichen Verpflichtungen gegenüber, die von Gisela als *imperatrix* und *consors regni* verlangten, die Beschlüsse des Ingelheimer Hoftags und die daraus resultierenden Konsequenzen mitzutragen, was sie schließlich Wipo zufolge auch tat: *Ipsa imperatrix Gisela, quod dictu est miserabile, sed actu laudabile, filium inconsultum sapienti marito postponens publicam fidem dedit omnibus, quicquid illi accidisset, nullam ultionem neque malum animum pro hac re se reddituram fore*[116]. Sie gab also ein öffentliches Versprechen ab, daß sie, was immer ihrem Sohn Ernst zustoßen möge, weder Rache nehme noch Feindschaft empfinde. Daß diese Haltung keinesfalls als so selbstverständlich gelten konnte, scheint die Bemerkung Wipos nahezulegen, der ihre Handlungsweise als lobenswert beurteilt. Gisela reagierte damit vordergründig nicht als Mutter, sondern als Kaiserin, indem sie sich auf die Seite des Kaisers stellte und ihren unberatenen Sohn hintansetzte. Mit ihrem öffentlichen Gelöbnis bekräftigte sie die Richtigkeit der Vorgehensweise Konrads II.

Kaiserin Richenza und die Beilegung des Thronstreits mit den Staufern

Richenza von Northeim, die bereits über zwei Jahrzehnte politische Erfahrung als sächsische Herzogin gesammelt hatte, bevor sie die Stellung einer Königin erlangte, steht in der mediävistischen Forschung im Ruf, die »letzte bedeutende ›consors regni‹ in Deutschland«[117] gewesen zu sein. Das ihr schon in der älteren Forschung beigelegte Image als »eine tatkräftige zielbewußte, staatsmännisch begabte und gewandte Frau«[118] gründet nicht zuletzt in der Tatsache, daß für sie vermehrt Quellenbelege auf vermittelnde, konfliktvermeidende und friedensstiftende Aktivitäten schließen lassen. Nach eingehenden Quellenstudien kam auch Wolfgang Petke zu dem Schluß, daß sie zum engsten Beraterkreis Lothars III. gehörte und an seiner Regierung »tätig Anteil genommen« hat[119]. Gerade dieser Einfluß Richenzas auf die Entscheidungen des Königs, der sich durch weitere Ratgeber aus ihrem Verwandtenkreis, so ihrem Schwager, den rheinischen Pfalzgrafen Otto von Rheineck[120], wie ihren beiden Vettern, Hermann von Calvelage[121] und Siegfried von Boyneburg[122], den letzten männlichen Nachkommen der Northeimer Grafenfamilie, verstärkt haben dürfte, erklärt, warum die Königin recht häufig um Vermittlung angegangen wurde.

Die wohl spektakulärste Intervention Richenzas war ihr Bemühen um einen Ausgleich Lothars III. mit den staufischen Brüdern Friedrich und Konrad, die nach

---

115 Annales Sangallenses maiores, ed. Ildefonsus von Arx, in: MGH SS 1, a. 1030 S. 83.
116 Wipo, Gesta c. 25 S. 44.
117 Vogelsang, Herrscherin S. 58; Ennen, Frauen im Mittelalter S. 129.
118 Kirchner, Kaiserinnen S. 54.
119 Petke, Kanzlei S. 407–413, zit. S. 413.
120 Petke, Kanzlei S. 379–389.
121 Petke, Kanzlei S. 389–395.
122 Petke, Kanzlei S. 395–398.

dem Tod ihres Onkels, Kaiser Heinrich V., ihre Ansprüche auf die Nachfolge im Königsamt angemeldet hatten. Nach dem Scheitern des staufischen Kandidaten, Herzog Friedrichs II. von Schwaben, bei der Königswahl in Mainz am 30. August 1125 gaben sie diese auch nicht so ohne weiteres auf, obwohl Friedrich unmittelbar nach der Wahl und noch in Mainz dem neugewählten König die Huldigung mit Treueid und Mannschaft geleistet hatte[123]. Es folgte eine langjährige kriegerische Auseinandersetzung zwischen Lothar III. und den Anhängern der Staufer, die durch die Wahl Konrads, des jüngeren der beiden Stauferbrüder, am 18. Dezember 1127 zum Gegenkönig[124] einen ersten Höhepunkt erreichte und die Exkommunikation der Staufer seitens des Reichsepiskopats[125] nach sich zog. Die fehlende Resonanz im Reichsgebiet veranlaßte Konrad, über die Alpen nach Reichsitalien zu ziehen, wo er von den Mailändern mit königlichen Ehren empfangen[126] und vom Erzbischof in San Michele in Monza zum italischen König gekrönt wurde[127], während Friedrich von Schwaben weiterhin im Reich gegen Lothar III. kämpfte. Die anfängliche militärische Erfolglosigkeit des Königs wandelte sich schließlich mit der Rückeroberung des im Frühjahr 1128 von den Staufern besetzten[128] Speyer mit der Grablege der Salier nach einer längeren Belagerung[129] durch die Kapitulation der Stadt nach Weihnachten 1129[130]. Der Krieg gegen die Staufer setzte sich jedoch fort und endete erst mit dem Feldzug Lothars III. im Herbst 1134[131], als die staufischen Anhänger den Kampf aufgaben und dem Kaiser huldigten, der sich im Anschluß daran in die Reichsabtei Fulda begab[132], wo sich auch Kaiserin Richenza aufhielt.

Hier erschien Herzog Friedrich von Schwaben im Bemühen, so die Paderborner Annalen, durch bestimmte Persönlichkeiten die Huld des Kaisers wiederzuerlangen[133]. Diese eher allgemeine Andeutung konkretisieren die Magdeburger Annalen in einer ungleich ausführlicheren Schilderung der Unterwerfungsszene des Herzogs vor der Kaiserin:

> »Herzog Friedrich aber, als er erkannte, daß er von Vielen verlassen und hintergangen worden war, und enttäuscht von seinen Anhängern, begab sich, gezwungen durch seine Not, mit bloßen Füßen und überaus demutsvoll zur Kaiserin, die sich mit dem Kaiser im vorgenannten Ort (sc. Fulda) aufhielt, und erflehte die Gnade des Kaisers, indem er zugleich hoffte, daß er durch sie, weil er ihr Neffe war, in die Huld des Kaisers zurückkehren werde. Was auch so geschah«[134].

---

123 Zu den Quellen und der umfangreichen Literatur zur Wahl von 1025 vgl. Reg. Imp. IV,1 Nr. 92.
124 Reg. Imp. IV,1 Nr. 150.
125 Reg. Imp. IV,1 Nr. 151; vgl. auch 156 und 160.
126 Reg. Imp. IV,1 Nr. 164.
127 Reg. Imp. IV,1 Nr. 166.
128 Reg. Imp. IV,1 Nr. 155.
129 Reg. Imp. IV,1 Nr. 173, 202.
130 Reg. Imp. IV,1 Nr. 211f.
131 Reg. Imp. IV,1 Nr. 411–415.
132 Reg. Imp. IV,1 Nr. 415.
133 *Frithericus dux tandem diffidens rebus suis gratiam imperatoris, per quoscunque potuit, obtinere elaborat*, Annales Patherbrunnenses a. 1134, S. 161.
134 *Fridericus vero dux, cernens se a pluribus derelictum et destitutum, et sibi adherentes valde afflictos, necessitate compulsus adiit imperatricem, in predicto loco* (sc. Fulda) *cum imperatore degentem, nudis pedibus satis humiliter flagitans gratiam ipsius, simulque sperans, se per illam, quia neptis sua erat, in gra-*

Ob für diese als »besonders salisch« charakterisierte *deditio* des Herzogs[135] die Kaiserin nur vorgeschoben wurde, weil Lothar III. vom Erscheinen Friedrichs überrascht war und die förmliche Unterwerfung seines langjährigen Reichsfeindes vor großem Publikum in Szene gesetzt sehen und deshalb nicht in Fulda vor wenigen Zeugen, sondern auf einen von einer Vielzahl von Reichsfürsten besuchten Hoftag entgegennehmen wollte[136], ist dabei durchaus wahrscheinlich. Fraglich ist aufgrund der einheitlichen Aussage beider Quellen, ob Friedrich von Schwaben ein Treffen mit dem Kaiser überhaupt herbeiführen wollte. Sicherlich kannte er die Gepflogenheiten im Umgang mit Rebellen und wußte, daß ein Treffen mit dem Kaiser unmittelbar nach Abschluß der Kämpfe und ohne Einschaltung von Vermittlern gar nicht möglich war. Deshalb mußte es ihm vorerst darum gehen, einflußreiche Persönlichkeiten für einen Friedensschluß mit dem Herrscher und seine Wiederaufnahme in dessen Huld zu gewinnen. Seine Abstammung aus königlichem Geblüt und die Verwandtschaft mit der Kaiserin[137] konnten ihn darauf hoffen lassen, daß sie für ihn Fürsprache einlegen würde. Dabei zeigte sich die Schwere seiner Vergehen auch gegenüber der Kaiserin als *consors regni.* Denn auch vor ihr mußte er sich einer zweifellos vorher abgesprochenen Unterwerfung in Demutshaltung unterziehen. Dafür konnte er sich dann ihrer Vermittlung beim Kaiser gewiß sein.

Doch die Handlung der Kaiserin erschöpfte sich nicht darin, eine erste *deditio* des Herzogs entgegenzunehmen und für ihn zu intervenieren. Die Magdeburger Annalen berichten weiter, daß Richenza nach der Unterwerfung des Herzogs den anwesenden päpstlichen Legaten, wobei an den am 1. Januar 1135 am kaiserlichen Hof in Aachen nachweisbaren Kardinalbischof Dietwin von S. Rufina zu denken ist[138], dazu veranlaßt habe, Friedrich vom Bann zu lösen, durch den er sieben Jahre lang von der Gemeinschaft der hl. Kirche ausgeschlossen gewesen war: *Nam ipsa* (sc. imperatrix) *fecit eum absolvi per legatum apostolici, qui ibi tunc presens fuerat ab excommunicatione, qua per septem continuos annos fuit separatus a communione sancte ecclesie*[139]. Wenn auch die Veranlassung der sofortigen Aufhebung der Exkommunikation durch Richenza mit Lothar III. abgesprochen gewesen sein dürfte, zeigt die Tatsache, daß die Kaiserin bei dieser schwerwiegenden Entscheidung offiziell agierte, wie stark sie in die Herrschaftsausübung eingebunden war, und auch die Befugnis, mit päpstlichen Legaten hinsichtlich eines kirchenrechtlichen Vorganges zu verhandeln, voll akzeptiert wurde und auf keinerlei Kritik stieß. Dies demonstriert in eindrucksvoller Weise einmal

---

tiam cesaris deventurum. Quod et sic factum est, Annales Magdeburgenses a. 1134, S. 185; vgl. auch Annalista Saxo a. 1134, S. 769.

135 Timothy REUTER, Unruhestiftung, Fehde, Rebellion, Widerstand: Gewalt und Frieden in der Politik der Salierzeit, in: Die Salier und das Reich 3 (1991) S. 297–325, hier S. 322 mit Anm. 157.

136 So PETKE im Kommentar zu Reg. Imp. IV,1 Nr. 417.

137 Die Verwandtschaft der Kaiserin mit Herzog Friedrich von Schwaben ging über die Salier, denn die Mutter Richenzas, Gertrud von Braunschweig, war eine Urenkelin Kaiserin Giselas aus der Nachkommenschaft ihres Sohnes Liudolf aus der Ehe mit Brun von Braunschweig; vgl. A. WOLF, Königskandidatur S. 45–117, hier S. 110f. Anm. 202 und Stammtafel S. 112.

138 Reg. Imp. IV,1 Nr. 417 und 422.

139 Annales Magdeburgenses a. 1134, S. 185, die im Anschluß daran die einzelnen Exkommunikationsakte gegen die Stauferbrüder auflisten: *Primum enim fuerat excommunicatus cum fratre suo in Theutonicis partibus a tribus archiepiscopis, Mogontino Salzburgensi et Magadaburgensi, et suffraganeis illorum, deinde in sequenti anno a papa Honorio et aliis ecclesiasticis viris, qui Rome ad synodum congregati fuerant in cena Domini, tercio in Leodicensi concilio a papa Innocentio et omni ecclesia.*

mehr, daß das *consortium regni* der Königin beziehungsweise Kaiserin nicht als leere Worthülse oder Formelgut zu bewerten ist, sondern damit die in Praxis umgesetzte gemeinsame Herrschaftsausübung meint.

Nach Aufhebung des Kirchenbanns gegen Friedrich versprach dieser, dem Kaiser zukünftig treu ergeben zu sein und beim nächsten Gerichtstag in Anwesenheit der Fürsten dessen Huld mit deren Hilfe wieder erlangen zu wollen[140]. Diese offizielle Versöhnung zwischen Kaiser und Herzog fand auf dem Hoftag in Bamberg Mitte März 1135 statt. Friedrich von Schwaben warf sich Lothar III. öffentlich – in Anwesenheit *principum fere totius regni*[141] – zu Füßen und wurde auf Fürsprache der Fürsten und nach Auskunft Ottos von Freising auch auf Intervention Bernhards von Clairvaux hin wieder in die Huld des Kaisers aufgenommen[142]. In gleicher Weise erlangte auch Konrad von Schwaben auf einem Hoftag in Mühlhausen Ende September die Verzeihung des Königs *per intercessionem imperatricis*, nachdem er die Königskrone und die königlichen Insignien aufgegeben hatte und durch Erzbischof Konrad von Magdeburg vom Kirchenbann gelöst worden war[143]. Der fast ein Jahrzehnt andauernde Konflikt zwischen Lothar III. und den Staufern konnte nach der militärischen Entscheidung gütlich beigelegt werden, was maßgeblich dem Vermittlungsgeschick der Kaiserin zu verdanken war. Sie konnte eine vorerst dauerhafte Aussöhnung der persönlichen, sich einander mit Mißtrauen begegnenden Feinde erreichen.

Nach dem Tod Lothars III. am 4. Dezember 1137 und der Wahl und Krönung Konrads III., des ehemaligen Gegenkönigs und jetzigen rechtmäßigen Rex Romanorum, erlebte Richenza im März 1138 eine Wiederholung der Ereignisse, wobei nun sie auf der Seite der Rebellen stand. Sie hatte den auf Designation durch Lothar III. basierenden Anspruch ihres Schwiegersohns Heinrich den Stolzen auf die Königsherrschaft unterstützt. An der Spitze einer Abordnung sächsischer Fürsten erschien sie aber auf dem Bamberger Pfingsthoftag und erkannte das Königtum Konrads an[144]. Bis zu ihrem Tod 1141 blieb sie eine hartnäckige Verfechterin der sächsischen Erbansprüche ihres einzigen Enkels Heinrich den Löwen[145].

---

140 *Receptus ergo in consortium sancte ecclesie, magnis sacramentis se obligavit, quod imperatori fideliter et devote in posterum vellet adherere, et ad proximum placitum coram principibus gratiam illius cum illorum auxilio exquirere*, Annales Magdeburgenses a. 1135, S. 185.

141 Annales Hildesheimenses a. 1135, S. 68.

142 Zu den Quellen vgl. Reg. Imp. IV,1 Nr. 429.

143 *Imperator post festum sancti Michahelis Mulehusen venit, ubi Cuonradus, frater Friderici ducis, corone ac totius regalis ornamenti oblitus, humiliter per Cuonradum archiepiscopum Magadaburgensem ab excommunicatione solvitur, ac deinde per intercessionem imperatricis, cesaris pedibus provolutus, gratiam illius promeretur*, Annales Magdeburgenses a. 1135, S. 185; vgl. Reg. Imp. IV,1 Nr. 456. – Die Anerkennung des Königtums Lothars durch die Mailänder war von Papst Innocenz II. vermittelt worden; dies teilte Abt Bernhard von Clairvaux nach dem 6. Juni 1135 mit. Umstritten ist in der Forschung aufgrund verschiedener Handschriftenvarianten, ob das entsprechende Schreiben an den Kaiser, so Petke, Reg. Imp. IV,1 Nr. 445, oder an die Kaiserin gerichtet war, so die Adresse des Briefes in der kritischen Edition der Bernhard-Briefe: Epistola CXXXVII, in: S. Bernhardi opera VII: Corpus epistolarum 1, ed. Jean Leclercq und Henri Rochais (1974) S. 333.

144 Vgl. Egon Boshof, Staufer und Welfen in der Regierungszeit Konrads III.: Die ersten Welfenprozesse und die Opposition Welfs VI., AKG 70 (1988) S. 313–341, hier S. 319.

145 Karl Jordan, Heinrich der Löwe. Eine Biographie (1979) S. 22–24.

Die 1262 oder 1263 geborene Elisabeth von Görz-Tirol entstammte der Verbindung des Grafen Meinhard II. von Görz-Tirol und der in erster Ehe mit dem Staufer Konrad IV. verheirateten Elisabeth von Bayern[146]. Mit zehn Jahren wurde die Grafentochter zur Bestätigung und Festigung des Bündnisses zwischen Meinhard und Rudolf von Habsburg mit dessen erstgeborenem Sohn Albrecht I. verlobt[147]. Zwei Jahre später, am 20. November 1274, folgte die Hochzeit. Im Jahre 1283 wurde sie schließlich Herzogin von Österreich und der Steiermark, 1298 dann – wie einst ihre Mutter – römisch-deutsche Königin[148]. Ein Mordanschlag auf König Albrecht I. machte sie bereits 1308 zur Witwe. Im Laufe ihrer Ehe hatte sie 21 Kinder geboren, von denen elf das Kindesalter überlebten; sie wurde dadurch zur »Stammutter aller späteren Habsburger«[149].

Diese biographischen Eckdaten markieren das Leben einer energischen und durchsetzungsfähigen Frau, deren Handlungsweisen in den Quellen ganz unterschiedlich dargestellt und bewertet werden[150]. Dabei erfolgt die Charakterisierung ihrer Person in der Historiographie vor allem vor dem Hintergrund der Ermordung ihres Gatten. Wegen erbrechtlicher Auseinandersetzungen war Albrecht I. am 1. Mai 1308 von seinem Neffen Johann »Parricida« und einigen Mitverschwörern auf sehr heimtückische Weise in der Nähe der habsburgischen Stammburg erdolcht worden[151]. Die Familie rächte diese Bluttat mit Krieg gegen die Mörder, der durch deren Ächtung seitens des neugewählten Königs Heinrich VII. am 18. September 1309 auch rechtlich legitimiert erschien und mit der Hinrichtung des Grafen Rudolf von Wart als einem der Mitverschwörer endete. Die von einigen Geschichtsschreibern der Königin als der treibenden Kraft angelastete Verantwortung für dieses »Strafgericht« ließ sie im Licht einer »rachsüchtig wütenden Furie« erscheinen. Allerdings wurde dieser Einschätzung in der Forschung auch heftig widersprochen[152]. Schließ-

---

146 Zu Elisabeth von Wittelsbach siehe auch S. 30.

147 Zur Landesherrschaft Graf Meinhards: Die Regesten der Grafen von Tirol und Görz, Herzoge von Kärnten, Bd. 2, 1. Lfg.: Die Regesten Meinhards II. 1271–1295, bearbeitet und hg. von Hermann WIESFLECKER unter Mitarbeit von Johann RAINER (Publikationen des Instituts für österreichische Geschichtsforschung, 4. Reihe, 1. Abt., 1952); weitere Literaturhinweise bei H. DOPSCH, Art. Meinhard IV. (II.), in: LexMA 6 (1993) Sp. 473f. – Einen knappen Überblick über die Geschichte des Hauses Görz-Tirol gibt Erich ZÖLLNER, Geschichte Österreichs. Von den Anfängen bis zur Gegenwart ([8]1990) S. 124–128.

148 Zur Krönung Elisabeths in Nürnberg im November 1298 vgl. oben S. 36.

149 Vgl. die biographischen Artikel von Joseph RIEDMANN und Brigitte HAMANN, in: Die Habsburger. Ein biographisches Lexikon, hg. von B. HAMANN (1988) S. 81f.

150 Neben den Skizzen über Elisabeth von Adolf GRAUERT, in: NDB 4 (1959) S. 440f. und J. RIEDMANN, in: LexMA 2 (1983) Sp. 1832 ist bislang noch immer zurückzugreifen auf die in vielerlei Hinsicht antiquierte Studie von Gottfried Edmund FRIESS, Königin Elisabet von Görz-Tirol. Die Stammutter des Hauses Habsburg-Lothringen, Blätter des Vereins für Landeskunde von Niederösterreich N.F. 24 (1890) S. 109–168. – Zu Erzählabsicht und -perspektive Ottokars bei der Darstellung von Herrscherinnen und besonders bei der Bewertung der politischen Rolle Königin Elisabeths in der Österreichischen Reimchronik vgl. LIEBERTZ-GRÜN, Frau und Herrscherin S. 178–184.

151 Vgl. Karl-Friedrich KRIEGER, Die Habsburger im Mittelalter. Von Rudolf I. bis Friedrich III. (Urban TB 452, 1994) S. 107f.

152 Vgl. die Auseinandersetzung mit dieser These bei FRIESS, Königin Elisabet S. 140–156, der zu dem Schluß kommt, daß Elisabeth vom Krieg gegen die Mörder ihres Gatten gewußt hatte, sie

lich gründete sie am Ort der Mordtat das franziskanische Doppelkloster Königsfelden, das zum habsburgischen Hauskloster wurde[153].

Neben ihrer politischen Tätigkeit entfaltete sie vor allem in den zu ihrem Wittum gehörenden Gebieten soziale und wirtschaftliche Aktivitäten, indem sie zum Beispiel in Steyr ein Spital für arme Leute gründete und ausstattete[154]. Ihr wirtschaftliches Interesse galt der Förderung der Salzproduktion in Hallstatt, wo sie wahrscheinlich 1305 ein Bergwerk eröffnete und bald so hohe Produktionsmengen erreichte, daß sie 1313 gleich mehreren Klöstern und geistlichen Einrichtungen je 30 Fuder Salz stiftete[155].

Elisabeths politischer Einfluß konzentrierte sich sowohl in der Herzogs- wie auch in der Königszeit Albrechts in besonderer Weise auf Konfliktvermeidung und Friedensvermittlung im österreichischen Herzogtum. So soll sie mehrere Auseinandersetzungen zwischen Albrecht und den Adligen des Landes geschlichtet haben[156]. Im Konflikt mit den wegen Teuerung und Bedrohung ihrer Rechte aufständigen Wiener Bürgern Anfang des Jahres 1288 legte sie auf Bitten des von diesen abgesandten Schottenabtes Wilhelm II. Fürsprache zugunsten der Forderungen der Wiener ein[157]. Auch als Witwe behielt sie eine politisch einflußreiche Stellung, die sich jedoch nicht immer genau beschreiben läßt. So ist ihre Anwesenheit bei der Bestattung Albrechts I. im Speyerer Dom und den anschließenden Ausgleichsverhandlungen Graf Friedrichs mit König Heinrich VII. im September 1309 mehr als wahrscheinlich. Ob sie jedoch auf die um die Belehnung der Habsburger Brüder mit ihren Ländereien sowie die Verfolgung der Mörder geführten, sehr schwierig verlaufenen und schließlich für die Habsburger erfolgreich endenden Gespräche direkten Einfluß genommen hat, bleibt ungewiß[158]. Sowohl in den schwäbischen und

---

darüber hinaus aber »von jeder activen Teilnahme an der Bestrafung gänzlich freigesprochen werden« müsse (S. 153); zusammenfassend Grauert, in: NDB 4, der die Charakterisierung Elisabeths als Furie als »Zerrbild habsburgfeindlicher und vornehmlich späterer Quellen« einordnet.

153 Zur Gründung von Königsfelden oben S. 230.

154 Urkunden-Buch des Landes ob der Enns, Bd. 4: 1283–1308 (1867) Nr. 515 S. 479 und Nr. 536 S. 500; zu ihren wohltätigen Schenkungen an soziale Einrichtungen vgl. Friess, Königin Elisabet S. 126.

155 Elisabeth begünstigte so z. B. die Dominikaner zu Leoben am 2. Februar 1313 mit jährlich 30 Fuder Salz, das jeweils am St. Georgstag übergeben werden sollte, und für das der Konvent am St. Philippstag als dem Sterbetag ihres Gatten der gesamten Familie mit Vigilien und Seelenmessen gedenken solle. Sich als »*Wir Elspet von gottes genaden weilend chuniginne zu Rom*« titulierend, spricht sie in der Urkunde von *unserm sieden zu Hall stat, das wir mit unserm guet von wildem gepirg erbawen haben*, in: Acta Imperii selecta Nr. 1016 S. 712f. – Sie stiftete gleiche Mengen aber auch an die Klöster und Stifte Lambach, Gleink, St. Florian, Baumgartenberg, Wilhering, Tulln, Kremsmünster, an die Johanniterkommende in Wien, die Pfarre Ohlsdorf bei Gmunden und an das Spital in Steyr; dazu und zu den wirtschaftlichen Aspekten vgl. Rudolf Palme, Rechts-, Wirtschafts- und Sozialgeschichte der inneralpinen Salzwerke bis zu deren Monopolisierung (Rechtshistorische Reihe 25, 1983) S. 63–65 und passim sowie Ders., Die landesherrlichen Salinen- und Salzbergrechte im Mittelalter. Eine vergleichende Studie (Innsbrucker Beiträge zur Kulturwissenschaft. Sonderheft 34, 1974) S. 20–22.

156 Friess, Königin Elisabet S. 120–125. – Zu der von ständigen Oppositionen bedrohten Herrschaft Albrechts I. vgl. Günther Hödl, Habsburg und Österreich 1273–1493. Gestalten und Gestalt des österreichischen Spätmittelalters (1988) S. 35–46.

157 Zu den Ereignissen vgl. Opll, Nachrichten S. 55–57; Friess, Königin Elisabet S. 118.

158 Zu den Speyerer Verhandlungen: Hödl, Habsburg und Österreich S. 54f.

burgundischen Stammlanden der Habsburger, die Graf Leopold leitete[159], wie auch im österreichisch-steierischen Herzogtum unter der Herrschaft Friedrichs des Schönen regierte Elisabeth bis zu ihrem Tod 1313 mit[160], wobei sie unter anderem erneut als »Streitschlichterin« in den Auseinandersetzungen Herzog Friedrichs mit den Wittelsbachern und mit Heinrich von Kärnten fungierte.

Das aus territorialen wie machtpolitischen Interessen sehr spannungsreiche Verhältnis zwischen Bayern und Österreich im 13. Jahrhundert war seit 1290 durch zahlreiche kriegerische Konflikte geprägt. Ein vorläufiges Ende fanden sie mit der wittelsbachischen Niederlage bei Bensheim im Juli 1301 und dem Friedensschluß zwischen König Albrecht I. und Rudolf, Herzog von Oberbayern und Pfalzgraf bei Rhein[161]. Nach wechselnden Koalitionen der durchaus nicht immer eine einheitliche politische Richtung verfolgenden beiden wittelsbachischen Linien unter der Führung Rudolfs von Oberbayern und Ottos III. von Niederbayern begann letzterer nach dem Mord an König Albrecht I. erneut, antihabsburgische Bündnisse zu schmieden. Die Fehde begann 1309 mit der Belagerung des Brückenkopfes Neuburg am unteren Inn. Herzog Otto nahm die Burg ein und zerstörte sie, während Friedrich der Schöne einer militärischen Auseinandersetzung auswich und, bespöttelt von den Zeitgenossen, sich mit seinem Heer zurückzog. Am 7. April 1311 trafen die Parteien schließlich auf einem vielbesuchten Friedenskongreß in Passau zusammen[162]. Während der Autor in seiner Chronik von den Herzögen Bayerns in einer »einseitigen leidenschaftlichen Parteinahme für Ludwig IV.«[163] diesen als Initiator des Passauer Tages und Vermittler im Friedensschluß zwischen Otto III. von Niederbayern und Friedrich von Österreich herausstellte[164], schreiben die Annales Osterhovenses als ausführlichste und wichtigste Quelle dieses Ereignisses den Verdienst der Königinwitwe Elisabeth zu, die dabei die treibende Kraft gewesen sei. So habe Otto *in diem colloquii super forma composicionis in controversia ipsius et ducis Austrie, specialiter tamen ad instanciam relicte Alberti regis amite sue*, eingewilligt[165].

Am 25. März hätten sich dann in der vereinbarten Stadt Passau die Königin mit ihrem Sohn, dem österreichischen Herzog, und den Fürsten ihres Landes eingefunden sowie auch König Otto von Ungarn[166] mit den Söhnen seines verstorbenen Bru-

---

159 Vgl. Hödl, Habsburg und Österreich S. 70f.

160 Friess, Königin Elisabet S. 162.

161 Vgl. Max Spindler, Andreas Kraus, Grundlegung und Aufbau 1180–1314, in: Handbuch der bayerischen Geschichte, Bd. 2, hg. von M. Spindler und A. Kraus (^{2}1988) S. 110–117; Günther Hödl, Bayern, Österreich und die Steiermark in der Zeit der frühen Wittelsbacher, in: Die Zeit der frühen Herzöge. Von Otto I. zu Ludwig dem Bayern. Beiträge zur Bayerischen Geschichte und Kunst 1180–1350, hg. von Hubert Glaser (Wittelsbach und Bayern I/1, 1980) S. 295–306.

162 Handbuch der bayerischen Geschichte 2, S. 135f.

163 Christian Lohmer, Einleitung, in: Geschichte Ludwigs des Bayern, Bd. 1: Bayerische Chroniken des 14. Jahrhunderts. Nach der Übersetzung von Walter Friedensburg neu bearbeitet und hg. von Ch. Lohmer (1987) S. 25.

164 *Non multo vero post tempore quibusdam placitis inter principes Babarie et Austrie habitis predictum castrum domino Ludwico tunc duce superioris Bavarie arbitrante est principibus Austrie restitutum et ab eis firmius reedificatum*, Chronica de ducibus Bavariae, in: Bayerische Chroniken des 14. Jahrhunderts, ed. Georg Leidinger, MGH SS rer. Germ. [19] (1918) S. 153. – Dem entspricht auch die Darstellung im Handbuch der bayerischen Geschichte 2, S. 136, wo ausschließlich von »der vielsagenden Vermittlung Ludwigs von Oberbayern« die Rede ist.

165 Annales Osterhovenses, ed. Wilhelm Wattenbach, in: MGH SS 17, a. 1311 S. 557.

166 Nach dem kurzen ungarischen Königtum Ottos zwischen 1305 und 1307, das ihm die Ungarn als Erbe seiner ungarischen Mutter Elisabeth nach dem kinderlosen Tod König Andreas' III. an-

ders Stephan. Ferner seien die Pfalzgrafen Rudolf und Ludwig gekommen sowie auch Herzog Heinrich von Kärnten, die Grafen von Ortenburg und Heunburg, die Grafen von Hals, Erzbischof Konrad von Salzburg und die Bischöfe Wernhard von Passau, Johannes von Brixen und Heinrich von Gurk mit vielen Prälaten. Die bis zum Georgsfest, dem 23. April, andauernden Verhandlungen wurden mit einem Friedensschluß zwischen Otto von Niederbayern und seinen Neffen auf der einen Seite und Friedrich von Österreich zusammen mit der Königinwitwe und ihren weiteren Söhnen auf der anderen Seite beendet. Neben dem Verbleib der Burg Wernstein bei Österreich und dem Wiederaufbau der Grenzfestung Neuburg durch die Bayern, der Freilassung der Gefangenen und der Wiedereinsetzung der mit dem Gegner verbündeten Adligen wurde ein Beistandspakt gegen auswärtige Mächte geschlossen[167].

Diese Versammlung überdauerte jedoch der noch in die Zeit Albrechts I. datierende Konflikt mit Heinrich von Kärnten, dem Bruder der Königinwitwe. Er hatte sich an den Ambitionen des seit 1306 mit Anna von Böhmen verheirateten Heinrich entzündet, der nach dem Aussterben der Přemysliden im Mannesstamm mit dem Tod seines Schwagers Wenzel III. versuchte, die böhmische Königskrone zu erlangen. Die ebenfalls an Böhmen interessierten Habsburger besetzten daraufhin einen Teil Kärntens und blieben nach dem Scheitern Heinrichs in Böhmen 1310 weiterhin im Land[168]. Seit 1309 war Elisabeth darum bemüht, zwischen ihren Söhnen und ihren Brüdern einen Ausgleich herbeizuführen. 1311 wurde schließlich in Passau ein Schiedsgericht, bestehend aus der Königinwitwe, Erzbischof Konrad von Salzburg und Herzog Rudolf von Oberbayern, eingesetzt, das einen Spruch fällen sollte, dem sich die Kontrahenten zu unterwerfen bereit erklärt hatten. Da offensichtlich keine Einigung zustandekam, übertrug man die Entscheidung bei einer Zusammenkunft in Salzburg im Juli 1311 allein der Königinwitwe, die einen allseits akzeptierten Ausgleich schaffen konnte und in finanzieller Hinsicht auch mit ihrem eigenen Vermögen einsprang[169].

Eine weitere, allerdings in ganz andere Richtung gehende Vermittlung Elisabeths betraf schließlich die Verheiratung Friedrichs des Schönen. Hier hatte sie in Fortsetzung der Politik Albrechts I. 1308 auch die Pläne einer Heiratsverbindung

---

geboten hatten, das er aber gegen die Ansprüche der mächtigeren Anjous nicht durchsetzen konnte, behielt er dennoch den ungarischen Königstitel bei, vgl. Handbuch der bayerischen Geschichte 2, S. 117–125.

167 *... et locus ipsius colloquii deputatur civitas Pataviensis. Ubi conveniunt in die annunciacionis ipsa regina predicta cum duce Austrie filio suo et alii pociores terre sue, et domnus Otto rex cum filiis domni Stephani ducis Ottone et Hainrico, Rudolfus et Ludwicus comites palatini Reni, Hainricus dux Karinthie et comites de Ortenburch et de Hæimburch, comites de Hals, domnus Chunradus archiepiscopus Saltzpurgensis, Wernhardus Pataviensis, Iohannes Brixnensis et Gurcensis episcopi, cum aliis multis prelatis. Et sic duravit illud colloquium usque ad festum beati Georii. Cuius finis talis erat, quod domnus Otto rex et sui fratrueles, et Fridricus dux Austrie cum domna regina et suis filiis in plenam concordiam redierunt, et contra omnem hominem excepto imperio se iuvare mutuo iuraverunt, remanente duci Austrie castello Wernstain, quod iuramento firmavit cum quibusdam adprobantibus esse de terra Meranica, castrumque suum Neunburch sine dampno principatus Bawarie reedificabit. Capti eciam ex utraque parte liberi dimittebantur, et nobiles ex utraque parte sunt reconciliati*, Annales Osterhovenses S. 557.

168 Zöllner, Geschichte Österreichs S. 127.

169 Vgl. Friess, Königin Elisabet S. 162–165.

mit dem aragonesischen Königshaus wieder aufgegriffen[170]. Die im Herbst 1311 begonnenen und 1312 andauernden Verhandlungen endeten mit dem Aufbruch Isabellas von Aragon am 15. November 1313 ins Reich[171]. Ihre dann mehrmals gefeierte Eheschließung mit Friedrich dem Schönen[172] ist letztlich auf das »Betreiben der Königinwitwe« zurückzuführen[173].

Zusammenfassend läßt sich für Elisabeth von Görz-Tirol feststellen, daß sie einen ausgeprägten Sinn für die Realpolitik besaß[174]. Sie hatte sowohl in ihrer Ehe mit Albrecht als auch später als Königinwitwe größten Einfluß, der sich allerdings nicht so sehr auf die Reichspolitik bezog. Vielmehr sind die in den Quellen überlieferten Aktionen Elisabeths auf die habsburgischen Territorien und auf die Familienpolitik im weitesten Sinn konzentriert. Hier ging ihre Autorität so weit, daß ihr selbst die Rolle der »Schiedsrichterin« angetragen wurde.

---

170 Zu den politischen Beziehungen zu Aragon unter Albrecht I. vgl. Richard NEUMANN, Die politischen Beziehungen zwischen dem Deutschen Reiche und Aragonien in der Zeit von Rudolf von Habsburg bis Rupert von der Pfalz (1917) S. 35–39, der jedoch die Eheverhandlungen nicht behandelt.

171 Otto H. STOWASSER, Der Ehevertrag Herzog Friedrichs des Schönen von Österreich mit Isabella von Aragon. Eine Folge spanischer Rechtsanschauung, Mitteilungen des Vereins für Geschichte der Stadt Wien 2 (1921) S. 11–24 und jetzt SPIESS, Unterwegs S. 22–25.

172 Zur Heirat in Barcelona am 14. Oktober 1313 per procuratorem: Winfried KÜCHLER, Zur Hochzeit der Infantin Isabella von Aragón mit Herzog Friedrich dem Schönen von Österreich. Kosten – Aussteuer – Mitgift, in: Gesammelte Aufsätze zur Kulturgeschichte Spaniens (Spanische Forschungen der Görres-Gesellschaft I/22, 1965) S. 176–187; Johanna SCHRADER, Isabella von Aragonien, Gemahlin Friedrichs des Schönen von Oesterreich (1915) S. 22–35; zu den Heiraten in Deutschland vgl. auch oben S. 37.

173 HÖDL, Habsburg und Österreich S. 69f.

174 In der Literatur wird in völlig unreflektierter Weise als Erklärung für die realpolitischen und wirtschaftlichen Fähigkeiten und Interessen Elisabeths meist festgestellt, daß sie diese von ihrem Vater, Graf Meinhard II., »geerbt« habe; vgl. z. B. RIEDMANN, in: Lex MA 2. Eine sehr viel größere Rolle dürfte hingegen die Erziehung am Tiroler Hof gespielt haben! – Zur Erziehung und Bildung adliger Damen vgl. bes. Ursula LIEBERTZ-GRÜN, Rollenbilder und weibliche Sozialisation im Adel, in: Geschichte der Mädchen- und Frauenbildung, Bd. 1, hg. von Elke KLEINAU und Claudia OPITZ (1996) S. 42–62; Claudia OPITZ, Erziehung und Bildung in Frauenklöstern des hohen und späten Mittelalters (12.–15. Jahrhundert), ebd. S. 63–77; Johanna Maria VAN WINTER, The education of the daughters of the nobility in the Ottonian Empire, in: Adelbert DAVIDS (Hg.), The empress Theophano. Byzantium and the West at the turn of the first millennium (1995) S. 86–98; Carla CASAGRANDE, Die beaufsichtigte Frau, in: DUBY/PERROT, Geschichte der Frauen 2 S. 85–117; Rosamond MCKITTERICK, Frauen und Schriftlichkeit im Frühmittelalter, in: GOETZ (Hg.), Weibliche Lebensgestaltung S. 65–118; Werner RÖSENER, Die höfische Frau im Hochmittelalter, in: Curialitas. Studien zu Grundfragen der höfisch-ritterlichen Kultur, hg. von Josef FLECKENSTEIN (Veröffentlichungen des Max-Planck-Instituts für Geschichte 100, 1990) S. 171–230; Dagmar THOSS, Frauenerziehung im späten Mittelalter, in: Frau und spätmittelalterlicher Alltag (Veröffentlichungen des Instituts für mittelalterliche Realienkunde Österreichs 9, 1986) S. 301–323; Therese LATZKE, Der Fürstinnenpreis, Mittellateinisches Jahrbuch 14 (1979) S. 22–65.

Auswärtige Mächte

Die Einbindung in die Verhandlungen mit auswärtigen Mächten gehörte – abgesehen von Zeiten der Regentschaft, in denen die Königinnen politische Verantwortung trugen – wohl nicht zu den wichtigsten Aufgabenfeldern der Königin. Diesen Eindruck vermitteln zumindest die Quellen, die ihre Beteiligung an den politischen Gesprächen selten und meistens nur dann erwähnen, wenn der Königin der erfolgreiche Abschluß zugeschrieben werden mußte. Nur für zwei Königinnen des hohen Mittelalters werden solche Aktivitäten rekonstruierbar: für die Kaiserinnen Adelheid und Gisela.

Die Beziehungen der Kaiserin Adelheid zu Venedig

Seit karolingischer Zeit waren die Beziehungen Venedigs zu den Kaisern beziehungsweise den italischen Königen[175] in erster Linie durch die sogenannten »Kaiserpacta«[176] und Besitzbestätigungen geregelt. Diese Tradition setzte Otto I. am 2. Dezember 967 fort, indem er ein 27 Artikel umfassendes Pactum[177] sowie ein Praeceptum[178] zum Schutz der innerhalb der Reichsgrenzen gelegenen venezianischen Besitzungen ausstellen ließ. Dieses Pactum, das die »Grundlage des gegenseitigen Handels und Verkehrs«[179] legte und in seiner Bedeutung kaum zu überschätzen ist, bestätigten mit unterschiedlichen Veränderungen in formaler und inhaltlicher Hinsicht die Ottonen- und seit Heinrich III. die Salierkaiser[180] sowie Lothar III.[181], Friedrich I.[182], Heinrich VI.[183], Otto IV.[184] und Friedrich II.[185]

---

175 Die Entwicklung der politischen Beziehungen bis in staufischer Zeit skizzierte zuletzt Gerhard Rösch, Venedig und das Reich. Handels- und verkehrspolitische Beziehungen in der deutschen Kaiserzeit (Bibliothek des Deutschen Historischen Instituts in Rom 53, 1982) S. 7–26; dort auch die ältere Literatur dazu.

176 Eine Zusammenstellung der einzelnen Pacta bei Heinrich Kretschmayr, Geschichte von Venedig (Allgemeine Staatengeschichte, Abt. 1: Geschichte der europäischen Staaten 35, 1905) Bd. 1, S. 431–433. Zur Problematik des Begriffs, der nicht nur gegenseitige Vertragspakte, sondern auch einseitig gewährte Privilegien einschließt, vgl. auch Rösch, Venedig S. 7 Anm. 3.

177 Const. 1, Nr. 14, S. 32–36 = DOI. 350, S. 478–483.

178 Const. 1, Nr. 15, S. 36f. = DOI. 351, S. 483f.

179 Rösch, Venedig S. 11.

180 Das Pactum Heinrichs III., auf das Heinrich IV. 1094/95 (Const. 1, Nr. 72 S. 121–124) Bezug nimmt, ist verloren; Pactum Heinrichs V.: 1111 Mai 22 (Const. 1, Nr. 102 S. 152–156).

181 1136 Oktober 3 (Const. 1, Nr. 119 S. 171–175).

182 1154 Dezember 22 (Const. 1, Nr. 150 S. 209–213) und 1177 August 17 (Nr. 273/74 S. 373–377).

183 1197 Juni 6 (Const. 1, Nr. 378 S. 526–530).

184 1209 August 18 (Const. 2, Nr. 32 S. 38–42).

185 1220 September 20 (Const. 2, Nr. 76 S. 93–97).

Dabei unterscheiden sich die ottonischen Urkunden von allen anderen vor und nach ihnen darin, daß sie nicht nur beteiligte Unterhändler nennen, sondern Interventionsformeln aufweisen, in denen an jeweils erster Stelle die ottonischen Kaiserinnen genannt werden. Nur das erste Pactum zwischen Pietro IV. Candiano[186] und Otto I. wird als gegenseitige Übereinkunft ohne Nennung von Fürbittern geschlossen. Die ebenfalls am 2. Dezember 967 gegebene und oben bereits genannte Besitzbestätigung hingegegen enthält die kanzleiüblichen Formulierungen bei Privilegienverleihungen und weist daraufhin, daß Petrus, der »Herzog der Venetianer« den Kaiser *per Adeleidam dilectam coniugem nostram ac per nuntios suos Iohannem Guntarinum et alium Iohannem diaconum* um die Privilegierung anging[187]. Adelheid intervenierte auch in einer weiteren Urkunde für Vitalis Candiano, der nach der Schenkung des Königshofes Musestre in der Grafschaft Treviso am 26. August 963[188] in einer am 8. Januar 972 in Ravenna auf den Rat der Kaiserin hin ausgestellten und von Otto auch vollzogenen Urkunde den in Istrien gelegenen Ort Isola zu freiem Eigen und ausgestattet mit der Immunität erhielt[189]. Daß es sich bei ihm um den Bruder Pietros IV. gehandelt haben dürfte, der 978/79 selbst die Dogenwürde bekleidete[190], ist angesichts dieser umfassenden Privilegierung recht wahrscheinlich.

Nach der Ermorderung des Dogen Pietro IV. und seines kleinen Sohnes aus seiner zweiten Ehe mit Waldrada, der Tochter des Markgrafen Hubert von Tuszien und Enkelin Hugos von Vienne, saß Kaiserin Adelheid am 25. Oktober 976 in Piacenza persönlich einer Gerichtssitzung vor, in der über das Wittum Waldradas verhandelt wurde. Dieses wollte ihr die neue politische Führung in Venedig vorenthalten, weshalb sich die ehemalige venezianische Herzogin als Nichte Adelheids[191] in einem Schreiben an die Kaiserin wandte und sie um die Zulassung ihres Anwalts vor Gericht bat[192].

Können die Beziehungen zu Venedig und besonders zu den Candianen in der Regierungszeit Ottos I. und Adelheids als »freundschaftlich«[193] bezeichnet werden, so änderte sich dieses Verhältnis unter dem Sohn und Nachfolger Otto II. Wegen des

186 Doge von 959–976; wurde ermordet. Der vor seinem Dogat zeitweilig am Hof Berengars II. lebende und auch an dessen Heerzug gegen Spoleto teilnehmende Venetianer hatte nach der Kaiserkrönung Ottos I. und der Absetzung Berengars sehr schnell die Fronten gewechselt; vgl. KRETSCHMAYR, Geschichte von Venedig 1, S. 109–112.

187 Const. 1 Nr. 15, S. 36.

188 DOI. 257, S. 366f.

189 DOI. 407, S. 554 mit der Bezeichnung Adelheids als *comes nostri imperii*. – Beide Urkunden wurden wohl für ein und dieselbe Person ausgestellt, wobei es sich nicht um den gleichnamigen Sohn des Dogen Pietro IV. und Patriarchen von Grado handeln kann, da in den Diplomen der geistliche Stand nicht genannt ist. Otto II. bestätigte am 16. April 977 dem Patriarchen Rodald von Aquileja den Besitz von Isola, den Vitalis dorthin verkauft hatte (DOII. 154 S. 174), während Otto III. am 30. Mai 998 eine Besitzbestätigung für Dominico Candiano, den Sohn des Vitalis, verfügte (DOIII. 293 S. 718f.); vgl. KÖPKE-DÜMMLER, Otto der Große S. 346 Anm. 2.

190 Vgl. die Stammtafel bei KRETSCHMAYR, Geschichte von Venedig 1, S. 436.

191 Als Enkelin Hugos von Vienne, der durch die Heirat mit Königin Bertha von Burgund zum Stiefvater Adelheids und durch ihre eigene Heirat mit seinem Sohn, König Lothar, zu ihrem Schwiegervater wurde, war Waldrada die angeheiratete Nichte der Kaiserin.

192 Zur Gerichtssitzung siehe oben S. 156f. sowie Karl UHLIRZ, Jahrbücher des Deutschen Reiches unter Otto II. (1901) S. 192.

193 So RÖSCH, Venedig S. 12 und DERS., Der venezianische Adel bis zur Schließung des Großen Rats. Zur Genese einer Führungsschicht (Kieler Historische Studien 33, 1989) S. 50.

Mordes an Pietro IV. Candiano wollte Otto die Verträge mit Venedig lösen[194] und verhängte zeitweilig auch eine Handelssperre[195]. Die auf dem Veroneser Hoftag Ende Mai/Anfang Juni 983 in Anwesenheit vieler Großer des Reichs stattfindenden Verhandlungen mit der venezianischen Delegation führten dann aber doch noch zum Friedensschluß. Neben den Erzbischöfen von Mainz, Magdeburg, Trier, den Bischöfen von Pavia, Como, Metz und Brixen sowie Herzog Heinrich dem Jüngeren von Bayern, den Grafen Otto und Wilhelm sowie vielen anderen gehörten auch die Kaiserinnen Adelheid und Theophanu zu den Mitgliedern des von Otto II. geleiteten Fürstenrates, der die Erneuerung der alten Privilegien und Verträge beschloß. Wie kontrovers die Gespräche verliefen, wissen wir – wie meist – nicht. Denn es liegt lediglich das Ergebnisprotokoll mit der formal üblichen Mitteilung vor, es sei einstimmig von den anwesenden geistlichen und weltlichen Personen beschlossen worden, dem Gesuch der Venezianer um Frieden und Bündnis zu entsprechen[196]. Daß besonders Adelheid in Absprache mit dem Dogen Tribunus Menius ganz entschieden für den Abschluß des Vertrages eingetreten sein muß, läßt die alleinige Erwähnung ihrer Person in der Interventionsformel des Pactums neben derjenigen der drei venezianischen Gesandten, dem Mönch Petrus Mauricinus, dem Adligen Bardoarius sowie dem Tribun Petrus Andreadi, erkennen[197]. Nur die offizielle Erklärung über das Friedensabkommen und den Abschluß des Bündnisses enthält neben der Intervention Adelheids auch diejenige Theophanus[198].

Die im Anschluß an die Veroneser Abkommen wieder von Otto angeordneten Handelssperren[199] lassen weiterhin darauf schließen, daß der Kaiser seine Ambitionen hinsichtlich einer Oberhoheit über Venedig aber nicht aufgegeben und wohl eher widerstrebend der hinter Adelheid stehenden provenezianischen Fraktion nachgegeben hatte. Eine diesbezügliche Übereinstimmung mit der Politik Ottos II. ließe dabei die fehlende Intervention Theophanus im Pactum plausibel erscheinen.

Das diplomatische Geschick Adelheids zeigte sich im Sommer 985, als sie über die Fürsprache des tuszischen Markgrafen Hugo die Zustimmung des Dogen Tribunus Menius für die Rückkehr der wohl Anfang 984 zu ihr nach Pavia geflohenen Fa-

194 Vgl. Uhlirz, Otto II. S. 194f. mit Anm. 27.

195 Die Absichten und Maßnahmen Ottos II. sind in der Forschung umstritten; sie zielten möglicherweise auf eine Unterwerfung des Dogats, die nach mehrheitlicher Meinung nicht realisiert werden konnte; vgl. Rösch, Venedig S. 12 Anm. 19 und Wolfgang Giese, Venedig-Politik und Imperiums-Idee bei den Ottonen, in: Herrschaft, Kirche, Kultur. Beiträge zur Geschichte des Mittelalters. Festschrift für Friedrich Prinz zum 65. Geburtstag, hg. von Georg Jenal (Monographien zur Geschichte des Mittelalters 37, 1993) S. 219–243. Die Gegenthese vertrat Bernhard Schmeidler, Venedig und das Reich von 983–1024, MIÖG 25 (1904) S. 515–575.

196 Const.1, Nr. 17 S. 38f.

197 ... *humiliter supplicante Tribuno duce Veneticorum per Adeleidam dilectam matrem et dominam nostram imperatricem semper augustam ac per nuncios suos Petrum Mauricinum monachum et Badoarium nobilem nec non Petrum Andreadi tribunum clementiam imperii nostri, ut pactum iam dudum constitutum inter nostrum et suum populum ... renovare et in melius confirmare dignaremur ...*, Const. 1, Nr. 18 S. 39–43, zit. S. 40. Der inhaltlich auf dem Paktum Ottos des Großen basierende Vertrag unterscheidet sich von diesem in formaler Hinsicht gravierend, da die sowohl Paktum wie Besitzbestätigung enthaltende Urkunde Ottos II. nicht mehr als gegenseitige Übereinkunft, sondern als einseitige Willenserklärung abgefaßt ist; vgl. Rösch, Venedig S. 12f.

198 *Unde nos divina pietate commoti et interventu nostre serenissime Adheleidae domine matris auguste ac Theophanu dilecte coniugis nostre nostrique imperii consortis deliniti ...*, Const. 1, Nr. 19 S. 43.

199 Uhlirz, Otto II. S. 196f. Nur sein plötzlicher Tod verhinderte weitere Aktionen.

milie der Calopriner nach Venedig sowie eine eidliche Bürgschaft für deren Sicherheit erwirken konnte[200]. Sie blieb auch unter Otto III. eine Verfechterin venezianischer Interessen am ottonischen Hof und veranlaßte 992, in der Zeit ihrer »alleinigen« Regentschaft für den minderjährigen Otto III., nicht nur die Erneuerung der Verträge, sondern darüber hinaus die Erweiterung der rechtlichen Kompetenzen auf Reichsterritorium[201], die unter anderem erstmals die Gerichtsgewalt des Dogen für alle Venezianer im gesamten Reichsgebiet sicherte[202].

Kaiserin Adelheid kann somit als Kontinuitätsträgerin der von ihr maßgeblich mitgeprägten Politik Ottos I. gegenüber dem Dogat Venedig gelten, indem sie sich auch unter ihrem Sohn und Enkel erfolgreich um deren grundsätzliche Fortsetzung bemühte. Unter Otto II. konnte sie zwar die Verschlechterung der politischen Beziehungen nicht verhindern, wohl aber die vertraglichen Grundlagen der unter Otto I. eingeschlagenen Politik sichern. Erst nach dem Tod Theophanus schickte der im März 991 zum neuen Dogen gewählte Petrus II. Orseolo[203] wieder eine Gesandtschaft an den ottonischen Hof, um Verträge auszuhandeln, die inhaltlich weit über die einstigen Zugeständnisse Ottos I. und Ottos II. hinausgingen.

Otto III. führte schließlich die provenezianische Politik Adelheids nach Übernahme der eigenständigen Regierung fort und förderte den Handel Venedigs durch mehrere Privilegien. Dem Augenzeugenbericht des Johannes Diaconus zufolge hat er kurz vor seinem frühzeitigen Tod der Stadt sogar einen heimlichen Besuch abgestattet[204].

In spätottonischer Zeit intervenierte auch Kunigunde in einer summarisch alle bestehenden Rechte Venedigs bestätigenden Urkunde Heinrichs II., die wohl auf Bitten des zum Regensburger Hoftag gereisten venezianischen Gesandten Johannes am 16. November 1002 mit der kanzleiüblichen Formel *per interventum dilecte coniugis nostre, Cunigunde videlicet regine* ausgestellt wurde[205]. Ein darüber hinausgehendes Engagement Kunigundes gegenüber Venedig ist aber nicht bekannt.

Kaiserin Gisela und die Herrschaftsübernahme Konrads II. im Königreich Burgund 1027

Die Vergrößerung des Regnums zur imperialen Trias Deutschland – Italien – Burgund verdankten die römisch-deutschen Könige, pointiert formuliert, den Königinnen Adelheid und Gisela. Die Herrschaftsübernahme im *regnum Italiae* 951 durch Otto I. war verbunden mit seiner Heirat der jungen italischen Königin Adelheid, der

---

200 Reg. Imp. II,3 Nr. 972c

201 … *quod Petrus dux Veneticorum per suos nuntios Marinum dyaconum et Iohanem Ursiolum, interventu et petitione nostre dilectissime domine avie Adheleide imperatricis auguste, nostram adiit celsitudinem, efflagitans, quatinus pactum, quod pater noster bone memorie Otto imperator tempore Tribuni ducis eis concessit Verone, idem pactum nostre confirmationis precepto corroborare et confirmare dignaremur* …, Const. 1, Nr. 20 S. 45f., zit. S. 45. Vgl. Reg. Imp. II,3 Nr. 1066.

202 Rösch, Venedig S. 14f.

203 Zu seinem Dogat vom März 991 bis September 1009 vgl. Otto Kohlschütter, Venedig unter dem Herzog Petrus II. Orseolo 991–1009 (1868).

204 Dazu Rösch, Venedig S. 15; vgl. auch Mathilde Uhlirz, Venezia nella politica di Ottone III., in: Storia della civiltà veneziana 1, hg. von Vittore Branca (1979) S. 131–137.

205 Const. 1, Nr. 27 S. 57f. = DHII. 24 von 1002 November 16; vgl. Reg. Imp. II,4 Nr. 1514; Kohlschütter, Venedig S. 50.

Witwe König Lothars, die von den Großen das Recht erhalten haben soll, den Nachfolger ihres Gatten zu bestimmen[206]. Auch wenn die Eheschließung wohl nicht als alleinige Begründung für die Ansprüche Ottos auf Italien angesehen werden kann[207], und die in der sächsischen Historiographie herausgestellten Rechte der Königin hinterfragt werden müssen[208], bleibt doch unbestritten, daß Adelheid als rechtmäßige italische Herrscherin anerkannt war und die Ehe mit ihr einen wichtigen legitimatorischen Effekt besaß.

Der Angliederung Burgunds hingegen ging ein langer, mit Verhandlungen und kriegerischen Aktionen durchsetzter Prozeß voraus, der mit der Rückgewinnung Basels durch Heinrich II. im Jahr 1006 begonnen hatte und nach dem Tod König Rudolfs III. 1032 mit der Wahl und Krönung Kaiser Konrads II. in Payerne (Peterlingen) am 2. Februar 1033 einen Abschluß fand[209].

Politische Beziehungen zu den burgundischen Rudolfingern knüpfte bereits König Heinrich I.[210], die verwandtschaftlichen folgten wenige Jahre später mit der Verheiratung der englischen Königstochter Edgiva, die zusammen mit ihrer Schwester, der späteren Königin Edgith, auf den Kontinent gekommen war und mit Ludwig, dem Bruder König Rudolfs II. von Hochburgund, verheiratet wurde[211]. Mit Königin Adelheid heiratete Otto I. 951 in zweiter Ehe schließlich die Tochter Rudolfs. Deren Bruder, der 993 verstorbene burgundische König Konrad I.[212], setzte die Eheverbindungen zum Reich fort. Er verheiratete seine älteste Tochter Gisela mit dem Bayernherzog Heinrich den Zänker und eine weitere Tochter Gerberga mit Herzog Hermann II. von Schwaben[213]. Damit stand sowohl Kaiser Heinrich II. als Sohn Giselas wie auch Kaiser Konrad II. als Schwiegersohn Gerbergas in einem verwandtschaftlichen Verhältnis zum burgundischen Königshaus.

Anläßlich der Zusammenkunft Heinrichs II. mit König Rudolf III. im Frühsommer 1016 in Straßburg erwähnt Thietmar von Merseburg einen *longe prius* ausgehandelten Vertrag, den die Forschung zeitlich vor den Erwerb Basels im Juli 1006 ansetzt[214]. Mit Zustimmung der burgundischen Großen wurde die Nachfolge Hein-

206 Vgl. Robert HOLTZMANN, Geschichte der Sächsischen Kaiserzeit 900–1024 (1941, ^{6}1979) S. 141; GLOCKER, Verwandte der Ottonen S. 84; BRÜHL, Deutschland – Frankreich S. 533 Anm. 555. – Zur Heirat Ottos und Adelheids vgl. auch oben S. 262f.

207 Vgl. dazu etwa Hermann WEISERT, War Otto d. Gr. wirklich rex Langobardorum?, AfD 28 (1982) S. 23–37; Gunther WOLF, Nochmals zur Frage nach dem *rex Francorum et Langobardorum* und das *regnum Italiae* 951, AfD 35 (1988) S. 171–236.

208 Quellenbelege bei KÖPKE-DÜMMLER, Otto der Grosse S. 190f. und GLOCKER, Verwandte der Ottonen S. 84 Anm. 14.

209 Zum politischen Kontext zuletzt ERKENS, Konrad II. S. 158–171.

210 Zu den Grenzabsprachen zwischen dem ostfränkischen König Heinrich I., der die Stadt Basel abtrat, und dem hochburgundischen König Rudolf, der als Gegengabe die heilbringende Hl. Lanze übergab, die zur wichtigsten Reliquie des Reiches wurde, vgl. Eduard HLAWITSCHKA, Die Königsherrschaft der burgundischen Rudolfinger. Zum Erscheinen eines neuen MGH-Diplomata-Bandes, HJb 100 (1980) S. 444–456, hier S. 447f. mit Nennung der älteren Literatur sowie ALTHOFF/KELLER 1 S. 91–93.

211 Vgl. LEYSER, Ottonen und Wessex S. 86f.

212 Nach dem Tod König Lothars war der noch im Kindesalter stehende Konrad an den ottonischen Hof geholt worden, wo er vier Jahre lebte; vgl. HLAWITSCHKA, Königsherrschaft S. 450f.

213 Zusammenfassend Laetitia BOEHM, Geschichte Burgunds. Politik – Staatsbildungen – Kultur (^{2}1979) S. 105–122.

214 Reg. Imp. II,4 Nr. 1616a.

richs II. im Königreich Burgund bestimmt, falls Rudolf III. ohne legitime Erben[215] sterben sollte. Zudem räumte man ein politisches Mitspracherecht bereits zu seinen Lebzeiten ein[216]. Eine neuerliche Bekräftigung der Auflassung des Königreichs Burgund als Reichslehen erfolgte in Mainz im Februar 1018 mit der Übergabe von Krone und Szepter sowie der Huldigung und Eidleistung Rudolfs III. in Anwesenheit seiner Gemahlin, seiner Stiefsöhne und aller Fürsten[217]. Dem folgte im Sommer des gleichen Jahres ein Heerzug Heinrichs nach Burgund zur militärischen Sicherung des Abkommens[218], dessen Realisierung er jedoch nicht mehr erlebte. Denn Kaiser Heinrich starb acht Jahre vor Rudolf.

Um die Aufrechterhaltung des Vertrags mußte sein Nachfolger, der salische König Konrad II., neu kämpfen, da Rudolf, der *ignavus Burgundiae regulus*, wie ihn Hermann von Reichenau despektierlich nennt[219], offensichtlich die Meinung vertrat, daß die mit seinem Neffen, König Heinrich II., geschlossene Übereinkunft durch dessen Tod hinfällig geworden sei[220]. Obwohl auch Konrads Gattin Gisela als Nichte Rudolfs Erbansprüche auf Burgund erheben konnte, scheinen diese jedoch in den Verhandlungen keine besondere Rolle gespielt zu haben[221]. Vielmehr argumentierte Konrad II. auch in diesem Fall – wie schon früher gegenüber den die kaiserliche Pfalz vor ihren Stadttoren zerstörenden Pavesen[222] – mit staatsrechtlichen Überlegungen, denen zufolge Heinrich II. nicht als Privatperson, sondern als Repräsentant des Reichs gehandelt habe[223]. Diese Interpretation legt zumindest Wipo na-

215 Rudolf III. ging zwei Ehen ein, mit Agiltrud und Irmingard, wobei letztere zwei Söhne mit in die Ehe brachte, die sie in Straßburg dem Schutz des Kaisers unterstellte, der ihnen daraufhin die Graf Otto Wilhelm von Burgund entzogenen Lehen übertrug: *Fuit quoque ibidem Rothulfi regis inclita coniunx, quae familiaritatis huius adiutrix filios suimet duos, senioris autem sui privignos, cesari commendavit; dilectis sibi militibus hoc totum dedit in beneficium, quod sibi ab avinculo suimet tunc est concessum et quod Willehelmus Pictaviensis hactenus habuit regio munere prestitum*, Thietmar, Chronicon VII 27 (20) S. 432.

216 *Imperator sapienti usus consilio hoc voluit cum hiis id sibi firmius subdere, quod longe prius rex predictus ei sacramentis post mortem suam sancierat. Omnem namque Burgundiae regionis primatum per manus ab avinculo suimet accepit et de maximis rebus sine eius consilio non fiendis securitatem firmam*, Thietmar, Chronicon VII 28 S. 432.

217 *Avunculus namque suus et Burgundiorum rex Rothulfus coronam suimet et sceptrum cum uxore sua et privignis ac optimatibus universis sibi concessit, reiteraturque sacramenti confirmacio; actumque est illud Magoncia et in predicto mense*, Thietmar, Chronicon VIII 7 (5) S. 500.

218 *Interea cesar ad Basulensem veniens civitatem, exercitu collecto in Burgundiam properat*, Thietmar, Chronicon VIII 18 S. 514.

219 Hermann von Reichenau, Chronicon a. 1032, S. 121.

220 *Iste Ruodolfus rex Burgundiae dum in senectute sua regnum molliter tractaret, maximam invidiam apud principes regni sui comparans secundum Heinricum imperatorem, filium sororis suae, in regnum invitavit eumque post vitam suam regem Burgundiae designavit et principes regni iurare sibi fecit. Ad quam rem commendandam imperator Heinricus infinitam pecuniam saepe et saepissime consumpsit. Sed defuncto imperatore Heinrico Ruodolfus rex promissa sua irrita fieri voluit*, Wipo, Gesta Chuonradi c. 8 S. 31.

221 Vgl. Boshof, Salier S. 66, der im Erwerb Burgunds für das Reich eine mögliche Ursache für den Konflikt mit Herzog Ernst II., dem Sohn Giselas aus ihrer Ehe mit Hermann II. von Schwaben, vermutet, denn ihr Erbrecht hätte Gisela eher noch ihren Söhnen vermitteln können; zur Rebellion des Herzog Ernst vgl. oben S. 269–273.

222 Wipo, Gesta Chuonradi c. 7 S. 29f.; dazu Helmut Beumann, Das Imperium und die Regna bei Wipo (1960), nachgedruckt in: Ders., Wissenschaft vom Mittelalter. Ausgewählte Aufsätze (1972) S. 175–200.

223 Boshof, Salier S. 66–68.

he, der nichts über erb- oder privatrechtliche Beweggründe berichtet. Vielmehr formuliert er mit Blick auf die Ziele des Königs, daß dieser das Reich viel lieber vergrößern als verkleinern und die Früchte der Arbeit seines Vorgängers ernten wollte[224]. Konrad II. zog deshalb im Juni 1025 nach Basel, um die von Heinrich II. 1006 für das Reich in Besitz genommene und jetzt wieder burgundisch gewordene Stadt[225] zu unterwerfen und damit seinen Willen zur Anknüpfung an die Politik Heinrichs in aller Deutlichkeit zu demonstrieren[226].

Wipo aber beendete das den Aktivitäten in Basel[227] gewidmete achte Kapitel seiner Gesta Chuonradi mit dem Hinweis, daß Königin Gisela, die Schwestertochter Rudolfs, später die beiden Könige, den römischen und den burgundischen, miteinander *bene* befriedet habe[228]. Der wenig durchsetzungsfähige Rudolf III. zeigte sich 1027 schließlich auch kompromißbereit, indem er nach der Ankündigung durch seine Gesandten[229] an der Kaiserkrönung des Herrscherpaares in Rom an Ostern 1027 teilnahm und nach Beendigung der Zeremonie zusammen mit dem ebenfalls anwesenden König Knut von England, Dänemark und Norwegen dem Kaiser den Ehrendienst des Geleits bei der Rückkehr in seine Gemächer erwies[230].

Daß die Beziehungen zwischen dem Reich und Burgund nach wie vor nicht geklärt waren, sondern weiterer Verhandlungen und vor allem der Vermittlung der Kaiserin bedurften, zeigt das Treffen bei Muttenz und Basel im August 1027, das allein Wipo überliefert: Nach einem vertraulichen Gespräch habe der Kaiser den König mit sich in die Stadt geführt, wo sie miteinander Frieden geschlossen hätten, den gänzlich Kaiserin Gisela vermittelt habe. Daraufhin sei das Königreich Burgund dem Kaiser mit den gleichen Bedingungen wie seinem Vorgänger Heinrich übergeben worden. Überhäuft mit Geschenken – so Wipo – sei König Rudolf anschließend mit den Seinen wieder nach Burgund zurückgekehrt, während der Kaiser den Rhein hinab nach Franken zog[231].

---

224 *Chuonradus autem rex magis augere quam minuere regnum intentus, antecessoris sui labores metere volens Basileam sibi subiugavit, ut animadverteret, si rex Ruodolfus promissa attenderet*, Wipo, Gesta Chuonradi c. 8 S. 31.

225 *Basilea civitas sita est in quodam triviali confinio, id est Burgundiae, Alamanniae et Franciae ipsa vero civitas ad Burgundiam pertinet*, Wipo, Gesta Chuonradi c. 8 S. 30.

226 Reg. Imp. III,1 Nr. 39a.

227 Konrad II. setzte hier den Priester Ulrich zum neuen Bischof ein und nahm nach Wipo dafür auch eine »immense« Geldsumme, was er später bereut haben soll; vgl. dazu oben S. 186.

228 *Quos postea Gisela regina, filia sororis ipsius regis Ruodolfi, bene pacificavit*, Wipo, Gesta Chuonradi c. 8 S. 31.

229 *Inchoante anno nativitatis Christi millesimo XXVII. rex Chuonradus in Iporegia civitate natalem Domini celebravit. Illuc Ruodolfi regis Burgundiae legati venerant promittentes illum Romam venturum ad electionem et consecrationem imperatoriam regis Chuonradi, quod rex gratanter accepit, et remissis legatis cum muneribus …*, Wipo, Gesta Chuonradi c. 15 S. 35f.

230 *His ita peractis in duorum regum praesentia, Ruodolfi regis Burgundiae et Chnutonis regis Anglorum, divino officio finito imperator duorum regum medius ad cubiculum suum honorifice ductus est*, Wipo, Gesta Chuonradi c. 16 S. 36; vgl. Reg. Imp. III,1 Nr. 73c mit weiteren Quellenangaben.

231 *Imperator … perveniens usque ad Basileam Ruodolfum regem Burgundiae alloquitur, qui illic sibi occurrebat extra urbem iuxta vicum qui Mittenza dicitur, et habito familiari colloquio imperator regem secum duxit in urbem. Confirmata inter eos pace Gisela imperatrice haec omnia mediante regnoque Burgundiae imperatori tradito eodem pacto, quemadmodum prius antecessori suo Heinrico imperatori datum fuerat, rex iterum donis ampliatus cum suis reversus est in Burgundiam. Imperator vero descendens per Rhenum in Franciam venit …*, Wipo, Gesta Chuonradi c. 21 S. 40f.

Diesen Friedensschluß zwischen Konrad II. und Rudolf III. und damit die letztlich entscheidende Grundlage für die Angliederung des Königreichs Burgund schreibt Wipo an zwei Stellen seines Werkes ausschließlich der Kaiserin zu, ohne allerdings nähere Auskünfte über den Umfang ihrer diplomatischen Aktivitäten zu geben. Inwieweit bei der »Überzeugungsarbeit« Giselas gegenüber Rudolf erbrechtliche Argumentationen das Verhandlungsergebnis beeinflußt haben[232], lassen die Quellen nicht erkennen.

Nach dem Aussterben der Rudolfinger mit dem 1032 erfolgten Tod Rudolfs mußte die Nachfolgeregelung in Burgund zugunsten der Salier gegen Graf Odo II. von Blois-Champagne militärisch verteidigt werden[233]. Als weiterer Schwestersohn Rudolfs III. hatte dieser Erbansprüche erhoben und war in Burgund eingefallen[234]. Das burgundische Königtum Konrads geriet dadurch aber nicht ernsthaft in Gefahr. An Lichtmeß 1033 konnte er sich in Peterlingen zum König wählen und krönen lassen[235]. Obwohl er diesen Erfolg dem Verhandlungsgeschick seiner Gemahlin Gisela verdankte, scheint sie nicht mit ihm in Peterlingen gekrönt worden zu sein. Wipo erwähnt nur seinen Sohn und Nachfolger Heinrich in der Begleitung Konrads II., der neben der Königserhebung vor allem mit der Absicht nach Burgund gezogen war, den Kampf mit Odo aufzunehmen[236].

Die Möglichkeit einer Teilnahme Giselas an der Heerfahrt nach Burgund, zumindest bis nach Peterlingen, läßt sich über Wipo hinaus auch nicht durch ihre Intervention in einem am 24. Januar 1033 in Basel ausgestellten Diplom für das Peterskloster in Pavia[237] erhärten, da es sich dabei um die interpolierte Wiederholung[238] einer bereits am 2. April 1027 in Rom ausgestellten Urkunde[239] handelt, die somit als Beleg nicht herangezogen werden kann. Ebenso fraglich ist auch, ob die Kaiserin das Weihnachtsfest 1032 gemeinsam mit dem Gatten und dem Sohn auf dem Weg nach Burgund in Straßburg feierte und hier bis zur Beendigung des Feldzugs Quartier nahm, wie sie es während des letzten Kampfes gegen Odo im Sommer 1034 getan hatte[240]. Wahrscheinlicher ist die Trennung des Herrscherpaares in der Zeit der extrem kalten Wintermonate[241]. Zuletzt im Herbst in Quedlinburg nachweisbar[242],

232 So Jäschke, Notwendige Gefährtinnen S. 62f.

233 Wipo, Gesta Chuonradi c. 29–32 S. 47–51; dazu Boshof, Salier S. 68–70; vgl. auch Reg. Imp. III,1 Nr. 189c.

234 Odo war der Sohn einer dritten Schwester Bertha, die in erster Ehe mit dem Grafen von Blois-Champagne und in zweiter Ehe mit dem französischen König Robert II. verheiratet war; vgl. den Stammbaum bei Boshof S. 67.

235 Reg. Imp. III,1 Nr. 1929.

236 Wipo, Gesta Chuonradi c. 30 S. 49f.

237 DKoII. 186 S. 245–248.

238 Vgl. Reg. Imp. III,1 Nr. 192 und den diplomatischen Exkurs bei Bresslau, Jahrbücher unter Konrad II., Bd. 2, S. 444–447. Wiederholt wird auch die komplette Interventionsformel.

239 DKoII. 75 (1027 April 2 Rom); vgl. Reg. Imp. III,1 Nr. 77.

240 *Nam dum ille in Burgundiam pergeret, imperatrix secuta est eum usque Basileam; inde reversa ad Argentinam civitatem expectavit reditum imperatoris*, Wipo, Gesta Chuonradi c. 32 S. 51.

241 Wipo, Gesta Chuonradi c. 30 S. 49f. mit der Erzählung von einem Winterfrost, der selbst die Pferde in der Nacht, wenn sie nicht mehr in Bewegung waren, mit den Hufen am Boden gefrieren ließ.

242 DKoII. 184 für Naumburg. Die Datierung der Urkunde – 17. Dezember 1032 in Quedlinburg – muß sich auf die Ausfertigung beziehen, da Konrad Weihnachten in Straßburg feierte. Die Handlung könnte hier im Herbst 1032 stattgefunden haben; vgl. Reg. Imp. III,1 Nr. 190.

intervenierte sie erst wieder im Mai 1034 in Nimwegen zugunsten des Bistums Paderborn[243]. Konrad II. war nach Abbruch des Kampfes in Burgund nach Zürich und von dort nach Nimwegen zum Osterfest[244] gezogen, wo Gisela aufgrund des etwas milderen Klimas den Winter verbracht und auf die Rückkehr ihres Gatten und Sohnes gewartet haben könnte.

Die Schlußfolgerung, daß Gisela nicht zur burgundischen Königin gekrönt wurde, untermauert auch ihr Itinerar im Sommer 1034. Sie begleitete Konrad II. auf dem Weg nach Burgund bis Basel, kehrte dann aber um und nahm Aufenthalt in Straßburg[245]. Sie zog nicht mit nach Genf, wo der Kaiser am 1. August 1034 im Schmuck der Krone Einzug hielt und von den burgundischen Großen erneut zu ihrem König gewählt wurde[246].

Die Vermittlung des Friedens mit Mieszko II. von Polen durch Kaiserin Gisela 1032

Unter Heinrich II. hatte sich das gute nachbarschaftliche Verhältnis zwischen Boleslaw Chrobry und Otto III. ins Gegenteil verkehrt[247]. Statt freundschaftlicher Besuche[248] gab es 15 Jahre lang Kämpfe, durchsetzt mit Verhandlungen und Friedensschlüssen, als deren Unterhändler seit 1013 Mieszko, der Sohn Boleslaws, fungierte[249]. Kaiserin Kunigunde führte in diesen Jahren zweimal den militärischen Oberbefehl gegen Polen[250]. Ihre Nachfolgerin, Kaiserin Gisela, hingegen trat für den Frieden ein.

Den Frieden von Bautzen[251] nach den Feldzügen der Jahre 1015[252] und 1017[253] hatte Mieszko II. 1028 erneut gebrochen, indem er ins östliche Sachsen einfiel[254]. Nach anfänglichem Glück und einem erfolglosen Kriegszug Konrads II. 1029[255] geriet der Polenherrscher in den folgenden Jahren zunehmend von allen Seiten in Bedrängnis[256]: Herzog Ulrich von Böhmen eroberte 1029 Mähren. Einen weiteren

243 DKoII. 188.
244 Reg. Imp. III,1 Nr. 192d.
245 Quellenbeleg in Anm. 240.
246 Reg. Imp. III,1 Nr. 222b.
247 Vgl. Herbert LUDAT, An Elbe und Oder um das Jahr 1000 (1971, ^{2}1995) und jetzt Knut GÖRICH, Eine Wende im Osten: Heinrich II. und Boleslaw Chrobry, in: Otto III. – Heinrich II. S. 95–167; einen knappen Überblick gibt Manfred HELLMANN, Die politisch-kirchliche Grundlegung der Osthälfte Europas, in: Europa im Wandel von der Antike zum Mittelalter, hg. von Theodor SCHIEFFER (Handbuch der europäischen Geschichte 1, 1979) §138, S. 902–913.
248 Zum Akt von Gnesen: Johannes FRIED, Otto III. und Boleslaw Chrobry (Frankfurter Historische Abhandlungen 30, 1989).
249 Den Friedensverhandlungen sowie Kommendation und Treueschwur Mieszkos im Februar 1013 in Magdeburg folgte der Friede von Merseburg zwischen Heinrich II. und Boleslaw Chrobry 1013 Mai 23–25; vgl. Reg. Imp. II,4 Nr. 1769a + f, 1783b + c sowie die Regesten bei Christian LÜBKE, Regesten zur Geschichte der Slaven an Elbe und Oder III: 983–1013 (Gießener Abhandlungen zur Agrar- und Wirtschaftsforschung des europäischen Ostens 134, 1986) Nr. 461, S. 312f. + Nr. 463f., S. 315–317. Zur Person Mieszkos zuletzt Ch. LÜBKE in: LexMA 6 (1993) Sp. 617f.
250 Zur militärischen Befehlsgewalt Kunigundes vgl. unten S. 349–351.
251 1018 Januar 30; vgl. Reg. Imp. II,4 Nr. 1920b; LÜBKE, Regesten IV, Nr. 534, S. 86–88.
252 Reg. Imp. II,4 Nr. 1866f–m; LÜBKE, Regesten IV: 1013–1057 (1987) Nr. 492–500, S. 42–52.
253 Reg. Imp. II,4 Nr. 1907a, 1908a–d; LÜBKE, Regesten IV, Nr. 520–527, S. 73–82.
254 Reg. Imp. III,1 Nr. 117b; LÜBKE, Regesten IV, Nr. 580, S. 135f.
255 Reg. Imp. III,1 Nr. 147b; LÜBKE, Regesten IV, Nr. 589, S. 143f.
256 Vgl. BOSHOF, Salier S. 72f.

Überfall Mieszkos zu Beginn des Jahres 1030 ins deutsche Grenzgebiet[257] beantwortete Konrad II. 1031 mit einem neuerlichen Heerzug, der diesmal mit einem Sieg und der Rückgewinnung der Lausitz und des Milzener Landes endete[258]. Unterdessen hatte sich der bei der Erbfolge übergangene Halbbruder Mieszkos, Bezprym, an den Kiever Großfürsten Jaroslav gewandt, der 1031 seinerseits nach Polen übergriff, Mieszko nach Böhmen vertreiben und Bezprym die Herrschaft erkämpfen konnte[259]. Schließlich eröffnete dessen Ermordung wenige Monate nach der Thronbesteigung[260] Mieszko wieder die Chance auf Rückgewinnung seiner Herrschaft, die er ab jetzt wohl friedfertiger angehen wollte. Den Annales Hildesheimenses zufolge habe er bei seiner Rückkehr nach Polen erkannt, daß wegen seiner maßlosen Überheblichkeit, die ihn in den früheren Jahren geleitet habe, alles Erduldete zu Recht geschehen sei. Deshalb habe er eine Gesandtschaft an den salischen Hof geschickt mit der Bitte um die Festlegung eines Termins, an dem er vor den Kaiser treten und in angemessener Weise Genugtuung leisten könne[261]. Wipo berichtet weiter, daß er auf jegliche Weise die Huld der Kaiserin Gisela und der übrigen Fürsten begehrt habe, um durch sie die Huld des Kaisers zurückzugewinnen. Dieser habe ihm schließlich barmherzig Verzeihung gewährt, Polen geteilt[262] und Mieszko als Teilherrscher eingesetzt, damit sich durch eine verminderte Macht auch seine Unzuverlässigkeit verkleinere[263].

Wipo, der als königlicher Kapellan und Hofhistoriograph über die einzelnen Vorgänge am Hof Bescheid wußte, betont damit ausdrücklich, daß Mieszko sich intensiv um die Huld – die *gratia* – der Kaiserin sowie weiterer nicht namentlich genannter Fürsten bemüht habe. Dies ist in der Forschung schon immer als das Bestreben Mieszkos gewertet worden, Vermittler in der Auseinandersetzung mit Konrad II. zu gewinnen. Demzufolge ist davon auszugehen, daß die Gespräche über die Kaiserin in Gang gebracht wurden. Sie endeten schließlich mit einem Friedensabkommen. Fraglich bleibt aber, warum nach jahrzehntelangem Hin und Her zwischen Krieg und Frieden jetzt erstmals die Königin eingeschaltet wurde. Keine ihrer

257 Reg. Imp. III,1 Nr. 150a; Lübke, Regesten IV, Nr. 591, S. 145–147.

258 Reg. Imp. III,1 Nr. 179a; Lübke, Regesten IV, Nr. 599, S. 153f.

259 Lübke, Regesten IV, Nr. 600, S. 154–156.

260 Zur Unterwerfung Bezpryms unter die Oberhoheit des Reichs durch die Übersendung der polnischen Kroninsignien an Konrad II. und dessen Ermordung vgl. Lübke, Regesten IV, Nr. 603f., S. 157f.

261 *Sed Miseko statim domum rediit; qui cognoscens, sibi propter inmoderatam sui insolentiam, quam prioribus annis exercuit, omnia quae perpessus est merito evenisse, legatos suos ad imperatorem destinavit tempusque semet presentandi condigneque satisfaciendi postulavit*, Annales Hildesheimenses a. 1032, S. 37.

262 Während Wipo (siehe nächste Anm.) von einer Dreiteilung spricht, überliefern die Annales Hildesheimenses nur allgemein eine Teilung Polens, das Mieszko vorher allein regierte und das er später wiederum ganz unter seine Herrschaft bringen sollte: … *regnum, quod ipse solus ante possederat, divisit; quod ipse tamen postea solus iterum sibi usurpavit* (S. 37); vgl. Lübke, Regesten IV, Nr. 610, S. 166f.

263 *Tunc Misico omnibus modis quaerebat gratiam imperatricis Giselae et reliquorum principum, ut mereretur redire ad gratiam imperatoris. Caesar misericordia motus dedit sibi veniam et divisa provincia Bolanorum in tres partes Misiconem fecit tetrarcham, reliquas duas duobus aliis commendavit, sic imminuta potestate minor facta est temeritas*, Wipo, Gesta Chuonradi c. 29 S. 48f. – Die Datierung des Abschlusses ist umstritten: während die Quellen den Frieden ins Jahr 1032 setzen, datiert ihn die neuere Forschung auf den 7. Juli 1033; vgl. Reg. Imp. III,1 Nr. 196a und Lübke, Regesten IV, Nr. 607, S. 161f. + Nr. 609, S. 164–166.

Vorgängerinnen hatte die Aufgabe der Friedensvermittlung mit dem langjährigen Kriegsgegner Polen übernommen.

Erklären läßt sich die Intervention Giselas zugunsten des polnischen Fürsten nicht aufgrund direkter verwandtschaftlicher Beziehungen, wie dies für ihre Vermittlungsaktionen im Streit um Burgund oder im Konflikt mit Herzog Ernst der Fall gewesen war[264]. Daraus hat Jäschke das Fazit gezogen, daß »Friedensstiftung nicht nur Frauentugend, sondern auch Herrscherinnen-Pflicht sein konnte«[265].

Diese allgemeine These aus dem vorliegenden konkreten Fall abzuleiten, scheint jedoch problematisch. Denn es gab zwar mehr als genug Konflikte, kaum aber Friedensvermittlungen durch Königinnen, weshalb eine solche auch nicht als generelle Verpflichtung angesehen werden kann. Vielmehr setzt die Intervention der Königin, die aufgrund ihrer Stellung am Hof wie auch der persönlichen Einflußnahme auf den Herrscher meist als erfolgversprechend angesehen werden konnte, vor allem einen »direkten Draht« zu ihr voraus. War dieser nicht durch verwandtschaftliche Bande gegeben, mußte er durch Personen in ihrer Umgebung hergestellt werden. Weiterhin zeigt sich, daß die Königin vor allem dann als Friedensvermittlerin in Erscheinung trat, wenn Reichsinteressen auf dem Spiel standen. Dabei war klar, daß sie – als *consors* Teilhaberin an der Herrschaft – nicht gegen die Interessen des Reiches und damit des Königs eintreten konnte. Um diese Parteilichkeit qua Amt wußten auch die um Vermittlung ersuchenden Personen und Personengruppen.

Zudem dürfte die Königin erst dann um Vermittlung gebeten worden sein, wenn der Dialog zwischen den Parteien so verfahren erschien, daß die Herbeiführung eines Ausgleichs mehr erforderte als Diplomatie und politisches Geschick, um einen Gesichtsverlust zu vermeiden. Dann kamen darüber hinaus die persönlichen Möglichkeiten der Einflußnahme ins Spiel, wie dies für den vorliegenden Fall des Mieszko von Polen anzunehmen ist. Denn nach mehrmaligem Vertragsbruch konnte er nicht mehr so ohne weiteres auf die Gesprächsbereitschaft Konrads II. hoffen. Daß ein neues Friedensbündnis für die Sicherung der Grenzgebiete auch für das Reich nur von Vorteil sein konnte, liegt dabei auf der Hand. Von einer generellen »Verpflichtung« der Königin zur Friedensstiftung kann aber keine Rede sein. Die Königin vermittelte nicht qua Amt, sondern nur in bestimmten Fällen und nur dann, wenn sie darum ersucht wurde.

Wie die Vermittlung Giselas in der konkreten Situation der Jahre 1032 und 1033 zustandekam, scheint nach Wipo auf den ersten Blick klar zu sein: Mieszko II. habe sich darum auf jede mögliche Weise bemüht. Fraglich bleibt, auf welchen Wegen und besonders durch welche Personen der Kontakt herstellen wurde. Die Quellen verlauten jedenfalls nichts von einer früheren persönlichen Begegnung zwischen der Kaiserin und dem Polenherrscher. Durch seine Heirat mit der aus der rheinischen Pfalzgrafenfamilie der Ezzonen[266] stammenden Richeza, einer Enkelin Ottos

264 Zum Ausgleich mit Burgund S. 285ff.; zum Konflikt mit Herzog Ernst S. 269ff.

265 Jäschke, Notwendige Gefährtinnen S. 63.

266 Ursula Lewald, Die Ezzonen. Das Schicksal eines rheinischen Fürstengeschlechtes, Rheinische Vierteljahrsblätter 43 (1979) S. 120–168 sowie den Überblick von M. Parisse, in: LexMA 4 (1989) Sp. 199–202.

II. und Theophanus[267], verfügte Mieszko jedoch über gute Kontakte zu mehreren Reichsfürsten, die ihm den Weg zur Kaiserin hätten ebnen können, wobei drei Möglichkeiten aufgezeigt seien:

Zum einen könnte für ihn sein 1034 verstorbener Schwiegervater Ezzo aktiv geworden sein, auch wenn sich für diesen keine direkten Verbindungen zum salischen Herrscherpaar in den Quellen nachweisen lassen. Eher noch könnte Mieszko deshalb den Kontakt seinem Schwager Hermann, dem Sohn Ezzos und späteren Erzbischof von Köln, verdankt haben, dessen steile Karriere am salischen Hof gerade begonnen hatte und der als Kapellan Konrads und italischer Kanzler seit 1034 in den Urkunden präsent ist[268]. Schließlich ist als Verbindungsglied aber auch Mathilde, die in erster Ehe mit dem Salier Konrad von Kärnten und in zweiter Ehe mit Herzog Friedrich von Oberlothringen verheiratete Schwester der Kaiserin Gisela[269], zu vermuten. Als Herzogin von Oberlothringen stand sie in einem freundschaftlichen Verhältnis zu Mieszko, für den sie eine liturgische Handschrift mit einer verschollenen Widmungsminiatur und einem Dedikationsschreiben – möglicherweise schon kurz nach seiner Krönung 1025 – anfertigen ließ[270]. Die Frage nach den verbindenden Elementen gehört dabei zu den offenen Fragen dieser Zeit. Zu denken ist an die Weihe der Bamberger Michaelskirche am 2. November 1021, in dessen Nekrolog auch Mieszko verzeichnet ist[271]. Vorstellbar ist aber auch eine gemeinsame politische Opposition gegen das Königtum Konrads II. Doch waren die Beziehungen der Herzogin Mathilde zur Kaiserin in den frühen 30er Jahren immerhin so gut, daß Gisela nach dem Tod der Schwester am 29. Juli 1033 ihre noch kleinen Töchter aus zweiter Ehe, Sophia und Beatrix, an den Königshof holte und für ihre Erziehung sorgte[272].

Mieszko II. aber hatte Wipo zufolge um den großen Einfluß Giselas auf den Kaiser gewußt und war sich offenbar sicher, daß er ihn nur durch sie für einen neuen Friedensvertrag gewinnen konnte. Die umworbene Kaiserin, die sicherlich auch kostbare Geschenke erhielt, konnte den Hulderweis nicht verweigern und legte Fürsprache beim Kaiser ein. Den schließlich zustandegekommenen Ausgleich, der wie bereits erwähnt eine Teilung Polens vorsah, hat Mieszko im folgenden respektiert, er starb allerdings schon 1034. Nach seinem Tod kehrte seine Gemahlin Richeza, aus Polen vertrieben, ins Reich zurück, wo sie das Erbe ihrer Mutter, der ottonischen

---

267 Richeza war die Tochter der mit dem lothringische Pfalzgraf Ezzo (um 955–1034) verheirateten Mathilde, die zehn Kinder zur Welt brachte, wobei von den sieben Töchtern nur Richeza mit Mieszko II. von Polen verheiratet wurde; vgl. die biographischen Überblicke von M. Parisse (Ezzo), in: LexMA 4 (1989) Sp. 197f. und G. Althoff (Mathilde), in: LexMA 6 (1993) Sp. 392 sowie zu genealogischen Fragen Hlawitschka, Königin Richeza und Christian Lübke, Ottonen, Rjurikiden, Piasten. Ergänzende Bemerkungen zum Verwandtenkreis Kunos »von Öhningen«, Jahrbücher für Geschichte Osteuropas 37 (1989) S. 1–20.

268 Fleckenstein, Hofkapelle 2 S. 192, 243–245, H. Müller, in: LexMA 4 (1989) Sp. 2163f.

269 Hlawitschka, Bleitafelinschrift S. 441.

270 Zur Forschungsgeschichte der Handschrift sowie der Analyse des Schreibens vgl. Brygida Kürbis, Die Epistola Mathildis Suevae an Mieszko II. in neuer Sicht. Ein Forschungsbericht. Mit einem Anhang von Eckhard Freise und Marcus Weidner, Auf der Suche nach der verschollenen Widmungsminiatur des Cod. C 91 der Düsseldorfer Universitätsbibliothek, FMSt 23 (1989) S. 318–343.

271 Kürbis, Epistola Mathildis S. 328f.

272 ... *exceptis duabus puellulis Sophia et Beatrice, quae nutriebantur in aula regis; nam coniunx imperatoris, amita earum, eas sibi adoptaverat in filias* ..., Chronicon S. Michaelis in pago Virdunensi, ed. Georg Waitz, in: MGH SS 4, S. 84.

Kaisertochter Mathilde, verwaltete und sich maßgeblich um den Ausbau des Klosters Brauweiler kümmerte[273].

Die Kontakte Barbaras von Cilli zum polnischen Königshof im frühen 15. Jahrhundert

Die Kontakte Barbaras von Cilli zu den polnischen Herrschern Wladislaw II. Jagiello (1386–1434) und seinem Sohn und Nachfolger Wladislaw III. (1434–1444) sind vor dem Hintergrund der sehr wechselhaften Beziehungen zwischen den Königreichen Ungarn und Polen zu sehen, die einst unter Ludwig dem Großen zwischen 1370 und 1382 in Personalunion vereinigt waren.

Verwandtschaftliche Bindungen zwischen den Herrscherhäusern bestanden auch weiterhin, denn Ludwig hinterließ die beiden Königreiche seinen Töchtern Maria und Hedwig: 1385 heiratete Königin Maria von Ungarn den Luxemburger Sigmund, den Sohn Karls IV. aus der Ehe mit Elisabeth von Pommern. Ihre ein Jahr jüngere Schwester, Königin Hedwig von Polen, ging 1386 eine Ehe mit Wladislaw II. Jagiello ein[274]. Nach dem Tod ihrer Gemahlinnen 1395 und 1399 verbanden sich beide Könige dann mit Frauen aus dem Grafenhaus der Cillier: Sigmund heiratete die noch sehr junge und als Schönheit bekannte Barbara, Tochter Hermanns II. von Cilli und Annas von Schaunberg. Wladislaw hatte sich mit Anna vermählt, einer Tochter Wilhelms von Cilli, des Cousins Hermanns II. Darüber hinaus ist zu erwähnen, daß das ausschlaggebende Moment für die Heirat in der mütterlichen Herkunft Annas gelegen haben dürfte, die sie als Enkelin König Kasimirs des Großen, mit dem die Piastenkönige im Mannesstamm ausgestorben waren, für die Eheschließung mit dem neuen polnischen Herrscher nahezu prädestinierte und die dem Königtum Wladislaws eine weitere Legitimation verlieh[275].

Die politischen Beziehungen zwischen Ungarn und Polen waren besonders eng verknüpft mit den Auseinandersetzungen zwischen Wladislaw und dem Deutschen Orden[276], in die sich Sigmund nach seiner Wahl zum römisch-deutschen König 1410 verstärkt einschaltete. In der Funktion eines Schiedsrichters tendierte er dabei je nach politischer Interessenlage zu der einen oder anderen Seite[277]. Als weitere Partei kam der Großfürst Witold, der Cousin Wladislaws, ins Spiel, der seit 1392 Litauen unter nomineller polnischer Oberhoheit regierte und dem Sigmund im Bemühen, die polnisch-litauische Allianz zu sprengen, schließlich selbst die Königskrone anbot[278].

---

273 Vgl. LEWALD, Ezzonen S. 145–149 und Jonathan ROTONDO-MCCORD, Locum sepulturae meae ... elegi: Property, Graves, and Sacral Power in Eleventh-Century Germany, Viator 26 (1995) S. 77–106, hier S. 96–103.

274 Zenon NOWAK, Kaiser Sigmund und die polnische Monarchie (1387–1437), Zeitschrift für historische Forschung 15 (1988) S. 423–436, hier S. 424f.

275 DOPSCH, Grafen von Cilli S. 15–18.

276 Statt vieler Literaturtitel zur Geschichte des Deutschen Ordens sei hier lediglich verwiesen auf Hartmut BOOCKMANN, Der Deutsche Orden. Zwölf Kapitel aus seiner Geschichte (^{4}1994) sowie DERS., Deutscher Orden, in: LexMA 3 (1986) Sp. 768–777, der auch einen Abschnitt zum Verhältnis zu Polen (Sp. 774) enthält.

277 Zenon NOWAK, Internationale Schiedsprozesse als ein Werkzeug der Politik König Sigmunds in Ostmittel- und Nordeuropa 1411–1425, BDLG 111 (1975) S. 172–188.

278 Vgl. die historischen Skizzen von Ferdinand SEIBT, Polen von der Jahrtausendwende bis 1444 und Manfred HELLMANN, Das Großfürstentum Litauen, in: Handbuch der europäischen Geschichte 2, hg. von Ferdinand SEIBT (1987) S. 1042–1079 und S. 1080–1102.

Zwischen diesen Protagonisten gab es im Verlauf der langen Regierung Sigmunds eine Vielzahl von Zusammenkünften und Verhandlungen, die hier im einzelnen nicht dargestellt werden können[279]. Bei drei Terminen mit politisch weitreichenden Ergebnissen war auch Barbara von Cilli zugegen und hatte einen nicht ganz unwichtigen Anteil daran[280].

1390 war zwischen Polen und dem von Sigmund – wenn auch nur halbherzig – unterstützten Deutschen Orden Krieg ausgebrochen, der in der Schlacht von Tannenberg am 15. Juli 1410[281] seinen Höhepunkt fand und dem Deutschen Orden eine schlimme Niederlage bereitete. Nach einem raschen Abschluß mit dem sogenannten ersten Thorner Frieden am 1. Februar 1411 zwischen Polen-Litauen und dem Ordensstaat kam es ein Jahr später auch zum Friedensschluß mit Ungarn, den Sigmund und Wladislaw sowie der litauische Fürst Witold in Lublau in der Zips als dem Grenzgebiet zwischen Polen und Ungarn am 15. März 1412 besiegelten[282].

Dabei hatte Sigmund zur Anbahnung von Verhandlungen, die aufgrund der Ungarn einkreisenden Bündnispolitik des polnischen Königs für ihn unabdingbar wurden, seine Gemahlin Barbara und deren Vater, Graf Hermann II. von Cilli, vorgeschoben[283]. Während Barbara ihre Verwandte, die polnische Königin Anna, zu einem Besuch nach Ungarn eingeladen hatte, war ihr Vater an der Spitze einer Delegation nach Krakau gereist, um das Treffen der Herrscher zu arrangieren. Die bereits Anfang März 1412 in Käsmark beim ungarischen Königspaar eingetroffene Anna reiste zusammen mit Barbara an den Verhandlungsort; Sigmund ritt den Polen entgegen, um sie ebenfalls nach Lublau zu begleiten: Mit diesem Vorgehen konnte man getrennt und damit möglicherweise doppelt erfolgreich auf das polnische Königspaar Einfluß gewinnen. Eine Einigung mit Polen war dabei vor allem für Sigmund wichtig. Denn angesichts des kriegerischen Konflikts mit Venedig, seiner Aachener Königskrönung und der anstehenden Kirchenreform mußte er den Rücken frei haben, was dann auch glückte. Der Vertrag hatte die folgenden acht Jahre Bestand.

In welchem Ausmaß Barbara von Cilli hingegen in den 20er Jahren Anteil an der Politik Sigmunds gegenüber Polen hatte, lassen die bislang bekannten Quellen kaum erkennen[284]. Die bündnispolitischen Präferenzen beider Herrscher pendelten zwischen Kooperation und Gegnerschaft hin und her. Fest steht aber, daß die Königin am Reichstag in Breslau 1420 teilnahm, auf dem Sigmund mit Beschlüssen zu-

---

279 Vgl. Hoensch, Kaiser Sigismund S. 76–79, 142–145 und passim; Nowak, Kaiser Sigmund S. 427–435; Jaroslaw Goll, König Sigmund und Polen 1420–1436, MIÖG 15 (1894) S. 441–478 mit Schwerpunkt auf die frühen 20er Jahre.

280 Vgl. Chilian, Barbara von Cilli S. 31–34.

281 Sven Ekdahl, Die Schlacht bei Tannenberg 1410. Quellenkritische Untersuchungen. Bd. 1: Einführung und Quellenlage (Berliner Historische Studien 8, 1982).

282 Einen Überblick über die ungarisch-polnisch-litauischen Beziehungen in Bezug auf den Deutschen Orden gibt Wilhelm Baum, Kaiser Sigismund. Hus, Konstanz und die Türkenkriege (1993) S. 64–73 und passim; allgemein zur Politik Sigmunds gegenüber Nordeuropa: Friedrich Bernward Fahlbusch, Kaiser Sigmund und der europäische Norden. Ein Überblick, in: Sigismund von Luxemburg. Kaiser und König in Mitteleuropa 1387–1437. Beiträge zur Herrschaft Kaiser Sigismunds und der europäischen Geschichte um 1400, hg. von Josef Macek, Ernö Marosi und Ferdinand Seibt (Studien zu den Luxemburgern und ihrer Zeit 5, 1994) S. 67–81.

283 So die Bewertung von Hoensch, Kaiser Sigismund S. 162.

284 Zur Quellenlage und den Forschungsdefiziten hinsichtlich der politischen Stellung Barbaras vgl. unten S. 369ff.

gunsten des Deutschen Ordens und gegen die Interessen Polens eine Trendwende zum Abkommen von 1412 vollzog[285]. Sie war auch mit Sigmund nach Krakau gereist, um Anfang März 1424 an der Krönung der neuen polnischen Königin Sophia teilzunehmen[286], die der bereits über 70 Jahre alte Wladislaw 1422 in vierter Ehe geheiratet hatte[287]. Hier wurde das neuerliche Bündnis der Könige unter Einbeziehung des ebenfalls anwesenden dänischen Königs Erich bekräftigt, das Sigmund vor allem wegen der politischen Kontakte zwischen Polen-Litauen und den böhmischen Hussiten[288] Ende März 1423 in Käsmark mit Wladislaw geschlossen hatte[289].

Dem Bündnis folgten seit 1426 neuerliche Zerwürfnisse, die schließlich Sigmund dazu veranlaßten, eine schon ältere und seinen kaiserlich-universalen Vorstellungen entsprechende Idee wieder aufzugreifen und dem Großfürsten Witold von Litauen die Königskrone anzubieten, wofür man das Einverständnis Wladislaws einholen mußte[290]. Sowohl in die Verhandlungen mit Witold wie auch mit dem mittlerweile fast 80jährigen Polenkönig war Barbara von Cilli eingebunden. Dem Bericht des polnischen Chronisten Johannes Dlugosz zufolge habe Sigmund bei einer Zusammenkunft Ende Januar/Anfang Februar 1429 im polnischen Luzk (Luck) den anhaltenden Widerstand Wladislaws gegenüber seinen Plänen zu brechen gesucht, indem er zusammen mit seiner Gemahlin Barbara das Schlafgemach des noch ruhenden Polenkönigs betrat und alle dessen Sekretäre hinausschickte, in der Hoffnung, mit Hilfe Barbaras und ihrer Überzeugungskraft den König um so leichter umstimmen zu können[291].

Die Korrespondenz Sigmunds[292] wie auch Witolds[293] mit Wladislaw im Anschluß an die von Sigmund geführten Gespräche in Luzk bestätigen die Mitsprache Barbaras, ohne jedoch den konkreten Anteil daran genauer zu umschreiben. Die von Dlugosz berichtete Episode wie auch ein Schreiben Barbaras vom 26. August 1429 an Witold von Litauen, mit dem sie ihm erneut eine von diesem bereits zurück-

285 Hoensch, Kaiser Sigismund S. 287–291; Sabine Wefers, Das politische System Kaiser Sigmunds (Veröffentlichungen des Instituts für europäische Geschichte Mainz. Abt. Universalgeschichte 138, 1989) S. 75–81.

286 Reg. Imp. XI Nr. 5823d.

287 Zur dritten Ehefrau des Polenkönigs, Elisabeth, Tochter Ottos von Pilcza, die Wladislaw 1417 geheiratet hatte, die jedoch bereits drei Jahre später, am 12. Mai 1420, verstarb, vgl. Maria Bogucka, Eine Königin, um die niemand trauerte. Elisabeth, die dritte Ehefrau König Jagiellos, in: Fürstinnen und Städterinnen S. 212–223.

288 Einen knappen Einblick darüber, wie sehr das Hussitenproblem die europäische Politik Sigmunds beeinflußte, gibt František Kavka, Bemerkungen zur Rolle des Hussitentums in Sigismunds europäischer Politik, in: Sigismund von Luxemburg S. 89–93.

289 Hoensch, Kaiser Sigismund S. 296–298, 301–303, 312–314.

290 Hoensch, Kaiser Sigismund S. 348–351.

291 *Sigismundus rex conthorali sua Regina Barbara, quo facilior sit sua persuasio, assumpta cubile Wladislai regis, in quo ipse adhuc lecto quiescens iacebat, ingreditur et omnibus secretariis exclusis alloquitur*, Ioannes Dlugosz, Annales seu cronicae inclyti regeni Poloniae, ed. Alexander Przezdziecki (Opera omnia 13, 1878) S. 370. – Zum Bild, das Dlugosz von Sigmund und Wladislaw zeichnete vgl. Nowak, Kaiser Sigmund S. 435.

292 Brief Sigmunds an König Wladislaw, in: Codex epistolaris Vitoldi magni ducis Lithuaniae 1376–1430, ed. Antonius Prochaska (Monumenta medii aevi historica res gestas Poloniae illustrantia 6, 1882) Bd. 2 Nr. 1342 S. 811f.; vgl. Reg. Imp. XI Nr. 7160.

293 Brief Witolds an König Wladislaw vom 17. Februar 1429, in: Codex epistolaris Vitoldi Bd. 2 Nr. 1345 S. 815–818.

gewiesene, nicht näher bezeichnete Bitte vortrug, ihm einen kostbaren Ring übersandte und ihm versicherte, daß sie ihm auch weiterhin gewogen sei[294], lassen ebenfalls keine genauere Charakterisierung der Beteiligung Barbaras an den insgesamt wenig erfolgreichen Gesprächen zu[295]. Der Plan der Promotion Litauens zum Königreich zerschlug sich schließlich.

Weiterhin läßt sich nicht beurteilen, ob Barbara die opportunistische Politik Sigmunds gegenüber Polen, bei der immer auch die Interessen des Deutschen Ordens mitzuberücksichtigen waren[296], unterstützte und mittrug oder ob sie vielmehr versuchte, eigene Vorstellungen einzubringen. Andererseits lassen sich auch keine gegen die Interessen Sigmunds gerichteten politischen Ziele Barbaras nachweisen. In dem 1403 in Lübeck ausgebrochenen Machtkampf zwischen dem alten und dem neuen Rat[297] versicherte die Königin, an die sich der alte Rat während des Konstanzer Konzils im Mai 1415 gewandt hatte, daß König Sigmund ihm seine verbrieften Rechte zugestehen würde und räumte dabei ein, daß, wenn dies nicht der Fall sein werde, der Rat aus allen mit ihr eingegangenen Verbindlichkeiten entlassen sei[298]. Sie unterstützte die Politik des Kaisers aber zum Beispiel auch im gemeinsamen Vorgehen gegen die Hussiten, die sie beide bekämpften[299], während Königin Sophia, die Witwe Wenzels, mit den Hussiten sympathisierte[300].

Schließlich erlangte der polnische Königshof unter Wladislaw III. für Barbara von Cilli eine besondere Bedeutung nach dem Tod Kaiser Sigmunds als »Zufluchtsort«. Aus bislang in der Forschung noch nicht hinreichend geklärten Gründen war sie kurz vor dem Tod des Kaisers entweder auf dessen Befehl oder auf Anordnung ihres Schwiegersohnes Albrecht hin gefangengenommen worden und erst einige Monate später, im Frühjahr 1438, wieder freigekommen. Sie flüchtete sich nach Krakau und kehrte erst nach dem Tod Albrechts II. nach Böhmen zurück[301]. Die Um-

294 *Suscepimus vestre F^{tis} litteram in qua V^{ra} cara F^{tas} pro inconvenienti reputat, quod V^{ram} F^{tem} inscribendo preponimus; super quo respondemus, quod hoc gratissimo animo et debito honore facimus. Nam nobis in domo vestra inmensos honores impendistis, preponimus eciam V^{ram} F^{tem} merito etatis dignitate et aliis quidem legittimis racionibus, quam et interim quod vixerimus dispositi sumus summa complacencia honorare. Rogamus V^{ram} F^{tem} ex intimo cordis affectu quatenus, si quid V^{re} F^{ti} a nobis placitum fuerit, nos audaciter velit requirere paratam honorifice semper quibuslibet votis vestris et habendo nostri fraternale recordium. Mittimus V^{re} F^{ti} annulum smaragdo fulcitum quem ut nostri amore gestare velitis vos affectuosius deprecamur,* in: Codex epistolaris Vitoldi Bd. 2 Nr. 1373 S. 859; vgl. Reg. Imp. XI Nr. 7391a.

295 Nach CHILIAN, Barbara von Cilli S. 34 hätte zwischen Barbara und Wladislaw II. ein »freundschaftliches Verhältnis« bestanden.

296 In Anerkennung der Bemühungen Sigmunds um eine dauerhafte Friedensregelung sowie seiner Unterstützung des Ordens wurden Sigmund und Barbara im Frühjahr 1429 in die Bruderschaft des Deutschen Ordens aufgenommen, wofür sich der König in einem Schreiben an den Hochmeister im April 1429 bedankte; vgl. Reg. Imp. XI Nr. 7215 sowie HOENSCH, Kaiser Sigismund S. 343. Am 13. Dezember 1408 hatte das Herrscherpaar zusammen mit 22 ausgewählten Baronen zur Verteidigung des wahren Glaubens und zur Friedenssicherung in den einzelnen Reichen den elitären Drachenorden gegründet; vgl. HOENSCH, Kaiser Sigismund S. 123–125; Th. von BOGYAY, Drachenorden, in: LexMA 3 (1986) Sp. 1346.

297 Vgl. Friedrich Bernward FAHLBUSCH, Städte und Königtum im frühen 15. Jahrhundert. Ein Beitrag zur Geschichte Sigmunds von Luxemburg (Städteforschung A/17, 1983) S. 81–103.

298 Reg. Imp. XI Nr. 1685a; CHILIAN, Barbara von Cilli S. 26f.; HOENSCH, Kaiser Sigismund S. 264f.

299 Zu den Manifesten Barbaras gegen die Hussiten S. 371.

300 Vgl. Thomas KRZENCK, Sophie von Wittelsbach – eine Böhmenkönigin im Spätmittelalter, in: Fürstinnen und Städterinnen S. 65–87, bes. S. 74–79; HOENSCH, Kaiser Sigismund S. 203, 274.

301 Zur Gefangennahme Barbaras vgl. S. 371.

stände, die zu ihrer Gefangennahme führten, sind dabei ebensowenig klar wie die politischen Vorstellungen, die Barbara möglicherweise veranlaßt haben könnten, sich an den polnischen König zu wenden. Die langjährigen engen Beziehungen sind kaum als hinreichende Erklärung anzusehen. Viel eher ist auf beiden Seiten politisches Kalkül zu vermuten. Dabei sind die Absichten Barbaras weniger deutlich als diejenigen des jungen Polenkönigs, der sich mit Hilfe der Königin eine Chance auf den ungarischen Königsthron erhofft haben könnte, zumal der Beliebtheitsgrad Albrechts II. in Ungarn wie auch in Böhmen ziemlich gering war[302]. Unter der Führung von Ptacek verweigerten die böhmischen Utraquisten Albrecht II. die Anerkennung und boten 1438 Kasimir, dem jüngeren Bruder Wladislaws III., die böhmische Krone an[303]. Solche Ambitionen Wladislaws werden nach dem Tod des Habsburgers in den Quellen deutlich. Denn er ließ Königin Elisabeth von Ungarn, der Tochter Barbaras und Witwe Albrechts, ein Heiratsangebot unterbreiten, das von den ungarischen Magnaten unterstützt wurde. Die Geburt des Ladislaus Postumus im Februar 1440 und das Bestreben Elisabeths, ihrem Sohn die Nachfolge zu sichern, vereitelten freilich diese Hoffnungen und führten schließlich zum Krieg[304].

Die Frage nach den politischen Plänen der Barbara von Cilli aber ist nach wie vor offen. Für die These, daß sie die Intention verfolgt habe, »ein selbständiges Königreich in Böhmen und Ungarn zu begründen«[305], gibt es nur sehr vage Indizien. Die Andeutungen des Enea Silvio Piccolomini, der Barbara generell negativ darstellt und mit gehässigen Behauptungen über sie keineswegs spart[306], sind dafür jedenfalls nicht ausreichend[307]. Solchen Plänen widerspricht in gewisser Weise auch die Tatsache, daß sie die Jahre bis 1441 scheinbar untätig in Polen verbrachte und nicht entsprechende Initiativen ergriff[308].

---

302 Zur böhmischen Opposition vgl. auch Hödl, Albrecht II. S. 126–137.

303 Chilian, Barbara von Cilli S. 47f.; Seibt, in: Handbuch der Geschichte der Böhmischen Länder S. 540.

304 Chilian, Barbara von Cilli S. 57f.

305 So Chilian, Barbara von Cilli S. 53.

306 Während Chilian, Barbara von Cilli S. 9, Piccolominis tendenziöser Darstellung zurecht wenig historische Authentizität zubilligt, hält er S. 53 die von diesem mitgeteilten Verschwörungspläne für »höchst glaubwürdig«, denen zufolge Barbara und die antihabsburgisch-böhmischen Utraquisten ein Komplott gebildet hätten.

307 *... Barbara imperatrix de retinendo imperio sollicita Henricum Ptasconem, Alscionem Sterembergium, Georgium Pogiebratium et alios plerosque barones, quorum auctoritas apud Bohemos potior, clanculum ad se vocat, Sigismundum brevi moriturum asserit, futuras in regno turbas, nisi rei suae quam celerrime consulant. Quietis unicam viam esse, si se viduam rex Poloniae ducat uxorem; id ei suasu facile. Nam quis matrimonium renuat, quod dotalia duo regna sequantur eaque maxima et opulentissima? Suo nomine et in Hungaria et in Bohemia oppida munitissima custodiri; comites Ciliae, alterum fratrem, alterum nepotem auxilia praebituros, multos in Hungaria proceres suas partis complexuros. Placet Bohemis imperatricis consilium datisque dextris foedus ineunt,* Enea Silvio, Historia Bohemica, ed. Dana Martinková, Alena Hadravová, Jiři Matl (Fontes rerum Regni Bohemiae 1, 1998) c. LIII S. 174. Den hier angesprochenen Eheplan zwischen der 45jährigen Barbara und dem 13jährigen Polenkönig hält Chilian, Barbara von Cilli S. 59 für nicht glaubhaft. – In seiner Biographiensammlung »De viris illustribus« erwähnt Piccolomini in seinem Abschnitt *De Barbara imperatrice* davon nichts mehr, ed. Adrianus van Heck (Studi e testi 341, 1991) S. 91.

308 Die Frage nach den politischen Ambitionen läßt sich weiterhin nur im Rahmen einer genaueren Untersuchung zum politischen Handlungsspielraum der Barbara von Cilli unter Einbeziehung der komplizierten machtpolitischen Interessen in Osteuropa klären. – Eine Neubewertung der »politischen Perspektiven Barbaras« ist auch von Heimann, Herrscherfamilie und Herrschaftspraxis S. 56f. angemahnt worden.

Insgesamt machen die jahrzehntelangen Beziehungen Barbaras von Cilli zum polnischen Königshof deutlich, daß auch im späten Mittelalter Königinnen auf die Politik der Herrscher gegenüber auswärtigen Mächten Einfluß nehmen konnten. Die jeweiligen Interessenlagen und diplomatischen Verwicklungen sind dabei freilich vielschichtiger geworden. Der im Vergleich zum hohen Mittelalter eingetretene Autoritätsverlust des Königtums scheint generell in einem noch größeren Ausmaß die Stellung der Königin tangiert zu haben, die an der »großen Politik« nur noch peripher teilnehmen und zwischen den verschiedenen Macht- und Interessenstrukturen nur noch am Rande agieren konnte. Besonders gravierend erscheint dies deshalb, weil es den Königinnen im Spätmittelalter offensichtlich nicht mehr gelungen ist, sich im Gegenzug zu den immer komplizierter und vielfältiger werdenden Verhältnissen und dem zunehmenden institutionellen Ausbau der Verwaltungen einen Aufgabenbereich zu schaffen. Immer größere Bedeutung kam deshalb bei der Gewinnung von politischen Handlungsspielräumen der eigenen Initiative zu. In dieser Hinsicht war Barbara von Cilli eine recht erfolgreiche Königin.

Papsttum

Kaiserin Agnes als Vermittlerin zwischen Heinrich IV. und den Kirchenreformern

> ... *Agnes imperatrix* ..., *quae sancti Spiritus illustratione compuncta apud ipsum papam Alexandrum confessionem postmodum fecit, poenitentiam accepit; cui id prae caeteris iniunctum est, quatenus Romae moraretur, ibique sancto Petro vigiliis orationibus et ieiuniis satisfaceret, ac prodesset ecclesiae consiliis et auxiliis, prout valeret*[309].

Die Vita Anselms II. von Lucca[310] enthält mit dem zitierten Bericht eine durch die Forschung bestätigte Charakterisierung der letzten Lebensphase der Kaiserin Agnes in Italien und hier vor allem in Rom: Papst Alexander II.[311] hatte ihr die Absolution mit der Auflage gewährt, daß sie für die Dauer ihres Aufenthaltes in Rom dem hl. Petrus durch Nachtwachen, Gebete und Fasten Genugtuung leiste und der Kirche so gut sie es vermöge mit Rat und Hilfe nützlich sei[312]. Obwohl sie einige Jahre zuvor den Schleier genommen hatte[313], bedeutete die möglicherweise von vorneherein als längerer Aufenthalt geplante Reise in den Süden des Reichs[314] aber keineswegs, daß sich Agnes ausschließlich frommen Werken zugewandt oder ganz in ein Kloster zurückgezogen hätte[315]. Vielmehr blieb sie »in der Welt« und politisch aktiv, indem sie verschiedentlich zu vermitteln suchte und besonders um eine Verständigung zwischen Heinrich IV. und dem Papsttum bemüht war. Dazu reiste sie mehrmals von Rom nach Deutschland.

Mit einem neuen Datierungsansatz konnte Tilman Struve überzeugend belegen, daß Kaiserin Agnes nicht bereits nach dem »Attentat von Kaiserswerth« 1062

309 Vita Anselmi episcopi Lucensis, ed. Roger Wilmans, in: MGH SS 12, c. 19, S. 19.

310 Anselm II. von Lucca war Verwandter und Nachfolger des im Herbst 1061 zum Papst gewählten Alexander II. im Luccheser Bischofsamt und gehörte zu den einflußreichen Persönlichkeiten am päpstlichen Hof, vgl. Schmidt, Alexander II. (siehe nächste Anm.) S. 26–30.

311 Tilmann Schmidt, Alexander II. (1061–1073) und die Reformgruppe seiner Zeit (Päpste und Papsttum 11, 1977).

312 Zur Chronologie der Ereignisse vgl. den grundlegenden Beitrag von Struve, Romreise und darauf aufbauend Black-Veldtrup, Kaiserin Agnes bes. S. 37–61.

313 Nach Struve, Zwei Briefe S. 416 und Black-Veldtrup, Kaiserin Agnes S. 137, 367f. fand die »Schleiernahme« nicht erst, wie in der älteren Forschung zu lesen ist, nach der Entführung von Kaiserswerth im Frühjahr 1062 statt, sondern bereits einige Monate vorher, am 22. November 1061, am Grab Heinrichs III. in Speyer und kann deshalb nicht mehr als Zeichen der Resignation und Schwäche der Kaiserin gesehen werden, da beide Ereignisse nicht im kausalen Zusammenhang stehen. Zu der Bedeutung der »Schleiernahme« und den damit verbundenen Konsequenzen für das Leben einer Witwe vgl. ebd. S. 369–372. Vgl. auch Reg. Imp. III,3 Nr. 231.

314 So Struve, Romreise S. 20f.

315 Vgl. Black-Veldtrup, Kaiserin Agnes S. 58f.

nach Italien aufgebrochen war, sondern die Schwertleite und eigenverantwortliche Regierungsübernahme ihres Sohnes Heinrich IV. im Jahr 1065 abgewartet hatte. Daraus resultiert, daß die in der älteren Forschung angenommene erste Reise von Italien ins Reich im Winter 1063/64[316] entfällt, weil die Kaiserin zu diesem Zeitpunkt Deutschland noch nicht verlassen hatte. Übrig bleiben drei Reisen an den salischen Hof: im Winter 1066/67, im Sommer 1072 und im Frühjahr 1074[317].

Äußerst schwierig gestaltet sich die Quellenlage der ersten Reise, die vielleicht nicht mehr in den letzten Monaten des Jahres 1066, sondern möglicherweise erst zu Jahresbeginn 1067 in Rom ihren Anfang genommen hatte[318] und die Kaiserin und den sie begleitenden Kardinalbischof Leopert von Palestrina nach Bayern führte. Ihre Anwesenheit kann bereits auf dem Augsburger Hoftag zu Lichtmeß 1067 als wahrscheinlich angenommen werden, auch wenn ihre Präsenz erst für den 6. März in Regensburg durch eine gemeinsame Intervention mit ihrer Schwiegertochter, Königin Bertha, zusammen mit weiteren Bischöfen in einer Schenkungsurkunde für die Passauer Kirche belegbar wird[319]. Unsicher ist auch der Zeitpunkt ihrer Rückkehr nach Rom, der nach ihrem Besuch am Grab Heinrichs III. in Speyer im Sommer 1067[320] oder im Frühjahr 1068[321] erfolgt sein wird. Ebenso unklar ist schließlich der Grund ihres Kommens. Neben persönlichen Motiven kann dieser nur im Konflikt des Papstes mit den Normannen gesucht werden[322], worauf die Begleitung des Kardinalbischofs als päpstlichen Legaten hinzuweisen scheint. Alexander II. hatte sich

316 Vgl. etwa Bulst-Thiele, Kaiserin Agnes S. 83–91.

317 Struve, Romreise bes. S. 27f. – Black-Veldtrup, Kaiserin Agnes, die Struve in seiner Datierung gefolgt ist, bringt – allerdings versehen mit einem Fragezeichen – erneut eine vierte Reise der Kaiserin nach Deutschland für den Sommer 1070 aufgrund ihrer Intervention in einer Schenkungsurkunde Heinrichs IV. für Fruttuaria (DHIV. 233 vom 15. Juni 1070, ausgestellt in St. Goar) ins Gespräch. Dagegen spricht, daß es sich beim vorliegenden Diplom um eine Empfängerausfertigung handelt und darüber hinaus eine Fernintervention der Kaiserin nicht auszuschließen ist. Als zweites Indiz führt Black-Veldtrup den Verkauf einer Kirche in Hochfelden durch den Abt von Florenne an das elsässische Kloster Neuweiler am 23. Juni 1070 an, weil sich die Kirche ehemals im Besitz der Kaiserin befunden habe und unter Heinrich III. an Florenne geschenkt wurde. Warum Agnes jedoch bei dieser Transaktion anwesend sein sollte, ist völlig unklar (S. 46–48).

318 Der bislang in der Forschung geltende Datierungsansatz von Carl Erdmann wurde durch eine andere Quelleninterpretation von Black-Veldtrup, Kaiserin Agnes S. 39–45 ins Wanken gebracht. – Zu den zeitgenössischen Reisegeschwindigkeiten: Reinhard Elze, Über die Leistungsfähigkeit von Gesandtschaften und Boten im 11. Jahrhundert. Aus der Vorgeschichte von Canossa 1075–1077, in: Histoire comparée de l'administration (IVe–XVIIIe siècles), hg. von Werner Paravicini und Karl Ferdinand Werner (Beihefte der Francia 9, 1980) S. 3–10.

319 DHIV. 188 (1067 März 6 Regensburg) Umfangreiche Besitzschenkungen … *ob interventum ac petitionem matris nostrae Agnetis imperatricis augustae, instinctu quoque Berhte reginae regni thorique nostri consortis dilectissimae et Gebehardi Salzburgensis archipresulis, Epponis Niwenburgensis episcopi nec non ob fidele [me]ritum Altmanni eiusdem sedis episcopi* … ; vgl. Black-Veldtrup, Kaiserin Agnes S. 45, 95. – In die Zeit des Aufenthaltes der Kaiserin Agnes in Bayern datiert auch die Gründung von St. Nikola vor den Toren Passaus durch ihren ehemaligen Kapellan, den Passauer Bischof Altmann, mit ihrer Zustimmung und Unterstützung; vgl. Struve, Romreise S. 27 mit Anm. 132 und oben S. 229f.

320 DHIV. 196 (1067 Mitte Juni/Juli Speyer) Schenkung für das Stift St. Paul in Besançon *iussu et rogatu s. matris meae imperatricis Agnetis augustae* …

321 Black-Veldtrup, Kaiserin Agnes S. 45f.

322 Vgl. etwa Bulst-Thiele, Kaiserin Agnes S. 92; Struve, Romreise S. 27; Black-Veldtrup, Kaiserin Agnes S. 44.

seit 1065 wiederholt um militärische Hilfe gegen die normannischen Eroberungszüge in Süditalien und Sizilien an Heinrich IV. gewandt[323].

Sollte die Vermutung zutreffen, daß die Reise der Kaiserin auf die Bitte des Papstes um Vermittlung der militärischen Unterstützung des Königs zustande gekommen ist, würde sich einmal mehr bestätigen, daß die Königin beziehungsweise Kaiserin immer erst dann auf den Plan gerufen wurde, wenn in ihrem Standpunkt naturgemäß parteilich gebundene Delegationen nichts mehr ausrichten konnten und die Einschaltung einer vermittelnden Persönlichkeit notwendig wurde, die aufgrund ihres persönlichen Einflusses beiden Seiten gerecht werden konnte. Die hochrangigste Persönlichkeit dafür scheint in den 60er und 70er Jahren des 11. Jahrhunderts in Auseinandersetzungen mit Heinrich IV. Agnes gewesen zu sein, die wenn nötig auch mütterlichen Druck ausüben konnte, wie dies zum Beispiel die Schenkungsurkunde für St. Paul in Besançon nahelegt, die auf ihren Befehl und und ihre Mahnung hin – *iussu et rogatu s. matris meae* – ausgestellt wurde[324].

In den Quellenaussagen eindeutiger erscheinen die Gründe für die Reise der Kaiserin im Sommer 1072. Nach Auskunft Lamperts von Hersfeld zog sie, begleitet von einer überaus großen Anzahl von Äbten und Mönchen[325], darunter Abt Hugo von Cluny, zum Wormser Hoftag *ad sedandam, quae oriebatur, intestini belli tempestatem*[326]. Damit habe sie in Anerkennung der ihr früher erwiesenen Dienste den inständigen Bitten ihres Schwiegersohnes, Herzog Rudolf von Rheinfelden, entsprochen[327]. Nach Analyse aller eine Fürstenopposition in den Jahren 1072 und 1073 gegen Heinrich IV. berichtenden Quellen gelangt man zu dem Ergebnis, daß es sich bei dem hier angedeuteten Bürgerkrieg noch nicht um die 1073 ausbrechende Verschwörung der Sachsen handelte. Vielmehr war ein Konflikt entstanden zwischen dem König auf der einen Seite und dem schwäbischen Herzog sowie seinem Amtsbruder Berthold von Kärnten und einer Reihe bedeutender Reichsbischöfe, darunter Anno von Köln, Siegfried von Mainz, Adalbero von Würzburg, Adalbero von Worms und Gebhard von Salzburg, die alle als Reformer bekannt sind, auf der anderen Seite[328]. Es ist davon auszugehen, daß es auf dem Wormser Hoftag am 25. Juli

323 Meyer von Knonau, Jahrbücher unter Heinrich IV. Bd. 1, S. 546f.; Schmidt, Alexander II. S. 148. – Der möglicherweise schon geplante Italienzug erübrigte sich wegen des von Gottfried dem Bärtigen inzwischen unternommenen Kriegszuges gegen die Normannen, vgl. Egon Boshof, Heinrich IV. Herrscher an einer Zeitenwende (Persönlichkeit und Geschichte 108/109, 1979) S. 50f.

324 Quellenbeleg in Anm. 320.

325 *Venit itaque Wormaciam, amplissimo stipata numero abbatum et monachorum ...*, Lampert von Hersfeld, Annales a. 1072, S. 138. Die Begleitung Abt Hugos erwähnt Lampert im Zusammenhang mit der Übergabe eines päpstlichen Schreibens an Abt Robert von Reichenau, der wegen Simonie aller Ämter enthoben wurde: *Ibi etiam Hugo Cloniacensis abbas, qui cum imperatrice eo adadvenerat, Ruberto Augiensi abbati Romani pontificis mandata et litteras detulit ...*, ebd.

326 *Rex in nativitate sancti Iacobi Wormaciae occurrit matri suae Agneti imperatrici de Transalpinis partibus redeunti ... Cumque esset* (= Rudolf von Rheinfelden) *imperatrici ob vetus meritum suum acceptissimus, propinquitate etiam devinctus propter filiam eius, quae ei, ut predictum est, nupserat, sed intra paucos dies celebratae coniunctionis decesserat, misit eamque obnixis precibus in Galliam evocavit ad sedandam, quae oriebatur, intestini belli tempestatem,* Lampert von Hersfeld, Annales a. 1072, S. 137f.

327 Zur Belehnung Rudolfs mit dem Herzogtum Schwaben durch Kaiserin Agnes 1058 und der Heirat mit der kurze Zeit später gestorbenen Kaisertochter Mathilde vgl. oben S. 173–175.

328 Vogel, Rudolf von Rheinfelden S. 1–30.

1072 im Kern um die Klosterreform ging. Rudolf von Rheinfelden sei durch Leute, die ihm Böses wünschten, beim König beschuldigt und deshalb geladen worden, um sich wegen der Vorwürfe zu rechtfertigen, so Lampert von Hersfeld[329]. Die Partei um den schwäbischen Herzog aber sah die Klosterreform durch die reformunwilligen Bestrebungen Heinrichs IV. bedroht, dessen Haltung sich erst 1073 ins Positive zu wandeln begann[330].

Die Anwesenheit der Kaiserin erfahren wir allein durch Lampert von Hersfeld. Dieser läßt in seiner Parteilichkeit natürlich keinen Zweifel daran, daß Agnes die Reise nur unternommen habe, um einem ihr gegenüber verdienstvollen Mann, nämlich Rudolf von Rheinfelden, in einer bedrängten Situation beizustehen *et filio iuveniliter tumultuanti modum imponeret*, womit der Chronist auf die mütterliche Durchsetzungskraft anspielte[331]. Dabei resultierte ihr Interesse an dem von ihr erfolgreich bewerkstelligten Ausgleich zwischen den Parteien[332] wohl nicht allein aus den verwandtschaftlichen Beziehungen, sondern dürfte vor allem in der Sache begründet sein[333]. Beschlossen wurde in Worms die Reform des Schwarzwaldklosters St. Blasien[334], des Hausklosters der Rheinfelder, mit Mönchen aus der Agnes besonders vertrauten oberitalischen Abtei Fruttuaria, die wohl sogleich nach Abschluß der Gespräche bei einem gemeinsamen Besuch der Kaiserin und des schwäbischen Herzogs in Gang gesetzt wurde[335]. Daneben wurde die Klosterreform im Reich durch Schenkungen an Cluny zur Schaffung von Prioraten forciert, wodurch das burgundische Reformkloster erstmals wieder seit den Gründungen der Kaiserin Adelheid größeren Einfluß im Reich gewann[336].

Daß das Engagement der Kaiserin im Sinne des Papstes war, steht dabei außer Frage. Die These jedoch, daß Agnes »im Auftrag der Kurie in die deutschen Verhältnisse eingriff«[337], entbehrt jeglicher Quellengrundlage. Denn das auslösende Moment für das Zustandekommen der Reise lag wohl nicht im Motiv begründet, allgemein die Klosterreform im Reich voranzutreiben, sondern im Bestreben, einen offenbar vor der Eskalation stehenden Konflikt um die Reform gütlich beizulegen,

329 *Rudolfus dux Sueviae ab his qui ei male consultum cupiebant accusatus apud regem fuerat, quod iniquum aliquid contra regem contraque rem publicam moliretur; propter quod assiduis legationibus ad curtim regiam, ut causam diceret, accersiebatur*, Lampert von Hersfeld, Annales a. 1072, S. 137.

330 Vogel, Rudolf von Rheinfelden bes. S. 17–19.

331 *Imperatrix, quamquam cuncta seculi negocia religionis obtentu inperpetuum abiurasset, nec a proposito tamen suo nimium abhorrere nec ab ecclesiastica functione alienum fore iudicavit, si viro optime erga se merito in angustis rebus opem ferret et filio iuveniliter tumultuanti modum imponeret*, Lampert von Hersfeld, Annales a. 1072, S. 138.

332 *Venit itaque Wormaciam … et predictum ducem, cum interposita fide Coloniensis et Mogontini archiepiscoporum coram venisset, omni criminis suspicione absolvit, statimque compositis propter quae venerat a filio abscessit, ut non tam carnali affectione quam communis commodi ratione ad hanc secularis negocii administrationem se adductam liquido cunctis patefaceret*, Lampert von Hersfeld, Annales a. 1072, S. 138.

333 Die reformerische Übereinstimmung zeigt deutlich die auf Agnes hinweisende Memorialüberlieferung; vgl. Black-Veldtrup, Kaiserin Agnes S. 305; Vogel, Rudolf von Rheinfelden S. 24f.

334 Vgl. allgemein dazu Hermann Jacobs, Der Adel in der Klosterreform von St. Blasien (Kölner Historische Abhandlungen 16, 1968).

335 Vogel, Rudolf von Rheinfelden S. 25–30.

336 Black-Veldtrup, Kaiserin Agnes S. 306f.

337 So Bulst-Thiele, Kaiserin Agnes S. 93.

was dann auch geglückt ist[338]. Insofern erscheint die Intervention der Kaiserin wiederum in »letzter Minute«, wobei sie und Abt Hugo[339] als der Taufpate Heinrichs IV., der ihm auch in der Situation von Canossa beistehen sollte, wohl als die Vermittler anzusehen sind, die den größten Einfluß auf den jungen König ausüben konnten.

Eine letzte Reise nach Deutschland unternahm die Kaiserin im Anschluß an die von Papst Gregor VII. einberufene römische Fastensynode 1074[340], nachdem bereits ein Jahr zuvor mit ihrer Zustimmung mehrere königliche Räte wegen des Vorgehens im Mailänder Bistumsstreit gebannt worden waren[341]. Agnes stand an der Spitze einer päpstlichen Legation mit den Kardinalbischöfen Hubert von Palestrina und Gerald von Ostia sowie den Bischöfen Heinrich von Chur – ehemals Reichenauer Mönch und häufiger mit Legationen durch Gregor VII. beauftragt – und schließlich Rainald von Como, einem der wichtigsten Vertrauten der Kaiserin in ihren italischen Jahren[342]. Sie suchten den König auf *pro ipsius regis moribus corrigendis*[343]. Wegen simonistischer Bischofserhebungen und seines Umgangs mit den gebannten königlichen Räten war eine offiziell bekundete Rückkehr in die *communio ecclesiae* notwendig geworden. Sie galt als Voraussetzung für ein seit 1073 geplantes Reformbündnis zwischen Regnum und Sacerdotium[344].

Dem Reichenauer Mönch Berthold zufolge hat Heinrich IV. auf dem Hoftag in Nürnberg am 26. und 27. April 1074 in Anwesenheit einer Vielzahl von Bischöfen dann auch Besserung gelobt und dem Papst bei der Absetzung von Simonisten seine Hilfe versprochen[345]. Daß der König bereitwillig alle Forderungen der römischen

---

338 Lampert von Hersfeld, Annales a. 1072, S. 138 zufolge sei der Herzog im Frieden und in der Gewißheit entlassen worden, daß die Feindschaft nicht völlig aus dem Herzen des Königs gewichen sei und diesem zwischenzeitlich nur die Möglichkeit genommen worden war, ihm zu schaden. Die Wiederaufnahme in die Huld des Königs fand anläßlich des Palmsonntags 1073 in Augsburg statt: *Cumque in civitate Augusta diem palmarum ageret, Ruodolfum ducem Suevorum et alios quosdam, qui sinistrum aliquid contra rem publicam moliri iam pridem delati fuerant, in gratiam recepit*, ebd. a. 1073, S. 144f. – Zum Kontext der zunehmenden Verschlechterung der Beziehungen zwischen Heinrich IV. und den Reichsfürsten vgl. BOSHOF, Heinrich IV. S. 52–59 und jetzt Monika SUCHAN, Königsherrschaft im Streit. Konfliktaustragung in der Regierungszeit Heinrichs IV. zwischen Gewalt, Gespräch und Schriftlichkeit (Monographien zur Geschichte des Mittelalters 42, 1997).

339 Zur Biographie Armin KOHNLE, Abt Hugo von Cluny (1049–1109) (Beihefte der Francia 32, 1993).

340 *Unde de predicta synodo legati papae missi ad Heinricum regem Romanorum, id est duo episcopi cum regina, regis eiusdem matre ...*, Marianus Scottus, Chronicon a. 1096 (1074), in: MGH SS 5, S. 561; zur genauen Datierung vgl. BLACK-VELDTRUP, Kaiserin Agnes S. 51.

341 Zu den römischen Fastensynoden 1073 und 1074 vgl. oben S. 218f.

342 BLACK-VELDTRUP, Kaiserin Agnes S. 51 Anm. 369; BULST-THIELE, Kaiserin Agnes S. 98f. und zum Comer Bischof: Werner GOEZ, Rainald von Como. Ein Bischof des 11. Jahrhunderts zwischen Kurie und Krone, in: Historische Forschungen für Walter Schlesinger, hg. von Helmut BEUMANN (1974) S. 462–494.

343 Berthold von Reichenau, Annales a. 1074, S. 277.

344 Zum Dialog zwischen Gregor VII. und Heinrich IV. in den Jahren 1073/74 vgl. Christian SCHNEIDER, Prophetisches Sacerdotium und heilsgeschichtliches Regnum im Dialog 1073–1077. Zur Geschichte Gregors VII. und Heinrichs IV. (Münstersche Mittelalter-Schriften 9, 1972) S. 41–91, zur Legation 1074 bes. S. 78–85.

345 *Inde ad Nuorinberg ad matrem et ad caeteros apostolicae sedis legatos perveniens, reum* [sc. regem] *in eorum manus se, praesentibus episcopis Mogontino et Bremensi cum aliis multis, sub correctionis sponsione commisit, suumque auxilium domno apostolico ad deponendos symoniacos firmissime promisit*, Berthold von Reichenau, Annales a. 1074, S. 277; vgl. SCHNEIDER, Sacerdotium S. 83–85.

Legaten zu erfüllen versprach, und diese zusammen mit Kaiserin Agnes[346] nach Abschluß der Verhandlungen[347] sofort die Rückreise nach Rom antraten, berichten übereinstimmend auch andere Quellen, so zum Beispiel Bonizo von Sutri[348].

Nach ihrer Rückkehr bedankte sich Papst Gregor VII. in einem langen Schreiben vom 15. Juni 1074 bei der Kaiserin[349] für ihre Bemühungen und drückte seine Freude über die Rückführung Heinrichs IV. in die *communio ecclesie* aus, wodurch sein Reich vor einer allgemeinen Gefahr befreit worden sei[350]:

> »Wir freuen uns und jubeln im Herrn, daß das Licht Eures Wirkens bis zu uns widerstrahlt und die Frucht Eurer Bemühungen, auch wenn sie sich nicht zu Eurer vollen Zufriedenheit vollendet hat, Gott dennoch zum Lob und zur Ehre, uns zur Freude und Euch zur Krone vollkommenen Lohnes emporgewachsen ist«[351].

Er fährt fort:

> »Wir wissen auch, daß Ihr viel für den Frieden und die Eintracht der universalen Kirche getan habt und alles, was das Papsttum und das Kaisertum durch das Band der Liebe zusammenzuhalten vermag, mehr als gesagt werden kann, wollt und mit unermüdlichem Eifer zu bewirken sucht«[352].

Auch wenn der konkrete Umfang der Bemühungen der Kaiserin um einen Ausgleich zwischen Sohn und Papst nicht bestimmt werden kann, so dürfte er doch nicht unerheblich gewesen sein. Darauf läßt allein schon die Tatsache schließen, daß die immerhin schon fünfzigjährige Kaiserin nun schon zum dritten Mal den be-

---

346 Die These von Carl ERDMANN, Studien zur Briefliteratur Deutschlands im elften Jahrhundert (Schriften der MGH 1, 1938) S. 237 mit Anm. 2, daß Kaiserin Agnes nicht an den Nürnberger Verhandlungen teilgenommen habe, ist bereits zurückgewiesen worden von Giovanni Battista BORINO, La lettera di Enrico IV alla madre Agnese Imperatrice (1974), Studi Gregoriani 6 (1959–61) S. 297–310, hier S. 302f.; vgl. auch SCHNEIDER, Sacerdotium S. 83 mit Anm. 265.

347 In einem Verhandlungspunkt scheiterte die Legation, allerdings nicht am Widerstand des Königs, sondern dem der Reichsbischöfe unter Führung Liemars von Bremen. Er betraf die Einberufung einer Reformsynode unter Leitung der Legaten, die Liemar mit dem Argument ablehnte, daß es auf Reichsgebiet neben dem Reichsepiskopat nur noch dem Papst zustünde, eine Synode einzuberufen, nicht jedoch seinen Legaten; vgl. Bonizo von Sutri, Liber ad amicum VII S. 602.

348 *Dehinc concilio hac sagacitate interrupto* (siehe obige Anm.), *cum rex omnia, que Romani legati postularunt, se libenter facere promisisset, magnis muneribus donati Romam cum honore remearunt, portantes secum prefati regis literas, quibus venerabili pape Gregorio omnibus modis debitam subiectionem spondebat*, Bonizo von Sutri, Liber ad amicum VII S. 602.

349 *Gregorius episcopus servus servorum Dei Agneti christianissime imperatrici salutem et apostolicam benedictionem*, Register Gregors VII. I, 85 S. 121–123, zit. S. 121.

350 *Quorum quidem quod maximum est et unitati dilectionis coniunctissimum, iam peregistis, videlicet filium vestrum Heinricum regem communioni ecclesie restitui simulque regnum eius a communi periculo liberari. Quoniam illo extra communionem posito nos quidem timor divine ultionis secum convenire prohibuit, subditos vero sibi cotidie eius presentia quasi necessitas quedam in culpa ligavit*, ebd.

351 *Gaudemus et exultamus in Domino, quod lumen vestre operationis ad nos usque resplenduit et fructus vestre fatigationis, etsi non ad vota vestra plene cumulatus, Deo tamen ad laudem et gloriam nobis ad letitiam vobis ad coronam perfecte remunerationis excrevit*, ebd.

352 *Scimus equidem, quod pro pace et concordia universalis ecclesie multum laboratis et omnia, que pontificatum et imperium glutino caritatis astringere valeant, amplius quam dici possit concupiscitis et indefessa sollicitudine queritis*, ebd.

schwerlichen Weg über die Alpen angetreten hatte. Da sie nicht für längere Zeit, sondern nur zur Teilnahme an den Verhandlungen mit Heinrich IV. gekommen war, kann der Zweck ihrer Reise nur darin gesehen werden, daß ihre Vermittlung notwendig schien und auch erfolgreich verlief. Ob dem ein offizieller päpstlicher Auftrag zugrunde lag, ist dabei eher unwahrscheinlich[353], da auch der Papst der Kaiserin wohl keine Aufträge erteilen, sondern ihr gegenüber höchstens seine Wünsche und Bitten mitteilen und hoffen konnte, diese erfüllt zu sehen.

Die Einflußmöglichkeiten der Kaiserin auf Heinrich IV. zeigen auch briefliche Äußerungen des Königs, in denen er seine Mutter über die politischen Ereignisse informiert. So läßt er in einem Brief an sie, *matri benedictionis et salutis*, formulieren[354]:

> »Weil es richtig ist, daß Du über jeden unserer Erfolge weißt, wollen wir Dir, liebste Mutter, mitteilen, was dieser Hoftag und diese Versammlung schriftlich festgehalten und verabschiedet haben«[355].

Er schließt das Schreiben *pro bona, quam de te habemus, fiducia* mit der Bitte um ihre Gebete, damit die Dinge ihren lang erwarteten Ausgang nehmen. Und er fügt hinzu, daß sie das, um was sie gebeten habe, unter der Bedingung erhalten solle, die sie wünsche und er endet mit dem Versprechen: *et mandasti, certissime hoc, et quicquid tue dilectioni impendere poterimus, accipies*[356].

Auch im Briefwechsel mit Gregor VII. spricht er an, daß seine Mutter wie auch die Markgräfinnen von Tuszien über den Stand der Dinge unterrichtet werden sollen. Dies belegt ein Brief des Papstes an Beatrix und Mathilde von Tuszien, in den er ein entsprechendes Schreiben Heinrichs IV. inserieren ließ. Der König sprach darin die Bitte aus: *Hoc autem quod mando neminem scire volo preter vos dominam matremque meam atque amitam Beatricem et filiam eius Mathildam*[357].

Doch obwohl Kaiserin Agnes wie auch die tuszischen Markgräfinnen weiterhin für eine Zusammenarbeit zwischen Papst und König vermittelten, was ein Schreiben Gregors an Heinrich vom 7. Dezember 1074 bezeugt, in dem er von der Überzeugungsarbeit der Kaiserin spricht[358], so konnte die mit der Wormser Fürstenversammlung vom 24. Januar 1076 und der Fastensynode des Jahres 1076 eine verhängnisvolle Wende nehmende Auseinandersetzung zwischen Regnum und Sacerdotium nicht verhindert werden[359]. Über die Haltung der Kaiserin, die Absetzung und Bannung ihres Sohnes auf der Fastensynode 1076 miterlebte[360], geben die Quellen keine ge-

353 So auch SCHNEIDER, Sacerdotium S. 85.

354 Briefe Heinrichs IV., ed. Carl ERDMANN (MGH Deutsches Mittelalter 1, 1937) Nr. 15 S. 21f.

355 *Omnem successum nostrum quoniam te scire sanum est, quid hec curia et conventus dictaverint et consenserint, tibi utpote dulcissime matri nostre mandare volumus*, ebd. S. 21.

356 *Tu vero pro bona, quam de te habemus, fiducia, uti res nostra diu expectatum eventum accipiat, a deo sedulo inquiras. Hoc autem, quod nos rogasti, ea conditione, qua vis et mandasti, certissime hoc, et quicquid tue dilectioni impendere poterimus, accipies*, ebd. S. 22.

357 Register Gregors VII. III,5 S. 251.

358 *Filie quoque nostre, fidelissime vestre, Beatrix comitissa et filia eius Mathildis, non modice nos letificaverunt scribentes nobis de amiticia et sincera dilectione vestra, quod libentissime accepimus. Quarum consilio sed et persuasu dilectissime matris vestre auguste ad hoc inducti sumus, ut has vobis litteras scriberemus*, Register Gregors VII. II,30 S. 163–165, zit. S. 163f.

359 Statt der Vielzahl an Literaturtiteln sei hier allein verwiesen auf den neueren Überblick von HARTMANN, Investiturstreit S. 22ff.

360 Zur Fastensynode 1076 vgl. oben S. 219f.

nauen Auskünfte[361]. Mit Blick auf ihre vielfältigen konfliktvermeidenden Anstrengungen der vorausgegangenen Jahre ist jedoch zu vermuten, daß sich ihr Verhalten kaum grundlegend verändert haben wird. So nutzte sie ihre engen Beziehungen zu beiden Parteien[362] auch weiterhin zugunsten eines positiven Ausgangs des Konflikts[363]. Sie war darüber hinaus wohl auch maßgeblich an den Versuchen beteiligt, Gregor VII. zu einer Reise nach Deutschland zu bewegen[364]. Neben einem Schreiben des Papstes vom April 1076[365] berichtet dies auch Arnulf von Mailand:

> *Interim conscilio sanctissimi Cluniensis abbatis, Agnetis quoque regie matris nec non sapientissime iam dicte Matilde statuitur generale colloquium inter ipsos, regem et apostolicum pacis ac iustitie causa*[366].

Sehr fraglich erscheint hingegen, ob Agnes den Bußgang nach Canossa selbst miterlebt hat, da sie wohl nicht zusammen mit dem Papst von Rom abgereist war, sondern erst, nachdem sie vom Aufbruch Heinrichs IV. nach Italien erfahren hatte[367]. Den Aufzeichnungen Bonizos zufolge[368] traf sie ihren Sohn erst nach Abschluß der Verhandlungen von Canossa in Piacenza[369]. Sie begleitete ihn wahrscheinlich bis Pavia, wo sie im April 1077 ein letztes Mal in einem Diplom Heinrichs IV. für die Kirche von Aquileja intervenierte[370].

Kaiserin Agnes starb am 14. Dezember 1077 in Rom und wurde als einzige deutsche Herrscherin in der Peterskirche beigesetzt[371]. Wie kaum eine mittelalterli-

---

361 Vgl. Bulst-Thiele, Kaiserin Agnes S. 103f.

362 Zu den engen Beziehungen der Kaiserin zum Papst vgl. die Einschätzung bei Black-Veldtrup, Kaiserin Agnes S. 59f. – Agnes nutzte die Kontakte auch für ihren Bruder, Herzog Wilhelm VIII. von Aquitanien, u. a. wegen der Trennung seiner Ehe (Register Gregors VII. II,3 S. 126–128; 10. Sept. 1074) sowie für ihre Tochter, Königin Judith von Ungarn (Register Gregors VII. II,44 S. 180–182 vom 10. Januar 1075).

363 Erfolgreich intervenierte Agnes für die in römischen Klöstern internierten deutschen Bischöfe Pibo von Toul und Huozmann von Speyer, die Ende 1076 auf die päpstliche Seite übergelaufen sind, durch Altmann von Passau wieder in die Kirche aufgenommen und nach Rom geschickt wurden, wo sie Gregor in verschiedenen Klöstern unter Aufsicht stellen ließ; vgl. Black-Veldtrup, Kaiserin Agnes S. 54f.

364 Zum Personenkreis der Vermittler – Kaiserin Agnes, Wilhelm von Poitiers, der Bruder der Kaiserin, Mathilde von Tuszien und Hugo von Cluny: Giovanni Battista Borino, Le persone che consigliarono Gregorio VII di andare in Germania (1976), Studi Gregoriani 6 (1959–1961) S. 349–354.

365 *Cum rege quoque Alamannie de componenda pace multis iam vicibus quidam aures nostras interpellaverunt. Quibus nos respondimus cum eo nos pacem velle habere, si ipse cum Deo pacem studuerit habere et ea, que ad periculum sancte ecclesie et ad cumulum perditionis sue commisit, iuxta quod sepe a nobis ammonitus est, emendaverit*, Register Gregors VII. III,15 S. 276f., zit. S. 277.

366 Arnulf von Mailand, Liber gestorum recentium, ed. Zey, V,8 S. 228.

367 Vgl. Black-Veldtrup, Kaiserin Agnes S. 56.

368 *Sicque faciebat per omne tempus, quo Placentie demoratus est, maxime metuens presentiam matris sue religiosissime imperatricis, que forte ibi aderat*, Bonizo von Sutri, Liber ad amicum VII S. 610.

369 Den dortigen Aufenthalt Heinrichs IV. belegt eine Gerichtsurkunde vom 17. Februar 1077; DHIV. 286. – Zu den Bemühungen Heinrichs IV. um die Stabilisierung seiner Herrschaft in Oberitalien nach den Ereignissen von Canossa bis zum Frühsommer 1077, vgl. Jörgen Vogel, Gregor VII. und Heinrich IV. nach Canossa. Zeugnisse ihres Selbstverständnisses (Arbeiten zur Frühmittelalterforschung 9, 1983) bes. S. 25–35.

370 DHIV. 293: … *interventu excellentissime matris nostre Agnetis imperatricis et dilectissime coniugis nostre Berte regine ceterorumque fidelium nostrorum* …; vgl. Black-Veldtrup, Kaiserin Agnes S. 56, 99f.

371 Dazu Black-Veldtrup, Kaiserin Agnes S. 58/60f.

che Königin hatte sie in den Jahren ihrer Witwenschaft, die sich zu einer »Wendezeit« entwickelten, zwischen den beiden Universalmächten erfolgreich vermitteln können[372].

Die Kirchenspaltungen des 12. Jahrhunderts

Die römische Kirche erlebte im 12. Jahrhundert zwei die Christenheit längerfristig spaltende Papstschismen: das erste von 1130 bis 1138 zwischen Innocenz II. und Anaklet II.; das zweite, das sogenannte Alexandrinische Schisma, seit der strittigen Wahl Alexanders III. und Viktors IV. am 7. September 1159 bis zur endgültigen Durchsetzung Alexanders 1177[373]. Beide Schismen blieben kein innerkirchliches Problem, sondern wurden im Kampf der Parteien um Anerkennung zu einem Problem der europäischen Politik. In besonderer Weise involviert waren Lothar III. als römischer König und zukünftiger Kaiser und der bereits am 18. Juni 1155 durch Papst Hadrian IV. zum Imperator gekrönte Friedrich I. Barbarossa, beide jeweils zusammen mit ihren Gemahlinnen, den Königinnen Richenza und Beatrix.

Richenza und das Schisma zwischen Anaklet II. und Innocenz II.

Nach dem Tod Papst Honorius' II. am 13. Februar 1130 wurden in Rom bereits einen Tag später von zwei Kardinalsgruppierungen unter der Ägide der miteinander rivalisierenden römischen Adelsgeschlechter der Frangipane und Pierleone Gregor Papareschi, Kardinaldiakon von S. Angelo, als Innocenz II. und Petrus Pierleone, Kardinalpriester von S. Maria in Trastevere, als Anaklet II. zu Päpsten gewählt[374]. Noch im Februar nahmen beide, zuerst Innocenz am 18. Februar[375], dann auch Anaklet am 24. Februar[376], brieflichen Kontakt zum Reichsepiskopat und Lothar III. auf, wobei vorerst nur Anaklet auch Richenza, der *specialis beati Petri filia*, seinen Gruß und apostolischen Segen zuteilwerden ließ[377]. Innocenz holte dies in einem Schreiben an Lothar III. vom 11. Mai 1130 nach, in dem er nach Schilderung der Wahlvorgänge vom Februar dem König die Kaiserkrönung anbot und am Ende des Briefes einen Gruß an »unsere Tochter, die ruhmreiche Königin Richenza«, anschloß und sie ebenfalls

372 Abschließend sei noch angemerkt, daß Agnes nicht nur im Rahmen der großen Politik zu vermitteln suchte, sondern sich z. B. auch persönlich in die Auseinandersetzung zwischen dem Fürsten Gisulf II. von Salerno und den Söhnen des Kaufmanns Maurus aus Amalfi, den sie als Mönch in Montecassino kennengelernt hatte, einschaltete; vgl. BLACK-VELDTRUP, Kaiserin Agnes S. 53f.

373 Allgemein zum Papsttum im 12. Jahrhundert: Bernhard SCHIMMELPFENNIG, Das Papsttum. Grundzüge seiner Geschichte von der Antike bis zur Renaissance (^{2}1987 u. ö.) S. 170–190.

374 Reg. Imp. IV,1 Nr. 215 mit der einschlägigen Literatur, darunter v. a. Franz-Josef SCHMALE, Studien zum Schisma des Jahres 1130 (Forschungen zur kirchlichen Rechtsgeschichte und zum Kirchenrecht 3, 1961).

375 Reg. Imp. IV,1 Nr. 218 + 219.

376 Reg. Imp. IV,1 Nr. 220 + 221.

377 *Anacletus episcopus servus servorum Dei karissimo in Christo filio L(othario) glorioso Romanorum regi nec non speciali beati Petri filiae R(ichinzae) reginae salutem et apostolicam benedictionem*, Codex Udalrici, ed. Philipp JAFFÉ, in: Monumenta Bambergensia (Bibliotheca rerum Germanicarum 5, 1869) Nr. 244 S. 422f.; vgl. Reg. Imp. IV,1 Nr. 221.

dazu einlud, mit dem König nach Rom zu reisen, um mit ihm die kaiserliche Weihe zu empfangen[378].

Im Kampf um die Anerkennung durch die sich abwartend verhaltende Reichsregierung wandte sich schließlich Anaklet am 15. Mai erneut an das Herrscherpaar, indem er jetzt an König und Königin getrennte Schreiben verfassen ließ, in denen er Lothar gegenüber die ihm schuldig gebliebende Antwort auf seinen Brief beklagte[379] und Richenza mit den Worten umwarb, daß sie, von deren Liebe und Sorge um die Kirche er vernommen habe, ihren Gemahl an seine Verantwortung als Herrscher erinnere. Er mahnte sie *inter regni curas, et saecularium negotiorum sollicitudines, et saeculi glorias* niemals ihr Herz vor Gott zu verschließen, sich ab und zu den Tod vor Augen zu halten und mit ihren frommen Werken nicht das Lob der Welt zu erstreben, um Gott nicht zu mißfallen. Ihren Gemahl, den allerchristlichsten König Lothar, solle sie beständig daran erinnern, dem Regnum mit irdischer Macht so vorzustehen, daß er vor Gott bestehen könne. In seiner Liebe zur römischen Kirche und dem apostolischen Stuhl möge sie ihn fleißig bestärken. Weil er selbst dazu gezwungen sei, die Leitung der Kirche zu übernehmen und die apostolische Würde zu tragen, erbitte er ihr Gebet, ihre Hilfe und ihren frommen Rat. Er schließt mit dem Wunsch, daß der allmächtige Herr die Zahl ihrer Lebensjahre wegen ihrer guten Werke vergrößern und ihr danach ewiges Leben gewähren möge[380].

Eine Reaktion der Königin auf den Brief Anaklets ist nicht bekannt. Höchstwahrscheinlich verhielt sie sich zusammen mit Lothar III. zunächst abwartend. Denn das Ringen der beiden Päpste um die Anerkennung des deutschen Hofes, das sich in einer Fülle von Schreiben beider Seiten niederschlug, in denen jeweils auch die Kaiserkrönung angeboten wurde, setzte sich im Sommer 1130 fort, ohne daß der König eine Entscheidung herbeiführte[381].

---

378 *Gloriosam filiam nostram R(ichinzam) reginam ex nostra parte devote saluta, eamque pro suscipienda imperialis benedictionis plenitudine una tecum ad nos venire invitamus*, Codex Udalrici Nr. 247 S. 427–429, zit. S. 429; vgl. Reg. Imp. IV,1 Nr. 230.

379 Vgl. Reg. Imp. IV,1 Nr. 232.

380 *Auditum habemus, charissima in Domino filia, quod vere Christiana sanctitate refulgeas, quod ecclesias diligas, quod servos Dei piis ubique solatiis foveas … Hortamur itaque nobilem prudentiam tuam, et in Domino commonemus, ut inter regni curas, et saecularium negotiorum sollicitudines, et saeculi glorias cor tuum semper ad Dominum habeas, et te quandoque cogites morituram: non de piis operibus mundi laudes affectes, ne dum hominibus foris placere delectat, Dei intus oculis possis displicere. Virum tuum charissimum filium nostrum Lotharium Christianissimum regem sedulis suggestionibus adhortare, ut sic terreno regno humana potestate praesideat, quatenus ipsum qui supra nos est, … caute semper et diligenter attendat. Et licet ipse Romanam Ecclesiam, ut certum habemus, plenis brachiis amplexetur, dilectionem tamen ejus et affectum circa sedem apostolicam, et nos, qui eam ex longo tempore dileximus, per tuam potius optamus industriam propagari. Porro nos personam ejus propensiori charitate diligimus, et honorem suum, largiente Domino, cupimus conservare, et diligentius et efficaciter ampliare. Quia igitur peccatis meis exigentibus Ecclesiae regimen sum subire coactus, apostolatus onus cogor in amaritudine animae meae portare, sanctorum virorum solatiis egeo, ut orationum suarum instantia mihi semper Deum propitium faciant, et gratiam ejus in omnibus ubique opportunitatibus augeant. Et ideo te plurimum deprecamur, ut et Deum debeas pro nobis obnixius exorare, et auxiliis et piis consiliis tuis nos crebrius allevare. Vitam et annos tuos omnipotens Dominus apostolorum suorum Petri et Pauli meritis in bonis operibus augeat, et post vitae hujus cursum vitam tibi largiatur aeternam*, Migne, PL 179, Sp. 707f.; zu weiteren Drucken des Schreibens Reg. Imp. IV,1 Nr. 233.

381 Zu den Schreiben der anakletischen Partei vgl. Reg. Imp. IV,1 Nr. 234, 235, 245; zu denjenigen Innocenz' Reg. Imp. IV,1 Nr. 239, 240, 241.

Nach dem, was wir über den großen politischen Einfluß Richenzas auf Lothar III. wissen, können wir davon ausgehen, daß sie auch in die Entscheidung über die Haltung der Reichsregierung zum Papstschisma zwischen Innocenz II. und Anaklet II. einbezogen war. Der von Richenza protegierte Bischof Bruno von Straßburg[382] ermahnte Lothar, bei einer so wichtigen Angelegenheit wie dem Papstschisma den Rat seiner »allerchristlichsten« Gemahlin und frommer Männer einzuholen[383]. Und an die Königin selbst schrieb der Straßburger Bischof um Unterstützung in der Situation der schweren Bedrängnis der hl. römischen Kirche[384]: *si forte Dominus – qui vos provexit in regnum, qui dedit partibus nostris salutem in manu feminae – dignetur per piissimas lacrimas vestras ecclesiae pariter et regno consulere*[385].

Die Entscheidung wurde schließlich im Oktober 1130 auf einem Hoftag und einer Synode in Würzburg in Anwesenheit der päpstlichen Legaten Erzbischof Walther von Ravenna und Bischof Jakob von Faenza zugunsten Innocenz II. gefällt[386]. Damit hatte Anaklet II., nachdem sich der französische König bereits im Mai 1130 ebenfalls gegen ihn ausgesprochen hatte, den Kampf um die Anerkennung verloren[387]. Richenza dürfte an den Beratungen ebenso teilgenommen haben[388] wie an der anläßlich des ersten Zusammentreffens Lothars und Papst Innocenz' abgehaltenen Synode im Frühjahr 1131 in Lüttich, auf der den Magdeburger Annalen zufolge in Anwesenheit des Herrscherpaares – *presente rege Lothario et regina Richeza* – Anaklet II. als Petrus Pierleone wie die beiden noch im Kampf gegen Lothar III. stehenden Stauferbrüder[389] exkommuniziert wurden[390]. Am Sonntag Lätare (29. März) vollzog Innocenz eine Festkrönung an Lothar und Richenza, die beide im Herbst 1132 den noch in Lüttich beschworenen Romzug antraten und am 4. Juni 1133 im Lateran von ihm auch die Kaiserkrone[391] empfingen.

---

382 Zu den Interventionen Richenzas zugunsten der Erhebung Brunos zum Straßburger Bischof und dem dazu geführten Briefwechsel vgl. oben S. 188f.

383 *Et quia non ambicione vel tyrannica pervasione sed divina disposicione regni culmen ascendistis, nostra parvitas vestrae suggerit excellentiae, quatinus in hoc tam magno negotio christianissimae coniugis vestrae dominae nostrae reginae et religiosorum virorum consilium habeatis*, Codex Udalrici Nr. 251 S. 433–435, hier S. 434.

384 *Vobis itaque, benignissima mater pusillorum Christi, fideliter suggero, quatenus sanctae Romanae ecclesiae graviter laboranti precibus et elemosinis et omni, qua valetis, virtute subveniatis*, Codex Udalrici Nr. 250 S. 432f., zit S. 433.

385 Ebd.

386 Reg. Imp. IV,1 Nr. 252.

387 Anaklet, der sich zwar in Rom halten konnte, erhielt lediglich die Unterstützung Unteritaliens, Schottlands und wurde gebietsweise auch in Südfrankreich anerkannt. Nach seinem Tod am 25. Januar 1138 wurde ein Nachfolger gewählt, der jedoch schon nach wenigen Wochen, am 29. Mai 1138, resignierte und das Schisma beendete; zu den Machtverhältnissen vgl. SCHIMMELPFENNIG, Papsttum S. 173f.

388 Ihre Anwesenheit in Würzburg bestätigt ihre Intervention zugunsten des Bistums Gurk am 18. Oktober 1130; DLoIII. 29; vgl. Reg. Imp. IV,1 Nr. 253.

389 Zur Rebellion der Staufer vgl. oben S. 273ff.

390 *Habita est synodus generalis in quadragesima apud Leodium … presente rege Lothario et regine Richeza ibique ab ipso apostolico et omni ecclesia inibi collecta excommunicati sunt Petrus Leonis, Counradus, et frater suus Fridericus cum omnibus illis faventibus*, Annales Magdeburgenses a. 1131, S. 183. – Zu den Quellen sowie der Sekundärliteratur ausführlich Reg. Imp. IV,1 Nr. 266.

391 Reg. Imp. IV,1 Nr. 345.

Die Ausgangslage bei der strittigen Wahl zwischen Alexander III. und Viktor IV. am 7. September 1159[392] unterschied sich insofern vollkommen von der Situation des Jahres 1130, als die Reichsregierung von Anfang an Partei war. Roland Bandinelli, der Kanzler der römischen Kirche[393], wurde als Alexander III. von der »sizilisch« orientierten Mehrheit der Kardinäle gewählt. Kardinal Octavian von Monticelli aber, der sich Victor IV. nannte, galt als Kandidat einer stauferfreundlichen Minderheit, für den sich die in Rom anwesenden Gesandten Kaiser Friedrichs I., Pfalzgraf Otto von Wittelsbach und Graf Guido von Biandrate, sofort nach der Wahl aussprachen. Eine für Februar 1160 einberufene Synode in Pavia[394] unter hauptsächlicher Beteiligung des Reichsepiskopats stellte sich erwartungsgemäß auf die Seite des »kaiserlichen« Papstes Viktor IV., der jedoch außerhalb des staufischen Machtbereichs kaum auf Anerkennung stieß, während Alexander III. seine Mehrheit in den folgenden Jahren zunehmend ausbauen konnte. Nach Viktors Tod am 20. April 1164 wurden von kaiserlicher Seite mit Paschalis III. (1164–1168) und Calixt III. (1168–1178) weitere Gegenpäpste erhoben[395], deren Geschichte hier nicht darzustellen ist, zumal die Haltung der von Paschalis am 1. August 1167 zur Kaiserin[396] gekrönten Beatrix von Burgund gegenüber dem bis 1177 andauernden Schisma in den Quellen nicht erkennbar wird[397]. Auch im Zusammenhang mit den Exkommunikationen Friedrichs I. und seiner Getreuen seitens Alexanders III. und seines Legaten Johannes von Anagni nach der Synode von Pavia im Februar und März 1160[398] wird ihre Person nicht genannt.

Vielmehr tritt sie erstmals beim Ausgleich mit Alexander III. in Erscheinung. Denn sie und ihr Sohn, König Heinrich, wurden in die die Aussöhnung zwischen Papst und Kaiser besiegelnden Verträge von Anagni Anfang November 1176 und Venedig im Juli 1177 einbezogen:

392 Reg. Imp. IV,2 Nr. 753.

393 Zu dem durch Bandinelli verursachten »Eklat von Besançon« 1157, mit dem er sich am staufischen Hof nicht eben beliebt gemacht hatte, vgl. Walter Heinemeyer, »beneficium – non feudum sed bonum factum«. Der Streit auf dem Reichstag zu Besançon 1157, AfD 15 (1969) S. 155–236; Opll, Friedrich Barbarossa S. 205f.

394 Reg. Imp. IV,2 Nr. 822.

395 Zum Kontext vgl. Opll, Friedrich Barbarossa S. 206–211.

396 Reg. Imp. IV,2 Nr. 1692.

397 Die in den Quellen nicht erkennbare Haltung der Beatrix zum Schisma führte bei Keszycka, Kaiserin Beatrix S. 42f. zu Hypothesen, die durch die Meinung von der Verwerflichkeit des Tuns der Reichsgewalt in ihrer Unterstützung der Gegenpäpste geprägt sind. Demzufolge habe Beatrix »ihren wachsenden Einfluß, wie es sich gebührt hätte, nicht benutzt, um ihren Gemahl vor dem verwegenen, kirchenpolitischen Schritte zurückzuhalten. Man wäre sogar geneigt anzunehmen, dass sie die rücksichtslosen Ratschläge des Kanzlers Rainald von Dassel gutgeheissen hat, und vielleicht unterstützt hat«. Die durch Hadrian und seinem Kanzler Bandinelli getadelte Scheidung Barbarossas von Adela von Vohburg ließe weiterhin darauf schließen, daß das Papsttum auch nicht die Verbindung mit Beatrix gutgeheißen habe, was auch bei ihr »Gefühle der Feindschaft für den nachmaligen Papst Alexander III. wachgerufen« habe. – Dies alles bleibt Spekulation!

398 Reg. Imp. IV,2 Nr. 846, 856, 858, 864.

Dominus imperator et domina imperatrix et dominus Heinricus rex filius eorum et principes universi exibent ecclesie Romane, quod primum et principale est, videlicet quod dominum papam Alexandrum in catholicum et universalem papam recipient et ei debitam reverentiam exibebunt, sicut catholici sui antecessores suis catholicis antecessoribus exibuerunt[399].

Der Papst und alle Kardinäle erkannten Friedrich und Beatrix als römisches und katholisches Kaiserpaar an, wobei Beatrix durch Alexander III. selbst oder seinen Legaten erneut zur Kaiserin gekrönt werden sollte[400]. Zudem wurden die Vereinbarungen im Frieden von Venedig auf die Kaiserin ausgedehnt[401]. Man kam überein, daß das Abkommen im Todesfall eines Beteiligten auch für dessen Nachfolger bindend sei. Bei einem frühen Tod Barbarossas waren demnach die Bedingungen seitens der Kurie gegenüber Beatrix und ihrem Sohn Heinrich einzuhalten[402]. Damit belegt der Vertrag, daß für den Fall eines frühzeitigen Todes Friedrichs I. die Übernahme der Regentschaft durch Kaiserin Beatrix für den zum Nachfolger bereits bestimmten, jetzt 12jährigen König Heinrich geplant war. Dies dürfte auch die Erklärung dafür sein, warum Beatrix in die Verträge mit der Kurie einbezogen wurde. Es wurde schriftlich fixiert, daß, wenn sie in die Lage kommen sollte, die Regierungsverantwortung zu übernehmen, auch für die Umsetzung der Abmachungen Sorge zu tragen hatte.

Alle diese Bedingungen wurden in den endgültigen Vertrag von Venedig im Juli 1177 aufgenommen. Hinzu kam in bezug auf Beatrix lediglich die eigens formulierte Anerkennung Alexanders III. als katholischen und universalen Papst: *Domina etiam B(eatrix) imperatrix recipiet dominum papam A(lexandrum) in catholicum et universalem papam*[403].

Die ausdrückliche Einbeziehung der Kaiserin in das politische Vertragswerk zur Beendigung des fast 18jährigen Schismas läßt sich nur erklären durch die im Jahre 1165 nicht auszuschließende Möglichkeit einer Regentschaft für den noch minderjährigen Heinrich VI. Das in ottonischer und salischer Zeit praktizierte Modell der Regentschaftsübernahme durch die Kaiserin für den Fall eines frühen Todes des Kaisers war insofern auch in staufischer Zeit nach wie vor aktuell.

Zusammenfassend läßt sich feststellen, daß in beiden Fällen, dem Anakletischen wie dem Alexandrinischen Schisma, die jeweiligen Königinnen in die Auseinandersetzungen involviert waren, wenn auch in unterschiedlicher Weise. Beide Herrscherpaare traten bei den jeweiligen Beratungen als politisches »Team« auf, wobei sich die Anwesenheit Richenzas direkt den Quellen entnehmen und die Teilnahme der Beatrix aus ihrer Nennung in den schriftlichen Vereinbarungen schließen läßt.

---

399 Vorvertrag von Anagni: DFI. 658, in: MGH DD 10,3 S. 161–165, zit. S. 162.

400 … *Dominus autem papa et omnes cardinales si[cut receperunt] dominum imperatorem in Rom[anorum et catholicum impera]torem et B(eatricem) felicem eius uxorem in [catholicam et Romanorum impera]tricem, ita quod ipsa recipiat [coronam a domino papa A(lexandro) vel a legato ipsius; ita recipient dominum H(einricum) filium eorum in] Romanorum et katholicum regem*, DFI. 658 S. 164.

401 *P[acem etiam vera]m reddent dominus papa A(lexander) et cardinales [domino imperatori F(rederico) et domine] B(eatrici) imperatrici et H(einrico) regi filio eorum et universis adiutoribus ipsorum …*, DFI. 658 S. 164.

402 … *.Similiter, quod absit, si dominus imperator premoriatur, dominus papa et cardinales et ecclesia Romana iam dictam pacem firmiter observabunt Beatrici felici uxori eius et Heinrico filio eius et omnibus de Teutonico regno et ceteris, sicut scriptum est, adiutoribus suis*, DFI. 658 S. 165.

403 DFI. 687, in: MGH DD 10,3 S. 202–206, zit. S. 204.

Als Ludwig »*Bavarus*«, wie ihn Papst Johannes XXII. als Erster bezeichnete, am 23. März 1324 von diesem mit dem Kirchenbann belegt wurde[404], galt dies nicht für dessen Gattin Margarete von Hennegau, die der König gerade erst – am 26. Februar 1324 in Köln – geheiratet hatte. Auch in der Aberkennungssentenz bezüglich aller aus der Königswahl resultierenden Rechte vom 11. Juli 1324 wird ihre Person nicht erwähnt[405]. Der in der Durchsetzung des päpstlichen Approbationsanspruches begründete Konflikt, der sich politisch an den unterschiedlichen Interessen in Oberitalien entzündet hatte und 1323 seitens der Kurie in prozeßrechtliche Bahnen gelenkt wurde, begleitete und bestimmte die gesamte Regierungszeit Ludwigs des Bayern sowie die Pontifikate mehrerer Päpste[406]. Margarete jedoch spielte auch nach der Kaiserkrönung in Rom am 17. Januar 1328[407] in den Verhandlungen und diplomatischen Aktivitäten zwischen dem Münchner Hof und der Kurie in Avignon offensichtlich keine Rolle. In keinem der die Auseinandersetzung widerspiegelnden vielen Schriftstücke wird sie erwähnt[408]. Ebensowenig tritt sie in der vom päpstlichen Interdikt über Deutschland belasteten Reichspolitik in Erscheinung[409].

Eine Einmischung Margaretes erfolgte erst seit 1336 und verstärkt 1340, als sie zwischen Ludwig dem Bayern und König Philipp von Frankreich, dem Bruder ihrer Mutter, zu vermitteln und den Abschluß eines Bündnisses zu arrangieren suchte[410]. Als Konsequenz daraus ergab sich die Beendigung der engen Zusammenarbeit zwischen Ludwig und dem englischen König Eduard III.[411]. Die Bedeutung einer Koalition mit Philipp von Frankreich lag hingegen vor allem in dessen Einfluß auf den

404 MGH Const. 5, Nr. 881 S. 692–699.

405 MGH Const. 5, Nr. 944 S. 779–788.

406 Zuletzt dazu Alois Schütz, Die Verhandlungen Ludwigs des Bayern mit Benedikt XII. Ein Beitrag zum päpstlichen Anspruch auf Approbation des Römischen Königs 1335–1337, in: Ludwig der Bayer als bayerischer Landesherr. Probleme und Stand der Forschung (ZBLG 60,1, 1997) S. 253–315 mit Nennung der einschlägigen Literatur zur gesamten Phase der Auseinandersetzung Ludwigs mit den Päpsten seiner Zeit; vgl. auch die Zusammenfassung von A. Schütz, Ludwig der Bayer, in: NDB 15 (1987) S. 334–347.

407 Zur römischen Krönung Margaretes, die nicht in Aachen gekrönt worden war, vgl. oben S. 38.

408 Hermann Otto Schwöbel, Der diplomatische Kampf zwischen Ludwig dem Bayern und der römischen Kurie im Rahmen des kanonischen Absolutionsprozesses 1330–1346 (Quellen und Studien zur Verfassungsgeschichte des Deutschen Reiches in Mittelalter und Neuzeit 10, 1968); Alois Schütz, Die Prokuratorien und Instruktionen Ludwigs des Bayern für die Kurie (1881–1345). Ein Beitrag zu seinem Absolutionsprozeß (Münchener Historische Studien. Abt. Historische Hilfswissenschaften 11, 1973).

409 Martin Kaufhold, Gladius spiritualis. Das päpstliche Interdikt über Deutschland in der Regierungszeit Ludwigs des Bayern (1324–1347) (Heidelberger Abhandlungen zur Mittleren und Neueren Geschichte 6, 1994).

410 Bereits Graf Wilhelm I. von Hennegau, der Vater Margaretes, hatte 1330 versucht, zwischen Ludwig dem Bayern und dem Papst zu vermitteln; vgl. Heinz Thomas, Brabant-Hennegau und Thüringen. Zur Entschlüsselung und zur Datierung des ›Lohengrin‹, Beiträge zur Geschichte der deutschen Sprache und Literatur 108 (1986) S. 40–64, bes. S. 47–50.

411 Friedrich Bock (Hg.), Das deutsch-englische Bündnis von 1335–1342. I. Quellen (Quellen und Erörterungen zur bayerischen Geschichte N.F. 12, 1956); Fritz Trautz, Die Könige von England und das Reich 1272–1377. Mit einem Rückblick auf ihr Verhältnis zu den Staufern (1961) passim.

Papst, durch den er mit Erfolg die Verhandlungen Ludwigs um seine Absolution gestört und verzögert hatte[412].

Das Bemühen der Kaiserin, einen Freundschaftsvertrag zu vermitteln, zeigt ein Schreiben Papst Benedikts an den französischen König Philipp vom 23. November 1336 auf dessen Anfrage, wie er in der Sache verfahren solle. Der Papst riet ihm von einem Bündnis mit Ludwig ab, solange dieser gebannt sei[413]. Damit war dieser Versuch Margaretes vorläufig gescheitert, die offensichtlich in Absprache mit ihrem Gatten aufgrund der verwandtschaftlichen Beziehungen zum französischen König die Kontakte hergestellt hatte. Ludwig ließ es damit aber keinesfalls bewenden, sondern beauftragte Ende des Jahres 1336 den mit der Schwester Margaretes verheirateten Markgrafen Wilhelm von Jülich damit, den französischen König dazu zu bewegen, nichts gegen ihn bei der Kurie zu unternehmen[414].

Im Jahr 1340 war Margarete erneut bemüht, ein Abkommen zu erreichen. Den Angaben des Mathias von Neuenburg zufolge schrieb sie als *domina Alamannie* Briefe an König Philipp, um Frieden zwischen ihm und ihrem Gatten zu stiften. Dabei bestimmte sie auch die Unterhändler für die Verhandlungen[415], die schließlich erfolgreich abgeschlossen werden konnten. Nach vielen Gesandtschaften wie auch schriftlicher Kommunikation zwischen den beiden Höfen kam ein Freundschaftspakt zustande, den Ludwig der Bayer am 24. Januar[416] und Philipp von Frankreich am 15. März 1341 beschworen[417].

Für den Tatbestand der »communicatio cum excommunicatis« dürfte für Margarete als Ehefrau wie auch für ihre Kinder weiterhin der Ausnahmefall der Straffreiheit trotz des Umgangs mit dem gebannten Ludwig gegolten haben[418]. Dieser ju-

412 Vgl. Schütz, Verhandlungen passim.

413 ... *Cum autem tam ex propositis huiusmodi quam litterarum predicte uxoris Ludovici iamdicti et responsalium prefatarum tenoribus ea, que uxor prelibata super contrahendis et firmandis ligis et confoederationibus inter te ac consanguineos et fideles tuos ex parte una memoratumque Ludovicum et sequaces suos ex altera petierit queve circumspectio regalis responderit super hoc, intellexerimus diligenter, devotionem et prudentiam regiam in hac parte multipliciter in domino cum graciarum actionibus commendantes, regali magnificentie nostrum super hiis cum fiducia requirenti consilium tenore presentium respondemus, quod, si Ludovicum predictum ad unitatem redire contingat ecclesie ac a penis et sentenciis, quibus ligatus existere noscitur, liberari, te cum ipso, presertim cum affinitate et ... nati sui tibi nexu sanguinis coniungantur, ligas et confederationes vere ac caritative amicicie cum mentis sinceritate inire et facere expediens crederemus; sed ante reconciliationem et obtentam absolutionem huiusmodi propter honorem et reverentiam ecclesie ... nullatenus esset tutum,* in: Vatikanische Akten zur deutschen Geschichte in der Zeit Kaiser Ludwigs des Bayern, hg. von Sigmund von Riezler (1891, ND 1973) Nr. 1847 S. 657f.

414 Schütz, Verhandlungen S. 274f.

415 *Tunc misit Francus nuncium et litteras imperatrici, filie sororis sue, quam ›dominam Alamannie‹ scripsit, ut inter ipsum et principem concordiam ordinaret et sibi nuncium, de quo princeps confideret, destinaret. Et missis hinc inde pluries nunciis et litteris inter principem et Francum interpositis iuramentis et confectis litteris liga perpetua est firmata, in qua ipse Francus principem cum sede apostolica reformare iuravit,* Mathias von Neuenburg, Chronik, ed. Adolf Hofmeister, MGH SS rer. Germ. N.S. 4 (^{2}1955) S. 155f.

416 J. F. Böhmer, Regesta Imperii inde ab anno MCCCXIIII usque ad annum MCCCXLVII. Die Urkunden Kaiser Ludwigs des Baiern, König Friedrich des Schönen und König Johanns von Böhmen in Auszügen (1839) Nr. 2135.

417 Nova Alamanniae. Urkunden, Briefe und andere Quellen besonders zur deutschen Geschichte des 14. Jahrhunderts, Bd. 2/I, hg. von Edmund E. Stengel (1930) Nr. 669 S. 451–453.

418 Vgl. Alois Schütz, Der Kampf Ludwigs des Bayern gegen Papst Johannes XXII. und die Rolle der Gelehrten am Münchner Hof, in: Die Zeit der frühen Herzöge. Von Otto I. zu Ludwig dem

risdiktionelle Freiraum verengte sich jedoch spätestens zu Beginn des Jahres 1346, als Margarete als Erbin Hennegaus von Kaiser Ludwig auch die in Personalunion mit der Grafschaft verbundenen Reichslehen Holland, Seeland und Friesland übertragen wurden[419]. Indem sie mit dieser Lehensübertragung durch den gebannten Kaiser dessen rechtliche Handlung als König offiziell anerkannte, mißachtete sie die päpstliche Sentenz, die Ludwig die Ausübung aller königlichen Rechte untersagte. Sie widersetzte sich damit selbst dem Papst und verfiel im Grunde automatisch dem Kirchenbann. Dennoch ging Clemens VI. nicht gegen Margarete vor und sah auf Intervention König Philipps von Frankreich unter der Bedingung, daß sie nur als Gräfin und nicht als Kaiserin Handlungen vollziehe, auch davon ab, über die von ihr regierten Grafschaften das Interdikt zu verhängen[420]. Doch auch in den Urkunden, die sie in den späteren Niederlanden ausstellen ließ, verzichtete sie noch lange nach dem Tod Ludwigs nicht auf den Titel einer römischen Kaiserin, einer *emperreis des Romains*[421]. Ausschließlich als *contesse de Haynnau, de Holland, de Zellande et dame de Frise* urkundete sie erstmals am 6. Mai 1351[422], wenige Wochen vor ihrer Absolution, die Papst Clemens VI. am 13. April 1351 mit einer Bulle zugestanden hatte und die die Bischöfe von Cambrai und Arras in der gräflichen Kapelle in Valenciennes am 30. Juli 1351 vornahmen.

Vor Erteilung der Absolution mußte Margarete allerdings päpstliche Bedingungen erfüllen und vor Zeugen erklären, daß sie mit ihrer Unterstützung für den gebannten Kaiser Ludwig den Anordnungen der Kirche zuwidergehandelt habe:

> *Je, Margarete, contesse de Haynnau, de Hollande et de Zelande, veve de jadis monsigneur Loys de Bavière, qui pour empereur des Romains se portoit, par le jugement de Sainte-Église de Rome réprouvet, confesse et recognois moy avoir erret et meffet moult en portant faveur ou autrement service faisant contre les commans et défenses de ledite Église de Rome, et les autres procès contre lui fays par yeelle*[423].

Darüber hinaus mußte sie Verzicht leisten auf den Namen, die Würde und den Status, die ihr aufgrund des Kaisertums wie des Königtums zukamen:

> *Et dès maintenant je oste de mi, de fait et de parole, le nom, honneur et estat de empris et de royne, et toute hautèce et quelconques noblèces de quelconques impérial et royal dignitet*[424].

Der dritte Teil der Erklärung enthielt schließlich ein umfassendes Versprechen, der Kirche und dem Papst Gehorsam zu erweisen und den wahren Glauben zu bekennen[425]. Damit hatte sich Margarete als erste aus der familiären Umgebung Ludwigs

---

Bayern. Beiträge zur Bayerischen Geschichte und Kunst 1180–1350, hg. von Hubert GLASER (Wittelsbach und Bayern I/1, 1980) S. 388–397, hier S. 394.

419 Zur Regierung Margaretes in Hennegau S. 364–369.

420 Quellenbelege siehe S. 366.

421 So z. B. in einer Urkunde vom 4. September 1350 in: Cartulaire des Comtes de Hainaut de l'avènement de Guillaume II à la mort de Jacqueline de Bavière, ed. Léopold DEVILLERS, Bd. 1 (1881) Nr. 198 S. 327.

422 Cartulaire des Comtes de Hainaut Nr. 203 S. 335f.

423 Cartulaire des Comtes de Hainaut Nr. 206 S. 338f.

424 Ebd.

425 *Et avec ce, je fouriure toute descorde contraire à le ordenanche de le dite Église et promech sans faintise aucune demorer à tous jours en vrai obéissance de le dite Église, de no saint père devant dit et de ses suc-*

des Bayern mit dem Papsttum ausgesöhnt. Die Absolutionen seiner Söhne, die nicht minder die Politik des gebannten Kaisers unterstützt und mitgetragen hatten, folgten in den Jahren 1354, 1358, 1359 und 1362[426].

Insgesamt läßt sich somit feststellen, daß Kaiserin Margarete in der Anfangsphase der Auseinandersetzung zwischen Ludwig dem Bayern und Papst Johannes XXII. sowie seiner Nachfolger keinen Einfluß genommen hatte. Ein solcher spiegelt sich zumindest nicht in den Quellen wider. Wohl von Ludwig vorgeschoben trat sie erst dann auf den Plan, als es galt, den französischen König als einen engen Verwandten für die Ziele ihres Gatten zu gewinnen. Da sie in den letzten Jahren vor allem durch die Übernahme der Regierung in den niederländischen Grafschaften die Politik Ludwigs des Bayern maßgeblich unterstützte, geriet sie selbst in einen Konflikt mit dem Papsttum. Die Versöhnung mit der Kirche kam erst einige Jahre nach dem Tod Ludwigs durch den Verzicht auf alle kaiserlichen und königlichen Titel und Würden zustande.

---

cesseurs entrans justement et par voie canonike. Si confesse aussi croire et tenir ce que croit, tient et ensenge Sainte-Église nostre mère, et blasme et desdit celle dampnée affirmation qui dampnablement afferme que li empereres de Rome puist no saint père le pape démettre et autre en ce liu remettre et establir, ebd.

426 Vgl. Roland Pauler, Die Rehabilitierung Ludwigs des Brandenburgers im Rahmen der päpstlichen Imperialpolitik, in: Ludwig der Bayer als bayerischer Landesherr. Probleme und Stand der Forschung (ZBLG 60,1, 1997) S. 317–328.

Stellvertretung im Königtum

Regentschaften

Theophanu und Adelheid (984–994)

Mit der Übernahme der Reichsregierung durch die *imperiales dominae*, Theophanu und Adelheid, für den minderjährigen Otto III. 984, befanden sich die beiden Kaiserinnen in einer Position, die von den Herrscherinnen häufig in merowingischer Zeit bekleidet werden mußte. Unter den Karolingern hingegen hatte es nur mehr selten Kindkönige gegeben, deren Herrschaft es zu sichern galt[1]. Zuletzt trat diese Situation nach dem Tod Arnulfs von Kärnten im Jahre 899 ein. Doch Oda[2], der Mutter des 6jährigen Thronerben Ludwig, gelang es nicht, sich politisch durchzusetzen. Fraglich bleibt aufgrund mangelnder Überlieferung, ob sie im Kampf um die Herrschaft überhaupt eine Rolle spielen konnte. Denn kurz vor dem Tod des Kaisers war gegen sie eine Ehebruchsklage angestrengt worden, von der sich ebenfalls nicht mehr beurteilen läßt, ob sie gerechtfertigt war oder nicht[3]. Geht man mit Johannes Fried davon aus, daß die offiziell verhandelten Vorwürfe des Ehebruchs nicht ohne Zustimmung Arnulfs erfolgt sein konnten[4], erscheint es nicht unwahrscheinlich, daß diese öffentliche Demütigung nicht zuletzt deshalb in Szene gesetzt wurde, um Oda politisch auszuschalten. Denn im Verlauf der langen Krankheit Arnulfs infolge eines Schlaganfalls nach der Kaiserkrönung in Rom 896 sind zwischen ihm und den Großen des ostfränkischen Reiches sicherlich auch Gespräche über die Thronfolge seines Sohnes Ludwig und eine eventuelle Regentschaft geführt worden. Dabei könnte es dem Adel gelungen sein, die Kaiserin[5] aus der politischen Verantwortung auszuschließen. Es wäre also denkbar, daß man, um Oda vollends zu diskreditieren, zu einer extremen Maßnahme griff und gegen sie eine Gerichtsklage anstrengte, die sie trotz des Freispruchs mit 72 Eidhelfern politisch »ins Aus« stellen mußte[6]. In den

---

1 Eine Zusammenstellung weiblicher Regentschaften seit dem 5. Jahrhundert bei Gunther WOLF, Königinwitwen als Vormünder ihrer Söhne und Enkel im Abendland zwischen 426 und 1056, in: DERS. (Hg.), Kaiserin Theophanu S. 39–58.

2 Gegen die These, Oda stamme aus der Sippe der Konradiner, neuerdings Donald C. JACKMAN, The Konradiner. A Study in Genealogical Methodology (Ius Commune. Sonderheft 47, 1990) S. 135–138.

3 Ernst DÜMMLER, Geschichte des ostfränkischen Reiches 3 (^{2}1888) S. 462f. – Zu den im 9. Jahrhundert vermehrt auftretenden Ehebruchsklagen gegen Königinnen als Ausdruck einer neuen machtpolitischen Rolle der Königin vgl. Geneviève BÜHRER-THIERRY, La reine adultère, Cahiers de civilisation médiévale 35 (1992) S. 299–312.

4 FRIED, Weg in die Geschichte S. 442.

5 Die gemeinsame Kaiserkrönung von Arnulf und Oda in Rom durch Papst Formosus im Februar 986 hält DÜMMLER, Geschichte 3 S. 420 für »wahrscheinlich«.

6 Reg. Imp. I Nr. 1954a.

Urkunden Ludwigs des Kindes intervenierte sie nicht mehr, ließ lediglich einige Schenkungen aus ihrem Wittum verbriefen[7]. Ein paritätisch mit je zwei Mitgliedern des geistlichen und weltlichen Adels besetzter Regentschaftsrat unter der Leitung des Mainzer Erzbischofs Hatto übernahm 900 die Regierung im ostfränkischen Reich[8].

Auch nach dem frühen und unerwarteten Tod Ottos II. am 7. Dezember 983 in Rom gab es keinen problemlosen Herrscherwechsel. Während Gattin, Mutter und Schwester, noch in Italien, um den achtundzwanzigjährigen Kaiser trauerten und sich der Überbringer der Todesnachricht wohl bereits auf seinem letzten Etappenritt vor Aachen befand, vollzogen die Erzbischöfe Willigis von Mainz und Johannes von Ravenna in der Pfalzkapelle Karls des Großen am Weihnachtstag 983 Weihe und Krönung des 3jährigen Otto III. Dieser war im Frühsommer 983 auf einem Hoftag in Verona zum Thronfolger bestimmt worden[9]. Die Herrschaft der ottonischen Königsfamilie war damit jedoch, wie sich bald zeigen sollte, nicht gesichert, denn es gab keine rechtsverbindlichen Regelungen für eine Regentschaft bestimmter Personen oder Personengruppen[10]. Den Anspruch darauf, der erst noch durchgesetzt werden mußte, erhob das ottonische Königshaus unter Führung der Kaiserinnen sowie der nächste männliche Verwandte, der bayerische Herzog Heinrich der Zänker. Nur eine weitere Möglichkeit schien im Jahr 984 chancenlos, ein Regentschaftsrat nach dem Vorbild von 900[11].

Kurz zu den Vorgängen[12]: Die Kunde vom Tod des Kaisers, wodurch nach mittelalterlichem Recht alle zu dessen Lebzeiten mit ihm getroffenen Vereinbarungen als gelöst betrachtet wurden, veranlaßte Folkmar von Utrecht Heinrich den Zänker aus der Haft zu entlassen und in der Folge auch politisch an dessen Seite zu treten[13]. Wegen seines letzten Aufstands im Jahre 977 hatte sich der bayerische Herzog seit dem Osterhoftag 978 im Gewahrsam des Bischofs befunden[14]. Gemeinsam reisten sie von Utrecht nach Köln, wo ihnen Erzbischof Warin *ob ius propinquitatis*, so die

---

7 Vgl. DÜMMLER, Geschichte 3 S. 496f.

8 Weitere Mitglieder waren neben Bischof Adalbero von Augsburg, dem Erzieher Ludwigs, die beiden Konradiner Brüder, Graf Konrad der Ältere und Gebhard, sowie der bayerische Markgraf Liutpold; vgl. Rudolf SCHIEFFER, Die Karolinger (Urban-TB 411, 1992) S. 196f.

9 Reg. Imp. II,3 Nr. 956n.

10 BOSHOF, Königtum S. 20.

11 Vgl. Franz-Reiner ERKENS, ... *more Grecorum conregnantem instituere vultis?* Zur Legitimation der Regentschaft Heinrichs des Zänkers im Thronstreit von 984, FMSt 27 (1993) S. 273–289, hier S. 274.

12 Neben der Zusammenstellung der Regesten bei BÖHMER-UHLIRZ vgl. zu den Ereignissen v. a. UHLIRZ, Otto III. S. 9–35, BEUMANN, Ottonen S. 127–131, HOLTZMANN, Sächsische Kaiserzeit S. 279–288, Rudolf KOHLENBERGER, Die Vorgänge des Thronstreits während der Unmündigkeit Ottos III. 983–985 (1931) S. 5–39 und neuerdings FRIED, Weg in die Geschichte S. 561–565 sowie ALTHOFF, Otto III. S. 37–54.

13 Nach Rolf GROSSE, Das Bistum Utrecht und seine Bischöfe im 10. und frühen 11. Jahrhundert (Kölner Historische Abhandlungen 33, 1987) S. 110f. habe Bischof Folcmar die Entwicklung vorausgesehen, »auf deren Höhepunkt sich Heinrich zu Ostern 984 in Quedlinburg von seinen Anhängern zum König wählen ließ«. Daß der Bischof darüber hinaus zur Partei des Zänkers gehörte, sei »ein Indiz dafür, daß er von Anfang an mit seinen Bestrebungen einverstanden gewesen sein dürfte«.

14 Reg. Imp. II,2 Nr. 763c.

Quedlinburger Annalen[15], Otto III. aushändigte. Er tat dies entgegen der Anordnung Ottos II., der dem Kölner Metropolitan das Kind zur Erziehung anvertraut hatte[16]. Damit begann der Kampf um den kleinen König, der sich schnell zum Streit um den Thron ausweitete.

Dieser Kampf um die Macht im Reich war zu Beginn des Jahres 984 noch völlig offen und die Frage, wer die Regierung übernehmen solle, ungeklärt. Dies belegt eine durchaus glaubwürdige Nachricht des ansonsten nicht immer verläßlichen Richer von St. Remi[17] über erste Gespräche zwischen den Großen des Reichs nach Bekanntwerden der Todesnachricht. Sie könnten noch in Aachen im Anschluß an die Krönungsfeierlichkeiten geführt worden sein und ergaben ein geteiltes Meinungsbild, wobei das Kräfteverhältnis unklar bleibt: Einige Fürsten traten für die Erbfolge des Kindes ein, andere sprachen sich dagegen aus[18].

In den ersten Monaten gelang es Heinrich, viel Anhängerschaft um sich zu scharen, nicht zuletzt weil er als nächster Agnate, als *patronus legalis* – wie ihn Thietmar bezeichnet[19] – einen legitimen Anspruch auf Vormundschaft erheben konnte[20], der vor allem im Episkopat auf hohe Akzeptanz stieß[21]. Sein Versuch der Herrschaftsübernahme – ob in Form eines Mitkönigtums oder eines eigenen Königtums sei dahingestellt[22] – schien schon fast erfolgreich zu verlaufen, als seine Bemühungen auf den vielbesuchten Hoftagen in Magdeburg und Quedlinburg am Palm- und Ostersonntag 984 Höhepunkt und Wende fanden[23]. In Magdeburg endeten die Ver-

15 … *comperta morte imperatoris, Heinricus quondam dux de exilio regressus, cum sibi faventibus Agrippinam civitatem intravit; simulans se primo ob ius propinquitatis partibus regis infantis fidelissime patrocinaturum, regem tenuit;* Annales Quedlinburgenses S. 64/66.

16 Vgl. Thietmar, Chronicon: *Solvitur a Traiectensi custodia dux Heinricus, et ab eo rex tenellus ad nutriendum sive ad degradandum a Warino, Coloniensi archiepiscopo, cuius firmae fidei ab inperatore predicto is commissus fuit, assumitur* (III 26 [15] S. 130). *Prefatus vero dux cum Poppone venerabili episcopo, sub cuius potestate diu tenetur, et cum Ekberto comite unioculo Agripinam veniens, regem patronus legalis de Warino, ut predixi, archipresule suscepit, eiusdemque auxilium cum omnibus, quos ad sui gratiam convertere poterat, firmiter est adeptus* (IV 1 [1] S. 130/32). Einige Quellen bezeichnen die Übergabe als Raub, so die Annales Augustani, ed. G. H. Pertz, in: MGH SS 3, S. 124: *Otto iuvenis rex ab Heinrico duce captus* und die Gesta episcoporum Cameracensium, ed. L. C. Bethmann, in: MGH SS 7, S. 444: *Dux nimirum Heinricus regium puerum factiose raptum tenebat in custodiam.*

17 Vgl. Hans Henning Kortüm, Richer von Saint-Remi. Studien zu einem Geschichtsschreiber des 10. Jahrhunderts (Historische Forschungen 8, 1985); Michel Bur, in: LexMA 7 (1995) Sp. 830f.

18 *Quem patri succedere in regnum cum aliquot primates voluissent, id ab aliquibus contradictum est,* Richer, Histoire de France, ed. Robert Latouche, Bd. 2, liber III c. 97 S. 122; vgl. Reg. Imp. II,3 Nr. 956v.

19 Zitat in Anm. 16.

20 Erkens, *more Grecorum* S. 275–279.

21 Von seinen Anhängern kennen wir neben Folkmar von Utrecht und Warin von Köln namentlich unter anderem Egbert von Trier, Giselher von Magdeburg, Dietrich von Metz; zu ihren Motiven vgl. Erkens, *more Grecorum* S. 276f. und Fried, Weg in die Geschichte S. 563f.

22 Diese besonders in der neueren Forschung erörterte Frage wird ausführlich diskutiert bei Erkens, *more Grecorum* S. 282–289 mit dem Ergebnis, daß die Pläne des Zänkers »letztlich unklar« bleiben. Demgegenüber kommt Johannes Laudage, Das Problem der Vormundschaft über Otto III., in: Kaiserin Theophanu 2 S. 261–275 zu der Schlußfolgerung, daß es Heinrich weder um die Vormundschaft noch um eine Mitregentschaft, sondern von Anfang an um die eigene Nachfolge im Königtum gegangen sei; vgl. bes. S. 262–267.

23 Zur Bedeutung des hier entfalteten Zeremoniells vgl. Althoff, Bett des Königs S. 141–153, bes. S. 144f.

handlungen mit den Fürsten damit, daß Heinrich nicht die erhoffte Anerkennung seines Königtums erhielt[24]. In Quedlinburg erreichte er nurmehr, daß er *a suis publice rex appellatur laudibusque divinis attollitur*[25]. Die nicht zu seiner Anhängerschaft gehörenden anwesenden Großen beziehungsweise deren Gesandte hielten jedoch Otto III. die Treue und begaben sich dem Bericht Thietmars zufolge im Anschluß daran auf die Asselburg, wo sich bereits die Gegner Heinrichs zusammengeschlossen hatten[26]. Das Ende der Ambitionen Heinrichs auf die Königsherrschaft war damit eingeleitet. Er mußte kapitulieren[27] und den Kindkönig auf dem Hoftag in Rohr am 29. Juni 984 Theophanu und Adelheid aushändigen[28], die von da an die Regentschaft für den gerade erst 4 Jahre alt werdenden Otto III. führten.

Welche konkrete Bedeutung im Kampf um die Macht den beiden Kaiserinnen zukam, ist sehr schwer zu beurteilen. Da sie nach dem Tod Ottos II. nicht sofort die Heimreise antraten, um für das Königtum Ottos III. vor Ort zu kämpfen, sondern – ohne scheinbar große Aktivitäten zu entfalten – vorerst in Italien blieben, bis sie Ende März ins Reich gerufen wurden, wird in der Forschung meist nur ihre Passivität in den ersten Monaten der Thronvakanz festgestellt. Interessant ist jedoch der Zeitpunkt ihrer Rückkehr: Willigis von Mainz forderte die kaiserlichen Damen erst dazu auf, als sich klar eine Kehrtwende zugunsten des ottonischen Hauses, zugunsten

24 *Qui cum palmarum sollemnia in Magadaburg celebrare voluisset, omnes regionis illius principes huc convenire rogavit atque precepit, tractans, quomodo se suae potestati subderent regnique eum fastigio sublevarent. Huic consilio maxima pars procerum hoc dolo consensit, quod licenciam a domino suimet rege, cui iuraverat, prius peteret postque secura novo regi serviret. Quidam autem ob eius indignationem digressi, occultis meditantur astutiis, qualiter hoc numquam fieret*, Thietmar, Chronicon IV 1 (1) S. 132. Die »Doppelbötigkeit« des hier benannten und auf Zeit spielenden Fürstenarguments, dessen gegen seine Herrschaft gerichtete Tendenz Heinrich auch sofort richtig erkannt habe, betont ALTHOFF, Otto III. S. 44 mit der ganz zurecht gestellten Frage, wen denn die Fürsten um Erlaubnis hätten bitten sollen. – Zur Haltung der Sachsen vgl. auch Wolfgang GIESE, Der Stamm der Sachsen und das Reich in ottonischer und salischer Zeit (1979) S. 24f.

25 Thietmar, Chronicon IV 2 (2) S. 132.

26 *Inde egressus Heinricus proximum pascha Quidilingeburg festivis peregit gaudiis. Quo magnus regni primatus colligitur, a quibusdam autem venire illo nolentibus ad omnia diligenter inquirenda nuntius mittitur. Hac in festivitate idem a suis publice rex appellatur laudibusque divinis attollitur. Huc Miseco et Mistui et Bolizlovo duces cum caeteris ineffabilibus confluebant, auxilium sibi deinceps ut regi et domino cum iuramentis affirmantes. Multi ex his fidem violare ob timorem Dei non presumentes paululum evaserunt et ad civitatem Hesleburg, quo consocii eorum adversus ducem iam palam conspirantes conveniebant, festinavere*, Thietmar, Chronicon IV 2 (2) S. 132; im Anschluß fügt Thietmar noch die Namen der Beteiligten an. – Zur *coniuratio* als politisch handlungsfähiger Verband: ALTHOFF, Organisation S. 129–142. Bereits an der Jahreswende 983/84 knüpfte Heinrich Kontakte zum französischen König, die er dann allerdings nicht vertiefte, vgl. Reg. Imp. II,3 Nr. 956c/1.

27 Nach einem sehr frühzeitigen kämpferischen Widerstand gegen Heinrich in Lothringen (Reg. Imp. II,3 Nr. 956b/1), beginnt dieser sich seit etwa Ende Februar in vielen Teilen des Reiches zu formatieren (Reg. Imp. II,3 Nr. 956k/1, n/1, p/1, r/1). Zu einer nicht mehr regional gebundenen Versammlung kam es kurz nach dem Quedlinburger Osterhoftag unter Führung Herzog Bernhards von Sachsen und Erzbischof Willigis' von Mainz (Reg. Imp. II,3 Nr. 956u/1). Vom 10.–15. Mai 984 verhandelten die Anhänger Ottos III. mit Willigis und Herzog Konrad von Schwaben an der Spitze mit Heinrich dem Zänker in Bürstadt (Reg. Imp. II,3 Nr. 965e/2). Nach letzten erfolglosen Aktionen (Reg. Imp. II,3 Nr. 956 g/2, h/2, l/2, m/2) mußte dieser schließlich seine Pläne auf Gewinnung der Königsherrschaft in der zweiten Junihälfte in Merseburg endgültig aufgeben (Reg. Imp. II,3 Nr. 956p/2).

28 Reg. Imp. II,3 Nr. 956q/2.

einer Regentschaft von Mutter und Großmutter abzeichnete, dann nämlich, als sich gegen Heinrich ein allgemeiner Widerstand nach dem Quedlinburger Hoftag zu organisieren begann und sein Scheitern absehbar wurde[29].

Adelheid und Theophanu sowie die ebenfalls in Italien verbliebene Äbtissin Mathilde von Quedlinburg, die Tante Ottos III., warteten also auf ein Zeichen der Reichsfürsten und brachen, als deren Gesandte in Pavia eingetroffen waren, unverzüglich nach Norden auf. Betrachtet man den Aspekt des Wartens beziehungsweise Abwartens positiv, dann erscheint der in der Forschung als eher unverständlich bewertete lange Aufenthalt der Kaiserinnen in einem anderen Licht. Ihr vermeintliches Untätigsein und Herumsitzen in Pavia, während das Königtum des ottonischen Hauses bedrängt und gefährdet war, kann dann als Taktik interpretiert werden, wahrscheinlich sogar als Bestandteil einer mit den Kaiserinnen verabredeten Übereinkunft. Darauf ließe die etwas verklausulierte Bemerkung Thietmars von Merseburg schließen, demzufolge sich die Kaiserinnen bis zum Zeitpunkt der Klärung der Verhältnisse in Pavia demütig im göttlichen Trost gezeigt hätten[30]. Tatsächlich konnten sie in Deutschland kaum mehr ausrichten als die Erzbischöfe von Reims und Mainz[31] sowie die Herzöge, die auf Seiten Ottos III. und des ottonischen Hauses standen und nicht in die Versuchung gerieten, mit dem Zänker zu koalieren[32]. Ein vorzeitiges Ende für eine Regentschaft der Kaiserinnen hätte es aber geben können, wenn auch sie in die Hände des Zänkers gefallen wären, zumal dieser über die Person Ottos III. hinaus auch bereits dessen ältere Schwester, die in Quedlinburg erzogene Prinzessin Adelheid, unter seine Obhut gebracht hatte. Sie konnte erst Mitte April 984 aus der Burg Ala des Grafen Ekbert des Einäugigen, einem der ältesten Bundesgenossen Heinrichs, durch Anhänger Ottos III. befreit werden[33]. Die Erinnerung Adelheids an ihre Gefangennahme durch Berengar von Ivrea

29 Reg. Imp. II,3 Nr. 956x/1 und c/2.

30 *Ventum est ad Rara ab inperatricibus in Papia humiliter divinam consolationem huc usque prestolantibus ...*, Thietmar, Chronicon IV 8, S. 140.

31 Nach anfänglicher Untätigkeit Willigis' in den ersten Wochen des Jahres 984, worauf das Schweigen in den Quellen hinzudeuten scheint, versuchte er Ende Februar, Anfang März die Gegner Heinrichs und die Anhänger des ottonischen Kaiserhauses zu sammeln; vgl. Reg. Imp. II,3 Nr. 956p/1. – Anfang/Mitte März nahm Erzbischof Adalbero von Reims brieflichen Kontakt mit ihm auf, indem er seine Parteinahme für Otto III. deutlich machte, seine Vermittlung gegenüber den westfränkischen Königen Lothar und Ludwig V. mitteilte, vor den Plänen Heinrichs warnte und Willigis aufforderte, ihn über die politischen Verhältnisse im Reich zu informieren; vgl. Brief Nr. 27, in: Briefsammlung Gerberts von Reims, ed. Fritz WEIGLE (MGH Briefe der deutschen Kaiserzeit 2, 1966) S. 49f.; vgl. Reg. Imp. II,3 Nr. 956r/1. – Zum entschiedenen Einsatz des Mainzer Erzbischofs vgl. Heinrich BÖHMER, Willigis von Mainz. Ein Beitrag zur Geschichte des Deutschen Reichs und der Deutschen Kirche in der sächsischen Kaiserzeit (Leipziger Studien aus dem Gebiet der Geschichte, 1. Bd., 3. Heft, 1895) S. 26–36; Werner GOEZ, Leben und Werk des hl. Willigis, in: Helmut HINKEL (Hg.), 1000 Jahre St. Stephan in Mainz. Festschrift (Quellen und Abhandlungen zur mittelrheinischen Kirchengeschichte 63, 1990) S. 15–32, hier S. 21f.; zuletzt die knappe Skizze von Gerald BEYREUTHER, Willigis, Erzbischof von Mainz (975–1011), in: Deutsche Fürsten des Mittelalters, hg. von Eberhard HOLTZ und Wolfgang HUSCHNER (1995) S. 87–95.

32 ERKENS, *more Grecorum* S. 277.

33 *... hostilis immanitas urbem comitis Ekberti, quae Ala dicitur, possedit; destructisque protinus muris intrantes Ethelheidam inperatoris filiam, quae hic nutriebatur, cum pecunia ibi plurimum collecta rapiunt, gaudentesque redeunt*, Thietmar, Chronicon IV 3, S. 134; vgl. Reg. Imp. II,3 Nr. 956b/2.

nach dem Tod ihres ersten Gatten, des italischen Königs Lothar, mag nur einen weiteren Ausschlag dafür gegeben haben, sich keinesfalls durch eine frühe Rückkehr im Januar oder Februar einer solchen Gefahr auszusetzen, sondern in Italien, wo man vor dem Zugriff des Zänkers relativ sicher war, abzuwarten, bis sich die Situation zu ihren Gunsten wandeln würde.

Eines erscheint im Verlauf des Thronstreits aufgrund der Aktivitäten im Umkreis Gerberts von Aurillac ganz deutlich: Heinrich ist derjenige, der die *res publica*[34] in Gefahr bringt und als deren *hostis*[35] gilt, indem er nach der Königskrone greift, die doch Otto III. schon gehörte. Theophanu hingegen war – sicherlich in Übereinstimmung mit ihrer Schwiegermutter – offensichtlich von Anfang an fest entschlossen, ihrem minderjährigen Sohn die Krone zu erhalten und die Regentschaft zu übernehmen. Diese Position muß bereits in den nach Weihnachten 983 in Pavia geführten Gesprächen mit Gerbert und anderen Vertrauten, darunter Imiza[36] und Rotbertus[37], nachdrücklich bekräftigt worden sein[38]. Denn im Anschluß daran reiste Gerbert, damals noch Abt des oberitalischen Klosters Bobbio, zu Erzbischof Adalbero nach Reims[39], einem treuen Anhänger des ottonischen Hauses, um gemeinsam mit ihm zugunsten der Regentschaft der Kaiserinnen einzutreten[40].

34 Gerbert an Abt Gerald von Aurillac, Nr. 16 in: Briefsammlung Gerberts S. 38f.

35 So Adalbero von Metz in einem Brief an Bischof Notger von Lüttich; Nr. 39 in: Briefsammlung Gerberts S. 66–68, zit. S. 67. Umstritten ist die Datierung des Schreibens, das entweder im Januar/Februar oder aber im Dezember 984 abgefaßt wurde; für die Frühdatierung zuletzt ALTHOFF, Otto III. S. 41.

36 Die Teilnahme ist zu schließen aus dem Brief Nr. 22 (S. 44f.) an Imiza von Januar/Februar 984, in dem Gerbert sie bittet, Theophanu auszurichten, daß die französischen Könige Otto III. gewogen seien und den Anspruch auf die Vormundschaft nur erheben würden, um den Griff Heinrichs nach dem Königtum zu verhindern: *Dominam meam Theuphanu imperatricem meo nomine convenite. Reges Francorum filio suo favere dicite nichilque aliud conari nisi tyrannide Heinrici velle regem se facere volentis sub nomine advocationis destruere* (S. 45); vgl. Reg. Imp. II,3 Nr. 956n/1. Da Lothar von Frankreich im gleichen Verwandtschaftsverhältnis wie Heinrich der Zänker zu Otto III. stand, verfügte er rein rechtlich über dieselben Ansprüche. Denn Gerberga, die Mutter Lothars, war die Schwester von Otto I. und Heinrich von Bayern, dem Vater des Zänkers. Die ersten Kontakte, die Heinrich zu Lothar sofort nach seiner Freilassung geknüpft hatte, ließ er später – ohne nachweisbare Gründe – ins Leere laufen, so daß sich Lothar, dem es in erster Linie wohl um den Erwerb Lothringens ging, enttäuscht von ihm abwandte, und mit dem Versuch, Verdun zu besetzen, selbständige Aktivitäten entfaltete; vgl. Reg. Imp. II,3 Nr. 956y und Nr. 956a/1, d/1, f/1.

37 Vgl. Brief Gerberts Nr. 37, S. 64f.: *ut Papie in palatio dispositum est.*

38 Vgl. Reg. Imp. II,3 Nr. 965x: daß jedoch in der Situation an Weihnachten 983 die ebenfalls in Pavia anwesende Kaiserin Adelheid und auch die Quedlinburger Äbtissin Mathilde nicht in die Verhandlungen einbezogen worden sein sollen, erscheint sehr unwahrscheinlich.

39 Reg. Imp. II,3 Nr. 956c/1.

40 Vgl. die Briefe Adalberos an Egbert von Trier (Nr. 26, in: Briefsammlung Gerberts S. 48f.), Willigis von Mainz (Nr. 27, S. 49f.) und Notger von Lüttich (Nr. 39, S. 66–68). – Zur politischen Haltung Egberts im Thronstreit: Franz-Reiner ERKENS, *In tota cunctis gratissimus aula*? Egbert von Trier als Reichsbischof, in: RONIG (Hg.), Egbert, Erzbischof von Trier S. 37–52; vgl. auch Hans Hubert ANTON, Egberts politischer und geistiger Umkreis im Westen, ebd. S. 7–13 sowie Josef STEINRUCK, Erzbischof Egbert von Trier (977–993). Ein Repräsentant der Reichskirche in der Ottonenzeit, ebd. S. 197–206, bes. S. 201–204. – Zu Gerbert als Gelehrter: Uta LINDGREN, Gerbert von Aurillac und das Quadrivium. Untersuchungen zur Bildung im Zeitalter der Ottonen (Sudhoffs Archiv. Beiheft 18, 1976) und DIES., Gerbert von Reims und die Lehre des Quadriviums, in: Kaiserin Theophanu 2 S. 291–303.

Mehr konnten in dieser Situation Theophanu und auch Adelheid wohl kaum tun. Durch Gerbert wurde ihre Entschlossenheit, die Regentschaft zu führen, öffentlich bekräftigt, in Adalbert von Reims wußten sie den Primas der französischen Kirche und in Willigis von Mainz den seine anfängliche Zögerlichkeit rasch überwindenden Primas des Reichsepiskopats auf ihrer Seite. Ebenso konnten sie sich teilweise des weltlichen Adels sicher sein. Solange jedoch die Machtverhältnisse im Reich noch nicht entschieden waren, war es politisch klüger, in Italien abzuwarten[41]. Die Gefahren einer Alpenüberquerung in den schneereichen Wintermonaten mögen ein letztes Zögern, ob man in Italien bleiben solle oder nicht, aus dem Weg geräumt haben. Darüber hinaus ergibt die Tatsache, daß Theophanu im Dezember 983 eben nicht mit einem der vielen zum Gefolge Ottos II. gehörenden Reichsbischöfe von Rom aus die Heimreise nach Deutschland angetreten hatte[42], sondern sich nach Pavia zu Kaiserin Adelheid begab[43], nur dann einen Sinn, wenn sie sich mit ihrer Schwiegermutter beraten und das weitere Vorgehen besprechen wollte. Demzufolge können wir davon ausgehen, daß hinter den Aktivitäten Gerberts in den ersten Monaten des Jahres 984 nicht nur Theophanu stand, sondern auch Adelheid. Die Beobachtungen, daß Gerbert in seinen auf den Thronstreit Bezug nehmenden Briefen meist nur von seiner *domna Theophanu*[44] spricht und die Quedlinburger Annalen von der Gesandtschaft der Fürsten an die Kaiserin Adelheid berichten[45], können kaum als Belege dafür gelten, daß die Kaiserinnen nicht im Einvernehmen agierten. Die Fakten belegen, daß dem sehr wohl so war. Die Nachrichten verraten aber auch einiges über die jeweilige Einschätzung und Wirkung der beiden Kaiserinnen. Während Gerbert bereits zu Lebzeiten Ottos II. wie auch später in den Jahren der Regentschaft ein ausgesprochen gutes Verhältnis zu Theophanu und ein eher distanziertes zu Adelheid unterhielt, hofften die eidlich sich an Otto III. gebunden fühlenden Fürsten des Reichs für die Verhandlungen mit Heinrich dem Zänker und der Sicherung der Herrschaft für den Kindkönig auf die Autorität und den politisch erfahrenen Rat der 53jährigen Adelheid. Ihr stetig gewachsenes Ansehen im Reich ist dabei wohl kaum zu überschätzen.

Im April beendeten die *imperiales dominae* ihren Aufenthalt in der Königspfalz in Pavia und brachen zusammen nach Norden auf. Auch in den folgenden Wochen

---

41 Auch ALTHOFF, Otto III. S. 40 Anm. 12 vertritt die Meinung, daß von einem »persönlichen Eingreifen der Damen aus kaiserlichem Geschlecht in die erste Phase des Thronstreits ... keine Rede sein« könne, wobei übersehen wird, daß mit den Instruktionen an Gerbert Ende Dezember 983 in Pavia eine grundsätzliche Weichenstellung erfolgte.

42 Reg. Imp. II,3 Nr. 956s.

43 *... domna inperatrix Theuphano, tercii mater Ottonis et, pro dolor! in hoc ordine ultimi, novitate diri vulneris et unici absencia filii perculsa, ad Ethelheidam inperatricem Papiam civitatem veniens, magno succipitur luctu caritativoque lenitur solatio*, Thietmar, Chronicon IV 1 (1) S. 130.

44 So Nr. 22, S. 44f. und Nr. 37, S. 66. Immerhin versichert Gerbert im Januar/Februar 984 der Kaiserin Adelheid, daß er genauso wie ihrem Sohn zu ihren Dienste stehe: *Mea sententia hec est: quam fidem filio domine mee A. servavi, eam matri servabo, si nequeo praesens, saltim absens bene loquendo, bene optando, bene orando* (Nr. 20, S. 42f.). Festzuhalten bleibt jedoch, daß er mit Theophanu einen vertrauteren Umgang pflegte, darauf verweist unter anderem Brief Nr. 45, S. 74f.

45 *Missis interim probatis ad regis aviam in Longobardiam, scilicet ad imperatricem augustam Adelheidam, legatis, hi qui partes regis adiuturi iurisiurandi vinculo in hoc firmiter perduraturos sese constrinxerant, hanc perturbationem ordine intimantes, si quid de regno ac nepote curaret, adventus sui et consilii ope suis ut cito succurreret, obnixius rogavere ...*, Annales Quedlinburgenses a. 984, S. 66.

nach ihrer triumphalen Ankunft im Reich[46] reisten die Kaiserinnen stets gemeinsam: Nachdem sie den kleinen König auf dem Hoftag in Rohr *(Rara)* bei Meiningen[47] am 29. Juni 984 in Empfang genommen hatten[48], zogen sie anschließend nach Quedlinburg, wo man ihnen wiederum einen glänzenden Empfang bereitete[49]. Die Kaiserinnen demonstrierten Einigkeit und Gemeinsamkeit, was angesichts der im Sommer 984 noch keineswegs endgültig geklärten Situation auch notwendig war, denn der Ausgleich mit dem Zänker stand erst noch bevor. Die Quellen lassen jedoch für die Zeit nach Rohr keine größeren Gefährdungen für ihre Regentschaft mehr erkennen. Mit der Übergabe des Kindkönigs an die Kaiserinnen, die als öffentlicher Akt vor den Großen aus allen Teilen des Reiches stattgefunden hatte[50], waren die politischen Machtverhältnisse entschieden und die Herrschaftsübernahme durch Theophanu und Adelheid vor aller Augen faktisch vollzogen. Gleichzeitig verlor der Zänker endgültig die Chance auf Vormundschaft und eine wichtige Position in der Reichsregierung. Ungeklärt blieb lediglich die zukünftige Stellung Heinrichs, die auch auf den dafür anberaumten Hoftag in Bürstadt im Oktober noch offen bleiben mußte. Denn es entbrannte ein heftiger Streit zwischen ihm und dem als bayerischer Herzog an seine Stelle getretenen Heinrich (III.) den Jüngeren. Man ging im Unfrieden auseinander[51]. Die Gnade des Königs – wie Thietmar schrieb – und das Herzogtum Bayern erhielt der Zänker schließlich in Frankfurt am Main im Juni 985 zurück, nachdem er in einem Unterwerfungsakt Reue demonstriert hatte[52].

Besonders Gerd Althoff hat in den letzten Jahren die Bedeutung und Wichtigkeit öffentlich inszenierter Rituale, Gesten und symbolischer Handlungen, die nicht

---

46 Die *imperiales dominae* begleitete ein großes Gefolge, darunter König Konrad von Burgund, der Bruder Adelheids, und Herzog Konrad von Schwaben: *Illa* (= Adelheid) *vero, conciliato primitus sibi divino subsidio, accelerato admodum itinere, cum nuru sua imperatrice Theophanu, mater regis, nec non illustri abbatissa Machtilde filia sua, amita eiusdem regis infantis, comitantibus fratre suo rege Burgundiae Conrado, et duce Francorum eius aequivoco, cum totius Italiae, Galliae, Sueviae, Franciae, Lotharingiae primis; occursu quoque Saxonum, Thuringorum, Sclavorum, cum universis optimatibus; qui unitis animorum nisibus aut pro rege fideliter morituri, aut, quod Dei gratia factum est, victuri, Roza convenere,* Annales Quedlinburgenses a. 984, S. 66; vgl. Reg. Imp. II,3 Nr. 956n/2.

47 Zu Rohr, das an der südlichen und westlichen Verbindungsstraße von Sachsen nach Bayern und an den Rhein gelegen war, als Aufenthaltsort der Ottonen vgl. Bernhardt, Itinerant Kingship S. 276–279.

48 *Rex a suimet matre aviaque diligenter succeptus,* Thietmar, Chronicon IV 8, S. 140.

49 *Accepto itaque pignore unico, praedictae imperiales dominae Saxoniam adierunt: ac primo saepe iam dictam Quedelingensis monticuli vertice eminentem usque civitatem una pervenientes, dulcisona laudum melodia, cleri scilicet ac populi Christoque inibi famulantium virginum occursu gemino, gaudiorum affectu et pro optato spiritalis matris adventu et pro triumphali regis eventu pie gratulantium, officiosissime susceptae, quod reliquum erat viae summo cum honore transiere,* Annales Quedlinburgenses a. 984, S. 66.

50 Sowohl die Quedlinburger Annalen (S. 66) wie dann auch Thietmar (IV 8, S. 140) berichten von einem extrem hell strahlenden Stern, der mitten am Tag allen Anwesenden als wunderbares und denkwürdiges Zeichen des Himmels gegolten, und der das Unrecht des Zänkers noch deutlicher habe hervortreten lassen; vgl. Althoff, Otto III. S. 48f.

51 *Inter regem et ducem pax firmatur usque ad supramemorata Bisinstidi prata, utrisque sua petentibus. Convenientibus autem his malorum instinctu in malo discesserunt, sicque multum temporis stetit intervallum. Oritur autem inter hunc et prefatum Heinricum, qui minor dicebatur, magna sedicio, qua Herimanni comitis consilio postmodum finita …,* Thietmar, Chronicon IV 8, S. 140. Vgl. Reindel, Die bayerischen Luitpoldinger S. 248–250.

52 … *regis gratiam in Francanafordi et ducatum dedicius promeruit,* Thietmar, Chronicon IV 8, S. 140.

zuletzt auf Friedensstiftung und Friedenswahrung angelegt waren, herausgearbeitet. Er sieht in solchen Inszenierungen »eine Eigenart mittelalterlichen Kommunikationsstils«, da auf diese Weise »der Öffentlichkeit Ansprüche, Absichten oder neue Sachverhalte« kundgetan werden sollten[53]. Dementsprechend versteht Althoff den Akt von Frankfurt, wo der Zänker demütig und reueerfüllt auftrat, sich dem von ihm einst gefangengehaltenen Kindkönig unterwarf, ihm Treue versprach und um Gnade flehte, daraufhin wieder in Ehren aufgenommen und in seine herzoglichen Würden eingesetzt wurde, als »Mischform von Huldigungs- und Unterwerfungsakt«, wobei man Heinrich den Fußfall als zentralen Bestandteil der *deditio* ersparte[54].

Besonders interessant erscheint dabei das Verhalten der Kaiserinnen Theophanu und Adelheid: Während sie in Rohr neben Heinrich als aktiv handelnde Personen auftraten, indem sie den Kindkönig in Empfang nahmen und damit gleichsam der anwesenden Öffentlichkeit zu verstehen gaben, daß sie nunmehr die Sorge um die Erziehung Ottos und die Regierung des Reiches trugen, spielten sie dem Bericht der Quedlinburger Annalen zufolge in Frankfurt anfangs eine eher passive Rolle. Allein die Ankunft des kindlichen Königs in Frankfurt sowie diejenige des Zänkers wird ausdrücklich erwähnt. Diese beiden Personen übernehmen zu Beginn der Szene den aktiven Part: Heinrich, demütig in Kleidung und Haltung, beide Hände gefaltet, machte sich gegenüber dem Kindkönig zum Lehnsmann, versprach wahrhaftige Treue und forderte nichts als Leben und Gnade. Dies geschah in Anwesenheit der kaiserlichen Damen und vor den Augen aller.

Im Anschluß daran änderte sich der Personenkreis der Handlungsträger, nicht mehr Otto III. und Heinrich standen im Zentrum des Geschehens, sondern die Kaiserinnen und Heinrich. Denn die Frauen, durch deren Sorge das Reich und die Kindheit des Königs geleitet wurde, so die Formulierung in den Quedlinburger Annalen, reagierten nun auf die Unterwerfung des Zänkers, indem sie ihn in Freude darüber und mit entsprechender Ehre aufnahmen, ihm Gnade zuteilwerden ließen und ihn wieder in die herzogliche Würde erhoben. Von diesem Zeitpunkt an, so die Annalen abschließend, brachten sie ihm die Liebe entgegen, wie sie nicht unter Freunden, sondern wie sie unter den engsten Freunden üblich sei, und wie sie das Recht der Verwandtschaft erfordere[55].

---

53 Althoff, Otto III. S. 54. – Wichtige Aufsätze dazu jetzt in: Althoff, Spielregeln; vgl. auch Karl Leyser, Ritual, Zeremonie und Gestik: das ottonische Reich, FMSt 27 (1993) S. 1–26.

54 Althoff, Otto III. S. 50–52; vgl. auch Althoff, Das Privileg der ›Deditio‹. Formen gütlicher Konfliktbeendigung in der mittelalterlichen Adelsgesellschaft, in: Nobilitas. Funktion und Repräsentation des Adels in Alteuropa, hg. von Otto Gerhard Oexle und Werner Paravicini (Veröffentlichungen des Max-Planck-Instituts für Geschichte 133, 1997) S. 27–52, nachgedruckt in: Ders., Spielregeln S. 99–125. – Die Anerkennung Ottos III. als König mußte Heinrich darüber hinaus beim Osterfest 986 in Quedlinburg demonstrieren, indem er zusammen mit den Herzögen von Schwaben, Kärnten und Sachsen den Hofdienst leistete.

55 *Veniente in Frankanafurd rege infante tertio Othone, ibidem et ipse adveniens humiliavit se iuste, quo poenam evaderet elationis iniustae, regique puerolo, quem orbatum captivaverat, cuius regnum tyrannice invaserat, praesentibus dominis imperialibus, quas regni cura penes, avia, matre et amita regis eiusdem infantis, humilis habitu, humilis et actu, totius in aspectu populi, ambabus in unum complicatis manibus, militem se et vera ulterius fide militaturum tradere non erubuit, nil paciscendo nisi vitam, nil orando nisi gratiam. At dominae, quarum, ut diximus, cura regnum regisque regebatur infantia, tanti viri summissa deditione admodum gratulabundae, – quia piorum moris est, non solum mala pro bonis non reddere, sed etiam pro malis bona rependere, – digno eum honore susceptum, gratia fideli donatum, ductoria itidem dignitate sublimatum, deinde non tantum inter amicos, sed etiam inter amicissimos, uti ius*

Diese Szene von Frankfurt 985 ist für unseren Kontext deshalb so bedeutsam, weil über Aspekte der Konfliktlösung und Kommunikationsmechanismen hinaus hier wie an kaum einem anderen Beispiel Wesen und Funktionieren von Regentschaften im mittelalterlichen Reich deutlich werden. Denn seit merowingischer Zeit gilt auch der minderjährige König als »regierungsfähig und selbstregierend«[56]. Die meisten Quellen, besonders die faktisch ausgerichteten, oft verkürzend darstellenden Annalen, tragen dem Rechnung, indem sie die nahtlose Herrschaftsübernahme nach dem Tod Ottos II. durch Otto III. melden[57]. Ebenso sind die Urkunden formal im Namen des minderjährigen Königs ausgestellt, während die für die politischen Entscheidungen zuständigen »Regenten« in den Interventionsformeln genannt werden.

Diese Rechtsauffassung zeigt sich in Frankfurt, indem Heinrich der Zänker sich dem königlichen Kind Otto als Lehnsmann verpflichtete und ihm gegenüber das Treueversprechen ablegte. Daß der Anspruch auf die Regierungsfähigkeit des Kindkönigs nur der Idee nach gelten konnte, demonstriert die anschließende faktische Machtausübung der kaiserlichen Frauen, die anstelle Ottos III. Heinrich in Gnaden aufnahmen und ihn wieder in sein Herzogtum einsetzten. Damit wird den anwesenden Großen die Repräsentation des Königtums durch Otto III. und die tatsächliche Herrschaftsausübung durch Theophanu und Adelheid unmittelbar vor Augen geführt. Franz-Reiner Erkens definierte Regentschaft deshalb ganz zurecht als »die tatsächliche Führung der Reichsgeschäfte anstelle, nicht jedoch in offizieller Stellvertretung des unmündigen Herrschers«[58].

Die Regentschaft für Otto III., die Kaiserin Adelheid nach dem Tod Theophanus 991 bis zum Beginn seiner eigenständigen Regierung 994 ohne Probleme weiterführen konnte, setzte der bisherigen Rechtsunsicherheit in der Frage, wer die Regentschaft ausüben solle, faktisch ein Ende. Denn 1056 konnte Kaiserin Agnes – den Quellen zufolge völlig problemlos – die Regentschaft für den minderjährigen Heinrich IV. übernehmen[59]. Die Regentschaft der Königin hatte sich auch bereits im westfränkischen Königtum durchgesetzt. Hier übte Gerberga, die in zweiter Ehe mit Ludwig IV. Transmarinus verheiratete Schwester Ottos I., seit 954 mit maßgeblicher Unterstützung Bruns von Köln, die Regentschaft für den späteren König Lothar aus[60]. Im Reich hingegen gab es weibliche Regentschaften auf herzoglicher Ebene.

---

propinquitatis exigebat, debito dilectionis venerantur affectu, Annales Quedlinburgenses a. 985, S. 67. – Zur Herrschaftsbefähigung der kaiserlichen Frauen aus ottonischem Haus als zentrale Darstellungsabsicht der Annales Quedlinburgenses vgl. Käthe SONNLEITNER, Die Annalistik der Ottonenzeit als Quelle für die Frauengeschichte, Schriftenreihe des Instituts für Geschichte Graz. Darstellungen 2 (1988) S. 233–249. – Zum Bild der Königinnen in der ottonischen Historiographie vgl. auch PORTMANN, Darstellung der Frau S. 60–100 und Annerose SCHNEIDER, Zum Bild der Frau in der Chronistik des früheren Mittelalters, Forschungen und Fortschritte 35 (1961) S. 112–114.

56 KÖLZER, Königtum Minderjähriger S. 309.

57 Eine Auflistung der einzelnen Quellenbelege bei Reg. Imp. II,3 Nr. 956r.

58 ERKENS, Frau als Herrscherin S. 256.

59 Vgl. zur Regentschaft der Agnes unten S. 332ff.

60 Wie Gerberga übernahm zwei Jahre später auch ihre Schwester Hadwig, die mit Herzog Hugo Magnus, dem zweitmächtigsten Mann im Westfrankenreich verheiratet war, die Regentschaft für den minderjährigen Hugo Capet, der 987 nach dem erbenlosen Tod des letzten Karolingers Ludwig V. den Thron bestieg und die französische Königsdynastie der Kapetinger begründete. – Zu Gerberga und Hadwig, den Schwestern Ottos des Großen, vgl. GLOCKER, Verwandte der

Nach dem Tod Heinrichs I. von Bayern, des Bruders Ottos I., am 1. November 955 führte dessen Gemahlin, Herzogin Judith, bis 967 die Regentschaft für ihren Sohn Heinrich den Zänker[61]. Beatrix von Oberlothringen stand nach dem Tod Herzog Friedrichs 978 für ihren Sohn Dietrich als Regentin an der Spitze des Herzogtums[62] und führte den Widerstand der Lothringer gegen Heinrich den Zänker im Thronstreit[63].

Schwierig zu beurteilen und in der Forschung umstritten ist die Frage nach der Rechtsgrundlage für die Regentschaften der Königinnen[64]. Bezeichnenderweise wird sie in den Quellen nicht thematisiert.

Ein zunehmend obsolet werdendes Erklärungsmodell ist das im Privatrecht verankerte Rechtsinstitut der Vormundschaft[65]. In den Anfängen des Thronstreits könnte es eine nicht ganz unerhebliche Rolle gespielt haben, da Heinrich damit seine Ansprüche gegenüber den Fürsten zu legitimieren suchte. Denn nach germanischem Recht galt er als nächster männlicher Verwandter des minderjährigen Königs als der *patronus legalis* mit dem Recht auf die Vormundschaft. Demgegenüber kannte das burgundische Recht, das der Kaiserin Adelheid vertraut sein mußte, die Vormundschaft der Witwe nach spätantikem römischem Vorbild[66]. Letztlich entschieden wurde der Thronstreit 984 aber nicht durch die Präferenz der einen zu Ungunsten der anderen Rechtsauffassung, sondern dadurch, daß es Heinrich dem Zänker irgendwann wohl nicht mehr um eine Regentschaft für Otto III., sondern um die eigene Königsherrschaft ging, die jedoch die Großen des Reiches mehrheitlich nicht mitzutragen bereit waren.

Ottonen S. 28–45; Jean Verdon, Les femmes et la politique en France au Xe siècle, in: Économies et sociétés au Moyen Age. Mélanges offerts à Edouard Perroy (Publications de la Sorbonne. Série »Etudes« 5, 1973) S. 108–119; Ders., Les veuves des rois de France aux Xe et XIe siècles, in: Parisse (Hg.), Veuves S. 187–198. – Zu den Königen Ludwig IV. (936–954) und Lothar (954–986) zuletzt Carlrichard Brühl, in: Die französischen Könige des Mittelalters. Von Odo bis Karl VIII. 888–1498, hg. von Joachim Ehlers, Heribert Müller und Bernd Schneidmüller (1996) S. 47–74; zum Königtum Hugo Capets: Hans-Werner Goetz, Hugo Capet 987–996, ebd. S. 75–86. – Zur politischen Situation und der Rolle Bruns von Köln als *archidux* vgl. Kienast, Deutschland und Frankreich S. 76–87.

61 Vgl. die Zusammenstellung der Quellen bei Reindel, Die bayerischen Luitpoldinger S. 220–227.

62 K. Uhlirz, Jahrbücher unter Otto II. S. 108.

63 Reg. Imp. II,3 Nr. 956b/1.

64 Einen knappen Überblick über das »Institut der Regentschaft« im hoch- und spätmittelalterlichen Europa gibt Arnim Wolf, Königtum Minderjähriger und das Institut der Regentschaft, in: L'Enfant, Bd. 2 (Recueils de la Société Jean Bodin 36, 1976) S. 97–106.

65 Vgl. A. Erler, Art. Vormundschaft, in: HRG 5 (1994) Sp. 1050–1055.

66 *Si mater tutelam suscipere voluerit, nulla ei parentela praeponatur*, Leges Burgundionum LXXXV.1, ed. Ludwig Rudolf von Salis, MGH Leges nat. Germ. 2,1 (1892) S. 107. – Seit dem 4. Jahrhundert konnte die Witwe nach römischem Recht die Vormundschaft für ihre minderjährigen Kinder übernehmen, solange sie keine neue Ehe einging; vgl. Max Kaser, Römisches Privatrecht, Bd. 2: Die nachklassischen Entwicklungen (Handbuch der Altertumswissenschaft 10. Abt. 3. Teil, Bd. 3,3, ^{2}1975) S. 227f.; dazu auch Kölzer, Königtum Minderjähriger S. 314 Anm. 103. – Zur Stellung der Witwe in der Spätantike und im Frankenreich: Bernhard Jussen, On Church Organization and the Definition of an Estate. The Idea of Widowhood in Late Antique and Early Medieval Christianity, in: Zur Sozial- und Begriffsgeschichte des Mittelalters, hg. von Shulamit Volkov und Frank Stern (Tel Aviver Jahrbuch für deutsche Geschichte 22, 1993) S. 25–42 und Ders., Der »Name« der Witwe. Zur ›Konstruktion‹ eines Standes in Spätantike und Frühmittelalter, in: Parisse (Hg.), Veuves S. 137–174.

Fraglich bleibt dennoch, ob die Kaiserinnen mit der Regentschaft auch vormundschaftliche Pflichten übernommen hatten und ob man überhaupt von einer Vormundschaft für einen gewählten und gekrönten Kindkönig reden kann. Während in der älteren Forschung kaum zwischen Regentschaft und Vormundschaft unterschieden und eher unreflektiert von »einer Art vormundschaftlicher Regierung«[67] gesprochen wurde, differenziert die neuere Forschung zwischen faktischer Herrschaft und rechtlichem Anspruch. Denn von Regenten werden zwar die politischen Entscheidungen für den minderjährigen König gefällt, dann aber in dessen Namen publiziert, während ein Vormund mit eigenem Recht und Namen stellvertretend für das Kind agierte und auch in vermögensrechtlicher Hinsicht an dessen Stelle trat[68]. So kam Theo Kölzer zu dem Schluß, daß die Regentschaft »keinesfalls automatisch aus der privaten Vormundschaft abgeleitet werden« kann[69]. Auf den Arbeiten von François Louis Ganshof[70] aufbauend hält er es weiterhin für »unzulässig ..., von einer weiblichen Vormundschaft im Rechtssinn zu sprechen«, da es sich immer »um ungeregelte, interimistische De-facto-Regentschaften«[71] handle, die die Fiktion der Regierung durch den Kindkönig aufrechterhalten. Daraus leitet er dann die These ab, daß es im fränkisch-deutschen Mittelalter wohl minderjährige Könige gegeben habe, jedoch »keine unmündigen Könige, die eines Vormundes bedurft hätten«[72].

Diese These, die letztlich darauf hinausläuft, daß privatrechtliche Regelungen für verwaiste Kinder nicht unbedingt auch für einen geweihten und gekrönten König gelten müssen, enthält gleichzeitig einen neuen Ansatz, der dem Versuch, Rechtswirklichkeiten zu beschreiben, neue Impulse vermitteln könnte. Der Verlauf des Thronstreits 984 scheint diese These zu bestätigen, da ein Vormund für Otto III. in den Quellen nicht zu finden ist. Dennoch ist nicht zu übersehen, daß natürlich auch vormundschaftliche Pflichten, *cura* und *tutela*, vor allem im Hinblick auf die Erziehung des Königs, von den Regenten übernommen wurden. So sprechen die Quedlinburger Annalen davon, daß das Reich und die Kindheit des Königs durch die Sorge der kaiserlichen Frauen geleitet wurde[73], was bedeutet, daß die Kaiserinnen die politische Verantwortung übernahmen und auch die Oberaufsicht über die Erziehung Ottos III. weiterhin behielten.

Theophanu, die Otto II. zusammen mit dem Säugling auf dem Italienzug begleitet hatte und sich erst nach dem Hoftag von Verona von ihrem Kind trennte, da Otto III. in Begleitung des Mainzer Erzbischofs Willigis für seine Königskrönung in Aachen ins Reich zurückkehren mußte, sorgte von Anfang an für dessen Erziehung. Noch auf dem Hoftag in Rohr im Juni 984 vertrauten die Kaiserinnen dessen Erziehung dem sächsischen Grafen Hoico an[74], der nach Thietmar zu den pro-ottoni-

---

67 Uhlirz, Otto III. S. 37.

68 Vgl. Erler, in: HRG 5 Sp. 1051.

69 Kölzer, Königtum Minderjähriger S. 312.

70 François Louis Ganshof, Note sur quelques textes invoqués en faveur de l'existence d'une tutelle de la femme en droit franc, in: Études d'histoire du droit privé offertes à Pierre Petot (1959) S. 183–190; Ders., Le statut de la femme dans la monarchie franque, in: La femme, Bd. 2 (Recueils de la Société Jean Bodin 12, 1962) S. 5–58.

71 Kölzer, Königtum Minderjähriger S. 314.

72 Kölzer, Königtum Minderjähriger S. 322.

73 Zitat in Anm. 55.

74 ... *Hoiconis magisterio comitis commissus est*, Thietmar, Chronicon IV 8, S. 140. Vgl. Althoff, Vormundschaft S. 281.

schen Mitgliedern der *coniuratio* auf der Asselburg gehörte[75]. Dabei ist nicht auszuschließen, daß diese Entscheidung in Beratung mit den Anhängern des ottonischen Hauses zustande kam. Angesichts dieser Konstellation war ein Vormund gar nicht von Nöten. Die Annahme, »daß der sippenrechtliche Anspruch Heinrichs auf Vormundschaft über Otto III. und die beiden Kaiserwitwen (!) zumindest formal auch nach 985 fortbestand«[76], entbehrt jeglicher Grundlage. Die staatsrechtliche Stellung des nach außen hin in eigenem Namen agierenden Kindkönigs machte einen solchen überflüssig, die fehlende Entscheidungsfähigkeit des Kindes wurde hingegen vollständig von den Regentinnen übernommen.

Wenn es also unwahrscheinlich ist, daß ein Kindkönig überhaupt eines Vormundes bedurfte, und die Übernahme der Regentschaft durch die Königinwitwe nicht mit vormundschaftlichen Ansprüchen begründet wurde, kann eine solche eigentlich nur aufgrund ihrer Stellung als Königin erfolgt sein. Sowohl Adelheid wie Theophanu waren als *consors regni* langjährig an der Herrschaft beteiligt und trugen politische Verantwortung. Die Legation des sich zum Widerstand gegen Heinrich verschworenen Kreises von Adligen nach Pavia zu Adelheid mit der Bitte um Hilfe durch ihre Anwesenheit und ihren Ratschlag im Konflikt um Reich und König zeugt von Vertrauen in ihre Autorität und Hochachtung gegenüber ihrer politischen Kompetenz, wie es in den Quellen sonst kaum jemals greifbar wird.

Die Idoneität zur Regentschaft stand in diesem Fall sicherlich nicht zur Diskussion. Mit der »Wahl« der beiden Kaiserinnen konnten die sich eidlich fest an Otto III. gebunden fühlenden Großen eine Gefährdung seines Königtums am sichersten verhindern[77]. Schließlich konnten Theophanu und Adelheid die Regentschaft 984 deshalb übernehmen, weil die Großen des Reiches hinter ihnen standen und sie unterstützten. In diesem Konsens liegt wohl letztlich die eigentliche Legitimation für Regentschaften wie jegliche Herrschaft im mittelalterlichen Reich begründet[78]. Dieser Konsens wiederum kann als Anerkennung ihrer herrscherlichen Autorität als *consortes imperii* gewertet werden. Dabei dürfte die durch Krönung und Salbung erhaltene sakrale Stellung eine nicht unwesentliche Rolle gespielt haben.

Nach anfänglicher gemeinschaftlicher Regentschaft der beiden Kaiserinnen zusammen mit Erzbischof Willigis von Mainz und Bischof Hildebold von Worms überließ Adelheid die Tagespolitik der Leitung Theophanus, ohne sich jedoch längerfristig vom Hof und aus der politischen Verantwortung zurückzuziehen[79]. Nach

---

75 Thietmar, Chronicon IV 2 (2) S. 134.

76 So Laudage, Vormundschaft S. 268.

77 Die Tatsache, daß die Fürsten sich nicht an Theophanu als Mutter, sondern an die Kaiserinwitwe Adelheid wandten, läßt darauf schließen, daß die Vormundschaft kein Problem darstellte, denn darauf hätte Theophanu den größeren Anspruch.

78 Die Abhängigkeit vom Konsens der Großen betont auch Kölzer, Königtum Minderjähriger S. 322.

79 Am Hof nachweisbar wird Kaiserin Adelheid nach ihrer Abreise 985 wieder durch Interventionen in: DOIII. 27 (986 Okt. 25 Grone) Privileg für Kloster Peterlingen ... *dilectae aviae nostrae Adalheidis et carissimae genitricis nostrae Theophanu, imperatricum videlicet augustarum, vota et petitiones adinplentes ...*; DOIII. 34 (987 Mai 20 Allstedt) Privileg für die erzbischöfliche Kirche zu Magdeburg ... *pro amore dilecte aviae nostrae Athalheidis ac carissimae genitricis nostrae Theophanu, imperatricum videlicet augustarum, nec non et interventione fidelium nostrorum Uuilligisi Mogontinae sedis venerabilis archiepiscopi atque Hildibaldi Uuormaciensis ecclesiae venerandi praesulis ...*; DOIII. 36 (987 Mai 21 Allstedt) Bestätigung des Witwengutes der Kaiserin Adelheid ... *qualiter nos ro-*

dem Tod Theophanus 991 übernahm Adelheid an ihrer Stelle die Regentschaft, die sie bis zur Volljährigkeit Ottos III. 994 führte. Sowohl in den Quellen als auch in der neueren Forschungsliteratur wird die Regentschaft beider Kaiserinnen mehrheitlich in einem positiven Licht gesehen[80].

Kaiserin Agnes (1056–1062/65)

Das hochmittelalterliche deutsche Reich erlebte nach der Regentschaft der beiden Kaiserinnen Theophanu und Adelheid für Otto III. zwischen 984 und 994 in der Mitte des 11. Jahrhunderts eine weitere Regentschaft einer Kaiserin. Nach dem nach kurzer schwerer Krankheit am 5. Oktober 1056 erfolgten Tod Heinrichs III.[81] übernahm seine Gemahlin Agnes die Regierung für ihren sechsjährigen, bereits zum König gewählten[82] und gekrönten[83] minderjährigen Sohn Heinrich IV.

Die nach dem Tod Ottos II. im Jahr 983 eingetretenen Thronwirren blieben 1056 aus. Trotz der »Krise im Reich« in den letzten Herrschaftsjahren Heinrichs III.[84] gab es einen unkomplizierten Herrscherwechsel, den der Kaiser auf dem Sterbebett in die Wege leitete, indem er die Bestätigung der Thronfolge seines Sohnes durch die anwesenden geistlichen und weltlichen Fürsten und die Wiederholung von dessen Königskrönung in Aachen durch den ebenfalls in der Pfalz Bodfeld als dem Sterbeort des Kaisers weilenden Papst Viktor II. durchsetzen konnte[85]. Die übrigen Fürsten, die nicht zugegen waren, leisteten dem Kindkönig in der folgenden Zeit den Treueeid[86].

Problemlos verlief auch die Übernahme der Regierungsgeschäfte durch Kaiserin Agnes als Regentin, was darauf schließen läßt, daß diese Entscheidung ebenfalls noch zu Lebzeiten des Kaisers in Absprache mit den Großen des Reichs[87] und Papst

gavit cara genitrix nostra Theophanu imperatrix augusta, ut dilectae aviae nostrae Adalheidae imperatrici augustae predia quae piae memoriae avus noster dotali munere in proprium [iu]s sibi transfudit …

80 Vgl. bes. den zweibändigen Sammelband zu Kaiserin Theophanu sowie ALTHOFF, Otto III. S. 54–72; Ekkehard EICKHOFF, Theophanu und der König. Otto III. und seine Welt (1996); Matthias WERNER, Kaiserin Theophanu, Alt-Köln 80 (1991) S. 8–18.

81 Vgl. Reg. Imp. III,3 Nr. 73.

82 Nach Designation durch Heinrich III. wurde Heinrich IV. wie ehemals Otto III. im November 1053 als dreijähriges Kind zum König gewählt; vgl. Reg. Imp. III,3 Nr. 13.

83 Zur Krönung in Aachen am 17. Juli 1054 vgl. Reg. Imp. III,3 Nr. 18.

84 Vgl. dazu Egon BOSHOF, Das Reich in der Krise. Überlegungen zum Herrschaftsausgang Heinrichs III., HZ 228 (1979) S. 265–287.

85 Quellen und Forschungsdiskussion sind verzeichnet in Reg. Imp. III,3 Nr. 72; zur rechtlichen Einschätzung der »Bodfelder Wahl« bes. REULING, Kur S. 131–133; zur Krönung durch den Papst: Reg. Imp. III,3 Nr. 82.

86 Reg. Imp. III,3 Nr. 74. – Welche Rolle in dieser Situation Papst Viktor II. alias Bischof Gebhard von Eichstätt spielte, dessen besonderem Schutz der Kindkönig durch Heinrich III. anvertraut worden war (vgl. Reg. Imp. III,3 Nr. 72), ist dabei nicht ganz klar. Sie dürfte jedoch über die ihm angetragene Sorgfaltspflicht gegenüber Heinrich IV. bei der Durchsetzung seiner Königsherrschaft kaum hinausgegangen sein; vgl. dazu und den vor allem in der älteren Forschung überinterpretierten italischen Quellen, die eine Übertragung des Regnums durch den Papst behaupten: Reg. Imp. III,3 Nr. 74; vgl. auch Nr. 75.

87 Darauf ließe Bruno im Buch vom Sachsenkrieg schließen, wenn er formuliert, daß die Kaiserin »auf Befehl der Fürsten« die Regierung übernommen habe, wobei die Aneinanderreihung der einzelnen Ereignisse – Tod Heinrichs III., Thronfolge Heinrichs IV., Regierungsübernahme durch Agnes – nicht so chronologisch eindeutig formuliert ist, daß davon ausgegangen werden kann, daß die Übertragung der Regierungsgewalt durch die Fürsten erst tatsächlich nach dem

Viktor, dem Verwandten des Saliers und Bischof von Eichstätt, gefällt wurde. Denn obwohl die Quellen nicht ausdrücklich mitteilen, daß Heinrich III. seiner Gemahlin die Regentschaft übertragen hat, sind die von ihm veranlaßten umfassenden, den Erhalt der salischen Königsherrschaft sichernden, rechtlich aber nicht notwendigen Maßnahmen angesichts des kindlichen Alters Heinrichs IV. nur verständlich, wenn gleichzeitig auch die Frage der Leitung der Regierung geklärt wurde.

Den reibungslosen Übergang des Königtums auf Heinrich IV. und der Regierung auf Agnes berichtet zum Beispiel Lampert von Hersfeld, der betont, daß es der Kaiserin gelungen sei, die Sicherheit im Reich aufrechtzuerhalten, so daß es weder zu Unruhen noch zu sonstigen neuen Rivalitäten gekommen sei[88]. Aber auch Frutolf von Michelsberg hebt ihre Klugheit und Strenge im Umgang mit der Macht hervor: *Post cuius obitum, quia filius eius Heinricus adhuc puerulus fuit, domna Agnes imperatrix mater pueri regnum sub sua cura aliquamdiu tenuit ac sapienter et strenue rexit*[89].

Über die allgemeine Akzeptanz ihrer Regentschaft geht es schließlich hinaus, wenn Papst Gregor VII. in einem Brief an die deutschen Fürsten vom 3. September 1076[90] einen von den Fürsten der Kaiserin geleisteten Eid erwähnt, demzufolge ihr eingeräumt worden sei, im Fall des vorzeitigen Todes ihres Sohnes bei der Regelung der Nachfolge mitzureden[91]. Wann und in welchem Zusammenhang ihr dieses Mitspracherecht zugestanden wurde, ist nicht überliefert. Es dürfte allerdings in die Zeit der Anfänge ihrer Regentschaft im Herbst 1056 zu datieren sein[92]. Im Jahr 1076 galt dieser Fürsteneid noch als bindend[93], was das Schreiben Gregors VII. belegt, der davon durch die Kaiserin selbst erfahren haben dürfte. Es ist anzunehmen, daß Agnes den Eid in der zunehmend kritischen Situation für das Königtum ihres Sohnes als Argument zur Stärkung der eigenen Einflußnahme bei Diskussionen an der

---

Tod des Kaisers stattgefunden hat, weshalb durchaus auch die Abmachungen in Bodfeld gemeint sein könnten: *Postquam Heinricus imperator ab hoc saeculo felici morte migravit, filius eius Heinricus quartus, infeliciter in hoc saeculo relictus vitae, regnum patris electione communi suscepit. Quod quia adhuc decenter, utpote puerulus quinquennis, gubernare non potuit, ipsum cum regni cura curandum cunctorum iussu principum mater ipsius Agnes venerabilis imperatrix accepit*, Brunos Buch vom Sachsenkrieg, ed. Hans-Eberhard LOHMANN, MHG Dt. MA 2 (1937) c. 1 S. 13.

88 *Regnum pro patre optinuit filius eius Heinricus, V annorum infantulus, anno postquam in regem unctus fuerat tercio. Summa tamen rerum et omnium quibus facto opus erat administratio penes imperatricem remansit, quae tanta arte periclitantis rei publica statum tutata est, ut nihil in ea tumultus, nihil simultatis tantae rei novitas generaret*, Lampert von Hersfeld, Annalen a. 1056 S. 69.

89 Frutolf von Michelsberg, Chronicon a. 1057 S. 72. Weitere Quellen bei Reg. Imp. III,3 Nr. 75.

90 Register Gregors VII. IV,3 S. 297–300. Zur Einordnung dieses Schreibens in die Ereigniskette der Jahre 1076/77 vgl. Helmut BEUMANN, Tribur, Rom und Canossa, in: Investiturstreit und Reichsverfassung, hg. von Josef FLECKENSTEIN (VuF 17, 1973) S. 33–60, bes. S. 53f.

91 *De iuramento autem, quod factum est karissime filie nostre Agneti imperatrici auguste, si filius eius ex hac vita ante ipsam migraret, non est opus adhuc dubitare, quia, si nimia pietate circa filium ducta iustitie restiterit vel iustitie favens, ut abiciatur a regno, consenserit, quid restet, vos ipsi comprehenditis. Hoc tamen videtur laudabile, postquam certum fuerit apud vos et omnino firmatum, quod eius filius a regno removeatur, consilium ab ea et a nobis requiratur de inventa persona ad regni gubernacula. Tunc aut nostro communi consilio assensum prebebit, aut apostolice sedis auctoritas omnia vincula, qua videntur iustitie contradicere, removebit*, Register Gregors VII. IV, 3 S. 299; vgl. dazu Wilhelm BERGES, Gregor VII. und das deutsche Designationsrecht, Studi Gregoriani 2 (1947) S. 189–209.

92 Struve reiht die Eidleistung seitens der Fürsten in dem von ihm bearbeiteten Band der Regesta Imperii als Nr. 76 unmittelbar in die Zeit nach dem Tod Heinrichs III. ein. – Zu der These, daß dieses Zugeständnis von Papst Viktor II. initiiert worden sein könnte, vgl. ebd.

93 Die ältere Forschung dazu: Reg. Imp. III,3 Nr. 76.

Kurie um das weitere Vorgehen gegen Heinrich IV., an denen sie beteiligt war[94], verwandte.

Dennoch läßt der Papst keinen Zweifel daran, daß die Entscheidung über das Königtum letztlich nicht bei der Kaiserin, sondern bei den Fürsten liegt. Diese, so Gregor VII., müßten in jedem Fall alles Notwendige veranlassen, egal ob sich Agnes aus Milde gegenüber dem Sohn dem Recht widersetze oder aber das Recht begünstigend, ihre Zustimmung dazu gebe, daß Heinrich IV. aus der Königsherrschaft entfernt werde. Wenn es aber feststehe, so der Papst fortfahrend, daß Heinrich sein Königtum verliere, dann erscheine es weiterhin lobenswert, wenn auch bezüglich des Nachfolgers sein und der Kaiserin Rat eingeholt werde. Dann werde sie entweder – so Gregor VII. weiter – unserem gemeinsamen Beschluß ihre Zustimmung erteilen oder der apostolische Stuhl werde alle Hindernisse, die der Gerechtigkeit widersprächen, aus dem Weg räumen[95]. Fraglich bleibt, ob diese päpstlichen Weisungen an die Fürsten mit der Kaiserin abgesprochen waren oder nicht.

Immerhin macht der Brief deutlich, daß Agnes eine Mitsprache in Form von Ratschlägen und Konsenserklärungen zugestanden wurde. Ihre Meinung mußte freilich mit den Entscheidungen der Fürsten und des Papstes konform gehen. Insofern kann ihre Einbeziehung in die Verhandlungen als ein Zeichen ihrer Autorität gewertet werden, die man auf keiner der Seiten übergehen wollte. Gleichzeitig bedeutete dies aber nicht ein unumschränktes Recht auf politische Mitbestimmung und Meinungsbildung.

In den ersten Jahren ihrer Regentschaft konnte Agnes unangefochten die Macht im Reich ausüben. Im Gegensatz zur Regierung Heinrichs III. gab es keine herrschaftsgefährdenden Rebellionen oder Unruhen. Die Kaiserin zog zusammen mit dem Kindkönig quer durch das Reich[96], hielt Hoftage ab, empfing Gesandtschaften, sprach Recht[97], vergab vakante Lehen[98], besetzte kirchliche Ämter[99], verteilte Privilegien etc. Dabei fällt auf, daß sie in den im Namen des Kindkönigs ausgestellten Urkunden fast ausschließlich allein und nur ganz selten zusammen mit verschiedenen Großen des Reichs intervenierte[100]. Dies war in der Zeit der Regentschaft für Otto III. ganz anders. Neben den Kaiserinnen wurden meistens auch die an der Regierung beteiligten Bischöfe, Willigis von Mainz und Hildebold von Worms, in den Interventionsformeln genannt, wodurch deutlich werden sollte, daß sie die politische Verantwortung mittrugen. Auf der Quellenbasis der Urkunden läßt sich somit schlußfolgern, daß Agnes die Regierung nominell alleinverantwortlich führte. Diesen Eindruck bestätigen aber auch die Historiographen wie zum Beispiel Lampert von Hersfeld: *Imperatrix, nutriens adhuc filium suum, regni negocia per se ipsam curabat*[101].

Die anfängliche positive Bewertung der Regierungsführung der Kaiserin[102] änderte sich erst zu Beginn des Jahres 1062, als zunehmende Kritik zum spektakulären

94 Zur Vermittlungstätigkeit der Kaiserin zwischen dem Papst und Heinrich IV. vgl. oben S. 300ff.
95 Quellenbeleg siehe oben in Anm. 91.
96 Eine tabellarische Übersicht des Itinerars bei Black-Veldtrup, Kaiserin Agnes S. 84–91.
97 Zur Rechtsprechung durch die Kaiserin: S. 154f.
98 Zur Vergabe der Herzogtümer: S. 173ff.
99 Zur Besetzung kirchlicher Ämter: S. 196ff.
100 So schon Bulst-Thiele, Kaiserin Agnes S. 34f.
101 Lampert von Hersfeld, Annalen a. 1062 S. 79.
102 Quellen und Literatur in Reg. Imp. III,3 Nr. 238.

Attentat von Kaiserswerth Anfang April 1062 führte, in dessen Verlauf der elfjährige Heinrich IV. sowie ein Teil der Reichsinsignien in die Hände einer Fürstenopposition unter Führung Annos von Köln fielen[103]. In der Folgezeit übernahm der Erzbischof die Erziehung des Königs und die Leitung der Reichsgeschäfte[104], wobei sich letzteres in den Urkunden darin niederschlug, daß er am häufigsten als Intervenient genannt wird. Anders als unter Agnes werden mit ihm zusammen sehr oft auch weitere Reichsbischöfe wie zum Beispiel Siegfried von Mainz und Adalbert von Hamburg-Bremen angeführt.

Die in den erzählenden Quellen formulierten Gründe für die »Entmachtung« der Kaiserin sind sehr vielfältig. Neben dem Vorwurf einer falschen Erziehung Heinrichs IV., der nicht dazu angeleitet worden sei, *quod bonum iustumque esset*[105], umfassen sie vor allem Klagen über Beeinflußung der Kaiserin durch ihr vertraute Ratgeber und eine zu geringe Einbindung der Reichsfürsten in politische Entscheidungsprozesse. Sie enthalten Beschwerden über Bestechlichkeit und mangelnde Gerechtigkeit und gipfeln schließlich in prinzipiellen Bedenken gegen die Herrschaft einer Frau[106], wie sie zum Beispiel der anonyme Verfasser der Vita Heinrici als von der Fürstenopposition vorgeschobenes Argument überliefert[107].

In der Forschung sind diese einzelnen Kritikpunkte in unterschiedlicher Zuspitzung beurteilt worden, wobei man sich darüber einig ist, daß die Regentschaft der Kaiserin anfangs durchaus auf eine allgemeine Akzeptanz im Reich stieß und die Herrschaft einer Frau keineswegs generell in Frage gestellt wurde, sondern der Umschwung von einer positiven Resonanz zur zunehmend negativen Einschätzung erst in den Jahren 1061/62 erfolgte. Dabei wurden die schließlich zur Situation von Kaiserswerth führenden Ursachen im Machtstreben Annos von Köln[108] und im mangelnden Ausgleichsbestreben des Königtums zwischen den einzelnen Interessen mit der Folge einer allgemeinen Opposition der Fürsten gesehen[109].

Jüngst wurde das Hauptmotiv für die Entführung Heinrichs in persönlichen Fehlern der Kaiserin vermutet, die sich nach der schismatischen Papstwahl 1061 zunehmend weniger um die täglichen Geschäfte gekümmert und diese ihren Ratgebern und darunter besonders ihrem Vertrauten Heinrich von Augsburg überlassen habe, der sie in allen Entscheidungen maßgeblich beeinflußt habe. In Abwägung der Quellen und vor allem basierend auf dem Bericht der Annales Altahenses, die

103 Reg. Imp. III,3 Nr. 252; Black-Veldtrup, Kaiserin Agnes S. 347–350.

104 Reg. Imp. III,3 Nr. 255.

105 Annales Altahenses a. 1062 S. 59. Zur Diskussion weiterer Quellen: Black-Veldtrup, Kaiserin Agnes S. 354–356.

106 Eine Auflistung der einzelnen Kritikpunkte mit Nennung der Quellenbelege in Reg. Imp. III,3 Nr. 238; zur Interpretation zuletzt Black-Veldtrup, Kaiserin Agnes S. 351–360.

107 *Et ut omnia licentius facere possent, primo puerum matre spoliabant, cuius maturam sapientiam gravesque mores metuebant, illud habentes in causa, non decere regnum administrari a femina, cum multae reginae legantur administrasse regna virili sapientia*, Vita Heinrici IV. imperatoris, ed. Wilhelm Eberhard, MGH SS rer. Germ. [58] c. 2 S. 13f.; vgl. Black-Veldtrup, Kaiserin Agnes S. 352–354, die in Abwägung der einzelnen Quellen zu den generellen Einwänden gegen eine weibliche Herrschaft zu dem Schluß kommt, daß dieser Vorwurf gegen Agnes erst kurz vor der Entführung Heinrichs IV. entstanden sei.

108 Georg Jenal, Erzbischof Anno II. von Köln (1056–75) und sein politisches Wirken (Monographien zur Geschichte des Mittelalters 8, 1974) Bd. 1, S. 175–195.

109 Weinfurter, Herrschaft S. 97–112, bes. S. 102f.

den Augsburger Bischof als denjenigen charakterisieren, *qui adhuc palatio praesidebat*[110], sowie auf der Mitteilung Lamperts von Hersfeld, der das Verhältnis zwischen der Kaiserin und Heinrich von Augsburg als ein zu Gerüchten Anlaß gebendes, sehr vertrautes, beschreibt, das die Fürsten wegen des allzu großen Einflusses auf Agnes nicht mehr zu tolerieren bereit waren[111], formulierte Black-Veldtrup die These, »daß Heinrich von Augsburg vor Kaiserswerth nicht nur eine durch persönliche Vertrautheit mit der Kaiserin begründete Vorrangstellung vor den anderen Fürsten innehatte, sondern offenbar zusammen mit ihr einen in ähnlicher Weise institutionalisierten Part in der Regentschaft übernommen hatte, wie ihn Anno nach diesem Ereignis einnahm«. Dabei handle es sich um »ein in der Geschichte des Reiches unerhörtes verfassungsrechtliches Novum«, da der Augsburger Bischof »die Funktion des offiziellen Stellvertreters der Regentin« oder anders formuliert, diejenige eines »Subregenten« bekleidet habe[112].

Dieser Versuch, die Stellung Heinrichs von Augsburg am salischen Hof vor dem Frühjahr 1062 genauer zu fassen, erscheint jedoch insofern problematisch[113] als über das Vertrauensverhältnis und die Beraterfunktion hinaus die Quellengrundlage fehlt. Die Überlieferung in der Historiographie ließe allenfalls eine gewisse Befehlsgewalt Heinrichs in bestimmten Bereichen plausibel machen[114], nicht aber eine neuartige verfassungsrechtliche Konstruktion einer offiziellen »Subregentschaft«, die zudem besonders mit Blick auf die Urkunden in argumentative Schwierigkeiten gerät. Hier hinkt auch der Vergleich mit Anno von Köln, der nach Ausweis der Interventionsformeln mit mehreren anderen Bischöfen wohl eine Art Regentschaftsrat bildete[115], wobei er an der Spitze gestanden haben dürfte. Seine offizielle Regierungsbefugnis schlägt sich auch darin nieder, daß er als politisch Verantwortlicher namentlich an erster Stelle in den Interventionsformeln genannt wird. Dies ist jedoch bei Heinrich von Augsburg nicht der Fall. Dieser erscheint in der Zeit der Regentschaft bis 1062 vielmehr nur in einer einzigen Urkunde vom 7. Februar 1058, die ein Tauschgeschäft zugunsten der Kirche von Halberstadt fixiert und auf Intervention der Kai-

110 Annales Altahenses a. 1060 S. 56.

111 *Imperatrix, nutriens adhuc filium suum, regni negocia per se ipsam curabat, utebaturque plurimum consilio Heinrici Augustensis episcopi. Unde nec suspicionem incesti amoris effugere potuit, passim fama iactitante, quod non sine turpi commercio in tantam coaluissent familiaritatem. Ea res principes graviter offendebat, videntes scilicet, quod propter unius privatum amorem sua, quae potissimum in re publica valere debuerat, auctoritas pene oblitterata fuisset. Itaque indignitatem rei non ferentes, crebra conventicula facere, circa publicas functiones remissius agere, adversus imperatricem popularium animos sollicitare, postremo omnibus modis niti, ut a matre puerum distraherent et regni administrationem in se transferrent* …, Lampert von Hersfeld, Annalen a. 1062 S. 79f.

112 Black-Veldtrup, Kaiserin Agnes S. 356–362, Zitate S. 357.

113 Vgl. auch die Rezension von Gertrud Thoma, ZBLG 59 (1996) S. 623–625.

114 Auf eine allerdings nicht näher beschriebene Verwaltung der Reichsregierung verweist Lampert von Hersfeld bei der Todesmeldung: *Heinricus Augustensis episcopus obiit, invisus regi, invisus episcopis omnibus propter superbe administratam regni gubernationem tempore imperatricis*, Annalen S. 92.

115 Lampert von Hersfeld, Annalen a. 1063 nennt als herausragende Persönlichkeiten neben Anno von Köln an erster Stelle Siegfried von Mainz, wobei später Adalbert von Hamburg-Bremen und Graf Werner hinzugezogen wurden: *Educatio regis atque ordinatio omnium rerum publicarum penes episcopos erat, eminebatque inter eos Mogontini et Coloniensis archiepiscoporum auctoritas. A quibus cum in partem consilii Adelbertus Premensis archiepiscopus assumptus fuisset … Secundas post eum partes agebat Wernheri comes, iuvenis tam ingenio quam aetate ferox* … (S. 88f.).

serin und mit dem Rat einer Vielzahl geistlicher und weltlicher Großer ausgestellt wurde, wobei an dritter Stelle – nach den Erzbischöfen von Mainz und Bremen – auch Heinrich von Augsburg genannt wird[116]. Drei Schenkungsurkunden für die Augsburger Kirche *ob iuge devotumque servitium Heinrici Augustensis ecclesie venerabilis antistitis* belegen zwar die Dienstbarkeit des Bischofs für das Königtum[117], lassen darüber hinaus aber keine weiteren Schlußfolgerungen zu. Auch die Tatsache, daß die Augsburger Kirche gleich dreimal beschenkt wurde, scheint im Vergleich mit anderen Kirchen kaum als besonders herausragendes Privileg.

Die weiterreichende These, daß Heinrich in seiner Stellung als hochmütiger »Subregent« am Hof und in der Reichspolitik für die in den Quellen geschilderten und oben genannten Mißstände, so die falsche Erziehung des Königs wie auch zunehmende Korrumpierung am Hof, verantwortlich zu machen sei und letztlich das Hauptmotiv für den Raub Heinrichs IV. lieferte, bleibt spekulativ und verkürzt den Sachverhalt. Denn wenn auch die Vorwürfe verschiedener Mißstände in den Quellen nicht von der Hand zu weisen sind, so fehlt es doch über Lampert von Hersfeld hinaus an eindeutigen Berichten, um die Verantwortung dafür dem Augsburger Bischof zuzuschreiben.

In der neueren Forschungsdiskussion erfuhr die Regentschaft der Kaiserin und die von ihr eingeschlagene Politik insgesamt eine grundsätzliche Neubewertung, die hier nur thesenhaft zusammengefaßt werden soll: Demnach hatte Agnes nicht – wie in der älteren Forschung dargestellt[118] – die Politik Heinrichs III. und dessen oftmals rigiden Konfrontations- und Enteignungskurs fortgesetzt, sondern gerade durch eine Politik des Ausgleichs und der Restitution entfremdeter Güter, vor allem gegenüber den Kirchen, eine neue und gegensätzliche Richtung eingeschlagen, mit der sie Heinrich IV. die Herrschaftsübernahme erleichtern wollte[119]. Auch trat die Kaiserin nicht unmittelbar nach Kaiserswerth ihre Reise nach Italien an, sondern blieb bis zur Schwertleite Heinrichs IV. 1065 im Reich[120]. Sie zog sich anfangs wohl auf ihre Güter, möglicherweise in Bayern, zurück, hielt sich seit Beginn des Jahres 1064 aber zeitweilig wieder und seit November schließlich ständig am Königshof auf und intervenierte auch in Königsurkunden, die in der Kontinuität der von ihr eingeschlagenen Restitutionspolitik standen[121]. Weiterhin gehörte die Annahme des Witwenschleiers eher nicht zu den aus der Situation von Kaiserswerth heraus resul-

---

116 DHIV. 32; Reg. Imp. III,3 Nr. 133.

117 DHIV. 47 (1059 Febr. 5 Mainz) Verleihung des Wildbannes über einen Forst sowie über alles innerhalb der genannten Grenzen des Forstes an Lech, Wertach und Iller erwerbbaren Gutes; DHIV. 75 (1061 Sept. 21 Langen) Schenkung einer Hufe und 10 Joch Weinberge mit den Winzern in Boppard *ob interventum ac petitionem dilectissime genitricis nostre Agnetis imperatricis auguste et ob iuge devotumque servitium Heinrici Augustensis ecclesie venerabilis antistitis*; DHIV. 85 (1062 März 19 Paderborn) Schenkung von 35 Hufen in Schwanebeck sowie von Erbgut in Isenburg im Harzgau und Bestätigung der Schenkung eines Gutes in Wilsleben durch seine Mutter, der Kaiserin Agnes.

118 So z. B. BULST-THIELE, Kaiserin Agnes S. 58f., die die Regentschaft der Kaiserin als Übergangszeit bewertet, in der es Agnes nicht gelungen sei, Ordnung und innere Sicherheit zu schaffen; in der Vergabe der Herzogtümer habe sie »zum erstenmal die politischen Bahnen ihres Gemahls« verlassen.

119 BLACK-VELDTRUP, Kaiserin Agnes S. 203–268.

120 Zur Forschungsdiskussion um den Aufbruch der Kaiserin nach Italien vgl. oben S. 300f.

121 Zum Itinerar zwischen 1062 und 1065: BLACK-VELDTRUP, Kaiserin Agnes S. 27–36, 92.

tierenden Konsequenzen. Vielmehr lag sie zeitlich schon vor diesem Ereignis und ist wohl in den Kontext des offiziell von ihr mitgetragenden Papstschismas zu stellen, mit dem die Kaiserin, die im Grunde eine reformorientierte Gesinnung besaß, eine antirömische und damit antireformerische Entscheidung akzeptierte[122].

Im Schisma wird die eigentliche Trendwende gesehen, die aufgrund persönlicher Schuldzuschreibung und Gewissensnöte eine Vernachlässigung der Reichsgeschäfte, die Schleiernahme und schließlich das »Attentat« der Fürstenopposition nach sich zog, wobei sich Agnes aber nicht völlig aus dem öffentlichen Leben flüchtete, sondern bis zur selbständigen Herrschaftsübernahme Heinrichs IV. präsent blieb und erst 1065 die Reise nach Rom antrat. In Italien führte sie ein frommes Leben. Sie zog sich aber nicht etwa in die Einsamkeit und Weltabgeschiedenheit eines Klosters zurück, sondern war weiterhin politisch aktiv und griff nach wie vor in die Politik ein. Dies demonstriert in eindrucksvoller Weise die Autorität der Kaiserin, die – so das in der neueren Forschung gezeichnete Bild – niemals eine der in ihrem Leben nicht gerade seltenen schwierigen Situationen benutzte, um sich der Verantwortung für Königtum, Reich und Kirche zu entziehen.

Ihre Regentschaft blieb – abgesehen von derjenigen, allerdings durch völlig andere Umstände geprägten Regentschaft der Kaiserin Konstanze für Friedrich II. in Sizilien[123] – die letzte im mittelalterlichen Reich. Daß die Möglichkeit einer Regentschaft der Königin für ihren zum Thronfolger bestimmten Sohn auch in nachsalischer Zeit ins Auge gefaßt wurde, zeigt sich in der Regierungszeit Friedrichs I. Barbarossa dadurch, daß Kaiserin Beatrix in die das Alexandrinische Schisma beendenden Verträge als Vertragspartnerin für den Fall des vorzeitigen Todes Friedrichs I. einbezogen wurde, indem die Abmachungen auch für sie als Regentin für den noch minderjährigen Heinrich VI. als bindend formuliert wurden[124]. In nachstaufischer Zeit setzte sich schließlich das Wahlkönigtum endgültig durch. Damit konnten auch Regentschaften für minderjährige Könige vermieden werden[125].

---

122 Struve, Zwei Briefe S. 416; Black-Veldtrup, Kaiserin Agnes S. 367f.

123 Zur Regentschaft Konstanzes von Sizilien vgl. S. 362f.

124 Zum Vertragswerk zwischen Friedrich I. und Alexander III. vgl. S. 311f.

125 Im Gegensatz zum Reich gab es in Frankreich im späten Mittelalter und vor allem der frühen Neuzeit Regentschaften der Königinnen; vgl. Françoise Barry, La reine de France (1964) S. 329–408; Bettina Baumgärtel, Zum Bilderstreit um die Frau im 17. Jahrhundert. Inszenierungen französischer Regentinnen, Querelles. Jahrbuch für Frauenforschung 2 (1997) S. 147–182.

Reichsverweserschaften

Kaiserin Kunigunde (1024)

Die das deutsche Thronrecht bestimmende Kombination von Erbrecht und Wahlgedanken ermöglichte durch Mitkönigtum oder Designation im hohen Mittelalter faktisch eine dynastisch gebundene Königsherrschaft, die erst beim söhnelosen Tod eines Herrschers auf eine neue Adelsfamilie überging. In dieser Situation, die nach dem Tod Heinrichs II. 1024 und Heinrichs V. 1125 eintrat, spielen jeweils die Königinnen Kunigunde und Mathilde eine besondere und in der Forschung schon immer vielbeachtete Rolle.

Zur Quellenlage: Für die Zeitspanne zwischen dem Tod Heinrichs II. am 13. Juli 1024 in der Pfalz Grone[126] und der Wahl Konrads II. am 4. September 1024 in Kamba[127] findet sich allein bei Wipo in den Gesta Chuonradi ein ausführlicher Bericht, demzufolge es zu Fehden und Machtkämpfen gekommen sei. Schlimme Übergriffe hätten jedoch durch das Einschreiten hochrangiger Männer verhindert werden können[128]. Auch die Kaiserin Kunigunde, so Wipo anschließend, sei trotz des Verlustes der kraftvollen Unterstützung ihres Ehegatten mit dem Rat ihrer Brüder, des Bischofs Dietrich von Metz und des Herzogs Heinrich von Bayern, für den Machterhalt im Reich eingetreten und habe sich – so Wipo in einer von Cicero entlehnten Formulierung – »mit klarblickender Einsicht«[129] und in sorgfältiger Abwägung der Dinge um die »Wiederaufrichtung des Imperiums« gekümmert:

> *Imperatrix vero Chunigunda, quamquam maritali vigore destituta foret, tamen consilio fratrum suorum, Theoderici Metensis episcopi et Hezzilonis ducis Bavariae, pro viribus rei publicae succurrebat et ad restaurationem imperii aciem ingenii mentisque sollicita consideratione direxit*[130].

---

126 Reg. Imp. II,4 Nr. 2063a.

127 Reg. Imp. III,1 Nr. m.

128 *Post imperatoris obitum res publica amisso patre tamquam desolata in brevi vacillare coepit … Nam cum imperator sine filiis obiisset, quilibet potentissimus secularium principum vi magis quam ingenio nitebatur aut fieri primus aut quacumque pactione a primo secundus. Ex qua re discordia pene totum regnum invasit, adeo ut in plerisque locis caedes, incendia, rapinae fierent, si non is impetus illustrium virorum sufflamine impediretur,* Wipo, Gesta Chuonradi c. 1, S. 9. Daß Fürsten ihren Machtausbau verfolgten, berichtet auch Rodulfus Glaber; vgl. Boshof, Salier S. 34f. Eine ausführliche Diskussion des Berichts durch Wipo gibt Ulrich Reuling, Die Kur in Deutschland und Frankreich (1979) S. 14–35.

129 So die Übersetzung von Werner Trillmich, in: Quellen des 9. und 11. Jahrhunderts zur Geschichte der Hamburgischen Kirche und des Reiches (AQ 11, 1978) S. 533.

130 Wipo, Gesta Chuonradi c. 1 S. 9.

Darüber hinaus berichtet Wipo, daß Heinrich II. der Kaiserin die Reichsinsignien hinterlassen habe, und Kunigunde diese dann nach dem Kürspruch der Fürsten und der Akklamation des Volkes in Kamba dem als Nachfolger im Königsamt gewählten Konrad den Älteren übergeben und ihn damit in der Herrschaft bestätigt habe:

> *Supra dicta imperatrix Chunegunda regalia insignia, quae sibi imperator Heinricus reliquerat, gratanter obtulit et ad regnandum, quantum huius sexus auctoritatis est, illum corroboravit*[131].

Aus diesen Textstellen ist vor allem in der älteren Forschung eine förmliche »Reichsverweserschaft« Kunigundes abgeleitet worden[132], wobei insbesondere die Insignienübergabe »als der erste Fall dieser Art in der deutschen Geschichte«[133] ins Zentrum der Argumentation gerückt wurde. Harry Bresslau zufolge übersteigt die Übergabe der Insignien durch die Kaiserin zum Abschluß der Wahlversammlung selbst die Akklamation des Volkes in ihrer rechtlichen Bedeutung, weshalb er auch – in Zuspitzung dieser These – von der »Anerkennung der Wahl durch Kunigunde« spricht[134]. Kritik an der Vorstellung einer »Reichsverweserschaft« der Kaiserin in den knapp sieben Wochen der Thronvakanz übte Hans Fricke in einer begriffsgeschichtlichen Dissertation über »Reichsvikare, Reichsregenten und Reichsstatthalter« mit dem Argument, daß es an einer rechtlichen Begründung für dieses Herrschaftsrecht gefehlt habe. Denn weder der Besitz der Reichsinsignien noch die frühere Stellung Kunigundes als *consors regni* noch der Wortlaut bei Wipo würden ein solches Recht begründen[135]. Dabei geht er von der förmlichen Bestellung von *vicarii* seit dem 13. Jahrhundert aus, die entweder in Stellvertretung *absente rege* Regierungsbefugnisse erhielten oder nach dem Tod des Herrschers – *vacante imperio* – bis zur Neuwahl eines Nachfolgers seine Stelle einnahmen. Die neuere Forschung betont eher die politischen Aspekte, indem auf die aktive Rolle der Kaiserin nach dem Tod Heinrichs II. für die Friedenswahrung wie im Hinblick auf die Wahl von Kamba hingewiesen wird[136].

Nach wie vor stellt sich jedoch die Frage nach der rechtlichen Dimension der von Wipo berichteten Aktivitäten der Kaiserin. Dabei ist zuerst eine Klärung der Begrifflichkeit notwendig. Diese erscheint angesichts der inhaltlichen Indifferenz in der Literatur problematisch, zumal es sich beim Begriff des Verwesers lediglich um

---

131 Wipo, Gesta Chuonradi c. 2 S. 19.

132 Neben den in den nächsten beiden Anmerkungen zitierten Autoren u. a. von Kirchner, Kaiserinnen S. 26; Hans Schreuer, Wahl und Krönung Konrads II. 1024, Historische Vierteljahrsschrift 14 (1911) S. 327–366, hier S. 361 und noch Ketsch, Aspekte S. 40. Von der Führung der »Regentschaft« durch Kunigunde und ihre Brüder spricht Gebser, Kunigunde S. 56f.

133 Vogelsang, Frau als Herrscherin S. 29.

134 Bresslau, Konrad II., Bd. 1, S. 24f.

135 Hans Fricke, Reichsvikare, Reichsregenten und Reichsstatthalter des deutschen Mittelalters. Ein Kapitel aus der Verfassungs- und Verwaltungsgeschichte des deutschen Reiches vom zehnten bis zum vierzehnten Jahrhundert (1949) S. 2f.

136 Vgl. zuletzt dazu Jörg W. Busch, Thronvakanzen als Spiegel der Entwicklung des deutschen Reiches zwischen dem 10. und dem 14. Jahrhundert, Majestas 3 (1995) S. 3–33, bes. S. 16–18. – In Fehleinschätzung der politischen Stellung wie der persönlichen Autorität der Kaiserin meint Glocker, Verwandte der Ottonen S. 230 in ihrer Handlungsweise nach dem Tod Heinrichs II. »noch einen Teil der Autorität ihres verstorbenen Mannes« zu sehen.

eine Übersetzung des Wortes *vicarius* ins Deutsche handelt und somit im Grunde dasselbe meint. Nachweisbar wird der *vicarius noster* beziehungsweise *vicarius imperii* im frühen 13. Jahrhundert als Titel Friedrichs II. für Provinzstatthalter in der italischen Verwaltung, wobei in diesem Fall das Vikariat *absente rege* gemeint ist[137].

Das Vikariat *vacante imperii,* das mit dem Tod des Herrschers für die Zeit der Vakanz der Königsherrschaft notwendig wurde, taucht in den Quellen seit 1276/81 als Recht des Pfalzgrafen bei Rhein auf und erhält seine rechtliche Verankerung in der Goldenen Bulle Karls IV. von 1356. Es benennt das Recht auf die Statthalterschaft im Reich in Stellvertretung des künftigen römischen Königs, das der Pfalzgraf bei Rhein für die rheinischen und schwäbischen Länder nach fränkischem Recht und der Herzog von Sachsen für die Gebiete nach sächsischem Recht ausüben sollten[138]. Insofern verbietet es sich, den Begriff des Reichsvikariats *vacante imperio* anzuwenden, der seit der Goldenen Bulle von 1356 eine mit konkret benannten Pflichten und Rechten wie auch Verboten verbundene Institution der Reichsverfassung bezeichnet.

Zur Verdeutlichung der inhaltlichen Unterschiede muß deshalb auf den schon in der älteren Forschung verwandten Terminus der »Reichsverweserschaft« zurückgegriffen werden, um die Stellung der Kaiserin während der Vakanz im Königtum zu umschreiben[139]. Denn immerhin lassen die Bemerkungen bei Wipo darauf schließen, daß die offizielle Herrschaftsgewalt in der kurzen Zeitspanne von knapp acht Wochen zwischen dem Tod Heinrichs II. und der Wahl Konrads II. in den Händen Kunigundes lag. Darauf verweisen folgende Indizien: Die namentliche Nennung ihrer Brüder als Ratgeber wäre unverständlich, würde man damit keine Entscheidungskompetenz der Königin verbinden. Diesem Beraterkreis gehörte sicherlich auch der Mainzer Erzbischof Aribo an, mit dem Kunigunde in einem engen Vertrauensverhältnis gestanden hatte[140]. Wipo bestätigt diesen Sachverhalt indirekt dadurch, daß er lediglich die anonyme Gesamtheit der geistlichen und weltlichen Würdenträger als Garanten des Friedens benennt, aber keinen von ihnen als besonders durchsetzungsfähig hervorhebt und damit auch nicht zu erkennen gibt, daß im Zentrum der Herrschaftsausübung ein anderer Personenkreis gestanden hätte als derjenige um die Kaiserin[141]. Schließlich könnte als weiteres Indiz die Information aus ihrer Vita geltend gemacht werden, daß sich Kunigunde nicht unmittelbar nach

---

137 FRICKE, Reichsvikare S. If. – Zu unterscheiden ist diese spätstaufische Institution vom zeitweiligen Amt des *vicarius* als Stellvertreter des Herrschers bei dessen Abwesenheit, das es immer gegeben haben dürfte.

138 Goldene Bulle Kaiser Karls IV. c. V 1, S. 582–584; dazu Wolfgang HERMKES, Das Reichsvikariat in Deutschland. Reichsvikare nach dem Tode des Kaisers von der Goldenen Bulle bis zum Ende des Reiches (Studien und Quellen zur Geschichte des deutschen Verfassungsrechts A 2, 1968) und BUSCH, Thronvakanzen S. 24–28.

139 Die problematische Begrifflichkeit zeigt auch der Blick ins HRG, wo entgegen der inhaltlichen Gleichsetzung in den Quellen zwischen Reichsvikar und Reichsverweser unterschieden wird, indem letzterer für diejenigen Fälle steht, »in denen der Herrscher von sich aus in bestimmten Situationen einen Vertreter bestellte; namentlich dann, wenn er selbst im Ausland – *trans montes* – weilte«, so Adalbert ERLER, Art. Reichsverweser, in: HRG 4 (1990) Sp. 806f., zit. S. 806. Das »Amt« des Reichsverwesers ist in den nordischen Ländern Dänemark, Norwegen und Schweden nachweisbar; vgl. Th. HILL, in: LexMa 7 (1995) Sp. 646f.

140 Vgl. BOSHOF, Salier S. 35.

141 Zur entgegengesetzten Einschätzung kommt JÄSCHKE, Gefährtinnen S. 45.

dem Tod Heinrichs II., sondern erst nach der Herrschaftsübernahme Konrads II. – wahrscheinlich 1025 – nach Kaufungen zurückzog[142].

Da man also davon ausgehen kann, daß die offizielle Weiterführung der Reichsgeschäfte bei Kunigunde lag, stellt sich die in der Forschung umstrittene Frage nach der rechtlichen Grundlage, die wohl nicht ursächlich aus der Aufbewahrung und Überreichung der Insignien ableitbar ist[143]. Vielmehr konnte schon Heinrich Mitteis zeigen, daß die Bedeutung der Reichsinsignien beim Herrschaftsantritt des neuen Königs als »eine Verstärkung der Folgepflicht, eine Festigung, Beglaubigung, corroboratio«[144] zu bewerten ist.

In quellenmäßig nicht abzusichernder und damit unzulässiger Umkehrung dieses Ergebnisses hat Fricke in Anwendung auf den vorliegenden Fall wiederum geschlossen, daß die Überreichung der Insignien durch Kunigunde an den gewählten König nicht mit einer Übergabe der Königsherrschaft gleichgesetzt werden könne. Deshalb, so Fricke irrigerweise weiter schlußfolgernd, könne Kunigunde diese auch nicht besessen haben[145]. Doch wenn auch die Insignienübergabe im rechtlichen Sinn nicht als herrschaftsbegründend zu bewerten ist, übersieht er dabei doch zweierlei: Herrschaftsübernahme geht nicht durch einen formalen Akt der Übertragung vonstatten und Kunigunde war auch nach dem Tod Heinrichs II. noch immer die gekrönte und gesalbte Königin und Kaiserin und nahm als *imperatrix augusta*, wie sie nach der römischen Krönung im Februar 1014 in den Urkunden durchgängig tituliert wird, den höchsten Rang im Reich ein. Als *consors regni* in der Regierungszeit Heinrichs II. war sie nur allzu häufig mit der Ausübung von herrscherlichen Rechten in vielen politischen Bereichen bis hin zu militärischen Belangen beauftragt worden und hatte sich politisch profiliert.

Nun besitzen wir keine Quellen über die letzten Verfügungen Heinrichs II. Aber wir können wohl davon ausgehen, daß er in der Zeit seiner mehrere Monate andauernden schweren und schließlich zu seinem Tod führenden Krankheit entsprechende Vorkehrungen getroffen hat. Dazu dürfte angesichts der Tatsache, daß Kunigunde die Reichsinsignien bis zum Zeitpunkt der rechtsgültig abgeschlossenen Wahl Konrads II. nicht aus der Hand gab und weder ihren Brüdern noch Aribo von Mainz anvertraute, auch eine formelle Beauftragung seiner Gemahlin mit der offiziellen Regierungsverantwortung gehört haben. Dies war ein politisches Novum genauso wie wenige Jahrzehnte zuvor die Übernahme der Regentschaft der Kaiserinnen Theophanu und Adelheid für den minderjährigen Otto III. Angesichts der langjährigen Regentschaft der Kaiserinnen erscheint die achtwöchige Herrschaftsausübung der in politischen Dingen erfahrenen Kunigunde nach dem Tod Heinrichs allerdings wenig spektakulär.

---

142 *Denique Conrado sibi succedente in regno, ipsa curis secularibus, sicut iam diu desideraverat, exonerata, in ipso anniversario die transitus sancti Heinrici archiepiscopos cum coepiscopos ad dedicationem Conphugensis ecclesie convocavit; ubi inter missarum sollempnia, inperiali decentissime omni cultu ornata, ante principale altare virgo Deo devota processit, ibique thesaurum inconparabilem, ligni videlicet dominici crucem, parvam quidem in materia, sed maximam in virtute, Deo obtuli,* Vita S. Cunigundis c. 5 S. 822; vgl. Jäschke, Notwendige Gefährtinnen S. 42.

143 Vgl. Fricke, Reichsvikare S. 2.

144 Heinrich Mitteis, Die deutsche Königswahl. Ihre Rechtsgrundlagen bis zur Goldenen Bulle (^{2}1944, ^{6}1987) S. 91.

145 Fricke, Reichsvikare S. 2.

Die Tatsache, daß es keine quellenmäßig überlieferten Herrschaftsmaßnahmen Kunigundes gibt, ist für diesen vergleichsweise sehr kurzen Zeitraum kaum verwunderlich[146]. Die absolute Priorität galt dabei der Wahl eines neuen Königs, die innerhalb einer überraschend kurzen Frist zustande kam[147]. Dazu dürften im Vorfeld Verhandlungen stattgefunden haben[148], in welche die politisch aktive und versierte Kaiserin sicherlich einbezogen war[149]. Denn der gut unterrichtete salische Hofhistoriograph Wipo lobt ihr Engagement für die Wiederaufrichtung des Reiches in den höchsten Tönen. Damit konnte er nur ihre konkreten Bemühungen und ihren Einsatz für die Wahl eines neuen Königs gemeint haben[150].

Dementsprechend erscheint die Übergabe der Reichsinsignien durch die Kaiserin als ein weiterer Teil der Herrschaftsausübung, die bereits in den vorangegangenen Gesprächen als Abschluß der Wahl programmgemäßig verabredet worden sein muß. Von einem die Herrschaft Konrads II. rechtslegitimierenden Anspruch kann nicht die Rede sein, sicherlich aber im Sinne von Mitteis von einer Bekräftigung und Bejahung der Wahl durch Kunigunde. Diese Haltung brachte die Kaiserin dadurch zum Ausdruck, daß sie dem neu gewählten und akklamierten König die für die Weihe unabdingbaren königlichen Insignien persönlich und öffentlich überreichte und diese nicht – wie es 1125 der Fall sein sollte – dem Mainzer Erzbischof als dem Coronator vor dem Wahlgang aushändigte. Die Eigenart der zeremoniellen Handlung liegt somit weniger in der Symbolkraft der Insignien als vielmehr in dem für alle Wahlteilnehmer sichtbaren Ritual der Übergabe, mit dem die Rechtmäßigkeit der Wahl Konrads in den Augen der in Kamba anwesenden Öffentlichkeit im Anschluß an die Akklamation durch das Volk noch einmal bekräftigt wurde.

Nichts deutet daraufhin, daß Kunigunde nicht auch selbst die Kandidatur Konrads des Älteren unterstützt hatte, der als Favorit des Mainzer Erzbischofs und Wahlleiters Aribo gilt und dessen Wahl auch die Brüder der Kaiserin, der bayerische Herzog Heinrich und Bischof Dietrich von Metz, mitgetragen haben dürften. Unter dieser Prämisse war es wohl auch nicht fraglich, daß die Kaiserin die Reichsinsignien herausgeben würde. Vielmehr lag die Besonderheit in der öffentlichen Inszenierung der Handlung als Abschluß der Wahlversammlung, wodurch nicht nur die Wahl bekräftigt wurde, sondern andererseits die Kaiserin – den Quellen zufolge ein letztes Mal – in einer öffentlichen Funktion im Mittelpunkt stand: Mit der Übergabe der Reichsinsignien demonstrierte sie den Übergang der Herrschaft auf Konrad II.[151].

---

146 Jäschke, Gefährtinnen S. 33f. wertet die Tatsache, daß in dieser Zeit keine Urkunden überliefert sind, als Indiz dafür, daß keine Regierungshandlungen erfolgten.

147 Reuling, Kur S. 16f.

148 Boshof, Salier S. 35.

149 Nach Glocker, Verwandte S. 230 war Kunigunde »an der Festsetzung von Ort und Zeit für die Wahlversammlung beteiligt gewesen«.

150 Diese Interpretation schon bei Fricke, Reichsvikare S. 2f. mit etlichen dementsprechenden Beispielen, allerdings aus dem 12. Jahrhundert, die das Bild des Interregnums als Auflösung der Ordnung, die erst durch einen neuen König wiederhergestellt werden kann, sowie den Topos der Friedlosigkeit zeichnen.

151 Die von Glocker, Verwandte S. 230 formulierte Rückbeziehung der für Agnes von Poitou überlieferten Möglichkeit, durch Heirat einen neuen König zu bestimmen, auf Kunigunde ist anachronistisch und dann verfehlt, wenn damit ein geringerer Umfang an Autorität in bezug auf Kunigunde verknüpft wird.

Nach dem Tod des letzten salischen Herrschers, Kaiser Heinrich V., am 23. Mai 1125 blieben die Reichsinsignien vorerst gleichfalls im Besitz der Königinwitwe Mathilde. Dies bestätigen mehrere Quellen[152]. So überliefert die Chronik Ekkehards von Aura in ihrer vierten Rezension, daß Heinrich V. auf dem Sterbebett seine Gemahlin und sein Erbe dem Schutz seines Verwandten, des schwäbischen Herzogs Friedrich, anvertraut und befohlen habe, die Krone und die übrigen königlichen Abzeichen bis zur Wahlversammlung der Fürsten auf der Burg Trifels zu verwahren[153]. Der ebenfalls zeitgenössische anglonormannische Geschichtsschreiber Ordericus Vitalis formuliert dies noch viel deutlicher und direkter: »Als der Kaiser starb, hinterließ er die kaiserlichen Insignien der Kaiserin Mathilde«[154]. Dem entspricht schließlich die Überlieferung bei Otto von Freising: *At imperatrix Mahtildis, Heinrici regis Anglorum filia, regalia in potestate sua habebat*[155].

Im Gegensatz zur Reichsverweserschaft der Kaiserin Kunigunde 1024, die nach Wipo für die Aufrechterhaltung von Recht und Frieden sorgte, lassen sich dergleichen Regierungsmaßnahmen für Mathilde bis zur Königsneuwahl – etwas mehr als drei Monate nach dem Tod des Saliers – nicht nachweisen[156]. Erhalten ist lediglich eine von Mathilde ausgestellte Urkunde vom 26. Mai 1125 über eine Schenkung von Seelgerätschaften für den das Herz Heinrichs V. wie auch schon Konrads II. beherbergenden Dom St. Martin in Utrecht[157] sowie die Nachricht bei Otto von Freising,

152 Erst in Quellen des 13. Jahrhunderts wird behauptet, daß die Insignien an Herzog Friedrich II. von Schwaben übergeben wurden: *Fridericus dux Suevie post mortem Heinrici avunculi sui regalia accepit*, Annales Stadenses S. 322. *Penes hos* (Friedrich und Konrad von Schwaben) *mortuo avunculo suo H[ainrico] iuniore insignia imperialia remanserunt*, Burchard von Ursberg, Chronicon S. 8. Die damit im Zusammenhang stehende Frage, ob Heinrich V. für die Nachfolge seines Neffen, des schwäbischen Herzogs Heinrich, vor seinem Tod votiert hatte, er ihn vielleicht auf dem Sterbebett sogar designiert haben könnte, wird in der Forschung mehrheitlich negiert, vgl. Ulrich Schmidt, Königswahl und Thronfolge im 12. Jahrhundert (Forschungen zur Kaiser- und Papstgeschichte des Mittelalters. Beihefte zu J. F. Böhmer, Regesta Imperii 7, 1987) S. 34–38.

153 *... vocatisque qui secum erant, id est regina Mahthilde coniuge sua, consobrino quoque suo Friderico duce Suevie ceterisque primatibus, prout potuit, de regni statu consilium dedit, proprietates suas atque reginam eiudem Friderici utpote heredis sui fidei commisit, coronam ceteraque regalia usque ad conventum principum conservanda in castello firmissimo, quod Trifels dicitur, reponi disposuit ...*, Ekkehard von Aura, Chronica Rez. IV, ed. Schmale, S. 374.

154 *Imperii vero insignia moriens caesar imperatrici Mathildi dimisit*, Ordericus Vitalis, Historia ecclesiastica, ed. G. H. Pertz, in: MGH SS 20, S. 76.

155 Otto von Freising, Gesta Friderici, ed. G. Waitz und B. de Simson, MGH SS rer. Germ. [46], (^{3}1912) I 16 S. 30.

156 Die die ältere Literatur zusammenfassende Aussage bei Kirchner, Kaiserinnen S. 50, daß Heinrich V. »ihr das Amt des Reichsverwesers, das sie unter dem Schutze Friedrichs von Staufen führen sollte«, übergab, entbehrt der Quellengrundlage.

157 Die von Kanzler Philipp rekognoszierte Urkunde enthält die Intitulatio *Matheldis Dei gratia Romanorum regina*. Als Gegenleistung für die Schenkung des in der Nähe gelegenen Ortes Richterich mit allem Zubehör aus gemeinsamen, ererbten Besitz (*... tradidi sancto Martino proprietatem, que dicitur Richterko, cum omni utilitate et appendiciis, sicut dominus meus imperator et ego hereditaria possessione habuimus*) werden ein ewiges Licht am Grab und Almosen am jährlichen Todestag des Kaisers für die Kanonikerstifte St. Peter, St. Johannes und St. Maria festgesetzt: *Ea conditione ut perpetua observantia hec inde exhibeantur: jugiter die ac nocte lumen cere ad idem sepulchrum in medio choro permaneat, ecclesiis canonicorum, scilicet beati Petri, sancti Johannis, sancte Marie, elemosina in anniversario dilecti domini mei imperatoris conferatur ...*; abgedruckt in: Oorkondenboek van het

daß der Mainzer Erzbischof Adalbert die Königinwitwe mit falschen Versprechungen dazu überredet habe, die Insignien an ihn auszuhändigen: *Quam predictus Albertus Maguntinae aecclesiae archiepiscopus ad se vocavit falsisque promissionibus ad sibi tradenda regalia induxit*[158].

Dabei lassen sich die Beweggründe Mathildes für die Überlassung der Reichsinsignien als Symbol der rechtmäßigen Herrschaftsausübung wie auch die genaueren Umstände der Übergabe, ob sie persönlich durch die Königin erfolgte oder aufgrund einer entsprechenden Anweisung an die Besatzung auf dem Trifels[159], nicht mehr rekonstruieren. Alle Versuche, ihre Rolle im Thronstreit 1125 näher zu bezeichnen, bleiben bislang spekulativ[160].

Dennoch läßt die Tatsache, daß Mathilde im Gegensatz zu Kaiserin Kunigunde die Insignien vor der Wahl aus den Händen gab, nicht von vornherein auf eine geringe politische Durchsetzungskraft der Königin schließen, zumal sie trotz ihrer Jugendlichkeit während ihrer Ehe mit Heinrich V. sehr schnell in ihre herrscherlichen Aufgaben hineingewachsen ist und diese auch eigenständig bewältigen konnte, wie ihre »Statthalterschaft« in Reichsitalien und die dort ausgeübte richterliche Tätigkeit belegt[161]. Daß Mathilde als selbstbewußte und durchsetzungsfähige Persönlichkeit einzuschätzen ist, zeigt auch »ihr Leben danach«: Als Tochter des anglonormannischen Königs Heinrich I. trat sie nach dem tödlichen Unfall ihres einzigen Bruders, des Thronerben Wilhelm, das väterliche Erbe an und mußte für die Anerkennung ihrer Herrschaft fast ihr ganzes Leben lang gegen den mit ihr um die Macht konkurrierenden und zum König gekrönten Stephan von Blois kämpfen. Sie resignierte auch in für sie militärisch und politisch schwierigen Zeiten nicht und konnte schließlich ihrem Sohn aus der Ehe mit Graf Gottfried Plantagenet von Anjou, dem späteren Heinrich II., den englischen Königsthron sichern[162].

Die Aushändigung der Insignien 1125 erfolgte auch nicht, weil Mathilde so schnell wie möglich nach England zurückkehren wollte. Äußerst unwahrscheinlich ist weiterhin, daß die Königin über deren Verbleib ohne Rücksprache mit den Vertrauten am Hof und besonders Friedrich von Staufen als Bewerber um den Königsthron entschieden haben wird. Was auch immer Otto von Freising mit den »falschen Versprechungen« Adalberts von Mainz gegenüber Mathilde konkret ge-

---

Sticht Utrecht tot 1301, ed. Mr. S. MULLER und A. C. BOUMAN, Bd. 1 (1920) Nr. 318 S. 291. Zu Kanzler Philipp: HAUSMANN, Reichskanzlei S. 49–51.

158 Otto von Freising, Gesta Friderici I 16 S. 30.

159 So JÄSCHKE, Gefährtinnen S. 173.

160 So auch CHIBNALL, Empress Matilda S. 41f. – Mit den quellenmäßig nicht absicherbaren Thesen von Ferdinand GELDNER, Kaiserin Mathilde, die deutsche Königswahl von 1125 und das Gegenkönigtum Konrads III., ZBLG 40 (1977) S. 3–22, der eine Designation Konrads von Schwaben durch Heinrich V. und eine geplante Eheschließung mit Königin Mathilde behauptet, hat sich bereits SCHMIDT, Königswahl S. 38–43 auseinandergesetzt. Zur Rolle Konrads III. vgl. neuerdings auch Gerhard LUBICH, Beobachtungen zur Wahl Konrads III. und ihrem Umfeld, HJb 117 (1997) S. 311–339.

161 Zu ihrem Vorsitz im Königsgericht vgl. S. 159–161.

162 Vgl. RÖSSLER, Kaiserin Mathilde S. 83ff.; Karl SCHNITH, *Regni et pacis inquietatrix:* Zur Rolle der Kaiserin Mathilde in der ›Anarchie‹, Journal of Medieval History 2 (1976) S. 135–157; DERS., *Domina Anglorum* S. 101–111; CHIBNALL, Empress Matilda S. 64ff.; JÄSCHKE, Gefährtinnen S. 176–183; zu den Rechtsansprüchen vgl. auch REISINGER, Tankred von Lecce S. 96–99, 102f. passim.

meint hat, muß dahingestellt bleiben, zumal auch nicht auszuschließen ist, daß Otto das Scheitern seines Verwandten bei der Königswahl von 1125 beschönigen wollte.

Obwohl die Wahl Lothars III., gerade auch wegen der exzeptionellen Berichterstattung in der *Narratio de electione Lotharii Saxoniae ducis in regem Romanorum*[163], oft untersucht wurde, sind etliche Fragen zu den Vorgängen um die Königswahl offen. Dazu gehört zum Beispiel die Rolle Adalberts von Mainz als des Wahlleiters, der nach mehrheitlicher Ansicht in der Forschung die Wahl des Staufers Friedrich vereitelt habe[164] wie auch das Verhalten der Königin Mathilde, das aufgrund mangelnder Quellen undeutlich bleibt. Weiterhin stellt sich die Frage nach der Bedeutung der Insignien. Denn anders als nach ihm Lothar III. übergab Heinrich V. diese nicht in einem Designationsakt einem potentiellen Thronanwärter, sondern vertraute sie seiner Gemahlin an. Ekkehard von Aura zufolge hatte der sterbende Kaiser dabei die als uneinnehmbar geltende Burg Trifels als Aufbewahrungsort festgelegt. Das läßt darauf schließen, daß Heinrich V. sich nicht auf einen Nachfolger festlegen, sondern die Wahl der Fürsten offen lassen wollte. Andererseits aber könnte er mit einem Kampf um den Thron gerechnet haben und wollte vielleicht deshalb die Insignien als Symbol für die Rechtmäßigkeit der Königsherrschaft sicher verwahrt wissen.

Die Tatsache aber, daß Königin Mathilde 1125 nicht mehr wie einst Kaiserin Kunigunde 1024 die Reichsinsignien an den neugewählten König zum Abschluß der Wahlversammlung überreichte, mag gleichzeitig als Indiz dafür gewertet werden, daß sich 1125 das »Prinzip der freien Wahl« durch die Reichsfürsten und ohne erbrechtliche Argumentation[165] wie auch ohne Einbeziehung der Königinwitwe durchgesetzt hatte. Dadurch daß sich jetzt auch die Reichsinsignien in der Verfügungsgewalt der »Königswähler« befanden, verstärkte sich der Eindruck einer »freien Wahl« des Königs durch die Großen des Reiches.

---

163 Ed. W. Wattenbach, in: MGH SS 12 (1856) S. 509–512.

164 Gegen die These von Lothar Speer, Kaiser Lothar III. und Erzbischof Adalbert I. von Mainz. Eine Untersuchung zur Geschichte des deutschen Reiches im frühen zwölften Jahrhundert (Dissertationen zur mittelalterlichen Geschichte 3, 1983), daß der Mainzer Erzbischof als Wahlleiter die Wahlversammlung neutral und für alle Kandidaten chancengleich geleitet habe, vgl. Schmidt, Königswahl S. 43–59.

165 Vgl. Schmidt, Königswahl S. 52–59.

»Statthalterschaften«

Deutschland in ottonischer Zeit

In Zeiten der Abwesenheit des Herrschers lag in ottonischer Zeit die Reichsregierung in den Händen von Stellvertretern aus den Reihen der am Hof einflußreichen geistlichen und weltlichen Großen. Hin und wieder übernahmen diese Aufgabe auch weibliche Mitglieder des Königshauses wie zum Beispiel die Äbtissin Mathilde von Quedlinburg während des zweiten Italienzugs Ottos III. 997, die vor dem Aufbruch in einem eigenen Ernennungsakt damit beauftragt und zur *matricia* ernannt worden war[166].

In einigen Fällen dürften auch Königinnen zeitweilige »Statthalterschaften« im Reich wahrgenommen haben. Auffallenderweise sind offiziell erteilte Aufträge durch den Herrscher wie bei Mathilde von Quedlinburg quellenmäßig jedoch kaum zu erfassen. Äußerst fraglich ist es deshalb, ob Otto I. für die Zeit seines zweiten Italienzugs in den Jahren 961–965 seine Mutter, Königin Mathilde, und seinen unehelichen Sohn, Erzbischof Wilhelm von Mainz[167], offiziell mit dieser Aufgabe betraute[168]. Überliefert ist dies allein durch die zu Beginn des 11. Jahrhunderts entstandene, als historische Quelle allerdings problematische Vita Mathildis posterior[169]. Sie teilt mit, daß der König vor dem Aufbruch zur Kaiserkrönung nach Rom das Reich und seinen kleinen Sohn Otto seiner frommen Mutter und dem Erzbischof Wilhelm anvertraut habe[170]. Im Gegensatz dazu berichtet Ruotger in der Vita Brunonis, Otto I. habe seinen Sohn der Obhut der Erzbischöfe, des Onkels und des Bruders, über-

166 Dies besagt die wahrscheinlich auf Otto III. selbst zurückgehende Grabinschrift der Äbtissin: … *Otto Imperator nepos eivs Italiam aditvrvs invice svi Saxonie preposvit Matriciam …*, Text nach Edmund E. STENGEL, Die Grabinschrift der ersten Äbtissin von Quedlinburg, DA 3 (1939) S. 361–370, zit. S. 362. – Während Carl ERDMANN, Die Würde des Patricius unter Otto III., in: DERS., Forschungen zur politischen Ideenwelt des Frühmittelalters. Aus dem Nachlass des Verfassers hg. von Friedrich BAETHGEN (1951) S. 92–111, hier S. 97–99 davon ausgegangen ist, daß die Statthalterschaft der Äbtissin für das gesamte Reichsgebiet gegolten habe, engte zuletzt GÖRICH, Otto III. S. 54–56 den Geltungsbereich erneut auf Sachsen ein; vgl. auch GIESE, Stamm der Sachsen S. 130f.; GLOCKER, Verwandte der Ottonen S. 205; ALTHOFF, Otto III. S. 132.

167 Vgl. den biographischen Überblick bei GLOCKER, Verwandte der Ottonen S. 135–153.

168 KETSCH, Aspekte S. 34 nimmt die Nachricht der Vita posterior als Faktum und wertet es als eine geradezu »revolutionäre Entscheidung Ottos I.«, durch die Mathilde »als erste Frau in Deutschland das Amt einer Statthalterin« innegehabt habe und somit »in Abwesenheit des Königs mit der Führung der Regierungsgeschäfte beauftragt« worden sei.

169 Zur Quellenproblematik vgl. oben S. 257–259.

170 *Tunc commendans regnum et Ottonem parvum filium suum pie matri et archiepiscopo Wilhelmo*, Vita Mathildis posterior c. 21, ed. SCHÜTTE S. 186.

lassen, demzufolge also Wilhelm von Mainz und Brun von Köln[171]. Die übrigen Quellen, etwa Adalbert, der Fortsetzer der Chronik des Regino von Prüm, erwähnen wiederum allein Wilhelm von Mainz als denjenigen, dem der gerade zum Nachfolger im Königsamt gewählte und gekrönte fünfjährige Otto[172] zum Schutz und zur Erziehung übergeben worden sei[173].

Die in diesen Jahren im Namen des minderjährigen Otto II. ausgestellten Urkunden verweisen jedoch darauf, daß sich Königin Mathilde häufiger als ihr Sohn, Erzbischof Brun, in der Umgebung des Kindkönigs aufhielt. Bei den Empfängern handelt es sich dabei fast ausschließlich um der Königin nahestehende Nonnenklöster. So bestätigte Otto II. mit seinem ersten Diplom *per interventum domnae et nostrae aviae reginae Mahthildis* vom 25. Juli 961, ausgestellt wohl noch vor der Abreise Ottos I. in Wallhausen, Schenkungen seiner Großmutter an das Quedlinburger Servatiusstift aus deren Wittum[174]. Eine weitere im Original überlieferte Urkunde *ob interventum domne Mahthildis reginae nostrae videlicet avie* für die Kanoniker in der Quedlinburger Vorstadt ist auf den 27. Juli 964 zu datieren[175]. In den Jahren dazwischen, nämlich 962, soll Otto II. seine Zustimmung zur Errichtung des Nonnenkonvents in Nordhausen gegeben haben[176]. Neben den Interventionen Mathildes enthalten die übrigen Urkunden die Formel, daß sie auf den Ratschlag seines Bruders, des Mainzer Erzbischofs Wilhelm[177], hin ausgestellt worden seien. Auf die Anwesenheit Bruns von Köln in der Umgebung Ottos II. verweisen die Urkunden jedoch nicht[178].

Dieser urkundliche Befund unterstreicht die Glaubwürdigkeit Adalberts, daß der Kindkönig seinem Bruder Wilhelm anvertraut worden war und dieser ihn die meiste Zeit bei sich hatte[179]. Beide trafen zusammen als erste den aus Italien zurück-

---

171 *Hunc archiepiscopis, patruo fratrique, commendatum ad custodiam regni Cisalpini reliquerat imperator profecturus Romam et res totius Italie ordinaturus*, Ruotger, Vita Brunonis archiepiscopi Coloniensis, ed. Irene OTT, MGH SS rer. Germ. N.S. 10 (1951) c. 41 S. 43.

172 Reg. Imp. II,2 Nr. 574e/f.

173 *Ordinato vero filio pater in Saxoniam rediens dispositis regni negotiis filium Willihelmo archiepiscopo tuendum et nutriendum commisit sicque per Bawariam et Trientum in Italiam se admisit*, Adalbert, Continuatio Regionis a. 961 S. 171; vgl. Reg. Imp. II,2 Nr. 574g.

174 DOII. 1 (961 Juli 25 Wallhausen) Schenkung des bisher zum Wittum der Königin Mathilde gehörigen Hofes in Quedlinburg nebst der Jacobskirche und anderem Zubehör. – Eine weitere in Wallhausen ausgestellte Urkunde, DOII. 2, geht an das durch Bischof Bernhard von Halberstadt gestiftete Nonnenkloster Hadmersleben, dessen Unterordnung unter das Bistum genehmigt sowie Immunität und freies Wahlrecht gewährt wird ... *per interventum piorum progenitorum nostrorum, scilicet Mahtilde mitissime avie nostre matrisque nostre Adalheithe, ac iussu serenissimi imperatoris progenitoris nostri Ottonis nec non et archiepiscoporum, videlicet dilectissimi fratris nostri Uuillihelmi et Adaldagi* ... – Eine dritte und vierte Urkunde *annuente genitore* werden für die Nonnenklöster Gernrode und Frohse ausgestellt; DOII. 3 und 4.

175 DOII. 10: Gewährung der freien Abtwahl und Bestätigung der Güterschenkungen durch die Königin; zum Problem der Ortsbestimmung *Tarneburg*: K. UHLIRZ, Otto II. S. 6, der es als das thüringische Dornburg identifiziert sowie FRICKE, Reichsvikare, der es – was wohl wahrscheinlicher sein dürfte – mit Derenburg bei Halberstadt gleichsetzt (S. 184 Anm. 546).

176 Zur Problematik dieser Urkunde vgl. oben S. 235f. mit Anm. 529.

177 So DOII. 6 (963 Juli 20 Sohlingen) Privileg für das Nonnenkloster Hilwartshausen *cum consilio archiepiscopi Uuillihelmi fratris scilicet nostri* ...; DOII. 7 (963 Juli 21 Sohlingen) Privileg für St. Maximin bei Trier.

178 Zu den Aktivitäten Bruns von Köln in diesen Jahren vgl. FRICKE, Reichsvikare S. 57–59.

179 Die These, daß Wilhelm von Mainz eine zeitweilige vormundschaftliche Regierung oder gar eine Regentschaft geführt habe, ist bereits durch FRICKE, Reichsvikare S. 59f. zurückgewiesen worden.

kehrenden Kaiser zwischen Stuttgart und Pforzheim[180], während die übrigen Familienmitglieder, darunter Königin Mathilde und Brun von Köln, erstmals wieder auf dem Kölner Hoftag im Juni 965 nachweisbar werden. Das schließt nicht aus, daß Otto II. sich zeitweilig in der Obhut seiner Großmutter befunden haben könnte. Eine offizielle Beteiligung an Regierungsmaßnahmen oder eine Beauftragung als Statthalterin läßt sich für Mathilde allerdings nicht belegen und auch aus ihren Interventionen nicht herausinterpretieren[181]. Die Notwendigkeit dazu war auch für den sächsischen Herrschaftsbereich nicht gegeben, da hier seit 953 für die Zeiten der Abwesenheit Ottos I. Hermann Billung als Procurator eingesetzt war[182]. Zudem war die Königin in der Zeit des zweiten Italienzuges voll damit beschäftigt, die Gründung des Nonnenklosters in Nordhausen voranzutreiben, zu dessen Besuch sie Otto I. nach seiner Rückkehr aus Italien einlud[183].

Ob es »Statthalterschaften« von Königinnen für die Zeit der Italienzüge überhaupt gegeben hat, ist insgesamt zweifelhaft. Gelegenheiten dazu gab es jedenfalls wenige, da sie fast immer mitreisten. Nur selten befanden sie sich nicht im Gefolge des Herrschers. So nahm Königin Kunigunde nicht an dem nur wenige Monate dauernden ersten Italienzug 1004 teil und wahrscheinlich auch nicht am dritten 1021/22. Konkrete Gründe dafür lassen sich nicht benennen. Zu vermuten ist allenfalls, daß sich Kunigunde nicht den Strapazen des Alpenübergangs aussetzen wollte, zumal ihre Anwesenheit nur auf dem zweiten Italienzug mit der Kaiserkrönung in Rom am 14. Februar 1014 unabdingbar war[184]. Ein offizieller Auftrag zur »Statthalterschaft« ist jedoch ebensowenig überliefert wie eine »Regierungshandlung« Kunigundes in den Monaten der Abwesenheit Heinrichs II. Da sich Thietmar von Merseburg über die einzelnen Aktivitäten der Königin ansonsten gut informiert zeigt, ist anzunehmen, daß er auch davon berichtet hätte. Denn Kunigunde hielt sich in diesen Zeiträumen meistens in Sachsen und in der Umgebung des Merseburger Bischofs auf.

Kurzfristige *procurationes* hat Kunigunde nach Auskunft Thietmars jedoch zweimal in den kriegerischen Auseinandersetzungen mit Polen übernommen, während sich Heinrich II., in verschiedene Konflikte verwickelt, im Westen des Reiches aufhielt. Die erste Stellvertretung wurde im Sommer 1012 nötig: Für die Zeit, in der Heinrich in Fortsetzung der Fehde mit seinen luxemburgischen Schwägern die Stadt Metz belagerte, übertrug er dem gerade mit dem Magdeburger Erzbistum investierten Walthard die Leitung im weiteren Vorgehen gegenüber Boleslaw sowie die Sorge um die sächsischen Königsgüter[185]. Doch nach erfolglosen Verhandlungen mit dem polnischen Herrscher erkrankte Walthard, unmittelbar vor der angesetzten Schlacht, im militärischen Feldlager[186] und starb kurze Zeit später. Sobald die Köni-

---

180 *Cui filii sui Otto rex et Willihelmus archiepiscopus in confinio Franciae et Alamanniae in villa Heimbodesheim occurrerunt et cum magna ibi eum alacritate susceperunt*, Adalbert, Continuatio Regionis a. 965 S. 175; vgl. Reg. Imp. II,2 Nr. 585a.

181 Unentschieden bleibt GLOCKER, Verwandte der Ottonen S. 13 und 143.

182 Vgl. GIESE, Stamm der Sachsen S. 129; ALTHOFF, Billunger S. 311–314.

183 Zur Gründung und dem Besuch Ottos I. vgl. oben S. 235–237.

184 Zum Itinerar vgl. oben S. 99–102.

185 *Et cum generos suimet tunc iterum exercitu petere voluisset, cum presentibus suimet principibus, qualiter Bolizlavus ab hiis invaderetur, tractavit. Hoc omne archiepiscopo noviter instituto et suas curtes in Saxonia positas commendavit*, Thietmar von Merseburg, Chronicon VI 67 S. 356/58.

186 Thietmar von Merseburg, Chronicon VI 69 (45) S. 358.

gin diese Nachricht erhalten hatte, schickte sie ihren Schenken Geso mit der traurigen Mitteilung zu dem vor Metz lagernden König, der wiederum den Boten nach dessen Berichterstattung mit der Weisung zurücksandte, daß die Königin die »Reichsgeschäfte« übernehmen solle[187].

Unterdessen hatte Boleslaw, die führerlose Situation an der Grenze nach dem Tod des Erzbischofs nutzend, einen Angriff auf die Burg Lebusa angeordnet, diese rasch erobert und viele Gefangene gemacht[188]. Als jedoch Kunigunde, die sich zu dieser Zeit in Merseburg aufhielt, davon Kenntnis erhielt, befahl sie allen Vasallen, an der Mulde Stellung zu beziehen und bis zur Ankunft des Königs alle notwendigen Vorkehrungen zu treffen[189]. Demnach gab sie den Befehl zur Landesverteidigung gegenüber Boleslaw von Polen, der dementsprechend auch umgesetzt worden sein dürfte. Denn ein weiterer Angriff des Polenherrschers erfolgte bis zum Eintreffen Heinrichs II. nicht mehr. Dieser regelte Thietmar zufolge nach seiner Rückkehr nach Sachsen zuerst die Nachfolge im Magdeburger Erzbistum und begab sich dann erst nach Merseburg, um mit den Großen des Reichs über die Situation an der Grenze zu beraten[190].

Auch im Sommer 1016, als Heinrich II. einen Heerzug gegen den burgundischen Grafen Otto Wilhelm unternahm, organisierte Kunigunde die Landesverteidigung an der Ostgrenze zu Polen; diesmal – wie es scheint – aber von Anfang an damit betraut. Thietmar berichtet: *Interim inperatrix in nostris commorata provinciis defensionem patriae cum nostris principibus meditatur*[191].

Mit Ausnahme der weiblichen Regentschaften, in denen die Königinnen über Krieg und Frieden entscheiden und die dazu nötigen Maßnahmen treffen mußten, sind die beiden Beauftragungen der Kaiserin Kunigunde mit dem militärischen Oberbefehl in Sachsen, den sie in Stellvertretung Heinrichs II. kurzfristig innehatte, eine für Königinnen im hochmittelalterlichen deutschen Reich ansonsten nicht nachweisbare Aufgabe. Dies ist nicht nur als Indiz für ihre einflußreiche Stellung beim König und am Hof, sondern auch für ihre Akzeptanz bei den Reichsfürsten zu bewerten, die den Befehl umsetzten.

Darüber hinaus erscheint die Handlungsweise Kunigundes 1012 aufschlußreich für die Herrschaftsausübung der Königin. Thietmar zufolge hielt sie sich während der Heerzüge Heinrichs II. in Sachsen auf. Hier war der Magdeburger Erzbischof mit der politischen wie auch augenblicklich schwierigen militärischen Führung beauftragt worden. Diese Statthalterschaft wurde durch seinen unerwarteten Tod ledig. Nun nahmen aber nicht die sich in seiner Umgebung befindlichen Fürsten Kontakt mit dem König auf, sondern die Königin. Allein Kunigunde trat als politisch handelnde Persönlichkeit in den Vordergrund, und Heinrich II. entschied,

---

187 *Quod regina ut primo comperit, per Geconem pincernam suum regi iam iuxta Metensem urbem cum exercitu sedenti indixit. Hic vehementer illud ammirans et, qualiter se res nobiscum haberent, interrogans, eundem, regnum prout curaretur ab ea, celeriter remisit*, Thietmar von Merseburg, Chronicon VI 74 (46) S. 364.

188 Thietmar von Merseburg, Chronicon VI 80 (48) S. 368/70.

189 *Ab internuntiis festinantibus haec regina in Merseburg tunc manens conperit ... Omnes nos conprovinciales iuxta Mildam sedere et ad adventum regis haec omnia providere ab ea iussi sumu[s]*, Thietmar von Merseburg, Chronicon VI 81 (49) S. 370.

190 Thietmar von Merseburg, Chronicon VI 81 (49) S. 370/72.

191 Thietmar von Merseburg, Chronicon VII 29 (21) S. 434.

daß sie die Sorge um das Reich übernehmen solle. Dabei schien es sich um die wohl naheliegenste Lösung zu handeln.

Dies läßt darauf schließen, daß Walthard – besonders auch in seiner Eigenschaft als militärischer Führer – in Vertretung des Königs agierte, dadurch aber die politische Stellung der Königin, die als *consors regni* über die Mitherrschaft im Reich verfügte, nicht tangiert war. Nach dem Tod des Erzbischofs konnte sie deshalb ganz selbstverständlich die alleinige Führung übernehmen. 1016 trat sie – wohl in Absprache mit den Großen – von vornherein für die Dauer des Kriegszugs Heinrichs II. nach Burgund an die Führungsspitze in Sachsen.

In beiden Situationen handelte Kunigunde in Stellvertretung des Königs, nahm also Statthalterfunktionen wahr, die namentlich die militärische Befehlsgewalt einschlossen[192]. Anderweitige »Regierungsmaßnahmen« sind für die genannten Zeiträumen nicht bekannt. Als *consors regni* konnte sie jederzeit in eigenem Namen agieren. Bezeichnend ist, daß sie nach dem Tod des Erzbischofs die Initiative ergriff, indem sie sich mit Heinrich II. über das weitere Vorgehen verständigte, was erneut deutlich werden läßt, daß das Herrscherpaar in bestimmten Situationen als »Team« in gegenseitiger Absprache arbeitete.

Zusammenfassend ist festzustellen, daß sich Beauftragungen der Königin mit der *procuratio* für das Reichsgebiet nur in Ausnahmefällen nachweisen lassen. Dies lag zum einen daran, daß sie den Herrscher bei längerer Abwesenheit, so zum Beispiel während der Italienzüge, begleitete. Zum anderen aber bedurfte sie keiner eigens gegebenen Bevollmächtigung zur Führung der Reichsgeschäfte. Als *consors regni* war sie an der Herrschaft beteiligt und konnte diese jederzeit auch ausüben. Es überrascht insofern nicht, daß nur für die Äbtissin Mathilde von Quedlinburg eine Übertragung der »Statthalterschaft« ausdrücklich überliefert ist. Eine Besonderheit bilden die *procurationes* Kunigundes, die angesichts der militärisch unsicheren Lage an der Grenze nach Polen notwendig geworden waren und die angesichts ihrer Tragweite – so 1012 – in Abstimmung mit Heinrich II. erfolgten. Mit dem Ende der sächsischen Epoche endete auch die Gewohnheit, eigene Statthalter für Sachsen zu bestellen.

Reichsitalien (10.–12. Jahrhundert)

Für Italien gilt in ähnlicher Weise wie für Deutschland, daß sich die Königinnen meist nur in Begleitung des Königs im Land aufhielten und einzelne herrscherliche Aufgaben übernahmen wie zum Beispiel die Ausübung der Gerichtsbarkeit durch Mathilde (1117/18) und Richenza (1136/37), darüber hinaus aber kaum längerfristige »Statthalterschaften« wahrnahmen. Neben Theophanu, die in der Zeit ihrer Regentschaft von Herbst 989 bis Mai 990 einen Italienzug nach Rom, Ravenna und Pavia unternahm[193], befanden sich nur die ehemals italische Königin Adelheid in ihren Witwenjahren sowie Königin Mathilde, die Gemahlin des letzten Saliers Heinrich

192 Von einem »spezialisierten Auftrag …, der weniger im Interesse der Sachsen als des Königs lag«, spricht GIESE, Stamm der Sachsen S. 131; GLOCKER, Verwandte der Ottonen S. 228 betont, daß die Ernennung der Königin »nur mit der Organisation des Rückzugs verbunden« gewesen sei.

193 Vgl. WOLF, Itinerar der Prinzessin Theophano S. 16.

V., 1118 und 1119, im Anschluß an dessen zweiten Italienzug, für längere Zeit allein in Oberitalien.

Eine »Statthalterschaft« Mathildes ist in den Quellen dabei gut bezeugt. In der vierten Rezension seiner Chronik berichtet Ekkehard von Aura zum Jahr 1119, daß der Kaiser in Italien von den Exkommunikations- und Absetzungsplänen seitens der Reichsfürsten gegen ihn erfahren hatte. Voller Wut darüber habe er die Truppen mit der Königin in Italien zurückgelassen und sich völlig unerwartet in Deutschland gezeigt[194]. Mit keinem weiteren Wort erwähnt er, daß neben der Königin ein Stellvertreter des Königs von diesem ernannt wurde. Insofern ist davon auszugehen, daß Mathilde allein die politische Verantwortung trug und die Führung der anstehenden »Regierungsgeschäfte« in Italien übernommen hatte, was neben dem Oberbefehl über das Heer auch den Vorsitz im Königsgericht einschloß. Letzteres bleibt die einzige Herrschaftsausübung, die sich quellenmäßig erfassen läßt[195].

Sehr viel problematischer hingegen zeigt sich die Sachlage für Kaiserin Adelheid, die sich als Witwe immer wieder nach Italien zurückzog und hier auch erstmals am 25. Oktober 976 im Königsgericht in Piacenza nachweisbar wird. Fraglich bleibt, ob diese Tätigkeit im Rahmen einer offiziell mit Otto II. abgesprochenen »Statthalterschaft« für Italien zu werten ist, oder ob die Kaiserin aus eigenem Entschluß heraus und kraft eigener Autorität agierte.

Kurz zu den Hintergründen: Nach dem Tod Ottos I. Anfang Mai 973 und der Herrschaftsübernahme Ottos II. blieb Adelheid vorerst auch weiterhin am ottonischen Hof. Anders als ehemals Königin Mathilde, ihre Schwiegermutter, begab sie sich nicht sofort auf ihre Dotalgüter, um sich ganz den Memorialverpflichtungen einer Witwe zu widmen[196]. Vielmehr veränderte sich nach Ausweis der Urkunden vorerst weder ihre Stellung am Hof, noch verringerte sich ihr Einfluß auf die aktuelle Politik: Sie intervenierte im ersten Jahr der eigenständigen Regierung Ottos II. in den ausgestellten 55 Diplomen durchschnittlich in fast jedem zweiten, insgesamt in 26 Urkunden[197]. Demgegenüber legte Theophanu im gleichen Zeitraum lediglich in

---

194 *His etiam temporibus Cuno Prenestinus adhuc legatione Gelasii functus synodum Colonie cum Teutonicis habuit, ubi imperatoris omnimodis excommunicationem propalavit. Alteram quoque synodum in Friteslar eadem pro causa indixit, qua et habita eandem quam prius excommunicationem confirmavit. Imperator his auditis, insuper etiam, quod principum consensus generale vel curiale colloquium non multo post apud Wirziburg instituere proposuisset, ubi ipse aut presens ad audientiam exhiberi aut absens regno deponi debuerit, efferatus animo, Italie suis copiis cum regina relictis Germanicis se regionibus nimis insperatus exhibuit*, Ekkehard von Aura, Chronica S. 340.

195 Zum Gerichtsvorsitz Mathildes am 4. November 1118 vgl. oben S. 160f.

196 Die andersgeartete Situation hinsichtlich der Memoria für Otto I. war dadurch gekennzeichnet, daß Adelheid nicht erst – wie ehemals Mathilde in Quedlinburg – ein geistliches Zentrum um die Grablege errichten mußte. Der Kaiser wurde neben seiner ersten Gemahlin Edgith im Magdeburger Dom bestattet. Die Sorge um die Memoria zeigen vier Diplome vom 4. und 5. Juni 973, ausgestellt in Magdeburg, *rogatu et admonitione dilectissime genitricis nostrae domnae Adalheidis … ob memoriam et remedium animae piissimi genitoris nostri domni Ottonis …* (DOII. 30); analog auch DOII. 29 und 31. – Abweichend lediglich DOII. 32 mit Besitzbestätigungen *interventu dilectissime genitricis nostre Adalheidis pro statu quoque et incolomitate regni vel imperii nostri …*

197 DOII. 29 (973 Juni 4 Magdeburg); DOII. 30 (973 Juni 5 Magdeburg); DOII. 31 (973 Juni 5 Magdeburg); DOII. 32 (973 Juni 5 Magdeburg): alle für die erzbischöfliche Kirche zu Magdeburg; DOII. 36 (974 Juni 7 Grone) für Gandersheim; DOII. 37 (973 Juni 16 Fritzlar) Schenkung an die Bedienstete Dietrat; DOII. 38 (973 Juni 17 Worms) Kloster Lorsch; DOII. 40 (973 Juni 27 Worms) Kloster Niedermünster zu Regensburg; DOII. 41 (973 Juni 27 Worms) Kloster Niedermünster; DOII. 43 (973 Juni 27 Worms) Kloster Weissenburg; DOII. 44 (973 Juni 27 Worms) Schenkung der Stadt

fünf Urkunden Fürsprache ein, wobei sie in zwei Urkunden für das Trierer Kloster St. Maximin[198] und in einer für die Magdeburger Kirche[199] zusammen mit Kaiserin Adelheid sowie in einer zugunsten des Freisinger Bischofs Abraham mit Herzog Heinrich von Bayern[200] intervenierte und schließlich in einer Schenkungsurkunde für sich selbst eintrat[201]. Dieses sich aus den Interventionen ergebende Bild bestätigt Odilo von Cluny, der Biograph Adelheids, wenn er formuliert: *Postquam enim augustissimus Otto universe carnis ingressus est viam, augusta cum filio Romani imperii feliciter diu gubernavit monarchiam*[202].

Diese Situation änderte sich im Sommer 974, als die zum Aufgabenbereich der Königin gehörende allgemeine Interventionstätigkeit von Adelheid auf Theophanu überging. Theophanu begann damit, ihre Stellung als »regierende« Königin politisch umzusetzen. Dieser Vorgang scheint aufgrund der oben genannten Interventionszahlen als Indikator für den Einfluß der Königin auf die Tagespolitik des Hofes eindeutig: Die Königinwitwe Adelheid zieht sich wie einst Königin Mathilde und wie die Königinnenwitwen in späterer Zeit vom Hof zurück und überließ den »Job« ihrer Schwiegertochter und Nachfolgerin. Daß dieser Einschnitt nicht sofort nach dem Tod Ottos I. erfolgte, sondern erst nach zweijähriger Übergangszeit, kann damit erklärt werden, daß die dreizehnjährige, aus einem fremden Sprach- und Kulturkreis stammende Theophanu zuerst die notwendige Sprachfertigkeit erlernen wie auch mit den Aufgaben einer Königin und *coimperatrix* vertraut gemacht werden mußte[203]. Demzufolge ist der Rückzug Adelheids als zeitlich verzögerter, an-

---

Bamberg mit Aurach und anderem Zubehör an den Herzog von Bayern; DOII. 47 (973 Juni 30 Tribur) Bischof Abraham von Freising; DOII. 55 (973 Aug. 22 Trier) Kloster Oeren zu Trier; DOII. 56 (973 Aug. 26 Frankfurt) für den Getreuen Meingodus; DOII. 60 (973 Sept. 18 Bothfeld) Kloster Hilwartshausen; DOII. 61 (973 Sept. 27 Magdeburg) Hamburger Kirche; DOII. 62 (973 –) Bistum Toul; DOII. 65 (973 Nov. 22 Duisburg) Kloster Meschede; DOII. 68 (973 – Utrecht) Kloster Kornelimünster; DOII. 70 (974 April 1 Quedlinburg) Halberstädter Kirche; DOII. 72 (974 April 10 Quedlinburg) Bistum Straßburg; DOII. 80 (974 Mai 28 Allstedt) Kirche zu Freising; DOII. 81 (974 Mai 28 Allstedt) Kloster Korvei.

198 DOII. 42 (973 Juni 27 Worms) Bestätigung der Privilegien und des Königsschutzes sowie Verleihung der freien Abtwahl und des Vogtes … *ob interventum karissimae genitricis nostrae Adalheidis et coniugis nostrae Theophanu nec non Deodrici sanctae Mettensis aecclesiae episcopi* …; DOII. 57 (973 Aug. 27 Frankfurt) Rückgabe von Besitzungen, wie es Otto I. dem Kloster bereits versprochen habe … *ob elemosinam predicti genitoris nostri nec non per interventum dilectissimae genetricis nostrae Adelheidis coniugisque nostrae Theophanv fidelisque comitis nostri Bertolfi petitionibus* …

199 DOII. 82 (974 Juni 16 Allstedt) Besitzbestätigung über zwei königliche Höfe zu Calbe und Rosenburg: … *Huis vero viri venerabilis votum ac petitionem benigne suscipientes atque interventum et dilectionem carae genitricis nostrae Athelheidis imperatricis augustae dilectaeque coniugis nostrae, Theophanu videlicet imperatricis augustae subsequentes* …

200 DOII. 66 (973 Nov. 23 Heiligenstadt) Besitzschenkungen in Krain … *dignis et admodum honestis petitionibus dilectissimae coniugis nostrae Theophanu nec non cari nepotis nostri Baioariorum ducis Heinrici* …

201 DOII. 76 (974 April 29 Mühlhausen) Schenkung des Besitzes in Eschwege, Frieda, Mühlhausen, Tutinsoda und Schlotheim an Theophanu … *saluberrimo instructi consilio dilectissimae coniugi nostrae Theophanu coimperatrici augustae nec non imperii regnorumque consorti … in perpetuam proprietatem concessimus firmiterque donavimus* …

202 Epitaphium domine Adelheide auguste, ed. Herbert PAULHART, c. 5 (VI.) S. 33.

203 Daß Theophanu »auf ihr neues Leben überhaupt nicht vorbereitet war«, konstatiert Odilo ENGELS, Theophanu – die westliche Kaiserin aus dem Osten, in: Die Begegnung des Westens mit dem Osten. Kongreßakten des 4. Symposions des Mediävistenverbandes in Köln 1991 aus Anlaß des 1000. Todesjahres der Kaiserin Theophanu, hg. von O. ENGELS und Peter SCHREINER

sonsten aber unumgänglicher und im Grunde völlig normaler Übergang der Interventionstätigkeit von der Königinwitwe auf ihre Nachfolgerin zu verstehen. In den folgenden Jahren intervenierte Adelheid nur noch gelegentlich, mit Ausnahme des Jahres 979 immerhin aber jährlich[204], was darauf schließen läßt, daß sie auch weiterhin zwischen dem ottonischen Hof, Burgund[205] und Italien[206] hin und her reiste.

Im Gegensatz zu den sich aus den Interventionen ergebenden objektiven Fakten vermittelt die durch vielerlei Faktoren tendenziöse Darstellung Odilos[207] den Eindruck, daß ein Konflikt innerhalb der Herrscherfamilie den Rückzug der Kaiserinwitwe vom ottonischen Hof verursacht habe. Ein solcher läßt sich allerdings weder in chronologischer Hinsicht noch in seinem Ausmaß genauer bestimmen[208]. Zu bedenken ist auch, daß der Abt von Cluny einen in seinem Quellenwert höchst problematischen, weil heilstheologisch überhöhten Nachruf auf die Kaiserin verfaßte[209].

(1993) S. 13–36, hier S. 18; vgl. auch Karl LEYSER, Theophanu divina gratia imperatrix augusta: Western and Eastern Emperorship in the later tenth century, in: DERS., Communications and power in medieval Europe. The Carolingian and Ottonian Centuries, hg. von Timothy REUTER (1994) S. 143–164, hier S. 158f. – Mit Theophanu als einer aus der völlig anderen byzantinischen Kultur stammenden Prinzessin beschäftigen sich v. a. die beiden Sammelbände von Adelbert DAVIDS (Hg.), The empress Theophano. Byzantium and the West at the turn of the first millennium (1995) und Evangelos KONSTANTINOU (Hg.), Byzanz und das Abendland im 10. und 11. Jahrhundert (1997).

204 DOII. 109 (975 Juni 8 Dornburg) Wittumsbestätigung für Adelheid ... *qualiter nos rogavit cara genitrix nostra Adalheida augusta*; DOII. 131 (976 Juli 4 Bamberg) Kloster Disentis *ob divinae mercedis remunerationem regnique divinitus collati quietem et perpetuam stabilitatem nec non amabillimae matris nostrae Adalhaidae imperatricis [et Theophanu] augustae et imperii consortis interventu ...*; DOII. 168 (977 Okt. 20 Allstedt) Kloster des hl. Johannes in Magdeburg ... *care nostre genitricis peticione ...*; DOII. 170 (978 März 8 Sömmeringen) Schenkung an Himmo ... *interventu carae genitricis nostrae Adalhethae ac petitione dilectissimae sororis nostrae Mahtildae ...*; DOII. 213 (980 Feb.17 Memleben) Kirche zu Merseburg ... *per petitionem care nostrae genitricis Adalheithe.*

205 *Filium diligens, auctores discordie ferre non valens, secundum apostoli preceptum dans ad modicum ire locum paternum decrevit expetere regnum, ubi a fratre rege scilicet Conrado et nobilissima Mathilde eius coniuge benigne et honorabiliter est suscepta. Tristabatur de absentia eius Germania, letabatur in adventu eius tota Burgundia, exultabat Lugdunus, philosophie quondam mater et nutrix urbs inclita, nec non et Vienna nobilis sedes regia*, Epitaphium domine Adelheide 5 (VI.) S. 33f.

206 Neben der Gerichtssitzung am 25. Oktober 976 in Piacenza ist Adelheid bei der Ankunft Ottos II. Anfang Dezember 980 in Pavia nachweisbar.

207 *Sed postquam divino nutu ipsius auguste meritis et industria solidatum fuerat Romani principatus imperium, non defuerunt viri iniqui, qui inter eos nisi sunt seminare discordiam. Quorum deceptus adulatione recessit corde cesar a matre. Si commendaremus litteris, quanta et qualia passa fuerit tunc temporis, derogare videremur speciem tanti generis*, Epitaphium domine Adelheide 5 (VI.) S. 33.

208 Vgl. Reg. Imp. II, 2 Nr. 742a/771b; K. UHLIRZ, Otto II. S. 110f. mit Anm. 20; GLOCKER, Verwandte der Ottonen S. 91–93; Gunther WOLF, Theophanu und Adelheid, in: DERS. (Hg.), Kaiserin Theophanu S. 79–96, bes. S. 81–85. – Die zur Stützung der These, daß der Bruch zwischen Otto II. und seiner Mutter nicht schon 975/76, sondern erst 978 erfolgt sei, herangezogenen Annales Magdeburgenses sind insofern problematisch, als es sich um eine Kompilation des 12. Jahrhunderts handelt: *Adelheida imperatrix illustrissima cum filia sua serenissima Machthilde abbatissa, nimii doloris acerbitate viscerotenus sauciata, quorundam delatorum indebitas inter se et filium discordias seminantium culpa, in Langobardiam est profecta*, ed. G. H. PERTZ, in: MGH SS 16, S. 154.

209 Zur Darstellung der Vita Adelheids als »schicksalhafte *passio-sublimatio*« in der Absicht, ein »herrschaftstheologisches Heiligungsideal« zu konstruieren, vgl. Lothar BORNSCHEUER, Miseriae Regum. Untersuchungen zum Krisen- und Todesgedanken in den herrschaftstheologischen Vorstellungen der ottonisch-salischen Zeit (Arbeiten zur Frühmittelalterforschung 4, 1968) S. 41–59 sowie CORBET, Les saints ottoniens S. 81–110, der zu dem Ergebnis kommt, daß Odilo

Andererseits läßt sich in der zweiten Hälfte der 70er Jahre nur eine herrscherliche Tätigkeit Adelheids in Italien nachweisen. Sie nahm teil an einem Ende Oktober 976 einberufenen Königsgericht, das die Klage Waldradas, der mit der Kaiserin verwandten ehemaligen Herzogin von Venedig, um ihr Wittum verhandelte. Erst während des Italienzugs 980 bis zum Tod Ottos II. Anfang Dezember 983 intervenierte die Kaiserinwitwe erneut häufiger, vor allem für ihr nahe stehende kirchliche Einrichtungen, wobei sie zweimal zusammen mit Theophanu genannt wird[210]. Maßgeblich trat sie für den im Juni 983 unterschriebenen Vertrag zwischen dem Kaiser und Venedig ein[211].

In der Zeit der Regentschaft für den minderjährigen Otto III. wiederholten sich die Vorgänge in ähnlicher Weise: Adelheid hielt sich 984 und noch die erste Hälfte des Jahres 985 bis zum Frankfurter Hoftag am 20. Juni am ottonischen Hof auf und reiste von hier aus nach Pavia, wo ihre Anwesenheit für eine Gerichtssitzung am 18. Juli bezeugt ist. Der Termin sowie der hier verhandelte Fall der Inkorporation des verarmten Bistums Alba in das Bistum Asti läßt vermuten, daß die Kaiserin im offiziellen Auftrag nach Pavia gereist war, um in Kenntnis bestimmter Beschlüsse deren jetzt notwendig gewordene Umsetzung zu kontrollieren[212]. Denn diese wurden auf einer 969 stattgefundenen römischen Synode unter dem Vorsitz Johannes XIII. gefaßt und waren von Otto I. und Otto II. urkundlich bestätigt worden. Darüber hinaus bemühte sich die Kaiserin erfolgreich um die Möglichkeit einer Rückkehr der venezianischen Familie der Calopriner, die Anfang 984 aus Venedig vertrieben und zu ihr nach Pavia geflohen war[213].

Diese Quellenbelege, vor allem aber die reichs- und kirchenpolitisch wichtige Zusammenlegung der beiden Bistümer zeigen, daß Adelheid sich nicht aus der Politik auf ihre italischen Dotalgüter geflüchtet hatte, sondern auch weiterhin Herrschaftsrechte wahrnahm und diplomatische Aktivitäten entfaltete[214]. Wahrscheinlich blieb sie bis zum Frühjahr 986 noch in Oberitalien, brach dann auf Wunsch Königin Emmas von Frankreich, ihrer Tochter aus erster Ehe, nach Burgund auf und wird im Herbst 986 wieder am ottonischen Hof nachweisbar[215].

---

von Cluny ein völlig abstraktes Bild der Kaiserin gezeichnet hat, das den Eindruck erweckt, er habe Adelheid nicht gut gekannt und ganz sicher nicht zu ihren Vertrauten gehört.

210 DOII. 238 (980 Dez. 28 Ravenna) Besitzbestätigung und Immunitätsverleihung für die Kanoniker zu Parma *interventu ac peticione domine nostrae matris Adeleide*; DOII. 281 (982 Sept. 30 Capua) Salvatorkloster zu Pavia … *quia domina et genitrix nostra Adeleith serenissima imperatrix augusta materna fiducia confisa adiit nostram imperialem audacter maiestatem et filiationem*; DOII. 305 (983 Juni – Verona) Bestätigung für die Kanoniker zu Verona … *interventu nostrae dominae [matri]s Adheleide imperatricis semper augustae*; DOII. 306 (983 Juni 14 Verona) Bestätigung für die erzbischöfliche Kirche zu Mainz: … *Ad hec domine et venerande matris Adelheidis rogatu ac Theophanu dilecte nostre consortis interventu nec non archiepiscopo Giselhero et Theoderico Methensi episcopo supplicantibus non solum id corroboravimus* …; DOII. 307 (983 Juni 15 Verona) Privileg für Peterlingen … *ob peticionem domne Adalheide dilecte genitricis nostrae et interventum Theophanu carae contectalis nostrae, imperatricum videlicet augustarum* …

211 Zum Einfluß Adelheids auf die Beziehungen zu Venedig vgl. oben S. 282ff.

212 Zur Gerichtssitzung vgl. oben S. 157f.

213 Zur Vermittlung zwischen den Parteien vgl. oben S. 284f.

214 Vgl. M. Uhlirz, Otto III. S. 58–61; Glocker, Verwandte der Ottonen S. 93–95.

215 Vgl. Wolf, Theophanu und Adelheid S. 90. – Zur politischen Bedeutung der Königin Emma vgl. Peter Hilsch, Zur Rolle der Herrscherinnen: Emma Regina in Frankreich und in Böhmen, in: Westmitteleuropa – Ostmitteleuropa. Vergleiche und Beziehungen. Festschrift für Ferdinand Seibt zum 65. Geburtstag, hg. von Winfried Eberhard u. a. (Veröffentlichungen des Collegium

Insgesamt machen die Quellen damit deutlich, daß Königinnen in Stellvertretung des abwesenden Königs auch in Italien von Zeit zu Zeit Regierungsmaßnahmen ergriffen, wobei sich vor allem Zeugnisse der Rechtsprechung erhalten haben. Wichtig erscheint, daß Mathilde und Richenza im Königsgericht im eigenen Namen handelten, was deutlich macht, daß sich ihre Herrschaftsausübung nicht auf eine bloße »Statthalterschaft« für den König reduzieren läßt. Vielmehr kam dabei ihre Stellung als *consors*, als Mitregentin, zum Tragen, die sie dazu befähigte, in eigenem Namen zu urkunden.

Burgund und Sizilien unter den Staufern

In staufischer Zeit übernahmen die Königinnen in Abwesenheit des Herrschers nicht mehr nur kurzfristige und eher auf einzelne Regierungshandlungen konzentrierte »Stellvertretungen«, sondern regierten über Jahre hinweg Teilregna: Beatrix in Burgund und Konstanze in Sizilien. Dabei handelte es sich um Gebiete, für die sie beide Erbansprüche geltend machen konnten.

Nachdem das Königreich Burgund, das sogenannte Arelat, unter maßgeblicher Mitwirkung der Kaiserin Gisela 1033 als drittes Regnum dem römisch-deutschen Herrschaftsbereich integriert werden konnte, gelang Friedrich I. durch die Eheschließung mit Beatrix, der Erbin der Grafschaft Burgund, ein weiterer Ausbau der Machtstellung im nördlichen Burgund[216]. Barbarossa nahm auch sofort nach der Heirat im Juni 1156 Herrschaftsrechte wahr. Er urkundete noch im selben Jahr 1156, dann 1157, 1162, 1166, 1168, 1170, 1173 und 1178. Dabei reiste er mehrmals, so zum Beispiel 1157, 1166 und 1178 in Begleitung der Kaiserin[217]. Er betrieb eine »gezielte Privilegienpolitik«, versuchte, auf die Besetzung der Bischofsstühle Einfluß zu nehmen und regierte ansonsten das Land mit Hilfe von Reichslegaten, wie sie neuerdings auch in Italien eingesetzt wurden[218].

Der Burgundzug des Jahres 1178 zeichnete sich vor allem durch die Krönungen von Arles am 30. Juli und Vienne am 15. August aus[219]. Nach neuerer Forschung ließ Friedrich I. in Arles als einer der vier *sedes imperii* – neben Aachen, Mailand und Rom – nicht nur eine Festkrönung inszenieren, sondern eine mit Aachen vergleichbare burgundische Königskrönung vollziehen. In Vienne aber wurde die Kaiserin mit dem *diadema Burgundiae* gekrönt[220]. Diese Zeremonie soll Barbarossa nach dem

---

Carolinum 70, 1992) S. 81–89 und dagegen argumentierend Eduard HLAWITSCHKA, Herzogin Hemma von Böhmen (†1005/06): – war sie eine burgundische oder eine englische Königstochter oder identisch mit Königin Hemma von Frankreich?, in: Vorträge und Abhandlungen aus geisteswissenschaftlichen Bereichen (Schriften der Sudetendeutschen Akademie der Wissenschaften und Künste 17, 1996) S. 67–98, bes. S. 76–87.

216 Beatrix war Tochter und Erbin Graf Rainalds III. von Burgund, der 1148 verstarb, woraufhin dessen Bruder, Graf Wilhelm von Mâcon, die Regentschaft für die noch minderjährige Nichte übernahm. Als auch dieser Ende September 1155 starb, warb Barbarossa sie als Braut; vgl. Hans-Walter KLEWITZ, Die Abstammung der Kaiserin Beatrix, DA 7 (1944) S. 204–212; HERKENRATH, Die burgundische Heirat S. 89–94.

217 Zu den gemeinsamen Reisen des Herrscherpaares nach Burgund vgl. S. 109.

218 OPLL, Friedrich Barbarossa S. 197f.

219 OPLL, Itinerar S. 71f.

220 Gegen die These der älteren Forschung von der Festkrönung: Johannes FRIED, Friedrich Barbarossas Krönung in Arles (1178), HJb 103 (1983) S. 347–371, der sie als »Verwirklichung staufischer Kaisertheorie« (S. 355) in den Kontext der europäischen Politik stellt.

Zeugnis des englischen Chronisten Radulfus de Diceto auch den Ruf eingetragen haben, ein *vir uxorius* zu sein. Denn er habe seiner Gemahlin in allem gefallen wollen und sie deshalb auch in Burgund krönen lassen[221].

Schon bei den gemeinsamen Aufenthalten des Herrscherpaares in Burgund trat Kaiserin Beatrix politisch hervor. Auf den Reisen 1166 und 1178 nahm sie zusammen mit Friedrich I. verschiedene Regierungshandlungen vor. Gemeinsam vergaben sie Gebietslehen an Odo von Champagne, einen Verwandten der Beatrix: *nos una cum dilectissima consorte nostra Beatrice permittimus.* Dabei wurden auch umfassende lehnrechtliche Abmachungen vertraglich geregelt[222]. Weiterhin übertrugen sie Güter und Rechte an die Kartause Durbon[223]. Schließlich aber unternahm Beatrix in ihren letzten Lebensjahren zwischen 1181 und 1183 mehrere Reisen in ihre burgundischen Erblande, um hier allein die Herrschaft auszuüben[224]. Barbarossa, der letztmals 1178 präsent war[225], betrat das Land erst wieder nach dem Tod der Kaiserin im Jahr 1186 auf dem Rückweg vom sechsten und gleichzeitig letzten Italienzug[226].

Die Regierung der Kaiserin belegen eine Reihe von Urkunden, durchweg für burgundische Empfänger, die sie im eigenen Namen als *Beatrix dei gratia Romanorum imperatrix augusta* ausstellen ließ. Deren Ausfertigung lag ausschließlich in den Händen burgundischer Schreiber, die recht selbständig arbeiten konnten. Denn der Einfluß von Schreibergewohnheiten der Reichskanzlei auf die äußeren wie inneren Merkmale ihrer Diplome blieb »verschwindend gering«[227]. Die in den Poenformeln

---

221 *Et licet Fredericus in adversis hucusque semper extiterit constantissimus, vir tamen uxorius reputatur a multis, quaerens in omnibus quomodo placeat uxori. Rediens siquidem ab Italia, ne quid imperatrici deesset ad gloriam, in terra nativitatis suae capiti suo fecit imponi diadema Burgundiae, die nativitatis beatae Virginis in urbe Vienna …*, Ralph de Diceto, Ymagines historiarum, ed. William Stubbs, Rolls Series 68,1 (1876) S. 427.

222 DFI. 515 (1166 Juli 26 Dôle) Friedrich I. und Beatrix verleihen gemeinsam ihrem Verwandten Odo von Champagne auf Lebenszeit Quingey, Liesle und Lombard und treffen mit ihm weitere lehenrechtliche Abmachungen, deren Geltungsbereich auf den Kaiser und die Kaiserin sowie ihre Kinder in gleicher Weise ausgedehnt wurde. So sollten die Lehen wie seine Allode weder zu seinen Lebzeiten noch nach seinem Tod auf seine Gemahlin noch auf seine legitimen Söhne und Töchter übergehen, sondern wieder in die Herrschaft des Kaiserpaares und deren Kinder zurückfallen: *Hec autem permissio talis est, quod nec ipse in vita sua nec post eius mortem uxor eius nec filii legitimi nec filie nomine feodi vel hereditatis in his omnibus aliquid valeant reclamare, sed libere revertantur ad imperatorem et imperatricem et liberos eorum.* Vgl. dazu Reg. Imp. IV, 2 Nr. 1572 sowie Opll, Itinerar S. 37f.

223 DFI. 753 ([1178 Juli 18] Gap – 1178 Aug. 15 Vienne) Gemeinsame Übertragung Friedrichs I. und Beatrix' von Gütern und Rechten an die Kartause Durbon, wobei die Handlung im bischöflichen Palast von Gap und die Beurkundung einige Wochen später in Vienne stattfand; vgl. Opll, Itinerar S. 71f.

224 Zu den einzelnen Reisen der Kaiserin nach Burgund vgl. oben S. 112–114.

225 Zur Burgundpolitik Barbarossas vgl. auch Heinrich Büttner, Friedrich Barbarossa und Burgund. Studien zur Politik der Staufer während des 12. Jahrhunderts, in: Probleme des 12. Jahrhunderts (VuF 12, 1968) S. 79–119; Opll, Friedrich Barbarossa bes. S. 195–200; René Locatelli, Frédéric Ier et le royaume de Bourgogne, in: Friedrich Barbarossa. Handlungsspielräume und Wirkungsweisen des staufischen Kaisers, hg. von Alfred Haverkamp (VuF 40, 1992) S. 169–197, bes. 178–191 mit der wichtigsten älteren Literatur in den Anm. 2 und 3, S. 170.

226 Opll, Itinerar S. 90.

227 So Heinrich Appelt in der Einleitung zu den von ihm herausgegebenen Urkunden der Kaiserin, in: Die Urkunden Friedrichs I., MGH Diplomata regum et imperatorum Germaniae 10/4 (1990) S. 491–505; vgl. auch die Vorbemerkungen zu den einzelnen Urkunden sowie ausführlich dazu Ders., Beatrix S. 275–283.

festgelegten Zahlmodi der Geldstrafen verweisen weiterhin darauf, daß die Kaiserin in Burgund über eine auch finanziell unabhängige *curia* verfügte[228].

Kenntnis besitzen wir – wenn auch nicht immer im Wortlaut – von insgesamt elf Diplomen. Es ist aber davon auszugehen, »daß Beatrix den Klöstern und Kirchen ihrer Heimat weit mehr Privilegien, als uns zufällig überliefert sind, ausgestellt hat«[229]. Die Mehrzahl der erhaltenen Diplome, nämlich sieben, wurden im Verlauf des Jahres 1183 ausgefertigt[230]. Dabei läßt sich erkennen, daß der Geltungsbereich der in den Urkunden der Beatrix wie bereits in denjenigen Friedrichs I. getroffenen Abmachungen oftmals auf den noch zu benennenden zukünftigen Grafen von Burgund ausgedehnt wurde. Dieser Umstand hat in der Forschung die Vermutung aufkommen lassen, daß in einem Ehevertrag festgelegt worden sein könnte, das Erbe der Kaiserin als geschlossenes und rechtlich gesondertes Territorium fortbestehen zu lassen und einem ihrer Söhne als Grafen von Burgund zu übergeben[231]. Nicht der sie im Sommer und Herbst auf ihrer Burgundreise begleitende Sohn Konrad jedoch, sondern dessen jüngerer Bruder Otto trat später das mütterliche Erbe an[232].

Während Beatrix in den ersten Jahrzehnten ihrer Ehe offensichtlich nur zusammen mit Barbarossa Herrschaftsrechte in Burgund wahrnahm, regierte sie in ihren letzten Lebensjahren hier völlig eigenständig in eigenem Namen und mit einer eigenen *curia*. Unter den Persönlichkeiten ihrer Umgebung treten namentlich besonders *magister Arnaldus* und *magister Daniel* hervor. In den Quellen ist Daniel seit 1178 bis in die Mitte der 90er Jahre, zuletzt als Pfarrer in Mühlhausen, nachweisbar. Er fungierte als Notar der Kaiserin, aber auch als Kapellan und Legat Barbarossas und war noch für Graf Otto von Burgund tätig[233].

Mit der 1181 einsetzenden Herrschaftsausübung der Kaiserin in Burgund, auf die sie als Erbin des Landes rechtliche Ansprüche besaß, vollzog das Herrscherpaar einen klaren Schritt der Arbeitsteilung, die nicht mehr nur Einzelhandlungen oder kurzfristige Vertretungen einschlossen, wie sie ihre Vorgängerinnen hin und wieder übernommen hatten. Vielmehr erstreckte sich die Herrschaft der Beatrix langfristig auf einen gesamten Gebietskomplex und war hinsichtlich der anfallenden Regierungsmaßnahmen nicht begrenzt.

Auch ihre Schwiegertochter, Kaiserin Konstanze, übte in Sizilien eine längerfristige und uneingeschränkte Regierung aus, wozu sie ebenfalls als Erbin legitimiert

---

228 Appelt, Beatrix S. 280f.

229 Güterbock, Geschichte Burgunds S. 181.

230 Die einzelnen Urkunden der Kaiserin in Regestenform wurden im Zusammenhang mit ihrem Itinerar zwischen 1181 und 1184 bereits zitiert und brauchen hier nicht eigens aufgelistet zu werden, vgl. oben S. 113f.

231 Appelt, Beatrix S. 283.

232 Otto als Graf von Burgund ist nachweisbar durch eine gemeinsame Schenkungsurkunde von Friedrich I. und seinem Sohn für das Stift Saint-Étienne zu Besançon als Seelgerätstiftung für die am 15. November 1184 verstorbene Kaiserin: ... *annuentes una cum dilecto filio nostro Otthone, quem in materna hereditate in comitem Burgundiae deo propitio ordinavimus de communi consilio et voluntate fidelium nostrorum eiusdem comitatus, aeternae retributionis intuitu et pro remedio animae dilectae consortis nostrae piae memoriae Beatricis nec non et pro salute predecessorum suorum comitum Burgundiae ... contulimus ...*; DFI. 994 (1189 [April] Hagenau).

233 Vgl. Güterbock, Geschichte Burgunds S. 163–168; Appelt, Beatrix S. 278f.; Marcel Moeder, Maître Daniel. Chapelain de Frédéric Barberousse, Légat en Bourgogne et Curé de Mulhouse en 1187, Bulletin de la Société Industrielle de Mulhouse 98 (1932) S. 416–437.

war. Sie stand seit 1195 an der Spitze des Königreichs, auf das ihr Gemahl, Kaiser Heinrich VI., nach dem kinderlosen Tod ihres Neffen, König Wilhelm II., Anspruch erhoben hatte. Diesen hatte der Staufer im Verlauf des ersten Eroberungszugs in den Süden in einem am 21. Mai 1191 in Acerra ausgestellten Privileg für Montecassino mit überkommenem Reichsrecht wie dem Erbrecht der *consors*, der römischen Kaiserin Konstanze, begründet:

> ... *quod cum nos pro obtinendo regno Siciliae et Apuliae, quod tum antiquo iure imperii tum ex hereditate illustris consortis nostrae Constantiae Romanorum imperatricis augustae ad imperium deveniatur, exercitum nostrum ad ecclesiam Cassinensem usque produxissemus*[234].

Erst nach dem Tod Tankreds von Lecce[235] konnte dieser Anspruch auch realisiert werden[236]. Der triumphale Einzug Heinrichs VI. in Palermo am 20. November 1194 ist sowohl schriftlich wie auch bildlich überliefert[237]. Die Kaiserin jedoch nahm an diesen Ereignissen keinen Anteil. Sie hielt sich unterdessen in Oberitalien auf und brachte am Tag nach dem Einzug, am 21. November, ihren Sohn Friedrich II. in Jesi zur Welt[238], den sie bald der Obhut der Herzogin von Spoleto anvertraute[239], um zurück in den Süden zu Heinrich VI. zu reisen. Das erneute Zusammentreffen des Kaiserpaares nach halbjähriger Trennung fand wohl in Bari 1195 statt, wo anläßlich des Osterfestes ein Hoftag einberufen worden war[240], auf dem die politischen Verhältnisse im nunmehr zum staufischen Herrschaftsverband gehörenden süditalischen Reich geregelt wurden. Für die Zeit der Abwesenheit des von hier aus nach Deutschland zurückkehrenden Kaisers übernahm Konstanze die Regierung.

Obwohl der staufertreue Walter von Pagliara, Bischof von Troia, zum Kanzler[241] und Konrad von Urslingen, der Herzog von Spoleto, zum *regni Sicilie vicari-*

---

234 Reg. Imp. IV, 3 Nr. 152.

235 Die Erbansprüche Konstanzes ignorierend erhoben die sizilischen Großen Tankred, Graf von Lecce und illegitimer Enkel König Rogers II., zum *rex Siciliae*; zu seinem Königtum vgl. REISINGER, Tankred von Lecce.

236 Vgl. bes. Theo KÖLZER, Sizilien und das Reich im ausgehenden 12. Jahrhundert, HJb 110 (1990) S. 3–22; CSENDES, Heinrich VI. S. 99ff.

237 Die Schilderung des Einzugs u. a. bei Otto von St. Blasien, Chronica, ed. Adolf HOFMEISTER, MGH SrG [47] S. 62f.; die bildliche Darstellung in der Berner Handschrift des Petrus von Eboli, Liber ad honorem Augusti; vgl. CSENDES, Heinrich VI. S. 152f. und Gerhard BAAKEN, Das sizilische Königtum Kaiser Heinrichs VI., ZRG Germ. 112 (1995) S. 202–244, nachgedruckt in: DERS., Imperium und Papsttum. Zur Geschichte des 12. und 13. Jahrhunderts. Festschrift zum 70. Geburtstag, hg. von Karl-August FRECH und Ulrich SCHMIDT (1997) S. 307–343, hier bes. S. 316–321.

238 Vgl. Wolfgang STÜRNER, Friedrich II. Teil 1: Die Königsherrschaft in Sizilien und Deutschland 1194–1220 (Gestalten des Mittelalters und der Renaissance, 1992) S. 41–49; Hans Martin SCHALLER, Wann und wo wurde Friedrich II. getauft?, in: Regensburg, Bayern und Europa. Festschrift für Kurt Reindel zu seinem 70. Geburtstag, hg. von Lothar KOLMER und Peter SEGL (1995) S. 301–306.

239 Auch die Übergabe Friedrichs II. durch die Kaiserin an die Gräfin wird in der Chronik des Petrus von Eboli bildhaft überliefert; vgl. STÜRNER, Friedrich II. Abb. 4 zwischen S. 50/51; zu den in der Forschung angestellten Spekulationen um die Entscheidung, den langersehnten Thronfolger in Oberitalien zurückzulassen, hinter der wohl vor allem die Sorge um die Sicherheit des Kindes stand, vgl. ebd.

240 Reg. Imp. IV, 3 Nr. 425.

241 Walter als Kanzler von Sizilien und Apulien rekognosziert erstmals in einer Urkunde für das Kloster S. Maria in Montevergine vom 30.3.1195 (Reg. Imp. IV, 3 Nr. 412); vgl. Theo KÖLZER, Ur-

us[242] bestellt wurden, hat Konstanze, deren Krönung zur *regina Sicilie* in Bari quellenmäßig nicht belegbar, aber doch als wahrscheinlich anzunehmen ist[243], nach Ausweis einer Vielzahl von Diplomen[244] in der Folgezeit im Kreis ihrer *familiares* eigenständig regiert[245]. Von Bari aus war sie auf die sizilische Insel gereist und residierte vor allem in Palermo[246], wo am 25. Juni 1195 ihre erste Urkunde ausgestellt wurde[247]. Walter von Pagliara ist hingegen lediglich im Oktober 1195 am Palermitaner Hof nachweisbar, ansonsten dürfte er sich vor allem in seinem Bistum aufgehalten haben[248]. Konrad von Urslingen, der Heinrich VI. 1195 nach Deutschland begleitet hatte, kehrte erst Anfang 1196 zurück und traf in der Folgezeit Vorkehrungen für den geplanten Kreuzzug Heinrichs VI. in Mittelitalien[249].

Anlaß zu Diskussionen in der Forschung hat dabei die Rechtsgrundlage für die Herrschaft Konstanzes gegeben. Ihrer Titulatur in den Urkunden zufolge übte sie diese kraft ihrer Autorität als römische Kaiserin und sizilische Königin aus: *Constantia Dei gratia Romanorum imperatrix et regina Sicilie semper augusta*[250] beziehungsweise *Constantia divina favente clemencia Romanorum imperatrix semper augusta et regina Sicilie*[251].

Dementsprechend basierte ihre Regierung auf ihren eigenen erbrechtlichen Ansprüchen wie auch auf den Rechtsansprüchen Kaiser Heinrichs VI.[252], nach des-

---

kunden und Kanzlei der Kaiserin Konstanze, Königin von Sizilien (1195–1198) (Studien zu den normannisch-staufischen Herrscherurkunden Siziliens. Beihefte zum ›Codex diplomaticus regni Siciliae‹ 2, 1983) S. 46–52.

242 Reg. Imp. IV, 3 Nr. 430.

243 KÖLZER, Urkunden und Kanzlei S. 18, 29, 101f.; anders Gerhard BAAKEN, Ius Imperii ad Regnum (Forschungen zur Kaiser- und Papstgeschichte des Mittelalters. Beihefte zu J. F. Böhmer, Regesta Imperii 11, 1993) S. 29, der davon ausgeht, daß Konstanze nicht zur sizilischen Königin gekrönt wurde. Nach BAAKEN, Das sizilische Königtum S. 332–337 schritt Konstanze zusammen mit Heinrich VI. am Ostertag »unter der Krone«. – Vom ersten Diplom an (siehe nächste Anm.) urkundete Konstanze als römische Kaiserin und sizilische Königin.

244 Von Juni 1195 (DKs. 1) bis zum Zusammentreffen des Paares im März 1197 in Messina wurden von Konstanze insgesamt 34 Urkunden in ihrem Namen ausgestellt; eine weitere vom Februar 1196 kommt jetzt hinzu, vgl. Theo KÖLZER, Ein neu gefundener Urkundentext der Kaiserin Konstanze, DA 49 (1993) S. 601–605. – In Hochrechnung der möglichen Urkundenproduktion durch die ständig in der Kanzlei beschäftigten Notare kommt KÖLZER, Urkunden und Kanzlei S. 38f. zu dem Schluß, daß die Überlieferung lediglich einen prozentualen Anteil von rund 14% beträgt.

245 Die neuere Forschung bewertet die Regierung Konstanzes bis zur Rückkehr Heinrichs VI., in die neben den einzelnen Urkunden, die nicht nur Bestätigungen, Schenkungen, Privilegien, sondern auch Rechtsentscheide enthalten, vor allem die um die päpstliche Kirchenpolitik auf der Insel geführte Auseinandersetzung mit Coelestin III. datiert (vgl. DKs. 3), positiv und betont, daß die Kaiserin keine den Absichten Heinrichs VI. entgegengesetzte Politik betrieben habe, vgl. STÜRNER, Friedrich II. S. 53–57, KÖLZER, Urkunden und Kanzlei S. 18f., CSENDES, Heinrich VI. S. 159–163. – Ein Vergleich der Urkundenproduktion unter der Regierung Konstanzes im Vergleich mit den sizilischen Königen sowie Heinrich VI. bei KÖLZER S. 31–45.

246 Unterbrochen wurde der Aufenthalt Konstanzes lediglich durch eine Reise nach Messina Januar/Februar 1196; KÖLZER, Urkunden und Kanzlei S. 18 Anm. 64.

247 DKs. 1: Mandat der Kaiserin an die Justitiaren der Terra di Bari über den Besitzstand der erzbischöflichen Kirche von Monreale.

248 Vgl. KÖLZER, Urkunden und Kanzlei S. 48–50.

249 KÖLZER, Urkunden und Kanzlei S. 47f.

250 So z. B. DKs.1/2/4 etc.

251 DKs. 11 etc.

252 Die Tradition des hier zitierten *ius imperii* hat herausgearbeitet: REISINGER, Tankred von Lecce S. 117–130.

sen Herrscherjahren in den Diplomen auch datiert wurde[253]. Diese doppelte Legitimation kommt deutlich in einem Brief an den Papst vom 3. Oktober 1195 zum Ausdruck, wenn Konstanze formulieren läßt: ... *regnum nostrum, quod et paterna successione et imperialis adquisitione potentie ... suscepimus*[254].

Äußerst fraglich ist deshalb, ob der in der Forschung verwendete Begriff der »Statthalterschaft« der Königin[255] als angemessen einzuschätzen ist. Denn ihren Zeitgenossen galt sie wohl »von Anfang an als eine aus eigenem Recht herrschende Königin von Sizilien«[256]. Daneben deuten die Quellen und vor allem dem obigen Zitat entsprechende Formulierungen in den Urkunden der Kaiserin darauf hin, daß Konstanze keineswegs die Ansprüche Heinrichs VI. – wie auch umgekehrt – negierte. Vielmehr ist davon auszugehen, daß das Herrscherpaar sich »einer Rechtsgrundlage bediente, die die Rechte des Ehepartners jeweils für die eigene Person mit einschloß und die eigenen dementsprechend erweiterte«[257]. Deshalb benutzte sie nicht nur stets ihre eigene Kaisertitulatur, sondern betonte in den Urkunden immer wieder den kaiserlichen Rang Heinrichs VI., da sie wohl davon ausgehen mußte, daß ihre auf dem Erbrecht basierenden Ansprüche auf Sizilien nur in Verbindung mit dessen kaiserlicher Macht durchsetzbar waren[258].

In der praktischen Umsetzung dessen zeigt sich, daß die Kaiserin in eigener Verantwortlichkeit die Regierung führte, obwohl mit Konrad von Urslingen ein *regni Sicilie vicarius*, also ein Statthalter des Kaisers für Sizilien, bestellt worden war. Als solcher wird er erstmals in einer Urkunde Heinrichs VI., ausgestellt am 23. April 1195, bezeichnet[259]. Er führte Titel und Amt wohl bis zur Rückkehr des Kaisers nach Italien im Herbst 1196, wo er am 21. Oktober am Hof des Staufers wiederum lediglich als *Conradus dux Spoleti* nachweisbar ist[260]. Obwohl es also für die Zeit der Abwesenheit des Herrschers einen Vicarius für Sizilien gab, fungierte dieser nicht als Mitregent oder zumindest als Ratgeber der Kaiserin auf der Insel. Mit einer einzigen Ausnahme, dem Befehl einer Streitschlichtung, nahm er auch keine weiteren Regierungshandlungen im sizilischen Königreich vor[261]. Demzufolge ist er auch keineswegs als konkurrierende und/oder kontrollierende Instanz anzusehen.

Weiterhin unterscheidet sich die Regierung Konstanzes in faktischer Hinsicht ganz erheblich von derjenigen eines Vikars oder Statthalters, der eben nur die dringend anstehenden und unaufschiebbaren Regierungshandlungen vorzunehmen

---

253 So z. B. in DKs. 28 (1196 Mai – Palermo): ... *regnante domino nostro Henrico sexto Dei gratia Romanorum imperatore magnifico et rege Sicilie gloriosissimo semper augusto, anno regni eius vicesimo quinto, imperii vero sexto, regni Sicilie anno secundo ...*

254 DKs. 3, in: MGH DD 11,3, S. 10. Ihr Erbrecht betont sie im gleichen Brief ein zweites Mal: *regnum hereditarium paterni iuris plenitudine possidendum* (S. 11). – Zu den Beziehungen zum Papsttum vgl. Werner MALECZEK, Ecclesiae patrimonium speciale. Sizilien in der päpstlichen Politik des ausgehenden 12. Jahrhunderts, in: Die Staufer im Süden. Sizilien und das Reich, hg. von Theo KÖLZER (1996) S. 29–42.

255 So z. B. CSENDES, Heinrich VI. S. 161.

256 REISINGER, Tankred von Lecce S. 95.

257 REISINGER, Tankred von Lecce S. 114.

258 Vgl. STÜRNER, Friedrich II. S. 56f.

259 Reg. Imp. IV, 3 Nr. 430.

260 Reg. Imp. IV, 3 Nr. 559; vgl. Norbert KAMP, Die deutsche Präsenz im Königreich Sizilien (1194–1266), in: Die Staufer im Süden S. 141–185, hier S. 146f.

261 Vgl. KÖLZER, Urkunden und Kanzlei S. 47 mit Anm. 13.

hatte. Im Gegensatz dazu ließ Konstanze eine Vielzahl von bei Herrscherwechseln üblicherweise eingeforderten Besitz- und Rechtsbestätigungen sowie Privilegien u. ä. durch Urkunden in eigenem Namen ausstellen, was zeigt, daß sie die umfassende Regierung des Landes inne hatte[262]. Darüber hinaus provozierte sie – was weit über den Kompetenzen eines Statthalters lag – eine Auseinandersetzung mit Papst Coelestin III., als sie sich über die von ihm verfolgte Kirchenpolitik auf der Insel beschwerte[263]. Insofern läßt sich die Herrschaft der Kaiserin mit dem Begriff einer delegierten Stellvertretung oder Statthalterschaft nicht adäquat umschreiben. Dem tragen die Quellen Rechnung, die sie nie als »Statthalterin« bezeichnen.

Trotz ihrer persönlichen Erbansprüche führte Konstanze nur in der Zeit der Abwesenheit Heinrichs VI. die Regierungsgeschäfte. Sobald er vor Ort war, zog sie sich jedoch in auffälliger Weise aus der Politik zurück[264]. Dies zeigt, daß ihre Stellung als *regina Sicilie* mit dem *consortium regni* verknüpft war, das der Kaiser in seinen Diplomen immer wieder betonte, das sich aber in staufischer Zeit erheblich verändert hatte. Es schloß nicht mehr so sehr eine Zusammenarbeit des Königspaares am Hof und im engeren Reichsgebiet als vielmehr eine getrennte Herrschaftsausübung ein. Eine politische Mitwirkung der Königin scheint nur noch in den Reichsteilen möglich, für die sie Erbansprüche geltend machen konnte. Konstanze regierte in Sizilien also nur vordergründig als Gemahlin Heinrichs VI., die eigentliche Legitimation basierte hingegen auf ihrem eigenen Erbrecht.

Als *consors nostra* wird die Kaiserin durchgehend auch im Testament Heinrichs VI. bezeichnet[265], das allerdings nur als fragmentarische, angeblich wörtliche Abschrift des sich im Besitz Markwards von Annweiler befindlichen Originals in den Gesta Innocentii III. überliefert ist. In der Forschung gilt es als in manchen die Stellung des Papsttums betreffenden Punkten als verfälschtes Dokument[266].

Nach dem unerwartet frühen Tod Kaiser Heinrichs VI. am 28. September 1197[267] leitete Konstanze die alleinige Regierung im Königreich. In ihren Urkunden führte sie weiterhin den Titel einer *Romanorum imperatrix semper augusta et regina Sicilie.* Die Datierung richtete sie nach ihren eigenen Herrscherjahren, die allerdings nicht mit dem Tod Heinrichs VI. einsetzten. Vielmehr wurde die Gesamtanzahl der Herrscherjahre übernommen, wobei aufgrund der Uneinheitlichkeit in der ersten

---

262 Die Bewertung von Dione R. CLEMENTI, Some Unnoticed Aspects of the Emperor Henry VI's Conquest of the Norman Kingdom of Sicily, Bulletin of the John Rylands Library 36 (1953/54) S. 328–359, hier S. 334, daß die Urkunden Konstanzes, weil sie vor allem Bestätigungen von Besitz und Rechten sowie Streitschlichtungen umfassen, auf eine eingeschränkte Herrschaftsausübung schließen lassen, hat bereits KÖLZER, Urkunden und Kanzlei S. 43–45 mit Recht zurückgewiesen.

263 Der Beschwerdebrief: DKs. 3; vgl. STÜRNER, Friedrich II. S. 54f.; CSENDES, Heinrich VI. S. 161–163; vgl. oben Anm. 254.

264 STÜRNER, Friedrich II. S. 56. – Ihre Urkundenproduktion minimalisierte sich auf zwei Urkunden: DKs. 38 (1197 März – Palermo) Privilegienbestätigung für das Kloster S. Salvatore in Messina; DKs. 40 (1197 April [25–31?] Palermo): Bestätigungen jurisdiktioneller Rechte für den Bischof von Penne; bei DKs. 39 für die Kirche von Lecce handelt es sich um eine Fälschung.

265 Ed. Ludwig WEILAND, in: MGH Const. 1, Nr. 379 S. 530f.

266 Julius FICKER, Über das Testament Kaiser Heinrichs VI., SB Wien 67 (1871) S. 257–296; weitere Forschungsliteratur bei Reg. Imp. IV, 3 Nr. 614; vgl auch CSENDES, Heinrich VI. S. 194.

267 Vgl. Reg. Imp. IV, 3 Nr. 614a mit Nennung der Quellen und zuletzt CSENDES, Heinrich VI. S. 189–196.

Hälfte des Jahres 1198 – mal vier[268], dann wieder drei Jahre[269] – nicht entschieden werden kann, ob sie die Herrscherjahre Heinrichs VI. weiterführte, die ab dem Zeitpunkt seiner Krönung an Weihnachten 1194 zählten und damit bereits im vierten Jahr standen, oder ob sie ihre Herrschaft erst mit ihrer eigenen Regierung im Königreich im Frühjahr 1195 beginnen ließ. In die Datierung wurde auch ihr Sohn Friedrich integriert, den sie, bislang noch in der Obhut der Herzogin von Spoleto, nach dem Tod Heinrichs VI. zu sich nach Süditalien bringen ließ. Bis zu seiner Krönung in Palermo am 17. Mai 1198 zum König von Sizilien wurde er als römischer und sizilischer König[270], dann nur noch als *Sicilie rex* tituliert. Seitdem fungierte Konstanze auch nicht mehr als alleinige Ausstellerin, sondern ließ alle Urkunden *una cum Frederico illustri rege Sicilie, ducatus Apulie et principatus Capue* ausfertigen[271].

Diesen Modalitäten in den Urkunden zufolge führte die Kaiserin in den ersten Monaten nach dem Tod des Kaisers die alleinige Herrschaft im Königreich, die sie nach der Krönung Friedrichs II. zum sizilischen König dann offiziell mit ihm teilte. Weder in formaler noch, wie die jüngere Forschung gezeigt hat, in inhaltlicher Hinsicht veränderte sie den bereits eingeschlagenen und in den Leitlinien mit den staufischen Interessen abgestimmten Kurs der Herrschaftsausübung[272]. Ihre Regierung ist aufgrund ihrer erbrechtlichen Ansprüche nicht auf eine bloße Regentschaft für ihren vierjährigen Sohn zu reduzieren: Bei einem vorzeitigen Tod Friedrichs, so soll Heinrich VI. in seinem Testament bestimmt haben, soll das *regnum Sicilie* auf unsere *dilecta consors* übergehen[273]. Doch dazu kam es nicht. Konstanze starb nur wenige Monate nach der Palermitaner Krönung Friedrichs II., wahrscheinlich am 27. November 1198, mit 44 Jahren[274].

Die arbeitsteilige Herrschaftsausübung der staufischen Kaiser setzte Friedrich II. 1212 fort, indem er bei seiner Abreise über Rom nach Deutschland zur Erlangung der römischen Königswürde[275] seine Gemahlin Konstanze von Aragon, die er 1209 auf Vermittlung Papst Innocenz III. geheiratet hatte[276], mit der Führung der Regierungsgeschäfte betraute. Dies läßt sich vor allem durch Urkunden belegen, die bis zu ihrem eigenen Aufbruch mit dem zeitweise getrennt reisenden Sohn Heinrich (VII.) im Juli 1216 ausgestellt wurden. Mit Ausnahme eines einzigen Diploms, in dem sie in Wahrung königlicher Rechte gegenüber dem Erzbischof von Messina und dessen Generalvikar das Verbot ausspricht, den königlichen Kapellan Petrus de

268 So DKs. 43, 44 (1197 Dezember [25–31?] Messina); DKs. 47 (1198 Januar Messina).

269 DKs. 45, 46 (1198 Januar Messina); DKs. 51, 52, 53 (1198 April Messina).

270 Erstmals in DKs. 43 (1197 Dezember [25–31?] Messina).

271 Seit DKs. 56 (1198 Mai [17–31] Palermo).

272 Vgl. dazu die Synthese von Stürner, Friedrich II. S. 80–85.

273 *Si vero filius noster praemoreretur, dilecta consors nostra regnum in vita sua teneat, et post mortem suam regnum Siciliae ad Romanam ecclesiam deveniat*, in: MGH Const. 1, S. 531. Zum Kontext vgl. auch Theo Kölzer, Ein Königreich im Übergang? Sizilien während der Minderjährigkeit Friedrichs II., in: Festschrift für Eduard Hlawitschka zum 65. Geburtstag, hg. von Karl Rudolf Schnith und Roland Pauler (Münchener Historische Studien. Abt. Mittelalterliche Geschichte 5, 1993) S. 341–357.

274 Zum Todesdatum vgl. die Diskussion der Quellen bei Kölzer, Urkunden und Kanzlei S. 25.

275 Vgl. Stürner, Friedrich II. S. 137–144.

276 Reg. Imp. V Nr. 611a; 5550b, c, d; vgl. Stürner, Friedrich II. S. 104f.; Gunther Wolf, Heiratspläne Kaiserin Constanzes (Hauteville/Altavilla) für ihre Sohn Friedrich Roger Constantin 1197/98, AfD 41 (1995) S. 129–136.

Moraldo vor deren Gericht zu zitieren[277], urkundete sie in allen weiteren zusammen mit ihrem 1211 geborenen Sohn Heinrich[278], der noch vor der Abreise Friedrichs II. zum sizilischen König gekrönt worden war[279]. Unterstützt von treu ergebenen Familiaren Friedrichs II. blieb die Regierung Konstanzes, die sich mit dem Hof vor allem in Messina aufgehalten hatte, von größeren Problemen verschont[280].

Nach ihrer Einschiffung in Messina im Sommer 1216 trafen Mutter und Sohn wohl Anfang Dezember 1216 in Nürnberg wieder mit Friedrich II. zusammen[281]. Während Heinrich (VII.) als Rex Romanorum in Deutschland blieb, kehrten Friedrich und Konstanze nach Sizilien zurück. Auf dem Rückweg wurden sie in Rom am 22. November 1220 von Papst Honorius III. zu Kaiser und Kaiserin gekrönt. Bereits am 23. Juni 1222 verstarb die Kaiserin und wurde im Dom zu Palermo beigesetzt[282].

Insgesamt läßt sich in staufischer Zeit beobachten, daß sich die Mitsprache der Königin in der Reichspolitik im Vergleich zum 10., 11. und frühen 12. Jahrhundert deutlich verringert hat. Die Wahrnehmung von Herrschaftsrechten hatte sich in die jeweiligen Erbländer verlagert, wo die Königin aufgrund eigener Erbrechte ohne Einschränkungen alle notwendigen Regierungsmaßnahmen durchführen konnte. Die Rolle der Königin als Landesherrin läßt sich für Beatrix in Burgund im Ansatz erkennen. Konstanze übernahm die Herrschaft im Königreich Sizilien dann gänzlich. Dieser Trend setzte sich im späten Mittelalter in der von den Fürstinnen ausgeübten Landesherrschaft verstärkt fort.

Hennegau, Holland und Seeland (1346–1356)

Die in staufischer Zeit praktizierte Einbindung der Königin in die Herrschaftsausübung durch Übertragung der zeitweiligen Regierung in verschiedenen Teilgebieten des Reiches läßt sich auch im späten Mittelalter nachweisen. So übernahm die mit Kaiser Ludwig dem Bayern verheiratete Margarete 1346 die Grafschaft Holland-Hennegau-Seeland. Ausgangssituation und Voraussetzungen dafür ähneln in gewisser Weise durchaus der Herrschaftsübernahme der Kaiserin Konstanze in Sizilien. Denn Margarete stammte aus dem holländisch-hennegauischen Grafenhaus und erhob nach dem Tod ihres einzigen, kinderlos gebliebenen Bruders, Graf Wilhelm IV., der im Kampf gegen die Friesen am 26. September 1345 gefallen war, erbrechtlich legitimierte Besitzansprüche, die es allerdings – wie im Fall Siziliens – erst noch durchzusetzen galt. Da die Grafschaft bereits im frühen 14. Jahrhundert nicht mehr auf die Erbfolge in männlicher Linie festgelegt war, sondern als »Frauenle-

277 Huillard-Bréholles 1,1 S. 265f.; Reg. Imp. V Nr. 5551.

278 Reg. Imp. V Nrr. 3836–3838, 3840–3844 sowie eine weitere Urkunde bei Johannes Fried, Eine unbekannte sizilische Königsurkunde Konstanzes von Aragon und Heinrichs (VII.), DA 36 (1980) S. 567–574, Edition S. 573f. – Die Intitulatio lautet im Januar 1213 noch: *Constantia Dei gratia regina Sicilie, ducatus Apulie et principatus Capue una cum karissimo filio suo Henrico illustri rege Sicilie* (Huillard-Bréholles 1,1 S. 241f.; Reg. Imp. V Nr. 3837); die Titulatur Konstanzes ändert sich nach der Wahl und Krönung Friedrichs II. seit März 1213 in: *Constantia divina favente clementia Romanorum regina, semper augusta et regina Sicilie* (Huillard-Bréholles 1,1 S. 253f.; Reg. Imp. V Nr. 3838).

279 Reg. Imp. V Nrr. 3835b + c.

280 Vgl. dazu die Darstellung bei Stürner, Friedrich II. S. 192–195.

281 Reg. Imp. V Nrr. 3845a–3846d; Stürner, Friedrich II. S. 194f.

282 Reg. Imp. V Nr. 5553a.

hen« galt[283], waren neben Margarete ihre jüngeren Schwestern erbberechtigt: Johanna, die mit Markgraf Wilhelm von Jülich verheiratet war, sowie Philippa, die Gemahlin des englischen Königs Eduard III. Beide waren nicht minder am Familienerbe interessiert[284]. Doch Margarete, deren »politische Karriere« damit begann[285], gelang schließlich die politische Anerkennung ihrer Herrschaft in der für die europäische Politik strategisch so bedeutsamen Grafschaft zwischen den am Beginn des sogenannten Hundertjährigen Krieges stehenden Königreichen Frankreich und England[286].

Die förmliche Belehnung mit den Reichslehen Holland, Seeland und Friesland durch Kaiser Ludwig, dem Margarete dafür huldigte, fand auf einem Hoftag in Frankfurt statt[287]. Dies beurkundet am 15. Januar 1346 in Nürnberg der als Augenzeuge anwesende älteste Sohn des Kaisers, Ludwig V. der Brandenburger:

> *Wir Ludowig von gots gnadn marggraf ze Brandinburg vnd ze Lusitz, pallantzgraf bei dem Rein, hertzog in Bayeren etc. veriehen vnd bechennen offentleich mit disim prief, daz wir ze gagen sein gewesin vnd sehen habin, daz der hohegepornn furste, vnser gnaediger herre vnd vatter kaiser Ludowig ze Rom, der hohgepornn furstinn vnser gnaedigin frauwen, frauwen Margaretin, kaiserin ze Rom, ir lehen dez landes ze Holland vnd alles, wie daz genant ist, daz von rechte dar ze gehoret, daz von tod irs pruders, dem got gnad, mit rechte an ir ist geuallen mit wirdicheit, als dem reich an gehoret, hat verliehin ...*[288].

Im Frühjahr desselben Jahres 1346 reiste die Kaiserin zusammen mit ihrem neunjährigen Sohn Albrecht durch die einzelnen Länder und nahm sie in Besitz[289]. Der Eid Margaretes, mit dem sie die politische Eigenständigkeit der Gebiete gelobte, erfolgte am 14. März 1346 im hennegauischen Mons[290]. Im April und Mai war sie in Holland und Seeland unterwegs, um sich von den Ständen huldigen zu lassen[291]. In ihren Urkunden titulierte sie seitdem als *Margherite, par la grasce de Dieu, emperris des Romains, contesse de Haynnau, de Hollande, de Zéelande et dame de Frise.*

Zeitgenössischen Historiographen zufolge habe man sich für Kaiserin Margarete als Nachfolgerin für ihren Bruder ausgesprochen, weil sie die Älteste der

---

283 Vgl. Laetitia BOEHM, Das Haus Wittelsbach in den Niederlanden, ZBLG 44 (1981) S. 93–130, hier S. 107, 109f.

284 Vgl. TRAUTZ, Könige von England S. 324–327.

285 So Heinz THOMAS, Margarethe von Holland-Hennegau, in: NDB 16 (1990) S. 154f.

286 Zur politischen und wirtschaftlichen Bedeutung der Grafschaft vgl. BOEHM, Haus Wittelsbach S. 103–108.

287 J. F. BÖHMER, Regesta Imperii inde ab anno MCCCXIIII usque ad annum MCCCXLVII. Die Urkunden Kaiser Ludwigs des Baiern, König Friedrich des Schönen und König Johanns von Böhmen in Auszügen (1839) Nrr. 2463 + 2464.

288 In: Monumenta Wittelsbacensia Nr. 314 S. 386: ... *Dez ze vrchund gebe wir dissin prief mit vnserm insigel versigelt, der gebin ist ze Nurenberg nach Christs geburd dreuzehen hundert iar, dar nach in dem sechs vnd vierzigistin iar, an suntag vor sand Fabian vnd Sebastian tag.*

289 *Transcenderat igitur in hyeme imperatrix cum minimo filio suo novenni per Lothoringiam et Franciam. Et primo veniens Hengowe inibi est recepta. Postea descendens a Hollandis et Selandis concorditer est recepta, ita tamen quod de redditibus terrarum nil reciperet, quousque occisi debita sint soluta*, Mathias von Neuenburg, Chronik S. 201; vgl. TRAUTZ, Könige S. 327–329. – Zur Personalunion zwischen den einzelnen Gebieten vgl. BOEHM, Haus Wittelsbach S. 98–103.

290 Eidleistung der Kaiserin, in: Cartulaire des Comtes de Hainaut Nr. 146 S. 257–259.

291 Urkundlich läßt sich Margarete nachweisen am 9. April 1346 in Valencienne, am 14. April in Middelburg, 30. April in Dordrecht, 3. und 10. Mai im Haag; vgl. Groot Charterboek der graven van Holland, van Zeeland en heeren van Vriesland, ed. Franz van MIERIS (1754) Bd. 2, S. 705ff.

Schwestern gewesen sei. Nach ihrem Tod sollte die Herrschaft dann auf einen ihrer Söhne übergehen[292]. Unterstützung fand ihre Nachfolge auch bei ihrem Onkel, dem französischen König Philipp, der im eigenen Interesse darum bemüht war, jede Einflußnahme des englischen Königs auf diese Gebiete zu verhindern[293] und sich deshalb mit der Bitte an Papst Clemens VI. wandte, von der aufgrund der Exkommunikation des Kaisers eigentlich erforderlichen Verhängung des Interdikts über die Grafschaft abzusehen. Diesem Ersuchen Philipps kam der Papst mit Schreiben vom 19. September 1346 nach. Er stellte allerdings die Bedingung, daß Margarete nur als Gräfin zu bezeichnen sei, und Klerus und Volk der Grafschaft in keinerlei Kontakt mit dem gebannten Kaiser kommen, ihm keinen Gehorsam entgegenbringen, keine seiner Befehle ausführen noch ihm irgendwelche Hilfe leisten dürften. Weiterhin dürfe Ludwig der Bayer keinerlei Herrschaft ausüben und auch weder Einkünfte aus der Grafschaft beziehen noch Einfluß auf die Verwaltung nehmen[294].

Bereits am 7. September 1346 regelte Ludwig der Bayer in Frankfurt die Erbfolge in den Grafschaften für den Todesfall der Kaiserin[295]. Demnach sollte Wilhelm,

---

292 *Occiso enim a Frisonibus anno priori Wilhelmo comite Hollandie sine liberis, cum imperatrix esset senior sororum eius – regina enim Anglie et cometissa Iuliacensis iuniores fuerunt – gentes occisi imperatricem et unum de filiis suis accipere in dominos decreverunt*, Mathias von Neuenburg, Chronik a. 1346, c. 71 S. 201. – … *successit predicta soror* (sc. Margarete) *tanquam proximior et senior inter sorores. Habuit enim alias sorores, videlicet reginam Anglie et comitissam, alias dictam marchionissam, Guliacensem, iuniores tamen ea, nullum vero fratrem. Propter quod ex consuetudine patrie terram Hollandie et terras alias, sicut frater, obtinuit*, Heinrich Taube von Selbach, Chronik, ed. Harry Bresslau, MGH SS rer. Germ. N.S. 1 (1922) a. 1345 S. 60. Vgl. auch die Darstellung der Familienverhältnisse bei Heinrich von Diessenhoven, Chronik, in: Fontes rerum Germanicarum, Bd. 4, aus dem Nachlaß J. F. Boehmers hg. von Alfons Huber (1868) S. 48.

293 *Promovit autem rex Francie imperatricem neptem suam, non forsan amore principis, set quia terras per Anglum timuit occupari*, Mathias von Neuenburg, Chronik S. 201.

294 … *Super eo quod tua, fili carissime, regalis excellentia per litteras regias, quas benigne recepimus, nobis supplicavit instanter, ut cum clerus et populus patrie Hanonie, nobilem mulierem Margaritam de Hanonia, neptem tuam, uxorem Ludovici de Bavaria heretici et scismatici manifesti, receperint ad comitatum Hanonie sibi jure successionis debitum, sicut fertur, ipsamque nullo alio nomine, nisi tantum comitissam vocent, seu vocare intendant, nec ipsa etiam ibidem vocari velit aliter vel haberi, sed ipsi clerus et populus in nostra et E. R. devotione, reverentia et obedientia proponant persistere, sicut inst818iterunt hactenus firmiter et constanter, prefataque Margarita tibi, fili dilectissime, promiserit, quod de redditibis et proventibus comitatus predicti nichil in profectum dicti Ludovici quomodolibet convertetur, nec ipse aliquam administrationem, vel obedientiam in comitatu eodem habebit a processibus contra eosdem clerum et populum, dictamque patriam Hanonie, ratione receptionis Margarite predicte, ac favorum et obedientiarum per ipsos prestitorum eidem faciendis abstinere, factosque, si qui essent, retractare de benignitate apostolica dignaremur, tibi, fili amantissime, breviter respondemus, quod, licet adversus eosdem clerum et populum aliosque receptatores et fautores dicte Margarite, diversis excommunicationum sententiis et penis aliis innodate, potuissemus et possemus procedere, justicia exigente, tuorum tamen intuitu precaminum, et quia etiam patriam predictam favore dilectionis specialis prosecuti fuimus hactenus, et prosequimur etiam incessanter a processibus faciendis ratione receptationis hujusmodi usque nunc abstinuimus, et abstinere non tamen derogando in aliquo factis contra dictum Ludovicum, ejusque adherentes, fautores, participantes et sequaces processibus, sed eis in sua firmitate remanentibus, dummodo predicti clerus et populus dicto Ludovico vel alicui alii nomine ipsius non obediant in aliquo, nec mandata ejus recipiant, vel alias sibi prestent auxilium, consilium vel favorem, et alia predicta per ipsos clerum et populum, ac Margaritam observentur fideliter* …, in: Clément VI (1342–1352), Lettres closes, patentes et curiales se rapportant à la France, ed. E. Dépre, J. Glénisson et G. Mollat (Bibliothèque des Écoles Françaises d'Athènes et de Rome, 3e série) Bd. 2 (1958) Nr. 2816, S. 246.

295 Friedrich Bock, Bericht über eine Reise nach Holland, NA 49 (1932) S. 524–549, hier Urkundenregesten Nrr. 66–70 S. 545.

der zweite Sohn aus der Ehe Ludwigs mit Margarete, die Nachfolge in Hennegau antreten. An nächster Stelle stand deren dritter Sohn Albrecht[296]. Vom selben Tag datiert auch die Verzichtserklärung des älteren Bruders, Ludwig des Römers, auf die Grafschaft, die damit als Sekundogenitur des Hauses Wittelsbach bestimmt wurde[297]. Trotz dieser weitreichenden Bestimmungen versuchte der englischen König Eduard III. über die Erbansprüche seiner Gemahlin Philippa, mit der Margarete bei einem Treffen im flandrischen Ypern im Oktober 1346 eine Art »Stillhalteabkommen« getroffen hatte[298], weiterhin politischen Einfluß zumindest auf die Gebiete Holland, Seeland und Friesland zu gewinnen. Denn diese hätten für ihn einen weiteren kontinentalen Standort im Kampf gegen Frankreich bedeutet. Mathias von Neuenburg zufolge sei Margarete, die sich noch bis in den Spätherbst 1346 hinein in ihrer Grafschaft aufgehalten hatte, bei ihrer Rückkehr an den Hof Ludwigs des Bayern, den sie am 22. November in Frankfurt wieder traf, deshalb auch von einer Gesandtschaft Eduards III., begleitet worden, die ein Abkommen aushandeln sollte[299]. Die Verhandlungen verliefen vorerst ergebnislos, wurden jedoch nach dem Tod Ludwigs des Bayern mit Kaiserin Margarete fortgesetzt. Schließlich konnte im Oktober 1350 eine vorläufige Übertragung der Regierung und Verwaltung in Seeland, Holland und Friesland durch den Bevollmächtigten des englischen Königs ausgehandelt werden[300].

Da Ludwig der Bayer seine Gemahlin gebeten hatte, an den Münchener Hof zurückzukehren, bestellte sie mit einer Urkunde vom 16. März 1347 gemäß der Erbfolgeregelung ihren 15jährigen Sohn Wilhelm zu ihrem Stellvertreter in der Grafschaft[301]. Dieser befand sich bereits vor ihrer Abreise, seit dem 9. September 1346, in

296 Cartulaire des Comtes de Hainaut Nr. 155 S. 268f.

297 Ludwig wiederholt den Verzicht nach dem Tod Margaretes am 24. Juni 1358; abgedruckt in: Monumenta Wittelsbacensia Nr. 343 S. 463–465.

298 Vgl. Trautz, Könige S. 336; Thomas, Ludwig der Bayer S. 373f.

299 *Reversa autem imperatrix de Hollandia in mense Novembri anno predicto, relicto inibi Wilhelmo filio, a principe cum gaudio in Franckenvort est recepta. Qui simul transiere Monacum. Venerunt autem cum ipsa sollempnes nuncii Angli in Franckenvort, principem et Anglum colligare querentes; cum quibus princeps cum pleno colligandi mandato Robertum ducem Bawarie filium fratris sui, Wolframum de Nellenburg magistrum ordinis Theutonicorum per Alamanniam et Ludowicum comitem de Otingen destinavit*, Mathias von Neuenburg, Chronik S. 403.

300 Dies geht aus einem Schreiben Eduards III. vom 26. Oktober 1350, ausgestellt in Westminster, an den Ritter Wilhelm von Stury hervor, der den Auftrag erhielt, die von der Kaiserin zugestandenen Gebiete zu übernehmen: *Sciatis quod, cum serenissima domina Margareta, Romanorum imperatrix, soror nostra carissima, custodiam terrarum Selandie, Holandie et Frisie nobis, sub certa forma in literis suis patentibus, nobis inde confectis comprehensa, commiserit, prout in literis predictis plenius continetur, nos de fidelitate et circumspectione dilecti et fidelis nostri Willielmi de Stury, militis, plenius confidentes, ad petendum et recipiendum pro nobis et nomine nostro a prefata imperatrice ac ministris et deputatis suis possessionem terrarum predictarum, et ad easdem terras custodiendum et regendum, in forma nobis per dictam imperatricem commissa, et ad disponendum de eisdem, prout pro honore nostro et maiori commodo et salvacione et defensione ad bonum regimen dictarum terrarum ei melius videbitur expedire, necnon ad omnia alia et singula faciendum, que pro bono regimine terrarum earundem necessaria fuerint et oportuna, ac si nos presentes essemus, prefato Willielmo plenam tenore presentium concedimus et committimus potestatem*, in: MGH Const.10, Nr. 227 S. 168; die Verhandlungsbevollmächtigungen seitens Eduard III. ebd. Nrr. 225 + 226 S. 166–168; die Verhandlungen zu den Kosten für die übernommene Verwaltung Nr. 242 S. 180f.

301 Die Urkunde Margaretes als Insert in einem Diplom Wilhelms, in: Cartulaire des Comtes de Hainaut Nr. 176 S. 296–299; hier benennt sie als Grund für die Übertragung der Geschäfte an ihren Sohn: *quia dilectissimus dominus noster imperator nos ad se properato demandavit*. – Ähnlich

Holland. Die Absprachen zwischen den einzelnen Familienmitgliedern verhinderten jedoch nicht, daß es nach dem Tod des Kaisers am 11. Oktober 1347 zu einem erbitterten Konflikt zwischen Margarete und ihrem Sohn Wilhelm kam, hinter dem die jeweiligen Interessen zweier gegnerischer Ständegruppierungen standen. Nach erfolglosen Interventionen Eduards III., der seine Nichte Mathilde von Lancaster mit Wilhelm verheiratet hatte, kam es erst nach langjährigen, hier nicht im Detail darzustellenden Auseinandersetzungen[302], in denen auch der auf das Ältestenrecht pochende Ludwig der Römer involviert war, am 7. Dezember 1354 zu einem Ausgleich, der der Auflösung der Personalunion zwischen den einzelnen Gebieten gleichkam. Es wurde vereinbart, daß Margarete ihrem Sohn die Gebiete Holland, Seeland und Friesland überließ und nur die Herrschaft über Hennegau ausübte. Darüber hinaus erhielt sie finanziellen Ausgleich[303]. Sie starb jedoch wenig später, am 25. Juni 1356 in Quesnoy, und wurde in der Franziskanerkirche von Valenciennes bestattet. Wilhelm übernahm die Herrschaft im Hennegau, mußte sie jedoch wegen Regierungsunfähigkeit infolge einer aufgetretenen Geisteskrankheit schon kurz darauf seinem Bruder Albrecht abtreten, der die Grafschaft erneut in Personalunion mit Holland, Seeland und Friesland 46 Jahre lang regierte[304].

Die Gewinnung und Behauptung der Herrschaft über die späteren Niederlande für das Haus Wittelsbach durch Kaiserin Margarete macht die völlig anders geartete Stellung der Königin im späten Mittelalter deutlich. In der Reichspolitik läßt sich – soweit es die historiographischen Quellen und die erst in den Anfängen steckende Bearbeitung der Urkundenregesten Ludwigs IV. zu erkennen geben[305] – kein politischer Handlungsspielraum für die Kaiserin mehr feststellen[306]. Im Hen-

---

auch Mathias von Neuenburg, Chronik S. 201f.: *Anxius autem princeps propter diutinam uxoris absenciam cum misisset pro illa, gentes autem ille vellent habere seniorem filium imperatricis pro domino, princeps Wilhelmum filium suum ad terram illam cum comite de Katzenellenbogen ... destinavit.*

302 Vgl. Trautz, Könige S. 361–366. – Auch Papst Innocenz VI. schaltete sich im April 1353 mit Vermittlungsversuchen ein, was etliche Schreiben mit der Aufforderung, Frieden zu schließen, belegen, so an Bischof Petrus von Cambrai mit der Bitte um Vermittlung, aber auch an Ludwig und Margarete selbst; abgedruckt in: Innocent VI. (1352–1362), Lettres secrètes et curiales, ed. Pierre Gasnault et M.-H. Laurent (Bibliothèque des Écoles Françaises d'Athènes et de Rome, 3e série) Bd. 1 (1959–1960) Nrr. 223, 227, 228 S. 75f.

303 Der Vertrag: Cartulaire des Comtes de Hainaut Nr. 274 S. 428–435; zum politischen Kontext vgl. Boehm, Haus Wittelsbach S. 111f. und Thomas, in: NDB 16 (1990) S. 154f.

304 Zur politischen Geschichte des Landes seit Albrecht I. vgl. Boehm, Haus Wittelsbach S. 113–130. – Wenig hilfreich ist ein offensichtlich nicht überarbeiteter Vortrag von Ludwig Schneider, Die Wittelsbacher in Holland, in: A desirable world: Essays in honour of Professor Bart Landheer, hg. von A. M. C. H. Reigersman-van der Eerden (1974) S. 88–101.

305 Bislang sind fünf Hefte erschienen: Regesten Kaiser Ludwigs des Bayern (1314–1347) nach Archiven und Bibliotheken geordnet, hg. von Peter Acht (1991–1998). – Einen Überblick über die Quellen zur Geschichte Ludwigs IV. gibt Michael Menzel, Quellen zu Ludwig dem Bayern, in: Ludwig der Bayer als bayerischer Landesherr. Probleme und Stand der Forschung (ZBLG 60,1, 1997) S. 71–82.

306 Ausnahme bleibt die von Giovanni Villani in seiner Chronik mitgeteilte Verabredung zwischen Pisa und Ludwig dem Bayern, die Signorie in Pisa an Margarete zu übertragen, um einer Herrschaftsübernahme Castruccios zu verhindern. Die Kaiserin schickte im April 1328 als ihren Statthalter Graf Meinhard von Ortenburg, der allerdings das gewaltsame Eindringen des einer bedeutenden und reichen Luccheser Kaufmanns- und Bankiersfamilie entstammenden Castruccio sowie seine Erhebung zum Signore der Stadt nicht verhindern konnte: *In questi tempi e mese d'aprile Castruccio essendo in Pisa, e non parendogli che la terra si reggesse bene a sua guisa, e convitando d'esserne al tutto signore, e certi grandi e popolani di Pisa, i quali a la venuta del Bavero erano de*

negau und den dazugehörigen Gebieten übte sie hingegen unbeschränkte Herrschaftsrechte aus. Sie agierte hier in der Position einer »Landesherrin«. Daß sich der exkommunizierte Kaiser Ludwig offiziell nicht in die Regierung des Landes einmischte, hing allerdings nicht zuletzt mit den vom Papst diktierten Bedingungen zusammen.

Was die Beteiligung der Königin am politischen Leben seit dem 12. Jahrhundert betrifft, so läßt sich allgemein feststellen, daß sich diese zunehmend auf Ausnahmesituationen reduziert hatte, wobei besondere Umstände, Verwandtschaftsbeziehungen und eigene Rechtsansprüche der Königin eine verstärkte Rolle spielten. Eine gewisse Ausnahme blieb Barbara von Cilli, die sich als Königin einen größeren politischen Handlungsrahmen schaffen konnte.

Ungarn und Böhmen zu Beginn des 15. Jahrhunderts

»Statthalterschaften« der Königin, die wie im hohen Mittelalter für die Dauer der Abwesenheit des Königs eingesetzt wurden, lassen sich im späten Mittelalter für Barbara von Cilli nachweisen, die erstmals in der Zeit vor und nach dem Konzil von Konstanz als »Statthalterin« für Sigmund in Ungarn fungierte. Sie übernahm die *regni cura*[307] Ende 1412, als der König nach Oberitalien zog, unterstützt durch den mit ihrer älteren Schwester Anna verheirateten Palatin Miklós Garai (Nikolaus Garai) und den Graner Erzbischof Johannes Kanizsai[308]. Zu ihrem Kanzler ernannte sie Erzbischof Eberhard von Agram und als Aufenthaltsort wählte sie das in der Nähe von Agram gelegene Kemlek[309]. Unterbrochen wurde die der Königin anvertraute Leitung der Regierungsgeschäfte in Ungarn und Kroatien von 1414 bis 1416 durch ihre Reise zur Aachener Königskrönung und zum Konstanzer Konzil[310]. Sie setzte sich in den folgenden Jahren aber fort und dauerte bis zur Rückkehr Sigmunds 1419 an, überschattet von der Bedrohung der Grenzen durch die Osmanen unter der Führung Sultan Mehmeds I.

---

la setta di Castruccio, allora erano contra lui per non volerlo per signore, e aveano fatto trattato in Roma col Bavero ch'egli donasse la signoria a la‹mperadrice, acciò che Castruccio non avesse la signoria; e così fece per danari ch' ebbe da' Pisani (la quale donna mandò a Pisa per suo vicario il conte d'Ottinghe d'Alamagna, il quale da Castruccio infintamente fu ricevuto), ma due dì apresso Castruccio con sua cavalleria e con gente a piè assai del contado di Lucca corse la città di Pisa due volte, non riguardando reverenza a signoria del Bavero o de la moglie, e prese messer Bavosone d'Agobbio, il quale il Bavero v‹ avea lasciato per suo vicario, e messer Filippo da Caprona e più altri grandi e popolani di Pisa, e per forza si fece eleggere signore libero di Pisa per II anni, e ciò fu a dì XXVIIII d'aprile MCCCXXVIII; per la qual cosa il sopradetto conte d'Ottinghe si ritornò a Roma con onta e vergogna …, Giovanni Villani, Nuova Cronica, ed. Guiseppe PORTA, Bd. 2, lib.11 c. 83 (1991) S. 617f.; vgl. dazu THOMAS, Ludwig der Bayer S. 213f.; zur politischen Karriere Castruccios zuletzt PAULER, Deutsche Könige und Italien bes. S. 129–136, 141–156, 287f.

307 So in den zeitgenössische Quellen ausschreibenden Annales regum Hungariae von Georg PRAY (Wien 1764) hier Bd. 2 S. 245.

308 Der Erzbischof tituliert in diesem Amt als *Joannes Archiepiscopus Strigoniensis, aulae regis Romanorum summus cancellarius, in regnis Hungariae, Croatiae, vicarius generalis*; abgedruckt bei PRAY, Annales 2, S. 245 Anm. 33. – Zur Kanzlei Sigmunds: Franz-Reiner ERKENS, Über Kanzlei und Kanzler König Sigismunds. Zum Kontinuitätsproblem in der deutschen Königskanzlei unter dem letzten Luxemburger, AfD 33 (1987) S. 429–458, zu Johannes Kanizsai als erstem Kanzler der 1411 eingerichteten deutschen Königskanzlei S. 435f.

309 Vgl. dazu CHILIAN, Barbara von Cilli S. 20f.

310 Zur Königskrönung vgl. S. 40; zum Konzil von Konstanz S. 221.

Nach ihrer Rückkehr aus Deutschland 1416 regierte Barbara ohne Miklós Garai, der von Sigmund mit diplomatischen Missionen in Frankreich beauftragt wurde[311], und wohl auch ohne große Unterstützung des Graner Erzbischofs, der schließlich 1418 starb[312]. Offen ist dabei für diese Jahre auch, in welchem Umfang Barbara die tagespolitischen Geschäfte vernachlässigt haben soll[313]. Bislang geht man davon aus, daß die nach der Rückkehr Sigmunds Anfang 1419 von diesem angeblich verfügte monatelange »Verbannung« seiner Gemahlin und seiner einzigen Tochter Elisabeth in die Nähe von Wardein als eine Bestrafung für falsche politische Entscheidungen der Königin in der Zeit seiner Abwesenheit anzusehen ist[314]. Eine differenzierte Einschätzung der wohl eigenverantwortlichen Leitung des Königreichs durch Barbara ist bislang jedoch nicht möglich. Denn die Forschung basiert noch immer auf sehr unzulängliche, auf der Grundlage von ältere Quellen ausschreibenden und vereinzelt auch Urkunden kopierenden Geschichtsdarstellungen des 18. Jahrhunderts[315]. Noch sind darüber hinaus aber auch eine ganze Reihe von Urkunden unpubliziert, die mit dem Schluß enden: *Ad felicem reditum eiusdem domini regis consortis nostri confirmationem in regnum suum Hungariae*[316].

Politisch engagiert blieb Barbara von Cilli auch weiterhin. Sie begleitete Sigmund vor allem in den 20er Jahren auf seinen Reisen durch das Reich[317] und wurde

311 Hoensch, Kaiser Sigismund S. 222–243.

312 Vgl. Chilian, Barbara von Cilli S. 22; Krzenck, Barbara von Cilli S. 55.

313 Nach wie vor gilt in der Forschung die zu überprüfende Meinung von Chilian, Barbara von Cilli S. 22, daß sich Barbara »ihrer Stellung nicht gewachsen« zeigte; eine vorsichtigere Einschätzung bislang nur bei Hoensch, Kaiser Sigismund S. 279.

314 Die These basiert in erster Linie auf der letztlich doch sehr allgemein gehaltenen und wohl auch überzogenen Darstellung Eberhard Windeckes, der als möglicher Augenzeuge der Vorgänge am ungarischen Hof Sigmunds anzusehen ist. Er schreibt: *Du solt wissen in dem jore, als man zalt und schreip von der geburt Cristi vierzehenhundert und 19 jor, also der Römsch konig Sigemont von Dutschen landen und von dem concilium kam gon Ungern, do wart dem konige Sigemont die konigin sin hußfrouwe Barbare gar grobelichen und sere verlumet, das der konig der kunigin gar vigent wart und sie weder sehen noch hören wolte. und do er gon Ofen wolt komen, do müst die konigin wichen gon Wardin und hinabe uf die heide under die Gassen und die Cünen; und do was sie ein halp jore. und man hielt sie gar ermlich su und ire dochter und alle ire jungfrouwen, das sie alle krang wordent, wenne es geschah manig mol, das sie zü tische sossent, das sie weder brot noch wine hettent, und musten es allererste koufen. und ließ sie gon in iren cleidern, das sie lusig und unrein wurdent, wanne sie musten ligen, als sie gingent. das werte bi dri viertel jors, biß der konig gon Wardin wolt*, Eberhard Windeckes Denkwürdigkeiten vom Zeitalter Kaiser Sigmunds, ed. Wilhelm Altmann (1893) c. 155 S. 138. – Die hier angedeutete Verleumdung der Königin bei Sigmund wurde in der älteren Forschung mit Ehebruchsgerüchten in Beziehung gebracht, während Chilian, Barbara von Cilli S. 39–43 die These herausstellte, daß damit politische Fehler Barbaras in der Zeit der Abwesenheit des Königs gemeint seien; so auch Krzenck, Barbara von Cilli S. 55f. und Hoensch, Kaiser Sigismund S. 279. – Zu hinterfragen ist darüber hinaus die wohl übertriebene Schilderung von der Ärmlichkeit der Königin. Denn obwohl Sigmund 1419 kurzfristig die ihr bei der Heirat überschriebenen Zolleinkünfte über jährlich 28 000 Goldgulden sperren ließ, dürfte ihr der nötige Lebensunterhalt zur Verfügung gestanden haben; zu den wirtschaftlichen Verhältnissen Barbaras vgl. oben S. 78f.

315 Die knappe Darstellung von Krzenck, Barbara von Cilli wiederholt S. 50 lediglich die bei Chilian angeführten Aspekte.

316 Abgedruckt bei Pray, Annales 2, S. 245 Anm. 32. – Eine neue Untersuchung zu Barbara von Cilli auf der Basis des teilweise noch unbekannten Archivmaterials steht an, zumal auch bei Altmann, Regesta Imperii XI., die Urkunden Barbaras nicht verzeichnet sind.

317 Vgl. Jörg K. Hoensch (Hg.), Itinerar König und Kaiser Sigismunds von Luxemburg 1368–1437 (Studien zu den Luxemburgern und ihrer Zeit 6, 1995).

von ihm in politische Entscheidungen einbezogen[318]. Seit 1427 vertrat sie nachdrücklich reichsrechtliche Interessen im Kampf gegen die Hussiten, die sie mit mehreren Manifesten bekämpfte[319], und es gelang ihr während des Italienzugs Sigmunds (1431–1433), als sie wohl neuerlich mit der »Statthalterschaft« in Ungarn beauftragt war, den Frieden in Ungarn zu bewahren.

In Böhmen hingegen wurde Barbara erst sehr spät politisch tätig. Während sich Sigmund bereits am 28. Juli 1420 im Prager Veitsdom krönen ließ[320], erfolgte ihre Krönung zur böhmischen Königin erst am 11. Februar 1437, nachdem im Sommer 1436 der Ausgleich mit den Hussiten sowie die damit verbundene Anerkennung des böhmischen Königtums Sigmunds und Barbaras zustandegekommen[321] und das Herrscherpaar feierlich in Prag eingezogen war[322]. Als Sigmund im Juli 1437 von Prag aus nach Eger zu Verhandlungen mit den deutschen Fürsten reiste, übernahm Barbara zusammen mit dem Oberstburggrafen Menhart z Hradce bis zur Rückkehr des Kaisers am 12. August 1437 nach Prag die »Statthalterschaft« in Böhmen[323], die gleichzeitig die letzte sein sollte. Denn Sigmund verstarb am 9. Dezember 1437. Noch vor seinem Tod soll Barbara von Cilli – wohl auf Befehl des Schwiegersohnes und designierten Nachfolgers Albrecht – wegen Verdacht auf Verschwörung mit böhmischen Großen verhaftet worden sein.

Auch für diese letzte Phase des politischen Lebens der Barbara von Cilli, die nach ihrer Freilassung an den polnisch-jagiellonischen Hof flüchtete und erst nach dem Tod Albrechts II. 1439 zurückkehrte, um sich auf der böhmischen Burg Melnik nordöstlich von Prag einen festen Witwensitz zu schaffen, sind in der Forschung viele Fragen offen und dies wohl nicht zuletzt aufgrund der schwierigen Quellenlage, die eine Beantwortung der spannenden Frage nach möglichen und wahrscheinlichen politischen Ambitionen der Königin scheinbar nicht zuläßt[324].

Nach allem, was wir bislang über Barbara von Cilli wissen, war sie wohl die »politischste« Königin des späten Mittelalters, die anders als etwa die Gemahlinnen Karls IV. oder auch Eleonore von Portugal Einfluß auf die tagespolitischen Entscheidungen nahm, in Abwesenheit Sigmunds die Regierung führte, aber auch gemeinsam mit ihm politische Termine wahrnahm. Einen größeren politischen Freiraum konnte sich Barbara dabei erstmals vier Jahre nach ihrer Eheschließung schaffen, als sie von Sigmund bei seinem Aufbruch 1412 offiziell mit seiner Stellvertretung in Ungarn beauftragt wurde und diese bis zu seiner Rückkehr 1419 behielt. Seitdem spielte sie eine wichtige politische Rolle für Sigmund, der ihr über Jahre hinweg Mitherrschaft zubilligte.

---

318 Einen Überblick über die einzelnen politischen und wirtschaftlichen Tätigkeiten und Kontakte gibt Chilian, Barbara von Cilli S. 23–38; vgl. auch Heinz Quirin, Barbara von Cilly, in: NDB 1 (1953) S. 581.

319 Manifest vom Juli 1427 an Preßburg und vom Oktober 1431 an Kaschau; abgedruckt in: Codex diplomaticus Hungariae ecclesiasticus ac civilis, ed. Georg Fejér, Bd. 10,8 (1842) S. 608 und Bd. 10,7 (1842) S. 350; vgl. Chilian, Barbara von Cilli S. 23; Krzenck, Barbara von Cilli S. 57.

320 Zum Kampf um das böhmische Erbe nach dem Tod Wenzels am 16. August 1419 zuletzt Hoensch, Kaiser Sigismund S. 279–310.

321 Zu den langwierigen Verhandlungsrunden vgl. Hoensch, Kaiser Sigismund S. 429–448.

322 Chilian, Barbara von Cilli S. 37f.; Krzenck, Barbara von Cilli S. 59.

323 Chilian, Barbara von Cilli S. 38; Krzenck, Barbara von Cilli S. 59f.; Hoensch, Kaiser Sigismund S. 456f.

324 Zur Biographie Barbaras seit 1437 und dem Forschungsstand oben S. 297f.

Die politischen Handlungsspielräume dieser ungarischen, römischen und böhmischen Königin scheinen in gewisser Weise der Stellung der Königin im hohen Mittelalter zu ähneln. Trotz aller Unterschiede, die aus einem völlig veränderten Reichsganzen, seiner Strukturen und Machtzentren resultierten und dem Königtum eine andere Kompetenz abverlangten, erweisen sich Barbara und Sigmund als ein Herrscherpaar, das über persönliche Schwierigkeiten und Probleme hinweg[325] nicht nur gelegentlich, sondern kontinuierlich als »Arbeitsteam« funktionierte und herrscherliche Aufgaben aufzuteilen wußte. In dieser Kontinuität einer gemeinsamen Regierung liegt wohl die Bedeutung dieses Königspaares und der Stellung Barbaras als Königin im Vergleich mit ihren spätmittelalterlichen Vorgängerinnen und Nachfolgerinnen. Dabei handelte es sich jedoch nicht um eine paritätische Aufteilung der Herrschaft, denn Sigmund überließ seiner Gattin keine der politisch und diplomatisch brisanten Verhandlungen und Entscheidungen, die er selbst in der Hand behielt und sie allenfalls mit ihrer Unterstützung zu bewerkstelligen suchte.

Insgesamt ist jedoch nicht zu übersehen, daß vor allem zwei wichtige Faktoren zusammentrafen und diese Situation eines herrscherlichen *consortium* im späten Mittelalter bedingten: das Interesse Barbaras an Politik und Wirtschaft und ihre Durchsetzungskraft sowie das in sie gesetzte Vertrauen Sigmunds und der Fürsten, die ihr diesen Handlungsspielraum zubilligten.

Eine derartige Stellung ist für die Königinnen im spätmittelalterlichen Reich ansonsten nicht erkennbar. Auch die Landesherrschaft der Margarete von Hennegau ist damit kaum vergleichbar, da hier Erbrecht und Kirchenbann über Ludwig den Bayern eine besondere Ausgangslage geschaffen haben. Zudem besitzen die politischen Ambitionen Margaretes als Gräfin in Hennegau eine ungleich größere Aussagekraft für die in vielen Ländern Europas anzutreffende Herrschaft einer Fürstin als über die politische Stellung der Königin im Reich.

325 Zum persönlichen Umgang des Herrscherpaares vgl. zuletzt Hoensch, Kaiser Sigismund S. 495–499.

Resümee: Herrschaftsausübung, Herrschaftsrechte und Handlungsspielräume der Königin im mittelalterlichen Reich

Die römisch-deutsche Königin, die oftmals auch zur Kaiserin gekrönt wurde, nahm trotz aller im Laufe der Zeit eintretenden Veränderungen der mittelalterlichen Gesellschaft als »Erste Dame des Reiches« in vielerlei Beziehung eine herausragende Stellung ein.

Diese allgemeingültige Aussage mit Blick auf die politischen Aktivitäten der Königin zu differenzieren und in den einzelnen Aspekten zu konkretisieren, war Ausgangspunkt und leitender Grundgedanke dieser Studie. Neben der Aufarbeitung und Darstellung der Fakten stand dabei immer auch die Frage im Mittelpunkt, ob und inwiefern es über die persönlichen Fähigkeiten einzelner Damen hinaus allgemeine und zeitübergreifende politische Aufgabenbereiche gab, die ihr über die Tatsache hinweg, daß sie in repräsentativer Hinsicht zusammen mit dem König an der Spitze des Reiches stand, einen festen Platz als politische »Institution« im Herrschaftsgefüge des Reiches einräumten. Anders formuliert lautet die Frage, ob sich das Ansehen der Königin auf das Faktum reduzierte, daß sie die Gattin des Königs war und die Mutter seiner legitimen Kinder sein sollte, wie dies in der Forschung bislang besonders für das späte Mittelalter angenommen wurde, oder ob ihr darüber hinaus auch »Herrschaftsrechte« zukamen.

Aufgezeigt wurde die Ausübung von Herrschaft durch die Königin in exemplarischer Form an Handlungen, Aktions- und Reaktionsweisen im Kontext der Zeit und der jeweiligen Umstände, die dann unter thematischen Gesichtspunkten in allgemeine Zusammenhänge gestellt wurden. Sie lieferten angesichts einer generell eher sporadischen und lückenhaften Quellenlage nicht nur einzelne Fallbeispiele, sondern vielmehr Bausteine für die Rekonstruktion der politischen Geschichte der Königin im mittelalterlichen Reich. Dabei wurde von grundsätzlichen Gegebenheiten und in unterschiedlicher Ausprägung mehr oder weniger für alle Königinnen geltenden Komponenten ausgegangen, die deren Status fixierten und die Rahmenbedingungen für ihr politisches Handeln bestimmten. Alle weiteren Kapitel beschäftigen sich mit konkreten Formen der Herrschaftsausübung. Diese manifestiert sich in der Wahrnehmung königlicher Hoheitsrechte, in der Funktion als Vermittlerin gegensätzlicher Parteien sowie in dem, was den Umfang der politischen Mitwirkung betrifft, umfassenden Bereich der Stellvertretung im Königtum.

Status und Ansehen der Königin zeigen sich in besonderer Weise an Krönungsmodalitäten, Titeln, Wittumsausstattungen sowie Hofstaat. Sie sind Zeichen und Ausdruck einer bestimmten Stellung, die in ihrer Bedeutung für die Herrschaftsausübung zu beleuchten waren.

Die Krönung der Königin setzte sich in ottonischer Zeit allgemein durch. Doch erst seit dem 13. Jahrhundert wurde es üblich, das Königspaar gemeinsam zu krönen. Bis dahin organisierte man jeweils eigene Zeremonien für die Königin, die in verschiedenen Bischofskirchen, vorwiegend jedoch in Mainz und Köln, stattfanden und von wechselnden Koronatoren geleitet wurden. Dies gilt für das hohe Mittelalter generell und somit auch für die Paare, die zum Zeitpunkt der Königswahl bereits verheiratet waren. Da für die Königin keine Thronsetzung auf dem Aachener Karlsthron vorgesehen war, ergab sich auch nicht die Notwendigkeit, ihre Krönung in Aachen vorzunehmen.

Erst seit spätstaufischer Zeit fand die Krönung des Herrscherpaares als gemeinsamer Termin statt. Damit galt jetzt auch für die Königin, was sich schon in salischer Zeit für den König fest etabliert hatte, daß der Krönungsort Aachen hieß und der Kölner Erzbischof, abgesehen von wenigen Ausnahmen, als Koronator fungierte. Selbst für die seltenen Einzelkrönungen der Königin reiste man eigens nach Aachen, so zum Beispiel 1227 die mit dem Staufer Heinrich (VII.) verheiratete Margarete von Österreich (* 1204/05 [1210/11?] † 1266) sowie 1354 Anna von Schweidnitz-Jauer (* 1338/39 † 1362), die dritte Gemahlin Karls IV.

Während also im hohen Mittelalter durchgängig eine jeweils eigene Krönungszeremonie anberaumt wurde, die in ihrer Wirkung als Demonstration der Herrschaftsausübung und Handlungsfähigkeit der Königin als *consors regni* verstanden werden könnte, wird im späten Mittelalter grundsätzlich die Paarkrönung in Aachen praktiziert. Damit war die ursprüngliche Bedeutung der hinsichtlich Ort und Koronator variablen Krönung der Königin, bei der die Zeremonie an sich deutlicher im Vordergrund stand, aufgegeben zugunsten der Repräsentationsfunktion und Symbolkraft der Aachener Marienkirche. Dies führte schließlich dazu, daß Maximilian I. nach einer Verschiebung des Aachener Krönungstermins für seine Gemahlin Bianca Maria Sforza (* 1472 † 1510) auch keinen anderen Ort in Betracht zog.

Dennoch steht außer Frage, daß die Krönung der Königin zu jeder Zeit einen wichtigen Akt darstellte, auf den nur in wenigen Ausnahmesituationen verzichtet wurde. Als entscheidendes Kriterium ist dabei die Zeremonie an sich zu werten, die nicht unbedingt als Königinnen-Krönung stattfinden mußte. So wurden Herrscherinnen in ottonischer und staufischer Zeit, aber auch noch im 14. und 15. Jahrhundert, so Margarete von Hennegau (* 1307/10 † 1356), Elisabeth von Pommern (* 1347 † 1393) und Eleonore von Portugal (* 1436 † 1467), gleich zu Kaiserinnen in Rom gekrönt. Abgesehen davon hatte sich seit der Mitte des 14. Jahrhunderts die Anzahl der Krönungen durch die Kronen Böhmens und Ungarns erhöht. Solche wurden an allen Gemahlinnen der dort herrschenden Könige aus dem Haus der Luxemburger vollzogen.

Die einzelnen Bestandteile der Zeremonie – Weihe, Salbung mit Chrisam, Krönung – und die sie begleitenden Gebete folgten dem sogenannten Mainzer Ordo aus dem 10. Jahrhundert und blieben, unabhängig in welchem Rahmen sie stattfand, bis zum 15. Jahrhundert unverändert. Die hier festgeschriebenen Texte wurden wortwörtlich immer wieder in die Krönungsordines des späten Mittelalters kopiert. Inhaltlich präsentieren die Gebete und Fürbitten einen an biblischen Frauengestalten exemplifizierten Tugendkatalog, der das Bild einer durch Frömmigkeit, Barmherzigkeit und Weisheit ausgezeichneten, mit Nachkommenschaft gesegneten und als *consors regni* politisch aktiven Herrscherin vorgibt. Mit der Bezugnahme auf die alttestamentarischen Heldinnen Judith und Esther, die ihr Volk vor der Vernichtung durch den Feind retteten, wurde die Vorstellung der politisch klug handelnden, tapferen und gerechten Königin ins Zentrum der Krönungszeremonie gerückt. Besonders Esther aber, die der König zur Gemahlin nahm und ihr das *consortium* in seinem Reich zugestand, gab das Modell für die Stellung der Königin als »Mitherrscherin« vor.

Ihre Titulaturen entsprachen weitgehend denjenigen des Königs, wobei der *Romanorum regina*-Titel das gesamte Mittelalter hindurch deutlich im Vordergrund stand und nur bei Verwendung des *imperatrix augusta*-Titels als der universelleren Formel weggelassen werden konnte. Ausnahme blieben die in einigen Urkunden nachweisbaren Titel der Kaiserin Theophanu (* ca. 959/60 † 991) als *coimperatrix* und in maskulinisierter Form als *imperator augustus*.

Für die politische Stellung der Königin besitzen die Titel der *consors regni*, der *consors regnorum* sowie der *consors imperii* scheinbar eine ungleich größere Aussagekraft, da sie konkret die Mitherrschaft benennen. Die Durchsicht der Urkunden hat jedoch ergeben, daß die zahlenmäßige Verbreitung der Formel in der Kanzlei nicht unbedingt der Bedeutung der jeweiligen politischen Rolle entsprach. Denn nachdem 964 erstmals Kaiserin Adelheid (* ca. 931 † 999) in einem italischen Diplom als *regni consors* tituliert worden war, diese Formel somit Eingang in die ottonische Kanzlei gefunden hatte und bald auch von den Historiographen rezipiert wurde, setzte keine allgemeine und regelmäßige Verwendung ein. Vielmehr wurde sie durchschnittlich nur bei jeder fünften Nennung der Königin und vor allem in italischen Urkunden herangezogen. Dieser eher seltene Gebrauch entsprach damit keineswegs der herausragenden politischen Leistung der Kaiserinnen Adelheid und Theophanu.

Auch in der Folgezeit läßt sich die Formel lediglich in Urkunden finden, die entweder von bestimmten Notaren oder aber für italische Empfänger ausgestellt wurden. Eine generelle Integration in die Titulatur der Königin erfolgte schließlich erst in der salischen Königskanzlei, die 1048, eineinhalb Jahre nach der Krönung der Agnes von Poitou (* um 1020/27 † 1077) zur Kaiserin, dazu überging, die Bezeichnungen als *regina* beziehungsweise *coniux* und *contectalis* allgemein durch den *consors*-Titel zu ersetzen. Die zu dieser Zeit formulierte Umschreibung für die Stellung der Königin – *»nostri thori nostrique regni consors«* – läßt sich bis in die 70er Jahre des 11. Jahrhunderts nahezu unverändert nachweisen, so auch für die im Vergleich mit Agnes politisch weniger hervortretende Bertha von Turin (* 1051 † 1087). Zum Zeitpunkt, zu dem nach Auffassung der bisherigen Forschung die *consors*-Stellung der Königin durch die Krise des sogenannten Investiturstreits bereits in Frage gestellt gewesen sein soll, fand die Verwendung der *consors*-Formel ihren absoluten Höhepunkt. Dies änderte sich freilich unter den Nachfolgerinnen Berthas wieder. Seit dem beginnenden 12. Jahrhundert war sie erneut nur noch eine von mehreren, die hin und wieder herangezogen wurde.

Dieser Befund macht deutlich, daß die *consors*-Formel weder die tatsächliche politische Leistung noch einen institutionell verankerten Rang der Königin zum Ausdruck bringen sollte. Sie ist in vielen Fällen mit der Krönung zur Kaiserin verknüpft und wurde erst nach diesem Ereignis in die Titulaturen der Kaiserinnen Adelheid, Agnes und Richenza (* um 1087/95 † 1141) aufgenommen. Die eher unregelmäßige Verwendung läßt weiterhin darauf schließen, daß mit dem *consors*-Titel kein konkreter rechtlicher Anspruch verbunden war. Vielmehr erscheint er als einer von vielen, dem nur in der salischen Kanzlei eine Präferenz zuteil wurde. Dabei dürfte die Formel, die auf die Persönlichkeit der Kaiserin Agnes zugeschnitten war und in gewisser Weise ihren tatsächlichen Anteil an der Herrschaft Kaiser Heinrichs III. widerspiegelte, aus Gewohnheit heraus für Bertha von Turin beibehalten worden sein, die nicht die politische Bedeutung ihrer Schwiegermutter erreichte.

Für das Ansehen der Königin scheint weiterhin der Umfang der Dotierung als Gradmesser gelten zu können, da man zunächst ganz allgemein eine sehr reiche und kostbare materielle Ausstattung mit Mobilien und Immobilien erwartet. Doch die Quellen enthalten kaum genügend Informationen für eine differenzierte Beurteilung der jeweiligen Größenordnungen. Gut rekonstruieren lassen sich die Vermögensverhältnisse nur weniger Königinnen aus ottonischer und salischer Zeit, wobei hier deutliche Unterschiede zu Tage treten. Gegenüber den riesigen Besitzkomplexen in allen Teilen des Reiches, die den Kaiserinnen Adelheid, Theophanu und Agnes überschrieben wurden, nehmen sich die Dotierungen der Kaiserinnen Kunigunde (* ca. 975/80 † 1033), Gisela (* um 990 † 1043) und Bertha, die mit einzelnen kleineren Gütern abgefunden wurden, eher bescheiden aus. Insgesamt hing der Umfang des Wittums von verschiedenen Faktoren ab, die nur individuell erfaßt und bewertet werden können. Dabei spielten vor allem die Herkunft der jeweiligen Königinnen, ihre Mitgift und nicht zuletzt ihr Erbe eine entscheidende Rolle, sowie auch der Zeitpunkt der Eheschließung, denn ein bereits regierender König scheint seine Gemahlin sehr viel reicher dotiert zu haben. Schließlich wurden viele Besitzungen auch noch im Laufe der Ehe zugestanden.

Die Versuche im 10. und 11. Jahrhundert, eine gewisse Institutionalisierung durchzusetzen, indem man einzelne Besitzeinheiten reservierte und mehreren Königinnen nacheinander zur Verfügung stellte, blieben langfristig ohne Erfolg. Im 12. Jahrhundert kam die monetäre Wirtschaft zum Tragen, was sich bei Vertragsabschlüssen in der Zuweisung konkreter Geldbeträge zeigte. Schließlich wurde im späten Mittelalter das Wittum zunehmend aus der Verfügungsmasse der Hausgüter genommen, wobei Geldsummen ausgehandelt und dafür bestimmte Güter als Pfand zugeschrieben wurden. Damit beschränkte sich der Zugriff der Königin auf ihre Dos mehr denn je auf die damit verbundenen Nutzungsrechte. Konnte schon im Hochmittelalter trotz umfassender Verfügungsklauseln in den Dotalurkunden nicht von einer unbeschränkten Veräußerungsmöglichkeit der Güter die Rede sein, so bedurften seit dem späten Mittelalter Vergabungen jeder Art grundsätzlich der Zustimmung des Königs sowie unter Umständen auch der erbberechtigten Kinder, was für Königin Anna von Hohenberg (* um 1218 † 1281) nachgewiesen werden konnte.

Die individuell höchst unterschiedlichen Dotierungen lassen aufgrund ihrer großen Varianz insgesamt keine allgemeinen Rückschlüsse auf die politische Stellung der Königin zu, sie ermöglichen aber Aussagen über die Wertschätzung einzelner Persönlichkeiten.

Ähnlich problematisch gestaltet sich die Rekonstruktion des Hofstaates der Königin. Hinsichtlich Organisation und Struktur in den konkreten Ausmaßen weitgehend unbekannt und in seiner Zusammensetzung individuell unterschiedlich, dürfte er als Teil der königlichen Hofhaltung der Verantwortlichkeit des obersten Kämmerers unterstanden haben. Neben Vögten und Verwaltern der Dotal- und Eigengüter standen auch Kapelläne und Notare zur Verfügung, wobei die lückenhafte Überlieferung weder Größe noch Zusammensetzung einer »Kanzlei« erkennen läßt. Die Entwicklungen im späten Mittelalter führten zu einer Vergrößerung des Hofstaates mit Ausbildung neuer Ämter und hierarchischer Abstufungen. Politische Bedeutung erlangten vielfach die Inhaber der Hofämter, die nicht selten mit politischen Aufgaben betraut wurden.

Wichtiger als die Komponenten, die den offiziellen Status der Königin ausmachen, erscheinen als Voraussetzung für die konkrete Ausübung von Herrschaft bestimmte Rahmenbedingungen wie die Präsenz am Hof, die Pflicht zur Repräsentation und die Möglichkeit der Intervention und Petition bei der Ausstellung von Königsurkunden, worauf im zweiten Kapitel eingegangen wurde.

Die Präsenz der Königin am Hof zeigt sich in einem weitgehend identischen Itinerar des Herrscherpaares. Da mittelalterliche Könige das Reich gleichsam vom Sattel aus regierten, machte es die Mitsprache der Königin in der Tagespolitik notwendig, daß sie zusammen mit dem König umherreiste. Dies tat sie auch. Viele Königinnen vor allem des hohen Mittelalters begleiteten ihre Gatten über lange Zeiträume hinweg nahezu permanent. Die Kaiserinnen Adelheid und Theophanu nahmen zum Beispiel nicht nur an allen Italienzügen teil, sondern zogen selbst in Kriegsgebiete mit. Aber sie gingen auch ihre »eigenen Wege« und nahmen für die Zeit der Schwangerschaften, Krankheiten und Heerfahrten Aufenthalt an sicheren Orten. Darüber hinaus fuhr man oftmals dasselbe Ziel auf unterschiedlichen Wegen an. Bei langen und abseits gelegenen Wegstrecken unterbrachen Königinnen nicht selten die Reise und warteten in einer Burg, einem Kloster oder einer Stadt, die jeweils auf dem Rückweg des Königs lagen, um dann mit ihm wieder weiterzuziehen. Sie unternahmen aber auch alleinige Reisen zu ihren Dotalgütern.

Die eigenständige Reisetätigkeit gewann unter politischem Aspekt mit Kaiserin Beatrix (* um 1140/44 † 1184) – abgesehen von den politisch motivierten Reisen der ottonischen Königinnen Mathilde (* ca. 890/95 † 968) und Adelheid während ihrer Witwenzeit – eine neue Qualität, da sie sich völlig unabhängig vom Itinerar des Kaisers mehrmals nach Burgund begab, um hier Herrschaftsrechte wahrzunehmen. Diese Entwicklung, daß Königinnen weniger häufig mit dem König und stattdessen sehr viel öfter, mit politischen Aufgaben betraut, allein unterwegs waren, verstärkte sich im späten Mittelalter. Im Gegenzug hatte sich die Gegenwart des Herrscherpaares als Ausdruck gemeinsamer politischer Handlungen zunehmend auf repräsentative Verpflichtungen reduziert. An der Seite des Königs repräsentierte die Königin jetzt in erster Linie bei großen Ereignissen und Anlässen, wobei die Inszenierung von Macht immer prachtvollere Formen annahm. Daneben entwickelten sich seit dem 14. Jahrhundert verstärkt residenzähnliche Zentren, was schließlich auch aufgrund der zunehmenden Ämterhierarchien dazu führte, daß Königinnen wie die meist in Wiener Neustadt residierende Eleonore von Portugal kaum mehr Reisen unternehmen mußten.

Eine zweite ganz wesentliche Rahmenbedingung für die Herrschaftsausübung der Königin lag in der Einflußnahme auf die Tagespolitik durch das Mittel der Intervention und Petition. Bis ins 12. Jahrhundert hinein enthielten die Königsurkunden eine sogenannte Interventionsklausel, in der die Namen derjenigen benannt wurden, durch deren Fürsprache die Urkunde jeweils ausgestellt wurde.

An Bedeutung gewann die Königin als Intervenientin in der Zeit der Kaiserin Adelheid, die in einem Drittel aller Urkunden Ottos I. intervenierte. Seitdem tritt die Königin regelmäßig als Fürbitterin in Erscheinung. In salischer Zeit steigerte sich ihr Anteil auf annähernd zwei Drittel der Diplome und reduzierte sich erst im 12. Jahrhundert wieder. Die Intervention fiel schließlich gänzlich weg, was mit dem Wandel im Beurkundungswesen und der Entwicklung der Zeugenformel zusammenhing. Abgesehen von einigen anfänglichen Nennungen der Königin als Zeugin erscheint sie sonst nicht in den Zeugenreihen.

Die Liste der Empfänger läßt insgesamt keine besonderen, individuell unterschiedlichen Präferenzen erkennen. Vielmehr galten die Interventionen mehr oder weniger allen Empfängergruppen, allen voran Klöstern und Kirchen. Auch hinsichtlich der Streuung lassen sich keine Schwerpunkte erkennen. Die Diplome verteilen sich über das ganze Reichsgebiet. Unter den Empfängern gab es eine ganze Reihe, die die Fürsprache mehrerer Königinnen gewinnen konnten. Dabei erscheint die Kontinuität der Intervention für bedeutende Bischofskirchen ausgeprägter als für Klöster, von denen nur ungefähr ein Drittel die Fürsprache mehrerer Königinnen erlangten. Das fränkische Reichskloster Lorsch und der westfälische Nonnenkonvent Herford erreichten dabei mit der Intervention von immerhin sieben Königinnen absolute Spitzenwerte.

Insgesamt lassen die Vielzahl der Interventionen sowie die Breite der Empfängerkreise in ihrer überwiegenden Mehrheit keine individuellen Spezifika und persönlichen Motive erkennen. Sie bilden vielmehr einen der Königin zugeordneten Aufgabenbereich am Hof und sind aus tagespolitischen Erwägungen heraus gewährt worden. Es kann auch davon ausgegangen werden, daß es sich bei der Nennung der Königin in den Interventionsformeln nicht, wie es die ältere Forschung postuliert hatte, um eine ehrende und ansonsten bedeutungslose Erwähnung ihrer Person handelt. Vielmehr steht dahinter eine konkrete Befürwortung der in den Urkunden fixierten Rechtsgeschäfte. Unter anderem belegen dies Formulierungen, die vom standardisierten Formelgut abweichen und Vorgehensweise und Engagement sichtbar werden lassen. Neben der üblichen Bitte um Bestätigung wie auch Befürwortung umfaßt die Begrifflichkeit in den Urkunden unter anderem Vokabeln der Erinnerung, Ermahnung, Forderung sowie auch der beratenden Tätigkeit der Königin. Darauf, daß es sich nicht um realitätsfernes, fiktives Formelgut handeln kann, verweist auch die Beurkundungspraxis, die vor der Gegenzeichnung und Aushändigung eine öffentliche Lesung vorsah, bei der ein falscher Inhalt moniert werden konnte.

Die Formeln geben auch Einblicke in die umfänglichen Kompetenzen der Königin. Diese zeigen sie im Kreis der geistlichen und weltlichen Großen in entscheidenden Phasen einer Beurkundung, so bei der Antragstellung, der Beratung und Zustimmung. Nicht selten kommt dabei ihre Durchsetzungskraft zum Ausdruck, indem in den Urkunden ihre Beharrlichkeit betont wird. Von der Forschung vermutete rechtliche Gründe, denen zufolge ein Verfügungsrecht am Reichbesitz zugrunde liegen würde, lassen sich am Urkundenmaterial hingegen nicht verifizieren. Die Interventionen sind vielmehr als Ausdruck einer politischen Mitwirkung zu deuten. In Zeiten der Regentschaften wurden sie zu einem Instrument, um die politische Verantwortlichkeit der Königin für die beurkundeten Rechtsgeschäfte offiziell deutlich zu machen.

Insgesamt lassen alle diese Beobachtungen die Schlußfolgerung zu, daß sich in der Interventionstätigkeit der Königin ein eigener Aufgabenbereich am Hof etabliert hatte, der von der jeweils »regierenden« Königin wahrgenommen wurde und im 11. Jahrhundert eine gewisse »Institutionalisierung« erreicht hatte. Trotz des im Umfang individuell voneinander abweichenden Engagements war die Königin im hohen Mittelalter die am häufigsten intervenierende Persönlichkeit, was eine hohe politische Akzeptanz bei den Zeitgenossen voraussetzt und sie als herausragende Beraterin und tatkräftige Politikerin am Hof erscheinen läßt.

Vor dem Hintergrund dieser die Herrschaftsausübung der Königin bedingenden Rahmenfaktoren lassen sich verschiedene Aufgabenbereiche benennen, in denen die Königin politisch aktiv war und die in einem dritten Kapitel untersucht wurden: Neben der Rechtsprechung betrifft dies die Lehens- und Kirchenpolitik wie auch die Sorge um die Memoria.

Im Bereich der Rechtsprechung fungierte die Königin hin und wieder im Vorsitz des Königsgerichts. Während für den deutschen Raum nur sporadische Nachrichten darauf hinweisen, läßt sich in Italien ihre Rolle konkret erfassen. Urkundliche Belege zeigen dabei drei Königinnen vom 10. bis zum 12. Jahrhundert im Vorsitz des Königsgerichts: Kaiserin Adelheid, Königin Mathilde (von England) (* 1102 † 1167) und Kaiserin Richenza. Sie übernahmen die Aufgabe der Richterin in Absprache mit dem König und traten dementsprechend auf, indem sie die gleichen Funktionen bekleideten und Anweisungen gaben. In der Handlungsweise der Königinnen lassen sich keinerlei Beschränkungen feststellen; sie agierten mit allen königlichen Befugnissen.

Entsprechendes gilt im Grunde auch für den Bereich des Lehenswesens. Die Königin übte Mitherrschaft aus, die im Konsens mit dem König unbeschränkte Herrschaftsrechte umfaßte. Die nur spärlichen Quellennachrichten deuten darauf hin, daß sie vor allem im hohen Mittelalter bei der Vergabe von Lehen an weltliche Fürsten im Rat der Großen des Reiches eine durchaus gewichtige Mitsprache besaß. Wenn dies mit einiger Sicherheit auch nur für die ottonischen Königinnen Mathilde und Kunigunde auf konkrete Fälle bezogen werden kann, so läßt die Tatsache der an den Interventionen deutlich werdende Einbindung der Königin in die Tagespolitik die Schlußfolgerung zu, daß sie auch bei diesen Entscheidungen sehr viel öfter mitwirkte, als es die Quellen erkennen lassen.

Einen weit darüber hinausgehenden Akt stellt die Belehnung Herzog Heinrichs durch Kaiserin Kunigunde dar. Die Tatsache, daß es sich dabei um den Bruder der Kaiserin und um dessen Wiedereinsetzung in das bayerische Herzogtum handelte, mindert nicht die Bedeutung dieser Belehnung, mit der Kunigunde den Herrscher bei einem der wichtigsten Herrschaftsrechte mittelalterlicher Könige vertrat. Dies zeigt die Akzeptanz der Königin als politische Handlungsträgerin selbst in der Wahrnehmung hochpolitischer offizieller Handlungen wie auch die mögliche Bandbreite ihrer Mitherrschaft.

Solche Belehnungsvorgänge lassen sich ansonsten nur noch in Zeiten der Regentschaft nachweisen, in denen die Königin die politische Verantwortung trug. Notwendig wurden Neubesetzungen in einigen Herzogtümern unter Kaiserin Agnes, die den politischen Grundsätzen Heinrichs III. folgend diese an Stammesfremde vergab. Als Regentin verantwortete sie politisch die jeweiligen Personalentscheidungen. Hinsichtlich der Belehnungsakte lassen die Quellen jedoch zwei Deutungen zu. Sie könnten durch die Regentin selbst vorgenommen worden sein, was nicht zuletzt aufgrund des Beispiels der Kaiserin Kunigunde als durchaus wahrscheinlich gelten kann, oder aber durch den minderjährigen, als König jedoch geschäftsfähigen Heinrich IV., der die meiste Zeit mit seiner Mutter durch das Reich zog.

Die diese Belehnungen berichtenden zeitgenössischen Quellen üben an der Amts- und Verfügungsgewalt der Kaiserin Agnes keine Kritik. Ihre umfassende und bei den Großen voll akzeptierte Herrschaftsausübung in den ersten Jahren ihrer Regentschaft zeigt sich weiterhin in der Tatsache, daß sie selbst über Jahre hinweg als Herzogin von Bayern amtierte, als solche ehemals von ihrem Gatten Heinrich III. eingesetzt worden war und nach dessen Tod und dem Übergang der Reichsregierung an sie von den Großen bestätigt wurde. Sie verfügte somit als Regentin und

Herzogin im Reich über eine ansonsten von keiner Königin erreichte Machtfülle. Über individuelle Fähigkeiten hinaus wird hier ein Höhepunkt in der politischen Stellung der Königin im hochmittelalterlichen Reich sichtbar.

Noch für das 12. Jahrhundert läßt sich die Mitwirkung der Königin bei Belehnungsvorgängen nachweisen, allerdings nicht mehr für das Reich im engeren Sinne, sondern nurmehr für Burgund und Sizilien und damit für die Herrschaftsräume, die durch das Erbrecht der Kaiserinnen Beatrix und Konstanze (* 1154 † 1198) in die Verfügungsgewalt der Herrscher gelangt sind. Die Mitsprache der Königin begründete sich jetzt in ihren erbrechtlichen Ansprüchen. Sie erfolgte als gemeinsame Belehnung des Herrscherpaares. In staufischer Zeit hatte sich damit der politische Aktionsrahmen der Königin im lehenrechtlichen Bereich von einer allgemeinen hin zu einer erbrechtlich begründeten Herrschaftsausübung verschoben.

Konnte bezüglich der Lehenvergabe aufgrund der lückenhaften Überlieferung, aber auch der vergleichsweise eher geringen Anzahl der Neubelehnungen in den Herzogtümern und Grafschaften die Mitherrschaft der Königin nur ansatzweise aufgezeigt werden, so ändert sich dieses Bild auch für den Bereich der ungleich häufiger notwendig werdenden Besetzungen kirchlicher Ämter kaum. Es lag in den Strukturen der Reichskirche und deren enger politischer Verflechtung mit dem Königtum begründet, daß die Kandidaten für die politisch bedeutenden Bischofssitze und Reichsklöster meist am Hof bestimmt wurden. Neben einer mangels eindeutiger Quellenaussagen oftmals nur zu vermutenden Einbeziehung der Königin in die Personalentscheidungen zeigt sich ihr Einfluß besonders in der Durchsetzung eigener Kandidaten, bei denen es sich zumeist um ihr nahe stehende Persönlichkeiten und überwiegend um ihre Kapelläne handelte. Dabei ist in salischer gegenüber ottonischer Zeit zwar ein Zuwachs an Quellen zu verzeichnen, die die Förderung und Protektion mancher Kandidaten durch die Königin benennen. Dennoch stehen diese Einzelbelege in keiner Relation zu den um ein Vielfaches höheren Gesamtzahlen der Ämterbesetzungen, so daß sich der Grad der Einflußnahme der Königin nicht beziffern läßt. Da wir keine Nachrichten über die Beratungen am Hof besitzen und die Quellen keine näheren Informationen enthalten, läßt sich ausgehend von der Beobachtung, daß die Königin bis in die Mitte des 12. Jahrhunderts einen Platz im Beratergremium des Königs einnahm, ihre grundsätzliche Mitsprachemöglichkeit allenfalls wahrscheinlich machen. In staufischer Zeit hat sich die Situation dahingehend gewandelt, daß sich in den Quellen nurmehr sehr vereinzelt und ausschließlich persönlich motivierte Protektionen der Königin für Verwandte nachweisen lassen.

Für die Jahre der Regentschaft der Königin, in der sie selbst politisch an der Spitze des Reiches stand, stellt sich hingegen die Frage, inwiefern der Königshof Einfluß auf die Besetzung der Bischofsstühle nahm, ob die Regentinnen selbst Kandidaten benannten oder lediglich die Wahlen bestätigten. Dabei wurde deutlich, daß weder unter Theophanu und Adelheid noch unter Agnes von Poitou die Wahlen allein den jeweiligen Ortskirchen überlassen wurden. Vielmehr gelangten gerade in diesen Jahren viele Persönlichkeiten aus der Umgebung der Kaiserinnen in das Bischofsamt, so daß sich diesbezüglich kein grundsätzlicher Unterschied zur Politik ihrer Vorgänger feststellen läßt.

Ein Quellenproblem stellt die Frage nach der Investitur eines Bischofs oder Abtes mit den geistlichen Symbolen Bischofsstab und -ring durch die Regentin dar. Denn anders als bei der weltlichen Belehnung mit einem Herzogtum gibt es keinen einzigen Quellenbeleg dafür, daß die Königin stellvertretend für den Herrscher je eine Investitur in ein kirchliches Amt vorgenommen hätte. Die Gründe dafür dürften im geistlichen Symbolgehalt von Ring und Stab zu suchen sein, der es kirchenrechtlichen Vorstellungen zufolge einer Frau eigentlich verbietet, die Investitur für den Bereich der Hochkirchen vorzunehmen. Da die Quellen zu einzelnen Investituren keine klare Entscheidung zulassen, wäre also auch zu Zeiten von Regentschaften durchaus denkbar, daß nicht die Regentin selbst, sondern der regierungsfähige Kindkönig die Investitursymbole überreichte. Andererseits zeigen die Vorwürfe der Kirchenreformer, namentlich Humberts von Silva Candida, daß Frauen durchaus Bischofsinvestituren vorgenommen haben, was auch für die Regentinnen im Reich gelten könnte. Letztlich muß diese Frage aufgrund der vagen Quellenlage offen bleiben.

Ein weiteres in der Forschung bislang nicht thematisiertes Kapitel betrifft die Teilnahme der Königin an Synoden. Sporadische Nachrichten in historiographischen Quellen lassen erkennen, daß Königinnen an Reichssynoden, aber wohl auch an römischen Krönungssynoden im Anschluß an die Kaiserkrönung teilnahmen. Ein über repräsentative Verpflichtungen hinausgehender politisch wichtiger Anlaß für ihre Anwesenheit läßt sich allerdings nur selten benennen. Exemplarisch aufzeigbar ist ein solcher letztlich nur für Kunigunde für die die Bamberger Bistumsgründung beschließende Frankfurter Synode 1007 sowie für Kaiserin Agnes in der Zeit ihrer Regentschaft für die Baseler »Synode« 1061 mit der Wahl des Gegenpapstes Honorius II. Darüber hinaus nahm Kaiserin Agnes in ihren späten italischen Jahren an mehreren römischen Fastensynoden teil; bezeugt ist ihre Teilnahme für diejenige der Jahre 1073 und 1076; als wahrscheinlich ist sie für das Jahr 1074 zu machen. In diesen für die Anfänge des sogenannten Investiturstreits entscheidenden Synoden wurde ihr auch ein Rederecht eingeräumt. Damit war die Kaiserin, die in diesen Jahren als Vermittlerin im schwierigen Dialog zwischen den Päpsten und Heinrich IV. fungierte, in eines der höchsten Entscheidungsgremien der römischen Kirche und des sich als universal verstehenden Reformpapsttums eingebunden. Über die jeweiligen Beschlüsse, die sie in ihren Vermittlungsaktionen umsetzen sollte, wurde sie insofern nicht nur informell unterrichtet und instruiert. Vielmehr trug sie diese aufgrund ihrer Anwesenheit und Mitsprache selber mit. Obwohl hierbei natürlich das persönliche Ansehen sowie die große Frömmigkeit der Kaiserin eine wichtige Rolle gespielt und ihr die Türen an der Kurie geöffnet haben dürften, werden über das individuelle Moment hinaus doch die Möglichkeiten einer Königin in der Mitte des 11. Jahrhunderts deutlich. Im späten Mittelalter beschränkte sich ihre Rolle dann nurmehr auf ihre repräsentativen Verpflichtungen bei öffentlichen Anlässen.

In der Gründungswelle von Kirchen und Klöstern im 10. und beginnenden 11. Jahrhundert erscheint die Bedeutung der Königin in den Quellen in einem durchweg positiven Licht. Als Otto I. und Heinrich II. in Magdeburg und Bamberg auf den Dotalgütern ihrer Gemahlinnen Bistümer gründen wollten, unterstützten Edgith (∞ 929/30 † 946) und Kunigunde die Pläne. Welchen konkreten Anteil sie über den Verzicht ihres Wittums hinaus leisteten, verschweigen die Quellen jedoch. Die schwierige Gründungsgeschichte Bambergs läßt aber in gewisser Weise die Grenzen der politischen Einflußnahme der Königin aufscheinen, indem deutlich wird, daß sie zwar über großes politisches Ansehen, aber nicht über eigene rechtlich durchsetzbare Möglichkeiten verfügte.

Mit den »eigenen« Klostergründungen war schließlich ein Aufgabenbereich verbunden, der vor allem im 10. Jahrhundert in ganz besonderer Weise mit der Person der Königin verknüpft war: die Memoria. Die mit Totengedenken und gegenseitiger Gebetsverpflichtung verbundene politische Komponente lag dabei in ihrer herrschaftsstabilisierenden und -legitimierenden Funktion. Neben den umfangreichen Stiftungen jeglicher Art, die Königinnen nicht zuletzt aufgrund ihrer Stellung und ihres Vermögensstandes überregional und in ungleich größerem Ausmaß als andere adlige Damen leisten konnten, veranlaßten sie Eintragungen in Nekrologe und Totenbücher für ihr gesamtes soziales Umfeld. Dabei gingen sie nicht selten auch Verbrüderungen mit Klöstern und Kirchen ein. Eine vergleichende Beurteilung der jeweiligen Größenordnungen ihrer memorialen Tätigkeit ist aufgrund der defizitären Bestandsaufnahme, die über das 10. Jahrhundert hinaus bislang nur für Kaiserin Agnes geleistet wurde, derzeit aber noch nicht möglich.

Als herausragende Beispiele einer institutionalisierten Memoria für die ottonische Familie sind die Klostergründungen der Königin Mathilde in Enger, Pöhlde, Quedlinburg und Nordhausen sowie diejenigen der Kaiserin Adelheid in Payerne (Peterlingen), Pavia und Selz und schließlich die Gründung der Kaiserin Kunigunde in Kaufungen anzuführen. Dabei wurde besonders das Kanonissenstift in Quedlinburg, wo König Heinrich I. seine letzte Ruhestätte fand, zu dem Zentrum ottonischen Totengedächtnisses schlechthin, das seine Gemahlin Mathilde in ihren Witwenjahren nach eigenen Vorstellungen einrichtete und auch in geistlicher Hinsicht maßgeblich prägte. Die von ihr erzogene und noch unter ihrer Leitung 966 zur ersten Äbtissin geweihte gleichnamige Enkeltochter setzte ihr Lebenswerk mit den in einem *computarium* zusammengestellten Memorialverpflichtungen nach ihrem Tod 968 fort. Widukind von Korvei bezeichnete sie – wenn auch in einem anderen Kontext – als *sancta mater*. Den gleichen memorialen Vorstellungen verbunden, gründete Kaiserin Adelheid in ihrer burgundischen Heimat sowie vor den Toren der alten langobardischen Königsstadt Pavia und schließlich im Elsaß Männerklöster cluniacensischer Prägung, was auf ihre engen Kontakte zu Abt Maiolus von Cluny zurückzuführen ist. Schließlich ließ auch Kaiserin Kunigunde in dem ihr als Ausgleich für Bamberg übereigneten Kaufungen ein ihr später als Witwensitz dienendes Nonnenkloster bauen, das sie wie einst Königin Mathilde nach ihren Vorstellungen einrichtete, indem sie das geistliche Leben maßgeblich bestimmte und die Nonnen auf das memoriale Gebetsgedächtnis verpflichtete.

Das memoriale Gedächtnis und die Sorge um das Seelenheil verstorbener Familienmitglieder blieb das ganze Mittelalter hindurch und weit darüber hinaus eine allgemeine Sorge, die besonders in dynastischen Verbänden einen bestimmten Grad an Institutionalisierung, etwa in Form eines Hausklosters, erforderte. Das bei den ottonischen Königinnen sichtbare Engagement scheint sich dabei jedoch in der folgenden Zeit zu verringern. Im späten Mittelalter läßt sich ein solches allenfalls bei der Gründung der habsburgischen Grablege Königsfelden verspüren, um das sich Königin Elisabeth von Görz-Tirol (* 1262/63 † 1313) nach der Ermordung ihres Gatten, König Albrechts I., der hier als Erster begraben wurde, in allen Belangen intensiv kümmerte und diese Aufgabe für die Zeit nach ihrem Tod ihrer Tochter Agnes, der verwitweten ungarischen Königin, anvertraute. Eine reichspolitische Bedeutung erlangte Königsfelden im Gegensatz zu den ottonischen Gründungen, unter denen Quedlinburg mit den jährlich wiederkehrenden Osterhoftagen der Ottonen an erster Stelle stand, jedoch nicht.

Insgesamt macht die hier im einzelnen aufgezeigte Wahrnehmung verschiedener Herrschaftsrechte durch die Königin deutlich, daß sie über einen bestimmten

Grad an Mitsprache und Mitherrschaft verfügte, wobei sich trotz aller individuellen Unterschiede auch überindividuelle und damit institutionalisierte Züge erkennen lassen. Denn stellvertretend für den König konnte die Königin zeitweilig unbeschränkte Herrschaftsrechte ausüben, wobei kaum ein politischer Aufgabenbereich ausgespart blieb. Die Königin agierte sowohl zusammen mit dem König als auch alleine, indem sie königliche Hoheitsrechte wahrnahm und Herrschaft ausübte. Damit zeigt sich das Königspaar in der konkreten politischen Arbeit als »Team«, das neben der Zusammenarbeit auch ein arbeitsteiliges Vorgehen praktizierte.

Im Rat der Großen spielte die Königin eine nicht zu unterschätzende Rolle, die ihr vor allem im 10., 11. und frühen 12. Jahrhundert einen mehr oder weniger breiten Handlungsspielraum eröffnete. Gleichzeitig werden hier aber auch die Grenzen ihrer politischen Möglichkeiten sichtbar, die an die Herrschaftsansprüche und Herrschaftsrechte des Königs geknüpft waren. Diese rechtliche Basis änderte sich auch in der Zeit der Regentschaft für den minderjährigen König nicht, da die Königin nur die Herrschaftsrechte des Kindkönigs wahrnahm und diese politisch umsetzte und verantwortete. In der Situation einer Regentin wird gleichzeitig die politische Stellung der Königin am deutlichsten: Die von ihr ausgeübte Herrschaft legitimierte der Rechtsanspruch des gewählten Königs.

Unabhängig von Rechtsansprüchen lassen sich Handlungsspielräume der Königin, wie im vierten Kapitel aufzuzeigen versucht wurde, in verschiedenen Vermittlungsaktionen zwischen Konfliktparteien abgrenzen. Neben ihrem politischen Ansehen und ihrer Reputation erhält dabei der Faktor ihres Einflusses auf König und Hof sowie verschiedene politische Handlungsträger eine entscheidende Bedeutung. Deshalb wandten sich mit Blick auf Einfluß und Stellung der Königin das ganze Mittelalter hindurch Personen und Personengruppen mit der Bitte um Vermittlung, Fürsprache und Streitschlichtung an sie.

Handlungsspielräume und Kommunikationsformen werden in ihren Möglichkeiten und Grenzen im Rahmen der »großen Politik« deutlich. Die exemplarische Analyse hat dabei gezeigt, daß Königinnen bei vielen Konflikten und Auseinandersetzungen mit Reichsfürsten, aber auch auswärtigen Mächten und Päpsten eine bislang in der Forschung vielfach unterschätzte Rolle spielten. Auffallenderweise begegnen dabei immer wieder vor allem die Namen der Königinnen, die auch sonst verschiedene politische Aufgaben und Termine übernahmen und Herrschaft ausübten. Sie setzten vielfach ihr politisches Ansehen und ihre Durchsetzungskraft ein, um zu vermitteln. In dieser Funktion nahmen Königin und Königinwitwe, etwas plakativ formuliert, den einflußreichsten Platz am Hof ein. Die Grenzen ihres Einflußes werden dort sichtbar, wo sie gegen die Interessen des Königs gerichtet sind, weshalb die Königin auch persönliche und familiäre Beweggründe zugunsten des Ansehens des Königtums zurückstellen mußte.

Die bislang aufgezeigte punktuelle Herrschaftsausübung der Königin auf den verschiedenen politischen und diplomatischen Ebenen kulminierte, was im fünften und letzten Kapitel thematisiert wurde, in generellen und längerfristigen Stellvertretungen des Königs durch die Königin, die sich in Regentschaften für den minderjährigen Thronfolger sowie in Reichsverweserschaften *vacante imperio* und schließlich in »Statthalterschaften« in einzelnen Reichsteilen realisierten.

In ganz besonderer Weise prägten die für Otto III. und Heinrich IV. notwendig gewordenen langjährigen Regentschaften ihrer Mütter das Bild von der Königin im Hochmittelalter. Vor allem die neueste Forschung wandte sich ihnen zu: der Kaiserin Theophanu wie auch der Kaiserin Agnes. Neben der Erörterung einer Vielzahl von hier nicht darzustellenden Details wurde ihre Politik im Ergebnis weitgehend positiv gewertet.

Ohne die für die Einschätzung der politischen Stellung der Königin weniger aussagekräftigen Einzelbefunde der politischen Entscheidungen während der ottonischen Regentschaftsregierung unter der Leitung Theophanus und Adelheids erneut zu wiederholen, hat sich die Untersuchung vor allem auf die Frage nach den Umständen der Etablierung dieser erstmaligen Regentschaft der Königin im Reich konzentriert und die konfliktreiche Anfangsphase der Durchsetzung der Kaiserinnen in den Blick genommen. Von der Perspektive der Möglichkeiten der *imperiales dominae* aus gesehen, erscheint dabei der in der Forschung bislang als Zögerlichkeit und Zaudern beurteilte längere Winteraufenthalt nach dem Tod Ottos II. in Pavia vielmehr als Taktik und Kalkül, da sie über Mittelsmänner die Fäden in der Hand behielten. Nach Klärung der Lage übernahmen sie sofort alle Herrschaftsrechte und regierten das Reich im Verbund mit den Großen, ohne dabei mit ihre Herrschaft bedrohenden Konflikten konfrontiert zu werden. Natürlich galt Otto III. als im rechtlichen Sinn geschäftsfähiger König, der durchaus Symbolhandlungen vornahm, während die Kaiserinnen die politischen Entscheidungen verantworteten. Der die Regentschaft Theophanus und Adelheids tragende breite Konsens der Reichsfürsten kann als Anerkennung ihrer herrscherlichen Autorität, die sie sich als *consortes imperii* erworben hatten, interpretiert werden. Dieses politische Ansehen führte schließlich auch zu einer verstärkten Einbindung der Königin in die Reichspolitik.

Als Heinrich III. 1056 völlig unerwartet in jungen Jahren starb und einen minderjährigen Thronfolger hinterließ, konnte seine Witwe ohne Probleme die Regentschaft übernehmen, die sie im Gegensatz zur Einschätzung der älteren Forschung lange Zeit mit positiver Resonanz und allgemeiner Akzeptanz führte. Daß sie 1062 gezwungen wurde, die offizielle Verantwortung abzugeben, war jedoch nicht, wie oftmals behauptet, der Grund dafür, daß es keine weiteren Regentschaften im Reich gab. Dem stehen in staufischer Zeit die Vorkehrungen entgegen, die darauf hindeuten, daß Friedrich Barbarossa bei einem frühzeitigen Tod mit der Regentschaft der Kaiserin Beatrix für Heinrich VI. rechnete.

Die Übertragung der Reichsverweserschaft beim Aussterben einer Dynastie bis zur Neuwahl eines neuen Königs an die Königinwitwe war in ähnlicher Weise wie die Regentschaft der Königin mit den dynastischen Komponenten des Hochmittelalters verknüpft. Seit dem ausgehenden 13. Jahrhundert erlebte die Verweserschaft eine Institutionalisierung, die diese nicht mehr als Aufgabe der hinterbliebenen Königin zuließ, sondern als Amt des Pfalzgrafen bei Rhein und seit der Goldenen Bulle auch des sächsischen Herzogs definierte. Das Institut der Regentschaft durch die Königin wurde durch das Wahlkönigtum hinfällig.

Reichsverweserschaften und Regentschaften prägten die ottonische und salische Königszeit, die mit dem Tod Heinrichs II. und Heinrichs V. und der Übertragung der Reichsinsignien an ihre Witwen Kunigunde und Mathilde endete. Beide Königinnen standen in dieser Übergangsphase formal an der Spitze des Reiches und verfügten über die symbolträchtigen Kroninsignien, mit denen sie jedoch in ganz unterschiedlicher Weise umgingen. Während Kunigunde diese dem neuen König direkt im Anschluß an dessen Wahl öffentlich aushändigte und damit in symbolischer Weise die Übertragung der Königsgewalt zum Abschluß brachte, verzichtete Mathilde auf diesen Akt, indem sie bereits vor der Wahl die Insignien an den

Erzbischof von Mainz als den Wahlleiter übergab und damit das Prinzip der »freien Wahl« unterstützte.

Daß die Königin bis ins 12. Jahrhundert hinein die meiste Zeit mit dem Königshof im Reich umherreiste, wirkte sich dahingehend aus, daß sie eher auf bestimmte Regierungshandlungen konzentriert kurzfristige Stellvertretungen wahrnahm, wie zum Beispiel Kunigunde in Sachsen zu Beginn des 11. Jahrhunderts und Mathilde von England in Oberitalien 1117/18. In staufischer Zeit vollzog sich der Wandel hin zu längeren Herrschaftsphasen der Kaiserinnen Beatrix und Konstanze in ihren Erbländern Burgund und Sizilien, in denen sie in Absprache mit dem König über Jahre hinweg die volle Regierungsgewalt innehatten und in eigenem Namen urkundeten. Nicht zuletzt die Herrschaft Konstanzes über Sizilien macht jedoch deutlich, daß ihre rechtliche Kompetenz über eine »Statthalterschaft« in Stellvertretung des Königs hinausging, da sie als Erbin über eigene Rechtsansprüche verfügte und von den Zeitgenossen als aus eigenem Recht regierende sizilische Königin angesehen wurde.

Der im 12. Jahrhundert in den Vordergrund rückende Aspekt, daß sich eine umfassende Herrschaftsausübung der Königin vor allem in den ihr qua eigenem Recht zustehenden Reichsteilen nachweisen läßt, setzte sich in der Tendenz im Spätmittelalter weiter fort. Während sich die ihr im hohen Mittelalter zugestandene offizielle Mitregierung auf Reichsebene weiter zu verringern scheint, konnte sie in den ihr erbrechtlich zustehenden Territorien unbeschränkte Herrschaftrechte wahrnehmen. Daß Margarete als Erbin und Gräfin von Hennegau dennoch eine gewisse Ausnahme darstellt, lag schließlich daran, daß sie die einzige römisch-deutsche Königin des Spätmittelalters blieb, die territoriale Erbansprüche geltend machen und auch durchsetzen konnte.

Obwohl sich die Beteiligung der Königin an der Reichspolitik seit dem 12. Jahrhundert auf »Ausnahmesituationen« zu reduzieren scheint, wobei besondere Umstände, verwandtschaftliche Beziehungen und erbrechtliche Ansprüche eine verstärkte Bedeutung erhielten, zeigen die Statthalterschaften Barbaras von Cilli (* 1390/95 † 1451) in Ungarn und Böhmen für die Zeit der Abwesenheit Sigmunds doch auch, daß Königinnen nach wie vor – den hochmittelalterlichen Vorstellungen des *consortium regni* durchaus entsprechend – über die Möglichkeit zu einer allgemeinen Mitregierung verfügen konnten. Diese erstreckte sich freilich nicht mehr auf das engere Reichsgebiet, sondern nur noch auf die in Personalunion mit dem römisch-deutschen Wahlkönigtum verbundenen erblichen Königreiche und Herzogtümer.

Insgesamt ist zu konstatieren, daß die Königin im Reich nie aus eigenem Recht regieren konnte. Ihre machtpolitische Stellung basierte auf ihrer Ehegemeinschaft mit dem König. In Kombination mit christlichen Ehevorstellungen und vor allem durch die Krönung, mit der sie, dem Herrscher gleich, durch die Salbung eine sakrale Würde erhielt, kam ihr eine Teilhaberschaft an der Herrschaft zu. Diese in der Krönungszeremonie zum Ausdruck kommende ideelle Vorstellung des *consortium regni*, das in seiner konkreten inhaltlichen Ausprägung nicht definiert war, konnte nicht zuletzt aufgrund der Durchsetzungskraft und politischen Fähigkeiten der ottonischen Kaiserinnen in eine reale und faktische politische Macht umgesetzt werden, die in der hochmittelalterlichen Gesellschaft auf eine allgemeine Akzeptanz stieß. Diese verlieh der Königin im 10., 11. und 12. Jahrhundert ein Ansehen, das sie in die Lage versetzte, umfassende Herrschaftsrechte wahrnehmen zu können.

Trotz des infolge persönlicher Autorität individuell unterschiedlichen Grades der Herrschaftsausübung läßt sich eine gewisse institutionelle Verfestigung des politischen Ranges der Königin im hohen Mittelalter feststellen, die nicht allein in repräsentativer Hinsicht mit dem König an der Spitze des Reiches stand, sondern auch in politische Entscheidungen einbezogen war. Der Bereich der Intervention und Petition zugunsten verschiedener, über das ganze Reich verstreuter geistlicher und weltlicher Urkundenempfänger bildete sich als Aufgabenbereich heraus, der bis ins 12. Jahrhundert hinein größtenteils in die Kompetenz der jeweils »regierenden« Königin fiel. Das Ausmaß ihrer Beteiligung an der Reichspolitik zeigt sich schließlich in der offiziellen Wahrnehmung vieler Herrschaftsrechte in Stellvertretung des Königs.

Das Faktum, daß Königinnen nicht nur vereinzelt und in individuell verschiedenen Funktionen agieren konnten, sondern sich für mehrere Herrscherfamilien übergreifende politische Tätigkeitsfelder erkennen lassen, verweist schließlich darauf, daß sich das »Königinnentum« als politische Autorität und »Amt« zu einem Bestandteil der auf Tradition und Herkommen basierenden, noch nicht rechtlich fixierten »Reichsverfassung« herausgebildet und institutionelle Züge angenommen hatte. Diese Entwicklung kam im 12. Jahrhundert zum Stillstand. Die bis in die Tagespolitik hineinreichende Einbindung der Königin unterlag im Übergang vom hohen zum späten Mittelalter einem Wandel, demzufolge die weitere Herrschaftsausübung auf Reichsebene eingeschränkt erscheint. Erste Indizien dieser Veränderung zeigen sich in frühstaufischer Zeit, indem sich der Aktionsradius der Königin zunehmend auf erbrechtlich begründete Herrschaftsansprüche einengte und eine bis dahin zu rekonstruierende weitere Einflußnahme auf reichspolitischer Ebene nur noch informell möglich zu sein scheint.

Die Ursachen für diesen Wandel lassen sich nicht eindeutig fassen. Zum einen dürfte die zunehmende Rezeption des römischen Rechts und die einsetzende Juridifizierung von Rechten eine nicht unerhebliche Rolle gespielt haben. Denn in rechtlicher Sicht war die römische Königin vor allem die Gemahlin des Königs sowie Mutter seiner legitimen Kinder. Eine konkrete politische Herrschaft mußte sich von einem engen rechtlichen Standpunkt aus gesehen auf die Gebiete reduzieren, auf die sie erbrechtlich legitimierte Ansprüche besaß. Hier konnte die Königin dann auch das gesamte späte Mittelalter hindurch umfassende Herrschaftsrechte wahrnehmen. Zum anderen sind die Gründe im Entwicklungsprozeß der Reichsverfassung zu suchen. Während sie im hohen Mittelalter als Repräsentantin von Königtum und Reich fungiert hatte, repräsentierte sie schließlich in Konsequenz des durch die kontinuierlich stärker gewordene Macht der Fürsten entstehenden spätmittelalterlichen Verfassungsdualismus' zwischen König und Fürsten nur noch das Königtum.

Die Herausbildung dieses neuen Kräfteverhältnisses tangierte die politische Stellung der Königin nicht erst im Verlauf dieses längerfristigen Prozesses, sondern frühzeitig, wobei die immer wichtiger werdende freie Königswahl der Fürsten als wesentlicher Faktor anzusehen ist. Der dynastische Aspekt wurde weiter zurückgedrängt. Als Folgeerscheinung dessen bedurfte es in der spätmittelalterlichen Verfassungswirklichkeit des Reiches keiner Regentin mehr. Diese Entwicklung dürfte sich nachhaltig auf die politische Autorität der Königin ausgewirkt haben. Ohne daß konkrete Anhaltspunkte dafür greifbar würden, mußte die Tatsache, daß eine Regentschaft einer Königin nicht mehr möglich war, ihre Stellung dahin verschieben, daß ihre Position als Ehefrau verstärkt in den Vordergrund trat.

Im Zuge der »Verdichtung« der Reichsverfassung sowie der einsetzenden Ämter- und Ressortbildung sind schließlich viele Kompetenzbereiche hochmittelalterlicher Königinnen absorbiert worden. Gleichzeitig ist diese Entwicklung jedoch nicht nur negativ als Machtverlust zu interpretieren. Denn die Schaffung verschiedener Ämter und Hierarchien entlastete das Königspaar, dessen politische und repräsentative Funktion im Spätmittelalter eine neue Qualität erhielt.

Es scheint, als ob sich Königinnen im späten Mittelalter mehr denn je ihre individuelle politische Autorität und entsprechende Handlungsspielräume selbst schaffen mußten. Diese Entwicklung ist vor dem Hintergrund der »Miseren« und des steten Machtverlustes des spätmittelalterlichen Königtums mit den wechselnden Dynastien zu sehen, wobei es nicht mehr gelang, Kontinuitäten zu schaffen. Berücksichtigt man die Tatsache, daß das Königtum reichspolitisch einem enormen Machtverfall ausgesetzt war, scheint es wenig verwunderlich, daß auch das »Amt« der Königin nicht mehr in seiner hochmittelalterlichen Ausprägung realisiert werden konnte.

Andererseits machten die veränderten Rahmenbedingungen für das Königtum eine andere und neue Art der Herrschaftsausübung der Königin notwendig und möglich. Denn sie war keineswegs grundsätzlich von der Herrschaft ausgeschlossen, wie das am Beispiel der Elisabeth von Görz-Tirol und der Barbara von Cilli gezeigt werden konnte. Deren Herrschaftsausübung hatte sich jedoch in die Randgebiete des Reiches, in die Haus- und Erbgüter als der eigentlichen Machtgrundlage des spätmittelalterlichen Königtums verlagert. Die Königin bestimmte nicht mehr die zentrale Reichspolitik mit, sondern regierte in Abwesenheit des Königs beziehungsweise Kaisers das jeweilige Hausgut.

Auch in einer zunehmend durch rechtliche Ansprüche definierten politischen Wirklichkeit wurde nicht der informelle, individuell freilich unterschiedliche Grad an persönlicher Einflußnahme auf den König, die Fürsten und andere Herrschaftsträger tangiert. Dieser aufgrund persönlicher Nähe zu einer Vielzahl von Herrschaftsträgern mögliche Einfluß dürfte sich in einem nur geringen Ausmaß in den Quellen niedergeschlagen haben und muß für jede Zeit als mehr oder weniger erfolgreiches Instrument politischer Mitwirkung veranschlagt werden. Dabei ist nicht zu vergessen, daß die Königin als Verbindungsglied zwischen dynastischen Netzwerken fungierte. Tendenzen einer instititutionellen Verfestigung ihres Ranges lassen sich in der Zeit des Spätmittelalters für den Bereich der Repräsentation festmachen, die einen ungleich größeren politischen Charakter gewonnen hat.

Die politische Stellung der Königin und der Grad ihrer Herrschaftsausübung hatte sich im Verlauf des Mittelalters über verschiedene Entwicklungsstufen hinweg enorm verändert. Das Bild der hochmittelalterlichen *consors regni* war in der politischen Realität des späten Mittelalters weniger präsent; es konnte nicht mehr in der gleichen Ausprägung wie im hohen Mittelalter aktualisiert werden. Dabei hatte sich die Qualität des »Königinnentums« insgesamt verändert. Doch die Forschungsthese vom »politischen Schattendasein« der Königin im Spätmittelalter übersieht, daß Macht inhaltlich und graduell unterschiedlich zu definieren ist und an den veränderten Rahmenbedingungen gemessen werden muß. Die kleiner gewordenen Handlungsspielräume und eingeschränkten Möglichkeiten einer aktiven politischen Gestaltung des spätmittelalterlichen Wahlkönigtums im Reich wirkten sich in verstärkter Form auch auf das »Amt« der Königin aus, die immer in rechtlicher Abhängigkeit zum *Romanorum Rex* stand und derer politische Autorität weitgehend der Akzeptanz der Fürsten bedurfte. In der konkreten Realisierung reduzierte sich die politische Einflußnahme der Königin. In den früheren Jahrhunderten hingegen erscheint sie in einem großen Maße geglückt.

Abkürzungs- und Siglenverzeichnis

Abh.	Abhandlungen
Abt.	Abteilung
AfD	Archiv für Diplomatik
AHC	Annuarium historiae conciliorum
AHP	Archivum historiae pontificiae
AKG	Archiv für Kulturgeschichte
AQ	Ausgewählte Quellen des Mittelalters, Freiherr vom Stein-Gedächtnisausgabe
AUF	Archiv für Urkundenforschung
BDLG	Blätter für deutsche Landesgeschichte
Const.	Constitutiones et acta publica imperatorum et regum
DA	Deutsches Archiv für Erforschung des Mittelalters
FMSt	Frühmittelalterliche Studien
GWU	Geschichte in Wissenschaft und Unterricht
HJb	Historisches Jahrbuch
HRG	Handwörterbuch zur deutschen Rechtsgeschichte
HZ	Historische Zeitschrift
LdL	Libelli de lite
LexMA	Lexikon des Mittelalters
LThK	Lexikon für Theologie und Kirche
MGH	Monumenta Germaniae historica
MIÖG	Mitteilungen des Instituts für österreichische Geschichtsforschung
NA	Neues Archiv der Gesellschaft für ältere deutsche Geschichtskunde
NDB	Neue deutsche Biographie
QFiAB	Quellen und Forschungen aus italienischen Archiven und Bibliotheken
Reg. Habs.	Regesta Habsburgica
Reg. Imp.	Regesta Imperii
SB	Sitzungsberichte
SS	Scriptores
SS rer.Germ.	Scriptores rerum Germanicarum
TRE	Theologische Realenzyklopädie
VuF	Vorträge und Forschungen
WdF	Wege der Forschung
ZBLG	Zeitschrift für bayerische Landesgeschichte
ZGO	Zeitschrift für die Geschichte des Oberrheins
ZKG	Zeitschrift für Kirchengeschichte
ZRG	Zeitschrift für Rechtsgeschichte
ZRG Germ.	ZRG. Germanistische Abteilung
ZRG Kan.	ZRG. Kanonistische Abteilung

Quellen- und Literaturverzeichnis

Ungedruckte Quellen

Faenza, Archivio di Stato, Archivio delle corporazioni religiose soppresse A, 1, 1 – 11. 1118 nov. 4 Cantica segnatura: m. II, n. XIX.

Reggio Emilia, Archivio di Stato, Archivio del comune, appendice, scritture rignardanti il monastero di S. Raffaele di Reggio

Reggio Emilia, Archivio Capitolare Nr. 265

Wien, Stadt- und Landesarchiv, Urk. Nrn. 2668, 2681, 2682, 2686, 2689, 2695

Gedruckte Quellen

Acta Imperii inedita saeculi XIII et XIV. Urkunden und Briefe zur Geschichte des Kaiserreichs und des Königreichs Sizilien, ed. Eduard WINKELMANN, Bd. 1: 1198–1273, Innsbruck 1880, ND Aalen 1964.

Acta Imperii selecta. Urkunden deutscher Könige und Kaiser 928–1398. Mit einem Anhang von Reichssachen, aus dem Nachlaß von Johann Friedrich Böhmer hg. von Julius FICKER, Innsbruck 1870, ND Aalen 1967.

Adalbert, Continuatio Regionis (a. 907–967), ed. Friedrich KURZE, in: Regionis abbatis Prumiensis Chronicon cum continuatione Treverensi, MGH SS rer. Germ. [50], Hannover 1890, S. 154–179.

Adalbold von Utrecht, Vita Heinrici II imperatoris, ed. H. VAN RIJ (Nederlandse Historische Bronnen 3) Amsterdam 1983, S. 7–95.

Adam von Bremen, Gesta Hammaburgensis ecclesiae pontificum, ed. Bernhard SCHMEIDLER, MGH SS rer. Germ. [2], Hannover 1917.

Ältere Wormser Briefsammlung, ed. Walther BULST, MGH Briefe der deutschen Kaiserzeit 3, Weimar 1949.

Agobard von Lyon, Libri duo pro filiis et contra Iudith uxorem Ludovici Pii, ed. Georg WAITZ, in: MGH SS 15 (1887) S. 274–279.

Annales Alamannici. Cont. Sangallensis tertia, ed. Georg Heinrich PERTZ, in: MGH SS 1 (1826) S. 52–60.

Annales Altahenses maiores, ed. Edmund von OEFELE, MGH SS rer. Germ. [4], Hannover 1891.

Annales Augienses, ed. Philipp JAFFÉ, in: Monumenta Moguntina (Bibliotheca rerum Germanicarum III) Berlin 1866, ND Aalen 1964.

Annales Augustani, ed. G. H. PERTZ, in: MGH SS 3 (1839) S. 123–136.

Annales breves Wormatienses, ed. G. H. PERTZ, in: MGH SS 17 (1861) S. 74–79.

Annales Colonienses, ed. G. H. PERTZ, in: MGH SS 1 (1826) S. 97–99.

Annales de Saint-Bertin, ed. Félix GRAT, Jeanne VIELLIARD et Suzanne CLÉMENCET, Paris 1964.

Annales Hildesheimenses, ed. Georg WAITZ, MGH SS rer. Germ. [8], Hannover 1878.

Annales Lobienses, ed. G. WAITZ, in: MGH SS 13 (1881) S. 224–235.

Annales Magdeburgenses, ed. G. H. PERTZ, in: MGH SS 16 (1859) S. 105–196.

Annales Marbacenses, ed. Hermann BLOCH, MGH SS rer. Germ. [9], Hannover 1907.

Annales Mellicenses, ed. Wilhelm WATTENBACH, in: MGH SS 9 (1851) S. 484–535.

Annales Mettenses, ed. G. H. PERTZ, in: MGH SS 1 (1826) S. 314–336.

Annales Osterhovenses, ed. W. WATTENBACH, in: MGH SS 17 (1861) S. 537–558.

Annales Patherbrunnenses, ed. Paul SCHEFFER-BOICHORST, Innsbruck 1870.

Annales Quedlinburgenses, ed. G. H. PERTZ, in: MGH SS 3 (1839) S. 22–90.

Annales Rosenveldenses, ed. G. H. PERTZ, in: MGH SS 16 (1859) S. 99–104.

Annales S. Disibodi, ed. G. WAITZ, in: MGH SS 17 (1861) S. 6–30.
Annales S. Iacobi Leodiensis, ed. G. H. PERTZ, in: MGH SS 16 (1859) S. 635–645.
Annales Sangallenses maiores, ed. I. von ARX, in: MGH SS 1 (1826) S. 73–85.
Annales Stadenses, ed. Johann M. LAPPENBERG, in: MGH SS 16 (1859) S. 271–379.
Annales Wormatienses, ed. G. H. PERTZ, in: MGH 17 (1861) S. 34–73.
Annalista Saxo, ed. G. WAITZ, in: MGH SS 6 (1844) S. 512–777.
Anonymi chronica imperatorum Heinrico V. dedicata, ed. Franz-Josef SCHMALE und Irene SCHMALE-OTT, in: Frutolfi et Ekkehardi Chronica necnon Anonymi Chronica Imperatorum (AQ 15) Darmstadt 1972, S. 211–264.
Anonymus Haserensis, De gestis episcoporum Eistetensium ab initio usque ad Gundekarum (II) episcopum, ed. Stefan WEINFURTER, Die Geschichte der Eichstätter Bischöfe des Anonymus Haserensis. Edition – Übersetzung – Kommentar (Eichstätter Studien N. F. 24) Regensburg 1987, S. 41–67.
Arnold von Lübeck, Chronica Slavorum, ed. Johann Martin LAPPENBERG, MGH SS rer. Germ. [14], Hannover 1868.
Arnold von Regensburg, Ex libris de S. Emmerammo, ed. G. WAITZ, in: MGH SS 4 (1841) S. 543–574.
Arnulf von Mailand, Liber gestorum recentium, ed. Claudia ZEY, MGH SS rer. Germ. [67], Hannover 1994.
Baumgartenberger Formelbuch. Eine Quelle zur Geschichte des XIII. Jahrhunderts vornehmlich der Zeiten Rudolfs von Habsburg, ed. Hermann BAERWALD (Fontes rerum Austriacarum, 2. Abt., Bd. 25) Wien 1866.
Benedetto di S. Andrea del Soratte, Chronicon, ed. Giuseppe ZUCCHETTI (Fonti per la storia d'Italia) Roma 1920.
Benesch von Weitmühl, Cronica, ed. Josef EMLER, in: Fontes rerum Bohemicarum 4, Prag 1883, S. 457–548.
Benzo von Alba, Ad Heinricum IV. imperatorum libri VII, hg. und übersetzt von Hans SEYFFERT, MGH SS rer. Germ. [65], Hannover 1996.
Bericht eines Augenzeugen über den Einzug König Friedrichs III. in Rom, seine Trauung mit der Prinzession Eleonora von Portugal und seine Kaiserkrönung. 1452 März 8–23, hg. von Hermann KEUSSEN, Historische Vierteljahrschrift 20 (1920/21) S. 317–321.
Bernhard von Clairvaux, Corpus epistolarum, 2 Bde., ed. Jean LECLERCQ und Henri ROCHAIS (S. Bernhardi opera VII/VIII) Roma 1974/77.
Berthold von Reichenau, Annales, ed. G. H. PERTZ, in: MGH SS 5 (1844) S. 264–326.
Bonizo von Sutri, Liber ad amicum, ed. Ernst DÜMMLER, in: MGH Libelli de lite 1, Hannover 1891, S. 568–620.
Braunschweigische Reimchronik, ed. Ludwig WEILAND, in: MGH Deutsche Chroniken 2, Hannover 1877, S. 430–574.
Briefe Heinrichs IV., ed. Carl ERDMANN, MGH Deutsches Mittelalter 1, Leipzig 1937.
Briefsammlung Gerberts von Reims, ed. Fritz WEIGLE, MGH Briefe der deutschen Kaiserzeit 2, Weimar 1966.
Brunos Buch vom Sachsenkrieg, ed. Hans-Eberhard LOHMANN, MHG Deutsches Mittelalter 2, Stuttgart 1937.
Burchard von Ursberg, Chronicon, ed. Oswald HOLDER-EGGER und Bernhard von SIMSON, MGH SS rer. Germ. [16], Hannover ²1916.
Burkhard Zink, Chronik (1368–1468), in: Die Chroniken der schwäbischen Städte. Augsburg, Bd. 2 (Die Chroniken der deutschen Städte vom 14. bis 16. Jahrhundert, Bd. 5) Leipzig 1866, ND Göttingen ²1965, S. 1–330.
Capitularia regum Francorum, 2 Bde., ed. Alfred BORETIUS und Viktor KRAUSE, MGH Legum sectio II, Hannover 1883–1897.
Cartulaire des Comtes de Hainaut de l'avènement de Guillaume II à la mort de Jacqueline de Bavière, ed. Léopold DEVILLERS, Bd. 1, Brüssel 1881.
Chronica de ducibus Bavariae, in: Bayerische Chroniken des 14. Jahrhunderts, ed. Georg LEIDINGER, MGH SS rer. Germ. [19], Hannover 1918, S. 151–175.
Chronica de gestis principum, in: Bayerische Chroniken des 14. Jahrhunderts, ed. Georg LEIDINGER, MGH SS rer. Germ. [19], Hannover 1918, S. 1–104.
Chronica Ludovici imperatoris quarti, in: Bayerische Chroniken des 14. Jahrhunderts, ed. Georg LEIDINGER, MGH SS rer. Germ. [19], Hannover 1918, S. 105–138.
Chronica regia Coloniensis, ed. Georg WAITZ, MGH SS rer. Germ. [18], Hannover 1880.
Chronicon Colmariense, ed. Philipp JAFFÉ, in: MGH SS 17 (1861) S. 240–270.

Chronicon episcoporum ecclesiae Merseburgensis. Pars prior, ed. Roger WILMANS, in: MGH SS 10 (1852) S. 163–188.

Chronicon S. Michaelis in pago Virdunensi, ed. G. WAITZ, in: MGH SS 4 (1841) S. 78–86.

Chronicon Wirziburgense, ed. G. WAITZ, in: MGH SS 6 (1844) S. 17–32.

Chronik des Dietrich Westhoff, in: Die Chroniken der westfälischen und niederrheinischen Städte. Dortmund, Neuß, Bd. 1 (Die Chroniken der deutschen Städte vom 14. bis 16. Jahrhundert, Bd. 20) Leipzig 1887, ND Stuttgart 1969, S. 147–462.

Chroniques de la ville de Metz (900–1552), recueillies, mises en ordre et publiées, pour la première fois par Jean Francois HUGUENIN, ed. S. LAMORT, Metz 1838.

Clément VI (1342–1352), Lettres closes, patentes et curiales se rapportant à la France, ed. E. DÉPRE, J. GLÉNISSON et G. MOLLAT (Bibliothèque des Écoles Françaises d'Athènes et de Rome, 3e série) Bd. 2, Paris 1958.

Codex Diplomaticus. Sammlung der Urkunden zur Geschichte Cur-Rätiens und der Republik Graubünden, ed. Th. VON MOHR, Bd. 1, Cur 1848.

Codex diplomaticus Hungariae ecclesiasticus ac civilis, ed. Georg FEJÉR, Bd. 10, Budapest 1842.

Codex epistolaris Vitoldi magni ducis Lithuaniae 1376–1430, ed. Antonius PROCHASKA (Monumenta medii aevi historica res gestas Poloniae illustrantia 6) 2 Bde., Krakau 1882.

Codex Udalrici, ed. Philipp JAFFÉ, in: Monumenta Bambergensia (Bibliotheca rerum Germanicarum 5) Berlin 1869, S. 1–469.

Continuatio vitae Bernwardi, ed. G. H. PERTZ, in: MGH SS 11 (1854) S. 165–167.

Continuationes Weingartenses chronicorum Hugonis et Honorii (a. 1152–1208), ed. Ludwig WEILAND, in: MGH SS 21 (1869) S. 473–480.

Cronica S. Petri Erfordensis moderna, ed. Oswald HOLDER-EGGER, in: Monumenta Erphesfurtensia, MGH SS rer. Germ. [42], Hannover 1899, S. 117–364.

Detmar-Chronik, in: Die Chroniken der niedersächsischen Städte. Lübeck, Bd. 1 (Die Chroniken der deutschen Städte vom 14. bis 16. Jahrhundert, Bd. 19) Göttingen ²1884, ND Stuttgart 1967.

Deutsche Königserhebung im 10.–12. Jahrhundert, hg. von Walter BÖHME, 2 Bde. (Historische Texte/Mittelalter 14/15) Göttingen 1970.

Deutsche Königswahl im 13. Jahrhundert, hg. von Bernhard SCHIMMELPFENNIG, 2 Bde. (Historische Texte/Mittelalter 9/10) Göttingen 1968.

Deutsche Reichstagsakten. Ältere Reihe (1376–1486)

- Unter König Wenzel (1376–1387) hg. von Julius WEIZÄCKER, München 1867–1877, ND Göttingen 1956.
- Unter König Ruprecht (1400–1410), hg. von Julius WEIZÄCKER, Gotha 1882–1888, ND Göttingen 1956.
- Unter Kaiser Sigmund, Abt. 1–3 (1410–1431), hg. von Dietrich KERLER, München, Gotha 1878–1887, ND Göttingen 1956.

Diplomi di Ugo e di Lotario di Berengario II e di Adalberto, ed. Luigi SCHIAPARELLI (Fonti per la storia d'Italia 38) Roma 1924.

Donizo, Vita der Mathilde von Canossa. Faksimileausgabe des Codex Vaticanus Apostolica Vaticana 4922, Zürich 1984.

Ekkehard von Aura, Chronica, ed. Franz-Josef SCHMALE und Irene SCHMALE-OTT, in: Frutolfi et Ekkehardi Chronica necnon Anonymi Chronica Imperatorum (AQ 15) Darmstadt 1972, S. 123–208, 267–376.

Enea Silvio, Historia Bohemica, ed. Dana MARTINKOVÁ, Alena HADRAVOVÁ, Jiři MATL (Fontes rerum Regni Bohemiae 1) Prag 1998.

- De viris illustribus, ed. Adrianus van HECK (Studi e testi 341) Città del Vaticano 1991.

Epitaphium domine Adelheide auguste, ed. Herbert PAULHART, Die Lebensbeschreibung der Kaiserin Adelheid von Abt Odilo von Cluny, in: Festschrift zur Jahrtausendfeier der Kaiserkrönung Ottos des Großen. Zweiter Teil (MIÖG Erg.-Bd. 20, Heft 2) Graz, Köln 1962, S. 28–54.

Flodoard, Annales, ed. Philippe LAUER (Collection de Textes) Paris 1905.

Frutolf von Michelsberg, Chronicon, ed. Franz-Josef SCHMALE und Irene SCHMALE-OTT, in: Frutolfi et Ekkehardi Chronica necnon Anonymi Chronica Imperatorum (AQ 15) Darmstadt 1972, S. 47–120.

Gesta episcoporum Cameracensium, ed. L. C. BETHMANN, in: MGH SS 7 (1846) S. 393–525.

Gesta episcoporum Halberstadensium, ed. Ludwig WEILAND, in: MGH SS 23 (1839) S. 73–123.

Gesta archiepiscoporum Magdeburgensium, ed. Wilhelm SCHUM, in: MGH SS 14 (1883) S. 376–486.

Giovanni Villani, Nuova Cronica, ed. Guiseppe PORTA, 3 Bde. (Biblioteca di Scrittori Italiani) Parma 1990/91.

Giselbert von Mons, Chronicon Hanoniense, ed. Wilhelm ARNDT, in: MGH SS 21 (1869) S. 481–601.
Goldene Bulle vom 10. Januar und 25. Dezember 1356, ed. Wolfgang D. FRITZ, MGH Constitutiones 11, Weimar 1978, S. 535–633.
Gottfried von Viterbo, Gesta Friderici I. et Heinrici VI., ed. Georg Heinrich PERTZ, MGH SS rer. Germ. [30], Hannover 1870.
Gregor von Tour, Historia Francorum, ed. Wilhelm ARNDT, in: MGH SS rerum Merovingicarum 1, Hannover 1937–1951, S. 1–450.
Groot Charterboek der graven van Holland, van Zeeland en heeren van Vriesland, ed. Franz VAN MIERIS, Bd. 2, Leiden 1754.
Gundekar, Liber pontificalis Eichstetensis usque ad a. 1072, ed. L. C. BETHMANN, in: MGH SS 7 (1846) S. 239–253.
Heinrich von Diessenhofen, Chronik (1316–1361), in: Fontes rerum Germanicarum 4, aus dem Nachlaß J. F. Boehmers hg. von Alfons HUBER, Stuttgart 1868, ND Aalen 1969, S. 16–126.
Hermann von Reichenau, Chronicon, ed. G. H. PERTZ, in: MGH SS 5 (1844) S. 67–133.
Heinrich Taube von Selbach, Chronik, ed. Harry BRESSLAU, MGH SS rer. Germ. N.S. 1, Berlin 1922, ND Zürich, Berlin 1964.
Hinkmar von Reims, De ordine palatii, hg. und übersetzt von Thomas GROSS und Rudolf SCHIEFFER, MGH Fontes iuris Germanici antiqui 3, Hannover 1980.
Historia diplomatica Friderici secundi sive Constitutiones, privilegia, mandata, instrumenta quae supersunt istius imperatoris et filiorum eius. Accedunt epistolae paparum et documenta varia, ed. J. L. A. HUILLARD-BRÉHOLLES, 7 Bde., Paris 1852–1861, ND Turin 1963.
Hrotsvit von Gandersheim, Gesta Ottonis, in: Hrotsvithae Opera, ed. Paul von WINTERFELD, MGH SS rer. Germ. [34], Berlin 1902, S. 201–228.
Hugo von Flavigny, Chronicon, ed. G. H. PERTZ, in: MGH SS 8 (1848) S. 288–502.
Hugo Pictavensis, Ex libro de libertate monsterii Vizeliacensis, ed. Georg WAITZ, in: MGH SS 26 (1882) S. 143–150.
Humbert von Silva Candida, Adversus Simoniacos, ed. Friedrich THANER, in: MGH Libelli de lite 1, Hannover 1891, S. 95–253.
Innocent VI. (1352–1362), Lettres secrètes et curiales, ed. Pierre GASNAULT et M.-H. LAURENT (Bibliothèque des Écoles Françaises d'Athènes et de Rome, 3e série) Bd. 1, Paris 1959–1960.
Ioannes Dlugosz, Annales seu cronicae inclyti regni Poloniae, ed. Alexander PRZEZDZIECKI (Opera omnia 10–14) Krakau 1873–1878.
Johannes de Thilrode, Chronicon, ed. J. HELLER, in: MGH SS 25 (1880) S. 557–584.
Johannes von Viktring, Liber certarum historiarum, ed. Fedor SCHNEIDER, MGH SS rer. Germ. [36], Hannover, Leipzig 1909.
Konrad von Megenberg, Ökonomik, 3 Bde., ed. Sabine KRÜGER, MGH Staatsschriften des späteren Mittelalters 3, Stuttgart 1973.
Konzilsordines des Früh- und Hochmittelalters, ed. Herbert SCHNEIDER, MGH Ordines de celebrando concilio, Hannover 1996.
Lampert von Hersfeld, Annales, in: Lamperti monachi Hersfeldensis Opera, ed. Oswald HOLDER-EGGER, MGH SS rer. Germ. [38], Hannover, Leipzig 1904, S. 1–304.
Leges Burgundionum, ed. Ludwig Rudolf von SALIS, MGH Leges nationum Germanicarum 2,1, Hannover 1892.
Liber de unitate ecclesiae conservanda, ed. W. SCHWENCKENBECHER, in: MGH Libelli de lite 2, Hannover 1892, S. 173–284.
Liudprand von Cremona, Antapodosis, ed. Joseph BECKER, in: Liudprandi Opera, MGH SS rer. Germ. [41], Hannover 1915, S. 1–158.
Liudprand von Cremona, Legatio ad imperatorem Constantinopolitanum Nicephorum Phocam, ed. Joseph BECKER, in: Liudprandi Opera, MGH SS rer. Germ. [41], Hannover 1915, S. 175–212.
Manegold von Lautenbach, Liber ad Gebehardum, ed. K. FRANCKE, in: MGH Libelli de lite 1, Hannover 1891, S. 300–430.
Marianus Scottus, Chronicon, ed. G. WAITZ, in: MGH SS 5 (1844) S. 481–568.
Matheus Paris, Ex Cronicis maioribus, ed. Felix LIEBERMANN, in: MGH SS 28 (1888) S. 107–389.
Mathias von Neuenburg, Chronik, ed. Adolf HOFMEISTER, MGH SS rer. Germ. N.S. 4, Berlin 21955.
MGH Constitutiones et acta publica imperatorum et regum
- Bd. 1: 911–1197, ed. Ludwig WEILAND, Hannover 1893.
- Bd. 2: 1198–1272, ed. Ludwig WEILAND, Hannover 1896.
- Bd. 5: 1313–1324, ed. Jakob SCHWALM, Hannover 1909–1911.
- Bd. 6,1: 1325–1330, ed. Jakob SCHWALM, Hannover 1914–1927.

– Bd. 10: 1350–1353, ed. Margarete KÜHN, Weimar 1979–1991.
– Bd. 11: 1354–2356, ed. Wolfgang D. FRITZ, Weimar 1978.
MGH Diplomata regum et imperatorum Germaniae
– Bd. 1: Die Urkunden Konrads I., Heinrichs I. und Ottos I., ed. Theodor SICKEL, Hannover 1879–1884.
– Bd. 2: Die Urkunden Ottos II. und Ottos III., ed. Theodor SICKEL, Hannover 1888–1893.
– Bd. 3: Die Urkunden Heinrichs II. und Arduins, ed. Harry BRESSLAU u. a., Hannover, Leipzig 1900–1903.
– Bd. 4: Die Urkunden Konrads II., ed. Harry BRESSLAU u. a., Hannover, Leipzig 1909.
– Bd. 5: Die Urkunden Heinrichs III., ed. Harry BRESSLAU und Paul KEHR, Berlin 1926–1931.
– Bd. 6: Die Urkunden Heinrichs IV., ed. Dietrich von GLADISS und Alfred GAWLIK, Berlin, Weimar, Hannover 1941–1978.
– Bd. 8: Die Urkunden Lothars III. und der Kaiserin Richenza, ed. Emil von OTTENTHAL und Hans HIRSCH, Hannover 1927.
– Bd. 9: Die Urkunden Konrads III. und seines Sohnes Heinrich, ed. Friedrich HAUSMANN, Wien, Köln, Graz 1969.
– Bd. 10: Die Urkunden Friedrichs I., ed. Heinrich APPELT u. a., Hannover 1975–1990.
– Bd. 11,3: Die Urkunden der Kaiserin Konstanze, ed. Theo KÖLZER, Hannover 1990.
Monumenta Boica 29, Teil 1, Augsburg 1831.
Monumenta Wittelsbacensia. Urkundenbuch zur Geschichte des Hauses Wittelsbach, 2.Abt.: 1293–1397, ed. Michael WITTMANN (Quellen zur bayerischen und deutschen Geschichte 6) München 1861.
Narratio de electione Lotharii Saxoniae ducis in regem Romanorum, ed. W. WATTENBACH, in: MGH SS 12 (1856) S. 509–512.
Notae S. Georgii Mediolanenses, ed. Philipp JAFFÉ, in: MGH SS 18 (1863) S. 386–389.
Nova Alamanniae. Urkunden, Briefe und andere Quellen besonders zur deutschen Geschichte des 14. Jahrhunderts, hg. von Edmund E. STENGEL, Bd. 1 und Bd. 2/I, Berlin 1921/30; Bd. 2/II unter Mitwirkung von Klaus SCHÄFER, Hannover 1976.
Oorkondenboek van het Sticht Utrecht tot 1301, ed. Mr. S. MULLER und A. C. BOUMAN, Bd. 1, Utrecht 1920.
Ordericus Vitalis, Ex Historia ecclesiastica, ed. G. H. PERTZ, in: MGH SS 20 (1868) S. 50–82.
Ordericus Vitalis, Historia ecclesiastica (The ecclesiastical history of Orderic Vitalis) 6 Bde., ed. Marjorie CHIBNALL, Oxford 1969–1980.
Ordines Coronationis Franciae. Text and Ordines for the Coronation of Frankish and French Kings and Queens in the Middle Ages, Bd. 1, ed. Richard A. JACKSON (Middle Ages Series) Philadelphia 1995.
Ordines für die Weihe und Krönung des Kaisers und der Kaiserin, ed. Reinhard ELZE, MGH Fontes iuris Germanici antiqui 9, Hannover 1960.
Otto Morena und Fortsetzer, Historia Frederici I., ed. Ferdinand GÜTERBOCK, MGH SS rer. Germ. N.S. 7, Hannover 1930.
Otto von Freising, Gesta Friderici, ed. Georg WAITZ und Bernhard de SIMSON, MGH SS rer. Germ. [46], Hannover [3]1912.
Otto von Freising und Rahewin, Gesta Friderici seu rectius Cronica, ed. Franz-Josef Schmale (AQ 17) Darmstadt 1965.
Otto von St. Blasien, Chronica, ed. Adolf HOFMEISTER, MGH SS rer. Germ. [47], Hannover, Leipzig 1912.
Ottokars Österreichische Reimchronik, ed. Joseph SEEMÜLLER, MGH Deutsche Chroniken 5, 2 Bde., Hannover 1890/93.
Papsturkunden 896–1046, bearb. von Harald ZIMMERMANN, Bd. 1: 896–996 + Bd. 2: 996–1046 (Veröffentlichungen der Historischen Kommission der Österreichischen Akademie der Wissenschaften III) Wien 1984/85.
Petrus Damiani, Briefe, ed. Kurt REINDEL, 4 Bde., MGH Briefe der deutschen Kaiserzeit 4, Hannover 1983–1993.
Placiti del «Regnum Italiae», ed. Cesare MANARESI, 3 Bde. (Fonti per la storia d'Italia 92/96/97) Roma 1955–1960.
Quellen des 9. und 11. Jahrhunderts zur Geschichte der Hamburgischen Kirche und des Reiches, ed. Werner TRILLMICH und Rudolf BUCHNER (AQ 11) Darmstadt 1961.
Quellensammlung der Badischen Landesgeschichte, ed. Fr. Joh. MONE, Bd. 1, Karlsruhe 1848.
Ralph de Diceto, Ymagines historiarum, ed. William STUBBS, 2 Bde. (Rolls Series 68) London 1876.

Regesta Habsburgica, Abt. 1: Die Regesten der Grafen von Habsburg bis 1281, bearbeitet von Harold STEINACKER, Innsbruck 1905.
Regesta Habsburgica, Abt. 3: Die Regesten der Herzoge von Österreich sowie Friedrichs des Schönen als deutschen Königs von 1314–1330, bearbeitet von Lothar GROSS, Innsbruck 1924.
Regesta Imperii:
- Johann Friedrich Böhmer, Regesta Imperii inde ab anno MCCCXIIII usque ad annum MCCCXLVII. Die Urkunden Kaiser Ludwigs des Baiern, König Friedrich des Schönen und König Johanns von Böhmen in Auszügen, Frankfurt am Main 1839.
  Johann Friedrich Böhmer, Regesta Imperii
- I. Die Regesten des Kaiserreiches unter den Karolingern 751–918, neubearbeitet von Engelbert MÜHLBACHER, Innsbruck ²1908, ND Hildesheim 1966.
- II. Sächsisches Haus 919–1024
  1. Regesten des Kaiserreiches unter Heinrich I. und Otto I. 919–973, neubearbeitet von Emil von OTTENTHAL und Hans H. KAMINSKY, Innsbruck 1893, ND Hildesheim 1967.
  2. Regesten des Kaiserreiches unter Otto II. 955 (973)–983, neubearbeitet von Hanns Leo MIKOLETZKY, Graz 1950.
  3. Regesten des Kaiserreiches unter Otto III. 980 (983)–1002, neubearbeitet von Mathilde UHLIRZ, Graz, Köln 1956/57.
  4. Regesten des Kaiserreiches unter Heinrich II. 1002–1024, neubearbeitet von Theodor GRAFF, Wien, Köln, Graz 1971.
  5. Papstregesten 911–1024, bearb. von Harald ZIMMERMANN, Wien, Köln, Graz 1969.
- III. Salisches Haus 1024–1125
  1. Regesten des Kaiserreiches unter Konrad II. 1024–1039, neubearbeitet unter Mitwirkung von Norbert von BISCHOFF von Heinrich APPELT, Graz 1951.
  3. Regesten des Kaiserreiches unter Heinrich IV. 1056 (1050)–1106. 1. Lfg.: 1056(1050)–1065, neubearbeitet von Tilman STRUVE, Köln, Wien 1984.
- IV. Ältere Staufer 1125–1197
  1. Regesten des Kaiserreiches unter Lothar III. 1125 (1075)–1137, neubearbeitet von Wolfgang PETKE, Köln, Weimar, Wien 1994.
  2. Regesten des Kaiserreiches unter Friedrich I. 1152 (1122)–1190; 1. Lfg. 1152 (1122)–1158, neubearbeitet von Ferdinand OPLL unter Mitwirkung von Hubert MAYR, Wien, Köln, Graz 1980; 2. Lfg. 1158–1168, neubearbeitet von Ferdinand OPLL, Wien, Köln 1991.
  3. Regesten des Kaiserreiches unter Heinrich VI. 1165 (1190)–1197, neubearbeitet von Gerhard BAAKEN, Köln, Wien 1972.
- V. Regesten des Kaiserreiches unter Philipp, Otto IV., Friedrich II., Heinrich (VII.), Conrad IV., Heinrich Raspe, Wilhelm und Richard 1198–1272. Abt.1–6, neu hg. und ergänzt von Julius FICKER und Eduard WINKELMANN, Innsbruck 1881–1882, ND Hildesheim 1971.
- V,1 Regesten des Kaiserreiches unter Rudolf von Habsburg 1273–1291, neu hg. und ergänzt von Oswald REDLICH, Innsbruck 1898, Hildesheim 1969.
- VI,2 Regesten des Kaiserreiches unter Adolf von Nassau 1291–1298, neu bearbeitet von Vincenz SAMANEK, Innsbruck 1948.
- VIII. Regesten des Kaiserreiches unter Karl IV. 1346–1378, hg. und ergänzt von Alfons HUBER, Innsbruck 1877, ND Hildesheim 1968.
- XI. Regesten der Urkunden Kaiser Sigmunds (1410–1437), verzeichnet von Wilhelm ALTMANN, Innsbruck 1896–1900, ND Hildesheim 1967.
- XII. Regesten des Kaiserreiches unter Albrecht II. 1438–1439, bearb. von Günther HÖDL, Wien 1975.
- Regesten Kaiser Ludwigs des Bayern (1314–1347) nach Archiven und Bibliotheken geordnet, hg. von Peter ACHT, 5 Hefte, Köln, Weimar, Wien 1991–1998.
Regesten der Archive in der Schweizerischen Eidgenossenschaft, hg. von Theodor VON MOHR, Chur 1849–1854.
Regesten der Bischöfe und des Domkapitels von Bamberg, hg. von Erich Freiherr VON GUTTENBERG (Veröffentlichungen der Gesellschaft für fränkische Geschichte VI. Reihe) Würzburg 1932–1963.
Regesten der Erzbischöfe von Köln im Mittelalter (Publikationen der Gesellschaft für rheinische Geschichtskunde 21) 12 Bde.
- Bd. 3,2: 1289–1396, hg. von Richard KNIPPING, Bonn 1909, ND 1964.
- Bd. 4: 1304–1332, hg. von Wilhelm KISKY, Bonn 1915, ND 1964.
- Bd. 5: 1332–1349 (Walram von Jülich), hg. von Wilhelm JANSSEN, Köln, Bonn 1973.
- Bd. 6: 1349–1362 (Wilhelm von Gennep), hg. von Wilhelm JANSSEN, Köln, Bonn 1977.
- Bd. 11: 1401–1410 (Friedrich von Saarwerden), hg. von Norbert ANDERNACH, Düsseldorf 1992.

Regesten der Erzbischöfe von Mainz, Bd. 1: 1289–1396, hg. von Ernst VOGT, Leipzig 1913, ND Berlin 1970.
Regesten der Grafen von Tirol und Görz, Herzoge von Kärnten, Bd. 2, 1. Lfg.: Die Regesten Meinhards II. 1271–1295, bearbeitet und hg. von Hermann WIESFLECKER unter Mitarbeit von Johann RAINER (Publikationen des Instituts für österreichische Geschichtsforschung, 4. Reihe, 1. Abt.) Innsbruck 1952.
Regesten zur Geschichte der Slaven an Elbe und Oder (vom Jahr 900 an), 5 Bde., hg. von Christian LÜBKE (Giessener Abhandlungen zur Agrar- und Wirtschaftsforschung des europäischen Ostens 131, 133, 134, 152, 157) Berlin 1984–1988.
Register Gregors VII., ed. Erich CASPAR, MGH Epistolae selectae 2,1, Berlin ²1955.
Register Nr. 318 des Archivs der Aragonesischen Krone in Barcelona, ed. Heinrich Ritter VON ZEISSBERG (SB Wien 140,1) Wien 1898.
Reineri Annales, ed. G. H. PERTZ, in: MGH SS 16 (1859) S. 651–680.
Richer von S. Remi, Histoire de France (888–995), ed. Robert LATOUCHE (Les Classiques de l'Histoire de France au Moyen Age 12/17) 2 Bde., Paris 1930/37, ND 1967/64.
Roger de Hoveden, Chronicon, ed. W. STUBBS, 4 Bde. (Rolls Series 51) London 1871.
Rubrica de suscepcione domine regine (sc. Barbara von Cilli) eodem anno (sc. 1414), in: Chroniken der fränkischen Städte. Nürnberg (Die Chroniken der deutschen Städte vom 14. bis 16. Jahrhundert, Bd. 3) Leipzig 1864, ND Göttingen 1961.
Ruotger, Vita Brunonis archiepiscopi Coloniensis, ed. Irene OTT, MGH SS rer. Germ. N.S. 10, Weimar 1951.
Sächsische Weltchronik, ed. Ludwig WEILAND, MGH Deutsche Chroniken 2, Hannover 1877, S. 1–279.
Series ducum, ed. W. WATTENBACH, in: MGH SS 24 (1879) S. 73f.
Sigebert von Gembloux, Chronica, ed. L. C. BETHMANN, in: MGH SS 6 (1844) S. 300–374.
STUMPF-BRENTANO, Karl Friedrich, Die Reichskanzler vornehmlich des 10., 11. und 12. Jahrhunderts, 3 Bde., Innsbruck 1865–1881, ND Aalen 1964.
Tegernseer Briefsammlung (Froumund), ed. Karl STRECKER, MGH Epistolae selectae 3, Berlin 1925.
Thangmar, Vita Bernwardi, ed. G. H. PERTZ, in: MGH SS 4 (1841) S. 754–782.
Thietmar von Merseburg, Chronicon, ed. Robert HOLTZMANN, MGH SS rer. Germ. N.S. 9, Berlin 1955.
Totenbücher von Merseburg, Magdeburg und Lüneburg, ed. Gerd ALTHOFF und Joachim WOLLASCH, MGH Libri Memoriales et Necrologia N.S. , Hannover 1983.
Translatio S. Servatii, ed. Rudolf KÖPKE, in: MGH SS 12 (1856) S. 85–126.
Ulrich Richental, Chronik des Konzils zu Konstanz, Faksimileausgabe Starnberg, Konstanz 1964.
Urkundenbuch des Hochstifts Halberstadt und seiner Bischöfe, hg. von Gustav SCHMIDT, Bd. 4:1362–1425 (Publicationen aus den K. Preußischen Staatsarchiven 40) Leipzig 1889, ND Osnabrück 1965.
Urkundenbuch des Klosters Kaufungen in Hessen, hg. von Hermann VON ROQUES, Bd. 1, Cassel 1900.
Urkunden-Buch des Landes ob der Enns, Bd. 4: 1283–1308, Wien 1867.
Urkundenbuch zur Geschichte der mittelrheinischen Territorien, hg. von Heinrich BEYER, Bd. 1: Von der ältesten Zeit bis zum Jahre 1169, Coblenz 1860, ND Hildesheim, New York 1974.
Urkundenregesten zur Tätigkeit des deutschen Königs- und Hofgerichts bis 1451, 6 Bde., hg. von Bernhard DIESTELKAMP (Quellen und Forschungen zur höchsten Gerichtsbarkeit im Alten Reich. Sonderreihe) Köln, Weimar, Wien 1986–1994.
Vatikanische Akten zur deutschen Geschichte in der Zeit Kaiser Ludwigs des Bayern, hg. von Sigmund VON RIEZLER, Innsbruck 1891, ND Aalen 1973.
Vita Adalberonis II. Mettensis episcopi auctore Constantino abbate, ed. G. H. PERTZ, in: MGH SS 4 (1841) S. 658–672.
Vita Adalberti episcopi auctore Brunone archiepiscopo, ed. G. H. PERTZ, in: MGH SS 4 (1841) S. 596–612.
Vita Altmanni episcopi Pataviensis, ed. W. WATTENBACH, in: MGH SS 12 (1856) S. 226–243.
Vita Annonis archiepiscopi Coloniensis, ed. Rudolf KOEPKE, in: MGH SS 11 (1854) S. 462–518.
Vita Anselmi episcopi Lucensis, ed. Roger WILMANS, in: MGH SS 12 (1856) S. 1–35.
Vita Bardonis archiepiscopi Moguntini auctore Vulculdo, ed. W. WATTENBACH, in: MGH SS 11 (1854) S. 317–321.
Vita Gebehardi archiepiscopi auctore monacho Admuntensi, ed. W. WATTENBACH, in: MGH SS 11 (1854) S. 17–33.

Vita Heinrici IV. imperatoris, ed. Wilhelm EBERHARD, MGH SS rer. Germ. [58], Hannover, Leipzig ³1899.
Vita Mathildis reginae antiquior, in: Die Lebensbeschreibungen der Königin Mathilde, ed. Bernd SCHÜTTE, MGH SS rer. Germ. [66], Hannover 1992, S. 109–142.
Vita Mathildis reginae posterior, in: Die Lebensbeschreibungen der Königin Mathilde, ed. Bernd SCHÜTTE, MGH SS rer. Germ. [66], Hannover 1992, S. 143–202.
Vita Meinwerci episcopi Patherbrunnensis, ed. Franz TENCKHOFF, MGH SS rer. Germ. [59], Hannover 1921.
Vita Popponis abbatis Stabulensis auctore Everhelmo, ed. W. WATTENBACH, in: MGH SS 11 (1854) S. 291–316.
Vita Sanctae Cunegundis, ed. Georg WAITZ, in: MGH SS 4 (1841) S. 821–824.
Widukind von Korvei, Rerum Gestarum Saxonicarum libri tres, ed. Paul HIRSCH und Hans-Eberhard LOHMANN, MGH SS rer. Germ. [60], Hannover ⁵1935.
Wiener Briefsammlung zur Geschichte des Deutschen Reiches und der Österreichischen Länder in der zweiten Hälfte des 13. Jahrhunderts. Nach den Abschriften von Albert Starzer hg. von Oswald REDLICH (Mittheilungen aus dem Vatikanischen Archiv 2) Wien 1894.
Windecke, Eberhard, Denkwürdigkeiten vom Zeitalter Kaiser Sigmunds, ed. Wilhelm ALTMANN, Berlin 1893.
Wipo, Gesta Chuonradi II. imperatoris, ed. Harry BRESSLAU, MGH SS rer. Germ. [61], Hannover 1915.
Württembergisches Urkundenbuch, Bd. 2: 1138–1212, Stuttgart 1858, ND Aalen 1972.
Wolfher, Vita Godehardi episcopi prior, ed. G. H. PERTZ, in: MGH SS 11 (1854) S. 167–196.
Wolfher, Vita Godehardi episcopi posterior, ed. G. H. PERTZ, in: MGH SS 11 (1854) S. 196–21

Literatur

Lexikonartikel, die in den Fußnoten zitiert wurden, sind nicht eigens in das Literaturverzeichnis aufgenommen worden.

Affeldt, Werner (Hg.): Frauen in Spätantike und Frühmittelalter. Lebensbedingungen – Lebensnormen – Lebensformen, Sigmaringen 1990.

Althoff, Gerd und Hagen Keller: Heinrich I. und Otto der Große. Neubeginn und karolingisches Erbe, 2 Bde. (Persönlichkeit und Geschichte 122–125) Göttingen, Zürich 1985.

Althoff, Gerd: Zur Frage nach der Organisation sächsischer coniurationes in der Ottonenzeit, FMSt 16 (1982) S. 129–142.

– Das Bett des Königs in Magdeburg. Zu Thietmar II, 28, in: Festschrift für Berent Schwineköper. Zu seinem 70. Geburtstag, hg. von Helmut Maurer und Hans Patze, Sigmaringen 1982, S. 141–153.

– Der Sachsenherzog Widukind als Mönch auf der Reichenau. Ein Beitrag zur Kritik des Widukind-Mythos, FMSt 17 (1983) S. 251–279.

– Beobachtungen zum liudolfingisch-ottonischen Gedenkwesen, in: Memoria. Der geschichtliche Zeugniswert des liturgischen Gedenkens im Mittelalter, hg. von Karl Schmid und Joachim Wollasch (Münstersche Mittelalter-Schriften 48) München 1984, S. 649–665.

– Adels- und Königsfamilien im Spiegel ihrer Memorialüberlieferung. Studien zum Totengedenken der Billunger und Ottonen (Münstersche Mittelalter-Schriften 47) München 1984.

– Causa scribendi und Darstellungsabsicht: Die Lebensbeschreibungen der Königin Mathilde und andere Beispiele, in: Litterae Medii Aevi. Festschrift für Johanne Autenrieth, hg. von Michael Borgolte und Herrard Spilling, Sigmaringen 1988, S. 117–133.

– Art. Mathilde (von Sachsen), in: NDB 16 (1990) S. 371f.

– Der friedens-, bündnis- und gemeinschaftstiftende Charakter des Mahles im früheren Mittelalter, in: Essen und Trinken in Mittelalter und Neuzeit. Vorträge eines interdisziplinären Symposions vom 10.–13. Juni 1987 an der Justus-Liebig-Universität Gießen, hg. von Irmgard Bitsch, Trude Ehlert und Xenia von Ertzdorff, Sigmaringen 1990, S. 13–25.

– Verwandte, Freunde und Getreue. Zum politischen Stellenwert der Gruppenbindungen im früheren Mittelalter, Darmstadt 1990.

– Fest und Bündnis, in: Feste und Feiern im Mittelalter. Paderborner Symposion des Mediävistenverbandes, hg. von Detlef Altenburg, Jörg Jarnut und Hans-Hugo Steinhoff, Sigmaringen 1991, S. 29–38.

– Gandersheim und Quedlinburg. Ottonische Frauenklöster als Herrschafts- und Überlieferungszentren, FMSt 25 (1991) S. 123–144.

– Huld. Überlegungen zu einem Zentralbegriff der mittelalterlichen Herrschaftsordnung, FMSt 25 (1991) S. 259–282, nachgedruckt in: Ders., Spielregeln S. 199–228.

– Vormundschaft, Erzieher, Lehrer – Einflüsse auf Otto III., in: Kaiserin Theophanu. Begegnung des Ostens und Westens um die Wende des ersten Jahrtausends. Gedenkschrift des Kölner Schnütgen Museums zum 1000. Todesjahr der Kaiserin, hg. von Anton von Euw und Peter Schreiner, Bd. 2, Köln 1991, S. 277–289.

– Amiticiae und Pacta. Bündnis, Einung, Politik und Gebetsgedenken im beginnenden 10. Jahrhundert (Schriften der MGH 37) Hannover 1992.

– Die Billunger in der Salierzeit, in: Die Salier und das Reich, hg. von Stefan Weinfurter unter Mitarbeit von Helmuth Kluger, Bd. 1, Sigmaringen 1991, S. 309–329.

– Demonstration und Inszenierung. Spielregeln der Kommunikation in mittelalterlicher Öffentlichkeit, FMSt 27 (1993) S. 27–50, nachgedruckt in: Ders., Spielregeln S. 229–257.

– Probleme um die dos der Königinnen im 10. und 11. Jahrhundert, in: Veuves et veuvage dans le haut moyen âge, hg. von Michel Parisse, Paris 1993, S. 123–133.

– Otto III., Darmstadt 1996.

– Otto III. und Heinrich II. in Konflikten, in: Otto III. – Heinrich II. Eine Wende?, hg. von Bernd Schneidmüller und Stefan Weinfurter (Mittelalter-Forschungen 1) Sigmaringen 1997, S. 77–94.

– Das Privileg der ›Deditio‹. Formen gütlicher Konfliktbeendigung in der mittelalterlichen Adelsgesellschaft, in: Nobilitas. Funktion und Repräsentation des Adels in Alteuropa, hg. von Otto Gerhard Oexle und Werner Paravicini (Veröffentlichungen des Max-Planck-Instituts für Geschichte 133) Göttingen 1997, S. 27–52, nachgedruckt in: Ders., Spielregeln S. 99–125.

– Spielregeln der Politik im Mittelalter. Kommunikation in Frieden und Fehde, Darmstadt 1997.

– Verwandtschaft, Freundschaft, Klientel. Der schwierige Weg zum Ohr des Herrschers, in: Ders., Spielregeln S. 185–198.
– Magdeburg – Halberstadt – Merseburg. Bischöfliche Repräsentation und Interessenvertretung im ottonischen Sachsen, in: Herrschaftsrepräsentation im ottonischen Sachsen, hg. von Gerd Althoff und Ernst Schubert (VuF 46) Sigmaringen 1998, S. 267–293.
Alvermann, Dirk: Königsherrschaft und Reichsintegration. Eine Untersuchung zur politischen Struktur von *regna* und *imperium* zur Zeit Kaiser Ottos II. (967) 973–983 (Berliner Historische Studien 28) Berlin 1998.
Andre, Elsbeth: Ein Königshof auf Reisen. Der Kontinentalaufenthalt Eduards III. von England 1338–1340 (Beihefte zum Archiv für Kulturgeschichte 41) Köln, Weimar, Wien 1996.
Anton, Hans Hubert: Egberts politischer und geistiger Umkreis im Westen, in: Franz J. Ronig (Hg.), Egbert, Erzbischof von Trier 977–993. Gedenkschrift der Diözese Trier zum 1000. Todestag, Bd. 2: Aufsätze (Trierer Zeitschrift für Geschichte und Kunst des Trierer Landes und seiner Nachbargebiete. Beiheft 18) Trier 1993, S. 7–13.
Appelt, Heinrich: Kaiserin Beatrix und das Erbe der Grafen von Burgund, in: Aus Kirche und Reich. Studien zu Theologie, Politik und Recht im Mittelalter. Festschrift für Friedrich Kempf zu seinem 75. Geburtstag und 50jährigen Doktorjubiläum, hg. von Hubert Mordek, Sigmaringen 1983, S. 275–283.
Assmann, Erwin: Friedrich Barbarossas Kinder, DA 33 (1977) S. 435–472.
Baaken, Gerhard und Roderich Schmidt: Königtum, Burgen und Königsfreie. Königsumritt und Huldigung in ottonisch-salischer Zeit (VuF 6) Konstanz, Stuttgart 1961.
Baaken, Gerhard: Die Altersfolge der Söhne Friedrich Barbarossas und die Königserhebung Heinrichs VI., DA 24 (1968) S. 46–78.
– Ius Imperii ad Regnum. Königreich Sizilien, Imperium Romanum und Römisches Papsttum vom Tode Kaiser Heinrichs VI. bis zu den Verzichtserklärungen Rudolfs von Habsburg (Forschungen zur Kaiser- und Papstgeschichte des Mittelalters. Beihefte zu J. F. Böhmer, Regesta Imperii 11) Köln, Weimar, Wien 1993.
– Das sizilische Königtum Kaiser Heinrichs VI., ZRG Germ. 112 (1995) S. 202–244, nachgedruckt in: Ders., Imperium und Papsttum. Zur Geschichte des 12. und 13. Jahrhunderts. Festschrift zum 70. Geburtstag, hg. von Karl-August Frech und Ulrich Schmidt, Köln, Weimar, Wien 1997, S. 307–343.
Balzer, Manfred: Zeugnisse für das Selbstverständnis Bischof Meinwerks von Paderborn, in: Tradition als historische Kraft. Interdisziplinäre Forschungen zur Geschichte des früheren Mittelalters. Karl Hauck zum 21.XII.1981 gewidmet, hg. von Norbert Kamp und Joachim Wollasch, Berlin, New York 1982, S. 267–296.
– Dortmund und Paderborn. Zwei Aufenthaltsorte der fränkischen und deutschen Könige in Westfalen (8.–13.Jh.), Westfälische Forschungen 32 (1982) S. 1–20.
– Paderborn im frühen Mittelalter (776–1050), in: Paderborn. Geschichte der Stadt in ihrer Region, Bd. 1: Das Mittelalter. Bischofsherrschaft und Stadtgemeinde, hg. von Jörg Jarnut, Paderborn, München, Wien, Zürich 1999, S. 3–118.
Bannasch, Hermann: Zur Gründung und älteren Geschichte des Benediktinerklosters Selz im Elsaß, ZGO 117 (1969) S. 97–160.
– Das Bistum Paderborn unter den Bischöfen Rethar und Meinwerk (983–1036) (Studien und Quellen zur westfälischen Geschichte 12) Paderborn 1972.
Barry, Françoise: La reine de France, Paris 1964.
Bauch, Andreas: Gundekar II., Bischof von Eichstätt, in: Fränkische Lebensbilder, Bd. 6, hg. von Gerhard Pfeiffer und Alfred Wendehorst (Veröffentlichungen der Gesellschaft für Fränkische Geschichte, Reihe VII A) Würzburg 1975, S. 1–29.
Bauer, Hanns: Das Recht der ersten Bitte bei den deutschen Königen bis auf Karl IV. (Kirchenrechtliche Abhandlungen 94) Stuttgart 1919.
Baum, Wilhelm: Kaiser Sigismund. Hus, Konstanz und die Türkenkriege, Graz, Wien, Köln 1993.
Baumgärtel, Bettina: Zum Bilderstreit um die Frau im 17. Jahrhundert. Inszenierungen französischer Regentinnen, Querelles. Jahrbuch für Frauenforschung 2 (1997) S. 147–182.
Baumgärtel-Fleischmann, Renate: Die sogenannte Kunigundenkrone, Münchner Jahrbuch der bildenden Kunst, 3. Folge, Bd. 32 (1981) S. 25–41.
Baumgärtner, Ingrid: Eine neue Sicht des Mittelalters? Fragestellungen und Perspektiven der Geschlechtergeschichte, in: Wozu Historie heute? Beiträge zu einer Standortbestimmung im fachübergreifenden Gespräch, hg. von Amalie Fössel und Christoph Kampmann (Bayreuther Historische Kolloquien 10) Köln, Weimar, Wien 1996, S. 28–44.

– (Hg.), Kunigunde – eine Kaiserin an der Jahrtausendwende, Kassel 1997.
– Kunigunde. Politische Handlungsspielräume einer Kaiserin, in: Dies. (Hg.), Kunigunde (1997) S. 11–46.
Becker, Alfons: Papst Urban II. (1088–1099), 2 Bde. (Schriften der MGH 19) Stuttgart 1964/88.
Bellmann, Fritz: Die Krypta der Königin Mathilde in der Stiftskirche zu Quedlinburg, in: Kunst des Mittelalters in Sachsen. Festschrift Wolf Schubert, dargebracht zum 60. Geburtstag am 28. Januar 1963, Weimar 1967, S. 44–59.
Bensammar, Elisabeth: La titulature de l'imperatrice et sa signification. Recherches sur les sources byzantines de la fin du VIIIe siècle à la fin du XIIe siècle, Byzantion 46 (1976) S. 243–291.
Benz, Karl Josef: A propos du dernier voyage de l'impératrice Adelaïde en 999, Revue d'histoire ecclésiastique 67 (1972) S. 81–91.
Berg, Dieter: England und der Kontinent. Studien zur auswärtigen Politik der anglonormannischen Könige im 11. und 12. Jahrhundert, Bochum 1987.
Berges, Wilhelm: Gregor VII. und das deutsche Designationsrecht, Studi Gregoriani 2 (1947) S. 189–209.
Bernhardi, Wilhelm: Lothar von Supplinburg (Jahrbücher der deutschen Geschichte) Berlin 1879, ND 1975.
Bernhards, Matthäus: Die Frau in der Welt und die Kirche während des 11. Jahrhunderts, Sacris Erudiri 20 (1971) S. 39–100.
Bernhardt, John W.: Itinerant Kingship and Royal Monasteries in early medieval Germany c. 936–1075 (Cambridge Studies in Medieval Life and Thought, Fourth series) Cambridge 1993.
Bernward von Hildesheim und das Zeitalter der Ottonen. Katalog der Ausstellung Hildesheim 1993, hg. von Michael Brandt und Arne Eggebrecht, 2 Bde., Hildesheim, Mainz 1993.
Berschin, Walter: Bonizo von Sutri (Beiträge zur Geschichte und Quellenkunde des Mittelalters 2) Berlin, New York 1972.
Bertini, Ferruccio: Hrotsvith, die Dichterin, in: Heloise und ihre Schwestern. Acht Frauenporträts aus dem Mittelalter, hg. von F. Bertini, München 1991, S. 100–138.
Beumann, Helmut: Widukind von Korvei. Untersuchungen zur Geschichtsschreibung und Ideengeschichte des 10. Jahrhunderts, Weimar 1950.
– Das Imperium und die Regna bei Wipo (1960), nachgedruckt in: Ders., Wissenschaft vom Mittelalter. Ausgewählte Aufsätze, Köln, Wien 1972, S. 175–200.
– Historiographische Konzeption und politische Ziele Widukinds von Corvey (1970), nachgedruckt in: Ders., Wissenschaft vom Mittelalter. Ausgewählte Aufsätze, Köln, Wien 1972, S. 71–108.
– Tribur, Rom und Canossa, in: Investiturstreit und Reichsverfassung, hg. von Josef Fleckenstein (VuF 17) Sigmaringen 1973, S. 33–60.
– Reformpäpste als Reichsbischöfe in der Zeit Heinrichs III. Ein Beitrag zur Geschichte des ottonisch-salischen Reichskirchensystems, in: Festschrift Friedrich Hausmann, hg. von Herwig Ebner, Graz 1977, S. 21–37.
– Die Ottonen (Urban-Taschenbücher 384) Stuttgart, Berlin, Köln, Mainz 1987.
Beyreuther, Gerald: Kaiserin Adelheid. »Mutter der Königreiche«, in: Herrscherinnen und Nonnen. Frauengestalten von der Ottonenzeit bis zu den Staufern, hg. von Erika Uitz, Barbara Pätzold und G. Beyreuther, Berlin 1990, S. 43–79.
– Willigis, Erzbischof von Mainz (975–1011), in: Deutsche Fürsten des Mittelalters, hg. von Eberhard Holtz und Wolfgang Huschner, Leipzig 1995, S. 87–95.
Bischoff, Norbert: Über die Chronologie der Kaiserin Gisela und über die Verweigerung ihrer Krönung durch Aribo von Mainz, MIÖG 58 (1950) S. 285–309.
Black, Mechthild: Die Töchter Kaiser Heinrichs III. und der Kaiserin Agnes, in: Vinculum Societatis. Joachim Wollasch zum 60. Geburtstag, hg. von Franz Neiske, Dietrich Poeck und Mechthild Sandmann, Sigmaringendorf 1991, S. 36–57.
Black-Veldtrup, Mechthild: Kaiserin Agnes (1043–1077). Quellenkritische Studien (Münstersche Historische Forschungen 7) Köln, Weimar, Wien 1995.
Bloch, Raissa: Verwandtschaftliche Beziehungen des sächsischen Adels zum russischen Fürstenhaus, in: Festschrift Albert Brackmann, hg. von Leo Santifaller, Weimar 1931, S. 185–206.
Bock, Friedrich: Bericht über eine Reise nach Holland, NA 49 (1932) S. 524–549.
– (Hg.): Das deutsch-englische Bündnis von 1335–1342. I. Quellen (Quellen und Erörterungen zur bayerischen Geschichte N.F. 12) München 1956.
Boehm, Laetitia: Geschichte Burgunds. Politik – Staatsbildungen – Kultur, Stuttgart, Berlin, Köln, Mainz [2]1979.
– Das Haus Wittelsbach in den Niederlanden, ZBLG 44 (1981) S. 93–130.

BÖHMER, Heinrich: Willigis von Mainz. Ein Beitrag zur Geschichte des Deutschen Reichs und der Deutschen Kirche in der sächsischen Kaiserzeit (Leipziger Studien aus dem Gebiet der Geschichte, 1. Bd., 3. Heft) Leipzig 1895.

BOGUCKA, Maria: Eine Königin, um die niemand trauerte. Elisabeth, die dritte Ehefrau König Jagiellos, in: Fürstinnen und Städterinnen. Frauen im Mittelalter, hg. von Gerald BEYREUTHER, Barbara PÄTZOLD und Erika UITZ, Freiburg, Basel, Wien 1993, S. 212–223.

BONER, Georg: Klarissenkloster Königsfelden, in: Der Franziskusorden (Helvetia Sacra V 1) Basel und Frankfurt am Main 1978, S. 561–576.

– Barfüsserkloster Königsfelden, in: Der Franziskusorden (Helvetia Sacra V 1) Basel und Frankfurt am Main 1978, S. 206–211.

BOOCKMANN, Hartmut: Der Deutsche Orden. Zwölf Kapitel aus seiner Geschichte, München ⁴1994.

BORGOLTE, Michael: Die Grafen Alemanniens in merowingischer und karolingischer Zeit. Eine Prosopographie (Archäologie und Geschichte. Freiburger Forschungen zum ersten Jahrtausend in Südwestdeutschland 2) Sigmaringen 1986.

– Über Typologie und Chronologie des Königskanonikats im europäischen Mittelalter, DA 47 (1991) S. 19–44.

– Geschichte als Wirklichkeitswissenschaft im Dunkel der Überlieferung, Göttingische Gelehrte Anzeigen 246 (1994) S. 96–110.

BORINO, Giovanni Battista: La lettera di Enrico IV alla madre Agnese Imperatrice (1974), Studi Gregoriani 6 (1959–1961) S. 297–310.

– Le persone che consigliarono Gregorio VII di andare in Germania (1976), Studi Gregoriani 6 (1959–1961) S. 349–354.

BORNSCHEUER, Lothar: Miseriae Regum. Untersuchungen zum Krisen- und Todesgedanken in den herrschaftstheologischen Vorstellungen der ottonisch-salischen Zeit (Arbeiten zur Frühmittelalterforschung 4) Berlin 1968.

BOSCH, Ursula Victoria: Fragen zum Frauenkaisertum, Jahrbuch der österreichischen Byzantinistik 32/II (1982) S. 499–505.

BOSHOF, Egon: Erzbischof Agobard von Lyon. Leben und Werk (Kölner Historische Abhandlungen 17) Köln, Wien 1969.

– Heinrich IV. Herrscher an einer Zeitenwende (Persönlichkeit und Geschichte 108/109) Göttingen, Zürich, Frankfurt 1979.

– Das Reich in der Krise. Überlegungen zum Herrschaftsausgang Heinrichs III., HZ 228 (1979) S. 265–287.

– Bischof Altmann, St. Nikola und die Kanonikerreform. Das Bistum Passau im Investiturstreit, in: Tradition und Entwicklung. Gedenkschrift für Johannes Riederer, hg. von Karl-Heinz POLLOK (Schriften der Universität Passau) Passau 1981, S. 317–345.

– Die Salier (Urban-TB 387) Stuttgart, Berlin, Köln, Mainz 1987.

– Staufer und Welfen in der Regierungszeit Konrads III.: Die ersten Welfenprozesse und die Opposition Welfs VI., AKG 70 (1988) S. 313–341.

– Aachen und die Thronerhebung des deutschen Königs in salisch-staufischer Zeit, Zeitschrift des Aachener Geschichtsvereins 97 (1991) S. 5–32.

– Königtum und Königsherrschaft im 10. und 11. Jahrhundert (Enzyklopädie deutscher Geschichte 27) München 1993, ²1997.

– Ludwig der Fromme (Gestalten des Mittelalters und der Ranaissance) Darmstadt 1996.

BOYE, Martin: Die Synoden Deutschlands und Reichsitaliens von 922–1059. Eine kirchenverfassungsgeschichtliche Untersuchung, ZRG Kan. 18 (1929) S. 131–284.

BRANDENBURG, Erich: Probleme um die Kaiserin Gisela (Berichte über die Verhandlungen der Sächsischen Akademie der Wissenschaften phil.-hist. Klasse, Bd. 80, Heft 4) Leipzig 1928.

BRANDMÜLLER, Walter: Das Konzil von Konstanz 1414–1418. Bd. 1: Bis zur Abreise Sigismunds nach Narbonne (Konziliengeschichte. Reihe A: Darstellungen) Paderborn, München, Wien, Zürich 1991.

BRESSLAU, Harry: Jahrbücher des Deutschen Reiches unter Konrad II., 2 Bde., Berlin 1879/84, ND 1967.

– Ein Diplom und ein Placitum Heinrichs V., NA 20 (1895) S. 225–230.

– Handbuch der Urkundenlehre für Deutschland und Italien, 2 Bde., Berlin ²1912–1931.

BRÜHL, Carlrichard: Fränkischer Krönungsbrauch und das Problem der »Festkrönungen«, HZ 194 (1962) S. 265–326.

– Fodrum, gistum, servitium regis. Studien zu den wirtschaftlichen Grundlagen des Königtums im Frankenreich und in den fränkischen Nachfolgestaaten Deutschland, Frankreich und Italien vom

6. bis zur Mitte des 14. Jahrhunderts, 2 Bde. (Kölner Historische Abhandlungen 14) Köln, Graz 1968.
– Kronen und Krönungsbrauch im frühen und hohen Mittelalter, HZ 234 (1982) S. 1–31.
– Die Herrscheritinerare, in: Popoli e paesi nella cultura altomedievale, Bd. 2 (Settimane di Studio del Centro Italiano di Studi sull'alto medioevo 29) Spoleto 1983, S. 615–639; nachgedruckt in: DERS., Aus Mittelalter und Diplomatik 2 (1989) S. 550–574.
– Aus Mittelalter und Diplomatik. Gesammelte Aufsätze, 2 Bde., Hildesheim, München, Zürich 1989.
– Deutschland – Frankreich. Die Geburt zweier Völker, Köln, Wien 1990, ²1995.
– Ludwig IV. (936–954), in: Die französischen Könige des Mittelalters. Von Odo bis Karl VIII. 888–1498, hg. von Joachim EHLERS, Heribert MÜLLER und Bernd SCHNEIDMÜLLER, München 1996, S. 46–59.
– Lothar (954–986) und Ludwig V. (986–987), in: Die französischen Könige des Mittelalters. Von Odo bis Karl VIII. 888–1498, hg. von Joachim EHLERS, Heribert MÜLLER und Bernd SCHNEIDMÜLLER, München 1996, S. 60–74.
BUDDE, Rudolf: Die rechtliche Stellung des Klosters St. Emmeram in Regensburg zu den öffentlichen und kirchlichen Gewalten vom 9. bis zum 14. Jahrhundert, AUF 5 (1914) S. 153–238.
BÜHRER-THIERRY, Geneviève: La reine adultère, Cahiers de civilisation médiévale 35 (1992) S. 299–312.
BÜSING, Albrecht: Mathilde, Gemahlin Heinrichs I., phil. Diss. Halle-Wittenberg 1910.
BÜTTNER, Heinrich: Friedrich Barbarossa und Burgund. Studien zur Politik der Staufer während des 12. Jahrhunderts, in: Probleme des 12. Jahrhunderts (VuF 12) Sigmaringen 1968, S. 79–119.
BULST-THIELE, Marie Luise: Kaiserin Agnes (Beiträge zur Kulturgeschichte des Mittelalters und der Renaissance 52) Leipzig und Berlin 1933, ND Hildesheim 1972.
BUMKE, Joachim: Höfische Kultur. Literatur und Gesellschaft im hohen Mittelalter, 2 Bde., München 1986.
BUSCH, Jörg W.: Thronvakanzen als Spiegel der Entwicklung des deutschen Reiches zwischen dem 10. und dem 14. Jahrhundert, Majestas 3 (1995) S. 3–33.
CASAGRANDE, Carla: Die beaufsichtigte Frau, in: Georges DUBY und Michelle PERROT, Geschichte der Frauen, Bd. 2: Mittelalter, hg. von Christiane KLAPISCH-ZUBER, Original Rom 1990, dt. Ausgabe Frankfurt am Main 1993, S. 85–117.
CHIBNALL, Marjorie: The empress Matilda. Queen consort, queen mother and Lady of the English, Oxford 1991.
CHILIAN, Hans: Barbara von Cilli, phil. Diss. Leipzig, Borna, Leipzig 1908.
CLASSEN, Peter: *Corona Imperii*. Die Krone als Inbegriff des römisch-deutschen Reiches im 12. Jahrhundert (1964), nachgedruckt in: DERS., Ausgewählte Aufsätze (VuF 28) Sigmaringen 1983, S. 503–514.
– Karl der Große, das Papsttum und Byzanz. Die Begründung des karolingischen Kaisertums, hg. von Horst FUHRMANN und Claudia MÄRTL (Beiträge zur Geschichte und Quellenkunde des Mittelalters 9) Sigmaringen 1985.
CLAUDE, Dietrich: Geschichte des Erzbistums Magdeburg bis in das 12. Jahrhundert, 2 Bde. (Mitteldeutsche Forschungen 67) Köln 1972/75.
CLEMENTI, Dione R.: Some Unnoticed Aspects of the Emperor Henry VI's Conquest of the Norman Kingdom of Sicily, Bulletin of the John Rylands Library 36 (1953/54) S. 328–359.
CONRAD, Hermann: Deutsche Rechtsgeschichte, Bd. 1: Frühzeit und Mittelalter, Karlsruhe ²1962.
CONSOLINO, Franca Ela: Il papa e le regine: potere femminile e politica ecclesiastica nell'epistolario di Gregorio Magno, in: Gregorio Magno e il suo tempo, 2 Bde. (Studia Ephemeridis Augustinianum 33/34) Roma 1991, Bd. 1 S. 225–249.
CORBET, Patrick: Pro anima senioris sui. La pastorale ottonienne du veuvage, in: Veuves et Veuvage dans le haut moyen âge, hg. von Michel PARISSE, Paris 1993, S. 233–253.
– Les saints ottoniens. Sainteté dynastique, sainteté royale et sainteté féminine autour de l'an Mil (Beihefte der Francia 15) Sigmaringen 1986.
COTTIER, J.-P.: Acte d'association entre les comtes de Bourgogne et le prieuré de Romainmôtier, in: Mémoires de la Société pour l'Histoire du Droit et des Institutions des anciens pays bourguignons, comtois et romands 11 (1946–47) S. 63–79.
CSENDES, Peter: Heinrich VI. (Gestalten des Mittelalters und der Renaissance) Darmstadt 1993.
DARMSTÄDTER, Paul: Das Reichsgut in der Lombardei und Piemont (568–1250) Strassburg 1896.
DAVIDS, Adelbert (Hg.): The empress Theophano. Byzantium and the West at the turn of the first millennium, Cambridge 1995.
DELOGU, Paolo: »*Consors regni*« – un problema carolingio, Bullettino dell'Istituto storico Italiano per il medio evo e Archivio Muratoriano 76 (1964) S. 47–98.

Dhondt, Jean: Sept femmes et un trio de rois, Contributions à l'Histoire économique et sociale 3 (1964/65) S. 35–70.

Dienst, Heide: Margarethe von Österreich, in: NDB 16 (1990) S. 152–154.

Dopsch, Heinz: Die Grafen von Cilli – Ein Forschungsproblem?, Südostdeutsches Archiv 17/18 (1974/75) S. 9–49.

Dormeier, Heinrich: Montecassino und die Laien im 11. und 12. Jahrhundert (Schriften der MGH 27) Hannover 1979.

Dotzauer, Winfried: Die Ankunft des Herrschers. Der fürstliche »Einzug« in die Stadt (bis zum Ende des Alten Reichs), AKG 55 (1973) S. 245–288.

Drabek, Anna Maria: Reisen und Reisezeremoniell der römisch-deutschen Herrscher im Spätmittelalter, Wien 1964.

Drossbach, Gisela: Die »Yconomica« des Konrad von Megenberg. Das »Haus« als Norm für politische und soziale Strukturen (Norm und Struktur 6) Köln, Weimar, Wien 1997.

Duby, Georges und Michelle Perrot, Geschichte der Frauen, Bd. 2: Mittelalter, hg. von Christiane Klapisch-Zuber, Original Rom 1990, dt. Ausgabe Frankfurt am Main 1993.

Dümmler, Ernst: Geschichte des ostfränkischen Reiches, 3 Bde., Leipzig [2]1887/88, ND Darmstadt 1960.

Eberhard, Winfried: Herrschaft und Raum. Zum Itinerar Karls IV., in: Kaiser Karl IV. Staatsmann und Mäzen, hg. von Ferdinand Seibt, München [2]1978, S. 101–108.

Eckhardt, Wilhelm A.: Kaufungen und Kassel. Pfalz – Kloster – Stadt, in: Festschrift zum 60. Geburtstag von Karl August Eckhardt (Beiträge zur Geschichte der Werralandschaft und ihrer Nachbargebiete 12) Marburg/Lahn, Witzenhausen 1961, S. 21–53.

Ehlers, Caspar: Metropolis Germaniae. Studien zur Bedeutung Speyers für das Königtum (751–1250) (Veröffentlichungen des Max-Planck-Instituts für Geschichte 125) Göttingen 1996.

Ehlers, Joachim: Die Entstehung des deutschen Reiches (Enzyklopädie deutscher Geschichte 31) München 1994.

– Otto II. und Memleben, Sachsen und Anhalt 18 (1994) S. 51–82.

– Magdeburg – Rom – Aachen – Bamberg. Grablege des Königs und Herrschaftsverständnis in ottonischer Zeit, in: Otto III. – Heinrich II. Eine Wende?, hg. von Bernd Schneidmüller und Stefan Weinfurter (Mittelalter-Forschungen 1) Sigmaringen 1997, S. 47–76.

– Heinrich I. in Quedlinburg, in: Herrschaftsrepräsentation im ottonischen Sachsen, hg. von Gerd Althoff und Ernst Schubert (VuF 46) Sigmaringen 1998, S. 235–266.

Eichmann, Eduard: Die Kaiserkrönung im Abendland. Ein Beitrag zur Geistesgeschichte des Mittelalters mit besonderer Berücksichtigung des kirchlichen Rechts, der Liturgie und der Kirchenpolitik, 2 Bde., Würzburg 1942.

Eickhoff, Ekkehard: Theophanu und der König. Otto III. und seine Welt, Stuttgart 1996.

Einem, Herbert von: Das Grabmal der Königin Margarete in Genua, in: Festschrift Hans R. Hahnloser zum 60. Geburtstag 1959, hg. von Ellen J. Beer, Paul Hofer und Luc Mojon, Basel, Stuttgart 1961, S. 125–150.

Ekdahl, Sven: Die Schlacht bei Tannenberg 1410. Quellenkritische Untersuchungen. Bd. 1: Einführung und Quellenlage (Berliner Historische Studien 8) Berlin 1982.

Elze, Reinhard: Eine Kaiserkrönung um 1200, in: Adel und Kirche. Gerd Tellenbach zum 65. Geburtstag dargebracht von Freunden und Schülern, hg. von Josef Fleckenstein und Karl Schmid, Freiburg, Basel, Wien 1968, S. 365–373.

– Über die Leistungsfähigkeit von Gesandtschaften und Boten im 11. Jahrhundert. Aus der Vorgeschichte von Canossa 1075–1077, in: Histoire comparée de l'administration (IVe–XVIIIe siècles), hg. von Werner Paravicini und Karl Ferdinand Werner (Beihefte der Francia 9) München 1980, S. 3–10.

– Ein vergessener Ordo für die Trauung und Krönung eines karolingischen Herrscherpaares, in: Ex ipsis rerum documentis. Beiträge zur Mediävistik. Festschrift für Harald Zimmermann zum 65. Geburtstag, hg. von Klaus Herbers, Hans Henning Kortüm und Carlo Servatius, Sigmaringen 1991, S. 69–72.

Endres, Rudolf: Das Slawenmotiv bei der Gründung des Bistums Bamberg, Berichte des Historischen Vereins für die Pflege der Geschichte des ehemaligen Fürstbistums Bamberg 109 (1973) S. 161–182.

Engel Evamaria und Bernhard Töpfer (Hgg.): Kaiser Friedrich Barbarossa. Landesausbau – Aspekte seiner Politik – Wirkung (Forschungen zur mittelalterlichen Geschichte 36) Weimar 1994.

Engel, Pál: Die Einkünfte Kaiser Sigismunds in Ungarn, in: Sigismund von Luxemburg. Kaiser und König in Mitteleuropa 1387–1437. Beiträge zur Herrschaft Kaiser Sigismunds und der europäischen Geschichte um 1400, hg. von Josef MACEK, Ernö MAROSI und Ferdinand SEIBT (Studien zu den Luxemburgern und ihrer Zeit 5) Warendorf 1994, S. 179–182.

ENGELKEN, Karen: Frauen im Alten Israel. Eine begriffsgeschichtliche und sozialrechtliche Studie zur Stellung der Frau im Alten Testament (Beiträge zur Wissenschaft vom Alten und Neuen Testament, 7. Folge, Bd. 10) Stuttgart, Berlin, Köln 1990.

ENGELS, Odilo: Die Gründung der Kirchenprovinz Magdeburg und die Ravennater »Synode« von 968, Annuarium Historiae Conciliorum 7 (1975) S. 136–158.

– Der Reichsbischof (10. und 11. Jahrhundert), in: Der Bischof in seiner Zeit. Bischofstypus und Bischofsideal im Spiegel der Kölner Kirche. Festgabe für Joseph Kardinal Höffner, Erzbischof von Köln, hg. von Peter BERGLAR und Odilo ENGELS, Köln 1986, S. 41–94.

– Theophanu – die westliche Kaiserin aus dem Osten, in: Die Begegnung des Westens mit dem Osten. Kongreßakten des 4. Symposions des Mediävistenverbandes in Köln 1991 aus Anlaß des 1000. Todesjahres der Kaiserin Theophanu, hg. von O. ENGELS und Peter SCHREINER, Sigmaringen 1993, S. 13–36.

– Die kaiserliche Grablege im Speyerer Dom und die Staufer, in: Papstgeschichte und Landesgeschichte. Festschrift für Hermann Jakobs zum 65. Geburtstag, hg. von Joachim DAHLHAUS u. a. (Beihefte zum Archiv für Kulturgeschichte 39) Köln, Weimar, Wien 1995, S. 227–254.

– Überlegungen zur ottonischen Herrschaftsstruktur, in: Otto III. – Heinrich II. Eine Wende?, hg. von Bernd SCHNEIDMÜLLER und Stefan WEINFURTER (Mittelalter-Forschungen 1) Sigmaringen 1997, S. 267–325.

ENNEN, Edith: Frauen im Mittelalter, München 1984, ⁵1994.

ERBEN, Wilhelm: Die Anfänge des Klosters Selz, ZGO N.F. 7 (1892) S. 1–37.

ERDMANN, Carl: Studien zur Briefliteratur Deutschlands im elften Jahrhundert (Schriften der MGH 1) Leipzig 1938.

– Das Grab Heinrichs I., DA 4 (1941) S. 76–97; nachgedruckt in: DERS., Ottonische Studien, hg. von Helmut BEUMANN, Darmstadt 1968, S. 31–52.

– Königs- und Kaiserkrönung im ottonischen Pontifikale, in: DERS., Forschungen zur politischen Ideenwelt des Frühmittelalters. Aus dem Nachlass des Verfassers hg. von Friedrich BAETHGEN, Berlin 1951, S. 52–91.

– Die Würde des Patricius unter Otto III., in: DERS., Forschungen zur politischen Ideenwelt des Frühmittelalters. Aus dem Nachlass des Verfassers hg. von Friedrich BAETHGEN, Berlin 1951, S. 92–111.

ERKENS, Franz Reiner: Fürstliche Opposition in ottonisch-salischer Zeit. Überlegungen zum Problem der Krise des frühmittelalterlichen deutschen Reiches, AKG 64 (1982) S. 307–370.

– Über Kanzlei und Kanzler König Sigismunds. Zum Kontinuitätsproblem in der deutschen Königskanzlei unter dem letzten Luxemburger, AfD 33 (1987) S. 429–458.

– *Fecit nuptias regio, ut decuit, apparatu*. Hochzeitsfeste als Akte monarchischer Repräsentation in salischer Zeit, in: Feste und Feiern im Mittelalter. Paderborner Symposion des Mediävistenverbandes, hg. von Detlef ALTENBURG, Jörg JARNUT und Hans-Hugo STEINHOFF, Sigmaringen 1991, S. 401–421.

– Die Frau als Herrscherin in ottonisch-frühsalischer Zeit, in: Kaiserin Theophanu. Begegnung des Ostens und Westens um die Wende des ersten Jahrtausends. Gedenkschrift des Kölner Schnütgen Museums zum 1000. Todesjahr der Kaiserin, hg. von Anton VON EUW und Peter SCHREINER, Bd. 2, Köln 1991, S. 245–259.

– »Sicut Esther regina«. Die westfränkische Königin als *consors regni*, Francia 20/1 (1993) S. 15–38.

– … *more Grecorum conregnantem instituere vultis?* Zur Legitimation der Regentschaft Heinrichs des Zänkers im Thronstreit von 984, FMSt 27 (1993) S. 273–289.

– *In tota cunctis gratissimus aula*? Egbert von Trier als Reichsbischof, in: Franz J. RONIG (Hg.), Egbert, Erzbischof von Trier 977–993. Gedenkschrift der Diözese Trier zum 1000. Todestag, Bd. 2: Aufsätze (Trierer Zeitschrift für Geschichte und Kunst des Trierer Landes und seiner Nachbargebiete. Beiheft 18) Trier 1993, S. 37–52.

– Der Herrscher als Gotes Drút. Zur Sakralität des ungesalbten ostfränkischen Königs, HJb 118 (1998) S. 1–39.

– Konrad II. (um 990–1039). Herrschaft und Reich des ersten Salierkaisers, Regensburg 1998.

EUW, Anton von: Ikonologie der Heiratsurkunde der Kaiserin Theophanu, in: Kaiserin Theophanu. Begegnung des Ostens und Westens um die Wende des ersten Jahrtausends. Gedenkschrift des Kölner Schnütgen Museums zum 1000. Todesjahr der Kaiserin, hg. von Anton VON EUW und Peter SCHREINER, Bd. 2, Köln 1991, S. 175–191.

FACINGER, Marion F.: A study of medieval queenship: Capetian France. 987–1237, Studies in Medieval and Renaissance History 5 (1968) S. 1–48.

FAHLBUSCH, Friedrich Bernward: Städte und Königtum im frühen 15. Jahrhundert. Ein Beitrag zur Geschichte Sigmunds von Luxemburg (Städteforschung A/17) Köln, Wien 1983.
– Kaiser Sigmund und der europäische Norden. Ein Überblick, in: Sigismund von Luxemburg. Kaiser und König in Mitteleuropa 1387–1437. Beiträge zur Herrschaft Kaiser Sigismunds und der europäischen Geschichte um 1400, hg. von Josef MACEK, Ernö MAROSI und Ferdinand SEIBT (Studien zu den Luxemburgern und ihrer Zeit 5) Warendorf 1994, S. 67–81.
FAUSSNER, Hans Constantin: Die Verfügungsgewalt der deutschen Könige über weltliches Reichsgut im Hochmittelalter, DA 29 (1973) S. 345–449.
FICHTENAU, Heinrich: Lebensordnungen des 10. Jahrhunderts. Studien über Denkart und Existenz im einstigen Karolingerreich (Monographien zur Geschichte des Mittelalters 30) 2 Bde., Stuttgart 1984, ND München 1992.
– Forschungen über Urkundenformeln. Ein Bericht, MIÖG 94 (1986) S. 285–339.
FICKER, Julius: Forschungen zur Reichs- und Rechtsgeschichte Italiens, 4 Bde., Innsbruck 1868–1874, ND Aalen 1961.
– Über das Testament Kaiser Heinrichs VI., SB Wien 67 (1871) S. 257–296.
– Beiträge zur Urkundenlehre, 2 Bde. Innsbruck 1877/78, ND Aalen 1966.
– Neue Beiträge zur Urkundenlehre III. Das Aufkommen des Titels Romanorum Rex, MIÖG 6 (1885) S. 225–253.
FILLITZ Hermann, Rainer KAHSNITZ und Ulrich KUDER: Zierde für ewige Zeit. Das Perikopenbuch Heinrichs II. (Ausstellungskatalog der Bayerischen Staatsbibliothek 63) Frankfurt am Main 1995.
FINCK VON FINCKENSTEIN, Albrecht Graf: Bischof und Reich. Untersuchungen zum Integrationsprozeß des ottonisch-frühsalischen Reiches (919–1056) (Studien zur Mediävistik 1) Sigmaringen 1989.
FISCHER, Lilli: Die Bilderfolge der Richental-Chronik, besonders der Konstanzer Handschrift, in: Ulrich Richental, Das Konzil zu Konstanz. Kommentar und Text, bearbeitet von Otto FEGER, Starnberg, Konstanz 1964, S. 37–79.
FISCHER, W. A.: Das Verhältnis Ottos des Grossen zu seinem Sohne Liudolf und zu seiner Gemahlin Adelheid. Kritische Auseinandersetzungen, Innsbruck 1903.
FLECKENSTEIN, Josef: Die Hofkapelle der deutschen Könige, 2 Bde. (Schriften der MGH 16) Stuttgart 1959/66.
– Friedrich Barbarossa und das Rittertum. Zur Bedeutung der großen Mainzer Hoftage von 1184 und 1188, in: Festschrift für Hermann Heimpel zum 70. Geburtstag, Bd. 2 (Veröffentlichungen des Max-Planck-Instituts für Geschichte 36/ II) Göttingen 1972, S. 1023–1041.
– Die Struktur des Hofes Karls des Großen im Spiegel von Hinkmars De ordine palatii (1976); nachgedruckt in: DERS.: Ordnungen und formende Kräfte des Mittelalters. Ausgewählte Beiträge, Göttingen 1989, S. 67–83.
– Problematik und Gestalt der ottonisch-salischen Reichskirche, in: Reich und Kirche vor dem Investiturstreit. Vorträge beim wissenschaftlichen Kolloquium aus Anlaß des achtzigsten Geburtstages von Gerd Tellenbach, hg. von Karl SCHMID, Sigmaringen 1985, S. 83–98.
– Hofkapelle und Kanzlei unter der Kaiserin Theophanu, in: Kaiserin Theophanu. Begegnung des Ostens und Westens um die Wende des ersten Jahrtausends. Gedenkschrift des Kölner Schnütgen Museums zum 1000. Todesjahr der Kaiserin, hg. von Anton VON EUW und Peter SCHREINER, Bd. 2, Köln 1991, S. 305–310.
– Pfalz und Stift Quedlinburg. Zum Problem ihrer Zuordnung unter den Ottonen (Nachrichten der Akad. der Wiss. in Göttingen, phil.-hist. Klasse Jg. 1992, Heft 2) Göttingen 1992.
FOLZ, Robert: Les Saintes Reines du Moyen Âge en Occident (VIe–XIIIe siècles) (Subsidia Hagiographica 76) Bruxelles 1992.
FRÄSS-EHRFELD, Claudia: Geschichte Kärntens, Bd. 1: Das Mittelalter, Klagenfurt 1984.
FRANKLIN, Otto: Das Reichshofgericht im Mittelalter, 2 Bde., Weimar 1867, ND Hildesheim 1967.
Frauen-Beziehungsgeflechte im Mittelalter, hg. von Hedwig RÖCKELEIN und Hans-Werner GOETZ (Das Mittelalter. Perspektiven mediävistischer Forschung Bd. 1, Heft 2) Berlin 1996.
FREYTAG, Wiebke: Geistliches Leben und christliche Bildung. Hrotsvit und andere Autorinnen des frühen Mittelalters, in: Deutsche Literatur von Frauen, hg. von Gisela BRINKER-GABLER, Bd. 1, München 1988, S. 65–76.
FRICKE Hans: Reichsvikare, Reichsregenten und Reichsstatthalter des deutschen Mittelalters. Ein Kapitel aus der Verfassungs- und Verwaltungsgeschichte des deutschen Reiches vom zehnten bis zum vierzehnten Jahrhundert, masch. phil. Diss. Göttingen 1949.
FRIED, Johannes: Eine unbekannte sizilische Königsurkunde Konstanzes von Aragon und Heinrichs (VII.), DA 36 (1980) S. 567–574.

– Friedrich Barbarossas Krönung in Arles (1178), HJb 103 (1983) S. 347–371.
– Otto III. und Boleslaw Chrobry. Das Widmungsbild des Aachener Evangeliars, der »Akt von Gnesen« und das frühe polnische und ungarische Königtum (Frankfurter Historische Abhandlungen 30) Stuttgart 1989.
– Die Kunst der Aktualisierung in der oralen Gesellschaft. Die Königserhebung Heinrichs I. als Exempel, GWU 44 (1993) S. 493–503.
– Kaiserin Theophanu und das Reich, in: Köln – Stadt und Bistum in Kirche und Reich des Mittelalters. Festschrift für Odilo Engels zum 65. Geburtstag, hg. von Hanna Vollrath und Stefan Weinfurter (Kölner Historische Abhandlungen 39) Köln, Weimar, Wien 1993, S. 139–185.
– Der Weg in die Geschichte. Die Ursprünge Deutschlands bis 1024 (Propyläen Geschichte Deutschlands 1) Berlin 1994.
– Die Königserhebung Heinrichs I. Erinnerung, Mündlichkeit und Traditionsbildung im 10. Jahrhundert, in: Michael Borgolte (Hg.), Mittelalterforschung nach der Wende 1989 (Beihefte HZ N.F. 20) München 1995, S. 267–318.

Friedmann, Andreas Urban: Die Beziehungen der Bistümer Worms und Speyer zu den ottonischen und salischen Königen (Quellen und Abhandlungen zur mittelrheinischen Kirchengeschichte 72) Mainz 1994.

Friess, Gottfried Edmund: Königin Elisabet von Görz-Tirol. Die Stammutter des Hauses Habsburg-Lothringen, Blätter des Vereins für Landeskunde von Niederösterreich NF 24 (1890) S. 109–168.

Frommer, Hansjörg: Spindel, Kreuz und Krone. Herrscherinnen des Mittelalters, Karlsruhe 1993.

Fuchs, A.: Kaiser Heinrich und Kaiserin Kunigunde, Mitglieder des Paderborner Domkapitels, Die Warte. Heimatzeitung für das Paderborner Land 16 (1955) S. 82f.

Fuchs, Franz: Exequien für die Kaiserin Eleonore († 1467) in Augsburg und Nürnberg, in: Kaiser Friedrich III. (1440–1493) in seiner Zeit. Studien anläßlich des 500. Todestags am 19. August 1493/1993, hg. von Paul Joachim Heinig (Forschungen zur Kaiser- und Papstgeschichte des Mittelalters. Beihefte zu J. F. Böhmer, Regesta Imperii 12) Köln, Weimar, Wien 1993, S. 447–466.

Fürstinnen und Städterinnen. Frauen im Mittelalter, hg. von Gerald Beyreuther, Barbara Pätzold und Erika Uitz, Freiburg, Basel, Wien 1993.

Fuhrmann, Horst: Die Synoden von Ingelheim, in: Ingelheim am Rhein. Forschungen und Studien zur Geschichte Ingelheims, hg. von Johanne Autenrieth, Stuttgart 1964, S. 147–173.
– Die Synode von Hohenaltheim (916) – quellenkundlich betrachtet, DA 43 (1987) S. 440–468.

Ganshof, François Louis: Note sur quelques textes invoqués en faveur de l'existence d'une tutelle de la femme en droit franc, in: Études d'histoire du droit privé offertes à Pierre Petot, Paris 1959, S. 183–190.
– Le statut de la femme dans la monarchie franque, in: La femme, Bd. 2 (Recueils de la Société Jean Bodin 12) Bruxelles 1962, S. 5–58.

Gawlik, Alfred: Intervenienten und Zeugen in den Diplomen Kaiser Heinrichs IV. (1056–1105). Der Übergang von der Interventions- zur Zeugenformel (Münchener Historische Studien, Abt. Geschichtliche Hilfswissenschaften 7) Kallmünz 1970.
– Zur Bedeutung von Intervention und Petition. Beobachtungen an Urkunden aus der Kanzlei König Heinrichs IV., in: Grundwissenschaften und Geschichte. Festschrift für Peter Acht (Münchener Historische Studien. Abt. Geschichtliche Hilfswissenschaften 15) Kallmünz 1976, S. 73–77.

Gebser, Anna: Die Bedeutung der Kaiserin Kunigunde für die Regierung Heinrichs II., phil. Diss. Berlin 1897.

Geldner, Ferdinand: Kaiserin Mathilde, die deutsche Königswahl von 1125 und das Gegenkönigtum Konrads III., ZBLG 40 (1977) S. 3–22.

Georgi, Wolfgang: Ottonianum und Heiratsurkunde 962/972, in: Kaiserin Theophanu. Begegnung des Ostens und Westens um die Wende des ersten Jahrtausends. Gedenkschrift des Kölner Schnütgen Museums zum 1000. Todesjahr der Kaiserin, hg. von Anton von Euw und Peter Schreiner, Bd. 2, Köln 1991, S. 135–160.
– Bischof Keonwald von Worcester und die Heirat Ottos I. mit Edgitha im Jahre 929, HJb 115 (1995) S. 1–40.

Gerl-Falkovitz, Hanna-Barbara: Christin – Kaiserin – Europäerin: Theophanu (959–991), in: Dies., Freundinnen. Christliche Frauen aus zwei Jahrtausenden, München 1994, S. 23–36.

Giese Wolfgang: Der Stamm der Sachsen und das Reich in ottonischer und salischer Zeit. Studien zum Einfluß des Sachsenstammes auf die politische Geschichte des deutschen Reichs im 10. und 11. Jahrhundert und zu ihrer Stellung im Reichsgefüge mit einem Ausblick auf das 12. und 13. Jahrhundert, Wiesbaden 1979.

– Venedig-Politik und Imperiums-Idee bei den Ottonen, in: Herrschaft, Kirche, Kultur. Beiträge zur Geschichte des Mittelalters. Festschrift für Friedrich Prinz zum 65. Geburtstag, hg. von Georg JENAL (Monographien zur Geschichte des Mittelalters 37) Stuttgart 1993, S. 219–243.

GLOCKER, Winfrid: Die Verwandten der Ottonen und ihre Bedeutung in der Politik. Studien zur Familienpolitik und zur Genealogie des sächsischen Kaiserhauses (Dissertationen zur mittelalterlichen Geschichte 5) Köln, Wien 1989.

GOCKEL, Michael: Nordhausen, in: Die deutschen Königspfalzen. Repertorium der Pfalzen, Königshöfe und übrigen Aufenthaltsorte der Könige im deutschen Reich des Mittelalters. Bd. 2: Thüringen, Lfg.3/4, Göttingen 1986/91, S. 319–385.

GÖBEL, Daniela: Reisewege und Aufenthalte der Kaiserin Kunigunde (1002–1024), in: Ingrid BAUMGÄRTNER (Hg.), Kunigunde – eine Kaiserin an der Jahrtausendwende, Kassel 1997, S. 47–76.

GÖRICH, Knut: Otto III. Romanus Saxonicus et Italicus. Kaiserliche Rompolitik und sächsische Historiographie (Historische Forschungen 18) Sigmaringen 1993.

– Der Gandersheimer Streit zur Zeit Ottos III. Ein Konflikt um die Metropolitanrechte des Erzbischofs Willigis von Mainz, ZRG Kan. 79 (1993) S. 56–94.

– Der Herrscher als parteiischer Richter. Barbarossa in der Lombardei, FMSt 29 (1995) S. 273–288.

– Eine Wende im Osten: Heinrich II. und Boleslaw Chrobry, in: Otto III. – Heinrich II. Eine Wende?, hg. von Bernd SCHNEIDMÜLLER und Stefan WEINFURTER (Mittelalter-Forschungen 1) Sigmaringen 1997, S. 95–167.

GOETTING, Hans: Zum Schenkungsdiplom Ottos II. für Theophanu über den Königshof Belecke (DO.II. 202a und b), AfD 21 (1975) S. 231–248.

GOETZ, Hans-Werner (Hg.): Weibliche Lebensgestaltung im frühen Mittelalter, Köln, Weimar, Wien 1991.

– Frauen im frühen Mittelalter. Frauenbild und Frauenleben im Frankenreich,Weimar, Köln, Wien 1995.

– Hugo Capet 987–996, in: Die französischen Könige des Mittelalters. Von Odo bis Karl VIII. 888–1498, hg. von Joachim EHLERS, Heribert MÜLLER und Bernd SCHNEIDMÜLLER, München 1996, S. 75–86.

GOEZ, Elke: Beatrix von Canossa und Tuszien. Eine Untersuchung zur Geschichte des 11. Jahrhunderts (VuF Sonderband 41) Sigmaringen 1995.

– Beatrix von Hohenstaufen. Eine politische Kaiserin?, in: Frauen bei Hof, hg. von Otto BORST (Stuttgarter Symposion. Schriftenreihe 6) Tübingen 1998, S. 28–40, 240–245.

GOEZ, Werner: Der Leihezwang. Eine Untersuchung zur Geschichte des deutschen Lehnrechtes, Tübingen 1962.

– Papa qui et episcopus. Zum Selbstverständnis des Reformpapsttums im 11. Jahrhundert, AHP 8 (1970) S. 27–59.

– Rainald von Como. Ein Bischof des 11. Jahrhunderts zwischen Kurie und Krone, in: Historische Forschungen für Walter Schlesinger, hg. von Helmut BEUMANN, Köln, Wien 1974, S. 462–494.

– Markgräfin Mathilde von Canossa, in: DERS., Gestalten des Hochmittelalters. Personengeschichtliche Essays im allgemeinhistorischen Kontext, Darmstadt 1983, S. 175–201 und jetzt in: DERS., Lebensbilder aus dem Mittelalter. Die Zeit der Ottonen, Salier und Staufer, Darmstadt 1998, S. 233–254, 513f.

– Leben und Werk des hl. Willigis, in: Helmut HINKEL (Hg.), 1000 Jahre St. Stephan in Mainz. Festschrift (Quellen und Abhandlungen zur mittelrheinischen Kirchengeschichte 63) Mainz 1990, S. 15–32.

– Über die Mathildischen Schenkungen an die Römische Kirche, FMSt 31 (1997) S. 158–196.

– Kaiserin Adelheid, in: DERS., Lebensbilder aus dem Mittelalter. Die Zeit der Ottonen, Salier und Staufer, Darmstadt 1998, S. 66–82, 502f.

GOLDINGER, Walter: Das Zeremoniell der deutschen Königskrönung seit dem späten Mittelalter, in: Staat und Land. Festgabe zum 60jährigen Bestand des Oberösterreichischen Landesarchivs und zum Gedenken an die 800. Wiederkehr der Erhebung Österreichs zum Herzogtum (Mitteilungen des Oberösterreichischen Landesarchivs 5, 1957) S. 91–111.

GOLINELLI, Paolo: Mathilde und der Gang nach Canossa. Im Herzen des Mittelalters. Aus dem Italienischen von Antonio Avella, Düsseldorf, Zürich 1998.

GOLL, Jaroslaw: König Sigmund und Polen 1420–1436, MIÖG 15 (1894) S. 441–478.

GOTTSCHALK, Joseph: Mittelalterliche Bildnisse der Anna von Schweidnitz, Gemahlin Kaiser Karls IV., Schlesien 7 (1962) S. 193–201.

– Anna von Schweidnitz, die einzige Schlesierin mit der Kaiserinnenkrone (1353–1362), Jahrbuch der Schlesischen Friedrich-Wilhelms-Universität zu Breslau 17 (1972) S. 25–42.

GRAF, Klaus: Staufer-Überlieferungen aus Kloster Lorch, in: Von Schwaben bis Jerusalem. Facetten staufischer Geschichte, hg. von Sönke LORENZ und Ulrich SCHMIDT, Sigmaringen 1995, S. 207–240.

GROSSE, Rolf: Das Bistum Utrecht und seine Bischöfe im 10. und frühen 11. Jahrhundert (Kölner Historische Abhandlungen 33) Köln, Wien 1987.

GROTEN, Manfred: Von der Gebetsverbrüderung zum Königskanonikat. Zu Vorgeschichte und Entwicklung der Königskanonikate an den Dom- und Stiftskirchen des deutschen Reiches, HJb 103 (1983) S. 1–34.

– Königskanonikat und Krönung, DA 48 (1992) S. 625–629.

GÜTERBOCK, Ferdinand: Zur Geschichte Burgunds im Zeitalter Barbarossas, Zeitschrift für Schweizerische Geschichte 17 (1937) S. 145–229.

GUSSONE, Nikolaus: Trauung und Krönung. Zur Hochzeit der byzantinischen Prinzessin Theophanu mit Kaiser Otto II., in: Kaiserin Theophanu. Begegnung des Ostens und Westens um die Wende des ersten Jahrtausends. Gedenkschrift des Kölner Schnütgen Museums zum 1000. Todesjahr der Kaiserin, hg. von Anton VON EUW und Peter SCHREINER, Bd. 2, Köln 1991, S. 161–173.

GUTH, Klaus: Die Heiligen Heinrich und Kunigunde. Leben, Legende, Kult und Kunst, Bamberg 1986.

HALKO, Stanislaus von: Richeza, Königin von Polen, Gemahlin Mieczyslaws II., phil. Diss. Freiburg/Schweiz 1914.

HAMANN, Brigitte (Hg.): Die Habsburger. Ein biographisches Lexikon, München 1988.

HAMER, Pierre: Kunigunde von Luxemburg. Die Rettung des Reiches, Luxemburg 1985.

Handbuch der bayerischen Geschichte, Bd. 1, hg. von Max SPINDLER, München [2]1981; Bd. 2, hg. von Max SPINDLER und Andreas KRAUS, München [2]1988.

Handbuch der europäischen Geschichte, Bd. 1: Europa im Wandel von der Antike zum Mittelalter, hg. von Theodor SCHIEFFER, Stuttgart 1979; Bd. 2: Europa im Hoch- und Spätmittelalter, hg. von Ferdinand SEIBT, Stuttgart 1987.

HARTMANN, Wilfried: Laien auf Synoden der Karolingerzeit, AHC 10 (1978) S. 249–269.

– Die Synoden der Karolingerzeit im Frankenreich und in Italien (Konziliengeschichte. Reihe A: Darstellungen) Paderborn, München, Wien, Zürich 1989.

– Der Investiturstreit (Enzyklopädie deutscher Geschichte 21) München 1993.

HAUSER, Sigrid: Staufische Lehnspolitik am Ende des 12. Jahrhunderts 1180–1197 (Europäische Hochschulschriften. Reihe III. Geschichte und ihre Hilfswissenschaften 770) Frankfurt am Main u. a. 1998.

HAUSMANN, Friedrich: Reichskanzlei und Hofkapelle unter Heinrich V. und Konrad III. (Schriften der MGH 14) Stuttgart 1956.

HAUSMANN, Germain: Payerne, in: Die Cluniazenser in der Schweiz, redigiert von Hans-Jörg GILOMEN unter Mitarbeit von Elsanne GILOMEN-SCHENKEL (Helvetia Sacra, Abt. III: Die Orden der Benediktinerregel, Bd. 2) Basel, Frankfurt am Main 1991, S. 391–468.

HAVERKAMP, Alfred (Hg.): Friedrich Barbarossa. Handlungsspielräume und Wirkungsweisen des staufischen Kaisers (VuF 40) Sigmaringen 1992.

HEDEMAN, Anne D.: Copies in Context: The Coronation of Charles V in his *Grandes Chroniques de France*, in: Coronations. Medieval and Early Modern Monarchic Ritual, hg. von János M. BAK, Berkeley, Los Angeles, Oxford 1990, S. 72–87.

HEHL, Ernst-Dieter: Merseburg – eine Bistumsgründung unterVorbehalt. Gelübde, Kirchenrecht und politischer Spielraum im 10. Jahrhundert, FMSt 31 (1997) S. 96–119.

– Maria und das ottonisch-salische Königtum. Urkunden, Liturgie, Bilder, HJb 117 (1997) S. 271–310.

– Der widerspenstige Bischof. Bischöfliche Zustimmung und bischöflicher Protest in der ottonischen Reichskirche, in: Herrschaftsrepräsentation im ottonischen Sachsen, hg. von Gerd ALTHOFF und Ernst SCHUBERT (VuF 46) Sigmaringen 1998, S. 295–344.

HEIDRICH, Ingrid: Ravenna unter Erzbischof Wibert (1073–1100). Untersuchungen zur Stellung des Erzbischofs und Gegenpapstes Clemens III. in seiner Metropole (VuF Sonderband 32) Sigmaringen 1984.

– Besitz und Besitzverfügung verheirateter und verwitweter freier Frauen im merowingischen Frankenreich, in: Hans-Werner GOETZ (Hg.), Weibliche Lebensgestaltung im frühen Mittelalter, Köln, Weimar, Wien 1991, S. 119–138.

HEIMANN, Heinz-Dieter: Herrscherfamilie und Herrschaftspraxis. Sigismund, Barbara, Albrecht und die Gestalt der luxemburgisch-habsburgischen Erbverbrüderung, in: Sigismund von Luxemburg. Kaiser und König in Mitteleuropa 1387–1437. Beiträge zur Herrschaft Kaiser Sigismunds und der europäischen Geschichte um 1400, hg. von Josef MACEK, Ernö MAROSI und Ferdinand SEIBT (Studien zu den Luxemburgern und ihrer Zeit 5) Warendorf 1994, S. 53–66.

HEINEMEYER, Karl: Königshöfe und Königsgut im Raum Kassel (Veröffentlichungen des Max-Planck-Instituts für Geschichte 33) Göttingen 1971.
HEINEMEYER, Walter: »beneficium – non feudum sed bonum factum«. Der Streit auf dem Reichstag zu Besançon 1157, AfD 15 (1969) S. 155–236.
HEINIG, Paul-Joachim (Hg.): Kaiser Friedrich III. (1440–1493) in seiner Zeit. Studien anläßlich des 500. Todestags am 19. August 1493/1993 (Forschungen zur Kaiser- und Papstgeschichte des Mittelalters. Beihefte zu J. F. Böhmer, Regesta Imperii 12) Köln, Weimar, Wien 1993.
– Kaiser Friedrich III. (1440–1493). Hof, Regierung und Politik, 3 Bde. (Forschungen zur Kaiser- und Papstgeschichte des Mittelalters. Beihefte zu J. F. Böhmer, Regesta Imperii 17) Köln, Weimar, Wien 1997.
HEINISCH, Klaus J.: Eheschließung und Verwandtschaft Kaiser Friedrichs II. und seiner Gemahlinnen, Archiv für Sippenforschung 36 (1970) S. 481–499, 589–601.
HELLMANN, Manfred: Das Großfürstentum Litauen, in: Handbuch der europäischen Geschichte 2, hg. von Ferdinand SEIBT, Stuttgart 1987, S. 1080–1102.
HELLMANN, Siegmund: Die Heiraten der Karolinger (1903), nachgedruckt in: DERS., Ausgewählte Abhandlungen zur Historiographie und Geistesgeschichte des Mittelalters, hg. von Helmut BEUMANN, Darmstadt 1961, S. 293–391.
HELLMUTH, Doris: Frau und Besitz. Zum Handlungsspielraum von Frauen in Alamannien (700–940) (VuF Sonderband 42) Sigmaringen 1998.
HERGEMÖLLER, Bernd-Ulrich: Fürsten, Herren und Städte zu Nürnberg 1355/56. Die Entstehung der »Goldenen Bulle« Karls IV. (Städteforschung A/13) Köln, Wien 1983.
– Die Goldene Bulle – Karl IV. und die Kunst des Möglichen, in: Kaiser Karl IV. Staatsmann und Mäzen, hg. von Ferdinand SEIBT, München [2]1978, S. 143–146.
HERKENRATH Rainer Maria: Die burgundische Heirat Kaiser Friedrichs I., in: Ecclesia peregrinans. Josef Lenzenweger zum 70.Geburtstag, hg. von Karl AMON, Bruno PRIMETSHOFER, Karl REHBERGER, Gerhard WINKLER, Rudolf ZINNHOBLER, Wien 1986, S. 89–94.
HERMKES, Wolfgang: Das Reichsvikariat in Deutschland. Reichsvikare nach dem Tode des Kaisers von der Goldenen Bulle bis zum Ende des Reiches (Studien und Quellen zur Geschichte des deutschen Verfassungsrechts A 2) Karlsruhe 1968.
Herrschaftsrepräsentation im ottonischen Sachsen, hg. von Gerd ALTHOFF und Ernst SCHUBERT (VuF 46) Sigmaringen 1998.
Herrscherinnen und Nonnen. Frauengestalten von der Ottonenzeit bis zu den Staufern, hg. von Erika UITZ, Barbara PÄTZOLD und Gerald BEYREUTHER, Berlin 1990.
HEUMANN, Johannes: Commentarii de re diplomatica imperatricum augustarum ac reginarum Germaniae, Nürnberg 1749.
HEYEN, Franz-Josef: Adalbero von Luxemburg, Propst von St. Paulin/Trier vor 993 bis nach 1037, Archiv für mittelrheinische Kirchengeschichte 21 (1969) S. 9–19.
HILSCH, Peter: Die Krönungen Karls IV., in: Kaiser Karl IV. Staatsmann und Mäzen, hg. von Ferdinand SEIBT, München [2]1978, S. 108–111.
– Regenbach und die Schenkung der Kaiserin Gisela, Zeitschrift für Württembergische Landesgeschichte 41 (1983) S. 52–81.
– Zur Rolle der Herrscherinnen: Emma Regina in Frankreich und in Böhmen, in: Westmitteleuropa – Ostmitteleuropa. Vergleiche und Beziehungen. Festschrift für Ferdinand Seibt zum 65. Geburtstag, hg. von Winfried EBERHARD, Hans Lemberg, Hans-Dieter HEIMANN und Robert LUFT (Veröffentlichungen des Collegium Carolinum 70) München 1992, S. 81–89.
HIESTAND, Rudolf: Eirene Basileus – die Frau als Herrscherin im Mittelalter, in: Der Herrscher. Leitbild und Abbild in Mittelalter und Renaissance, hg. von Hans HECKER (Studia humaniora 13) Düsseldorf 1990, S. 253–283.
HILLEBRANDT, Maria: Stiftungen zum Seelenheil durch Frauen in den Urkunden des Klosters Cluny, in: Vinculum Societatis. Joachim Wollasch zum 60. Geburtstag, hg. von Franz NEISKE, Dietrich POECK und Mechthild SANDMANN, Sigmaringendorf 1991, S. 58–67.
HIRSCH, Siegfried: Jahrbücher des Deutschen Reichs unter Heinrich II., 3 Bde. (Jahrbücher der Deutschen Geschichte) Berlin 1862, ND 1975.
HLAVACEK, Ivan: Wenzel IV., sein Hof und seine Königsherrschaft vornehmlich über Böhmen, in: Das spätmittelalterliche Königtum im europäischen Vergleich, hg. von Reinhard SCHNEIDER (VuF 32) Sigmaringen 1987, S. 201–232.
– Überlegungen zum Kapellanat am luxemburgischen Hof unter Johann von Luxemburg, Karl IV. und Wenzel, in: Alltag bei Hofe, hg. von Werner PARAVICINI (Residenzenforschung 5) Sigmaringen 1995, S. 83–109.

Hlawitschka, Eduard (Hg.): Königswahl und Thronfolge in ottonisch-frühdeutscher Zeit (WdF 178) Darmstadt 1971.
– Zur Bleitafelinschrift aus dem Grab der Kaiserin Gisela, HJb 97/98 (1978) S. 439–445.
– Die Königsherrschaft der burgundischen Rudolfinger. Zum Erscheinen eines neuen MGH-Diplomata-Bandes, HJb 100 (1980) S. 444–456; nachgedruckt in: Ders: Stirps regia (1988) S. 299–311.
– Königin Richeza von Polen – Enkelin Herzog Konrads von Schwaben, nicht Kaiser Ottos II.?, in: Institutionen, Kultur und Gesellschaft im Mittelalter. Festschrift für Josef Fleckenstein zu seinem 65. Geburtstag, hg. von Lutz Fenske, Werner Rösener und Thomas Zotz, Sigmaringen 1984, S. 221–244; nachgedruckt in: Ders: Stirps regia (1988) S. 471–494.
– Vom Frankenreich zur Formierung der europäischen Staaten- und Völkergemeinschaft 840–1046. Ein Studienbuch zur Zeit der späten Karolinger, der Ottonen und der frühen Salier in der Geschichte Mitteleuropas, Darmstadt 1986.
– Untersuchungen zu den Thronwechseln der ersten Hälfte des 11. Jahrhunderts und zur Adelsgeschichte Süddeutschlands. Zugleich klärende Forschungen um »Kuno von Öhningen« (VuF Sonderband 35) Sigmaringen 1987.
– Kontroverses aus dem Umfeld von König Heinrichs I. Gemahlin Mathilde, in: Devs qui mvtat tempora. Menschen und Institutionen im Wandel des Mittelalters. Festschrift für Alfons Becker, hg. von Ernst-Dieter Hehl u. a., Sigmaringen 1987, S. 33–54; nachgedruckt in: Ders: Stirps regia (1988) S. 355–376.
– Stirps regia. Forschungen zu Königtum und Führungsschichten im früheren Mittelalter. Ausgewählte Aufsätze. Festgabe zu seinem 60. Geburtstag, hg. von Gertrud Thoma und Wolfgang Giese, Frankfurt am Main, Bern, New York, Paris 1988.
– Zur Herkunft und zu den Seitenverwandten des Gegenkönigs Rudolf von Rheinfelden. Genealogische und politisch-historische Untersuchungen, in: Die Salier und das Reich, hg. von Stefan Weinfurter, Bd. 1, Sigmaringen 1991, S. 175–220.
– Der Übergang von der fränkischen zur deutschen Geschichte. Ein Abwägen von Kriterien, ZBLG 59 (1996) S. 365–394.
– Herzogin Hemma von Böhmen († 1005/06): – war sie eine burgundische oder eine englische Königstochter oder identisch mit Königin Hemma von Frankreich?, in: Vorträge und Abhandlungen aus geisteswissenschaftlichen Bereichen (Schriften der Sudetendeutschen Akademie der Wissenschaften und Künste 17) München 1996, S. 67–98.
– Königin Mathilde, in: Karl Schnith (Hg.), Frauen des Mittelalters in Lebensbildern, Graz, Wien, Köln 1997, S. 9–26, 468.
– Kaiserinnen Adelheid und Theophanu, in: Karl Schnith (Hg.), Frauen des Mittelalters in Lebensbildern, Graz, Wien, Köln 1997, S. 27–71, 468f.
– Kaiserin Kunigunde, in: Karl Schnith (Hg.), Frauen des Mittelalters in Lebensbildern, Graz, Wien, Köln 1997, S. 72–89, 469f.
Hochrinner, Heidemarie: Bianca Maria Sforza. Versuch einer Biographie, masch. phil. Diss. Graz 1966.
Hödl, Günther: Albrecht II. Königtum, Reichsregierung und Reichsreform 1438–1439 (Forschungen zur Kaiser- und Papstgeschichte des Mittelalters. Beihefte zu J. F. Böhmer, Regesta Imperii 3) Wien, Köln, Graz 1978.
– Bayern, Österreich und die Steiermark in der Zeit der frühen Wittelsbacher, in: Die Zeit der frühen Herzöge. Von Otto I. zu Ludwig dem Bayern. Beiträge zur Bayerischen Geschichte und Kunst 1180–1350, hg. von Hubert Glaser (Wittelsbach und Bayern I/1) München 1980, S. 295–306.
– Habsburg und Österreich 1273–1493. Gestalten und Gestalt des österreichischen Spätmittelalters, Wien, Köln, Graz 1988.
Hoensch, Jörg K.: Verlobungen und Ehen Kaiser Sigismunds von Luxemburg, in: Herrschaft, Kirche, Kultur. Beiträge zur Geschichte des Mittelalters. Festschrift für Friedrich Prinz zum 65. Geburtstag, hg. von Georg Jenal (Monographien zur Geschichte des Mittelalters 37) Stuttgart 1993, S. 265–277.
– (Hg.): Itinerar König und Kaiser Sigismunds von Luxemburg 1368–1437 (Studien zu den Luxemburgern und ihrer Zeit 6) Warendorf 1995.
– Kaiser Sigismund. Herrscher an der Schwelle zur Neuzeit 1368–1437, München 1996.
Hoffmann, Erich: Der Besuch Kaiser Karls IV. in Lübeck im Jahre 1375, in: Nord und Süd in der deutschen Geschichte des Mittelalters. Akten des Kolloqiums veranstaltet zu Ehren von Karl Jordan, 1907–1984, Kiel, 15.–16. Mai 1987, hg. von Werner Paravicini (Kieler historische Studien 34) Sigmaringen 1990, S. 73–95.

– Die Salier und Skandinavien, in: Auslandsbeziehungen unter den salischen Kaisern. Geistige Auseinandersetzung und Politik. Referate und Aussprachen der Arbeitstagung vom 22.–24. November 1990 in Speyer, hg. von Franz STAAB (Veröffentlichungen der Pfälzischen Gesellschaft zur Förderung der Wissenschaften in Speyer 86) Speyer 1994, S. 239–264.

HOFFMANN, Hartmut: Zur Geschichte Ottos des Großen (1972), ND in: Otto der Große, hg. von Harald ZIMMERMANN (WdF 450) Darmstadt 1976, S. 9–45.

– Eigendiktat in den Urkunden Ottos III. und Heinrichs II., DA 44 (1988) S. 390–423.

– Grafschaften in Bischofshand, DA 46 (1990) S. 375–480.

– Mönchskönig und *rex idiota*. Studien zur Kirchenpolitik Heinrichs II. und Konrads II. (MGH Studien und Texte 8) Hannover 1993.

– Ottonische Fragen, DA 51 (1995) S. 53–82.

HOLTZ, Eberhard: Eine Portugiesin in Österreich – Eleonore, Gemahlin Kaiser Friedrichs III., in: Fürstinnen und Städterinnen. Frauen im Mittelalter, hg. von Gerald BEYREUTHER, Barbara PÄTZOLD und Erika UITZ, Freiburg u. a. 1993, S. 255–282.

– und Wolfgang HUSCHNER (Hgg.), Deutsche Fürsten des Mittelalters, Leipzig 1995.

HOLTZMANN, Robert: Die Aufhebung und Wiederherstellung des Bistums Merseburg. Ein Beitrag zur Kritik Thietmars, Sachsen und Anhalt. Jahrbuch der Historischen Kommission für die Provinz Sachsen und für Anhalt 2 (1926) S. 35–75.

– Geschichte der Sächsischen Kaiserzeit 900–1024, München 1941, [6]1979.

HOLTZMANN, Walther: Maximilla regina, soror Rogerii regis, DA 19 (1963) S. 149–167.

HONEMANN, Volker: A medieval queen and her stepdaughter: Agnes and Elizabeth of Hungary, in: Queens and Queenship in Medieval Europe. Proceedings of a Conference held at King's College London April 1995, hg. von Anne J. DUGGAN, Woodbridge 1997, S. 109–119.

HROCHOVÁ, Vera: Der hl. Adalbert und Theophano. Ein Beitrag zur Christianisierung der Slawen, in: Byzanz und das Abendland im 10. und 11. Jahrhundert, hg. von Evangelos KONSTANTINOU, Köln, Weimar, Wien 1997, S. 183–196.

HUCKER, Bernd Ulrich: Kaiser Otto IV. (Schriften der MGH 34) Hannover 1990.

HUNEYCUTT, Lois L.: Images of Queenship in the High Middle Ages, The Haskins Society Journal 1 (1989) S. 61–71.

HUNGER, Herbert: Liudprand von Cremona und die byzantinische Trivialliteratur, in: Byzanz und das Abendland im 10. und 11. Jahrhundert, hg. von Evangelos KONSTANTINOU, Köln, Weimar, Wien 1997, S. 197–206.

IOGNA-PRAT, Dominique: Agni immaculati. Recherches sur les sources hagiographiques relatives à saint Maieul de Cluny (954–994) Paris 1988.

– La Vierge et les *ordines* de couronnement des reines au IXe siècle, in: Marie. Le culte de la Vierge dans la société médiévale, hg. von D. IOGNA-PRAT, Éric PALAZZO, Daniel RUSSO, Paris 1996, S. 101–107.

IRMSCHER, Johannes: Otto III. und Byzanz, in: Byzanz und das Abendland im 10. und 11. Jahrhundert, hg. von Evangelos KONSTANTINOU, Köln, Weimar, Wien 1997, S. 207–229.

JACKMAN, Donald C.: The Konradiner. A Study in Genealogical Methodology (Ius Commune. Sonderheft 47) Frankfurt am Main 1990.

JACOBI, Johannes: Erzbischof Poppo von Trier (1016–1047). Ein Beitrag zur geistigen und politischen Situation der Reform, Archiv für mittelrheinische Kirchengeschichte 13 (1961) S. 9–26.

JACOBS, Hermann: Der Adel in der Klosterreform von St. Blasien (Kölner Historische Abhandlungen 16) Köln, Graz 1968.

JÄSCHKE, Kurt-Ulrich: Imperator Heinricus. Ein spätmittelalterlicher Text über Kaiser Heinrich VII. in kritischer Beleuchtung (Beiheft zu Hémecht 1988) Luxembourg 1988.

– Notwendige Gefährtinnen. Königinnen der Salierzeit als Herrscherinnen und Ehefrauen im römisch-deutschen Reich des 11. und beginnenden 12. Jahrhunderts (Historie und Politik 1) Saarbrücken 1991.

– *Tamen virilis probitas in femina vicit*. Ein hochmittelalterlicher Hofkapellan und die Herrscherinnen – Wipos Äußerungen über Kaiserinnen und Königinnen seiner Zeit, in: Ex ipsis rerum documentis. Beiträge zur Mediävistik. Festschrift für Harald Zimmermann zum 65. Geburtstag, hg. von Klaus HERBERS, Hans Henning KORTÜM und Carlo SERVATIUS, Sigmaringen 1991, S. 429–448.

– From Famous Empresses to Unspectacular Queens: The Romano-German Empire to Margaret of Brabant, Countess of Luxemburg and Queen of the Romans (d. 1311), in: Queens and Queenship in Medieval Europe. Proceedings of a Conference held at King's College London April 1995, hg. von Anne J. DUGGAN, Woodbridge 1997, S. 75–108.

JANKOWSKI, Detlef: Pöhlde, in: Die Benediktinerklöster in Niedersachsen, Schleswig-Holstein und Bremen, hg. von Ulrich FAUST (Germania Benedictina VI) St. Ottilien 1979, S. 404–420.

JENAL, Georg: Erzbischof Anno II. von Köln (1056–75) und sein politisches Wirken. Ein Beitrag zur Geschichte der Reichs- und Territorialpolitik im 11. Jahrhundert, 2 Bde. (Monographien zur Geschichte des Mittelalters 8) Stuttgart 1974.

JORDAN, Karl: Heinrich der Löwe. Eine Biographie, München 1979.

JUSSEN, Bernhard: On Church Organization and the Definition of an Estate. The Idea of Widowhood in Late Antique and Early Medieval Christianity, in: Zur Sozial- und Begriffsgeschichte des Mittelalters, hg. von Shulamit VOLKOV und Frank STERN (Tel Aviver Jahrbuch für deutsche Geschichte 22) Gerlingen 1993, S. 25–42.

– Der »Name« der Witwe. Zur ›Konstruktion‹ eines Standes in Spätantike und Frühmittelalter, in: Veuves et Veuvage dans le haut moyen âge, hg. von Michel PARISSE, Paris 1993, S. 137–174.

KAEMMERER, Walter: Beatrix von Falkenburg, in: NDB 1 (1953) S. 681f.

KAHL, Hans-Dietrich: Reichsverfassung und Wirtschaft im Spiegel der Münz- und Geldgeschichte Thüringens. Beilage 2: Die Anfänge der Münzstätte Nordhausen (Thür.), Jahrbuch für die Geschichte Mittel- und Ostdeutschlands 23 (1974) S. 93–97.

Die Kaiser. 1200 Jahre europäische Geschichte, hg. von Gerhard HARTMANN und Karl SCHNITH, Graz, Wien, Köln 1996.

Kaiserin Theophanu. Begegnung des Ostens und Westens um die Wende des ersten Jahrtausends. Gedenkschrift des Kölner Schnütgen-Museums zum 1000. Todesjahr der Kaiserin, hg. von Anton VON EUW und Peter SCHREINER, 2 Bde., Köln 1991.

KAMP, Hermann: Vermittler in den Konflikten des hohen Mittelalters, in: La Giustizia nell'Alto Medioevo II (Secoli IX–XI) (Settimane di Studio del Centro Italiano di Studi sull'Alto Medioevo 44) Spoleto 1996, S. 675–710.

KAMP, Norbert: Die deutsche Präsenz im Königreich Sizilien (1194–1266), in: Die Staufer im Süden. Sizilien und das Reich, hg. von Theo KÖLZER, Sigmaringen 1996, S. 141–185.

KARPF, Ernst: Von Widukinds Sachsengeschichte bis zu Thietmars Chronicon. Zu den literarischen Folgen des politischen Aufschwungs im ottonischen Sachsen, in: Angli e sassoni al di qua e al di là del mare, Bd. 2 (Settimane di studio del centro italiano di studi sull'alto medioevo 32) Spoleto 1986, S. 547–580.

KAUFHOLD, Martin: Gladius spiritualis. Das päpstliche Interdikt über Deutschland in der Regierungszeit Ludwigs des Bayern (1324–1347) (Heidelberger Abhandlungen zur Mittleren und Neueren Geschichte 6) Heidelberg 1994.

KAVKA, František: Am Hofe Karls IV., Stuttgart 1990.

– Bemerkungen zur Rolle des Hussitentums in Sigismunds europäischer Politik, in: Sigismund von Luxemburg. Kaiser und König in Mitteleuropa 1387–1437. Beiträge zur Herrschaft Kaiser Sigismunds und der europäischen Geschichte um 1400, hg. von Josef MACEK, Ernö MAROSI und Ferdinand SEIBT (Studien zu den Luxemburgern und ihrer Zeit 5) Warendorf 1994, S. 89–93.

KEHR, Paul: Zur Geschichte Ottos III., HZ 66 (1891) S. 385–443.

KELLER, Hagen: Der Gerichtsort in oberitalienischen und toskanischen Städten. Untersuchungen zur Stellung der Stadt im Herrschaftssystem des Regnum Italicum vom 9. bis 11. Jahrhundert, QFiAB 49 (1969) S. 1–72.

– Schwäbische Herzöge als Thronbewerber: Hermann II. (1002), Rudolf von Rheinfelden (1077), Friedrich von Staufen (1125). Zur Entwicklung von Reichsidee und Fürstenverantwortung, Wahlverständnis und Wahlverfahren im 11. und 12. Jahrhundert, ZGO 131, zugleich: Festgabe Gerd Tellenbach zum 80. Geburtstag (1983) S. 123–162.

– Herrscherbild und Herrschaftslegitimation. Zur Deutung der ottonischen Denkmäler, FMSt 19 (1985) S. 290–311.

– Zwischen regionaler Begrenzung und universalem Horizont. Deutschland im Imperium der Salier und Staufer 1024 bis 1250 (Propyläen Geschichte Deutschlands 2) Berlin 1986.

– Reichsorganisation, Herrschaftsformen und Gesellschaftsstrukturen im Regnum Teutonicum, in: Il secolo di ferro: Mito e realità del secolo X (19–25 aprile 1990) (Settimane di Studia del Centro italiano di studi sull'alto medioevo XXXVIII) Bd. 1, Spoleto 1991, S. 159–195.

– Die Investitur. Ein Beitrag zum Problem der ›Staatssymbolik‹ im Hochmittelalter, FMSt 27 (1993) S. 51–86.

– Widukinds Bericht über die Aachener Wahl und Krönung Ottos I., FMSt 29 (1995) S. 390–453.

KELLERMANN-HAAF, Petra: Frau und Politik im Mittelalter. Untersuchungen zur politischen Rolle der Frau in den höfischen Romanen des 12., 13. und 14. Jahrhunderts (Göppinger Arbeiten zur Germanistik 456) Göppingen 1986.

KESSLER Dorothea von: Der Eheprozeß Ottos und Irmingards von Hammerstein. Studie zur Geschichte des katholischen Eherechts im Mittelalter (Historische Studien 157) Berlin 1923, ND Vaduz 1965.

KESZYCKA, Felicia von: Kaiserin Beatrix. Gemahlin Friedrichs I. Barbarossa, phil. Diss. Freiburg/Schweiz, Posen 1923.

KETSCH, Peter: Aspekte der rechtlichen und politisch-gesellschaftlichen Situation von Frauen im frühen Mittelalter (500–1150), in: Annette KUHN und Jörn RÜSEN (Hgg.), Frauen in der Geschichte II. Fachwissenschaftliche und fachdidaktische Beiträge zur Sozialgeschichte der Frauen vom frühen Mittelalter bis zur Gegenwart (Geschichtsdidaktik. Studien, Materialien 8) Düsseldorf 1982, S. 11–71.

– Die Beteiligung von Frauen an der politischen Herrschaft, in: DERS., Frauen im Mittelalter, Bd. 2: Frauenbild und Frauenrechte in Kirche und Gesellschaft. Quellen und Materialien, hg. von Annette KUHN (Geschichtsdidaktik. Studien, Materialien 19) Düsseldorf 1984, S. 361–426.

KIENAST, Walther: Deutschland und Frankreich (900–1270). Weltkaiser und Einzelkönige, 3 Bde. (Monographien zur Geschichte des Mittelalters 9) Stuttgart 1974/75.

KILIAN, Eugen: Itinerar Kaiser Heinrichs IV. Nach den Quellen bearbeitet, Karlsruhe 1886.

KIRCHNER, Max: Die deutschen Kaiserinnen in der Zeit von Konrad I. bis zum Tode Lothars von Supplinburg (Historische Studien 79) Berlin 1910, ND Vaduz 1965.

KLARE, Wilhelm: Die Wahl Wenzels von Luxemburg zum Römischen König 1376 (Geschichte 5) Münster 1990.

KLAUSER, Renate: Der Heinrichs- und Kunigundenkult im mittelalterlichen Bistum Bamberg, 95. Bericht des Historischen Vereins für die Pflege der Geschichte des ehemaligen Fürstbistums Bamberg. Jahrbuch 1956, Bamberg 1957, S. 1–208.

KLEIN, Hans H.: Theophanu coimperatrix, Der Staat 32 (1993) S. 219–244.

KLEWITZ, Hans-Walter: Die Abstammung der Kaiserin Beatrix, DA 7 (1944) S. 204–212.

KOCH, Charlotte: Königin Gunhild, Pfälzer Heimat 10 (1959) S. 1–5.

KÖLZER, Theo: Urkunden und Kanzlei der Kaiserin Konstanze, Königin von Sizilien (1195–1198) (Studien zu den normannisch-staufischen Herrscherurkunden Siziliens. Beihefte zum ›Codex diplomaticus regni Siciliae‹ 2) Köln, Wien 1983.

– Studien zu den Urkundenfälschungen des Klosters St. Maximin vor Trier (10.–12. Jahrhundert) (VuF Sonderband 36) Sigmaringen 1989.

– Sizilien und das Reich im ausgehenden 12. Jahrhundert, HJb 110 (1990) S. 3–22.

– Das Königtum Minderjähriger im fränkisch-deutschen Mittelalter, HZ 251 (1990) S. 291–323.

– Ein Königreich im Übergang? Sizilien während der Minderjährigkeit Friedrichs II., in: Festschrift für Eduard Hlawitschka zum 65. Geburtstag, hg. von Karl Rudolf SCHNITH und Roland PAULER (Münchener Historische Studien. Abt. Mittelalterliche Geschichte 5) Kallmünz Opf. 1993, S. 341–357.

– Ein neu gefundener Urkundentext der Kaiserin Konstanze, DA 49 (1993) S. 601–605.

KÖPKE, Rudolf und Ernst DÜMMLER: Kaiser Otto der Große, Leipzig 1876, ND Darmstadt 1962.

KOHLENBERGER, Rudolf: Die Vorgänge des Thronstreits während der Unmündigkeit Ottos III. 983–985, phil. Diss. Erlangen 1931.

KOHLSCHÜTTER, Otto: Venedig unter dem Herzog Petrus II. Orseolo 991–1009, Göttingen 1868.

KOHNLE, Armin: Abt Hugo von Cluny (1049–1109) (Beihefte der Francia 32) Sigmaringen 1993.

KONECNY, Silvia: Die Frauen des karolingischen Königshauses. Die politische Bedeutung der Ehe und die Stellung der Frau in der fränkischen Herrscherfamilie vom 7. bis zum 10. Jahrhundert (Dissertationen der Universität Wien 132) Wien 1976.

KONSTANTINOU, Evangelos (Hg.): Byzanz und das Abendland im 10. und 11. Jahrhundert, Köln, Weimar, Wien 1997.

KORTÜM, Hans Henning: Richer von Saint-Remi. Studien zu einem Geschichtsschreiber des 10. Jahrhunderts (Historische Forschungen 8) Stuttgart 1985.

KOWALSKI, Wolfgang: Die deutschen Königinnen und Kaiserinnen von Konrad III. bis zum Ende des Interregnums, Weimar 1913.

KRÄNZLE, Andreas: Der abwesende König. Überlegungen zur ottonischen Königsherrschaft, FMSt 31 (1997) S. 120–157.

KRAH, Adelheid: Absetzungsverfahren als Spiegelbild von Königsmacht. Untersuchungen zum Kräfteverhältnis zwischen Königtum und Adel im Karolingerreich und seinen Nachfolgestaaten (Untersuchungen zur deutschen Staats- und Rechtsgeschichte N.F. 26) Aalen 1987.

KREMER, Marita: Die Äbtissinnen des Stifts Quedlinburg. Personal- und Amtsdaten, masch. phil. Diss. Leipzig 1923.

KRETSCHMAYR, Heinrich: Geschichte von Venedig (Allgemeine Staatengeschichte, Abt. 1: Geschichte der europäischen Staaten 35) Bd. 1, Gotha 1905, ND Aalen 1986.

KRIEGER, Karl-Friedrich: Die Habsburger im Mittelalter. Von Rudolf I. bis Friedrich III. (Urban-TB 452) Stuttgart, Berlin, Köln 1994.

KRULL, Paul: Die Salbung und Krönung der deutschen Königinnen und Kaiserinnen im Mittelalter, phil. Diss. Halle-Wittenberg 1911.

KRZENCK, Thomas: Barbara von Cilli – eine »deutsche Messalina«?, Mitteilungen der Gesellschaft für Salzburger Landeskunde 131 (1991) S. 45–67.

– Sophie von Wittelsbach – eine Böhmenkönigin im Spätmittelalter, in: Fürstinnen und Städterinnen. Frauen im Mittelalter, hg. von Gerald BEYREUTHER, Barbara PÄTZOLD und Erika UITZ, Freiburg u.a. 1993, S. 65–87.

KUCK, Charlotte: Das Itinerar Lothars von Supplinburg, masch. phil. Diss. Greifswald 1945.

KÜCHLER, Winfried: Zur Hochzeit der Infantin Isabella von Aragón mit Herzog Friedrich dem Schönen von Österreich. Kosten – Aussteuer – Mitgift, in: Gesammelte Aufsätze zur Kulturgeschichte Spaniens (Spanische Forschungen der Görres-Gesellschaft I/22) Münster 1965, S. 176–187.

KÜRBIS, Brygida: Die Epistola Mathildis Suevae an Mieszko II. in neuer Sicht. Ein Forschungsbericht. Mit einem Anhang von Eckhard FREISE und Marcus WEIDNER, Auf der Suche nach der verschollenen Widmungsminiatur des Cod. C 91 der Düsseldorfer Universitätsbibliothek, FMSt 23 (1989) S. 318–343.

LANDAU, Peter: Ehetrennung als Strafe. Zum Wandel des kanonischen Eherechts im 12. Jahrhundert, ZRG Kan. 81 (1995) S. 148–188.

LANGE, Karl-Heinz: Die Stellung der Grafen von Northeim in der Reichsgeschichte des 11. und frühen 12. Jahrhunderts, Niedersächsisches Jahrbuch für Landesgeschichte 33 (1961) S. 1–107.

LATZKE, Irmgard: Hofamt, Erzamt und Erbamt im mittelalterlichen deutschen Reich, phil. Diss. Frankfurt am Main 1970.

LATZKE, Therese: Der Fürstinnenpreis, Mittellateinisches Jahrbuch 14 (1979) S. 22–65.

LAUDAGE, Johannes: Das Problem der Vormundschaft über Otto III., in: Kaiserin Theophanu. Begegnung des Ostens und Westens um die Wende des ersten Jahrtausends. Gedenkschrift des Kölner Schnütgen Museums zum 1000. Todesjahr der Kaiserin, hg. von Anton VON EUW und Peter SCHREINER, Bd. 2, Köln 1991, S. 261–275.

– Hausrecht und Thronfolge. Überlegungen zur Königserhebung Ottos des Großen und den Aufständen Thankmars, Heinrichs und Liudolfs, HJb 112 (1992) S. 23–71.

LAURANSON-ROSAZ, Christian: Douaire et sponsalicium durant le haut Moyen Age, in: Veuves et veuvage dans le haut moyen âge, hg. von Michel PARISSE, Paris 1993, S. 99–105.

LEBRAM, Jürgen und Johannes VAN DER KLAAUW: Esther (Buch), in: TRE 10 (1982) S. 391–395.

LECHNER, Karl: Die Babenberger. Markgrafen und Herzoge von Österreich 976–1246 (Veröffentlichungen des Instituts für österreichische Geschichtsforschung 23) Wien, Köln, Weimar ^{4}1992.

LE JAN-HENNEBICQUE, Régine: Aux origines du douaire médiéval (VIe–Xe siècles), in: Veuves et veuvage dans le haut moyen âge, hg. von Michel PARISSE, Paris 1993, S. 107–122.

LEOPOLD, Gerhard: Die Stiftskirche der Königin Mathilde in Quedlinburg. Ein Vorbericht zum Gründungsbau des Damenstifts, FMST 25 (1991) S. 145–170.

– Archäologische Ausgrabungen an Stätten der ottonischen Herrscher (Quedlinburg, Memleben, Magdeburg), in: Herrschaftsrepräsentation im ottonischen Sachsen, hg. von Gerd ALTHOFF und Ernst SCHUBERT (VuF 46) Sigmaringen 1998, S. 33–76.

LEYSER, Karl: Die Ottonen und Wessex, FMSt 17 (1983) S. 73–97.

– Herrschaft und Konflikt. König und Adel im ottonischen Sachsen (Veröffentlichungen des Max-Planck-Instituts für Geschichte 76) Göttingen 1984.

– Ritual, Zeremonie und Gestik: das ottonische Reich, FMSt 27 (1993) S. 1–26.

– Theophanu divina gratia imperatrix augusta: Western and Eastern Emperorship in the later tenth century, in: DERS., Communications and power in medieval Europe. The Carolingian and Ottonian Centuries, hg. von Timothy REUTER, London 1994, S. 143–164.

LEWALD, Ursula: Die Ezzonen. Das Schicksal eines rheinischen Fürstengeschlechtes, Rheinische Vierteljahrsblätter 43 (1979) S. 120–168.

LIEBERTZ-GRÜN, Ursula: Frau und Herrscherin. Zur Sozialisation deutscher Adeliger (1150–1450), in: Bea LUNDT (Hg.), Auf der Suche nach der Frau im Mittelalter. Fragen, Quellen, Antworten, München 1991, S. 165–187.

– Rollenbilder und weibliche Sozialisation im Adel, in: Geschichte der Mädchen- und Frauenbildung, Bd. 1, hg. von Elke KLEINAU und Claudia OPITZ, Frankfurt, New York 1996, S. 42–62.

LINDGREN, Uta: Gerbert von Aurillac und das Quadrivium. Untersuchungen zur Bildung im Zeitalter der Ottonen (Sudhoffs Archiv. Beiheft 18) Wiesbaden 1976.
– Gerbert von Reims und die Lehre des Quadriviums, in: Kaiserin Theophanu. Begegnung des Ostens und Westens um die Wende des ersten Jahrtausends. Gedenkschrift des Kölner Schnütgen-Museums zum 1000. Todesjahr der Kaiserin, hg. von Anton VON EUW und Peter SCHREINER, 2 Bde., Köln 1991, S. 291–303.
LINDNER, Michael: Fest und Herrschaft unter Kaiser Friedrich Barbarossa, in: Kaiser Friedrich Barbarossa. Landesausbau – Aspekte seiner Politik – Wirkung, hg. von Evamaria ENGEL und Bernhard TÖPFER (Forschungen zur mittelalterlichen Geschichte 36) Weimar 1994, S. 151–170.
LINDNER, Theodor: Geschichte des deutschen Reiches unter König Wenzel, 2 Bde., Braunschweig 1875/80.
LINTZEL, Martin: Die Mathildenviten und das Wahrheitsproblem in der Überlieferung der Ottonenzeit (1956), nachgedruckt in: DERS., Ausgewählte Schriften II, Berlin 1961, S. 407–418.
LIPPELT, Helmut: Thietmar von Merseburg. Reichsbischof und Chronist (Mitteldeutsche Forschungen 72) Köln, Wien 1973.
LOCATELLI, René: Frédéric Ier et le royaume de Bourgogne, in: Friedrich Barbarossa. Handlungsspielräume und Wirkungsweisen des staufischen Kaisers, hg. von Alfred HAVERKAMP (VuF 40) Sigmaringen 1992, S. 169–197.
LOFTS, Norah: The Queens of Britain, London, Syndey, Auckland, Toronto 1977.
LOHMER, Christian: Einleitung, in: Geschichte Ludwigs des Bayern, Bd. 1: Bayerische Chroniken des 14. Jahrhunderts. Nach der Übersetzung von Walter FRIEDENSBURG neu bearbeitet und hg. von Ch. LOHMER, Stuttgart 1987, S. 17–28.
LONDNER, Monika: Eheauffassung und Darstellung der Frau in der spätmittelalterlichen Märendichtung. Eine Untersuchung auf der Grundlage rechtlich-sozialer und theologischer Voraussetzungen, phil. Diss. Berlin 1973.
LORENZ, Hans: Bertha und Praxedis, die beiden Gemahlinnen Heinrichs IV., phil. Diss. Halle-Wittenberg 1911.
LUBICH, Gerhard: Beobachtungen zur Wahl Konrads III. und ihrem Umfeld, HJb 117 (1997) S. 311–339.
LUDAT, Herbert: An Elbe und Oder um das Jahr 1000. Skizzen zur Politik des Ottonenreiches und der slavischen Mächte in Mitteleuropa, Köln 1971, ^{2}1995.
LÜBKE, Christian: Ottonen, Rjurikiden, Piasten. Ergänzende Bemerkungen zum Verwandtenkreis Kunos »von Öhningen«, Jahrbücher für Geschichte Osteuropas 37 (1989) S. 1–20.
LUNDT, Bea (Hg.): Auf der Suche nach der Frau im Mittelalter. Fragen, Quellen, Antworten, München 1991.
MALECZEK, Werner: Ecclesiae patrimonium speciale. Sizilien in der päpstlichen Politik des ausgehenden 12. Jahrhunderts, in: Die Staufer im Süden. Sizilien und das Reich, hg. von Theo KÖLZER, Sigmaringen 1996, S. 29–42.
MÁLYUSZ, Elemér: Kaiser Sigismund in Ungarn 1387–1437, Budapest 1990.
MARIOTTE, Jean-Yves: Le Comté de Bourgogne sous les Hohenstaufen 1156–1208 (Cahiers d'Etudes Comtoises 4) Paris 1963.
MARKMANN, Hans-Jochen: Frauenleben im Mittelalter. Frauengeschichte in Forschung und Unterrichtspraxis (Geschichte lehren und lernen. Schriftenreihe für Forschung und Unterricht) Frankfurt am Main 1993.
MASLEV, Stefan: Die staatsrechtliche Stellung der byzantinischen Kaiserinnen, Byzantinoslavica 27 (1966) S. 308–343.
MATTHIESEN, Wilhelm: Ulrich Richentals Chronik des Konstanzer Konzils. Studien zur Behandlung eines universalen Großereignisses durch die bürgerliche Chronistik, AHC 17 (1985) S. 71–191, 323–455.
MAYER, Hans Eberhard: Die Peterlinger Urkundenfälschungen und die Anfänge von Kloster und Stadt Peterlingen, DA 19 (1963) S. 30–129.
MAYER, Kurt: Königin Gunhild und die Limburg, Unsere Heimat. Blätter für saarländisch-pfälzisches Volkstum 1 II (Heidelberg 1935) S. 44f.
MAZZOLI CASAGRANDE, Maria Antonietta: I cluniacensi nell'antica diocesi di Pavia, in: Cluny in Lombardia. Atti del Convegno di Pontida, 22–25 Aprile 1977 (Italia Benedettina 1) Cesena 1979, S. 39–85.
MCKITTERICK, Rosamond: Frauen und Schriftlichkeit im Frühmittelalter, in: Hans-Werner GOETZ (Hg.), Weibliche Lebensgestaltung im frühen Mittelalter, Köln, Weimar, Wien 1991, S. 65–118.
MCNAMARA, Jo-Ann und Suzanne F. WEMPLE: Marriage and Divorce in the Frankish Kingdom, in: Women in Medieval Society, hg. von Susan Mosher STUARD, Pennsylvania 1976, S. 95–124.

Memoria. Der geschichtliche Zeugniswert des liturgischen Gedenkens im Mittelalter, hg. von Karl SCHMID und Joachim WOLLASCH (Münstersche Mittelalter-Schriften 48) München 1984.
Memoria in der Gesellschaft des Mittelalters, hg. von Dieter GEUENICH und Otto Gerhard OEXLE (Veröffentlichungen des Max-Planck-Instituts für Geschichte 111) Göttingen 1994.
Memoria als Kultur, hg. von Otto Gerhard OEXLE (Veröffentlichungen des Max-Planck-Instituts für Geschichte 121) Göttingen 1995.
MENZEL, Michael: Quellen zu Ludwig dem Bayern, in: Ludwig der Bayer als bayerischer Landesherr. Probleme und Stand der Forschung (ZBLG 60,1) München 1997, S. 71–82.
MERTA, Brigitte: Helenae conparanda regina – secunda Isebel. Darstellung von Frauen des merowingischen Hauses in frühmittelalterlichen Quellen, MIÖG 96 (1988) S. 1–32.
MEYER VON KNONAU, Gerold: Jahrbücher des Deutschen Reiches unter Heinrich IV. und Heinrich V., 7 Bde. (Jahrbücher der Deutschen Geschichte) Berlin 1890–1907, ND 1965.
MIKAT, Paul: Dotierte Ehe – rechte Ehe. Zur Entwicklung des Eheschließungsrechts in fränkischer Zeit (Rheinisch-Westfälische Akademie der Wissenschaften. Geisteswissenschafte Vorträge G 227) Opladen 1978.
MIRAEUS, Aubertus: Notitia ecclesiarum Belgii, Antverpii 1630.
MISSIOU, Dionyssia: Über die institutionelle Rolle der byzantinischen Kaiserin, Jahrbuch der österreichischen Byzantinistik 32/II (1982) S. 489–498.
MITTARELLI, Johanne Benedigto und Anselmo COSTADONI, Annales Camaldulenses ordinis Sancti Benedicti, Bd. 3, Venetiis 1758.
MITTEIS, Heinrich: Die deutsche Königswahl. Ihre Rechtsgrundlagen bis zur Goldenen Bulle, Brünn, München, Wien ²1944, ND Darmstadt ⁶1987.
MOEDER, Marcel: Maître Daniel. Chapelain de Frédéric Barberousse, Légat en Bourgogne et Curé de Mulhouse en 1187, Bulletin de la Société Industrielle de Mulhouse 98 (1932) S. 416–437.
MOLTMANN, Johannes: Theophano, die Gemahlin Ottos II., in ihrer Bedeutung für die Politik Ottos I. und Ottos II., Diss. phil. Göttingen 1878.
MOR, Carlo Guido: *Consors regni*: La Regina nel diritto pubblico italiano dei secoli IX–X, Archivio Giuridico »Filippo Serafini« 135 (1948) S. 7–32.
MORAW, Peter: Kaiser Karl IV. im deutschen Spätmittelalter, HZ 229 (1979) S. 1–24.
– Die königliche Verwaltung, in: Deutsche Verwaltungsgeschichte. Bd. 1: Vom Spätmittelalter bis zum Ende des Reiches, Stuttgart 1983, S. 31–53.
– Von offener Verfassung zu gestalteter Verdichtung. Das Reich im späten Mittelalter 1250 bis 1490 (Propyläen Geschichte Deutschlands 3) Berlin 1985.
MÜLLER, Albert: Leonores Haar. Geschlechtsspezifische Differenzierung im Kontext von Sterben und Tod am Beispiel der Leonore von Portugal, in: Lothar KOLMER (Hg.), Der Tod des Mächtigen. Kult und Kultur des Todes spätmittelalterlicher Herrscher, Paderborn, München, Wien, Zürich 1997, S. 166–184.
MÜLLER, Heribert: Heribert, Kanzler Ottos III. und Erzbischof von Köln (Veröffentlichungen des Kölnischen Geschichtsvereins 33) Köln 1977.
– Studien zu Erzbischof Everger von Köln (958–999), Jahrbuch des Kölnischen Geschichtsvereins 49 (1978) S. 1–18.
MÜLLER-MERTENS, Eckhard: Die Reichsstruktur im Spiegel der Herrschaftspraxis Ottos des Großen. Mit historiographischen Prolegomina zur Frage Feudalstaat auf deutschem Boden, seit wann deutscher Feudalstaat? (Forschungen zur mittelalterlichen Geschichte 25) Berlin 1980.
– und Wolfgang HUSCHNER, Reichsintegration im Spiegel der Herrschaftspraxis Kaiser Konrads II. (Forschungen zur mittelalterlichen Geschichte 35) Weimar 1992.
– Arnulf, Herzog von Bayern (907–937), in: Deutsche Fürsten des Mittelalters, hg. von Eberhard HOLTZ und Wolfgang HUSCHNER, Leipzig 1995, S. 44–60.
NAUMANN, Helmut: Rätsel des letzten Aufstandes gegen Otto I. (953–954), in: Otto der Große, hg. von Harald ZIMMERMANN (WdF 450) Darmstadt 1976, S. 70–136.
NEISKE, Franz: Vision und Totengedenken, FMSt 20 (1986) S. 137–185.
NELSON, Janet L.: Queens as Jezebels: The Careers of Brunhild and Balthild in Merovingian History, in: Medieval Women. Dedicated and presented to Professor Rosalind M. T. Hill on the Occasion of her seventieth birthday, hg. von Derek BAKER (Studies in Church History. Subsidia 1) Oxford 1978, S. 31–77.
– The earliest royal *ordo*: Some liturgical and historical aspects, in: DIES., Politics and Ritual in Early Medieval Europe, London, Ronceverte 1986, S. 341–360.
NEUMANN, Friedrich: Der Denkstil Hrotsvits von Gandersheim, in: Festschrift für Hermann Heimpel zum 70. Geburtstag, Bd. 3 (Veröffentlichungen des Max-Planck-Instituts für Geschichte 36/III) Göttingen 1972, S. 37–60.

NEUMANN, Richard: Die politischen Beziehungen zwischen dem Deutschen Reiche und Aragonien in der Zeit von Rudolf von Habsburg bis Rupert von der Pfalz (phil. Diss. Freiburg) Naunhof 1917.

NEUMEISTER, Peter: Beatrix von Burgund. Gefährtin Barbarossas in Freud und Leid, in: Herrscherinnen und Nonnen. Frauengestalten von der Ottonenzeit bis zu den Staufern, hg. von Erika UITZ, Barbara PÄTZOLD und Gerald BEYREUTHER, Berlin 1990, S. 197–218.

NEUREITHER, Heinrich: Das Bild Kaiser Karls IV. in der zeitgenössischen französischen Geschichtsschreibung, phil. Diss. Heidelberg 1964.

NITSCHKE, August: Brunhilde und Hiltgund. Beobachtungen zum Verhaltenswandel der Frauen im frühen Mittelalter, in: Sprache und Recht. Beiträge zur Kulturgeschichte des Mittelalters. Festschrift für Ruth Schmidt-Wiegand zum 60. Geburtstag, hg. von Karl HAUCK, Karl KROESCHELL, Stefan SONDEREGGER, Dagmar HÜPPER, Gabriele VON OLBERG, Berlin, New York 1986, Bd. 2, S. 532–553.

NOWAK, Zenon: Internationale Schiedsprozesse als ein Werkzeug der Politik König Sigismunds in Ostmittel- und Nordeuropa 1411–1425, BDLG 111 (1975) S. 172–188.

– Kaiser Siegmund und die polnische Monarchie (1387–1437), Zeitschrift für historische Forschung 15 (1988) S. 423–436.

OEXLE, Otto Gerhard: Memoria als Kultur, in: DERS. (Hg.), Memoria als Kultur (Veröffentlichungen des Max-Planck-Instituts für Geschichte 121) Göttingen 1995, S. 9–78.

OHNSORGE, Werner: Das Mitkaisertum in der abendländischen Geschichte des früheren Mittelalters, ZRG Germ. 67 (1950) S. 309–335.

– Die Heirat Kaiser Ottos II. mit der Byzantinerin Theophano (972) (1973), nachgedruckt in: DERS., Ost-Rom und der Westen (1983) S. 128–172.

– Basileus, Kaiser und Sarazenen im Jahre 981/2 (1981), nachgedruckt in: DERS., Ost-Rom und der Westen (1983) S. 173–201.

– Ost-Rom und der Westen. Gesammelte Aufsätze zur Geschichte der byzantinisch-abendländischen Beziehungen und des Kaisertums, Darmstadt 1983.

OPITZ, Claudia: Erziehung und Bildung in Frauenklöstern des hohen und späten Mittelalters (12.–15. Jahrhundert), in: Geschichte der Mädchen- und Frauenbildung, Bd. 1, hg. von Elke KLEINAU und Claudia OPITZ, Frankfurt, New York 1996, S. 63–77.

OPLL, Ferdinand: Das Itinerar Kaiser Friedrich Barbarossas (1152–1190) (Forschungen zur Kaiser- und Papstgeschichte des Mittelalters. Beihefte zu J. F. Böhmer, Regesta Imperii 1) Wien, Graz, Köln 1978.

– Friedrich Barbarossa (Gestalten des Mittelalters) Darmstadt 1990.

– Nachrichten aus dem mittelalterlichen Wien. Zeitgenossen berichten, Wien, Köln, Weimar 1995.

OTT, Joachim: Krone und Krönung. Die Verheißung und Verleihung von Kronen in der Kunst von der Spätantike bis um 1200 und die geistige Auslegung der Krone, Mainz am Rhein 1998.

PÄTZOLD, Barbara: Hrotsvit von Gandersheim. Lebensnormen und Wertvorstellungen, in: Herrscherinnen und Nonnen. Frauengestalten von der Ottonenzeit bis zu den Staufern, hg. von Erika UITZ, B. PÄTZOLD und Gerald BEYREUTHER, Berlin 1990, S. 17–42.

PALME, Rudolf: Die landesherrlichen Salinen- und Salzbergrechte im Mittelalter. Eine vergleichende Studie (Innsbrucker Beiträge zur Kulturwissenschaft. Sonderheft 34) Innsbruck 1974.

– Rechts-, Wirtschafts- und Sozialgeschichte der inneralpinen Salzwerke bis zu deren Monopolisierung (Rechtshistorische Reihe 25) Frankfurt am Main, Bern 1983.

PAMME-VOGELSANG, Gudrun: Die Ehen mittelalterlicher Herrscher im Bild. Untersuchungen zu zeitgenössischen Herrscherpaardarstellungen des 9. bis 12. Jahrhunderts (Forschungen zur Geschichte der älteren deutschen Literatur 20) München 1998.

PAPE, Rainer: Sancta Herfordia. Geschichte Herfords von den Anfängen bis zur Gegenwart, Herford 1979.

PARISSE, Michel: Des veuves au monastère, in: DERS. (Hg.), Veuves et Veuvage dans le haut moyen âge, Paris 1993, S. 255–274.

PARSONS, John Carmi (Hg.): Medieval Queenship, New York 1993.

PATZE, Hans: Die Hofgesellschaft Kaiser Karls IV. und König Wenzels in Prag, in: Kaiser Karl IV. 1316–1378. Forschungen über Kaiser und Reich, hg. von Hans PATZE, Neustadt/Aisch 1978, S. 733–773.

PAULER, Roland: Zum Kanzler Ottos des Großen, Petrus von Pavia und einem angeblich gefälschten Papstbrief, QFiAB 60 (1980) S. 507–510.

– Die deutschen Könige und Italien im 14. Jahrhundert. Von Heinrich VII. bis Karl IV., Darmstadt 1997.

– Die Rehabilitierung Ludwigs des Brandenburgers im Rahmen der päpstlichen Imperialpolitik, in: Ludwig der Bayer als bayerischer Landesherr. Probleme und Stand der Forschung (ZBLG 60,1, 1997) S. 317–328.

Paulhart, Herbert: Zur Heiligsprechung der Kaiserin Adelheid, MIÖG 64 (1956) S. 65–67.

Pernoud, Regine: Leben der Frauen im Hochmittelalter (Frauen in Geschichte und Gesellschaft 8) Pfaffenweiler 1991.

Perst, Otto: Die Kaisertochter Sophie. Äbtissin von Gandersheim und Essen (975–1039) Braunschweigisches Jahrbuch 38 (1957) S. 5–46.

– Zur Reihenfolge der Kinder Ottos II. und der Theophano, DA 14 (1958) S. 230–236.

Petersohn, Jürgen: »Echte« und »falsche« Insignien im deutschen Krönungsbrauch des Mittelalters? Kritik eines Forschungsstereotyps (SB Frankfurt/Main 30,3) Stuttgart 1993.

– Über monarchische Insignien und ihre Funktion im mittelalterlichen Reich, HZ 266 (1998) S. 47–96.

Petke, Wolfgang: Kanzlei, Kapelle und königliche Kurie unter Lothar III. (1125–1137) (Forschungen zur Kaiser- und Papstgeschichte des Mittelalters. Beihefte zu J. F. Böhmer, Regesta Imperii 5) Köln, Wien 1985.

Peyer, Hans Conrad: Das Reisekönigtum des Mittelalters, Vierteljahresschrift für Sozial- und Wirtschaftsgeschichte 51 (1964) S. 1–21.

Pferschy-Maleczek, Bettina: Mathilde von Tuszien, in: Karl Schnith (Hg.), Frauen des Mittelalters in Lebensbildern, Graz, Wien, Köln 1997, S. 153–173, 472f.

– Kaiserin Eleonore, in: Karl Schnith (Hg.), Frauen des Mittelalters in Lebensbildern, Graz, Wien, Köln 1997, S. 420–446, 479–481.

Pirchan, Gustav: Italien und Kaiser Karl IV. in der Zeit seiner zweiten Romfahrt, 2 Bde. (Quellen und Forschungen aus dem Gebiet der Geschichte 6) Prag 1930.

Pohl-Resl, Brigitte: »Quod me legibus contanget auere«. Rechtsfähigkeit und Landbesitz langobardischer Frauen, MIÖG 101 (1993) S. 201–227.

– Vorsorge, Memoria und soziales Ereignis: Frauen als Schenkerinnen in den bayerischen und alemannischen Urkunden des 8. und 9. Jahrhunderts, MIÖG 103 (1995) S. 265–287.

Portmann, Marie-Louise: Die Darstellung der Frau in der Geschichtsschreibung des früheren Mittelalters (Basler Beiträge zur Geschichtswissenschaft 69) Basel, Stuttgart 1958.

Posse, Otto (Hg.), Die Siegel der deutschen Kaiser und Könige von 751 bis 1806, 5 Bde., Dresden 1909–1913.

Pray, Georg Annales regum Hungariae, Bd. 2, Wien 1764.

Quirin, Heinz: Barbara von Cilly, in: NDB 1 (1953) S. 581.

– König Friedrich III. in Siena (1452), in: Aus Reichstagen des 15. und 16. Jahrhunderts (Schriftenreihe der historischen Kommission bei der Bayerischen Akademie der Wissenschaften 5) Göttingen 1958, S. 24–79.

Queens and Queenship in Medieval Europe. Proceedings of a Conference held at King's College London April 1995, hg. von Anne J. Duggan, Woodbridge 1997.

Rader, Olaf B.: Otto von Northeim, Herzog von Bayern (1061–1070), in: Deutsche Fürsten des Mittelalters, hg. von Eberhard Holtz und Wolfgang Huschner, Leipzig 1995, S. 152–162.

Rathsack, Mogens: Die Fuldaer Fälschungen. Eine rechtshistorische Analyse der päpstlichen Privilegien des Klosters Fulda von 751 bis ca. 1158, 2 Bde. (Päpste und Papsttum 24) Stuttgart 1989.

Redlich, Oswald: Rudolf von Habsburg. Das deutsche Reich nach dem Untergange des alten Kaisertums, Innsbruck 1903, ND Aalen 1965.

Das Reich der Salier 1024–1125. Katalog zur Ausstellung des Landes Rheinland Pfalz in Speyer, 23. März bis 21. Juni 1992, Sigmaringen 1992.

Reicke, Siegfried: Der Hammersteinsche Ehehandel im Lichte der mittelalterlichen Herrschaftsordnung, Rheinische Vierteljahrsblätter 38 (1974) S. 203–224.

Reimer, Das Todtenbuch des Speirer Domstifts, ZGO 26 (1874) S. 414–444.

Reindel, Kurt: Die bayerischen Luitpoldinger 893–989. Sammlung und Erläuterung der Quellen (Quellen und Erörterungen zur bayerischen Geschichte N.F. 11) München 1953.

– Bayern vom Zeitalter der Karolinger bis zum Ende der Welfenherrschaft (788–1180), in: Max Spindler (Hg.), Handbuch der Bayerischen Geschichte 1, München ^{2}1981, S. 249–349.

Reinke, Martina: Die Reisegeschwindigkeit des deutschen Königshofes im 11. und 12. Jahrhundert nördlich der Alpen, BDLG 123 (1987) S. 225–251.

Reisinger, Christoph: Tankred von Lecce. Normannischer König von Sizilien 1190–1194 (Kölner Historische Abhandlungen 38) Köln, Weimar, Wien 1992.

RENN, Heinz: Das erste Luxemburger Grafenhaus (963–1136) (Rheinisches Archiv 39) Bonn 1941.
REULING, Ulrich: Die Kur in Deutschland und Frankreich. Untersuchungen zur Entwicklung des rechtsförmlichen Wahlaktes bei der Königserhebung im 11. und 12. Jahrhundert (Veröffentlichungen des Max-Planck-Instituts für Geschichte 64) Göttingen 1979.
REUTER, Timothy: Unruhestiftung, Fehde, Rebellion, Widerstand: Gewalt und Frieden in der Politik der Salierzeit, in: Die Salier und das Reich, hg. von Stefan WEINFURTER, Bd. 3, Sigmaringen 1991, S. 297–325.
RIECKENBERG, Hans Jürgen: Königsstrasse und Königsgut in liudolfingischer und frühsalischer Zeit (919–1056), AUF 17 (1941) S. 32–154; ND als Monographie Darmstadt 1965.
– Das Geburtsdatum der Kaiserin Gisela, DA 9 (1952) S. 535–538.
RINGHOLZ, Odilo: Die ehemalige Begräbnisstätte der heiligen Kaiserin Adelheid, Studien und Mitteilungen aus dem Benediktinerorden 7 (1886) S. 315–333.
RÖCKELEIN, Hedwig: Historische Frauenforschung. Ein Literaturbericht zur Geschichte des Mittelalters, HZ 255 (1992) S. 377–409.
RÖSCH, Gerhard: Venedig und das Reich. Handels- und verkehrspolitische Beziehungen in der deutschen Kaiserzeit (Bibliothek des Deutschen Historischen Instituts in Rom 53) Tübingen 1982.
– Der venezianische Adel bis zur Schließung des Großen Rats. Zur Genese einer Führungsschicht (Kieler Historische Studien 33) Sigmaringen 1989.
RÖSENER, Werner: Hofämter an mittelalterlichen Fürstenhöfen, DA 45 (1989) S. 485–550.
– Die höfische Frau im Hochmittelalter, in: Curialitas. Studien zu Grundfragen der höfisch-ritterlichen Kultur, hg. von Josef FLECKENSTEIN (Veröffentlichungen des Max-Planck-Instituts für Geschichte 100) Göttingen 1990, S. 171–230.
RÖSSLER, Oskar: Kaiserin Mathilde, Mutter Heinrichs von Anjou, und das Zeitalter der Anarchie in England (Historische Studien 7) Berlin 1897, ND Vaduz 1965.
Die Rolle der Frau in der byzantinischen Gesellschaft, Jahrbuch der österreichischen Byzantinistik 32/2 (1982) [= XVI. Internat. Byzantinistenkongreß Wien, 4.–9. Okt. 1981. Akten II/2] S. 423–558.
ROTONDO-MCCORD, Jonathan: Locum sepulturae meae … elegi: Property, Graves, and Sacral Power in Eleventh-Century Germany, Viator 26 (1995) S. 77–106.
RUNCIMAN, Steven: The Empress Irene the Athenian, in: Medieval Women. Dedicated and presented to Professor Rosalind M. T. Hill on the Occasion of her seventieth birthday, hg. von Derek BAKER (Studies in Church History. Subsidia 1) Oxford 1978, S. 101–118.
RUNDNAGEL, Erwin: Die Ehescheidung Friedrich Barbarossas, in: Kritische Beiträge zur Geschichte des Mittelalters. Festschrift für Robert Holtzmann zum 60. Geburtstag (Historische Studien 238) Berlin 1933, ND Vaduz 1965, S. 145–159.
Die Salier und das Reich, hg. von Stefan WEINFURTER unter Mitarbeit von Helmuth KLUGER, 3 Bde., Sigmaringen 1991.
SAMANEK, Vincenz: Studien zur Geschichte König Adolfs. Vorarbeiten zu den Regesta imperii VI 2 (1292–1298) (SB Wien 207) Wien 1930.
SANCLEMENTI, Henrico: Series critico-chronologico episcoporum Cremonensium, Cremona 1814.
SANTIFALLER, Leo: Zur Geschichte des ottonisch-salischen Reichskirchensystems (SB Wien 229) Wien ^{2}1964.
SARNOWSKY, Jürgen: England und der Kontinent im 10. Jahrhundert, HJb 114 (1994) S. 47–75.
SCHÄUFELE, Eva: Normabweichendes Rollenverhalten: Die kämpfende Frau in der deutschen Literatur des 12. und 13. Jahrhunderts (Göppinger Arbeiten zur Germanistik 272) Göppingen 1979.
SCHALLER, Hans Martin: Wann und wo wurde Friedrich II. getauft?, in: Regensburg, Bayern und Europa. Festschrift für Kurt Reindel zu seinem 70. Geburtstag, hg. von Lothar KOLMER und Peter SEGL, Regensburg 1995, S. 301–306.
SCHEIBELREITER, Georg: Der Regierungsantritt des römisch-deutschen Königs (1056–1138), MIÖG 81 (1973) S. 1–62.
SCHETTER, Rudolf: Die Intervenienz der weltlichen und geistlichen Fürsten in den deutschen Königsurkunden von 911–1056, phil. Diss. Berlin 1935.
SCHIEFFER, Rudolf: Hermann I., Bischof von Bamberg, in: Fränkische Lebensbilder 6, hg. von Gerhard PFEIFFER und Alfred WENDEHORST (Veröffentlichungen der Gesellschaft für Fränkische Geschichte. Reihe VII A) Würzburg 1975, S. 55–76.
– Die Entstehung des päpstlichen Investiturverbots für den deutschen König (Schriften der MGH 28) Stuttgart 1981.
– Die Karolinger (Urban-TB 411) Stuttgart, Berlin, Köln 1992.
– Domkapitel und Reichskirche, in: Bernward von Hildesheim und das Zeitalter der Ottonen. Ka-

talog der Ausstellung Hildesheim 1993, hg. von Michael BRANDT und Arne EGGEBRECHT, Bd. 1, Hildesheim, Mainz 1993, S. 269–273.
– Otto von Freising ein Urkundenfälscher?, in: Regensburg, Bayern und Europa. Festschrift für Kurt Reindel zu seinem 70. Geburtstag, hg. von Lothar KOLMER und Peter SEGL, Regensburg 1995, S. 245–256.
SCHIEFFER, Theodor: Hermann von Salm, in: NDB 8 (1969) S. 628–630.
– (Hg.): Europa im Wandel von der Antike zum Mittelalter (Handbuch der europäischen Geschichte 1) Stuttgart 1979.
SCHIMMELPFENNIG, Bernhard: Das Papsttum. Grundzüge seiner Geschichte von der Antike bis zur Renaissance, Darmstadt ²1987 u. ö.
SCHLESINGER, Walter: Kirchengeschichte Sachsens im Mittelalter, 2 Bde. (Mitteldeutsche Forschungen 27) Köln, Graz 1962, ND Köln, Wien 1983.
SCHLÖGL, Waldemar: Die Unterfertigung deutscher Könige von der Karolingerzeit bis zum Interregnum durch Kreuz und Unterschrift. Beiträge zur Geschichte und zur Technik der Unterfertigung im Mittelalter (Münchener Historische Studien. Abt. Geschichtliche Hilfswissenschaften 16) Kallmünz 1978.
SCHMALE, Franz-Josef: Studien zum Schisma des Jahres 1130 (Forschungen zur kirchlichen Rechtsgeschichte und zum Kirchenrecht 3) Köln, Graz 1961.
– Synodus – synodale concilium – concilium, AHC 8 (1976) S. 80–102.
SCHMEIDLER, Bernhard: Venedig und das Reich von 983–1024, MIÖG 25 (1904) S. 515–575.
– Über die Tegernseer Briefsammlung [Froumund], NA 46 (1926) S. 395–429.
SCHMID, Karl: Die Nachfahren Widukinds, DA 20 (1964) S. 1–47; nachgedruckt in: DERS., Gebetsgedenken S. 59–105.
– Religiöses und sippengebundenes Gemeinschaftsbewußtsein in frühmittelalterlichen Gedenkbucheinträgen, DA 21 (1965) S. 18–81; nachgedruckt in: DERS., Gebetsgedenken S. 532–597.
– Neue Quellen zum Verständnis des Adels im 10. Jahrhundert (1960) mit einem Nachtrag von Juni 1970, nachgedruckt in: Eduard HLAWITSCHKA (Hg.), Königswahl und Thronfolge in ottonisch-frühsalischer Zeit (WdF 178) Darmstadt 1971, S. 389–416.
– Die Thronfolge Ottos des Großen (1964) mit einem Nachtrag von Juni 1970, nachgedruckt in: HLAWITSCHKA (Hg.), Königswahl S. 417–508.
– Gebetsgedenken und adliges Selbstverständnis im Mittelalter. Ausgewählte Beiträge. Festgabe zu seinem sechzigsten Geburtstag, Sigmaringen 1983.
– Die Sorge der Salier um die Memoria. Zeugnisse, Erwägungen und Fragen, in: Memoria. Der geschichtliche Zeugniswert des liturgischen Gedenkens im Mittelalter, hg. von Karl SCHMID und Joachim WOLLASCH (Münstersche Mittelalter-Schriften 48) München 1984, S. 666–726.
– Frutolfs Bericht zum Jahr 1077 oder der Rückzug Rudolfs von Schwaben, in: Historiographica medievalis. Studien zur Geschichtsschreibung und Quellenkunde des Mittelalters. Festschrift für Franz-Josef Schmale zum 65. Geburtstag, hg. von Dieter BERG und Hans-Werner GOETZ, Darmstadt 1988, S. 181–198.
– (Hg.), Die Zähringer, 3 Bde., Sigmaringen 1986–1991.
SCHMID, Paul: Der Begriff der kanonischen Wahl in den Anfängen des Investiturstreits, Stuttgart 1929.
SCHMID, Peter: Regensburg. Stadt der Könige und Herzöge im Mittelalter (Regensburger Historische Forschungen 6) Kallmünz/Opf. 1977.
SCHMIDT, Roderich: Königsumritt und Huldigung in ottonisch-salischer Zeit, in: G. BAAKEN und R. SCHMIDT, Königtum, Burgen und Königsfreie. Königsumritt und Huldigung in ottonisch-salischer Zeit (VuF 6) Konstanz, Stuttgart 1961, S. 97–233.
SCHMIDT, Tilmann: Alexander II. (1061–1073) und die Reformgruppe seiner Zeit (Päpste und Papsttum 11) Stuttgart 1977.
SCHMIDT, Ulrich: Königswahl und Thronfolge im 12. Jahrhundert (Forschungen zur Kaiser- und Papstgeschichte des Mittelalters. Beihefte zu J. F. Böhmer, Regesta Imperii 7) Köln, Wien 1987.
SCHNEIDER, Annerose: Zum Bild der Frau in der Chronistik des früheren Mittelalters, Forschungen und Fortschritte 35 (1961) S. 112–114.
SCHNEIDER, Christian: Prophetisches Sacerdotium und heilsgeschichtliches Regnum im Dialog 1073–1077. Zur Geschichte Gregors VII. und Heinrichs IV. (Münstersche Mittelalter-Schriften 9) München 1972.
SCHNEIDER, Fedor: Papst Johann XV. und Ottos III. Romfahrt, MIÖG 39 (1923) S. 193–218.
SCHNEIDER, Ludwig: Die Wittelsbacher in Holland, in: A desirable world: Essays in honour of Professor Bart Landheer, hg. von A. M. C. H. REIGERSMAN-VAN DER EERDEN, The Hague 1974, S. 88–101.

SCHNEIDER, Reinhard: Die Königsherrschaft Heinrichs II. im Jahre 1002, DA 28 (1972) S. 74–104.
SCHNEIDMÜLLER, Bernd: Karolingische Tradition und frühes französisches Königtum. Untersuchungen zur Herrschaftslegitimation der westfränkisch-französischen Monarchie im 10. Jahrhundert (Frankfurter Historische Abhandlungen 22) Wiesbaden 1979.
– Reichsfürstliches Feiern. Die Welfen und ihre Feste im 13. Jahrhundert, in: Feste und Feiern im Mittelalter. Paderborner Symposion des Mediävistenverbandes, hg. von Detlef ALTENBURG, Jörg JARNUT und Hans-Hugo STEINHOFF, Sigmaringen 1991, S. 165–180.
– Ottonische Familienpolitik und französische Nationsbildung im Zeitalter der Theophanu, in: Kaiserin Theophanu. Begegnung des Ostens und Westens um die Wende des ersten Jahrtausends. Gedenkschrift des Kölner Schnütgen-Museums zum 1000. Todesjahr der Kaiserin, hg. von Anton VON EUW und Peter SCHREINER, Bd. 2, Köln 1991, S. 345–359.
– Reich – Volk – Nation: Die Entstehung des deutschen Reiches und der deutschen Nation im Mittelalter, in: Mittelalterliche nationes – neuzeitliche Nationen. Probleme der Nationenbildung in Europa, hg. von Almut BUES und Rex REXHEUSER, Wiesbaden 1995, S. 73–101.
– Neues über einen alten Kaiser? Heinrich II. in der Perspektive der modernen Forschung, Berichte des Historischen Vereins Bamberg 113 (1997) S. 13–41.
– und Stefan WEINFURTER (Hgg.), Otto III. – Heinrich II. Eine Wende? (Mittelalter-Forschungen 1) Sigmaringen 1997.
SCHNITH, Karl: »Kaiserin« Mathilde, in: Großbritannien und Deutschland. Europäische Aspekte der politisch-kulturellen Beziehungen beider Länder in Geschichte und Gegenwart. Festschrift für John W. P. Bourke, hg. von Ortwin KUHN, München 1974, S. 166–182.
– *Regni et pacis inquietatrix:* Zur Rolle der Kaiserin Mathilde in der ›Anarchie‹, Journal of Medieval History 2 (1976) S. 135–157.
– *Domina Anglorum.* Zur Bedeutungsbreite eines hochmittelalterlichen Herrscherinnentitels, in: Grundwissenschaften und Geschichte. Festschrift für Peter Acht (Münchener Historische Studien. Abt. Geschichtliche Hilfswissenschaften 15) Kallmünz 1976, S. 101–111.
– (Hg.), Mittelalterliche Herrscher in Lebensbildern. Von den Karolingern zu den Staufern, Graz, Wien, Köln 1990.
– (Hg.), Frauen des Mittelalters in Lebensbildern, Graz, Wien, Köln 1997.
– Kaiserin Mathilde, in: DERS., Frauen des Mittelalters S. 189–213, 474.
SCHRADER, Johanna: Isabella von Aragonien, Gemahlin Friedrichs des Schönen von Oesterreich, phil. Diss. Freiburg im Breisgau 1915.
SCHRAMM, Percy Ernst: Die Krönung in Deutschland bis zum Beginn des Salischen Hauses (1028), ZRG Kan. 24 (1935) S. 184–332.
– Kaiser, Könige und Päpste. Gesammelte Aufsätze zur Geschichte des Mittelalters, Bd. 3: Vom 10. bis zum 13. Jahrhundert, Stuttgart 1969.
– Die Königskrönungen der deutschen Herrscher von 961 bis um 1050, in: DERS., Kaiser, Könige und Päpste 3 (1969) S. 108–134.
– Kaiser, Basileus und Papst in der Zeit der Ottonen, in: DERS., Kaiser, Könige und Päpste 3 (1969) S. 200–245.
– und Florentine MÜTHERICH: Denkmale der deutschen Könige und Kaiser, 2 Bde. (Veröffentlichungen des Zentralinstituts für Kunstgeschichte in München 2 und 7) München ²1981 und 1978.
SCHREUER, Hans: Wahl und Krönung Konrads II. 1024, Historische Vierteljahrsschrift 14 (1911) S. 327–366.
SCHUBERT, Ernst: Imperiale Spolien im Magdeburger Dom, in: Herrschaftsrepräsentation im ottonischen Sachsen, hg. von Gerd ALTHOFF und Ernst SCHUBERT (VuF 46) Sigmaringen 1998, S. 9–32.
SCHUBERT, Paul: Die Reichshofämter und ihre Inhaber bis um die Wende des 12. Jahrhunderts, MIÖG 34 (1913) S. 427–501.
SCHÜTTE, Bernd: Untersuchungen zu den Lebensbeschreibungen der Königin Mathilde (MGH Studien und Texte 9) Hannover 1994.
SCHÜTZ, Alois: Die Prokuratorien und Instruktionen Ludwigs des Bayern für die Kurie (1881–1345). Ein Beitrag zu seinem Absolutionsprozeß (Münchener Historische Studien. Abt. Historische Hilfswissenschaften 11) Kallmünz Opf. 1973.
– Der Kampf Ludwigs des Bayern gegen Papst Johannes XXII. und die Rolle der Gelehrten am Münchner Hof, in: Die Zeit der frühen Herzöge. Von Otto I. zu Ludwig dem Bayern. Beiträge zur Bayerischen Geschichte und Kunst 1180–1350, hg. von Hubert GLASER (Wittelsbach und Bayern I/1) München 1980, S. 388–397.
– Ludwig der Bayer, in: NDB 15 (1987) S. 334–347.
– Die Verhandlungen Ludwigs des Bayern mit Benedikt XII. Ein Beitrag zum päpstlichen An-

spruch auf Approbation des Römischen Königs 1335–1337, in: Ludwig der Bayer als bayerischer Landesherr. Probleme und Stand der Forschung (ZBLG 60,1) München 1997, S. 253–315.

Schütze-Pflugk, Marianne: Herrscher- und Märtyrerauffassung bei Hrotsvit von Gandersheim (Frankfurter Historische Abhandlungen 1) Wiesbaden 1972.

Schulte, Aloys: Deutsche Könige, Kaiser, Päpste als Kanoniker an deutschen und römischen Kirchen, HJb 54 (1934) S. 137–177; Sonderausgabe (Libelli 70) Darmstadt 1960.

Schulze-Dörrlamm, Mechthild: Der Mainzer Schatz der Kaiserin Agnes. Neue Untersuchungen zum sogenannten »Gisela-Schmuck« (Römisch-Germanisches Zentralmuseum. Monographien 24 = Publikationen zur Ausstellung »Die Salier und ihr Reich«) Sigmaringen 1991.

Schwartz, Gerhard: Die Besetzung der Bistümer Reichsitaliens unter den sächsischen und salischen Kaisern mit den Listen der Bischöfe 951–1122, Leipzig, Berlin 1913.

Schwarzmaier, Hansmartin: Der Liber Vitae von Subiaco. Die Klöster Farfa und Subiaco in ihrer geistigen und politischen Umwelt während der letzten Jahrzehnte des 11. Jahrhunderts, QFiAB 48 (1968) S. 80–147.

– Von Speyer nach Rom. Wegstationen und Lebensspuren der Salier, Sigmaringen 1992.

– Das »salische Hausarchiv«, in: Die Salier und das Reich, hg. von Stefan Weinfurter, Bd. 1, Sigmaringen 1991, S. 97–115.

Schwöbel, Hermann Otto: Der diplomatische Kampf zwischen Ludwig dem Bayern und der römischen Kurie im Rahmen des kanonischen Absolutionsprozesses 1330–1346 (Quellen und Studien zur Verfassungsgeschichte des Deutschen Reiches in Mittelalter und Neuzeit 10) Weimar 1968.

Seibrich, Wolfgang: Egbert als Metropolit und Bischof von Trier, in: Franz J. Ronig (Hg.), Egbert, Erzbischof von Trier 977–993. Gedenkschrift der Diözese Trier zum 1000. Todestag, Bd. 2: Aufsätze (Trierer Zeitschrift für Geschichte und Kunst des Trierer Landes und seiner Nachbargebiete. Beiheft 18) Trier 1993, S. 187–195.

Seibt, Ferdinand: Die Zeit der Luxemburger und der hussitischen Revolution, in: Handbuch der Geschichte der Böhmischen Länder, hg. von Karl Bosl, Bd. 1, Stuttgart 1967, S. 351–568.

– Karl IV. Ein Kaiser in Europa 1346 bis 1378, München 1978, TB-Ausgabe 1985.

– Polen von der Jahrtausendwende bis 1444, in: Handbuch der europäischen Geschichte 2, hg. von Ferdinand Seibt, Stuttgart 1987, S. 1042–1079.

Sherman, Claire Richter: The Queen in Charles V's »Coronation Book«: Jeanne de Bourbon and the »Ordo ad Reginam Benedicendam«, Viator 8 (1977) S. 255–298.

– Taking a Second Look: Observations on the Iconography of a French Queen, Jeanne de Bourbon (1338–1378), in: Feminism and Art History. Questioning the Litany, hg. von Norma Broude and Mary D. Garrard, New York 1982, S. 101–117.

Sickel, Theodor von: Erläuterungen zu den Diplomen Otto III. 1. Teil, MIÖG 12 (1891) S. 209–245.

Sonnleitner, Käthe: Selbstbewußtsein und Selbstverständnis der ottonischen Frauen im Spiegel der Historiographie des 10. Jahrhunderts, in: Geschichte und ihre Quellen. Festschrift für Friedrich Hausmann zum 70. Geburtstag, hg. von Reinhard Härtel, Graz 1987, S. 111–119.

– Die Annalistik der Ottonenzeit als Quelle für die Frauengeschichte, Schriftenreihe des Instituts für Geschichte Graz. Darstellungen 2 (1988) S. 233–249.

Speer, Lothar: Kaiser Lothar III. und Erzbischof Adalbert I. von Mainz. Eine Untersuchung zur Geschichte des deutschen Reiches im frühen zwöften Jahrhundert (Dissertationen zur mittelalterlichen Geschichte 3) Köln, Wien 1983.

Spiess, Karl-Heinz: Unterwegs zu einem fremden Ehemann. Brautfahrt und Ehe in europäischen Fürstenhäusern des Spätmittelalters, in: Fremdheit und Reisen im Mittelalter, hg. von Irene Erfen und K.-H. Spiess, Stuttgart 1997, S. 17–36.

Sporbeck, Gudrun: Froumund von Tegernsee (um 960–1006/12) als Literat und Lehrer, in: Kaiserin Theophanu. Begegnung des Ostens und Westens um die Wende des ersten Jahrtausends, hg. von Anton von Euw und Peter Schreiner, Köln 1991, Bd. 1, S. 369–378.

Sprengler-Ruppenthal, Anneliese: Zur Theologie der consors-regni-Formel in der sächsischen Königs- und Kaiserzeit, Jahrbuch für niedersächsische Kirchengeschichte 83 (1985) S. 85–107.

Sproemberg, Heinrich: Judith, Königin von England, Gräfin von Flandern (1936), ND in: Ders., Beiträge zur belgisch-niederländischen Geschichte (Forschungen zur mittelalterlichen Geschichte 3) Berlin 1959, S. 56–110.

Stafford, Pauline: The King's Wife in Wessex 800–1066, Past and Present 91 (1981) S. 3–27.

– Queens, Concubines, and Dowagers. The King's Wife in the Early Middle Ages, Athens, Georgia 1983.

Steffanides, Franz: Kaiserin Adelheid, Gemahlin Ottos I. des Grossen, in: Jahresbericht der Staats-Realschule in B.-Leipa 30 (1893) S. 1–90.

STEINDORFF, Ernst: Jahrbücher des Deutschen Reichs unter Heinrich III., 2 Bde., Leipzig 1874/81, ND Darmstadt 1969.
STEINRUCK, Josef: Erzbischof Egbert von Trier (977–993). Ein Repräsentant der Reichskirche in der Ottonenzeit, in: Franz J. RONIG (Hg.), Egbert, Erzbischof von Trier 977–993. Gedenkschrift der Diözese Trier zum 1000. Todestag, Bd. 2 (Trierer Zeitschrift für Geschichte und Kunst des Trierer Landes und seiner Nachbargebiete. Beiheft 18) Trier 1993, S. 197–206.
STENGEL, Edmund E.: Die Grabinschrift der ersten Äbtissin von Quedlinburg, DA 3 (1939) S. 361–370.
STOECKLE, Maria: Studien über Ideale in Frauenviten des VII.–X. Jahrhunderts, phil. Diss. München 1957.
STÖRMER, Wilhelm: Bayern und der bayerische Herzog im 11. Jahrhundert. Fragen der Herzogsgewalt und der königlichen Interessenpolitik, in: Die Salier und das Reich, hg. von Stefan WEINFURTER, Bd. 1, Sigmaringen 1991, S. 503–547.
– Kaiser Heinrich II., Kaiserin Kunigunde und das Herzogtum Bayern, ZBLG 60 (1997) S. 437–463.
STOOB, Heinz: Karl IV. und der Ostseeraum, Hansische Geschichtsblätter 88 (1970) S. 163–214.
STOWASSER, Otto H.: Der Ehevertrag Herzog Friedrichs des Schönen von Österreich mit Isabella von Aragon. Eine Folge spanischer Rechtsanschauung, Mitteilungen des Vereins für Geschichte der Stadt Wien 2 (1921) S. 11–24.
STRATMANN, Martina: Die Kaiserin Theophanu in den erzählenden Quellen des 11. und 12. Jahrhunderts, in: Kaiserin Theophanu. Begegnung des Ostens und Westens um die Wende des ersten Jahrtausends, hg. von Anton VON EUW und Peter SCHREINER, Bd. 2, Köln 1991, S. 413–418.
STREICH, Gerhard: Burg und Kirche während des deutschen Mittelalters. Untersuchungen zur Sakraltopographie von Pfalzen, Burgen und Herrensitzen, 2 Bde. (VuF Sonderband 29) Sigmaringen 1984.
STRUVE, Tilman: Die Interventionen Heinrichs IV. in den Diplomen seines Vaters. Instrument der Herrschaftssicherung des salischen Hauses, AfD 28 (1982) S. 190–222.
– Zwei Briefe der Kaiserin Agnes, HJb 104 (1984) S. 411–424.
– Die Romreise der Kaiserin Agnes, HJb 105 (1985) S. 1–29.
STUARD, Susan Mosher (Hg.): Women in Medieval Society, University of Pennsilvania 1976.
STÜLLEIN, Hans-Jochen: Das Itinerar Heinrichs V. in Deutschland, phil. Diss. München 1971.
STÜRNER, Wolfgang: Friedrich II. Teil 1: Die Königsherrschaft in Sizilien und Deutschland 1194–1220 (Gestalten des Mittelalters und der Renaissance) Darmstadt 1992.
SUCHAN, Monika: Königsherrschaft im Streit. Konfliktaustragung in der Regierungszeit Heinrichs IV. zwischen Gewalt, Gespräch und Schriftlichkeit (Monographien zur Geschichte des Mittelalters 42) Stuttgart 1997.
TANGL, Georgine: Die Teilnehmer an den allgemeinen Konzilien des Mittelalters, Weimar 1922.
THOMA, Gertrud: Namensänderungen in Herrscherfamilien des mittelalterlichen Europa (Münchener Historische Studien, Abt. Mittelalterliche Geschichte 3) Kallmünz Opf. 1985.
– Rezension zu: Mechthild BLACK-VELDTRUP: Kaiserin Agnes (1043–1077). Quellenkritische Studien (Münstersche Historische Forschungen 7, 1995) ZBLG 59 (1996) S. 623–625.
– Kaiserin Gisela, in: Karl SCHNITH (Hg.), Frauen des Mittelalters in Lebensbildern, Graz, Wien, Köln 1997, S. 90–120, 470f.
– Kaiserin Agnes, in: Karl SCHNITH (Hg.), Frauen des Mittelalters in Lebensbildern, Graz, Wien, Köln 1997, S. 121–152, 471f.
THOMAS, Heinz: Zur Kritik an der Ehe Heinrichs III. mit Agnes von Poitou, in: Festschrift für Helmut Beumann zum 65. Geburtstag, hg.von Kurt-Ulrich JÄSCHKE und Reinhard WENSKUS, Sigmaringen 1977, S. 224–235.
– Brabant-Hennegau und Thüringen. Zur Entschlüsselung und zur Datierung des ›Lohengrin‹, Beiträge zur Geschichte der deutschen Sprache und Literatur 108 (1986) S. 40–64.
– Margarethe von Holland-Hennegau, in: NDB 16 (1990) S. 154f.
– Ludwig der Bayer (1282–1347). Kaiser und Ketzer, Regensburg, Graz, Wien, Köln 1993.
– Kaiserin Margarete, in: Karl SCHNITH (Hg.), Frauen des Mittelalters in Lebensbildern, Graz, Wien, Köln 1997, S. 269–298, 476.
THOSS, Dagmar: Frauenerziehung im späten Mittelalter, in: Frau und spätmittelalterlicher Alltag (Veröffentlichungen des Instituts für mittelalterliche Realienkunde Österreichs 9) Wien 1986, S. 301–323.
TRAUTZ, Fritz: Die Könige von England und das Reich 1272–1377. Mit einem Rückblick auf ihr Verhältnis zu den Staufern, Heidelberg 1961.
TWELLENKAMP, Markus: Das Haus der Luxemburger, in: Die Salier und das Reich, hg. von Stefan WEINFURTER, Bd. 1, Sigmaringen 1991, S. 475–502.

UHLIRZ, Karl: Die Interventionen in den Urkunden des Königs Otto III. bis zum Tode der Kaiserin Theophanu, NA 21 (1896) S. 117–137.
– Jahrbücher des Deutschen Reiches unter Otto II. und Otto III. Bd. 1: Otto II. 973–983, Berlin 1901, ND 1967.
UHLIRZ, Mathilde: Studien über Theophano III. Die Interventionen der Kaiserin Theophano zugunsten der Nonnenklöster während der Regierungszeit Ottos II. und ihre Bedeutung, DA 9 (1951) S. 122–135.
– Jahrbücher des Deutschen Reiches unter Otto II. und Otto III. Bd. 2: Otto III. 983–1002, Berlin 1954.
– Die ersten Grafen von Luxemburg, DA 12 (1956) S. 36–51.
– Die rechtliche Stellung der Kaiserinwitwe Adelheid im Deutschen und im Italischen Reich, ZRG Germ. 74 (1957) S. 85–97.
– Zu dem Mitkaisertum der Ottonen: *Theophanu coimperatrix*, Byzantinische Zeitschrift 50 (1957) S. 383–389.
– Neue Forschungen über Theophanu, in: Atti del 3° Congresso internazionale di studi sull'alto medioevo, Spoleto 1959, S. 551–553.
– Venezia nella politica di Ottone III., in: Storia della civiltà veneziana 1, hg. von Vittore BRANCA, Firenze 1979, S. 131–137.
ULLMANN, Ernst (Hg.): Der Magdeburger Dom – ottonische Gründung und staufischer Neubau. Bericht über ein wissenschaftliches Symposion in Magdeburg vom 7.10. bis 11.10.1986 (Schriftenreihe der Kommission bei der Braunschweigischen Wissenschaftlichen Gesellschaft 5) Leipzig 1989.
VELDTRUP, Dieter: Zwischen Eherecht und Familienpolitik. Studien zu den dynastischen Heiratsprojekten Karls IV. (Studien zu den Luxemburgern und ihrer Zeit 2) Warendorf 1988.
VERDON, Jean: Les femmes et la politique en France au Xe siècle, in: Économies et sociétés au Moyen Age. Mélanges offerts à Edouard Perroy (Publications de la Sorbonne. Série »Etudes« 5) Paris 1973, S. 108–119.
– Les veuves des rois de France aux Xe et XIe siècles, in: Veuves et Veuvage dans le haut moyen âge, hg. von Michel PARISSE, Paris 1993, S. 187–198.
VOGEL, Jörgen: Gregor VII. und Heinrich IV. nach Canossa. Zeugnisse ihres Selbstverständnisses (Arbeiten zur Frühmittelalterforschung 9) Berlin, New York 1983.
– Rudolf von Rheinfelden, die Fürstenopposition gegen Heinrich IV. im Jahr 1072 und die Reform des Klosters St. Blasien, ZGO 132 (1984) S. 1–30.
VOGELSANG, Thilo: Anna von der Pfalz, in: NDB 1 (1953) S. 299.
– Anna von Schweidnitz und Jauer, in: NDB 1 (1953) S. 299.
– Beatrix (d. Ä.) von Schwaben, in: NDB 1 (1953) S. 682.
– Beatrix von Glogau, in: NDB 1 (1953) S. 682.
– Die Frau als Herrscherin im hohen Mittelalter. Studien zur »consors regni« Formel (Göttinger Bausteine zur Geschichtswissenschaft 7) Göttingen, Frankfurt, Berlin 1954.
VOGTHERR, Thomas: Der bedrängte König. Beobachtungen zum Itinerar Heinrichs (VII.), DA 47 (1991) S. 395–434.
– Ein »Atelier für kreative Diplomatik«. Zu einigen Veröffentlichungen des Rechtshistorikers Hans Constantin Faußner, AKG 79 (1996) S. 483–497.
– Fuldas Stellung im Reich der Salier und Staufer, in: Fulda im Alten Reich. Vortragsreihe des Fuldaer Geschichtsvereins 1994, hg. von Berthold JÄGER (Veröffentlichungen des Fuldaer Geschichtsvereins 59) Fulda 1996, S. 33–62.
VOSS, Ingrid: Herrschertreffen im frühen und hohen Mittelalter. Untersuchungen zu den Begegnungen der ostfränkischen und westfränkischen Herrscher im 9. und 10. Jahrhundert sowie der deutschen und französischen Könige vom 11. bis 13. Jahrhundert (Beihefte zum Archiv für Kulturgeschichte 26) Köln, Wien 1987.
WAGNER, Hans: Elisabeth (von Luxemburg) in: NDB 4 (1971) S. 441f.
WAITZ, Georg: Die Formeln der deutschen Königs- und der römischen Kaiserkrönung vom zehnten bis zum 12. Jahrhundert, Göttingen ²1873.
– Deutsche Verfassungsgeschichte. Die deutsche Reichsverfassung von der Mitte des neunten bis zur Mitte des zwölften Jahrhunderts, 8 Bde., Kiel 1876–1896, Sonderauflage Darmstadt ²1955.
WALSH, Katherine: Verkaufte Töchter? Überlegungen zu Aufgabenstellung und Selbstwertgefühl von in die Ferne verheirateten Frauen anhand ihrer Korrespondenz, Jahrbuch des Vorarlberger Landesmuseumsvereins 1991, Bregenz 1991, S. 129–144.
– Deutschsprachige Korrespondenz der Kaiserin Leonora von Portugal. Bausteine zu einem geistigen Profil der Gemahlin Kaiser Friedrichs III. und zur Erziehung des jungen Maximilian, in: Kai-

ser Friedrich III. (1440–1493) in seiner Zeit, hg. von Paul Joachim HEINIG (Forschungen zur Kaiser- und Papstgeschichte des Mittelalters. Beihefte zu J. F. Böhmer, Regesta Imperii 12) Köln, Weimar, Wien 1993, S. 399–445.

WARD, Elizabeth: Caesar's Wife. The Career of the Empress Judith, 819–829, in: Charlesmagne's Heir. New Perspectives on the Reign of Louis the Pious (814–840), hg. von Peter GODMAN und Roger COLLINS, Oxford 1990, S. 205–227.

WEINFURTER, Stefan: Die Zentralisierung der Herrschaftsgewalt im Reich durch Kaiser Heinrich II., HJb 106 (1986) S. 241–297.

– Herrschaft und Reich der Salier. Grundlinien einer Umbruchzeit, Sigmaringen 1992.

– Sakralkönigtum und Herrschaftsbegründung um die Jahrtausendwende. Die Kaiser Otto III. und Heinrich II. in ihren Bildern, in: Bilder erzählen Geschichte, hg. von Helmut ALTRICHTER, Freiburg 1995, S. 47–103.

– Der Anspruch Heinrichs II. auf die Königsherrschaft 1002, in: Papstgeschichte und Landesgeschichte. Festschrift für Hermann Jakobs zum 65. Geburtstag, hg. von Joachim DAHLHAUS und Armin KOHNLE, Köln, Weimar, Wien 1995, S. 121–134.

– Kaiserin Adelheid und das ottonische Kaisertum, FMSt 33 (1999) S. 1–19.

WEISERT, Hermann: War Otto d. Gr. wirklich rex Langobardorum?, AfD 28 (1982) S. 23–37.

WEFERS, Sabine: Das politische System Kaiser Sigmunds (Veröffentlichungen des Instituts für europäische Geschichte Mainz. Abt. Universalgeschichte 138) Stuttgart 1989.

WEMPLE, Suzanne F.: Women in Frankish Society. Marriage and the Cloister (500 to 900) Philadelphia 1981.

WENZEL, Gusztav: Okmányi adalék. Borbála és Erzsébet magyar királynék birtokáról (Urkundlicher Beitrag zu den Besitztümern der ungarischen Königinnen Barbara und Elisabeth), Magyar Történelmi Tár 12 (1863) S. 268–287.

WERNER, Matthias: Kaiserin Theophanu, Alt-Köln 80 (1991) S. 8–18.

WIDDER, Ellen: Itinerar und Politik. Studien zur Reiseherrschaft Karls IV. südlich der Alpen (Forschungen zur Kaiser- und Papstgeschichte des Mittelalters. Beihefte zu J. F. Böhmer, Regesta Imperii 10) Köln, Weimar, Wien 1993.

WIESFLECKER, Hermann: Maximilian I. Die Fundamente des habsburgischen Weltreiches, München 1991.

WILBERTZ, Gisela: Elisabeth von Pommern – Eine Kaiserin im späten Mittelalter, Bohemia 28 (1987) S. 45–68.

WIMMER, Franz Paul: Kaiserin Adelheid. Gemahlin Ottos I. des Grossen (Programm zum Jahresberichte über das K. neue Gymnasium zu Regensburg für das Studienjahr 1888/89) Regensburg 1889.

WINKELMANN, Eduard: Kaiser Friedrich II., Bd. 1: 1218–1228, Leipzig 1863.

WINTER, Johanna Maria van: The education of the daughters of the nobility in the Ottonian Empire, in: Adelbert DAVIDS (Hg.), The empress Theophano. Byzantium and the West at the turn of the first millennium, Cambridge 1995, S. 86–98.

WINTERSIG, Athanasius: Liturgie und Frauenseele (Ecclesia orans 17) Freiburg/Breisgau ²1925.

– Zur Königinnenweihe, Jahrbuch für Liturgiewissenschaft 5 (1925) S. 150–153.

WISCHERMANN, Else Maria: Marcigny-sur-Loire. Gründungs- und Frühgeschichte des ersten Cluniacenserinnenpriorates (1055–1159) (Münstersche Mittelalter-Schriften 42) München 1986.

WOLF, Armin: Königtum Minderjähriger und das Institut der Regentschaft, in: L'Enfant, Bd. 2 (Recueils de la Société Jean Bodin pour l'Histoire comparative des Institutions 36) Bruxelles 1976, S. 97–106.

– Königskandidatur und Königsverwandtschaft. Hermann von Schwaben als Prüfstein für das »Prinzip der freien Wahl«, DA 47 (1991) S. 45–117.

WOLF, Gunther G.: Über die Hintergründe der Erhebung Liudolfs von Schwaben (1963), nachgedruckt in: Otto der Große, hg. von Harald ZIMMERMANN (WdF 450) Darmstadt 1976, S. 56–69.

– Nochmals zur Frage nach dem *rex Francorum et Langobardorum* und das *regnum Italiae* 951, AfD 35 (1988) S. 171–236.

– Prinzessin Sophia (978–1039). Äbtissin von Gandersheim und Essen, Enkelin, Tochter und Schwester von Kaisern, Niedersächsisches Jahrbuch für Landesgeschichte 61 (1989) S. 105–123.

– Königinnen-Krönungen des frühen Mittelalters bis zum Beginn des Investiturstreits, ZRG Kan. 76 (1990) S. 62–88.

– Die Kinder Heinrichs I. und Mathildes und die Bedeutung ihrer Verlobungen und Heiraten. Über die zentrale Bedeutung von DHI Nr. 20, AfD 36 (1990) S. 45–60.

– (Hg.): Kaiserin Theophanu. Prinzessin aus der Fremde – des Westreichs grosse Kaiserin, Köln, Weimar, Wien 1991.

– Das Itinerar der Prinzessin Theophano/Kaiserin Theophanu 972–991 (1989), nachgedruckt in: DERS. (Hg.), Kaiserin Theophanu S. 5–18.
– Königinwitwen als Vormünder ihrer Söhne und Enkel im Abendland zwischen 426 und 1056, in: DERS. (Hg.), Kaiserin Theophanu S. 39–58.
– Theophanu und Adelheid, in: DERS. (Hg.), Kaiserin Theophanu S. 79–96.
– Kaiser Otto II. (973–983) und die Schlacht von Cotrone am 13. Juli 982, in: DERS. (Hg.), Kaiserin Theophanu S. 155–161.
– »Sanctae feminae venerabiles« der Ottonen, ZKG 106 (1995) S. 222–230.
– Heiratspläne Kaiserin Constanzes (Hauteville/Altavilla) für ihren Sohn Friedrich Roger Constantin 1197/98, AfD 41 (1995) S. 129–136.
– Die Wiener Reichskrone (Schriften des Kunsthistorischen Museums 1) Wien 1995.
– Zum »lokalen« Datum des DOII. Nr. 21 vom 14. April 972, AfD 43 (1997) S. 11–14.

WOLF DI CECCA, Christiane: Der Brautschatz der Isabella von England 1235 mit besonderer Berücksichtigung der Brautschatzkrone, AfD 41 (1995) S. 137–145.

WOLFRAM, Herwig: Intitulatio I. Lateinische Königs- und Fürstentitel bis zum Ende des 8. Jahrhunderts (MIÖG Erg.-Bd. 21) Graz, Wien, Köln 1967.
– (Hg.), Intitulatio II. Lateinische Herrscher- und Fürstentitel im neunten und zehnten Jahrhundert (MIÖG Erg.-Bd. 24) Wien-Köln-Graz 1973.
– und Anton SCHARER, Intitulatio III. Lateinische Herrschertitel und Herrschertitulaturen vom 7. bis zum 13. Jahrhundert (MIÖG Erg.-Bd. 29) Wien, Köln, Graz 1988.

WOLLASCH, Joachim: Das Grabkloster der Kaiserin Adelheid in Selz am Rhein, FMSt 2 (1968) S. 135–143.
– Kaiser Heinrich II. in Cluny, FMSt 3 (1969) S. 327–342.
– Geschichtliche Hintergründe der Dortmunder Versammlung des Jahres 1005, in: Festschrift für Wilhelm Kohl (= Westfalen 58, 1980) S. 55–69.
– Kaiser und Könige als Brüder der Mönche. Zum Herrscherbild in liturgischen Handschriften des 9. bis 11. Jahrhunderts, DA 40 (1984) S. 1–20.
– Cluny und Deutschland, Studien und Mitteilungen zur Geschichte des Benediktinerordens 103 (1992) S. 7–32.
– Frauen in der Cluniacensis ecclesia, in: Doppelklöster und andere Formen der Symbiose männlicher und weiblicher Religiosen im Mittelalter, hg. von Kaspar ELM und Michel PARISSE (Berliner Historische Studien 18 = Ordensstudien 8) Berlin 1992, S. 97–113.
– Cluny – »Licht der Welt«. Aufstieg und Niedergang der klösterlichen Gemeinschaft, Zürich, Düsseldorf 1996.

WOLTER, Heinz: Die Verlobung Heinrichs VI. mit Konstanze von Sizilien im Jahre 1184, HJb 105 (1985) S. 30–51.
– Die Synoden im Reichsgebiet und in Reichsitalien von 916 bis 1056 (Konziliengeschichte. Reihe A: Darstellungen) Paderborn, München, Wien, Zürich 1988.

WUNDER, Gerd: Gisela von Schwaben, Gemahlin Kaiser Konrads II. † 1043, in: Lebensbilder aus Schwaben und Franken 14 (1980) S. 1–16; nachgedruckt in: DERS., Lebensläufe: Bauer, Bürger, Edelmann, Bd. 2. In memoriam Gerd Wunder (Forschungen aus Württembergisch Franken 33) Sigmaringen 1988, S. 153–168.

ZEISSBERG, Heinrich Ritter von: Elisabeth von Aragonien, Gemahlin Friedrich's des Schönen von Österreich (1314–1330) (SB Wien 137, VII. Abh.) Wien 1898.

ZENGER, Erich: Judith/Judithbuch, in: TRE 17 (1988) S. 404–408.

ZIELINSKI, Herbert: Der Reichsepiskopat in spätottonischer und salischer Zeit (1002–1125) Stuttgart 1984.

ZIERL, Antonia: Kaiserin Eleonore und ihr Kreis. Eine Biographie (1436–1467), masch. phil. Diss. Wien 1966.
– Kaiserin Eleonore, Gemahlin Friedrichs III., in: Friedrich III. Ausstellung Kaiserresidenz Wiener Neustadt 28. Mai bis 30. Oktober 1966 (Katalog des N.-Ö.-Landesmuseums N.F. 29) Wien 1966, S. 144–153.

ZIMMERMANN, Harald (Hg.): Otto der Große (WdF 450) Darmstadt 1976.

ZIMMERMANN, Rudolf: Die Witwenausstattung der Kaiserin Theophanu. Ein Beitrag zur Geschichte des Reichsgutes in Deutschland und Italien, masch. phil. Diss. München 1924.

ZÖLLNER, Erich: Geschichte Österreichs. Von den Anfängen bis zur Gegenwart, Wien, München [8]1990.

ZOTZ, Thomas: Präsenz und Repräsentation. Beobachtungen zur königlichen Herrschaftspraxis im hohen und späten Mittelalter, in: Herrschaft als soziale Praxis. Historische und sozial-anthropo-

logische Studien, hg. von Alf Lüdtke (Veröffentlichungen des Max-Planck-Instituts für Geschichte 91) Göttingen 1991, S. 168–194.
- Die Formierung der Ministerialität, in: in: Die Salier und das Reich, hg. von Stefan Weinfurter, Bd. 3, Sigmaringen 1991, S. 3–50.

Personen- und Ortsverzeichnis

Abkürzungen: Äbt. = Äbtissin; ags. = angelsächsisch; atl. = alttestamentlich; Bf. = Bischof; Bm. = Bistum; Ebf. = Erzbischof; Ebm. = Erzbistum; Gem. = Gemahl/Gemahlin; Gf. = Graf; Gfn. = Gräfin; Gft. = Grafschaft; Hzg. = Herzog; Hzgn. = Herzogin; Kg. = König; Kgn. = Königin; Kl. = Kloster; Ks. = Kaiser; Ksn. = Kaiserin; M. = Mutter; Mgf. = Markgraf; Mgfn. = Markgräfin; Pfgf. = Pfalzgraf; S.= Sohn; T. = Tochter; Schw. = Schwester; V. = Vater.

Die mit einem Stern versehenen Zahlen verweisen auf Nennungen in den Fußnoten der entsprechenden Seiten. Personen- und Ortsnamen der in den Fußnoten zitierten Regesten und Urkundentexte wurden nicht berücksichtigt.

Abbildungsnachweis

Abb. 1: Studio Fotografico/Herr Orlandi, Pavia
Abb. 2: Musée national du Moyen Age, Thermes et hôtel de Cluny, Paris
Abb. 3: Cliché Bibliothèque nationale de France, Paris
Abb. 4: Dr. Ludwig Reichert Verlag, Wiesbaden
Abb. 5: Universitätsbibliothek Uppsala
Abb. 6: The Master and Fellows of Corpus Christi College, Cambridge
Abb. 7: Musée du Louvre, Paris
Abb. 8: Bildarchiv Thorbecke
Abb. 9: Basler Denkmalpflege, Sammlung Münsterbilder
Abb. 10: Landeshauptarchiv Koblenz, Best. 1C Nr. 1 Abb. 4
Abb. 11: Bayerisches Hauptstaatsarchiv, Fürstenfeld U 362
Abb. 12 und 13: Nationalbibliothek Österreich
Abb. 14 und 15: Rosgartenmuseum, Konstanz
Abb. 16: Bayerische Staatsbibliothek, München

Mittelalter-Forschungen

Herausgegeben von
Bernd Schneidmüller und Stefan Weinfurter

Band 1

Bernd Schneidmüller / Stefan Weinfurter (Hg.)
Otto III. – Heinrich II. Eine Wende?

2. Aufl. · 440 Seiten · 31 Abbildungen, davon 14 in Farbe · 17 x 24 cm · gebunden
ISBN 3-7995-4251-5 · DM 98,– / sFr. 89,– / öS 715,– / EUR 50,11

Band 2

Martin Kintzinger
Westbindungen im spätmittelalterlichen Europa
Auswärtige Politik zwischen dem Reich, Frankreich, Burgund und England in der Regierungszeit Kaiser Sigmunds

448 Seiten · 3 Abbildungen · 17 x 24 cm · gebunden
ISBN 3-7995-4253-1 · DM 118,– / sFr. 105,– / öS 861,– / EUR 60,33

Band 3

Hannes Möhring
Der Weltkaiser der Endzeit
Entstehung, Wandel und Wirkung einer tausendjährigen Weissagung

528 Seiten · 14 Abbildungen · 17 x 24 cm · gebunden
ISBN 3-7995-4254-X · DM 68,– / sFr. 62,– / öS 496,– / EUR 34,77
– Staufer-Preis 2000 –

Band 5

Thomas Vogtherr
Die Reichsabteien der Benediktiner und das Königtum im hohen Mittelalter (900–1125)

364 Seiten · 17 x 24 cm · gebunden
ISBN 3-7995-4255-8 · DM 83,– / sFr. 75,50 / öS 606,– / EUR 42,44

Weitere Bände sind in Vorbereitung

Jan Thorbecke Verlag Stuttgart